CAMBRIDGE LIBRARY
Books of enduring scholarl₁

Classics

From the Renaissance to the nineteenth century, Latin and Greek were compulsory subjects in almost all European universities, and most early modern scholars published their research and conducted international correspondence in Latin. Latin had continued in use in Western Europe long after the fall of the Roman empire as the lingua franca of the educated classes and of law, diplomacy, religion and university teaching. The flight of Greek scholars to the West after the fall of Constantinople in 1453 gave impetus to the study of ancient Greek literature and the Greek New Testament. Eventually, just as nineteenth-century reforms of university curricula were beginning to erode this ascendancy, developments in textual criticism and linguistic analysis, and new ways of studying ancient societies, especially archaeology, led to renewed enthusiasm for the Classics. This collection offers works of criticism, interpretation and synthesis by the outstanding scholars of the nineteenth century.

L'Astrologie grecque

The French historian Auguste Bouché-Leclercq (1842–1923) made major contributions to our knowledge of the Hellenistic period. A member of the Académie des Inscriptions et Belles-Lettres, he was also made an officer of the Légion d'Honneur. Bouché-Leclercq is also considered the first modern historian of astrology: he had developed a long-lasting interest in divination during his extensive researches on ancient Greek civilisation. This field had not been considered worthy of serious scholarly study until he published his *Histoire de la divination dans l'antiquité* between 1879 and 1882. *L'Astrologie grecque*, first published in 1899, is another important work, still referred to today. Bouché-Leclercq looks back to the oriental roots of Greek astrology. He delves into the specific influence of the zodiac signs, and explains how the celestial sphere was divided in order to draw horoscopes. Other topics include astrology in Roman culture, as well as astrological medicine.

Cambridge University Press has long been a pioneer in the reissuing of out-of-print titles from its own backlist, producing digital reprints of books that are still sought after by scholars and students but could not be reprinted economically using traditional technology. The Cambridge Library Collection extends this activity to a wider range of books which are still of importance to researchers and professionals, either for the source material they contain, or as landmarks in the history of their academic discipline.

Drawing from the world-renowned collections in the Cambridge University Library and other partner libraries, and guided by the advice of experts in each subject area, Cambridge University Press is using state-of-the-art scanning machines in its own Printing House to capture the content of each book selected for inclusion. The files are processed to give a consistently clear, crisp image, and the books finished to the high quality standard for which the Press is recognised around the world. The latest print-on-demand technology ensures that the books will remain available indefinitely, and that orders for single or multiple copies can quickly be supplied.

The Cambridge Library Collection brings back to life books of enduring scholarly value (including out-of-copyright works originally issued by other publishers) across a wide range of disciplines in the humanities and social sciences and in science and technology.

L'Astrologie grecque

Auguste Bouché-Leclercq

CAMBRIDGE
UNIVERSITY PRESS

University Printing House, Cambridge, CB2 8BS, United Kingdom

Cambridge University Press is part of the University of Cambridge.
It furthers the University's mission by disseminating knowledge in the pursuit of
education, learning and research at the highest international levels of excellence.

www.cambridge.org
Information on this title: www.cambridge.org/9781108071482

© in this compilation Cambridge University Press 2014

This edition first published 1899
This digitally printed version 2014

ISBN 978-1-108-07148-2 Paperback

L'ASTROLOGIE GRECQUE

LE PUY-EN-VELAY

IMPRIMERIE RÉGIS MARCHESSOU

L'ASTROLOGIE

GRECQUE

PAR

A. BOUCHÉ-LECLERCQ

MEMBRE DE L'INSTITUT

PROFESSEUR A LA FACULTÉ DES LETTRES DE PARIS

Natales inquirunt : - - existimant tot circa unum caput tumultuantes deos (Senec., *Suasor.*, 4).

PARIS

ERNEST LEROUX, ÉDITEUR

28, RUE BONAPARTE, 28

—

1899

PRÉFACE

Ce livre est un chapitre de l'*Histoire de la Divination dans l'Antiquité,* repris et développé dans les limites de temps et de lieu, nécessairement un peu indécises, qui circonscrivent l'histoire de l' « antiquité » classique. Le sujet avait autrefois vivement piqué ma curiosité; mais, comme je ne devais pas, dans une étude générale sur les méthodes divinatoires, lui donner un développement hors de proportion avec l'ensemble, je ne m'étais pas cru obligé de m'engager à fond dans cette *selva oscura*. Je me contentai alors d'en faire le tour et d'y pratiquer provisoirement quelques éclaircies. Une nouvelle poussée de curiosité m'y ramène au bout de vingt ans, avec le ferme propos de débrouiller enfin cette étrange association — unique dans l'histoire de la pensée humaine — de raisonnements à forme scientifique et de foi masquée; avec l'espoir de saisir l'enchaînement des idées maîtresses qui supportent tout l'assemblage et de noter les étapes parcourues par la logique acharnée à la poursuite des secrets de l'avenir.

Je n'ai rien changé à ma méthode, soit de recherche, soit d'exposition. Elle consiste, pour la recherche, à remonter vers les origines jusqu'à ce que l'on retrouve l'état d'esprit où ce qui est devenu plus tard inintelligible ou déraisonnable était le produit d'un raisonnement simple, parfaitement intelligible; pour l'exposition, à refaire en sens inverse le chemin parcouru. On me permettra de dire que j'ai été encouragé à y persévérer par les constatations que j'ai pu faire depuis. En suivant, non pas de très près, mais avec assez d'attention, les enquêtes sporadiques du folk-lore, je n'y ai rencontré aucun fait concernant les pratiques divinatoires, aucun usage, si bizarre soit-il, qui ne rentre sans effort dans les cadres que j'ai tracés pour la divination gréco-romaine et n'y trouve son explication. L'esprit humain est partout le même, et on le constate plus aisément qu'ailleurs dans les questions de foi, où il opère sur un très petit nombre d'idées. Il ne crée pas volontairement le mystère : il le rencontre au bout des spéculations métaphysiques, par impuissance de comprendre l'infini ; mais, en deçà de ce terme, il n'est point d'arcane qui ne soit un oubli de sa genèse intellectuelle, du circuit plus ou moins sinueux par lequel telle croyance ou pratique est issue logiquement de croyances ou pratiques antérieures. Les superstitions sont des survivances dont on ne comprend plus la raison d'être, mais qui ont été en leur temps, et par un point de suture que l'on peut souvent retrouver, fort raisonnables.

Ce qui est vrai des superstitions en général l'est, à plus forte raison, de l'astrologie, qui a essayé de rattacher d'une façon quelconque aux sciences exactes, à « la mathématique », les efforts les plus aventureux de l'imagination. L'astrologie une fois morte — je crois qu'elle l'est, en dépit de tentatives faites tout récemment pour la revivifier — a été traitée avec un dédain que l'on ne montre pas pour des questions d'importance historique infiniment moindre. On dirait qu'il entre encore dans ces façons méprisantes quelque chose de l'irritation qu'elle a causée autrefois à ses adversaires, à ceux qui, ne sachant trop par où la réfuter, se prenaient à la haïr. Letronne, soupçonnant quelque « vision astrologique » dans un détail des zodiaques d'Esneh, estime que « cette par-« ticularité tient à quelque combinaison d'astrologie qui ne « mérite guère la peine qu'on prendrait pour la découvrir ». Il constate que, une fois dépouillés « du caractère purement « astronomique qu'on leur avait supposé », ces zodiaques « ne seraient plus que l'expression de rêveries absurdes, et « la preuve encore vivante d'une des faiblesses qui ont le « plus déshonoré l'esprit humain ». Il laisse supposer qu'il a eu « le courage de parcourir des livres d'astrologie an-

« cienne », mais sa patience s'est lassée avant qu'il fût en état
de deviner les énigmes de ses zodiaques. « Nous n'en sommes
« pas encore là », dit-il, « et nous n'y serons pas de long-
« temps ; il est même douteux que personne entreprenne une
« recherche dont le résultat ne peut plus avoir désormais
« d'utilité scientifique ». La prédiction est hardie et le motif
admirable. Si Letronne entend par utilité scientifique l'utilité
pratique, il faut rejeter en bloc — en commençant par son
œuvre à lui — toutes les études portant sur l'inventaire du
passé, c'est-à-dire ce qui occupe les neuf dixièmes des savants
et intéresse peu ou prou le reste de l'humanité. S'il reconnaît
une utilité scientifique à tout ce qui accroît notre connaissance du réel, de ce qui est ou a été, prétendrait-il reléguer
en dehors des choses réelles les faits d'ordre intellectuel et
psychologique, les idées, les croyances, les systèmes qui ont
provoqué par la pensée l'action, qui ont engendré des faits
et sont en un certain sens plus réels que les faits eux-mêmes ?

Je constate volontiers, et même avec plaisir, que peu de
gens se soucient aujourd'hui de l'astrologie. Si elle est
encore vivante et agissante dans les pays d'Orient, chez
nous, elle appartient au passé et n'intéresse plus que les historiens. Ce n'est pas une raison pour qu'elle les intéresse
médiocrement. On a cru longtemps, on croit peut-être encore
que la divination en général et l'astrologie en particulier ont
tenu peu de place dans l'histoire. Sans doute, on constate que
les oracles et les pronostics des devins interviennent à tout
moment pour provoquer ou empêcher, hâter ou retarder les
actes les plus graves ; mais on suppose que c'étaient là, pour
les chefs d'État ou chefs d'armée, des prétextes plutôt que
des raisons, des moyens commodes d'utiliser la crédulité populaire, et que les choses se seraient passées de même, ou à peu
près, sans cette intervention. C'est un point de vue qui a pu
paraître rationnel aux philosophes du siècle dernier, mais
qui devrait être, comme on dit aujourd'hui, dépassé. Il est
surtout inexact appliqué à l'astrologie, qui n'a jamais agi
qu'à distance sur les masses populaires, mais qui, grâce à son
prestige scientifique, à la rigidité implacable de ses calculs,
avait tout ce qu'il fallait pour s'imposer à la foi des gouver-

nants. L'astrologie a réalisé de temps à autre le rêve des doctrinaires platoniciens et stoïciens; elle a mis parfois la main
sur ces grands leviers que sont les volontés des rois. Qui sait
combien de desseins, intéressant des millions d'hommes,
elle a entravés ou favorisés, quand elle avait prise sur la pensée d'un Auguste, d'un Tibère, d'un Charles-Quint, d'une
Catherine de Médicis, d'un Wallenstein ou d'un Richelieu?
Les historiens devront, à mon sens, rechercher avec plus de
soin qu'ils ne l'ont fait jusqu'ici les traces de cette ingérence
et ne pas se persuader aussi facilement qu'elle a été d'effet
négligeable. Ils n'ont même pas besoin d'aller bien loin pour
rencontrer, dans l'observance de la semaine, incorporée aux
religions issues du judaïsme, la trace, désormais indélébile,
d'une idée astrologique.

En tout cas, l'étude de l'astrologie et de son histoire intéresse au premier chef ceux qui cherchent à connaître
l'homme en analysant, dans ses œuvres collectives, la plus
spontanée et la plus active de ses facultés, la faculté de croire
et de se créer des raisons de croire. Après avoir fait taire la
polémique religieuse suscitée par la prétendue antiquité des
zodiaques égyptiens, Letronne déclarait que désormais, réduit
à l'astrologie, le sujet n'offrait plus « aucun but de recherche
« vraiment philosophique ». Je ne sais ce qu'il entendait au
juste par philosophie, mais j'avouerai sans ambages que l'histoire de l'astrologie — c'est-à-dire de la formation de ses
dogmes — me paraît, à bien des égards, de plus grande portée
philosophique que l'histoire de l'astronomie, à laquelle elle
est du reste intimement mêlée. Ce n'est pas, ou ce n'est pas
seulement parce que l'astrologie a conservé, en se les appro-
priant comme données de ses calculs, les conquêtes de la
science astronomique à travers des siècles où celle-ci risquait
d'être délaissée et même oubliée; ni parce que, entre tant de
spéculations aventureuses, elle a posé, en prétendant les
avoir résolues, des questions de physique et de mécanique
célestes auxquelles n'eût pas conduit la pure géométrie des
astronomes grecs. Je veux parler de ce qui fait son originalité
propre, de cette association et pénétration réciproque d'éléments hétérogènes, d'une foi qui parle le langage de la

science, et d'une science qui ne peut trouver que dans la
foi la justification de ses principes. Qu'un Ptolémée en soit
arrivé à « croire » que l'on « savait » au juste quel est le
tempérament de la planète Saturne, par exemple, et que
l'on avait pu démêler par l'observation, dans la complexité
des aptitudes physiques, intellectuelles, morales, des êtres
vivant sur terre, la part qu'il fallait attribuer à son influence,
celle-ci ramassée et condensée dans une sorte de frappe instantanée ; qu'un Ptolémée, dis-je, ait pu considérer ce type
non pas comme élaboré par la religion, mais comme déterminé par l'expérience, alors qu'il savait et enseignait lui-
même combien sont multiples les données de chaque thème
de géniture et combien rare, par conséquent, l'observation de
cas analogues pouvant servir de base à une induction légitime, — cela est merveilleux et éclaire, ce me semble, dans
un exemplaire de choix, les profondeurs de l'âme humaine.

Dans la foi de ce savant qui croit savoir, on découvre aisément l'éternel désir, le besoin de croire ce que l'on veut qui
soit. Or, ce que l'homme a le plus âprement convoité, le plus
obstinément poursuivi, c'est la connaissance, la possession
anticipée de l'avenir, en deçà et au delà de la tombe. Au delà,
c'est la conquête des religions ; en deçà, de la divination. Les
autres méthodes ont plus ou moins effacé la ligne de démarcation, non pas en affichant la prétention de fixer le sort des
individus après la mort, mais en s'appuyant ouvertement sur
la foi religieuse, en demandant des avertissements aux dieux,
et non seulement aux dieux, mais, par l'oniromancie et la
nécromancie, aux habitants de l'autre monde. Bref, dans
toutes ses méthodes autres que l'astrologie, la « divination »
est une révélation « divine », une sorte de rallonge ajoutée à
l'intelligence humaine. Seule, l'astrologie a créé l'équivoque
et comme l'hypocrisie dont elle est entachée en se séparant
de plus en plus de l'idée religieuse qui l'avait engendrée, en
voulant non pas « deviner », mais « prévoir », et prenant de vive
force le rang qu'elle trouvait à sa convenance, le premier,
parmi les sciences naturelles. La cause de la séduction
qu'elle a exercée sur les esprits cultivés, c'est qu'elle a prétendu instituer une divination scientifique, autrement dit,

substituer à la révélation la prévision fondée sur la connaissance des lois de la Nature, et qu'elle a osé appeler cette
prévision certitude mathématique. Mais, en dépit de ses prétentions, elle restait une foi, et, même sans l'analyser de
près, on s'en aperçoit : d'abord, à sa résistance obstinée, et
même victorieuse, aux assauts de la logique; ensuite, aux
moyens qu'elle a employés pour se propager.

J'ai prononcé tout à l'heure le mot d'hypocrisie, en l'atté-
nuant et l'appliquant à l'astrologie, à l'œuvre collective, non
aux astrologues pris individuellement. Atténuons encore,
si l'on y tient, en disant : équivoque constitutionnelle et
inconsciente. Cependant, je ne pourrais pousser le respect
trop loin sans manquer à mon tour de sincérité. Il m'est
arrivé plus d'une fois non seulement de déclarer ineptes des
fantaisies qui faisaient par trop violence au sens commun,
mais de traiter mes astrologues de charlatans. Je n'ai voulu
par là ni dire ni faire entendre que cette épithète leur con-
vînt généralement, étant au contraire persuadé que les
croyances jugées après coup les plus déraisonnables ont été,
à un certain moment, très dignes de foi et presque démon-
trables par les idées courantes. Sauf quelques échappées
d'impatience — dont, à l'autre extrême, Firmicus, le parfait
croyant, a quelque peu pâti, — je n'ai rudoyé que les fabricants de livres apocryphes, les fondateurs et apôtres anonymes de la doctrine astrologique. Je sais parfaitement que
je commets un anachronisme en les jugeant d'après des
scrupules qu'ils n'avaient pas, et qu'on pourrait aussi bien
réduire le fait à l'usage d'un procédé littéraire, ou excuser
leur zèle et, par surcroît, louer leur modestie; mais je me
sens incapable d'indulgence pour les faussaires, même quand
ils ont cru travailler pour une bonne cause. Qu'ils fassent
parler Hénoch ou Daniel, Apollon ou la Sibylle, ou Néchepso
et Pétosiris, les révélateurs qui se déguisent me paraissent
toujours cacher sous leur masque une vilaine action.

En tout cas, j'estime l'occasion opportune pour distinguer
la cause servie par de tels moyens de celle de la science et
pour montrer à quel point, sous son décor scientifique,
l'astrologie était restée une foi. Maintenant que tout le monde

s'essaye — et d'aucuns avec une rare incompétence — à
définir la science et la foi, soit pour les traiter en sœurs
jumelles, soit pour les opposer l'une à l'autre, il est bon de
retenir ce critérium extérieur. On ne forge de preuves que
pour certifier ce qui ne peut se démontrer, et ce qui ne
peut se démontrer n'est pas de la science.

Mais en voilà assez pour faire comprendre le genre d'intérêt que j'ai trouvé à l'étude de la divination, un domaine
que, dans les limites indiquées plus haut, je crois avoir maintenant parcouru tout entier. Je n'y ai pas vu un exercice de
pure érudition, mais aussi et surtout une occasion de méditer
sur des problèmes dont le souci est l'honneur et le tourment
de notre espèce. C'est peut-être un labeur fastidieux que de
compter les fils et les points d'attache historiques des toiles
d'araignée tendues au devant des grands mirages et dans
lesquelles se prennent les imaginations ailées, avides de
lumières surnaturelles ; mais ce n'est pas un labeur sans
récompense. On disserte encore sur l'énigmatique κάθαρσις
d'Aristote, sur la « purification » ou apaisement que produit
dans l'âme, au dire du philosophe, la tragédie : le spectacle,
tragique aussi, du long effort fait, et en vain, par l'intelligence humaine pour sortir de ses limites apaise, en le décou-
rageant, le désir de connaître l'inconnaissable. Il fait plus ; il
nous donne en échange la certitude que, ce que nous ne
pouvons pas savoir, nul ne le sait et, à plus forte raison,
n'est obligé de le savoir. C'est cette certitude, et non pas,
comme le dit Montaigne, « l'ignorance et l'incuriosité », qui
est « un doulx et mol chevet à reposer une teste bien faicte ».

A côté de la synthèse que j'ai tenté d'asseoir sur de
patientes analyses et qui, pour l'astrologie en particulier, a
abouti à la distinction de deux méthodes, générales toutes
deux, concurrentes et, à certains égards, incompatibles, il y
a place pour bien des recherches de détail, lesquelles seront
facilitées, je me plais à le croire, par les vues d'ensemble.
Elles auront pour premier résultat — et j'y applaudis
d'avance — de rectifier des inexactitudes que j'ai pu, que j'ai
dû commettre. Ensuite, elles ouvriront de nouvelles sources
d'information. Quantité de manuscrits astrologiques dorment

encore dans les bibliothèques, et les textes grecs dont je me
suis servi, imprimés au xvie siècle, ont grandement besoin
d'être revisés par nos philologues. Ceux-ci commencent, du
reste, à porter leur attention de ce côté, et je serais heureux
de contribuer à l'y retenir. Par delà le monde gréco-romain
ou occidental, il y a le monde arabe, refuge de l'astrologie
au moyen âge, et, par delà encore, l'Inde, l'Extrême-Orient.
C'est un vaste champ d'enquête, où je ne désespère pas de
voir les orientalistes s'engager à leur tour. Ils nous diront si,
ce qui est hors de doute pour le côté arabe, il a été ensemencé
par la propagande grecque, ou si ces peuples ont subi directement, comme la Grèce elle-même, l'influence de la Chaldée.
Ils auront même le plaisir de mêler au travail d'érudition
l'étude de l'astrologie encore vivante ou tout au moins se
survivant dans de vieilles habitudes tournées en cérémonial.
Ce qui a jusqu'ici, je suppose, rebuté leur curiosité ou l'a
empêchée de naître, c'est qu'un livre d'astrologie est un véritable grimoire pour qui ne connaît pas le sens des termes
techniques et les théories représentées par ce vocabulaire.
Si, comme j'ai lieu de le penser, l'astrologie orientale
s'alimente au même fonds d'idées et de pratiques que l'astrologie grecque, je les aurai peut-être encouragés à aborder
ses arcanes, en somme beaucoup plus faciles à élucider que
les énigmes et les métaphores incohérentes des Védas.

Qu'ils écartent seulement, et de prime abord, l'idée singulière, léguée par une tradition assez récente, que ce genre
de recherches n'offre aucun intérêt scientifique. Cela s'appelle
jouer sur les mots. Un compte-rendu de l'Académie des
Sciences, enregistrant en 1708 l'envoi du marbre gravé dit
Planisphère de Bianchini, constate que l'exégèse de ce document astrologique n'est guère du ressort de l'Académie. « Ce
« n'est pas », dit malicieusement le rapporteur, « que l'histoire
« des folies des hommes ne soit une grande partie du savoir
« et que malheureusement plusieurs de nos connaissances
« ne se réduisent là ; mais l'Académie a quelque chose de
« mieux à faire ». Fontenelle songeait sans doute, en écrivant ces lignes, à son *Histoire des oracles ;* mais ce n'est point
par affectation de modestie qu'il met, en pareil lieu, la

science au dessus du « savoir ». A chacun sa tâche. Les hommes de science, — au sens étroit du mot, — ceux qui étudient la Nature, ont mieux, c'est-à-dire autre chose, à faire que d'étudier l'histoire, à laquelle se ramène tout le reste du « savoir ». Encore en voyons-nous qui dépassent, et avec grand profit pour tout le monde, la limite tracée par Fontenelle à l'utilité scientifique. Je n'apprendrai à personne que le créateur de la thermochimie, l'homme dont les travaux ont ouvert à l'étude de la Nature une voie nouvelle, M. Berthelot, a trouvé le temps de s'occuper de l'histoire de l'alchimie, laquelle rejoint en maint endroit et double souvent l'histoire de l'astrologie.

On voudra bien ne pas prendre pour un paradoxe ma conclusion : à savoir, qu'on ne perd pas son temps en recherchant à quoi d'autres ont perdu le leur.

BIBLIOGRAPHIE

ET

RENSEIGNEMENTS DIVERS

Comme je n'ai nullement l'intention de dresser une bibliographie générale des ouvrages, anciens et modernes, concernant l'astrologie, je me contente d'indiquer les répertoires où se trouve déjà ébauchée cette bibliographie :

> Pour les ouvrages grecs anciens, Io. Alb. Fabricii *Bibliotheca graeca*, ed. nova curante G. Chr. Harles, Vol. IV. Hamburgi, 1795. Lib. III, c. xxi (pp. 128-170).
>
> Pour les ouvrages de toute provenance : *Bibliographie générale de l'Astronomie*, par J. C. Houzeau et A. Lancaster. T. Ier (Bruxelles, 1887), pp. 681-858.

Voici maintenant la bibliographie des sources auxquelles j'ai eu recours, classée par ordre chronologique :

I. MANILIUS. — *M. Manilii Astronomicon a Josepho Scaligero... repurgatum*, Argentorati, 1655. — A la suite, avec pagination spéciale (462 p.) : *Josephi Scaligeri Jul. Cæs. F. castigationes et notæ in M. Manilii Astronomicon*. Argentorati, 1655. La première édition datait de 1579 ; les autres, de 1590 et 1600. J'ai utilisé, concurremment avec l'édition de Scaliger, celle de Fr. Jacob (Berolini, 1846), et les références visent toujours celle-ci, parce que l'absence de numérotation continue dans Scaliger rend les indications très incommodes. Souhaitons que Manilius trouve enfin un éditeur capable non seulement d'améliorer le texte, mais aussi de comprendre qu'un Index ne doit pas être exclusivement à l'usage des philologues. Celui de Fr. Jacob donne cinquante références sur l'emploi de *sub* et soixante sur l'emploi de *in*, mais on y chercherait en vain les noms des constellations et ceux d'Auguste ou de Varus, de Philippes ou d'Actium. On s'étonne moins, après cela, que, dans ses *Diagrammata*, Fr. Jacob ait rangé les signes du

Zodiaque à l'inverse de l'ordre accoutumé et mis à gauche la droite des astrologues. La « littérature » philologique concernant Manilius est considérable : voir la bibliographie des éditions et dissertations dans G. Lanson, *De Manilio poeta ejusque ingenio*, Paris, 1887, et R. Ellis, *Noctes Manilianae*, Oxonii, 1891. A noter, comme tentative de vulgarisation, *Astronomicon di Marco Manilio*, lib. I, tradotto da A. Covino. Torino, 1895.

II. Néchepso et Pétosiris. — On ignore, à cent ans près, à quelle époque fut publié le grand ouvrage apocryphe, fabriqué probablement à Alexandrie, qui, au temps de Sylla (Riess) ou de Tibère (Boll), fonda la réputation de l'astrologie « égyptienne », en concurrence avec la chaldéenne. C'était une encyclopédie, cosmogonie, astrologie et magie, dont on cite le XIVᵉ livre. Les fragments en ont été réunis par E. Riess :

Nechepsonis et Petosiridis fragmenta magica, edidit Ernestus Riess (Philologus, Supplementband VI [Gœttingen, 1891-1893], pp. 323-394). Cf. l'étude préalable : E. Riess (même titre). Diss. Philol., Bonnae, 1890.

III. Claude Ptolémée. — Sur la vie, les ouvrages, la philosophie de Ptolémée, contemporain d'Antonin-le-Pieux, voy. l'étude magistrale de Franz Boll, *Studien über Claudius Ptolemäus. Ein Beitrag zur Geschichte der griechischen Philosophie und Astrologie* (Jahrbb. f. klass. Philol., XXI Supplementband [Leipzig, 1894], pp. 49-244). Nous n'avons à nous occuper que de son traité d'astrologie (qu'il faut se garder de confondre avec le traité d'astronomie intitulé Μαθηματικὴ σύνταξις ou Μεγάλη ou Μεγίστη, d'où l'arabe *Almageste*) :

Édition princeps : Κλαυδίου Πτολεμαίου Πηλουσιέως Τετράβιβλος σύνταξις πρὸς Σύρον ἀδελφόν. Norimbergae, in-4°, 1535, avec traduction latine des deux premiers livres par Joach. Camerarius [Kammermeister], qui fit une nouvelle édition corrigée à Bâle en 1553, le texte (212 pages petit format) à la suite de la traduction latine, celle-ci (251 pages) achevée par Ph. Mélanchthon.

Le célèbre médecin et mathématicien Jérôme Cardan publia à Bâle, en 1568, une traduction latine de Ptolémée, *De astrorum judiciis, cum expositione Hieronymi Cardani Mediolanensis medici*, précédée d'un traité *De Septem erraticis stellis*, lib. I (pp. 1-94), suivi de *Geniturarum exempla* (pp. 511-715) et de scolies de Cunrad Dasypodius [Rauchfuss] (pp. 717-838).

Je me suis servi du texte inséré par Fr. Junctinus dans le premier volume de la deuxième édition de son énorme *Speculum Astrologiae, universam mathematicam scientiam in certas classes digestam complectens*, 2 vol. fol., Lugduni, 1581, avec une traduction latine *(Quadripartiti operis de judiciis astrorum)* qui tantôt reproduit celle de Cardan, tantôt en est indépendante. Je ne suppose pas qu'il emprunte beaucoup à Camerarius, de qui il dit : *eleganti Latinitate decoravit duos primos tractatus Apotelesmaton*

*Ptolemæi. Sed ejus opera non leguntur apud Catholicos, quoniam
redolent hæresim Lutheranam* (I, p. 554). Les deux derniers livres
sont noyés dans un énorme commentaire (pp. 109-830) où les
preuves expérimentales sont représentées par des centaines de
thèmes de géniture d'hommes célèbres. Junctinus se proposait
de commenter aussi les deux premiers livres, *prope diem (Deo
dante)* : mais il en est resté là.

Avant la publication de l'édition princeps avaient paru (dès
1484) des traductions latines, telles que : *Quadripartitum judi-
ciorum opus Claudij Ptolemei Pheludiensis ab Joäne Sieurreo brittu-
liano Bellovacēsi pbelle recognitum.* Paris, 1519. — *Claudii Ptole-
maei Pheludiensis Quadripartitum,* imprimé par Pruckner à la suite
de Firmicus (ci-après). Basileae, 1533.

Toutes ces traductions, où les termes techniques sont empruntés à l'arabe, sont encore plus incorrectes et plus obscures que
le texte original, et je laisse à d'autres le soin de les comparer
soit entre elles, soit avec le texte.

A la suite de la *Tétrabible* (enrichie de quelques tableaux synop-
tiques qui ont dû être ajoutés au texte), les éditeurs donnent,
sous le nom de Ptolémée, une collection de cent aphorismes ou
règles astrologiques : Τοῦ αὐτοῦ Καρπὸς πρὸς τὸν αὐτὸν Σύρον
(*Cl. Pt. Centum dicta* ou *Centiloquium*). Ce « fruit » ou prétendu
résumé de l'ouvrage de Ptolémée est évidemment pseudépigraphe.

La *Tétrabible* fut réellement résumée, et très fidèlement, dans
une Παράφρασις εἰς τὴν τοῦ Πτολεμαίου Τετράβιβλον attribuée à Proclus, publiée avec traduction latine par les Elzévir :
*Procli Diadochi Paraphrasis in Ptolemæi libros IV de Siderum
effectionibus, a Leone Allatio e Græco in Latinum conversa.* Lugd.
Batavorum, 1635.

L'abrégé est si exact, même pour la correspondance des livres
et chapitres, que j'ai jugé superflu d'y renvoyer le lecteur.

Nous possédons encore deux commentaires anciens de la *Tétrabible,* attribués l'un à Proclus, l'autre à Porphyre, et imprimés
ensemble à Bâle en 1559, avec traduction latine, par H. Wolf :
Εἰς τὴν Τετράβιβλον Πτολεμαίου ἐξηγητὴς ἀνώνυμος (*In
Claudii Ptolemæi Quadripartitum enarrator ignoti nominis, quem
tamen Proclum fuisse quidam existimant),* 180 pp. fol. C'est l'auteur
que j'appelle ordinairement « le scoliaste » et auquel je renvoie
sous la référence « Anon. ».

Πορφυρίου φιλοσόφου Εἰσαγωγὴ εἰς τὴν ἀποτελεσματικὴν
τοῦ Πτολεμαίου (*P. phil. Introductio in Ptolemæi opus de effec-
tibus astrorum),* pp. 180-204. A la p. 193 commencent des Σχόλια
ἐκ τοῦ Δημοφίλου, auteur inconnu et texte en piteux état.

IV. SEXTUS EMPIRICUS. — Un demi-siècle environ après Ptolémée, le médecin et philosophe Sextus Empiricus écrivit une réfutation — et,
par conséquent, un exposé — des doctrines astrologiques dans le

V⁰ des XI livres Πρὸς Μαθηματικούς. Ce livre est intitulé Πρὸς
Ἀστρολόγους. Voy. la réédition *Sexti Empirici opera, gr. et lat.*
de Io. Albertus Fabricius, Lipsiae, 1842, t. II, pp. 208-237 (pp. 338-
355 H. Estienne).

V. MANÉTHON. — Sous le nom de Manéthon, contemporain des deux
premiers Lagides, nous avons une compilation versifiée d'Ἀπο-
τελεσματικά, à la fois pseudépigraphe et apocryphe, car le prétendu Manéthon est censé avoir puisé ἐξ ἀδύτων ἱερῶν βίβλων καὶ
κρυφίμων στηλῶν (V, 1 sqq.), archives qui contenaient les ensei-
gnements d'Hermès, Asklépios et Pétosiris. On pense que c'est
l'œuvre de plusieurs auteurs, dont le plus ancien (livres II, III,
VI) vivait au temps d'Alexandre Sévère. Les éditions de A. Kœchly
étant incommodes à cause du remaniement arbitraire de l'ordre
des livres, je me suis servi de l'édition de Axt et Riegler, *Mane-
thonis Apotelesmaticorum libri sex*, Coloniae ad Rhenum, 1832.

VI. VETTIUS VALENS. — On connaît plusieurs personnages du nom de
Vettius Valens, médecins et astrologues, dont le plus ancien
était un contemporain de Varron, *augurio non ignobilem* (Censorin., 17, 15), le plus récent, un astrologue consulté, dit-on, lors de
la fondation de Constantinople (Fabric., *op. cit.*, p. 145). Comme
l'auteur dont il est ici question représente la tradition pétosiriaque, indépendante de Ptolémée, l'opinion commune, depuis
Scaliger jusqu'à E. Riess, le place au temps d'Hadrien. Mais
les motifs sont faibles : Firmicus relève également de Pétosiris,
et personne ne croira que, comme on l'a dit, Constantin ait été
empêché par sa foi chrétienne de consulter un astrologue. Du
reste, nous aurions maintenant la preuve que Valens est postérieur à Ptolémée, puisqu'il le cite, si l'on pouvait se fier à un
extrait de Valens où il est question des Turcs (*Cod. Florent.*,
p. 139-140). Je trouve donc fort acceptable l'opinion de Saumaise
(p. 553), qui fait de Valens un contemporain de Constantin. Il est
douteux que nous ayons, dans l'opuscule intitulé *Anthologies* (des
fleurs d'arithmétique !) autre chose que des extraits. Certains chapitres commencent par la mention : ἐκ τῶν Οὐάλεντος. La Bibliothèque Nationale en possède deux manuscrits (Suppl. grec,
nᵒˢ 330 A et B), dont un (A) de la main de Huet (qui se plaisait
peut-être à reconnaître un homonyme dans Οὐέτιος), sous le titre :
Οὐετίου Οὐάλεντος τοῦ Ἀντιόχεως Ἀνθολογιῶν libri VIII.

J'ai renoncé à exploiter à fond cet ouvrage, tout en casuistique sans idées et en problèmes d'arithmétique que l'incertitude
des sigles et des chiffres rend le plus souvent inintelligibles; je
me suis contenté en général des passages cités par Saumaise et
par Riess (dans les fragments de Néchepso), de peur d'aller contre
mon but, qui est de saisir l'ensemble et la raison d'être des doctrines astrologiques.

VII. JULIUS FIRMICUS MATERNUS. — L'homonymie de cet auteur et de son

contemporain le polémiste chrétien, auteur du *De errore profa-
narum religionum*, l'un et l'autre écrivant sous le règne de Constance, est un problème d'histoire littéraire non résolu encore.
Les éditions du xvie siècle (de 1497 à 1551) sont toutes corrigées
et interpolées. Celle dont je me suis servi (pour les quatre derniers livres seulement) est la première des deux (1533 et 1551)
de N. Pruckner :

*Julii Firmici Materni Junioris V. C. ad Mavortium Lollianum
Astronomicῶν libri VIII per Nicolaum Prucknerum astrologum nuper
ab innumeris mendis vindicati.* Basileae, MDXXXIII, 244 pp. fol.

Les philologues ont enfin tourné leur attention vers cet auteur
oublié. Les quatre premiers livres ont paru en 1894, dans la *Bibl.
scr. graec. et rom. Teubneriana*, recensés par C. Sittl, et une autre
édition (des mêmes livres) par W. Kroll et F. Skutsch, dans la
même collection (Lips. 1897), remplacera avec avantage la précédente. Les nouveaux éditeurs ont rendu à l'ouvrage, le plus volumineux que nous possédions sur la matière, son titre exact de
Matheseos libri VIII. Dépourvu de toute critique, le livre de Firmicus, qui représente la tradition « égyptienne », indépendante
ou à peu près de Ptolémée, est précieux à ce titre et en raison
même de la médiocrité intellectuelle du compilateur. Firmicus
nous donne lui-même la recette de son pot-pourri : *Omnia enim
quae Aesculapio Mercurius et Anubis (?) tradiderunt, quae Petosiris
explicavit et Nechepso, et quae Abram, Orpheus et Critodemus edide-
runt ceterique omnes hujus artis scii... perscripsimus* (lib. IV, *Praef.*).
Son but a été, dit-il, de combler dans la littérature latine la seule
lacune qui y existât encore.

VIII. HÉPHESTION DE THÈBES. — Cet auteur, de personnalité inconnue —
probablement Égyptien de Thèbes — paraît avoir écrit sous le
règne de Théodose un traité Περὶ καταρχῶν en trois livres,
dont les deux premiers résument librement, avec nombreuses
variantes, la *Tétrabible* de Ptolémée, et le troisième est consacré
à la méthode des καταρχαί proprement dites. Le premier livre a
été publié, d'après les manuscrits de notre Bibliothèque Nationale (2417, 2841, 2415), avec prolégomènes et table des chapitres de
l'ouvrage entier, par A. Engelbrecht, *Hephaestion von Theben und
sein astrologisches Compendium*. Ein Beitrag zur Geschichte der
griechischen Astrologie. Wien, 1887. L'état déplorable de l'unique
manuscrit complet (n° 2417) a sans doute découragé l'éditeur de
ce texte utilisé jadis par Saumaise. Cependant, je crois savoir
qu'un de nos plus intrépides paléographes, M. Ch.-Ém. Ruelle,
a entrepris de nous rendre l'œuvre d'Héphestion.

IX. PAUL D'ALEXANDRIE. — Vers le même temps (règnes de Gratien et
Théodose), Paul d'Alexandrie écrivait à l'usage de son fils Kronammon, et en disciple éclectique de Ptolémée, un opuscule dont
il existe une seule édition avec traduction latine :

Pauli Alexandrini Εἰσαγωγὴ εἰς τὴν ἀποτελεσματικήν *(Rudimenta in doctrinam de prædictis natalitiis)*, ed. Andr. Schato, Witebergæ, 1586.

L'ouvrage n'ayant point de pagination, j'ai pris le parti, ne voulant pas citer tout au long les titres des chapitres, de citer les folios. Au texte de Paul, Schato ou Schaton a joint des scolies de facture chrétienne, datant du moyen âge.

X. TEXTES DIVERS. — Nous ne connaissons guère que les noms et quelques rares fragments d'une foule d'auteurs de traités d'astrologie, en vers et en prose : les Thrasylle, Dorothée de Sidon, Annubion, Hipparque (antérieurs à Firmicus), Odapsos, Antiochus d'Athènes, Protagoras de Nicée, Antigone de Nicée, Apollonius de Laodicée, Apollinarius (antérieurs à Héphestion, à Paul d'Alexandrie et aux scoliastes de Ptolémée). Héphestion nous a conservé à lui seul plus de trois cents vers de Dorothée de Sidon, son guide principal pour les καταρχαί. Cf. quatre fragments de Dorothée et un d'Annubion à la fin du Manéthon de Kœchly (Lips., 1858, pp. 113-117).

D'autres fragments d'auteurs non moins inconnus ont été publiés par A. Ludwich, *Maximi et Ammonis carminum de actionum auspiciis* (traduction du titre Περὶ καταρχῶν) *reliquiae. Accedunt Anecdota astrologica.* Lips., 1877, 126 pp. in-12. Un opuscule particulièrement intéressant, comme traitant de l'astrologie théorique au point de vue platonicien et chrétien, est le dialogue :

Anonymi christiani Hermippus de Astrologia dialogus (libri II), édité d'abord par O. D. Bloch (Havniae, 1830), en dernier lieu, par G. Kroll et P. Viereck, Lips., 1895.

Les papyrus égyptiens nous fournissent des documents techniques, des thèmes de géniture, dont quelques-uns antérieurs à Ptolémée. Publiés sous divers noms, au fur et à mesure de leur découverte, ils sont maintenant réunis dans le premier volume des *Greek Papyri in the British Museum :* Catalogue, with texts, edited by F. G. Kenyon, London, 1893. (Un second volume, paru en 1898, ne contient pas de textes astrologiques). Ce sont, par ordre de date présumée :

1º Le papyrus CXXX (pp. 132-139), inédit avant Kenyon, daté de l'an III de Titus (81 p. Chr.). Thème de géniture de Titus Pitenius, précédé d'une exhortation à rester fidèle aux règles des anciens Égyptiens.

2º Le papyrus XCVIII recto (pp. 126-130), — au verso l' ʼΕπιτάφιον d'Hypéride, — dont la date oscille entre 95 et 155 p. Chr.; thème de géniture publié et commenté par C. W. Goodwin dans les *Mélanges Égyptologiques* de F. Chabas, 2ᵉ série, pp. 294-323 (Chalon-sur-Saône, 1864); de nouveau par C. Wessely (*Denkschr. der Wiener Akad.* Phil.-Hist. Cl., XXXVI, 2 [1888], pp. 150-152).

3º Le papyrus CX (pp. 130-132) : thème de géniture d'Anubion fils de Psansnois, de l'an I d'Antonin (138 p. Chr.), publié par W. Brunet de Presle (*Notices et Extraits des mss.*, XVIII, 2 [1865], pp. 236-238) d'après une autre copie, et par C. Wessely (*op. cit.*, pp. 152-153).

Les renseignements à tirer des zodiaques égyptiens ou gréco-égyptiens, étudiés par Letronne et Lepsius, sont maintenant réunis dans le tome Ier du *Thesaurus Inscriptionum Aegypti*, par H. Brugsch. I. *Astronomische und astrologische Inschriften* (pp. 1-194), Leipzig, 1883. II. *Kalendarische Inschriften altägyptischer Denkmäler* (pp. 195-530), Leipzig, 1883. III. *Geographische Inschriften altägyptischer Denkmäler* (pp. 531-618), Leipzig, 1884. A part les listes de décans, qui ont permis de contrôler celle d'Héphestion, publiée par Saumaise, ces monuments ne fournissent aucun appoint à nos connaissances en fait de théories astrologiques. J'en dirai autant des zodiaques gréco-romains, comme celui de Palmyre, le Globe Farnèse, le Planisphère de Bianchini (voy. l'*Index*) et ceux que l'on rencontre sur les médailles. Ce sont des œuvres d'ornemanistes, incompétents en matière de doctrine. L'étude de l'astrologie n'a, je crois, rien à attendre ni de l'archéologie, ni de la numismatique, ni de l'épigraphie. La théorie n'était pas à la portée du public, et la pratique ne cherchait pas le grand jour. Tout au plus trouvera-t-on çà et là l'occasion de formuler quelques conjectures intéressant l'histoire de l'astrologie, à propos d'œuvres d'art pouvant être considérées comme des thèmes de géniture traduits par le ciseau ou le pinceau.

Les ouvrages où il est question incidemment de l'astrologie, comme les *Philosophumena* dits d'Origène (connus aussi sous le titre : Hippolyti *Refutatio haeresium*), la *Préparation Évangélique* d'Eusèbe, etc., n'ont pas droit de figurer ici. Inutile aussi de cataloguer les fragments, hermétiques et autres, publiés par le cardinal J.-B. Pitra dans la seconde partie du tome V des *Analecta sacra et classica Spicilegio Solesmensi parata* (Paris et Rome, 1888), qui m'ont pourtant fourni un notable appoint de renseignements.

C'est au moyen âge byzantin qu'appartiennent les compilations inédites, astrologiques et magiques, qui sommeillent encore dans les bibliothèques, et dont un certain nombre figurent dans les relevés bibliographiques de K. Krumbacher. Les productions pseudépigraphes y pullulent. Le plus volumineux peut-être de ces recueils est le ms. 2419 (xve siècle, 342 fol.) de la Bibliothèque Nationale, dont Engelbrecht (*op. cit.*, pp. 16-20) a publié la table des matières. L'ἀποτελεσματικὴ πραγματεία du pseudo-Étienne d'Alexandrie a été publiée par H. Usener, *De Stephano Alexandrino*. Bonnae, 1880. M. Fr. Cumont (*Rev. de l'Instr. publ. en Belgique*, XL [1897], pp. 1-9) signale à l'attention un manuscrit *(Angelicanus)* en 149 chapitres, manuel d'astrologie pratique, com-

pilé par l'astrologue Palchos (voy. ci-après, ch. xiv) à la fin du
ve siècle. Depuis, M. Fr. Cumont a fait mieux et plus. Il a entrepris un inventaire général de tous les manuscrits astrologiques
de langue grecque, avec l'intention d'en former ensuite un *Corpus*
astrologique. Pour mener à bien cette tâche, il s'est adjoint des
collaborateurs dont quelques-uns, comme MM. Fr. Boll et
W. Kroll, avaient déjà tourné spontanément du même côté leur
curiosité scientifique. Le premier volume ou fascicule du *Catalo-
gus astrologorum graecorum*, comprenant les *Codices Florentinos*
dépouillés par A. Olivieri, vient de paraître (Bruxelles, 1898),
et je dois à l'obligeance de M. Cumont d'avoir pu tirer quelque
parti, au cours de l'impression de mon livre, des extraits publiés
dans l'*Appendix* (pp. 77-173). J'espère que, en retour, mon
travail ne sera pas inutile aux vaillants éditeurs du Catalogue et
qu'il les dispensera plus d'une fois de recourir à Scaliger ou à
Saumaise.

Comme j'ai cherché à tracer une ligne de démarcation entre l'astrologie grecque et l'astrologie arabe, je crois devoir indiquer les traités
arabes qui étaient mis par des traductions latines à la portée des astrologues du xvie siècle et où ceux-ci ont puisé de quoi embrouiller et con-
taminer les traditions authentiquement grecques. Ce sont :

1° A la suite du Firmicus de N. Pruckner :
Hermetis vetustissimi astrologi centum Aphorismorum liber (pp. 85-
89). Origine inconnue.
Bethem Centiloquium (pp. 89-93). — *De horis planetarum* (pp. 110-
112).
Almansoris astrologi propositiones ad Saracenorum regem (pp. 93-
110).
Zahelis de electionibus liber (pp. 112-114).
*Messahallach de ratione circuli et stellarum, et qualiter operantur
in hoc seculo* (pp. 115-118).
De nativitatibus secundum Omar, libri III (pp. 118-141).
2° Dans l'édition des scoliastes de Ptolémée, par H. Wolf :
*Hermetis philosophi de Revolutionibus nativitatum libri II, incerto
interprete* (pp. 205-279).
3° *Albohali Arabis astrologi antiquissimi ac clarissimi de Judiciis
Nativitatum liber unus.* Noribergæ, 1549.
4° En deux éditions successives (Basileæ, 1550 et 1571), *Albohazen Haly filii Abenragel, scriptoris Arabici, de judiciis astrorum libri
octo*, etc. *Accessit huic operi hac demum editione* (celle de 1571)
*compendium duodecim domorum cœlestium... ex Messahalla, Aomare,
Alkindo, Zaele, Albenait, Dorotheo, Iergi, Aristotele et Ptolemæo...
collectum, authore Petro Liechtenstein.*
5° Dans le *Speculum Astrologiæ* de Fr. Junctinus, tome I, des
extraits et analyses de tous les auteurs orientaux connus à

l'époque, surtout d'Albubater, que Junctinus appelle *alter Ptole-mæus*, Abenragel et Albohaly. C'est le fatras le plus rebutant qu'on puisse imaginer, mais aussi le plus propre à faire juger de l'état du cerveau d'un astrologue de la Renaissance. Les Arabes sont aussi largement exploités dans les *Apotelesmata Astrologiæ christianæ, nuper edita a Magistro Petro Ciruelo Darocensi*. Compluti (Alcala de Henares), 1521.

Pour les travaux modernes sur l'astrologie grecque, il n'y a à peu près rien à signaler depuis le livre classique de Saumaise, le premier — après le commentaire de Scaliger sur Manilius — et le dernier effort de l'érudition indépendante, s'exerçant à comprendre l'astrologie sans y croire et sans se proposer pour but, ou pour but principal, de la réfuter.

> Cl. Salmasii *De annis climactericis et antiqua Astrologia diatri-bæ*, Lugd. Batav., 1648 (128 pp. in-12 de prolégomènes, non pagi-nées, et 844 pp. de texte continu, encombré de citations, sans un alinéa).

Je n'enregistre que pour mémoire le livre d'Alfred Maury, *La Magie et l'Astrologie dans l'antiquité et au moyen-âge*, Paris, 1860, tout en aperçus rapides, dispersés à travers l'histoire universelle et sur des sujets con-nexes, où l'astrologie n'entre que pour une part minime et vue unique-ment par le dehors. L'ouvrage de J.-B. Friedreich, *Die Weltkörper in ihrer mythisch-symbolischen Bedeutung*. Würzburg, 1864, qui butine dans le domaine indéfini de la mythologie comparée, est d'une médiocre utilité pour qui veut, au contraire, distinguer, limiter, préciser. Il n'y est, du reste, pas question de divination, mais seulement de ce qu'on pourrait appeler les rudiments ou les alentours de l'astrologie. On revient à l'astrologie proprement dite avec les essais récents, esquisses sommaires plutôt qu'études entrant dans le sujet, de :

> Albin Häbler, *Astrologie im Alterthum*, Gymn. Progr. Zwickau, 1879, 38 pp. 4°.
>
> A. Bouché-Leclercq, *Histoire de la Divination dans l'antiquité*, t. I, pp. 205-257. Paris, 1879.
>
> E. Riess, art. *Astrologie* in Pauly-Wissowa, *Real-Encyclopädie der classischen Alterthumswissenschaft*, t. II [Stuttgart, 1896], pp. 1802-1828.

Il y a peu de profit scientifique à tirer des traités d'astrologie, écrits par dès croyants et pour l'usage pratique, dont j'ai constaté après coup, — c'est-à-dire durant l'impression de mon livre (cf. ci-après, p. 573, 2) — et non sans surprise, la publication de date toute récente : **Abel** Haatan, *Traité d'astrologie judiciaire*, 2ᵉ édit., Paris, 1895, et Fomalhaut, *Manuel d'astrologie sphérique et judiciaire*. Paris, 1897. Le premier de ces ouvra-ges est tout imbu d'occultisme ; l'autre, tout en tables et calculs mathé-matiques, accommodés au goût du jour par des exemples comme les thèmes de nativité du général Boulanger, du Comte de Paris, du président Carnot (dont la mort a été, paraît-il, prédite en 1892), et des conseils rétrospectifs ou actuels aux deux successeurs du regretté président. Ces Pétosiris attardés écrivent pour une clientèle qui ne se soucie guère plus des sources, de l'origine et de l'enchaînement des théorèmes, que celle du « docteur Ely Star ». Les noms d'étoiles dont ils s'affublent ne garantissent pas plus leur science que leur foi.

Je renonce à empiéter sur le domaine des paléographes, en donnant ici les diverses formes des sigles astrologiques qui remplacent trop souvent dans les manuscrits les noms des signes, planètes et « sorts », ou des abréviations et ligatures qui représentent les noms des quatre « centres » du Zodiaque. L'emploi de cette espèce de sténographie a été la principale cause de l'altération des textes. Il ne me paraît pas utile non plus de disserter sur l'origine mal connue de ces sigles, fabriqués, comme les hiéroglyphes égyptiens, par simplification de dessins représentant les figures zodiacales ou les attributs des planètes. Pour celles-ci, je me contente volontiers de l'explication courante, qui assimile ♄ à la faux de Saturne, ♃ à la première lettre du nom de Zeus ou à un symbole de la foudre, ♂ ♀ et ☿ à des disques, l'un traversé par la lance de Mars, l'autre muni d'un manche, comme le miroir de Vénus, le troisième surmonté du caducée de Mercure. Je me borne donc à interpréter les sigles et abréviations employés dans cet ouvrage.

Signes du Zodiaque.

♈. Bélier (Κριός-*Arios*).
♉. Taureau (Ταῦρος-*Taurus*).
♊. Gémeaux (Δίδυμοι-*Gemini*).
♋. Cancer (Καρκίνος-*Cancer*).
♌. Lion (Λέων-*Leo*).
♍. Vierge (Παρθένος-*Virgo*).
♎. Balance (Χηλαί-Ζυγός-*Libra*).
♏. Scorpion (Σκόρπιος-*Scorpius*).
♐. Sagittaire (Τοξότης-*Sagittarius*).
♑. Capricorne (Αἰγόκερως-*Capricornus*).
♒. Verseau (Ὑδροχόος-*Aquarius*).
♓. Poissons (Ἰχθύες-*Pisces*).

Planètes.

Luminaires (τὰ φῶτα) :
☉. Soleil (Ἥλιος-*Sol*).
☾. Lune (Σελήνη-*Luna*).

Planètes proprement dites :
♄. Saturne (Φαίνων-Κρόνος-*Saturnus*).
♃. Jupiter (Φαέθων-Ζεύς-*Jupiter*).
♂. Mars (Πυρόεις-Ἄρης-*Mars*).
♀. Vénus (Φωσφόρος-Ἑωσφόρος-Ἕσπερος-Ἀφροδίτη-*Venus*).
☿. Mercure (Στίλβων-Ἑρμῆς-*Mercurius*).

Autres sigles ou abréviations.

Hor. — Horoscope (ὡροσκόπος ou ὡρονόμος [ὥρα ou μοῖρα]-ἀνατολή - *ascendens*).
Occ. — Occident (δύσις - *occidens*).
MC. — Culmination supérieure, passage au méridien (μεσουράνημα - *medium caelum*).
IMC. — Culmination inférieure (ἀντιμεσουράνημα - ὑπόγειον - *imum medium caelum*).
☊. — Nœud ascendant de l'orbite lunaire (ἀναβιβάζων) ou Tête du Dragon (*Caput Draconis*).
☋. — Nœud descendant (καταβιβάζων) ou Queue du Dragon (*Caput Draconis*).
⊕. — Sort de la Fortune.

Les sigles des aspects ne se trouvent que dans les figures y afférentes, ainsi que celui du « sort du Génie ». Pour les diverses formes des sigles sus-mentionnés et pour les abréviations paléographiques, consulter le fac-simile photographique des *Abréviations grecques copiées par Ange Politien*, par H. Omont (*Revue des Etudes grecques*, VII [1894], p. 81-88). Les sigles des « nœuds » y sont inverses de ceux inscrits ci-dessus ; ils indiquent l'hémicycle *d'où sort* l'astre supposé au nœud, au lieu de celui *où il va entrer*. L'usage a dû varier sur ce point, prêtant ainsi aux confusions : en attendant que les paléographes le fixent, j'ai suivi l'usage adopté par le Bureau des Longitudes. Quant aux figures insérées dans le texte, elles n'ont été empruntées ni aux manuscrits, ni (sauf la fig. 41) à ce qu'on appelle les monuments figurés. Ce sont des tracés schématiques servant à la démonstration et dont — une fois la part faite à l'*Atlas coelestis* de Flamsteed pour les signes du Zodiaque (cf. p. 130, 1) — je suis entièrement responsable. Je les ai dessinés à mon gré et moi-même, heureux d'être affranchi par la zincographie de toute transcription intermédiaire.

L'abondance des notes n'effraiera, je suppose, que des lecteurs auxquels ce livre n'est pas destiné. On appelle volontiers indigestes, à première vue, des ouvrages dont l'auteur a pris la peine de trier soigneusement ses matériaux et de rejeter en dehors de l'exposé didactique les citations, remarques, discussions et considérations accessoires, pour lui conserver à la fois sa netteté et ses preuves. L'*Index* permettra de retrouver les idées et les faits entassés dans les fondations de l'édifice, à l'usage de ceux qui voudront juger par eux-mêmes de sa solidité. Quant au plan, j'ai cru devoir renoncer aux divisions et subdivisions logiques, livres, parties, sections, etc., qui, par souci excessif de la clarté, vont contre le but. Le lecteur distinguera aisément, sans tant d'étiquettes, les *Prolégomènes* (ch. i-iii), l'*Astrologie* proprement dite ou description du mécanisme céleste (ch. iv-xi [pp. 327-347]), l'*Apotélesmatique* ou divination astrologique (ch. xi [pp. 348-371]-xv), et l'*Épilogue* historique (ch. xvi).

J'ai plaisir, avant de poser la plume, à remercier ceux qui ont facilité et parfois guidé mes recherches : le Conservateur de la Bibliothèque de l'Université, M. J. de Chantepie, à qui j'ai dû plus d'une indication opportune, et M. Ém. Chatelain, qui, à la Bibliothèque comme à l'École des Hautes-Études, est l'obligeance même.

CHAPITRE PREMIER

LES PRÉCURSEURS

L'astrologie est une religion orientale qui, transplantée en Grèce, un pays de « physiciens » et de raisonneurs, y a pris les allures d'une science. Intelligible en tant que religion, elle a emprunté à l'astronomie des principes, des mesures, des spéculations arithmétiques et géométriques, intelligibles aussi, mais procédant de la raison pure, et non plus du mélange complexe de sentiments et d'idées qui est la raison pratique des religions. De l'emploi simultané de ces deux façons de raisonner est issue une combinaison bâtarde, illogique au fond, mais pourvue d'une logique spéciale, qui consiste en l'art de tirer d'axiomes imaginaires, fournis par la religion, des démonstrations conformes aux méthodes de la science.

Cette combinaison, qu'on aurait crue instable, s'est montrée, au contraire, singulièrement résistante, souple et plastique au point de s'adapter à toutes les doctrines environnantes, de flatter le sentiment religieux et d'intéresser encore davantage les athées. Quoique inaccessible au vulgaire, qui n'en pouvait comprendre que les données les plus générales, et privée par là du large appui des masses populaires, attaquée même comme science, proscrite comme divination et aussi comme magie, anathématisée comme religion ou comme négation de la religion, l'astrologie avait résisté à tout, aux arguments, aux édits, aux anathèmes : elle était même en train de refleurir, à la Renaissance, accommodée — dernière preuve de souplesse — aux dogmes existants, lorsque la terre, on peut le dire à la lettre, se déroba sous elle. Le mouvement de la Terre, réduite à l'état de planète, a été la secousse qui a fait crouler l'échafaudage astrologique, ne laissant plus debout que l'astronomie, enfin mise hors de tutelle et de servante devenue maîtresse.

C'est en Grèce que l'âme orientale de l'astrologie s'est pourvue de tous ses instruments de persuasion, s'est imprégnée de philosophie et cuirassée de mathématiques. C'est de là que, merveille pour les uns, objet de scandale pour les autres, mais préoccupant les esprits, accablée des épithètes les plus diverses et assez complexe pour les mériter toutes à la fois, elle a pris sa course à travers le monde gréco-romain, prête à se mêler à toutes les sciences, à envahir toutes les religions, et semant partout des illusions qu'on put croire longtemps incurables.

Il ne fallut pas beaucoup plus d'un siècle pour transformer l'astrologie orientale en astrologie grecque, celle-ci infusée dans celle-là et gardant encore, comme marque d'origine, le nom de « chaldéenne » ou égyptienne. C'est que, introduite dans le monde grec par le prêtre chaldéen Bérose, vers le commencement du IIIe siècle avant notre ère, l'astrologie orientale y trouva un terrain tout préparé par une lignée de précurseurs. Elle prit racine dans une couche préexistante de débris intellectuels, de doctrines hâtivement édifiées, rapidement pulvérisées par le choc d'autres systèmes, et qui, impuissantes à asseoir une conception scientifique de l'univers, s'accordaient pourtant à reconnaître certains principes généraux, soustraits à la nécessité d'une démonstration par une sorte d'évidence intrinsèque, assez vagues d'ailleurs pour servir à relier entre elles les parties les plus incohérentes de l'astrologie déguisée en science. Ces principes peuvent se ramener, en fin de compte, à celui qui les contient tous, l'idée de l'unité essentielle du monde et de la dépendance mutuelle de ses parties.

Les précurseurs de l'astrologie grecque sont tous des philosophes. Il est inutile de perdre le temps à constater qu'il n'y a pas trace d'astrologie dans Homère, et le moment n'est pas venu de montrer que le calendrier des jours opportuns ou inopportuns dressé par Hésiode ne relève pas non plus de la foi dans les influences sidérales. Nous considérons comme aussi inutile d'agiter la question, présentement insoluble, de savoir dans quelle mesure nos philosophes dépendaient de traditions orientales, puisées par eux aux sources ou circulant à leur insu autour d'eux.

I

LES PHYSICIENS

Ce qu'on sait de Thalès se réduit, en somme, à peu de chose. Son nom, comme ceux des autres ancêtres de la science ou de la foi, a servi d'enseigne à des fabricants d'écrits apocryphes [1] et de légendes ineptes. Ces gens-là ne manquaient pas de remonter aux sources les plus lointaines et d'affirmer que Thalès avait été un disciple des Égyptiens et des Chaldéens. Aristote paraît ne connaître les doctrines de Thalès que par une tradition assez incertaine. Plus tard, on cite du philosophe milésien des ouvrages dont le nombre va grandissant : il devient le père de la science en général, mathématicien, géomètre, astronome ou astrologue (termes longtemps synonymes [2]), capable de prédire une éclipse de soleil et d'en donner l'explication. C'est par les commentateurs et polygraphes de basse époque que son nom est le plus souvent invoqué et ses opinions analysées le plus en détail [3]. La seule proposition doctrinale que l'on puisse attribuer

1. Il sera souvent question dans cet ouvrage d'écrits apocryphes, fruit naturel de toutes les croyances qui cherchent leurs preuves dans la tradition et les inventent plutôt que de ne pas les trouver. J'emploie le mot au sens usuel, sans distinguer entre « apocryphe » proprement dit, qui signifie « caché » ou « tiré d'une cachette » (ἀπόκρυφος), et « pseudépigraphe », qui veut dire « faussement intitulé », attribué à un autre que son auteur véritable. Il est rare que les livres pseudépigraphes ne soient pas en même temps apocryphes : c'est toujours le cas quand on les donne comme anciennement écrits, récemment découverts.

2. La synonymie d'ἀστρολογία et d'ἀστρονομία est un fait dont nous pouvons ajourner la démonstration. Elle a persisté longtemps, même dans les langues modernes, et c'est la raison pour laquelle on appelait autrefois la divination par les astres astrologie « judiciaire ». Aujourd'hui la distinction est faite, et astrologie ne comporte aucune équivoque. Le caprice de l'usage a réservé à la science le terme d'astronomie — un mot mal fait, car les astronomes ne « règlent » pas les astres — et appelé astrologie l'astromancie.

3. Voy. les textes et références amassés par E. Zeller, Philos. der Griechen, I³, pp. 165-179 (trad. Em. Boutroux, I, pp. 197-210). Pour le classement des opinions des philosophes par sujets, utiliser le recueil de H. Diels, Doxographi graeci, avec prolégomènes et Indices, Berlin, 1879. Que Thalès ait été en contact avec des idées chaldéennes ou égyptiennes, le fait est probable ; mais nous apprendrons à nous défier de plus en plus des « Égyptiens et Chaldéens », en ce qui concerne l'astrologie. Le premier qui parle des voyages de Thalès en Égypte — et peut-être en Chaldée — est Eudemus (de Rhodes ?), polygraphe, auteur d'Ἀστρολογικαὶ ἱστορίαι, postérieur à Aristote. On cite comme étant

avec quelque sécurité à Thalès, c'est que « tout vient de l'eau [1] », ou n'est que de l'eau transformée par sa propre et immanente vitalité. Tout, y compris les astres. Dès le début, la science ou « sagesse » grecque affirme l'unité substantielle du monde, d'où se déduit logiquement la solidarité du tout.

Il importe peu de savoir si Anaximandre, disciple de Thalès, avait pris pour substance unique du monde un élément plus subtil, indéfini en qualité comme en quantité, et même s'il la supposait simple ou composée de parties hétérogènes [2]. Sa doctrine était, au fond, celle de son prédécesseur, avec une avance plus marquée du côté des futures doctrines astrologiques. Il enseignait, au dire d'Aristote, que la substance infinie « enveloppe et gouverne toutes choses [3] ». Cette enveloppe qui « gouverne » est sans nul doute le ciel en mouvement incessant, « éternel », cause première de la naissance de tous les êtres [4]. Pour Anaximandre comme pour Thalès, les astres étaient les émanations les plus lointaines de la fermentation cosmique dont la terre était le sédiment. Il les assimilait, paraît-il, à des fourneaux circulaires, alimentés par les exhalaisons de la terre et roulés dans l'espace par le courant de ces mêmes souffles ou vapeurs; ce qui ne l'empêchait pas de les appeler des « dieux célestes [5] »,

---

de Thalès une ναυτικὴ ἀστρολογία ou ἀστρονομία, attribuée aussi à Phocos de Samos. Le plus probable est qu'il n'avait rien écrit : καὶ κατά τινας μὲν σύγγραμμα κατέλιπεν οὐδέν (Diog. L., I, 23).

1. Θαλῆς... ὕδωρ εἶναί φησιν στοιχεῖον καὶ ἀρχὴν τῶν ὄντων (Aristot., *Metaph.*, I, 3). *Thales... ex aqua dixit constare omnia* (Cic., *Acad. Pr.*, II, 37), traduction en langage scientifique de traditions homériques (Ὠκεανός, ὅσπερ γένεσις πάντεσσι τέτυχται. *Iliad.*, XIV, 246), babyloniennes (ci-après, ch. II, p. 40), égyptiennes (cf. Horapoll., I, 10), visée peut-être par Pindare (Ἄριστον μὲν ὕδωρ. *Olymp.*, 1, 1), utilisée à tout moment par les astrologues. L'homme pisciforme à l'origine (*Philosophumena*, 1, 5;.p. 18 Cruice. Cf. Bouché-Leclercq, *Placita Graecorum de origine generis humani*, Paris, 1871, p. 40) est aussi de tradition chaldéenne.

2. Comme quantité, l'élément d'Anaximandre est τὸ ἄπειρον (Aristot., *Phys.*, III, 4); comme qualité, un μῖγμα (Aristot., *Metaph.*, XII, 2).

3. Δοκεῖ καὶ περιέχειν ἅπαντα καὶ κυδερνᾶν (Aristot., *Phys.*, III, 4).

4. Ἀρχὴν εἶναι λέγει τὴν ἀΐδιον κίνησιν, καὶ ταύτῃ τὰ μὲν γεννᾶσθαι τὰ δὲ φθείρεσθαι (Hermias, *Irris. philos.*, 4 etc. cf. E. Zeller, I³, p. 193, 3).

5. Voy. les textes dans E. Zeller, I³, p. 197. On prétend qu'Anaximandre plaçait le soleil et la lune au-dessus des étoiles (cf. ci-après, p. 42, 2). Pour les « physiciens », les dieux sont les produits et non les organisateurs, à plus forte raison les créateurs, de la Nature. La théologie grecque n'exigeant pas que les dieux fussent causes premières, ces philosophes, qui nous paraîtraient athées, pouvaient être très religieux. Héraclite disait que le monde est plein de dieux et qu'il y en avait jusque dans sa cuisine (Aristot., *De part. anim.*, I, 5).

comme l'eussent pu faire des Chaldéens. Science et foi mêlées : il y a déjà là le germe et le langage équivoque de l'astrologie future. On voit aussi apparaître chez Anaximandre une idée qui sans doute n'était plus neuve alors et qui deviendra tout à fait banale par la suite, pour le plus grand profit de l'astrologie : c'est que les espèces animales, l'homme compris, ont été engendrées au sein de l'élément humide par la chaleur du soleil, dispensateur et régulateur de la vie.

Avec un tour d'esprit plus réaliste, Anaximène tirait de doctrines analogues les mêmes conclusions. Il commence à préciser le dogme astrologique par excellence, la similitude de l'homme et du monde, de la partie et du tout, le monde étant aussi un être vivant chez qui la vie est entretenue, comme chez l'homme, par la respiration ou circulation incessante de l'air, essence commune de toutes choses.

L'école des « physiciens » d'Ionie resta jusqu'au bout fidèle à sa cosmologie mécanique. Elle affirma toujours l'unité substantielle du monde, formé d'une même matière vivante à des degrés divers de condensation ou de volatilisation, et elle faisait dériver la pensée, intelligence ou volonté, du groupement et du mouvement des corps. Ces premiers précurseurs des sciences naturelles, pressés d'aboutir à des conclusions métaphysiques, forgeaient ainsi des arguments pour les mystiques, pour les découvreurs de rapports occultes entre les choses les plus disparates.

A plus forte raison, les imaginations éprises de merveilleux prirent-elles leur élan à la suite de Pythagore. Les néo-pythagoriciens et néo-platoniciens ont si bien amplifié et travesti le caractère, la biographie, les doctrines du sage de Samos, qu'il n'est plus possible de séparer la réalité de la fiction. Pythagore a passé partout où il y avait quelque chose à apprendre : on le conduit chez les prêtres égyptiens, chaldéens, juifs, arabes, chez les mages de la Perse, les brahmanes de l'Inde, les initiateurs orphiques de la Thrace, les druides de la Gaule, de façon que sa philosophie soit la synthèse de toutes les doctrines imaginables. La légende pythagoricienne déborde aussi sur l'entourage du maître et enveloppe de son mirage cette collection de fantômes pédantesques, « mathématiciens » figés dans l'extase de la science (μάθημα) [1]. Nous en sommes réduits à n'accepter

---

1. C'est dans l'école de Pythagore qu'a été forgé le titre de μαθηματικοί, porté plus tard par les astrologues. Il était réservé aux disciples qui, après avoir appris en gros les principes généraux de la science (ἀκουσματικοί), arri-

comme provenant de l'école pythagoricienne que les propositions
discutées par Aristote, car même les Pythagoriciens de Platon
sont avant tout des platoniciens.

Le fond de la doctrine pythagoricienne est la notion obsédante, le culte de l'harmonie, de la proportion, de la solidarité de
toutes les parties de l'univers, harmonie que l'intelligence conçoit comme nombre, et la sensibilité comme musique, rythme,
vibration simultanée et consonante du grand Tout. Le nombre
est même plus que cela pour les Pythagoriciens : il est l'essence
réelle des choses. Ce qu'on appelle matière, esprit, la Nature,
Dieu, tout est nombre. Le nombre a pour élément constitutif
l'unité (μονάς), qui est elle-même un composé de deux propriétés
inhérentes à l'Être, le pair et l'impair, propriétés connues aussi
sous les noms de gauche et de droite, de féminin et de masculin,
etc. ; de sorte que l'unité est elle-même une association harmonique, et, comme telle, réelle et vivante. Se charge qui voudra
d'expliquer pourquoi le pair est inférieur à l'impair, lequel est le
principe mâle, la droite par opposition à la gauche, la ligne
courbe par opposition à la ligne droite, le générateur de la lumière et du bien, tandis que le pair produit des états opposés. De
vieilles superstitions [1] rendraient probablement mieux compte de
ces étranges axiomes que des spéculations sur le fini et l'indéfini : car mettre le fini dans l'impair et la perfection dans le fini,
c'est substituer une ou plusieurs questions à celle qu'il s'agit de
résoudre. Les Pythagoriciens aimaient les arcanes, et ils trouvaient un certain plaisir à retourner le sens des mots usuels. Ils
employaient, pour désigner l'indéfini, l'imparfait, le mal, le mot
ἄρτιος (pair), qui signifie proprement « convenable », propor-
tionné ; et, pour désigner le fini, le parfait, le bien, le mot περίσσος

---

vaient à la comprendre jusque dans le détail (Porphyr., *Vit. Pythag.*, 37).
C'étaient des initiés du second degré, comparables aux ἐπόπται des Mystères.
L'astrologie ou astronomie n'est pas oubliée dans les études cosmopolites de
Pythagore : c'est du Chaldéen Zaratos (Porphyr., *Vit. Pythag.*, 12) ou Assyrien
Nazaratos (Alex. Polyh. ap. Clem., *Strom.*, I, 15) qu'il apprend τόν τε περὶ
φύσεως λόγον καὶ τίνες αἱ τῶν ὅλων ἀρχαί (Porphyr., *ibid.*). L'astrologie est per-
sonnifiée dans son entourage par 'Ἀστραῖος, l'enfant miraculeux recueilli par
Mnésarchos, père de Pythagore (Porphyr., *ibid.*, 10 et 13).

1. La superstition des nombres pairs et impairs, très apparente dans la
religion romaine et immortalisée par le vers de Virgile : *Numero deus impare
gaudet* (*Ecl.*, VIII, 75), remonte certainement plus haut que Pythagore. Les
raisonneurs disaient que l'impair est parfait, fécondant (γόνιμος), masculin,
parce que, ajouté à lui-même, il engendre le pair, tandis que le pair ne peut
engendrer l'impair par addition (Stob., *Ecl.*, I, 1, 10).

(impair), qui signifie « surabondant », démesuré. Ce n'était pas non plus une énigme commode à déchiffrer que la perfection du nombre 10, base du système décimal. Ceux qui en cherchaient la solution au bout de leurs dix doigts étaient loin de compte. Il fallait savoir que le nombre 10 est, après l'unité, le premier nombre qui soit pair-impair (ἀρτιοπερισσός), c'est-à-dire qui, pair en tant que somme, soit composé de deux moitiés impaires. La décade est la clef de tous les mystères de la nature : sans elle, disait Philolaos, « tout serait illimité, incertain, invisible [1] ». On croirait déjà entendre un astrologue parler des merveilleuses propriétés des *Décans* (arcs de 10 degrés).

Le pythagorisme a été, pour les adeptes des sciences occultes en général et de l'astrologie en particulier, une mine inépuisable de combinaisons propres à intimider et à réduire au silence le sens commun [2]. C'est à bon droit que toute cette postérité bâtarde

---

1. Μεγάλα γὰρ καὶ παντελὴς καὶ παντοεργὸς καὶ θείω καὶ οὐρανίω βίω καὶ ἀνθρωπίνω ἀρχὰ καὶ ἀγεμὼν κοινονοῦσα δύναμις καὶ τᾶς δεκάδος, ἄνευ δὲ ταύτας πάντ' ἄπειρα καὶ ἄδηλα καὶ ἀφανῆ (ap. Stob., *Ecl.*, I, 1, 3). La décade est Παντέλεια (ibid., 10) — παντέλεια, ἐν ἐντελεχείᾳ, contenant tous les autres nombres, y compris le carré et le cube, le spirituel, le corporel, etc. (Phil., *De opif. mundi*, 14 et 33). La τετρακτύς (ci-après, p. 9, 2) est aussi une παγὰ ἀενάου φύσιος (*Carm. Aur.*, V, 47). Entre autres rêveries, voyez les combinaisons de l'arithmétique avec la mythologie : la monade correspondant à Jupiter (dieu suprême, père des autres) ou à Apollon (seul dieu, *Sol de Solus!*), la dyade à Héra-Junon ou à Artémis (la Lune, type du pair ou féminin), Ἄρτεμις = ἄρτιος, etc. (Stob., *ibid.*, Marc. Cap., VII, 731 suiv. Io. Lyd., *Mens.*, II, 7 suiv., E. Zeller, I³, p. 337, 1). C'est un concours de jeux de mots, coqs-à-l'âne, calembours, finesses de tout genre. Le nombre 7, qui n'est ni engendrant ni engendré, ni facteur ni produit, va à Athéna-Minerve, vierge et sortie de la tête de Jupiter. Les correspondances « naturelles » des nombres 3 et 7 sont inépuisables. Je ne vois pas très bien en quoi l'ogdoade convient à Poseidon ou à Héphæstos ; mais celui qui l'a adjugée à Cybèle ou Κυβήβη, parce que 8 est l'unique cube (κύβος) contenu dans 10, ne se croyait certainement pas un sot. La géométrie n'était pas moins exploitée : l'âme était un carré pour les uns, un cercle pour les autres, ou le carré était masculin (quoique pair) et le rectangle féminin, etc.

2. La part du pythagorisme, très considérable en astrologie, est énorme dans l'ensemble de ce qu'on appelle « les sciences occultes ». Son principe, que le nombre est l'essence des choses, avait une affinité extrême avec celui de la magie, à savoir que la réalité des choses est incorporée dans leur nom véritable, convenablement rythmé, et que qui tient le nom dispose de l'être dénommé. De là la combinaison qui consiste à évaluer les noms en nombres, appliquée dans l'onomatomancie mathématique (ci-après, ch. xv), la kabbale juive, raison d'être de tous les nombres de l'Antechrist, de la Bête, etc., qui remplissent les apocalypses judéo-chrétiennes, des amulettes comme les *abrasax*, et ainsi de suite. Le goût des spéculations mystiques sur les nombres

de Pythagore a supplanté ses disciples authentiques et pris avec leur héritage le titre de « mathématiciens ». L'école de Pythagore s'était acharnée à mettre le monde en équations, arithmétiques et géométriques. Elle a couvert le ciel de chiffres et de figures, traduits en harmonies intelligibles, sensibles, morales, politiques, théologiques, toutes plus absconses et imprévues les unes que les autres. Faire des sept orbes planétaires une lyre céleste [1], donnant les sept notes de la gamme par la proportion de leurs distances respectives, est la plus connue comme la plus simple de ses inventions. Il était plus malaisé d'arriver au nombre de *dix* sphères, nécessaire à la perfection de l'univers. On sait comment, pour augmenter le nombre des sphères, ces doctrinaires intrépides ont les premiers descellé la Terre de sa position centrale et inséré par dessous une anti-Terre, qui tournait avec elle autour d'un foyer invisible pour nous. Comme un projectile mal dirigé peut arriver au but par un ricochet fortuit, ainsi cette vieille chimère encouragea plus tard Aristarque de Samos et Copernic à se révolter contre le dogme de l'immobilité de la Terre. Il arrive parfois que l'imagination fait les affaires de la science. Colomb n'eût probablement pas bravé les affres de l'Atlantique, s'il n'avait été convaincu que, sur le globe « terrestre », la terre devait nécessairement occuper plus d'espace que l'eau [2].

---

est encore très vivace. C'est presque un *Pythagoras redivivus* ou un Proclus, transformé en prêtre chrétien, que l'auteur des *Harmonies de l'Être exprimées par les nombres* (par P.-F.-G. Lacuria, 2 vol. in-8°. Paris, 1847), une âme candide, dont le souvenir m'empêche de classer indistinctement parmi les charlatans tous les mystiques contemporains. J. Kuntze (*Proleg. z. Gesch. Roms*, Leipzig, 1882) est persuadé que le carré est le symbole de la volonté virile, que le « temple » augural romain était carré pour cette raison, et Rome carrée, et l'empire romain carré, ou plutôt rectangle égal à deux carrés ! C'est encore un cas de métempsycose intellectuelle.

1. L'invention de la lyre heptacorde par Hermès (Hymn. Homer. *in Mercur.*) servit à démontrer que l'astrologie avait été révélée par Hermès-Thoth ou Trismégiste, signataire de tous les ouvrages hermétiques.

2. Cf. *Hist. de Chr. Colomb*, par Fernand Colomb, ch. IX. Il avait aussi mis de son côté Aristote (*De caelo*, II, 14), Sénèque (*Quantum enim est quod ab ultimis littoribus Hispaniae usque ad Indos jacet? Paucissimorum dierum spatium, si navem suus ventus implevit*. Senec., *Q. Nat.*, I, praef.), et voulu réaliser la célèbre prophétie du même Sénèque (*Medea*, 375 suiv.). La loi de Titius ou de Bode, fondée sur un postulat analogue à ceux des Pythagoriciens, a encouragé les astronomes du XIX° siècle à chercher une planète entre Mars et Jupiter, là où ils ont trouvé des centaines de petites planètes. En revanche, le dogme pythagoricien (Gemin., *Isag.*, 1), vulgarisé par Platon, à savoir que les planètes ne peuvent avoir qu'un mouvement circulaire et égal — πᾶν γὰρ

En construisant le monde avec des théorèmes, sans souci de l'observation, les Pythagoriciens ont partout dépassé les hardiesses de l'astrologie, qui semble éclectique et prudente par comparaison. Non seulement ils ont attribué aux nombres en eux-mêmes et aux figures géométriques des qualités spéciales [1], mais ils avaient localisé ces diverses qualités, types, causes et substances des choses visibles, dans diverses parties de l'univers. Rayonnant de leurs lieux d'élection en proportions et suivant des directions mathématiques, ces forces vives créaient aux points de rencontre et marquaient de leur empreinte spécifique le tissu des réalités concrètes [2]. Séparation, mélange, moment opportun (καίρος), proportions, tout l'arsenal des postulats astrologiques est déjà là, et les pièces principales de l'outillage sont déjà forgées. Les astrologues n'ont fait que limiter le nombre des combinaisons calculables et disqualifier certains types, comme le carré, qui leur parut antagoniste du triangle — la figure ou aspect (σχῆμα) favorable par excellence, — et la décade, qui se défendit mal contre l'hégémonie des nombres 7 et 12. Encore verrons-nous reparaître sur le tard, dans les 36 *Décans* astrologiques, d'abord la décade, qui leur donne leur nom, et ensuite la fameuse « quadrature » (τετρακτύς) pythagoricienne, encore une raison ultime des choses et « source de l'éternelle Nature [3] ».

C'est peut-être de l'astronomie pythagoricienne que l'astrologie a tiré le moindre parti. La doctrine de la mobilité de la Terre allait directement contre un postulat nécessaire de l'astrologie, et l'explication naturelle des éclipses — si tant est qu'elle ait été donnée par Pythagore — était plutôt importune à ceux qui en faisaient un instrument de révélation. Quant à la métempsycose

---

σῶμα θεῖον κινεῖται κυκλικῶς (Proclus, in *Anal. sacr.*, V, 2, p. 76 Pitra), — a empêché tous les prédécesseurs de Kepler d'admettre des orbites elliptiques. Ils n'ont pas songé aux Orphiques, qui donnaient au monde la forme d'un œuf!

1. Nous renvoyons ici, pour éviter des répétitions, aux chapitres suivants, notamment à la théorie des *aspects* ou polygones réguliers, voies tracées à l'action des astres.

2. La conception des ἀπείρων δυναμέων ἄπειροι συνδρομαί, qui marquent à la façon d'un sceau (ἰδέα σφραγῖδος), se trouve bien dégagée dans le système pythagorisant des gnostiques Séthiens (*Philosophum.*, V, 3, p. 212 Cruice). Le Καιρός, *modus* et aussi *opportunitas* (= Ἀθῆνα, ap. Stob. *Ecl.* I, 1, 10), idée fondamentale de la théorie des καταρχαί (ci-après, ch. XIII).

3. Ci-dessus, p. 7, 1. Il y a la petite τετρακτύς (4) ; la moyenne, somme des *quatre* premiers nombres (1 + 2 + 3 + 4) ou décade ; et la grande τετράκτυς, somme des *quatre* premiers nombres impairs et des *quatre* premiers nombres pairs (1 + 3 + 5 + 7) + (2 + 4 + 6 + 8) = 36. Celle-ci a pu être suggérée par le système des décans, ou inversement.

et la palingénésie, c'étaient des doctrines indifférentes à l'astrologie, qui, s'occupant exclusivement de la vie présente, s'accommodait de toutes les théories concernant les autres modes
d'existence.

Si les disciples de Pythagore oubliaient un peu trop la terre
pour le ciel, l'école d'Élée dépassa en sens contraire l'état d'esprit
favorable à l'éclosion des idées astrologiques. Xénophane pensait
que les astres, y compris le Soleil et la Lune, devaient être de
simples météores, des vapeurs exhalées par la Terre et qui, s'en-
flammant d'un côté de l'horizon, allaient s'éteindre du côté
opposé. La terre était assez vaste pour produire en même temps
plusieurs de ces flambeaux, et peut-être chaque climat avait-il
le sien. Ce n'est pas dans ces fusées, renouvelées chaque jour,
que l'astrologie eût pu placer les forces génératrices, éternellement semblables à elles-mêmes, dont elle prétendait calculer les
effets sur terre [1]. Enfin, la doctrine éléatique par excellence,
l'idée que le monde est Un et immobile, au point que la multiplicité et le mouvement sont de pures apparences, était la négation anticipée des dogmes astrologiques.

Héraclite, partant d'un principe opposé et presque aussi inintelligible pour le vulgaire, ne voyait dans la stabilité relative
des apparences qu'une illusion qui nous cache le flux perpétuel
de la substance des choses. A vrai dire, pour Héraclite, rien
n'est, puisque l'être ne se fixe nulle part; mais tout devient,
sans arriver jamais à se réaliser, à se distinguer de la masse
mouvante qui fuit à travers le réseau des formes sensibles.
Comme tous les physiciens d'Ionie, il voyait dans les divers états
de la matière ou substance universelle des degrés divers de
condensation et de raréfaction, et il importe peu que le type
normal soit pris au milieu ou à une extrémité de la série. Héraclite partait de l'état le plus subtil : il considérait le feu comme
l'élément moteur et mobile, générateur et destructeur par excellence. Les astres étaient pour lui des brasiers flottant au haut
des airs en vertu de leur légèreté spécifique et alimentés par les
vapeurs terrestres. Le Soleil, en particulier, peut-être le plus petit,
mais le plus rapproché de tous, se régénérait chaque jour, éteint
qu'il était chaque soir par les brumes de l'Occident [2]. Héraclite

---

1. Aussi Manilius réfute les Éléates : *Nam neque fortuitos ortus surgentibus
astris | Nec totiens possum nascentem credere mundum,   Solisve assiduos par-
tus et fata diurna* (I, 182 suiv.).

2. Héraclite, qui, dit-on, attribuait au Soleil la forme d'une barque (σκαφοει-

ne voulait pas que les astres opposassent quelque consistance au flux universel. Le Soleil n'en était pas moins l'excitateur de la vie sur terre : ce qu'on appelle vie, âme, raison, intelligence, est un feu allumé d'en haut [1]. Ce trait caractéristique de la doctrine est un théorème astrologique tout fait. La physique d'Héraclite, adoptée par les stoïciens et purgée du paradoxe concernant l'inconsistance des corps célestes, deviendra une des forteresses de l'astrologie.

Tous les philosophes passés en revue jusqu'ici étaient en lutte avec le sens commun, qu'ils appelaient dédaigneusement l'opinion (δόξα), et ceux d'entre eux qui avaient versifié l'exposé de leur système ne comptaient évidemment pas sur la clientèle des rapsodes homériques. Empédocle, au contraire, convertit en vanité une bonne part de son orgueil. Il aimait à prendre les allures d'un prophète inspiré, et nul doute que, s'il avait connu l'astrologie, celle-ci n'eût fait entre ses mains de rapides progrès.

La substitution de quatre éléments différents et premiers au même titre, la terre, l'eau, l'air et le feu, à une substance unique plus ou moins condensée n'intéressait, alors comme aujourd'hui, que la métaphysique. Cependant, le système d'Empédocle, en mettant la diversité à l'origine des choses, exigeait de l'esprit un moindre effort que le monisme de ses devanciers, et la variété des mélanges possibles n'était pas moindre que celle des déguisements protéiformes de la substance unique. Ce système avait encore l'avantage d'expliquer d'une façon simple une proposition qui a une importance capitale en astrologie, à savoir, comment les corps agissent à distance les uns sur les autres. Suivant Empédocle, ils tendent à s'assimiler par pénétration réciproque, pénétration d'autant plus facile qu'ils sont déjà plus semblables entre eux. Il conçoit des effluves (ἀπορροαί-ἀπόρροιαι) ou jets de molécules invisibles, qui, guidés par l'affinité élective, sortent d'un corps pour entrer dans un autre par des pores également invisibles, tendant à produire de part et d'autre un mélange de mêmes proportions et, par conséquent, de propriétés identiques. La lumière, par exemple, est un flux matériel qui

δής) et un pied de diamètre (Euseb., *Praep. Ev.*, XV, 24-25), a peut-être pris à la lettre le mythe égyptien de Râ enfanté chaque jour par Nut. Le Soleil d'un pied de diamètre et régénéré chaque jour reparaît dans la physique d'Épicure (Cleomed., *Cycl. Theor.*, II, 1 ; Serv., *Georg.*, I, 247).

1. Macrobe (*Somn. Scip.*, I, 14, 19) recensant les définitions de l'âme : *Heraclitus physicus [dixit animam] scintillam stellaris essentiae.*

met un certain temps à aller du corps qui l'émet à celui qui
le reçoit. On ne saurait imaginer de théorie mieux faite pour
rendre intelligible « l'influence » des astres sur les générations
terrestres [1], et aussi celle qu'ils exercent les uns sur les autres
quand ils se rencontrent sur leur route, genre d'action dont les
astrologues tiennent grand compte et qu'ils désignent par les
mots de contact (συναφή) et défluxion (ἀπόρροια).

Le monde (κόσμος) est pour Empédocle le produit d'une série
indéfinie de compositions et décompositions opérées par l'Amour
et la Haine, l'attraction et la répulsion. La vie et le mouvement
naissent de la lutte de ces deux forces primordiales : quand l'une
d'elles l'emporte, elle poursuit son œuvre jusqu'à ce que la
combinaison intime de tous les éléments ou leur séparation
complète produise l'immobilité, la mort de la Nature. Mais ce
repos ne saurait être définitif. La force victorieuse s'épuise par
son effort même ; la force vaincue se régénère, et le branle
cosmique recommence en sens inverse [2], engendrant un monde
nouveau, destiné à rencontrer sa fin dans le triomphe exclusif
de l'énergie qui l'a suscité. Il va sans dire que le monde actuel
est l'œuvre de la Haine, et que, parti de l'heureuse immobilité
du Sphæros, il marche à la dissociation complète. Empédocle eût
sans doute été embarrassé d'en donner d'autres preuves que
les souvenirs de l'âge d'or ; mais ce lieu commun poétique
gardait encore, surtout aux yeux d'un poète comme lui, la valeur
d'une révélation des Muses. Du reste, l'imagination tient dans
l'œuvre d'Empédocle plus de place que la logique pure : il était
de ceux qui trouvent plus aisément des mots que des raisons,
et la légende qui le fait passer pour un charlatan n'a fait qu'exagérer un trait bien marqué de son caractère [3]. Sans nous attarder à fouiller sa cosmogonie pour y retrouver maint débris de

---

1. « Le mot d'*influence* nous reporte aux anciennes superstitions astrologiques... Le mot italien d'*influenza* fait allusion à quelque croyance analogue »
(M. Bréal, *Essai de Sémantique*, p. 141). Les mots *désastre, étoile* au sens de
destinée, etc., sont des survivances de même origine.

2. Ce mouvement, d'abord lent, s'accélère de plus en plus. Il en résulte que
la durée des jours et des nuits (Empédocle ne songe qu'au mouvement
diurne) allait s'abrégeant : de là, une théorie très originale de la durée de la
vie intra-utérine, égale à la durée du jour lors de la naissance de l'espèce
humaine, et restée la même depuis (ci-après, ch. XII).

3. Ceux qui préfèrent à la lecture des fragments d'Empédocle des vers
bien frappés, résumant sa philosophie (avec les textes en *Notes*) et dramatisant
sa légende, trouveront ce qu'ils cherchent dans *Panthéia, Étude antique*, par
Félix Henneguy. Paris, 1874.

vieux mythes, nationaux ou exotiques, nous signalerons en passant des idées qui furent plus tard exploitées par des astrologues. Les premiers et informes essais de la Nature créatrice, les monstres produits par le rapprochement fortuit de membres disparates, expliqueront les formes les plus étranges domiciliées dans les constellations [1], comme le souvenir des dragons, chimères et centaures mythologiques a suggéré à Empédocle lui-même sa description de la terre en gésine. Celle-ci n'est plus cependant la Mère universelle. Elle est bien au centre de l'univers, maintenue en équilibre par la pression des orbes célestes qui tournent autour d'elle ; mais elle n'a pas enfanté les astres et elle ne surpasse pas en grandeur le Soleil, qui est de taille à projeter sur elle des effluves irrésistibles.

C'est le précurseur de la physique atomistique que Lucrèce admire dans Empédocle [2]. Leucippe et son disciple Démocrite firent rentrer dans la science l'idée de l'unité qualitative de la substance universelle, en ramenant les quatre éléments à n'être plus que des groupements d'atomes de même substance, mais de formes et de grosseurs diverses. Ils conservèrent cependant au feu, générateur de la vie et de la pensée, une prééminence que les astrologues adjugeront tout naturellement aux astres. Le feu n'était pas, comme les autres éléments, une mixture de molécules diverses, mais une coulée d'atomes homogènes, les plus ronds et les plus petits de tous, capables de pénétrer tous les autres corps, même les plus compactes. La genèse du monde, ou plutôt des mondes — car celui que nous voyons n'est qu'une parcelle de l'univers, — est, pour les atomistes, un effet mécanique de la chute des atomes ; mouvement qui, par suite des chocs et ricochets obliques, produit des tourbillons circulaires. Dans chacun de ces tourbillons, isolé des autres par une coque sphérique qui se forme et s'immobilise au contact d'un milieu résistant, les atomes se criblent et se tassent par ordre de densité. Les plus pesants vont au centre, où ils forment la Terre ; les autres s'étagent entre le centre et la circonférence, où les

---

1. L'idée que le Ciel est un musée de curiosités préhistoriques est exprimée par Sénèque (*Hercul. fur.*, 65 suiv. *Purgata tellus omnis in caelo videt Quodcumque timuit*). Le scoliaste de Germanicus (p. 385 Eyssenhardt) pense que Jupiter l'a formé pour l'instruction des hommes : le Scorpion, par exemple, fut *a Jove astris inlatus, ut ejus naturam futuri homines intellegerent*. Jupiter paléontologiste !

2. Lucret., I, 717-734 ; Empédocle savant tel *Ut vix humana videatur stirpe creatus*.

plus légers et les plus mobiles s'enflamment par la rapidité dc leur mouvement.

La logique du système exigeait que la masse de feu la plus considérable et la plus active, le Soleil, fût la plus éloignée du centre, et c'est bien ainsi que l'entendait Leucippe, car on nous dit qu'il plaçait la Lune au plus près de la Terre, le Soleil au cercle « le plus extérieur » et les astres entre les deux [1]. Mais Démocrite paraît avoir imaginé les hypothèses les plus hardies pour remettre la doctrine d'accord avec l'opinion commune, avec le fait indubitable que le foyer solaire est celui dont nous sentons le mieux la chaleur. Il en vint à supposer, dit-on, que le Soleil avait d'abord été une sorte de Terre, qui tendait à s'immobiliser au centre du tourbillon primordial. Mais ce premier dépôt, supplanté ensuite par la croissance plus rapide de notre Terre, avait été entraîné par le mouvement céleste à tourner autour de celle-ci et s'était « rempli de feu » à mesure que s'accroissait sa vitesse et que s'élargissait son orbite. Ainsi le Soleil restait à la portée de la Terre, qui l'alimentait de ses vapeurs, en échange de sa lumière et de sa chaleur. La même hypothèse rendait compte de la proximité et de la nature moins ignée de la Lune [2]. En fin de compte, ces deux astres, que les astrologues appelleront « les « luminaires » (τὰ φῶτα) pour les distinguer des autres planètes, étaient mis à part des autres et rattachés par des liens plus étroits à la Terre, dont ils reproduisaient, avec une dose d'atomes ignés en plus, la composition moléculaire. Cette théorie servira de support à certains postulats astrologiques. Sans doute, l'opinion vulgaire attribuait aussi aux « luminaires » une action prépondérante ; mais la doctrine de Démocrite montrait que cette action, plus forte comme quantité, l'est aussi comme qualité, en vertu d'affinités plus étroites. Enfin, si l'atomisme n'était pas de

---

1. Diog. L., IX, 6, 33. On verra plus loin que l'ordre des planètes a une importance capitale en astrologie.

2. Euseb., *Praep. Evang.*, I, 8, 7. Peut-être Démocrite avait-il emprunté à son contemporain Empédocle et utilisé ici la théorie de l'accélération du mouvement du Sphæros (ci-dessus, p. 12, 2). Démocrite pensait aussi qu'il y a plus de planètes que n'en comptaient les Orientaux et les pythagoriciens. Tel est probablement le sens du passage équivoque de Sénèque : *Democritus quoque... suspicari se ait plures esse stellas quae currant, sed nec numerum illorum posuit nec nomina, nondum comprehensis quinque siderum cursibus* (Sen., *Q. Nat.*, VII, 3, 2. Cf. E. Zeller, I³, p. 722, 3). En général, Démocrite passait pour s'être beaucoup occupé d'astronomie et de pronostics météorologiques. Cf. les fragments ἐκ τῶν περὶ ἀστρονομίας συγγραμμάτων (*Fr. Phil. Graec.*, ed. Müllach, I, pp. 368-369).

tout point favorable à l'astrologie et si les astrologues proprement dits n'ont pas eu à se louer des Épicuriens, héritiers de la physique de Démocrite, en revanche, le philosophe d'Abdère devint le patron des alchimistes, qui n'étaient en somme que des astrologues descendus de l'observatoire au laboratoire.

En même temps que les atomistes, Anaxagore, un peu plus âgé que Démocrite, utilisait comme eux les essais de ses devanciers pour improviser comme eux une cosmogonie qui ne diffère de la leur que par les principes métaphysiques. Anaxagore substitua à l'essence unique des Ioniens, des Éléates et des atomistes non plus quatre éléments, comme Empédocle, mais une infinité de corps simples, qui, sans être jamais complètement dégagés de tout mélange, révèlent leurs qualités spécifiques dans les composés où l'un d'eux est en proportion dominante. Il conçut aussi la genèse du monde comme résultant des propriétés immanentes de la substance; mais il crut devoir ajouter à la série des causes une cause initiale, une Intelligence (Νοῦς) qui avait donné le branle à la machine. Le philosophe n'entendait évidemment pas rentrer par là dans la logique vulgaire, qui explique l'œuvre par l'ouvrier, et amener son système au degré de simplicité qu'offrent les cosmogonies orientales. Socrate lui reprochait même de ne pas s'être servi de cette Intelligence pour rendre raison de l'ordre du monde et de lui avoir substitué dans le détail « l'air, l'éther, l'eau et autres choses aussi absurdes [1] ». D'autres l'appellent le « physicien » et mécaniste par excellence [2]. Nous ne pouvons plus démêler, à travers les contradictions des textes [3], quelle nature et quel rôle Anaxagore attribuait à l'Esprit cosmique, et peut-être ne le savait-il pas bien lui-même. Il est probable que, fidèle à sa conception des substances simples, inconvertibles chacune en une autre, il entendait par Νοῦς la somme de vie et d'intelligence répandue dans la Nature, somme indivise à l'origine des choses. Si minime que fût, au fond, la différence entre la « substance pure » ou esprit d'Anaxa-

---

1. Plat., *Phaedr.*, p. 98 B. De même, Aristote dit qu'Anaxagore se sert du νοῦς « comme d'une machine », lorsqu'il est embarrassé de trouver une cause, et, le reste du temps, πάντα μᾶλλον αἰτιᾶται τῶν γιγνομένων ἢ νοῦν (*Metaph.*, I, 4).

2. Ὁ φυσικώτατος Ἀναξαγόρας (Sext. Empir., *Adv. Mathem.*, VII, 90).

3. Le Νοῦς ordonnateur universel (Anaxag. ap. Diog. L., II, 6); seule substance simple (ap. Aristot., *De An.*, I, 2, 5); âme (ψυχή), c'est-à-dire principe de la vie organique, répandu dans tous les êtres vivants, ζῴοις καὶ μεγάλοις καὶ μίκροις (*ibid.*), et, comme tel, n'ayant pas ou n'ayant plus la personnalité que suppose son rôle initial, etc.

gore et le feu intelligent d'Héraclite, l'intervention de cet esprit
ou âme du monde fut considérée comme un démenti donné à la
théorie de l'univers construit par le jeu automatique des forces
naturelles : ce fut pour la « physique » ionienne un coup qui faillit
être mortel. Il fut avéré que cette physique si vantée, qui croyait
avoir découvert la raison ultime des choses, n'avait pas réussi à
en percer le mystère. Son mécanisme ne se suffisait pas à lui-
même s'il fallait chercher la cause du mouvement ailleurs que
dans les propriétés de la substance inconsciente, c'est-à-dire dans
le domaine des forces spirituelles ou volontés, domaine interdit
à la science et accessible seulement à la foi. Les esprits ailés,
ceux qui franchissent cette ligne de démarcation sans même
l'apercevoir [1], allaient s'élancer dans la carrière ainsi déblayée
et construire à leur tour le monde en s'improvisant confidents et
interprètes du plan divin. La place était prête pour le Démiurge,
les dieux planétaires et les Génies de Platon.

Ainsi, en moins de deux siècles, la science hellénique semblait
avoir achevé son cycle : elle revenait vers son point de départ, la
foi religieuse. Pour employer un mot qui n'était pas encore à la
mode, on l'accusait de banqueroute. Ses efforts mal coordonnés
avaient porté à la fois sur tous les domaines de la connaissance ;
elle était partie en guerre contre « l'opinion » et avait discrédité
le sens commun sans mettre à la place autre chose que des
affirmations sans preuves, qui se détruisaient mutuellement,
d'un système à l'autre, par leur discordance même. Les sophistes
en conclurent que rien ne restait debout, et que chacun était
libre de nier ou d'affirmer à son gré, sur quelque sujet que ce
fût. A quoi bon chercher le vrai, le réel, puisque, comme les
Éléates et Héraclite l'avaient démontré par des méthodes contraires, nous ne percevons que des apparences trompeuses et
que le témoignage même de nos sens est ce dont nous devons le
plus nous défier ? « L'homme est la mesure de toutes choses »,
disait Protagoras : chacun se façonne une vérité à son usage,
autrement dit, conforme à ses intérêts, et celui-là est passé

---

1. Cette ligne de démarcation est oblitérée et comme effacée depuis plus de
vingt siècles par les efforts de logique faits en vue de concilier la notion de
lois naturelles, nécessaires et immuables, — postulat initial de la science —
avec la volonté divine, libre par définition. Il faut la maintenir, comme le seul
moyen de faire vivre en paix, dans leurs domaines respectifs, la science et la
foi, en restituant à la foi les spéculations métaphysiques sur le pourquoi initial ou final des choses, c'est-à-dire ce que l'homme peut croire, mais non pas
savoir.

maître dans l'art de vivre qui, sans être dupe de sa propre opinion, réussit à l'imposer aux autres par l'éloquence, ou, au besoin, par la force.

II

LES SOCRATIQUES

Avec Socrate s'ouvre une nouvelle ère. Socrate passe pour avoir terrassé l'hydre de la sophistique et sauvé la morale en danger. Ce n'est pas qu'il entendît défendre une parcelle quelconque de la science ou de la tradition [1] : il acheva, au contraire, de ruiner tout ce qui ressemblait encore à une affirmation, y compris les propositions sophistiques. Mais, tout en déclarant ne rien savoir, il invita tous les hommes de bonne volonté à chercher la vraie science, leur certifiant, au nom d'une révélation divine, qu'ils la trouveraient et que la morale y serait contenue par surcroît. Seulement, il pensait que la raison humaine ne peut connaître avec certitude d'autre objet qu'elle-même, et que, par conséquent, la science future devait s'interdire les vaines recherches qui l'avaient dévoyée, l'étude de la Nature extérieure. Si l'homme n'était plus, aux yeux de Socrate, la mesure de toutes choses, il restait la mesure de celles qu'il peut connaître : les limites de sa nature marquaient aussi les limites de son savoir [2]. Au delà s'étendait à perte de vue l'inconnaissable, le mystère du divin, dans lequel l'esprit humain ne peut pénétrer que par la Révélation. On sait quel cas faisait Socrate des sciences dépourvues d'applications pratiques, et en particulier des théories cosmogoniques qui avaient tant exercé jusque-là l'ingéniosité des philosophes. « En général », dit Xénophon, « il défendait de se préoccuper outre mesure des corps célestes et des lois suivant lesquelles

---

1. On sait que Socrate n'a rien écrit et qu'il y aurait naïveté grande à lui attribuer tout ce que Platon lui fait dire. Le Socrate de Xénophon a chance d'être plus ressemblant, sauf en un point. C'est comme apologiste que Xénophon transforme Socrate en défenseur de la tradition, des lois établies. Si Socrate disait τὸ νόμιμον δίκαιον εἶναι (Xen., Mem., IV, 4, 12), il sous-entendait : à condition que la loi soit juste. Socrate, avant les Apôtres, a dit à ses juges : πείσομαι μᾶλλον τῷ θεῷ ἤ, ὑμῖν (Plat., Apolog., p. 29).

2. La sentence de l'oracle γνῶθι σαυτόν voulait dire que l'homme, connaissant sa condition, doit être humble devant les dieux. Socrate l'a détourné de son sens naturel, que ce spirituel tour de main a fait oublier.

la divinité les dirige. Il pensait que ces secrets sont impéné-
trables aux hommes, et qu'on déplairait aux dieux en voulant
sonder les mystères qu'ils n'ont pas voulu nous révéler. Il disait
qu'on courait le risque de déraisonner en s'enfonçant dans ces
spéculations, comme déraisonnait Anaxagore avec ses grands
raisonnements pour expliquer les procédés des dieux [1] ». C'est
le cri de tous les moralistes de tradition socratique. Ils prétendent isoler l'homme de la Nature, et on dirait que, de toute
les sciences, l'astronomie leur paraît la plus orgueilleuse et
la plus inutile. Horace demandant de quoi a servi à Archytas
« d'avoir parcouru le ciel, puisqu'il devait mourir [2] », n'est pas
moins pressant là-dessus que Bossuet s'écriant : « Mortels
misérables et audacieux, nous mesurons le cours des astres... et,
après tant de recherches laborieuses, nous sommes étrangers
chez nous-mêmes [3] ! » ou que Malebranche écrivant : « Qu'avons-
nous tant à faire de savoir si Saturne est environné d'un
anneau ou d'un grand nombre de petites lunes, et pourquoi
prendre parti là-dessus [4] ? » Socrate bornait l'utilité de l'astronomie à la confection du calendrier : pour le surplus, il se
moquait de gens qui, même s'ils parvenaient à savoir ce qui se
passe là-haut, ne pourraient jamais « faire à leur gré le vent et la
pluie [5] ». Quel accueil eût-il fait à l'astrologie, qui avait la pré-

---

1. Xenoph., *Mem.*, IV, 7, 6. Et Socrate cite comme preuve de la déraison
d'Anaxagore le fait d'avoir cru que le Soleil était du feu ou une pierre en feu.
Comment n'avait-il pas songé, dit Socrate, qu'on peut regarder le feu, et non
pas le soleil; que le soleil fait pousser les plantes et que le feu les détruit, etc.?
Socrate était plus brouillé qu'il ne pensait avec la « physique ». Il n'a eu
pour vrais disciples que les Cyniques et les Cyrénaïques. Les autres l'excu-
sent ou le réfutent. *Quidni quaerat* [*caelestia*]? *Scit illa ad se pertinere*
(Senec., *Q. Nat.*, Praef. 10). L'homme, partie de la Nature, ne peut pas se connaître lui-même, s'il ne connaît pas le tout : οὐκ ἔστι γὰρ ἄνευ τῆς τῶν ὅλων
οὐσίας εἰδέναι τὰ μέρη (Clem. Alex., *Strom.*, I, 60). Manilius réfute directement
Socrate en disant que ce sont les dieux eux-mêmes qui ont enseigné aux
hommes la science des astres : *Quis caelum possit nisi caeli munere nosse*, etc.?
(II, 115 et I, 25-52) ; *Quis putet esse nefas nosci quod cernere fas est?* (IV, 922).

2. Hor., *Od.*, I, 28.

3. *Sermon sur la loi de Dieu*. On pense bien que Bossuet ne cite pas Socrate,
mais l'*Ecclésiaste : Quid necesse est homini majora se quaerere?* etc. (VII, 1).
C'est surtout l'indifférence pour la science inutile que Théodoret loue dans
Socrate (*Gr. affect. cur.*, IV, p. 799). Socrate pensait *caelestia vel procul esse
a nostra cognitione, vel, si maxime cognita essent, nihil tamen ad bene viven-
dum* (Cic. *Acad.*, I, 4, 15).

4. *Recherche de la vérité*, IV, 7.

5. Xenoph., *Mem.*, I, 1. Cf. IV, 7. En revanche, l'auteur de l'*Epinomis*
(p. 990 A) dédaigne l'astronomie qui se borne à régler le calendrier, au lieu de

tention d'être précisément l'astronomie appliquée, et appliquée
à la connaissance de l'homme, s'il l'avait connue et si on avait
pu lui démontrer qu'elle était révélée [1]? Nous l'ignorons; mais il
est bon de noter que ce furent ses disciples les plus fidèles, les
moralistes les plus étroits et les plus fermés aux curiosités de la
science inutile, les Stoïciens, qui introduisirent l'astrologie dans
le sanctuaire de la philosophie pratique. S'il avait fait descendre
la philosophie du ciel en terre, comme on le répète depuis
Cicéron [2], elle ne tarda pas à y remonter.

Les grands initiateurs n'ont jamais été des constructeurs de
systèmes, mais des hommes qui ont ramassé toute leur énergie
dans un sentiment unique, dans un vouloir puissant, capable
d'agir par le choc sur la volonté des autres et de la marquer de
son empreinte. L'impulsion ainsi donnée peut se transformer en
mouvements divergents, mais le point de départ commun reste
visible des directions les plus opposées. Après Socrate, quiconque
se proposa d'arriver par le savoir à la vertu et de n'estimer la
science qu'en raison de son efficacité morale fut un socratique.

Pur de tout mélange d'indiscrète curiosité, le socratisme eût
tué l'esprit scientifique sans atteindre le but visé, car la morale
ne peut être objet de science. L'exercice d'une volonté supposée
libre échappe par définition à l'étreinte rigide des lois naturelles
que la science cherche à établir. En voulant associer et même
confondre des procédés intellectuels incompatibles, les moralistes
socratiques se sont obstinés dans la prétention de démontrer l'in-
démontrable, et leurs systèmes ont fini par s'absorber dans des
dogmes religieux dont ils tenaient indûment la place.

C'était déjà une religion que la vaste et poétique synthèse où
Platon fit entrer des connaissances encyclopédiques converties
en dogmes moraux. Après avoir longtemps retourné dans tous
les sens les problèmes de pure morale, privée et publique, Platon
voulut aussi, comme les savants d'autrefois, écrire un traité de
la Nature, qu'il eut soin de ne pas mettre sous la responsabilité

contempler τὴν τῶν αἰσθητῶν θεῶν φύσιν. De même, Théon de Smyrne (p. 9
Hiller). C'est un désaveu complet du Socrate de Xénophon, sinon du Socrate
platonicien, que Firmicus (après Aristophane, sans doute) classe parmi les
astrologues dévots, ceux qui croient *stellarum quidem esse quod patimur*
(Firmic., I, 6, 4 Kroll). On a fait de Socrate un Janus à deux visages.

1. On sait quelle foi avait Socrate dans la divination ou révélation (cf. ci-
dessus, p. 17, et *Hist. de la Divination*, I, p. 42-45).

2. *Socrates autem primus philosophiam devocavit e caelo*, etc. (Cic., *Tuscul.*,
V, 4).

de Socrate, réduit ici au rôle d'auditeur du philosophe pythagoricien Timée [1]. Le *Timée* est peut-être la dernière œuvre de Platon. C'est aussi la plus mystique, celle où l'habitude d'affirmer
sans preuves s'étale avec le plus de complaisance et où l'affaiblissement de la raison raisonnante est le plus sensible. Aussi le
Timée devint-il plus tard le bréviaire de tous les adeptes des doctrines, sciences et arts mystiques, qui l'ont torturé et dénaturé
en le commentant sans cesse. Les astrologues ne furent pas les
derniers à faire provision d'arguments dans le *Timée*. Ils n'eurent
que l'embarras du choix, car tout le système est fait à souhait
pour appuyer leurs postulats.

D'abord, le monde est un : le Démiurge a ramassé dans sa
capacité sphérique toute la matière existante, la totalité de chacun des quatre éléments — ceux-ci différenciés simplement par
les formes géométriques de leurs molécules, — de sorte qu'il n'y
a aucun obstacle extérieur, choc ou résistance, qui puisse être
pour lui une cause de désordre ou de destruction. De plus, le
monde est un être vivant, dont tous les organes sont solidaires
les uns des autres et liés par une harmonie si parfaite que ce
vaste corps est à jamais « exempt de vieillesse et de maladie ».
Cet être vivant a pour principe de vie et de mouvement une âme
composée en raison ternaire d'éléments spirituels, corporels et
mixtes, âme créée avant le corps, qu'elle enveloppe et pénètre.
Elle comprend sept parties premières, ordonnées et subdivisées
suivant les proportions de l'harmonie musicale, arithmétique et
géométrique. L'essence spirituelle de l'âme meut le cercle extérieur du monde de gauche à droite (mouvement diurne), et l'essence matérielle imprime aux sept cercles intérieurs un mouvement en sens contraire autour d'un axe incliné sur l'autre,

---

1. On ignore s'il a réellement existé un Timée, et si les ouvrages qu'on lui
prête ne sont pas des rapsodies de Platon. L'habitude qu'avait Platon de
mettre ses opinions dans la bouche d'autrui a encouragé les fabricants de
livres pseudépigraphes, qui n'avaient pas besoin d'encouragement. Pline
(XVI, § 82) cite un astrologue, *Timaeus mathematicus*, qui attribuait la chute
des feuilles à l'influence du Scorpion. Nous avons encore, sur le *Timée* ou
Περὶ φύσεως de Platon (et le Xᵉ livre de la *République*), les commentaires
de Chalcidius, de Macrobe (à propos du *Somnium Scipionis* de Cicéron) et de
Proclus, celui-ci un énorme volume où sont réunis des débris d'une foule de
commentaires perdus (849 p. gr. in-8º sur le *Timée*, éd. Schneider, Vratis-
lav., 1847, et 196 p. in-4º sur la *Rép.*, lib., X, dans les *Anal. Sacr.*, V, 2, de
D. Pitra, Rome et Paris, 1888). Il faut y ajouter l'ouvrage de Théon de Smyrne,
Τῶν κατὰ τὸ μαθηματικὸν χρησίμων εἰς Πλάτωνος ἀνάγνωσιν, éd.
E. Hiller (Lips. 1878, 205 p. in-12).

mouvement qui, combiné avec le premier, leur fait décrire dans
l'espace, avec des vitesses différentes, des spires alternativement
montantes et descendantes. De ces cercles ou astres mouvants
(planètes), Platon ne connaît encore par leurs noms que la Lune,
le Soleil, Vénus et Mercure : « pour les autres, les hommes ne
s'étant pas mis en peine de leurs révolutions, sauf un bien petit
nombre, ils ne leur donnent pas de noms [1] ». Seule, la Terre, traversée et comme clouée à sa place par l'axe immobile sur les
pivots duquel roule l'univers, ne participe pas au mouvement
général imprimé après coup à la machine ronde.

Tous ces astres, fixes ou errants, et la Terre elle-même, « la
plus ancienne des divinités nées dans l'intérieur du ciel [2] », sont
des dieux vivants et immortels, le Démiurge les ayant façonnés
de corps et d'âme à l'image du monde entier, qui est le plus
grand des dieux après son auteur. Les astres une fois créés, le
Démiurge, qui ne voulait pas mettre directement la main à des
œuvres périssables, laissa aux « organes du temps », aux dieux-
planètes, le soin d'achever le monde en façonnant eux-mêmes les
êtres mortels. Il se contenta de leur fournir, pour animer ces
êtres, des âmes de qualité inférieure, devant qui il daigna exposer
ses desseins et justifier sa Providence avant de les répartir par
lots dans les astres. Autant qu'on en peut juger à travers l'obscurité peut-être voulue du texte, les âmes font une station dans
les étoiles fixes avant de descendre dans les sphères inférieures,
où les dieux-planètes s'occupent de leur confectionner un habitacle matériel. Copiant de leur mieux le modèle universel dont le
monde et eux-mêmes étaient déjà des copies, ces dieux façonnent,
pour y loger les âmes, des corps sphériques. Malheureusement,
l'enveloppe sphérique de l'âme eut besoin d'un véhicule (ὄχημα)
pour la porter et la soustraire aux chocs qu'elle eût rencontrés
en roulant à la surface de la terre. Les dieux, dépourvus cette
fois de modèle à copier, imaginèrent un mécanisme approprié au
but. Platon étale à ce propos les naïvetés de sa physiologie, montrant comme quoi le poumon, perméable à l'air et rafraîchi par
les boissons, rafraîchit à son tour le cœur, auquel il sert de
coussin ; comment la rate a pour fonction d'essuyer la surface

---

1. Plat., *Tim.*, p. 38 E et 39 C.
2. Πρώτην καὶ πρεσβυτάτην θεῶν, etc. (*Tim.*, p. 40 C) : croyance archaïque
surabondamment attestée. Plotin distinguait en elle, outre le corps (Γαῖαν),
τὸν μὲν νοῦν αὐτῆς Ἑστίαν καλῶν, Δήμητραν δὲ τὴν ψυχήν (Proclus, *In Tim.*,
p. 282 C).

miroitante du foie, sur laquelle les dieux font apparaître les
images dont ils veulent occuper l'âme ; et comment les intestins,
repliés sur eux-mêmes, allongent le trajet des aliments afin de
donner à l'homme le temps de penser. Pour douer de vie le véhicule de l'âme intelligente, les dieux sont obligés de prélever sur
la substance de celle-ci de quoi confectionner deux autres âmes
plus matérielles, logées l'une dans la poitrine, l'autre dans le
ventre, et ils prennent soin de séparer ces trois hôtesses du corps
par des barrières, la cloison du diaphragme et l'isthme du cou.
Les organes des sens ne sont pas oubliés, et la théorie de la per-
ception externe dépasse en imprévu tout le reste.

Platon n'a pas jugé à propos d'expliquer nettement si chaque
dieu-planète fabrique des habitants pour son propre domaine,
ou s'ils s'occupent tous de façonner les hommes qui vivent sur
la Terre. Anaxagore et Philolaos ayant déjà placé des habitants
sur la Lune, il est probable que Platon peuplait toutes les planètes. Mais le système de la pluralité des mondes habités n'a
jamais souri aux astrologues, qui ont besoin de faire converger
vers la Terre tout l'effet des énergies sidérales. Aussi, les commentateurs du *Timée* profitèrent des réticences embarrassées de
Platon pour lui faire contresigner la théorie la plus favorable à
la thèse astrologique, à savoir que l'homme terrestre est le
produit de la collaboration de tous les dieux-planètes.

Les mythes platoniciens doivent au vague même de leurs
contours une certaine grâce, et l'on reste libre de croire que le
maître lui-même ne les prenait pas autrement au sérieux [1] ;
mais, transformés en dogmes par la foi pédantesque des néo-
platoniciens, ils devinrent d'une puérilité qui fait sourire. Tel
croit savoir que les âmes descendent des régions supérieures par
la Voie Lactée, d'où elles apportent le goût et le besoin de
l'allaitement [2] ; un autre, commentant le Xe livre de la *Répu-*

---

1. Cf. L. Couturat, *De Platonicis mythis*. Paris, 1896. L'auteur soutient,
avec beaucoup de vigueur et d'érudition, que toutes les solutions des grands
problèmes, l'existence des dieux, la création du monde, l'immortalité de
l'âme, ont été proposées par Platon à l'état de mythes, et que Platon en
avertit, au point qu'il lui arrive parfois de railler ceux qui prendraient ces
fables à la lettre. Thèse excessive peut-être, renouvelée plutôt que neuve
(ὅθεν καὶ μυθικώτερος ἐνίοις ὑπελήφθη. Diog. L., III, 80), mais qui ne permet
plus de compter sans hésitation Platon lui-même au nombre des croyants.
Il ne faut pas oublier que les sceptiques de la Nouvelle-Académie procèdent
aussi de Platon.

2. Opinion attribuée à Pythagore, c'est-à-dire à un néo-pythagoricien quelconque : *Hinc et Pythagoras putat a Lacteo circulo deorsum incipere Ditis*

blique, où se trouve déjà esquissé l'itinéraire des âmes, sait où sont les ouvertures par lesquelles elles passent, à l'aller et au retour. Elles descendent par le tropique (chaud) du Cancer et remontent après la mort par le tropique (froid) du Capricorne [1], attendu qu'elles arrivent pleines de chaleur vitale et qu'elles s'en retournent refroidies. Cette descente ou chute des âmes, combinée avec la métempsycose et la théorie de la réminiscence, rendait merveilleusement compte de l'action des planètes non seulement sur le corps humain, qu'elles construisent de toutes pièces, mais sur l'âme, qui traverse leurs sphères ou même s'arrête à chacune d'elles et arrive ainsi à la Terre chargée de tout ce qu'elle s'est assimilé en route. De même, le retour des âmes aux astres d'où elles sont parties fournit un thème tout fait au jeu des « catastérismes » ou transferts dans les astres [2], qui

imperium, quia animae inde lapsae videntur jam a superis recessisse. Ideo primam nascentibus offerri ait lactis alimoniam, quia primus eis motus a Lacteo incipit in corpora terrena labentibus (Macrob., *Somn. Scip.*, 1, 12, 3). Voilà comme la métaphore et l'étymologie combinées engendrent des dogmes. La Voie Lactée, séjour des âmes avant l'incarnation (Heraclid. Pont. ap. Stob., *Ecl.*, I, 41. Cf. I, 27, Περὶ Γαλαξίου. Plut., *Plac. Phil.*, III, 1), des âmes héroïques après la mort (Cic. Macrob., *Somn. Scip.*, 1, 15. Manil., I, 758-804), palais de Jupiter dans l'Empyrée, au-dessus des étoiles fixes (Marc. Cap., II, 208), etc. Ces chimères sont d'une invention facile. Les Peaux-Rouges Kwapa appellent aussi la Voie Lactée la « route des âmes » (*Journal of American Folklore*, VIII [1895], pp. 130-131). La chute des âmes est comparée par Platon (*Rep.* X), assimilée par d'autres, au trajet des étoiles filantes, avec accompagnement de tonnerre et de tremblements de terre. C'est une amorce ou une adhésion à l'opinion vulgaire que les âmes sont des étoiles ou que chacune a son étoile (Cf. Plin., II, § 28, et ci-après, ch. XII).

1. Macrob., *op. cit.*, I, 12, 2. La raison du choix (les tropiques pôles du chaud et du froid), que ne donne pas Macrobe, est empruntée à la physique des Stoïciens, qui est celle d'Héraclite. Macrobe, qui croit le Cancer dans la Voie Lactée (I, 12, 4) — bien que celle-ci traverse le Zodiaque entre les Gémeaux et le Taureau, — Macrobe, dis-je, mélange ce système avec le précédent, et probablement avec un troisième, qui plaçait le tropique ou solstice d'été dans le Lion, et il écrit : *Ergo descensurae... adhuc in Cancro sunt... necdum Lacteum reliquerunt; cum vero ad Leonem labendo pervenerint, illic condicionis futurae auspicantur exordium... quia in Leone sunt rudimenta nascendi et quaedam humanae naturae tirocinia.* D'autres plaçaient au ciel trois portes en trigone : *unam ad signum Scorpionis, qua Hercules ad deos isse diceretur, alteram per limitem qui est inter Leonem et Cancrum; tertiam esse inter Aquarium et Pisces* (Varr. ap. Serv., *Georg.*, I, 34). Macrobe s'est égaré dans toutes ces inventions saugrenues. En effet, il dit plus loin (I, 12, 8) que les âmes, avant de descendre, boivent l'oubli dans le *Crater sidereus in regione quae inter Cancrum est et Leonem locatus* (I, 12, 8). Or, la Coupe est entre le Lion et la Vierge, en dehors et assez loin du Zodiaque.

2. Voy. ci-dessus, à propos d'Empédocle, les catastérismes préhistoriques.

deviendra si fort à la mode et fera du ciel, pour le plus grand bénéfice des astrologues, une collection de types fascinant à distance ou pénétrant de leurs effluves les générations terrestres.

Quand le mysticisme déchaîné par Platon menaça d'emporter la raison humaine à la dérive, le maître n'était plus là pour tempérer de son énigmatique sourire la ferveur de ses disciples. Son nom, invoqué à tout propos avec celui de Pythagore par les astrologues, magiciens, théurges, alchimistes, cabbalistes et démonologues de toute race, servit à couvrir les plus rares inepties qu'aient jamais produites des cerveaux enivrés de mystère. Toutes ces âmes en disponibilité que le Démiurge sème à pleines mains dans le monde deviendront des génies, des volontés agissantes, dont l'obsédante intrusion remplacera, pour des esprits redescendus au niveau intellectuel des primitifs, la notion de loi naturelle [1].

---

1. Les δαίμονες néo-platoniciens sont les microbes de l'univers : tout se fait par eux et ils se logent jusque dans nos organes, où ils causent toute espèce de troubles (ἔν τε πόλεσι καὶ ἔθνεσιν ὅλοις καὶ ἰδίᾳ ἑκάστῳ τῶν ἀνθρώπων. *Hermipp.*, 1, 16, p. 25 Kroll) — πᾶσα γὰρ τοῦ κόσμου μερὶς πλήρης ἐστὶ ψυχῶν μερικῶν... συνεπομένων τοῖς δαίμοσιν (Procl., *In Tim.*, p. 333 A). Il n'y a plus de lois naturelles. Un enfant ne saurait arriver à terme sans prières et incantations : Proclus (dans les *Anal. sacr.*, V, 2, pp. 177-178 Pitra) se rencontre ici avec les Toumboulous de Célèbes (*Internat. Archiv für Ethnographie*, VIII [1895], pp. 89-109), et on peut bien l'appeler un « régressif ». A plus forte raison n'y a-t-il plus de lois mécaniques dans les sphères supérieures. Proclus soutient qu'il n'est besoin ni d'excentriques ni d'épicycles pour expliquer les stations et rétrogradations des planètes : elles marchent ainsi parce qu'elles le veulent (ὅτι ταῦτα βούλεται δι' ἑαυτῶν) ; ce sont des dieux, et non pas des machines (Procl., *In Tim.*, p. 278 D). Il refuse de croire à la précession des équinoxes, qui oblige à supposer que la sphère des fixes rétrograde lentement, parce que, comme les planètes, les étoiles connaissent leur devoir, qui est de marcher dans le sens « du même » ; et, au surplus, Proclus a des oracles à opposer à Hipparque et à Ptolémée (Procl. in *Anal. sacr.*, V, 2, p. 77 Pitra ; *In Tim.*, p. 278 D-F ; cf. ci-après, ch. IV). Est-il exagéré de dire qu'un sauvage raisonnerait de même ? Plus tard, au moyen âge byzantin, la démonologie platonicienne et chrétienne mélangée (voy. le Περὶ ἐνεργείας δαιμόνων de Psellus [ed. Boissonade, Norimberg. 1838], commentateur du *Timée* et des « Oracles chaldaïques ») conduit aux extravagances énormes, à l'idée que le Soleil a une chair et une forme humaines (ἀνθρωπόσαρκος καὶ ἀνθρωπομίμητος), qu'il est habillé, déshabillé, mené par 15,000 anges, etc. (Vassiliev, *Anecd. graeco-byzant.* Mosquae, 1893, pp. 184 suiv.). Enfin, Platon, avec ses étymologies baroques, dont les plus connues sont dans le *Cratyle*, a affermi l'idée qui est au fond de toutes les conjurations magiques et d'où est sortie l'onomatomancie (ci-après, ch. xv), à savoir que les noms des objets contiennent la définition, la nature (φύσις), le type substantiel de ces objets. Platon disait que ces noms avaient été imposés ὑπὸ θειοτέρας δυνάμεως ἢ τῆς

Mais laissons-là le *Timée* et ses commentateurs. C'est le platonisme tout entier qui est prêt à se convertir en astrologie. Le ciel de Platon est couvert des modèles de tout ce qui existe sur la terre, modèles copiés eux-mêmes sur les Idées divines. Toute la machine est une vaste roulette, dont l'axe, un fuseau d'acier, repose sur les genoux de la Nécessité, et c'est de là que tombent sur terre les âmes déjà criblées, triées, estampillées par le mouvement des orbes qui tournent à l'intérieur avec un ronflement sonore et les font vibrer à l'unisson de leur éternelle harmonie [1]. Platon parle déjà comme un astrologue quand il dit, dans le *Banquet*, que le sexe masculin est produit par le Soleil, le féminin par la Terre, et que la Lune participe des deux [2].

Nous pourrions sans inconvénient éliminer Aristote de la liste des précurseurs de l'astrologie, si ce prince de la science antique n'était de ceux avec lesquels toute doctrine a dû chercher des accommodements. C'est Aristote qui a fixé pour des siècles la théorie des propriétés élémentaires de la matière, théorie qui fait le fond de la physique astrologique de Ptolémée et lui permet d'expliquer scientifiquement la nature des influences astrales. Aristote accepte les quatre éléments déclarés corps simples par Empédocle, mais en les considérant chacun comme un couple de qualités sensibles à choisir dans les quatre que révèle le sens du toucher, c'est-à-dire le chaud, le froid, le sec et l'humide. Ainsi, l'union du chaud et du sec produit le feu ; celle du chaud et de l'humide, l'air ; celle du froid et de l'humide, l'eau ; celle du froid et du sec, la terre. Ce sont là toutes les combinaisons possibles,

τῶν ἀνθρώπων et conformes à la réalité : φύσιν ὀνομάτων οἰκείαν τοῖς πράγμασιν εὑρέσθαι (ap. Euseb., *Praep. Evang.*, XI, 6, 27-41). Contestée pour le grec — et niée d'une façon générale par la science moderne (Cf. M. Bréal, *Sémantique*, p. 277), — cette proposition devint évidente aux yeux des juifs et des chrétiens pour l'hébreu (Euseb., *loc. cit.*), soi-disant langue révélée. De là la puissance des noms hébraïques (ou chaldéens, égyptiens, etc., suivant les croyances) dans les formules de conjuration. Le platonisme a été une barrière opposée à l'esprit scientifique ; mais Platon, il est juste de le reconnaître, ne pouvait pas prévoir que chacune de ses paroles passerait pour un oracle. Il est devenu plus « divin » qu'il ne s'y attendait et n'aurait peut-être pas été très fier de ses adorateurs.

1. L'Ἀνάγκη, suivant Proclus (*Anal. sacr.*, V, 2, pp. 97-98 et 137 Pitra), c'est Lachesis ; les âmes envoyées par elle sont pourvues par Clotho (sphère des fixes) d'une trame de destinée encore souple, qui se fige et devient immuable (Atropos) par l'intervention des mouvements planétaires ; d'où il appert que les « Chaldéens et Égyptiens » ont raison de consulter à la fois les signes du Zodiaque et les planètes.

2. Plat., *Sympos.*, p. 190 A.

celles du chaud et du froid ou du sec et de l'humide n'aboutissant qu'à une simple soustraction d'énergie. Chacune des propriétés couplées pouvant se découpler pour entrer dans une autre
association binaire, les éléments peuvent se transformer les uns
dans les autres [1] ; proposition de grande conséquence, car l'affirmation contraire eût pu décourager non pas les astrologues,
qui trouvent à glaner dans tous les systèmes, mais les alchimistes. Aristote assure ainsi à sa doctrine les avantages de deux
conceptions jusque-là opposées, de celle qui affirmait l'unité
de la substance comme de celle qui tenait pour la diversité
qualitative des éléments. Le froid, le chaud, le sec et l'humide
reviendront à satiété dans la dialectique des astrologues qui
cherchent à déguiser le caractère religieux de l'astrologie, car
c'est là qu'aboutit chez eux tout raisonnement sur les causes
premières.

La cosmographie d'Aristote [2] est à la hauteur de la science
astronomique de son temps. Il en a éliminé la cosmogonie, en
soutenant que le monde n'a pas eu de commencement ; pour le
reste, il a adopté, en le retouchant de son mieux, le système des
sphères, imaginé jadis par les physiciens d'Ionie, développé par
Eudoxe et Callippe. Il l'a débarrassé de l'harmonie musicale des
Pythagoriciens, et il a relâché autant qu'il l'a pu les liens de solidarité qu'il trouva établis entre les générations terrestres et les
astres, en s'insurgeant contre la tyrannie des nombres et des
figures géométriques, en attribuant à tout ce qui vit une âme
locale, un moteur propre, qui contient en soi sa raison d'être et
poursuit ses fins particulières. L'esprit général de la philosophie
péripatéticienne, qui est de substituer partout le vouloir à l'im-

1. Excepté un cinquième élément (quinte essence, πέμπτη οὐσία) dont sont
faits les astres (ci-après, p. 27).
2. Cf. Pluzanski, *Aristotelea de natura astrorum ejusque vices apud philo-
phos tum antiquos, tum medii aevi*. Lutet. Paris., 1887 ; revue générale de tous
les systèmes cosmographiques. L'auteur exagère quand il dit (p. 132) qu'avec
ses astres animés et éternellement incorruptibles, Aristote « suit et amplifie
les erreurs de Platon ». Aristote n'a pas engendré une lignée de mystiques.
Voy. ci-après (ch. iv) la discussion relative à l'unité de mouvement dans
le monde. Tout mouvement dérivant du premier moteur (Dieu), qui fait
tourner le « premier mobile » (la sphère des fixes) d'Orient en Occident, la
difficulté était d'expliquer le mouvement inverse des planètes par l'indocilité
ou la résistance de la matière. Aristote employait pour cela 47 (ou même,
suivant certains, 55) sphères, parce qu'il se refusait à admettre des mouvements qui ne fussent pas à la fois circulaires (dogme pythagoricien) et de
vitesse constante (ὁμαλοί).

pulsion mécanique, la cause finale à la cause efficiente [1], est au fond — et c'est en cela qu'il est socratique — le contre-pied de l'esprit scientifique. Comme tel, il n'était pas favorable à l'astrologie sous forme de science exacte, toute spontanéité ayant pour effet de déranger les calculs mathématiques ; et, d'autre part, il n'aimait pas le mystère, l'incompréhensible. Théophraste, qui fut un des premiers à entendre parler de l'astrologie chaldéenne enseignée par Bérose, ne paraît pas l'avoir prise au sérieux. Il trouvait « merveilleuse » cette façon de prédire « la vie de chacun et la mort, et non des choses communes simplement [2] » ; mais on sait ce que signifie « merveilleux » sous la plume d'un péripatéticien. Cependant, en dépit de la ligne de démarcation tracée par l'école d'Aristote entre le monde supérieur, incorruptible et immuable, et le monde sublunaire, en dépit de la « quinte essence » ou élément spécial aux corps célestes, les astrologues réussirent à ne pas se brouiller avec Aristote. Ils purent, là comme ailleurs, prendre ce qui leur était utile et négliger le reste [3].

1. C'est Aristote qui a formulé ainsi l'axiome téléologique : ὁ θεὸς καὶ ἡ φύσις οὐδὲν μάτην ποιοῦσιν (*De caelo*, I, 4).

2. Θαυμασιωτάτην δὲ εἶναί φησιν ὁ Θεόφραστος ἐν τοῖς κατ' αὐτὸν χρόνοις τὴν τῶν Χαλδαίων περὶ ταῦτα θεωρίαν, τά τε ἄλλα προλέγουσαν καὶ τοὺς βίους ἑκάστων καὶ τοὺς θανάτους, καὶ οὐ τὰ κοινὰ μόνον, οἷον χειμῶνας καὶ εὐδίας, κτλ. (Proclus, *In Tim.*, p. 285 F). Texte précieux, comme preuve que la généthlialogie a précédé *en Grèce* la méthode des καταρχαί (ci-après, ch. III, XIII et XIV). Théophraste s'occupant de météorologie (ἐν τῇ περὶ σημείων βίβλῳ) voulait peut-être bien croire que l'apparition de Mercure en hiver présageait du froid, et en été de la chaleur — ce qui paraît déjà suspect d'ironie ; — mais, quoi qu'en pense Proclus, je doute fort qu'il ait « admiré » le reste. Théophraste, qui raille si bien la δεισιδαιμονία (*Charact.* 16), faisait bon marché des causes occultes.

3. L'hypothèse de la πέμπτη (ou parfois πρώτη) οὐσία allait directement contre la théorie de l'ἀπόρροια ; mais on n'en avait pas besoin pour maintenir la distinction, devenue classique après Aristote, du monde éthéré et du monde sublunaire. Celle-ci non plus ne paraissait pas rompre l'unité du monde. Il suffisait aux astrologues que l'agitation du monde sublunaire fût causée par le mouvement des astres. Les astrologues de la Renaissance, qui veulent rester fidèles à Aristote, n'osent plus guère parler de l'ἀπόρροια et se contentent de la κίνησις. Ils auraient été moins embarrassés s'ils savaient su qu'un jour viendrait où, pour la lumière, la théorie de l'ondulation (par κίνησις) supplanterait la théorie de l'émission (ἀπόρροια). En attendant, Fr. Boll a tort de prétendre que « la construction aristotélique du monde était en soi très favorable à l'astrologie » (*Studien über Cl. Ptolemäus* [voy. Bibliographie], p. 161). Les platoniciens, qui rejetaient la quinte essence (Proclus, *In Tim.*, p. 274 D), ou les stoïciens, qui, tout en parlant d'éther et de monde supérieur (cf. Cic., *Nat. Deor.*, II, 21), admettaient la nutrition des astres par les vapeurs de la Terre (voy. ci-après), étaient pour les astrologues des alliés plus sûrs.

Il n'y a pas lieu de s'arrêter à la physique épicurienne, qui n'est autre que l'atomisme rétréci à la mesure socratique, c'est-à-dire vu du côté qui intéresse l'homme et la morale. Notons seulement que les épicuriens, qui, par souci du libre arbitre, rejetaient toute espèce de divination, n'ont jamais voulu pactiser avec l'astrologie. Son fatalisme ne leur disait rien qui vaille ; d'autre part, ils n'entendaient rien à l'astronomie, et leur esprit était absolument fermé aux mathématiques pythagoriciennes [1]. Nous voici au seuil de l'école, socratique aussi et moraliste à outrance, qui, précisément pour cette raison, a cru trouver dans l'astrologie toute la somme d'utilité que peut contenir la science des mouvements célestes, l'école stoïcienne.

Les fondateurs de cette école, Zénon et Chrysippe, en quête d'une physique susceptible d'être convertie en morale, choisirent celle d'Héraclite, rajeunie par quelques retouches empruntées à celle d'Aristote [2]. Ils eurent soin de n'y pas laisser entrer les abstractions pythagoriciennes ou les essences spirituelles que Platon associait, qu'Aristote combinait avec les corps. Ils répétaient à tout propos, comme leurs confrères cyniques ou épicuriens, que tout ce qui existe est corporel et nous est connu par contact avec les organes des sens, chacun des sens étant ébranlé par les particules semblables à celles dont il est lui-même composé. Ils arrivaient ainsi par le chemin le plus court au rendez-vous de toutes les philosophies socratiques, à la théorie de l'homme microcosme, image et abrégé du monde, car nous ne connaîtrions pas le monde si nous n'étions pas faits comme lui. Pour eux aussi, l'homme est la mesure de toutes choses. Si l'homme est semblable au monde, le monde est semblable à l'homme. C'est donc un être vivant, doué de sensibilité et de raison, sensibilité et raison infusées dans la masse de son être

---

1. L'astrologie n'avait pas prise sur des gens qui disaient *acervum stellarum sine causa esse* (Serv., *Georg.*, I, 252). Épicure passait pour avoir été d'une ignorance crasse en astronomie (voy. Cleomed., *Cycl. theor.*, II, 1 et ci-dessus, p. 10, 2) ; il était surtout indifférent, acceptant toutes les explications comme possibles, et traitant de charlatans ceux qui prétendaient connaître la vraie (Diog. L., X, 113-114).

2. Ils admettaient une stratification mécanique des quatre (ou cinq) éléments par ordre de densité, puis une accommodation de l'œuvre de la φύσις par la πρόνοια, qui, par exemple, avait bossué la Terre pour la mettre en contact avec l'air, en faisant entrer l'eau dans ses cavités. Cf. A. Häbler, *Zur Cosmogonie der Stoiker* (*Jahrbb. f. Philol.*, 1893, pp. 298-300). On sait à quel point les stoïciens étaient préoccupés du « but » dans tout le détail du κόσμος : la téléologie stoïcienne est une des plus naïves qui soit.

sous forme de molécules subtiles, ignées ou aériennes, et établissant entre tous ses membres une sympathie parfaite. Cette sympathie n'a nullement le caractère d'un pouvoir occulte, d'une faculté mystérieuse : elle est la conséquence mécanique du fait qu'il n'y a point de vide dans la Nature et que le mouvement de l'une quelconque des parties de l'Être doit avoir sa répercussion dans le monde entier. On n'oubliait plus ce dogme de la sympathie universelle quand on avait entendu dire à un stoïcien qu'un doigt remué modifie l'équilibre de l'univers.

Nous n'avons pas à expliquer comment, à force de contradictions et de paradoxes soutenus avec l'entêtement des gens qui ont leur but marqué d'avance, les Stoïciens parvinrent à tirer de ce réalisme grossier une morale très pure. Ceux-là seuls peuvent s'en étonner qui, dupes du son des mots, croient la dignité de l'homme attachée à la distinction de deux substances dotées de qualités contraires. Ne disons pas que cette morale était impraticable, puisqu'il y a eu un Épictète et un Marc-Aurèle ; et surtout n'oublions pas que les premiers Stoïciens, reprenant le rêve de Platon, ont caressé l'espoir de l'imposer aux peuples en y convertissant les rois. Le stoïcisme à ses débuts ne resta pas enfermé dans l'école : il fit du bruit dans le monde, et il faut s'en souvenir pour apprécier la somme d'influence qu'il put mettre au service de l'astrologie. Il fut un temps où les parvenus qui s'étaient taillé des royaumes dans l'empire d'Alexandre eurent comme une velléité de se mettre à l'école des Stoïciens, qui étaient alors — on n'en saurait douter à ce signe — les philosophes à la mode. Antigone Gonatas était en correspondance avec Zénon ; il assistait parfois aux leçons du philosophe, et il fit venir à Pella, à défaut du maître, deux de ses disciples. L'un d'eux, Persæos, devint le précepteur du prince royal Halcyoneus. Sphæros, disciple de Cléanthe, avait été appelé à Alexandrie par Ptolémée III Évergète avant de devenir le conseiller intime du roi réformateur, Cléomène de Sparte. Ces prédicateurs de cour, persuadés que le Sage sait tout, écrivaient à l'envi des traités *Sur la Royauté* pour enseigner l'art de régner philosophiquement [1].

1. Les Péripatéticiens, à commencer par Aristote, auteur d'un Περὶ βασιλείας adressé à Alexandre, avaient donné l'exemple. Straton de Lampsaque, appelé à Alexandrie comme précepteur de Ptolémée Philadelphe, avait écrit deux traités : Περὶ βασιλείας et Περὶ βασιλέως φιλοσόφου. On cite des traités Περὶ βασιλείας de Persæos, de Cléanthe, de Sphæros. Pour Sphæros, s'il est allé, comme le dit Diogène Laërce (VII, 6, 2), πρὸς Πτολεμαῖον τὸν Φιλοπάτορα, ce ne pourrait être que comme précepteur de ce fils

Dans cet art entrait le respect de la religion populaire, et
surtout des habitudes auxquelles le vulgaire tenait le plus, c'est-
à-dire des divers procédés divinatoires usités pour entrer en
communication avec les dieux. Jusqu'à quel point étaient-ils en
cela sincères avec eux-mêmes, nous ne saurions le dire; car, s'ils
n'avaient pas la foi naïve du peuple, ils croyaient bon tout ce qui
est utile à la morale, et la religion, convenablement expurgée,
leur paraissait la forme d'enseignement moral appropriée à
l'intelligence populaire. Le mythe, l'allégorie, la parabole, n'est
pas un mensonge, pensaient-ils après bien d'autres, mais seulement le voile plus ou moins transparent de la vérité, qui ne serait
pas accueillie toute nue. Les Stoïciens travaillèrent conscien cieu-
sement à soulever le voile pour les initiés, et ils firent au cours
de leur exégèse des trouvailles qui serviront d'excuse, après
avoir servi d'exemple, à nos mythographes d'aujourd'hui. Nous
ne relèverons que l'explication des mythes d'origine sidérale.
Ils n'en vinrent peut-être pas tout de suite à découvrir que
la lutte des dieux homériques était le souvenir défiguré d'une
conjonction des sept planètes [1] ; mais on ne douta plus après eux
qu'Apollon ne fût le Soleil et Artémis la Lune, ou encore Athéna ;
qu'Apollon ne dût le surnom de Loxias aussi bien à l'obliquité

d'Évergète. Il faut dire, pour ne rien exagérer, que la ferveur philosophique
des rois ne dura pas longtemps et que cette prétention de leur enseigner leur
métier contribua sans doute à la refroidir.

1. Opinion citée comme « plus spécieuse que vraie » par le stoïcien Héraclite
(époque d'Auguste) dans ses *Allégories Homériques* (ch. LIII, pp. 112-113
Mehler) : son opuscule et celui de Cornutus sont des débris de l'immense
« littérature » théologique des Stoïciens, qui comptent parmi les « théologiens » Eudoxe et Aratus (Heraclit., *op. cit.*, ch. XLIX, p. 105). Homère devient
pour eux ce qu'était le *Timée* pour les platoniciens, Homère, que Platon
n'avait pas su comprendre, puisqu'il le chassait de sa *République*. Eux en
faisaient un livre de haute moralité. Des gens capables de découvrir que des
satyres violant des nymphes symbolisent le conseil de mêler de l'eau au vin
(Cornut., ch. XXX, p. 60 Lang) étaient vraiment des virtuoses. En fait de tours
de force étymologiques, ils ont imité et dépassé Platon. Voici comment Chrysippe expliquait le nom de Zeus : Ζεὺς μὲν οὖν φαίνεται ὠνομάσθαι ἀπὸ τοῦ πᾶσι
δεδωκέναι τὸ ζῆν · Δία δὲ αὐτὸν λέγουσιν ὅτι πάντων ἐστὶν αἴτιος καὶ δι' αὐτὸν
πάντα (ap. Stob., *Ecl.,* I, 2, 27). Ou bien Ζεὺς ἐστὶν ἀπὸ τοῦ ζῆν, parce qu'il
avait échappé à Kronos (= Χρόνος) et était à l'abri du temps (Anon. ap.
C. Lang, *Cornuti Theolog.*, Praef., p. XIII). Cf. les étymologies ap. Euseb.,
Praep. Evang., III, 11. Des esprits aussi dépourvus de sens critique étaient
sans défense contre les associations d'idées astrologiques. Dans l'exégèse
homérique, ils avaient eu des prédécesseurs, les disciples d'Anaxagore, qui
avaient enrôlé Homère parmi les physiciens (Diog. L., II, 11. Tatian., *Adv.
Graec.*, 21, etc.).

de l'écliptique qu'à l'obscurité de ses oracles, celui de Pythios à la putréfaction que cause la chaleur humide et qu'arrête la chaleur sèche. Ils enseignaient, du reste, en dehors de toute allégorie, que les astres sont des dieux vivants, bien supérieurs en intelligence à l'homme et agissant, en vertu de la sympathie universelle, sur sa destinée. La Terre était aussi pour eux une déesse, la vénérable Mère des Dieux, Rhéa, Démêter, Hestia. Leur foi, sur ce point, était assez sincère pour en devenir intolérante. Aristarque de Samos s'étant avisé de soutenir que la Terre tournait autour du Soleil, Cléanthe, alors scolarque, l'accusa d'impiété et voulut le faire condamner par les Athéniens. On sait que ceux-ci, indulgents pour les bouffonneries mythologiques, ne l'étaient nullement pour les « athées ». Ce sont peut être ces clameurs qui ont ajourné à près de vingt siècles le triomphe des idées d'Aristarque et affermi la base de tous les calculs astrologiques [1].

Mais ce qui prédestinait tout particulièrement les Stoïciens à se porter garants des spéculations astrologiques et à leur chercher des raisons démonstratives, c'est leur foi inébranlable dans la légitimité de la divination, dont l'astrologie n'est qu'une forme particulière. Ils n'ont jamais voulu sortir d'un raisonnement que leurs adversaires qualifiaient de cercle vicieux et qu'on peut résumer ainsi : « Si les dieux existent, ils parlent; or ils parlent, donc ils existent [2]. » La conception d'êtres supérieurement intelligents, qui se seraient interdit de communiquer avec l'homme, leur paraissait un non-sens. Mais, tandis que le vulgaire ne cherche à connaître l'avenir que pour se garer des dangers annoncés et tombe dans la contradiction qu'il y a à prétendre modifier ce qui est déjà certain au moment où les dieux le prévoient, les Stoïciens s'épuisaient en vains efforts pour concilier la logique, qui mène tout droit au fatalisme, avec le sens pratique, qui demandait à la divination des avertissements utili-

---

1. Peut-être les Stoïciens poussaient-ils la complaisance jusqu'à diviniser non seulement les étoiles, mais les figures des constellations : *Singulas enim stellas numeras deos eosque aut beluarum nomine appellas, ut Capram, ut Nepam, ut Taurum, ut Leonem*, etc. (Cic. *Nat. Deor.*, III, 16, 40).

2. Ce raisonnement est « la citadelle » des Stoïciens, qui *ista sic reciprocantur, ut et si divinatio sit, di sint, et si di sint, sit divinatio* (Cic., *Divin.*, I, 6). *Si di sunt, est divinatio; sunt autem di, est ergo divinatio* (II, 17); autrement, les dieux ou ignoreraient l'avenir, ou n'aimeraient pas les hommes, à qui la divination est utile. Restait à prouver que la divination est utile (cf. ci-après, p. 33).

sables. Si l'avenir est conditionnel, il ne peut être prévu : s'il pouvait être prévu, c'est que les conditions pourraient l'être également, auquel cas il n'y aurait plus de place parmi elles pour les actes libres, la liberté échappant par définition à la nécessité d'aboutir à une décision marquée d'avance. Cet argument, qui tourmente encore les métaphysiciens d'aujourd'hui, acquérait une énergie singulière dans le système de la sympathie universelle. Qu'un seul acte libre vînt à se glisser dans la série des causes et effets, et la destinée du monde, déviée par cette poussée imprévue, s'engageait dans des voies où l'intelligence divine elle-même ne pouvait plus la précéder, mais seulement la suivre [1].

Les Stoïciens ont vaillamment accepté ces conséquences de leurs propres principes. Ils s'en servaient pour démontrer la réalité de la Providence, la certitude de la divination, et ils s'extasiaient à tout propos sur le bel ordre du monde, dû à l'accomplissement ponctuel d'un plan divin, aussi immuable que sage. Mais ils n'en étaient pas moins décidés à rejeter les conséquences morales du fatalisme, surtout le « raisonnement paresseux » (ἀργὸς λόγος), qui concluait toujours à laisser faire l'inévitable destinée. Chrysippe fit des prodiges d'ingéniosité pour desserrer, sans les rompre, les liens de la Nécessité, distinguant entre la nécessité proprement dite (ἀναγκή) et la prédestination (εἱμαρμένη — πεπρωμένη), entre les causes « parfaites et principales » et les causes « adjuvantes », entre les choses fatales en soi et les choses « confatales » ou fatales par association ; cherchant à distinguer, au point de vue de la fatalité, entre le passé, dont le contraire est actuellement impossible, et l'avenir, dont le contraire est impossible aussi, en fait, mais peut être conçu comme possible [2]. Eu fin de compte, l'école stoïcienne ne réussit à sauver que la liberté du Sage, laquelle consiste à vouloir librement ce que veut l'Intelligence universelle. Le Sage exerce d'autant mieux cette liberté qu'il connaît mieux et plus longtemps d'avance le plan divin. Il peut ainsi marcher, comme le dit Sénèque [3], au lieu d'être traîné, dans la voie tracée par le destin. Les astrologues, qui

---

1. La fatalité comprend les actes « des dieux » et de Dieu lui-même, lequel *scripsit quidam fata, sed sequitur* : *semper paret, semel jussit* (Senec., *De Provid.*, 5).

2. Chrysippe n'a rien laissé à inventer aux théologiens du xviᵉ et du xviiᵉ siècles disputant sur le libre arbitre et la grâce.

3. *Ducunt volentem fata, nolentem trahunt* (Senec.. *Epist.* cvii, 11, d'après Cléanthe).

avaient à satisfaire une clientèle moins résignée, se montrèrent plus accommodants [1]. Mais ils ne devaient pas non plus, sous peine de rendre leurs prédictions hasardeuses et problématiques, exagérer la plasticité du Destin. Ils tenaient en réserve, comme dernier recours contre les objections trop pressantes, la résignation sereine des Stoïciens. Le grand docteur de l'astrologie, Ptolémée, après avoir accordé une certaine marge à la liberté humaine quand il s'agit non de nécessité absolue, mais de prédestination, conclut en disant : « Et même s'il s'agit de choses devant arriver nécessairement, n'oublions pas que l'imprévu amène des excès de trouble ou de joie ; tandis que savoir d'avance habitue et apaise l'âme, en lui faisant considérer comme présent un avenir éloigné, et la prépare à accepter en paix et tranquillité tout ce qui doit advenir [2]. »

Nous aurons tout le temps d'apprécier la part considérable que prirent les Stoïciens à l'élaboration des dogmes astrologiques en exposant ces dogmes eux-mêmes. Il serait plus difficile d'estimer l'influence que put exercer en retour sur le stoïcisme l'astrologie, importée en Grèce au moment même où la philosophie du Portique était dans sa période de formation [3]. Mais c'est là une question à renvoyer aux historiens de la philosophie. Ce qui est certain, c'est que Chrysippe reconnaissait dans les « Chaldéens » des alliés ; qu'il leur empruntait des exemples de problèmes fata-

---

1. Voy., sur le fatalisme astrologique, le ch. xvi, où nous serons plus à même d'examiner les concessions faites par les astrologues.

2. *Tetrab.*, I, 3. — *Quae multo ante praevisa sunt, languidius incurrunt* (Sen., *Consol. ad Marc.*, 9).

3. La doctrine stoïcienne de l'ἀποκατάστασις, ou rénovation périodique du monde par déflagration (ἐκπύρωσις) ou par déluge (κατακλυσμός), au bout d'une « grande année », peut sans doute remonter à Héraclite et aux Pythagoriciens ; mais l'idée que le monde renouvelé doit reproduire exactement le précédent pourrait bien être de provenance astrologique. *Genethliaci quidam scripserunt esse in renascendis hominibus quam appellant* παλιγγενεσίαν *Graeci... ut idem corpus et eadem anima... rursus redeant in conjunctionem* (Varr. ap. Augustin., *Civ. Dei*, XXII, 28). Il est difficile de savoir qui prête ici et qui emprunte. En tout cas, les astrologues se prévalaient de l'ἀποκατάστασις (cf. Firmic., III, 1 Kroll, qui ajoute le *diluvium* à la *pyrosis*), et les Stoïciens invoquaient l'autorité de Bérose, qui assignait pour cause à la déflagration la réunion des planetes dans le Cancer, et au déluge leur réunion dans le Capricorne (Senec., *Q. Nat.*, III, 29. Cf. ci-après, ch. ii, p. 39). Le stoïcien Héraclite (ch. liii : cf. ci-dessus, p. 30, 1) sait que la conjonction des sept planètes dans un même signe amènerait une σύγχυσιν τοῦ πάντος. Scaliger raconte (*Proleg. de Astrol. vett. Graec.*, fol. x 3) que, les astrologues ayant annoncé en 1579 la conjonction de toutes les planètes pour le mois de septembre 1586, le genre humain vécut sept ans dans la terreur.

listes et retouchait à sa façon, pour les rendre irréfutables, les termes de certaines propositions astrologiques, celle-ci, par exemple, que rapporte Cicéron : « Si quelqu'un est né au lever de la Canicule, celui-là ne mourra pas en mer [1] .» Il est remarquable que la vogue du Portique, à laquelle nous faisions allusion tout à l'heure, coïncide avec la diffusion des idées que le Chaldéen Bérose apportait alors de l'Orient.

Voulue ou non, l'alliance de l'astrologie et du stoïcisme se fit par la force des choses ; elle se fortifia par l'influence réciproque que ne pouvaient manquer d'exercer l'une sur l'autre des doctrines également préoccupées de savoir et de prévoir. Zénon et Bérose n'étaient pas seulement contemporains. S'il est vrai qu'ils eurent l'un et l'autre, peut-être de leur vivant, leur statue à Athènes [2], on peut dire que l'instinct populaire avait deviné ce que nous aurons plus de peine et moins de grâce à démontrer.

---

1. *Si quis oriente Canicula natus est, is in mari non morietur.* Chrysippe, voulant supprimer ici le conditionnel, *docet Chaldaeos quo pacto eos exponere praecepta oporteat* (Cic., *De fato*, 6-8).

2. [*Enituit*] *astrologia Berosus, cui ob divinas praedictiones Athenienses publice in Gymnasio statuam inaurata lingua statuere* (Plin., VII, § 123). Pline ne dit pas que ce fût du vivant de Bérose ; mais on voit bien qu'il s'agit d'un engouement pour une nouveauté, et il est permis de croire que cet engouement n'est pas sans rapport avec l'enthousiasme pour Zénon (Diog. Laërt., VII, 6). Le stoïcisme, du reste, est presque aussi « oriental » que l'astrologie. Ses fondateurs sont tous des Asiatiques (cf. ci-après, ch. xvi).

CHAPITRE II

L'ASTROLOGIE CHALDÉENNE

La conquête d'Alexandre avait abattu les barrières qui sépa-
raient les races et les civilisations. Les vieux peuples qu'il avait
vaincus, au lieu de se défendre contre la curiosité des Grecs,
trouvaient une consolation patriotique à étaler devant eux l'antiquité de leurs traditions et à les traiter comme des jeunes gens
qui avaient beaucoup à apprendre. Les Hellènes se prêtaient
d'eux-mêmes à ce rôle de néophytes ; ils s'émerveillaient de bonne
foi devant les perspectives que leur ouvraient les archives sacerdotales, et leur sens critique ne se révoltait ni contre les légendes
les plus baroques ni contre les supputations chronologiques les
plus invraisemblables. Toutes ces vieilleries avaient pour eux la
saveur de la nouveauté. Ils s'étonnaient de n'avoir pas su plutôt
à quel point leurs plus lointains souvenirs étaient récents à côté
de ceux-là, et ils soupçonnaient leurs sages et « amis de la
sagesse » d'avoir puisé sans le dire à ces trésors d'expérience
accumulée [1]. Les prêtres égyptiens n'avaient pas eu de peine, un

---

1. Cette opinion, qui devint banale après Alexandre, s'est manifestée avant
lui. Hérodote était convaincu que même les noms des dieux grecs venaient
de l'Égypte, et que l'oracle de Dodone avait commandé aux Pélasges de les
adopter (II, 52). C'est Platon surtout qui mit à la mode la sagesse barbare,
celle des enfants de la nature, non pervertis par la civilisation et en libre
commerce avec les dieux ; idée qui fit son chemin, malgré les protestations
d'Épicure. Diogène Laërce ne se contente pas de protester ; il retourne la
proposition : Τὸ τῆς φιλοσοφίας ἔργον ἔνιοί φασιν ἀπὸ βαρβάρων ἄρξαι.....
Λανθάνουσι δ'αὐτοὺς τὰ τῶν Ἑλλήνων κατορθώματα, ἀφ' ὧν μὴ ὅτι γε φιλοσοφία,
ἀλλὰ καὶ γένος ἀνθρώπων ἦρξε, βαρβάροις προσάπτοντες (Diog. L., *Prooem.*).
Quant à l'égyptomanie, Platon, après Hérodote, lui apporte son tribut. Il cite
le mot des prêtres égyptiens à Solon : ὦ Σόλων, Σόλων, Ἕλληνες ὑμεῖς ἀεὶ παῖδές
ἐστε, γέρων δὲ Ἕλλην οὐδείς (Plat., *In Tim.*, p. 22. Clem. Alex., *Strom.*, I, 15.
Protrept. 6. Euseb., *Praep. Ev.*, X, 4, 19). Les Grecs finirent par sacrifier à
l'égyptomanie même leur Homère, *siquidem Thebanus fertur, quae civitas est
apud Aegyptum nobilissima* (Chalcid., *In Tim.*, § 135). Il est superflu de cher-

siècle plus tôt, à persuader à Hérodote que la civilisation grecque était une greffe égyptienne. Il leur avait suffi de faire miroiter devant ses yeux les centaines de siècles dont le prêtre Manéthon dressa plus tard le compte, en vue d'instruire les Alexandrins et de les inviter à la modestie.

Ce que Manéthon faisait pour l'Égypte, au début du IIIe siècle avant notre ère, le prêtre chaldéen Bérose, son contemporain, le fit pour la Chaldée. Il écrivit en grec une histoire de la Chaldée, dont il fit, dit-on, hommage à Antiochus Ier Soter. Sans doute il y faisait valoir la science qui était l'orgueil de son pays et de sa caste, l'astrologie, mêlée si intimement à l'histoire comme conseillère des rois et gardienne des cycles de la chronologie babylonienne [1]. Du coup, la Chaldée supplanta pour un moment l'Égypte dans la faveur publique : l'astrologie surtout piqua la curiosité des Grecs à tel point que Bérose vint s'installer à Cos, pour l'enseigner aux étudiants en médecine que la renommée des Asclépiades attirait dans la patrie d'Hippocrate. Il ouvrit une école et forma des disciples, parmi lesquels Vitruve cite Antipater et un certain Achinapolus (Athénodorus ?) qui eut l'idée d'appliquer les méthodes de la généthlialogie non plus à la naissance, mais à la conception [2]. Comme on le voit, la semence tombait en

cher d'autres preuves après celle-là. Les Chaldéens n'étaient pas moins bien traités. Les néo-platoniciens sont enivrés de la sagesse révélée (θεοπαράδοτος σοφία) qui gît pour eux dans les « Oracles chaldaïques ». Proclus, au dire de son biographe, aurait volontiers tout sacrifié de l'antiquité, sauf le *Timée* et ces fameux oracles (Marin., *Vit. Procl.*, 38). Au fond de toutes ces divagations, il y a une idée juste : c'est que les Grecs, usant et abusant de l'initiative individuelle, improvisaient des systèmes et n'avaient pas de tradition ou expérience accumulée. Là était, en astronomie surtout, leur point faible, et les « Chaldéens » de Diodore (II, 29) ne manquent pas de le signaler. C'est à Alexandrie seulement que les Grecs commencèrent à amasser des observations scientifiques.

1. Voy. les fragments de Bérose dans *Fragm. Histor. Graec.*, II, pp. 495-510.

2. *Primus Berosus in insula et civitate Co consedit, ibique aperuit disciplinam. Postea studens Antipater itemque Achinapolus, qui etiam non e nascentia, sed ex conceptione genethliologiae rationes explicatas reliquit* (Vitruv., IX, 4 [7]). V. Rose reconnaît dans cet Achinapolus un Athénodore, le philosophe stoïcien (?). Nous ignorons à quelle date vivaient d'autres disciples des Chaldéens, Épigène, Critodème (Plin., *H. Nat.*, VII, § 193) et Apollonius de Myndós, *peritissimus inspiciendorum natalium* (Sen., *Q. Nat.*, VII, 3). Schwartz (in Pauly-Wissowa, *R.-E.* s. v. *Berossos*) croit que l'école de Cos appartient à la légende, sous prétexte que le prêtre de Bel n'aurait pas délaissé ainsi « sa bonne prébende » de Babylone. Mais, à ce compte, il aurait pu aussi s'épargner la peine d'apprendre le grec et d'écrire pour un monde qui n'était pas le sien.

terre fertile : l'astrologie, immobilisée durant de longs siècles
dans une tradition hiératique, allait être livrée aux discussions,
travaillée et transformée par le génie inventif des Hellènes.

C'est donc à cette date, aux environs de 280 avant J.-C., que
nous placerons la naissance de l'astrologie grecque, sans prétendre pour cela que les Grecs n'eussent jamais entendu parler
d'astrologie avant le jour où elle leur fut enseignée. Si les Perses
avaient amené avec eux des astrologues au temps des guerres
médiques, il est tout au moins probable que ces Chaldéens n'ont
pas fait alors beaucoup d'adeptes dans un pays que les Perses
mettaient à feu et à sang [1].

Nous n'avons plus de Bérose que des extraits et analyses d'authenticité suspecte, et on ne saurait délimiter même d'une façon
approximative l'apport fourni par la Chaldée à la science qui
devait conserver son nom, en dépit de la concurrence des traditions égyptiennes. Bérose dut jeter dans la circulation tout ce
qu'il avait pu tirer des archives de Babylone et de Ninive, de ces
bibliothèques en terre cuite dont on a retrouvé récemment des
débris. Aussi est-ce d'après les découvertes modernes que l'on
peut se faire une idée de l'enseignement du professeur chaldéen [2].

---

1. Il faut se défier des légendes fabriquées après coup pour reculer et cacher
les origines des doctrines parvenues à une grande notoriété. Une allusion faite
par Euripide à l'astrologie ou astronomie pratiquée par Hippo, fille du centaure Chiron (ap. Clem. Alex., *Strom.*, I, 15), a pu servir de prétexte aux récits
qui nous représentent le père d'Euripide consultant les Chaldéens sur la destinée de l'enfant, né, dit-on, à Salamine, le jour de la bataille de Salamine
(Theopomp. ap. Gell., XV, 20). Pour expliquer la présence de ces Chaldéens, on
supposa qu'ils étaient venus avec Xerxès : *Osthanes Xerxen regem Persarum
bello quod is Graecia intulit comitatus, velut semina [magicae] artis porten-
tosae sparsit*, etc. (Plin., XXX, § 8). L'astrologie serait entrée avec la magie.
Mais cette prétendue incubation ne se révèle par aucun fait historique. Quand
Alexandre rentre à Babylone en 324, les Chaldéens lui communiquent un
oracle de Bel (λόγιον ἐκ τοῦ θεοῦ τοῦ Βήλου, Arrian., VII, 16, 5). Ils ne lui parlent pas d'astrologie, à laquelle il n'aurait pas cru.

2. Ἐπειδὴ [Βηρωσσὸς] περί τε ἀστρονομίας καὶ περὶ τῶν παρὰ Χαλδαίοις φιλοσο-
φουμένων αὐτὸς εἰς τοὺς Ἕλληνας ἐξήνεγκε τὰς συγγραφάς (Joseph., *C. Apion.*, I,
129). *Berosus qui Belum interpretatus est* (Senec., *Q. Nat.*, III, 29). *Belum* est
le titre d'un grand ouvrage en 72 livres, « l'Illumination de Bel » ou « l'OEil
de Bel (*Namar-Beli* ou *Enu-Beli*) », qui fut rédigé, dit-on, vers le xxᵉ siècle
(ou xxxviiiᵉ ? Cf. *C.-R. Acad. Inscr.*, 9 avril 1897), par ordre de Sargon, roi
d'Aganê, et copié au viiᵉ siècle pour la bibliothèque d'Assourbanipal à Ninive.
Épigène, au dire de Pline (VII, § 139), citait ces textes — *observationes siderum
coctilibus laterculis inscriptas* — sans doute d'après Bérose. Ces écrits fasci-
nent Vitruve, qui confond probablement avec eux l'ensemble de la littérature
astrologique : *Eorum autem inventiones, quas scriptis reliquerunt, qua solertia*

Il est clair que, en un temps où les philosophes grecs avaient
déjà ébauché des systèmes cosmographiques plausibles et espacé
les sphères célestes à des distances harmoniques, au moment où
les astronomes d'Alexandrie commençaient l'inventaire descriptif
du ciel et appliquaient à l'astronomie la rigueur des méthodes
géométriques [1], plus d'un auditeur eût été tenté de prendre pour
un bavardage enfantin ou un radotage sénile les élucubrations
chaldéennes, s'il n'avait pas été intimidé par l'énorme masse
d'observations qui étaient censées supporter ce fatras de légendes.
Le débat sur les prétentions respectives de la Chaldée et de
l'Égypte à la priorité en matière de culture, débat qui dure
encore aujourd'hui [2], devait être alors d'un intérêt tout actuel.
Bérose, si l'on en croit nos auteurs, écrasait toute réclamation
sous le poids de ses chiffres. Il parlait d'observations poursuivies
en Chaldée depuis 490,000 ans. Encore passa-t-il pour modeste
par la suite, car Épigène de Byzance allait jusqu'à 720,000 ans,
et Simplicius — au temps où le monde retombait en enfance —

quibusque acuminibus et quam magni fuerunt qui ab ipsa natione Chaldaeorum profluxerunt, ostendunt (IX, 4 [7]). Une partie des fragments de l'ouvrage
retrouvés à Kouyoundjik ont été publiés dans le troisième volume de Raw-
linson, I. W. A. (Cuneiform Inscriptions of Western Asia). Le British Museum
possède près de 20,000 débris de la bibliothèque d'Assourbanipal et plus de
50,000 inscriptions cunéiformes en tout. Il est bon d'insister tout de suite sur
une distinction, intelligible même pour les profanes, entre les anciens textes
des VIIe et VIIIe siècles, qui sont à peu près exclusivement astrologiques, mais
sans précision scientifique, inutilisables pour les astronomes, et les textes
du temps des Séleucides et Arsacides (IIIe et IIe siècles avant J.-C.), qui sont
des documents astronomiques, sans rapport avec l'astrologie, sauf quelques
thèmes généthliaques que l'on trouvera cités plus loin. Ces documents astronomiques sont les seuls dont s'occupent les PP. Strassmaier et Epping, Astronomisches aus Babylon, oder das Wissen der Chaldäer über den gestirnten
Himmel, Freib. i. Br., 1889. Il ne faut donc pas faire bénéficier les anciens
Chaldéens, que nous nous permettrons de considérer comme des astrologues
passablement ignorants, de la science des nouveaux Chaldéens, des astronomes de Sippara, d'Ourouk et de Borsippa (cf. Plin., VI, § 123) que nous sup-
poserons, jusqu'à preuve du contraire, émules et probablement disciples des
astronomes grecs. Parmi ces Chaldéens, qui formaient comme trois écoles, il
y en avait même qui reniaient l'astrologie : προσποιοῦνται δέ τινες καὶ γενεθλια-
λογεῖν, οὓς οὐκ ἀποδέχονται οἱ ἕτεροι (Strab., XVI, p. 739).

1. Les observations de Timocharès et Aristyllos, qui permirent à Hipparque
de découvrir la précession des équinoxes, datent de 293-272 a. Chr. Ptolémée
cite d'Aristarque de Samos une observation de l'an 280.

2. Le débat paraît tourner à l'avantage des Chaldéens. On assure que des
documents où se trouve la première mention de Babylone remontent au
XXXVIIIe siècle avant notre ère (C.-R. Acad. Inscr., 28 août 1896). Cf. Fr. Hommel, Der Babylonische Ursprung der Aegyptischen Cultur. München, 1892.

ne s'effrayait pas du chiffre de 1,440,000 ans [1]. Sans doute, les gens sérieux faisaient des réserves. Cicéron tient les Babyloniens pour des hâbleurs ; Diodore se défend de croire à une antiquité aussi fabuleuse, et il resta acquis, comme le dit Georges le Syncelle, que Bérose et Manéthon avaient voulu enchérir l'un sur l'autre aux dépens du bon sens [2]. Cependant, les moins crédules restaient convaincus qu'ils avaient affaire à une tradition très ancienne. A supposer que la cosmogonie ou la cosmographie chaldéenne parût arriérée, les observations de faits gardaient toute leur valeur, le point délicat étant en astrologie, comme en toute espèce de divination, d'établir le rapport entre le signe et la chose signifiée. A moins qu'il ne soit révélé, ce rapport ne peut être connu que par l'expérience, et l'expérience elle-même ne devient probante qu'à force d'être répétée. Si Bérose apporta à ses disciples des listes d'éclipses comme celles que l'on a retrouvées à Kouyoundjik, avec mention des événements consécutifs, il dut leur donner une haute idée du temps qu'il avait fallu pour insérer des observations d'éclipses à tous les jours de l'année.

En groupant ce que nous savons aujourd'hui des doctrines

---

1. Plin., VII, § 193. Simplic. ad Aristot., *De Caelo*, p. 475 B. Le chiffre de Bérose varie suivant les auteurs qui le citent : 470,000 (ap. Cic., *Divin.*, I, 19 ; II, 46), 473,000 (ap. Diod., II, 31), 468,800 (*Fr. Hist. Gr.*, II, p. 510), 432,000 (*ibid.*, p. 499). Naturellement, les partisans de l'Égypte ripostaient. Ils assuraient que, de Ptah à Alexandre, il s'était écoulé 48,863 ans, durant lesquels on avait observé 373 éclipses de soleil et 832 éclipses de lune (Diog. L., *Prooem.*, 2). Martianus Capella (VIII, p. 812) fait dire à l'Astronomie : *Aegyptiorum clausa adytis occulebar : quippe per CCCC ferme annorum M illic reverenti observatione delitui*. Ces chiffres ridicules ont dû être enflés par l'intrusion d'une idée stoïcienne, celle de l' ἀ π ο κ α τ ά σ τ α σ ι ς *(redintegratio)*, traduite en astronomie par « la grande année ». On supposa que les Chaldéens avaient observé depuis le commencement d'une grande année, durée qui s'allongeait à mesure que le retour de tous les astres à leur point de départ paraissait plus difficile à calculer : *Quæ conversio quam longa sit, magna quaestio est, esse vero certam et definitam necesse est* (Cic., *Nat. Deor.*, II, 20). On rencontre des sommes d'années échelonnées depuis 8 ans (octaétéride) jusqu'à 17,503,200 ans (Niceph. Chon., *De orthod. fide*, I, 9). Firmicus (III, 1, 9 Kroll) tient pour 300,000 ans. En tout cas, la « grande année » aboutissait à reproduire la disposition originelle des astres : *Donec consumpto, magnus qui dicitur, anno,* | *Rursus in antiquum veniant vaga sidera cursum,* | *Qualia dispositi steterant ab origine mundi* (Auson., *Edyll.*, 18, p. 536 Toll).

2. Cic., *Divin.*, II, 46. Diod. II, 31. Syncell., p. 17 A. = *Fr. Hist. Gr.*, II, p. 498, 4. Pline (*loc. cit.*) a l'air de croire aux chiffres de Bérose, Critodème, Épigène, car il conclut : *ex quo apparet aeternum literarum usum.*

chaldéennes, nous pouvons nous faire une idée approximative
de ce qu'enseignait Bérose [1].

Suivant les Chaldéens, le ciel et la terre sont les deux moitiés
d'un monstre chaotique, Tiamat, engendré au sein d'un Océan
sans limites dont les flots baignent aussi bien le dessus du ciel
que le dessous de la terre [2]. Du corps de Tiamat, fendu en deux,
le démiurge Bel-Mardouk a fait deux voûtes superposées, la
coupole céleste et l'arche surbaissée de la terre, raccordées à
leur base par une digue circulaire qui empêche les eaux de
l'Océan cosmique de pénétrer dans l'espace intermédiaire. Comme
la terre, le ciel est immobile, et il n'y a pas entre l'un et l'autre
de sphères tournantes comme en ont imaginé les Grecs. Les
astres sont donc des boules de feu qui, formées dans les eaux
extérieures du ciel, entrent dans notre monde et en sortent par
des ouvertures pratiquées sur le pourtour de la voûte céleste, au
niveau de l'horizon.

Les astres suivent dans le ciel des voies toutes tracées, étant
habités et conduits par des dieux intelligents ou étant ces dieux
eux-mêmes. La plupart tournent sous l'œil de Bel, qui les contemple et les gouverne du haut du pôle, ou font partie des bandes
aquatiques du dieu Êa, qui trône au sud sur la mer. Mais, dans
le nombre, il en est qui suivent « la voie par rapport à Anou »,
le Père universel, placé au pôle de l'écliptique, et qui sont
chargés d'offices importants. Ce sont — outre les deux grands
flambeaux, le dieu Sin et le dieu Samas — les cinq planètes ou
astres « interprètes », ainsi appelés parce que, n'étant pas comme
les autres assujettis à une place fixe et à une marche régulière, ils « annoncent les événements futurs et interprètent aux
hommes les desseins bienveillants des dieux [3] ». Ces astres privi-

---

1. L'exposé qui suit est fait d'après P. Jensen, *Die Kosmologie der Babylonier*, Strassburg, 1890.

2. Les Chaldéens de Diodore (II, 31) sont des philosophes qui pensent que
le monde n'a pas eu de commencement et n'aura pas de fin. Nous nous
étonnerons de plus en plus qu'on les prenne encore pour des Chaldéens de
Chaldée. La doctrine des eaux célestes est passée de la cosmogonie chaldéenne dans la Bible, et de là chez les chrétiens, gnostiques et orthodoxes.

3. Μεγίστην δέ φασιν εἶναι θεωρίαν καὶ δύναμιν περὶ τοὺς πέντε ἀστέρας τοὺς
πλανήτας καλουμένους, οὓς ἐκεῖνοι κοινῇ μὲν ἑρμηνεῖς ὀνομάζουσιν — διὰ τοῦτο
δ' αὐτοὺς ἑρμηνεῖς καλοῦσιν, ὅτι τῶν ἄλλων ἀστέρων ἀπλανῶν ὄντων καὶ τεταγ-
μένῃ πορείᾳ μίαν περιφορὰν ἐχόντων οὗτοι μόνοι πορείαν ἰδίαν ποιούμενοι τὰ
μέλλοντα γίνεσθαι δεικνύουσιν, ἑρμηνεύοντες τοῖς ἀνθρώποις τὴν τῶν θεῶν
ἔννοιαν (Diod., II, 31, 3-4). On reviendra plus loin sur ce texte de valeur énigmatique. Le titre d' « interprètes » n'est pas de tradition grecque.

légiés sont conduits, la planète Dapinou (♃) par Mardouk, la planète Dilbat (♀) par la déesse Istar, la planète Kaimanou (♄) par Ninib, la planète Bibbou (♂) par Nergal et la planète Moustabarrou-Moutanou (☿) par Nabou [1].

Pour aller plus loin dans l'exposé de la cosmographie chaldéenne, il nous faut emprunter le secours suspect des auteurs grecs, de Diodore surtout, un guide dont les assyriologues auraient dû récuser depuis longtemps la compétence, au lieu de s'évertuer à retrouver dans les inscriptions cunéiformes la confirmation de ce que lui ont dit les « Chaldéens » de son temps,

1. L'identification des planètes est une des questions les plus controversées entre assyriologues. Pour l'époque des Arsacides, les calculs astronomiques fournissent des arguments irréfutables. C'est ainsi que le P. Epping a fixé les attributions suivantes : *Guttu* (☿), *Dilbat* (♀), *Anou* (♂), *Te-ut* (♃), *Mullalu* (♄). Mais il paraît bien que les noms et attributions ont changé au cours des siècles, et l'accord des opinions, qui n'est même pas complet pour la période précitée, est loin d'être fait pour les astres myrionymes et protéiformes de la période astrologique. Ce qu'un profane fourvoyé dans ces études, ahuri par l'équivalence des phonétismes les plus disparates, accadiens et sumériens, croit pouvoir retenir de la lecture des dissertations de MM. Oppert, Sayce, Strassmaier, Epping, Jensen, Hommel, R. Brown, c'est qu'il n'y a pas de doctrine qui s'impose, ni pour les noms, ni pour l'ordre des planètes chaldéennes. L'ordre adopté ci-dessus [☾ ☉] ♃ ♀ ♄ ♂ ☿, est un ordre hiératique, invariable et inexpliqué, suivant Jensen (ce pouvait être l'ordre d'éclat ou de grosseur supposée), à l'encontre de Oppert et Sayce, lesquels adoptent l'ordre ☾ ☉ ☿ ♀ ♄ ♃ ♂, concurremment avec l'ordre actuel des jours de la semaine (☉ ☾ ♂ ☿ ♃ ♀ ♄) qu'ils pensent avoir retrouvé dans un texte de *I. W. A.*, III, 57, 57-61. En outre, les couleurs des sept enceintes d'Ecbatane (Herod., I, 98) montrent, si l'on peut se fier aux attributions de ces couleurs aux planètes (cf. ci-après, ch. x), que l'ordre symbolique y était: ♀ (blanc), ♄ (noir), ♂ (pourpre), ☿ (bleu), ♃ (rouge clair), ☾ (argent), ☉ (or), et l'on admet qu'il était identique dans la série des étages de l'observatoire de Ninive; tandis qu'à l'observatoire de Borsippa, suivant Jensen, l'ordre était celui que nous rencontrons plus tard chez les astrologues et astronomes grecs, soit, en ordre de superposition (inverse de l'ordre céleste), ♄ ♃ ♂ ☉ ♀ ☿ ☾. Mais Borsippa a été, dit-on, reconstruit par Antiochus Ier Soter, et il a pu y avoir là intrusion d'idées grecques. Quant aux noms, nous possédons quelques transcriptions et traductions recueillies par les lexicographes grecs : ainsi (Hesych. s. v.) Ἀϊδής, Αἰδώς, ἡ σελήνη παρὰ Χαλδαίοις. — Βελέβατος· ὁ τοῦ πυρὸς ἀστὴρ Βαβυλώνιοι (♂ ? ☿ ?). — Δελέφατ· ὁ τῆς Ἀφροδίτης ἀστήρ, ὑπὸ Χαλδαίων. — Μολοβόβαρ· ὁ τοῦ Διὸς ἀστήρ, παρὰ Χαλδαίοις. — Σαώς· ἥλιος. Βαβυλώνιοι. — Σεχές· τοῦ Ἑρμοῦ ἀστήρ (cf. ci-après, p. 67, ☿ *souχos*). Les noms de ☉ et de ♀ mis à part, à quelle langue et à quelle époque appartiennent les autres? *Grammatici certant*. Même le nombre septénaire des planètes — un dogme de grande conséquence — ne doit pas remonter très haut, car il suppose l'identification de l'étoile du matin (Istar) et de l'étoile du soir (Belit), qui sont dans la mythologie des divinités distinctes et conçues parfois comme de sexe différent.

c'est-à-dire des astrologues cosmopolites, des Grecs faisant métier
de Chaldéens [1].

Donc, au-dessous(?) des planètes [2], dont les mouvements sont la
matière propre des calculs astrologiques, sont placés « trente
astres, que les Chaldéens appellent dieux conseillers : la moitié
de ceux-ci surveille les lieux de la surface de la terre ; l'autre
moitié les lieux au-dessous de la terre, inspectant à la fois tout
ce qui se passe parmi les hommes et dans le ciel [3]. Tous les dix
jours, un d'eux. est envoyé, comme un messager des astres, des
régions supérieures dans les régions inférieures, tandis qu'un
autre remonte des lieux souterrains dans ceux qui sont au-
dessus de la terre. Ils ont leur course ainsi réglée et enfermée
dans un roulement perpétuel. Parmi ces dieux, il y a des chefs
au nombre de douze, dont chacun préside à un mois de l'année
et à un des douze signes du Zodiaque. C'est à travers ces [astres]
que cheminent le Soleil, la Lune et les cinq planètes », chacun
avec des vitesses différentes. « En dehors du cercle zodiacal, ils
déterminent la position de vingt-quatre astres, dont une moitié
dans les régions septentrionales, une moitié dans les méridio-
nales : ceux qui se voient sont affectés aux êtres vivants, ceux
qui sont invisibles aux défunts, et ils les appellent juges de l'univers. Au-dessous de tous les astres précités, disent-ils, circule
la Lune, très rapprochée de la Terre par sa pesanteur et parcou-
rant sa carrière dans le plus court laps de temps, non à cause de
la vitesse de sa course, mais à cause de la brièveté de son orbite.

1. Voy. F. Lenormant, *Les Origines de l'histoire*, 2ᵉ éd. Paris, 1880. Appendice III, *Textes classiques sur le système astronomique des Chaldéens* (pp. 589-
595) ; textes de Diodore (II, 30-31), de Philon (*De migr. Abrah.* 32. *De Abrah.*
15), de l'auteur des *Philosophumena* (V, 13). Le texte de Diodore a été bien
des fois traduit et commenté, notamment par Letronne, qui le croit tiré de
Ctésias, ou, en tout cas, « d'une époque où la caste chaldéenne devait encore
être restée à l'abri de toute influence grecque. Cette autorité n'est donc pas
soumise aux chances d'erreur qui infirment celle de la plupart des textes
relatifs à l'astronomie chaldéenne » (*Œuvres choisies*, IIᵉ série, I, p. 491).
Letronne, qui avait arraché tant de masques chaldéens ou égyptiens, s'est
cru obligé de respecter celui-ci.

2. Letronne (*op. cit.*, p. 499) a bien vu que ὑπὸ δὲ τὴν τούτων φορὰν doit
être une erreur de texte pour ὑπέρ : même les anciens Chaldéens n'avaient
pas pu mettre au-dessus des étoiles les planètes qui les occultent en passant
devant elles, et il importe peu qu'on ait prêté une opinion semblable à Anaximandre (ci-dessus, p. 4, 5). On verra plus loin (ch. VII) que les décans étaient,
au dire de certains, au plus haut du ciel, au-dessus même du Zodiaque.

3. C'est la définition hermétique des décans (ch. VII) et, comme m'en avertit
M. L. Havet, le rôle de l'*Arcturus* de Plaute (*Rudens*, Prol.).

Sur le fait qu'elle a une lumière empruntée et qu'elle s'éclipse dans l'ombre de la terre, ils disent à peu près les mêmes choses que les Hellènes... [1] »

Arrêtons-là provisoirement le bavardage de ces Chaldéens qui ont si bien renseigné Diodore et lui ont inspiré une si haute idée de leur science. Au temps de Bérose, nous le savons par des témoignages exprès [2], les Chaldéens enseignaient encore que la Lune, demeure du grand dieu Sin, était une boule ayant une moitié brillante, l'autre obscure, et expliquaient ainsi les phases et les éclipses. Deux siècles plus tard, ils avaient donc la prétention d'avoir su de temps immémorial ce que les Grecs avaient découvert. Ce que Diodore ajoute sur la forme « naviculaire et creuse » [3] de la terre paraît authentique, et aussi le demi-aveu d'ignorance que font ses Chaldéens au sujet de la prévision des éclipses de soleil [4].

1. Diod., II, 30-31.
2. Vitruv., IX, 1 [4]. Plut., *Plac. phil.*, II, 29. Stob., *Ecl. phys.*, I, 25 pp. 552 et 556. Cf. Lucret., V, 719-729. La même explication devait servir pour les éclipses de Soleil. Dans les *Védas*, le Soleil a deux faces ; l'une blanche, avec laquelle il fait le jour, l'autre noire, avec laquelle il fait la nuit. L'Inde, où s'est implantée plus tard l'astrologie grecque, a bien pu emprunter auparavant aux Chaldéens. Vitruve a l'air de trouver l'explication de Bérose, en ce qui concerne la Lune, aussi bonne que celle d'Aristarque de Samos, conforme à la nôtre. C'était, en tout cas, un progrès sur l'explication enfantine des astres dérobés par des magiciens ou avalés par des dragons.
3. σκαφοειδῆ καὶ κοίλην (II, 31, 7). Ce serait une barque renversée : cf. p. 40.
4. Pour soumettre à l'analyse ce chapitre chaotique de Diodore, il faut d'abord se déprendre d'un respect outré pour un auteur tout à fait dépourvu de sens critique et surtout pour les soi-disant Chaldéens qui l'ont renseigné, gens capables de pétrir ensemble les traditions les plus disparates, ne fût-ce que par ignorance. Cela fait, — et il est fâcheux que Letronne n'ait pas osé le faire, — on peut procéder à l'inventaire. Écartons provisoirement les points qui seront repris ailleurs, comme les noms des planètes, qui, sauf le nom de ♄, « sont les mêmes en Chaldée qu'en Grèce » (qu'est-ce à dire ?) ; comme l'incohérence d'une description où les planètes sont d'abord placées *au-dessus* des 30 βουλαῖοι θεοί, mais circulent pourtant, y compris le Soleil et la Lune, parmi les ζῴδια auxquels président 12 de ces dieux, sans compter que la Lune est *au-dessous* de tous les autres astres (ὑπὸ πάντα τὰ προειρημένα). Nous rencontrons d'abord la théorie des βου-λαῖοι θεοί. Sont-ils 30 ou 36 ? La plupart des savants, Gesenius, Letronne, Lepsius, Hommel, corrigent τριάκοντα en ἓξ καὶ τριάκοντα, attendu que ces dieux sont les « décans ». Les décans, nous le verrons, sont égyptiens ; mais Hommel (*Astrologie der alten Chaldäer* [im *Ausland*, 1892, nᵒˢ 4-7]. — *Ueber den Ursprung und das Alter der arabischen Sternnamen und insbesondere der Mondstationen*, dans la *ZDMG.*, XIV [1891], pp. 592-619) se croit obligé de les réclamer pour la Chaldée, ce qu'ont fait avant lui, et sans plus de garanties, les Chaldéens de Diodore. Ces Chaldéens — ou Diodore — ont confondu deux systèmes distincts, celui des 36 décans et celui — égyptien aussi — des dieux χρονοκρά-

Nous n'avons pas la prétention de débrouiller le texte de Diodore, mais plutôt de le laisser à l'écart, dépouillé de l'autorité qu'on s'est plu à lui conférer et réduit à la valeur d'une improvisation sans critique ni chronologie. Encore moins ferons-nous intervenir les « Chaldéens » du IIe siècle de notre ère, les fabricants d'« oracles chaldaïques » remontant à la plus haute antiquité et regorgeant de sagesse divine. On ne saurait trop répéter dès à présent que, soit sur les Chaldéens, soit sur les Égyptiens, on ne peut se fier qu'au témoignage des documents indigènes.

Les documents chaldéens nous apprennent que, des deux grands ouvriers de la Nature et du Destin, le Soleil et la Lune, c'était notre satellite, doté du nom de Sin et du sexe masculin, qui tenait le premier rang. Le dieu-soleil Samas ne venait qu'ensuite[1]. Les Grecs — comme les Égyptiens — furent d'un autre avis et rendirent au Soleil la primauté ; mais on comprend que des astrologues aient pris pour sujet principal de leurs observations et objet de leurs hommages le corps céleste le plus vivant pour ainsi dire, le plus rapide dans sa course et le plus varié dans ses

τορες présidant aux 30 jours du mois. Ces 30 dieux sont connus du scoliaste Démophile (ap. Porphyr., *Isagoge*, p. 200), qui en fait « trente étoiles de première et seconde grandeur » collaborant avec l'horoscope. Ils mériteraient bien le nom de « conseillers », car Démophile assure qu'ils agissent spécialement sur l'âme (τὰ τῆς ψυχῆς). Enfin, les douze κύριοι, les chefs des décans, sont revendiqués pour l'Égypte, et cette fois avec le titre de βουλαῖοι, par le scoliaste d'Apollonius de Rhodes : οἱ Αἰγύπτιοι — τὰ μὲν δώδεκα ζῷδια θεοὺς βουλαίους προσηγόρευσαν, τοὺς δὲ πλανήτας ῥαϐδοφόρους (Schol. Ap. Rh., IV, 266). De ce mélange de traditions est sorti le texte incohérent de Diodore. En tout cas, ses Chaldéens songeaient aux 36 décans, car ce sont les décans qui se lèvent et se couchent de 10 en 10 jours. Les 24 δικασταί τῶν ὅλων ont mis aussi les imaginations aux champs. Ceux des vivants sont au-dessus de l'horizon, ceux des morts au-dessous. Soit ! Mais pourquoi 24, et en dehors du Zodiaque ? Hommel fait fi du nombre et de la position ; il les transforme en stations lunaires, ou, en tout cas, planétaires, singulière façon d'utiliser le texte de Diodore. Sayce suppose que Diodore, au lieu de N. et S., a voulu dire E. et O., et, au pis-aller, il constate que l'étoile polaire est appelée « Juge du ciel ». Il n'y a qu'une explication plausible ; c'est que ces étoiles extra-zodiacales sont encore des χρονοκράτορες, les divinités qui président aux 12 heures du jour et 12 heures de nuit, les mêmes qui, conçues comme χρονοκράτορες des jours du mois, sont portées au nombre de 30. Il n'y a rien dans tout cela qui soit authentiquement chaldéen, de l'ancienne Chaldée.

1. On comprend que le soleil ardent de la Chaldée ait passé surtout pour un dieu destructeur. Dans l'astrologie indienne, le Soleil est le chef des planètes malfaisantes, le mal ; comme la Lune est le bien (cf. J.-M.-F. Guérin, *Astronomie indienne*. Paris, 1847, p. 83). La Lune, astre philanthropique, a sur lui une supériorité morale.

métamorphoses. Chez les Grecs eux-mêmes, c'était la Lune, et non le Soleil, qui réglait le calendrier et, par le calendrier, le culte [1]. Sin était le dieu révélateur par excellence. Quand, au moment où sa face lumineuse brillait en plein, il tournait soudain sa face obscure du côté des hommes, son intention de donner aux hommes un avertissement était évidente. En effet, chaque éclipse avait toujours été suivie d'événements considérables, tels que pestes, famines, guerres ou tremblements de terre. Cependant, les prêtres avaient fini par reconnaître que même ces mouvements spontanés du dieu Sin se succédaient dans un certain ordre et formaient un cycle fermé ou *saros*. Plus rarement, mais au plus grand effroi des hommes, le dieu Samas voilait aussi sa face, sans qu'on pût prévoir au juste ces signes redoutables.

Le professeur d'astrologie chaldéenne devait citer à ses auditeurs émerveillés les observations accumulées par les astrologues royaux qui, des tours de Borsippa ou de Ninive, adressaient leurs rapports aux souverains, notant les jours heureux et néfastes, les approches, rencontres et occultations de planètes et d'étoiles, avec les conséquences sur terre de ces incidents célestes. Dans les documents que nos assyriologues déchiffrent à grand'peine, luttant à la fois contre l'incertitude des lectures et l'obscurité voulue des métaphores sacerdotales [2], il est question d'étoiles qui sont « fixées [3] », qui « parlent » à une autre étoile ou sont en opposition avec elle [4], et à chaque observation se répètent des formules de pronostics : « les moissons du pays prospèrent » ; « joie pour le maître de la maison et du pays » ; ou « inondations », « sauterelles », « le roi étend ses armes sur le pays voisin », « les troupes marchent », « les cités sont opprimées par des gens de guerre » ; ou « durant cette année les femmes mettent au monde des enfants mâles », « la justice règne dans

---

1. C'est, du reste, une idée générale dans les cosmogonies que la Nuit a engendré le Jour, le précède en temps et en dignité — καὶ γὰρ ἡ κοινὴ φήμη προτάττει τὴν νύκτα τῆς ἡμέρας (Procl., *In Tim.*, p. 266 D). Chez les Germains, *nox ducere diem videtur* (Tac., *Germ.* 11). Tous les calendriers ont été, à l'origine, d'institution religieuse et réglés par la Lune.

2. Les citations qui suivent sont toutes empruntées au travail de A. H. Sayce, *The astronomy and astrology of the Babylonians, with translations of the tablets relating to the subject* (Transact. of the Society of Biblical Archæology, III, [1874], pp. 145-339). L'identification des planètes est sujette à caution (cf. ci-dessus, p. 41), mais il faut attendre, pour avoir de meilleurs guides, les travaux futurs.

3. Il s'agit, je suppose, des stations (στηριγμοί) des planètes.

4. Amorce de la théorie des aspects (σχήματα) ; voy. ci-après, chap. VI.

le pays », et autres affirmations dont on retrouverait encore
l'équivalent dans nos almanachs, mais qui ont dû avoir l'attrait
de la nouveauté pour les premiers adeptes de l'astrologie importée d'Orient. On saisit çà et là dans ce fatras des modes d'interprétation et des façons de dogmes qui seront plus tard familières
à l'astrologie hellénisée. Par exemple, l'étoile Manma (♂?) est en
opposition avec l'étoile Battabba (Double-grande) : « bon pour le
Roi », dont les armes probablement abattront les plus grands. La
même étoile est en opposition avec « l'étoile du Poisson »; on
annonce abondance de poissons dans le pays. La même est en
opposition avec Mercure (?); le Roi « reste dans son pays », peut-
être par équilibre de deux influences égales et contraires. Par le
fait d'une opposition de Mars et de Vénus, « cette année, six mois
durant, le dit Roi demeure ». Mars étant opposé à Jupiter, « ruine
du pays », par conflit de deux grandes puissances. Le dogme
astrologique en vertu duquel les planètes ont un sexe de position
est affirmé par un exemple probant : « Vénus est femelle au couchant; Vénus est mâle à l'Orient » (p. 196).

Les pronostics tirés des éclipses de la lune sont particulièrement nombreux. Les astrologues royaux semblent parfois désap-
pointés dans leurs calculs relatifs aux syzygies. Ils notent de
temps à autre : « la Lune arrive en dehors de son temps calculé,
une éclipse a lieu » (p. 216); ou encore : « contrairement au
temps calculé, la Lune et le Soleil ont été vus ensemble. Un fort
ennemi ravage la contrée; le roi d'Accad est terrassé par son
ennemi » (p. 288). Dans la plupart des rapports, il est question
du coucher de la lune et de la planète qui est « fixée à sa place ».
Ainsi : « la Lune se couche et Mercure à sa place est fixé; le roi
de Phénicie [1] tombe et son ennemi saccage la contrée » (p. 221).
Une tablette (pp. 222-223) contient des observations d'éclipses de
lune pour chaque jour du mois Tammouz, du 1er au 15, avec
détails précis sur la marche du phénomène. « Au premier jour,
s'il y a une éclipse et qu'elle commence au sud avec lumière
(éclipse partielle?), un grand roi mourra. Dans le mois Tammouz,
le deuxième jour, une éclipse survenant et commençant dans le
nord avec lumière, roi contre roi. En Tammouz, le troisième
jour, une éclipse arrivant et commençant par l'est avec lumière,

---

1. Un trait caractéristique des pronostics des éclipses, c'est qu'ils visent
différentes régions : Accad, la Phénicie, Elam, les rois de Dilmun, Gutium,
etc. C'est une doctrine qui se retrouvera entière dans la partie « catholique »
de l'astrologie grecque (voy. ci-après, ch. xi).

pluie et inondations. En Tammouz, le quatrième jour, une éclipse survenant et commençant par l'ouest, les moissons en Phénicie (sont perdues ?). En Tammouz, le cinquième jour, une éclipse survient et la grande Étoile est ascendante : famine dans le pays. En Tammouz, le sixième jour, une éclipse survient et elle est blanche (?); la Lune (reçoit des) prières. En Tammouz, le septième jour, une éclipse survient et elle est noire : la Lune (envoie) de la nourriture à la Phénicie. En Tammouz, le huitième jour, une éclipse survient, et elle est bleu-sombre; un morceau de terrain et champs... (?). En Tammouz, le neuvième jour, une éclipse survient et elle est vert-jaune : dévastation du territoire ennemi. En Tammouz, le dixième jour, une éclipse survient et elle est jaune-pâle; Accad est.....?... En Tammouz, le onzième jour, une éclipse survient et le Seigneur de la lumière va son chemin ; le trésor du pays (est pillé ?). En Tammouz, le douzième jour, une éclipse survient et la garde finit..... En Tammouz, le treizième jour, une éclipse survient et marche vers le sud... En Tammouz, le quatorzième jour, une éclipse survient et marche vers le nord..... En Tammouz, le quinzième jour, une éclipse survient et marche vers l'est ». Le pronostic général pour le mois tout entier est celui-ci : « En Tammouz, du premier au trentième jour, si une éclipse survient, les autels sont détruits, les cités réduites, et le roi n'est pas à la paix ».

Devant cet étrange document, on se demande s'il n'est pas l'œuvre d'un mystificateur et qui a été victime de la mystification, du roi de Chaldée ou de l'assyriologue moderne. Les mois de l'année chaldéenne étaient des mois lunaires, commençant à la Nouvelle Lune et partagés en deux moitiés par la Pleine Lune [1] ; il faut donc admettre qu'à l'époque, les astronomes chaldéens n'avaient pas encore remarqué que les éclipses ne se produisent jamais qu'aux syzygies, les éclipses de Lune à la Pleine Lune ou opposition, les éclipses de Soleil à la Nouvelle Lune ou conjonction. En supposant des éclipses possibles à tous les jours du mois, ils se décernaient à eux-mêmes un brevet d'ignorance [2]

—————

1. Ou plutôt, pour être exact, commençant à l'apparition du croissant de la « Nouvelle Lune », c'est-à-dire, plus d'un jour après la syzygie astronomique. Aussi la Pleine Lune partage le mois en deux moitiés inégales, sans compter l'inégalité qui tient à l'apogée et au périgée, et la date d'une éclipse peut osciller entre le 13 et le 15 (cf. J. Oppert, *C.-R. Acad. Inscr.*, 1896, p. 426).

2. La réputation de science que les Grecs d'autrefois et les symbolistes à la mode de Creuzer ont faite aux Chaldéens et Égyptiens est un mirage qui se dissipe peu à peu. P. Tannery (*Recherches,* pp. 306 suiv.) pense que les Chal-

que ne connaissaient sans doute pas les Chaldéens de Diodore,
si experts sur la cause des éclipses (ci-dessus, p. 43). Ou bien,
ce qui reviendrait au même si la chose était croyable, ils auraient
si mal réglé le calendrier que la Pleine Lune, normalement fixée
au 15, aurait coïncidé en divers temps avec tous les quantièmes
du mois. Le rédacteur d'un autre rapport (pp. 239 suiv.) affirme
que les éclipses ont toujours lieu les 14, 15, 16, 20 et 21 du mois.
Il est à craindre que celui-là n'ait pas mieux pénétré que l'autre
la cause des éclipses, tout en allant moins loin dans l'absurde. Si
l'on ôtait de ces listes d'éclipses les quantièmes qui les rendent
inintelligibles, il resterait une sorte de grammaire astrologique,
une classification des présages ordonnée au point de vue de la couleur et de la marche de l'ombre sur le disque lunaire. C'est peut-
être, si l'on veut des conjectures, ce qu'un premier rédacteur
aura voulu faire et ce qu'un copiste aura mal compris [1].

A défaut d'éclipses, les halos lunaires, le plus ou moins d'éclat
des cornes du croissant lunaire, étaient matière à pronostics. Il

---

déens ne connaissaient ni l'année tropique, ni la précession des équinoxes.
On voit qu'ils n'avaient pas compris davantage la cause des éclipses, peut-
être, soit dit à leur excuse, pour avoir constaté le phénomène rare d'une
éclipse de lune survenant à l'horizon alors que, par un effet de la réfraction
atmosphérique, le soleil paraît encore être au-dessus de l'horizon du côté
opposé — *utroque super terram conspicuo sidere* (Plin., II, § 57), — fait nié par
Cléomède (II, 6, p. 96), noté par les Chaldéens à la P. L. du 14 Airu 170, 28 févr.
141 av. J.-C. (Z. f. Assyriol., IV [1889], pp. 169-170. Cf. ci-dessus, p. 46-47, le
cas de la Lune et du Soleil « vus ensemble » à contre-temps et l'éclipse du
11 Tammouz, quand « le seigneur de lumière va son chemin »). On peut douter,
par conséquent, que les anciens Chaldéens aient observé la révolution des
nœuds écliptiques en 223 lunaisons, et que le *saros*, s'il représente ce cycle,
date de si loin (sur le *saros*, voy. Epping, *Astron. aus Babylon*, p. 179).

1. Hipparque et Ptolémée n'ont utilisé que les dates d'éclipses postérieures
à l'ère de Nabonassar (747 avant J.-C.). « Il est certain », dit P. Tannery (*Rech.*,
p. 317, 1), « que les Chaldéens avaient présenté aux Grecs une série d'éclipses
remontant à une antiquité fabuleuse et qui ne pouvaient inspirer aucune
confiance ». Parmi celles qui ont été vérifiées, on cite l'éclipse de lune du
15 Sebat (18 janv. 653 avant J.-C.) qui épouvante le roi de Babylone Saosdu-
chin (datée par J. Oppert, *C.-R. Acad. Inscr.*, 30 oct. 1896); celle du 14 Tammouz
(16 juil. 523) : « l'an VII [de Cambyze], au mois de Tammouz, la quatorzième
nuit, une dihorie et 2/3 (3 h. 1/3) après la nuit tombante, la lune fut
éclipsée. Dans le plein de l'éclipse, le demi-diamètre fut éclipsé et le nord resta
invisible ». L'autre éclipse (de Thebet, 10 janv. 522) est totale. « Dans son plein,
le midi et le nord furent éclipsés ». Ces deux éclipses figurent dans l'Almageste de Ptolémée. Voy. J. Oppert, *Un texte babylonien astronomique et sa traduction grecque par Cl. Ptolémée* (*Zeitschr. f. Assyriol.*, VI [1891], pp. 103-123).
La dite tablette porte au recto des observations sur la lune; au verso, les
levers et couchers des planètes et la mention des éclipses de lune.

semble bien aussi que les astrologues royaux commettaient ou supposaient des erreurs de calcul qui transformaient des phénomènes réguliers en prodiges significatifs. On a vu qu'ils trouvaient parfois la Lune « hors de son temps » au moment des éclipses. Dans un rapport destiné probablement à Assourbanipal, l'astrologue parle d'une éclipse de soleil qu'il guettait et qui ne s'est pas produite[1] ; en revanche, il y a eu conjonction de la Lune avec une planète. « Au roi, mon seigneur, son fidèle serviteur Mar-Istar. Le 27e jour, la lune a disparu. Les 28, 29 et 30, nous avons observé le nœud lunaire de l'éclipse de Soleil ; le temps s'est passé et l'éclipse n'a pas eu lieu. Le premier jour, quand déclinait le jour de la Nouvelle Lune du mois Tammouz, la Lune fut de nouveau visible au-dessus de la planète Jupiter, comme je l'ai déjà annoncé par avance au roi mon maître : je ne me suis pas trompé. A l'heure d'Anou, elle a apparu en déclin, dans le cercle de Régulus, mais son croissant n'était pas net dans les brumes de l'horizon[2] ». Ailleurs, le « chef astrologue » constate dans un de ses rapports : « La Lune est vue le 28e jour telle qu'elle apparaît au 1er : prospérité pour Accad, malheur pour la Phénicie » (p. 228). C'est probablement un pronostic créé en vue de l'effet à produire, en un temps où la Phénicie, si souvent nommée dans nos tablettes, était en hostilité perpétuelle avec les rois de Babylone et de Ninive.

La plupart des tablettes portent une signature sans qualificatif. Un certain Naboua se dit « d'Assour », et Istar-nadin-Habal s'intitule « chef des astrologues d'Arbèle ». Un fait curieux, c'est qu'il arrive à tel astrologue du temps d'Assourbanipal d'insérer dans son rapport des observations qu'il déclare avoir restituées « conformément aux termes d'une tablette qui n'existe plus », ou tirées de « l'Illumination de Bel, d'après une tablette qui n'existe plus ». L'astrologie chaldéenne avait déjà ses érudits et vivait sur son passé.

Il n'y a pas un seul de ces antiques documents qui touche de près ou de loin à la généthlialogie ou prédiction d'une destinée individuelle d'après la position des astres lors de la naissance. Sans doute, cet argument *a silentio* ne saurait infirmer la tradition qui attribue l'invention des méthodes généthlialogiques aux

---

1. Elle avait pu avoir lieu et n'être pas visible à Ninive.
2. Texte traduit par J. Oppert, *Die astronomischen Angaben der assyrischen Keilinschriften (Sitzungsb. d. Wien. Akad., Math.-Nat. Classe,* 1885, pp. 894-906). Cf. Sayce, p. 234. La substitution de Jupiter à Mercure est une dernière correction que je dois à M. Oppert.

Chaldéens ; mais elle nous confirme dans l'opinion que l'astrologie a commencé par formuler des pronostics applicables aux peuples et aux rois avant de supposer que les astres s'occupassent de tout homme venant en ce monde. Peut-être est-ce la logique grecque, rigoureuse et démocratique, qui l'a fait plus tard condescendre à ce souci des petites gens, ce qui rendrait plus énorme encore le mensonge des Chaldéens prétendant disposer des observations de milliers de siècles employés « à risquer des expériences sur les enfants [1] ». Pour trouver un thème de géniture chaldéen, il faut descendre jusqu'à l'époque des Arsacides, c'est-à-dire au temps où les Orientaux imitaient les Grecs. Encore les seuls que nous connaissions sont-ils libellés avec une concision qui trahit une sorte d'indifférence à l'égard de ce genre d'observations : « L'an 170 de Démétrius, mois de Adar, nuit du 6, au commencement de la nuit, la Lune devant la Corne du Nord [2], à distance d'une coudée. Le 6, au matin, un petit enfant est né sous son signe. La Lune (était) au commencement des Gémeaux, le Soleil dans les Poissons, Jupiter dans la Balance, Vénus et Mars dans le Capricorne, Saturne dans le Lion ». Autre mention, plus sommaire encore : « L'an 170, au mois de Nisan 4, équinoxe : dans la maison, on annonce qu'un enfant est né sous Jupiter [3] », c'est-à-dire, Jupiter étant alors levé toute la nuit (ἀκρόνυχος).

---

1. *Nam quod aiunt quadraginta septuaginta milia annorum in periclitandis experiundisque pueris, quicumque essent nati, Babylonios posuisse, fallunt : si enim esset factitatum, non esset desitum ; neminem autem habemus auctorem, qui id aut fieri dicat aut factum sciat* (Cic., *Divin.*, II, 46). Au risque d'être taxé de présomption, je crois devoir trancher ici une question grave et, jusqu'à plus ample informé, supprimer la prétendue généthlialogie des Chaldéens. Tout ce qu'on en sait se trouve résumé, d'après les travaux de M. Oppert, par F. Lenormant, *La divination chez les Chaldéens*, ch. vii. Tous les textes cités se rapportent à des naissances monstrueuses, comparables et comparées aux prodiges du même genre interprétés par les haruspices toscans, et il n'y est pas fait la moindre allusion aux combinaisons astrales qui les auraient causées. C'est donc faire une hypothèse gratuite que d'ajouter : « la conséquence de ces idées [les idées prêtées aux *Babylonii* de Cicéron] était de considérer toutes les infirmités, toutes les monstruosités que présentaient les enfants nouveau-nés, comme un résultat inévitable et irrémédiable de l'action de ces positions astrales. Ceci donné, l'observation de semblables monstruosités donnait comme un reflet de l'état du ciel, etc. » (Ibid., p. 104). « Ceci » n'est pas « donné » par les textes : le prodige vaut par lui-même, et c'est à lui que s'applique l'exégèse chaldéenne.

2. La « Corne du N. » ne peut être que β du Taureau (voy. ci-après, fig. 4).

3. PP. Strassmaier et Epping-(*Z. f. Assyriol.*, III [1888], p. 149-150 ; IV [1889], p. 169-171). L'an 170 Seleuc. 6 Adar correspond au 28 févr. 141 a. Chr. Il paraît que, vérification faite, l'état du ciel sus-indiqué est exact, à quelques degrés

Nous comparerons plus tard la sécheresse de ces documents à la précision minutieuse des thèmes de géniture dressés par les Grecs avec les ressources d'un art perfectionné. Il nous faut maintenant revenir au temps et aux disciples présumés de Bérose, pour tâcher de déterminer le point de soudure entre l'astrologie chaldéenne et l'astrologie grecque ; autrement dit, pour apprécier, si faire se peut, ce que celle-ci doit à celle-là, en dehors de l'idée générale et de l'impulsion qui l'a suscitée. La question est des plus complexes, car la tradition propagée par les Grecs eux-mêmes, au lieu de faire ce triage, s'est simplifiée à outrance et adjuge en bloc tout l'outillage astrologique aux Orientaux, Chaldéens ou Égyptiens. Il y a là des mirages à dissiper qui ont pour eux l'autorité des textes, et nous ne parviendrons sans doute pas du premier coup à convaincre le lecteur que, neuf fois sur dix, les Chaldéens et Égyptiens honorés de ces témoignages sont tout simplement des astrologues grecs déguisés en dépositaires d'une doctrine archaïque. C'est une démonstration qui se fera peu à peu et qui passera pour définitivement acquise, nous l'espérons, au dernier chapitre [1].

près en ce qui concerne la Lune, placée ici à 2° 3′ de β du Taureau. Les identifications astronomiques ainsi confirmées sont *mas-masu* = ♊ ; *nune* = ♓ ; *nûru* = ♎ ; *sakhû* = ♑ ; *A* = ♌ : *Te-ut* = ♐ ; *Dilbat* = ♀ ; *Anu* = ♂ ; *Mullalu* = ♄.

1. Il importe de la commencer dès maintenant, en insistant sur un fait psychologique, largement démontré par l'histoire de la littérature apocryphe : c'est que toute doctrine qui ´fait appel à la *foi* a intérêt à se vieillir, et que les individus qui la développent se gardent bien de donner leurs inventions particulières pour des opinions de_leur propre génie. Ils échappent à la discussion en se couvrant d'un amas, aussi énorme que possible, d'expériences ou de révélations invérifiables. De là les entassements de siècles que nous avons déjà rencontrés. Ceci posé, constatons que les auteurs adjugent l'invention de l'astrologie-astronomie tantôt aux Chaldéens, tantôt aux Égyptiens. — I. Pour la Chaldée, la majorité des témoignages, appuyés sur le fait que la Chaldée, plaine immense, se prêtait admirablement aux observations (cf. Ps. - Plat., *Epinomis*, 9, p. 987. Cic., *Divin.*, I, 1, qui distingue, dans les *Assyrii*, les *Chaldaei, non ex artis sed ex gentis vocabulo.* Joseph., *Ant. Jud.*, I, 8, 2. Amm. Marc., XXIII, 6, 25. Procl., *In Tim.*, p. 277 D, etc.). — II. Pour les Égyptiens, Aristot., *Metaph.*, I, 1. Diod., I, 28-29. 81 (φασὶ δὲ καὶ τοὺς ἐν Βαβυλῶνι Χαλδαίους, ἀποίκους Αἰγυπτίων ὄντας, τὴν δόξαν ἔχειν τὴν περὶ τῆς ἀστρολογίας παρὰ τῶν ἱερέων μαθόντας τῶν Αἰγυπτίων). Diog. Laert., *Prooem.*, § 11. Lactant., *Inst. Div.*, II, 13 ; Clem. Alex., *Strom.*, I, 16, § 74. Macrob., *Somn. Scip.*, I, 21, 9. Ps.-Lucian., *Astrol.*, 3-9, etc. J'ignore si le compilateur qui appelle Néchepso βασιλέα Ἀσσυρίων (ap. Iriarte, *Catal. Matrit.* = Riess, fr. 40) transportait Néchepso en Assyrie ou faisait de l'Assyrie une province égyptienne. — III. Opinions mixtes, acceptant Égyptiens *et* Chaldéens, Cic., *loc. cit. : Eamdem artem etiam Aegyptii — innumerabilibus paene saeculis*

Nous irons tout droit à la question principale eu recherchant les origines de la maîtresse pièce de l'outillage astrologique. Le Zodiaque est l'instrument par excellence de l'astrologie grecque, l'échelle sur laquelle sont repérées les positions des planètes et appuyés les angles des polygones qui déterminent les « aspects », le cadastre des domiciles et autres fiefs planétaires ; enfin et surtout, c'est un répertoire de toute espèce d'influences propageant les qualités et aptitudes symbolisées par les signes (ζῴδια-*signa*). Il est indubitable — le thème cité plus haut (p. 50) le prouve — que les Chaldéens du temps des Arsacides usaient de l'échelle zodiacale : il l'est moins, il est même douteux que le Zodiaque

---

consecuti putantur. Plin., VII, § 56. Manil., I, 40-45. Ach. Tat., *Isag.*, 1, p. 73. Isid., *Origg.*, III, 24, 1 : etc. — IV. Opinions éclectiques, qui partagent l'objet du débat, adjugeant l'astronomie aux Égyptiens, l'astrologie aux Chaldéens (Theodoret., IV, p. 699, ed. Hal.), ou inversement (Palchos ap. Cumont, p. 6) ; faisant les Égyptiens et Hellènes disciples des Chaldéens (Suidas, s. v. ἀστρο-νομία) ; disant l'astrologie « arithmétique » issue des Chaldéens, l'astrologie « graphique », des Égyptiens (Theo Smyrn., p. 177 Hiller). — V. Opinions qui, considérant l'astrologie comme magie, associent ou substituent aux Chaldéens les mages perses (Suidas, *loc. cit.*— Πρῶτοι Βαβυλώνιοι ταύτην ἐφεῦρον διὰ Ζωροάστρου, μεθ' ὃν καὶ 'Οσθάνης : cf. Io. Lyd. *Mens.*, II, 3 — οἱ περὶ Ζωροάσ-τρην καὶ Ὑστάσπην Χαλδαῖοι καὶ Αἰγύπτιοι), ou inversement : *Magorum scientiae multa ex Chaldaeorum arcanis Bactrianus addidit Zoroastres, deinde Hystaspes rex prudentissimus Darei pater* (Amm. Marc., XXIII, 6, 32). On verra plus loin (ch. xvi) l'inénarrable fouillis de traditions adjugeant l'invention de l'astrologie aux Cariens, aux héros helléniques, aux Juifs, aux fils d'Adam, etc. Si, des généralités, l'on descend au détail, les contradictions s'accusent. Ptolémée (*Tetrab.*, I, 3) affirme que la médecine astrologique est d'origine égyptienne ; mais Apulée assure que les Chaldéens ont découvert [*luminum vagantium*] *varios effectus in genituris hominum necnon medendi remedia* (Apul., *Florid.*, II, 15, § 57). Les documents prouvent que les Chaldéens se sont beaucoup occupés des planètes et des éclipses ; les Égyptiens, peu ou point. Sénèque n'en affirme pas moins qu'Eudoxe a rapporté d'Égypte sa théorie des planètes (*Eudoxus primus ab Aegypto hos motus in Graeciam trans-tulit;* Sen., *Q. N.*, VII, 3 : cf. Aristot., *Meteor.*, I, 6), et Conon de Samos, ses tables d'éclipses (*Conon defectiones quidem solis servatas ab Aegyptiis collegit*). Macrobe attribue aux « Égyptiens » l'opinion qui faisait circuler Vénus et Mercure autour du Soleil, opinion qui remonte au plus à Héraclide de Pont (cf. P. Tannery, *Recherches*, p. 260), et ainsi de suite. Voy. ci-après (chap. iv) la doctrine de Mars=Hercule attribuée ici aux Égyptiens, là aux Chaldéens. L'expression οἱ παλαιοὶ Αἰγύπτιοι, sous la plume des astrologues, désigne les auteurs d'un ouvrage apocryphe datant au plus du temps de Sylla, et peut-être postérieur à l'ère chrétienne, les fabuleux Néchepso et Pétosiris ; et Ptolémée lui-même, contemporain des Antonins, est le plus souvent appelé par ses commentateurs ὁ παλαιός tout court (cf. Anon., pp. 3, 49, 80, 94, 137, 143, 146, 156, etc.). Il suffit pour le moment d'ébranler l'autorité des textes : la conviction se fera peu à peu.

ait été connu des anciens Chaldéens, et, à plus forte raison, des Égyptiens que la tradition se plaît à mettre en concurrence avec eux. Essayons, pour simplifier le problème, qui dépasse sur bien des points notre compétence, d'en éliminer, après examen, les prétentions égyptiennes.

L'origine du Zodiaque est une question qui a exercé au moins autant l'imagination que la science des érudits. Les figures en majeure partie animales qui le composent; les hiéroglyphes qui résument ces figures; la découverte de quatre zodiaques égyptiens — deux à Denderah, un à Esneh et un à Akhmîm — que l'on croyait remonter à une haute antiquité; le fait que les Égyptiens ont eu de temps immémorial une année solaire divisée en douze parties égales et réglée sur le lever des constellations; les textes nombreux qui revendiquent pour les Égyptiens la priorité de l'invention de l'astronomie ou astrologie et affirment notamment que les Égyptiens ont divisé le Zodiaque en douzièmes égaux au moyen de la clepsydre (voy. ci-après) : tout cela a paru d'abord faire tourner le débat à l'avantage des Égyptiens. Mais il a été irrévocablement démontré que les zodiaques égyptiens sont tous de l'époque romaine et librement imités du Zodiaque grec, et du coup se sont écroulées les suppositions extravagantes échafaudées sur leur prétendue antiquité [1]. On accepterait aujourd'hui, s'il n'y avait pas d'autre objection, les 2400 ans auxquels devaient remonter, d'après le calcul de la précession

___

1. La démonstration a été faite en 1824, contre la thèse de Bailly et Dupuis, par Letronne dans deux mémoires : *Obss. critiques et archéol. sur l'objet des représentations zodiacales qui nous restent de l'antiquité* (Œuvres choisies, 2e série, I, pp. 172-246). *Sur l'origine grecque des zodiaques prétendus égyptiens* (ibid., pp. 423-457), et reconnue valable par Ideler (*Ueber den Ursprung des Thierkreises*. Berlin, 1839); par R. Lepsius (*Einleitung zur Chronologie der Aegypter*. Berlin, 1848); par R. Brugsch (*Thes. Inscr. Aegypt.* Tom. I. *Astronomische und astrologische Inschriften der altägyptischen Denkmäler*. Leipzig, 1883), qui consacre 65 pages (pp. 1-65) aux inscriptions du plafond du pronaos de Denderah. Par contre, égyptologues et assyriologues contestent la seconde partie de la thèse de Letronne, à savoir que les zodiaques orientaux, y compris ceux de l'Inde et de la Chine, sont des imitations du Zodiaque grec. Ils réclament en faveur de la Chaldée (voy. ci-après), et Letronne lui-même consent à admettre un Zodiaque duodécimal chez les Chaldéens, mais avec des signes et des noms différents : ceci par respect pour le texte de Diodore (Letronne, *Sur l'origine du Zodiaque grec et l'Uranographie des Chaldéens*, ibid., pp. 458-530). Il y avait à Denderah deux zodiaques, l'un intérieur (le seul *circulaire* trouvé jusqu'ici en Égypte), datant probablement de Cléopâtre; l'autre, rectangulaire (actuellement à la Bibl. nationale), faisant partie du pronaos dédié sous Tibère, entre 32 et 37 p. Chr. (Lepsius, pp. 102-103).

des équinoxes, des zodiaques qui plaçaient l'équinoxe de printemps dans le Taureau; mais on sourit du zèle anti-biblique de Dupuis, qui, faisant permuter équinoxes et solstices, réclamait les 13,000 ans nécessaires pour que l'écliptique eût tourné de 180 degrés. L'insouciance d'un artiste du temps des Antonins — l'auteur du zodiaque d'Esneh — avait déchaîné ce flot d'hypothèses, qui, en inquiétant les exégètes de la Bible, faillit transformer la discussion scientifique en querelle religieuse.

Quant aux textes qui attribuent aux Égyptiens l'invention du Zodiaque, ils représentent l'opinion de scoliastes de basse époque, qui montrent naïvement leur ignorance. Macrobe explique tout au long comment s'y prirent les Égyptiens pour diviser, à l'aide de clepsydres, le cercle zodiacal en douzièmes égaux [1], sans se douter que son procédé, bon pour mesurer des douzièmes de l'équateur, donnerait des fractions très inégales du Zodiaque. Il est tout à fait étranger au calcul des ἀναφοραί ou estimation des ascensions obliques en degrés d'ascension droite. Servius a peut-être entendu parler des ascensions obliques, c'est-à-dire des arcs inégaux du Zodiaque qui montent au-dessus de l'horizon en des temps égaux, mais il paraît confondre l'étendue réelle et le temps d'ascension; il assure que les Égyptiens divisent le Zodiaque en douze parties égales, mais que les Chaldéens admettent onze signes seulement, et d'une inégalité qui peut aller du simple au double [2]. Au temps de Servius et de Macrobe, il y avait six cents ans que les astrologues grecs étaient ou « Chaldéens » ou « Égyptiens », et l'on ne saurait appliquer de pareils textes aux Égyptiens d'Égypte ou aux Chaldéens de Chaldée.

Les égyptologues conviennent, du reste, que, si l'on trouve

---

1. Macrob., *Somn. Scip.*, I, 21, 9-23. Il ajoute ingénument que ces Égyptiens ont appelé ce cercle Zodiaque, *quia signa Graeco nomine* ζῴδια *nuncupantur*. Disons, à sa décharge, qu'il n'a fait qu'appliquer aux Égyptiens ce que Sextus Empiricus (*Adv. Astrol.* §§ 24-26, p. 342) dit des Chaldéens; que le même procédé, entaché de la même erreur, se retrouve dans la *Didascalie* de Leptine (*Notices et Extraits des mss.*, XVIII, 2, p. 65), et que Hipparque accuse de la même ignorance Aratus et Attale (*Comm. in Arat. Phaen.*, II, 1, § 4 sqq.). Cf. ci-après, ch. IX.

2. *Aegyptii duodecim esse asserunt signa : Chaldaei vero undecim. Nam Scorpium et Libram unum signum accipiunt... Iidem Chaldaei nolunt aequales esse partes in omnibus signis, sed pro qualitate sui, aliud signum XX, aliud XL habere ; cum Aegyptii tricenas esse partes in omnibus velint* (Serv., *Georg.*, I, 33). Il y a là quand même une réminiscence d'un fait exact; c'est que les Chaldéens — et Égyptiens, quoi qu'en dise Servius — conservaient aux constellations leur dimension naturelle et les faisaient, par conséquent, inégales.

dans les documents beaucoup de noms de constellations et de décans, ou même la preuve que les constellations étaient enfermées dans des figures, ces constellations appartiennent à des parties très différentes du ciel et n'ont été remarquées, de préférence à d'autres, qu'en raison de leur éclat. On sait que le régulateur du calendrier égyptien était Sothis ou Sirius et son voisin Oriòn, qui n'appartiennent pas au Zodiaque. De même les décans, que les Grecs feront plus tard entrer dans leur Zodiaque, étaient inégalement et librement disséminés sur le pourtour de la sphère, de préférence dans la région équatoriale. En un mot, il n'y avait pas de Zodiaque égyptien; et on le conçoit aisément, puisque les Égyptiens, peu curieux de suivre la marche des planètes, ne se préoccupaient pas de leur route oblique et avaient adopté une année réglée sur le lever des constellations équatoriales [1].

Pour la raison inverse, les Chaldéens, qui pratiquaient l'année lunisolaire, avec la Lune pour régulateur principal, et attribuaient une influence prépondérante aux planètes, ont dû distinguer de bonne heure, entre toutes les constellations, celles qui ont l'honneur d'héberger les astres errants. Si la Lune était toujours l'objet principal de leur attention, ce sont les étapes de sa route qu'ils ont dû noter tout d'abord, en tâchant d'égaler le nombre de ces étapes à celui des jours de la révolution *sidérale* de l'astre. La logique postule un premier Zodiaque babylonien à 28 cases ou mansions lunaires, tel qu'on le rencontre chez les Hindous et les Chinois, zodiaque qui aurait été, ensuite et par surcroît, divisé eu 12 étapes solaires [2]. Nous ne saurions dire si les découvertes

---

1. Voy. les conclusions de Lepsius (*Einleitung*, pp. 121-125). Il tient pour le Zodiaque chaldéen, lequel (sur la foi de nos scoliastes) aurait été divisé en douzièmes réguliers par les Égyptiens, en admettant toutefois que les Égyptiens ont accepté ensuite et transposé à leur usage le Zodiaque grec. C'est un compromis assez obscur. Brugsch (*op. cit.*, pp. 9 et 81) cite, comme preuve que les Égyptiens donnaient aux constellations des figures plastiques, *Sah* ou *Sahu*, le « Retourné », c'est-à-dire Orion, représenté comme un roi marchant la tête tournée en arrière. Orion est traversé par l'équateur. Ce qui intéressait les anciens Égyptiens, ce n'était pas la place où était fixé le soleil quand il tournait avec le ciel, mais la course horizontale qu'il était censé fournir pendant la nuit. C'est autour de l'horizon qu'ils disposaient les maisons solaires, avec les divinités connues plus tard sous le nom de décans. Cf. l'opinion d'Anaximène : οὐχ ὑπὸ γῆν, περὶ αὐτὴν δὲ στρέφεσθαι τοὺς ἀστέρας (Plut., *Plac. Phil.*, II, 16. Stob., *Ecl.*, I, 24).

2. La révolution *sidérale*, qui ramène la lune en conjonction avec une même étoile, est de 27ʲ 7ʰ 43ᵐ 11ˢ, 5 : plus de 27 j., moins de 28. De là l'hésitation sur le nombre des cases. Les 28 Nokhyottros (*sic*) du zodiaque lunaire hindou ont été réduits à 27 (*juxta cubicum numerum*. Chalcid., *In Tim.*, § 113) au IVᵉ siècle

récentes ont complètement satisfait la logique sur ce point et dans quel rapport se trouvent avec un véritable Zodiaque lunaire les vingt-huit « étoiles normales », inégalement espacées, sur lesquelles les astronomes chaldéens du temps des Arsacides repéraient la marche des planètes [1]. Ce que nous cherchons, c'est un Zodiaque solaire dans l'antique Chaldée.

Le Zodiaque grec se compose de deux éléments bien distincts : les signes (ζῴδια) ou constellations qui se trouvent semées aux environs de l'écliptique ou route du Soleil, irrégulières en position et inégales en grandeur comme en éclat, et la répartition artificielle de ces signes dans des douzièmes (δωδεκατημόρια) égaux. Il est évident que, si l'on fait abstraction de ce dernier élément, le plus important des deux et la marque spécifique du Zodiaque grec, on doit trouver dans l'uranographie chaldéenne ou égyptienne mention des constellations zodiacales, sous des noms et, s'il y a lieu, avec des figures différentes. Pour savoir s'il y a eu imitation de la part des Grecs, il suffira de rechercher s'il y a

de notre ère, suivant Guérin, *op. cit.*, p. 50. Les Arabes, Persans, Chinois, Coptes, ont conservé le nombre de 28. Cf., en Égypte, les 28 ans du règne d'Osiris, symbole de la révolution lunaire (Plut., *De Isid. et Osir.*, 42), et les 28 jours durant lesquels le scarabée enterre sa boule de fiente, à fin de génération spontanée (Horapoll., *Hierogl.*, I, 10). Sur les questions abordées ciaprès, j'ai consulté, pour suppléer autant que possible à l'incompétence par la diligence, les ouvrages ou articles de P. Jensen, *Kosmologie* (ci-dessus, p. 6, 2); Epping, *Astronomisches* (ci-dessus, p. 4), et, dans cet ouvrage (p. 150), la planche *Babylonische Thierkreise*, plus les *Neue babylonische Planeten-Tafeln* (Z. f. *Assyr.*, V [1890], pp. 341-366, VI [1891], pp. 89-102 et 217-244); Hommel (articles cités ci-dessus, p. 11 note); les nombreux articles — trop nombreux pour être tous cités ici — dans lesquels R. Brown étudie l'uranographie babylonienne, surtout d'après les stèles ou bornes milliaires du xᵉ siècle (?), notamment *Remarks on the Euphratean astronomical names of the Signs of the Zodiac* (Proceedings of the Soc. of Bibl. Arch., XIII [1891], pp. 246-271), et une série d'*Euphratean stellar researches*, parmi lesquelles, nº 5 : *The Archaic lunar Zodiac* (ibid., XVII [1895], pp. 284-303), où on lit : « Since 1883 a lunar Zodiac has been found in the cuneiform inscriptions, and therefore the *argumentum a taciturnitate*, unsatisfactory at all times, vanishes » (p. 285).

1. Voy. Epping, *Astronomisches aus Babylon*, ch. iv. *Chaldäische Planeten-Ephemeriden*, pp. 109-175. Les 28 étoiles normales sont : I, η ♓. — II. β ♈. — III. α ♈. — IV. η Pléiades ♉. — V. α ♉. — VI. β ♉. — VII. ζ ♉. — VIII. η ♊. — IX. μ ♊. — X. γ ♊. — XI. α ♊. — XII. β ♊. — XIII. δ ♋. — XIV. ε ♌. — XV. α ♌. — XVI. ρ ♌. — XVII. β ♌. — XVIII. β ♍. — XIX. γ ♍. — XX. α ♍. — XXI β ♎. — XXII. β ♎. — XXIII. δ ♏. — XXIV. α ♏. — XXV. θ Ophiuchus. — XXVI. α ♐. — XXVII. γ ♐. — XXVIII. δ ♐. Division absolument irrégulière et qui sort même du Zodiaque, Ophiuchus remplaçant le Sagittaire. On se demande si c'est par hasard, en fait seulement, que le nombre se trouve borné à 28.

analogie entre les caractères attribués aux constellations qui se correspondent de part et d'autre.

En ce qui concerne les douzièmes, la question paraît tranchée. Même à l'époque des Arsacides, les Chaldéens, ennemis des abstractions invisibles, n'avaient pas encore ramené les constellations zodiacales à une étendue égale pour toutes [1]. On peut conclure de là, à plus forte raison, qu'ils ne connaissaient pas les dodécatémories uniformes au temps où ils étaient libres de toute influence grecque.

Restent les signes ou figures. Les assyriologues contemporains — ou du moins les plus prudents d'entre eux — n'ont pas encore découvert dans les anciens documents une série complète de constellations zodiacales comparables aux ζῴδια grecs; mais ils signalent un Bélier, un Taureau, des Gémeaux, un Scorpion, une Chèvre pisciforme qui répondrait au Capricorne, et deux Poissons ou hommes-poissons reliés par un ligament, comme ceux du Zodiaque grec. Enfin, s'il n'y a pas de constellation du Lion, on trouve le dieu solaire Nergal qualifié de Lion, et l'Épi que tient la Vierge grecque est bien sémitique. La position présumée de ces groupes d'étoiles sur la sphère semble indiquer que leurs noms sont des métaphores suggérées par la température des parties de l'année solaire correspondantes. Ainsi, trente siècles avant notre ère, l'équinoxe du printemps était dans le Taureau. Le Taureau était alors le symbole de Mardouk, du soleil de printemps qui sort des eaux hivernales et y est encore à demi plongé [2]. Les signes d'hiver sont tous aquatiques, à partir du Scorpion, qui correspondait alors à l'équinoxe d'automne. Ce Scorpion pourrait bien être le monstrueux Homme-Scorpion qui, suivant les

---

1. Voy. Epping, *Astronomisches*, pp. 148-149. Il y a eu cependant effort d'accommodation. « Il semble que l'on a donné à tous les groupes environ 30° d'étendue, à quelques degrés près en plus ou en moins, de façon à accentuer une concordance avec les signes écliptiques actuels » (p. 149). Le Zodiaque chaldéen ainsi constitué comprend les douze signes suivants, d'après Epping :

Ku	= ♈	Nangaru	= ♋	Nûru	= ♎	Sakhû	= ♑
Te-te	= ♉	A	= ♌	Aqrabu	= ♏	Gu	= ♒
Mas-masu	= ♊	Ki	= ♍	Pa	= ♐	Zib	= ♓

Sur l'interprétation de ces noms (ou autres substitués) et les figures des susdits signes, voy. les conjectures de R. Brown (*Proceedings*, XIII, pp. 246-271). Epping propose *ku* = Chien; *mas-masu* = Jumeaux; *aqrabu* = Scorpion; *pa* = Sceptre; *sakhû* = Capricorne: *zib* = Poisson.

2. Ceci pour expliquer la mutilation du Taureau, dépourvu d'arrière-train dans le Zodiaque grec.

légendes cosmogoniques, avait aidé Tiamat à résister au démiurge Bel-Mardouk. L'épithète de Lion conviendrait bien au soleil furieux du plein été. Enfin, l'Épi pouvait être non pas le signe où se trouvait le Soleil au moment de la moisson — laquelle se faisait en Chaldée vers le mois de février — mais, au contraire, le signe qui se levait et souriait aux moissonneurs aussitôt le soleil couché [1].

Le Zodiaque chaldéen ainsi ébauché aurait été subdivisé et complété plus tard, peut-être par suite de l'adoption de l'année lunisolaire, qui exigeait au moins douze compartiments. Le dérangement de l'ancien système par le fait de la précession des équinoxes a pu aussi motiver des retouches. Ainsi, s'apercevant que l'équinoxe avait quitté le Taureau (2430 a. Chr.), les Chaldéens auraient intercalé entre le Taureau et les Poissons un nouveau symbole solaire, le Bélier, pour marquer l'équinoxe du printemps, et affecté la partie antérieure du Scorpion à l'équinoxe d'automne, tandis que le dard de ce même Scorpion devenait le prototype du Sagittaire grec.

Si complaisantes que soient les hypothèses [2], elles ne vont pas toujours sans lacunes. Celle-ci explique mal ou l'absence d'un signe consacré au solstice d'été, ou la nature de ce signe, qui aurait été le modèle du Crabe (Cancer) grec, c'est-à-dire d'un animal aquatique, tout à fait dépaysé au point où le Soleil atteint son maximum de puissance. L'explication du signe des Gémeaux n'est pas non plus très avancée quand on a reconnu dans ces « Grands-Jumeaux » des hypostases du dieu solaire Nergal, symbolisant le caractère mixte de la température printanière [3].

En cherchant dans les légendes chaldéennes les preuves de cette haute antiquité du Zodiaque, d'ingénieux érudits ont eu l'idée de considérer le poème en douze chants d'Izdubar (Gilga-

---

1. Avec le recours arbitraire à deux systèmes opposés, le lever héliaque et anti-héliaque des constellations, on peut plier tous les faits à un plan préconçu. A. Krichenbauer (*Theogonie and Astronomie*, Wien, 1881) n'éprouve aucune difficulté à construire son prétendu Zodiaque égyptien du xxive siècle avant notre ère, où, grâce au lever anti-héliaque, les signes d'été deviennent ceux d'hiver et réciproquement (pp. 23 suiv.). C'est ce Zodiaque que les Chaldéens auraient retourné avec le lever héliaque (!).

2. Celles-ci sont empruntées au livre déjà cité de P. Jensen, *Die Kosmologie der Babylonier*. Cf. Lenormant (*op. cit.* App. IV, pp. 595-598).

3. Cette explication est empruntée, comme on le verra plus loin, aux astrologues grecs, qui appelaient « bicorporels » (δίσωμα-*biformia*) les signes placés devant les signes « tropiques », et cela d'après les « Chaldéens », suivant l'auteur des *Philosophumena* (V, 13).

mès) comme le modèle ou peut-être l'interprétation du cycle zodiacal [1]. En effet, le premier type qui attire l'attention est le taureau divin, Mardouk, coiffé de « cornes de souveraineté », et le Taureau est aussi le premier signe du Zodiaque. Le neuvième signe, le Scorpion, apparaît dans le IXᵉ chant du poème, là où le héros solaire Gilgamès rencontre des hommes-scorpions gardant la porte du mont Masu. Le XIᵉ chant du poème, consacré au récit du déluge, donne l'explication du signe du Verseau, onzième du Zodiaque. Il faudrait d'autres raisons que ces aventureuses conjectures pour nous faire admettre que les Chaldéens ont « catastérisé » les héros du poème, ou que le poète a mis en action les signes du Zodiaque [2].

1. Voy. A. Quentin, *L'épopée d'Izdubar* (*Rev. de l'Hist. des Relig.*, XXXI, [1895], pp. 162-177). En général, on part de l'idée préconçue que les anciens chaldéens devaient nécessairement avoir un Zodiaque solaire, à douze compartiments, égaux ou non. Mais ce premier postulat n'est rien moins qu'assuré. Il y a bien d'autres manières de diviser la route des planètes : par exemple, en attribuant à chacune d'elles la propriété d'un des groupes d'étoiles rencontrés sur la route, le système astrologique des οἶχοι (ci-après, ch. vii). Suivant la cosmogonie babylonienne, le démiurge, après avoir fait les cinquante (?) grands dieux ou étoiles de première grandeur, y ajouta les sept *masi* ou troupeaux placés sous l'œil des dieux planétaires. On ne sait où sont ces *masi*, mais il est au moins probable que ce sont des groupes d'étoiles (τῶν Βαϐυλω-νίων οἱ δοχιμότατοι ἀγέλας καλοῦσι χυρίως τὰς ἀστριχὰς σφαίρας. Orac. Chald., nᵒ 142 Cory), et des groupes placés le long de l'écliptique. Cf. ci-dessus (p. 54, 2) les *signa undecim* attribués aux Chaldéens.

2. L'exégèse qui transforme les épopées en allégories astronomiques ou cosmogoniques est une invention stoïcienne (ci-dessus, chap. i, p. 30) qui a fait depuis une belle fortune et mérite d'être ensevelie dans son triomphe. Ce qui est absurde, ce n'est pas d'admettre que tel dieu ou héros personnifie une force de la nature ; c'est de prétendre que cet être, une fois conçu comme individu vivant, reste symbole et ne fasse que des actions symboliques, explicables seulement par les qualités de l'élément qu'il représente. Certains exégètes expliquaient la « bataille des dieux » au XXᵉ chant de l'*Iliade* par une conjonction des sept planètes (Heraclit., *Alleg. Hom.*, 52 : cf. suprà, p. 30,1). Un érudit moderne, A. Krichenbauer (ci-dessus, p. 58, 1), fait de l'*Iliade* l'histoire allégorique d'une réforme du calendrier nécessitée vers 2110 a. Chr. par la précession des équinoxes. Le solstice d'hiver passant du Verseau (Poseidon) au Capricorne (Αἰγαί, *Iliad.*, VIII, 203), Poseidon entre dans une grande colère (*Iliad.*, XIII, 1-38), colère partagée par le Taureau féminin (Hêra βοῶ-πις), qui voit l'équinoxe passer au Bélier (Thétis). En 2400, Hêra était unique épouse de Zeus ; de 2400 à 2100, elle a été inquiète et jalouse ; en 2110, elle est dépossédée ! Aussi, pendant que Zeus dort, Hêra et Poseidon font reculer vers l'Est équinoxes et solstices ; d'où le courroux de Zeus, qui remet les choses en place. Combats du Sagittaire-Apollon, du Lion-Arès, de la Vierge-Athêna, de l'Écrevisse ou Cancer-Aphrodite. Savait-on, avant Krichenbauer, que la Gigantomachie avait eu pour cause, en 2400 a. Chr., le partage du Zodiaque

En somme, l'impression qui, pour un profane, se dégage de ces ténèbres, c'est que, faute de trouver dans la Grèce civilisée, à religion anthropomorphique, la raison suffisante du Zodiaque, et considérant que les Grecs eux-mêmes reconnaissaient les poissons de l'Euphrate dans le signe du même nom, on est en droit de supposer des emprunts faits à la Chaldée. C'est de là sans doute qu'est venue l'impulsion initiale, l'idée d'enfermer les groupes d'étoiles dans des figurations animales et comme une première ébauche de l'uranographie grecque. Avec la promptitude et la fécondité de leur imagination, les Grecs ont fait le reste : ils ont décoré leur ciel à leur façon, sans plus savoir ni se soucier de savoir de qui ils tenaient ce qui leur était venu du dehors. L'instinct populaire d'abord, le travail des mythographes ensuite, ont rattaché tous ces catastérismes à la mythologie nationale et effacé ainsi ou rendu méconnaissables les caractères exotiques qui en auraient décelé l'origine[1]. Même si tous les types du Zodiaque grec étaient chaldéens, nous réclamerions encore pour les Grecs la construction du cercle ou anneau zodiacal, géométriquement tracé à travers les constellations, de l'échelle idéale dont les douzièmes réguliers empruntent les noms, mais non les dimensions des groupes d'étoiles traversés par elle[2].

en quadrants, et que plus anciennement, vers 3200, la Titanomachie était encore une bataille dont le Zodiaque était l'enjeu? L'extravagance à froid de ce gros livre peut être de bon exemple pour qui serait tenté de s'adonner à l'ivresse allégorisante.

1. Ils y ont réussi pour presque toutes les constellations, sauf pour les Poissons (ci-dessus, p. 57, et ci-après, ch. v) et pour l' Ἐγγόνασιν (*Ingeniculatus-Ingenubus*), l' « Homme à genoux », qui est resté longtemps anonyme et a fini par être attribué à Hercule. Ce sont des traces d'emprunts. D'autre part, il ne faut pas vouloir trouver des emprunts partout. On nous dit positivement que les figures stellaires étaient différentes chez les différents peuples, assertion encore vérifiable aujourd'hui : διὸ καὶ ἐν διαφόροις ἔθνεσι διάφορα καὶ τὰ ὀνόματα τῶν ἄστρων ἐστὶν εὑρεῖν. Ἐν γοῦν τῇ τῶν Αἰγυπτίων σφαίρᾳ οὔτε ὁ Δράκων ἐστὶ νομιζόμενος ἢ ὀνομαζόμενος, οὔτε Ἄρκτοι, οὔτε Κηφεύς · ἀλλ' ἕτερα σχήματα εἰδώλων καὶ ὀνόματα τεθειμένα. Οὕτω δὲ καὶ ἐν τῇ τῶν Χαλδαίων (Ach. Tat., *Isag.*, s. fin.).

2. Ceci semble un paradoxe à qui pense que la division duodécimale du Zodiaque en 12 cases et 360 degrés est nécessairement chaldéenne. Mais la division de l'année en douzièmes est de droit commun, et le Zodiaque grec a été longtemps subdivisé autrement qu'en degrés chaldéens. La division en 360 degrés n'était pas connue d'Eudoxe et n'apparaît (chez Hypsiclès) qu'un peu avant Hipparque, lequel l'emploie couramment. Posidonius divisait encore le Zodiaque et le méridien en 48 parties, c'est-à-dire en demi-heures (Cleomed., *Cycl. theor.*, I, 10). On rencontre aussi des divisions en 60 parties (Strab., II, p. 136, etc.) et en 144 (S. Empir., *op. cit.*, § 9, p. 339), ou en 36

La construction du Zodiaque a été le dernier terme de ce travail d'assimilation et d'invention. Les anciens navigateurs, disciples des Phéniciens, n'avaient besoin que des Pléiades, dont le lever les invitait à reprendre la mer : leur attention se portait sur le pôle. Homère ne mentionne que « les Pléiades, le Bouvier lent à se coucher, l'Ourse, appelée aussi Chariot, qui tourne sur place en regardant Orion et seule ne se baigne pas dans l'Océan ». Il connaît aussi l'astre « appelé le Chien d'Orion, lequel est très brillant, mais se trouve être un signe fâcheux, car il apporte aux malheureux mortels une chaleur brûlante ». Hésiode, qui enseigne aux cultivateurs à connaître les saisons, se préoccupe du lever d'Arcturus, des Pléiades et Hyades, d'Orion et Sirius. D'où venaient ces noms? Étaient-ils indigènes, ou transcrits, ou traduits? Les Grecs appelaient « phénicienne » (Φοινίκη) la Petite-Ourse, dite aussi « Queue du Chien » (Κυνόσουρα); mais Hésiode connaissait déjà des légendes qui faisaient des Ourses et d'Arcturus, dit aussi « Gardien de l'Ourse ('Αρκτοφύλαξ) », des héros arcadiens catastérisés. Qui a fait d'Orion un chasseur, avec son chien Sirius, poursuivant les Pléiades ou poursuivi par l'Ourse et tué par le Scorpion? Cassiopée (Κασσιέπεια) porte un nom phénicien; mais Sophocle l'englobait avec les Néréides et Andromède dans un drame de mythologie grecque. Nous verrons plus loin combien est variée la tapisserie mythique brodée sur le Zodiaque [1].

Le Zodiaque devint nécessaire aux Grecs quand ils commencèrent à observer de plus près le cours du Soleil, de la Lune, ou même des planètes. Ils ne le reçurent pas tout fait et ne le confectionnèrent pas d'un seul coup, sur un plan d'ensemble. Il ne fut même parachevé qu'au temps d'Hipparque, lorsque, pour avoir douze signes, on se décida à séparer les Pinces du Scorpion et à en faire le signe de la Balance (voy. ci-après). Une mention échouée dans la compilation de Pline nous apprend que Cléostrate de Ténédos, vers la fin du VIe siècle, y introduisit le Bélier

---

d'après les décans : divisions duodécimales sans doute, mais qui ont pu être dérivées de 12 sans emprunt direct à la Chaldée. Quant à l'emploi des degrés (μοῖραι), minutes (λεπτά), secondes (δεύτερα λεπτά) en Chaldée même, c'est une question qui dépasse ma compétence.

1. Sur les mythes astronomiques et la filiation de ces mythes, voy. le recueil de textes et les savantes dissertations de C. Robert, *Eratosthenis Catasterismorum reliquiae*. Berlin, 1878, 254 pp. in-4°. On y trouve mis en regard les textes d'Ératosthène, des scoliastes d'Aratus et Germanicus, d'Hygin, et mention des autres dans les notes ou les *Epimetra*.

et le Sagittaire [1]. On ne nous dit pas s'il empruntait aux traditions chaldéennes et si le Zodiaque se trouva dès lors complet.
La division en douzièmes égaux, qui est une violence faite à la
nature, ne put venir que plus tard, avec les observateurs armés
d'instruments d'une certaine précision, instruments inconnus
avant la dioptre encore rudimentaire d'Eudoxe [2].

Ce qui est certain, c'est que les Grecs n'ont pas attendu d'être
initiés par Bérose aux arcanes de l'astrologie pour couvrir leur ciel
de figures symboliques, dessinées avec une minutie extrême. On
sait qu'Aratus de Soles, contemporain de Bérose, qui a fixé pour
toujours l'iconographie stellaire, n'a fait que versifier un traité
homonyme (Φαινόμενα) composé près d'un siècle avant par Eudoxe
de Cnide. Or, ce guide du musée céleste indique dans quelle partie du corps symbolique, tête, cou, épaules, œil droit et gauche,
etc., se trouvent les étoiles, et quelle est l'attitude de la figure,
droite, couchée, agenouillée, tournée en avant ou en arrière, en
dessus ou en dessous. Les astronomes grecs préparaient ainsi,
sans s'en douter, toute espèce de prétextes aux spéculations astrologiques des futurs « Chaldéens » de race grecque [3].

---

1. *Obliquitatem (signiferi) intellexisse, hoc est rerum fores aperuisse, Anaxi-
mander Milesius traditur primus Ol. LVIII, signa deinde in eo Cleostratus, et
prima Arietis ac Sagittarii, sphaeram ipsam ante multo Atlas* (Plin. II, § 31).
C. Robert (pp. 244-245) propose de corriger *prima Arietis* en *primus*, attendu
que le Scorpion devait être connu au temps d'Homère (comme mêlé à la
légende d'Orion), et que la παρθένος Δίκη d'Hésiode (*Opp. et dies*, 256) paraît
bien être la Vierge. Cléostrate, auteur d'une Ἀστρολογία versifiée (cf. C. Robert, p. 224), passe pour avoir introduit aussi dans le ciel les Chevreaux (Hygin.,
13, 13-21), ce qui suppose l'existence antérieure de la Chèvre.

2. Les anciens Chaldéens n'en avaient pas non plus, que je sache, et dès lors
tombe le roman de leurs observations si précises, au degré et à la minute. Ils
ont même laissé à découvrir aux Grecs, dit-on (voy. Plin. *l. c.*), un fait élé-
mentaire et de grande conséquence, l'obliquité de l'écliptique.

3. Cicéron assure qu'Eudoxe connaissait et dédaignait l'astrologie : *Ad Chaldaeorum monstra veniamus, de quibus Eudoxus, Platonis auditor, in astrologia*
(= astronomie) *judicio doctissimorum hominum facile princeps, sic opinatur,
id quod scriptum reliquit, Chaldaeis in praedictione et in notatione cujusque
vitae ex natali die minime esse credendum* (Cic., *Divin.*, II, 42). Cette affirmation
inspire des doutes, un ouvrage d'Eudoxe ayant pu être interpolé ou supposé
par un adversaire de l'astrologie. Mais Eudoxe connaissait par Hérodote (II,
82) la prétention des prêtres égyptiens de prédire τῇ ἕκαστος ἡμέρῃ γενόμενος
ὁτέοισι ἐγκυρήσει καὶ ὅκως τελευτήσει καὶ ὁκοῖός τις ἔσται, et c'est à quoi fait
allusion Cicéron, pour qui *Chaldaei* signifie tout simplement « astrologues »
(sauf exception, v. g. *Divin.*, I, 1 et 41). Il n'en faut donc pas conclure que l'astrologie chaldéenne était connue en Grèce au IVᵉ siècle, ni même que les
pronostics égyptiens fussent de l'astrologie (ci-après, ch. XIII). Je tiens pour

Nous serons plus ménagers des droits éventuels des Chaldéens en ce qui concerne les planètes. Ne fût-ce que pour distinguer les planètes des étoiles, surtout les planètes à marche lente, il faut des observations longtemps continuées, et, pour avoir une idée même approximative de leurs révolutions, le travail de plusieurs générations est nécessaire. Les philosophes grecs, savants isolés et improvisés, ne pouvaient qu'emprunter aux vieux peuples d'alentour les données sur lesquelles ils édifiaient leurs systèmes cosmographiques. Démocrite savait qu'il y avait des étoiles mobiles, mais, au dire de Sénèque [1], il n'en connaissait ni le nombre, ni la marche; ce qui — soit dit en passant — rend bien suspecte d'anachronisme la fameuse octave musicale des sphères de Pythagore. Platon connaissait les planètes; mais, alors que toutes les provinces célestes étaient pourvues de noms mythologiques, les trois planètes supérieures restaient encore des astres anonymes. C'est Eudoxe le premier qui, toujours suivant Sénèque, « rapporta d'Égypte en Grèce » des tables de mouvements planétaires [2].

Au temps de Sénèque, Babylone et la Chaldée n'étaient plus que des souvenirs, et l'Égypte, encore active et vivante, avait fait prévaloir, grâce surtout aux faussaires alexandrins, ses prétentions à la priorité en matière de civilisation. Égyptiens et Chaldéens sont des noms tellement permutables, quand il s'agit d'astrologie, que nous pouvons sans scrupule substituer ceux-ci à ceux-là, ou, pour tout concilier, entendre qu'Eudoxe rapporta d'Égypte des notions qui y avaient été importées de Chaldée.

Quel pouvait être ce butin scientifique, qui arriva sans doute à point pour aider Platon à construire sa cosmogonie? Probablement ce que les Grecs ne pouvaient pas improviser, des données certaines sur la marche tantôt directe, tantôt rétrograde, des planètes, et sur la durée de leurs révolutions. C'est de là que Platon — ou peut-être avant lui les Pythagoriciens [3] — ont tiré l'ordre des

des Grecs avérés les « Chaldéens » qui, au dire de Cicéron (*Divin.* II, 42), enseignaient *vim quamdam esse signifero in orbe, qui graece* Ζωδιακός *dicitur*.

1. Sen., *Q. Nat.*, VII, 3. Texte cité ci-dessus, p. 14, 2.

2. Voy. ci-dessus, p. 52, en note. Aristote (*Meteor.*, I, 6) cite aussi les Αἰγύπτιοι à propos d'occultations d'étoiles par des planètes.

3. Encore un problème insoluble, et toujours à cause des inévitables Égyptiens, dont les scoliastes et commentateurs font les instituteurs de tous les Grecs qui se sont occupés de « mathématiques », à commencer par Thalès, Pythagore et autres. Platon aussi est un élève des Égyptiens : Porphyre (ap. Stob., *Ecl.*, II, 7, 42, p. 386) était persuadé que Platon avait appris

planètes le plus anciennement connu et accepté en Grèce, par application d'un principe très simple, à savoir que les distances des planètes à la Terre doivent être en rapport direct avec la durée de leurs révolutions. La Lune était au bas et Saturne au haut de l'échelle.

Il n'est pas sûr que ce principe de pure mécanique n'ait pas dépassé l'intelligence des Chaldéens et des Égyptiens, à qui on ne manqua pas d'attribuer par la suite les dispositions adoptées par les philosophes et astronomes grecs, en vertu de cet autre principe, que les Égyptiens et Chaldéens avaient tout inventé. On a vu plus haut (p. 41, 1) que les Chaldéens rangeaient les planètes en séries dont la raison nous échappe, peut-être par ordre de dignité ou de grosseur présumée. En Égypte, abstraction faite du Soleil et de la Lune, on a trouvé pour les cinq planètes jusqu'à huit arrangements différents, dont aucun n'est conforme à l'ordre des distances [1]. Ne serait-ce pas que la notion de distance était

l'astrologie, avec horoscope, aspects et tout ce qui s'ensuit, auprès des « sages Égyptiens » (τῶν παρ' Αἰγυπτίοις σοφῶν). On ne peut se dépêtrer de ce fouillis de légendes, si l'on consent à y entrer : il faut faire table rase, en se souvenant que les astrologues avaient un intérêt majeur à s'appuyer sur une tradition antique, et à ne pas avouer que, cette tradition, ils la fabriquaient eux-mêmes.

1. Voy. Brugsch, *Thesaurus*, I, pp. 64-79. Sur quatre tables de planètes des XIXe et XXe dynasties (A B C D), on trouve la série ♀ ☿ ♂ ♄ ♃ ; sur une cinquième (D²), la série ♀ ☿ ♄ ♃ ♂. A l'époque gréco-romaine, désordre complet : à Edfou (E) : ♃ ♄ ♀ ♂ ☿ ; à Denderah (F G) : ☿ ♀ ♃ ♂ ♄ ; à Denderah encore (H Zodiaque circulaire) : ☿ ♃ ♀ ♂ ♄ ; sur un sarcophage (I) et un papyrus (K), l'ordre ancien : ♀ ☿ ♂ ♄ ♃. A moins de soutenir que les prêtres laissaient faire les scribes et artistes, mais gardaient par devers eux des systèmes secrets qu'ils ont transmis aux Grecs, comment prendre au sérieux les textes classiques, qui sont ici plus confus et plus contradictoires que jamais ? Résignons-nous à administrer encore une fois les preuves de l'incurie et de l'ignorance de nos auteurs. Soit le système qui a fait loi depuis le temps d'Hipparque, c'est-à dire la série ☾ ☿ ♀ ☉ ♂ ♃ ♄. Théon de Smyrne, qui le trouve exposé dans le poème astronomique d'Alexandre d'Étolie — un contemporain d'Aratus, — le croit *pythagoricien* (Theo Smyrn., pp. 138-140 Hiller). Macrobe (*Somn. Scip.*, I, 19, 2), qui le dit adopté par Cicéron et Archimède, remarque que c'est le système des *Chaldéens*, et qu'il diffère de celui des *Égyptiens* adopté par Platon (☾ ☉ ♀ ☿ ♂ ♃ ♄). Proclus est du même avis : le système qui met le soleil au milieu des planètes est une hypothèse des μαθηματικοί (*In Tim.*, p. 257 F) ou une révélation des théurges *chaldéens* (Procl. in *Anal. sacra* de Pitra, V, 2, p. 69). Ptolémée (*Almag.*, IX, 1), qui l'attribue τοῖς παλαιοτέροις, n'y contredit pas, et les assyriologues qui pensent avoir retrouvé la dite série à Borsippa (ci-dessus, p. 41, 1) tiennent le fait pour avéré. Cela n'empêche pas le retour offensif des « Égyptiens », ramenés à la charge par leur compatriote, l'Alexandrin

étrangère aux anciens Chaldéens et Égyptiens? Allons plus loin. Ne serait-ce pas que cette échelle de superposition, dont la science grecque a séparé les échelons par d'immenses intervalles, allait directement contre le postulat nécessaire de l'astrologie, qui supposait un contact immédiat des planètes entre elles et des planètes avec les étoiles fixes, celles-ci leur servant de troupeaux, de maisons ou reposoirs, de fiefs diversement qualifiés? L'astrologie a été imaginée par des gens qui croyaient tous les astres, fixes et mobiles, à la même distance de la Terre, ceux-ci circulant au milieu de ceux-là, échangeant entre eux leurs sympathies et leurs antipathies, combinant leurs influences, se guettant, s'attendant, se dépassant, se visant de tous les points de la route, suivant les règles d'une étiquette et d'une balistique qui deviennent un comble d'absurdité, transportées dans le monde dilaté et étagé par la science astronomique. Ce qui nous étonnera le plus au cours de cette étude, c'est que la foi astrologique ait pu s'implanter en Grèce et y résister à la constatation de jour en jour plus évidente des sacrifices qu'elle imposait à la raison [1]. Reli-

Achille Tatius. Et celui-ci parle comme un homme renseigné, disant qu'il y a grande controverse sur la position des planètes et distinguant soigneusement entre Égyptiens et Grecs. Or, suivant lui, en commençant la série par le haut: τέταρτος ὁ ἥλιος κατ' Αἰγυπτίους, ἕκτος δὲ καθ' Ἕλληνας (*Isagog.*, 17). De Chaldéens, il n'est plus question. Ainsi, le système donné tout à l'heure pour chaldéen est égyptien, et le système platonicien, dit égyptien, devient hellénique (καθ' Ἕλληνας)). Ajoutons qu'il s'agit là d'un point de première importance, ce système à volonté pythagoricien, chaldéen, égyptien, hellénique, étant la base de la construction astrologique (et soi-disant « babylonienne ») des οἶκοι (ci-après, ch. VII) et le régulateur du système (dit égyptien) des chronocratories, lequel a engendré l'ordonnance actuelle des jours de la semaine (dite chaldéenne)! Le besoin de la table rase se fait de plus en plus sentir. Un indice curieux, qui donnerait peut-être la clef des arrangements chaldéens et égyptiens, nous est fourni par la description cosmographique du Xe livre de la *République* de Platon, où se trouvent mêlées deux séries différentes : l'une établie sur la largeur des cercles, c'est-à-dire sur la *grosseur* des planètes; l'autre, sur les *distances*. L'ordre décroissant des grosseurs (supposées) est ☉ ☾ ♀ ♂ ♃ ♄ ☿, et Proclus dit que c'était le plus ancien : Διττὴ δ' ἐστὶν ἡ γραφὴ τῆς ταῦτα τὰ βάθη διοριζούσης λέξεως· καὶ ἡ μὲν προτέρα καὶ ἀρχαιοτέρα τοῖς μεγέθεσιν ἀκολουθεῖ τῶν καθ' ἑκάστην σφαῖραν ἀστέρων (ap. Pitra, *Anal. sacra,* V, 2, p. 68). Sur la correction qui a substitué l'ordre des distances à l'autre, voy. ci-après, ch. IV. La série susmentionnée d'Edfou est conforme à l'ordre décroissant des grandeurs réelles.

1. Il ne s'agit pas ici de la raison populaire, qui est la complaisance même et n'oppose aucune résistance au désir, surtout au désir de savoir l'avenir. Du reste, le vulgaire ne se pose pas l'objection. « Certaines gens, dit Hygin (*Astron.*, IV, 14), se figurent, quand on dit que le Soleil est dans le Bélier ou dans un signe quelconque, que le Soleil chemine sur les étoiles mêmes du

gieuse et raisonnable à sa façon en Chaldée, cette foi est restée religieuse en Grèce sous son masque scientifique, et on n'osa plus la trouver déraisonnable quand les Stoïciens, Hellènes à moitié et Orientaux à demi, eurent certifié qu'elle ne l'était pas.

Nous aurons assez d'occasions de retrouver sur notre chemin les Chaldéens et Égyptiens. Pour clore provisoirement la liste des emprunts faits à l'Orient, il ne reste plus qu'à rechercher la liste des noms donnés en Grèce aux planètes. Comme pour les signes du Zodiaque et les constellations en général, astrologues et astronomes ont même nomenclature. Les noms de Φαίνων pour Saturne, de Φαέθων pour Jupiter, de Πυρόεις pour Mars, de Φωσφόρος pour Vénus, de Στίλβων pour Mercure, sont des qualificatifs qui ont en grec un sens très clair. Sont-ce des traductions d'épithètes attribuées aux dieux-planètes chaldéens? C'est possible, probable même, pour les planètes autres que Vénus [1]. Celle-ci, par son éclat, avait attiré de tout temps l'atten-

---

Bélier » (cf. Ach. Tat., *Isag.*, 18). De ces gens-là, il y en a peut-être aujourd'hui autant qu'autrefois. Mais l'astrologie n'est pas une superstition populaire : ses dogmes ont été forgés, en Grèce comme en Chaldée, par une élite intellectuelle et défendue par elles, des siècles durant, contre les assauts des dialecticiens. Ce qui est merveilleux, c'est la foi raisonneuse d'un Ptolémée, l'homme de son temps qui connaissait le mieux la structure de l'univers et qui écrit sa *Tétrabible* après l'*Almageste*.

1. On voit recommencer ici le fastidieux débat entre Égyptiens et Chaldéens. Firmicus, parlant des planètes, écrit : *Sed has stellas non eodem nomine quo nos aut quo Graeci, Aegyptii nominant; nam qui a nobis Saturnus dicitur ab Aegyptiis* Φαίνων *vocatur; quem nos Jovem vocamus, Aegyptii* Φαέθοντα *vocant; qui a nobis Mars, ab illis* Πυρόεις *dicitur, quae a nobis Venus, ab illis* Φωσφόρος *vocatur; quem nos Mercurium dicimus, illi* Στίλβοντα *vocant* (Firmic., II, 2, 2 Sittl). De même Jean de Lydie (*Mens.*, II, 8 : Στίλβοντι... κατ' Αἰγυπτίους οὕτω καλουμένῳ, Ἑρμοῦ δὲ τοῦτον Ἕλληνες εἶναι βούλονται). D'abord, le fait est matériellement faux. Astronomes et astrologues grecs emploient ordinairement les vocables épithètes signalés ici comme « égyptiens » : quand ils se servent des noms divins, ils ne disent pas Κρόνος, Ζεύς, mais ὁ τοῦ Κρόνου, τοῦ Διὸς (ἀστήρ); et les Latins, *Saturni, Jovis stella*. Ce sont les littérateurs qui abrègent et disent Saturne, Jupiter, etc. Ensuite, qui n'admirerait ces Égyptiens donnant des noms grecs? Il n'est pas probable que Firmicus entende par là des noms dont ces mots grecs sont là traduction : « Égyptiens » signifie pour lui « astrologues », au même titre que « Chaldéens » pour d'autres. Ce sont ces Égyptiens qui appellent le climatère de la 63e année ἀνδροκλάς (ci-après, ch. xv). Marcianus Capella (VIII, 858), autre demi-savant, est d'avis que les noms épithètes ont été ajoutés après coup aux noms divins. Mais ces noms divins étaient parfois contestés (pour Mars, Vénus et Mercure, voy. ci-après, p. 68, 2), tandis que les noms épithètes étaient universellement acceptés. On croirait plutôt que ceux-ci ont été donnés d'abord aux planètes par les astronomes, et que les autres ont

tion, et elle porte déjà dans Homère le nom d' Ἐωσφόρος, que lui conserve Platon [1]. Le nom de Phosphoros est un compromis qui doit dater du temps où fut reconnue l'identité de l'étoile du matin (Ἐωσφόρος) et de l'étoile du soir (Ἕσπερος), c'est-à-dire du temps de Pythagore. A ces noms épithètes se sont superposés, ou plutôt accolés, des noms divins qui — bien qu'employés aussi par les astronomes — sont les noms véritablement astrologiques, ceux qui rendent compte des divers genres d'influence et du sexe attribués aux planètes. Il s'est produit là une espèce d'intrusion de l'astrolâtrie dans la théologie grecque, et comme une spoliation qui enleva aux vieux types mythiques de Kronos, de Zeus, d'Arès, d'Aphrodite et d'Hermès leur âme humaine, la raison d'être des légendes dont se composait leur biographie. Cette spoliation se fit lentement et par déviation de l'idée première [2], qui avait été

été imaginés ensuite pour trouver des équivalents aux dieux chaldéens. — Du côté chaldéen, même jeu : les noms sont chaldéens, tout en restant grecs. Diodore (II, 30) dit que, sauf Saturne, les Chaldéens τοὺς ἄλλους τεττάρας ὁμοίως τοῖς παρ' ἡμῖν ἀστρολόγοις ὀνομάζουσιν, Ἄρεος, Ἀφροδίτης, Ἑρμοῦ, Διός. Soit! cela peut encore s'expliquer : il s'agit de dieux analogues de part et d'autre. Mais voici des textes qui appellent chaldéens les noms épithètes donnés par d'autres pour égyptiens. A propos de Saturne, ἔνθεν καὶ Βαβυλώνιοι Φαίνοντα αὐτὸν προσηγόρευσαν (Valens ap. Salmas., p. 596). Un autre assure gravement que les « Chaldéens et Égyptiens d'auprès Zoroastre et Hystaspe » sont les auteurs de la semaine et des noms de planètes différents des noms de divinités grecques (Io. Lyd., *Mens.*, II, 3). On a vu plus haut combien les identifications de planètes sont controversées entre assyriologues, et j'ignore si, dans la trop riche nomenclature de leurs noms, il en est qui puissent se traduire exactement par les vocables grecs. Quant aux noms égyptiens, on en a vainement cherché d'analogues, soit à l'époque pharaonique, soit à l'époque gréco-romaine (voy. Brugsch, *Thesaurus*, I, pp. 65-78). Au temps des Pharaons, Jupiter s'appelait « Horus qui ouvre le secret » (*Hur-up-Seta*); Saturne, « Horus taureau du ciel » (*Hur-ka-pet*) ; Mars, « Horus de l'horizon » (*Hur-χuti*); Mercure, *Sebgu = σοῦχος*, le dieu « crocodile »; Vénus, *Usiri* ou *Bennu* (Osiris, étoile du soir, rapide comme l'oiseau Bennou; plus tard, *nutar dua*, dieu ou étoile du matin). Les variantes de l'époque romaine sont insignifiantes et portent sur les attributions des planètes à des divinités (Osiris-Némésis-Héraklès-Apollon-Isis) qui ne correspondent pas aux divinités planétaires grecques. Ce qui résulte assez clairement de tout ceci, c'est que les *Graeculi* de basse époque, ignorants ou indigérés de livres apocryphes, parlaient à tort et à travers de ce qu'ils ne savaient pas, prodiguant les Égyptiens de rencontre et les Chaldéens d'occasion, et que tous leurs textes mis ensemble ne valent pas un document authentique.

1. Hom., *Iliad.*, XXIII, 226. Plat., *Tim.*, p. 38 D.

2. En Chaldée aussi les planètes restent distinctes, par le nom, des divinités qui les animent et qui pouvaient être conçues tantôt comme identiques, tantôt comme associées aux planètes elles-mêmes.

d'attribuer à chacun de ces dieux la propriété ou le patronage d'une planète. Cependant, l'identification de la 'divinité et de l'astre ne fut jamais assez complète pour faire tomber en désuétude les expressions correctes : « astre de Kronos », « astre de Zeus » etc. [1]. La mythologie nationale résistait à l'attraction de l'astrolâtrie chaldéenne, même accommodée à la grecque par l'auteur du *Timée*.

S'il y a lieu de supposer que l'attribution de la planète Mercure à ce dieu (Hermès), attribution déjà connue de Platon, est due à l'influx des idées chaldéennes — fussent-elles venues par l'Égypte, — à plus forte raison, l'association d'Arès, Zeus et Kronos aux trois planètes supérieures. Arès n'a jamais été un dieu populaire, et Kronos passait pour être retiré du monde des vivants. Ce sont des savants qui, fouillant la mythologie grecque pour y trouver des types assimilables à des modèles exotiques, ont fait les comparaisons et pesé les analogies. Rappelons ici que personne n'a déployé dans l'exégèse allégorique autant de virtuosité que les Stoïciens, lesquels, Asiatiques pour la plupart, ont été, en outre, les premiers disciples et collaborateurs de Bérose. Nous admettrons donc, sans insister davantage, que l'attribution des planètes à des divinités choisies comme équivalents approximatifs des divinités chaldéennes a été sinon faite par les Stoïciens, du moins justifiée par eux, soudée à la physique et à la mythologie, en un mot, adaptée aux exigences de l'astrologie savante [2].

1. En fait, les astrologues grecs pratiquent l'identification, car, comme nous le verrons, l'influence des planètes est absolument conforme au caractère des divinités qui y sont logées. Il ne reste que la distinction platonicienne entre l'âme divine et le corps igné, distinction qui paraît même dans la conception stoïcienne. Aussi voit-on Juvénal (X, 313) attribuer l'adultère de l'Arès homérique *astro Martis*, et S. Augustin s'égayer sur le compte des dieux catastérisés, en demandant pourquoi Jupiter est moins brillant que Vénus ou plus bas que Saturne. Cependant, même dans ce passage, l'auteur de la *Cité de Dieu* (VII, 15) emploie plus souvent l'expression *stella Jovis, Veneris*, que *Jupiter*, *Venus*. Il dit : *quare Janus non accepit aliquam stellam?* ce qui indique bien la distinction. Cf. le langage parfaitement correct de Cicéron : *ea quae Saturni stella dicitur* Φαίνων *que a Graecis nominatur*, etc. (Cic., *Nat. Deor.*, II, 20). Du même, à des siècles de distance, Probus (in *Georg.*, I, 336).

2. La liste, incomplète au temps de Platon (ci-dessus, p. 21), est complète dans Aristote, qui connaît les « astres » τοῦ Κρόνου (*Metaph.* XI, 8, 7), τοῦ Διός (*ibid.* et *Meteor.*, ch. vi), τοῦ Ἄρεος (*De caelo*, II, 12) — si toutefois ces passages n'ont subi aucune retouche de la part des éditeurs antiques. Assimilations concurrentes dans le Ps.-Aristote (*De mundo*, § 25-27) : ♂ = Arès ou Héraklès; ♀ = Aphrodite ou Héra; ☿ = Hermès ou Apollon; surabondance due aux hypothèses stoïciennes (voy. ci-après, ch. iv).

Istar et Nergal trouvèrent aisément leurs congénères en Aphrodite et Arès : l'équivalence fut d'autant plus exacte pour Aphrodite qu'elle était elle-même une divinité orientale, procédant d'Astoreth ou Astarté, l'Istar syrienne. La planète de Mardouk fut assignée à Zeus, non sans une modification sensible de son caractère, le sens moral des Hellènes ayant attribué au « père des dieux et des hommes » une sérénité et une clémence que n'eut jamais le redoutable démiurge babylonien. Les adaptateurs durent être plus embarrassés encore de trouver dans le panthéon hellénique des types assimilables à Nabou et à Ninib. Comment le dieu Ninib, l'irrésistible, qui déchaîne à son gré les tempêtes et les souffles fécondants, est-il devenu le sage et morose Kronos ? Les raisons ne manquent pas sans doute : elles sont même trop nombreuses pour être claires. Ninib est un ancien dieu solaire, le premier-né de Éa, remplacé à l'hégémonie par Mardouk, de même que Kronos, appartenant à la génération archaïque des Titans, a été remplacé par Zeus. Ninib représentait le soleil à l'horizon, levant ou couchant — couchant surtout, — et Kronos passait pour habiter les Iles Bienheureuses, par delà les rivages de l'Océan occidental [1]. Enfin, Kronos avait avec l'idée de génération et de paternité des affinités que met en évidence son assimilation avec le dieu latin Saturne, le dieu des « semailles », et il se rapprochait encore par là de Ninib, comme aussi par la sagesse mêlée parfois de dissimulation qui sied aux vieillards. L'assimilation de Nabou à Hermès dut être revisée et acceptée par les Stoïciens, encore qu'elle eût été faite à la légère [2]. Comme Ninib, Nabou est un dieu déchu. Jadis le premier à Borsippa, il avait dû céder la primauté à Mardouk, le favori des Babyloniens. Comme Ninib, il était aussi un dieu fécondant, mais avec bien des restrictions. Sa planète, rarement observable dans nos climats, était pour les Chaldéens un brasier auquel ils prodiguent les épithètes de « défavorable », « incendiaire », « récalcitrant », « ennemi », « méchant », « léopard », « renard », etc. Le renard fait songer à l'artificieux Hermès, et il ne faut pas oublier non

---

1. Néanmoins, le ♄ grec « se réjouit » à l'Orient (ci-après, ch. iv).

2. La véritable raison de l'assimilation Nabou-Hermès est peut-être que Nabou ou Nebo était en Chaldée l' « interprète » (ἑρμηνεύς) par excellence (cf. ci-dessus, p. 40, 3) : le titre traduit aurait donné le nom. Il va sans dire que les adaptateurs n'ont pas commis l'imprudence de contrecarrer les idées courantes en ce qui concerne les « luminaires ». Ils n'ont pas essayé d'ôter à Séléné-Hécate-Artémis son sexe pour l'assimiler au dieu Sin, ou de lui donner le pas sur le Soleil.

plus que l'Hermès psychopompe, le pourvoyeur des bûchers et des enfers, était aussi un dieu redouté; mais il est certain, d'autre part, que les astrologues grecs ont fait prédominer dans le type d'Hermès-Mercure l'ingéniosité réfléchie et l'art de charmer par la parole, aptitudes qui ne vont guère à l' « Étincelant » (Στίλϐων) chaldéen.

Les caractères des planetes étant, plus encore que ceux des signes du Zodiaque, le fondement de toutes les inductions astrologiques, le 'raccordement qui se fit alors entre la théologie chaldéenne et la mythologie grecque eut sur la doctrine qui allait en sortir une influence souveraine. C'est l'horoscope de l'astrologie hellénique que fixaient les négociateurs qui ont opéré la suture. La charte ainsi dressée restait d'ailleurs assez vague et assez souple pour permettre aux astrologues d'y faire entrer ou rentrer toutes les variantes qu'ils tireraient de leur propre expérience ou des traditions encore inutilisées de la Chaldée et de l'Égypte.

En résumé, pour mettre au net, avant d'aller plus loin, les conclusions à tirer de ces prolégomènes : l'astrologie grecque — en tant que méthode divinatoire, usant de l'astronomie comme moyen — l'astrologie grecque, disons-nous, a été suscitée par l'astrologie chaldéenne, qui lui a fourni, avec tout ou partie des signes zodiacaux et les types planétaires, les plus indispensables de ses instruments. Nous ne pouvons plus savoir si l'astrologie chaldéenne elle-même, à l'époque où elle greffait ainsi ses doctrines sur un tronc nouveau, s'était incorporé des traditions égyptiennes ou mêlée en Égypte à des traditions locales, qui auraient été importées de là en Grèce longtemps avant les dogmes venus directement de la Chaldée. Les documents cunéigraphes de Tell-el-Amarna prouvent que, dès le xve siècle avant notre ère, il y avait des relations actives entre l'Égypte et la Chaldée, mais ils ne jettent aucune lumière sur ces questions, rendues insolubles par l'incohérence des témoignages. Il est donc prudent de s'en tenir, dans la recherche des origines, à l'astrologie chaldéenne. Que si l'on veut se faire une idée de la genèse de celle-ci, il faut écarter toute la fantasmagorie des interminables siècles d'observations et d'expériences allégués par les professeurs d'astrologie. L'expérience ne peut que détruire les œuvres de la foi. L'astrologie chaldéenne repose sur le fondement primordial de toutes les religions ; sur la logique animiste, qui veut que tout soit mû par des volontés, et sur le sentiment, qui exige que ces puissances soient principalement et perpétuellement

préoccupées de l'homme. La nature du pays, le climat, l'existence d'une caste sacerdotale curieuse des choses inaccessibles
au vulgaire, ont tourné cette logique et ce sentiment du côté des
astres. La religion y a domicilié ses dieux, les répartissant
d'après des affinités imaginées entre l'éclat, la couleur, la position, l'allure, j'allais dire, les mœurs des astres errants, rois du
peuple des étoiles, et les types divins issus de la même imagination créatrice.

Là s'arrête la série régressive des causes. Nous n'avons plus à
nous préoccuper que de la série descendante, qui commence avec
le développement autonome de l'astrologie grecque.

CHAPITRE III

LES DOGMES ASTROLOGIQUES

L'astrologie rudimentaire des Orientaux, à peine dégagée de la religion qui l'avait engendrée, n'exigeait pas un grand effort de raisonnement. Les astres étaient des dieux ou des véhicules d'où les dieux surveillaient le monde, et il allait de soi que ces dieux avaient à la fois la volonté et le pouvoir d'intervenir dans les affaires du monde terrestre. Nulle difficulté de concevoir pourquoi et comment ces dieux agissaient : ils agissaient parce qu'ils le voulaient et comme il leur plaisait. L'esprit oriental ne se posait même pas le problème autour duquel s'acharne la logique des peuples mieux doués : l'impossibilité de convertir des volontés supposées libres, et même capricieuses, en lois naturelles, dont l'effet est présumé nécessaire et partout identique. Cependant, l'astronomie fait naître d'elle-même l'idée d'ordre, de régularité; et les prêtres chaldéens, qui fondaient précisément sur l'expérience acquise les pronostics applicables à l'avenir, n'ont pas pu écarter de leurs calculs le postulat qui en faisait toute la valeur, à savoir que les mêmes causes doivent produire les mêmes effets. En tout cas, ils paraissent s'être refusés aux concessions qui leur auraient fait abandonner la conception religieuse de l'univers pour le mécanisme scientifique. Les mouvements des planètes comportaient à leurs yeux une certaine somme d'imprévu. Elles n'arrivaient pas toujours à l'heure dite aux rendez-vous supputés d'avance, aux rencontres avec les étoiles fixes. Celles-ci même ne pouvaient être reconnues invariables dans leurs positions que par des mesures précises. Les Chaldéens ne paraissent pas non plus avoir fait de découvertes scientifiques susceptibles de les troubler dans leur foi traditionnelle. Nous ignorons l'idée qu'ils se faisaient de l'étendue du ciel; mais il est probable qu'ils croyaient bien s'être notablement rapprochés des dieux quand ils avaient installé leur observatoire au haut d'une *zigurat* à sept étages [1]. Leur pieuse routine les préserva des théories subversives qui ailleurs élargissaient le monde et reculaient à d'énormes distances les générateurs d'énergie sidérale, en même temps qu'elles rapetissaient le but visé par toutes ces forces célestes, l'homme et son habitacle.

C'est précisément à des esprits déjà familiarisés avec ces vastes perspectives, armés de dialectique et déshabitués de croire, que fut offerte l'astrologie chaldéenne, comme un ensemble de faits longuement vérifiés, dont l'explication rationnelle restait à chercher. Le plaisir de trouver des théories pour des faits donnés comme certains, de transformer en science raisonnée un amas de traditions importées à l'état brut, dut avoir un singulier attrait pour les Grecs, qui avaient un goût égal pour les discussions et les nouveautés. Eux seuls ont pu travailler à satisfaire un besoin intellectuel que leurs devanciers ne ressentaient pas. C'est chez eux que l'astrologie est devenue une science, une « mathématique », appuyée sur un certain nombre de propositions fondamentales, auxquelles une espèce de consentement universel finit par donner la valeur d'axiomes. Nous verrons plus tard comment et avec quel succès ces propositions furent défendues contre des arguments contraires [2] : pour le moment, il serait à propos de les formuler et de nous rendre compte de leur solidité en mesurant la largeur de leurs assises.

La plus générale se réduit à affirmer que les astres exercent sur la terre et ses habitants une influence prépondérante. Cette proposition, pour les adeptes de la philosophie mystique issue de Pythagore et de Platon, n'avait pas besoin d'être démontrée. Les astres étant des dieux, et même des dieux créateurs des organismes terrestres, il n'y avait plus qu'à poser une question subsidiaire, celle de savoir si cette influence peut être connue et distinguée de toute autre. La question ainsi posée était facilement résolue. L'action divine pouvait être connue, jusque dans ses divers modes, soit par révélation expresse faite par les dieux eux-mêmes, soit par la révélation naturelle, qui est la raison avertie par l'expérience. Les « physiciens », s'il en restait encore,

---

1. C'est l'idée que l'auteur de la *Genèse* (XI, 4) prête aux constructeurs de l'observatoire babylonien (*Et dixerunt : Venite, faciamus nobis civitatem, et turrim cujus culmen pertingat ad caelum*), et Jahveh semble bien avoir eu peur qu'ils n'y réussissent.

2. Voy. ci-après, ch. XVI.

étaient sensibles à un argument dont, grâce à une équivoque habilement entretenue, l'astrologie s'attribuait tout le bénéfice. Le Soleil n'était-il pas, de l'aveu de tous, le régulateur de la vie végétale et animale ? La Lune, à laquelle l'antiquité attribuait une quantité d'influences particulières en dehors du mouvement des marées [1], n'agissait-elle pas sur tout être et toute chose terrestre ? Et pourquoi ce qui était incontestable pour le Soleil et la Lune ne serait-il pas vrai aussi, toutes proportions gardées, des étoiles, fixes ou errantes ? Les planètes n'étaient après tout que des soleils plus petits ou des lunes plus éloignées [2]. Les étoiles fixes indiquaient par leurs levers et couchers héliaques les étapes de l'année solaire : elles accompagnaient de leur présence les vicissitudes des saisons, les chaleurs, froidures, vents et pluies, et, qu'elles fussent pour les théoriciens le signe seulement ou la cause de ces phénomènes [3], le résultat pratique était le mêem. Aussi, même avant d'avoir soupçonné les mystères de l'astrologie chaldéenne, les Grecs avaient spontanément ébauché une science des régions supérieures ou *Météorologie*, qui devait les mettre à même de prévoir les variations et accidents atmosphériques. Dans cette science, dite aussi des « Pronostics », fondée sur les observations des laboureurs et des marins, Aristote avait fait entrer tout récemment les pronostics hasardeux à tirer de l'apparition des comètes [4]. La météorologie grecque s'acheminait ainsi

---

1. Aristote attribuait le phénomène des marées à la pression des vents excités par le Soleil : Pythéas de Marseille pensait que la Lune en croissance provoque le flux, et en décroissance le reflux ; Séleucus « le Chaldéen », partisan de la rotation de la Terre, invoquait la compression de l'atmosphère causée par le mouvement contraire de la Terre et de la Lune ; Posidonius reprenait l'explication d'Aristote, en substituant la Lune au Soleil (cf. Diels, *Doxographi graeci*, pp. 382-383).

2. Cette idée existe, pour ainsi dire à l'état latent, dans la mythologie chaldéenne, où les dieux planétaires sont pour la plupart d'anciens dieux solaires déchus et rapetissés (cf. ci-après, ch. IV, les affinités entre le Soleil et Saturne).

3. Geminus (*Isagog.*, 14) consacre tout un chapitre à réfuter l'idée que les constellations notées dans les calendriers influent sur terre ; que le Chien, par exemple, soit cause de la chaleur « caniculaire ». Quelle que soit, dit-il, la nature de ces astres, ignée ou éthérée, οὐδεμίαν συμπάθειαν ἔχει πρὸς τὰ ἐπὶ τῆς γῆς γινόμενα. Ἡ γὰρ σύμπασα γῆ κέντρου λόγον ἔχει πρὸς τὴν τῶν ἀπλανῶν σφαῖραν, καὶ οὐδεμία ἀποφορὰ οὐδὲ ἀπόῤῥοια διϊκνεῖται ἀπὸ τῶν ἀπλανῶν ἀστέρων ἐπὶ τὴν γῆν. Mais lui-même admet, quoique fort atténuée, l' ἀπόῤῥοια des planètes, ἀφ' ὧν καὶ δυνάμεις ἐπὶ τὴν γῆν πίπτουσι. On voit combien était répandue et vivace l'opinion qu'il combat.

4. Voy. ci-après (ch. XI), comètes, *Prognostica*, Διοσημεῖα, etc.

d'elle-même dans des voies où elle allait rencontrer l'astrologie chaldéenne, et son apport fut adjoint aux modes de divination préconisés par la doctrine nouvelle.

Évident pour les mystiques, plausible et dans une certaine mesure acceptable pour les naturalistes, le postulat initial de l'astrologie devint un dogme pour les Stoïciens, qui étaient à la fois l'un et l'autre. Ce dogme, qui contenait pour eux la raison ultime des choses, le fonds et le tréfonds de la religion et de la morale, ils ne se lassèrent pas de l'affirmer et d'entasser à l'entour, pour le fortifier, tout ce que les systèmes philosophiques ou religieux leur offraient de comparaisons et d'analogies pouvant servir de démonstration. L'influence des astres sur la terre devint pour eux un cas particulier de la « sympathie » ou solidarité de toutes les parties de l'univers : solidarité non pas idéale, morale, mais matérielle comme la substance de l'Être, et réalisée à tout moment par un échange incessant de molécules ou de mouvements propagés. Les Stoïciens savaient ce que la Terre envoyait aux astres de là-haut, foyers de feu intelligent : avec Thalès, Parménide, Héraclite, ils pensaient qu'elle les nourrit de ses vapeurs [1], les plus grossières alimentant les astres inférieurs,

---

1. C'est une opinion générale chez tous les « physiciens », fondée sur le fait que le Soleil « dessèche » l'eau, une réponse à cette question de sens commun : d'où vient que les astres brûlent sans se consumer? (*quia nullus ignis sine pastu aliquo posset permanere.* Cic., *Nat. Deor.*, II, 15, § 40. Cf. Agni nourri par le *Sóma* hindou). Doctrine de Thalès et autres Ioniens et Éléates : τρέφεσθαι τοὺς ἀστέρας ἐκ τῆς ἀπὸ γῆς ἀναθυμιάσεως (Stob., *Ecl.*, I, 10, 24. Plut., *Plac. phil.*, I, 3; II, 17). *Pasci aquis marinis sidera, i. e. ignes caelestes, physici docent* (Serv., *Aen.*, I, 608). On pouvait même dire que la Terre avait engendré les astres, étant la mère du Ciel (Ouranos). Chrysippe avait fait le triage entre aliments; l'eau douce pour la Lune, l'eau de mer pour le Soleil (Stob., *Ecl.*, I, 25-26), — *ali autem solem, lunam, reliqua astra aquis, alia dulcibus, alia marinis. Eamque causam Cleanthes affert cur se sol referat nec longius progrediatur solstitiali orbe itemque brumali, ne longius discedat a cibo* (Cic., *Nat. Deor.*, III, 14, § 37). Cela expliquait l'intelligence supérieure des astres. *Quin etiam quo cibo utare, interesse aliquid ad mentis aciem putant. Probabile est igitur praestantem intellegentiam in sideribus esse, quae et aetheriam partem mundi incolant et marinis terrenisque umoribus longo intervallo extenuatis alantur* (Cic., *Nat. Deor.*, II, 16, § 43). A ce compte, les étoiles fixes sont plus intelligentes que les planètes (ce qui était aussi l'avis des platoniciens), Saturne plus que Jupiter, et ainsi de suite. La sèche dénégation d'Aristote disant μὴ δεῖσθαι τὰ οὐράνια τροφῆς, οὐ γὰρ φθαρτὰ, ἀλλ' αἴδια (Plut., *Plac. phil.*, II, 16) et même ses sarcasmes (*Meteor.*, II, 2, 6) n'empêchèrent pas les adhésions à la doctrine physico-stoïcienne. *Hinc profertur quo sustineantur tot sidera* etc. (Sen., *Q. Nat.*, II, 5). — *Necnon Oceano pasci Phoebumque polumque | Credimus* (Lucan., *Phars.*, X, 258. Cf. I, 414). Pline croit que les étoiles filantes sont des

les plus subtiles montant jusqu'aux sphères supérieures. Cette matière revenait à la Terre sous forme de chaleur et de lumière, d'effluves célestes qui allumaient et entretenaient à sa surface la flamme mystérieuse de la vie.

La solidarité universelle une fois admise, il en résultait logiquement que les effluves transportaient avec eux les qualités de la source d'où ils émanaient et tendaient à assimiler le point d'arrivée au point de départ. Pour rendre la démonstration plus claire, cessons de disperser notre attention sur l'univers entier [1], et concentrons-la sur l'être qui a été et qui sera toujours à ses propres yeux le centre du monde, l'homme. Nous arriverons vite à la conclusion que l'homme, façonné par l'action incessante des influx cosmiques, doit ressembler au monde, qu'il est un monde en petit, un *microcosme*. Ainsi condensé, spécifié, intéressant l'égoïsme humain, flattant l'orgueil humain, projetant dans le monde entier l'image de l'homme — car la proposition se retourne comme une équation mathématique, — le dogme de la sympathie universelle devint l'aliment inépuisable de la foi astrologique et la justification de ses plus étranges fantaisies. Il fut dès lors permis de chercher dans le corps humain, dans l'âme humaine, des correspondances de toute sorte entre les membres de l'un, les facultés de l'autre, et les planètes ou les signes du

---

éructations d'astres trop gorgés de nourriture : *illa nimio alimento tracti umoris ignea vi abundantiam reddunt, cum decidere creduntur, ut apud nos quoque luminibus accensis liquore olei notamus accidere* (Plin., II, § 29). La doctrine fut étendue des astres aux dieux, génies, âmes humaines, lesquelles τροφῇ τε χρῶνται οἰκείᾳ τῇ ἀπὸ γῆς ἀναθυμιάσει, ὡς καὶ τὰ λοιπὰ ἄστρα (S. Empir., *Adv. Phys.*, IX, § 73, p. 568). Même quand il fut avéré que la Terre n'était qu'un point (κέντρον-στιγμή) dans l'univers, Posidonius soutint que la Terre, sous un petit volume, contient plus de matière que tous les astres ensemble : ἡ γῆ στιγμιαία οὖσα πρὸς τὸ μέγεθος τοῦ κόσμου ἀναπέμπει τροφὴν τῷ τε οὐρανῷ καὶ τοῖς ἐμπεριεχομένοις ἐν αὐτῷ ἄστροις, τοσούτοις καὶ τὸ πλῆθος καὶ τὸ μέγεθος οὖσι (ap. Cleomed., *Cycl. theor.*, I, 11). Il avait deviné, en l'appliquant à faux, un principe de la mécanique céleste.

1. La théorie s'appliquait à tout, à la Terre, dont les zones correspondent aux zones célestes, et à ses parties. Ainsi, on disait que le Nil a sept bouches parce qu'il y a sept planètes — *erumpens imitatur sidera mundi | Per septem fauces atque ora fugantia pontum* (Manil., III, 273), — ou que le Delta était une copie de la constellation du Triangle ou Deltoton — φασὶ δὲ καὶ τὴν τῆς Αἰγύπτου θέσιν εἶναι κατὰ τὸ σχῆμα τοῦ ἐν τοῖς ἄστροις τριγώνου (Schol. Arat., ad v. 233). Cependant les Stoïciens, attentifs à ne pas froisser la tradition de la Terre-mère, pensaient que la forme ronde de la Terre est non pas la copie, mais le modèle des sphères célestes : ὥσπερ ἀπὸ κέντρου κύκλος γίνεται, οὕτω καὶ ἀπὸ τῆς γῆς εἰκὸς ἔξω περιφέρειαν γεγονέναι (Ach. Tat., *Isag.*, 7).

Zodiaque. L'imprudente logique avait filé ses déductions jusqu'au point où elle se trouva dessaisie de son droit de contrôle et obligée de pactiser avec les caprices de l'imagination débridée.

A cette forteresse centrale de l'astrologie, on peut dire que chaque système philosophique apporta sa pierre. On a vu où menait la théorie mécanique des effluves : le spiritualisme platonicien aboutissait par une voie plus directe encore à la même conclusion. Platon avait érigé en dogme l'imitation des types divins, du haut en bas de l'échelle des êtres; et Philon eut soin d'ajouter au témoignage de Platon celui de la Bible, d'après laquelle Dieu fit l'homme à son image. L'homme est une copie du monde, qui est lui-même une copie de Dieu. Du reste, tout cela est déjà dans le *Timée*, et l'on devine avec quel zèle les mystiques développèrent ces données, profitant par surcroît de la connivence des « physiciens » ou matérialistes, sans autre effort à faire que de remplacer les molécules des effluves par les âmes et les génies dont ils avaient ample provision. Enfin, la théorie du microcosme avait encore l'avantage de satisfaire les purs dialecticiens, ceux qui concevaient la connaissance comme une identification — ou tout au moins assimilation — du sujet et de l'objet [1]. Et voilà comment un amas d'analogies et de méta-

---

1. Ceux-là auraient contresigné la belle apostrophe de Manilius (IV, 893) : *Quid mirum noscere mundum* | *Si possint homines, quibus est mundus in ipsis* | *Exemplumque dei quisque est in imagine parva?* Ce sont les néo-pythagoriciens, orphiques, néoplatoniciens, hermétiques ou même chrétiens platonisants, qui ont le plus insisté sur l'homme microcosme. Avant Philon peut-être, les Pseudo-Pétosiris et Néchepso *ostendunt hominem ad naturam mundi similitudinemque formatum iisdem principiis quibus ipse mundus regitur et continetur, perenniter perpetuitatis sustentari fomitibus* (Firmic., III, Prooem., 4). Pour Philon (voy. son traité *De opificio mundi*, §§ 48-51), l'homme, dont le corps est fait des mêmes éléments que le monde, communique par la vue avec les astres, ses congénères : διὰ τῆς ἡγεμονικοτάτης τῶν αἰσθησέων ὄψεως ἡλίῳ καὶ σελήνῃ καὶ ἑκάστῳ τῶν ἄλλων ἀστέρων πλανήτων καὶ ἀπλανῶν συνεγγίζων (ib., § 51). Dans le *Pœmander*, Hermès Trismégiste explique que tout est vivant, par conséquent composé de matière et d'esprit : Καὶ ὁ μὲν κόσμος πρῶτον, ὁ δὲ ἄνθρωπος δεύτερον ζῷον μετὰ τὸν κόσμον (§§ 11-12, pp. 74-75 Parthey); et ailleurs (*Iatrom.*, ap. Ideler, I, p. 387) : τὸν ἄνθρωπον, ὦ Ἄμμων, κόσμον φασὶν οἱ σοφοί. Ce petit monde est un abrégé du grand. Les astres ont même nature que nous et sont en nous : ἔστι δ' ἐν ἡμῖν Μήνη Ζεὺς Ἄρης κ. τ. λ. (ap. Stob., *Ecl.*, I, 5, 14). L'auteur du livre d'Hénoch retrouve aussi dans l'homme sept substances, autant que de sphères planétaires. Un biographe de Pythagore (*V. Pyth.*, p. 114 Kiessl.) : ὁ ἄνθρωπος μικρὸς κόσμος λέγεται... ὅτι πάσας ἔχει τὰς τοῦ κόσμου δυνάμεις. Cf. Firmicus (*loc. cit.*, 3) : *hominem quasi minorem quemdam mundum stellae quinque sol etiam et luna... sustentant.* Proclus met sa dialectique au service de la théorie du microcosme et de la « sympathie » cosmique. Le monde

phores, de raisons dont aucune n'est probante et beaucoup sont ineptes, donnait l'illusion d'une démonstration en forme, illusion d'autant plus tenace qu'il y avait au point de départ une parcelle de vérité, mais retournée et vue à l'envers. Cette vérité, c'est que l'homme, ne pouvant rien concevoir que d'humain, a fait Dieu ou les dieux à son image et dès lors retrouve aisément partout les analogies dont il est l'inconscient et unique auteur.

Ainsi donc, d'après les philosophes et astrologues grecs, les astres exercent, soit mécaniquement, soit par tout autre mode d'action, des influences résultant de leur nature propre et tendant à conformer à leur type les êtres qui les subissent. Entre cette affirmation théorique et l'application se cachait, dissimulé sous des phrases, le postulat énorme qui, une fois accepté, paralysait toute résistance ultérieure de la raison. Le disciple qui n'obligeait pas son maître à lui démontrer l'existence réelle des propriétés multiples avec lesquelles la doctrine composait ses types planétaires et zodiacaux, celui qui tenait pour avérée la physique ou physiologie ou psychologie des astres, n'avait plus qu'à suivre le fil du raisonnement. Il ne trouvait plus aucun

---

est un être vivant, dont la vie est la source et contient la somme de toutes les vies ou âmes particulières; d'où P. conclut que φοραὶ καὶ ἀφορίαι ζώων θνητῶν ἀπὸ τῶν οὐρανίων περιόδων ἀθανάτων οὐσῶν ἐπιτελοῦνται, καὶ φθοραὶ καὶ γενέσεις καὶ βίοι τῶν τῇδε ζώων... καὶ κατὰ σώματα καὶ κατὰ ψυχὰς διαθέσεις χείρους καὶ βελτίους (Procl., in *Anal. Sacr.*, Pitra, V, 2, p. 89). La communication entre les parties s'opère par les allées et venues des âmes : συνάπτει καὶ τὰ ἄνω τοῖς κάτω διὰ τῶν ψυχικῶν καθόδων, καὶ τὰ κάτω τοῖς ἄνω διὰ τῶν ἀνόδων (ibid., p. 142). L'homme est un monde en petit : δεῖ δὲ τὸν ὅλον κόσμον, οὕτω καὶ τὸν ἄνθρωπον ἐπισκέψασθαι τελείως, διότι μικρός ἐστι καὶ οὗτος κόσμος (Procl., *In Tim.*, p. 348 A). L'auteur chrétien de l'*Hermippus* trouve fort raisonnable la répartition des influences planétaires dans le corps humain, attendu qu'ainsi σώζεται ὁ λόγος ὁ μίκρον εἶναι φάσκων ἐπὶ γῆς κόσμον τὸν ἄνθρωπον (*Hermipp.*, I, 16, § 81). Il croirait volontiers que l'âme (ψυχή) tourne autour du νοῦς, etc. (ibid., § 145). Il va sans dire que, si on retrouvait la marque des astres dans notre corps, on prêtait aussi facilement au monde nos organes. On démontrait par exemple que le Soleil étant le cœur du monde devait être au milieu des planètes; comme le cœur est au milieu des viscères (*Hermipp.*, § 78). On avait dressé *etiam mundi genituram* (Firmic., *l. c.*), comme celle des individus ou des cités. Voy., sur ces questions, le curieux chapitre de Lobeck, *Aglaophamus* (ch. ix, *De Macrocosmo et Microcosmo*, pp. 908-947), et ci-après, la mélothésie astrologique, (ch. x). Par une conséquence logique, devinée déjà par les peuples primitifs, l'homme imite le monde dans ses actes. Il doit, dans certains rites, se tourner de gauche à droite (*dextratio*), ou attacher ses prières et incantations à une roue tournant dans le sens du mouvement diurne (cf. Goblet d'Alviella, *Moulins à prières : roues magiques et circumambulations* dans la *Rev. de l'Univ. de Bruxelles*, 1897).

motif logique de contester la force d'expansion et la vertu assimi-
latrice de l'énergie sidérale. L'action à distance lui était même
mieux expliquée par la théorie des effluves que ne l'est pour les
modernes l'attraction ou gravitation universelle, force dont on
connaît les effets, non la nature [1]. En dernier recours, on ren-
voyait ceux qui auraient eu encore des scrupules aux énormes
statistiques de faits soi-disant amassés par les Chaldéens, Égyptiens, Mages et autres êtres fictifs auxquels les astrologues grecs
attribuaient si volontiers — et pour cause — leurs propres
inventions.

Le grand pas une fois franchi, les autres devenaient plus aisés.
Avec des astres-dieux, doués de volonté, tels que les concevaient
les astrologues orientaux, on comprenait sans peine que l'action
de ces astres fût variable et dépendît de l'humeur du moment.
Les mauvais étaient parfois radoucis, et les bons accidentellement exaspérés. Cette conception première, à peine rectifiée par
le platonisme et grandement ménagée par la religiosité stoïcienne,
restera toujours le fonds le plus résistant de l'astrologie hellénisée. Mais il fallait pourtant, puisque les Stoïciens avaient hérité
de la physique d'Héraclite, transformer ces volontés divines en
lois naturelles. Ce ne fut pas un médiocre labeur que d'expliquer
par des considérations tirées des mouvements, des phases, des

---

1. On citait, comme exemple d'effluves, l'attraction de l'ambre sur la paille;
le regard du basilic, qui tue ; celui du loup, qui rend muet. Le plus difficile
était de faire accepter les effluves de figures purement imaginaires, comme
celles des constellations. Mais on assurait que les chiens devenaient enragés
sous la Canicule, et c'était là une preuve que le Chien agissait sur ses pareils :
τινὲς δέ φασι καὶ τὸν Κύνα τὸ ἄστρον συμβάλλεσθαι κατά τινα ἀπόρροιαν τούτοις
πρὸς λύσσαν (Alex. Aphrod., *Probl.*, I, 76). Avec des preuves de cette force,
ajoutée à l'expérience séculaire des « Chaldéens et Égyptiens », on arrivait à
formuler hardiment les aphorismes astrologiques fondés sur le principe
similia similibus, sans reculer devant les animaux du Zodiaque : Καρκῖνοι δὲ
καὶ ταῦροι, καὶ λέοντες καὶ κριοὶ καὶ αἶγες καὶ ἔριφοι καὶ ὅσα ἄλλα θηρία διὰ τῶν
ἄστρων ὀνομάζεται κατὰ τὸν οὐρανόν, εἰκόνες δή, φησίν, εἰσὶ καὶ παραδείγ-
ματα, ἀφ' ὧν ἡ μεταβλητὴ κτίσις λαμβάνουσα τὰς ἰδέας τοιούτων ζῴων γίνεται
πλήρης (*Philosophum.*, IV, 6, p. 130 Cruice). Manilius est sceptique et croyant
à quelques lignes de distance. Il sait que les poètes ont fabriqué les catasté-
rismes : *Quorum carminibus nihil est nisi fabula caelum,* | *Terrave composuit
caelum, quae pendet ab illo* (II, 37-39), et il ajoute gravement : *Hic igitur deus
et ratio quae cuncta gubernat* | *Ducit ab aeternis terrena animalia signis* (II,
82-83). Lucrèce n'avait pas de ces distractions. Des restes inconscients de
vieux « totémisme » étaient revivifiés par la croyance à la génération humaine
dérivée des animaux célestes, surtout des πολύσπερμα (Cancer, Poissons,
Scorpion, etc.).

positions et orientations respectives des astres, comment l'action
d'un même astre pouvait être modifiée ou intervertie. C'est ici,
croyons-nous, que les Grecs ont fait vraiment œuvre originale et
laissé loin derrière eux leurs maîtres chaldéens.

Toutes les raisons invoquées se ramènent, en somme, à des
rapports de position, mesurés par des angles, avec considération
— accessoire, mais très importante aussi — de la gauche et de la
droite, du haut et du bas. Les rapports des astres avec la Terre
sont continus. On peut sans doute ne pas tenir compte de ceux
qui sont descendus au-dessous de l'horizon [1], mais il n'y a pas
d'angle sous lequel ils soient tout à fait inefficaces. Il n'en va pas
de même quand il s'agit de leurs rapports entre eux, rapports
qui engendrent des réactions réciproques, sympathiques ou antipathiques, et modifient profondément leur influence sur la Terre.
Vu le nombre des planètes et des signes du Zodiaque, le calcul
des rapports de position soutenus par chaque planète et chaque
signe avec toutes les planètes et tous les signes fût devenu
impossible. Les astrologues convinrent de ne considérer comme
efficaces que quelques-uns de ces rapports ou « aspects » (σχήματα - σχηματισμοί -adspectus), les autres étant réputés non-
existants. Les astrologues babyloniens, qui ne se souciaient pas
de tant de géométrie, paraissent s'être bornés à noter les conjonctions et oppositions des planètes. Quant aux stations ou
angles intermédiaires, il n'en est question — et encore implicitement — que pour les étapes de la Lune, le mois lunaire étant,
paraît-il, divisé en six périodes de cinq jours chacune. Ce sont, à
n'en pas douter, les Grecs qui ont imaginé les polygones réguliers
inscrits au cercle zodiacal, et attribué aux rayons lancés suivant
l'angle générateur de chaque polygone des propriétés spécifiques,
dont nous rechercherons ailleurs la raison d'être [2]. C'est un singulier mélange de raffinement et de naïveté que cette théorie des
aspects, qui suppose les planètes placées sur le cercle même du
Zodiaque et occupant, quand elles sont en aspect, un sommet du
polygone. Naïve aussi, pour ne pas dire plus, est la raison qu'allègue Porphyre pour expliquer la limitation du nombre des
aspects à quatre (diamètre, trigone, tétragone, hexagone), ou
cinq, en comptant la conjonction. Il aurait pu dire, comme Ptolé-

---

1. C'est ce que fait, ou plutôt prétend faire Ptolémée, qui abandonne pour
cette raison la théorie des *lieux* (ci-après, ch. ix), mais est resté à peu près
seul de son avis.

2. Les *aspects* sont ici nommés par anticipation : le sujet sera traité au ch. vi.

mée [1], qu'ainsi le veulent les lois géométriques de l'harmonie. Ou bien, comme le Pseudo-Manéthon, il aurait pu invoquer la révélation. « Inénarrables et infinies sont dans l'éther les figures des astres qui se croisent dans leurs sentiers aux nombreux détours : j'expliquerai celles qu'ont choisies les dieux [2] ». Porphyre aime mieux supposer que « chaque astre lance sept rayons (veut-il dire sept rayons seulement?), un en face, trois à droite et trois à gauche [3] ». Ce n'est pas une théorie, c'est un dogme imaginé après coup, pour justifier la pratique des « aspects » et en l'honneur du nombre septénaire. Il ne dérive certainement pas du sigle graphique à huit branches employé par les Chaldéens pour figurer les étoiles, et ce n'est sans doute pas se tromper d'adresse que d'attribuer toutes ces constructions géométriques à l'infusion de doctrines pythagoriciennes dans l'astrologie.

On voit comment, de concession en concession, en tenant pour démontré ce qui n'était pas absurde *a priori,* un adepte de l'astrologie pouvait arriver à la foi sans se croire brouillé avec la logique. Il dut y avoir des mathématiciens qui prirent tout à fait

1. Après un bref exposé, très difficile à comprendre, dit le scoliaste (δυσκατανόητα. Anon., p. 30), Ptolémée conclut : δι' ἣν δὲ αἰτίαν αὗται μόναι τῶν διαστάσεων παρελήφθησαν, ἐκ τούτων ἂν μάθοιμεν (*Tetrab.* I, 14). C'était trop de mathématiques pour Porphyre et ses contemporains.

2. Τὰ γὰρ ἄσπετ' ἀπείριτά τ' ἐστὶ κατ' αἴθρην | Σχήματ' ἀμειβόντων ἄστρων πολύπλαγκτα κέλευθα · | Ὅσσα δ' ἐπιλέξωσι θεοί, τάδ' ἐγὼ σάφα λέξω (Maneth., III, 231-233).

3. Ἑπτὰ γὰρ ἀκτῖνας ἕκαστος τῶν ἀστέρων ἀφίησι, τρεῖς μὲν εἰς τὸ ἄνω, τρεῖς δὲ εἰς τὸ κάτω, μίαν δὲ ἐπὶ τὸ διάμετρον · ὧν δεξιαὶ μὲν αἱ ἐπὶ τὸ ἄνω, εὐώνυμοι δὲ αἱ ἐπὶ τὸ κάτω (Porphyr., *Isagog.,* p. 187). Si la fin de la phrase n'est pas une glose inepte, c'est que l'astre est supposé à l'Orient (voy. le faisceau de sept rayons ci-après, ch. VI, fig. 22). On retrouve la théorie des sept rayons dans une épithète donnée à Sérapis par les « théologiens » : ὁ ἀναγωγεὺς καὶ ὁ ἑπτάκτις κατὰ τοὺς θεολόγους (Procl., *In. Tim.,* I, p. 11 E). — [μυσταγωγία] ἦν ὁ Χαλδαῖος περὶ τὸν ἑπτάκτινα θεὸν ἐβάκχευσεν (Julian., *Orat.* V, p. 172 D). Le soleil attache autour de la tête de Phaéthon ἑπταπόρους ἀκτῖνας (Nonnus, *Dionysiac.,* XXXVIII, 269). C'est l'étoile à sept branches de la semaine (ci-après, ch. XIII). Ces théologiens ou théurges sont les fabricants d'oracles « chaldéens » du IIᵉ siècle p. Chr. Cf. Lobeck, *Aglaoph.,* p. 101, et ci-après, ch. XVI. Peut-être est-ce cette théorie des sept rayons qui se cache dans la phraséologie vague de Tacite disant, à propos du sabbat juif : *seu quod — pleraque caelestium vim suam et cursus septenos per numeros compleant* (Tac., *Hist.,* IV, 4). Vitruve, grand admirateur des Chaldéens, donne une raison qui, si elle vaut pour un rayon (le trigone), vaut aussi pour les autres : *si radii (Solis) per omnem mundum fusi circinationibus vagarentur, neque extentionibus porrecti ad trigoni formam linearentur, propiora flagrarent* (IX, 1 [4]. Cf. ci-après, ch. VI). Plus d'un questionneur se tenait sans doute pour satisfait d'une pareille réponse.

au sérieux cette balistique céleste et trouvaient fort raisonnable de tenir compte de l'angle sous lequel le rayon projeté atteignait le but [1].

Hâtons-nous d'ajouter que cet étalage de science mystico-mathématique était tout en façade. Derrière le décor scientifique échafaudé par les astrologues grecs au temps où il fallait faire illusion aux « physiciens », les vrais ouvriers de la destinée étaient toujours les dieux vivants, bien ou mal disposés suivant les incidents de leur route et le hasard des rencontres. Ce sont surtout les planètes qui, complètement anthropomorphisées, se « réjouissent » dans leur maison, y donnent et reçoivent l'hospitalité, se voient, s'entendent, se poursuivent, s'atteignent, se dépassent, observant les règles soi-disant géométriques, en réalité psychologiques, d'une étiquette qui leur assure ou leur retire la prééminence suivant qu'elles sont à droite ou à gauche d'une autre, ou qui change leur manière d'agir suivant qu'elles quittent celle-ci pour aborder celle-là, ou qu'elles sont bloquées entre deux autres, ou qu'elles font cortège à un chef qui est ou n'est pas de leur parti [2]. A mesure que les savants se faisaient plus rares, l'astrologie grecque s'imposait moins de contrainte : elle délaissait les combinaisons de froid, de chaud, de sec et d'humide pour les sentiments, la mécanique pour la psychologie, la science qu'elle prétendait être pour la religion qu'elle était sous son masque d'emprunt.

---

1. Ptolémée était, à coup sûr, de ceux-là. Ce sont des spéculations sur la théorie de la connaissance (Περὶ κριτηρίου καὶ ἡγεμονικοῦ) qui l'ont amené à étudier les rapports de l'homme avec le monde, et des élucubrations d'une philosophie assez éclectique sur l'harmonie (Ἁρμονικά) qui l'ont converti à l'astrologie. Voy. Fr. Boll, *Studien über Cl. Ptolemäus* (ci-dessus, p. 27, 3). Le fond de ses raisonnements était intelligible même pour le vulgaire et ne paraissait pas absurde. On peut le résumer ainsi. De même que l'oreille n'accepte, en musique, que certains intervalles entre les tons et certains accords, rejetant les autres dans la catégorie des bruits inharmoniques, sans effet sur l'âme ; de même, certaines proportions angulaires entrent seules dans l'harmonie du monde et sont seules efficaces. L'étalage d'arithmétique et de géométrie, de chiffres et de cordes, achevait d'étourdir le néophyte. Du reste, la croyance à l'efficacité de l'aspect quadrat existe encore intacte chez ceux qui attribuent une influence spécifique — quoique simplement météorologique — aux quatre phases de la Lune. Ils ne manquent pas de raisons physiques à invoquer, les maxima et minima d'attraction, etc. ; mais il serait beaucoup plus raisonnable encore d'admettre une action continue de notre satellite, et non pas des espèces de déclanchements atmosphériques, espacés de phase en phase.

2. Voy. ci-après, ch. VIII.

Mécanique ou psychologie, il fallait l'appliquer à son objet propre qui est la divination par les astres ou ἀποτελεσματική. L'admiration qu'a inspirée jadis la « généthlialogie », le chef-d'œuvre de l'astrologie grecque, a fait oublier que cette méthode, la plus contraire de toutes au sens commun, n'a pu être la première application des principes. On n'a trouvé jusqu'ici dans les anciens documents chaldéens aucune trace de thèmes généthliaques, mais seulement des pronostics visant à bref délai les pays, les peuples, les souverains (ci-dessus, p. 45-49). Il est probable que les astrologues, partant de cette donnée et considérant que la destinée des individus dépend dans une certaine mesure des influences exercées sur leur pays ou leur nation, ont commencé par répondre à des clients qui leur demandaient si le moment était ou non favorable pour telle entreprise. Ce genre de calculs, connu sous le nom d' « Initiatives » (Καταρχαί) ou opportunités, a été l'occupation normale et l'aliment de l'astrologie populaire [1]. Il contient en germe la généthlialogie, qui en est sortie et qui y est rentrée à l'état de combinaison hybride, comme nous le verrons en temps et lieu. Le fait de naître est, en effet, un acte dont l'opportunité dépend aussi de l'état du ciel. Mais cet acte initial étant la condition préalable de tous les autres et les déterminant d'avance, dans la mesure où le sexe, la vigueur ou la faiblesse natives, la condition sociale ou la fortune des parents décident de l'avenir, les astrologues furent amenés à concentrer leur attention sur le moment de la naissance et à faire aussi converger sur ce moment toutes les influences susceptibles d'être calculées. Ainsi se forma, à grand renfort de philosophie, de recours à la théorie du microcosme, de distinctions subtiles entre le virtuel et l'actuel, ce qu'on pourrait appeler le dogme fondamental non pas de l'astrologie en général, mais de la méthode astrologique appelée généthlialogie.

Il fallait, en effet, beaucoup de raisonnements pour contraindre le bon sens récalcitrant à admettre que la destinée de chaque individu est non pas seulement influencée par l'état du ciel au

1. C'est surtout le système des καταρχαί (ci-après ch. XIII-XIV) qui passait — et non sans raison, cette fois — pour « égyptien ». Il est praticable même sans le secours de l'astrologie, et Hérodote (II, 82, ci-dessus, p. 62, 3) assure qu'il était pratiqué de son temps, même pour les naissances, par les prêtres égyptiens. En Grèce, la généthlialogie a été connue avant les καταρχαί; car c'est d'elle que parlait Théophraste (ci-dessus, p. 27, 2). Elle est, du reste, la seule méthode qui ait intéressé les philosophes : l'autre n'a pris de valeur à leurs yeux que par combinaison avec la généthlialogie.

moment de la naissance, mais absolument préfixée, jusque dans
le détail, comme la cire reçoit l'empreinte du sceau, ou la médaille,
la frappe instantanée du coin. L'astrologie était ici divisée contre
elle-même, la généthlialogie tendant à supprimer le système des
καταρχαί, qui échelonnait tout le long de l'existence une série
continue de causes correspondant à une série continue d'effets.
Aussi le dogme généthlialogique fut-il, de toutes les propositions
avancées par les théoriciens de l'astrologie, la plus constamment
attaquée et la plus mal défendue. Ses partisans l'auraient abandonné, de guerre lasse, s'ils avaient trouvé un autre moyen de
différencier les destinées individuelles, d'expliquer comment,
l'état du ciel étant à chaque instant le même pour tous en un
même lieu, chacun avait une part différente d'heur et de malheur.
Les débats engagés sur ce sujet nous occuperont assez par la
suite : l'important, pour le présent, est de rechercher comment
le dogme en question a pu s'établir et de quoi il est fait.

La première amorce est — on l'a dit plus haut — l'importance
majeure de la naissance, comme début et orientation de la vie.
C'était le cas où jamais d'invoquer l'adage : *principiis omen inest*.
Une autre idée, à la fois religieuse, philosophique et populaire,
est que la destinée de chacun est connue d'avance par l'intelligence
divine et existe par conséquent à l'état de conception, de plan,
avant d'être réalisée. La divination tout entière repose sur ce
postulat, et tous les systèmes de prédestination en sont sortis.
Le système platonicien du κλῆρος ou lot choisi par l'âme avant
son incarnation, souvent invoqué à l'appui du dogme généthlialogique, a sans doute autant contribué à le former qu'il a servi
plus tard à le défendre. Allégé du libre choix, — un scrupule de
moraliste dont les astrologues n'ont nul souci, — le κλῆρος platonicien représente une cédule toute faite, assimilable de tout
point à un thème de géniture [1]. Bref, quiconque admettait la
prédestination — et c'était l'opinion plus ou moins réfléchie de
tout le monde — acceptait le fond de la doctrine, et ceux qui ne
tenaient pas à en avoir une explication scientifique n'avaient plus
d'objections à faire.

En revanche, l'explication scientifique dut être assez laborieuse ;
c'est même la raison pour laquelle les astrologues la remplacent
d'ordinaire par l'affirmation du fait, qu'ils supposent admis et

---

1. On verra plus loin que, pour les néo-platoniciens, le κλῆρος est, en
effet, un thème de géniture montré par Dieu aux âmes et choisi par elles, une
copie anticipée de la future disposition des astres au moment horoscopique.

même évident. Ptolémée lui-même se contente de dire que le
mélange ou tempérament qui nous constitue est pour nous le
premier principe, et que ce premier principe implique sinon tout
le détail, au moins le plan général de l'existence. Il compare
l'action des astres à celle de l'archer, qui, par un acte instantané,
produit toutes les conséquences du choc de la flèche arrivée au
but [1]. Pour lui, comme pour tous les astrologues après lui, la vie
est un mouvement dont la direction, la force, et par conséquent la durée, abstraction faite des résistances rencontrées sur
le parcours, dépend de l'impulsion initiale, du « lancement »
(ἄφεσις). Dans les questions obscures, les comparaisons deviennent
des raisons, et les métaphores valent des arguments. Celle-ci
tient une place d'honneur dans la logique de nos praticiens. Une
autre, déjà indiquée, celle du sceau, fait tout le fond d'un raisonnement que Grégoire de Nysse a dû emprunter, pour le réfuter,
à quelque dialecticien subtil. Ce qui constitue la personnalité,
l'individu, c'est un certain ensemble de qualités, ensemble unique,
distinct de tout autre et toujours semblable à lui-même. Or,
comme les astres changent perpétuellement de place, ils ne peuvent former d'ensemble unique et invariable qu'en un moment
indivisible. Il faut donc que « de même que, dans l'impression du
sceau, la figure gravée se reproduit sur la cire, ainsi la vie de
l'homme reçoive l'impression de la vertu projetée par les astres
en mouvement au point où elle se rencontre avec le flux, et suivant la nature particulière de ce point ; et la vie devient ce que
contenait en elle-même la portion d'effluve qui jaillissait au
moment même où la vie commençait [2] ». Avec ces grands mots

---

1. Nous faisons ici un peu d'exégèse ; Ptolémée n'est pas si clair. Comme il
veut ménager un certain jeu aux κατάρχαί postérieures à la naissance, il
emploie des formules vaguement prolixes. L'homme, dit-il, a un et plusieurs
commencements : μίαν μὲν τὴν αὐτοῦ τοῦ συγκρίματος ἀρχήν, ταύτην γὰρ ἔχομεν ·
πολλὰς δὲ τὰς κατὰ τὸ ἐξῆς τῶν περιεχόντων πρὸς τὴν πρώτην ἀρχὴν ἐπισημασίας
συμβαινούσας, προηγουμένης μέντοι τῆς μίας ἐνθάδε εἰκότως, ἐπειδήπερ
αὐτὴ καὶ τὰς ἄλλας ὡς τὸ ὑποκείμενον ἰδικῶς ἀποτελεῖ (Tetrab., III,
Prooem.). Il entend analyser les éléments constitutifs de la destinée, et non
suivre les multiples effets de la synthèse, ὥσπερ ἀφέσεις βελῶν κατὰ τὸ
ὁλοσχερέστερον ἐφαρμόζοντες · τὸ δὲ τῆς συγκράσεως τῆς ἐκ πλειόνων φύσεων περὶ
τὸ ὑποκείμενον εἶδος συναγόμενον ἀποτέλεσμα καταλίποντες, ὥσπερ
εὐστόχῳ τοξότῃ, τῷ τοῦ διασκεπτομένου λογισμῷ (Tetrab., III, 1).

2. Καθάπερ ἐν ἐκμαγείῳ σφραγῖδος τῷ ἐντεθέντι κηρῷ τὸ κατὰ τὴν γλυφὴν
εἶδος περιτυποῦται, οὕτως καὶ τοῦ ἀνθρώπου τὸν βίον ᾧ ἂν συνενεχθῇ μορίῳ τῆς
ἀπορρεούσης δυνάμεως ἐκ τῆς τῶν ἄστρων κινήσεως, κατὰ τὴν ἐκείνου τοῦ μέρους
ἰδιότητα τυποῦσθαι, κἀκεῖνο γίνεσθαι ὅπερ εἶχεν ἐν ἑαυτῇ τῆς ἀπορροίας ἡ μοῖρα
ἣ ἔσπασεν εὐθὺς τοῦ βίου ἀρχομένου κ. τ. λ. (Greg. Nyss., De fato, Opp.,

et le grain de vérité qui assaisonne toute doctrine affirmant la fatalité dans la naissance, les « généthlialogues » se tiraient d'affaire. On peut même dire que, sur la question de pure théorie, leurs adversaires ont évité le débat. Ceux-ci répétaient constamment que ni la conception, ni la naissance ne sont des faits instantanés, et que, s'ils l'étaient, les astrologues seraient quand même dans l'impossibilité de saisir au vol l'état du ciel correspondant : mais ils ont laissé de côté le théorème abstrait.

Les « généthlialogues », opérant sur une vue instantanée du ciel, étaient obligés d' « observer l'heure » et de la marquer au cadran de leur chronomètre cosmique. Ils choisirent comme point de repère sur ce cadran l'intersection du zodiaque et de l'horizon du côté de l'Orient. Ce fut là l'*horoscope* (ὡροσκόπος). L'horoscope, en tant que point de départ de toutes les autres divisions du cercle de la géniture, acquiert, de ce fait, une importance majeure ; mais l'astrologie savante ne lui accordait pas l'influence souveraine que lui prêtait l'opinion vulgaire, celle qui a fait du mot « horoscope » le synonyme de « thème de géniture ». S'il était permis d'introduire une conjecture de plus dans un sujet qui en est déjà si fort encombré, nous supposerions que la masse de calculs échafaudés sur le thème instantané et tenant compte de tous les astres à la fois a remplacé une idée beaucoup plus simple, religieuse et populaire, à savoir que l'enfant qui naît a pour patron, pour maître de sa destinée, l'astre qui naît aussi, c'est-à-dire, se lève au même instant. Aux mains des astrologues astronomes, l'horoscope devient une abstraction mathématique, le « degré indiquant l'heure » (μοῖρα ὡροσκόπουσα). En tout cas, si l'horoscope est la pièce la plus connue des constructions astrologiques, il ne faut pas oublier qu'il appartient à une méthode spéciale, qui n'est pas l'astrologie tout entière et sans laquelle l'astrologie eût pu encore satisfaire la majeure partie de sa clientèle.

---

t. II, p. 154 Migne). Grégoire de Nysse ne réfute que l'argument qu'il expose ; il ne tient qu'à enlever aux astres, pour la restituer à Dieu, la δύναμις ποιη-τικὴ qui leur est attribuée ici. Les astres, dit-il, ne produisent leurs effets que par le mouvement (c'est une thèse aristotélique indifférente aux astrologues) : donc, s'ils étaient immobiles, il n'y aurait pas de prédestination (οὐκ ἂν ἡ εἱμαρμένη συσταίη). Or, ils ne se meuvent pas par eux-mêmes (autre postulat nié à l'envi par les hylozoïstes et par les partisans des astres vivants, dieux, etc.) : donc, la prédestination est opérée non par les astres, mais par Dieu qui les meut. Cela s'appelle abonder dans le sens de ses adversaires ; car, dans la pensée divine, il ne peut y avoir de succession : tout est voulu ensemble, et c'est une frappe qui, pour être éternelle, est aussi instantanée que l'autre.

En résumé, les dogmes principaux de l'astrologie se ramènent aux propositions suivantes :

En vertu de la sympathie ou solidarité universelle, les astres exercent sur la terre — et spécialement sur l'homme, qui a des affinités avec le monde entier — une action en harmonie avec leur nature, en proportion avec leur puissance.

Cette action s'exerce par des courants de forces ou effluves rectilignes et tend à assimiler le patient à l'agent, le point d'arrivée au point de départ.

Elle dépend de la position des astres, soit par rapport à la Terre, soit par rapport aux autres astres : de telle sorte qu'elle est nécessairement complexe, modifiée, comme quantité et qualité, par les influences concourantes, et peut même être intervertie.

L'action combinée des astres produit à tout moment des opportunités diverses, qui peuvent être utilisées au fur et à mesure qu'elles se présentent (système des καταρχαί).

Elle s'exerce au moment de la naissance avec une intensité telle qu'elle fixe irrévocablement la destinée, désormais indépendante, ou à peu près indépendante, des opportunités ultérieures (système généthlialogique).

Ces principes suffisent pour rendre intelligibles les conséquences qui en découlent et les procédés qui en sont l'application.

CHAPITRE IV

LES PLANÈTES ET LES TYPES PLANÉTAIRES

Il est évident que le soleil et la lune ont attiré l'attention et les hommages des anciens peuples avant les minuscules flambeaux parmi lesquels des observateurs plus attentifs distinguèrent ensuite les étoiles fixes et les planètes, celles-ci animées d'un mouvement propre à contre-sens du mouvement diurne. Les étoiles fixes, à cause de leur fixité même, de leur moindre éclat et de leur distance supposée plus grande, n'ont pu prendre en astrologie une importance comparable à celle des planètes faites exprès, au dire des philosophes, pour brasser 'la matière et y semer la vie [1]. L'astrologie grecque prit même l'habitude d'éliminer de ses calculs l'influence des constellations autres que celles du Zodiaque, c'est-à-dire de celles qui ne se trouvaient pas sur la route des planètes et ne tiraient pas de leurs rapports avec celles-ci une vertu particulière [2]. Les planètes, au contraire, prirent rang immédiatement après les deux « luminaires » (φῶτα-φωστήρες), qui ou sont compris dans le nombre traditionnel des (sept) planètes ou n'en sont distingués que comme les chefs le sont de leurs subordonnés [3].

---

1. La mythologie fournissait, pour disqualifier les étoiles fixes, un argument admirable, aperçu par Varron : *Quod Caelum patrem Saturnus castrasse in fabulis dicitur, hoc significat penes Saturnum, non penes Caelum semen esse divinum* (August., *Civ. Dei*, VII, 19). L'époque cosmogonique une fois passée, *finis factus est procedendi de caelo semina* (Macr., *Sat.*, I, 8, 8).

2. Élimination incomplète ; voy. ci-après, p. 125.

3. Les planètes (πλανῆται ou ἀλῆται [ἀστέρες] — *erraticae* ou *errones* [*stellae*], ou simplement ἀστέρες — *stellae*, par opposition à ἄστρα — *astra, sidera* = constellations, cette dernière distinction souvent affirmée, souvent négligée par les auteurs (cf. Diels, *Doxogr.*, p. 466. Macrob., *S. Scip.*, I, 14, 21, etc.), les planètes, disons-nous, étaient proprement les astres à marche irrégulière, c'est-à-dire ceux qui avancent et rétrogradent (Hygin., *P. A.*, IV, 14) ; à quoi Cicéron objecte que ces irrégularités sont régulières (*stellae quae falso vocan-*

Essayons de préciser, en énumérant les planètes, les types psychiques ou les forces physiques que l'imagination grecque y a fixées.

§ I. — Mythologie et physique planétaires.

⊙. Le Soleil (Ἥλιος - *Sol*). — Il est inutile d'insister sur la primauté que les religions fondées sur le culte de la Nature, les poètes et les philosophes panthéistes ont reconnue au Soleil [1]. Nous ferons seulement remarquer que cette primauté n'apparaît plus aussi évidente dans les religions adultes, façonnées par des théologiens qui ont peu à peu superposé à sa souveraineté matérielle des concepts abstraits, des volontés dirigeantes. On nous dit même qu'en Chaldée, sans doute au point de vue de l'utilité astrologique, le dieu solaire Samas passait après le dieu lunaire Sin (ci-dessus, p. 44). En Grèce, où le sens commun avait décidé, le rapport de préséance entre les deux « luminaires » n'avait pas été interverti de cette façon ; mais le Soleil était presque expulsé de la religion au profit du type rival et plus complètement humanisé d'Apollon. Le vieux Titan, fils d'Hypérion ou Hypérion lui-même, avait été remplacé par un Olympien, un prophète illuminant les intelligences. Au moment où l'astrologie se greffa sur la mythologie grecque, Hélios ne possédait plus guère en terre hellénique qu'un fief incontesté, l'île de Rhodes.

Les astrologues évitèrent de soulever des difficultés et d'éveiller des scrupules [2] : ils conservèrent au Soleil son nom, laissant chacun libre de lui attribuer telle épithète et telle personnalité

---

tur errantes, Cic., *N. D.*, II, 20). Ptolémée ne parle jamais que de *cinq* planètes, sauf dans le dernier chapitre de sa *Tétrabible*, chapitre qui n'est peut-être pas de lui. De même, Manéthon. Le Soleil et la Lune sont des φῶτα (cf. Virg., *Georg.*, I, 5, où φῶτα est traduit par *clarissima mundi | Lumina*). Mais ce scrupule ne prévalut pas contre l'habitude du nombre septénaire.

1. Voy., entre autres textes, la définition du Soleil par le platonicien et chrétien auteur de l'*Hermippus* (I, 16, pp. 24-25 Kroll). Le Soleil est ἡγεμὼν τοῦ σύμπαντος κοσμοῦ καὶ πάντων γεννητικός — ἡνίοχος τοῦ κοσμοῦ — τροφὸς παντὸς γένους, etc. L'auteur le met seul à part les « *six* planètes environnantes » (I, 17). Les autres associent généralement au Roi-Soleil la Reine-Lune (cf. Porphyr., *Isagog.*, pp. 181-182). Le Soleil, générateur universel διὰ σήψεως (Steph. Alex., p. 19 Usener), c'est-à-dire avec le concours de la Lune, qui produit la pourriture (ci-après, p. 92, 2).

2. Des scrupules dans le genre de ceux que saint Augustin cherche à éveiller (ci-dessus, p. 68, 1) en demandant pourquoi Jupiter n'est pas au premier rang, pourquoi Saturne est au-dessus de lui, etc. Les stoïciens ayant identifié

mythique qu'il lui conviendrait. Ptolémée, qui a la prétention de dégager l'astrologie de toute solidarité avec lés religions, n'emploie, pour caractériser les types planétaires, que des expressions scientifiques. Les quatre principes d'Aristote, le chaud, le froid, le sec et l'humide, lui suffisent pour les définir et les diversifier. Le Soleil est pour lui une masse de chaleur, la plus grande qui soit dans la nature, associée à une légère dose de sécheresse [1], dose insuffisante pour que le Soleil soit un feu et produise les effets destructeurs de l'élément igné.

C. LA LUNE (Σελήνη - *Luna*). — On peut dire sans exagération qu'il a existé de tout temps et qu'il existe encore une espèce d'astrologie naturelle, c'est-à-dire créée spontanément par l'opinion commune, une astrologie indépendante de celle des Chaldéens, Égyptiens, Hellènes, et dont la Lune est l'objet, le sujet, le centre le moteur [2]. Il n'est pas de corps céleste sur lequel se soit autant

---

Apollon avec le soleil, Apollon devenait supérieur à Jupiter-planète. Les auteurs de poèmes astrologiques disposent de tous les synonymes qui facilitent la versification, *Titan, Hyperion, Phoebus*, etc. ; ils emploient même l'épithète φαέθων, qui peut causer des méprises, étant le nom de la planète Jupiter. Les stoïciens pratiquaient largement le syncrétisme : *Stoici — eumdem Solem, eumdem Liberum, eumdem Apollinem vocant. Item Lunam eamdem Dianam, eamdem Cererem (?), eamdem Proserpinam dicunt* (Serv., *Georg.*, I, 5). Ils pouvaient ainsi loger tous les dieux, même sans avoir recours aux constellations. Du reste, le κόσμος se prêtait à tout : rien de plus facile, en ajoutant aux huit sphères (dans le monde sublunaire) la distinction des quatre éléments, de faire un κόσμος dodécasphère, autant de domaines pour les douze grands dieux (cf. Proclus in *Anal.*, V, 2, p. 169 Pitra). Quant à la question de savoir si les planètes (et même les étoiles) avaient une lumière propre ou la recevaient du soleil (cf. H. Diels, *Doxogr. graeci*, p. 346), elle ne fut jamais nettement résolue, sauf pour la Lune, simple miroir ou corps imprégné de la lumière solaire. Pour les planètes, l'autorité de Ptolémée, appuyée sur celle d'Aristote, ne suffit pas à fixer l'opinion. On rencontre encore, sur le tard, les deux affirmations contraires : *omnibus stellis Sol dat lumen et calorem* (Prob. ad Virg., *Georg.*, I, 336), et *Et proprium cunctis jubar est nec sole rubescunt* (Sisebut. in *Poet. min.*, V, p. 360 Baehrens), la Lune exceptée.

1. Ὁ ἥλιος κατείληπται τὸ ποιητικὸν ἔχων τὴν οὐσίας ἐν τῷ θερμαίνειν καὶ ἠρέμα ξηραίνειν. Ptolémée se contente d'invoquer, comme preuve, l'expérience, le sens commun. Ταῦτα δὲ μάλιστα τῶν ἄλλων ἡμῖν εὐαισθητότερα γίνεται διά τε τὸ μέγεθος αὐτοῦ, καὶ τὸ τῶν κατὰ τὰς ὥρας μεταβολῶν ἐναργές (*Tetrab.*, I, 4). En physique, Ptolémée applique les théories d'Aristote (ci-dessus, p. 25 et 27, 1), avec une tendance plus marquée à considérer le *froid* et le *sec*, non plus seulement comme des antithèses, mais comme des négations du *chaud* et de l'*humide*.

2. Tous les hommes, dit le scoliaste anonyme (p. 79), connaissent l'action du soleil et de la lune : celle des planètes n'est appréciable qu'aux savants — οἱ τεχνῖται μόνον συνιᾶσι καὶ ἐπιστήμονες.

exercée l'imagination des ignorants — et même des savants — surexcitée par les continuelles métamorphoses de notre satellite. Toute la vie terrestre, végétale et animale, les mouvements des eaux et de l'atmosphère, la formation même de certaines substances minérales, comme le sel « ammoniaque [1] », tout, aux yeux des anciens, était comme suspendu aux phases de la Lune et suivait le rythme de sa marche. On ferait un livre, et un gros livre, avec les traditions cosmopolites concernant la Lune, même sans y comprendre les personnifications mythologiques, les invocations des poètes ou les fantaisies des gens qui s'amusaient à disserter sur la figure et les mœurs des Sélénites. Quelques faits, réels ou probables, disséminés dans cet agrégat de superstitions, servaient à accréditer le reste [2].

La Lune est aussi le protagoniste de l'astrologie même savante [3]. Pour des raisons mythologiques, qu'ils n'avouaient pas, et des raisons dites scientifiques, les unes empruntées à la gynécologie (menstruation), les autres à la physique générale, les astrologues grecs abandonnèrent le type chaldéen et masculin de l'astre pour la conception grecque, qui faisait de Séléné ou Mêné la sœur ou la fille d'Hélios. C'était une opinion commune chez tous les « physiciens » que l'énergie masculine était analogue à celle de la chaleur, tandis que la fonction féminine avait des affinités

---

1. Plin., XXXI, § 78. Cf. les συμφθίνοντες καὶ συναυξοῦντες λίθοι τινές (Anon., In Tetrab., pp. 2-3), superstition très répandue autrefois, et la pierre dite glossopetra, selenomantiae necessaria, qui tombait du ciel lors des éclipses de lune (Plin., XXXVII, § 164).

2. Un Index de Pline au mot Luna fournit déjà un aperçu du sujet. L'opuscule de Plutarque De facie in orbe lunae résume les opinions philosophiques, résumé à compléter à l'aide de l'Index de Diels, Doxogr. graeci, au mot Σελήνη. Au point de vue astrologique, cf. Ptolem., Tetrab., I, 3; Firmic., IV, 1 à 16; Anon., Hermipp., II, 8-10, etc. Pascal parle encore « de la commune erreur qui est parmi le monde, que la Lune est cause de tout » (Pensées, VI, 17 et 17 bis Havet). Il y aurait un chapitre à consacrer à l'explication populaire et poétique des éclipses, attribuées aux charmes magiques, lesquels font descendre la lune du ciel en terre, où les magiciens l'exploitent et la métamorphosent de toutes façons (πολλοὶ μὲν λέγουσι τὴν σελήνην κατέρχεσθαι καὶ εἰς ζῶον μεταβάλλεσθαι. Euseb. Alex., p. 19 Thilo). L'astrologie paraît presque raisonnable à côté de ces extravagances.

3. Etenim cum, ut ipsi dicunt, ortus nascentium luna moderetur, eaque animadvertant et notent sidera natalicia Chaldaei quaecumque lunae juncta videantur, etc. (Cic. Divin., II, 43, § 91. Cf. Nat. Deor., II, 46, § 119). Les symbolistes invoquent surtout la « sympathie » qu'il y a entre les êtres vivant sur terre et la Lune, celle-ci étant malade et mourant comme eux, par décroissance et éclipse (Anon., Hermipp., II, 10). Cf. Plin., II, § 55. La lune est comme la femme, « l'éternelle malade » de Michelet.

étroites avec le principe humide [1]. Il ne restait plus qu'à démontrer la nature humide de la Lune, et les arguments se présentaient
en foule. La fraîcheur humide des nuits ; l'action de la Lune sur
les eaux non seulement de la mer, mais des fleuves, qui, au dire
de Ptolémée, croissent et décroissent avec la Lune; enfin, la
pourriture humide engendrée, croyait-on, par l'influence de la
Lune, surtout à son décours [2], étaient des preuves d'autant plus
fortes qu'on ne songeait pas à les discuter.

Néanmoins, la Lune ne représente pas le féminin en soi. Dans
le symbolisme hellénique, les divinités lunaires ont bien le sexe
féminin, mais stérilisé par la virginité, une virginité même un
peu farouche et qui comporte des goûts presque virils. La femme
ne s'achève que dans la mère, et la Mère par excellence, ce n'est
pas la Lune, mais la Terre. La Lune est encore pour Platon un
androgyne, qui « participe de la terre et du soleil [3] ». Ptolémée
ne fait guère que transposer ces idées quand il dit que la Lune
tire son humidité de la Terre et reçoit du Soleil une parcelle de
vertu calorifique [4]. Seulement, le sexe astrologique de la Lune
n'est plus indécis : elle est à la tête des planètes féminines.

1. Il n'y a qu'une voix discordante, celle de Parménide, qui se fondait sur
la menstruation pour prétendre que les femmes, ayant plus de sang, avaient
plus de chaleur que les hommes. Aussi supposait-il que, à l'origine, le sexe
masculin s'était formé dans le Nord, le féminin dans le Midi (Aristot., *Part.
anim.*, II, 2. Plut., *Plac. Phil.*, V, 7, 2, etc.). Le caractère masculin du feu,
l'assimilation du sperme à une étincelle (cf. la conception de Cæculus par
une *desiliens scintilla* [Serv. *Aen.*, VII, 678]), de la vie à une flamme, etc.,
sont des lieux communs aussi littéraires et philosophiques qu'astrologiques.
En astrologie, les deux « luminaires » sont le Père et la Mère universels.

2. Ptol., *Tetrab.*, I, 4 (τὰ σώματα πεπαίνουσα καὶ διασύπουσα τὰ πλεῖστα). Cf.
Macrob., *Sat.*, VII, 16, 15-34. Les astrologues ont pris le contre-pied de l'opinion actuelle, d'après laquelle la Lune est un astre privé d'eau.

3. Ci-dessus, p. 25, 2. Le musicien pythagorisant Aristides Quintilianus trouve
en effet la « voix » de la lune « un peu masculinisée » (θῆλυν — ἐπὶ μικρὸν
ἠρρενωμένον, p. 147 Meibom.). — Δήμητηρ — τὸ μητρὸς καὶ γῆς ὄνομα
συνθεῖσι · οὐ γὰρ γῆ γυναῖκα, ὡς εἶπε Πλάτων, ἀλλὰ γυνὴ γῆν μεμίμηται (Philo,
De opif. mundi, § 45).

4. Ptol., *Tetrab.*, I, 4. Les astrologues raffinaient là-dessus, disant que les
quatre phases de la lune correspondent exactement aux phases solaires ou
saisons et font prédominer tour à tour l'humide (printemps), le chaud (été),
le sec (automne) et le froid (hiver). On distinguait aussi huit phases, c'est-à-
dire six en dehors des syzygies (Porphyr., *Isag.*, pp. 181-182; Proclus in *Anal.*,
V, 2, p. 168 Pitra. Cf. Macr., *S. Scip.*, 1, 6, 55). Quant à l'action fécondante
de la lune, qui répand sur la terre les germes solaires, etc. (cf. Plut., *De Is.
et Osir.*, 43), les astrologues n'avaient que l'embarras du choix entre les
théories philosophiques. On trouve même des syncrétistes à outrance, qui *Venerem esse etiam Lunam volunt* (August., *Civ. Dei*, VII, 15. Cf. Macr., III, 8, 3).

Après les « luminaires » viennent les planètes proprement dites, que nous allons énumérer par ordre de dignité, c'est-à-dire suivant la hiérarchie mythologique, mise d'accord avec les distances.

♄. SATURNE (Φαίνων - Κρόνος - *Saturnus*). — Ptolémée se contente tout d'abord de noter les deux caractères principaux de cette planète en disant qu'elle est froide et sèche : froide, parce qu'elle est éloignée du Soleil, sèche parce qu'elle est encore plus loin de la Terre [1]. Il s'imagine évidemment que le rôle astrologique de la planète peut s'expliquer par le sec et le froid, et il affecte de n'avoir nul besoin de la mythologie pour rendre raison de ce sec et de ce froid. Laissons ce savant honteux à sa prétendue physique et allons à la recherche des raisons véritables.

L'éclat un peu livide et la marche lente de Saturne sont les données premières sur lesquelles a travaillé l'imagination des Chaldéens. Les Grecs, on l'a dit plus haut, n'ont fait que substituer Kronos à Ninib. Peut-être les Chaldéens se représentaient-ils Saturne comme un soleil vieilli, refroidi, ralenti [2]. Dès lors, le

---

1. Ὁ δὲ τοῦ Κρόνου ἀστὴρ πλέον ἔχει τῆς ποιότητος ἐν τῷ ψύχειν καὶ ἠρέμα ξηραίνειν, διὰ τὸ πλεῖστον, ὡς ἔοικεν, ἅμα τῆς τε τοῦ ἡλίου θερμασίας καὶ τῆς τῶν περὶ τὴν γῆν ὑγρῶν ἀναθυμιάσεως ἀφεστάναι (*Tetrab.*, I, 4. Anon., p. 143). De même Io. Lyd., *Mens.*, II, 11 : ψύχοντι ἄκρως καὶ προσεχῶς ξηραίνοντι.

2. Il y a là une question posée par le texte de Diodore disant que les noms des autres planètes sont les mêmes en Chaldée et en Grèce, sauf celui de Saturne, qui est appelé Hélios par les Chaldéens : ἰδίᾳ δὲ τὸν ὑπὸ τῶν Ἑλλήνων Κρόνον ὀνομαζόμενον, ἐπιφανέστατον δὲ καὶ πλεῖστα καὶ μέγιστα προσημαίνοντα, καλοῦσιν ἡλίου (Diod., II, 30, 3). R. Brown (*Proceedings*, XIII, p. 248) assure qu'en effet les Chaldéens appelaient Saturne « le vieux Bélier l'Ancien », c'est-à-dire, le vieux Soleil. L'expression ἡλίου ἀστήρ - *stella Solis*, est appliquée à Saturne dans la Didascalie de Leptine (*Notices et Extraits*, XVIII, 2, p. 54), l'*Epitome* d'Ératosthène, Hygin et le Scoliaste de Germanicus (C. Robert, *op. cit.*, pp. 194-195), trois auteurs qui confondent, il est vrai, Saturne avec Jupiter, mais dont l'inadvertance est une garantie de plus ; enfin, par Simplicius (ὃν Ἥλιον ἀστέρα οἱ παλαιοὶ προσηγόρευον. ad Aristot., *De caelo*, p. 499). Il est possible que Saturne ait eu, aux yeux des Chaldéens, des affinités avec le Soleil ; mais il se peut aussi, comme l'a supposé Wesseling, qu'il y ait eu là une simple méprise, des Grecs ayant traduit par Ἥλιος l'El phénicien (Bel chaldéen), assimilé à Saturne : Ἤλον, τὸν καὶ Κρόνον (Euseb., *Praep. Ev.*, I, 10, 16). *Apud Assyrios Bel dicitur quadam ratione et Saturnus et Sol*(Serv., *Aen.*, I, 729) — ὅτι Φοίνικες καὶ Σύροι τὸν Κρόνον Ἤλ καὶ Βὴλ καὶ Βωλαθὴν ὀνομάζουσι (Damasc. ap. Phot., cod. 242) — Κρόνος, ὃν οἱ Φοίνικες Ἤλ προσαγορεύουσι (Sanchon. ap. *Fr. H. Gr.*, III, p. 570). — Kronos, nom arabe du Soleil, Ἄραψ Κρόνος, d'après Nonnus (XL, 393). Le nom de Τιτάν, qui lui était commun avec le Soleil, contribuait aussi à maintenir l'association d'idées. Cf. Κρονάμμων, nom donné par l'astrologue Paul d'Alexandrie à son

caractère astrologique de l'astre fut celui d'un vieillard prudent, grave, un peu triste, capable de nuire sans être foncièrement malveillant, chez qui les aptitudes intellectuelles prédominent sur les facultés physiques. A son âge s'attache l'idée de primauté et aussi celle de paternité, celle-ci enfermant déjà des éléments contradictoires, attendu que la paternité, conçue comme effet de la puissance génératrice, s'accorde mal avec la vieillesse. Et, d'autre part, l'idée de force génératrice, de semence, est attachée aussi au type de Kronos et surtout au *Saturnus* latin. De plus, comme chaque idée fait surgir sa limite, Kronos est aussi le dieu destructeur de ses propres œuvres. Un jeu de mots facile, d'origine orphique ou stoïcienne, l'identifiait avec le Temps (Χρόνος) [1]; la faux avec laquelle il avait mutilé son père Ouranos lui servait à moissonner tout ce qui grandit sur terre. De là une série d'associations d'idées incohérentes et divergentes, dans lesquelles les astrologues ont choisi à leur gré de quoi composer le type de l'astre puissant et redouté, celui qui trône au plus haut du ciel et pèse irrésistiblement sur les leviers célestes.

Sa prééminence ne fait pas de doute [2]. Les Grecs l'ont main-

---

fils, équation symbolique où Ammon (Bélier solaire) remplace El. Letronne (*op. cit.*, pp. 495-497) ne rejette l'opinion de Wesseling que parce qu'il est convaincu que les renseignements de Diodore viennent de l'antique Chaldée.

1. Chrysippe, virtuose de l'étymologie, considérait Κρόνος comme ἐκκριτικὸν τοῦ ῥεύματος ῥόον (Phaedr. Epic., p. 17 Petersen). Κρόνος = Χρόνος (Varr. ap. Tert., *Ad Nat.*, II, 12. Aug., *C. Dei*, VI, 8. Macr., *Sat.*, I, 8, 6-7. Cf. Lobeck, *Aglaoph.*, p. 470). Il y a une idée analogue dans l'assimilation alexandrine de Saturne avec Némésis : παρὰ δὲ Αἰγυπτίοις Νεμέσεως ἀστήρ (Ach. Tat., *Isag.*, 17). Némésis, c'est la loi de nature, la « répartition » (de νέμω) qui attribue à chacun son dû, c'est la destruction qui atteint nécessairement — et justement — toute œuvre humaine. Serait-ce comme Némésis que Saturne est en astrologie l'auteur des morts violentes (Ptolem., *Tetrab.*, IV, 8), de celles précisément qui ne sont pas l'œuvre du temps? Némésis, symbole solaire suivant Macrobe (*Sat.*, I, 22, 1), ce qui vient à l'appui du caractère solaire attribué à Saturne (cf. ci-dessus). Ce serait perdre son temps que de discuter ces identifications, si tous les mythographes étaient de la force de ceux qui faisaient de Saturne un fils de Pollux, *a pollendo* (Fulgent., *Myth.*, 1, 2; cf. *Pollucis proles* in *Poet. lat. min.*, V, p. 350 Baehrens), ou d' Ἄχμων, ἀπὸ τοῦ οὐρανοῦ ἀχαμάτου (Eustath. ad Homer., p. 1205 ed. Basil.). Ce sont des étymologies dues à l'insipide exégèse des Stoïciens (Ἄχμων = Οὐρανός, dans Cornutus, ch. 1).

2. Cf. Diodore, II, 30, 3 (ci-dessus, p. 93, 2) : *Epigeni — videtur plurium habere, ad omnes sublimium motus, stella Saturni* (Sen., *Q. Nat.*, VII, 4) — *seu quod de septem sideribus quis res mortales reguntur, altissimo orbe et praecipua potentia stella Saturni feratur* (Tac., *Hist.*, V, 4). Πρῶτα μὲν οὖν Τιτὰν πάντος Κρόνος αἴθερος ἄρχει | Ἀστὴρ ὃν Φαίνοντα θεοὶ μέροπές τε καλοῦσιν (Maneth., IV, 14-15). Saturne est le Πρέσβυς (Maneth., V, 249) — διὰ τὸ προυφεστάναι

tenue, en la justifiant par une raison qui aurait pu les conduire à une conclusion contraire; car, s'il est au plus haut du ciel, il est aussi le plus loin de la terre. Mais les physiciens et les mystiques répétaient à l'envi, les uns, que les éléments les plus purs, les plus intellectuels, montent vers les sphères supérieures, les autres, que l'intelligence et la dignité des astres va croissant à mesure qu'ils s'approchent de la sphère des fixes et du séjour de la Divinité. Saturne devenait ainsi la tête, le cerveau du monde planétaire [1]. Aussi est-il celui qui marche le plus majestueusement et obéit le moins à l'élément irrationnel, cause des rétrogradations.

La logique des physiciens aurait conduit à admettre que Saturne était de la nature du feu, l'élément qui, en vertu de sa légéreté spécifique, occupe la partie supérieure du monde. Cela ne faisait pas le compte des astrologues, qui tenaient pour le vieillard morose et froid. On a vu comme Ptolémée, qui dérive du Soleil la chaleur et la lumière, justifie ce froid. Il n'y eut pas de contradiction sur ce point [2]. On n'en saurait dire autant de l'autre qualité qu'il plaît à Ptolémée de joindre à celle-là, à savoir la sécheresse. Le législateur de l'astrologie grecque n'y avait sans doute pas assez réfléchi, car il a contre lui une foule d'analogies et d'arrangements plus anciens que sa doctrine; ou bien il a voulu imposer sa théorie, en vertu de laquelle la Terre est la

---

πάντων καὶ τὸ πρεσβύτερον (Anon., p. 98). Pour les pythagorisants, sa primauté vient de sa qualité de « septième », de son rang dans la sphère et dans la semaine (Io. Lyd., *Mens.*, II, 11).

1. Cf. *Hermipp.*, I, 13, § 86-90, et ci-après (ch. x), la « mélothésie » planétaire.

2. Le plus ancien texte sur le tempérament physique des planètes (d'après les Stoïciens) est de Cicéron : *quarum (stellarum) tantus est concentus — ut, cum summa Saturni refrigeret, media Martis incendat, his interjecta Jovis inlustret et temperet infraque Martem duae Soli oboediant, ipse Sol mundum omnem sua luce compleat ab eoque Luna inluminata graviditates et partus adferat maturitatesque gignendi* (Cic., *Nat. Deor.*, II, 46). Vitruve (IX, 1 [4]) explique comme quoi, le feu montant toujours, Mars doit être brûlé par les rayons du Soleil. Saturne est très froid, parce que *tangit congelatas caeli regiones*. Jupiter, entre les deux, est tempéré. On voit que ces explications « physiques » n'ont pas été imaginées par Ptolémée. Elles ont dû être systématisées par Posidonius. Cf. *Frigida Saturni sese quo stella receptet* (Virg., *Georg.*, I, 336). — *Summa si frigida cœlo* | *Stella nocens nigros Saturni accenderet ignes* (Lucan., *Phars.*, I, 645). — *Summa est Saturni, quae quia proprior est crystallo, h. e. cœlo, in ea deficit calor solis.* — *Satis cognitum est Saturni stellam frigidam esse, et ideo apud Judaeos Saturni die frigidos cibos esse* (Schol. Virg., *ibid.*). Saturne est pour les physiciens la plus légère des planètes : *levitatis argumentum habet, quod super ceteras est* (Sen., *Q. Nat.*, VII, 29), *plumbeus* pour les astrologues.

source unique de l'humidité, comme le Soleil l'est de la chaleur ;
auquel cas, il a échoué. L'opinion commune voulait que Saturne
fût froid et humide. Dans le Zodiaque, Saturne a pour domiciles
le Capricorne et le Verseau, signes froids et humides [1]. Dans les
« lieux » du cercle de la géniture, il est logé en IMC., au plus bas,
au lieu qui symbolise souvent les eaux [2]. Même en culmination
supérieure, il est le patron des jardiniers et porteurs d'eau de
toute espèce [3]. De même qu'il provoque des pluies en traversant
ses domiciles, de même il excite dans le corps humain des mouvements d'humeurs froides, flux intestinaux, pituites, etc. [4]. Il
en fait autant dans les corps célestes qu'il rencontre : on croyait
que la Lune, en le quittant, produisait des rhumatismes et hy-
dropisies [5]. Enfin, les théories les plus opposées sur la génération
et la mort s'accordaient à loger l'humidité dans Saturne, l'eau
étant le principe générateur dans la physique issue de Thalès et
l'extincteur du feu vital dans celle des partisans d'Héraclite [6].

1. Voy. ci-après, ch. vii. On s'imaginait que ces signes étaient pluvieux, non
parce que le Soleil y est en hiver, mais à cause de Saturne, et quand Saturne
y était. Comme le Soleil, dit Pline, a dans l'année ses étapes de température
diverse, de même les planètes. *Igitur (sidera) in suo quaeque motu naturam
suam exercent, quod manifestum Saturni maxime transitus imbribus faciunt*
(Plin., II, § 106). *Summo si frigida cœlo | Stella nocens nigros Saturni accen-
deret ignes, | Deucalioneos fudisset Aquarius imbres* etc. (Lucan., *Phars.*, I,
645 sqq.). — *Quod Saturnus humoris totius et frigoris deus sit* (Serv., *Georg.*, I,
12). — *Saturnus deus pluviarum est, unde etiam senex fingitur ; nam senes
semper novimus esse gelidos. Hic autem in Capricorno facit gravissimas plu-
vias, praecipue in Italia. — Ut in Scorpione grandines : item in alio fulmina,
in alio ventos* (Serv., *Georg.*, I, 336). Ptolémée lui-même s'oublie jusqu'à dire
que les étoiles qui sont dans le flot épanché de l'urne du Verseau ont le tempérament de Saturne (*Tetrab.*, I, 9). Il y a, il est vrai, un moyen d'associer
le sec et l'humide par la gelée : *torpere videntur | Omnia Saturno ; raros ille
exprimit ignes | Et siccas hiemes adstrictis perficit undis* (German., *Arat.
Prognost.*, fr. III, 24 sqq.) Cf. Pline, II, § 34 (*Saturni autem sidus gelidae ac
rigentis esse naturae*). L'urne de plomb de Saturne, *plena undosae hiemis
atque algidi frigoris necnon etiam pruinarum* (Martian. Cap., I, 17). En un
mot, Saturne répond à notre « bonhomme Hiver ».
2. La culmination inférieure (*IMC = imum medium caelum*) est parfois καὶ
πλοίων καὶ ὑδατικῶν τόπων περικτητικός (Paul. Alex., fol. M 4 v.) ; Saturne
à l'horoscope *quibusdam circa aquam dabit actus* (Firmic., III, 2, 3 Kroll). On
voit reparaître dans Saturne, patron des jardiniers, l'ancien dieu chthonien et
agricole.
3. Paul. Alex., fol. N 2 v. Maneth., I, 83 sqq.
4. Voy. ci-après, ch. xii.
5. Maneth., I, 153 sqq. Firmic., IV, 15, 2 Kroll.
6. C'était l'opinion des Pératites, astrologues déguisés en chrétiens : Τὸ δὲ
ὕδωρ ἐστὶ .. ὁ Κρόνος. — Πάσῃ γὰρ γενέσει πρὸς τὸ ὑποπεσεῖν τῇ φθορᾷ αἴτιος ἐφέ-

C'est de toutes ces idées incohérentes qu'est fait le type astrologique de Saturne [1], dont le surnom même de « luisant » (Φαίνων) paraît être un euphémisme.

♃. JUPITER (Φαέθων - Ζεύς - *Jupiter*). — La planète brillante qui porte le nom de Jupiter a reçu des astrologues autant d'éloges — et les mêmes — que le bon Zeus, « père des dieux et des hommes », de la part des dévots. Jupiter est l'astre bienveillant et bienfaisant par nature, en quoi il se distingue avantageusement du Mardouk babylonien. Si son influence dominait seule, la terre serait un paradis : Firmicus croit même que les hommes seraient immortels [2]. Ptolémée traduit ce caractère psychologique en langage de physicien : il fait valoir la nature essentiellement tempérée de la planète, qui est à la fois chaude et humide, plus chaude qu'humide, et placée, comme une juste moyenne, entre les glaces de Saturne et les feux de Mars. Il attribue aussi à Jupiter la propriété d'exciter des « vents féconds [3] ». D'où viennent ces vapeurs et souffles humides, Ptolémée n'en dit rien et l'on peut croire qu'il n'en sait rien. C'est peut-être de Mardouk que Jupiter a hérité ces attributs. Dans la quatrième Table) de la cosmogonie chaldéenne, on lit que Mardouk, allant combattre Tiamat, déchaîna un ouragan terrible, « les quatre vents, les sept vents qu'il engendre ». Plus loin, Mardouk est appelé « le dieu du bon vent [4] ». En tant que dieu de l'atmosphère, des pluies et orages, le Jupiter gréco-

---

στηκεν ὁ Κρόνος, καὶ οὐκ ἂν γένοιτο γένεσις ἐν ᾗ Κρόνος οὐκ ἐμπόδιζει. C'est ce qu'avait déjà dit Héraclite, λέγων · « ψυχῇσι γὰρ θάνατον ὕδωρ γενέσθαι » (*Philosophum.*, V, 2, 16). Cela n'empêche pas que l'eau ne nourrisse aussi le feu en se subtilisant, comme le feu meurt en redevenant eau.

1. C'est dans le tempérament des individus nés sous l'influence spéciale d'une planète que s'étudie en détail le caractère de la planète. Je ne veux pas donner ici de ces portraits, pour ne pas anticiper, et aussi parce que l'école de Ptolémée ne les construit pas en bloc, mais étudie à part le tempérament physique, les facultés psychiques, les aptitudes et professions, etc. (voy. ci-après, ch. xii).

2. Firmic., II, 13, 6 Kroll. C'est encore une divinité solaire : en Égypte, Ὀσίριδος ἀστήρ (Ach. Tat., *Isag.*, 17). Les astrologues lui attribuent comme ὕψωμα le Cancer, comme ταπείνωμα le Capricorne, c'est-à-dire ce qui conviendrait exactement au Soleil (voy. ci-après, ch. vii).

3. Διὰ δὲ τὸ μᾶλλον εἶναι θερμαντικός, γονίμων πνευμάτων γίνεται ποιητικός (Ptol., *Tetrab.*, I, 4). La chaleur était censée provoquer par réaction les vents du nord, les étésiens, qui soufflaient après la Canicule. Au temps où il écrivait ses Φάσεις (ap. Wachsmuth, pp. 199-276 ed. 2ª), et où il n'était pas encore astrologue, Ptolémée adjugeait le chaud à Vénus, l'humide à Jupiter, les vents humides à Mercure (*ibid.*, p. 209). Il a modifié ses étiquettes.

4. Jensen, *Kosmologie*, pp. 283 et 295.

latin se prêtait à l'assimilation [1]. Quant aux vents « féconds »,
c'est un débris, échoué là, d'une superstition autrefois très
répandue. On verra plus loin que les astrologues ont attribué
aux trois planètes supérieures et à Vénus une orientation spéciale, correspondant aux quatre points cardinaux. Le Nord était
dévolu à Jupiter. Or, le vent du nord, le Borée, passait pour avoir
une vertu génésique telle que des femelles d'animaux s'en trouvaient parfois spontanément imprégnées [2].

En tout cas, Ptolémée donne à Jupiter l'épithète qui définit le
mieux son genre d'influence en disant que celle-ci est « tempérée »
(εὔκρατον ἔχει τὸ ποιητικὸν τῆς δυνάμεως) [3].

♂. MARS (Πυρόεις - Ἄρης - *Mars*). — En revanche, les astrologues
épuisent les ressources du vocabulaire pour définir l'action redoutable du « flamboyant », de l' « impétueux (θοῦρος) » Mars, dont la
lumière rouge — cause première de ces imaginations chimériques
— a comme une couleur de sang, et dont la marche ressemble à
des bonds rapides succédant à de courtes rétrogradations. Le dieu
chaldéen Nergal, dieu de la guerre, de la peste, de la mort semée
à pleines mains, a trouvé dans la mythologie grecque un portrait
ressemblant. Cependant, il y avait une tradition, peut-être d'origine égyptienne, qui substituait au brutal Arès le fort, mais débon-
naire Héraklès [4]. Les astrologues tiraient trop bon **parti** des

---

1. Le Jupiter astrologique est γλυχέων ὑδάτων χορηγός (Anon., *In Tetrab.*,
p. 70) et loge dans les Poissons.
2. Borée imprégnant des cavales (Hom., *Iliad.*, XX, 223 sqq.); le Zéphyre
fécondant les cavales lusitaniennes, fait rapporté comme *res incredibilis, sed
vera* par Varron (*R. rust.*, II, 1, 19), Pline et Columelle : on disait qu'il n'y avait
point de vautours mâles, les femelles étant toutes fécondées ἐκ τοῦ πνεύματος
(Euseb., *Pr. Ev.*, III, 12, 3) : tous faits soi-disant avérés, au point que Lactance,
avec un manque de goût évident, en tire argument pour expliquer l'Incarnation de J.-C. : *Quodsi animalia quaedam vento et aura concipere solere
omnibus notum est, cur quisquam mirum putet cum Spiritu Dei, cui facile est
quidquid velit, gravatam esse virginem dicimus ?* (Lactant. *Inst. Div.*, IV, 12).
Suivant Proclus (in *Anal. Sacr.*, V, 2, p. 176 Pitra), le Borée produisait des
mâles, le Notus des femelles. Voy. ci-après (ch. vii) les « vents féconds » de
Jupiter invoqués pour fixer son ὕψωμα dans le Cancer.
3. C'est le refrain traditionnel : *Sub Jove temperies et nunquam turbidus
aer* (Lucan., *Phars.*, X, 207). Influence météorologique de Jupiter tempérant
le froid en hiver, le chaud en été — *rabidos et temperat aestus* (German.,
Arat. Progn., IV, 14). Pline avait dit avant Ptolémée que Jupiter, entre Mars
et Saturne, *interjectum ambobus ex utroque temperari Jovem salutaremque
fieri* (Plin., II, § 34), et Pline copie Cicéron (ci-dessus, p. 95, 2). Tout cela avait
l'air raisonnable, et on ne demandait pas d'autres preuves.
4. Ὁ τοῦ Ἄρεως παρὰ μὲν τοῖς Ἕλλησι Πυρόεις, παρὰ δὲ Αἰγυπτίοις Ἡρακλέους
(Ach. Tat., *Isag.*, 17. Cf. Aristot., *De mundo*, II, 7). Le *Hur-doš* (Ἐρτωσί) égyp-

caprices de Mars et trouvaient trop commode de rapprocher sans cesse Mars et Vénus pour ne pas faire prévaloir le type du ravageur sanguinaire, celui que Manéthon apostrophe en termes si éloquents [1], comme le tyran de l'espèce humaine et le perturbateur de la nature entière.

♀. VÉNUS (Φωσφόρος - Ἑωσφόρος et Ἕσπερος - Ἀφροδίτη - *Lucifer* et *Vesper* ou *Vesperugo* - *Venus*). — Les souvenirs mythologiques associent nécessairement au nom de Mars celui de la belle adultère, de la déesse de la volupté, Istar, Astarté, Aphrodite. Cette association, qui existait aussi dans la tradition chaldéenne entre Istar et Nergal, est cependant funeste aux yeux des astrologues, comme elle est criminelle aux yeux des moralistes [2].

Comme planète féminine, Vénus se rapproche du tempérament de la Lune, à cette différence près que la froideur de la Lune est remplacée chez Vénus par une chaleur qui met son humidité en fermentation génésique [3]. Ptolémée la compare à Jupiter pour son caractère « tempéré », en notant une prédominance de l'humide dans le mélange. Il éprouve quelque difficulté à rendre raison de cette humidité, qui est postulée par le sexe de la planète. Il pense que la chaleur de Vénus lui vient du Soleil, dont elle est l'acolyte, et que l'ampleur de son volume, attestée par son

tien, traduit ici par Hercule, était plutôt fécondant, l'antithèse de Mars (Valens ap. Salmas., p. 596. Cedren., I, p. 295 Bonn. Lepsius, *Einleit.*, p. 90). Sur le lion de Commagène (ci-après, ch. xii), on lit Πυρόεις Ἡρακλέους. *Stella Martis, quam alii Herculis dixerunt* (Hygin., II, 42). *Tertium Martis* [*sidus*], *quod quidam Herculis vocant* (Plin., II, § 34). *Pyrois, quem multi Herculis, plures Martis stellam vocant* (Apul., *De mundo*, 2). *Chaldaei* [les Αἰγύπτιοι de Tatius] *stellam Herculis vocant quam reliqui omnes Martis appellant* (Macr., *Sat.*, III, 12, 6). Les éclectiques y logeaient Mars et Hercule : *nam et stellam* [*Chaldaeis dicentibus*] *unam habere dicuntur* (Serv., *Aen.*, VIII, 275).

1. Voy. la tirade qui commence par Ἄρες, Ἄρες κακοεργὲ καὶ ἀνδράσι καὶ μακάρεσσιν κ. τ. λ. (Maneth., I, 139-152). Les stoïciens dérivaient Ἄρης de ἀναιρεῖν (cf. ci-après, ch. xii).

2. Là encore, la tradition pessimiste a prévalu sur une tradition, dite aussi égyptienne, qui adjugeait la planète à Isis, remplacée en Grèce par Junon ou la Mère des dieux : *alii Junonis, alii Isidis, alii Matris deum appellavere* (Plin., II, § 37). — *Stella Veneris, Lucifer nomine, quam nonnulli Junonis esse dixerunt* (Hygin., II, 42). *Phosphorus Junonia, immo Veneris stella censetur* (Apul., *De mundo*, 2). Saint Augustin constate que Vénus l'a emporté sur Junon, comme lors du jugement de Pâris (*Civ. Dei*, VII, 15). Aristophane ne songeait pas à la planète, mais aux flambeaux d'Éleusis, quand il appelait Iacchos νυκτέρου τελετῆς φωσφόρος ἀστήρ.(*Ran.*, 343).

3. *Hujus natura cuncta generantur in terris. Namque in alterutro exortu genitali rore conspergens non terrae modo conceptus implet, verum animantium quoque omnium stimulat* (Plin., II, § 38).

éclat [1], lui permet d'emmagasiner en quantité les exhalaisons humides de la Terre, dont elle n'est pas très éloignée [2]. N'insistons pas sur l'embarras d'un savant qui veut s'émanciper de la mythologie.

En cette Vénus astrologique se sont absorbés et défigurés les anciens mythes qui faisaient de l'étoile du matin et de l'étoile du soir deux beaux éphèbes, l'un fils de l'Aurore et d'Astræos, l'autre, de l'Aurore et de Céphale, tous deux aimés d'Aphrodite. L'identité des deux étoiles avait été reconnue, disait-on, soit par Pythagore, soit par Parménide, et introduite dans le courant des idées populaires par le poète Ibycus [3]. Le lien d'amour imaginé par les vieux aèdes entre Aphrodite et ses amants finit par une union intime où disparut la personnalité des deux jouvenceaux. L'astrologie n'eut garde de réveiller leur souvenir et de mettre en doute le sexe de la planète.

☿. MERCURE (Στίλβων - Ἑρμῆς - *Mercurius*). — Plus près encore du soleil étincelle [4] l'astre qui, après avoir été objet de litige entre Apollon et Hermès [5], a gardé le nom de ce dernier. Nature protéiforme, instable, « prompte à changer dans l'un et l'autre sens [6] », à cause de la rapidité de sa course et des influences multiples qu'il subit de la part des planètes voisines, Mercure est une copie peu fidèle de son prototype chaldéen. Évidemment, la mythologie grecque l'a emporté sur les données exotiques. Ptolémée s'ingénie à expliquer, par des combinaisons de principes élémen-

---

1. Vénus passait pour la plus grosse des planètes (Hygin., II, 42; IV, 15. Plin., II, § 36. Schol. Arat., II, p. 402 Buhle. Schol. German., p. 422 Eyssenh.), plus grosse même que la Terre (Proclus in *Anal. Sacr.*, V, 2, p. 68 Pitra). Pour l'éclat, on pouvait lui préférer *Jovis et sidus super omnia sidera lucens* (Auson., *Eclog.*, p. 548 Toll.).

2. Ptol., *Tetrab.*, I, 4.

3. Πρῶτος δὲ Ἴβυκος εἰς ἕνα συνέστειλε τὰς προσηγορίας (Ach. Tat., *Isag.*, 17).

4. *Qui rotundiores oculos splendidosque gerunt, Graeci* στίλβοντας *dicunt* (Anonym., *De physiognom.*, [II, 2, p. 113 Fœrster]). Dans nos pays à horizons brumeux, Mercure n'est guère connu que des astronomes.

5. Encore la tradition « égyptienne » : παρὰ δὲ Αἰγυπτίοις Ἀπόλλωνος ἀστήρ (Ach. Tat., *ibid.*), adaptation arbitraire, car la planète *Sebgu* était, à l'époque pharaonique, l'astre de Set ou Typhon. Connue d'Aristote (*De mundo*, II, 7), cette tradition est appliquée sur le lion de Commagène, où on lit Στίλβων Ἀπόλλωνος, et elle persistait encore au temps d'Apulée : *Mercuri sidus, a quibusdam appellatum Apollinis* (Plin., II, § 39). — [*Stellam Martis*] *sequitur Stilbon, cui quidam Apollinis, ceteri Mercurii nomen dederunt* (Apul., *De mundo*, 2). Les stoïciens, qui reconnaissaient Apollon dans le soleil, ont dû faire prévaloir la tradition plus ancienne, adoptée par Platon.

6. Ptol., *Tetrab.*, I, 4.

taires, que Mercure puisse dessécher aussi bien qu'humecter, précisément parce que la chaleur solaire le rend avide d'humidité et qu'il s'en trouve saturé quand il s'approche de la sphère lunaire. La mythologie peut seule rendre raison des qualités multiples, intelligence vive, sens artistique, éloquence, fourberie aussi, que possède et engendre Mercure. Les astrologues n'ont guère ajouté à ce type, assez complexe d'ailleurs, que le sexe indécis dont ils avaient besoin pour introduire de la symétrie dans leurs classifications. Leur Hermès est « hermaphrodite »; il change de sexe en changeant de position, ou plutôt de compagnie.

Le sexe de position n'est qu'un des nombreux arcanes de l'astrologie : nous nous en ferons une idée plus nette en abordant les classifications de toute sorte au moyen desquelles les astrologues ont multiplié, diversifié, réparti les influences planétaires.

§ II. — CLASSIFICATIONS DES PLANÈTES.

Avec ses combinaisons de chaud et de froid, de sec et d'humide, Ptolémée dresse une classification assez simple des planètes en bienfaisantes et malfaisantes, mâles et femelles, diurnes et nocturnes [1]. Le chaud et l'humide étant les principes « générateurs et actifs », le froid et le sec les principes « destructeurs et passifs [2] », les planètes chez qui dominent la chaleur et l'humidité, comme ♃, ♀ et ☽, sont bienfaisantes; celles qui ne sont que froides ou brûlantes et sèches en même temps, comme ♄ et ♂, sont malfaisantes. Le Soleil a un caractère mixte, comme Mercure, lequel est toujours indifférent et se conforme au tempérament des planètes auquel il est associé [3].

1. Ptolem., *Tetrab.*, I, 5-7.

2. Ἐπειδὴ τῶν τεσσάρων χυμάτων δύο μέν εἰσι τὰ γόνιμα καὶ ποιητικά, τό τε τοῦ θερμοῦ καὶ τοῦ ὑγροῦ, διὰ τούτων γὰρ πάντα συγκρίνεται καὶ αὔξεται, δύο δὲ τὰ φθαρτικὰ καὶ παθητικά, τοῦ ξηροῦ καὶ τοῦ ψυχροῦ, δι' ὧν πάντα πάλιν διακρίνεται καὶ διαφθείρεται κ. τ. λ. (I, 5). Ptolémée fait la théorie scientifique d'une classification en ἀγαθοποιοί et κακοποιοί (ἀστέρες), qui n'est pas de lui, mais des « anciens » (οἱ παλαιοί), recours vague à l'antiquité soi-disant chaldéenne et égyptienne dont les croyants ont besoin.

3. Ptolem., *Tetrab.*, I, 5. Paul. Alex., fol. D 2 v. Serv., *Georg.*, I, 335, etc. Voy. ci-après (p. 109, 3) une autre explication, fondée sur les rapports harmoniques (Macr., *S. Scip.*, I, 19, 20-27). Il n'y a pas de planètes qui soient toujours favorables ou toujours nuisibles. Les malfaisantes même sortent d'heureux effets quand elles « se réjouissent ».

Le sexe des planètes est déterminé par le degré d'humidité, la prédominance de l'humidité produisant le sexe féminin, ce qui est le cas pour ☾ et ♀. Mercure reste capable des deux sexes, comme formé d'un mélange égal de sec et d'humide : les autres planètes sont masculines. En somme, les planètes supérieures sont masculines, et les inférieures — sauf le cas douteux de Mercure — féminines, ce qui devait réjouir les amateurs d'harmonies mystiques, en un temps où il n'y avait pas encore de « féministes » pour réclamer contre l'infériorité du sexe féminin. Ce sexe individuel ou « physique » se trouve modifié par un supplément de sécheresse ou d'humidité que les planètes doivent à leur position du moment et qui leur donne un sexe « cosmique ». Les planètes se « masculinisent » et se « féminisent » de deux et même de trois façons :

1° En vertu de leurs positions ou « phases » (φάσεις) par rapport au Soleil. Les planètes qui se lèvent le matin avant le soleil (ἑῷοι καὶ προηγούμενοι) se masculinisent ; celles qui se couchent le soir après lui (ἑσπέριοι καὶ ἑπόμενοι) se féminisent [1].

2° En vertu de leurs positions par rapport à l'horizon. Il est entendu que les astres se lèvent à l'Orient chargés d'humidité ; qu'ils se dessèchent, c'est-à-dire se masculinisent, en allant de l'horizon à la culmination supérieure, et se féminisent en descendant de là vers l'Occident. Ce système dut paraître assez raisonnable [2] : les astrologues l'achevèrent en décidant que, au-dessous de l'horizon, il y aurait aussi un quadrant sec et un quadrant humide, chacun opposé au quadrant supérieur de même qualité [3].

1. Il y aura lieu d'insister plus loin sur ces phases planétaires liées à la théorie des rétrogradations et introduites dans l'astrologie par les savants, pour la plus grande confusion des astrologues de moyen acabit, incapables de rien entendre à ces finesses. Ptolémée se contente, dans un chapitre spécial (*Tetrab.*, I, 8 : Περὶ τῆς δυνάμεως τῶν πρὸς τὸν ἥλιον σχηματισμῶν), de dire que cette assertion est justifiée par l'analogie avec les phases lunaires, la lune, gorgée d'humidité après la syzygie, se réchauffant et se desséchant ensuite ; de telle sorte qu'elle est humide quand elle se couche après le soleil, sèche quand elle se lève avant lui. Il considère, bien entendu, comme démontrées ces alternances d'humidité et de sécheresse relatives dans la Lune. Cf. le scoliaste Anonyme (*In Tetrab.*, p. 24) et ci-après, p. 112.

2. Raisonnable et poétique. Manéthon (II, 403 sqq.) nous montre les planètes se levant pleines d'allégresse, puis s'inclinant, lassées et attristées, vers l'Occident.

3. Le scoliaste se demande pourquoi Ptolémée n'a pas plutôt partagé la sphère en deux moitiés, l'une à l'Orient, l'autre à l'Occident du plan méridien. Il est choqué de voir appeler quadrant oriental et masculinisant non seulement celui qui est à l'Orient au-dessus de l'horizon, mais le quadrant opposé

3° D'après le sexe des signes du Zodiaque qu'elles occupent. C'est un cas particulier de l'action réciproque que sont censés exercer les signes et les planètes [1].

Le sexe cosmique a une grande importance en astrologie, car, sans lui, les astrologues, ne disposant que de deux planètes féminines, auraient été souvent embarrassés d'expliquer la production de tel ou tel sexe dans leurs thèmes de géniturne.

Le chaud, qui est masculin, est aussi *diurne,* comme associé à l'idée de lumière ; l'humide, par analogie du même genre, est *nocturne.* Les planètes diurnes (ἡμεριναί - *diurnae*) sont rangées dans le parti (αἵρεσις [2] - *conditio - secta*) du Soleil ; les autres (νυκτεριναί - *nocturnae*), du côté de la Lune. Ce sont comme deux sociétés antagonistes, dont chacune a ses goûts particuliers, ses offices préférés, sa part distincte dans le monde. Les planètes diurnes, satellites (δορυφόροι) du Soleil, ont les mêmes goûts que leur chef : elles se réjouissent (χαίρουσι - *gaudent*) d'être levées le jour et couchées la nuit [3], et sont par conséquent favorables pour les naissances diurnes. Elles se plaisent aussi particulièrement dans les signes masculins du Zodiaque et, d'une manière générale, dans la moitié orientale du monde. La secte nocturne ou lunaire a des préférences exactement inverses [4].

Les astrologues, prêts à tout sacrifier à la symétrie, ont voulu

---

par le sommet, lequel est à l'Occident. Cela tient à une règle générale (voy. ch. vi et xi), en vertu de laquelle les quadrants opposés se communiquent leurs vertus propres (ἀλλ᾽ ὡς ἔοικε τὰ κατὰ διάμετρον ἔλαβε τεταρτημόρια, ὡς καὶ μεταδίδοναι ἀλλήλοις τῆς ἰδίας δυνάμεως. Anon., p. 21).

1. Anon., p. 101.

2. Le mot αἵρεσις est technique en ce sens. Il y a cependant exception, remarquée du scoliaste, en un certain passage où Ptolémée αἱρέσεις λέγει οὐ τὰς νυκτερινὰς καὶ ἡμερινὰς, ἀλλὰ τὰς τῶν δυτικῶν ἀστέρων καὶ ἀφαιρετικῶν (Ibid., p. 157). Les Arabes ont fait de αἵρεσις *haiz* ou *alahiz*.

3. *Explicare debemus quae stellae per diem gaudeant et cujus conditionem sequantur* etc. (Firmic., II, 7 Kroll). Il explique plus loin (II, 20, 11 sqq,) les affinités des planètes diurnes et nocturnes avec les génitures de même nom. On remarquera la violence faite au sens commun par le souci de la symétrie. Il n'y avait aucune raison plausible pour imaginer des planètes diurnes, puisqu'elles sont invisibles durant le jour et ne brillent que la nuit. Leur « joie » est ici de l'abnégation. Toutes auraient dû être nocturnes. Comme le dit Philon, Dieu, ayant fait le jour et la nuit, τῆς μὲν ἡμέρας τὸ κράτος ἀνεδίδου τῷ ἡλίῳ, οἷα μεγάλῳ βασιλεῖ, τῆς δὲ νυκτὸς σελήνη καὶ τῷ πλήθει τῶν ἄλλων ἀστέρων (*De opif. mundi*, 19).

4. Ptolem., *Tetrab.*, I, 7. Cf. I, 23 et le chapitre de Paul d'Alexandrie Περὶ τῆς τῶν δύο φωστήρων αἱρέσεως (fol. D 2 v.). Mercure est diurne et masculin quand il se lève avant le Soleil, nocturne et féminin quand il se couche après.

égaliser l'effectif des deux sectes, et, pour y parvenir, ils ont rompu la correspondance postulée par la logique entre la qualité de masculin et celle de diurne. Mercure étant mis à part comme variable, il restait à partager entre le Soleil et la Lune quatre planètes, dont trois masculines. Ptolémée trouve que le problème a été résolu d'une façon intelligente. Dans le clan solaire, le froid de Saturne tempère la chaleur de Jupiter et du Soleil, tandis que Mars, passant dans le clan lunaire, apporte le sec et le chaud dans cette froide et humide société. Il se garderait bien d'avouer que Mars y est dépaysé et qu'il y a été introduit, de préférence à Saturne, — puisqu'il fallait de toute nécessité répartir les deux planètes « malfaisantes » entre les deux bandes, — par l'attraction mythologique de Vénus, une raison qui n'existe pas pour lui [1].

On a vu que dans l'astrologie savante, représentée excellemment par Ptolémée, les vertus des planètes sont rapportées à leur constitution physique, et que celle-ci est présumée d'après leurs rapports avec le Soleil d'une part, avec la Terre de l'autre, rapports qui dépendent eux-mêmes des distances relatives. Le système acquiert ainsi une cohésion apparente, qui fait de l'ordonnance des orbites ou sphères planétaires le fondement de toute la théorie. Il faut donc examiner de plus près cette question des distances, qui a été traitée à frais communs par les astronomes, préoccupés des distances réelles, et les astrologues, à qui importaient seulement les distances relatives.

§ III. — Ordonnance et mouvements des planètes.

Comme il a été dit plus haut, nous n'avons aucun moyen de savoir si les Chaldéens se sont jamais souciés d'étager entre ciel

---

1. Cf. ci-après (p. 109, 3) une raison harmonique d'adjuger Mars au clan lunaire. Il y en a encore une autre, c'est que Mars, le diable astrologique, est de ceux qui font des « œuvres de ténèbres ». C'est sans doute à ce classement que Mars doit d'être considéré comme un astre d'Occident (l'Occident est lunaire), ce qu'il était déjà, paraît-il, chez les Égyptiens (Brugsch, *Thesaurus*, I, pp. 69-70), tandis que Saturne est « oriental ». L'astrologie grecque ne paraît pas avoir poussé plus loin l'étude des sympathies et antipathies — de tempérament, non de position — entre planètes. Ce sont les Arabes qui, exploitant peut-être un reliquat de traditions chaldéennes, ont imaginé toute une série de ligues et contre-ligues, capricieuses, mais explicables cependant par le caractère mythologique des planètes ou par la position de leurs fiefs (οἶκοι — ὑψώματα) dans le Zodiaque. Cf. Junctinus, *Speculum astrologiae*, I, p. 38, et les ligues zodiacales de Manilius (ci-après, ch. vi).

et terre les astres errants [1], et nous ne répéterons jamais assez
que l'astrologie trouve mieux son compte à supposer planètes et
étoiles en commerce direct les unes avec les autres. Les distances
interjetées, en réduisant les rencontres et contacts à de simples
effets de perspective, tendent à ruiner les thèses astrologiques.
En Grèce, où l'astronomie avait précédé l'astrologie, les astrologues ne pouvaient plus ni nier la superposition des sphères, ni
se désintéresser des opinions y relatives. Ils devaient s'emparer
de la science pour qu'on ne la tournât pas contre eux.

La façon la plus simple à la fois et la plus scientifique d'apprécier les distances des planètes au centre de leur mouvement
circulaire est de supposer le rayon de leur orbite proportionnel à
la durée de leur révolution. Or, il n'est pas douteux que les
Chaldéens n'aient connu la durée des révolutions planétaires et
ne l'aient enseignée aux Grecs, qui, eux, n'ont eu pendant
longtemps ni observatoires, ni archives astronomiques. Il semble
donc que les Chaldéens ont dû arriver par eux-mêmes à une
notion approximative des distances, s'ils se sont décidés à abandonner la conception archaïque des planètes roulant sur la surface même de la voûte céleste. Mais les idées les plus simples ne
sont pas toujours les plus aisément acceptées. Pour proportionner
les distances à la durée des révolutions, il faut admettre un postulat qui n'est pas évident en soi, à savoir que les planètes
marchent toutes avec la même vitesse absolue et que la différence

---

1. On s'imagine que l'observation mène toute seule aux théories scientifiques. Mais Anaximandre mettait, dit-on, les étoiles fixes au-dessous du
soleil et de la lune, et le platonicien Xénocrate repoussait toutes les théories
concernant les distances, même celle de son maître. Il pensait « que les
astres se meuvent sur une même surface » (Plut., *Plac. Phil.*, II, 15; Stob.,
Ecl., I, 24). Est-il sûr que les Chaldéens fussent plus savants? On doit admettre
pourtant qu'en observant des occultations de planètes par la Lune, ils étaient
arrivés nécessairement à la conclusion que la Lune est au-dessous des dites
planètes. Aristote cite comme exemple l'occultation de Mars, et il ajoute :
Ὁμοίως δὲ καὶ περὶ τοὺς ἄλλους ἀστέρας λέγουσιν οἱ πάλαι τετηρηκότες ἐκ
πλείστων ἐτῶν Αἰγύπτιοι καὶ Βαβυλώνιοι, παρ' ὧν πόλλας πίστεις ἔχομεν περὶ
ἑκάστου τῶν ἄστρων (Arist., *De cœlo*, II, 12). Mais les occultations de planètes
par d'autres planètes sont des phénomènes rares, et même les « Égyptiens
et Babyloniens » ne devaient pas avoir là-dessus beaucoup de documents.
Théon de Smyrne (p. 177 Hiller) assure que les Βαβυλώνιοι καὶ Χαλδαῖοι
καὶ Αἰγύπτιοι ont beaucoup spéculé, quoique sans connaissances physiques
(ἄνευ φυσιολογίας), sur les mouvements planétaires, employant, les Chaldéens,
« certaines méthodes arithmétiques », les Égyptiens, « des tracés » (γραμμικάς).
Ptolémée ne connaît pas de passages de Vénus et de Mercure sur le Soleil,
phénomènes inobservables à l'œil nu (cf. ci-après, p. 110, 1).

de leurs vitesses angulaires ou apparentes est due uniquement à la différence de grandeur de leurs orbites [1]. Ce principe de mécanique céleste, discutable même pour des « physiciens », n'était pas nécessairement applicable aux dieux vivants et intelligents des platoniciens et stoïciens. Enfin, il y avait d'autres principes théoriques que l'on pouvait préférer à celui-là. Les atomistes de l'école de Leucippe ne croyaient pas mal raisonner en pensant que le feu devait avoir monté en vertu de sa légèreté spécifique, et que, par conséquent, l'astre le plus brillant, le Soleil, devait être le plus éloigné de la Terre [2]. Platon, au temps où il écrivait sa *République*, avait classé ses « fuseaux » ou orbites planétaires en établissant une correspondance parfaite entre la grandeur ou largeur des orbites et la grosseur présumée des planètes. Le Soleil circulait ainsi immédiatement au-dessous des fixes ; puis venaient, en série décroissante, la Lune, Vénus, Mars, Jupiter, Saturne, Mercure. C'était une idée de géomètre que de prendre pour échelle des grosseurs un secteur appuyant sa base sur la sphère des fixes et sa pointe sur la Terre. Mais le système supposait dans les planètes des vitesses très inégales, qui dérangeaient ce bel ordre. Aussi Platon lui-même y renonça. Dans le *Timée*, il adopta une ordonnance conforme à la durée des révolutions, et le passage susvisé de la *République* fut corrigé, soit par Platon lui-même, soit par ses éditeurs, de façon à supprimer la contradiction entre les deux opinions successives du maître [3].

1. *Constat enim nullam inter eas* [stellas] *celerius ceteris tardiusve procedere : sed cum sit omnibus idem modus meandi, tantum eis diversitatem temporis sola spatiorum diversitas facit* (Macrob., *Somn. Scip.*, I, 21, 6). C'était aussi l'avis de Vitruve (IX, 1 [4]), qui reproduit évidemment l'opinion courante. Ce postulat, que les platoniciens d'ailleurs n'acceptaient pas (Plat., *Tim.*, p. 39 A), est loin d'être exact. Les lois de la gravitation font que les planètes tournent d'autant plus vite (absolument parlant) qu'elles sont plus rapprochées de leur centre (le Soleil) : Mercure parcourt, dans le même temps,

2. Voy. ci-dessus, p. 14. On assure que c'était aussi l'opinion d'Anaximandre, maintenue encore par Métrodore de Chios (disciple de Démocrite) et Cratès (sans doute le cynique). Plut., *Plac. phil.*, II, 15.

3. Le fait est attesté par Proclus (in *Anal. sacra et classica*, V, 2, p. 68 Pitra. Cf. ci-dessus, p. 65 en note) : Διττὴ δ' ἐστὶν ἡ γραφὴ τῆς ταῦτα τὰ βάθη διοριζούσης λέξεως · καὶ ἡ μὲν προτέρα καὶ ἀρχαιοτέρα τοῖς μεγέθεσιν ἀκολουθεῖ τῶν καθ' ἑκάστην σφαῖραν ἀστέρων. La recension nouvelle (Ἡ δὲ δευτέρα καὶ νεωτέρα, κρατοῦσα δὲ ἐν τοῖς κεκολασμένοις ἀντιγράφοις) place au *sixième* rang le fuseau qui est le *second* comme largeur, et donne le texte actuel du passage en question (*Rep.*, X, p. 616 E). On prétendait, pour justifier le premier classement, que Mars au périgée paraît plus gros que Jupiter.

L'ordre suivi par l'auteur du *Timée* — c'est-à-dire la série montante ☾ ☉ ♀ ☿ ♂ ♃ ♄ — ordre emprunté, disait-on, soit aux pythagoriciens (disciples des « Égyptiens »), soit à Anaxagore [1], et approuvé par Eudoxe (toujours d'après les Égyptiens), devint l'ordre classique. C'est celui sur lequel spéculent Aristote, Chrysippe et Ératosthène, celui qu'on retrouve dans la Table de Keskinto et la Didascalie de Leptine [2]. Il n'y avait doute que sur un point, demeuré toujours litigieux, la position relative des deux acolytes du Soleil, Vénus et Mercure. Mercure avait été placé plus loin de la Terre que Vénus, sans doute à cause de son moindre éclat [3]. Une correction, due peut-être à Héraclide de Pont, intervertit les rangs pour ces deux planètes et ordonna la série ☾ ☉ ☿ ♀ ♂ ♃ ♄, qui passa pour être plus spécialement « pythagoricienne », tout en restant aussi platonicienne que l'autre [4].

Cet ordre, qui conserva toujours des partisans [5], fut remplacé, vers le temps d'Hipparque, par un autre système qui, accepté par les astronomes, fit loi pour les astrologues. C'est celui qui met le Soleil juste au milieu de l'échelle des distances. D'où venait ce

---

1. Ἀλλ' Ἀναξαγόρας τοῦτο πρῶτος ὑπέλαβεν, ὡς ἱστόρησεν Εὔδημος (Procl., *In Tim.*, p. 258 C). Voir sur le sujet ce qui en a été dit plus haut, p. 64, 1.

2. Sur l'inscription astronomique de Keskinto dans l'île de Rhodes, qui contient une théorie des planètes antérieure à Hipparque, voy. P. Tannery dans la *Revue des Études grecques*, VIII (1895), pp. 49-58. Le texte est reproduit dans *Inscr. graec. Insul. maris Aegaei*, I, n° 913. La « Didascalie de Leptine » (*Notices et Extraits*, XVIII, 2, pp. 46-75) a été traduite par P. Tannery en appendice à ses *Recherches* (p. 283-294).

3. Tannery, *Recherches*, p. 126. Dans l'hypothèse géocentrique des anciens, il n'y a aucune raison de mettre l'une de ces planètes au-dessus ou au-dessous de l'autre, par rapport à la Terre : mais Héraclide avait raison de rapprocher Mercure du Soleil. Il passe pour avoir découvert que Vénus et Mercure tournent autour du Soleil (Chalcid., *In Tim.*, 109), découverte attribuée, comme toujours, à la *sollertia Aegyptiorum* (Macr., *S. Scip.*, I, 19, 5) qui était le fond de la sagesse pythagoricienne.

4. La série « pythagoricienne » est attribuée à Platon (Stob., *Ecl.*, I, 21, p. 512 ; Plut., *Plac. phil.*, II, 15). *Plato Aegyptios omnium philosophiae disciplinarum parentes secutus est, qui ita solem inter lunam et Mercurium locatum volunt*, etc. (Macr., *Somn. Scip.*, I, 19, 2). Cf. Diels, *Doxogr.*, pp. 344-345. L'ordre des planètes importait peu aux pythagoriciens. Ils tenaient au contraire beaucoup à établir les distances des planètes entre elles, de façon à accorder la lyre céleste suivant les lois de l'harmonie. Ils fixaient les intervalles, pour y placer en bon lieu leurs tons, demi-tons, tons et demi, le tout à priori.

5. On retrouve encore l'ordre platonicien (celui du *Timée*) dans Apulée (*De mundo*, 2), et dans Achille Tatius (*Isag.*, 16), qui lui donne la préférence sur tous les autres.

système, qui offre une symétric voulue, suspecte par conséquent de reposer sur des raisons mystiques, et qui cependant rallia les suffrages des plus grands astronomes, peut-être d'Archimède, d'Apollonius de Perge [1], d'Hipparque, à coup sûr de Posidonius, de Géminus et de Ptolémée [2] ? Nous avons vu plus haut (p. 64, 1) qu'Alexandre d'Étolie le connaissait déjà, et que la confusion des témoignages ne permet pas de prendre au sérieux les brevets d'invention décernés aux Pythagoriciens, aux Égyptiens, aux Chaldéens. Les érudits modernes se décident en général pour les Chaldéens — les Chaldéens de Chaldée — sous prétexte que les constructions astrologiques des « domiciles » (οἶκοι), surtout celle de la « semaine », reposent sur cette ordonnance et que l'astrologie a été faite par les Chaldéens [3]. Ils sont dupes de la confusion, si soigneusement entretenue par les intéressés, entre Chaldéens-astrologues et Chaldéens de Chaldée. Ils oublient que le système est aussi revendiqué pour les « Égyptiens », sur la foi des livres apocryphes de Néchepso et Pétosiris, et ils prennent sans doute pour un témoignage historique les « oracles chaldaïques » fabriqués au IIe siècle de notre ère par les « théurges » dont la parole fait foi pour les néoplatoniciens. On y racontait comment le Démiurge, après avoir fait les planètes en tourbe confuse, lança au milieu le Soleil, qui les obligea à se ranger en ordre et à avancer ou rétrograder suivant son impulsion. Il faut laisser ces contes à l'admiration d'un Proclus. Avant

---

1. P. Tannery, *Rech.*, p. 261. Pour Archimède, P. T. n'accepte pas l'assertion de Macrobe : *Ciceroni Archimedes et Chaldaeorum ratio consentit* (Macr., *S. Scip.*, I, 19, 2), parce qu'il croit le système postérieur à Archimède. Mais Alexandre d'Étolie précède Archimède d'une génération.

2. Ptolémée ne trouve pas de raison décisive pour ou contre, car il ne connaissait pas les passages de Vénus et de Mercure sur le Soleil ; mais il opte pour le système « plus ancien », qui met Vénus et Mercure au dessous du Soleil : παρὰ μὲν τοῖς παλαιοτέροις ὑποκάτω τιθεμένας τῆς ἡλιακῆς (*Almagest.*, II, 9). Il entend évidemment par παλαιότεροι des gens plus anciens que Platon, sans doute des Chaldéens. De son temps, et depuis longtemps déjà, on n'avait le choix qu'entre l'Égypte et la Chaldée.

3. C'est encore l'opinion de P. Tannery. Il croit que l'attribution à Pythagore a été faite par les « faussaires alexandrins » (*Rech.*, p. 126, 1), en quoi il a parfaitement raison ; mais il ne se méfie pas des prétendus Chaldéens. « L'antiquité de l'ordre que nous attribuons aux Chaldéens », dit-il (*ibid.*, p. 261, 4), « est attestée par celle de la succession des jours de la semaine qui le suppose ». F. Hultsch (art. *Astronomie* in Pauly-Wissowa *R. E.*, II, p. 1833) en dit autant, après et d'après Tannery. Si cette « succession » n'est pas chaldéenne, comme nous espérons le montrer (ci-après, ch. XIII), le raisonnement devient un cercle vicieux.

que les théurges chaldéens n'eussent révélé ces belles choses [1], on n'invoquait que l'harmonie pythagoricienne et le plan providentiel qui avait mis le Soleil au milieu des planètes comme le cœur au milieu du corps. Les « Chaldéens » n'entrent en compétition avec les Pythagoriciens et les Égyptiens que sur le tard [2], à la façon du troisième larron, et c'est trop de complaisance que de se prêter à la supercherie.

Mais, si l'on entend par « Chaldéens » les astrologues, — les astrologues grecs, — cette tradition symbolise et résume un fait réel, à savoir que l'astrologie grecque, obligée d'accepter une échelle des distances, a choisi celle-là pour y accommoder ses théories. C'est en supposant le Soleil dans la position médiane que Ptolémée répartit le chaud et le froid. Dans ses *Harmoniques*, il avait essayé de tirer de là une autre démonstration de l'influence malfaisante de Saturne et de Mars, bienfaisante de Jupiter et de Vénus; démonstration arithmétique, à la mode de Pythagore. Étant donné, d'une part, le Soleil comme source de la vie « sensitive », la Lune comme source de la vie « végétative », et, d'autre part, six rapports harmoniques possibles entre ces deux astres et les planètes, il montrait que Jupiter soutient ces six rapports avec le Soleil et la plupart des autres avec la Lune ; que Vénus correspond de même par six rapports avec la Lune, par la plupart des autres avec le Soleil ; tandis que Saturne et Mars sont à peine de temps à autre en rapport, Saturne avec le Soleil, Mars avec la Lune [3].

1. Procl., *In Tim.*, pp. 258 C, 280 B ; Id., in *Anal. sacra*, V, 2, p. 69 Pitra (τῶν παρὰ Χαλδαίοις θεουργῶν ἀκούσας, ὡς ἄρας θεὸς ἐμεσεμϐόλησεν τὸν ἥλιον ἐν τοῖς ἑπτὰ καὶ ἀνεκρέμασεν ἀπ'αὐτοῦ τὰς ἓξ ἄλλας ζώνας). Voy. ci-après, à propos des οἶκοι, la burlesque légende accréditée par ces prétendus Chaldéens (ap. Pitra, *ibid.*, pp. 300-301).

2. Proclus le dit en propres termes. Parlant du système de Platon : ἀλλ' οὖν ἡ τῶν παλαιῶν φήμη ταύτην ἐδίδου τῷ ἡλίῳ τὴν τάξιν · καὶ γὰρ Ἀριστοτέλης οὕτως καὶ οἱ ἀμφὶ τὸν Εὔδοξον (*In Tim.*, p. 257 F). Le système chaldéen émane de τινες ταῖς τῶν μαθηματικῶν ὑποθέσεσι χαίροντες, c'est-à-dire des pythagoriciens, bien que le système de Platon passe pour être aussi pythagoricien, et Proclus le rejetterait volontiers, en l'honneur de Platon, s'il n'était confirmé par « le Théurge », ᾧ μὴ θέμις ἀπιστεῖν (*ibid.*, p. 258 C).

3. *Ergo Veneria et Jovialis stella per hos numeros lumini utrique sociantur, sed Jovialis Soli per omnes, Lunae vero per plures, et Veneria Lunae per omnes, Soli per plures numeros aggregatur. — Saturni autem Martisque stellae ita non habent cum luminibus competentiam, ut tamen aliqua vel extrema numerorum linea Saturnus ad Solem, Mars aspiciat ad Lunam* (Macrob., *Somn. Scip.*, I, 19, 20-27). Cette théorie, que Macrobe n'a rencontrée, dit-il, chez aucun autre auteur (*rationem apud unum omnino quod sciam lectam*), Ptolémée ne la reproduit pas dans sa *Tétrabible*.

Les amateurs de correspondances mystiques n'ont pas manqué de découvrir dans l'ordonnance soi-disant « chaldéenne » toute espèce de rapports, soit avec le corps humain (voy. ci-après), soit avec la stratification spontanée des éléments. Le Soleil avait au-dessous et au-dessus de lui deux triades d'éléments symétriquement groupés par attraction, triades qui se rejoignaient en lui, membre commun des deux groupes [1]. Ainsi, le Soleil étant le chaud, le sec était représenté par Mars au dessus, Mercure au dessous; l'humide, par Jupiter au dessus, Vénus au dessous; le froid, par Saturne en haut, la Lune en bas : et on savait déguiser sous toutes sortes de raisons prétendues naturelles le caractère artificiel de ces rangements symétriques.

Si nous nous croyons autorisé à réclamer pour la science grecque les séries planétaires, aussi bien celle de Platon, prétendue égyptienne, que l'autre, prétendue chaldéenne, à plus forte raison n'irons-nous pas chercher sur les rives de l'Euphrate et du Nil les auteurs des solutions données aux problèmes les plus délicats de ce qu'on pourrait appeler la philosophie astronomique. Ces problèmes ont été imposés à l'attention des astrologues par Ptolémée, et les solutions intervenues, comme les conséquences à tirer des opinions exprimées, ne nous sont guère connues que par les astrologues. C'est la raison pour laquelle nous n'avons pu éviter de jeter un coup d'œil sommaire sur le débat soulevé par un fait aussi connu que mystérieux pour les Anciens, la marche oscillante des planètes, qui tantôt suivent leur mouvement propre (d'Occident en Orient) et tantôt rétrogradent sur leur orbite ou sur un arc de cercle légèrement divergent.

---

1. Les « mathématiciens » placent au milieu des sept planètes τὸν ἥλιον, συνάγοντα καὶ συνδέοντα τὰς ἐφ' ἑκάτερα αὐτοῦ τριάδας (Proclus, In Tim., p. 257 F). La théorie suppose l'ordonnance suivante : ☾ ♀ ☿ ☉ ♂ ♃ ♄, celle que Cicéron adopte dans le De Nat. Deor., II, 20. L'ordre accoutumé, connu aussi et même préféré par Cicéron (Rep., VI ; Divin., II, 43), plaçait Mercure au-dessous de Vénus : ☾ ☿ ♀ ☉ ♂ ♃ ♄. L'auteur de l'Hermippus (I, 4, § 24-37 Kroll), ne comprenant pas que cette modification dérangeait la symétrie des triades, édifie là-dessus une contrefaçon, plus inepte encore, de la théorie dont la symétrie était la raison d'être. Suivant lui, à partir du Soleil et au dessus, sont étagés les éléments purs, dans l'ordre indiqué par Proclus : au dessous, les éléments sont mélangés, et il n'y a plus qu'un ordre de convenance vaguement motivé. Ptolémée, qui introduit le mélange dans tous les astres, n'est pour rien dans ces élucubrations. Du reste, Ptolémée, comme astronome, n'acceptait pas sans réserves l'ordre sur lequel il spécule plus tard comme astrologue (cf. ci-dessus, p. 108, 2). Il fait remarquer que, dans le système chaldéen, Mercure et Vénus devraient passer sur le Soleil, et que le fait n'a pas été observé (objection mise à néant par les observations modernes).

On sait à quelle complication de cercles roulant les uns dans les autres Eudoxe et Aristote avaient eu recours pour expliquer le phénomène. L'invention des épicycles, due à Apollonius de Perge, simplifia ces rouages : avec les cercles excentriques d'Hipparque et les corrections de détail apportées au système par Ptolémée, on crut tenir une solution définitive. Ptolémée n'était pas peu fier de sa part de collaboration, et l'on conçoit qu'il ait mis en évidence, dans son astrologie, le souci des « stations » (στηριγμοί), de la marche en avant (προποδισμός - προήγησις - πρόσθεσις) et en arrière (ὑποποδισμός - ἀναποδισμός - ἀφαίρεσις) des planètes [1]. Il exige, pour apprécier la nature et le degré d'influence d'une planète, que l'astrologue sache non seulement si elle est à droite ou à gauche du Soleil, mais encore si elle avance ou recule et à quelle étape elle en est sur son épicycle. Il pose en principe que les planètes ont leur maximum d'énergie quand « elles sont au levant et en addition à leurs mouvements propres » (ἀνατολικοὺς καὶ προσθετικοὺς ταῖς ἰδίαις κινήσεσι), leur minimum quand « elles sont au couchant et en soustraction » (δυτικοὺς καὶ ἀφαιρετικούς) [2]. La raison, suivant lui, c'est que l'épicycle étant partagé en quadrants, le premier quadrant, allant de la conjonction avec le Soleil à la première station, est humide ; le second, çhaud ; le troisième, qui mène à la deuxième station, sec, et le dernier, froid [3].

1. Il est évident à priori que les Chaldéens ont dû observer les stations et rétrogradations des planètes et y attacher un sens astrologique. Seulement, les praticiens, en Grèce, cherchaient à se débarrasser de cet élément incommode de calcul, — on le voit bien par Firmicus, qui n'en dit mot, — et c'est l'autorité de Ptolémée qui a contraint les astrologues à sortir de la routine des « Néchepso et Pétosiris », la routine que suit Firmicus.

2. *Tetrab.*. I, 23.

3. *Tetrab.*, I, 8. Ptolémée transporte à son épicycle le symbolisme attaché aux quadrants du Zodiaque (ci-après, fig. 15) et de l'orbite lunaire (ci-dessus, p. 92, 4 et 102, 1). Comme il emploie les termes vulgaires, ἀνατολή et δύσις, qui signifient proprement lever et coucher diurne, au lieu de ἐπιτολή et κρύψις (lever et coucher héliaque), son texte prête à l'équivoque. C'est un abus souvent signalé par les puristes (Gemin., *Isagog.*, 11 ; Theo Smyrn., p. 136 Hiller). Au temps de Ptolémée, d'après ses Φάσεις ἀπλανῶν ἀστέρων (ap. Wachsmuth, *Lyd.*, ed. 2ª, pp. 199 sqq.), l'ἐπιτολή s'appelait ἑῴα ἀνατολή, et la κρύψις, ἑσπερία δύσις ; les autres phases sont : ἀκρόνυχος [ἀνατολή] pour ♄ ♃ ♂, ἑσπερία ἀνατολή et ἑῴα δύσις pour ♀ et ☿. Les astrologues ou astronomes ne s'accordent pas tout à fait sur la distance à laquelle les planètes émergeant des rayons solaires commencent à être visibles en « lever héliaque ». La doctrine la plus ancienne probablement fixait l'écart à 15° (cf. Schol. Arat., v. 152 ; Paul. Alex., fol. Fv). Pline admet 11° pour les trois planètes supérieures — *exoriuntur matutino discedentes partibus nunquam amplius undenis*

Il y a peut-être de la naïveté à discuter avec un astrologue; mais il semble bien que Ptolémée, pour introduire de force sa théorie des épicycles dans les spéculations astrologiques, commet sciemment de grossières erreurs de raisonnement, et je soupçonne que l'envie de déguiser ses paradoxes entre pour quelque chose dans l'obscurité de son langage. Laissons de côté les acolytes du Soleil, Mercure et Vénus, et prenons exemple dans les planètes supérieures, les seules auxquelles s'applique la théorie complète des rétrogradations. Dans la théorie des épicycles, la planète, tournant d'Occident en Orient sur l'épicycle comme sur l'orbite qui porte l'épicycle, est au plus loin de la Terre quand elle est sur le même méridien que le Soleil, « sous l'œil du Soleil » ([ἀστήρ] ὑπ' αὐγάς – ὕπαυγος – ὑπαυγής – συνοδικός – ἀφανής – *combustus — absconsus*) [1]. Elle est alors « brûlée », et on ne voit pas où elle prendrait cette humidité dont il plaît à Ptolémée de la munir dans le premier quart de sa course. A mesure que le Soleil s'éloigne d'elle et qu'elle se rapproche de la Terre, elle s'échauffe, ce qui est au moins surprenant. A partir de son périgée, moment où elle se lève au coucher du Soleil (ἀκρόνυχος), elle commence à se dessécher dans l'humidité de la nuit, et elle se refroidit en allant rejoindre le Soleil, ce qui est proprement inintelligible. L'explication la plus simple de ces paralogismes, c'est que Ptolémée a calqué les « phases » de ses planètes sur celles de la Lune, — lesquelles s'adaptent assez bien au symbolisme des quadrants du Zodiaque, — sans remarquer, ou en évitant de faire remarquer que l'assimilation est un démenti donné à la physique. Dans la conjonction (N. L.), la Lune est au-dessous, et non au-dessus du Soleil; elle est obscure (humide) et non pas « brûlée ». Elle prend plus d'éclat et l'on peut soutenir qu'elle s'échauffe à mesure qu'elle s'éloigne du Soleil; comme on peut dire qu'elle se refroidit, puisqu'elle s'obscurcit, en se rapprochant de lui. Transportées aux planètes supérieures, ces expressions deviennent absurdes.

(II, § 59); Martianus Capella, 12º : *intra duodecim partes, non ultra partes duodecim* (VIII, 886-887). La visibilité dépendant de l'éclat de la planète comparé à celui du Soleil, d'aucuns admirent des distances variables, à savoir 15º pour Saturne, 12º pour Jupiter, 8º (?) pour Mars, 8º pour Vénus, et 18º pour Mercure (Firmic., II, 9 Kroll). Ces chiffres sont utilisés, d'une façon imprévue, dans le calcul de la durée de la vie (ci-après, chap. XII) et paraissent dériver de considérations mystiques plutôt que de l'observation.

1. Je ne trouve pas dans nos textes les distinctions faites par les Arabes(?) entre le « cœur » du Soleil (conjonction exacte), la « combustion » (au delà de 16') et « l'œil » ou « rayon » du Soleil (jusqu'à 15º).

Ce n'est pas tout. Ptolémée affirme que l'action de la planète est réduite au minimum pendant la rétrogradation, c'est-à-dire au moment où elle est, en fait, le plus près de la Terre. Tout cela sent le placage maladroit, hâtivement fait et caduque. En dépit de Ptolémée et des louables efforts que font ses commentateurs pour le comprendre [1], ce hors-d'œuvre n'a pas fait corps avec le reste. C'est ailleurs qu'il faut chercher un motif raisonnable, c'est-à-dire plausible à première vue et en accord suffisant avec le sens commun. La vraie raison, c'est l'imagination qui la four-

---

1. Nous verrons plus loin (p. 117) qu'on ne s'entend même pas toujours sur le sens de « avancer » et « rétrograder ». On ne s'entend pas davantage sur l'effet astrologique des phases. Sur une planète ὕπαυγος, il y a presque unanimité. A moins qu'elle ne soit λαμπήνη (ci-après, ch. VIII), elle est annihilée, impuissante, ce qui est heureux quand il s'agit de Mars (Maneth., I, 96-99. Firmic., II, 8 Kroll). Encore y a-t-il exception pour la Lune, qui est exaspérée et funeste en συνδεσμός. D'autre part, on ne veut pas non plus que l'opposition au Soleil (ἀκρόνυχος) soit le maximum d'énergie, surtout pour les planètes diurnes, bien que Ptolémée ait placé là le maximum de chaleur. C'est, du reste, une position que ne peuvent atteindre ni Vénus, ni Mercure. Est-il du moins reconnu que toutes les planètes sont puissantes et favorables comme ἑῷοι (ou ἀνατολικοί) et en marche directe (προσθετικοί - προποδίζοντες), affaiblies et défavorables comme ἑσπέριοι (ou δυτικοί) et en marche rétrograde (ἀφαιρετικοί - ἀναποδίζοντες)? On pouvait avoir là-dessus des scrupules, car cette règle supprime la différence entre planètes diurnes et nocturnes, ou masculines et féminines. Aussi Démophile écrit : οἱ ἀρσενικοὶ πλανῆται χαίρουσιν ὅταν ὦσιν ἀνατολικοί, καὶ οἱ θηλυκοὶ ὅταν ὦσιν ἑσπέριοι (ap. Porphyr., p. 204). D'abord, il substitue le sexe à l'αἵρεσις; ensuite, je ne sais s'il prend ἀνατολικοί comme synonyme de ἑῷοι (lever héliaque), pendant naturel de ἑσπέριοι, ou si, au contraire, il emploie ἀνατολικοί dans son sens propre (lever cosmique) et donne à ἑσπέριοι le sens de δυτικοί. Enfin, sur l'effet des stations (στηριγμοί), c'est l'anarchie des opinions. En général, le ralentissement et l'arrêt de la planète passent pour une période de moindre efficacité ou d'inertie, surtout la seconde station, terminant une période de rétrogradation et de « sécheresse ». Mais Ptolémée lui-même enseigne que, lors des éclipses, les planètes ajoutent au présage ὅταν στηρίζοντες (Tetrab., II, 4), et ailleurs (III, 11, p. 345 Junctinus; cf. ci-après, ch. XII) il dit que, si les planètes en deuxième station affaiblissent le corps, les planètes en première station font des corps ἰσχυρά καὶ εὔτονα. Héphestion met le comble au désarroi en soutenant que les planètes ont une valeur significative dans les stations, et surtout dans la seconde : ἕκαστος δὲ [τῶν ἀστέρων] ἐν τοῖς στηριγμοῖς σημαίνει, καὶ μᾶλλον ἐν τῷ δευτέρῳ στηριγμῷ (p. 93 Engelbr.). Le fait est que les astrologues égyptiens, voulant sans doute donner le maximum d'efficacité aux planètes dans les thèmes de géniture que nous possédons, les notent comme étant ἐν τῷ β′ στηριγμῷ (Papyr. Brit. Mus., CX, lig. 10, 13, 17), τὸ δεύτερον στηρίζων (Pap. CXXX, lig. 119), ou ἑῷος ἀνατολικός (Pap. CX, lig. 21. Pap. CXXX, lig. 103, 147), ἑῷος ἄγαν (CXXX, lig. 137), ou encore περίγειος (CXXX, lig. 160). Mars, si redoutable à l'état rétrograde, est dit προστίθωι (?) τοῖς ἀριθμοῖς (XCVIII, lig. 25), en marche directe.

nit, l'imagination qui se représente la planète hésitant, ralentissant son mouvement en avant, puis s'arrêtant devant un obstacle invisible, puis reculant lentement, comme à regret, et enfin, comme délivrée de la contrainte, s'élançant de nouveau en avant, avec une rapidité qui est comme une détente de résistance accumulée. On conçoit que l'astre, pendant qu'il subit cette contrainte soit considéré comme affaibli, attristé, ou, s'il est malveillant par nature, plus exaspéré qu'à l'ordinaire et par là-même, quoique affaibli, plus dangereux. Nous ne trouverons pas de meilleure raison, mais nous en trouverons d'autres, ou plutôt des déguisements divers de la même idée, dans les théories sorties des officines philosophiques.

Platon enseignait, d'accord avec le pythagoricien Alcmæon et les « mathématiciens » en général, que les planètes avaient un mouvement propre, contraire à celui de la sphère des fixes, mouvement qui tenait à l'élément moins pur introduit par le Démiurge dans le corps et l'âme des dieux-planètes. Le but du créateur avait été de faire des planètes des instruments propres à mesurer le temps, à scander la durée en périodes ou « années » plus longues et plus variées que la rotation diurne de la sphère étoilée [1]. Il ne s'agit pas là d'un mouvement mécanique [2], mais d'une marche consciente et voulue, quoique rigoureusement circulaire. Donc, nulle difficulté d'expliquer les rétrogradations, lesquelles sont aussi régulières et aussi voulues que la marche en avant. Les planètes obéissent à la fois, et dans la mesure convenue, à leur tempérament propre, qui les mène à contre-sens

---

1. Les causes finales sont toujours faciles à trouver. On pouvait dire aussi que le mouvement à rebours des planètes avait pour but de modérer, à la façon d'un frein, celui de la sphère étoilée. *Nec rota per gyrum, quam trudit machina Olympi | Currere sic possit, ni septem sidera tricent* (Incert. ap. *Poet. lat. min.*, V, p. 351 Baehrens). Enfin, il restait toujours, du côté de l'agréable, la musique des sphères, *quae maxima divis | Laetitiast* (Varr. Atac., in *Poet. Lat. min.*, VI, p. 334 Baehrens).

2. Comme Platon a toujours soin de mêler dans ses raisonnements le pour et le contre, il introduit dans le mouvement conscient des astres l'impulsion mécanique sous le nom d' Ἀνάγκη. Tous les « fuseaux » tournent « sur les genoux de la Nécessité ». Les Stoïciens appellent généralement le mouvement propre des planètes προαιρετικὴ [κίνησις], c'est-à-dire « préféré », « choisi ». Dans la théologie mazdéenne, les planètes sont des êtres malfaisants, relevant du mauvais principe, y compris, aux yeux de la secte des Zendiks, le Soleil et la Lune. Ces Zendiks les croyaient animées par les sept pires démons (*Divs*) qu'y avaient emprisonnés les Esprits célestes au service d'Ormazd (E. Blochet, *L'Oulama-i Islam* in *Rev. Hist. Rel.*, XXXVII, [1898], pp. 29 et 43). C'est évidemment l'explication mythique du mouvement à contre-sens des planètes.

du mouvement « premier » et universel, et à la Raison supérieure qui leur fait partager et même — lors des rétrogradations — devancer ce mouvement. Proclus ne se lasse pas de répéter qu'il n'est nul besoin de recourir à des orbites excentriques ou à des épicycles : admettre un mouvement excentrique est presque une impiété, et la théorie des épicycles est une « belle conception », mais une erreur, démentie par le texte sacré de Platon [1]. Cela ne l'empêche aucunement de maintenir les dogmes astrologiques; il connaît même les effets que produisent sur les êtres vivants du monde sublunaire les mouvements directs et rétrogrades, les déplacements en hauteur et en latitude, les ralentissements et accélérations des archétypes célestes [2]. La planète qui « soustrait », autrement dit, rétrograde, enlève quelque chose à la vitalité des êtres qui subissent son influence.

Le grain de folie mystique qui travaille les cerveaux platoniciens n'entre pas dans l'école d'Aristote. Le maître conserve encore l'habitude d'appeler les astres des êtres divins; il les croit animés, doués de raison et obéissant aux causes finales; mais, en fait, il les traite comme des mobiles soumis aux lois de la mécanique. En ce qui concerne leurs distances et leurs vitesses relatives, il s'en rapporte aux « mathématiciens » : autrement dit, il accepte les tons de la lyre pythagoricienne. Les alternances de mouvement direct et rétrograde, les déplacements en profondeur (βάθος) et en latitude (πλάτος), sont expliqués par quantité de cercles directeurs, correcteurs, isolateurs, dont chacun a pour

---

1. Cf. ci-dessus, p. 24, 1. La théorie des épicycles est καλὴ μὲν ἐπίνοια καὶ ψυχαῖς ἐμπρέπουσα λογικαῖς, τῆς δὲ τῶν ὅλων ἄστοχος φύσεως, ἧς μόνος ἀντελάβετο Πλάτων (In Tim., p. 272ᵇ). Ces mouvements ne sont l'effet ni d'un ralentissement ni d'aucune force mécanique, ἀλλὰ πανταχοῖ φερομένων τῶν ἐκεῖ σωμάτων διὰ τὴν τῶν ψυχῶν τῶν χινουσῶν πρὸς ἄλλα καὶ ἄλλα νόησιν (Procl., in Anal., V, 2, p. 75 Pitra). La précession des équinoxes surtout, qui suppose un mouvement à rebours de la sphère des fixes elle-même, est une hérésie qu'il combat de toutes ses forces, invoquant, après Platon, les Chaldéens, les Égyptiens et les oracles, la parole même des dieux « qui connaissent bien leurs propres affaires » (αἱ τῶν θεῶν φημαί, σαφῶς τὰ αὐτῶν εἰδότων, ibid., p. 77). On ne nous en voudra pas de classer Proclus parmi les théologiens (ci-après, ch. XVI).

2. Ibid., pp. 75-76. L'auteur de l'Hermippus sait que l'irrégularité des mouvements planétaires, produite par conflit entre l'Intelligence et la Matière, a pour but de varier les combinaisons sur terre, ὅπως ποιχίλως τοῖς ἐπὶ γῆς προσφέροιντο (I, 4, § 31). Il pense aussi que les planètes s'éloignent à certains moments de la Terre et se rapprochent du ciel, ὅπως ἕλκωσιν ἐκεῖθεν τι θειότερον, χατιέναι δ' ἐφ' ᾧ μεταδοῖεν τοῖς ἐπὶ γῆς (II, 14, § 127). Tout cela est très naïf et très platonicien.

moteur une âme spéciale et tourne, comme le veut le dogme traditionnel, d'un mouvement circulaire et égal (ὁμαλῶς). Aristote n'avait pu amener le système à l'unité parfaite : il lui manquait l'unité dans la direction générale du mouvement, unité postulée par l'impulsion unique du « premier moteur », mais contredite par les faits. Ses disciples crurent réussir là où le maître avait échoué. Ils inventèrent ou empruntèrent la théorie du « retard » (ὑπόλειψις) [1]. Les planètes ne marchent pas à l'encontre de la sphère étoilée : elles retardent simplement sur le mouvement général d'Orient en Occident, et elles semblent marcher d'autant plus vite en sens contraire qu'elles retardent davantage. Ainsi, la Lune est de toutes les planètes la plus lente, et Saturne la plus rapide; chose facile à comprendre, puisque Saturne est au plus près, la Lune au plus loin de la sphère extérieure qui entraîne le tout.

Cette doctrine, déjà réfutée par Géminus [2], fut développée, adaptée aux systèmes concurrents des excentriques et des épicycles, par le péripatéticien Adraste d'Aphrodisias, qui vivait au temps des Antonins. Adraste [3] parvenait à rendre compte des apparences en faisant tourner les planètes sur leurs épicycles dans le même sens que la sphère des fixes. Bon géomètre, mais mauvais physicien, il n'avait oublié qu'une apparence, le principal élément du problème : c'est que, quand les planètes rétrogradent (ce qu'il appelle marcher en avant), elles paraissent plus grosses et sont, par conséquent, plus près de la Terre, tandis que sa théorie les faisait rétrograder en allant vers leur apogée [4].

Les astrologues auraient pu, en tout cas, tirer de ce système paradoxal une raison expliquant pourquoi l'action des planètes s'affaiblissait durant les rétrogradations, les planètes se trouvant

---

1. Doctrine ὑπὸ π ο λ λ ῶ ν φ ι λ ο σ ό φ ω ν εἰρημένη (Gemin., *Isag.*, 10) — ἀπὸ τ ῶ ν π ρ ε σ 6 υ τ έ.ρ ω ν ἀποδιδομένη (Dercyllid. ap. Theon. Smyrn., p. 200 Hiller), attribuée à Anaxagore, Démocrite et Cléanthe (Plut., *Plac. phil.*, II, 16. Stob., *Ecl.*, I, 24, 1. Cf. Diels, p. 345). — *Peripateticorum dogma* (Mart. Cap., VIII, 853). Hermès Trismégiste (ap. Stob., *Ecl. phys.*, 21, 9, p. 472) tient aussi pour l'ὑπόλειψις. Il explique que les planètes vont à l'encontre du mouvement universel διὰ τὸ βραδυτέραν κίνησιν κινεῖσθαι τοῦ παντὸς κύκλου.

2. Géminus allègue trois raisons, dont une au moins est capitale : c'est que, si les planètes retardaient simplement, elles resteraient sur les mêmes parallèles et ne se déplaceraient pas obliquement en latitude.

3. Adrast. ap. Theon. Smyrn., pp. 147-198 Hiller.

4. Cette erreur — et sans doute le système avec lequel elle fait corps — se trouve déjà dans Pline, pour qui les planètes *minimae cernuntur* et *altissime absunt in vespertino exortu* (ci-après, p. 119, 1).

alors plus loin de la Terre : mais les péripatéticiens ne travaillaient pas pour les astrologues. On ne mentionne ici leur « dogme » que pour rendre compte du désarroi jeté dans le vocabulaire des scoliastes, qui, tiraillés entre deux conceptions opposées, ne savent plus ce qu'il faut entendre par « avancer » ou « rétrograder », par planètes lentes et planètes rapides [1].

Il est temps de consulter les astrologues proprement dits ou « Chaldéens », des Chaldéens dont le masque ne trompe personne. Donc, ces Chaldéens avaient remarqué un fait dont les inventeurs d'excentriques et d'épicycles n'avaient pas su tirer parti : c'est que les stations et rétrogradations des planètes sont en rapport étroit avec les mouvements du Soleil [2]. Ils étaient sur la voie qui aurait pu les mener à découvrir que les planètes tournent autour du Soleil et que les phénomènes à expliquer sont de pures apparences. Mais ils s'arrêtèrent en chemin [3]. Ils

---

1. Il arrive à Sénèque d'appeler Saturne *velocissimum sidus* (Sen., *Q. Nat.*, I, Prooem., 11) et de dire ailleurs : *stella Saturni, quae ex omnibus iter suum lentissime efficit* (ib., VII, 29), équivoque possible, même sans le dogme péripatéticien, en considération du mouvement diurne. Quant au renversement des termes προποδίζειν et ἀναποδίζειν, il y en a un exemple curieux dans l'*Isagoge* de Porphyre (pp. 183-187). Dans le langage courant, avancer (προποδίζειν — τοῖς ἀριθμοῖς προστιθέναι), pour les planètes, signifie aller à l'encontre du mouvement diurne, suivant l'ordre des signes du Zodiaque (εἰς τὰ ἑπόμενα) ; reculer (ἀναποδίζειν - ὑποποδίζειν - ἀφαιρεῖν), c'est aller le sens du mouvement diurne (εἰς τὰ ἡγούμενα ou προηγούμενα). Or, à la page 184, le scoliaste parle comme un péripatéticien en disant ἐπὶ τὰ ἡγούμενα προποδίζοντες. Quelques lignes plus loin (p. 185), il explique que les planètes marchant vers leur « première station », c'est-à-dire vers l'Orient, προποδίζειν ἄρχονται ; il parle comme Ptolémée, et il le constate : προποδίζειν λέγει ὁ φιλόσοφος τὸ εἰς τὰ ἑπόμενα κίνησιν ποιεῖσθαι · ὑποποδίζειν δὲ τὸ εἰς τὰ προηγούμενα. De peur d'équivoque, suit une définition, ajoutée par lui ou par un autre : ὑποποδισμὸς ἡ ἀφαίρεσις κατὰ μῆκος. Mais cette définition est aussitôt renversée par la plume d'un péripatétisant, qui écrit à la suite : ὅπερ προήγησις καλεῖται ! Il y a là des interpolations dues à l'obsession du dogme péripatéticien, à moins que ce ne soit à l'habitude vulgaire de ne considérer que le mouvement diurne, en vertu duquel tous les astres « avancent » d'Orient en Occident. C'est ainsi que les astronomes appellent encore « précession » la rétrogradation des équinoxes d'Orient en Occident. Un usage assez amphibologique aussi est de qualifier les deux stations (στηριγμοί) d'après le mouvement *qui va suivre*, d'appeler la première station ἀφαιρετικός — ὁ ἐπὶ ἀφαίρεσιν, et la seconde προσθετικός — ἐπὶ πρόσθεσιν (Porphyre, *Isag.*, p. 184. Anon., p. 135. Paul. Alex., fol. Gv).

2. C'est-à-dire, dans notre système héliocentrique, avec le mouvement de la Terre, unique cause des rétrogradations apparentes des planètes, qui sont un effet de perspective.

3. Héraclide de Pont aussi s'était arrêté : il faisait tourner autour du Soleil

pensaient que les planètes sont menées par le Soleil [1], lequel, suivant la position qu'il occupe relativement à elles, les pousse en avant, les arrête, les chasse en arrière; et cela mécaniquement, sa puissance s'exerçant, comme toute influence astrologique, suivant certains angles ou « aspects ». Pour les planètes les plus éloignées et les plus grosses, comme Saturne et Jupiter, la poussée du Soleil n'atteint l'intensité nécessaire pour changer la direction du mouvement qu'en aspect trigone, lorsque le Soleil est à environ 120° à droite ou à gauche de la planète. En revanche, un astre léger et placé à proximité, comme Mars, obéit — du moins, Pline le prétend — à la poussée plus modérée qui s'exerce en aspect quadrat, c'est-à-dire sous un angle de 90°, à droite ou à gauche. Les planètes sont comme des balles que la raquette solaire, plus agile qu'elles, vient recevoir et relancer, tantôt d'Occident en Orient, tantôt d'Orient en Occident [2].

Mercure et Vénus (Chalcid., *In Tim.*, c. 109), les deux planètes *quae Soli oboediant* (Cic., *Nat. Deor.*, II, 46), mais non pas les planètes « supérieures ». Cf. ci-dessus, p. 107, 3.

1. Sous sa forme générale, cette idée se rencontre partout. *Cum caeli conversiones commutationesque tantae fiant accessu stellarum et recessu, cumque ea vi solis efficiantur* etc. (Cic., *Divin.*, II, 42). C'est la raison pour laquelle le Soleil est au milieu des planètes, καθάπερ ἡνίοχος ἀγαθὸς τὸ τοῦ κόσμου ἅρμα ἀσφαλῶς ἐλαύνων (*Hermipp.*, II, 16, § 116). *Chaldaei — ante omnia igitur dicunt actum vitamque nostram stellis esse subjectam, sed ipsarum motus schemataque a sole crebro immutari*, etc. (Censorin., 8). Une planète en station *in eodem manet signo, donec ab eodem sole moveatur* (Censorin., *Fr.*, p. 59 Hultsch). Même les poètes le savent : *Sol — Mutat nocte diem, radiisque potentibus astra | Ire vetat, cursuque vagos statione moratur* (Lucan., *Phars.*, X, 201). La théorie exposée ci-après est faite pour les trois planètes supérieures. Les autres « obéissent au Soleil » sans doute, mais sans souci aucun des aspects astrologiques ; πρὸς μὲν τὸν ἥλιον οὔτε τρίγωνον ποιοῦσιν, οὔτε ἑξάγωνον, οὔτέ τινα σχηματισμόν (Schol. Paul. Alex., F 4 v).

2. *Errantium autem tres, quas supra Solem diximus stare — radiorum ejus contactu reguntur, et in triquetro a partibus CXX stationes matutinas faciunt, quae et primae vocantur : mox in adverso a partibus CLXXX exortus vespertinos, iterumque in CXX ab alio latere adpropinquantes stationes vespertinas, quas et secundas vocant, donec adsecutus in partibus duodenis occultet illas, qui vespertini occasus vocantur. Martis stella ut propior etiam ex quadrato sentit radios, a XC partibus, unde et nomen accepit motus primus et secundus nonagenarius dictus ab utroque exortu* (Plin., II, §§ 59-60). Martianus Capella (VIII, 887) reproduit presque mot pour mot l'assertion de Pline. Plus loin, Pline expose la raison physique du phénomène : *Percussae in qua diximus parte et triangulo solis radio inhibentur rectum agere cursum, et ignea vi levantur in sublime. Hoc non protinus intellegi potest visu nostro, ideoque existimantur stare, unde et nomen accepit statio. Progreditur deinde ejusdem*

Pour rendre le système intelligible et mettre par surcroît le lecteur à même de comprendre Ptolémée ou ses commentateurs, il faut recourir à une représentation graphique des mouvements apparents des planètes supérieures, comparés aux positions simultanées du Soleil. Le compas est seul à même de traduire le grec de Porphyre ou de Paul d'Alexandrie, et ce n'est pas, je

---

radii violentia et retroire cogit vapore percussas. Multo id magis in vespertino earum exortu, toto Sole adverso, cum in summas apsidas expelluntur minimaeque cernuntur, quoniam altissime absunt, etc. (Plin., II, §§ 69-70). Pline se vante d'être le premier à exposer cette théorie (*a nullo ante nos reddita*, § 71). Sa part d'originalité consiste peut-être à avoir combiné deux systèmes dont chacun se suffit à lui-même, le système des excentriques ou des épicycles et le système chaldéen. Ou bien, il n'a pas reconnu la presque identité de sa théorie avec celle qu'a recueillie Vitruve (IX, 1), théorie plus conforme à nos idées modernes, en ce sens que la répulsion y est remplacée par l'attraction. Vitruve rejette, au nom du bon sens, l'explication inepte qui prétendait que les planètes s'arrêtent quand le Soleil est trop loin d'elles, parce qu'elles ne voient plus leur chemin — *aiunt solem cum longius absit abstantia quadam, non lucidis itineribus errantia per ea sidera obscuratis morationibus impediri.* Il pense que, de même que la chaleur solaire attire les plantes et élève les vapeurs, de même le Soleil attire les planètes, les entraînant quand il est devant, les retenant quand il est derrière — *eadem ratione Solis impetus vehemens, radiis trigoni forma porrectis, insequentes stellas ad se perducit et ante currentes veluti refrenando retinendoque non patitur progredi, sed ad se cogit regredi et in alterius trigoni signum esse.* Mais pourquoi le trigone ? Vitruve, embarrassé, assure que si les rayons solaires agissaient sous n'importe quel angle, *propiora flagrarent* (ci-dessus, p. 81, 3), et il cite Euripide à l'appui. En somme, le dogme astrologique s'impose à lui : il croit que le Soleil n'a d'action qu'en trigone, lorsque *nec plus nec minus est ad quintum ab eo signo.* Quant à Pline, son théorème est entaché de plus d'une erreur. Il enseigne, comme chose reconnue (*convenit - confessum est*, sans doute chez les péripatéticiens, cf. ci-dessus, p. 116), que les planètes sont au périgée et en mouvement accéléré *in occasu vespertino;* à l'apogée et en mouvement ralenti *in vespertino exortu;* ce qui est, si je ne me trompe (voy. fig. 1 et 2), le contrepied de la vérité. Ensuite, le *motus nonagenarius* de Mars est une hypothèse improvisée. Astronomes et astrologues avaient remarqué la marche capricieuse de la planète, ses grandes inégalités de vitesse apparente, mais je ne vois, pour appuyer le dire de Pline, que Porphyre, qui place les « anomalies » (stations) de Mars à 82º ou 86º du Soleil (p. 184), et Paul d'Alexandrie (Gv et G 3 v) : οὐδὲ γὰρ ἐν ταῖς ρχ′ (120°) μοίρας οὗτος (Mars) στηρίζει, ἀλλ' ἐν πϛ′ ἢ πδ′ (82º ou 84ᵛ). Encore se pourrait-il qu'on eût retouché les chiffres. Je suppose, d'après la fig. 2 ci-dessous, que Pline a mal compris ses auteurs, et que le *motus nonagenarius* signifie, non pas que le Soleil est en aspect quadrat avec la planète au moment où il lui imprime le mouvement rétrograde, mais qu'il recommence à agir sur elle après s'être déplacé lui-même d'environ 90 degrés (78º dans la figure). Pline a recueilli encore à ce sujet des *secreta naturae* que nous pouvons lui laisser pour compte (§§ 77-78).

pense, un inconvénient que le sujet appartienne autant ou plus à
l'astronomie qu'à l'astrologie ancienne.

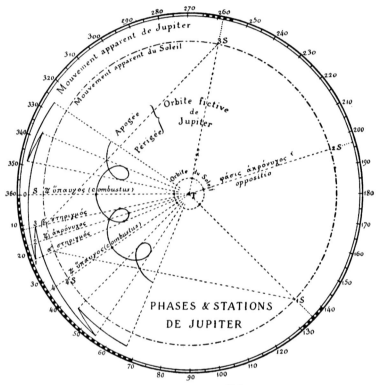

Fig. 1. Mouvement de ♃ [1].

1. Pour obtenir une projection sur la sphère céleste conforme aux apparences réelles, le centre du mouvement de la planète est pris sur le Soleil,
qui, lui, est censé tourner autour de la Terre : c'est le compromis imaginé
par Tycho-Brahé. L'explication donnée pour Jupiter vaudra pour Saturne, dont
l'orbite, vu l'obligation d'observer la proportion des distances, n'eût pu entrer
dans une figure aussi exiguë. Soit le point de départ en conjonction (σύνοδος),
la Terre (T), le Soleil (S) et Jupiter (♃) étant sur une même ligne. ♃ est
ὕπαυγος-*combustus*. Quand S[1] est parvenu à environ 120° (aspect trigone) du
point où est arrivé ♃[1] (lequel marche environ douze fois [11,86] plus lentement), la première station se produit : ἑῷοι μὲν ὄντες (à droite du Soleil et se
levant avant lui) ἀποστάντες δὲ περὶ μοίρας ρκ´ [πλέον ἢ ἔλασσον, Paul. Alex., Gv],
τὸν πρῶτον στηριγμὸν ποιοῦνται (Porph., p. 183). Puis la rétrogradation
commence. Quand ♃[2] est au périgée et en ligne avec T et S[2], il se lève au
moment où le soleil se couche (ἀκρόνυχος) : ὑποποδίζοντες ἐπ᾽ ἀκρόνυχον
φέρον[ται] καὶ κατὰ διάμετρον τῷ ἡλίῳ σχηματιζόμενοι καὶ ἅμα τῇ δύσει αὐτοῦ
καταρχὰς τῆς νυκτὸς ἀνατέλλοντες (*ibid.*). La rétrogradation continue jusqu'au
moment où le Soleil S[3] se trouve à environ 120° (en aspect trigone à droite)

Le système « chaldéen » rendait très bien compte de l'affaiblissement et de la mauvaise humeur des planètes durant la rétro-

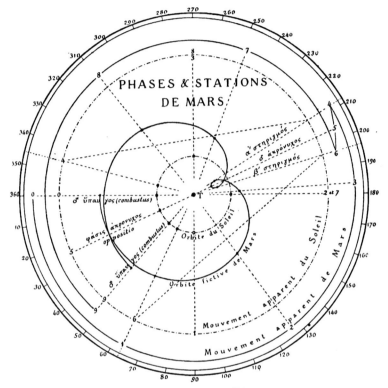

Fig. 2. Mouvement de ♂ [1].

gradation. Contrariées, elles se vengeaient de leur humiliation et employaient à mal faire le peu d'énergie qui leur restait.

On est tenté de reporter à des Chaldéens authentiques ou à des

de la planète ♃[3], qui s'arrête en deuxième station : ἀπὸ τῆς ἀκρονύκτου δ' ὡσαύτως τοῖς ἀριθμοῖς ἀφαιροῦντες, καὶ ἐπὶ τὸ ἑπόμενον τρίγωνον τοῦ ἡλίου ἐληλυθότες, τὸν δεύτερον ποιοῦνται στηριγμόν (Porph., *ibid*.). Aussitôt la planète reprend son élan en avant avec un mouvement accéléré; mais le Soleil la gagne de vitesse et la rejoint en nouvelle conjonction : αὖθις τοῖς ἀριθμοῖς προστιθέντες [ἀρξάμενοι προποδίζειν ἐπὶ τούτου τοῦ σχήματος, ταχύτεραν τὴν κίνησιν ποιοῦνται, προσθετικοὶ τοῖς ἀριθμοῖς ἐπὶ τοῦ Ζωδιακοῦ γινόμενοι, Paul. Alex., *ibid*.] καὶ καταστήσαντες εἰς τὴν ἐπαναφορὰν τοῦ ἡλίου καὶ τὴν ἑσπερίαν ποιησάμενοι δύσιν ἐπὶ σύνοδον ἀφικνοῦνται (Porphyr., pp. 183-184).

1. La figure montre la grande inégalité du mouvement apparent de la planète, qui, sur une durée de révolution de 687 jours environ, emploie près de quatre mois à décrire sa petite boucle. La position respective de Mars et du

rénovateurs de vieilles superstitions orientales l'idée baroque qui consiste à assimiler aux planètes et à noter dans les thèmes de géniture les nœuds, ascendant (☊ ἀναβιβάζων [συνδεσμός]) et descendant (☋ καταβιβάζων) de l'orbite lunaire, qui font le tour de l'écliptique en dix-huit ans. Ptolémée ne connaît pas ou ne veut pas connaître ces planètes fictives : mais Tertullien, un demi-siècle plus tard, parle déjà de l'influence que leur attribuaient les astrologues [1]. Les Grecs du Bas-Empire et surtout les Arabes firent grand état des nœuds écliptiques, appelés la Tête ☊ et la Queue ☋ du Dragon. Cette notoriété du Dragon chez les Grecs d'Asie et les Arabes est à elle seule un indice. On sait que le pôle par excellence était pour les Chaldéens le pôle de l'écliptique, lequel est dans la constellation du Dragon. Le Dragon devait être Anou lui-même. Pour les Gnostiques dont parle l'auteur des *Philosophumena* [2], le Dragon était un monstre qui surveillait de là-haut l'univers entier, et au levant et au couchant. De là l'idée d'allonger sa tête jusqu'à l'Orient, sa queue jusqu'à l'Occident. Ce furent probablement les fabricants d'oracles chaldéens — des contemporains de Ptolémée — qui se chargèrent de mettre dans cette posture le grand Dragon que le démiurge créa même avant les signes du Zodiaque et les planètes [3]. Comment et pourquoi la

Soleil au moment des stations (première, ⊙ 4 et ♂ 4 ; seconde, ⊙ 6 et ♂ 6) ne répond ni au trigone (120°) ni au quadrat (90°). Voy. ci-dessus, pp. 118-119.

1. *Fortasse et Anabibazon obstabat, aut aliqua malefica stella, Saturnus quadratus aut Mars trigonus* (Tert., *In Marcion.*, I, 18). L'ἀναβιβάζων et le καταβιβάζων figurent dans les thèmes de l'astrologue Palchos. Dans les compilations faites au xvie siècle d'après les Arabes, les *Caput* et *Cauda Draconis* sont traitées absolument comme des planètes, l'une masculine (*Caput*), l'autre féminine (*Cauda*). Dans le papyrus CXXX du *Brit. Mus.*, (81 p. Chr.), on voit notés la Lune ἐπὶ τῆς ῥάχεως ἀναβιβάζουσα τοῦ Ταύρου, Saturne ἐπὶ τοῦ χελειδονιαίου Ἰχθύος καταβιβάζων. Ces mots « monter » et « descendre » signifient être au N. ou au S. de l'équateur. C'est plus tard sans doute que les astrologues, se bornant à la Lune et l'étudiant de plus près, ont eu l'idée de tenir compte des nœuds mobiles de l'orbite lunaire et de considérer la Lune comme montant et descendant, non plus par rapport à l'équateur, mais par rapport à l'écliptique.

2. Τετάχθαι γὰρ νομίζουσι κατὰ τὸν ἀρκτικὸν πόλον τὸν Δράκοντα, τὸν ὄφιν, ἀπὸ τοῦ ὑψηλοτάτου πόλου πάντα ἐπιβλέποντα καὶ πάντα ἐφορῶντα κ. τ. λ. — Κατὰ γὰρ τὴν δύσιν καὶ ἀνατολὴν τῶν δύο ἡμισφαιρίων κεῖται τὸ κεφάλαιον τοῦ Δράκοντος (IV, 6, § 3).

3. Dans les *Chaldaica* (Pitra, *Anal.*, V, 2, p. 300) : Ἔπλασεν ὁ Πάνσοφος μὲν δράκοντα πάνυ μέγαν κατὰ μῆκος καὶ πλάτος καὶ βάθος, ζοφοειδῆ, ἔχοντα κεφαλὴν, τὸν λεγόμενον ἀναβιβάζοντα εἰς ἀνατολὴν, καὶ τὴν οὐρὰν αὐτοῦ τὸν λεγόμενον καταβιβάζοντα εἰς δύσιν. Ces deux entités pseudo-planétaires ont dû être ajoutées aux sept planètes par des partisans des cycles *novénaires*, qui échappaient ainsi à la tyrannie des *septénaires*.

tête du Dragon fut-elle assimilée au nœud ascendant de l'orbite lunaire [1], supposé à l'Orient, et la queue au nœud descendant, nous ne sommes pas obligé de le savoir. Une raison qui se présente d'elle-même, c'est que tous les peuples primitifs croient la lune avalée par un dragon quand elle s'éclipse [2] ; la tête du Dragon tout au moins était bien placée à un nœud écliptique. Comme les nœuds se déplacent d'un mouvement assez rapide, plus rapide que celui de Saturne [3], il n'est pas étonnant que les astrologues en aient tenu compte, à titre de lieux d'abord, influant sur les planètes, puis à titre d'entités planétaires, ayant aussi leur tempérament propre, leurs sympathies et leurs antipathies.

Mais le moment est venu de songer que les planètes ne tirent pas toute leur efficacité de leurs qualités intrinsèques. Leur action dépend en grande partie et de leurs positions respectives et de la collaboration qu'elles rencontrent aux diverses étapes de leur route.

1. Toutes les planètes ont un nœud ascendant et un nœud descendant : mais les astrologues n'ont tenu compte que de ceux de l'orbite lunaire. On trouve au moyen âge le *Caput* logé dans le Bélier et la *Cauda* dans la Balance, c'est-à-dire comme nœuds de l'orbite solaire ou écliptique (cf. P. Meyer in *Romania*, XXVI [1897], p. 260).

2. Les Romains en étaient encore, au temps de l'Empire, à faire tapage pour secourir la Lune éclipsée. *Jam nemo tubas, nemo aera fatigat* : | *Una laboranti poterit succurrere Lunae* (Juven., VI, 442), usage attesté par Liv., XXVI, 5 ; Plin., II, § 54 ; Plut., *Paul. Aemil.*, 17. *De fac. in orbe lun.*, p. 944 ; Tac., *Ann.*, I, 28. Le bruit devait effrayer le dragon ou déranger le maléfice des sorcières qui détachaient la Lune de là-haut.

3. Le cycle de la révolution des nœuds, qui sert à prévoir le retour des éclipses, est de 6,793 jours ou 18 ans 2/3. Les Chaldéens (?) l'avaient estimé à 223 lunaisons tropiques ou 6,585 jours 1/3.

CHAPITRE V

LA ROUTE DES PLANÈTES OU ZODIAQUE

On entend par Zodiaque (Ζωδιακὸς κύκλος - *Signifer*) une bande
de la voûte céleste, assez large pour contenir toutes les orbites
planétaires diversement inclinées sur la ligne médiane ou écliptique (ὁ διὰ μέσου κύκλος), route du Soleil, laquelle est elle-même
inclinée de près de 24° sur le plan de l'équateur. Son nom lui
vient des signes (ζῴδια) ou figures imaginaires, appliquées à des
constellations réelles disséminées sur son parcours [1].

L'enquête instituée plus haut sur l'origine du Zodiaque a mis à
peu près hors de cause les Égyptiens, qui, si on comptait les
suffrages au lieu de les peser, auraient pour eux la majorité des
voix. L'illusion qui leur a valu ce qu'on pourrait appeler cet
honneur posthume est due en grande partie aux faussaires alexandrins ; en partie, au fait que le Zodiaque s'est surchargé à une
certaine époque de figures nouvelles ou « décans », d'origine
incontestablement égyptienne ; pour le reste, à la routine des
compilateurs, qui multiplie les témoignages sans en augmenter la
valeur. Par contre, les Chaldéens conservent quelques droits sur
l'idée première d'une construction qui a été régularisée, adaptée
aux usages astronomiques et astrologiques par les Grecs. Les
Chaldéens, en effet, préoccupés surtout des planètes, devaient être

---

1. *Zodiacum hunc Graeci vocitant, nostrique Latini | Orbem signiferum perhi-
bebunt nomine vero* (Cic., *Arat.*, 317). — *Distinet aequato caelum discrimine
metas | Propter signiferi posituram totius orbis* (Lucret., V, 689). — *Nitet
ingenti stellatus balteus orbe* (Manil., I, 679) — καθάπερ τυμπάνου κύκλος, ἐφ᾽ οὗ
καὶ εἰδωλοποιεῖται τὰ ζῴδια (Theo Smyrn., p. 133 Hiller). Les anciens se
contentaient d'une largeur de 12° : *bis sex latescit fascia partes* (Manil., I,
682), insuffisante pour contenir l'orbite de Mercure dans le système héliocentrique (orbite inclinée de 7° 0′ 8″ sur l'écliptique). On sait que l'inclinaison de
l'écliptique sur l'équateur est elle-même variable. Elle est actuellement de
23° 27′ 9″ et diminue d'environ 0″,46 par an.

nécessairement amenés à noter les étapes de leur parcours, tandis que les Égyptiens, l'œil fixé sur le lever des constellations propres à régler leur calendrier, choisissaient les plus brillantes et n'avaient aucune raison de concentrer leur attention sur le cercle étroit, pauvre en étoiles de première grandeur, qui tire toute sa valeur du fait qu'il marque la route des « astres errants ».

L'astrologie grecque a rejeté en dehors de la pratique courante, dans le chapitre des curiosités superflues, l'étude de la sphère dite « Barbarique », pour se réserver tout entière à l'interprétation des présages tirés des planètes et des signes du Zodiaque [1]. Du moins, elle a essayé de limiter ainsi sa tâche, et c'est contre le gré de ses docteurs que le fouillis des traditions orientales est rentré peu à peu dans les compartiments qu'ils avaient tracés [2].

1. Ceci est d'une vérité moyenne, qui a besoin de corrections. L'exclusion des constellations autres que celles du Zodiaque est tellement artificielle qu'elle n'a pu être maintenue sans exception, même par Ptolémée. Il fait entrer dans certains pronostics l'influence de certaines constellations extra-zodiacales qui se lèvent en même temps que les signes (παρανατέλλοντα), et il estime leur action, comme celle des étoiles zodiacales, en prenant pour mesure celles des planètes (*Tetrab.*, I, 9). De même, après et d'après lui, Héphestion de Thèbes (I, 3-5, pp. 68-71 Engelbrecht). La tradition qui lui force ainsi la main s'étale dans le Ve livre de Manilius, dans l'ouvrage de Firmicus (VIII, 5-17), et s'impose même à Démophile commentant Ptolémée. Ce scoliaste (ap. Porphyr., *Isag.*, p. 200) réintègre dans les thèmes de géniture les étoiles de première et de seconde grandeur, qui sont, d'après lui, au nombre de trente et ont une influence psychique (ci-dessus, p. 44 en note). Cette tradition, conforme aux habitudes égyptiennes, doit avoir été introduite dans l'astrologie grecque par les Alexandrins, probablement par les auteurs des livres de « Néchepso et Pétosiris ». La « sphère barbarique » serait donc la sphère égyptienne. Firmicus la dit *Graecis multis et omnibus ferme Romanis incognitam* (VIII, 5), mais il ajoute — si le texte n'est pas altéré — que Néchepso et Pétosiris eux-mêmes ne la connaissaient pas. Avant Manilius, Nigidius Figulus avait traité de la *sphaera Barbarica*, par opposition à la *Graecanica* (cf. Scaliger, *Not. in Manil.*, pp. 333-334) : mais il se pourrait que ce polygraphe entendît par là simplement deux descriptions du ciel à des latitudes différentes.

2. Ptolémée s'exprime très nettement là-dessus. Abordant la généthlialogie, il déclare qu'il laissera de côté, comme impraticable, l'ancienne méthode, celle qui prétendait tenir compte de tous ou presque tous les astres : τὸν μὲν ἀρχαῖον τῶν προρρήσεων τρόπον, τὸν κατὰ τὸ συγκριτικὸν εἶδος τῶν ἀστέρων πάντων ἢ πλείστων, πολύχουντε ὄντα καὶ σχεδὸν ἄπειρον, εἴ τις αὐτὸν ἀκριβοῦν ἐθέλει κατὰ τὴν διέξοδον, καὶ μᾶλλον ἐν ταῖς κατὰ μέρος ἐπιβολαῖς τῶν φυσικῶς ἐπισκεπτομένων ἢ ἐν ταῖς παραδόσεσι θεωρεῖσθαι δυναμένων, παραιτησόμεθα, διά τε τὸ δύσχρηστον καὶ τὸ δυσδιέξοδον (*Tetrab.*, III, Prooem.). Cela revient à dire : « qui trop embrasse mal étreint » ; mais la raison ne vaut qu'en pratique. En théorie, Ptolémée a contre lui non seulement « l'ancien usage », mais la logique de la sympathie universelle. Et comment éliminer

Le fait capital qui domine l'étude du Zodiaque, c'est son obliquité, son inclinaison sur l'équateur. Son plan, traversé obliquement par l'axe du monde, participe à la rotation diurne du ciel, mais d'un mouvement gauche et oscillant qui exerça longtemps la sagacité des mathématiciens grecs. Cette obliquité n'avait pu échapper longtemps à des observateurs doués de quelque patience, eussent-ils borné leur étude à suivre la marche du Soleil. La distinction des deux pôles dans le même hémisphère par les astrologues chaldéens (ci-dessus, p. 40 et 122) nous est garant que la science de ceux-ci n'était pas en défaut sur ce point, et les Grecs n'ont jamais soupçonné les Égyptiens d'avoir ignoré quelque chose [1]. Quant aux Grecs, ils ne savaient lequel de leurs compatriotes avait eu le premier la notion de l'obliquité de l'écliptique et à qui il l'avait empruntée. On en faisait honneur tantôt à Thalès, qui passa du coup pour un élève des Égyptiens et des Chaldéens, tantôt à Anaximandre, qui aurait fait cette découverte à une date connue [2], tantôt à l'inévitable Pythagore, à moins que ce ne fût à Œnopide de Chios, qui avait peut-être mesuré l'angle d'inclinaison [3].

Les philosophes grecs, qui ne savaient pas ignorer, n'étaient pas à court de raisons pour expliquer un phénomène de pure apparence, l'inclinaison de l'axe du monde par rapport à l'horizon. Les physiciens supposaient que le disque de la Terre, mal soutenu par l'air raréfié ou ramolli par la chaleur solaire, s'était affaissé du côté du midi [4]. De pareils improvisateurs ne pou-

---

l'influence de Sirius, le Chien, si l'on croyait qu'il pouvait donner la rage (ci-dessus, p. 79, 1, et Serv., *Aen.*, X, 273), ou celle d'Ophiuchus, quand — à cause du serpent qu'il tient — il fut assimilé à Esculape ? Toute la mythologie stellaire réclamait contre le privilège du Zodiaque. On défendait celui-ci par l'étymologie, au besoin : διὰ δύο αἰτίας Ζωδιακὸς καλεῖται, διὰ τὰ περιεχόμενα ἐν αὐτῷ ζώδια, ἢ διὰ τὸ τὴν ζωὴν τῶν ἐνταῦθα σημαίνειν ἢ ποιεῖν, la vertu « vivifiante » du Zodiaque étant empruntée au Soleil (Schol. Arat., I, p. 372 Buhle). C'est une raison de physicien.

1. Les Égyptiens réclamaient pour disciple Œnopide de Chios, qui avait appris auprès de τοῖς ἱερεῦσι καὶ ἀστρολόγοις, entre autres choses, la connaissance de l'obliquité de l'écliptique (Diod., I, 98). Œnopide interprétait ainsi le surnom de Λοξίας donné à Apollon (ap. Macrob., *Sat.*, I, 17, 31). Cf., dans Nonnus (XLVIII, 334), Λοξώ servante d'Artémis.

2. Plin., II, § 36, texte cité ci-dessus, p. 62, 1.

3. Plut., *Plac. phil.*, II, 12 ; Stob., *Ecl.*, I, 23.

4. Leucippe et Démocrite, suivant Plut., *ibid.*, III, 12. Ces philosophes supposaient donc le pôle placé d'abord au zénith. Mais alors le soleil tournait horizontalement, et on ne voit pas pourquoi il aurait chauffé davantage le Midi. Suivant une autre tradition (Plut., II, 8. Euseb., *Pr. Ev.*, XV, 39), c'était,

vaient renoncer à expliquer le fait réel de l'obliquité de la route des planètes par rapport à l'équateur. Et cependant, leurs tentatives équivalent presque à un aveu d'ignorance. Ils semblent même n'avoir pas compris la question, à savoir que le soleil et les planètes suivent le tracé d'un grand cercle de la sphère. Ils se représentaient le soleil comme se dirigeant vers le nord, et à un certain endroit, repoussé par l'air qu'il comprimait en avançant. L'effet de cette poussée une fois épuisé, il reprenait sa marche vers le nord, et il allait ainsi oscillant entre les deux cercles tropiques, les deux parois de sa cage [1]. Cette bizarre théorie était un corollaire de la précédente : le souffle glacé de Borée qui repoussait le Soleil était la cause qui avait accumulé la chaleur humide dans le midi et déséquilibré la Terre [2]. D'autres physiciens pensaient que le Soleil, se nourrissant des vapeurs de la Terre, ne pouvait suivre toujours le même parallèle sans épuiser son aliment : il changeait donc de latitude pour ne pas manquer de nourriture. Il devait être difficile de trouver un agent mécanique pour expliquer ces déplacements en latitude ; car enfin, le besoin physique n'agit que tranformé en sensation et en volonté. Ces physiciens-là appartenaient en réalité au camp adverse, aux partisans des causes finales [3].

Les finalistes, eux, n'avaient que l'embarras du choix entre toute espèce de raisons providentielles : l'obliquité de l'écliptique avait pour causes les effets produits et *voulus* : la variété et l'alternance des saisons, une mixture plus parfaite des éléments, que les planètes ont pour mission d'agiter et qui se trouvent

au dire d'Empédocle, de Diogène d'Apollonie et d'Anaxagore, le « monde », c'est-à-dire, le ciel, qui s'était incliné au midi, faisant monter le pôle au dessus de l'horizon. Dans ce système, l'axe du monde aurait d'abord été horizontal, et l'inclinaison se serait faite spontanément, ou ἴσως ὑπὸ προνοίας, par une Providence qui n'avait pas réfléchi à tout et qui se ravise.

1. Plut., *Plac. phil.*, II, 23 ; Stob., *Ecl.*, I, 25. Cf. Letronne, *Opinions populaires et scientifiques des Grecs sur la route oblique du Soleil* (*Journ. des Savants*, 1839, pp. 129-146 = OEuvres choisies, II, 1, pp. 337-359).

2. Hérodote sait que le Soleil pompe (ἕλκει) les vapeurs terrestres, et qu'il est repoussé par les vents froids (ὑπὸ τῶν χειμόνων, II, 24 ; — ὑπὸ τοῦ χειμῶνος καὶ τοῦ βορέω, II, 26). C'est une opinion non pas populaire, mais savante pour l'époque. Seulement, ni chez lui, ni chez d'autres, on ne voit ce qui attire le Soleil vers le nord. Si le Borée changeait de place avec le Notus, dit Hérodote (II, 26), le Soleil monterait jusqu'au nord de l'Europe.

3. La preuve, c'est que cette opinion des physiciens (Aristot., *Meteor.*, II, 2) est devenue celle des Stoïciens (ci-dessus, p. 75, 1). Le Soleil est, cela va sans dire, un dieu intelligent, αὐτοκίνητος, et s'il est « l'Apollon oblique » (Λοξίας), c'est qu'il le veut.

fouettés dans tous les sens par leur marche tantôt inverse, tantôt directe, et de plus oscillante en latitude [1]. Quelqu'un eut même l'idée que l'obliquité de la route des planètes était nécessaire à l'équilibre du monde, équilibre qui serait détruit si le mouvement des planètes heurtait de front celui de la sphère des fixes [2]. De vieilles légendes ne conservaient-elles pas le souvenir de bouleversements cosmiques produits sans doute par de mauvaises conditions d'équilibre? Les prêtres égyptiens avaient raconté à Hérodote que, quatre fois en 11340 ans, le Soleil avait interverti sa course [3]. En Grèce, on disait que le Soleil, qui suivait autrefois la marche générale du monde, rebroussait chemin depuis le « festin de Thyeste » ou « d'Atrée [4] ». N'avait-il même changé que le sens de sa course? La légende de Phaéthon élargissait le champ des hypothèses. Certains « pythagoriciens » pensaient que peut-être la Voie Lactée était l'ancienne voie du Soleil, voie brûlée lors de ce mémorable embrasement, délaissée depuis; et l'atomiste Métrodore de Chios était aussi de cet avis [5].

Ces aventureuses spéculations montrent bien — et c'est tout ce que nous en voulons retenir — que le libre génie de la Grèce n'était pas fait exclusivement de froide raison, et que maint savant se trouvait dans un état d'esprit favorable à l'éclosion de la foi astrologique.

Le cercle de l'écliptique coupant celui de l'équateur en deux

---

1. L'auteur de l'*Hermippus* (II, 12) pense que Dieu a incliné l'écliptique pour élargir sur terre la bande habitable, de chaque côté du Paradis terrestre, qui est à l'équateur.

2. *Quae cuncta sidera licet in ortum pergere videantur, non tamen adversum mundum rigido motu sed obliquo per zodiaci defixa moliuntur : alioquin ex contrario partium suarum motu mundus stare non posset* (Marc. Cap., VIII, 853). L'auteur ne dit pas à qui il emprunte cette idée; mais personne ne le soupçonnera de l'avoir inventée. Voy. ci-dessus (p. 114, 1) l'idée connexe que les planètes agissent comme frein.

3. Herod., II, 142.

4. Légende visée par Platon (*Politic.*, p. 269 A), ressassée par les poètes, adaptée par Milton au merveilleux chrétien, la chute d'Adam remplaçant le festin d'Atrée. Des gens sérieux, *mathematici nobiles*, prétendaient bien que Vénus en avait fait autant lors du déluge d'Ogygès (Varr. ap. Augustin., *Civ. Dei*, XXI, 8), et S. Augustin s'empare du fait comme preuve que les miracles de Josué et d'Ézéchias n'ont rien d'impossible.

5. Voy. les opinions sur la Voie Lactée dans Plut., *Plac. phil.*, III, 1; Macrob., *Somn. Scip.*, I, 15; Stob., *Ecl.*, I, 27, etc. Cf. Diels, pp. 335, 349, 364, 562, et ci-dessus, p. 22, 2. OEnopide de Chios rattachait le fait à la légende des Θυέστεια δεῖπνα (Ach. Tat., *Isag.*, 25). Manilius rejette toute idée de changement — *Nunquam transversas Solem decurrere ad Arctos, | Nec mutare vias et in ortum vertere cursus*, etc. (I, 521 sqq.).

points opposés suivant le diamètre commun aux deux plans, ces deux points, dits équinoxiaux, marquent deux des points cardinaux (κέντρα-*cardines*) du Zodiaque. Les extrémités du diamètre perpendiculaire donnent les points solstitiaux ou tropiques. On pouvait prendre à volonté pour point de départ de la division du Zodiaque l'un ou l'autre des équinoxes et des solstices. La tradition gréco-égyptienne, attestée par la majorité des calendriers helléniques, faisait commencer l'année — et, par conséquent, la division du Zodiaque — au solstice d'été. Plus tard, peut-être depuis Hipparque, les astrologues et astronomes, cédant à une mode chaldéenne, qu'on disait aussi égyptienne, romaine au besoin, placèrent le premier degré du Zodiaque à l'équinoxe de printemps, dans le signe du Bélier [1].

1. L'année égyptienne commençait au lever de Sirius (Sothis), voisin du Cancer, et c'est le Cancer qui prime, mis au-dessus du Lion, dans le Zodiaque de Denderah (Lepsius, *Einleit.*, p. 73). Dans le « thème du monde », dit égyptien (ci-après, fig. 23), le Cancer est à l'horoscope. On n'en affirme pas moins que οἱ Αἰγύπτιοι ἀπὸ τοῦ Κριοῦ ποιοῦνται τὴν ἀρχὴν (Schol. Arat. ad v. 544). Ces Égyptiens sont les astrologues Néchepso et Pétosiris. Les Grecs n'avaient pas de système arrêté : le parapegme d'Eudoxe commençait par le Lion ; ceux d'Aratus, de Callippe et de Dioclès, par le Cancer ou par le Capricorne (cf. Halma, *Almag.*, I, p. 148 sqq.). A partir de Posidonius, le Bélier occupe définitivement la première place, et le système est dit égyptien quand même, un peu sans doute à cause d'Ammon et de ses cornes de bélier, et aussi sous prétexte que, le Cancer étant à l'horoscope, le Bélier culminant occupe la première place (Firmic., III, 1, 18 Kroll) ; il est κεφαλὴ τοῦ κόσμου (Macrob., *Somn. Scip.*, I, 21, 23 ; Hephest. Theb., I, 1) — δοκεῖ γὰρ τὸ μεσουράνημα ἀναλογεῖν τῇ κεφαλῇ (Anon., p. 110). L'année chaldéenne et l'ancienne année romaine commençaient au printemps. L'équinoxe de printemps une fois préféré, restait une question litigieuse, la position des *cardines* par rapport aux signes. Eudoxe les plaçait au milieu, Hipparque au commencement : d'autres cherchaient à substituer à ces positions conventionnelles la position réelle qui — on le savait depuis Hipparque — se déplace de 50″ par an. Manilius, Manéthon et autres astrologues routiniers avaient adopté le huitième degré du Bélier-Cancer-Balance-Capricorne (cf. Vitruv., IX, 2 [5]). Ptolémée, qui sait que la précession des équinoxes modifie incessamment la position des points cardinaux (équinoxes et solstices) par rapport aux signes et qui prétend dériver la vertu « naturelle » des signes de leurs rapports avec ces points, Ptolémée, dis-je, détache du Zodiaque réel, représenté par les constellations, le Zodiaque fictif, qui se déplace avec le point vernal, celui dont se servent encore les astronomes d'aujourd'hui. Ce Zodiaque fictif conserve indûment à ses « douzièmes » (δωδεκατημόρια) les noms des « signes » (ζώδια) auxquels ils correspondaient jadis, bien que actuellement son Bélier soit presque tout entier dans la constellation des Poissons. Ptolémée se garde bien de notifier cette rupture avec la tradition et d'avertir qu'elle ira s'aggravant, ruinant par la base les associations d'idées qui constituent le fond de l'astrologie zodiacale. Il se contente de déclarer que ceux qui ne mettraient pas équinoxes et solstices au commencement des

§ I. Description des Signes.

Nous allons considérer un à un ces signes, qui sont des mots pour les astronomes, mais des réalités concrètes, vivantes, agissantes, pour les astrologues, du moins pour ceux qui ne cherchent pas, comme Ptolémée, à transformer en une collection de métaphores leur ménagerie céleste [1].

♈. Le Bélier (Κριός - *Aries*). — En tête du troupeau des signes marchait le Bélier. On disait qu'il avait été mis à ce poste d'honneur par les Égyptiens, adorateurs d'Ammon, et pour

---

signes se tromperaient sur leur « nature », laquelle dépend des distances aux points cardinaux : ἄλλων μὲν γὰρ ἀρχῶν ὑποτιθεμένων, ἢ μηκέτι συγχρῆσθαι ταῖς φύσεσιν αὐτῶν εἰς τὰς προτελέσεις ἠναγκασθησόμεθα, ἢ συγχρώμενοι διαπίπτειν, παραβάντων καὶ ἀλλωτριοθέντων τῶν τὰς δυνάμεις αὐτοῖς ἐμπεριποιησάντων τοῦ ζῳδιακοῦ διαστημάτων (*Tetrab.*, I, 21). Les aristotéliciens du moyen âge appellent le Zodiaque réel la huitième sphère, qui est censée rétrograder lentement par rapport à la sphère du premier mobile, devenue la neuvième. C'est celle-ci qui porte les « douzièmes » ou signes utilisés en astrologie.

1. Pour la mythologie et l'iconographie zodiacales, voy. les descriptions de *Arati Solensis Phaenomena et Diosemea*, gr. et lat. cur. Io. Th. Buhle, Lips. I et II (1793-1801) avec les scolies. — *Eratosthenis Catasterismorum reliquiae*, rec. C. Robert, Berolin., 1878. — *Hipparchi in Arati et Eudoxi Phaenomena Commentariorum lib.* III, ed. C. Manitius, Lips. 1894. — Les *Aratea* de Cicéron et de Germanicus (ed. Buhle, *op. cit.*, ou *Poet. lat. min.*, ed. Baehrens, I, Lips. 1879), et les *Scholia in Caesaris Germanici Aratea* (ed. Buhle, *op. cit.*, ou ed. Eyssenhardt, ad calc. Mart. Cap., pp. 378-422, Lips. 1866). — *Hygini Astronomica*, ed. R. Bunte, Lips. 1875. — Les *Dionysiaca* de Nonnus (ed. Kœchly, Lips. 1857) offrent une ample collection de descriptions et d'épithètes, pour les signes et les planètes. Les signes du Zodiaque considérés comme symboles solaires dans Macrob., *Sat.*, I, 21, 16-27. Quant aux figures elles-mêmes, elles ont été dessinées par les graveurs en médailles, sculpteurs, imagiers du moyen âge et de la Renaissance — parfois avec une étrange fantaisie (cf. *Hygin.*, ed. Basil. 1549) — d'après les descriptions, lesquelles permettent des variantes. J'ai sous les yeux, durant l'impression de ce chapitre, une étude iconographique toute récente à laquelle je renvoie le lecteur, par G. Thiele, *Antike Himmelsbilder*, Berlin, 1898, 184 p., in-4°, 7 pl. et 72 fig. dans le texte. Les figures que j'ai dessinées reproduisent à peu près celles de Flamsteed, *Atlas coelestis*, London, 1729. Elles n'ont aucune prétention à l'exactitude mathématique. J'ai simplement déroulé la bande zodiacale, considérée comme un anneau cylindrique, et restitué la graduation du temps d'Hipparque, lequel plaçait l'Épi de la Vierge à 6° à l'O. du point équinoxial d'automne. C'est sur le ciel d'Hipparque qu'ont spéculé nos astrologues. La position actuelle de l'équateur a été rapportée à l'observation d'Hipparque, en admettant un déplacement de 50″ 2 par an, soit, pour 2037 ans, 28° 7′.

d'excellentes raisons. Ptolémée, qui goûte peu le Bélier chef de
file [1], aime mieux invoquer la vertu génératrice de la saison printanière que symbolise, suivant lui, le Bélier, premier des signes
masculins. Cette explication boiteuse convient à la saison, mais
non à l'animal; car Ptolémée lui-même, quand il s'agit des planètes, associe le sexe féminin au principe humide. Les mytho-

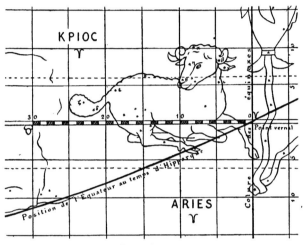

Fig. 3. Le Bélier.

graphes avaient trouvé mieux. Pour eux, le Bélier était le fameux
bélier à la Toison d'or, qui avait emporté à la nage Phrixos et
Hellé et laissé tomber la jeune fille dans les flots de l'Hellespont.
Ce pouvait être aussi celui que se disputaient Atrée et Thyeste,
ou encore le bélier qui conduisit aux sources de l'oasis d'Ammon
le cortège assoiffé de Bacchus.

On se représentait le Bélier zodiacal à l'état de repos, la tête
vers l'Occident, mais détournée, de façon que la saillie de l'encolure précédait les cornes [2].

---

1. Cf. les listes mnémoniques, *Hexasticha de XII signis* (Poet. lat. min.,
IV, pp. 143-146 Baehrens), où sont prodiguées les épithètes *Primus Aries* —
Signorum princeps — *astrorum dux* ou *ductor gregis* — *principium*. Firmicus
(II, 10 Kroll) l'appelle *signum regale*. Cf. βασιλικόν (Anecd. Ludwich, p. 107,
6); Nonnus, κέντρον ὅλου κόσμοιο, μεσόμφαλον ἄστρον Ὀλύμπου (XXXVIII, 268).

2. *Cervice prior flexa quam cornibus ibit* (Manil., IV, 506). Le Bélier retour-
nait la tête vers le Taureau : *Respicit admirans aversum surgere Taurum*
(Manil., I, 264). Mais le caractère belliqueux attribué au Bélier exigeant une
autre attitude, le même Manilius le voit fonçant les cornes en avant... *sic
ipse in cornua fertur | Et ruit ut vincat* (IV, 509-510). Cf. G. Thiele, fig. 33.

Il est aisé de prévoir en gros le caractère du Bélier et de ceux qui subiront son influence. Les associations d'idées les plus naïves, celles qui représentent le mieux la logique des premiers astrologues, sont celles qu'a recueillies le poète Manilius [1]. Les sujets du Bélier travailleront la laine et feront fortune dans l'industrie du vêtement [2]. Mais, comme le bélier mythique qui fut plus d'une fois submergé par les vagues et fut enfin dépouillé de sa toison d'or, comme les béliers vivants qui sont fréquemment tondus, ces marchands auront de soudains revers de fortune, et seront tenus en haleine (le Bélier est un signe à ascension rapide) par l'espoir de les réparer. Timidité mêlée de sottise, avec de brusques détentes de colère [3], — les coups de cornes du bélier, — voix chevrotante et grêle, etc., sont des traits auxquels chacun pouvait ajouter à sa fantaisie.

♉. LE TAUREAU (Ταῦρος - *Taurus*). — Le Taureau astrologique ne ressemble guère à son modèle vivant. Il faut chercher dans les traditions orientales la raison des déformations infamantes qu'il a subies, surtout de l'affront qui lui a enlevé son sexe. Manilius le traite comme un bœuf et lui attribue le patronage des laboureurs. Les astrologues allaient plus loin : tout en lui conservant le nom de Taureau, ils le classaient parmi les signes

---

1. Les portraits tout faits, qui traînent encore dans certains almanachs et astrologies populaires, ne se trouvent ni dans Ptolémée, ni chez aucun disciple de l'astrologie savante, le signe zodiacal n'entrant que pour une part minime dans la somme des influences calculées. On les rencontre chez les praticiens qui n'ont qu'une teinture d'astrologie, comme les physionomistes (μετω-ποσκόποι. Cf. *Philosophum.*, IV, 3), chiromanciens et autres. Manilius est un néophyte, et son ingénuité fait de lui un contemporain des créateurs de l'astrologie. Il nous donne deux séries de portraits (IV, 123-291 et 502-584). Les astrologues postérieurs ont dénaturé et compliqué le caractère des signes en les découpant en quantité de parties et attribuant à chaque étoile un tempérament comparable à celui des planètes. Par exemple, d'après Ptolémée, les étoiles situées dans la tête du Bélier ont la nature de Mars et de Saturne; celles de la bouche tiennent de Mercure; celles du pied de derrière, de Mars, et celles de la queue, de Vénus (*Tetrab.*, I, 8). La personnalité du signe disparaît.

2. L'association d'idées conduit du bélier à la laine, de la laine à Minerve — *Minervae Aries esse dignoscitur* (Serv., *Aen.*, XI, 259), — laquelle est aussi Pallas et s'associe au Bélier belliqueux. Le Bélier n'est pas une constellation brillante, précisément parce que *deposito vellere aureo in caelum sit receptus* (*Eratosth. rel.*, p. 124 Robert).

3. Puisque ce n'est pas pour l'éclat de ses étoiles, ce doit être par assimilation de ses accès de colère au feu(?) que le Bélier est devenu un *signum ignitum* (Firmic., II, 10 Kroll), πυρῶδες (Anecd. Ludwich, p. 105) — διάπυρον (*ibid.*, p. 109).

féminins. Il y avait là de quoi embarrasser les donneurs de raisons. Les mythographes pensaient que ce taureau devait être celui dont Zeus avait pris la forme pour enlever Europe à travers les flots de la mer de Phénicie [1], ou bien le taureau de Pasiphaé [2], ou la vache Io [3], ou, en désespoir de cause, le bœuf Apis [4]. Ce qui

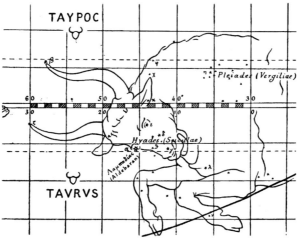

Fig. 4. Le Taureau

apparaît à travers ces légendes, c'est que le Taureau mythique n'est ici qu'un comparse, le véhicule d'une divinité lunaire dont ses cornes symbolisent le croissant et qui répond au type d'Istar-Astarté-Aphrodite [5]. Aussi verrons-nous plus loin que les astrologues faisaient du Taureau le domicile (οἶκος) de Vénus et le lieu

---

1. Hygin., II, 21. German., *Arat.*, 536. Nonnus, I, 355 sqq. Ampel., 2, 2 : Σιδώνιος Ταῦρος (Maxim., v. 85, ap. Ludwich, p. 10). Tradition orientale : on sait que les Chaldéens représentent souvent les dieux portés par des animaux symboliques.

2. Monnaies cypriotes au taureau avec Aphrodite Πασιφάεσσα. Cf. Astarté taurocéphale (Euseb., *Pr. Ev.*, I, 10, 31).

3. Hygin., II, 21 etc. Cf. *Eratosth. rel.*, pp. 106-107.

4. Ps. Lucian., *Astrol.*, 7 (tradition égyptomane). Le rapport entre le bœuf Apis et la Lune était si étroit que la queue de l'animal croissait et diminuait avec la Lune : ταῦρος ἀνακείμενος τῇ θεῷ, οὗ ἡ οὐρή συνηύξανεν αὐτῇ καὶ συνεμειοῦτο (Anon., p. 2). Mais alors, πῶς τὸν ταῦρον θῆλυ νομίζουσι ζῷον; (S. Empir., V, 95). *Vacca sit an taurus, non est cognoscere promptum : | Pars prior apparet, posteriora latent* (Ovid., *Fast.*, IV, 717 sqq.).

5. Cf. Σελήνη βοῶν ἐλάτειρα (Nonnus, I, 331 etc.) ταυροφυής (XXIII, 309) et l'épithète banale, κερόεσσα, κεραίη etc. La Lune = Vénus (ci-dessus, p. 92, 4).

d'exaltation (ὕψωμα) de la Lune. Ceux qui cherchaient des arguments plus simples faisaient observer que les Pléiades (*Vergiliae*) et les Hyades (*Suculae*), dont le sexe mythique n'était nullement équivoque, formaient dans la constellation deux groupes surpassant en importance l'Œil brillant, mais unique du Taureau [1]. Seulement, on ne comprenait plus pourquoi la prédominance incontestée du sexe féminin avait laissé subsister le nom de Taureau, devenu l'étiquette d'une monstruosité. Ce nom si tenace venait probablement de Babylone [2].

Le Taureau zodiacal était représenté énorme, mais tronqué à mi-corps, les attributs litigieux de son sexe étaient censés plonger sous l'eau. Il n'y avait pas de place pour l'arrière-train, car le Taureau, tourné en sens inverse du Bélier, était soudé à celui-ci, à la façon des taureaux géminés de l'art persan. Il en résultait que le Taureau semblait foncer à l'encontre du mouvement diurne et se laisser traîner à reculons. Ce détail plastique est loin d'être négligeable pour les astrologues; ajouté au sexe ambigu de l'animal, il donne lieu à des inductions fort peu édifiantes sur les mœurs des clients du Taureau [3]

1. Il fut un temps où, l'équinoxe étant dans le Taureau, le lever des Pléiades ouvrait l'année. Les Πλειάδες sont les colombes (πελειάδες) d'Aphrodite : l'étymologie utilitaire (de πλέω) doit avoir été inventée après coup. On les appelait aussi *Eoae, Atlantides* (Serv., *Georg.*, I, 219. 225), *latine Vergiliae a verni temporis significatione* (Serv., *ibid.*, 138). Elles étaient au nombre de sept, dont on nous donne les noms (Serv., *Georg.*, I, 138. Arat., *Phaen.*, 255-267 et Schol., *ibid.*, German., *Arat.*, 262-263). Germanicus les place (en longitude) *Poplite sub laevo Tauri*. Le diminutif *Suculae* (les petites truies) traduit assez bien Ὑάδες (de ὗς), un nom que d'autres étymologistes traduisaient par « Pluvieuses » (de ὑεῖν). Cf. Plin., *Hist. Nat.*, II, § 105. Serv., *Georg.*, I, 138. L' « œil du Taureau » (Aldebaran) est appelé *Cupido* par Manilius (IV, 151) : tout est à Vénus dans ce signe. Il est entendu qu'en astrologie, un groupe de petites étoiles, tel que les Pléiades, en vaut une grande : εἰδέναι χρὴ ὡς ὅταν σύστημα τι ἀστέρων καὶ ἀφανεστέρων ἢ καὶ μὴ λαμπρῶν, ὡς ἐπὶ τῆς Πλειάδος, τὸ αὐτὸ δύναται τῷ λαμπροτέρῳ (Anon., p. 85). D'où il suit — soit dit en passant — que le titre de Πλειὰς τραγικὴ donné aux sept tragiques alexandrins était, en somme, modeste. La Pléiade était la monnaie d'un Eschyle ou d'un Sophocle ou d'un Euripide.

2. Le Taureau babylonien pouvait être Sin (☽ ὕψωμα de la Lune, ci-après, ch. VII), ou Samas (l'équinoxe, ὕψωμα du Soleil, étant dans le Taureau, du XLIVe au XXIIe siècle avant notre ère).

3. *Aversum Taurum* (Manil., I, 264; cf. II, 153. IV, 521). Aussi *naturae pudet* (V, 154), et le Taureau reparaît souvent dans les *cinaedorum impurorum steriliumque geniturae* (Firmic., VII, 16 Pruckner). Cependant, la tradition égyptienne, assimilant le Taureau à Apis, n'admettait pas la mutilation. Le Taureau de la *Sphaera Barbarica* avait sa *natura*, ses pieds de derrière et sa queue

Ħ. LES GÉMEAUX (Δίδυμοι - *Gemini*). — Là où les Chaldéens plaçaient leurs grands Jumeaux, hypostases de Nergal, les Grecs installaient aussi deux éphèbes, empruntés à leur mythologie [1]. L'opinion la plus répandue voulait que ce fussent les Dioscures,

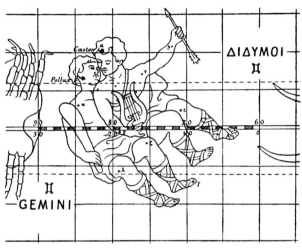

Fig. 5. Les Gémeaux.

Castor et Pollux, dont le nom est resté aux deux étoiles les plus brillantes de la constellation [2]. On y reconnaissait aussi Apollon et Hercule [3] — tradition qui finit par prévaloir sur la précédente —

(Firmic., VIII, 3. Cf. Hygin., II, 21; Anon., p. 5; Schol., *Iliad.*, XVIII, 486). Firmicus enlève même au Taureau son attitude caractéristique en le faisant lever par les cornes (Firmic., VIII, 3). Quoi qu'en dise Servius (*T. non a capite, sed a dorso oritur et aliud est aperire annum, aliud inchoare*), Virgile paraît mettre l'équinoxe dans le Taureau et retourner la figure de celui-ci, en disant : *Candidus auratis aperit cum cornibus annum | Taurus* (Virg., *Georg.*, I, 217; Serv., *ad loc.*). Ovide se méprend aussi quand il fait dire au Soleil instruisant Phaéthon : *Per tamen adversi gradieris cornua Tauri* (Ovid., *Met.*, II, 80). Le Soleil, marchant à l'encontre du mouvement diurne, n'aborde pas le Taureau par les cornes. Le mieux serait de corriger et de replacer ici l'épithète usuelle *aversi*. Détails plastiques : *genu flexo Taurus* (Cic., *Arat.*, 290), ἡμιβαφής, avec son pied droit allongé vers Orion, etc. (Nonnus, *Dionys.*, I, 355-361); pronostics logés dans le κυρτὸν τοῦ Ταύρου ou dans la δίπλωσις τοῦ ὀλισθήσαντος ποδός (Ludwich, *Anecdota*, p. 111).

1. Éphèbes nus, suivant Manilius, à cause de la proximité du Cancer : *Nudus uterque tamen, sentit quia uterque calorem* (II, 184).

2. Euripid. ap. Schol. Lycophr., 510; Ovid., *Fast.*, V, 693-720; Hygin., II, 22; German., *Arat.*, 542, etc. Cf. *Eratosthenis reliq.*, pp. 86-87 Robert.

3. Apollon du côté du Taureau, Hercule du côté de son Cancer ou Crabe

ou bien Apollon et Bacchus, ou Hercule et Thésée, ou Zéthos et Amphion, ou deux jeunes favoris de Déméter, Triptolème et Iasion, ou encore des Cabires de Samothrace. L'essentiel, c'était évidemment de satisfaire à la tradition chaldéenne, qui exigeait un couple fraternel ou amical.

On représentait les Gémeaux soit debout, soit assis, les pieds en avant [1], Castor (ou Apollon) du côté du Taureau, Pollux (ou Hercule) du côté du Cancer.

Les Gémeaux, au dire de Manilius, forment des musiciens indolents, qui préfèrent la lyre et la flûte à la trompette guerrière, ou des savants qui commencent par l'astronomie (l'étude de la lyre céleste) et finissent par les mathématiques [2]. On n'aurait pas cru les Gémeaux si épris de l'harmonie pythagoricienne. C'est sans doute Apollon qui suffit à tout. Quant à Hercule, il ne figure là que pour expliquer la présence de son voisin, le Crabe ou Cancer.

♋. Le Cancer ou *Crabe* ou *Écrevisse* (Καρκίνος - *Cancer*). — Ce crabe fameux était celui qui, dans les marais de Lerne, avait mordu Hercule au pied et avait été, pour cet exploit, transporté au ciel par Héra, ennemie irréconciliable du héros [3]. Les deux étoiles appelées les Anes ("Ονοι - *Asini*) qui brillent sur la carapace du crustacé avaient aussi leur légende.

On ignore d'où est venu aux Grecs ce type zodiacal. On s'avisa sur le tard de l'expliquer par un symbolisme naturel, en disant que le Soleil, arrivé au tropique, marche ensuite à reculons comme

(Ptol., *Tetrab.*, I, 9. Hephest. Theb., I, 3, p. 68 Engelbr.). Mais les partisans de l'équation mythique Apollon = Soleil demandaient pourquoi les Gémeaux n'étaient pas la maison du Soleil (voy. ci-après, ch. vii), de préférence au Lion (Anon., p. 36).

1. Ce détail n'est pas indifférent. Manilius explique par là la lenteur des Gémeaux, c'est-à-dire le ralentissement de la marche du soleil à l'approche du solstice d'été (II, 200-203).

2. Manil., IV, 152-161.

3. Voy. les textes dans C. Robert, *Eratosth. rel.*, pp. 85-95. La plupart ont trait à la légende scabreuse des Anes, vaincus au concours (*de natura*) et tués par Priape (cf. Lactant., *Inst. Div.*, I, 21), ou, suivant une autre version, auxiliaires des dieux contre les Géants, qu'ils effrayent de leurs braiements. Entre les deux Anes ("Ονος βόρειος — νότιος) se trouve une nébuleuse, appelée ἡ Φάτνη ou τὸ Φάτνιον (la Crèche), qui joue un grand rôle dans les pronostics comme produisant des troubles de la vue ou même la cécité. Cf. ci-après, ch. xii. Comme le tropique du Cancer est à l'intersection d'un « colure » avec le cercle tropique, le Cancer a dû être appelé aussi Colure, car il porte dans le zodiaque gréco-hindou le nom de *Kouliro* (J.-M.-F. Guérin, *Astronomie indienne*, p. 69). Le Cancer est vu par le ventre, *patulam distentus in alvum* (Manil., II, 253).

le crabe [1]. Les décorateurs inconnus du Zodiaque n'avaient sans doute pas tant d'esprit, et il est douteux au surplus que, de leur temps, le solstice d'été fût dans le Cancer. C'est même la difficulté d'établir une association d'idées entre la saison sèche et un ani-

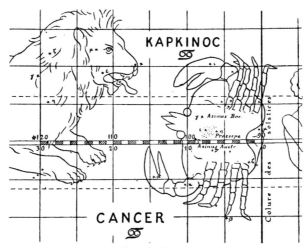

Fig. 6. Le Cancer.

mal aquatique qui a suggéré aux érudits modernes l'idée que le Zodiaque avait tourné de 180° depuis sa construction. Ce serait peut-être le cas de songer que, si la Chaldée est à sec en juin, le lever héliaque du Cancer et du Chien annoncent en Égypte le début de l'inondation annuelle [2]. Les astrologues s'accordaient

---

1. Macr., *Sat.*, I, 17, 63. Le Cancer, comme le Taureau, est entraîné à reculons par le mouvement diurne (Manil., II, 199. Cf. Ovid., *Met.*, II, 82 : *circuitu curvantem brachia longo | Scorpion, atque aliter curvantem brachia Cancrum*). De là, pour Manilius, ralentissement de la marche du Soleil. Il est facile, et partant inutile, d'essayer des explications comme celle-ci : Hercule représente le Soleil (cf. ἀστροχίτων Ἡρακλες, Ἥλιε. Nonn., XL, 369), qui, arrivé à l'apogée, est mordu, c'est-à-dire contraint de reculer, par le Cancer; ou bien, le Cancer est dit humide, parce que la constellation est sans éclat, un trou noir dans le Zodiaque. Autant vaut l'idée de Sérapion (Plut., *De Pyth. orac.*, 12), qu'un animal aquatique rappelle l'élément dont se nourrit le Soleil.

2. Les Égyptiens commencent leur année sous ce signe, dit le scoliaste, τότε γὰρ ὁ Νεῖλος ὁ πάντων αὐτοῖς τῶν ἀγαθῶν αἴτιος πληθύνει (Anon., p. 77). Dans le Zodiaque du pronaos de Denderah figure, à côté de Sothis (Sirius) et avant le Cancer, une déesse qui verse des cruches d'eau, symbole de l'inondation. Sur les tombeaux pharaoniques, on voit intercalés entre le Soleil et Sothis deux tortues. On retrouve à l'époque gréco-romaine ces tortues, placées parfois devant un Lion à tête de crocodile (Brugsch, *Thesaurus Inscr. Aegypt.*, 1,

à faire du Cancer un signe féminin ; mais ils ne s'entendaient pas sur l'espèce du crustacé, qui était pour les uns un crabe de mer, pour les autres, un crabe d'eau douce ou écrevisse [1], ce qui occasionnait des divergences dans les pronostics.

Manilius nous laisse le soin de deviner pourquoi le Crabe produit des négociants avides, des spéculateurs sans scrupules. Il livre cependant le mot de l'énigme en disant que ces brasseurs d'affaires envoient leurs navires d'un bout à l'autre du monde [2]. Ils fondent leurs opérations sur l'élément où vit le crabe.

♌. Le Lion (Λέων - *Leo*). — L'assimilation du terrible soleil

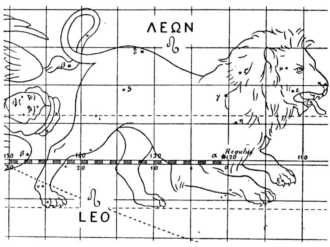

Fig. 7. Le Lion.

d'été est de celles qui ont pu être faites en Chaldée et ne pas être dépaysées en Grèce. Pour les Grecs, le Lion était celui qu'Hercule avait étouffé entre ses bras ou assommé d'un coup de massue à Némée. Il avait retrouvé sa vigueur au ciel par les soins de Hèra.

---

pp. 10 et 113). Peut-être le décan Knem (tortue) attribué au Cancer (ci-après, ch. vii) est-il le prototype du Cancer. En tout cas, Grecs et Romains ne parlent que du Cancer brûlant, du Chien torride, etc., — le chien qui aime le froid, remarque le scoliaste d'Aratus, ὅτι φιλόψυχρος ὢν ὁ κύων, καὶ χαίρων ἐπὶ τῷ ἐσομένῳ χειμῶνι (Schol., v. 403) — et ce n'est pas de leur côté qu'il faut chercher la raison d'être du signe aquatique. La tortue égyptienne est une origine plausible.

1. Le Cancer est marin pour Manilius (*Neptuno debere genus*, II, 223) et pour Ptolémée (θαλάττιον, *Tetrab.*, II, 7), fluviatile (ποτάμιον) pour le scoliaste (*In Tetrab.*, p. 67) : même désaccord pour les Poissons (ci-après).

2. Manil., IV, 162-175.

Aucun membre ne lui manque ; il s'avance fièrement, les pieds sur l'écliptique, dans le sens du mouvement diurne [1].

Comme le lion est le roi des animaux, l'étoile qui brille sur le cœur du Lion céleste est le « Roitelet » (Βασιλίσκος - *Regulus*), et le Lion a sa place marquée dans les génitures royales [2]. Manilius se contente de pronostics moins ambitieux. A l'entendre, l'influence du Lion produit de hardis chasseurs, des entrepreneurs de *venationes* et des bestiaires, gens simples d'ailleurs et sans plus de malice que l'enfant [3].

♍. LA VIERGE (Παρθένος - *Virgo*). — On a vainement cherché dans les documents babyloniens un type analogue à celui de la Vierge, la femme ailée, couchée, la tête en avant, sur le cercle zodiacal [4]. De leur côté, les Grecs ont fouillé tous les recoins de leur mythologie pour lui donner un nom propre et une généalogie. C'est tantôt Astrée ou la Justice, Δίκη (fille de Zeus et de Thémis ou d'Astræos et de l'Aurore), qui, comme chacun sait, s'est exilée de la terre, ou Démêter, ou la Fortune, ou Atargatis, ou Isis, ou Érigone, la fille infortunée d'Icare, ou encore une certaine Parthénos, fille d'Apollon et de Chrysothémis, fabriquée par quelque amateur d'étymologies faciles [5]. La légende d'Astrée tient beau-

---

1. Voy. *Eratosth. reliq.*, pp. 96-99 Robert. Sur les monuments figurés (voy. les monnaies alexandrines d'Antonin ap. Eckhel, IV, p. 70 sqq.), le Lion est tourné tantôt à droite, tantôt à gauche — à gauche dans le *Cod. Vossianus* de Germanicus (G. Thiele, fig. 26). C'est sans doute le Lion étouffé par Hercule que Manéthon appelle ἀσθματικός (Maneth., IV, 274). L'inspection de la fig. 6 justifie l'expression de Lucain : *Cancri sidera mixta Leoni,* que Scaliger (*Prolegg.* p. 12) déclare inintelligible. On dirait aussi bien et mieux le Verseau mêlé au Capricorne (fig. 12).

2. Ὁ Λέων ἔχει ἐπὶ τῆς καρδίας ἀστέρα, Βασιλίσκον λεγόμενον, ὃν οἱ Χαλδαῖοι νομίζουσιν ἄρχειν τῶν οὐρανίων (Schol. Arat., v. 148, I, p. 43 Buhle) — ὅτι δοκοῦσιν οἱ περὶ τὸν τόπον τοῦτον γεννώμενοι βασιλικὸν ἔχειν τὸ γενέθλιον (Gemin., *Isag.*, 2). Sur les génitures royales et le Lion, voy. ci-après, ch. XII.

3. Manil., IV, 176-188.

4. Οὐρανίου δὲ λέοντος ὀπισθιδίῳ παρὰ ταρσῷ (Nonnus, XXXVIII, 360).

5. Voy. *Eratosthen. reliq.*, pp. 82-85. Suivant C. Robert (*ibid.*, p. 247), la femme ailée, vêtue d'une robe rouge, tenant des épis dans la main gauche et montrant du haut d'un rocher (Parthénion) Télèphe enfant, que l'on voit sur une peinture d'Herculanum, est la Vierge céleste. Cf. dans Martianus Capella (II, 174-177) la description d'une Vierge à la mode égyptienne, une Isis. Les astrologues eux-mêmes sont déroutés par la profusion des légendes. Ainsi, la Vierge est stérile (Manil., II, 238); mais, comme Démêter, elle est féconde, et Manilius écrit — si l'on s'en tient à la leçon de Scaliger : *Hinc fœcundus erit, quod mirum in virgine, partus* (IV, 202). Suivant une explication naturaliste, la Vierge est à cette place, *propter quod his diebus terra exusta nihil pariat* (Isid., *Origg.*, III, 70). Mais l'Épi ? et Ptolémée, qui range la Vierge parmi les

coup de place dans Aratus et ses imitateurs ou commentateurs, parce qu'elle prêtait aux développements sur l'âge d'or et la méchanceté actuelle des hommes : celle d'Érigone fournissait les éléments d'un drame englobant la Vierge (Érigone), Arcturus (Icare) et Sirius (le chien d'Icare). Le recours à Démêter était motivé par le nom de l'Épi (Στάχυς - *Spica*), l'étoile la plus brillante de la constellation.

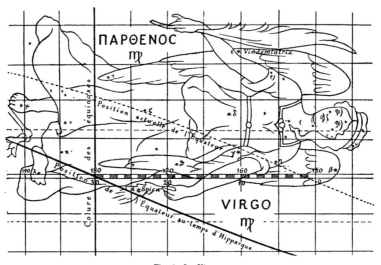

Fig. 8. La Vierge.

Pour Manilius, la Vierge est Érigone. Il fait d'elle une sorte d'institutrice qui forme des gens éloquents, savants, des sténographes capables de suivre la parole avec la plume, mais poussant la timidité au point où elle devient un défaut. Il oublie pour le moment d'interpréter l'Épi que la Vierge tient de sa main gauche et qui doit avoir quelque rapport avec la moisson, comme une autre étoile du groupe, la Vendangeuse (Προτρυγητήρ - Προτρύγετος - *Vindemiatrix* - *Provindemia* - *Vindemitor* - *Antevindemiator*), avec la vendange et la légende bachique d'Érigone [1].

signes « humides » ? (*Tetrab.*, IV, 8). Les astrologues ont aussi le mot pour rire. Ceux qui assimilaient la Vierge à la Fortune ne se contentaient pas de lui mettre un bandeau sur les yeux ; ils lui enlevaient la tête (διὸ καὶ ἀκέφαλον αὐτὴν σχηματίζουσιν. *Eratosth.*, p. 84 Robert). L'Épi mérite une place d'honneur dans l'histoire de l'astronomie. C'est en l'observant — il était presque sur l'équateur — que Hipparque découvrit la précession des équinoxes.

1. Cette étoile, de médiocre éclat, avait servi, comme les Pléiades, de point de repère pour les saisons. Ptolémée (Φάσεις, § 9, ap. Wachsmuth, p. 209) s'excuse de ne plus employer ces vieilles marques.

♎. La Balance (Χηλαί ou Ζυγός - *Chelae* ou *Libra*). — La constellation du Scorpion, dont la donnée première paraît être de
provenance chaldéenne, ne se trouvant pas à la mesure d'un
douzième du Zodiaque, les Grecs distinguaient dans l'animal
céleste les Pinces ou Serres (Χηλαί) et le Scorpion proprement
dit. Au Ier siècle avant notre ère, on s'habitua de plus en plus à
substituer aux Pinces un vocable nouveau, la Balance [1]. Pourquoi la Balance? Peut-être tout simplement parce que, au point

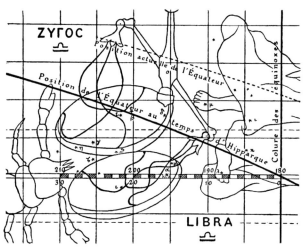

Fig. 9. La Balance.

de vue graphique, il était aisé de transformer les Pinces en pla-
teaux de balance [2]. Le motif couramment invoqué était que la
Balance, correspondant à l'équinoxe, faisait part égale au jour
et à la nuit. Il se peut aussi que l'idée de Balance ait été suggérée
par la légende qui identifiait la Vierge avec la Justice, auquel

1. P. Tannery, *Recherches*, p. 279, croirait volontiers que la Balance est une
invention d'Hipparque et symbolise réellement l'équinoxe — *Librantes noctem
Chelae cum tempore lucis* (Manil., IV, 203. Cf. Lucan., *Phars.*, X, 227). Le
nom de *Chelae* resta toujours en usage ; mais, même avec ce nom traditionnel, le symbolisme était modifié.

2. Manéthon est d'avis que le Ζυγός fut ainsi nommé, ἐπεί τ' ἐτάνυσσ'
ἑκάτερθεν, | Οἷαί περ πλάστιγγες ἐπὶ ζυγοῦ ἑλκομένοιο (Maneth., II, 136
sqq.). Firmicus se représente la Balance, signe masculin, sous la forme d'un
homme tenant une balance (VIII, 3). C'était, disait-on, l'inventeur de la
balance, peut-être Palamède, catastérisé pour ce fait (Ampel., *Lib. mem.*, 2, 7).
La Balance génie féminin, comme domicile de Vénus, sur l'autel de Gabies
(Clarac, II, pl. 130, 151).

cas il y aurait eu une ironie non médiocre à comparer l'instrument symbolique de la justice aux pinces du Scorpion [1].

Ce changement, insignifiant pour les astronomes, était de grande conséquence en astrologie. La Balance représente la mesure, la justice, la souveraineté de la loi. Elle fait les législateurs, les esprits ordonnateurs et systématiques, influence que ne pouvaient pas avoir les pinces du Scorpion. Aussi est-ce la Balance, et non pas les Pinces, que les astrologues, pour faire leur cour aux Romains, adjugèrent comme signe protecteur à l'Italie.

♏. LE SCORPION (Σκορπίος - *Scorpio* - *Scorpius* - *Nepa*). — Le Scorpion ainsi écourté au profit de la Balance était, pour les

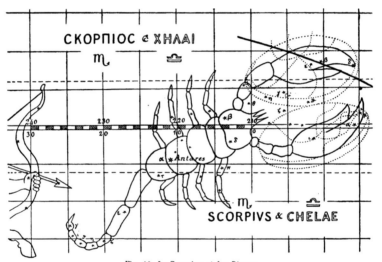

Fig. 10. Le Scorpion et les Pinces.

Grecs, celui qui, envoyé par Gæa ou par Artémis, fit périr le grand chasseur, le trop vaniteux ou trop galant Orion. La scène mythique se jouait encore dans le ciel, où les deux acteurs se trouvaient transportés; car, aussitôt que le Scorpion se levait,

1. Manil., IV, 203-216. Chez les auteurs de basse époque, Ζυγός devient surtout le Joug, celui qui pèse sur les bêtes de somme et les esclaves, idée qui s'accorde avec celle de domination, de loi, contenue dans la Balance. Sur le Globe Farnèse soutenu par Hercule ou Atlas, l'artiste a combiné les χηλαί et le Ζυγός, le Scorpion portant dans une de ses Pinces le fléau de la Balance (Letronne, *Œuvres choisies*, II série, I, pp. 239 et 484. G. Thiele, *op. cit.*, pp. 19-42 et pl. II-VI). Notre vignette *Scorpius et Chelae* a pour but de montrer l'équivalence plastique des χηλαί et du Ζυγός. Ptolémée appelle χηλαί la constellation (ἀστερισμός) et Ζυγός le signe (ζώδιον).

Orion s'enfonçait sous l'horizon [1]. La légende grecque, dont on a tiré un doublet pour le Cancer (ci-dessus, p. 136), paraît bien être une imitation de la légende chaldéenne du héros Gilgamès, attaqué par l'homme-scorpion, gardien du Soleil. L'explication soi-disant rationnelle, qui voit dans le dard du Scorpion et la flèche du Sagittaire le symbole de la foudre, sous prétexte qu'il y a beaucoup d'orages en octobre et en novembre [2], est une induction chimérique, fondée sur un fait plus que douteux et, en tout cas, particulier à un climat.

Foudroyant ou non, le Scorpion ne pouvait guère avoir de clients paisibles. Il suscite les batailleurs, les ravageurs, les gladiateurs, maîtres d'armes et autres espèces de la gent querelleuse [3].

➤➤. LE SAGITTAIRE (Τοξότης - *Sagittarius*). La plupart des mythographes étaient d'avis que l'Archer ou Sagittaire devait être le centaure Chiron [4]. Mais il se trouva quelque érudit pour soutenir que les Centaures ne connaissaient pas l'usage des flèches, et, du reste, il y avait une autre constellation du Centaure. D'après le poète Sosithée, le Sagittaire était le portrait symbolique d'un certain Crotos, ami des Muses, bon cavalier et prompt comme la flèche, ou se servant de son talent d'archer pour distraire les Muses : en somme, une copie ou caricature d'Apollon. Aussi, on ne savait trop comment le représenter, bipède ou quadrupède, toujours pourtant avec des jambes de cheval. On ajoutait à la figure une espèce de manteau volant, qui l'a fait classer parmi les signes « ailés [5] ».

. 1. Orion et le Scorpion sont deux constellations brillantes, qui ont dû attirer de tout temps l'attention (*lucens vis magna Nepai — cum magnis sese Nepa lucibus effert.* Cic., *Arat.*, 324 et 434), par opposition aux *obscuro corpore Chelae* (v. 393). Sur Gilgamès, cf. Sayce, *Gilgames Cycle*, tab. IX. Sur les légendes grecques, *Eratosth. reliq.*, pp. 72-75 Robert. *Nepa* désigne aussi, même dans Cicéron (*Arat.* 216), le Cancer. *Nepa Afrorum lingua sidus quod Cancer appellatur, vel, ut quidam volunt, Scorpios* (Paul. et Fest., p. 164 et 165 Müller).

2. Isid., *Origg.*, III, 70. L'assertion se trouve déjà dans Germanicus : *Scorpios in pluvias rarus, sed nubibus atris | Creber agit nimbos et saeva tonitrua portat, | Clara sagittiferi tetigit cum lumina signi* (p. 199 Baehrens). Le dard du Scorpion considéré comme un soc ou semoir, à cause des semailles d'octobre (Manil., IV, 219 et 556. Proclus, in *Anal. Sacr.*, V, 2, p. 176 Pitra).

3. Manil., IV, 217-229. Le Scorpion est le domicile de Mars (Arès), qui y a son Sosie, Antarès, τῷ Ἄρει τὴν χρόαν ὅμοιος (Cleomed., II, 11).

4. Le Sagittaire doit être, comme le Scorpion et le Capricorne, d'origine orientale. Bérose enseignait qu'à l'origine il s'était produit divers monstres (cf. Empédocle), des hommes-chèvres, des ἱπποπόδας, etc. (Fr., *Hist. Gr.*, II, p. 497). Sagittaire-centaure assyrien dans Roscher, *Lexicon*, II, p. 1055.

5. Voy. *Eratosth. reliq.*, pp. 150-153. Signe διαδηματοφόρον dans Ludwich (*Anecd. Astrol.*, p. 109).

Manilius croit que l'influence du Sagittaire engendre des hommes de cheval, des dompteurs, capables « de désarmer des

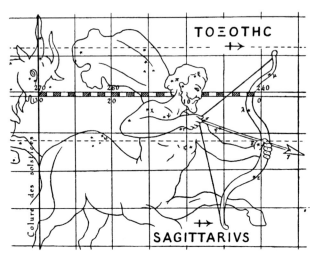

Fig. 11. Le Sagittaire.

tigres, d'enlever au lion sa rage et de parler avec un éléphant », gens vigoureux, à l'œil sûr et au cœur ferme [1].

♑. LE CAPRICORNE (Αἰγόκερως - *Capricornus*). — Comme le Sagittaire, le Capricorne devait être un de ces monstres qui pullulent dans les eaux fécondes de la cosmogonie babylonienne. Les Grecs eurent quelque peine à lui trouver un équivalent dans leur mythologie. Ils avaient bien sous la main le dieu Pan ou Aegipan, au front cornu, qu'on disait frère de lait de Zeus, nourri comme lui par la chèvre Amalthée. Mais les astrologues avaient décidé que ce signe, petit et sans éclat, était aquatique et féminin. On satisfit à la première donnée en combinant le type de Pan, décidément converti en bouc, avec celui de Triton : quant à la seconde, une monstruosité de plus ou de moins dans un monstre ne tirait pas à conséquence [2].

1. Manil., IV, 230-242.
2. Voy. *Eratosth. reliq.*, pp. 148-149, et W. H. Roscher, *Die Elemente des astronomischen Mythus von Aigokeros [Capricornus]* (Jahrbb. f. klass. Phil., CLI [1895], pp. 333-342). Cf. le cylindre babylonien visé par Perrot et Chipiez, *Hist. de l'Art*, II, p. 687 fin., et 344-345. La conque (κόχλος-*cochlis*), avec laquelle Pan jette une terreur « panique » parmi les Titans, sert de trait d'union entre Pan et Triton. On disait aussi, pour expliquer le caractère aquatique du signe, que Pan, fuyant devant Typhon, s'était jeté dans le Nil, ou bien on imaginait une affinité entre le Capricorne et l'Océan occidental, où

La queue de poisson du Capricorne, symbole des pluies d'hiver, ne prépare guère l'esprit à accepter les pronostics de Manilius, qui a dû puiser au hasard dans des traditions divergentes. Pour lui, le Capricorne est le lieu d'élection du feu (Vesta) et le patron de toutes les industries métallurgiques [1]. Il suit ici une association d'idées qui a amené les astrologues à loger dans le Capricorne

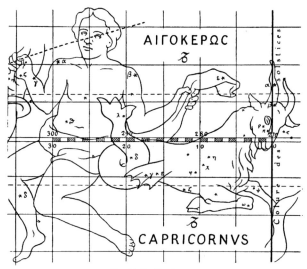

Fig. 12. Le Capricorne.

l'exaltation (ὕψωμα) de Mars, le dieu du fer et du feu [2]. On voit à quoi il pense quand il ajoute aux arts du métal le commerce des habits. Évidemment, le Capricorne lui apparaît comme le « bon-homme Hiver », affublé de couvertures et penché sur son foyer. Et pourtant, il songe à la chèvre et au poisson quand il s'agit non plus du métier, mais du caractère des individus nés sous ce signe, gens pétulants et de mœurs équivoques dans la jeunesse

il est toujours prêt à se replonger (*Aegoceros semper properare videtur* | *Oceano*. German., *Arat.* 286 ; — *tyrannus Hesperiae Capricornus undae*. Hor., *Od.*, II, 17 ; — *lotus et Hesperia quid Capricornus aqua*. Propert., V, 1, 86). Noms péri-phrastiques, *Corniger aequoris, Neptunia Capra, aequoris Hircus, aequoreus Caper, pelagi Capella*, etc.

1. Manil., IV, 243-245. Mais l'idée de mer attachée au signe pisciforme revient plus loin, dans la seconde série de portraits : *Militiam in ponto dictat, pup-pisque colendae* | *Dira ministeria et vitae discrimen inertis* (IV, 568-570).

2. Ptolémée raisonne à peu près comme Manilius : il pense qu'on a placé l'exaltation de Mars dans le Capricorne pour réchauffer celui-ci.

(sous la chèvre, partie antérieure), plus tranquilles dans la vieillesse (sous le poisson) [1].

☰. LE VERSEAU ('Υδροχόος - *Aquarius*). — La mythologie chaldéenne représentait comme inondés tous les environs du solstice d'hiver [2]; mais elle ne fournit aucun type se rapprochant du Verseau. Celui-ci était, pour les Grecs, soit Ganymède tenant l'aiguière, soit Deucalion regardant couler le déluge, soit Cécrops

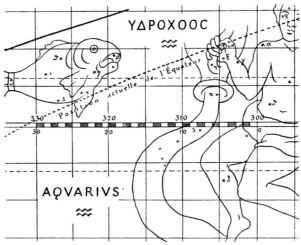

Fig. 13. Le Verseau.

offrant aux dieux de l'eau, à la place du vin qu'on ne connaissait pas encore, soit Aristée obtenant des dieux des pluies bienfaisantes [3]. On le représentait sous la forme d'un jeune homme penchant son urne du côté des Poissons et abreuvant le Poisson Austral, qui se délecte dans son élément.

1. Manil., IV, 256-258. Affinité entre le Capricorne et le froid Saturne (ci-dessus, p. 96), qui y a son domicile. Sur les très nombreuses monnaies romaines à l'effigie du Capricorne (horoscope d'Auguste, ci-après, ch. xii), la figure est tournée indifféremment à droite ou à gauche. Les artistes n'ont aucun souci de la doctrine.

2. Du Sagittaire au Bélier s'étend la partie aquatique du ciel (*liquida astra — liquidum cœlum*. German., *Arat.*, 367. 603) : au nord du Capricorne, le Dauphin; au sud des Poissons et du Bélier, la Baleine et le fleuve Éridan.

3. *Eratosth. reliq.*, pp. 144-145. Ératosthène ne connaît que Ganymède : de même Manéthon (ταμίης νεφελώδεος Οὐλύμποιο. IV, 571). Dans le papyrus CXXX du *Brit. Mus.*, on cite : ἀστέρα τὸν ἐν τῇ χλαμύδι καλούμενον Γανυμήδην ὁμονύμως τῷ ὅλῳ εἰδώλῳ (lig. 132-137). Les autres traditions, dans Hygin., II, 29, Ampel., 2, 11; Schol. Germ., *Arat.*, 287; Lucan., *Phars.*, I, 652. Le Verseau avec l'urne à droite dans le *Cod. Vossianus* (Thiele, p. 115).

En vertu de la « parenté des professions », le Verseau produit
des hydrauliciens, qui creusent des canaux ou bâtissent des ponts.
Ils mesurent aussi, par les mouvements célestes et la clepsydre,
l'écoulement du temps. Enfin, ils laissent aussi couler leur argent,
sans être jamais ni riches ni pauvres [1].

X. LES POISSONS ('Ιχθύες - *Pisces*). — La mythologie grecque
semble dédaigner les poissons, ce qui étonne de la part d'un
peuple de marins et de pêcheurs. Seul, le dauphin a obtenu d'elle
quelque attention et un peu de bienveillance. Le poisson tient,
au contraire, une place considérable dans les légendes syriennes
et chaldéennes. Aussi les Grecs ont-ils laissé visible la trace de
l'origine orientale des Poissons du Zodiaque. On disait que jadis
Aphrodite et son fils, poursuivis par Typhon, s'étaient jetés dans
l'Euphrate et avaient été métamorphosés en poissons [2], ou encore,
qu'elle était sortie d'un œuf tiré de l'Euphrate par les poissons [3].
L'auteur des *Aratea* appelle nettement les Poissons les « deux
divinités de la Syrie [4] ».

La mention de l'Euphrate n'empêche pas certains mythographes
d'accommoder la légende à la grecque, c'est-à-dire de la transporter en mer, comme la légende d'Aphrodite elle-même, née de
l'écume de la mer. Pour Manilius, les Poissons sont des poissons
de mer, et l'eau que leur prodigue le Verseau est de l'eau salée. Il
ne manque pas de faire naître sous le signe des Poissons les
hommes de mer, depuis le simple pêcheur jusqu'au navigateur
qui sait régler sa course sur les astres ou à ceux qui alignent leurs
flottes pour le combat [5]. Le caractère aphrodisiaque se retrouve
dans le tempérament voluptueux et mobile que le poète leur
attribue, ainsi que dans la fécondité qui distingue les Poissons

---

1. Manil., IV, 259-272. Dans la seconde série de portraits, les clients du Verseau sont des modèles de vertu (IV, 571).

2. Hygin., II, 30 ; Ampel., 2, 12; Ovid., *Fast.*, II, 458-474. On remplaçait
aussi Vénus par Isis ou par la *dea Syria*, et l'Euphrate par le Nil ou l'étang
de Bambyke. Ératosthène appliquait la légende à la constellation du Poisson Austral, dont les Poissons auraient été la progéniture (*Eratosth. reliq.*,
pp. 129 et 180-181). *Piscis magnus cujus nepotes dicuntur Pisces* (Schol. Germ.
ad v. 378, II, p. 84 Buhle).

3. Schol. Germ., *Arat.*, 239 (d'après Nigidius).

4. *Syriae duo numina Pisces* (German., *Arat.*, 557).

5. Manil., IV, 273-291. Il tient ferme pour les poissons de mer : *Agnoscitque
suos Neptunus in aequore Pisces* (II, 447); aussi l'urne du Verseau est *pars
maris* (II, 232). Ptolémée et son scoliaste sont en désaccord, comme pour le
Cancer, le signe des Poissons étant ποτάμιον pour l'un (*Tetrab.*, II, 7), θαλάσ-
σιον pour l'autre (p. 67), qui se contredit d'ailleurs un peu plus loin (p. 70).

astrologiques comme les poissons réels et qui a été, en fin de compte, la raison d'être de toutes ces légendes. Plus loin, l'idée que le pêcheur trompe et que le pirate surprend sa proie fait attribuer aux clients des Poissons le caractère de bavards fallacieux et sans scrupules [1], chose d'autant plus étonnante que les poissons sont muets.

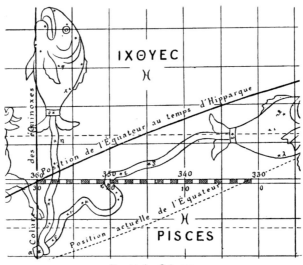

Fig. 14. Les Poissons.

La constellation occupant un large espace, on distinguait le Poisson du N., la tête tournée vers le pôle, le Poisson du S., tourné du côté de l'Occident, et, entre les deux, un ligament flottant dont les astronomes soigneux ne manquaient pas de faire état dans leurs pronostics [2].

1. Manil., IV, 573 sqq. Les Poissons muets, qui engendrent des bavards, ont aussi autorité dans le corps humain sur les *pieds*, eux qui en sont dépourvus! (Voy. ci-après, la mélothésie zodiacale, au ch. x).

2. Les astrologues appelaient aussi le Poisson du Nord le Poisson à tête d'hirondelle — τοῦτον τοίνυν τὸν βορειότερον Ἰχθὺν χελιδόνος ἔχειν τὴν κεφαλήν φασιν, ὃν Χαλδαῖοι καλοῦσιν Ἰχθὺν χελιδόνιον (Schol. Arat., v. 242). Ces « Chaldéens » étaient probablement des « Égyptiens », familiers avec les têtes d'ibis et d'épervier qu'ils donnaient à leurs décans. Dans le papyrus CXXX du *Brit. Museum*, Saturne est noté, au degré 5° 59′ des Poissons, comme ἐπὶ τοῦ χελειδονιαίου Ἰχθύος καταβιβάζων (lig. 103-103); Vénus, ἐπὶ τοῦ νοτείου Ἰχθύος (lig. 148-149). Il y avait danger de confondre le Poisson du S. zodiacal avec le Poisson austral, où brille une étoile de première grandeur (Fomalhaut). Germanicus en avertit : *Est etiam a geminis diversus piscibus unus*, etc. (German., *Arat.*, 378 sqq.). La confusion a été faite en

Nous voici revenus au point de départ, au Bélier, après avoir recueilli en chemin, grâce à Manilius, les premières associations d'idées d'une astrologie encore étrangère aux mathématiques, ou qui a échappé dans une certaine mesure aux remaniements laborieux des savants et des pédants. Il nous reste encore, avant d'aller plus loin, à passer en revue les classifications de toute sorte, physiologiques, psychologiques, morales, esthétiques, fondées par les astrologues sur les descriptions précédentes et servant à définir les qualités imputables à l'influence des diverses catégories de signes.

§ II. — Classifications des signes.

La plupart des motifs de classification sont empruntés au dessin des figures. Rien ne montre mieux sans doute l'ineptie foncière et incurable — mettons la naïveté — de gens qui prenaient pour œuvre de nature, susceptible d'engendrer des rapports naturels, le produit de la fantaisie la plus capricieuse ; mais rien aussi n'affirme plus nettement l'autonomie de l'astrologie grecque, au point de vue des applications pratiques. Un détail changé dans une figure zodiacale modifie toute une série d'inductions, de correspondances, utilisées de cent manières et surtout dans la médecine astrologique. Or nous savons que, quels qu'aient pu être les emprunts faits à l'Orient, le ciel grec avait sa physionomie propre et ses types à lui [1].

Abordons — avec sérieux, si faire se peut — la zoologie zodiacale établie sur l'analyse des types helléniques.

I. — Au point de vue de la forme corporelle, les signes sont :

1° Humains (ἀνθρωπόμορφα - ἀνθρωποειδῆ - *humana*) ou bestiaux (θηριώδη - *ferina*), le signe composite du Sagittaire étant sur la limite des deux genres. Les signes bestiaux se décomposent en animaux terrestres (χερσαῖα) ou quadrupèdes (τετράποδα), amphibies (ἀμφίβια), aquatiques, vivant dans la mer (θαλάσσια) ou l'eau douce (ποτάμια). On distinguait aussi ceux qui marchent (βαδιστικά), ceux qui rampent (ἑρπυστικά) et ceux qui volent (πτερωτά); mais

---

Orient, non seulement avec le Poisson austral, mais avec la Baleine (Κῆτος) qui est tout près ; car le XIIᵉ signe du Zodiaque gréco-hindou (cf. ci-dessus, p. 136, 3) s'appelle *Khetthong*. Aujourd'hui, par le fait de la précession des équinoxes, le Poisson du S. est, comme l'autre, au N. de l'équateur.

1. Voy. ci-dessus (p. 60, 1), le texte d'Achille Tatius, *Isagoge*, 39.

cette classification ne rentre pas dans la précédente, parce que, sur les quatre signes humains (♊ ♍ ♎ ♒), un (♍) est « ailé » ; le ♐ l'est aussi, et aussi les ♓, dont les nageoires apparemment comptent pour ailes ! De même, la classification en signes doués de voix (φωνήεντα) ou de demi-voix (ἡμίφωνα) et sans voix (ἄφωνα), où se trouvent mélangés les signes humains et animaux. La séparation se retrouve entre les signes raisonnables (λογικά) et les signes privés de raison (ἄλογα) ou animaux ; ceux-ci répartis en doux ou domestiques (ἥμερα) et féroces (ἀνήμερα) [1].

2° Signes féconds, soit en semence (πολύσπερμα), soit en progéniture (πολύγονα), stériles (στειρώδη - ὀλιγόσπερμα - ἄσπερμα) ou communs.

[1]. Le renvoi aux textes, qui obligerait à constater toute espèce de variantes, est ici superflu. Les plus anciennes références ne vont pas au delà de Manilius, qui consacre une centaine de vers (II, 150-264) à détailler les signes *mascula et feminea* (150-154), *humana et ferina* (155-158), *gemina* (159-169), *biformia* (169-174), *duplicia* (175-196), *transvorsim orientia et recta* (197-202), *diurna et nocturna* (203-222), *aquatica et terrena* (223-229), *ambigua* (230-233), *fecunda* (234-237), *sterilia* (238-239), *communia* (240-243), *currentia et stantia* (244-248), *sedentia* (549-251), *jacentia* (252-255), *debilia* (256-264). Puis les distinctions se multiplient avec les épithètes. Il n'y en a pas moins de 113 dans l'informe compilation Περὶ ἐνεργείας τῶν ιβ´ ζωδίων (Ludwich, *Anecd., Astrol.,* pp. 105-110). Voir, dans un autre tableau (p. 110-112), les pronostics fondés sur une vingtaine de ces épithètes. Dans les tableaux ajoutés par quelque scoliaste à la fin du IIe livre de la *Tétrabible* de Ptolémée et dans Héphestion de Thèbes, chaque signe est pourvu d'environ une dizaine d'épithètes. Ptolémée s'est gardé, autant qu'il l'a pu, de ces niaiseries, dont il avait quelque peu honte. La classification fondée sur la « voix » doit venir de l'Égypte, où la « voix juste » avait tant d'importance dans les rites magiques. On ne la rencontre ni dans Ptolémée, ni chez ses commentateurs, mais dans les auteurs de basse époque, Firmicus, Héphestion et autres, et on ne la voit utilisée nulle part, sauf peut-être chez les Arabes. Un « hermétique » dit : *Revelatur statim verbum occultum quod quaeritur, quando Luna et planeta cui applicat sunt in signis vocem habentibus* (Herm., *C. Aphorism.,* 92, p. 842 Junctin.). Firmicus parait assimiler les signes « vocaux » aux signes humains (*in humanis vel vocalibus signis,* IV, 19, 26 Kroll). Voici le classement donné par les *Anecdota* de Ludwich (p. 107) : φωνήεντα ♈ ♉ ♊ ♍ ♒ ; ἡμίφωνα ♌ ♐ ♑ ; ἄφωνα ♋ ♎ ♏ ♓. Il serait curieux de savoir pourquoi le rugissement du Lion ne lui a valu qu'une demi-voix ! Je suppose que nous avons là un débris de spéculations mystiques. L'alphabet ayant été adapté au Zodiaque (ci-après, ch. x), on a dû faire correspondre certains signes aux voyelles (φωνήεντα γράμματα). Cette adaptation aurait pu être elle-même suggérée par une tradition pythagoricienne, qui assimilait la musique des sept orbes planétaires aux voyelles (ταῦτα μὲν γάρ ἐστι φωνήεντα. Procl., in *Anal. sacr.,* V, 2, p. 117 Pitra : ci-après, ch. xii) et les signes aux consonnes (σύμφωνα δὲ τὰ τῶν ζωδίων, *ibid.*). De tout cela, défiguré, transposé, serait sortie la classification susvisée. Le Scorpion a dû hériter du scarabée égyptien le titre de signe αὐτογέννητον (Ludwich, p. 109). La Vierge τριπρόσωπος (p. 108) est une Hécate.

3° Signes entiers, ou mutilés (μελοκοπούμενα - ἀπόκοπα - ἡμιτελῆ - *debilia*), comme le Taureau, qui n'a que la moitié du corps, le Cancer aveugle [1], le Scorpion, qui a laissé ses Pinces dans la Balance, et le Sagittaire, qui, vu de profil, n'a qu'un œil. « Ainsi », s'écrie avec une solennité comique le bon Manilius, « le monde console nos afflictions en les portant dans les astres ; il nous enseigne par son exemple à supporter patiemment les pertes, puisque toute la marche de la destinée dépend du ciel et que les astres eux-mêmes sont nés avec des membres infirmes [2] ! »

4° Signes simples (ἁπλᾶ - *simplicia*) et signes géminés, soit conjoints comme les Gémeaux, soit disjoints comme les Poissons, soit composés de parties hétérogènes (*biformia* - διφυεῖς) comme le Sagittaire et le Capricorne. L'érudition insuffisante de Manilius s'embrouille ici dans les signes doubles par figuration et les signes doubles par position (*duplicia* - δίσωμα - διπλᾶ), c'est-à-dire précédant les signes équinoxiaux et tropiques et participant de leur nature. Au fond, il est dans la logique quand il veut mettre d'accord la position et la figure ; mais la mythologie a dû céder le pas à la géométrie, et c'est la géométrie qui exige que la Vierge soit un signe double. Avec un peu plus de savoir-faire, Manilius aurait fait rentrer ce signe dans la règle, en remarquant qu'il est, en réalité, double, étant composé de la Vierge et de l'Épi.

II. — Au point de vue de leur attitude, en tant que figures plastiques, les signes sont debout, assis, couchés, marchant ou courant, tournés en haut ou en bas, en avant ou en arrière, etc. Ainsi, Manilius sait que le Cancer et le Scorpion sont couchés sur le ventre et les Poissons sur le flanc [3]. Au point de vue de leur

---

1. La cécité du Cancer vient probablement de la géométrie des *antiscia* (ci-après, p. 160, 2). On lui trouvait aussi une raison physique, c'est qu'il commence à raccourcir les jours et qu'on y voit moins clair : *Longaque jam minuit praeclarus lumina Cancer* (Auson., *Eclog.*, p. 558 Toll). En fait, et c'est encore une raison, ce *praeclarus* est obscur (ci-dessus, p. 137, 1).

2. Manil., II, 256-264. Pline fait une réflexion analogue à propos des éclipses : *quis enim cernens [siderum labores] non suae necessitati mortales genitos ignoscat* (Plin., II, § 55). La lune particulièrement était l'astre souffrant, l'éternelle malade, mourant chaque mois de mort naturelle et parfois d'empoisonnement, de *veneficia* magiques. Les médecins astrologues imputaient par métonymie aux signes les maladies dont ils étaient la cause ; ils disaient que tel signe est pustuleux, fistuleux, dartreux, etc. (voy. ci-après, ch. XII). Des modernes eussent fait à coup sûr le Cancer « cancéreux ».

3. Manil., II, 245-255. Manilius confond les *signa recta*, debout sur le cercle du Zodiaque, et les *recta* qui se lèvent debout sur l'horizon. De même, il confond les signes qui marchent ou courent, comme le Lion et le Sagittaire, avec les signes « rapides » qui se lèvent rapidement sur l'horizon, comme le

inclinaison par rapport à l'horizon, ils sont droits (ὀρθά - *recta*) ou'
(πλάγια - *obliqua*), distinction qui est souvent confondue avec les
précédentes.

Le docte Ptolémée dédaigne toutes les naïvetés de la vieille
astrologie : il n'ad-
met d'autres clas-
sifications que cel-
les qui se fondent
sur la position géo-
métrique des si-
gnes par rapport à
la division duodé-
cimale du cercle,
position qui, sui-
vant lui, détermi-
ne leur « nature ».

Il partage d'a-
bord les signes en
trois espèces, dont
chacune contient
quatre signes équi-
distants et de fonc-
tion homologue :

Fig. 15. Symbolisme des quadrants et signes du Zodiaque.

1° Les signes « tropiques » ou cardinaux, subdivisés en tropiques proprement dits (τροπικά) et équinoxiaux (ἰσημερινά) [1] ;

2° Les signes dits « solides » (στερεά - *solida* - *simplicia*), ainsi appelés, paraît-il, parce qu'ils fixent le changement de température amené par le signe tropique précédent ;

Bélier. Le Bélier n'est pas représenté courant, mais au repos : il n'en est pas
moins *siderum celerrimus* (Hygin., *Proœm.*) — *longe maxima currens orbe suo
spatia* (German., *Arat.*, 224), comme le montre le tableau des ascensions
obliques (ἀναφοραί). Enfin, Manilius appelle *simplicia* les signes στερεά,
s'imaginant que ces signes sont tels parce qu'ils ne sont pas doubles, comme
si tous les signes simples étaient στερεά. Quant à la position présumée des
figures, qui permet de distinguer *leur* droite et *leur* gauche, la règle est qu'elles
nous tournent la face ou le ventre, jamais le dos : ἅπαντα γὰρ τὰ ἄστρα ἠστε-
ρίσται πρὸς τὴν ἡμετέραν θεωρίαν, καὶ ὡς πρὸς ἡμᾶς ἐστραμμένα (Hipparch.,
Comment. in Arat., ch. IV, p. 32 Manitius). Mais les astronomes eux-mêmes
s'y trompaient, et Théon d'Alexandrie prend le contrepied de la règle d'Hipparque, en homme habitué à voir les constellations par le dehors, sur une
sphère artificielle (Scaliger, *Not. in Manil.*, p. 213).

1. Qui n'étaient plus réellement, Ptolémée le savait (ci-dessus, p. 129, 1),
ni équinoxiaux, ni tropiques ou solsticiaux.

3° Les signes dits « bicorporels » (δίσωμα - *biformia*), qui, placés
entre un signe « solide » antécédent et un signe « tropique »
consécutif, participent à la nature de l'un et de l'autre. Chaque
saison, représentée par un quadrant de cercle, a ainsi un commencement tropique, un milieu solide et une fin composite, où
se fait sentir l'approche de la saison suivante.

A la façon dont Ptolémée justifie cette division, on voit bien
qu'il l'a reçue toute faite [1] et qu'il s'ingénie à trouver des raisons
plausibles. De quel signe ne pourrait-on pas dire qu'il subit
l'influence de ses deux voisins? L'explication du terme στερεός
n'est pas moins laborieuse. Tout cela fait soupçonner une adaptation faite après coup, par des géomètres qui ont voulu forcer
certains caractères des signes à se grouper en polygones réguliers.
Les signes cardinaux obéissent d'eux-mêmes à la géométrie,
n'étant tels que par position. Sur les huit signes restants, trois
signes réellement bicorporels (♏ ⤳ ♓) se trouvaient former les
trois angles d'un carré ; les astrologues appelèrent également
bicorporel la Vierge, formant le quatrième angle. Les quatre
signes formant un troisième carré étaient à peu près « simples »
par antithèse avec les précédents, y compris le Verseau, qu'on
n'eût pas manqué de dédoubler, si la géométrie l'avait exigé. En
dernier lieu sont intervenus les raisonneurs, qui ont prétendu trouver des raisons profondes aux fantaisies de leurs prédécesseurs [1].

1. Ptol., *Tetrab.*, I, 12. Manilius la connaît déjà, et avec les raisons alléguées
par Ptolémée (cf. II, 175-196, 664-670). De même, S. Empiricus (p. 339) et
l'auteur des *Philosophumena* (V, 2, 13), qui ne paraissent pas avoir lu Ptolémée.
Le Scoliaste (*In Tetrab.*, pp. 28-29) dit que Ptolémée a ajouté à la division
ordinaire (τοῖς λοιποῖς παλαιοῖς) la distinction des τροπικά et ἰσημερινά.
Le reste n'est pas de lui. Les explications du scoliaste n'expliquent rien. Il
insiste sur ce qu'on appelle les δίσωμα, οὐχ ὅτι ἐκ δύο σωμάτων συνέστηκεν,
ἀλλ' ὅτι μεταξὺ δύο ὁρῶν ἐστι (p. 29). Le croira qui voudra. L'influence
est calculée d'après le sens officiel de ces épithètes : *Signa tropica peregrinis
nationibus praesunt et omnino motibus et consiliis subinde variantur atque
permutantur. Biformia generatione rerum omnium repetitionem significant et
interim dilationem. Solida vehementer et instanter efficiunt et ad exitum vel
prospera, vel adversa perducunt* (Schol. vett. ad German., II, p. 110 Buhle).
Ptolémée insère dans une proposition incidente une allusion au zodiaque
lunaire (prenant pour point de départ un nœud de l'orbite lunaire) : ὥσπερ γὰρ
τὴν τῶν τροπικῶν ἀρχὴν ἀπὸ τοῦ σεληνιακοῦ κύκλου λαμβάνουσιν ἔνιοι, διὰ τὸ
ταυτὴν τάχιον τῶν ἄλλων τρέπεσθαι, οὕτω κ. τ. λ. (*Tetrab.*, I, 13). L'allusion est
obscure, et le scoliaste ne la comprend pas de cette façon : il pense que l'on
prenait pour signe tropique celui dans lequel se trouvait la Lune : τὸ γὰρ
ζώδιον ἔνθα ἐστὶν ἡ σελήνη τροπικὸν ὑποτιθέμενοι (p. 30). Au reste, peu importe,
ces systèmes (chaldéens?) ayant été éliminés de l'astrologie grecque.

2. La règle géométrique — sur laquelle nous reviendrons plus loin à propos

C'est encore la géométrie qui, au mépris de la mythologie et des inventions plastiques, a décidé souverainement du sexe des signes. La règle est que les sexes alternent de signe en signe, à, partir du premier, qui est masculin. Comme le voulait la doctrine pythagoricienne, les signes de nombre impair étaient masculins et les signes de nombre pair féminins [1]. C'est peut-être là la raison qui a fait substituer le Bélier au Cancer comme signe initial, car on ne pouvait attribuer le sexe masculin au Cancer sans l'énlever au Lion et l'attribuer par contre à la Vierge, ce qui eût paru absurde même à des astrologues capables de transiger sur le sexe du Taureau [2].

L'astrologie grecque ne connaît donc dans le Zodiaque que le sexe géométrique [3] : mais on pouvait appliquer la géométrie de plusieurs façons. A ce sexe de position fixe pouvait s'associer ou se substituer un sexe de position accidentelle, variable avec cette position même. Par exemple, en prenant pour signe premier — ét, par conséquent, masculin — le signe horoscope, on obtenait une nouvelle répartition des sexes dans le Zodiaque [4]. Ou encore, puisque, d'après la théorie exposée plus haut, les astres se masculinisent en se desséchant dans le quadrant qui va de l'horizon oriental au méridien et dans le quadrant diamétralement opposé, il était logique de considérer comme masculins les signes momentanément compris dans ces deux quadrants (de nombre impair, 1 et 3), et comme féminins les autres [5].

de l'aspect quadrat — est que les signes associés par le carré sont de même nature : nam quartum quodque locavit | Ejusdem generis signum natura per orbem (Manil., II, 654-655) — καὶ συνχιρετικῶς εἰπεῖν, ὅσα διὰ δ' διέστηκε, ταῦτα τὴν αὐτὴν τῶν ζωδίων φύσιν ἐκδέχεται (Paul. Alex., fol. B 1 v). Les raisons alléguées par Manilius et Ptolémée viennent peut-être de Posidonius.

1. L'auteur des Philosophumena pense que le sexe des nombres a été emprunté, au contraire, par les Pythagoriciens aux astrologues (V, 2, 13).

2. Il y a une autre raison, tirée des ἀναφοραί (ci-après, chap. IX), c'est que les cardines du Zodiaque ne correspondent à ceux de l'équateur que quand les signes équinoxiaux sont à l'horizon. La condition est réalisée avec le Bélier à l'horoscope. Sur la substitution du Bélier au Cancer, voy. ci-dessus, p. 129.

3. Pour les signes pris en bloc : quant aux degrés, on leur attribua dans un même signe les deux sexes, irrégulièrement distribués et sans raison discutable (cf. Firmic., IV, 23 Kroll), où attachés » à la qualité de pair ou d'impair.

4. Ptolem., Tetrab., I, 13.

5. Ptolem., ibid. Le scoliaste constate que ce n'est pas le seul point sur lequel il y ait des divergences d'opinion et de méthode : οὐ μόνον γὰρ ἐπὶ τῶν τροπικῶν καὶ ἀρσενικῶν ἐστιν εὑρεῖν ἄλλους ἄλλην ἐπινενοηκότας προσηγορίαν (p. 30). Cf. dans le Cod. Parisin. n° 2419 Omont, fol. 40 v, le chapitre περὶ ἀρσενικῶν καὶ θηλυκῶν ζωδίων καὶ ἀρρενουμένων καὶ θηλυνομένων τόπων καὶ ἀστέρων.

Le sexe a une importance énorme en astrologie, même dans le Zodiaque, à cause des sympathies et antipathies qu'il engendre non seulement entre les signes,.mais encore et surtout entre les signes et les planètes. Ainsi, c'est une règle générale que le Soleil et les planètes masculines se montrent plus favorables dans les signes masculins, la Lune et les planètes féminines dans les signes féminins [1]; toutes spéculations auxquelles n'avaient peut-être pas songé les astrologues orientaux, qui ne disposaient que d'une planète féminine.

Nous avons vu comment, pour les planètes, les astrologues grecs, avec deux planètes féminines et une androgyne, avaient égalisé les deux sectes (αἱρέσεις), solaire et lunaire, diurne et nocturne. Ils appliquèrent le même système, et cette fois sans difficulté, aux signes du Zodiaque. Le sexe masculin étant associé à l'idée de chaleur sèche, et le sexe féminin à l'idée d'humidité froide [2], il n'y avait qu'à déclarer *diurnes* — c'est-à-dire, plus « joyeux », plus efficaces durant le jour — les signes masculins, et les féminins *nocturnes*. C'est un système, le plus simple de tous, dont Manilius a entendu parler [3]. Il en préfère, quant à lui, un autre, des plus mystérieux, qui suppose déjà connue l'association des signes par trigones et qui aboutit à composer chaque clan, diurne et nocturne, de moitié signes masculins et moitié signes féminins [4].

Ces deux systèmes, purement arithmétiques ou géométriques, avaient l'inconvénient de heurter de front une idée simple, populaire : à savoir, que le jour et la nuit ne sont pas disséminés par douzièmes sur le cercle, mais emplissent chacun un hémisphère. Les Alexandrins qui firent parler Néchepso et Pétosiris purent invoquer la vieille tradition égyptienne, qui adjugeait une moitié

---

1. Ἄριστον ἐνὶ ζώοισι παρεῖναι | Ἄρσεσι μὲν Τιτῆν᾽, ἐν θηλυτέροισι δὲ Μήνην (Maneth., III, 365-366).

2. Même théorie en langage pythagoricien : ἡμέρα μὲν γὰρ καὶ νὺξ, ὥς φησι Ποσειδώνιος, ἀρτίου καὶ περιττοῦ φύσιν ἔχουσι (Theo Smyrn., p. 103 Hiller). Seulement, comme la nuit précède le jour dans les cosmogonies, c'est elle qui devrait avoir le n° 1 (impair - πέρισσος) et, par conséquent, le sexe masculin. C'est peut-être ce qui a dérouté les astrologues et les a décidés à abandonner la correspondance entre *masculin* et *diurne*, *féminin* et *nocturne*.

3. *Sunt quibus esse diurna placet quae mascula surgunt,* | *Feminea in noctem tutis gaudere tenebris* (Manil., II, 221-222).

4. Manil., II, 211-217. Sur l'interprétation littérale de ce texte difficile, voy. Scaliger, p. 119 ; Jacob, p. 54. Les deux clans, formés de trois couples chacun, sont disposés en trigones. Seulement, chaque couple est composé de signes contigus et de sexe différent, ce qui est une hérésie astrologique.

du ciel aux heures du jour et à leurs divinités protectrices,
l'autre moitié aux heures et divinités de la nuit. Il n'y avait dès
lors qu'une absurdité à braver, celle qu'il y a à fixer sur le
Zodiaque une ligne de démarcation que chaque jour déplace, et
à qualifier pour toujours « diurnes » ou « nocturnes » des signes

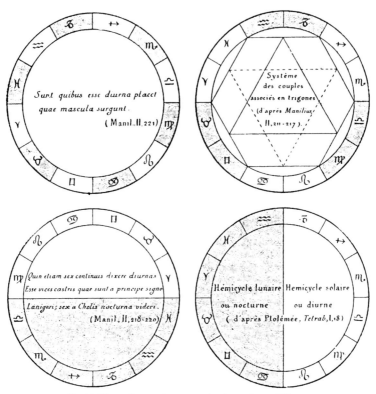

Fig. 16. Signes diurnes et nocturnes (quatre systèmes différents).

qui sont tour à tour l'un et l'autre. Cette absurdité-là n'effrayait
pas les astrologues. Prenant pour point de départ le Bélier, ils
décidèrent que tous les signes compris du Bélier à la Balance
exclusivement seraient diurnes; les autres, nocturnes [1]. Ils se

1. *Quin etiam sex continuis dixere diurnas | Esse vices castris, quae sunt a
principe signo | Lanigeri; sex a Chelis nocturna videri* (Manil., II, 218-220).
Comme le poème de Manilius est incomplet et qu'il n'y est pas question des
planètes — sauf amorce du sujet, V, 1-8 — nous ne pouvons plus savoir si
les tenants de ce système mettaient aussi des domiciles nocturnes de planètes
dans l'hémisphère nocturne.

flattaient d'être ainsi d'accord avec la nature, les signes d'été, ceux qui président aux longs jours, étant diurnes, et les signes d'hiver nocturnes. Mais, pour représenter graphiquement le système au repos et mettre l'hémisphère diurne au-dessus de l'horizon, il fallait placer le Bélier au couchant, et c'était aller à l'encontre de l'association d'idées qui veut que le commencement des choses soit au levant [1]. Aussi Ptolémée a éliminé de l'astrologie la distinction des signes en diurnes et nocturnes ; ou plutôt, il l'a orientée autrement et replacée ailleurs, en admettant pour les planètes six domiciles (οἶκοι) diurnes ou solaires, du Lion au Capricorne inclusivement, et six domiciles nocturnes ou lunaires, suivi en cela par Firmicus, le plus fidèle tenant de la tradition égyptienne [2].

On n'a envisagé jusqu'ici que les qualités intrinsèques des signes, celles qui ne dépendent pas de l'influence des autres. Ce ne sont encore que les rudiments de la grammaire astrologique ; il faut maintenant aborder les règles de la syntaxe, les combinaisons des signes entre eux et celles, plus compliquées encore, des signes avec les planètes.

---

1. Voy., sur la figure 16, 3, le Bélier à droite, suivant l'orientation astrologique, qui, supposant le spectateur tourné vers le midi, place l'Occident à sa droite (ci-après, p. 174).

2. Voy. ci-après, pp. 182-192, la théorie des domiciles planétaires.

CHAPITRE VI

COMBINAISONS DES SIGNES DU ZODIAQUE

Dans l'astrologie classique, les actions et réactions que les signes exercent les uns sur les autres sont régies exclusivement par la géométrie. Mais la géométrie n'est souvent qu'un voile sous lequel se dissimulent des raisonnements moins abstraits, des associations d'idées que les savants déguisent de leur mieux et que trahissent parfois, fort à propos pour nous, les néophytes. Manilius, dont l'imagination refuse de se laisser emprisonner dans les mathématiques, a une façon plus humaine de concevoir les rapports des signes entre eux. Comme dans le monde d'Empédocle, c'est l'Amour et la Discorde qui agitent le Zodiaque ; ce sont des regards chargés de désir ou de haine qui s'échangent et se croisent de tous les points du cercle. Hélas! comme il était aisé de le prévoir en constatant sur terre l'effet des influences zodiacales [1], c'est la Discorde qui prédomine, et les amitiés ne sont guère que des alliances, toujours boiteuses, pleines d'arrière-pensées et de trahisons, contre des ennemis communs. L'imagination une fois lâchée sur cette pente ne connaît plus de règle ; tout est prétexte à ligues et contre-ligues, et le désordre, déjà visible dans l'ébauche de Manilius [2], aboutit à la disparition

1. Comme conclusion d'une tirade éloquente (II, 596-607) : *Utque sibi cœlum, sic tellus dissidet ipsa* | *Atque hominum gentes inimica sorte feruntur*. Description des ligues, antipathies (II, 466-607) et sympathies (607-742). Manilius mélange ce que nous voulons trier, les parallèles et les polygones.

2. Il ne peut même pas maintenir la règle la plus simple, ainsi posée : *Nam quaecumque nitent humana condita forma* | *Astra, manent illis inimica et victa ferarum* (II, 537-538). Manilius — en attendant ses batailles de trigones (ci-après, p. 175) — mêle au hasard les sympathies et les antipathies. On croit deviner pourquoi le Verseau « est épris » du Crabe, qui aime l'eau (II, 496. 512), et on comprend que la Vierge paie d'ingratitude l'amour du Sagittaire (II, 500-506), qui a du reste contre lui, *natura et lege jubente* (II, 561), les Gé-

de tout motif intelligible dans l'extravagante compilation de systèmes enchevêtrés que Firmicus emprunte « aux livres d'Abraham [1] ».

Pour rester en deçà du point où l'exercice de la raison devient impossible, nous ne nous occuperons que des combinaisons reposant sur des affinités électives réglées par la géométrie. Tout bien considéré, nous nous trouvons en présence de deux façons générales d'associer les signes, et, avec les signes, les planètes [2] ; par lignes *parallèles* et par côtés de *polygones* réguliers ; l'une, d'usage commun aux astronomes et aux astrologues, l'autre propre à l'astrologie.

§ I. — Associations par lignes parallèles.

Les associations par lignes parallèles sont toujours des couples et ne s'opèrent que dans deux sens, parallèlement à l'axe qui joint les équinoxes et à l'axe qui joint les solstices. Les astronomes associaient par couples (κατὰ συζυγίαν) les signes ayant même latitude ou zone (ὁμόζωνα - σύζυγα), autrement dit, situés sur des lignes parallèles à l'équateur (axe des équinoxes). Le rapport que ces signes avaient entre eux était que, le soleil étant dans l'un ou dans l'autre, les jours avaient de part et d'autre même durée, et, par conséquent, les nuits. Les astrologues, pour qui les signes étaient des êtres vivants, accommodèrent cette classification à leurs idées et dirent que les signes ainsi placés se « regardaient » et se « voyaient » (βλέποντα [ζῷδια]), par dessus et par dessous le disque de la Terre intercalé au milieu du cercle. Ptolémée les appelle « équipollents » (ἰσοδυναμοῦντα) à cause de l'isochronie respective des jours et des nuits, et il prétend que le nom de

---

meaux, la Balance et le Verseau ; mais pourquoi les Gémeaux détestent-ils le Bélier (II, 546)? Pourquoi le Lion chérit-il le Capricorne (II, 498)? Le Bélier aime le Taureau, qui « lui tend des pièges » (*frustratur amando | Taurum, Lanigero qui fraudem nectit*, etc. II, 486-487), et il est en guerre avec la Vierge (II, 541), lui qui a jadis porté Hellé. On est en pleine fantaisie.

1. Firm., VIII, 2 : *Videntium se et audientium stellarum theorica*, avec le tableau récapitulatif, ce que j'ai rencontré de plus déraisonnable, par conséquent, de plus « révélé » pour les croyants, dans toute l'astrologie.

2. Il est bon d'avertir une fois pour toutes que le Zodiaque sert principalement à fixer les positions des planètes, et que tout ce qui va être dit des *antiscia* et des σχήματα s'applique aussi aux planètes, qui ont en plus une configuration à elles, la conjonction (σύνοδος-συνουσία).

« voyants » leur a été donné parce qu'ils se lèvent et se couchent aux mêmes points de l'horizon [1].

Les anciens astrologues, qui considéraient les signes en bloc, mettaient en regard le Bélier et la Balance et rangeaient deux couples de « voyants » de chaque côté de l'équateur. Il résultait de cet arrangement que les signes tropiques, le Cancer et le Capricorne, n'étaient pas couplés (ἄζυγα - ἄζωνα - ἄβλεπτα) et ne regardaient personne. Ils étaient aveugles ou « ne voyaient qu'eux-mêmes [2] ». L'ordonnance précitée associait les signes de même sexe, et c'était, on l'a déjà dit, une condition harmonique [3]; mais les astronomes, depuis Hipparque, mirent ce bel ouvrage en désarroi quand ils s'avisèrent de placer les points cardinaux non plus au milieu, mais au commencement des signes tropiques et équinoxiaux, ou plutôt, en dépit du scrupule astrologique concernant le μεσεμβόλημα (ci-après, p. 177) entre deux signes. Du coup, tout le système des correspondances fut changé : le Bélier se trouva vis-à-vis de la Vierge et non plus de la Balance, et le

---

1. Ptolem., *Tetrab.*, I, 16 ; Hephest., I, 10. La raison est faible, et le scoliaste ne fait que paraphraser : ἡ δὲ προσηγορία ἐξ ἑνὸς μόνου, ἐκ τοῦ διὰ τῶν αὐτῶν τόπων ἀνατέλλειν καὶ δύεσθαι · δοκεῖ γὰρ τὰ ἐκ τοῦ αὐτοῦ τόπου ἀνίσχοντα ὁρᾶν ἑαυτά (Anon., p. 34). Antiochus indiquait la vraie raison en objectant que le Bélier et la Balance ne devaient pas non plus se voir, la Terre étant entre les deux : *cum dicit quod Libra Arietem, propter terram quae media est, non videat* (Firmic., II, 29, 2 Kroll). Démophile (ap. Porphyr., p. 193) appliquait l'épithète d'ἰσοδυναμοῦντα non pas aux signes qui se *voient*, mais à ceux qui, « au dire de certains : (τινες), s'*entendent* et ne peuvent pas se voir, διὰ τὸ τῆς γῆς ἀποσκίασμα. C'est donc bien la Terre qui fait écran. Seulement nos astrologues auraient été embarrassés de dire pourquoi les signes qui se voient ne peuvent aussi s'entendre. Aussi l'exercice simultané des deux sens est admis par Paul d'Alexandrie, qui identifie (fol. D 4 v) les ἀκούοντα καὶ βλέποντα.

2. *Cancer et adverso Capricornus conditus astro* | *Vertitur in semet oculis, in mutua tendunt* | *Auribus* (Manil., II, 494-496). C'est évidemment la raison pour laquelle *desunt lumina Cancro* (Manil., II, 259). Géminus, qui blâme le système ancien, dit : Καρκίνον μὲν ἐξετίθεντο μηδεμίαν ἔχειν συζυγίαν πρὸς ἄλλο ζώδιον, ἀλλὰ καὶ ἀνατέλλειν βορειότατον καὶ δύειν βορειότατον (*Isagog.*, I, 9). De même pour le Capricorne. Voy., contre Géminus, Petavius, *Doctr. temporum*, II, ch. vii. Cf. les *dii communes, qui* ἄζωνοι *dicuntur* (Serv., *Aen.*, XII, 118), qualification astrologique détournée de son sens et appliquée aux dieux non classés dans le temple céleste des haruspices (Martian. Cap., I, 61).

3. Manilius cherche et trouve d'autres motifs harmoniques; ainsi le Taureau regarde la Vierge, en souvenir d'Europe : *Virgine mens capitur, sic quondam vexerat ante* | *Europam dorso retinentem cornua laeva,* | *Indutusque Jovi est* (Manil., II, 489-490). On trouve dans Paul d'Alexandrie (fol. E 3 v) un système d'ὁμόζωνα où le Lion est homozone du Cancer; la Vierge, des Gémeaux, et ainsi de suite. C'est l'homozonie des οἶκοι (ci-après, fig. 24), un système à part, qui figure aussi dans les *Anecdota* de Ludwich (p. 106).

Cancer, au lieu d'être « aveugle », fit pendant aux Gémeaux, comme le Capricorne au Sagittaire.

La juxtaposition des figures ci-jointes (fig. 17) rend visible la différence entre l'ancien et le nouveau système.

Le nouveau système de correspondance, appliqué à chaque degré de chaque signe, est celui que Firmicus appelle la méthode des *antiscia* et qu'il expose d'après l'astrologue Dorothée de Sidon, en ayant soin d'insister sur l'importance capitale des *antiscia* au point de vue des pronostics. Il y avait dans la construction des homozones, satisfaisante pour les astronomes, un vice radical qui scandalisait les astrologues. L'association de deux signes contigus, qui

ASSOCIATIONS PAR COUPLES PARALLÈLES

I. SYSTÈME PRIMITIF

Signes qui se voient réciproquement
(βλέποντα ἄλληλα - *videntia*)

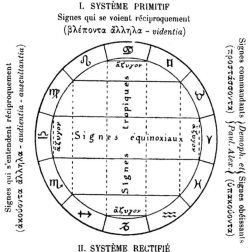

II. SYSTÈME RECTIFIÉ

Signes homozones (ὁμόζωνα - σύζυγα), βλέποντα καὶ ἰσοδυναμοῦντα suivant Ptolémée.

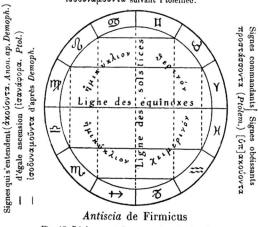

Antiscia de Firmicus

Fig. 17. Déplacement des rapports entre les signes.

sont nécessairement de sexe différent, était une hérésie astrologique [1]. Cet inconvénient se reproduisait dans le couplement des

---

1. *Jam vero nulla est haerentibus addita signis | Gratia* etc. (Manil., II, 385 sqq.). Les signes contigus étant de sexe différent, *Disparibus non ulla datur*

degrés, si l'on observait l'exacte symétrie. Les degrés de nombre impair, c'est-à-dire masculins d'après la doctrine pythagoricienne, se trouvaient associés par les parallèles aux degrés de nombre pair du côté opposé. C'est ce que n'avait pas compris, paraît-il, Fronton, un astrologue pourtant très expert en son art, et, pour cette raison, Firmicus assure que « son étude des *antiscia* était inefficace [1] ». Dorothée de Sidon rectifia la construction en réservant dans chaque signe un degré vide, le 30e, de façon que, le 1er degré d'un signe correspondant avec le 29e du signe opposé, le 2e avec le 28e et ainsi de suite, la règle qui exigeait la parité de sexe fût observée [2]. Les lignes parallèles suivant lesquelles les degrés antiscies échangeaient leurs rayons [3] se trouvaient par là légèrement inclinées sur les axes du Zodiaque, et il y avait sur le pourtour du cercle douze

concordia signis (ibid.). Manilius a cependant dit plus haut, par distraction, *sterilis Virgo est simili conjuncta Leoni* (II, 238). Les signes contigus sont ἀσύνδετα-*inconjuncta*. Ptolémée affirme qu'ils se détournent l'un de l'autre (ἀπέστραπται ὥσπερ ἀλλήλων, d'où le terme ἀπόστροφα dans Paul d'Alexandrie), et cela, par la raison bizarre qu'ils sont (ou peuvent être) deux dans l'espace ou angle d'un seul : καὶ δύο αὐτὰ ὄντα ἑνὸς περιέχει γωνίαν (*Tetrab.*, I, 17). Le savant a honte d'invoquer comme motif d'antipathie la diversité des sexes. Ce dogme astrologique finit cependant par être ébranlé (voy. ci-après, p. 164). Il paraissait absurde à Géminus, qui trouve qu'il aurait dû y avoir au contraire sympathie naturelle et affinité de tempérament entre voisins : καίτοι εὔλογον ἦν ἐκ τῶν μάλιστα σύνεγγυς συγκειμένων ζωδίων συμπάθειαν γίνεσθαι, ἡ γὰρ ἀποφορὰ καὶ ἀπόρροια ἡ φερομένη ἀπὸ τῆς ἰδίας δυνάμεως ἑκάστου τῶν ἀστέρων ὤφειλε μάλιστα συναναχρωτίζεσθαι καὶ συνανακιρνᾶσθαι τοῖς πλησιάζουσι ζωδίοις (Gemin., *Isagoge*, 9). La raison ultime de l'antipathie présumée doit être celle que donne Manilius, à savoir que les signes contigus ne se voient ni ne s'entendent.

1. Firmic., II Praef., 4 Kroll. Ce Fronton inconnu *antiscia Hipparchi secutus est*. Les *antiscia* rectifiés ont été approuvés par Navigius (Nigidius ?) et Ptolémée (*ibid.*), sous l'étiquette de signes βλέποντα καὶ ἰσοδυναμοῦντα. C'est sans doute ce que veut dire Firmicus : *nam et Ptolemaeus nullam aliam rationem sequitur nisi antisciorum, et Antiochus, cum dicit quod enim Libra Arietem propter terram quae media est non videat* (II, 29, 2 Kroll).

2. *Et illud scire inter cetera oportet, quod in XXX partem nulla pars mittat, et quod XXX in nullam partem mittat antiscium* (Firmic., II, 29, 4 Kroll). Cela d'après Dorothée de Sidon, lib. IV (*ibid.*, 29, 2).

3. Le rayonnement par antiscie est toujours réciproque : *nam pars, a qua exceperit antiscium, ad eam a se rursus mittit antiscium* (Firmic., II, 29, 6). C'est la même règle que pour les aspects. Le mot ἀντίσκια prête aux confusions. En géodésie, il signifie des points d'un même méridien, de latitude égale mais opposée (au nord et au sud de l'équateur), où les ombres se projettent en sens contraires. Ici, ce sont des « vis-à-vis », dont le regard lumineux est censé projeter aussi en sens opposés les « ombres » des deux correspondants (?), mais suivant une ligne parallèle à l'équateur.

degrés disqualifiés; mais l'inventeur de ce tour de main avait trouvé, Firmicus en répond, le chemin de la vérité.

Si les signes situés sur un même parallèle se *voient* et sympathisent par les yeux, ceux qui sont situés symétriquement dans le sens perpendiculaire *s'entendent* et sympathisent par l'oreille. Évidemment, les astrologues avaient commencé par supposer que ces signes, séparés par le disque terrestre, ne pouvaient pas se voir; et, comme l'axe des oreilles est perpendiculaire à celui des yeux, leur raisonnement enfantin ne manquait pas d'une certaine logique. Le système des signes voyants comportait deux signes sans regard; l'ordonnance des signes entendants comportait deux signes sans oreilles ou n'ayant personne à entendre, le Bélier et la Balance [1].

Les astronomes et astrologues savants qui avaient dérangé le système des signes voyants, pour y introduire des motifs scientifiques, détraquèrent de même celui-ci. Ils affectèrent d'interpréter ἀκούειν - *audire* par « obéir », et partagèrent les signes en signes qui commandent (προστάσσοντα - *imperantia*) — ceux de l'hémisphère boréal — et signes qui obéissent (ἀκούοντα - ὑπακούοντα - *audientia*) — ceux de l'hémisphère austral. Ceux du Nord commandent, parce qu'ils allongent les jours, et ceux du Midi obéissent parce qu'ils les diminuent [2]. Il y avait encore une autre raison, c'est que les signes de l'hémisphère nord se lèvent plus lentement, donc plus majestueusement, que les signes correspondants de l'hémisphère sud. Ils sont « de plus grande ascension [3] ». Mais cette raison disparut quand les astrologues se virent contraints de placer leurs points cardinaux au commencement des signes. Alors les signes de latitude égale, au N. et au S. de l'équateur, devinrent des signes d'ascension égale (ἰσανάφορα), et ainsi s'introduisit la confusion dans les idées et dans le langage,

---

1. Manilius fait de cette surdité un privilège, montrant ainsi combien était naturelle la transition du sens d'*entendre* à celui d'*obéir* : *Consilium ipse suum est Aries, ut principe dignum est :* | *Audit se Libramque videt* (Manil., II, 485). De même, *Libra suos sequitur sensus, solumque videndo* | *Lanigerum* (II, 501). Certains astrologues eurent l'idée d'établir aussi un lien d'audition, c'est-à-dire de subordination, entre ces deux isolés, qui devaient se *voir* sans s'entendre. La Balance *obéit* (ὑπακούει) au Bélier, par application de la règle commune, ὅτι ὁ μὲν Κριὸς αὔξει τὴν ἡμέραν, ὁ δὲ Ζυγὸς μειοῖ (Demoph., p. 193).

2. Ptolem., *Tetrab.*, I, 15; Anon., p. 33; Hephæst., I, 9; — et aussi parce que les signes du N. agrandissent le quadrant oriental du Zodiaque et que les autres le diminuent (ci-après, ch. IX).

3. Ὑπακούει Ἰχθῦς Ταύρῳ, ὅτι ὁ μὲν Ταῦρος πλειόνων ἐστὶν ἀναφορῶν, ὁ δὲ Ἰχθῦς ἡττόνων. Ὁμοίως Ὑδροχόος Διδύμοις κ. τ. λ. (Demophil., p. 193).

les mêmes mots servant aux deux ordonnances. Il va sans dire que le docte Ptolémée appelle signes « commandants et obéissants » les signes d'égale ascension [1].

On ne dit pas que le système des *antiscia* ait été appliqué ici, pour supprimer dans le détail l'association de signes contigus. Les savants persistant à imposer cette hérésie, il n'y avait qu'à s'en accommoder, et même à en tirer parti pour accroître les ressources de l'astrologie. Par exemple, on pouvait réserver aux signes contigus le bénéfice du principe d'égalité et de réciprocité parfaites qui était appliqué jadis aux ordonnances des voyants, des entendants, des *antiscia*, et établir pour les autres une alternance de supériorité et d'infériorité, fondée sur la droite et la gauche pour chaque couple, sur la longueur comparative des parallèles de jonction pour des couples différents, etc. [2]. Quant au système des *antiscia,* il se prêtait à des combinaisons avec le système rival et beaucoup plus connu des aspects polygonaux [3].

1. Διὰ τὸ ἐν τοῖς ἴσοις χρόνοις ἀναφέρεσθαι, καὶ ἐπὶ ἴσων παραλλήλων (*Tetrab.*, I, 15). Démophile conservait à l'ancienne ordonnance le titre d'ὑπακούοντα ζώδια (mais au sens d'obéissants), et appliquait aux ἰσανάφορα l'étiquette d'ἰσοδυναμοῦντα ou « équipollents », que Ptolémée réserve aux βλέποντα. Il définit ἰσοδυναμοῦντα ἀλλήλοις λέγεται τὰ ζώδια τὰ ἴσην ἔχοντα ἀναφοράν. Le désordre vient de la violence faite au système primitif.

2. Il y aurait petit profit pour un pénible labeur à commenter un texte plus qu'obscur de Paul d'Alexandrie (fol. E 3-4 v), évaluant les sympathies et énergies relatives de ses ὁμόζωνα (ci-dessus, p. 159, 3) et des ἰσανάφορα. Les signes contigus, quoique se tournant le dos (ἀπόστροφα — κατ᾽ ἀπόστροφον συμπαθοῦντα), ne font qu'un comme co-habitants (ὡς ἐπὶ συνοικουρίας) et ils ont même puissance. Τὰ κατὰ γειτνίασιν ἑαυτῶν ἰσανάφορα ζώδια (ou τὰ γειτνιῶντα ἑαυτοῖς κατὰ τὴν ὁμοζωνίαν ζώδια) τὴν ἴσην ἐφέξει δύναμιν. Pour les autres, il y a prépondérance de la droite (ἐν τοῖς ἡγουμένοις) sur la gauche (ἐν τοῖς ἑπομένοις). Ainsi, parmi les ὁμόζωνα, le Taureau domine la Balance, et le Scorpion, le Bélier. De même, parmi les ἰσανάφορα, le Cancer domine le Sagittaire, et le Capricorne les Gémeaux [les noms étant figurés dans le texte par des sigles, qui s'altèrent aisément sous la plume des copistes, je corrige ὁ ♈ πρὸς τὸν ♏ en ♏ πρὸς τὸν ♈. Schato a interverti plus loin *Geminos ad Capricornum*]. En outre, la puissance des signes contigus étant 1, celle des couples adjacents, qui forment entre eux un carré, sera représentée par 2; celle des quatre couples restants, entre lesquels la distance est presque d'un diamètre, est plus grande encore; si bien que la règle est : πλείονα δύναμιν ἔχει τὰ πλείονα διάστασιν ἔχοντα. Si le voisinage n'est plus un motif de discorde, du moins il affaiblit.

3. Quand on ne réussit pas à joindre des astres au moyen des aspects, il faut, dit Firmicus, voir s'ils ne sont pas en rapport par *antiscia* et si leur *antiscium* ne peut pas être joint par aspect : *Cum enim antiscium sic miserint, ut trigonica se per antiscium vel quadrata vel diametra vel hexagona radiatione conjungant, sic decernunt quasi sic sint simplici ordinatione compositae; et sic omnia ista mixturarum ratione complentur* (Firmicus, II, 29, 9 Kroll).

§ II. — ASSOCIATIONS POLYGONALES OU ASPECTS.

On a déjà dit (p. 158) que la géométrie se refuse à couvrir les combinaisons anarchiques que produisent l'amour et la haine dans le monde sidéral décrit par Manilius. Nous serons obligés d'écarter pareillement ces fantaisies inintelligibles des associations polygonales où le poète a prétendu aussi les introduire. Ces associations ou configurations (σχήματα - σχηματισμοί - συσχηματισμοί - *configurationes - adspectus*) sont les instruments par excellence de l'astrologie savante, de. celle à qui la collaboration des pythagoriciens a valu le nom de « mathématique ». Le nom impropre d' « aspects » (ὄψεις - *adspectus*), qui a prévalu en latin, rappelle encore que, là aussi, la rigidité des mathématiques n'a pas empêché l'imagination de cultiver la métaphore et d'humaniser les relations angulaires, qui sont censées ne se mesurer qu'au compas. On dit aussi que les signes associés par configuration se « voient » réciproquement ou se « rendent témoignage [1] ». Enfin, comme transition — et motif de confusion — entre le système des associations par parallèles et celui des groupements polygonaux, il y a l'aspect diamétral, qui appartient aux deux catégories, ou plutôt figure indûment dans la seconde.

Le nombre des configurations ou aspects, d'abord fixé à trois,

On doublait ainsi pour le moins le nombre des combinaisons possibles. Firmicus fait ensuite l'application du système mixte à la géniture d'un grand personnage contemporain (Ceionius Rufius Albinus, cos. 335).

1. Manéthon, à propos des planètes — les σχήματα du Zodiaque servant de mesure à ceux des planètes — emploie comme synonymes les termes μαρτυρίαι, ἐπιμαρτυρίαι [μάρτυρες - ἐπιμάρτυρες - συμμάρτυρες] et σχήματα (voy. l'*Index verborum* de l'édition Axt et Rigler). De même *testimonium* ou *testimonium radiationis* dans Firmicus (III, 1 Kroll). Τοὺς πρὸς ἀλλήλους τῶν ἀστέρων (il s'agit aussi des planètes) σχηματισμοὺς καλοῦσιν ἐπιμαρτυρίας (Porphyr., *Isag.*, p. 186). On ne peut même pas réserver à μαρτυρία le sens d'aspect *favorable*. C'est le sens ordinaire (cf. φίλος καὶ μάρτυρος, Maneth., VI, 626); mais on rencontre aussi Mars μάρτυς avec des effets déplorables (I, 335). Quant à l'expression ὁρᾶν, ὁρᾶσθαι (*adspicere*), Manéthon l'emploie continuellement (voy. l'*Index*). On rencontre aussi des expressions comme σχηματίζονται ἐπιθεωροῦντες ἀλλήλους ἀστέρες κ. τ. λ. (*Philosophum.*, V, 2, 13 ; S. Empir., *Adv. Astrol.*, 39, p. 344), et les verbes βλέπειν, ἐπιβλέπειν, θεωρεῖν, συμφωνεῖν, etc. (*ibid.*). Sur le sens propre d'*adspectus*, ὄψις, voy. ci-après ch. VIII. Nous ne pouvons plus savoir de quel aspect parlait Horace en disant : *Seu Libra seu me Scorpius adspicit | Formidolosus, pars violentior | Natalis horae, seu tyrannus | Hesperiae Capricornus undae* (Hor., *Od.*, II, 17). Il entendait sans doute par là autre chose, le regard ou patronage du signe horoscope.

— le diamètre, le trigone, le tétragone ou aspect quadrat, — fut porté à quatre par doublement du trigone, doublement qui donna l'hexagone ou aspect sextil [1]. Les signes qui ne communiquent entre eux par aucune de ces lignes, comme les signes contigus (ci-dessus, p. 161, 1) et ceux qui sont séparés par cinq (ou sept) signes, sont dits « inconjoints » (ἀσύνδετα - *inconjuncta* ou ἀπόστροφα).

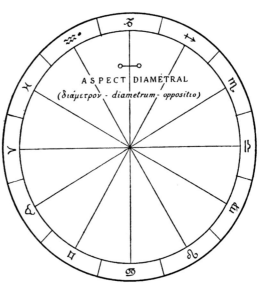

Fig. 18. Aspect diamétral.

Nous allons voir dans quelle mesure la géométrie et la psychologie ont collaboré à la définition des propriétés des figures, et si l'une et l'autre ont toujours réussi à se mettre d'accord.

1° Soit d'abord le diamètre ou aspect diamétral (διάμετρον – *diametrum*). C'est l'aspect le plus anciennement interprété par les astrologues. Les Chaldéens de Babylone et de Ninive notaient déjà la coïncidence des levers de certaines étoiles ou planètes

---

1. On faisait observer que, dans le cycle lunaire, résumé de toutes les harmonies, se trouve aussi l'aspect hexagonal (conséquence du fait qu'on y avait artificiellement introduit l'indispensable trigone). Les phases lunaires étaient donc — en dehors des deux syzygies — au nombre de six : μηνοειδής (hexagone) — διχότομος (tétragone) — ἀμφίκυρτος (trigone) — ἀμφίκυρτος β′ (trigone) — διχότομος β′ (tétragone) — μηνοειδὴς β′ (hexagone); soit, avec les syzygies, huit phases en tout, inégalement espacées sur le cercle. Le plus curieux, c'est que les mystiques ne veulent pas de ce nombre huit : il leur faut le nombre septénaire, et ils y atteignent, soit en supprimant la σύνοδος, moment où la Lune ne se voit pas (Porphyr., p. 183), soit en supprimant les deux phases μηνοειδεῖς et faisant deux phases avec le commencement et la fin de la σύνοδος, — *cum nascitur — et cum ad nos luminis universitate privatur* (Macr., *S. Scip.*, I, 6, 55). D'autres se rejettent sur la triade, et trouvent trois phases de chaque côté du diamètre — τρεῖς ἑκατέρας οὔσας διεστήσατο μηνοειδεῖς, διχοτόμους, ἀμφικύρτους (Proclus in *Anal. sacr.*, V, 2, p. 168 Pitra). D'autres comptaient 10 et même 11 phases (Paul. Alex., G 3 v).

avec le coucher de certaines autres, coïncidence qui répond approximativement à l'opposition diamétrale. Le rapport ainsi établi par le diamètre était-il sympathique ou antipathique? Il y avait pour ou contre l'une ou l'autre manière de voir des raisons dont le conflit produisit l'hésitation et l'incertitude. La tradition « chaldéenne » tranchait la question dans le sens de la sympathie : pour elle, les signes ou planètes opposés se regardaient, non de travers, mais bien en face, et, par conséquent, agissaient de concert. Du reste, toute association présuppose la sympathie, et surtout l'aspect diamétral, qui est l' « aspect » par excellence, au sens propre du mot [1].

Les partisans de la tradition adverse — plus grecque peut-être que l'autre — raisonnaient différemment, et ils avaient pour eux l'association d'idées que représente le mot « opposition ». Les astres opposés sont des antagonistes; psychologiquement, comme des adversaires alignés pour le combat, matériellement, comme les poids qui tirent en sens contraire les deux extrémités du fléau d'une balance. Manilius, qui emprunte de toutes mains et veut raisonner par surcroît, est fort embarrassé. Il remarque que les signes opposés vont en sens contraire et que l'un se lève quand l'autre se couche. Ils ont donc des mœurs incompatibles. Évidemment, le Cancer brûlant et le Capricorne glacial ne peuvent être en bonne intelligence. Mais le Bélier et la Balance ont presque le même office, et les Poissons « aiment les mêmes lois » que la Vierge. « La nature l'emporte sur le lieu ». La nature est ici d'abord le sexe, ensuite un des trois qualificatifs relatés plus haut (p. 152-3 et fig. 15). Tous les signes associés par le diamètre étant de même sexe et de même qualité, l'affinité de nature atténue l'opposition géométrique. Tout bien pesé, Manilius finit par conclure que « la haine est plus fréquente entre signes opposés [2] ».

1. Géminus, disciple de Posidonius, ne connaît encore que *trois* aspects efficaces : χατὰ γὰρ τρεῖς τρόπους αἱ συμπάθειαι γίνονται, χατὰ διάμετρον, χατὰ τρίγωνον, χατὰ τετράγωνον · χατὰ ἄλλην δὲ διάστασιν οὐδεμία συμπάθεια γίνεται, ce qu'il trouve d'ailleurs arbitraire et inepte. Il dit de l'aspect diamétral : λαμβάνεται δὲ τὰ χατὰ διάμετρον ὑπὸ τῶν Χαλδαίων καὶ πρὸς τὰς ἐν ταῖς γενέσεσι συμπαθείας · δοκοῦσι γὰρ οἱ χατὰ διάμετρον γενόμενοι συμπάσχειν ἀλλήλοις, καὶ, ὡς ἂν εἴποι τις, ἀντικεῖσθαι ἀλλήλοις. Καὶ τῶν ἀστέρων ἐποχαὶ ἐν τοῖς χατὰ διάμετρον ζωδίοις χατὰ τὸν αὐτὸν καιρὸν καὶ συνωφελοῦσι καὶ συμβλάπτουσι τὰς γενέσεις, χατὰ τὰς παραδεδομένας δυνάμεις τῶν ἀστέρων (Gemin., *Isagog.*, 1, 9). Cicéron (*Divin.*, II, 42) et S. Empiricus (§ 39, p. 244) ne mentionnent que le trigone et le quadrat — *ea triangula illi et quadrata nominant.* Cf. ci-après (p. 202) les planètes sympathiques associées par le diamètre.

2. Manil., II, 401-432. Il oublie qu'il a mis du feu dans le Capricorne et

Ptolémée, lui, dissimule son embarras sous un étalage de science pythagoricienne qui intimide grandement son scoliaste [1]. Il invoque les angles et les longueurs harmoniques des cordes, après quoi, il conclut d'un ton péremptoire que, si les signes opposés sont « homogènes » (de même sexe), ils sont surtout opposés [2]. Il se garde bien de dire que, même dans son harmonie musicale, les tons étant représentés par des cordes d'arc, le diamètre, double du rayon, représente l'octave, c'est-à-dire le plus parfait des accords : il ne veut plus se rappeler que lui-même attribue même nature aux quadrants opposés par le diamètre [3] et qu'il fera grand usage de ce principe — appliqué aussi à la théorie des « lieux » (ci après, ch. IX) — dans son « apotélesmatique catholique ». On comprend qu'il n'ait pas réussi à imposer la théorie du diamètre discordant. Le Pseudo-Manéthon se rallie évidemment à la tradition adverse quand il dit : « Tels sont les effets produits par les planètes en conjonction avec le Soleil seul : pareils sont leurs effets quand elles se montrent à l'opposé du Soleil » [4]. Quand il y a une contradiction quelque part, on est sûr de la retrouver, enregistrée sans être remarquée, dans le répertoire incohérent de Firmicus. En effet, Firmicus affirme que le rayonnement diamétral est toujours menaçant [5], et, plus loin, il explique que Saturne se met d'accord soit avec la Lune, soit avec le Soleil, quand il se trouve avec eux en opposition diamétrale [6]. Enfin, la tradition chaldéenne ressuscite tout

le Cancer dans l'eau (ci-dessus, p. 138, 1 et p. 145), ce qui diminue l'opposition. *Vincit natura locum* (II, 416); conclusion : *Crebrius adversis odium est* (II, 652). Ailleurs, dans son système des *tutelae* (II, 433-447), il met Junon dans le Verseau, en face de Jupiter dans le Lion, sans avoir probablement l'intention de représenter un mauvais ménage (ci-après, p. 184).

1. Ptolem., *Tetrab.*, II, 14 (Περὶ τῶν συσχηματιζομένων δωδεκατημορίων). Le scoliaste (Anon., p. 30) remarque : εἰδέναι δὲ χρὴ ὡς πολλῆς προσοχῆς δεῖται τὸ προχείμενον χωρίον, καὶ γὰρ τὰ λεγόμενα δυσκατανόητα τυγχάνει. Il fera de son mieux pour rendre le passage intelligible.

2. Ἀσύμφωνοι δὲ οἱ τετράγωνοι καὶ οἱ κατὰ διάμετρον, διότι κατ' ἀντίθεσιν τῶν ὁμογενῶν τὴν σύστασιν λαμβάνουσι (*Tetrab.*, II, 14). Il vient de dire que, pour le diamètre, l'opposition rectiligne est une « raison évidente » (λόγος φανερός):

3. Voy. ci-dessus p. 102, 3.

4. Τόσσα μὲν Ἠελίῳ μούνῳ ξυνῇ παρεόντες | Ῥέζουσ', ἴσα δὲ τοῖσι καὶ ἀντίον Ἠελίοιο | Φαινόμενοι (Maneth., II, 436-438).

5. *A signo ad aliud signum septimum quod fuerit, hoc est diametrum; sed haec semper maligna ac minax radiatio est* (Firmic., II, 22, 2 Kroll).

6. *Saturnus — ideo conditionem Lunae sequitur, quia in feminino signo constitutus Lunae in feminino signo constitutae per diametrum radios excepit*

à fait dans l'*Hermippus*, dont l'auteur est d'avis que, vu la vertu du nombre 7, l'aspect diamétral, qui unit le premier signe au septième, est le plus sympathique et le plus favorable de tous [1].

2° En revanche, tous les astrologues s'accordent à considérer l'association des signes trois par trois, en trigone (τρίγωνον - *trigonum - triangulum - triquetrum*), comme la figure efficace et bienfaisante par excellence [2]. L'unique raison qu'en donne Ptolémée, — raison qu'il écartait pour le diamètre et qu'il invoquera encore pour l'hexagone, — c'est que le trigone réunit des signes de même sexe [3]. Les motifs qu'il passe sous silence, c'est

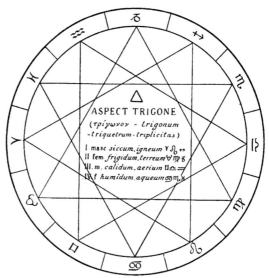

Fig. 19. Les Trigones.

— *Soli se rursus simili radiatione conjunxit et rursus ad eam quam Sol conditionem componitur ; nam in masculino constitutus signo aequabili se testimonio radiationis associat, cum per diametrum Solem simili qua Lunam radiatione respexerit* (Firmic., III, 1, 3 Kroll).

1. Ce n'est pas le sexe, — qui n'existe pas, suivant l'auteur, — c'est le nombre impair qui crée la sympathie : οἱ κατὰ περιττοὺς τῶν ἀστέρων σχηματισμοὶ πρὸς ἀλλήλους ἐπιζευγνύμενοι συμπαθεῖς τέ εἰσι καὶ ὠφέλιμοι, καὶ τούτων μᾶλλον ὁ καθ' ἑϐδομάδα, ὃς καὶ κατὰ διάμετρόν ἐστιν · οἱ δὲ κατὰ τοὺς ἀρτίους φαῦλοί τε καὶ ἀσύμφωνοι κ. τ. λ. (*Hermipp*., I, 19, § 138). Macrobe aussi explique que le diamètre a la vertu du nombre septénaire : *Sol quoque ipse, de quo vitam omnia mutuantur, septimo signo vices suas variat*, etc. (Macr., *Somn. Scip.*, 1, 6, 57 sqq.).

2. Τρίγωνοι, ἐπεὶ τόδε πάμπαν ἄριστον | σχῆμα πέλει φαύλοις τε καὶ ἐσθλοῖς ἀστράσι πᾶσιν (Maneth., III, 361-363. Cf. III, 270-292). Voy. ci-après les trigones planétaires. C'est aussi des planètes que S. Empiricus dit : δοκεῖ κατὰ μὲν τρίγωνον ἀγαθοποιὸς κακοποιός συσχηματιζόμενος εὐεργετικὸς εἶναι, καὶ πολὺ μᾶλλον ἀγαθοποιός (S. Empir., § 39, p. 344). — Ἐν τοῖς σχηματισμοῖς αὐτῶν τὸ ἄριστον ἔλαχε τῶν σχημάτων τὸ τρίγωνον (Proclus in *Anal.*, V, 2, p. 168 Pitra). C'est un axiome, connu même des profanes.

3. Οἱ μὲν τρίγωνοι καὶ ἑξάγωνοι σύμφωνοι καλοῦνται διὰ τὸ ἐξ ὁμογενῶν συγκεῖσθαι δωδεκατημορίων, ἤτοι ἐκ πάντων θηλυκῶν ἢ ἀρσενικῶν (*Tetrab.*, I, 14).

aux religions et aux spéculations pythagoriciennes qu'il faut les demander. On sait le rôle que jouent dans les religions orientales les Triades (Père-Mère-Fils), symboles de la vie perpétuée par la génération [1]. Ce qui a été dit plus haut des propriétés attribuées aux nombres et aux figures nous dispense d'insister davantage. Le nombre 3, la triade, est le plus petit nombre complet contenant le pair et l'impair, comme le triangle est la surface la plus simple, le générateur de tous les polygones. Enfin, le trigone est — le diamètre une fois écarté — la seule association parfaite, la seule dans laquelle chaque signe communique directement, et par la droite et par la gauche, avec les signes associés. On a vu précédemment comment la théorie dite chaldéenne des rétrogradations planétaires, suggérée par la foi en la puissance du trigone, servait de preuve à cette même foi.

3° Le tétragone ou aspect quadrat (τετράγωνον - *quadratum*) est presque universellement noté comme une association antipathique et défavorable. En effet, il comprend un nombre égal de signes de sexe différent, et les signes de même sexe y sont en opposition par le diamètre. Ptolémée le déclare ἀσύμφωνος pour cette raison, et Firmicus le note comme « d'influence maligne [2] ». Mais cette sentence n'était pas sans appel, et il y avait bien des raisons pour la réformer. Le carré est la division normale du cercle en quadrants. Les signes de même fonction, les « cardinaux » ou « tropiques », les « solides » et les « bicorporels », sont tous associés par aspect quadrat [3]. Cette « parenté », si elle ne vaut pas l'amitié qui règne dans les trigones [4], doit compenser l'antago-

---

1. Cf. la Triade platonicienne des Mœres (Lachesis-Clotho-Atropos), οἷον ἐν ἰσοπλεύρῳ τριγώνῳ τεταγμένας (Proclus in *Anal.*, V, 2, p. 84 Pitra). Les portes du ciel disposées en trigone (Serv., *Georg.*, I, 34), texte cité plus haut, p. 23, 1.

2. *Et haec minax est radiatio et malitiosa potestate composita* (Firmic., II, 22, 6 Kroll). Le même Firmicus a dit plus haut (II, 19, 5), en parlant des « lieux » : *Sed hic locus [quartus] cum horoscopo maxima societate conjungitur, quia de quadrato horoscopum respicit et per quadratum ab horoscopo videtur* : contradiction flagrante. Le quadrat est meurtrier (ἀναιρετικός) dans le calcul concernant la durée de la vie (ci-après, ch. XII). Influence inverse de celle du trigone : κατὰ δὲ τὸ τετράγωνον ἀνάπαλιν (S. Empir., *loc. cit.*).

3. Voy. ci-dessus, p. 152, fig. 15.

4. *Cognata quadratis | Corpora censentur signis, et amica trigonis* (Manil., II, 653). *Sic quaecumque manent quadrato condita templo | Signa parem referunt numeris aut tempore sortem, | Ac veluti cognata manent sub foedere tali* (II, 668-670. Cf. II, 337-341). Les tétragones *adfines signant* (II, 671). Puis, Manilius cherche à restreindre l'affinité aux *cardines*, lesquels sont sympathiques non pas parce que, mais *quoique* associés en quadrat : *quae quanquam — Sidera quadrata efficiunt, non lege quadrati | Censentur. Minor est*

nisme résultant du mélange des sexes. Aussi voit-on le carré, dans la théorie des XII lieux (ci-après, ch. ix), devenir une figure des plus heureuses et les astres qui se regardent d'un *cardo* à l'autre (suivant le quadrat ou le diamètre) acquérir une énergie particulière. Manilius, qui soutient tour à tour toutes les opinions, adjuge en fait au tétragone et lui refuse en théorie le caractère sympathique. On ne voit même plus bien, en face de toutes ces affi-

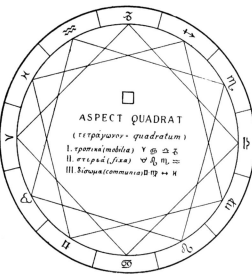

Fig. 20. Aspect quadrat.

nités, ce qui a fait disqualifier le carré. Ce n'est pas aux mathématiques pythagoriciennes qu'il faut s'en prendre. Le carré y a un assez beau rôle et ne se ressent nullement de l'infériorité des nombres pairs. Le scrupule ne vient pas non plus des Grecs, ou des Romains ou des Étrusques, la division en quadrants étant chez eux le tracé normal du temple. Peut-être faut-il supposer ici quelque superstition chaldéenne, la même qui a, dit-on, empêché les astrologues orientaux de partager l'orbite lunaire en quadrants — hypothèse peu sûre et contrebattue elle-même par l'usage de la semaine, considérée comme quart du mois lunaire.

4° L'aspect hexagonal ou sextil, qui réunit tous les signes de même sexe, a les mêmes propriétés que le trigone, mais à un

---

numeri quam cardinis usus (II, 674-675). Il oublie qu'il a ligué contre la Balance les trois autres *cardines*, le Bélier (II, 540. 556), le Capricorne et le Cancer, *Chelis quod utrumque quadratum est* (II, 555). Enfin, il constate que *plerumque manent inimica tertia quaeque | Lege, in transversum vultu defixa maligno* (II, 572). Manéthon n'a pas de doctrine générale: le tétragone est chez lui tantôt favorable, tantôt défavorable, suivant les planètes qui sont en rapports. Par exemple, le Soleil en tétragone avec Mars, effet détestable (I, 341); Jupiter avec Saturne, effet excellent (I, 346. III, 234). Paul d'Alexandrie fait valoir l'identité de nature des signes en aspect quadrat (ci-dessus, p. 153, 2).

moindre degré [1]. C'est, en somme, une superfétation, que ne connaissent ni Géminus, ni Cicéron, ni Sextus Empiricus, et dont certains astrologues, comme Manéthon, ont persisté à ne pas se servir. Ceux-là étaient peu touchés sans doute des perfections géométriques de l'hexagone, qui se décompose en six triangles équilatéraux et que la Providence a donné pour modèle aux abeilles construisant leurs cellules de cire [2].

ASPECT HEXAGONAL ou SEXTIL

(ἑξάγωνον hexagonum - sexangulum)

I. Hexag. masculin : ♈ ♊ ♌ ♎ ♐ ♒

II. — féminin : ♉ ♋ ♍ ♏ ♑ ♓

Fig. 21. Aspect sextil.

La théorie des aspects, la création la plus admirée de l'astrologie savante et la base de tous ses calculs, repose en dernière analyse sur les propriétés occultes adjugées aux nombres et aux figures par les Pythagoriciens, propriétés que ressassent *ad nauseam* tous les mystiques et tous les défenseurs de l'astrologie.

---

1. *Debilia alternis data sunt commercia signis* (Manil., II, 358 sqq.). *Hexagona hoc idem sunt quod trigona, nisi quod minoris potestatis* (Firmic., II, 22, 7). Ce quatrième aspect a pu être inventé pour parfaire le jet de *sept* rayons (fig. 22) que, d'après une théorie visée plus haut (p. 81, 3), lance chaque foyer céleste. Suivant Firmicus, l'hexagone a plus de vertu quand, étant donné trois signes reliés par aspect sextil (?), celui du milieu est un signe tropique ou bicorporel : *Sed hexagona illa sunt potiora quae habent in medio tropica vel duplicia signa, inefficacia vero quae signis solidis dividuntur* (II, 22, 8 Kroll).

2. La Terre étant le point central du cercle : *quantum a terris atque aequore signa recedunt | Tantum bina patent* (Manil., I, 544-545). Le scoliaste d'Aratus (ad *Phaenom.*, 541, I, p. 124-126 Buhle) remarque aussi cette propriété et ajoute : Ἑξάγωνόν ἐστι τοῦτο τὸ σχῆμα καὶ φυσικώτατον · καὶ γὰρ αἱ μέλισσαι, φύσει ζῶσαι καὶ οὐ λόγῳ, τὰς κατατρήσεις τῶν κηρίων ἑξαγώνους ποιοῦσι. L'unité de sexe étant le caractère principal de l'hexagone astrologique (cf. Manil., II, 379-384), c'est embrouiller les idées que de dire, comme Proclus (in *Anal.*, V, 2, p. 168 Pitra), qu'il a φύσιν ἀρρενόθηλυν. Il est masculin ou féminin, mais non pas l'un et l'autre à la fois.

Monade, dyade, triade, tétrade, pentade, hexade; vie, intelligence, mouvement, âme, corps, etc.; cela répondait à tout et noyait les objections dans le flot bruyant des mots[1]. Que répondre, en effet, à qui affirme que « les côtés du trigone sont les âmes des choses cosmiques », ou que « le tétragone engendre le cube, lequel est la semence de la terre[2] » ? On chercha pourtant à expliquer mécaniquement l'action des figures astrologiques, en partant

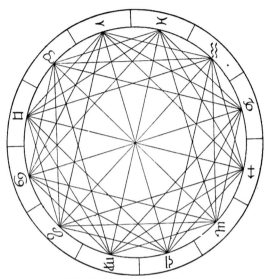

Fig. 22. Récapitulation des Aspects.

de l'idée que leur énergie décroît du diamètre à l'hexagone. Plus l'arc sous-tendu par le côté d'un polygone inscrit au cercle est grand, plus ce côté se rapproche du centre. Or, le centre est ici la Terre. L'influence dardée suivant le trigone imprègne davantage notre atmosphère que le rayon lancé suivant un angle plus ouvert, le quadrat, et à plus forte raison le sextil, qui ricoche dans le cercle à plus grande distance du centre. Quant au diamètre, « il frappe droit et le coup en est plus sûr[3] ». Il n'y a

1. Rappelons qu'il n'y a pas la moindre allusion aux σχήματα dans ce que Diodore rapporte des méthodes chaldéennes : τὰ μὲν γὰρ διὰ τῆς ἀνατολῆς, τὰ δὲ διὰ τῆς δύσεως, τινὰ δὲ διὰ τῆς χρόας προσημαίνειν φασὶν αὐτοὺς τοῖς προσέχειν ἀκριβῶς βουληθεῖσι (Diod., II, 30, 4).

2. Proclus in *Anal. sacr.*, V, 2, p. 168 Pitra.

3. Voy. Manil., II, 352-378. Ainsi, pour le trigone comparé au tétragone : *Illa [linea] magis vicina meat coeloque recedit, | Et propius terras accedit visus eorum, | Aeraque infectum nostras demittit ad auras* (II, 355-357) — *ex recto certior ictus* (II, 373). Manilius a sans doute mal compris une explication qui portait sur l'angle d'incidence du rayonnement allant d'un astre à l'autre. Mesuré par rapport à la « normale » ou rayon du cercle, l'angle sous lequel chaque signe reçoit le rayon de ses associés de droite et de gauche est de 30° dans le trigone, de 45° dans le tétragone, de 60° dans l'hexagone. On trouve un écho de ces idées dans des scolies du moyen âge (Schol. vet. ad German., *Prognost.*, II, p. 110 Buhle) : *Aspiciunt inter se stellae ex tertio [quinto?]*

qu'un défaut dans cette théorie balistique, c'est qu'elle est à côté de la question. Les « configurations » astrologiques n'expriment pas les rapports des astres avec la terre, mais les rapports des astres entre eux. L'auteur inconnu à qui Manilius emprunte son raisonnement n'avait sans doute pas commis cette méprise. Rectification faite, la susdite théorie rend assez bien compte non pas de la qualité — qui reste occulte — mais de l'intensité supposée du rayonnement échangé entre les astres dans les diverses figures.

Une explication plus simple, parce qu'elle est humaine et intelligible pour le vulgaire, de l'énergie décroissante des figures, du diamètre à l'hexagone, c'est que l'association devient plus lâche à mesure que les participants sont plus nombreux. Chacun d'eux, n'étant en rapport direct qu'avec ses deux voisins de droite et de gauche, devient indifférent aux autres et pour les autres.

La droite et la gauche — une distinction bien humaine aussi — modifient dans chaque figure la valeur, c'est-à-dire la qualité des rapports. L'astre associé à un autre par la droite, c'est-à-dire placé à la droite de son associé, a une supériorité sur celui-ci, qui est à la gauche de l'autre. La droite des signes est du côté où les entraîne le·mouvement diurne, la gauche, dans le sens rétrograde [1].

signo, quod dicitur Trigonum et habent maxime confusionem [s'associent plus étroitement?] : item a quarto signo, quod Tetragonum et Centrum [à cause des κέντρα-cardines] vocatur, et in alterutrum maxime praestant effectum [à cause de l'énergie intrinsèque des cardines]. Item ex contrario, quod est septimum signum et Diametron vocatur, quae maxime adversum caetera [?] dissident. Vel leviter aspiciunt, ut sextum [tertium?] quod dicitur Hexagonon. Le scoliaste confond perpétuellement le nombre ordinal, qui indique la distance d'un sommet à l'autre, avec celui qui désigne le polygone lui-même.

1. Sed discrimen erit, dextra, an sint laeva. Sinistra | Quae subeunt; quae praecedunt, dextra esse feruntur. | Dextera erit Tauro Capricornus, Virgo sinistra (Manil., II, 284-286). La doctrine est la même, sous des expressions inverses, dans Firmicus, qui, se réglant sur l'ordre des degrés de longitude, définit : quod retro fuerit dextrum, et sinistrum quod est ab ante (II, 22, 8). Scire etiam debemus quod sit dextrum trigonum, quod sinistrum. Dextrum trigonum est quod ab eo signo, a quo incipimus, retro est, sinistrum vero quod ab ante ; utputa Arietis dextrum trigonum est Sagittarius, sinistrum vero Leo, et simili modo Leonis dextrum trigonum est Aries, sinistrum Sagittarius ; Sagittarii vero dextrum trigonum est Leo, sinistrum est Aries. Et de même dans les autres figures (II, 22, 4). Nous n'aurons que trop d'occasions de revenir sur la hiérarchie attachée à la droite et à la gauche et les problèmes qui s'y rattachent (voy. ci-après, ch. VIII, l'ἀκτινοβολία et autres rapports modifiant la théorie plus complexe des aspects planétaires). En règle générale, l'aspect par la droite est plus favorable que l'autre : dans le tétragone, par exemple, il arrive que ἡ κατὰ τὸ δεξιὸν τετράγωνον πλευρὰ ἀβλαβὴς γίνεται, τῆς κατὰ τὸ εὐώνυμον πλευρᾶς κινδυνευούσης μᾶλλον, κ. τ. λ. (Paul. Alex., R 3 v).

En fait, l'association par aspects est le plus souvent appliquée aux planètes, qui ne restent pas incrustées une fois pour toutes à la même place et peuvent varier leurs combinaisons. Il n'arrive guère que les planètes occupent tous les sommets d'un polygone : elles sont généralement en aspect deux à deux, et elles y sont dès qu'il y a entre elles l'angle que sous-tend la corde du polygone. On ne s'imagine donc pas des trigones ou des tétragones de planètes formant des sociétés permanentes, à effectif complet. C'est, au contraire, sous forme de ligues éternelles, animées de sentiments invariables, que l'astrologie poétique se représentait les configurations inscrites au cercle du Zodiaque [1]. Pourquoi les signes s'associent-ils, si ce n'est pour mettre en commun leurs haines et leurs sympathies ? Si la concorde n'est pas toujours parfaite à l'intérieur de ces ligues, de l'une à l'autre l'état normal est la guerre. Le trigone présidé par le Bélier (♈ ♌ ♐) attaque celui que préside la Balance (♎ ♒ ♓), mais sans succès : le groupe animal est défait par le groupe humain. Le contraire eût étonné le bon Manilius, qui croit à la supériorité de l'intelligence sur la force. La bande animale se rue aussi, par antipathie de sexe, contre le trigone féminin auquel préside le Taureau (♉ ♍ ♑). Les carrés ne sont pas moins batailleurs que les triangles. Le plus triste, c'est que tel signe, comme membre d'un carré, devient l'ennemi de ceux qu'il avait pour alliés dans le triangle, et inversement : si bien que, en fin de compte, les signes sont partout égoïstes, suspects et traîtres à leurs alliés du moment. Inutile d'ajouter que ces haines célestes se reproduisent sur terre, où elles ont leur effet réel et se perpétuent de génération en génération, par l'afflux sans cesse renouvelé des passions de là-haut.

L'astrologie mathématique fera de son mieux pour pacifier cette mêlée ; mais elle en retiendra le principe, en l'appliquant aux trigones seuls, trigones peuplés de planètes, qui y sont installées virtuellement par droit de propriété. Entre autres usages, cet engin bizarre lui servira principalement à rendre compte de la diversité des races qui peuplent la terre et de

---

1. Manilius, sur ce sujet, est inépuisable. Voy. II, 466-642. Après les sympathies et haines individuelles (466-519), bataille des trigones : *Quin adversa meant et juncta trigona trigonis | Alteraque in bellum diverso limite ducit | Linea* (520 sqq.), avec toute espèce de complots et agressions de détail : *Sed tamen in proprias secedunt singula mentes | Et privata gerunt secretis hostibus arma* (539 sqq.). Inimitiés des carrés, etc. (572 sqq.). Aussi rien de plus rare que l'amitié : *Unus erat Pylades, unus qui mallet Orestes | Ipse mori* (583 sqq.).

l'antipathie engendrée par cette diversité [1]. Elle rejettera, comme inintelligibles ou contradictoires, les rapports que Manilius croit découvrir entre les trigones et les amitiés que l'on va chercher au loin, à cause de la distance qui sépare les trois signes d'un trigone ; entre les trois carrés et les trois degrés de parenté appelés agnation, cognation, affinité ; entre l'hexagone et l'hospitalité [2]. Les acquisitions qu'elle fit par ailleurs compensèrent largement ces sacrifices volontaires. Encore n'est-il pas sûr que les débris de ces systèmes n'aient pas été replacés dans la théorie des « lieux » substitués au Zodiaque.

Manilius, au cours de son exposé, s'embarrasse de scrupules qu'il emprunte aux géomètres et qui infirment toutes ses inductions. Lui qui considère toujours les signes en bloc, il s'avise imprudemment de déclarer que les figures géométriques ne sont efficaces qu'autant qu'elles sont exactes et que les angles sous-tendus par les cordes sont bien de 180° pour le diamètre, de 120° pour le trigone, de 90° pour le tétragone, de 60° pour l'hexagone [3].

---

1. Voy. ci-après (pp. 199-206) les « Trigones planétaires » et (ch. xi) leurs domaines dans la chorographie astrologique.

2. Ptolémée n'en fait point usage au chapitre des amitiés et inimitiés (voy. ci-après, ch. xii), à l'occasion duquel on reviendra sur le système de Manilius (II, 670-685). Le texte de Manilius est obscur et diversement ordonné par Scaliger et par Fr. Jacob. Les tétragones cardinaux *adfines signant gradibusque propinquis | Accedunt* (II, 671 sqq). ; quant aux trigones : *Haec ad amicitias imitantes jura gradumque | Sanguinis atque animis haerentia pectora ducunt. | Utque ipsa a longo coeunt submota recessu, | Sic nos conjungunt majoribus intervallis* (II, 679-682), amitiés qui valent mieux que la parenté (II, 683-684). Les hexagones : *Proxima vicinis subscribunt tertia quaeque | Hospitibus* (II, 685). Le principe sous-entendu par Manilius est fort simple : c'est que les individus qui ont leurs signes généthliaques en aspect contractent par là une parenté, amitié ou affinité quelconque entre eux : *Sic erit in signis odium tibi paxque notanda; | In terris geniti tali sub lege creantur* (II, 641-642. Cf. II, 337-342. 484. 560 sqq. 652). Ce principe est affirmé par Géminus, qui le tenait peut-être de Posidonius, à propos du diamètre. (ci-dessus, p. 167, 1) et du trigone : δοκοῦσι γὰρ οἱ κατὰ τρίγωνον γενόμενοι συμπαθεῖν ἀλλήλοις (*Isag.*, 1, 9). C'est de la généthlialogie comparée.

3. *Sed si quis contentus erit numerasse quadrata, | Divisum ut signis mundum putet esse quaternis, | Aut tria sub quinis signis ornare trigonum [trigona* Salmas., p. 149] *| Falsus erit*. Faute du nombre exact de degrés, *amisere loco dotes numerisque repugnant*. Le trigone exige un arc de 120° : *Hanc autem numeri non reddit linea summam | Si signum a signo, non pars a parte notatur*. Manilius développe l'idée avec sa prolixité habituelle (II, 297-351). Un passage de Démophile, que je cite plus loin (p. 179, 1), nous explique les scrupules de Manilius. Il y avait conflit, pour le tracé des σχήματα, entre plusieurs méthodes : la méthode vulgaire, celle qui prenait les signes en bloc (ζωδιακή), est signalée comme entachée d'erreur.

Alors ce ne sont plus les signes qui correspondent entre eux, mais les degrés des signes. Manilius passe, sans s'en apercevoir, du calcul en gros (ζωδιακῶς - πλατικῶς - *platice*) au calcul par degrés (μοιρικῶς - *partiliter*), celui-ci infirmant les résultats obtenus par celui-là [1]. Pour être logique, il aurait dû aller jusqu'au bout et avertir, comme le font certains astrologues, que les figures peuvent être régulières, mais être pourtant inefficaces ou d'une efficacité dévoyée et malencontreuse. Le cas se produisait, d'après ces abstracteurs de quintessence, quand les sommets d'un polygone tombaient sur les lignes de séparation des signes, sur l' « entre-deux » (μεσεμβόλημα) [2]. En réalité, le poète, étourdi par la complication du sujet, n'a pas réfléchi que le calcul par degrés ne s'applique utilement qu'aux configurations planétaires et qu'il n'avait nul besoin, lui qui ne s'occupe que du Zodiaque, de briser ainsi l'individualité concrète des signes [3].

Appliqués aux planètes, les σχήματα ont pour but et pour effet de remplacer la présence réelle de la planète, de porter son action là où elle n'est pas elle-même. Les astrologues parvenaient ainsi à concentrer dans un espace restreint du Zodiaque, quand le besoin s'en faisait sentir, les influences des planètes qui se trouvaient dans d'autres parties du cercle. Par exemple, dans le calcul de la durée de la vie, cette durée étant enfermée dans un quadrant et devant nécessairement se buter à une planète « meurtrière » (ἀναιρετικός), le rayon lancé suivant le diamètre ou le quadrat par Mars ou Saturne faisait fonction de la planète elle-même. On pouvait cependant admettre une différence d'énergie entre la présence réelle et la présence virtuelle par aspect. Une

1. C'est une habitude chez Firmicus (cf. II, 14, 1 ; IV, 17, 2 etc.) d'indiquer d'abord la méthode *platice* et de déclarer ensuite qu'elle ne vaut guère, attendu qu'on arrive à de tout autres résultats en comptant *partiliter*.

2. Un individu qui aurait pour horoscope le μεσεμβόλημα, οὗτος ἄλαλος καὶ κωφὸς καὶ ἄσημος τελευτήσει (Hephaest. Theb., p. 48-49 Engelbrecht). L'auteur indique les effets spécifiques des douze μεσεμβολήματα du Zodiaque. La considération du μεσεμβόλημα ou zéro mathématique fait que les astrologues ont subi à regret les exigences des astronomes qui plaçaient équinoxes et tropiques entre deux signes. Sur le μεσεμβόλημα considéré par rapport à l' ἀπόρροια et à la construction des « lieux », voy. ci-après, ch. VIII et IX.

3. Individualité qui, répétons-le (cf. p. 132, 1), n'existe plus pour les astrologues savants. Ils décomposaient les signes, quand il leur plaisait, en parties fortes, faibles, ou même d'influences contraires. Nous en verrons nombre d'exemples. Cela, au dire des doctes, ὅτι καὶ ἐκ διαφορῶν ἀπλανῶν συνέστηκαν, καὶ οὐκ ἐξ ὁμοίων ἀμφοτέρων τῶν κρασέων, τουτέστι καὶ θερμοῦ καὶ ψυχροῦ (Anon., p. 80). Soit ! mais alors l'analyse devait aboutir logiquement à la suppression des signes figurés.

règle formulée par un scoliaste de Paul d'Alexandrie veut que la différence soit de moitié [1].

Les aspects polygonaux, dont on n'a trouvé jusqu'ici aucune trace dans les documents chaldéens ou égyptiens, dominent la théorie et la pratique de l'astrologie grecque. Cette géométrie, accessible même aux intelligences moyennes, résista aux scrupules qui vinrent du perfectionnement des méthodes et qui rendirent si difficile la construction des cases mobiles ou *lieux* (voy. ci-après) appliquées sur le Zodiaque à l'aide de calculs relevant de la trigonométrie. Il n'y avait discussion qu'entre les partisans des vieux procédés, ceux qui se contentaient de considérer les signes en bloc (ζωδιακῶς) et ceux qui exigeaient la correspondance exacte des degrés (μοιρικῶς) [2]. Cette discussion faillit pourtant provoquer une intrusion des calculs suscités par la constatation de l'inégalité du mouvement des diverses parties du Zodiaque, inégalité causée par l'obliquité du Zodiaque sur l'axe du monde. L'astrologue Antigone de Nicée n'eut pas à démontrer — on le savait — que les polygones réguliers étaient presque toujours en désaccord avec le cadre naturel formé par le plan de l'horizon et celui du méridien ; il proposa d'estimer les côtés des polygones non plus en degrés du cercle, mais en unités de temps (χρονικῶς), en portions égales des 24 heures que dure une révolution entière du cercle par le mouvement diurne. Il connaissait, du reste, trop bien les habitudes des astrologues et leur façon d'inspirer confiance pour prendre la réforme à son compte : il dut la mettre sous le nom d'un vénérable « Égyptien », Phnaès, déjà connu ou inventé pour la circonstance. Malgré ses précautions, il n'eut que

---

1. Parlant des « lieux » — équivalents des signes — le scoliaste dit : εἰ μέντοι μηδεὶς εἴη τῶν ἀστέρων ἐκεῖσε, σκοπεῖν δεῖ ὑπὸ ποιῶν βάλλεται κατὰ σχῆμα τὸ ζώδιον, καὶ οὕτως ἀποφαίνεσθαι μέσα τὰ ἀγαθὰ καὶ μέσα τὰ κακά · τοῦτο δὲ καὶ ἐπὶ πάντων τῶν τόπων, ὅταν μὴ παρῇ ἀστήρ (Paul. Alex., L 3 v). Nous ne saurions dire si cette règle était généralement acceptée.

2. A signaler la transaction d'après laquelle les aspects planétaires seraient efficaces quand l'inexactitude ne dépasserait pas une certaine largeur ou champ de tir battu par le rayon de la planète mise en cause, largeur différente pour chaque planète. C'est du moins ce que je crois voir dans un fragment de scolie que, pour plus de sûreté, je cite *in extenso* : Αἱ ἀκτῖνες τοῦ ☉ ἀφικνοῦνται μοίρ. λ', ἔμπροσθεν πεντεκαίδεκα, καὶ ὄπισθεν πεντεκαίδεκα · τῆς ☾ μοίρ. κδ', ἔμπροσθεν δώδεκα, καὶ ὄπισθεν δώδεκα · τοῦ ♄ καὶ τοῦ ♃ μοίρ. ιε', ἔμπροσθεν ἐννέα, καὶ ὄπισθεν ἐννέα · τῆς ♀ καὶ τοῦ ☿ ιδ', ἔμπροσθεν ἑπτὰ καὶ ὄπισθεν ἑπτὰ · τοῦ ♂ ιϛ', ἔμπροσθεν ὀκτὼ καὶ ὄπισθεν ὀκτώ (Schol. Demoph., p. 204). A rapprocher de ces chiffres ceux indiqués plus haut (p. 112 en note).

de rares adeptes, et le calcul par la durée des « ascensions » (ἀναφοραί) resta en dehors du système des aspects [1].

En somme, les polygones zodiacaux, qui représentent des réactions fixes si l'on ne considère que les signes, servaient surtout à évaluer les combinaisons variables des planètes accidentellement logées dans les signes. Nous allons voir grandir de plus en plus le rôle des planètes et la vertu propre des signes passer au second plan dans les associations entre signes et planètes [2], associations que l'on serait tenté d'appeler invasion et confiscation des signes par les planètes.

1. Il y a, dit Démophile, trois manières de tracer les aspects : une vulgaire et erronée (ἡ ζωδιακὴ καὶ κοινὴ καὶ καθολική, καθ' ἣν πάντες πλανώμεθα) ; l'estimation au degré (μοιρικῶς), d'après le canon des ascensions de Ptolémée, et une autre, ἡ χρονικὴ, ἣν ἂν Ἀντίγωνος καὶ Φνᾶης ὁ Αἰγύπτιος καὶ ἄλλοι τινὲς ὑπέταξαν καὶ ὠνόμασαν ἰσοσκελὲς τρίγωνον τῶν ἀναφορῶν τῶν ζωδίων (Schol. Demophil., p. 201). Le recours à « l'Égyptien » est typique, car c'était un fait notoire (voy. ci-dessus, p. 54, et ci-après) que les anciens Égyptiens ignoraient l'inégalité des ascensions obliques.

2. J'ajourne au chapitre suivant, par souci de la clarté, les combinaisons produites par intégration des signes dans les signes, qui reviendraient logiquement à celui-ci, ces combinaisons étant de tout point analogues à celles des signes avec les planètes et concurrentes avec ces dernières ou remplacées par elles.

CHAPITRE VII

COMBINAISONS DES SIGNES DU ZODIAQUE
ET DES PLANÈTES

Le Zodiaque, ne craignons pas de le répéter, doit toute son importance à ce fait qu'il marque la route des planètes (*stellae*), et en particulier du Soleil. Ses constellations (*sidera*) remplissent même très imparfaitement le rôle d'étapes régulières, car elles sont inégales en grandeur, et elles s'écartent de l'écliptique, au Sud et au Nord, bien au-delà de la largeur suffisante pour contenir les orbites des planètes connues des anciens. C'est donc par une sorte d'excroissance illégitime de la doctrine que l'astrologie en était venue à reconnaître aux signes (ζώδια), substitués aux constellations réelles, le caractère tranché, l'autonomie et la prépondérance abusive qu'ils affectent dans le poème de Manilius[1]. Sans les planètes, les constellations zodiacales n'avaient aucun droit à un honneur qui fût allé aux plus brillantes, à celles que connaissaient le mieux les agriculteurs et les marins. Aussi l'astrologie que l'on pourrait appeler zodiacale est destinée à s'atrophier de plus en plus. Pour les docteurs de la science, les signes ne sont que des « douzièmes » (δωδεκατημόρια), et le Zodiaque lui-même, discrédité par la précession des équinoxes, remplacé par des graduations indépendantes (celles des « lieux » et des

---

1. On a déjà averti que les caractères propres des signes n'ont d'autonome que l'apparence. Le Cancer n'est brûlant que parce qu'il héberge le soleil d'été, et le froid aqueux du Capricorne vient du solstice d'hiver. Ces propriétés relatives seraient interverties pour un habitant de l'hémisphère austral. Manilius se proposait de chanter aussi les planètes — *adversos stellarum noscere cursus* (I, 15) — *adverso lvctantia sidera mundo* (I, 259, 809. Cf. II, 119) — *contra nitentia signa* (I, 309), — mais il a ajourné sa tâche (V, 1-11), et il aurait dû faire quelques palinodies pour leur rendre la prééminence qui leur convient. Cependant, il sait que *Utcunque stellae septem laedvntve juvantve,* | *...Sic felix aut triste venit per singula fatum* (III, 89-91).

« sorts », qui s'ajustent à l'heure de chaque géniture), courait risque d'être relégué parmi les antiquailles, s'il n'avait été de bonne heure converti en domaines planétaires et, à une certaine époque, sous l'influence de la tradition « égyptienne », régénéré par l'invasion des « décans ».

Dans les calculs de l'astrologie savante, de celle qui se dit capable de suivre les mouvements des planètes et d'en noter à tout moment la position, les étoiles fixes ne sont jamais qu'un appoint. Elles sont trop haut placées, trop pures, trop étrangères aux vicissitudes de notre monde sublunaire, pour rivaliser avec les planètes. C'était une question philosophique à débattre que de savoir si, dans la collaboration des signes et des planètes, l'harmonie venait de ce que les planètes répartissent des influences issues des étoiles, ou au contraire, de ce que les étoiles participent de la nature des planètes et s'accommodent à leur tempérament [1]. Les astrologues avaient tranché la question de pratique en faveur des planètes. C'est par assimilation aux planètes qu'ils appréciaient la nature des étoiles fixes [2], et ce travail d'assimilation, ils l'ont poursuivi et achevé sur les signes du Zodiaque, en y fixant à demeure, sous forme de droit de propriété,

---

1. Cicéron, qui exprime en termes vagues des idées confuses, semble attribuer à ses « Chaldéens » la première solution : *Vim quamdam esse aiunt signifero in orbe, qui Graece* Ζωδιαχός *dicitur, talem ut ejus orbis unaquaeque pars alia alio modo moveat inmutetque caelum perinde ut quaeque stellae in his finitumisque partibus sint quoque tempore, eamque vim varie moveri ab iis sideribus quae vocantur errantia,* etc. (Cic. *Divin.*, II, 44). On ne saurait dire si la vertu de chaque partie du cercle est une fraction de la vertu du cercle entier ou une vertu spéciale qui est suscitée (*moveri*) par les planètes supposées présentes (*ut quaeque stellae in his finitumisque partibus* [cf. les ὅρια]). L'auteur de l'*Hermippus* enseigne que les étoiles ajoutent un supplément considérable (τὰ μέγιστα τοὺς ἀπλανεῖς ἀστέρων συμβαλλομένους) à l'action des planètes, et de même nature : ὅτι μὲν γὰρ καὶ οὗτοι [ἀπλανεῖς] τῇ τῶν ἑπτὰ ποιότητι κέχρανται πρότερον εἴρηται — καὶ δῆλον ὡς ταὐτὸν ἂν ἐκείνῳ ποιήσειεν οὗ τῆς κράσεως ἔσπασεν (II, 7, § 60-62). — Suivant Hermès Trismégiste (tradition « égyptienne »), au contraire, c'est l'action des planètes qui est l'appoint, l'action principale venant des signes intelligents : ζώδια γάρ τινα ἐμοὶ ἀνέθηκεν ὁ πατὴρ καὶ δημιουργὸς ἔμφρονά τε καὶ νοερά, καὶ τότε πλέον ὅταν καὶ ἐπικειμένη αὐτοῖς τῶν ἀστέρων κίνησις σύμφωνον ἔχῃ τὴν ἑνὸς ἑκάστου φυσικὴν ἐνέργειαν (ap. Stob., *Ecl.*, I, 41-44, p. 948). Hermès songeait plutôt aux décans égyptiens qu'aux ζώδια grecs.

2. Voy. les estimations minutieuses faites, étoile par étoile, d'après les étalons planétaires, dans Ptolémée et Héphestion de Thèbes, et portant même sur des constellations extra-zodiacales (Ptol., I, 9. Hephest., pp. 68-70 Engelbr., καθὼς οἱ ἀρχαῖοι καὶ ὁ θεῖος Πτολεμαῖος ἐκτίθεται). Il faut toujours des ἀρχαῖοι au fond de la perspective !

de présence virtuelle, de préférence voulue, l'influence prépondérante des planètes.

Cette répartition des droits de propriété des planètes « maîtresses de maison » (οἰκοδεσπόται) sur le contour du Zodiaque n'est pas la conception la plus étrange de l'astrologie, — celle de la répartition des influences zodiacales à la surface de la Terre l'est davantage, — mais c'est une des plus curieuses à analyser et peut-être des plus difficiles à ramener à des motifs intelligibles.

L'astrologie classique, entre tous les systèmes que pouvait élaborer la fantaisie, en a adopté et couramment employé trois principaux : celui des domiciles (οἶκοι - *domus*) ; celui des exaltations et dépressions (ὑψώματα - ταπεινώματα - *altitudines* - *dejectiones*) ; celui des termes ou confins (ὅρια - *fines* - *termini*).

§ I. — DOMAINES PLANÉTAIRES

1° Domiciles des Planètes (οἶκοι). — Au temps où l'on croyait que les planètes cheminent au milieu des étoiles fixes, il était naturel d'imaginer que chaque planète, considérée comme divinité, eût quelque préférence pour une des stations rencontrées sur la route, et, pour employer l'expression astrologique, s'y réjouit (χαίρειν - *gaudere*) particulièrement [1]. La science grecque, en espaçant les orbes planétaires et en reculant le ciel des fixes, ébranlait le principe même qui pouvait conduire à la théorie des domiciles planétaires et la justifier [2]. Par conséquent, ce n'est pas en Grèce, mais en Orient, qu'il faut chercher les origines du système. Cela ne veut pas dire qu'il ait été importé tout fait et accepté tel quel. Le principe a pu être connu de

---

1. Le principe, suffisant à toutes les applications, est τῶν πλανωμένων ἄλλους πρὸς ἄλλα τῶν ζωδίων ᾠκειῶσθαι (Proclus, *In Tim.*, p. 333 A).

2. On a peine à comprendre que Ptolémée ait accepté ces puériles inventions. Il s'est sans doute exercé à se payer de mauvaises raisons. L'exemple du Soleil, qui donne plus de chaleur quand il est (par effet de perspective) dans le Cancer ou le Lion, a fait naître l'idée que chaque planète pouvait avoir une position préférée d'où elle rayonne le mieux, qui le chaud, qui le froid, ou le sec ou l'humide, et où sa nature se trouve modifiée : οἱ γὰρ ἀστέρες πλησιάζοντες ἢ ἀφιστάμενοι τοῖς παρανατέλλουσιν ἀλλοίας καὶ οὐ τὰς αὐτὰς ἔχουσιν ἀπορροίας (Anon., p. 3). Passe encore! Mais que ces domaines planétaires conservent des affinités actives avec les planètes en l'absence des planètes, des affinités incrustées dans leur figure et certaines parties de leur figure, ceci est de la psychologie mystique, qui n'a plus rien à voir avec la physique de Ptolémée.

bonne heure et rester quelque temps inutilisé ou utilisé autrement, d'une façon que les Grecs jugeaient moins raisonnable. L'astrologie grecque a été élaborée par des savants, et ceux-ci ont dû être sensibles à une objection qui décida plus tard certains éclectiques à rejeter en entier le système des domiciles. C'est là, dit l'auteur de l'*Hermippus*, une idée de gens tout à fait ignorants : « Comment ce qui ne s'arrête pas peut-il se faire un domicile quelque part [1]? » Mais, d'un autre côté, les savants eux-mêmes ne pouvaient pas négliger une donnée fournie par la foi populaire, qui plaçait les mois, c'est-à-dire les signes du Zodiaque, sous le patronage de certaines divinités, parmi lesquelles se trouvaient nécessairement des divinités planétaires. Cette idée était parfois affirmée, de la façon la plus explicite, par le nom même des mois. C'est le cas notamment pour le calendrier romain, où l'on retrouve les noms de Janus, de Mars, de Junon, peut-être même, un peu de bonne volonté aidant, de Vénus (Aphrodite = *Aprilis*) et de Maia, mère d'Hermès-Mercure. Les astrologues ne pouvaient pas faire moins que les haruspices toscans, lesquels distribuaient les divinités fulminantes dans les cases de leur temple céleste [2]. Seulement, ils paraissent n'avoir pas trouvé du premier coup le moyen d'éviter l'intrusion importune de divinités non astrologiques et de peupler les douze compartiments de leur Zodiaque avec les sept planètes. Il y eut sans doute une période d'hésitation et de tâtonnements durant laquelle les inventeurs eurent le champ libre.

Un curieux passage de Manilius nous met en présence d'une des combinaisons essayées, combinaison qui n'entra pas dans l'outillage définitif de l'astrologie, mais qui est fondée sur des associations d'idées et même des règles géométriques empruntées à l'astrologie. C'est un Zodiaque dans lequel siègent les douze grands dieux, appariés suivant le diamètre, en commençant par le signe du Lion. Comme roi des animaux, le Lion est sous la

---

1. Anon., *Hermipp.*, 1, 19, p. 30 Kroll. Ne pas confondre les *domus* planétaires avec les XII « lieux », souvent appelés *domus caeli* (cf. ci-après, ch. ix, fig. 30).
2. Cf. *Histoire de la Divination*, IV, p. 23-28, et l'article *Haruspices* dans le *Dict. des Antiquités* de Daremberg et Saglio. La question est de savoir qui, des astrologues et des haruspices, a prêté ou emprunté l'idée première. Martianus Capella, dénombrant la foule qui peuple les seize régions du temple toscan et songeant en même temps aux domiciles astrologiques, se dispense assez ingénieusement de choisir entre les deux systèmes : *quippe discretis plurimum locis deorum singuli mansitabant et licet per Zodiacum tractum nonnulli singulas vel binas domos animalibus titularint, in aliis tamen habitaculis commanebant* (Mart. Cap., I, 44).

« tutelle » de Jupiter, roi des dieux. Son épouse Junon lui fait vis-à-vis dans le Verseau. Neptune prend naturellement pour lui les Poissons, et sa parèdre Cérès trouve dans la Vierge (l'Épi) un logement convenant à sa nature en même temps que conforme à la loi du diamètre. Apollon, l'un des Gémeaux, est vraiment chez lui dans cette constellation, et la chasseresse Diane s'installe en face dans le Sagittaire. Vénus a le domicile que lui attribuent tous les systèmes, le Taureau ; et, à l'autre bout du diamètre, Mars protège le malfaisant Scorpion. L'industrieuse Minerve pourra filer la laine du Bélier, et la légende qui veut qu'elle ait excité les désirs de Vulcain (Héphæstos) fait placer celui-ci dans la Balance. Mercure retrouve dans le Cancer l'équivalent de la tortue avec laquelle il avait jadis fabriqué la lyre, et Vesta son foyer, le foyer d'hiver, dans le Capricorne [1].

L'absence de Saturne, qui n'avait point de place parmi les douze grands dieux, aurait suffi, à elle seule, pour rendre le système impropre aux usages astrologiques ; mais Mars et Vénus y occupent la place que leur conserveront les astrologues, et cette place n'a pas été choisie au hasard.

Le système des domiciles exclusivement planétaires apparaît complet et définitif dans les papyrus égyptiens de l'époque des Antonins et dans le livre de Ptolémée. Il y a même concurrence entre deux traditions rivales ; si l'une se réclamait de l'Égypte, l'autre passait nécessairement pour venir de la Chaldée. Du moins, Firmicus — à qui il ne faut pas autrement se fier — prétend que les « Babyloniens » assignaient pour domicile aux planètes les signes que l'on appelait d'ordinaire les « exaltations »

---

1. Manil., II, 433-452. Manilius suit l'ordre des signes, en commençant par le Bélier, et ne paraît pas avoir remarqué la règle du diamètre, qu'il mentionne seulement pour le couple Jupiter-Junon (*Et Jovis adverso Junonis Aquarius astrum est*). Il n'y songe pas davantage pour Vulcain, qu'il ne met pas en relation avec Minerve : il suppose que Vulcain possède la Balance parce qu'il l'a fabriquée (*fabricataque Libra | Vulcani*)! Sa naïveté nous garantit qu'il n'est pas l'inventeur du système. Les *tutelae* des dieux susdits sont ordonnées de même sur l'autel de Gabies (Clarac, *Musée du Louvre*, pl. 171), où l'on voit les animaux symboliques, l'aigle de Jupiter, le paon de Junon, etc., accolés aux signes du Zodiaque. On les retrouve encore, mais transposées d'un mois (Jupiter dans le Cancer, au lieu du Lion), dans le *Calendarium Rusticum* (cf. Th. Mommsen, *Röm. Chron.*, 2e éd., pp. 305-308). L'ordonnance n'est pas romaine, évidemment : les Romains auraient mis Mars dans le Bélier (mars) Junon dans le Cancer (juin), Janus dans le Verseau (janvier), etc. Les couples ne sont pas non plus appariés suivant la doctrine officielle des *Xviri S. F.* (cf. Liv., XXII, 10). Mommsen attribuerait volontiers le système à Eudoxe ; mais la dose d'idées astrologiques qu'il contient montre qu'il doit être plus récent

(ὑψώματα) des dites planètes [1]. En ce cas, la divergence se réduisait à une querelle de mots, à un troc d'épithètes, les deux formes de propriétés (οἶκοι - ὑψώματα) ayant des valeurs comparables.

Quoi qu'il en soit, voici comment — peut-être d'après « Néchepso et Pétosiris [2] » — les astrologues avaient fixé les domiciles des planètes. A la question préalable, déjà mentionnée plus haut à titre d'objection : « Pourquoi des domiciles? », ils répondaient que les domiciles avaient été choisis par les planètes elles-mêmes ou leur avaient été assignés par le Démiurge à l'origine du monde. Lors donc que le branle fut donné à la machine, la Lune était à l'horoscope — c'est-à-dire, à son lever — au milieu du Cancer, le Soleil au milieu du Lion, Mercure au milieu de la Vierge, Vénus au milieu de la Balance, Mars au milieu du Scorpion, Jupiter au milieu du Sagittaire, et Saturne au milieu du Capricorne [3]. L'origine égyptienne de ce thème ou horoscope du monde se trahit à première vue par le jour et l'heure, qui y sont

---

1. Comme les planètes sont favorables dans les *altitudines, hac ex causa Babyloni ea signa, in quibus stellae exaltantur, domicilia earum esse voluerunt — dicentes Saturni quidem domicilium esse Libram, Jovis Cancrum, Martis Capricornum, Solis Arietem, Lunae Taurum, Veneris Pisces, Mercurii Virginem* (Firm., II, 3, 4 et 6 Kroll). Les Chaldéens (de quelle époque?) appelaient les maisons *bêtu* = οἶκος, ou *parakku* = *sacellum;* les Arabes, *al-burûg,* du grec πύργος (Hommel). Le texte de Firmicus semble prouver tout au moins que la tradition dite « chaldéenne » tenait pour le domicile unique.

2. Firmicus (III, Procem. et 1, 1 Kroll) dit formellement que la *genitura mundi* a été donnée par Pétosiris et Néchepso, lesquels la tenaient d'une révélation d'Hermès (Trismégiste), transmise par Esculape et Anubis. Il s'agit peut-être de retouches faites au « Pétosiris » par les hermétisants. Wachsmuth (*Prolegom. in Lyd.*, p. XXXI) pense que Nigidius Figulus ne connaissait pas encore le système des οἶκοι. Il en avait peut-être un à lui, mettant le Soleil dans le Cancer (solstice) et la Lune à côté, dans le Lion. On s'expliquerait ainsi le rapport mythique qu'il établissait entre le Lion et la Lune : *Nigidus refert hunc leonem nutritum apud Lunam jussu Junonis — dimissumque caelo a Junone* (Schol. German., v. 146, p. 393 Eyssenh.). Manilius montre qu'il connaît les ὅρια (ci-après, p. 206, 2), mais il ne fait aucune allusion aux οἶκοι, que Lucain mentionne (*Phars.*, I, 645 sqq.).

3. Firmic., III, 1. C'est le système déjà invoqué (p. 129, 1) pour expliquer comme quoi, dans la tradition égyptienne, le Bélier est κεφαλὴ κόσμου. Les fabricants du *thema mundi* s'imaginaient (voy. ci-après, ch. IX) que, le Cancer étant à l'horoscope, le Bélier devait culminer au méridien. Même version dans Macrobe (*Somn. Scip.*, I, 21, 23-27), et Paul. Alex., s. fin. *Sic factum est ut singuli eorum signorum domini esse dicantur, in quibus, cum mundus nasceretur, fuisse creduntur* (Macr., *l. c.*). Macrobe n'était sans doute pas encore bien renseigné quand il appelait le Sagittaire *omnium zodiaci domiciliorum imus atque postremus* (Macr., *Sat.*, I, 21, 26).

marqués comme sur un cadran [1]. C'est le commencement de l'année égyptienne au début de la période sothiaque, signalé par le lever héliaque de Sothis (Sirius) et coïncidant avec le lever de la seconde moitié du Cancer.

Donc, suivant la tradition égyptienne, mise en circulation par les Alexandrins, les constellations précitées restaient les domiciles élus des planètes qui s'y trouvaient à la naissance du monde. On voit bien pourquoi les auteurs du système ont mis le Soleil dans le Lion, position postulée par le lever héliaque de Sothis. Toutes les autres positions sont déterminées par celle-là, en suivant l'ordre des signes et l'ordre pythagoricien (platonicien, stoïcien) des planètes [2], ainsi que l'on peut s'en convaincre à l'inspection de la figure ci-jointe (fig. 23).

Firmicus n'a pas l'air de se douter qu'il y ait un rapport quelconque entre le thème du monde et l'ordonnance des domiciles [3]. En revanche, il se livre aux considérations les plus extravagantes sur les rapports géométriques des positions respectives des planètes et des deux « luminaires » dans le thème donné. Il mélange le système du domicile unique avec celui du double domicile et embrouille le tout avec force géométrie, la géométrie des aspects, additionnée de réminiscences du temps où le pou-

---

1. Ὥρᾳ ια′ νυκτερίνη (Paul. Alex., T 2 v). Cf. ci-après, fig. 23. Solin, parlant du moment où, le Soleil entrant dans le Lion, l'inondation du Nil bat son plein, ajoute : *quod temporis sacerdotes natalem mundi judicaverunt, id est inter* XIII *K. Aug. et* XI (Solin., 32, 13 Mommsen). Horapollon (I, 10, p. 12 Leemans) place au 29e jour du mois lunaire, outre la conjonction du Soleil et de la Lune, ἔτι τε καὶ γένεσιν κόσμου.

2. *Notandum hoc loco quod in genitura mundi vel ipsa rerum providentia vel vetustatis ingenium hunc stellis ordinem dedit quem Plato adsignavit sphaeris earum* (Macr., *l. c.*). Cela prouve, pour Macrobe, que l'ordre platonicien est le bon ; pour nous, que les auteurs du système « égyptien » étaient des Grecs. On a vainement cherché dans les zodiaques égyptiens — même de l'époque romaine — une répartition analogue des planètes (Lepsius, *Einleitung*, p. 87, et ci-dessus, p. 64, 1). Dans les deux figures d'époque romaine, tirées du Zodiaque de Denderah (Brugsch, p. 61-62), représentant les positions du Soleil et de la Lune au début de l'année sothiaque, on voit le Soleil levant entre Isis (symbole de l'année ?) à l'O. et Osiris-Sahu à l'E., celui-ci suivi de Isis-Sothis (Sirius). Dans l'autre figure, la Lune soi-disant pleine précède immédiatement le Soleil, lequel est au-dessus de *Seta* (la Tortue = Cancer) et de Sothis, celle-ci ayant encore à côté d'elle, à l'O., Osiris-Sahu. Tout cela est inintelligible et même inintelligent, la Lune ne pouvant pas être pleine à côté du Soleil.

3. Il ne fait aucune allusion au thème dans le ch. *De domibus stellarum* (II, 2), ni aux domiciles dans le ch. *Thema mundi* (III, 1). Il avertit seulement que le thème est artificiel, le monde n'ayant pas eu de commencement.

voir royal se transmettait d'un Pharaon à l'autre par mariage avec des princesses du sang [1].

Le « thème du monde » expliquait que les planètes eussent *un* domicile; mais les astrologues voulurent que le Zodiaque entier fût occupé de cette façon, et, pour cela, ils imaginèrent de doubler le domicile des « cinq planètes » proprement dites, laissant aux deux « luminaires » leur domicile unique. C'étaient des gens fort ingénieux, et ils n'étaient pas embarrassés de justifier un arrangement qui leur était visiblement imposé par la tyrannie des chiffres. Ils commençaient par affirmer que les planètes devaient avoir un domicile de jour et un de nuit; cela posé, on trouvait rationnel que le Soleil, qui est le jour même, n'eût pas un domicile de nuit, et que la Lune, flambeau de la nuit, n'eût pas de domicile diurne. Les autres planètes se

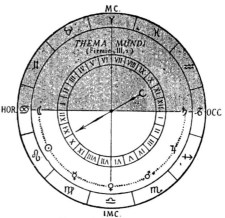

Fig. 23. Le thème du monde.

---

1. L'extravagance consiste à confondre la présence réelle d'un astre avec son domicile, et à supposer que la planète, se déplaçant d'un domicile à l'autre, se « conjoint » par aspect diamétral, trigone, quadrat, avec le Soleil ou la Lune supposés immobiles. Par exemple, Saturne dans le Capricorne est associé à la Lune par le diamètre : mais, quand il a passé dans le Verseau (second domicile), il s'associe de même avec le Soleil (qui l'a sans doute attendu dans le Taureau). Quant à la transmission du *principatus temporum* (= χρονοκρατορία) d'une planète à l'autre par mariage avec la Lune, elle est vraiment curieuse, et Firmicus enfle la voix pour la faire valoir : *Libet itaque divinae istius compositionis explicare commenta, ut conjuncturae istius admirabilis ratio magisterii studio pandatur.* III, 1, 10). Les planètes arrivent l'une après l'autre, dans l'ordre descendant, en commençant par Saturne, et par l'effet de leur mouvement propre, à s'unir (*se conjungere*) à la Lune, ce qui leur donne la « principauté » (comme jadis les Pharaons parvenus se légitimaient en épousant des princesses royales). Et voilà pourquoi l'histoire du monde a commencé par le règne de Saturne et doit finir au règne de Mercure, l'âge de la « malice ». *Quid hac potest inveniri dispositione subtilius ?* (III, 1, 14). Cela est subtil, en effet, et le *conjugium* de la Lune et de Vénus est subtilement escamoté par l'expression : *post Martem dominandi Venus tempus accepit* (III, 1, 13).

partageaient les dix autres domiciles et en avaient par conséquent deux chacune, l'un du côté solaire, l'autre du côté lunaire.
Ici, la logique était quelque peu violentée, car, à part l'androgyne Mercure, les planètes avaient leur αἵρεσις bien tranchée,
et on ne voit pas pourquoi, étant pourvues d'un domicile du
côté de leur chef de file, elles en ont un encore du côté adverse [1].
Mais, si la logique n'était pas satisfaite, le goût de la symétrie
l'était amplement.

Le grave Ptolémée s'est chargé de trouver des motifs raisonnables à un système qu'il n'avait pas inventé, mais qu'il voulait

DOMICILES ET PLANÈTES DOMICILIÉES | DOMICILES ET PLANÈTES DOMICILIÉES
(Αἵρεσις lunaire ou nocturne) | (Αἵρεσις solaire ou diurne)

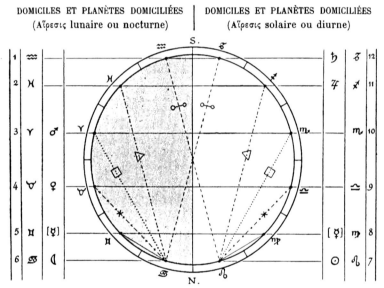

Fig. 24. Les domiciles (οἶκοι) planétaires.

rendre plausible à ses propres yeux. Comme les péripatéticiens
niaient que le monde eût jamais eu un commencement, il se
garde bien de recourir au « thème du monde » ; mais il conserve
l'ordonnance traditionnelle qui, du Lion au Capricorne, étage les

1. On est étonné de rencontrer dans le *Papyrus CX* du British Museum le
Sagittaire appelé οἶχος ἑσπερία Διός (lig. 24). On dirait que le rédacteur avait sous les yeux une figure analogue au schéma ci-dessus et plaçait,
comme nous le ferions par habitude, l'occident à droite. Or, ἑσπέριος est
presque synonyme de νυκτερινός ou de σεληνιακός, ce qui intervertirait la
classification. Ἑσπερία οἶχος veut dire sans doute que, par rapport au Soleil
supposé dans le Lion, le Sagittaire se couche après (ἑσπέριος), tandis que
l'autre domicile, les Poissons, se lève avant (ἑῶος).

six domiciles diurnes. La même disposition, répétée du Cancer au Verseau, donne les six domiciles nocturnes, comme on le voit dans la figure ci-dessus (fig. 24).

Ptolémée trouve tout à fait naturel que les planètes soient rangées dans l'ordre de leurs distances au Soleil et à la Lune [1], et

1. Ἀκολούθως ταῖς τῶν κινήσεων αὐτῶν σφαίραις καὶ ταῖς τῶν φύσεων ἰδιοτροπίαις (*Tetrab.*, I, 18). Cf. *prout ratio siderum sequitur* (Serv., *Georg.*, I, 33). Ptolémée ne juge pas à propos de rappeler que, comme astronome, il suit l'ordre « chaldéen » : ☾ ☿ ♀ ☉ ♂ ♃ ♄, qui est incompatible avec l'ordonnance des domiciles. Il est intéressant de remarquer que si l'on superpose les orbites planétaires dans l'ordre indiqué (voy. fig. 24 *bis*) et si l'on aligne les signes domiciles sur un diamètre transversal, on obtient une série qui commence par le Verseau, exactement comme l'année civile des Romains. De plus, il y a des affinités évidentes (dont quelques-unes déjà signalées par Macrobe, *Sat.*, I, 12, 10 sqq., avec référence expresse à la théorie des domiciles) entre le domicile (♈) et le mois de *Mars ;* entre le domicile (♉) de Vénus et *Avril ;* entre le domicile de Mercure (♊) et *Maius ;* entre le domicile de la Lune (♋) et *Juin* (de *Juno* ou *Diuno* = *Diana*, la *Lucina* ou *Juno* lunaire, laquelle *confert fluores menstruos*. Aug., *C. D.*, VII, 3 — *Juno Luna Regina. C. I. L.*, VI, 3233) ; entre le domicile de Saturne (♑) et décembre, le mois des *Saturnalia*. Enfin, il y a antithèse symétrique entre les six premiers mois à éponymes divins (*Februarius* est liturgique) et les six derniers, simplement numérotés jusqu'au temps de César. Tout cela — et bien d'autres affinités de détail (v. g. entre *Janus Consevius* et *Saturnus,* entre le Capricorne, signe final, et Vesta, antithèse de Janus, *extrema.* Cic., *Nat. Deor.*, II, 27, 67) — me suggère l'idée que le calendrier romain a pu être remanié sous l'influence des idées astrologiques. Le commencement de l'année civile aurait été reporté de mars en janvier et le nom tout neuf de *Januarius* substitué à un nom ordinal comme *Undecimber,* pour aboutir à une ordonnance censée « naturelle » et d'accord, par surcroît, avec les traditions de la *Saturnia tellus.* Le remaniement aurait été opéré par les pontifes après la *lex Acilia de intercalatione* (191 a. Chr.) et donné comme un retour aux instructions de Numa, les pontifes étant dupes ou complices de la supercherie qui fit découvrir (en 181 a. Chr.) des livres grecs et latins dans le tombeau de Numa. Ces livres, au nombre de *sept* (Liv. XL, 29. Lactant., *Inst. Div.*, I, 22 ; Piso ap. Plin., XIII, § 87) ou de *douze* (Val. Antias ap. Plin., *ibid. ;* Plut., *Numa,* 22) pour chaque langue, traitaient, les latins, du droit pontifical (dont faisait partie la gérance du calendrier), les grecs, de philosophie pytha-

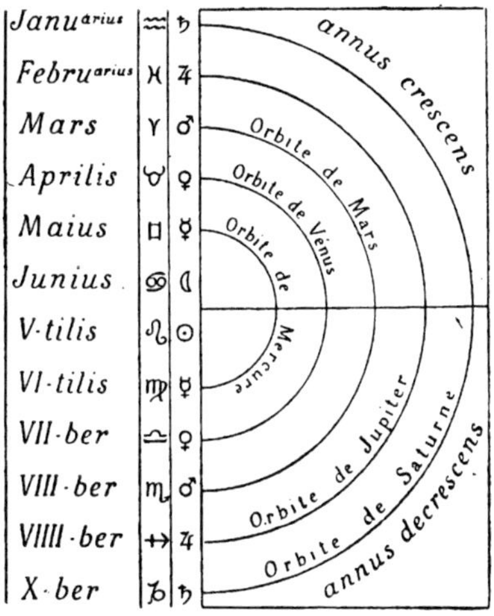
Januarius
Februarius
Mars
Aprilis
Maius
Junius
V·tilis
VI·tilis
VII·ber
VIII·ber
VIIII·ber
X·ber
annus crescens
Orbite de Mars
Orbite de Vénus
Orbite de Mercure
Orbite de Jupiter
Orbite de Saturne
annus decrescens
Fig. 24 *bis*. Les οἶκοι et le calendrier romain.

il fait observer que cette disposition satisfait à toutes les exigences de la logique. Le Soleil ne pouvait être mieux placé — et la Lune avec lui — que dans les signes les plus rapprochés de notre zénith (κορυφή), ceux où les luminaires acquièrent leur maximum de puissance. Le Cancer (quoique au solstice) a été attribué à la Lune, parce que c'est un signe féminin : le Soleil a pris le Lion. Le diamètre mené entre le Cancer et le Lion sépare les deux hémicycles, le domaine lunaire et le domaine solaire. Saturne est relégué, comme il convient à sa nature froide, dans les signes « froids et hivernaux [1] », le Capricorne et le Verseau, qui sont, comme il convient encore au caractère malfaisant de Saturne, en opposition diamétrale, le Capricorne avec le domicile lunaire, le Verseau avec le domicile solaire. Jupiter, auteur des souffles féconds (ci-dessus, p. 97), aime les signes « venteux et féconds », le Sagittaire et les Poissons [2], qui se trouvent à point nommé proches des domiciles de Saturne et en aspect trigone — c'est-à-dire bienfaisant — avec les domiciles de la Lune et du Soleil. Les signes voisins en descendant la série, le Scorpion et le Bélier, ne sont pas moins bien adaptés au caractère de Mars, et par leur nature belliqueuse et par leurs rapports en aspect quadrat — c'est-à-dire malfaisant — avec les luminaires. Vénus, tempérée et féconde, se plaît dans les signes « les plus féconds », les Serres (Balance) et le Taureau [3], joints par aspect sextil aux domiciles

---

goricienne (*Pythagoricos*. Liv. et Plin., *loc. cit.*), c'est-à-dire de « mathématique » ou astrologie. Il y a là le canevas d'un petit roman astrologique, fait avec des conjectures, mais non dépourvu de vraisemblance. L'objection tirée du fait que ces livres furent officiellement brûlés est facile à tourner ; et, de plus, elle est atténuée par le témoignage de Valère-Maxime, d'après lequel *Latinos [libros] magna diligentia adservandos curaverunt* (Val. Max., I, 1, 12). Quant au nom de *Januarius*, les textes qui le font remonter à Numa prouvent seulement que la prétention des pontifes était de ne pas innover.

1. Ptolémée ne souffle plus mot de la « sécheresse » de Saturne. Au besoin, il aurait allégué que les domiciles de Saturne corrigent sa sécheresse.

2. Le scoliaste ajoute que Jupiter se plaît chez les Poissons comme ὁ τῶν γλυκέων ὑδάτων χορηγός (Anon., p. 70). Cf. ci-dessus, p. 98, 1. Il n'a garde de faire remarquer que Jupiter est là en opposition avec le Soleil (ἀκρόνυχος Ζεύς. Nonnus, VI, 244).

3. Ici, il est difficile de croire à l'entière bonne foi de Ptolémée. Les Pinces (à plus forte raison, la Balance) n'ont jamais passé pour un signe fécond, et la fécondité du Taureau (mutilé au bon endroit) est la conséquence, non la cause déterminante, de sa qualité de domicile de Vénus. Seulement, en cherchant bien, on finit par trouver que, comme Ζυγός = *Jugum*, la Balance convenait à Vénus, *quae velut jugo concordi jungit matrimonia amicitiasque componit* (Macrob., *Sat.*, I, 12, 11).

des luminaires. Enfin, les deux domiciles restants, contigus à ceux des luminaires, ne peuvent être que ceux de Mercure, l'acolyte du Soleil. Les rapports de caractère entre Mercure et les Gémeaux d'une part, la Vierge de l'autre, ne manqueraient pas d'apparaître à qui voudrait les rechercher [1].

Tel est ce chef-d'œuvre de logique qui, une fois consacré par Ptolémée, fut universellement accepté, sans variante aucune, et connu même des profanes [2]. On n'avait besoin de rien ajouter aux motifs allégués par Ptolémée pour résoudre une question qu'il ne pose pas, mais qui devait venir à l'esprit des praticiens, celle-ci : une planète ayant deux domiciles, quel est celui qu'elle préfère ? Réponse, le domicile de même sexe qu'elle. On arrivait ainsi à dresser une liste des domiciles préférés, qui est en désaccord avec celle des positions occupées dans le « thème du monde » et pouvait servir à discréditer la tradition prétendue égyptienne au profit de la tradition rivale. J'ignore si la liste de Dorothée de Sidon [3] passait pour chaldéenne; mais il est certain que les par-

___

1. Cf. Apollon et Mercure *per Geminos proprietate quadam signi familiaris invecti* (Martian. Cap., I, 30) et la Vierge savante de Manilius (ci-dessus, p. 140). Comme Astrée ou Justice, la Vierge est à la fois l'οἶκος et l'ὕψωμα du juriste Mercure (ὑψούμενος Ἑρμῆς ... Δίκην δόμον εἶχε δικασπόλος. Nonn., VI, 249-250). Ptolémée fait remarquer que Mercure et Vénus sont placés à la distance maximum de leurs élongations; Mercure à un signe, Vénus à deux signes du Soleil. Cela est juste pour les domiciles du côté solaire ; mais Ptolémée se tait prudemment sur l'anomalie des domiciles du côté opposé, qui sont écartés d'un signe de plus. Il ne prend dans la théorie des aspects que ce qui peut lui servir.

2. Cf. un bas-relief représentant à côté de Séléné et d'Endymion un crabe (le Cancer, domicile de Σελήνη), dans Baumeister, *Denkmäler*, p. 480. — De même, les domiciles planétaires sur les monnaies alexandrines de l'an VIII d'Antonin (ap. Eckhel, IV, 70 sqq.). S. Athanase (in *Anal. Sacr.*, V, 1, p. 25 Pitra), à propos de Job, ix, 9, dit: ὁ γὰρ Ἕσπερος οἶκον ἔχει τὸ ἄστρον τῶν Πλειάδων (Taureau). Domicile de Mars dans le Scorpion (Lucan., *Phars.*, I, 653. Serv., *Georg.*, I, 35). Il est fâcheux que les domiciles solaires ne soient pas tous masculins et les lunaires tous féminins. La perfection n'est pas de ce monde.

3. Fragment de Dorothée (ap. Hephaest., I, 7) indiquant ἐν οἷς χαίρουσι τόποις οἱ ἀστέρες: Saturne dans le Verseau (masc.), Jupiter dans le Sagittaire (masc.), Mars dans le Scorpion (masc.), Vénus dans le Taureau (fém.), Mercure dans la Vierge (dans les Gémeaux eût été plus contraire à la tradition égyptienne). Ce sont les domiciles préférés (αἱρετοὶ μᾶλλον). Quant aux luminaires : εἷς δ᾽ ἔστι δόμος φωστῆρος ἑκάστου. Nonnus (VI, 232-249) ne mentionne qu'un domicile. Sa liste diffère de celle de Dorothée pour Jupiter (♃) et Saturne (♄). C'est en l'honneur de Mars (Ἄρης) — ou peut-être comme force antagoniste et atténuante, participant un peu de la nature de Jupiter (Ptol., *Tetrab.*, II, 9) — que l'étoile la plus brillante du Scorpion porte le nom d'Ἀντάρης (ci-dessus, p. 143, 3).

tisans des Chaldéens fabriquèrent, eux aussi, un thème du monde qui avait sur le thème égyptien l'avantage d'expliquer la constitution des doubles domiciles, et probablement, par surcroît, celle des ὑψώματα [1].

Le système des domiciles n'épuisait pas, tant s'en faut, toutes les associations d'idées qui pouvaient servir de lien entre les signes et les planètes. Vénus avait au moins autant de droits sur les Poissons que sur le Taureau, et c'est la géométrie seule qui l'écartait ainsi de son berceau au profit de Jupiter. Manéthon sait que Saturne « se réjouit » dans le Capricorne, le Verseau, le Lion, les Serres et le Bélier, et il appelle ces signes les « domiciles » de Saturne [2]. Deux de ces hôtelleries supplémentaires ainsi adjugées à Saturne figurent dans le système des ὑψώματα, imaginé pour multiplier, sous d'autres noms, les domiciles, les lieux dont les planètes sont propriétaires (οἰκοδεσπόται).

2° *Exaltations* et *dépressions* (ὑψώματα - ταπεινώματα [ταπεινώσεις - κοιλώματα] - *altitudines - dejectiones*). — Les astrologues

---

1. Nous n'avons sans doute que des débris, presque la caricature, de cette théorie chaldéenne dans le Θεμέλιος τῆς ἀστρονομικῆς τέχνης κατὰ Χαλδαίους (*Anal. Sacr.*, V, 2, p. 300-301 Pitra). Le Démiurge, après avoir créé le grand Dragon et placé sa Tête au nœud ascendant, sa Queue au nœud descendant, après avoir disposé les signes et les planètes dans les signes (suivant l'ordre égyptien), le Démiurge, dis-je, lance au milieu le Soleil (cf. ἡλίου μεσεμβολήσας πῦρ. *Oracula Chald.*, ap. Procl., *In Tim.*, p. 280 B), le milieu étant la place qui lui revient dans l'ordre « chaldéen » (ci-dessus, p. 107-109). Le Soleil s'avançant de gauche à droite sur les planètes déjà rangées, Mercure prend peur et se sauve du côté opposé ; les autres planètes en font autant, fuyant devant le brasier. Saturne, n'ayant pu se déplacer que d'un signe (en ♒), ἐφθάσθη ὑπὸ τὰς ἡλίου αὐγὰς καὶ ἐκάη καὶ ἐξηράνθη, καὶ διὰ τοῦτο μέλας ἐγένετο. (Voilà la fameuse « sécheresse » et la couleur de Saturne expliquées du même coup ; mais non pas le « froid ».) Καὶ ἕνεκα τούτου ἔλαχε τοὺς εʹ ἀστέρας ἀνὰ δύο οἴκων, τὸν δὲ ἥλιον καὶ σελήνην ἀπὸ ἑνὸς οἴκου. Cependant, la Lune s'est mise aussi à courir, et plus vite que les autres. En tournant ainsi, les planètes finirent par connaître les endroits où elles pouvaient « s'élever » au plus haut, c'est-à-dire s'écarter au plus loin du Soleil, μέχρι πολλῶν περιόδων τῶν ἑπτὰ ἀστέρων, ἕως ἔστησαν ἐν τοῖς ἰδίοις ὑψώμασι. Le reste de cette vertigineuse théorie doit se trouver dans la suite de l'ouvrage, qui compte encore 59 feuillets (*Cod. Vatic.*, 191, fol. 229 sqq.). La raison humaine n'était pas alors dans son ὕψωμα !

2. Maneth., III, 14-15, IV, 20-26. On dirait que Manéthon ne connaît pas les ὑψώματα, et qu'il les confond avec les domiciles. Le terme ὕψωμα ne se rencontre dans les *Apotelesmatica* que trois fois, et dans le Vᵉ chant (V, 33, 173, 261), qui est d'une autre main. Probus aussi (*Georg.*, I, 32) appelle domicile l'ὕψωμα : *domicilium Saturni tradunt astrologi Libram, quod est signum aequitatis*. La maison (domicile) est restée le type de la propriété planétaire : c'est elle qui est sous-entendue dans les expressions : ζῴδιον Κρόνου, Διός.

entendent par ὕψωμα d'une planète le signe, et même le degré précis du signe, où la planète acquiert ou commence à acquérir son maximum de puissance ; le degré du cercle diamétralement opposé est le ταπείνωμα [1].

Cette définition, insuffisante à différencier l'hypsoma du domicile, — car on dit aussi qu'une planète est plus puissante dans sa propre maison, — est loin d'être claire, et il ne faut pas compter sur les astrologues pour l'éclaircir. Le seul qui eût été capable de dissiper l'équivoque contenue dans le terme d'ὕψωμα, Ptolémée, a mieux aimé spéculer sur cette équivoque pour dissimuler son embarras et couvrir de son autorité les inepties accumulées par ses devanciers. Les justifications qu'il allègue sont si misérables qu'il n'a pas pu n'en pas sentir lui-même l'incohérence. Nulle part il ne ressemble mieux à un avocat qui plaide sciemment une mauvaise cause.

Pour rendre intelligible le reproche fait ici à Ptolémée, il nous faut essayer de débrouiller la terminologie d'où naît l'équivoque et de tracer une ligne de démarcation entre l'astronomie et l'astrologie, la ligne que Ptolémée a comme effacée à plaisir.

Les astronomes entendaient par ὕψος (ὑψηλότης - ὕψωμα - altitudo) ou altitude :

1° La déclinaison boréale des planètes — le Nord étant le « haut » du monde — déclinaison par rapport à l'équateur, s'il s'agit du Soleil, par rapport à l'écliptique pour les autres planètes. La déclinaison australe est le ταπείνωμα. L'orbite d'une planète étant divisé en quadrants par la ligne des nœuds et l'axe perpendiculaire à cette ligne, on disait que la planète allant du nœud ascendant au Nord « montait la montée » (ὕψος ὑψοῦσθαι) ; du Nord au nœud descendant, elle « descendait la montée » (ὕψος ταπεινοῦσθαι) ; du nœud descendant au Sud, elle « descendait la descente » (ταπείνωμα ταπεινοῦσθαι) ; après quoi, elle « remontait la descente » (ταπείνωμα ὑψοῦσθαι) pour rejoindre le nœud ascendant [2].

---

1. Paul d'Alexandrie emploie aussi le mot κοίλωμα. *Altitudines — in quibus naturali quadam sublimitate magnitudinis eriguntur — dejectiones, in quibus constitutae oppressa auctoritatis suae potestate minuuntur* (Firmic., II, 3). Ὑψώματα δὲ καλοῦσιν ἀστέρων καὶ ταπεινώματα ὡσαύτως ἐν οἷς χαίρουσιν ἢ ὀλίγην δύναμιν ἔχουσιν κ. τ. λ. (Sext. Empir., *Adv. Astrol.*, 35-36, p. 343-344). S. Empiricus donne une liste conforme au tableau ci-après.

2. Cléomède (*Cycl. Theor.*, I, 4, p. 14-16 Schmidt) explique que le Soleil monte et descend par rapport à l'équateur, mais non par rapport au Zodiaque, dont il suit le juste milieu, οὔτε τῷ βορείῳ, οὔτε τῷ νοτίῳ πελάζων. Les planètes ont en plus — κατὰ τὴν προαιρετικὴν κίνησιν — un écart au S. et au N. du Zodiaque, dans lequel elles se meuvent ἑλικοειδῶς, et c'est à elles que s'appliquent

2º Lorsque les astronomes eurent inventé les excentriques et les épicycles, ils appelèrent aussi ὕψος — par opposition à βάθος — le point où une planète est au plus loin de la terre, à « l'apogée », tandis que le périgée, qui est le βάθος, est aussi et plus couramment appelé ταπείνωμα [1].

Il y a donc là double sens pour chacun des mots ὕψος ou ὕψωμα et ταπείνωμα, un danger d'équivoque dont les astronomes sont responsables. Les astrologues s'emparent à leur tour de ces mêmes mots et les surchargent d'un troisième sens que l'on ne sait comment rattacher aux deux autres, en croyant peut-être — les « Chaldéens » professionnels étaient assez ignorants pour cela — en croyant suivre le fil d'un raisonnement amorcé par les astronomes. En effet, une planète en « altitude » au premier sens du mot, c'est-à-dire plus rapprochée de la verticale, doit darder plus énergiquement ses effluves, « exalter » son influence. En « altitude » au second sens du mot, c'est-à-dire à l'apogée, elle est plus loin de la Terre, sans doute, mais on peut supposer qu'elle « monte » parce que sa vigueur propre est accrue, et que cette élévation ajoute à sa dignité, la réjouit, bref, la dispose à agir plus et mieux [2]. Ὕψωμα signifie alors exaltation, accroissement d'énergie. C'est le sens astrologique du mot.

les expressions désignant la montée et la descente. C'est le mouvement en latitude (κατὰ πλάτος).

1. Ὕψος τε καὶ βάθος, ὁτὲ μὲν ἀπογειότερα, ὁτὲ δὲ προσγειότερα θεωρούμενα (Theo Smyrn., p. 179 Hiller). Cléomède (II, 5, p. 89 Schmidt), parlant des apogée et périgée solaires, ajoute : Οὕτω καὶ πάντων τῶν πλανήτων ἐν ἑκάστοις τῶν ζωδίων ὑψώματα καὶ ταπεινώματα ἐλέγχεται. On vient de montrer qu'il emploie les mêmes termes, ὕψος ou ὕψωμα - ταπείνωμα, pour les déplacements en latitude. Il est donc impossible de leur conserver un sens unique, même en astronomie. De même, βάθος désigne aussi, d'une manière générale, le sens du mouvement qui rapproche ou éloigne les planètes de la Terre, — par opposition à πλάτος et μῆκος, — de sorte que βάθος équivaut souvent à ὕψος. '

2. On a vu plus haut (p.113 sqq.) que, dans la théorie des rétrogradations par épicycles, les planètes ont plus d'énergie quand elles sont προσθετικοί, bien que plus loin de la Terre. Du reste, ceux qui les croyaient alors au périgée (p. 116 sqq.) auraient pu quand même placer là l'ὕψωμα, en invoquant non plus la « hauteur », raison géométrique, mais une raison physique, l'exaltation d'énergie résultant de la proximité. Disons à ce propos — pour compléter la discussion instituée ci-dessus (p. 118, 1) — que Pline a pu être trompé par l'amphibologie de l'expression *vespertinus exortus* (ἑσπέριος ἀνατολικός), qui signifie pour les astronomes (cf. Ptol., Φάσεις, § 5) « lever du soir » ou acronyque, *toto Sole adverso,* tandis que les astrologues entendent par là que la planète suit le Soleil à courte distance et se montre à l'Occident aussitôt après son coucher (Firmic., II, 8 Kroll ; Paul. Alex., Fv).

Tableau des ὑψώματα *et* ταπεινώματα *(avec les* οἶκοι)[1].

PLANÈTES	DOMICILES		EXALTATIONS ET DÉPRESSIONS			
	solaires.	lunaires.				
☉	♌ (m.)		♈	19°	♎	19°
☽		♋ (f.)	♉	3°	♏	3°
♄	♑ (f.)	♒ (m.)	♎	21°	♈	21°
♃	♐ (m.)	♓ (f.)	♋	15°	♑	15°
♂	♏ (f.)	♈ (m.)	♑	28°	♋	28°
♀	♎ (m.)	♉ (f.)	♓	27°	♍	27°
☿	♍ (f.)	♊ (m.)	♍	15°	♓	15°

On chercherait vainement dans les ὑψώματα astrologiques un rapport quelconque entre ces positions et celles appelées du même nom par les astronomes. Ainsi, tandis que l'altitude ou maximum de déclinaison boréale du Soleil est au solstice du Cancer, son altitude au sens d'apogée dans les Gémeaux, les astrologues placent son ὕψωμα dans le Bélier. Pline, qui lisait vite et qui a pu faire confusion entre astronomes et astrologues, a trouvé quelque part l'explication de cette troisième liste d'altitudes, qu'il appelle, pour les distinguer des autres, *sublimitates*. Tandis que l'altitude formant apogée est une apside supérieure

---

1. Dans l'état actuel des textes, il y a des variantes portant sur le quantième des degrés, variantes que les éditeurs pourraient et devraient corriger d'après l'exposé versifié de Dorothée de Sidon (ap. Hephæst., I, 8, p. 72 Engelbrecht). Le système étant transmis à l'état d'arcane n'a été altéré que par des erreurs involontaires (cf. Pline, ci-après, p. 196, 1). L'avant-dernier éditeur de Firmicus, C. Sittl, a laissé subsister dans son texte (pp. 40-41) une hérésie énorme que Firmicus n'aurait pu professer sans en avertir, la règle αἱ δὲ ταπεινώσεις ἐν διαμέτρῳ (Doroth., *l. c.* — ταπείνωμα δὲ τὸ διαμετροῦν. S. Empir., p. 343 — ἀντικρὺ τῶν ὑψωμάτων. Porph., p. 186) ne comportant pas d'exception. C'était un cas où l'on devait corriger sans hésitation (ce qu'ont fait, du reste, Kroll et Skutsch). A rectifier aussi quelques erreurs de chiffres dans Porphyre (*Isag.*, p. 186). L'auteur du papyrus XCVIII *Brit. Mus.* marque bien l'ὕψωμα de ☿ en ♍ (lig. 13), mais il met plus loin, par distraction, le ταπείνωμα en ♒ (lig. 59). Les autres indications (lig. 13, 19, 30, 35, 44, 49) sont exactes. De même, celles des pap. CX (lig. 14, 18, 31, 33, 36, 39) et CXXX (lig. 82, 102, 118, 146).

par rapport à la Terre prise comme centre, la « sublimité » est une apside supérieure par rapport au centre de l'orbite excentrique de la planète [1]. Si j'entends bien ce que Pline veut dire, l'*altitudo* est située sur un premier excentrique, et la *sublimitas*, l'ὕψωμα astrologique, sur un deuxième excentrique dans lequel la ligne des apsides ne coïncide pas comme direction avec la même ligne dans le premier excentrique.

Ptolémée avait compris mieux que personne combien il était chimérique de chercher des explications dans la mécanique céleste et le compas à la main [2]. D'abord, il passe sous silence la notation du degré, qui rappellerait la prétention de faire de l'hypsoma un lieu géométrique ; il se contente de considérer en bloc le signe où s'exalte chaque planète, absolument comme s'il s'agissait de domiciles [3]. Est-ce bien d'une exaltation d'énergie

1. On sait aujourd'hui que la ligne des apsides se déplace, mais peu importe. Nous prenons les positions fixées par les anciens. Pline explique le mouvement des planètes, et il commence l'énumération des trois espèces d'altitudes par les apogées : *Igitur a terrae centro apsides altissimae sunt Saturno in Scorpione, Jovi in Virgine, Marti in Leone, Soli in Geminis, Veneri in Sagittario, Mercurio in Capricorno, mediis omnium partibus* (c'est-à-dire au degré 15° de chaque signe). — *Altera sublimitatium causa, quoniam a suo centro apsidas altissimas habent in aliis signis, Saturnus in Librae parte XX, Jupiter Cancri XV, Mars Capricorni XXVIII, Sol Arietis XXIX, Venus Piscium XVII, Mercurius Virginis XV, Luna Tauri IV.* En troisième lieu, l'altitude par inclinaison des orbites sur l'écliptique (Plin., II, § 63-68). Les chiffres donnés par Pline sont à rectifier. Martianus Capella (VIII, 884-886) donne pour les trois planètes supérieures les apogées (*altitudines*) et les ὑψώματα astrologiques, qu'il appelle *absides*. Il entend aussi par là une « élévation » quelconque (*absidem etiam habet* [Pyrois] *recessumque sublimem in Capricorni confinio, hoc est, sub ejus vicesima nona parte.* VIII, 884).

2. *Omnia autem haec constant ratione circini semper indubitata* (Plin., II, § 63). L'idée que l'ὕψωμα est au point extrême de la déclinaison boréale, bien qu'implicitement désavouée par Ptolémée, persiste quand même. L'astrologue Valens appelle Nord (Βορρᾶς) l'ὕψωμα de chaque planète. Ainsi, le nord du Soleil est dans le Bélier ! De ♈ à ♋, le Soleil καταβαίνει τὸν βορράν ; de ♋ à ♎, καταβαίνει τὸν νότον ; de ♎ à ♑, ἀναβαίνει τὸν νότον, et de ♑ à ♈, λέγομεν αὐτὸν βορρὰν ἀναβαίνειν καὶ ὕψος ὑψοῦσθαι (Valens, *Cod. Paris.* 330 A fol. 7 v). Il faut que la langue de tout le monde s'accommode aux fantaisies des astrologues en rupture de sens commun. Cf. ☉ en ♈ πρὸς βορρῷ[?] ζωδίῳ ὑψούμενος (*Pap. Brit. Mus.*, CXXX, lig. 62-63). L'ordonnance des ὑψώματα, mise à l'abri du raisonnement, s'est conservée intacte chez les Orientaux. Dans le *Bundehesh* pehlvi, Jupiter (Ahurmazd) et Saturne (Kaivan) s'exaltent dans les signes indiqués (♋ et ♎). Cf. *Rev. Hist. Relig.*, XXXII [1895], p. 218.

3. La notation du degré est propre au système des ὑψώματα. Paul d'Alexandrie (fol. T 2 v) la transporte indûment dans celui des οἶκοι, sans doute à cause de la prétendue relation alléguée par Porphyre (ci-après, p. 198), tandis que Ptolémée la retranche aux ὑψώματά. Il devait la con-

qu'il s'agit, ou d'une « montée » astronomique? Ptolémée n'a garde de poser la question, se réservant d'user, suivant le cas, de l'un ou de l'autre motif. Ainsi, le Soleil a son ὕψωμα dans le Bélier, parce que là il « commence à monter » vers le Nord, et son ταπείνωμα dans la Balance pour la raison inverse [1]. C'est un motif astronomique, plus ou moins détourné de son vrai sens. Pour Saturne, motif physique. Le froid Saturne étant l'anti-thèse du Soleil, on lui attribue des positions inverses, l' ὕψωμα dans la Balance, le ταπείνωμα dans le Bélier ; « car, là où la chaleur augmente, le froid diminue, et là où la chaleur dimi-nue, le froid augmente ». Ni le Soleil ni Saturne n'ont donc leur ὕψωμα aux lieux où on pourrait leur attribuer le maximum d'éner-gie. L' ὕψωμα de la Lune est placé dans le Taureau, parce que, après conjonction avec le Soleil dans le Bélier, elle « commence à croître » dans le Taureau, qui, du reste, est le premier signe du trigone lunaire [2]. Jupiter atteint son maximum d'énergie — qui, cette fois, est bien l' ὕψωμα — dans le Cancer, parce qu'il a la propriété d'exciter « les vents féconds du Nord », et que le Can-cer est le point le plus septentrional du Zodiaque. C'est une rai-son chimérique sans doute, mais qui n'a pas été inventée pour les besoins de la cause [3]. Jupiter ayant son ὕψωμα au Nord, d'où partent les souffles rafraîchissants, et le brûlant Mars étant son antagoniste, celui-ci doit avoir son maximum de causticité à

naître, car S. Empiricus (*loc. cit.*), qui n'est guère plus récent et n'était pas astrologue, sait le degré exact de l'exaltation du Soleil. Il n'est pas question non plus de degré spécifique dans les trois papyrus astrologiques (*Brit. Mus.*, nᵒˢ XCVIII-CX-CXXX) qui mentionnent les ὑψώματα et ταπεινώματα.

1. En fait, le Soleil monte vers le Nord depuis le Capricorne (cf. ci-dessus, p. 193, l'expression ταπείνωμα ὑοῦσθαι). La raison véritable est donnée par le « thème du monde » où le Bélier culmine, est au haut (ὕψος) du ciel. Le Soleil expliquant à Phaéthon le système des δώδεκα οἶκοι, dit : Κέντρον ὅλου κόσμοιο, μεσόμφαλον ἄστρον Ὀλύμπου, Κριὸν ἐγὼ μεθέπων ὑψούμενος εἶαρ ἀέξω (Nonnus, XXXVIII, 268 sqq.).

2. Ptolémée a déjà parlé des trigones (II, 19), dont nous nous occuperons plus loin. C'est un cercle vicieux que d'invoquer la raison du « trigone » pour justifier l' ὕψωμα, car on nous dira plus loin que la Lune figure dans le trigone ♉ ♍ ♑ parce qu'elle a son ὕψωμα dans le Taureau. La vraie raison est mythologique, le Taureau étant le symbole de la Lune et, comme symbole féminin, adjugé tantôt à la Lune et tantôt à Vénus. Cela est de toute évidence. Horapollon (*Hieroglyph.*, I, 10) dit que le scarabée tauriforme est consacré à la Lune, ἀφ᾽ οὗ καὶ τὸν οὐράνιον ταῦρον ὕψωμα τῆς θεοῦ ταύτης λέγου-σιν εἶναι παῖδες Αἰγυπτίων. Une raison accessoire, qui paraît excellente au scoliaste, c'est que le Soleil et la Lune devaient avoir leurs ὑψώματα, aussi bien que leurs οἶκοι, à côté l'un de l'autre (Anon., p. 39).

3. Voy. ci-dessus, pp. 97, 3. 98, 2. 127, 2 et ci-après, pp. 200, 3. 201, 1.

l'opposé, dans le Capricorne, où il est au plus bas dans le S.,
c'est-à-dire le plus près de l'horizon. Ainsi, cette étrange logique
arrive à ses fins en associant l'idée de froid à celle de nord, et
l'une et l'autre au tropique septentrional, placé dans le (torride)
Cancer. Donc Mars brûle à son aise dans le Capricorne [1] et s'éteint
relativement dans le Cancer. L'humide Vénus exalte ses qualités
naturelles dans les Poissons, « où s'annonce le commencement
de l'humide printemps ». Ptolémée a exclu la mythologie de son
livre et ne veut rien savoir des légendes concernant la déesse
orientale. Il dédaigne également de constater une incompatibilité, à l'autre extrémité du diamètre, entre Vénus et la Vierge.
La Vierge, où Vénus se déprime, convient au contraire très bien
à l'exaltation de Mercure, qui est « un peu sec (ὑπόξηρος) » et,
comme tel, s'annihile dans les Poissons.

Pour Mercure, l'ὕψωμα est identique à l'οἶκος, à l'un de ses deux
domiciles ; les deux systèmes, parallèles ailleurs, se rejoignent
ici. Porphyre en donne une raison ineffable : c'est que Mercure,
affaibli par ses couchers fréquents, s'exalte dans son propre domicile [2]. Tel un valétudinaire, qui ne se trouve à l'aise que chez lui.
Porphyre a découvert la raison géométrique, qui est en même
temps « naturelle », de l'ordonnance des ὑψώματα. Il a remarqué que les planètes diurnes (☉ ♄ ♃) ont leur exaltation en aspect trigone avec leur domicile (un de leurs domiciles arbitrairement choisi), tandis que les nocturnes, « à cause de la faiblesse
de leur rayon », l'ont en aspect sextil. On voit la gradation de
l'énergie : Mercure reste chez lui; les planètes nocturnes portent leur rayon à 60°, et les planètes diurnes à 120[b] de leur
domicile.

Le chaud, le froid, le sec, l'humide, les figures géométriques
cachent à ces prétentieux savants leur propre sottise. Ils cherchaient à consolider des traditions qu'ils commençaient par
accepter à l'état de mystère et croyaient raisonner en s'imposant l'obligation d'amener leur raisonnement à un but marqué
d'avance.

Les débris de toutes les fantaisies qui n'avaient pas trouvé

---

1. On a vu plus haut (p. 145) que Manilius loge le feu et la métallurgie dans
le Capricorne : il suit, peut-être sans le savoir, la tradition des ὑψώματα.

2. Ὁ δὲ τοῦ Ἑρμοῦ, ἐπειδὴ κοινός ἐστιν ἥ τε ἀκτὶς ἀμυδροτέρα διὰ τὸ πλειστ-
τάκις αὐτὸν δύνειν, τὸ αὐτὸ ἔχει οἶκον καὶ ὕψωμα (Porphyr., *Isag.*, p. 186). Cela
n'empêche pas que la rapidité de la course de Mercure, cause de ses couchers
(et levers) fréquents, ne soit généralement donnée comme cause de sa chaleur
et de son énergie.

place dans la répartition des οἶκοι et des ὑψώματα [1] ont servi à fabriquer le système des trigones planétaires. On s'achemine peu à peu vers l'incompréhensible, qui atteint sa pleine floraison dans le système des ὅρια.

3° *Trigones* (τρίγωνα - *triplicitates* - *triquetra*). — On a vu que le Zodiaque se partage en quatre trigones, et que chacun d'eux possède une sorte d'individualité collective, les signes composants étant de même sexe et parfois — comme dans le « trigone humain » (♊ ♎ ♒) — de même nature. Les astrologues, en quête d'affinités entre signes et planètes, eurent l'idée d'encadrer les planètes dans les trigones et de déterminer les propriétés des trigones d'après celles des planètes dont ils y auraient ainsi implanté l'influence. Cette construction, qui supporte tout l'échafaudage de « l'apotélesmatique catholique [2] », a de ce fait une importance telle que l'on voudrait pouvoir en démêler la logique interne, s'il y en a une, je veux dire une autre que les explications données en style d'oracle par Ptolémée.

La première et non pas la moins étrange propriété des trigones, c'est d'avoir une orientation particulière, spécifique, dont on ne peut évidemment pas chercher la raison dans la position du triangle, puisque celui-ci touche le cercle en trois points, chacun d'orientation très différente. Le motif d'orientation, sous sa forme la plus simple, nous est fourni par Géminus, un astronome qui, tout en dédaignant l'astrologie, cite de temps à autre les « Chaldéens [3] ». L'orientation d'un trigone zodiacal est déterminée par la direction constante que prennent les vents lorsque la Lune occupe l'un ou l'autre des signes du trigone [4]. La théorie est d'origine météorologique et a la prétention d'être fondée sur un fait d'observation. Donc le premier trigone (♈ ♌ ♐) est septentrional (βόρειον) parce que, la Lune étant dans l'un de ses trois signes, si le Borée se lève, on peut prédire qu'il soufflera pen-

---

1. On remarquera que le système des ὑψώματα et ταπεινώματα n'utilise pas tous les signes. Paul d'Alexandrie fait observer que le Lion est ὕψωμα οὐδενός, κοίλωμα [synonyme de ταπείνωμα] οὐδενός (f. A 3 v). On en peut dire autant de son vis-à-vis le Verseau et du couple Gémeaux-Sagittaire. C'est une preuve de plus que les astrologues ont réellement cru avoir affaire à des positions astronomiques qu'ils ne pouvaient pas répartir à leur gré.

2. Voy. ci-après, ch. XI.

3. Gemin., *Isag.*, I, 9.

4. Cf. ci-après, ch. VIII, le pronostic concernant l'orientation des vents à la suite des συναφαί et ἀπόρροιαι de la Lune avec les planètes. C'est un dogme astrologique, qu'on ne discute pas, personne n'ayant colligé d'expériences contraires.

dant plusieurs jours [1]. Le Notus en fait autant quand la Lune occupe un des signes du trigone méridional (νότιον), composé de ♉ ♍ ♑. De même, le Zéphyre pour le trigone occidental (ζεφυρικόν), soit ♊ ♎ ♒ ; l'Apéliote pour le trigone oriental (ἀφηλιωτικόν), c'est-à-dire ♋ ♏ ♓.

Il est inutile de discuter le fait allégué comme motif de classification : c'est de là que sont partis les auteurs inconnus du système des trigones planétaires. Ils n'ont fait que substituer ou associer à la Lune, comme auteurs des vents, les planètes, en supposant que chacune d'elles, ou certaines d'entre elles, avaient par nature la propriété de chasser l'air dans une direction déterminée. Il faut suivre pas à pas les déviations du raisonnement. Les astrologues se croyaient encore ici d'accord avec la logique et même avec l'opinion. Les philosophes étaient unanimes à penser que le mouvement propre des planètes, contraire à celui du monde, avait pour but ou pour effet d'agiter les éléments et surtout l'air [2]. Il n'était pas absurde — surtout au point de vue des finalistes — d'admettre que l'action de chacune d'elles s'exerçait de préférence dans un sens déterminé. Avec l'aide des suppositions incontrôlables qui attribuaient aux vents une influence sur la procréation des sexes [3], et considérant que les planètes.

1. Καλεῖται δὲ τὸ μὲν πρῶτον τρίγωνον, τὸ ἀπὸ Κριοῦ, βόρειον. Ἐὰν γὰρ τῆς σελήνης ἔν τινι τῶν τριῶν ζωδίων ὑπαρχούσης βορέας πνεύσῃ, ἐπὶ πολλὰς ἡμέρας ἡ αὐτὴ διαμένει στάσις. Ὅθεν ἀπὸ ταύτης τῆς παρατηρήσεως ὁρμηθέντες οἱ ἀστρολόγοι προλέγουσι τὰς βορείας στάσεις · ἐὰν μὲν γὰρ ἐν ἄλλῳ ζωδίῳ τῆς σελήνης ὑπαρχούσης βορεινὴ γένηται στάσις, εὐδιάλυτος γίνεται ὁ βορέας · ἐὰν δὲ ἔν τινι τῶν ἀφωρισμένων ζωδίων ἐν τῷ βορεινῷ τριγώνῳ βορέας συμπνεύσῃ, προλέγουσιν ἐπὶ πολλὰς ἡμέρας διαμένειν τὴν αὐτὴν σύστασιν (Gemin., *loc. cit.*). De même, Firmicus, sans mention ni de lune, ni de planètes, ni de motif quelconque, enseigne *quae signa quibus subjecta sint ventis : haec enim nobis scientia maxime in apotelesmatibus necessaria est. Aquiloni subjacent* ♈ ♌ ♐ ; *Austro* ♉ ♍ ♑ ; *Aphelioti, quem nos Solanum dicimus,* ♊ ♎ ♒ ; *Africo, qui a Graecis* λίψ *dicitur,* ♋ ♍ ♓ (Firmic., II, 12 Kroll).

2. Pline entasse cinq hypothèses, dont trois mettent à contribution les planètes : *sive [venti] adsiduo mundi incitu et contrario siderum occursu nascuntur, sive hic est ille generabilis rerum naturae spiritus huc illuc tanquam in utero aliquo vagus, sive disparili errantium siderum ictu radiorumque multiformi jactu flagellatus aer, sive a suis sideribus exeunt his propioribus, sive ab illis caelo adfixis cadunt*, etc. (Plin., II, § 116). Philon, qui n'est pas un astrologue, admet aussi que non seulement le Soleil et la Lune, mais toutes les planètes suscitent des vents (*De opif. mundi*, 38, p. 40 Cohn). Le scoliaste de Ptolémée dit et répète que le Soleil et la Lune ont action sur tous les vents, tandis que chaque planète suscite un vent d'orientation particulière (Anon., p. 37 et 79). Saturne venteux et froid (ci-après, ch. XI).

3. Sur la fécondation par les vents fécondants (γόνιμοι) — si souvent attribués à Jupiter par Ptolémée — et les sexes produits, voy. ci-dessus, p. 98, 2.

avaient elles-mêmes un sexe, on ne jugeait pas impossible d'arriver à spécifier l'origine des vents rapportés aux planètes. Si le Borée produisait des mâles et le Notus des femelles, il n'était pas absurde *a priori* de penser que le Borée était excité ou par le chef des planètes masculines, le Soleil, ou par son principal lieutenant Jupiter [1] ; le Notus, par la Lune ou par la planète qui lui ressemble le plus, par Vénus. Les astrologues qui mettaient à part les deux « luminaires », pour leur attribuer une influence universelle, n'hésitaient plus à attribuer l'influence spécifique dont il s'agit à Jupiter, pour le Borée, à Vénus, pour le Notus. Enfin, la doctrine de l'orientation des planètes dut trouver un appui dans la tradition des « très doctes » Égyptiens, qui donnaient aux planètes les titres d'étoiles du Sud ou de l'Est ou de l'Ouest [2]. Le recours aux Égyptiens était pour les astrologues l'argument suprême, celui sur lequel ils comptaient pour fermer la bouche aux contradicteurs.

Il fut donc entendu que, pour toute espèce de raisons, l'hybride Mercure une fois mis à part, les quatre planètes restantes avaient autorité sur les quatre points cardinaux : Jupiter au Nord, Vénus au Sud, Saturne à l'Orient, Mars à l'Occident [3]. Libre aux

---

1. Jupiter est γόνιμός τε καὶ πνευματώδης οἰκείως τοῖς ἀπὸ τῶν ἄρκτων ἀνέμοις : l'astre de Vénus, τῶν νοτίων πνευμάτων διὰ τὸ θερμὸν καὶ ἔνικμον τῆς δυνάμεως ποιητικός (*Tetrab.*, I, 19). Jupiter, installé en ὕψωμα dans le Cancer, au solstice, a dépossédé le Soleil, qui était censé exciter le Borée et céder à son souffle (ci-dessus, p. 97, 3 et 127, 2).

2. Jupiter était l'étoile du Sud ; Saturne, l'étoile de l'Ouest et aussi de l'Est ; Mars, étoile de l'Est et aussi de l'Ouest ; Vénus, d'abord étoile du soir (Ouest) et ensuite du matin (Est). Il s'agit cette fois — une fois n'est pas coutume — d'Égyptiens authentiques et de monuments du temps des Pharaons. Voy. Lepsius, *Einleitung*, p. 106, et Brugsch, *Thesaurus*, I, pp. 65-78. Cf. ci-dessus, p. 67. Il importe peu que l'orientation égyptienne soit ou non conforme à celle des astrologues grecs. C'est le principe qui se trouve confirmé par là. Du reste, la tradition égyptienne comporte des variantes, même absolument contradictoires, et, dans le nombre, il s'en trouve qui concordent avec le système grec : par exemple, Saturne étoile de l'Orient et Mars étoile de l'Occident.

3. Suivant Ptolémée, Saturne est à l'E. et excite les vents d'E., διὰ τὴν πρὸς τὸν ἥλιον αἵρεσιν, l'Orient étant le côté du Soleil. Et le même Ptolémée, au chapitre suivant (II, 20), placera l'ὕψωμα de Saturne à l'opposé de celui du Soleil, pour cause d'antipathie ! Les astrologues montrent ici un parfait dédain pour la mythologie, qui logeait le vieux Titan dans le fin fond de l'Occident — *quem volgo maxime colunt ad occidentem* (Cic., *Nat. Deor.*, III, 17), et même pour la tradition chaldéenne (cf. ci-dessus, p. 69). Jupiter est plus solaire que Saturne et n'est pas pour cela à l'Orient. Quant à Mars, il excite les vents d'ouest, parce qu'il est de l'αἵρεσις lunaire et que l'Occident est le côté de la Lune, le côté où les planètes s'humectent et se féminisent. Autant dire avec le scoliaste que Saturne aime la contradiction : καὶ γὰρ τῷ

amateurs d'harmonies providentielles de chercher pour quel motif ultime les deux planètes favorables se trouvaient associées par le méridien, les deux malfaisantes par l'axe transversal, l'un et l'autre couple par aspect diamétral.

Nous pouvons maintenant suivre Ptolémée, avec chance de le comprendre, et même de le surprendre en flagrant délit d'inconséquence, le péché habituel des astrologues éclectiques. Nous avons, pour le contrôler et évaluer son apport personnel, les versions concurrentes de Dorothée de Sidon et de Paul d'Alexandrie [1].

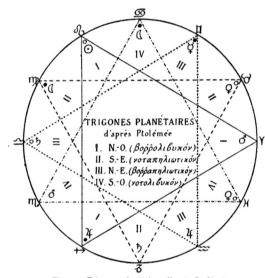

Pour l'intelligence de ce qui va suivre, voici d'abord les figures résumant les textes de Ptolémée et de Dorothée de Sidon (fig. 25 et 26).

A. *Trigone N.-O.* (βορρολιβυκόν), premier trigone [2],

Fig. 25. Trigones planétaires d'après Ptolémée.

composé de signes masculins (♈ ♌ ♐). — Une observation préalable, qui s'applique à tous les trigones, c'est que chacun d'eux est gouverné durant le jour par une des deux (ou trois) planètes titulaires, et durant la nuit par une autre, le gouvernement (οἰκοδεσποτία [3]) correspondant à une influence majeure

ἐναντίῳ χαίρει, καὶ οὐ τῷ ὁμοίῳ. Anon., p. 37), et Mars de même, comme il convient à des gens bourrus et querelleurs! Des raisonnements enfantins sous de grands mots. Les deux luminaires n'ont pas d'orientation particulière.

1. Ptolem., *Tetrab.*, I, 19. Doroth. Sidon., Περὶ τριγώνων ap. Hephæst., I, 6, p. 71 Engelbrecht. Paul. Alex., fol. A 2 - B. Cf. Firmic., II, 10 et 12 Kroll; VI, 31, p. 174-5 Pruckner. *Pap. Brit. Mus.*, CXXX (lig. 131, 170, 178). Paul d'Alexandrie abrège : il ne donne que deux planètes par trigone. Dorothée passe sous silence l'orientation.

2. Dit aussi — à cause du Lion et du Bélier — trigone royal (τὸ βασιλικὸν τρίγωνον. Hephaest. Theb., I, 22, p. 91, 16 Engelbr.; Io. Lyd., *Ostent.*, 9; etc.).

3. Les οἰκοδεσπόται ou τριγωνοκράτορες d'un trigone sont tantôt lès deux régents du trigone, tantôt simplement les trois co-propriétaires.

dans le laps de temps donné. N'insistons pas sur le motif : l'affinité du jour et de la nuit avec la « secte » (αἵρεσις) diurne et nocturne dans les planètes est une raison suffisante, et nous n'aurions pas à protester si la règle était toujours observée.

Donc, le premier trigone comprenant trois domiciles, celui du Soleil (♌), celui de Jupiter (♐), celui de Mars (♈), et de plus l'ὕψωμα du Soleil (♈), est dominé collectivement par ces trois planètes et gouverné pendant le jour par le Soleil. Le régent de nuit aurait dû être Mars, à qui les astrologues ont infligé l' αἵρεσις nocturne. Mais la providence astrologique a évincé la planète malfaisante et lui a substitué arbitrairement le bon Jupiter. Le Soleil n'ayant pas d'orientation propre, celle du trigone est déterminée par Jupiter et Mars : le trigone est « borrholibyque », entre le Nord (Jupiter) et l'Ouest (Mars) [1].

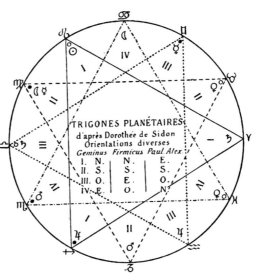

Fig. 26. Trigones planétaires, d'après Dorothée de Sidon.

B. *Trigone S.-E.* (νοταπηλιωτικόν), deuxième trigone, composé

---

1. Dorothée de Sidon, dans un passage que n'ont compris ni Kœchly (*Manethon.*, p. 116) ni Engelbrecht (*Hephaest.*, p. 71) et qu'ils ont ponctué de travers, substitue Saturne à Mars, qui se trouve « expulsé » non seulement de la régence, comme le dit Ptolémée (ἐξωσθέντος τοῦ Ἄρεος. *Tetrab.*, II, 19), mais du trigone. A quel titre Saturne intervient-il là, lui qui est au plus bas dans le Bélier ? Évidemment, pour n'avoir que des planètes diurnes associées au Soleil. Un autre brouillon, Paul d'Alexandrie, ne parle pas de Saturne; mais ce Saturne oublié doit être la raison pour laquelle il oriente à l'E. le susdit trigone, que les Chaldéens de Géminus appelaient « septentrional » (ci-dessus, p. 199). Voilà comment s'emmêle l'écheveau des postulats. Les trigones de Ptolémée sont orientés obliquement entre les points cardinaux, parce que, comme on le verra au ch. xi, ils correspondent sur terre aux quatre parties du monde, délimitées par le méridien du Palus-Mæotide et le parallèle d'Issos.

de signes féminins (♉ ♍ ♑). — Ce trigone féminin [1], qui contient un signe à la fois domicile de Vénus (♉) et ὕψωμα de la
Lune (♉), ne peut être gouverné que par la Lune durant la nuit,
et Vénus durant le jour. La troisième place est à débattre, le
Capricorne étant à la fois le domicile de Saturne et l' ὕψωμα
de Mars, et Mercure ayant son domicile dans la Vierge. Les prétentions s'équilibrent. Ptolémée, qui a moins de souci des
« sectes », se décide pour Saturne ; Dorothée, qui a logé Saturne
dans le premier trigone, opte pour Mars et prend Mercure en
surcharge. Avec Vénus et Saturne, Ptolémée détermine l'orientation du trigone, entre le S. (Vénus) et l'E. (Saturne). Dans le
système qui élimine Saturne, le trigone devient ou plutôt reste
« méridional » (νότιον) [2].

C. *Trigone N.-E.* (βορραπηλιωτικόν), troisième trigone, composé
de signes masculins (♊ ♎ ♒) et « humains ». — Ce trigone
humain renferme un domicile (♒) et un ὕψωμα (♎) de Saturne,
qui sera pour cette raison le régent de jour, et un domicile de
Mercure (♊), qui, diurne ou nocturne à volonté, exercera la
régence nocturne. A qui adjuger la troisième place ? La Balance
est un domicile de Vénus ; mais la morale astrologique exclut
Vénus d'un trigone masculin, et Ptolémée a absolument besoin
d'une planète marquant le Nord. Aussi il installe Jupiter, le bon
et complaisant Jupiter, sous prétexte qu'il est de la même secte
que Saturne. De cette façon, toutes les planètes du trigone sont
diurnes, et le trigone lui-même orienté au N.-E. Paul d'Alexandrie, qui n'entre pas dans ces finesses et paraît même ignorer le
caractère « oriental » de Saturne, reste fidèle cette fois à la
tradition des Chaldéens de Géminus ; il déclare le troisième
trigone « occidental ».

D. *Trigone S.-O.* (νοτολιβυκόν), quatrième trigone, composé de
signes féminins (♋ ♏ ♓). — Dans ce trigone s'accumulent les
signes prolifiques : Vénus y a son ὕψωμα (♓) ; la Lune, son
domicile (♋) ; Jupiter, son ὕψωμα (♋) plus un domicile (♓) ; Mars,
un domicile (♏). Tout cela ne laisse pas que d'être embarrassant
pour des astrologues en quête de planètes féminines et nocturnes.

---

1. C'est le trigone agricole suivant Io. Lyd., *Ostent.*, 9, étant composé du
Taureau laboureur, de la Vierge à l'Épi et du Capricorne, lequel πρῶτος τῶν
τοιούτων καρπῶν ἀπογεύεται (allusion aux *Saturnalia* de décembre ?).

2. Voy. ci-dessus, p. 199, le système de Géminus. Orientation au S. dans
Paul Alex., *loc. cit.* Après Vénus, la Lune et Mars, ἐν δέ νυ Παρθενικῇ Μαίης
προσλάμβανε κοῦρον (Doroth., *loc. cit.*). Ptolémée lui-même, revenant sur les
trigones (II, 3, ci-après, ch. XI), substitue Mercure à la Lune.

Jupiter, quoique le mieux pourvu, est éliminé [1]. C'est une compensation à l'honneur usurpé par lui dans le troisième trigone, où il n'avait que faire. Mars, si maltraité dans le premier trigone, ne pouvait être pourchassé de partout. Dorothée lui accorde une régence, mais la moindre, celle de nuit, l'autre étant dévolue à Vénus. La mauvaise volonté est évidente ; car si Vénus est féminine, Mars, bien que rangé malgré lui dans la secte nocturne ou lunaire, est plus qualifié pour régner durant le jour. La Lune se contente de la troisième place, sans doute parce que, aux yeux de Dorothée, l' ὕψωμα de Vénus prime le domicile de la Lune. Ptolémée ne veut pas non plus disqualifier Mars, dont il a besoin, ainsi que de Vénus, pour son orientation mixte : mais il ne lui laisse qu'une régence honorifique, étendue au jour et à la nuit [2] : la régence effective est exercée par ses συνοικοδεσπόται, Vénus pendant le jour, la Lune pendant la nuit. Le maudit est ainsi tenu en bride par ses acolytes. Toutes ces tergiversations n'expliquent pas pourquoi le trigone « notolibyque » de Ptolémée devient, chez Paul d'Alexandrie, un trigone « septentrional ». L'explication la plus simple, c'est que l'astrologue dissident n'avait plus d'autre orientation disponible. On peut remarquer toutefois que le sommet du trigone, le Cancer, est réellement au point le plus septentrional du Zodiaque.

Nous retrouverons plus loin les trigones zodiaco-planétaires, et la répartition de leur influence sur l'étendue de la terre habitée nous montrera tout le parti qu'ont tiré les astrologues de cette orientation si anxieusement précisée. En attendant, nous allons poursuivre le recensement de l'outillage astrologique, qui devient de plus en plus compliqué. De même que des raisons tirées des domiciles et des exaltations interviennent dans la construction des trigones, de même le recours aux domiciles, aux exaltations,

---

1. Ptolémée le replace ailleurs (II, 3) dans ce même trigone, pour rendre compte de la position du temple de Jupiter Ammon dans le S.-O. (ci-après, ch. xi). Sa logique ne connaît que les raisons opportunes. Il ôte aussi à la Lune sa part de régence, celle-ci étant exercée par Mars et Vénus.

2. Le scoliaste assure que c'est une compensation avantageuse pour Mars : le trigone δίδοται τῷ Ἄρει μόνῳ διὰ τὸ μὴ κατὰ πρῶτον λόγον οὕτινι τῶν ἄλλων εἰλῆφθαι, ὅθεν καὶ ἐν νυκτὶ καὶ ἐν ἡμέρᾳ δεσποτεύει ὁμοίως χαίρων, διὰ τὴν εἰρημένην αἰτίαν (Anon., p. 38). Il prétend aussi que, cette fois, Ptolémée institue trois τριγωνοκράτορας, comme Dorothée, lequel en met trois dans chaque trigone. Ou il a mal lu Dorothée, ou Dorothée complétait son explication dans un passage que nous n'avons plus ; car on ne trouve rien de pareil dans les treize vers περὶ τριγώνων qui nous ont été conservés par Héphestion de Thèbes.

aux trigones, jettera peut-être quelque lueur subobscure sur le grand arcane des ὅρια.

4° *Confins* ou *Termes* (ὅρια - *fines* - *termini*). — On entend par ὅρια des fractions de signe séparées par des bornes intérieures et distribuées dans chaque signe entre les cinq planètes [1], à titre de propriété domaniale représentant leur influence spécifique et équivalant à leur présence réelle [2]. Ces propriétés sont inégales en étendue, inégales entre elles dans le même signe et inégales d'un signe à l'autre pour la même planète, ce qui est un premier mystère : les planètes qui les possèdent sont rangées dans un ordre qui varie pour chaque signe, sans former jamais, ni dans un signe, ni dans l'ensemble des signes, une série connue et intelligible, ce qui achève de dérouter même les docteurs en astrologie. Ptolémée, cette fois, renonce non seulement à comprendre, ce qui a dû lui arriver plus d'une fois, mais à affecter de comprendre. Se trouvant en présence de deux systèmes, l'un, absolument capricieux, mais généralement accepté, sur la foi des « Égyptiens », l'autre, plus intelligible, mais garanti seulement par la tradition chaldéenne, qui inspirait moins de confiance, — surtout à Alexandrie, — Ptolémée n'est pas médiocrement embarrassé. Il fait des objections à l'un, critique l'autre, et finit par en proposer un troisième, qu'il n'ose pas donner comme sien, mais qu'il prétend avoir trouvé dans un vieux livre, rongé par le temps, mutilé et en certains endroits indéchiffrable. A l'entendre, ce troisième système, fondé sur des raisons « naturelles » et d'accord avec une foule de constatations expérimentales que contenait le vieux livre en son neuf, est le vrai système égyptien, expurgé des erreurs et retouches maladroites qui l'avaient défiguré.

Cette page de Ptolémée est un document psychologique de haute valeur ; elle nous montre l'état d'esprit des croyants et les

---

1. Ἐπεὶ οὐ δίδονται τοῖς φωσὶ ὅρια (Ptol., *Tetrab.*, I, 21).

2. *Licet ipsum signum alienae sit potestatis et alterius habeat domicilium, tamen partes ejus quasi propriae singulis stellis dividuntur, quae partes fines stellarum nominantur : hos fines Graeci* ὅρια *vocant* (Firm., II, 6 Kroll). Cf. l'expression de *finitumae partes* dans Cic. *Divin.*, 42 (ci-dessus, p. 181, 1). — Ὅρια δὲ ἀστέρων προσαγορεύουσιν ἐν ἑκάστῳ ζωδίῳ, ἐν οἷς ἕκαστος τῶν ἀστέρων ἀπὸ ποστῆς μοίρας ἐπὶ ποστὴν μοίραν πλεῖστον δύναται · περὶ ὧν οὐχ ἡ τυχοῦσα παρ' αὐτοῖς ἐστι καὶ κατὰ τοὺς πίνακας διαφωνία (S. Empir., *op. cit.*, 37, p. 344). Manilius avait l'intention de donner le tableau des ὅρια, dont il connaît la vertu : *Cujus enim stellae in fines in sidere quoque | Inciderit* [dodecatemorion], *dabit effectus in viribus ejus- -Verum haec posterius proprio cuncta ordine reddam* (I, 747 sqq.) Cf. ci-après, ch. IX.

moyens, bien connus des fabricants d'apocryphes, dont il fallait se servir pour capter la foi. Enfin, quand on sait que Ptolémée, en dépit de toutes ses précautions, ne réussit pas à remplacer le vieux système égyptien par le nouveau, donné comme plus vieux que l'autre, la démonstration est complète. Il appert de ce fait, ajouté à tant d'autres, que le plaisir de comprendre gâte celui de croire, et que la foi non seulement ne craint pas, mais recherche le mystère, y voyant la marque spécifique des œuvres divines et des vérités révélées.

Voici d'abord le système « égyptien », (sans doute celui de Néchepso et Pétosiris), le seul que connaissent Dorothée de Sidon, Firmicus et Paul d'Alexandrie [1], et celui qui fait loi pour tous les tenants de l'astrologie classique. Il y a, dans tout système d'ὅρια, deux choses principales à considérer, l'ordre (τάξις) des planètes et la quantité (ποσότης) de degrés qui leur est attribuée. Ptolémée n'est satisfait ni de l'ordre, ni de la quantité.

I. — *Tableau des ὅρια (système égyptien).*

♈	♃ 6	♀ 6	☿ 8	♂ 5	♄ 5	= 30
♉	♀ 8	☿ 6	♃ 8	♄ 5	♂ 3	= 30
♊	☿ 6	♃ 6	♀ 5	♂ 7	♄ 6	= 30
♋	♂ 7	♀ 6	☿ 6	♃ 7	♄ 4	= 30
♌	♃ 6	♀ 5	♄ 7	☿ 6	♂ 6	= 30
♍	☿ 7	♀ 10	♃ 4	♂ 7	♄ 2	= 30
♎	♄ 6	☿ 8	♃ 7	♀ 7	♂ 2	= 30
♏	♂ 7	♀ 4	☿ 8	♃ 5	♄ 6	= 30
♐	♃ 12	♀ 5	☿ 4	♄ 5	♂ 4	= 30
♑	☿ 7	♃ 7	♀ 8	♄ 4	♂ 4	= 30
♒	☿ 7	♀ 6	♃ 7	♂ 5	♄ 5	= 30
♓	♀ 12	♃ 4	☿ 3	♂ 9	♄ 2	= 30

L'ordre devrait être réglé d'après les trois formes de propriété précédemment énumérées, le domicile, le trigone, l'hypsoma; la première place étant donnée dans chaque signe à la planète qui

1. L'exposé versifié — et par conséquent mis à l'abri des altérations de chiffres — de Dorothée de Sidon (ap. Hephaest. Theb., I, 1, reproduit à la suite du Manéthon de Kœchly, p. 113-116) permet de corriger les erreurs de copie dans les tableaux de Ptolémée, de Paul d'Alexandrie, de Firmicus (II, 6), celui-ci laissé en piteux état par C. Sittl, incomplètement rectifié par W. Kroll.

possède le droit le plus prisé ou la plus grande somme de droits, et les places suivantes adjugées de même, suivant la gradation des titres. Ptolémée montre que l'ordonnance des ὅρια ne suit ici aucune règle précise, aucune cote des titres, la préséance étant donnée tantôt au domicile, tantôt au trigone, tantôt à l'hypsoma, tantôt à une planète dépourvue de tout droit. Ainsi, Mercure figure au premier rang dans le Capricorne, où il est tout à fait étranger; dans le Verseau, où il n'a qu'un droit de trigone, il dépossède Saturne, qui y a domicile et trigone. Ces dénis de justice ont eu pour cause, généralement, le désir philanthropique de diminuer l'autorité des planètes malfaisantes, sentiment qui a poussé les astrologues « égyptiens » à rogner aussi sur la quantité des ὅρια dévolus aux mêmes planètes [1].

La quantité (ποσότης), envisagée comme total des sommes partielles allouées à chaque planète, représente le nombre d'années de vie que peut impartir la dite planète à l'individu qui naît sous sa domination, c'est-à-dire quand elle est « maîtresse de la géniture » [2]. Ptolémée, qui ne croit guère à cette façon de mesurer la vie, trouve ces évaluations arbitraires; mais il n'ose pas rejeter tout à fait l'autorité des Égyptiens, et il ne se permettra de rectifier que la répartition de détail [3]. Mais à quoi répondent ces sommes d'années de vie dont dispose les planètes? Quelle en est la raison naturelle, s'il y en a une autre que les constatations expérimentales invoquées par les Égyptiens [4]?

1. Porphyre (ap. Stob., *Ecl.* II, 7, 42, p. 390) dit que l'on avantageait le maître du signe, placé en tête, et qu'on rejetait les planètes malfaisantes à la fin : αἱ μὲν πρῶται τοῦ ζῳδίου μοῖραι ὡς ἂν αὐτῷ νενεμημέναι τῷ κυρίῳ τοῦ ζῳδίου παρεδόθησαν εἶναι ἀμφιλαφεῖς · αἱ δὲ τελευταῖαι ἐπὶ πάντων τοῖς κακοποιοῖς λεγομένοις ἀστράσιν ἀπενεμήθησαν. En effet, Saturne et Mars occupent seuls la dernière colonne des ὅρια. Quant à la règle concernant le « maître du signe », elle est mieux observée dans le système chaldéen (ci-après, p. 210).

2. C'est une règle ὅτι ἕκαστος τῶν ἀστέρων οἰκοδεσποτήσας τοσαῦτα ἔτη παρέξει ὅση καὶ ἡ ποσότης ἐστὶ τῶν ὁρίων (Anon., p. 42). Voy. ci-après, ch. XII.

3. Ὁ γὰρ καθ' ἕνα ἕκαστον τῶν ἀστέρων ἐπισυναγόμενος ἐκ πάντων ἀριθμός, πρὸς ὅν φασιν αὐτῶν τὰ χρονικὰ μερίζεσθαι, οὐδένα οἰκεῖον οὐδὲ εὐαπόδεκτον ἔχει λόγον. Ἐὰν δὲ καὶ τῷ τούτου κατὰ τὴν ἐπισυναγωγὴν ἀριθμῷ πιστεύσωμεν, ὡς ἄντικρυς ὁμολογουμένῳ ὑπ' Αἰγυπτίων, πολλαχῶς μὲν καὶ ἄλλως τῆς κατὰ τὸ ζῴδιον ποσότητος ἐναλλασσομένης, ὁ αὐτὸς ἀριθμὸς συναγόμενος εὑρέθη (*Tetrab.*, I, 21). En effet, dans son système retouché, il conserve les sommes et modifie la répartition.

4. Ptolémée a bien soin de dire que le système égyptien des ὅρια mérite créance, plus que le chaldéen, καὶ διὰ τὸ τὴν συναγωγὴν αὐτῶν παρὰ τοῖς Αἰγυπτίοις συγγραφεῦσιν ὡς χρησίμην ἀναγραφὴν ἠξιῶσθαι, καὶ διὰ τὸ συμφωνεῖν αὐτοῖς ὡς ἐπίπαν τὰς μοίρας τῶν ὁρίων ταῖς κατατεταγμέναις ὑπ' αὐτῶν παραδειγματικαῖς γενέσεσιν. Il allègue de même, à l'appui de ses retouches, τὰς τῶν προγενομένων

D'aucuns avaient imaginé que ces chiffres représentaient les « temps anaphoriques » de chaque planète, c'est-à-dire hasardons cette hypothèse [1] — le temps, exprimé en degrés de l'équateur, que mettent à monter au-dessus de l'horizon les deux signes qui constituent les domiciles de la planète. Ptolémée, qui se sent ici sur son terrain, traite ces gens-là avec le dédain qu'ils méritent. Il leur apprend que les chiffres évaluant les ascensions varient avec les latitudes, et que les leurs, faux pour toutes les latitudes, n'ont pu être accommodés aux cotes traditionnelles qu'à force d'expédients, de raffinements, de mensonges. Mais Ptolémée se contente de ce résultat négatif : il se dérobe. C'est à ses scoliastes qu'il faut recourir pour trouver au moins un indice qui aide à deviner. Démophile dit que la répartition inégale des ὅρια a pour cause « les périodes complètes des planètes » [2]. Ces périodes complètes ou achevées étaient des cycles calculés par les Chaldéens — les Chaldéens du temps des Séleucides [3] — et servant à déterminer à l'avance les positions des planètes pendant toute la durée de leurs cycles respectifs. L'explication de Démophile représente évidemment l'opinion

γενέσεων μοιρογραφίας (*ibid.*). On voit quel avantage avaient les astrologues à vieillir leurs doctrines et antidater leurs expériences, et pourquoi les fabricants de livres égyptiens ont fini par l'emporter sur leurs rivaux, les Chaldéens, qui n'avaient pas une officine comme Alexandrie à leur service.

1. Ptolémée et le scoliaste sont ici aussi obscurs que possible : Καὶ ὁ πειθανολογεῖν καὶ σοφίζεσθαι τινὲς ἐπιχειροῦσι περὶ αὐτῶν, ὅτι κατὰ παντὸς κλίματος ἀναφορικὸν λόγον οἱ καθ' ἕκαστον ἀστέρα συσχηματιζόμενοι πῶς χρόνοι τὴν αὐτὴν ἐπισυνάγουσι ποσότητα, ψευδές ἐστι (*Tetrab.*, I, 21). Le scoliaste répète : καὶ τοί γε τινές φασι σοφιζόμενοι, ὡς ἑκάστῳ τῶν ἀστέρων ἐδόθη ἡ ποσότης τῶν ὁρίων πρὸς τὴν ἀναφορικὴν τῶν χρόνων τοῦ ζῳδίου ποσότητα. Συναγόμενοι γὰρ οἱ ἀναφορικοὶ χρόνοι τὴν αὐτὴν τοῖς ὁρίοις ἀποτελοῦσι ποσότητα · ψεῦδος δὲ τοῦτο (Anon., p. 41). Quel lien supposer entre la durée de l'ascension des signes et les planètes ? Le domicile ? l'hypsoma ? le trigone ? Le scoliaste dit plus loin (p. 43) qu'on additionnait τὰς ἀναφορὰς τῶν δύο ζῳδίων ἑκάστου ἀστέρος, ce qui ne peut s'entendre que des domiciles.

2. Les ὅρια sont distribués dans les signes, non par parties égales, comme les décans, ἀλλὰ διαφόρως κατὰ ἄλλην αἰτίαν, ἥντινα ὑπέθεντο ἐν ταῖς τῶν ἀστέρων τελείαις περιόδοις (ap. Porphyr., *Isag.*, p. 200). Sur ces périodes, voy. Salmas., *De annis climact.*, p. 209-215.

3. Des fragments de cette *Connaissance des Temps* élaborée dans les observatoires chaldéens, datant des années 219-121 avant J.-C., figurent parmi les textes déchiffrés. Voy. P. Epping, *Astronomisches aus Babylon*, p. 189. P. Epping et Strassmaier, *Neue babylonische Planeten-Tafeln* (Zeitschr. f. Assyriol., V [1890], p. 341-366. VI [1891], pp. 89-102 et 217-244). Les évaluations chaldéennes (♄ 59 ans; ♃ 83 ans; ♂ 79 ans; ♀ 8 ans; ☿ 46 ans) sont toutefois assez différentes des sommes adoptées pour les ὅρια (ci-après, p. 212).

commune des astrologues ; car d'autres disent aussi que les années de vie imparties par les **planètes** sont égales à la durée de leurs périodes (grandes ou petites ou moyennes), et on nous a déjà averti que ce nombre d'années est égal à la somme des ὅρια. Seulement, il faut admettre un postulat énorme et admirer plus que jamais l'harmonie providentielle du monde, car, dans tous les systèmes d'ὅρια, la somme de ces périodes est précisément égale aux 360 degrés du cercle. Ptolémée a reculé devant ce sacrifice imposé à sa foi, ou plutôt devant l'aveu public de sa foi.

C'est la même règle de quantité qui a présidé à la confection du tableau des ὅρια chaldéens[1], encore que les sommes partielles y soient différentes, les « Chaldéens » ayant réagi, ce semble, contre l'optimisme de leurs rivaux et fait la part plus large aux planètes malfaisantes. Le principal défaut que Ptolémée

II. — *Tableau des* ὅρια *diurnes (système chaldéen).*

♈	♃ 8	♀ 7	♄* 6	☿* 5	♂ 4	= 30
♉	♀ 8	♄* 7	☿* 6	♂ 5	♃ 4	= 30
♊	♄* 8	☿* 7	♂ 6	♃ 5	♀ 4	= 30
♋	♂ 8	♃ 7	♀ 6	♄* 5	☿* 4	= 30
♌	♃ 8	♀ 7	♄* 6	☿* 5	♂ 4	= 30
♍	♀ 8	♄* 7	☿* 6	♂ 5	♃ 4	= 30
♎	♄* 8	☿* 7	♂ 6	♃ 5	♀ 4	= 30
♏	♂ 8	♃ 7	♀ 6	♄* 5	☿* 4	= 30
♐	♃ 8	♀ 7	♄* 6	☿* 5	♂ 4	= 30
♑	♀ 8	♄* 7	☿* 6	♂ 5	♃ 4	= 30
♒	♄* 8	☿* 7	♂ 6	♃ 5	♀ 4	= 30
♓	♂ 8	♃ 7	♀ 6	♄* 5	☿* 4	= 30

trouve au système chaldéen est sa régularité mécanique, excès contraire à l'irrégularité intempérante du système égyptien. Il consiste à donner même division aux signes d'un même trigone[2]. En tête se place la planète maîtresse du trigone ; viennent ensuite la maîtresse du trigone suivant, les deux maîtresses du troisième

1. Ce tableau ne se trouve que dans Ptolémée (*Tetrab.*, I, 21).

2. La répartition une fois faite pour le premier signe de chacun des quatre trigones, il n'y a plus qu'à la répéter pour le second et le troisième signe, comme on le voit dans chacune des trois tranches du tableau ci-dessus. Même symétrie dans le système des ὅρια κατὰ τὴν ἑπτάζωνον (ci-après, p. 214).

trigone, enfin, la maîtresse du dernier trigone. Le nombre de degrés attribué à chaque planète va décroissant d'une unité, de la première planète, qui en a 8, à la dernière, qui en a 4. Chaque tranche d'ὅρια est découpée dans la série — invariable et inexpliquée : ♄ ☿ ♂ ♃ ♀. C'est pour maintenir cette série que, par exception, dans le trigone humain (♊ ♎ ♒) les deux planètes maîtresses du trigone, Saturne et Mercure, occupent les deux premiers postes : Mars, qui devrait être au second rang comme maître du trigone suivant, est relégué au troisième. Enfin, Saturne et Mercure — ces deux-là seulement — permutent l'un avec l'autre dans tous les signes, suivant que la géniture est diurne ou nocturne [1].

Ptolémée, aidé de son vieux livre, voudrait introduire dans le système égyptien un ordre rationnel, moins régulier, mais plus souple et plus compréhensif que celui du système chaldéen [2]. Il tient compte à la fois des ὑψώματα, des *trigones* et des *domiciles*, trois espèces de titres dont la valeur décroît dans l'ordre indiqué. Une planète qui possède

III. — *Tableau des* ὅρια (*système de Ptolémée*).

♈	♃	6	♀	8	☿	7	♂	5	♄	4	= 30
♉	♀	8	☿	7	♃	7	♄	4	♂	4	= 30
♊	☿	7	♃	6	♀	7	♂	6	♄	4	= 30
♋	♂	6	♃	7	☿	7	♀	7	♄	3	= 30
♌	♄	6	☿	7	♀	6	♃	6	♂	5	= 30
♍	☿	7	♀	6	♃	5	♄	6	♂	6	= 30
♎	♄	6	♀	5	♃	8	☿	5	♂	6	= 30
♏	♂	6	♃	8	♀	7	☿	6	♄	3	= 30
♐	♃	8	♀	6	☿	5	♄	6	♂	5	= 30
♑	♀	6	☿	6	♃	7	♂	6	♄	5	= 30
♒	♄	6	☿	6	♀	8	♃	5	♂	5	= 30
♓	♀	8	♃	6	☿	6	♂	6	♄	4	= 30

1. Peut-être emprunt fait à la méthode de l'heptazone.

2. J'avais cru pouvoir échapper aux variantes constatées dans le texte (*Tetrab.*, I, 21) et les diverses traductions de Ptolémée, dans le Scoliaste (Anon., pp. 44-47) et la *Paraphrase* de Proclus (I, 24) en suivant les nombres donnés en toutes lettres par Héphestion de Thèbes (cf. ci-après, p. 215, 1). Mais ces nombres changent les sommes partielles, et — ce qui tranche la question — leur total donne 366°. Je m'en tiens donc au texte de Ptolémée (ap. Junctinus, I, p. 75).

deux de ces titres passe avant celle qui n'en a qu'un. A titres
égaux, une planète bienfaisante prend rang avant une malfaisante, sauf dans le Cancer et dans le Lion, où sont les domiciles
de la Lune et du Soleil. Là, la Lune est remplacée par Mars, qui
fait partie de la secte (αἵρεσις) lunaire ou nocturne, et le Soleil
par Saturne, qui est planète diurne. Pour la quantité des degrés
occupés par chaque planète, — quantité dont Ptolémée ne
modifie pas le total, — la règle est des plus rassurantes. Elle consiste à avantager les planètes bienfaisantes, toutes les fois que
l'astrologue n'a pas les mains liées par la prédominance d'une
planète à deux titres trônant soit dans le signe visé, soit dans le
quadrant auquel ce signe appartient. Ptolémée alloue 7 degrés à
Jupiter et à Vénus, contre 5 à Saturne et à Mars. Mercure, toujours hybride, en reçoit 6. Enfin, comme on n'aboutirait pas, en
appliquant cette règle, aux mêmes totaux que le tableau égyptien, Ptolémée dispose encore d'unités aberrantes qu'il ajoute ou
retranche çà et là pour des raisons passablement compliquées et
obscures. Le lot des planètes à titre double peut être augmenté
d'un degré prélevé sur le lot des autres. D'autre part, il arrive
qu'on retranche un degré à Saturne, et même à Jupiter, sous
prétexte que ceux-ci, étant à marche lente, ne tiennent pas à
avoir un grand nombre d'ὅρια [1]. Enfin, on aboutit de cette façon à
une ordonnance qui redresse les erreurs de détail sans changer
la valeur totale des propriétés possédées par chaque planète,
ainsi qu'on le voit par le tableau suivant :

Système égyptien et ptolémaïque :

♄ 57° + ♃ 79° + ♂ 66° + ♀ 82° + ☿ 76° = 360°

Système chaldéen (avec permutation de ♄ et ☿) :

$$\text{♄} \begin{cases} 78° \ (\textit{diurne}) \\ 66° \ (\textit{nocturne}) \end{cases} + \text{♃ } 72° + \text{♂ } 69° + \text{♀ } 75° + \text{☿} \begin{cases} 66° \\ 78° \end{cases} = 360°$$

Tandis que, sur 360 degrés, le tableau chaldéen accorde 141°
en moyenne aux planètes malfaisantes et 219° aux trois autres,
le tableau égyptien abaissait à 123° la part des malfaisantes et
haussait à 237° le lot des autres. La plus grande différence entre

---

1. Ptolémée, qui masque autant qu'il peut les puérilités de la doctrine, se
contente de dire : διὰ τὸ βραδύτερον αὐτῶν τῆς κινήσεως. C'est le scoliaste qui
ajoute : βραδυκίνητοι γὰρ ὄντες, μᾶλλον αὐτοὶ χαίρουσι τῇ ἀφαιρέσει, διὰ τὸ καὶ
τὸν ἐλάχιστον τόπον ἐν πλείονι διεξιέναι χρόνῳ (Anon., p. 44). Ces podagres aiment
les petits coins. Ce chapitre du scoliaste (p. 44-47) est un spécimen curieux
des tours de force de la logique obligée de justifier un dogme préexistant.

les deux systèmes porte sur Saturne, qui est, nous le savions déjà, le grand ouvrier de l'astrologie chaldéenne.

La question des ὅρια était peut-être celle qui divisait le plus les astrologues, au moment où Ptolémée intervint dans la querelle. Même des profanes, comme Sextus Empiricus, ont ouï parler de leurs discordes [1] : « Apollinaire », dit Démophile, « est en désaccord sur la distribution des ὅρια avec Ptolémée, et ils le sont l'un et l'autre avec Thrasylle, Pétosiris, et autres anciens » [2].

Nous ne savons si c'est parmi ces « autres anciens » qu'il faut placer l'auteur inconnu d'un système qui diffère des précédents non plus seulement dans le détail de la répartition, mais par son principe même, car le Soleil et la Lune y ont part à la distribution des ὅρια. C'est le système « suivant l'heptazone », qui nous a été conservé par Vettius Valens [3]. En voici l'économie. Le Soleil, ayant dans le Zodiaque trois titres de propriété, savoir : un domicile, un hypsoma, un trigone (↔), aura dans chaque signe 3 degrés. La Lune, avec un domicile, un hypsoma et deux trigones (♍ et ♑), 4 degrés. Saturne, deux domiciles, un hypsoma, un trigone (♒), 4 degrés. Jupiter, deux domiciles, un hypsoma, deux trigones (♈ et ♐), 5 degrés. Mars, de même (trig. ♓ et ♋), 5 degrés ; Vénus, de même (trig. ♍ et ♑), 5 degrés. Enfin, Mercure, pour deux domiciles, un hypsoma, un trigone (♎), 4 degrés. La quantité étant ainsi fixée, l'ordonnance se règle sur les trigones, de telle sorte que tous les signes d'un même trigone ont même ordonnance et que la première place y est dévolue au régent (τριγωνοκράτωρ) diurne du trigone, la deuxième au régent nocturne. Les troisième et quatrième places sont attribuées de même aux deux régents du trigone suivant : la cinquième et la sixième, aux régents du trigone à la suite ; la septième et dernière, à la planète restante. Seulement, la logique exige que les régents diurnes n'aient la préséance que durant le jour et la cèdent pour la nuit à leur collègue nocturne. Il y a donc permutation (sauf exception pour Mars), régime de jour et de nuit ; deux tableaux symétriques, que j'insère ici à titre de curiosité.

1. Cf. ci-dessus, p. 206, 2.
2. Demophil. ap. Porphyr., *Isag.*, p. 195. Aussi n'y a-t-il pas grand intérêt à rechercher si les auteurs de nos papyrus égyptiens s'écartent sciemment ou non du canon égyptien fixé par Dorothée quand ils les notent, par exemple, ♓ 16° 4′ ὁρίοις Ἑρμοῦ (CXXX, lig. 151) ; ↔ 20° ὁρίοις Ἀφροδείτης (XCVIII, lig. 38) ; ♉ 15° ὁρίοις Ἑρμοῦ (CX, lig. 29) ; Vénus en ↔ 9° 4′ ὁρίοις ἰδίοις (*ibid.*, lig. 20-22). Le planisphère de Bianchini (ci-après, p. 227, 3) offre, sur quinze chiffres d'ὅρια, une divergence : ♃ 7 dans le ♉.
3. Valens, *Cod. Paris.* Suppl. 330 A. fol. 9 v.-10 r. Cf. Salmasius, pp. 290-292.

Tableau des Ὅρια (système de l'heptazone).

I. Ὅρια *diurnes.*

♈	☉ 3	♃ 5	♀ 5	☾ 4	♄ 4	☿ 4	♂ 5	= 30
♉	♀ 5	☾ 4	♄ 4	☿ 4	♂ 5	☉ 3	♃ 5	= 30
♊	♄ 4	☿ 4	♂ 5	☉ 3	♃ 5	♀ 5	☾ 4	= 30
♋	♂ 5	☉ 3	♃ 5	♀ 5	☾ 4	♄ 4	☿ 4	= 30
♌	☉ 3	♃ 5	♀ 5	☾ 4	♄ 4	☿ 4	♂ 5	= 30
♍	♀ 5	☾ 4	♄ 4	☿ 4	♂ 5	☉ 3	♃ 5	= 30
♎	♄ 4	☿ 4	♂ 5	☉ 3	♃ 5	♀ 5	☾ 4	= 30
♏	♂ 5	☉ 3	♃ 5	♀ 5	☾ 4	♄ 4	☿ 4	= 30
♐	☉ 3	♃ 5	♀ 5	☾ 4	♄ 4	☿ 4	♂ 5	= 30
♑	♀ 5	☾ 4	♄ 4	☿ 4	♂ 5	☉ 3	♃ 5	= 30
♒	♄ 4	☿ 4	♂ 5	☉ 3	♃ 5	♀ 5	☾ 4	= 30
♓	♂ 5	☉ 3	♃ 5	♀ 5	☾ 4	♄ 4	☿ 4	= 30

II. Ὅρια *nocturnes.*

♈	♃ 5	☉ 3	☾ 4	♀ 5	☿ 4	♄ 4	♂ 5	= 30
♉	☾ 4	♀ 5	☿ 4	♄ 4	♂ 5	♃ 5	☉ 3	= 30
♊	☿ 4	♄ 4	♂ 5	♃ 5	☉ 3	☾ 4	♀ 5	= 30
♋	♂ 5	♃ 5	☉ 3	☾ 4	♀ 5	☿ 4	♄ 4	= 30
♌	♃ 5	☉ 3	☾ 4	♀ 5	☿ 4	♄ 4	♂ 5	= 30
♍	☾ 4	♀ 5	☿ 4	♄ 4	♂ 5	♃ 5	☉ 3	= 30
♎	☿ 4	♄ 4	♂ 5	♃ 5	☉ 3	☾ 4	♀ 5	= 30
♏	♂ 5	♃ 5	☉ 3	☾ 4	♀ 5	☿ 4	♄ 4	= 30
♐	♃ 5	☉ 3	☾ 4	♀ 5	☿ 4	♄ 4	♂ 5	= 30
♑	☾ 4	♀ 5	☿ 4	♄ 4	♂ 5	♃ 5	☉ 3	= 30
♒	☿ 4	♄ 4	♂ 5	♃ 5	☉ 3	☾ 4	♀ 5	= 30
♓	♂ 5	♃ 5	☉ 3	☾ 4	♀ 5	☿ 4	♄ 4	= 30

Les mathématiciens qui ont fabriqué ce jeu de patience ne se sont pas demandé à quoi répondaient les sommes partielles et par quoi ils remplaçaient les « périodes complètes » qui passaient pour être la saison ultime des autres systèmes. Ils mettaient en désarroi la distribution des années de vie, les planètes ayant leur énergie diminuée, sans que le Soleil et la Lune, admis au partage, fussent convenablement lotis. Aussi Valens lui-même désapprouve cette invention baroque, qui n'eut aucun succès.

En définitive, les praticiens restèrent fidèles aux ὅρια égyptiens, que les vers mnémoniques de Dorothée fixèrent dans toutes les mémoires, et ils n'acceptèrent même pas les retouches discrètes de Ptolémée, qui en fut pour ses frais de mise en scène [1]. Ils avaient bien raison de se défier de l'astronome qui les tenait pour des ignorants et trahissait leur cause en avouant qu'après tout l'astrologie zodiacale était à refaire de fond en comble, avec les équinoxes et solstices réels pour points de repère [2].

§ II. — LES DÉCANS.

Ptolémée n'a pas réussi davantage à discréditer un certain nombre de combinaisons qu'il juge ineptes, futiles, sans raison « physique » [3]. Parmi les systèmes qu'il comprend dans une fin de non-recevoir générale, sans leur faire l'honneur de les nommer, il en est un qui non seulement a survécu à ses dédains, mais s'est développé à la façon d'une théorie autonome et a fini par former une sorte d'excroissance parasite sur le tronc de l'astrologie classique. Il s'agit de l'association, ou, pour mieux dire, de la substitution des 36 décans aux 12 signes du Zodiaque. Ici, nous n'avons plus affaire à des tracés géométriques, à des fantaisies de

1. Les ὅρια de Ptolémée ne se rencontrent plus après lui que chez Héphestion de Thèbes (I, 1), qui, à chaque signe, cite d'abord les vers de Dorothée, annoncés par la formule τὰ δὲ ὅρια οὕτως, et donne ensuite l'énumération κατὰ δὲ Πτολεμαῖον. Albohazen Haly (I, 5, p. 15, ed. Basil. 1571) constate qu'il y a grande discorde au sujet des ὅρια entre les « sages anciens », et cinq opinions : celle des Égyptiens, celle de Ptolémée, celle des Babyloniens, celle des Indiens et celle des Attarathyh (?) ; mais que la majorité se rallie aux Égyptiens, Ptolémée étant peu suivi et les autres opinions étant délaissées. On retrouvera sans doute les ὅρια indiens dans « plusieurs systèmes de visites attribuées aux planètes » sur lesquels les Brahmes sont en désaccord (F. Guérin, *Astron. indienne*, p. 80).

2. Voy. ci-dessus, p. 129, 1.

3. Par exemple, la distribution des sexes entre les degrés, aussi arbitraire que celle des ὅρια (voy. Firmic., IV, 23 Kroll) ; celle des parties pleines ou vides, etc.

mathématiciens, mais à une religion qui se glisse dans l'officine astrologique sous le couvert d'un nom emprunté à l'arithmétique, et, une fois dans la place, menace d'en expulser les manieurs de chiffres aussi bien que les virtuoses du compas. C'est bien parce qu'il s'était rendu compte de la nature religieuse, de l'esprit anti-scientifique du système des décans, que Ptolémée se garde d'y faire la moindre allusion. S'il espérait renvoyer ces génies ressuscités du temps des Pharaons aux magiciens et aux fabricants d'amulettes [1], il s'est trompé une fois de plus. Les décans une fois introduits dans l'astrologie grecque y ont gardé une place qui, aux yeux de certains, était la place d'honneur.

Le nom générique de « décans » (δεκανοί - *decani*) n'est pas une définition. Il tient à cette circonstance, tout à fait secondaire et accidentelle, que ces 36 divinités — désignées aussi par le nom vague de « figures » (πρόσωπα) [2] ou personnages — réparties régulièrement sur le contour de la sphère occupaient chacune un arc de 10 degrés. Cette circonstance accidentelle n'en est pas moins caractéristique : elle rappelle que les génies égyptiens se sont glissés dans le Zodiaque grec à la faveur et sous le couvert d'un de ces sectionnements que les astrologues multipliaient à plaisir pour incruster sur tous les points de la sphère des influences diverses entre lesquelles ils pussent choisir. Il y avait des combinaisons de toute sorte, consistant en répartitions soit des planètes dans les signes, — analogues à celles auxquelles est consacré le présent chapitre, — soit même des signes dans les signes, diversement ordonnées, tantôt suivant l'ordre « naturel » des planètes ou des signes, tantôt suivant l'ordre des trigones, et découpant les signes en fractions de plus en plus petites, tiers, septièmes, neuvièmes, douzièmes, ou même trentièmes, c'est-à-dire aboutissant au degré simple (μονομοίριαι) [3]. La division qui a servi de prétexte à

---

1. Les Gnostiques, surtout ceux de la secte de Basilide, avaient mis à la mode les amulettes à figures de décans. Voy. l'amulette avec le nom de XNOΥBIC que donne Saumaise (p. 566), et les descriptions des ouvrages hermétiques (v. g. *Anal. sacr.*, V, 2, p. 285-290 Pitra).

2. Mot traduit ordinairement par *facies* (cf. *formae decanorum*. Martian. Cap., II, 200) et finalement réservé aux décans planétaires (ci-après, p. 228).

3. Pour expédier en quelques mots ce fatras répugnant, œuvre de cerveaux sans génie, mentionnons, en fait de répartitions de planètes dans les signes : 1º une division en tiers (celle des décans planétaires) ; 2º répartition des planètes dans les douzièmes de signe. Je ne sais où Macrobe a lu que le Soleil *duodecimi signi, in quocumque signo fuerit, locum occupat* (Macr., *Sat.*, I, 23, 6) ; 3º répartition des planètes, suivant l'ordre naturel, dans les 360 degrés du cercle, avec manière de recommencer la série par la même

l'introduction des « décans » égyptiens n'était d'abord qu'un de ces passe-temps arithmétiques, jugé peut-être plus intéressant que d'autres comme représentant à la fois la triade, la décade, et enfin, surtout, la fameuse τετρακτύς pythagoricienne, le nombre 36, qui se trouvait par surcroît correspondre aux 36 décades de l'année égyptienne et prenait de ce fait une signification cosmique [1].

Manilius connaît déjà un système de décans, dont l'origine lui importe peu [2] et qui consiste pour lui en une répartition ternaire

planète, par subdivision du reliquat, et 4º répartition des planètes dans les 360 degrés, mais par trigones (Paul. Alex., D et Q 2-3 v). Dans le papyrus CXXX du *Brit. Mus.* (lig. 60), on trouve, après mention de l'οἶκος et des ὅρια, la notation στοιχείῳ (= μοίρᾳ?) Διός, au degré 14º 6′ du Bélier. En fait d'intégration des signes dans les signes : 1º répartition à raison de trois par signe (voy. ci-après les décans de Manilius) en ordre continu ; 2º à raison de douze par signe (δωδεκατημόριον δωδεκατημορίου. Ptol., I, 20). Le système est exposé tout au long par Manilius (II, 693-722), qui l'appelle *tenuem visu rem, pondere magnam*, et vante les effets de cette mixture. L'ordre n'est plus continu, mais chaque signe commence par lui-même la série, qu'il contient tout entière. Même règle dans les *Philosophumena* (V, 2, 13, p. 190 Cruice). Ces « dodécatémories » zodiacales ont disparu de l'astrologie classique, où elles auraient produit confusion avec le système tout différent et autrement apprécié des « dodécatémories » planétaires, calculées à nouveau chaque fois, par le procédé des κλῆροι (ci-après, ch. ix) ; 3º répartition à raison de trente par signe ou un par degré (Herm. Trismeg. ap. Junctinus, p. 23). On en trouverait d'autres encore ; car on a dû, par exemple, diviser les signes en deux pour représenter les 24 heures (ὡρονόμους εἴκοσι καὶ τεττάρας ὄντας. Procl., in *Anal. sacr.*, V, 2, pp. 168 Pitra ; cf. les 24 δικασταί chaldéens, ci-dessus, p. 43, 4). Enfin, le système des décans s'est surchargé non seulement de la distinction des pleins et des vides (ci-après, p. 231), mais d'entités vagues (*numina*) appelées ministres ou appariteurs (λειτουργοί - *munifices*) des décans. Leur nombre était en rapport, soit : 1º avec celui des signes — 7 par signe, 84 en tout — combinaison des deux chiffres astrologiques par excellence, 7 et 12 (Martian. Cap., II, 200) ; soit : 2º avec celui des décans — 3 par décan, 108 en tout — autre combinaison de vertu non moins absconse, compliquée elle-même de subdivisions à l'infini (Firmic. II, 4, 4-5 ; texte cité plus loin, p. 225, 1). On nous permettra de ne pas remuer plus avant ce tas d'inepties, qui, au dire de Firmicus, ont dégoûté jusqu'aux astrologues « grecs » — *in primis vestigiis constitutionis istum tractatum cum quodam dissimulationis fastidio reliquerunt* (Firmic., II, 4, 6) — et qui procèdent toutes de l'idée que chaque fraction du temps doit avoir son maître, son χρονοκράτωρ, au ciel.

1. Ceux qui tiennent pour l'origine égyptienne du pythagorisme, en attendant les preuves, ne manqueront pas de soutenir que la τετρακτύς elle-même (voy. ci-dessus, p. 9, 3) vient de l'Égypte. Il n'y a pas à discuter là-dessus. Proclus aussi était convaincu que Platon, vu son omniscience, ne pouvait pas ignorer les δεκανοὺς ἓξ καὶ τριάκοντα (Procl., in *Anal. sacr.*, V, 2, p. 168 Pitra), bien qu'il n'en dise mot.

2. Les éditeurs de Manilius lui font dire ce qu'il leur plaît. Scaliger : *Quam*

des signes dans les signes [1]. En partant du signe du Bélier, qui reçoit pour décans le Bélier, le Taureau et les Gémeaux, chaque tiers de signe est attribué à la constellation zodiacale qu'appelle l'ordre accoutumé, si bien qu'au bout de quatre signes ou douze tiers la série épuisée se recommence. Cette disposition donne aux esprits préoccupés de mathématiques la satisfaction non médiocre de constater que les signes associés en aspect trigone ont même décans et sont, par conséquent, en harmonie parfaite.

Voici la disposition des décans de Manilius, mis en regard des signes auxquels ils appartiennent (fig. 27).

Si simple que soit cette combinaison du Zodiaque avec lui-même, Manilius se sent saisi de respect devant un pareil mystère qui, s'ajoutant aux actions et réactions réciproques des signes, aboutit à une altération secrète, dangereuse pour les non-initiés, du tempérament propre de ces signes [2].

---

partem decimam dixere Decania gentes. Bentley : *Quapropter Graiae dixere Decania gentes.* Jacob, contre Bentley : *Quam partem indigenae dixere Decania gentes* (IV, 298). On ne sait pas non plus si *decania* est un pluriel (de *decanium?*) ou si *decania* = δεκανία. Reste l'étymologie. Les Grecs tenaient pour grec le mot δεκανός - δέκα μοιρῶν ἄρχειν, διὸ καὶ δεκανὸς καλεῖται (Schol. Demoph., p. 199). Aussi, δεκαμοιρία est synonyme de δεκανός (cf. Anon., *De terr. mot.*, ap. Wachsmuth, Io. Lyd., ed. 2ᵃ, p. 174). Scaliger (*Not. in Manil.*, p. 297) déclare que le mot est bien latin, et Huet est de son avis — étant donné surtout que le signe représentatif de « décan » dans les manuscrits est le chiffre romain X, et non pas le chiffre grec Δ. Saumaise (*De ann. climact.*, pp. 560 sqq.) fulmine contre les partisans du latin. Pour lui, *decanus* est la transcription de δεκανός, mais δεκανός ne vient pas de δέκα. C'est une transcription d'un mot chaldéen — *nam et Decan chaldaice inspector et excubitor, h. e.* ἐπίσκοπος vel ἔφορος. Il songe évidemment aux 30 ou 36 βουλαῖοι θεοί de Diodore, dont nos assyriologues modernes veulent faire aussi des décans chaldéens (ci-dessus, p. 43, 4). Mais nos assyriologues ne vont pas jusqu'à revendiquer comme chaldéen le mot *décan*, et on nous permettra de récuser le chaldéen de Saumaise. D'autre part, ni Scaliger ni Saumaise ne parviennent à me persuader que δεκανός ne puisse venir de δέκα, aussi bien que *decanus* de *decem*. Quant au sigle grec Δ, il y avait une raison pour ne pas l'employer comme symbole de décan, c'est qu'il représente l'aspect trigone (cf. p. 169, fig. 19).

1. En somme, il avait retenu de la doctrine égyptienne une idée juste, oubliée par les partisans des décans planétaires, à savoir que les décans étaient des sections de signes : idée qui sera appliquée plus tard aux signes morcelés de l'apotélesmatique « catholique » (ci-après, ch. XI).

2. *Haec ratio retegit latitantis robora mundi | In pluresque modos repetita nomina caelum | Dividit, et melius sociat, quo saepius orbem. — Mixta sed in plures sociantur sidera vires.* C'est un mystère ardu ; haut les cœurs ! *Quod quaeris, deus est ; conaris scandere caelum,* etc. (Manil., IV, 292-408). En dépit de ces grands mots, Manilius ne songe plus du tout aux décans lorsque, au Vᵉ livre, il parle des influences concourantes des παρανατέλλοντα. Il aurait dû distinguer le triple apport du signe, du décan, du paranatellon.

Nous ne pouvons plus savoir si Manilius ne connaissait pas d'autres décans que ceux-là et s'il ne se réservait pas de traiter par la suite des décans planétaires, ou même s'il ne s'est pas mépris en prenant pour des signes du Zodiaque rapetissés au tiers de grandeur des décans qui pouvaient être des domaines planétaires. Il n'est pas question d'infirmer un témoignage qui servira peut-être tout à l'heure d'indice concernant l'origine des décans.

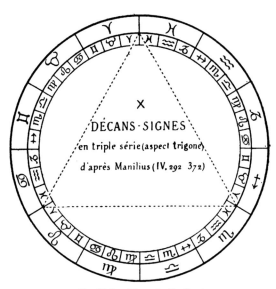

Fig. 27. Les décans de Manilius [1].

Mais, en fait, le système des décans-signes est propre à Manilius, et on n'en entend plus parler après lui.

Cependant la tradition qui a trouvé un écho aussi énigmatique dans son poème se soudait en Égypte, vers la même époque, à une tradition plus ancienne, remontant au temps des Pharaons [2], tradition qui, combinée avec les douze cases du Zodiaque grec, est devenue le système des décans proprement dits. Les anciens Égyptiens avaient une idée fixe, qui contenait le germe d'une astrologie spéciale et qui, introduite dans l'astrologie grecque, y engendra, en effet, des méthodes divergentes, raccordées tant bien que mal avec celles qui procédaient de la tradition chal-

---

1. Par une fantaisie étrange, qui s'explique très suffisamment par une distraction du poète, Manilius abandonne pour le dernier signe (♓) la règle observée jusque là et qui consiste à ranger les signes dans l'ordre continu. Il a mis étourdiment le Bélier et le Taureau à la place du Capricorne et du Verseau. J'ai corrigé sans scrupule dans le dessin ci-dessus. Fr. Jacob (*Tab. III*) ne corrige pas et, suivant son habitude, ordonne les signes à rebours.

2. Il va sans dire que, obligé de sortir encore une fois du domaine de l'antiquité classique, j'emprunte tous les détails positifs à R. Lepsius, *Einleitung zur Chronologie der Aegypter*. Berlin, 1848, et H. Brugsch, *Thesaurus Inscr. Aegypt.* I (*Astronomische und astrologische Inschriften*), Leipzig, 1883.

déenne : l'idée que chaque division du temps, grande ou petite, devait avoir son génie protecteur, être la propriété d'une divinité quelconque, d'un χρονοκράτωρ. On a vu déjà cette idée poindre dans la distribution des degrés du cercle en ὅρια, qui sont dits et doivent être réellement de tradition égyptienne, incorporée à l'astrologie par les Alexandrins (les soi-disant Néchepso et Pétosiris). Nous la retrouverons un peu partout, et la place qu'elle tient est assez grande pour que les prétentions des « Égyptiens », comme inventeurs de l'astrologie, aient pu contrebalancer celles des « Chaldéens ». Les Égyptiens, dès le temps des Pharaons, avaient donc semé le long de la route diurne et nocturne du Soleil toute espèce de génies, qui lui disputaient pour ainsi dire la maîtrise du temps, de qui il obtenait le passage au moyen de charmes magiques [1], et qui, lui couché, régnaient enfin à sa place sur le monde. Les plus puissants, ceux qui étaient attachés à des étoiles, constellations ou parties de constellations, situées sur la route du Soleil, étaient les « lampes » (χebs - χabs - χabsu) ou les « groupes » (χet), les futurs décans [2]. Cette route du Soleil n'était pas, comme l'écliptique grecque, un grand cercle de la sphère oblique sur l'équateur; mais plutôt une large bande, allant d'un tropique à l'autre et dont l'équateur formait la ligne médiane. Les cercles diurnes, parallèles à l'équateur, que décrit le Soleil d'un solstice à l'autre, remplissent, en effet, toute cette zone, et c'est un raisonnement enfantin, sans doute, mais logique à sa façon, que de considérer comme étant sur la route du Soleil les étoiles qui se lèvent et se couchent aux mêmes points de l'horizon que lui. Les Égyptiens avaient catalogué à leur gré, suivant le témoignage de leurs yeux et sans s'astreindre aucunement à des divisions régulières postulées par des raisons théoriques, les étoiles et groupes d'étoiles qui attiraient leur attention, en commençant ou finissant la liste par les noms toujours accolés de *Sah* (Orion)

1. La tradition s'est conservée dans l'Inde avec les *drekans* (décans). Ces 36 génies « tâchent d'épouvanter le Soleil par leurs cris » (Guérin, *Astron. indienne*, p. 76). Ce sont cependant des décans planétaires, à la mode grecque.

2. On ne rencontre pas en égyptien — et ceci est à considérer — de nom spécifique ou devenu tel comme δεκανός-*decanus*. Les décans sont désignés par quantité de synonymes, *sibu* (Sterne, trad. Brugsch), *sibu sepesu* (Prachtsterne), *sau* (Schutzsterne), *nutari* (die Göttlichen), *anχu* ou *bin anχu* (die Seelen der Aufsteigenden), *bekti* (?) et même *sekod* (die wandernden Gestirne, qui précèdent et suivent le Soleil), nom qui conviendrait aussi bien et mieux aux planètes (Brugsch, *Thesaurus*, 1, pp. 133 et 176). Aussi le nom technique de décan finit-il par être employé, sous la forme *becan*, même en égyptien (Brugsch, *op. cit.*, p. 177).

et *Sopdet* ou Sothis (Sirius) [1]. On compte une vingtaine de constellations ainsi mises hors de pair dans les neuf listes conservées par les monuments pharaoniques et rédigées entre la XIXe et la XXXe dynastie [2]. Ces constellations, soit indivises, — cas le plus rare, — soit divisées en deux ou trois parties, forment autant de demeures pour les génies-décans, désignés par le nom de leurs domiciles et plus ou´moins identifiés avec eux. Ainsi la constellation *Kenmut* comprend les décans *Tpa-kenmut* (pointe de K.)́, *Kenmut* et χr-*kenmut* (nombril dé K.); celle de χont, cinq ou même huit décans, appelés la « pointe », le « haut », le « bas », la « table », le « bord » de χont; celle d'Orion, quatre décans, et ainsi de suite. Les « Égyptiens » hellénisés exagéreront à plaisir ce procédé en disséquant, à la façon des anatomistes, les signes du Zodiaque grec, pour la plus grande gloire de la médecine et de l'ethnographie astrologiques. Le total des décans obtenus de la sorte à l'époque pharaonique est de 40. Il n'est pas encore question du nombre fatidique de 36, correspondant au fractionnement des signes zodiacaux en tiers ou de la somme des degrés du cercle en groupes de 10 degrés.

Ce nombre de 36 apparaît à l'époque gréco-romaine, c'est-à-dire au moment où l'astrologie grecque s'approprie les vieilles traditions, — puisqu'il est convenu que tout doit être vieux chez elle, — mais en leur imposant des cadres fixes et les dénaturant pour les forcer à y entrer. Certains noms de décans sont remplacés par d'autres et certains couples de décans contractés en un seul personnage céleste. En même temps, ces divinités prennent une individualité plus concrète en ajoutant à leur nom une forme plastique, une figure (πρόσωπον - *facies*) ou idéogramme qui rend désormais leur personnalité indépendante de leur nom [3]. Le système des décans — au nom près, car le mot *decanus* apparaît pour la première fois dans Manilius — se trouve ainsi constitué et mis en rapport harmonique avec les 36 décades de l'année égyp-

---

1. Rappelons, de peur qu'on ne songe encore à un Zodiaque égyptien comme prototype du Zodiaque grec, que Orion, traversé par l'équateur, est à assez grande distance du Zodiaque, et que Sirius en est plus loin encore.

2. Brugsch compte neuf listes pharaoniques et quatorze en tout : Lepsius (pp. 68-69) ne donnait que les quatre principales, empruntées au tombeau de Séti Ier, au plafond du palais de Ramsès II, au tombeau de Ramsès IV et à un sarcophage du temps de Nectanébo Ier.

3. Il y aurait lieu de comparer ces figures aux descriptions hermétiques (*Anal. sacr.*, V, 2, pp. 285-290) et à celles données par Scaliger (pp. 442-458), qui vont jusqu'aux monomœries.

tienne, dont chacune a ainsi son χρονοχράτωρ [1]. Mais ce n'était pas encore, ou ce n'était pas nécessairement, une machine astrologique employée à brasser des chiffres et fabriquer des pronostics. Les décans étaient des divinités qui avaient droit à d'autres hommages qu'à ceux des astrologues, des divinités que l'on invoquait même pour le souverain.

« Le grand disque du Soleil », dit une inscription d'Ombos, « marchant dans le ciel durant le jour, a achevé sa course à « l'Occident comme dieu Atoum; alors la Lune prend possession « du ciel... Les décans brillent après le Soleil. Ils marchent en « cercle, se relevant mutuellement; ils apparaissent après son « coucher, à leurs heures suivant les saisons. O vous, âmes des « étoiles des dieux, qui montez pour promettre des bienfaits, « faites monter le fils du Soleil, le seigneur des diadèmes, Ptolé- « mée éternellement vivant, l'ami de Ptah et d'Isis, comme vous « montez vous-mêmes » [2]. La rivale d'Ombos, Tentyra (Denderah), n'invoque pas avec moins de ferveur « les sublimes et grands et « très grands dieux, les étoiles protectrices qui suivent Sothis au « ciel, les étoiles montantes qui montent à l'orient du ciel, qui « accordent leur protection aux divinités de Tentyra, les messà- « gers de Sa Majesté (Isis-Hathor), qui exterminent quiconque « franchit leur eau (c'est-à-dire agit contre leur gré) et octroient « leur protection à la ville de Tentyra » [3].

Il n'y a aucun doute à avoir : les décans sont bien les étoiles, des étoiles fixes qui chacune à leur tour, suivant les saisons, « montent à l'orient du ciel » au coucher du Soleil, et c'est ce que traduit exactement le terme ὡροσκόποι (οἱ λαμπροὶ λς´ ὡροσκόποι) par lequel sont désignés les décans dans un papyrus astrologique gréco-égyptien du IIe siècle de notre ère [4]. A cette époque, les

---

1. Seulement, il n'y a pas de décan pour les cinq jours *épagomènes*, office que remplissait jadis, suivant Brugsch, le dernier décan *Sat-Sah*, une partie de *Sah* (Orion). Tous les systèmes de *chronocratories* que nous aurons à examiner se sont heurtés à la difficulté insoluble qu'il y a à faire correspondre les 360 degrés du cercle aux 365 jours de l'année solaire. Les séries planétaires, ordonnées avec 7 pour raison, ne voulaient pas non plus entrer dans 360, et c'est peut-être un des motifs pour lesquels l'auteur inconnu que suit Manilius leur avait préféré des séries zodiacales ou douzaines qui, elles, y entrent à merveille.

2. Brugsch, *op. cit.*, p. 135. Il s'agit de Ptolémée Évergète II, l'odieux Physcon (seul roi après la mort de Philométor, de 145 à 117 a. Chr.).

3. Brugsch, *op. cit.*, p. 136.

4. Catalogue du *British Museum*, (n° XCVIII, p. 126-130). La date probable du document est comprise entre 95 et 155 p. Chr. Dans un papyrus antérieur,

décans étaient bien entrés dans les calculs astrologiques, — du moins dans la pratique des astrologues qui se réclamaient de la tradition égyptienne [1], — et non pas hellénisés, transformés en signes du Zodiaque, comme ceux de Manilius, mais avec leurs noms égyptiens. Déjà les fabricants de livres hermétiques spéculaient sur les décans, les dotaient d'une nature purement spirituelle et intellectuelle, à laquelle ils doivent l'hégémonie de l'univers. En les détachant ainsi des constellations auxquelles ils avaient été incorporés, on facilitait la besogne des astrologues qui cherchaient à les domicilier tous dans les cases du Zodiaque grec. Hermès Trismégiste [2] explique à son fils Tat (Thot) ou Asklépios que, au-dessus du Zodiaque, qu'ils « allègent » et tiennent comme suspendu obliquement entre les deux cercles tropiques, à moitié chemin entre le Zodiaque et le cercle extérieur du monde, sont placés par la Providence les 36 décans, « gardiens vigilants, inspecteurs de l'Univers » et régulateurs de ses mouvements. Ils sont « impassibles ($\dot{\alpha}\pi\alpha\theta\epsilon\tilde{\iota}\varsigma$) », n'étant pas, comme les planètes, arrêtés dans leur course toujours égale [3] et obligés de rétrograder, ni frappés des rayons du soleil, que subissent ($\pi\dot{\alpha}\sigma\chi o\upsilon\sigma\iota\nu$) « les autres astres » [4]. Cela ne les empêche pas d'exercer, même sur terre, une action très grande, leur énergie

---

daté de l'an III de Titus (81 p. Chr.), les décans portent leur nom technique, $\delta\epsilon\varkappa\alpha\nu o\acute{\iota}$ (*op. cit.*, n° CXXX, pp. 132-139). D'après le Trismégiste que fait parler Apulée (*Asclepius sive dial. Herm. Trism.*, 19), les *Horoscopi* seraient comme des « indications d'heures » fixées sur la sphère du Soleil. *Bonum enim luminis per orbem nobis Solis infunditur XXXVI, quorum vocabulum est Horoscopi, id est eodem loco semper defixorum siderum.* Le texte n'est pas très clair, et il se pourrait que les *Horoscopi* fussent des sources de lumière placées au-dessus du Soleil.

1. Il y avait alors, même en Égypte, des dissidents : par exemple, l'auteur du thème d'Annubion (*Not. et Extr.*, XVIII, 2, n° 19 = *Pap. Brit. Mus.*, n° CX), qui, bien que fort minutieux, ne fait aucune mention des décans.

2. Stob., *Ecl. phys.*, I, 21, 9.

3. Il faut, sans aucun doute, corriger la leçon acceptée par Meineke (I, p. 129, 28) : $\sigma\upsilon\mu\varphi\epsilon\rho o\mu\acute{\epsilon}\nu o\upsilon\varsigma$ $\tau o\tilde{\iota}\varsigma$ $\pi\lambda\acute{\alpha}\nu\eta\sigma\iota$, et lire : $\tau o\tilde{\iota}\varsigma$ $\dot{\alpha}\pi\lambda\alpha\nu\acute{\epsilon}\sigma\iota$.

4. Hermès distingue ainsi les décans des « autres astres », lesquels — y compris les étoiles — sont illuminés par le Soleil et deviennent ainsi visibles pour nous. Il résulte de là, si ce fabricant de révélations s'entend bien lui-même, que les décans sont invisibles, mais sont tout de même des « astres », et non pas des « énergies » incorporelles. Il se peut toutefois qu'Hermès fasse allusion à la rétrogradation des planètes frappées par les rayons solaires (ci-dessus, p. 118). On remarquera à quel point les titres donnés aux décans — $\varphi\acute{\upsilon}\lambda\alpha\varkappa\epsilon\varsigma$ $\dot{\alpha}\varkappa\rho\iota\delta\epsilon\tilde{\iota}\varsigma$ $\varkappa\alpha\grave{\iota}$ $\dot{\epsilon}\pi\acute{\iota}\sigma\varkappa o\pi o\iota$ $\tau o\tilde{\upsilon}$ $\pi\alpha\nu\tau\acute{o}\varsigma$ — s'appliquent aux $\theta\epsilon o\grave{\iota}$ $\beta o\upsilon\lambda\alpha\tilde{\iota}o\iota$ de Diodore (II, 30, 6), $\tau\grave{\alpha}$ $\varkappa\alpha\theta$' $\dot{\alpha}\nu\theta\rho\acute{\omega}\pi o\upsilon\varsigma$ $\dot{\epsilon}\pi\iota\sigma\varkappa o\pi o\tilde{\upsilon}\nu\tau\epsilon\varsigma$ $\ddot{\alpha}\mu\alpha$ $\varkappa\alpha\grave{\iota}$ $\tau\grave{\alpha}$ $\varkappa\alpha\tau\grave{\alpha}$ $\tau\grave{o}\nu$ $o\dot{\upsilon}\rho\alpha\nu\grave{o}\nu$ $\sigma\upsilon\mu\delta\alpha\acute{\iota}\nu o\nu\tau\alpha$ (cf. ci-dessus, p. 43, 4).

s infusant dans une foule de Génies [1] qui émanent soit directement des décans, soit des planètes vassales, et vont exécuter les ordres reçus. Rien de ce que prévoit l'astrologie « catholique » — chutes de trônes, séditions, postes, famines, marées, tremblements de terre — ne se fait sans leur intervention ; et, bien que les génitures individuelles soient sous la domination immédiate des planètes, elles ressentent aussi, directement ou indirectement, l'influence des décans qui mènent les planètes.

Le Trismégiste ne dit pas que les décans « inspecteurs du Tout » soient dans le Zodiaque, puisqu'il les met au-dessus ; ni même qu'ils soient dans le même plan, car il semble bien qu'il leur alloue comme habitat toute la bande comprise entre les tropiques, en quoi il est tout à fait d'accord avec la tradition égyptienne : mais, comme il les suppose invisibles et incorporels, il devenait facile de les faire entrer dans le Zodiaque et de les distribuer entre ses douze cases, sans se soucier autrement des constellations extra-zodiacales dont ils portaient encore les noms [2].

Le Zodiaque étant la route des planètes, les décans fixés sur sur ce cercle devaient nécessairement entrer en rapports définis avec les planètes, rapports fondés soit sur des affinités électives, soit sur des raisons géométriques qui, vu l'harmonie mathématique de l'univers, équivalaient à des affinités électives. Ce travail d'adaptation paraît avoir été fait, ou du moins achevé et vulgarisé, par Teucros de Babylone, sans doute un tenant de la tradition « chaldéenne », laquelle, discréditée par le succès des « Égyptiens », par la vogue des Néchepso et des Pétosiris, prit ainsi sa revanche sur ses rivaux et les battit avec leurs propres armes. Quelles étaient les combinaisons prônées par Teucros ? Démophile, qui renvoie à son livre [3], n'en a pas gardé une idée

---

1. Ὑπολειτουργοὺς καὶ ὑπηρέτας καὶ στρατιώτας — ce sont les *liturgi* de Firmicus et de Martianus Capella (ci-dessus, p. 217 en note).

2. Le nom de δεκανοί - *decani*, déjà en usage du temps de Manilius, n'implique pas la *limitation* du cercle des 36 décans au Zodiaque. Le cercle égyptien serait plutôt la zone équatoriale. D'autre part, le système de Manilius, exposé plus haut, indique que cette limitation avait déjà été essayée, mais en dénaturant ou plutôt supprimant les décans égyptiens, et d'ailleurs sans succès.

3. Ἔγκειται δὲ καὶ τῶν δεκανῶν καὶ τῶν παρανατελλόντων αὐτοῖς καὶ τῶν προσώπων τὰ ἀποτελέσματα παρὰ Τεύκρου τοῦ Βαβυλωνίου (Schol. Demoph., p. 200). Psellus (in *Paradoxographi graeci*, p. 147 Westermann) cite aussi de Teucros des καταρχαί dressées d'après les décans, et Teucros est encore mentionné (ap. Salmas., p. 565) à propos des amulettes décaniques. Nous n'avons aucune indication chronologique sur ce personnage.

très claire, ou les extraits qui nous restent de ses scolies ont été découpés un peu à l'aventure. Autant que je puis l'entendre, le système superpose au Zodiaque trois espèces d'influences : celle des décans, celle des astres qui se lèvent en même temps (παρανατέλλοντες) et celle des « personnages » ou « figures » (πρόσωπα) qui sont accolés aux planètes, sinon confondus avec elles. Cette triple série d'agents paraît composée des décans et d'hypostases ou émanations des décans ; les décans en haut, les paranatellons au niveau du Zodiaque et les « figures » planétaires au dessous. Soit, dit Démophile, le cercle zodiacal partagé en 36 fractions de 10 degrés (δεκανοί). « Sous ces décans se trouvent les (astres) « mentionnés comme paranatellons dans le Zodiaque, et il y a « aussi les figures des sept planètes, qui ont une certaine affinité « avec les planètes auxquelles elles sont attribuées. Supposez le « Soleil dans le Bélier, au degré 10, premier décan, figure de « Mars. Puisque nous avons dit que le Soleil indique les aptitudes « psychiques, vous trouverez l'âme du sujet virile, irascible, « belliqueuse, ambitieuse, et autres traits de ce genre. Soit main « tenant le Soleil dans le degré 20 du Bélier, deuxième décan, « figure du Soleil ; le sujet sera ambitieux, glorieux, mais non « plus belliqueux. Plaçons encore le Soleil au degré 30 du Bélier, « troisième décan, figure de Vénus. Il présage un sujet à l'âme « efféminée, à formes féminines, de mœurs honteuses, lascif et « ainsi de suite. Voyez comment un signe unique recèle trois « différences, rien que pour les qualités psychiques [1]. »

---

1. Ὑπόκεινται τούτοις τοῖς δεκανοῖς οἱ εἰρημένοι ἐν τῷ ζωδιακῷ κύκλῳ παρανατέλλοντες, ἔχουσι δὲ καὶ πρόσωπα τῶν ζ´ ἀστέρων ἅ τινα συμπάθειαν ἔχουσι πρὸς τοὺς ἐπικειμένους αὐτοῖς ἀστέρας κτλ. (Schol. Demoph., ap. Porphyr., *Isag.*, pp. 199-200). Ce texte ambigu, que chacun corrige à sa façon, prête à des discussions sans fin. Que sont au juste ces « paranatellons » qui sont confondus avec les πρόσωπα dans le titre de l'alinéa (περὶ τῶν λς´ δεκανῶν καὶ τῶν παρανατελλόντων αὐτοῖς [καὶ add. *Salmas.*, p. 554] προσώπων) et en sont distingués à quelques lignes de distance? Scaliger (*In Manil.*, p. 298) conclut sans hésiter que les παρανατέλλοντες (ἀστέρες) sont les planètes qui se lèvent en même temps que les décans-signes de Manilius et identiques aux πρόσωπα. Il a pour lui la grammaire, ἀστέρες au masculin désignant ordinairement les planètes. Mais il a contre lui l'usage astronomique d'appeler « paranatellons » des étoiles fixes, dont le lever est en rapport synchronique avec une partie désignée du Zodiaque, usage que n'infirme pas l'emploi accidentel de παρανατέλλοντες pour désigner des planètes qui se lèvent au moment d'une éclipse (Ptol., *Tetrab.*, II, 6. Cf. ci-après, ch. XI). Les figures planétaires incrustées dans les décans ne sont pas des planètes se levant réellement avec eux. Saumaise (*De annis clim.*, Praef. et pp. 552 sqq.) raffine, suivant son habitude. Pour lui, les παρανατέλλοντες sont les λειτουργοί de Firmicus : *terna numina decanis singulis*

Dans ce passage, le scoliaste, ou celui qui a découpé les extraits, a oublié de tripler chacune de ces « trois différences ». Il ne parle absolument que de l'influence des hypostases planétaires, qui ne diffèrent en rien des planètes elles-mêmes. C'est qu'en effet, de toute cette métaphysique, partie d'un principe faux, — puisque la plupart des décans étaient eux-mêmes à l'origine en dehors du Zodiaque et « paranatellons » des signes, — embrouillée et incohérente, il ne resta qu'une idée, fausse également, mais claire : à savoir, que les décans du Zodiaque étaient les planètes elles-mêmes, affublées de « figures » qu'on ne leur connaissait pas autrefois, mais conservant leur tempérament traditionnel [1]. Les adaptateurs avaient, du reste, fait litière de la tradition égyptienne qu'ils prétendaient s'assimiler, et c'est tout à fait par hasard que, de temps à autre, leurs décans planétaires ressemblent par quelque trait à leurs prototypes égyptiens. Ils ont dû commencer par identifier le premier décan du Cancer — qui était Sothis (Sirius), étoile déjà assimilée à Isis [2] — avec Vénus, planète féminine en tête d'un signe féminin, et laisser couler à la suite la succession des séries septénaires. Cette suc-

---

applicarunt, quos munifices appellandos esse voluerunt, i. e. λειτουργούς, ita ut per signa singula novem possint munifices inveniri, division qui est elle-même subdivisée per infinitas numinum potestates (Firmic., II, 4, 4-5 Kroll. Cf. supra, p. 217). Laissons de côté les objections, qui ne manquent pas. Saumaise ne veut pas cependant que chaque décan soit subdivisé en tiers : il lui faut la division décimale en degrés. Comme Démophile place successivement la « figure » aux degrés 10, 20 et 30, Saumaise suppose que le décan laisse 3 degrés à chacun de ses serviteurs et trône lui-même au 10° : tanquam magister et dux eorum decimo loco cujusque Decadis sedem videtur habuisse (p. 555) : les décans sont à la queue du peloton, quasi agminis coactores, vel οὐραγούς (p. 556), et c'est là qu'ils ont par excellence leur πρόσωπον. Voilà bien de l'esprit employé à ressouder les morceaux d'un texte incohérent. L'important, si quelque chose importe ici, c'est que, sans nul doute, les πρόσωπα portent les noms des planètes : ce sont les décans « déguisés » en planètes.

1. Il y a là une équivoque soigneusement entretenue. Firmicus ne dit pas que le décan soit la planète elle-même, mais qu'il est « affecté » à la planète, à la façon d'un domicile : ipsi decani singulis stellis deputantur, et si cum in ipso decano stella fuerit, licet sit in alieno domicilio, sic est habenda quasi in suo domicilio sit constituta (Firmic., II, 4, 2). Le décan, qui « possède » un tiers du signe, est lui-même possédé par la planète, n'agit que par elle, et, en fin de compte, on ne sait ce qu'il est. C'est une δύναμίς τις δέκα μοίρας ἔχουσα ἐν τῷ ζωδίῳ (Schol. Arat., I, p. 372 Buhle).

2. Ἶσις δὲ παρ' αὐτοῖς ἐστιν ἀστὴρ αἰγυπτιστὶ καλούμενος Σῶθις, ἑλληνιστὶ δὲ Ἀστροκύων, ὃς καὶ δοκεῖ βασιλεύειν τῶν λοιπῶν ἀστέρων (Horapoll., I, 3). — Quae autem stella in capite ejus (Canis) Isis dicitur, quam quidam Sirium vocant (Schol. Germanic., p. 415 Eyssenhardt).

cession amenait au premier décan du Bélier le Soleil, qui y a son ὕψωμα, au premier décan du Taureau la Lune, qui s'y « exalte » également, et l'année finissait comme elle avait commencé, par un décan de Vénus, la bienfaisante Vénus, qui se trouvait avoir ainsi, pour la plus grande joie des mortels, deux décans contigus. Seulement, il fallait pour cela placer le commencement de l'année au lever du Cancer, à la mode égyptienne ; et c'est sans doute ce que ne voulut pas admettre Teucros de Babylone ou le « Chaldéen » quelconque auteur de l'adaptation. Celui-là voulut commencer l'année par le Bélier, à la mode chaldéenne et romaine, que les effrontés et insatiables « Égyptiens » prétendaient aussi avoir inventée [1]. Comme la concordance de Sothis avec les premiers degrés du Cancer était un point de repère fixe, de notoriété publique, et qu'il n'y avait aucun intérêt à le déplacer, l'adaptateur dut poursuivre la série en reculant vers le Bélier, dont le premier décan se trouva être affecté, comme le dernier des Poissons, à la planète Mars. Les astrologues trouvaient toujours après coup des raisons pour justifier les fantaisies voulues ou imposées par la géométrie. Ils en alléguaient une excellente pour mettre Mars à la tête du Bélier, qui était lui-même la « tête du monde » : c'est que le Bélier était le domicile (οἶκος) de Mars et que la belliqueuse planète était en conformité de goût avec le hargneux et belliqueux Bélier [2].

Quoi qu'il en soit, cette ordonnance est celle qui a prévalu et la seule dont parlent les auteurs. Voici le canon des décans planétaires, d'après les listes concordantes de Firmicus, de Paul d'Alexandrie et de Démophile [3] (fig. 28 et tableau annexé) :

1. Cf. ci-dessus, pp. 129, 1.
2. Seulement, la raison n'est pas très « chaldéenne », car, au dire de Firmicus, les Babyloniens, identifiant l'ὕψωμα et le domicile, mettaient le domicile de Mars dans le Capricorne (Firmic., II, 3, 4 et 6 Kroll: ci-dessus, p. 185, 1), et c'est Paul d'Alexandrie qui note l'opportunité de mettre Mars dans le Bélier. L'hypothèse d'une adaptation chaldéenne m'est suggérée par le nom de Teucros de Babylone et aussi par le fait que cette adaptation confisque en réalité les décans égyptiens au profit des planètes, celles-ci objet constant et presque unique de l'attention des Chaldéens de Chaldée.
3. Firmic., II, 4. Paul. Alex., Περὶ ὧν ἐπέχουσι κατὰ δεκανὸν προσώπων ἐν τοῖς ιβ′ ζωδίοις οἱ ζ′ ἀστέρες (C 2 v). Cf. Cod. Parisin., n° 2419 Omont : Περὶ δεκάνου ἤτοι μορφῆς καὶ προσώπων τῶν ιβ′ ζωδίων καὶ περὶ τίνα τῶν ζ′ ἀστέρων ἔχουσι συγκοινίαν (fol. 7 r.). — Περὶ τῶν λς′ δεκάνων καὶ τῶν παρανατελλόντων ἐν αὐτοῖς ἀστέρων καὶ τῶν προσώπων αὐτῶν (fol. 8 r.). Encore les décans plus loin (fol. 38 v. et 47 r.). Démophile (p. 200) ne fait qu'amorcer la liste; mais cela suffit, puisque le commencement détermine tout le reste. Les décans planétaires sont figurés sur le zodiaque ou planisphère dit de Bianchini

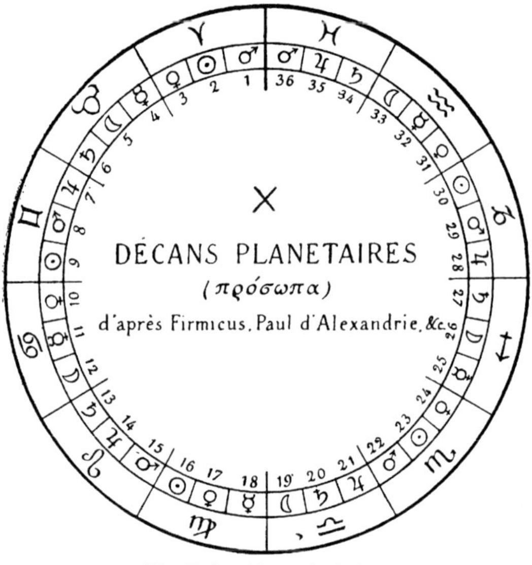

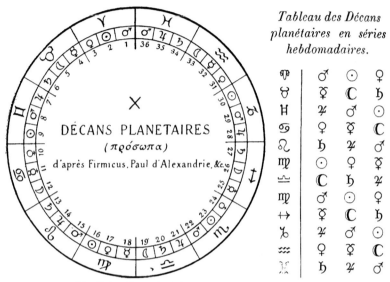

Fig. 28. Les décans planétaires.

Tableau des Décans planétaires en séries hebdomadaires.

♈	♂	☉	♀
♉	☿	☾	♄
♊	♃	♂	☉
♋	♀	☿	☾
♌	♄	♃	♂
♍	☉	♀	☿
♎	☾	♄	♃
♏	♂	☉	♀
♐	☿	☾	♄
♑	♃	♂	☉
♒	♀	☿	☾
♓	♄	♃	♂

Entre autres propriétés et affinités secrètes, la liste ci-jointe offre cette particularité que, tandis que les lignes horizontales suivent l'ordre descendant des planètes, les colonnes verticales donnent l'ordre des jours de la semaine, continué depuis le premier jusqu'au dernier décan. C'eût été troubler la joie des mystiques et ce serait ici devancer le moment d'expliquer l'économie

(*Hist. Acad. des Sciences,* année 1708, p. 110), actuellement au Musée du Louvre. C'est une plaque de marbre sur laquelle sont gravés au trait, au centre les deux Ourses et le Dragon ; puis, sur quatre cercles concentriques : 1° un zodiaque oriental ; 2° et 3° deux zodiaques grecs identiques, avec les chiffres des ὅρια égyptiens (cf. ci-dessus, p. 213, 4) ; 4° les Décans égyptiens. Autour de ce cercle extérieur, les πρόσωπα grecs en médaillons. Nos fragments ne constituent qu'un tiers environ du dessin, et les décans ne sont au complet que dans deux signes (♈ et ♎). Letronne (*Œuvres choisies,* II° série, I, pp. 231-232) estime que le monument est « postérieur au second siècle de notre ère ». Dans le zodiaque circulaire du T. du Soleil à Palmyre (Wood, *Ruines de Palmyre,* pl. XIX A. Cf. Letronne, *op. cit.*, p. 234 ; R. Lepsius, *op. cit.*, p. 80), il y a des figures de planètes accolées aux signes, c'est-à-dire : ♂ en ♈, ♀ en ♊, ☉ en ♌, ☾ en ♎, ☿ en ♐, ♃ en ♒, et ♄ au milieu de l'ensemble. Lepsius en conclut un peu vite que ce sont là des décans. Ce serait plutôt un thème de géniture royale : par exemple, celle du fondateur du temple, ou encore le thème de la fondation du temple. On sait que, depuis Auguste, les parvenus utilisaient l'astrologie pour se légitimer par décrets des astres, et que S. Sévère, au dire de Dion Cassius (LXXVI, 11), avait fait dessiner son thème au plafond de son prétoire du Palatin. Une raison de plus, c'est que ♀ en ♊ ou ♃ en ♒ serait une hérésie.

de l'hebdomade ou semaine que de demander à un arithméticien la clef de cet arcane.

La combinaison des décans avec les planètes fit loi pour les héritiers de l'astrologie grecque, Arabes, Persans, Hindous ; je laisse à d'autres le soin de rechercher si c'est entre leurs mains que le système s'est surchargé de figures supplémentaires, une par degré du cercle [1]. Mais quel que fût le succès de cette espèce d'escamotage, qui dénaturait les « dieux » égyptiens [2] absorbés par les dieux-planètes des Chaldéens et Hellènes, il resta toujours des partisans de la vraie tradition égyptienne, et ceux-là prirent leur revanche. Le même Firmicus, qui a donné d'abord la liste des décans-planètes et vanté leur « infinie puissance », se décide plus loin, non sans un certain tremblement religieux, à révéler les arcanes que les « divins anciens » ont enveloppées d'une obscurité voulue, de peur de les livrer aux profanes. Il expose un système dans lequel les décans sont bien les dieux égyptiens, portant des noms égyptiens et dégagés de toute association avec les planètes qui, dans le système rival, prétendaient les asservir. Ces décans sont dans le Zodiaque et distribués trois par trois entre les signes, ce qui efface à demi la trace de leur origine

---

1. Ce sont probablement les « paranatellons », λειτουργοί, ὑπολειτουργοί, *munifices*, etc. (ci-dessus, pp. 217, 225-6) et ils ont pu être déjà intégrés dans le Zodiaque par les « Égyptiens », qui avaient la manie des μονομοιρίαι et de la « myriogénèse ». ou plutôt « mœrogénèse ». Voy. dans Scaliger (*Notae in Manil.*, pp. 442-458) les *Monomoeriarum ascendentes in singulis signis cum significationibus et decanis sui aegyptiacis*, d'après les Arabes. Ce n'est pas aux Arabes, iconoclastes par religion, que l'on peut attribuer l'invention de cette iconographie compliquée. D'après l'abbé Guérin (*Astron. indienne*, pp. 81-83), les 36 décans ou « drekans » hindous sont représentés par les planètes à raison de trois par signe, mais rangés dans un ordre différent (emprunté aux trigones). Scaliger (*op. cit.*, pp. 336-347) donne la division en décans de la sphère « persique, indienne et barbarique » — celle-ci égyptienne avec constellations παρανατέλλοντες, mais sans figures de décans — d'après Aben-Ezra : *Sphaerarum Persicae Indicae et Barbaricae ortus ex libro Aben-Ezrae Iudaeorum doctissimi*. Haly (I, 5) compte sur les décans (*facies*) trois opinions : celle des Grecs (décans planétaires), la plus véridique et la plus suivie ; celle de

2. Les décans sont toujours appelés « dieux » par les tenants de la tradition égyptienne, notamment par Héphestion de Thèbes (v. g. ἐκ θεοῦ [= δεκάνου] ἐνεργείας, pp. 48, 27 Engelbr. — οἱ τοῦ θεοῦ [= δεκάνου] κλιμακτῆρες, pp. 51, 29 etc.) et Firmicus : *sunt autem decani ipsi magni numinis et potestatis — quia deum frequenter alius deus vincit — iste deorum numerus, id est, decanorum* (Firm. IV, 22, 2-3 Kroll). Celse les connaissait aussi comme tels : ἓξ καὶ τριάκοντα δαίμονες ἢ θεοί τινες αἰθέριοι (ap. Salmas., p. 841). Les signes ne sont plus, par comparaison, que des êtres inférieurs, de simples logements,

réelle; mais ils y sont inégaux en étendue [1], non contigus et séparés par des espaces vacants, des degrés inoccupés (*partes vacuae, vacantes*, par opposition à *plenae*) où ne s'exerce pas leur bienfaisante influence. D'après Firmicus, Néchepso, le « très juste empereur d'Égypte et très bon astrologue », avait attribué aux décans tout pouvoir de distribuer à leur gré la santé et les maladies et enseigné l'art d'employer les uns à guérir les maux envoyés par les autres [2]. Les dieux médecins sont, dans toutes les religions, les derniers à perdre leur clientèle. Les astrologues se chargèrent de ne pas laisser oublier ceux-ci et de battre monnaie avec les recettes mystérieuses de Néchepso. Elles agissaient d'autant mieux que les noms égyptiens des décans remplissaient la condition requise des mots magiques, à savoir, d'être inintelligibles. Comme ils n'étaient plus compris, ils se sont défigurés de transcription en transcription, et on ne s'étonnera pas de trouver de nombreuses variantes dans le tableau ci-dessous (p. 232-233), qui lui-même représente déjà un choix fait dans les variantes plus nombreuses des listes égyptiennes, connues et inconnues [3].

1. La grandeur des décans de Firmicus varie entre 2 degrés (*Uiu*) et 10 degrés (*Futile*); celle des espaces vides, entre 1 et 9 degrés. Ce ne sont plus des δεκανοί ou arcs de 10 degrés. L'idée d'intercaler des vides est venue naturellement aux astrologues, puisqu'il y en a dans le Zodiaque réel : mais ce serait leur faire trop d'honneur que de chercher un rapport quelconque entre leurs chiffres — qui sont, du reste, en désarroi complet dans les mss. de Firmicus — et les vides comptés par Hipparque (*In Eudoxi Phaen.*, III, 3).

2. Voy. ci-après le ch. xv, consacré à l'*Iatromathématique*.

3. Les listes comparatives confectionnées par Brugsch (*Thesaurus*, I, pp. 137-184) montrent bien qu'il n'y a jamais eu d'orthodoxie étroite ni pour les noms, ni pour l'ordre, ni pour les figures des décans, en Égypte même; et les astrologues grecs n'ont pas trouvé non plus de dogme arrêté dans Néchepso et Pétosiris. *Istam rationem veteres involutam variis obscuritatibus reliquerunt, <ne> ad omnium notitiam verissima haec et inmutabilis ratio perveniret. Sed et magnus ille Petosiris hanc partem leviter attigit, non quod eam nesciret (ad omnia enim secreta divinitatis accessit), sed cum docere nollet, ne immortalem operis sui relinqueret disciplinam* (Firmic., IV, 22, 20 Kroll : cf. 22, 1). Il n'y avait de fixe que la distribution mécanique des πρόσωπα planétaires (ci-dessus, p. 228). On a vu précédemment (p. 221) que les listes pharaoniques donnent 40 noms, qui ne sont pas classés partout dans le même ordre (Brugsch, pp. 137-143, 155-158). Les listes de l'époque gréco-romaine (Brugsch, pp. 147-150, 162-164) ne contiennent plus que 36 noms (sur lesquels 8 nouveaux); mais l'ordre comporte de ¡nombreuses variantes, surtout au point de suture du cycle, là où commence et finit la liste, au signe du Cancer. Les astrologues-astronomes, tiraillés entre les systèmes, voulaient placer la suture (le tropique), qui au commencement, qui au milieu, qui à la fin du Cancer, ou même — vu la précession des équinoxes — remonter à la fin des Gémeaux (*Phui-hr* en tête dans les listes L et M, de Denderah). L'ancien chef

Il y a encore un mystère à constater, sinon à élucider, dans le système des décans tel que l'expose Firmicus. Les décans, avons-nous dit, ne sont pas contigus, mais séparés par des espaces vides. Ces espaces, généralement moins grands que les décans, — puisque le cercle compte 205 degrés « pleins » contre 155 « vides », — sont non seulement inégaux entre eux comme les décans et inégalement répartis entre les signes, mais, chose plus bizarre,

de file, *Tpa-Kenmut* disparaît, remplacé par *Sit* ou *Seta*, que la plus ancienne liste, celle d'Edfou (H), met en tête, au milieu du Cancer. D'autres (listes I et K) commencent par *Kenmut* ou *Knum*, à la fin du Cancer, et terminent la liste par *Sit*. Enfin, comme *Sit, Seta, Sita, Setu, Sîθu* (les Tortues) est le Cancer lui-même (Brugsch, pp. 113, 164), *Sit* était aussi bien le commencement que le milieu du Cancer. Mais, si l'on fait commencer l'année avec le Cancer, alors le premier rang revient à *Sothis* ou *Sati* (Sirius), qui précède le lever du Cancer et que les exigences de la division ternaire ont fait entrer dans cette constellation. Le lever de Sothis indiquant également bien la fin d'une année ou le commencement de l'année suivante, son décan pouvait être mis en tête ou en queue de la liste. On voit le flottement dans les idées et la cause des divergences. Les listes d'Hermès et de Firmicus représentent l'anarchie complète, comme ordre et comme nomenclature. Le papyrus XCVIII recto (*Brit. Mus.*, pp. 127-130) pose une énigme dont l'auteur a gardé la clef. Il distingue ou semble distinguer, d'une part, les 36 λαμπροὶ ὡροσκόποι, de l'autre, les δεκανοί, quoique ces termes soient synonymes et que les noms des uns comme des autres soient, à l'ordre près, dérivés des listes égyptiennes. Autant que le permet l'état du texte, je conjecture qu'il lui a plu d'appeler ὡροσκόποι les décans coïncidant avec les positions de ses planètes et « centres », et δεκανοί les décans coïncidant avec les dodécatémories des dites planètes. Cela me paraît plus probable que les hypothèses de C. W. Goodwin (ap. F. Chabas, *Mélanges Égyptologiques*, IIᵉ série, pp. 294-306. Chalon-sur-Saône, 1864), qui propose de distinguer des ὡροσκόποι étoiles isolées, des δεκανοί groupes d'étoiles et des étoiles non qualifiées, ni horoscopes ni décans. L'exégèse de ce document est encore à faire : mais, à supposer qu'on y découvre une méthode quelconque, l'autorité d'un praticien anonyme ne pèse guère plus, au regard des traités en forme, que celle des figurations dessinées par des artistes décorateurs. En attendant, j'ai pris le parti, dans le tableau ci-joint, de placer les noms extraits du papyrus XCVIII d'après leur homophonie probable et d'indiquer entre parenthèses le signe auquel je pense qu'ils se rapportent. Les figures ou types plastiques ne sont pas non plus sans variantes. Il y a déjà des différences notables dans les deux séries de figures (L et M) données par Brugsch (pp. 151-152), la plupart avec la tête d'ibis (Thot) diversement coiffée. Ce ne sont plus des variantes, mais des incompatibilités que l'on constate, si l'on rapproche ces figures de la liste des types hermétiques décrits dans la Ἱερὰ βίϐλος (*Anal. Sacr.*, V, 2, pp. 284-290 Pitra). Par exemple, le *Knum* (Χνουμίς) de la liste M est une figure debout, coiffée du pschent ; le Χνοῦμος hermétique, un ophidien léontocéphale, tel qu'on le voit sur une pierre gravée, publiée par Saumaise (p. 566), avec le nom de Χνούϐις. A plus forte raison, les figures des sphères persique, arabe, etc., sont-elles de pure fantaisie.

MANILIUS	SIGNES	NOMS HIÉROGLYPHIQUES d'après Brugsch.	HÉPHESTION [Saumaise].	HERMÈS TRISMÉGISTE (et variantes).	
1	♈	27. χont-har	Χονταρέ	Λαχωρί	Χενδαχωρί
2	♉	28. χont-χre	Χονταχρέ	Χουταρέτ	Χαυκείν
3	♊	29. Si-ket	Σιχέτ	Σιχέτ	Σιχαῦ
4	♋	30. χau	Χώου	Χωοῦ	Σώου-Σωῆ
5	♌	31. Arat	Ἔρω	Ἀρών	Ἀέρω
6	♍	32. Remen-hare	Ῥομβρόμαρε	Ῥομβρομάρως	Ῥωμένος
7	♎	33. *Θosalq	Θοσόλχ	Ζόχα	
8	♏	34. *Uaret	Οὔαρε	Οὐαρί	
9	↕	35. *Phu-hor	Φούορι	Πεπισώθ	
10	♑	36. *Sopdet (Sati)	Σωθίς	Σωθείρ	
11	♒	1. *Seta (Set-Sit)	Σίτ	Οὖϊσίτ	Οὐδρισίτ
12	♓	2. Knum	Χνουμίς	Χνοῦφ	Χνουφόβ ,
13	♈	3. χar-knum	Χαρχνούμις	Χνοῦμος	Χνουμίτης
14	♉	4. Ha-tet	Ἤπη	Ἰπί	
15	♊	5. Phu-tet	Φούπη	Φάτιτι	
16	♋	6. Tom	Τώμ	Ἀθοῦβ	Ἰαθούμ
17	♌	7. Uste-bikot	Οὐωστευκώτι	Βρωοὺς	Βρυσοῦος
18	♍	8. *Aposot	Ἀφόσο	Ἀμφατάβ	
19	♎	9. *Sobχos	Σουγωέ	Σφουκοῦ	Σειοῦ
20	♏	10. Tpa-χont	Πτηχούτ	Νεφαίμης	Νεφθίμης
21	↕	11. χont-har	Χονταρέ	Φοῦ	Φοῦγις
22	♑	12. Spt-χne	Στωχνηνέ	Βώς	
23	♒	13. Sesme	Σεσμέ	Οὖστιχος	
24	♓	14. Si-sesme	Σισιεμέ	Ἄφηθις	
25	♈	15. Hre-ua	Ῥηουώ	Σύβος	
26	♉	16. Sesme	Σεσμέ	Τεῦχμος	Σέφχμος
27	♊	17. Konime	Κομμέ	Χθισάρ	Χαχθισάρ
28	♋	18. Smat	Σμάτ	Ταῖρ	Χειτάειρ
29	♌	19. Srat	Σρώ	Ἐπιτέχ	Τεπειτέχ
30	♍	20. Si-srat	Ἰσρώ	Ἐπιχ'ιοῦς	Χνουμοῦς
31	♎	21. Tpa-χu	Πτιαύ	Ἰσύ	Ἰσρώ-Θρώ
32	♏	22. χu	Ἀεύ	Σοσομνῶ	
33	↕	23. *Tpa-biu	Πτηβυού	Χονοῦμος	Χνουμοῦς-Πτιβίου
34	♑	24. Biu	Ἀβιού	Τετιμᾶ	Τεστιμᾶν-Ὀβίου
35	♒	25. χont-har	Χονταρέ	Σοαπφί	Σομφεῖν
36	♓	26. Tpi-biu	Πτιβιού	Συρώ	

* Noms nouveaux, propres à l'époque gréco-romaine (Brugsch, p. 164).

DÉCANS ÉGYPTIENS

PAPYRUS XCVIII ET CXXX *Greek Pap.*	FIRMICUS (et variantes)		[Scaliger]	PARTES *plenae*	PARTES *vacuae*	PLANÈTES (πρόσωπα)		
* Χεντα... (♈)	*Senator*	*Asicta*	*Asiccan*	V	3		♂	1
† Σενταχορ	*Sanacher*	*Sentafora*	*Senacher*	IV	9	♈	☉	2
	Sentacher	*Asentacer*	*Acentacer*	IV	5		♀	3
* Χωου (♉)	*Suo*	*Asicat*	*Asicath*	VII	3		☿	4
† Αρωθ	*Aryo*	*Asou*	*Viroaso*	VIII	2	♉	☾	5
Ρεμενααρ (♌)	*Romanae*	*Aarfi*	*Aharph*	V	5		♄	6
	Thesogar	*Tesossar*	*Thesogar*	VII			♃	7
* Αρου (♊)	*Ver*	*Asue*	*Verasua*	V	2	♊	♂	8
	Tepis	*Atosoae*	*Tepisatosoa*	VI	3		☉	9
					7			
	Sothis	*Socius*	*Sothis*	VI	7		♀	10
	Sit	*Sith*	*Syth*	IV	2	♋	☿	11
Κνουμε-ραχνουμ (♉)	*Thiumis*	*Thumus*	*Thuimis*	IX	2		☾	12
* Ρεμεναχ (♋)	*Craumonis*	*Afruicois*	*Aphruimis*	VII	1		♄	13
* Ετθε (♍)	*Sic*	*Sith*	*Sithacer*	III	4	♌	♃	14
* Φουτθε (♍)	*Futile*	*Futie*	*Phuonisie*	X	6		♂	15
	Thiumis	*Thinnis*	*Thumis*	IV	5		☉	16
...η Βικωτ (♍)	*Tophicus*	*Tropicus*	*Thopitus*	VI	2	♍	♀	17
	Afut	*Asuth*	*Aphut*	IV	6		☿	18
Στωμα (♎)	*Seuichut*	*Senichut*	*Serucuth*	V	3		☾	19
	Sepisent	*Atebenus*	*Aterechinis*	VIII	6	♎	♄	20
	Senta	*Atepicen*	*Arpien*	VI	3		♃	21
					3			
	Sentacer	*Asente*	*Sentacer*	V	3		♂	22
† Θουμωθ	*Tepisen*	*Asentatir*	*Tepiseuth*	VI	6	♏	☉	23
	Sentineu	*Atercen*	*Senciner*	V	2		♀	24
Αρωι-αρωι (♐)	*Eregbuo*	*Ergb*	*Eregbuo*	IX	3		☿	25
	Sagon	*Sagen*	*Sagen*	VII	3	♐	☾	26
Κατ-χουατ (♐)	*Chenene*	*Chenem*	*Chenen*	VII	4		♄	27
	Themeso	*Themedo*	*Themeso*	III	7		♃	28
Σρωι (♈)	*Epiemu*	*Epremu*	*Epima*	IV	5	♑	♂	29
Σισρωι (♑)	*Omot*	*Omor*	*Homoth*	VI	5		☉	30
Αρου (♒)	*Oro*	*Oroasoer*	*Oroasoer*	V	4		♀	31
	Cratero	*Asturo*	*Astiro*	VI	4	♒	☿	32
	Tepis	*Amapero*	*Tepisatras*	VIII	3		☾	33
	Acha	*Athapiat*	*Archatapias*	VI	6		♄	34
	Tepibui	*Tepabiu*	*Thopibui*	V	3	♓	♃	35
	Uiu	*Aatexbui*	*Alembui*	II	6		♂	36
					2			
				CCV[II]	155			

† Désigne les décans du papyrus CXXX. — * Désigne les ὡροσκόποι du papyrus XCVIII.

ils sont au nombre de 38 contre 36 décans. En effet, l'année commence par un vide au Bélier et finit par un vide au bout des Poissons : l'alternance des vides et des pleins est également rompue
entre le Taureau et les Gémeaux par la contiguïté de deux décans ;
entre les Gémeaux et le Cancer, entre la Balance et le Scorpion, par
la juxtaposition de deux vides [1]. Nous avons encore affaire évidemment à quelque superstition égyptienne. Le cercle zodiacal porte
peut-être là la marque de deux coupures — ou soudures, comme
on voudra — qui correspondent l'une au commencement et fin
de l'année égyptienne (lever de Sothis), l'autre au commencement
et fin de l'année chaldéenne ou astronomique. On dirait que les
adaptateurs du système trouvant la coupure faite à la mode égyptienne, ont appliqué le même procédé au point où la mode chaldéenne plaçait la ligne de démarcation entre l'année finissante
et l'année commençante. Quant aux deux vides contigus entre la
Balance et le Scorpion, c'est fantaisie pure ou erreur de copiste.

Quelle utilité avait-on pu imaginer au large vide ménagé entre
les Gémeaux et le Cancer ? Voulait-on donner une sorte d'élasti-
cité au cercle et pouvoir y insérer des génies protecteurs pour les
5 jours épagomènes de l'année vague, ou, au besoin, pour le jour
intercalaire de l'année fixe ou julienne ? C'est un problème que
nous pouvons laisser sommeiller, avec tant d'autres, qui ne sont
ni plus solubles ni plus intéressants [2]. Il est prudent de renoncer

---

1. L'alternance des vides et des pleins — sauf les quatre exceptions visées ci-
dessus — est maintenue : mais tel signe a 3 vides, autant que de décans, et tel
autre (♋ ♍ ♓) en a 4, tandis que deux signes (♌ et ♐) n'en ont que 2. Le
nombre des *loci* (vides et pleins) compris dans un signe varie ainsi de 5 à 7.
De même pour l'étendue respective des vides et des pleins, la somme des
vides dans un signe variant de 7 degrés (♐) à 17 (♓ ♑) ; la somme des pleins,
de 13 (♓ ♑) à 23 (♐) degrés. Les signes les plus pleins sont, en ordre
décroissant, ♐ ♌ ♉ ♋ ♎ ♒ ♊ ; les plus vides, ♈ ♑ ♓ ♍ ♏. La
somme des parties pleines (207) et des parties vides (155) dans le tableau
ci-dessus dépassant 360 de deux unités, il y a lieu de corriger certains
chiffres, peut-être les deux nombres exceptionnels X (♌) et 9 (♈).

2. Je n'ai nulle envie de reprendre à mon compte les spéculations de
R. Lepsius (*Einleit. zur Chronol.*, p. 121), qui retrouve dans la somme des
36 décans et des 38 *loci vacui* 74 divinités rencontrées dans les tombeaux des
rois thébains. Ces divinités seraient des demi-décans (ἢ ἒξ καὶ τριάκοντα ἢ
διπλασίας τούτων. Jambl., *Myst.*, VIII, 3) affectés, 72 aux demi-décades ou
pentades de l'année (360 jours), 1 à la pentade des épagomènes, et 1 au jour
que l'on aurait dû intercaler tous les quatre ans (?). Il est bien étrange qu'on
ait senti le besoin d'un génie protecteur pour un jour qui n'existait pas, puisqu'on ne le comptait pas et que l'on préférait laisser le commencement de
l'année « vague » faire le tour du cercle dans les 1461 ans (1460 années julien-
nes) de la période sothiaque.

à chercher des raisons à ce qui n'en a probablement pas d'autres que la fantaisie des astrologues et le besoin qu'ils avaient de tenir leur clientèle sous la fascination de l'incompréhensible. Ce serait de la naïveté que de confronter les tableaux de Firmicus avec une carte du Zodiaque pour voir si d'aventure les parties notées comme « vides » ne correspondraient pas à des endroits dépourvus d'étoiles ou de recommencer le même examen sur les listes d'Héphestion de Thèbes, qui, lui, ne connaît point de vides entre ses décans, tous taillés à la mesure exacte de 10 degrés, mais cite par leur quantième, dans chaque signe, des « degrés brillants » (λαμπραὶ μοῖραι), dont le nombre varie de quatre à sept. L'idée de noter des parties « brillantes » ou pleines ou vides dans les constellations zodiacales a pu être suggérée par la contemplation du ciel, mais il y a fort à parier qu'en fait ni les unes ni les autres n'ont été prises dans la nature. Des gens qui attribuaient un sexe — et nombre d'autres propriétés[1] — à chaque degré du cercle n'en étaient plus à compter avec la nature.

Firmicus semble dire que le système des décans avec pleins et vides vient de Néchepso et Pétosiris, mais que ceux-ci l'avaient laissé « enveloppé d'ambages obscures ». Cela expliquerait assez bien que Manilius en ait eu connaissance, mais ne l'ait pas compris, et aussi qu'il en ait retenu des bribes dont il a fait usage à sa façon, c'est-à-dire hors de propos. Il a, lui aussi, un tableau de parties non pas « vides », mais mauvaises (*damnandae*), et mauvaises pour des raisons qu'il s'ingénie honnêtement à trouver : excès de froid ou de chaud ou d'humidité ou de sécheresse[2]. Mais d'où viennent ces défauts de nature, et pourquoi sont-ils ainsi distribués? C'est le secret de la divinité, qui a daigné révéler le fait[3]. Pour arriver à cette conclusion, le poète aurait pu s'épar-

---

1. Cf. dans le *Cod. Parisin.* 2419 les chapitres intitulés Περὶ μοιρῶν ἀῤῥένων καὶ θηλειῶν — Περὶ μοιρῶν λαμπρῶν καὶ σκοτεινῶν καὶ σκιωδῶν καὶ κούφων τῶν ιβ´ ζωδίων — Περὶ εὐτυχῶν μοιρῶν (fol. 71 r.-72 r.), etc. Les Arabes, outre ces degrés ténébreux, ombreux ou fumeux, connaissaient des degrés colorés en vert, en jaune, humides, secs, indifférents, débilitants, etc. et semaient des trous ou « puits » (*partes puteales* - φρεατιαίαι. Salmas., *Praef.*, f 6) dans le Zodiaque (cf. Junctinus, p. 24-27, qui donne des tableaux d'après Albumazar et le *Frater Britannus*).

2. Manil., IV, 411-499. Il aborde le sujet aussitôt après avoir exposé son système des décans, mais sans dire qu'il y ait un lien quelconque entre les deux questions. Il use d'une transition banale : *Nec satis est signis dominantia discere signa | Per denos numeros, et quae sint insita cuique, | Sed proprias partes ipsas spectare memento.*

3. *Ad jussa loquendum est | ...Ostendisse deum nimis est, dabit ipse sibimet |*

gner la peine de faire un circuit à travers le vocabulaire de la physique. En tout cas, son système est optimiste ; car sur 360 degrés, 70 seulement sont à craindre, tandis que les degrés vides de Firmicus, tout aussi redoutables, montent à plus du double.

Après tout, c'est peut-être Manilius qui suit le mieux la vraie tradition. La répartition des parties bonnes et mauvaises, brillantes ou obscures, pleines et vides, qui sèment d'accidents et de trous le pourtour du Zodiaque, à la façon des « puits » du jeu de l'Oie, a dû naître indépendante du système des décans [1], qui n'auraient pas été appelés « décans » s'ils n'avaient occupé chacun un arc de 10 degrés. Le mélange des vides avec les décans

---

Pondera (437-440). Voici, pour l'édification de ceux qu'intéressent les arcanes, le tableau des *partes damnandae* de Manilius et des λαμπραὶ μοῖραι d'Héphestion. Peut-être y trouvera-t-on l'origine de quelques superstitions concernant l'heur ou malheur attaché à certains quantièmes (sujet abordé plus loin, ch. XIII). Il m'est impossible d'apercevoir un rapport quelconque entre les « degrés brillants » et les étoiles cataloguées par Ptolémée aux livres VIII-IX de l'*Almageste*. Ce n'est pas de l'astronomie, mais de l'astrologie.

I. *Partes damnandae*, d'après Manilius :

```
♈ .... 4....6.............12.....14.........17. 18......... 21..... 24. 25... .27..........
♉ ..............9...........13...........17...........21.....24.....26.....28....30.
♊ 1. 3.........7............15...........19.... 21........ 25.....27.....29....
♋ 1. 3.....6....8....11.........15...........22.....25.....27.....29....
♌ 1....4...........10.........15...........22.....25.........28. ...30.
♍ 1...4....6....8....11.........21.... 24....
♎ .......3....7...........13.........18.........24.......27....29. 30.
♏ 1. 3.....6...........15.........22.....25....... 28. 29.
♐ .... 4.....8.....12.......16.........20.........24....26.....28....30.
♑ .......7....9........13.......17.....19.........25.....27.........
♒ ...........11....13....15.........19....21......25...........29....
♓ .. 3....5....7........11.........17.........25.....27..........
```

II. Λαμπραὶ μοῖραι, d'après Héphestion :

```
♈ .. 3.........................19.....................26...........30.
♉ .. 3....5.......10...........................28....30.
♊ .......6.........................19.... 21...........30.
♋ ...........8. 9.........15.........20....22.....26...........
♌ 1....4.......5...........16.........20.........26.........30.
♍ .......10................,17.....20.........26.........29....
♎ .......12...........17.........23...........30.
♏ .......7.....10.....14.........20...............30.
♐ .... 4... 6.....10...........18.........26.........29....
♑ .......6.........12....15.........24.................30.
♒ ...........11...........17.......20.....25...........29....
♓ .......8...........15.........20.....23....25...........30.
```

1. La vogue des divisions par degrés (μονομοιρίαι) a dû avoir pour excitant et garant une étymologie à la mode stoïcienne, rapprochant les Μοῖραι-Parques des μοῖραι-degrés. *Has* [*totius Zodiaci CCCLX particulas*] *Graeci moeras cognominarunt, eo videlicet quod deas fatales nuncupant Moeras et eae particulae nobis velut fata sunt* (Censorin., *De die nat.*, 8, 5).

est une de ces inventions comme en produisaient à la douzaine les songe-creux abrités derrière les noms complaisants de Néchepso et Pétosiris. Ce qui survécut malgré les dédains de Ptolémée, ce fut l'ordonnance des décans, avec ou sans « masques » (πρόσωπα) planétaires, des décans guérisseurs, maîtres des parties du corps humain comme de la pharmacopée végétale et minérale. Nous n'aurons que trop d'occasions de retrouver dans leurs divers rôles ces concurrents des signes du Zodiaque, à la fois plus vieux et plus jeunes que ceux-ci [1]. Pour le moment, revenons aux domaines planétaires, auxquels la tradition chaldéenne, persane, arabe, indienne, a persisté à assimiler les décans, et cherchons à nous faire une idée de leur valeur relative.

C'est ici qu'il faudrait faire intervenir l'histoire, s'il était possible d'introduire une chronologie quelconque dans cet amas de systèmes enchevêtrés et antidatés, tous uniformément placés sous la garantie des anciens Égyptiens et Chaldéens. Il est probable que le système le plus sommaire, celui des οἶκοι, qui prend les signes en bloc, est le plus ancien, surtout sous la forme dite « Babylonienne », qui n'admettait qu'un domicile pour chaque planète (ci-dessus, p. 184). Il paraît que les domiciles babyloniens devinrent les ὑψώματα, quand les Égyptiens eurent réparti à leur façon et doublé les domiciles. L'ordonnance des ὑψώματα, celle qui note le degré précis de l' « exaltation », avait chance d'être cotée, pour ses prétentions à l'exactitude, plus haut que celle des οἶκοι. Mais le système des trigones, qui utilisait les deux précédents en y mêlant de hautes considérations dites scientifiques et était autrement difficile à comprendre, aurait emporté la palme s'il n'avait eu pour concurrent un système qui l'absorbait lui-même et qui avait l'avantage d'être parfaitement inintelligible, celui des ὅρια, une invention « égyptienne » dont le succès fut tel que — nous l'avons vu — les « Chaldéens » en essayèrent une contrefaçon [2]. En présence de tous ces chefs-d'œuvre, les astrologues hésitaient à qui donner la prééminence, et ils n'ont pas abouti à établir une hiérarchie orthodoxe. Ils évitent même en général de poser la question.

1. En bon Égyptien, non seulement Héphestion de Thèbes ne veut pas connaître les décans à l'état de πρόσωπα planétaires, mais il confisque à leur profit l'influence des signes sur les génitures individuelles. Dans chaque signe, il ne considère que l'action des décans et fait par signe trois séries de pronostics, différenciés par décan premier, second, troisième. Sur la médecine et pharmacopée décaniques, voy. ci-après, ch. x et xv.

2. Voy. ci-dessus, p. 210, les ὅρια chaldéens.

Cette question cependant, Ptolémée semble l'avoir posée, à propos des titres comparatifs des diverses planètes à l'œcodespotie d'une géniture quelconque [1], et l'avoir résolue comme on pouvait s'y attendre de la part d'un géomètre qui avait au moins perfectionné le système des trigones et qui trouvait à gloser sur les ὅρια. Dans son énumération, il place le trigone au premier rang et les ὅρια au dernier [2]. Seulement, il ne dit pas que cette énumération soit bien un classement, et cela, peut-être par souci de ne pas se contredire de façon expresse ; car, en rectifiant les ὅρια égyptiens, il avait fait entendre, pour les besoins de la cause, que les maîtres des ὑψώματα doivent passer avant ceux des trigones et ceux-ci avant les maîtres des domiciles [3]. Héphestion redresse Ptolémée sans le dire, car il classe les titres à l'œcodespotie dans l'ordre qu'on pourrait appeler historique (οἴκου, ὑψώματος, τριγώνου, ὁρίων, φάσεως πρὸς τὸν ἥλιον) [4]. Mais ailleurs [5], il énumère les titres des planètes aux « trônes » dans un ordre tout

1. Voy. ci-après, ch. XII.

2. Les titres des planètes à l'œcodespotie sont, suivant lui, de cinq, dont quatre sont des titres de propriété et le cinquième un rapport de position ou aspect : ἐν τριγώνῳ τε καὶ οἴκῳ καὶ ὑψώματι καὶ ὁρίῳ καὶ φάσει ἢ συσχηματισμῷ (Tetrab., III, 2). Ce qui est curieux, c'est que les partisans des décans considérés comme πρόσωπά planétaires, ne se consolant pas de n'avoir pas Ptolémée avec eux, veulent absolument que φάσις ἢ συσχηματισμός signifie ici πρόσωπον, c'est-à-dire décan planétaire. C'est ainsi que traduit l'auteur de l'Isagoge (Porphyr., p. 103). Là-dessus, Saumaise (Praef.fol. e-f) cherche à démontrer que Porphyre entend par πρόσωπον non pas un décan, mais une planète qui est en marche directe et a par conséquent la face (φάσις = ὄψις = πρόσωπον) tournée dans le sens de sa marche, comme le dit l'autre scoliaste — φάσιν δὲ ἵνα ἀνατολικὸν εἴη ἢ προσθέτης (Anon., p. 91). Il se pourrait, avoue Saumaise, que Ptolémée entendît ici par φάσις, qui signifie position par rapport au Soleil, cette « phase » très spéciale, qu'il appelle ailleurs ἰδιοπροσωπία (ci-après, p. 243) et qui est un συσχηματισμός assez compliqué. C'est cette ἰδιοπροσωπία que Porphyre aurait traduite par πρόσωπον, terme litigieux, à qui Ptolémée refuse le sens de « décan ».

3. Toujours, en homme prudent, sous forme d'énumération : ἐπὶ μὲν γὰρ τῆς τάξεως τῆς καθ' ἕκαστον δωδεκατημόριον παραλαμβάνεται τά τε ὑψώματα καὶ τὰ τρίγωνα καὶ οἱ οἶκοι (Tetrab., I, 21). Le scoliaste est plus explicite ; προτιμηθήσεται γὰρ τὸ ὕψωμα, εἶτα μετ' αὐτὸ τὸ τρίγωνον ταχθήσεται, καὶ τρίτον ὁ οἶκος (Anon., p. 42) — τρίγωνον τιμιώτερον οὖν ἔχει τοῦ οἴκου (p. 44) — ὕψωμα προτετίμηται οἴκου καὶ τριγώνου (p. 45). Aussi, au chapitre traitant de l'œcodespotie de la géniture, il ne fait aucune attention à l'ordre indiqué par Ptolémée, et il énumère les titres dans un ordre (ἐν ἰδίοις ὁρίοις, ἢ οἴκοις, ἢ τριγώνοις, ἢ ὑψώμασι) qui, s'il est ascendant, reproduit le précédent (Anon., p. 94).

4. Hephæst., I, 13, p. 73 Engelbrecht.

5. Hephaest., I, 19, p. 75. Ἀνατολή doit être ici l'équivalent de φάσις, qui, on vient de le dire, a été probablement substitué à πρόσωπον = décan.

différent (οἴκῳ, ὁρίῳ, τριγώνῳ, ἀνατολῇ, ὑψώματι). Ou il n'a
pas de système, ou il en change suivant les cas. Paul d'Alexandrie
n'en a pas davantage, car il donne à deux pages de distance deux
séries discordantes (τρίγωνον, οἶκος, ὕψωμα, ὅρια, et ὅρια,
ὕψωμα, τρίγωνον, οἶκος) [1]. Consulter Firmicus n'est pas le moyen
de sortir d'embarras. Firmicus s'extasie devant chaque association à mesure qu'il l'aborde, et il a toujours l'air de placer celle
dont il parle au-dessus des précédentes. Dans leurs domiciles, les
planètes ont autorité (*imperium*); mais elles « se réjouissent
« dans leurs exaltations et donnent alors les marques de la plus
« grande félicité », et, si une planète se trouve dans ses ὅρια,
elle est encore « comme dans son domicile constitué ». D'autre
part, une planète dans son décan est « comme si elle était dans
son domicile », et Firmicus ne s'inscrit pas en faux contre ceux
« qui pensent trouver toute la substance d'une géniture » dans
cette autre espèce de domicile adventice qu'on appelait « dodécatémorie [2] ». Il n'y a que le trigone pour lequel, brouillé comme
il l'est avec la géométrie, il ne se sente nul enthousiasme. Il n'en
médit pas : il le passe sous silence. Si on pouvait le soupçonner
d'avoir un système, sa préférence irait d'abord à l'ὕψωμα, et
ensuite aux ὅρια [3].

En fin de compte, il n'y a pas entre les fiefs planétaires de
hiérarchie fixe. Les astrologues, qui les avaient successivement
inventés pour trouver toujours à un point donné un ample choix
d'influences disponibles, n'entendaient pas restreindre par des
règles incommodes les facilités qu'ils s'accordaient [4], et ces
règles, il ne s'est jamais trouvé un congrès d'astrologues pour les

---

1. Paul. Alex., B 3v et Cv.

2. Firmic., II, 2, 1 Kroll (*in domibus*); II, 3, 2 (*in altitudinibus*); II, 6, 1 (*in finibus*); II, 4, 2 (*in ipso decano*); II, 13, 1. Il s'agit, dans ce dernier passage, des dodécatémories types des κλῆροι, dont il sera question plus loin (ch. ix).

3. *Nos autem scire debemus... omnes stellas melius decernere in altitudinibus suis quam in domiciliis suis* (Firmic., II, 3, 4 Kroll) — *gaudet autem stella principe in loco, in altitudine sua posita, secundo in finibus* (Firmic., VIII, 32, p. 244 Pruckner).

4. Voir plus haut (p. 208) les critiques adressées par Ptolémée au système des ὅρια égyptiens, et, dans le détail (ap. Anon., pp. 44-47), les escamotages subtils qui permettraient de faire des objections aussi fortes à son propre système. J'ignore si, en fait de hiérarchie, Alcabitius (*sic*) a réussi à imposer une opinion orthodoxe chez les Arabes. Suivant lui, la planète dans son οἶκος a liberté complète et possède 5 puissances; dans son ὕψωμα, elle com-
mande de haut, comme les rois, avec 4 puissances ; elle tombe à 3 puissances dans ses ὅρια, à 2 dans son trigone, à 1 dans son décan où elle n'est plus qu'un ouvrier dans son atelier (Salmas., *Praef.*, fol. f 3 et f 6).

formuler. On s'aperçoit aussi que, en juxtaposant les diverses formes de domaines planétaires, ils ont négligé de créer des termes correspondants pour en désigner les possesseurs (δεσποταί- - κύριοι). Ils se servent pour tous du mot οἰκοδεσπότης, qui, étant susceptible d'autres acceptions encore, est devenu le terme le plus banal et le moins précis du vocabulaire astrologique [1]. Ils en ont trouvé, en revanche, et beaucoup, pour exprimer les rapports de position des planètes entre elles et les sentiments, pour ainsi dire, qu'excitent en elles ces rapports, sentiments parmi lesquels figure leur joie et leur orgueil de propriétaires.

1. Le mot οἰκοδεσπότης doit dater d'une époque où l'οἶκος était le seul fief planétaire connu. Le sens en fut étendu à toutes les propriétés imaginées par la suite, et surtout à la « maîtrise de la géniture » (οἰκοδεσπότης τῆς γενέσεως). Héphestion aurait voulu limiter les acceptions à deux : maîtrise du domicile, maîtrise de la géniture. Encore admet-il qu'une planète qui a un titre de propriété quelconque dans l'οἶκος d'une autre soit συνοικοδεσπότης de celle-ci (Hephaest., I, 13, p. 73 Engelbrecht). Mais la maîtrise de la géniture elle-même se subdivise en une quantité de maîtrises, οἰκοδεσποτία τῆς ψυχῆς, τοῦ σώματος, etc. Aussi vague est l'expression de χαίρειν - gaudere. Les planètes se réjouissent et sont favorables d'abord dans leurs domiciles (οἶκοι), et c'est l'acception première du mot, comme l'indique expressément le fragment de Dorothée de Sidon : Ἐν οἷς χαίρουσι τόποις οἱ ἀστέρες, conservé par Héphestion (I, 7, p. 72 Engelbrecht). Mais les planètes se « réjouissent » aussi dans toute espèce de domaines et pour toute espèce de raisons : les nocturnes la nuit, les diurnes le jour, etc. Elles se réjouissent encore — les bonnes âmes — de se trouver, à défaut de leurs propres domiciles, dans les domiciles des planètes sympathiques, de même sexe, de même αἵρεσις, etc. (Anon., pp. 49-50) — Firmicus en appelle sur ce point à nos sentiments, (II, 20, 9 Kroll) — et surtout de faire échange de domiciles (ἐναλλαγή) avec leurs amies (voy. ci-après, p. 241, 1). Plus une géniture compte de planètes présentes in domiciliis suis, plus elle est heureuse (Firmic., II, 21 Kroll). Mal placées, les planètes « s'attristent » naturali quodam dolore (Firmic., II, 20, 7 Kroll). « Naturelle » vaut son pesant d'or !

CHAPITRE VIII

RAPPORTS DE POSITION DES PLANÈTES ENTRE ELLES

Il ne s'agit plus maintenant de recenser les droits fixes attribués une fois pour toutes aux planètes sur les diverses parties du Zodiaque, mais de considérer les rapports de position respective, accidentels et transitoires, que leur crée leur mouvement propre. Chaque planète ayant une vitesse différente et une orbite inégale, ces rapports sont incessamment variés et en nombre tel que les astrologues n'ont pu céder à la tentation de les utiliser tous.

En règle générale, ces rapports sont créés par la présence réelle des planètes dans les positions indiquées ou par l'aspect substitué à la présence réelle. Ils sont censés produire des effets presque toujours définis comme des sentiments ou des actes, en dehors de toute explication mécanique. Nous sommes en plein anthropomorphisme. Éliminer les motifs psychologiques serait supprimer le chapitre entier. Nous l'allégerons tout au moins, en rejetant dans les considérations accessoires la plupart des effets dont la cause elle-même est un sentiment préexistant à la position, et en tenant pour suffisamment connus les *aspects* et les *phases*, rapports élémentaires qui entrent dans toutes les autres combinaisons.

Les rapports où la position n'est qu'une cause seconde dérivent tous ou à peu près tous de la théorie des domaines planétaires [1].

---

1. Ce sont les rapports qui tiennent aux titres de propriété des planètes. Hospitalité réciproque dans le cas d' ἐναλλαγή ou μεταλλαγή (*receptio*), déjà visé ci-dessus (p. 240, 1). L' ἐναλλαγή (*immutatio*) figure à chaque instant dans les pronostics, avec des effets divers suivant que les hôtes qui échangent ainsi leurs domiciles sont sympathiques ou antipathiques (Maneth., I, 302. IV, 182, 189, 202, 250. VI, 242, 367, 467, 505, 670. Firmic., II, 29, 19 Kroll ; VII, 15 Pruckner). Ainsi, la combinaison la plus favorable au mariage est ὅταν ἐναλλάξωσι καὶ ὁ μὲν ἥλιος τῇ σελήνῃ, ἡ δὲ σελήνη τῷ ἡλίῳ (Anon., p. 153; id., p. 155). Ptolémée mentionne de temps à autre l'énallage, v. g., ὁ τῆς ♀

Nous en garderons, à titre de transition entre le chapitre précédent et celui-ci, quelques échantillons, ceux qui ont trouvé place dans la *Tétrabible*. Nous aurons ainsi deux catégories de positions : celles qui ne se réalisent que par coïncidence avec des points d'attache ou domaines prédéterminés, et celles qui sont possibles sur tout le pourtour du Zodiaque indifféremment.

I. Ptolémée ne mentionne que trois cas de la première catégorie, et d'une façon très brève. Ce sont des rapports de position qui communiquent aux planètes des qualités ou dignités comparables à des titres honorifiques, définis par les noms bizarres de « figures propres » (ἰδιοπρόσωπα), de « carrosses brillants » (λαμπῆναι) et de « trônes » (θρόνοι).

1° On dit qu'une planète fait « figure propre » lorsqu'elle est actuellement avec le Soleil ou la Lune dans le même rapport de position que son domicile propre avec les domiciles de ces luminaires. « Telle est, par exemple, Vénus », dit Ptolémée, « lorsqu'elle est en aspect hexagonal avec les luminaires, mais à « la condition d'être vespérale par rapport au Soleil et matinale « par rapport à la Lune, conformément aux domiciles originels [1]. » L'oracle de l'astrologie ne daigne pas toujours être clair, et le scoliaste, sous prétexte de préciser sa pensée, l'obscurcit. Suivant Ptolémée, il faut et il suffit que Vénus soit en aspect hexagonal — à 60 degrés — du Soleil *ou même* de la Lune pour être ἰδιοπρόσωπος, à la condition que, s'il s'agit du Soleil, elle soit placée à gauche, comme l'est son domicile de la Balance par rapport avec le domicile du Soleil (Lion), et, s'il s'agit de la Lune, elle soit placée à droite, comme l'est son domicile du Taureau par rapport

τῷ μὲν τοῦ ♄ συνὼν, ἢ συσχηματιζόμενος, ἢ ἐνηλλαχὼς τοὺς τόπους (*Tetrab.*, III, 11, p. 263 Junctinus). Il y a aussi énallage, dans un sens plus large, quand la Lune et le Soleil sont logés chacun dans un signe de sexe contraire : Ἢν δέ τ᾽ ἐναλλάξωσι Σεληναίη μὲν ἐπ᾽ ἄρρεν, | Ἥλιος δ᾽ ἐπὶ θῆλυ πολυζώοισιν ἐπ᾽ ἄστροις (Maneth., IV, 515-516). Sur l'espèce d'énallage antipathique produisant l' ἀντανάλυσις, voy. ci-après, p. 255. Il y a μετοχή ou « participation » entre συνοικοδεσπόται, lorsque — par présence réelle ou par aspect — deux planètes se trouvent ensemble dans un signe qui est le domicile de l'une et l'hypsoma de l'autre. Joie ou tristesse d'une planète qui, occupant la maison d'une autre, n'est contente que si celle-ci est bien placée (Firmic., II, 20, 7-8 Kroll).

1. Λέγονται δὲ ἰδιοπρόσωποι μὲν ὅταν ἕκαστος αὐτῶν διασώζῃ πρὸς ☉ ἢ καὶ ☾ σχηματισμὸν ὅνπερ καὶ οἱ οἶκοι αὐτοῦ πρὸς τοὺς ἐκείνων οἴκους · οἶον ὁ τῆς ♀, λόγου ἕνεκεν, ὅταν ἐξάγωνον ποιῇ πρὸς τὰ φῶτα διάστασιν, ἀλλὰ πρὸς ☉ μὲν ἑσπέριος ὤν, πρὸς δὲ ☾ ἑῷος, ἀκολούθως τοῖς ἐξ ἀρχῆς οἴκοις (*Tetrab.*, I, 22). Héphestion (I, 19, p. 75 Engelbr.) répète Ptolémée presque mot pour mot : mais le texte d'Engelbrecht demande correction.

au domicile de la Lune (Cancer) [1]. Mais le scoliaste ne l'entend pas ainsi. Il suit l'opinion du grand nombre (οἱ πολλοί), et ceux-là exigent deux conditions de plus, à savoir : 1° que la planète dite ἰδιοπρόσωπος soit dans son propre domicile, et 2° qu'elle soit en aspect défini comme ci-dessus non pas avec le Soleil *ou* la Lune, mais avec le Soleil *et* la Lune [2], tout en restant vespérale par rapport au Soleil et matinale par rapport à la Lune. La question ainsi posée ne comportait guère qu'une solution pour chaque planète, et cette espèce d'honneur devait être assez rare. Dans l'exemple précité, il faudrait que Vénus fût dans son domicile du Taureau, le Soleil étant dans les Poissons et la Lune dans son propre domicile du Cancer.

Obtenue de l'une ou de l'autre façon, l' ἰδιοπροσωπία (*visio facialis*), en tant que vocable, reste inexpliquée. En quoi une planète dans la position susdite fait-elle une figure, un visage, un personnage « propre »? A-t-elle en propre de loucher sous un certain angle pour regarder à la fois les deux luminaires? Il y a là très probablement une équivoque voulue de la part de Ptolémée, un épisode de la guerre qu'il fait, par le silence, aux décans, aux entités divines, incorporelles, qui n'ont point de place dans sa physique. On conçoit très bien qu'une planète soit qualifiée ἰδιοπρόσωπος quand elle est dans son propre πρόσωπον, c'est-à-dire dans son décan, sans autre rapport avec qui que ce soit. Ptolémée, qui ignore de parti pris les décans, a substitué à cette condition si simple une mixture de rapports géométriques qu'il savait propre à dérouter ses adversaires « égyptiens » et que ses disciples ont peut-être compliquée encore. Cela fait, il gardait sans scrupule à ses ἰδιοπρόσωποι le genre d'influence propre aux décans, c'est-à-dire l'action sur les facultés psychiques [3].

---

1. Rappelons (voy. ci-dessus, p. 174) que *à droite* signifie *en avant* dans le sens du mouvement diurne; *à gauche* = *en arrière*.

2. Il faut avouer que, dans le texte précité de Ptolémée, ἤ, καί, qui se retrouve aussi dans le texte d'Héphestion, est équivoque et peut aussi s'interpréter de cette façon. Ptolémée n'est jamais plus obscur que quand il dénature et déguise quelque chose qui le gêne.

3. Cette sophistication, déjà soupçonnée par Saumaise (qui n'y croit pas, *Praef.*, fol. f 4), me paraît indubitable. Pour Ptolémée, l' ἰδιοπροσωπία est un aspect, un σχηματισμός, les positions qui font les âmes fortes et les esprits lucides étant, suivant lui, αἱ ἀνατολικαὶ ὡροσκοπίαι καὶ μάλιστα αἱ ἰδιοπροσωπίαι (*Tetrab.*, III, 14, p. 525 Junctinus). Il a confisqué le mot πρόσωπον et en a fait le synonyme de *phase* : πρόσωπα δὲ (καλεῖ) ἀπηλιωτικὰ καὶ λιβυκὰ τεταρτημόρια καὶ τὰς ἑσπερίους καὶ ἑώους φάσεις (Anon., p. 156). Le sens est visiblement forcé et trahit la déformation voulue.

Ptolémée ne trouvait guère plus à son goût les termes baroques
de λαμπῆναι et de Ͽρόνοι [1]. N'osant les supprimer, il voulait tout
au moins en faire des synonymes. Ils s'appliquent aux planètes
qui ont deux ou plus de deux motifs de s'enorgueillir, quand elles
se trouvent dans des domaines qui leur appartiennent à plusieurs
titres, comme domicile, hypsoma, trigone, ὅρια et autres investi-
tures analogues. Le scoliaste [2] prend la peine de rétablir la
distinction que « le Vieux » a passée sous silence. Il nous explique que la dignité de « siège brillant » est au-dessus de celle
de « trône », attendu que ce sont des noms métaphoriques empruntés à l'étiquette des magistrats, et que la λαμπήνη est un siège
élevé, en argent; le Ͽρόνος, un siège en bois et moins haut. Porphyre, acceptant la synonymie, ne parle que des λαμπῆναι, ajoutant que les planètes ainsi honorées ont une puissance exceptionnelle et la gardent même en phase occidentale ou perdues
dans les rayons du Soleil [3].

Il est probable que ces désignations venaient de Pétosiris,
c'est-à-dire d'un Alexandrin qui, se souvenant peut-être des
« trônes » sur lesquels Platon installe ses trois Mœres, aura substitué ce siège majestueux à la barque, véhicule ordinaire des
dieux et des décans égyptiens [4].

II. Nous passons maintenant aux rapports exclusivement inter-
planétaires, toujours mesurés sur le cercle zodiacal, mais sans
connexion, ou sans connexion nécessaire, avec les signes qui
l'occupent. Nous entrons dans le champ de courses des planètes,
où la plus rapide de toutes, la Lune, est l'objet principal de
l'attention, avec une ample provision de termes pour noter les
incidents de ce sport silencieux d'où a disparu la musique pythagoricienne. Il ne faut pas compter sur les astrologues pour introduire quelque ordre dans l'abondante nomenclature que nous
allons affronter. De tous ces termes, Ptolémée n'en a retenu que
deux, — les συναφαί et les ἀπόρῥοιαι, — et ce qu'il a dédaigné comme
ne supportant pas d'explication scientifique est resté à l'état
confus [5]. Les astrologues d'ordre inférieur considèrent les cas

1. *Tetrab.*, 1, 22. Hephest., I, 19, p. 75 Engelbrecht.
2. Anon., p. 49.
3. Porphyr., *Isag.*, p. 190. Cf. ci-dessus, p. 113, 1.
4. C'est Proclus (in *Anal. sacr.*, V, 2 p. 138, Pitra : cf. p. 84) qui rappelle
les Ͽρόνοι de Platon, disposés en trigone, et qui, à ce propos, mentionne Pétosiris (ἀνὴρ παντοίαις τάξεσι Ͽεῶν τε καὶ ἀγγέλων συναλισθείς) comme ayant
adapté à l'astrologie le Ͽρόνος ou κλῆρος Ἀνάγκης (ci-après, ch. ix).
5. Les Arabes, suivant Junctinus (pp. 40-45), comptaient jusqu'à 25 *habi-
tudines planetarum ad invicem !*

isolément et n'ont aucun souci des associations d'idées qui les rattachent les uns aux autres. Nous allons partir, comme du cas le plus simple, de la conjonction de deux planètes.

1° Συναφή [κόλλησις] (*contactus* ou *conjunctio - adplicatio - glutinatio* — et ἀπόρροια - *defluxio*) [1]. — Il y a « contact » (συναφή) entre deux planètes qui se trouvent exactement sur le même méridien. Les amateurs de distinctions réservaient le nom de collage (κόλλησις) pour le contact imminent, qui admet un écart de 3 degrés entre les deux planètes, la plus rapide étant derrière. Si cette planète est la Lune, certains astrologues portaient l'écart à 13 degrés, espace que la Lune peut franchir en un jour [2].

Au contact ou conjonction succède la défluxion (ἀπόρροια), qui commence réellement aussitôt après le contact, astrologiquement, à 3 degrés à l'E [3].

Approche ou « collage », contact, défluxion, sont des périodes successives d'un même événement de haute importance astrologique, la rencontre de deux planètes. Quand l'une des deux était le Soleil, la rencontre amenait toujours une crise douloureuse pour l'autre : anéantissement et renaissance pour la Lune, para-

---

1. Ptol., *Tetrab.*, I, 23 (Περὶ συναφειῶν καὶ ἀπορροιῶν). Anon., p. 50. Hephæst., I, 14, p. 73 Engelbrecht. Porphyr., p. 187. Paul. Alex., H - H 3v. (Περὶ ἧς ποιεῖται ἀπορροίας καὶ συναφῆς ἡ Σελήνη πρὸς τοὺς πλανωμένους ἀστέρας) et, pour la συναφή de la Lune avec le Soleil, S 3v. (Περὶ τοῦ τῆς Σελήνης συνδέσμου). Cf. *Cod. Parisin.* 2419, fol. 47 v. (Περὶ τῶν συναφῶν τῆς Σελήνης πρὸς τοὺς ἀστέρας μετὰ τὸ χωρισθῆναι αὐτὴν τὴν σύνοδον ἢ τὴν πανσέληνον καθ' ἕκαστον ζῶον [pour ζώδιον]. Celui-ci fait intervenir, outre la considération des phases, celle des signes. Firmicus (IV, 2-16 Kroll) traite en grand détail des pronostics à tirer de la Lune en conjonction ou défluxion suivie d'autres conjonctions avec toutes les planètes une à une, en tenant compte des phases lunaires et de la qualité, diurne ou nocturne, de la géniture. De même Manéthon (II, 441-480).

2. Porphyr., *l. c.*

3. Hephaest., *l. c.* Suivant Paul d'Alexandrie (S 3v), le συνδεσμὸς τῆς Σελήνης — période dangereuse pour ses justiciables — comprenant l'approche, le contact et la défluxion par rapport au Soleil (ou à une position la mettant en aspect quelconque avec le Soleil) s'étend sur un arc de 10 degrés, 5° à l'O. et 5 à l'E. Le scoliaste Anonyme (p. 50) fait des distinctions, pour l'espace, entre la συναφή et l'ἀπόρροια, entre les planètes tardigrades (βραδυκίνητοι) et les rapides (ταχυκίνητοι) : il distingue aussi entre les contacts et défluxions en longitude (κατὰ μῆκος) et en latitude (κατὰ πλάτος). On a envie de crier grâce. Dans les συναφαὶ ἀπορροϊκαί (ci-après, p. 247, 1), le μεσεμβόλημα ou ligne de démarcation entre deux signes formerait barricade empêchant et l'approche (*ad nullum feratur* [*Luna*]) et la défluxion (*a nullo defluit*. Firmic., IV, 25, 3 Kroll). Il est bien entendu que le contact n'amène l'occultation que quand les planètes se rencontrent à un *nœud* commun à leurs orbites.

lysie et « brûlure » pour les autres vassales du Soleil [1]. Parfois, la crise s'étendait au Soleil lui-même : la Lune l'occultait et il tombait lui-même en « défaillance » (ἔκλειψις). Mais, dans cet hymen céleste, la Lune faisait provision d'énergie, et, d'une manière générale, les planètes se communiquaient réciproquement dans leurs rencontres quelques-unes de leurs qualités, bonnes ou mauvaises. Aussi avait-on soin de noter non seulement l'effet intrinsèque d'un tel colloque, mais sa répercussion sur l'effet d'une rencontre consécutive avec une autre planète. La Lune, par exemple, — qui en un mois visite ses six collègues, — la Lune, dis-je, venant à rencontrer une planète, il n'était pas indifférent qu'elle vînt de quitter celle-ci ou celle-là : elle apportait à ce « contact » une certaine humeur emportée de la « défluxion » précédente. Enfin, il y avait à considérer les cas où une planète était à la fois en contact avec une autre et en défluxion par rapport à une troisième.

Tout cela n'était pas encore assez compliqué pour les astrologues en quête de raisons et surtout d'échappatoires. Ils étendirent le champ des contacts et défluxions à 30 degrés, l'espace d'un signe, sans exiger toutefois que les planètes visées fussent dans le même signe, ce qui aurait restreint le nombre des cas. Dans ce champ de 30 degrés, ils distinguent des contacts et défluxions plus ou moins approchés et, par conséquent, d'influence plus ou moins énergique, le plus ou moins d'énergie indiquant un délai plus ou moins long avant l'échéance du pronostic. Ce doit être cette dernière considération, associée à la théorie des quatre « âges » de la vie, qui leur a fait établir quatre catégories : contacts et défluxions à moins de 3, de 7, de 25 et de 30 degrés. Cela ne leur suffit pas. Ils ont remplacé la règle de sens commun, en vertu de laquelle la rencontre des planètes doit être réelle (κατὰ συμπαρουσίαν ou σωματικῶς), par cette autre règle astrologique que l'aspect (σχῆμα) vaut ou vaut presque la présence réelle. Par conséquent, toute planète peut être remplacée, par toute relation entre astres — celles que nous avons vues et celles qui nous restent à voir — par le « rayon » qu'elles lancent suivant un des aspects polygonaux [2] ; si bien que le nombre des cas, déjà considérable avec la condition de la présence réelle, se trouve multiplié par le nombre des aspects, doublé lui-

1. Voy. ci-dessus, pp. 112 et 113, 1.
2. Ἡ δὲ συναφὴ διττὴ λέγεται εἶναι · ἡ μὲν κατὰ σῶμα, ὅταν ἐν τῷ αὐτῷ ζωδίῳ, ἡ δὲ κατὰ σχῆμα κ. .τ. λ. (Anon. p. 50).

même, quand il y a lieu, par distinction entre la droite et la gauche. Enfin, pour combler la mesure, certains astrologues interprétaient les contacts et défluxions de la Lune avec les planètes représentées par leurs ὅρια et recommandaient d'étudier en même temps l'aspect de la planète dont la Lune occupe le domaine [1]. Et ce ne sont pas là choses négligeables. Paul d'Alexandrie et son scoliaste déclarent que, ni en généthlialogie, ni par la méthode des καταρχαί, qu'il s'agisse du corps ou de l'âme ou des biens, on ne peut rien prévoir sans viser les contacts et défluxions de la Lune [2]. C'est un refrain qui clôt toutes les formules astrologiques.

De même qu'en rhétorique tous les tropes sont des variantes de la métaphore, de même, en astrologie, tous les rapports des planètes entre elles dérivent du contact et de la défluxion. Quand il y a contact entre une planète et plusieurs autres à la fois, on dit qu'il y a « agrégation » (ἐπισυναγωγή) [3], et la planète principale prend pour elle l'énergie des autres. Si, une planète étant en contact avec une autre, cette autre entre en contact avec une troisième, il y a dérivation ou canalisation (μετοχέτευσις - *translatio virtutis*) [4], la conduite ainsi formée faisant passer les propriétés de la planète précédente dans la suivante. Quand deux planètes, avant, pendant ou après « collage, par présence réelle ou par aspect », sont dans une même tranche d'ὅρια, on dit qu'elles sont en communauté de frontières ou contiguïté (ὁμορώσις - *confinium*) [5].

2° Ἀκτινοβολία (*emissio radiorum*) [6]. — C'est une expression toute naturelle et à peine métaphorique que de dire que les astres « lancent des rayons », et la comparaison du rayon avec une flèche ou un projectile quelconque va de soi. Une fois là,

---

1. Firmic., IV, 25 Kroll. Je ne vois pas pourquoi les Grecs auraient réservé à ce genre spécial le nom de συναφαὶ ἀποῤῥοϊκαί (Firmic., *ibid.*).

2. Δίχα δὲ τοῦ περὶ ἀποῤῥοίας καὶ συναφῆς λόγου οὐ πολυχρονιότης, οὐ πάθος, οὐ σῖνος, οὐ πλοῦτος, οὐ δυστυχία, οὐ δόξα, οὐκ ἀδοξία, οὐκ ἀνδρεία, οὐκ ἀσθένεια, περὶ γενέσεως καθέστηκεν (Paul. Alex., H 2v). Et le scoliaste : Ἐπὶ πάντος γὰρ πράγματος καὶ ἐπὶ πάσης γενέσεως καὶ ἐπὶ καταρχῶν, ἀδύνατον, φησί, τί προειπεῖν, χωρὶς ἀποῤῥοίας καὶ συναφῆς σεληνιακῆς (H 3v). Sans compter que, en vertu de l'orientation par trigones des planètes rencontrées (ci-dessus, p. 199 sqq.), on peut dire de quel côté vont souffler les vents émus par la rencontre elle-même (*ibid.*).

3. Porphyr., p. 188.

4. Porphyr., *ibid.*

5. Porphyr., p. 189.

6. Sur l'actinobolie, voy. Porphyr., p. 189. Maneth., IV, 165 sqq. Hephaest., I, 16, p. 74 Engelbrecht.

l'imagination se prête volontiers à supposer au dit projectile une action mécanique et offensive. Le rayon peut aussi être assimilé à un regard : c'est même l'idée qui a prévalu chez les astrologues parlant latin et qui leur a fait traduire par *adspectus* les positions géométriques que les Grecs appellent σχήματα ou σχηματισμοί. Dans ce cas, l'action du regard n'est plus conçue comme mécanique, mais comme impression sensible. Il est entendu d'ailleurs que, rayon ou regard, l'influx astral ne compte que dirigé suivant un des aspects polygonaux. Si les astrologues n'avaient pas raffiné là dessus, il n'y aurait pas lieu d'ouvrir un paragraphe spécial pour l'ἀκτινοβολία, qui resterait le mode unique, universel et nécessaire de communication entre les astres. Mais l'anthropomorphisme qui sommeille au fond des « mathématiques » n'a pas laissé la théorie à ce degré de simplicité. Non seulement les astrologues ont introduit dans les aspects la distinction purement subjective de la droite et de la gauche ; mais, voulant l'utiliser pour différencier les effets, ils l'ont poussée à outrance, de façon à opposer l'une à l'autre les deux métaphores primitivement équivalentes et interchangeables de « rayon » et de « regard ».

Donc, à les entendre, les planètes marchant à l'encontre du mouvement diurne, c'est-à-dire de droite à gauche, portent leur « regard » en avant, sur les planètes qui les précèdent, et elles lancent leur rayon en arrière sur celles qui les suivent. Pour qui veut bien entrer dans ces enfantines comparaisons, le regard en avant, dans le sens de la marche, est chose naturelle ; il n'en va pas de même du rayon lancé en arrière. Nos fabricants de théories étaient-ils des artistes qui voyaient flotter en arrière, au vent de la course, la chevelure des planètes, ou des stratégistes qui avaient entendu parler de la classique flèche du Parthe [1] ? Le regard en avant suffit à tout expliquer : il fallait bien, puisqu'ils cherchaient une antithèse, qu'il missent le rayon en arrière.

L'imagination travaillait à l'aise sur ces coureurs armés. Les esprits méticuleux réclamaient contre l'estimation en gros, par signes (ζωδιακῶς - *platice*), et n'admettaient que le tir précis ou le regard ajusté au degré (μοιρικῶς). D'autres faisaient réflexion que le tir en arrière ou lancement du rayon suppose une intention

---

1. La chevelure flottante chez les hommes (ne pas oublier que πλανήτης [ἀστήρ] est masculin et que Vénus s'appelle ὁ [ἀστήρ] τῆς Ἀφροδίτης) était aussi une mode parthe. La théorie de l'ἀκτινοβολία est probablement postérieure à Ptolémée : la mention de Thrasylle (ci-après, p. 249) n'est pas une preuve du contraire. Elle pourrait dater du temps où les Parthes et les Perses hantaient et terrifiaient les imaginations gréco-romaines.

hostile, et que, l'admettre en aspect trigone, c'était enlever à cet aspect son caractère universellement favorable. Par conséquent, il n'y avait « actinobolie » qu'en aspect fâcheux, comme le quadrat et le diamètre ; mais, dans ces conditions, le tir d'une planète malfaisante était redoutable. En aspect quadrat, au dire de Thrasylle, il était meurtrier. Pour le diamètre, il y avait une difficulté, c'est que la planète en opposition diamétrale avec une autre n'est ni en avant, ni en arrière de celle-ci : elle est en face. Donc, ou elle ne regarde ni ne tire, — ce qui est une absurdité, vu l'énergie de l'aspect diamétral, — ou elle regarde et tire en même temps, et l'effet du regard tempère celui du rayon [1]. Voilà pourquoi, je suppose, le tir en quadrat était particulièrement néfaste, plus que le tir diamétral, et comment les novateurs mettaient en désarroi la psychologie classique des aspects [2].

Les raisonneurs avaient là ample matière à réflexions. Quand une planète rétrograde, marche-t-elle réellement à reculons ou se retourne-t-elle de façon que le regard devienne le rayon et réciproquement? Si elles rétrogradent sans changer d'attitude, leur vitesse en arrière s'ajoute-t-elle à celle du rayon, qui deviendrait alors plus dangereux quoique la planète elle-même soit affaiblie? Fallait-il expliquer ainsi que les planètes marchant en avant soient plus favorables, leur vitesse étant soustraite de celle du rayon, ou que leur tir soit plus sûr en station? La théorie de l'actinobolie touchait ainsi à tout, — puisque tout se tient et s'enchevêtre en astrologie, — risquant d'ébranler ou de renforcer au hasard les dogmes formulés avant elle.

1. Il y a encore une troisième hypothèse envisagée par Saumaise (*Praef.*, e 8) : c'est de distinguer la gauche et la droite dans le corps des planètes en présence : Chacune *aeque ab altera conspicitur et radiis pulsatur, sed a sinistris partibus videtur, a dextris radiatur.*

2. Θράσυλλος δὲ τὴν ἀκτινοβολίαν ἀναίρεσιν λέγει, ἀναιρεῖν δὲ τοὺς τοῖς τετραγώνοις σχήμασιν ἐπιπαρόντας, tandis que le tir diamétral n'agit ainsi que ἐν τῷ διαστήματι τῆς ὡροσκοπούσης μοίρας, allant de l'horoscope à l'occident (Porphyr., p. 189). Ce Thrasylle (lequel?) paraît être encore peu au courant de la distinction entre l'ἀκτίς et l'ὄψις ou l'avoir passablement embrouillée , car, dans certains cas qu'il précise, il dit qu'il importe peu que le rayon vienne de droite ou de gauche — οὐ διοίσει φησὶ πότερον ἐκ δεξιῶν ἢ εὐωνύμων), c'est-à-dire qu'il confond le regard et le rayon. Au fond, il s'agit ici de l'ἀκτινοβολία des planètes anærétiques employée comme engin de mort, sans quoi on eût fait valoir l'énergie du tir diamétral — *ex recto certior ictus* (cf. ci-dessus, p. 173, 3). On verra plus loin (ch. xii) que, suivant les systèmes, c'est l'Occident (en tir diamétral) ou une planète (en aspect quadrat) qui détruit l'œuvre de vie. Nos scolies sont des agrégats de phrases détachées, où il faut deviner les sous-entendus.

Mais, pour en revenir aux questions de sentiment, balistique à part, quelle raison imaginer à ce tir offensif ? Ne serait-ce pas que celle qui tire sur l'autre est jalouse de la supériorité de celle-ci ? Car celle-ci est supérieure, attendu que c'est une règle générale de l'étiquette astrologique que la droite préémine sur la gauche, la droite précédant la gauche dans le sens du mouvement cosmique ou diurne, imprimé par le premier moteur. Cette prééminence (καθυπερτερήσις - *supereminentia - elevatio*) n'était pas un vain mot : pour les gens du Bas-Empire, toute classe supérieure exploite l'inférieure et vit à ses dépens. On affirmait donc gravement que la planète supérieure dîme (ἐπιδεκατεύει) sur son inférieure dès que l'une et l'autre sont en aspect quadrat, c'est-à-dire hostile. Ainsi, une planète occupant le Bélier dîme sur celle qui se trouve dans le Cancer; celle-ci fait valoir son droit sur la Balance, et ainsi à la ronde : ce qui sert à fonder des pronostics relatifs aux chances qu'ont de s'enrichir les clients des astrologues [1].

L'actinobolie ou action offensive, distincte du rayonnement favorable ou indifférent, a dû être inventée pour servir principalement aux pronostics concernant la mort, alors que les planètes ou positions vitales viennent s'enferrer sur le dard des planètes « anærétiques ». Du reste, la distinction n'est pas toujours main-

---

1. Sur la καθυπερτέρησις et l'ἐπιδεκατεία, voy. Porphyr., p. 188, texte altéré à rectifier d'après Hephaest., I, 16. Anon., pp. 74 et 139. L'Anonyme formule sommairement la règle : καθυπερτερεῖν λέγονται οἱ ἀστέρες ὅταν ἐλαττόνων μοιρῶν εἰσί, c'est-à-dire en remontant la série ordinale des degrés du Zodiaque. Cf. Maneth., VI, 279. 651. Héphestion, qui semble peu curieux des minuties dédaignées par Ptolémée (sauf pour les décans), simplifie en disant que la planète qui en *regarde* une autre a aussi la *prééminence* et prélève la *dîme* sur celle-ci. Ὁ δὲ προηγούμενος τὸν ἑπόμενον ἐφορᾷ μὲν καὶ καθυπερτερεῖ φερόμενος ἐπ᾽ αὐτόν, οὐκ ἀκτινοβολεῖ δέ... ὁ δὲ καθυπερτερῶν καὶ ἐπιδεκατεύων ὁ αὐτός ἐστιν. Mais si toute planète dîmante est prééminente, il ne s'ensuit pas que la réciproque soit vraie. Les exemples cités par Porphyre et Héphestion lui-même sont fondés sur l'aspect quadrat, et c'est évidemment un carré parfait que suppose le cas visé par Manéthon : celui où Saturne dîme sur la Lune et Mars sur Vénus, Vénus et la Lune étant τετράγωνοι (VI, 278), c'est-à-dire tous dîmant l'un sur l'autre à la ronde. Les éclectiques de la Renaissance ajoutent, en cas de conjonction, deux autres motifs de καθυπερτέρησις, en faveur de la planète qui est au plus près de l'apogée sur son épicycle (d'après *Centiloq.*, 63) et de celle qui, en latitude, s'approche le plus du zénith. Je n'ai noté qu'une allusion à la καθυπερτέρησις dans la *Tétrabible* (IV, 6), et, d'une manière générale, la généthlialogie use peu de tous ces rapports d'étiquette, qui sont, au contraire, la ressource préférée des méthodes de καταρχαί, surtout de celle qui consiste à ramener tout problème à un conflit et toute solution à une supériorité (ci-après, ch. XIII).

tenue, ni dans l'application ni dans le langage : elle était trop
artificielle pour empêcher un astrologue de dire qu'une planète
en « voit de ses rayons [1] » une autre. Il n'en est plus guère question dans les agencements que nous avons encore à recenser,
encore que fondés sur les mêmes idées de supériorité, d'attaque
et de défense.

3° Περισχέσις - ἐμπερισχέσις (*detentio* - *obsidio*) [2]. — Voici
maintenant la guerre de sièges. Une planète peut être bloquée
ou assiégée de deux façons :

a. Par une seule planète (περισχέσις), lorsque celle-ci lance ses
rayons dans les signes adjacents, à droite et à gauche. Ainsi, que
la Lune soit dans la Vierge, et Mars dans le Bélier. La Lune est
bloquée par le rayon martial qui tombe dans la Balance, en aspect
diamétral, et celui qui tombe dans le Lion, suivant l'aspect trigone [3]. Alors la Lune est paralysée, livrée à l'influence de Mars,
et gare aux nouveau - nés, si quelque planète bienfaisante en
aspect favorable ne vient pas à leur secours!

b. Par deux planètes (ἐμπερισχέσις) qui ont entre elles la planète
assiégée ou qui lancent leurs rayons par aspects, à droite et à
gauche de celle-ci, à une distance moindre que 7 degrés. C'est le
blocus le plus étroit, dangereux ou heureux suivant le caractère
des planètes assiégeantes et celui de la planète assiégée — celle-
ci, du reste, étant presque toujours la Lune.

Mais, dans tous les cas [4], il n'y a blocus que si un troisième

---

1. Ὁππότ' ἄν... Πυρόεις διάμετρος ἀκτῖσιν Μήνην καθορᾷ (Maneth., VI,
29-30). Dans environ cinquante passages où Manéthon emploie les expressions
ἀκτῖσι βάλλειν, αἰθροβάλλειν, αἰγλοβολεῖν, etc., il ne m'a pas paru qu'il y ait
trace de la distinction sus-mentionnée. Cf. ci-après, p. 252, 3.

2. Sur la περισχέσις, voy. Porphyr., pp. 187-188. Hephaest., I, 15.

3. Ceci supprime net la distinction entre l'ἀκτίς et l'ὄψις. On peut se demander si c'est un rayon que Mars lance en ♎, mais c'est un regard — et même
en trigone — qui produit le même effet offensif en ♌.

4. En réalité, la περισχέσις ou ἐμπερισχέσις — si on la borne au blocus par
présence réelle — n'est qu'une variété de la συναφή et de l'ἀπόρροια avec
l'intention hostile en plus, les assaillants étant le plus souvent κακοποιοί,
et, en tout cas, hostiles à la planète assiégée. Manéthon et Firmicus, qui
n'emploient pas le mot, connaissent très bien la chose. Ἄρεος ἠδὲ Κρόνοιο
μέσην δείματνε Σελήνην (Maneth., I, 250). — Ἄρεος ἠδὲ Κρόνου μέσση Κύπρις οὐ
χαλοεργός (I, 256). — Ἡνίκα δ' ἡ βασίλεια μέση συνέχοιτο Σελήνη | Ἄρεος ἠδὲ
Κρόνου (V, 197), etc. Même cas chez Firmicus : *Si autem* (*Luna*) *a Saturno ad*
Martem feratur, i. e. si utrumque latus ejus Mars Saturnusque possederint
(Firmic., IV, 16, 2 Kroll). C'est le cas ordinaire d' ἀπόρροια suivie de συναφή.
Une éclipse peut aussi être ὑπὸ τῶν κακοποιῶν περισχεθεῖσα (Hephaest., I, 23,
p. 93, 21 Engelbrecht).

rayon ne vient pas s'intercaler entre les deux rayons assiégeants.
Cette intercalation (μεσεμβολήσις - παρεμβολήσις - *interceptio -
intercalatio*) [1] peut encore servir à empêcher la communication
entre deux planètes placées à courte distance. Ici, il faut des
mesures précises. Ainsi, soit la Lune au 10ᵉ degré du Lion, et
Mars au 25ᵉ. Si Jupiter se trouve simultanément au degré 12 du
Bélier, le rayon qu'il lance en aspect trigone frappe le Lion au
degré 12 et intercepte momentanément l'action réciproque des
deux planètes réunies dans ce signe. La communication se réta-
blit entre elles au bout de deux heures, temps qu'il faut à la
Lune pour atteindre, en se rapprochant de Mars, le point visé
par Jupiter.

4° Δορυφορία (*comitatus*) [2]. — Du blocus au cortège honorifique, le rapport de sentiment est renversé. Les assiégeants se
transforment en satellites (δορυφόροι). Mais l'étiquette des cortèges
est plus compliquée que celle des sièges : on sent que les astrologues ont dû s'inspirer du cérémonial byzantin. Il y a trois
manières de faire cortège :

a. Lorsque deux planètes sont chacune dans son domicile propre ou son hypsoma, celle qui se trouve sur un « centre » (ἐπικέν-
τρος) et précède l'autre dans le sens du mouvement diurne a pour
satellite cette dernière, si celle-ci est avec elle en aspect défini.
Ainsi, par la vertu du domicile, le Soleil étant dans le Lion a
pour satellite Saturne, si celui-ci se trouve dans le Verseau,
en aspect diamétral, ou Jupiter, si celui-ci se trouve dans le
Sagittaire, en aspect trigone. De même, Jupiter étant dans le
Cancer a pour satellite, par la vertu de l'hypsoma, Mars dans le
Capricorne. Ce premier système vise un cas particulier de καθυπερτερήσις avec actinobolie, surchargé de conditions nouvelles concernant les « centres » et les domaines planétaires [3].

---

1. Sur la μεσεμβολήσις, voy. Porphyr., p. 188.
2. Sur la doryphorie, voy. Porphyr., pp. 190-191. Hephaest., I, 17, p. 74
Engelbr. Héphestion reproduit, en l'abrégeant, le texte de Porphyre. Ptolémée
ne définit pas la δορυφορία, mais il s'en sert dans les pronostics concernant
les parents (*Tetrab.*, III, 4), et surtout au chapitre des honneurs, de la τυχὴ
ἀξιωματική (*ibid.*, IV, 2). Voy. ci-après, ch. XII.
3. La planète qui « voit » fascine et se subordonne celle qu'elle regarde et
qui « tire » sur elle. Héphestion, qui vient de définir l' ἀκτινοβολία (I, 16) et
qui appelle le second mode de doryphorie τὸ δεύτερον γένος τὸ κατὰ τὴν
ἀκτινοβολίαν λεγόμενον, a l'air d'oublier complètement la distinction qu'il
vient de poser en termes très clairs : ἡ μὲν ὄψις εἰς τὸ ἔμπροσθεν φέρεται (dans
le sens du mouvement propre des planètes), ἡ δὲ ἀκτὶς εἰς τοὐπίσω. Il écrit
que, dans le premier mode de doryphorie, la planète satellite « regarde » le

b. Le deuxième mode de doryphorie ne convient qu'aux luminaires, au Soleil et à la Lune, chefs de file des deux sectes diurne et nocturne. Si, même sans être dans sa propre maison, l'un ou l'autre de ces astres se trouve sur un des deux « centres » les plus importants, — l'Horoscope ou le MC., — il a pour satellites toutes les planètes de sa secte (τῆς αἰρέσεως) qui le visent suivant un aspect défini. Il y a seulement cette différence, que les satellites du Soleil visent *en avant*, — c'est-à-dire, cette fois, dans le sens du mouvement diurne, — et ceux de la Lune *en arrière*, — c'est-à-dire du côté où l'entraîne son mouvement propre et où ils vont eux-mêmes. Ainsi le Soleil marche suivi et la Lune précédée de ses satellites.

c. Enfin, il y a encore une troisième espèce de doryphorie, qui est une extension de la précédente, avec retouches au profit des planètes autres que les luminaires. Toute planète qui est à l'horoscope ou en culmination a pour satellites les planètes qui la précèdent ou la suivent de près et sont de secte concordante avec la géniture. Ainsi, dans le cas d'une géniture diurne, ce sont les planètes diurnes qui font cortège ; ce sont les nocturnes dans les génitures nocturnes. L'accord est parfait quand la planète ainsi entourée est de même secte que ses satellites [1]. Dans ce système

côté où elle « lance son rayon » — κατοπτεύῃ ἐπὶ τὴν προαναφερομένην αὐτοῦ μοῖραν τὴν ἀκτῖνα βαλών. C'est très humain de viser en tirant ; mais il ne fallait pas avertir d'abord que les planètes regardent en avant et tirent en arrière. Dans le second mode de doryphorie, les satellites du Soleil tirent sur lui ; mais ceux de la Lune devraient la regarder, et cependant, on dit aussi qu'ils actinobolisent. Plus loin (troisième mode) on va nous dire que le Soleil aura pour satellite la planète qui se lève avant lui, c'est-à-dire qui le regarde — δορυφορηθήσεται ὑπὸ τοῦ προαναφερομένου (Porphyr., p. 192). C'est le gâchis complet. La coexistence des deux mouvements, diurne ou cosmique et planétaire, a si bien embrouillé les notion d'*avant* et d'*arrière* qu'il devait y avoir des théories contraires, confondues ensuite par les scoliastes et abréviateurs.

1. Il n'est pas ici question d'aspects, et on parle de courtes distances, comme 7 degrés pour la Lune et 15 pour le Soleil. Du reste, Porphyre et Héphestion répétant les mêmes phrases incohérentes, il faut renoncer à s'orienter dans ce fatras. Après avoir spécifié (deuxième mode) que les satellites du Soleil lancent leur rayon en avant (à droite) et admis (troisième mode) que les satellites peuvent être en avant ou en arrière (προηγούμενοι ἢ ἑπόμενοι), Porphyre ajoute : κατὰ τοῦτο δὲ σχῆμα ὁ ἥλιος δορυφορηθήσεται ὑπὸ τοῦ προαναφερομένου, σελήνη δὲ ὑπὸ τοῦ ἐν ταῖς ζ΄ μοίραις ἐπαναφερομένου. Donc tout est à l'envers du second mode, et il n'y a pas de σχῆμα ? A son tour, le scoliaste Anonyme (p. 47) nous prévient aussi que la doryphorie pour le Soleil n'est pas la même que pour la Lune, et que, dans un cas comme dans l'autre, la distance du satellite ne doit pas excéder un signe : ἐπὶ μὲν γὰρ τοῦ

égalitaire, les luminaires eux-mêmes peuvent descendre à la condition de satellites.

Autant que j'en puis juger, la doryphorie a commencé par être
réellement une rangée à courte distance, comprise dans l'espace
d'un signe, les satellites suivant, dans le sens du mouvement
diurne, la planète honorée, supérieure (cf. καθυπερτερήσις), et tous
par présence réelle. Puis sont venus les raisonneurs et abstracteurs de quintessence. Assimilant les satellites à des appariteurs
ou licteurs, ils ont fait réflexion que ceux-ci devaient précéder le
magistrat, et que, étant donné comme ici deux collègues, l'étiquette consulaire mettait devant les appariteurs du premier et
derrière les appariteurs de l'autre [1]. Mais, comme il était impossible de s'entendre sur le sens des mots *devant* et *derrière,* vu la
coexistence de deux mouvements de sens contraire, les uns ont
mis les appariteurs du Soleil *devant* lui dans le sens de sa marche
diurne, et les autres *devant* lui dans le sens de son mouvement
propre, avec disposition inverse pour la Lune. L'inévitable substitution des aspects à la présence réelle a mis en jeu l'actinobolie,
au sens propre et impropre du mot; elle a rendu problématique,
à grande distance et sur un cercle fermé, la distinction de la
droite et de la gauche, de l'avant et de l'arrière [2], et produit des
confusions nouvelles qui, les commentateurs aidant, ont fait du
tout un chaos inintelligible.

Nous sommes loin d'avoir épuisé la liste des hostilités ou des po-
litesses en usage au ciel. La politesse peut aller — nous l'avons
vu — jusqu'à la charité désintéressée [3] : mais la casuistique des
conflits est bien plus ample que le code de l'hospitalité sympathique. Les planètes se contrecarrent et s'annulent mutuellement
lorsque les diurnes occupent soit les domiciles, soit les hypsomas
des nocturnes, et inversement; ou lorsqu'il y a antagonisme de
caractère — et non plus seulement d'αἵρεσις — entre une planète
bienfaisante logée chez une malfaisante ou inversement. On dit
alors qu'il y a ἀντανάλυσις (*resolutio*) ou annulation du pronostic, et on appelle particulièrement « affliction » (κάκωσις), l'état
d'une planète bienfaisante accolée, ou assiégée, ou frappée, ou
hébergée par une planète malfaisante.

ἡλίου χρὴ εἶναι τὸν δορυφοροῦντα ἀστέρα μὴ πλεῖον ἑνὸς ζωδίου ἀπέχοντα ἐν τοῖς
προηγουμένοις μέρεσιν, ἐπὶ δὲ σελήνης ἐν τοῖς ἑπομένοις. Débrouille
qui pourra cet écheveau.

1. Suet., *Caes.*, 20.

2. La droite et la gauche ont chacune 180°, de chaque côté du diamètre.

3. Voy. ci-dessus, p. 242, 1 et 247, 1. Cf. Firmic., II, 14, 2 Kroll.

Le pessimisme astrologique, plus exigeant que celui des philosophes, n'admettait même pas que l'absence du mal fût un bien, au moins pour le sexe féminin, représenté excellemment par la Lune. Quand la Lune n'était ni en contact, ni en défluxion, ni en rapport par aspect quelconque avec aucune planète, ni sur le point de l'être dans un court délai (espace de 30 degrés), les astrologues disaient qu'elle « court à vide » (κενοδρομία - *per vacuum cursus*) et que son action était alors indifférente et inefficace suivant les uns, détestable suivant les autres [1]. On voudrait savoir si le psychologue inconnu, auteur de cette belle invention, songeait aux coquettes délaissées ou aux vieilles filles.

Enfin, les astrologues notaient encore — comme fâcheuse, sans doute — la moindre différence de position (παραλλαγή) susceptible d'altérer la régularité des aspects. On cite comme exemple la position du Soleil au 15e degré du Bélier et celle de Saturne au 20e degré de la Balance, l'un n'ayant pas atteint ou l'autre ayant dépassé le point exact de l'opposition diamétrale [2]. Ce scrupule nous mène bien loin de l'astrologie primitive, qui procédait par estimations grossières. Nous approchons des méthodes délicates, rêvées plutôt qu'appliquées au calcul de l'horoscope.

1. Sur la κενοδρομία, voy. Porphyr., p. 189 ; Firmic., IV, 8 (*Luna si ad nullum feratur*) ; Maneth., II, 486 sqq. On appelait aussi κενοδρομία l'état de l'un ou de l'autre luminaire, quand ils se trouvaient dépourvus de satellites (ἀδορυφόρητα). Κενοδρομεῖν οὐ λέγει [Πτολεμαῖος] τὸ μηδένα τῶν ἀστέρων σχηματίζεσθαι, ἀλλὰ τὸ ἐστερῆσθαι δορυφορίας (Anon., p. 98). Ces potentats n'aimaient pas à marcher sans cortège. Il y a un cas où la κενοδρομία de la Lune est relativement utile, celui des accouchements prématurés (ci-après, ch. xv) dans le système des καταρχαί.

2. Porphyr., p. 187. Sur l'exactitude requise, cf. ci-dessus, pp. 176, 3 et 248.

CHAPITRE IX

LE ZODIAQUE CONSIDÉRÉ COMME CERCLE
DE LA GÉNITURE

L'étude des propriétés fixes du Zodiaque ou qualités intrinsèques de ses signes, des influences mouvantes des planètes et
des combinaisons des unes et des autres, ne doit pas nous faire
oublier que cette machine tournante, cette roulette du Destin,
doit être interrogée à un moment précis. Ce moment, les astrologues ont cherché à le faire aussi court que possible, en vue de
se ménager la possibilité d'introduire des différences notables —
et même très considérables — entre les pronostics applicables à
des naissances presque simultanées, comme celles des jumeaux.
Pour répondre à une objection célèbre, reproduite indéfiniment
par tous leurs adversaires, ils comparaient la sphère céleste à la
roue du potier, qu'il est impossible de toucher deux fois de suite
au même endroit, si rapide que soit le mouvement du doigt deux
fois approché de sa circonférence [1]. Il s'agissait donc pour eux
de fixer l'image du ciel à un moment indivisible, de faire ce que
nos photographes modernes appelleraient un « instantané ». Cette
image ou carte, limitée à la bande zodiacale, est le « thème de
géniture » (θέμα ou διάθεμα τῆς γενέσεως - constellatio) [2].

1. La comparaison a été imaginée, dit-on, par Nigidius, surnommé depuis
*Figulus. Nigidius, dum rotam figuli quanta vi potuit intorsisset, currente illa
bis numero de atramento tamquam uno ejus loco summa celeritate percussit ;
deinde inventa sunt signa quae fixerat, desistente motu, non parvo intervallo
in rotae illius extremitate distantia. Sic, inquit, in tanta rapacitate caeli,
etiamsi alter post alterum tanta celeritate nascatur quanta rotam bis ipse
percussi, in caeli spatio plurimum est, etc.* (Augustin., *Civ. Dei*, V, 3). Nigidius
était bien naïf de recourir à l'expérimentation, qui aurait pu le tromper. Il
eût posé sa seconde tache d'encre sur la première, si la roue avait fait un
tour complet entre les deux contacts. Pour renforcer encore l'argument, les
astrologues faisaient valoir l'énorme dimension d'un seul degré mesuré sur
la voûte céleste, dimension que Firmicus évalue à 21,400 stades (VIII, 4 Pr.).

2. Ou, par abréviation, γένεσις - *genitura*, mais non pas « horoscope ».

I. — LE CYCLE DES LIEUX.

A. *Les centres.* — Le moment fatidique que l'astrologue aux
aguets devait saisir est représenté sur le cercle zodiacal par le
point qui émerge alors à l'horizon du côté du Levant et qui
s'appelle pour cette raison « indicateur du moment » ou Horoscope (ὡροσκόπος - *ascendens*) [1]. C'est de ce point que part la division
du cercle de la géniture [2], cercle qui est le Zodiaque lui-même,
mais doté d'une division duodénaire autonome superposée à celle
des signes et communiquant à chacune de ses cases (τόποι - *loci*)
des propriétés spécifiques qui pourront être combinées après
coup avec celles des signes sous-jacents [3], mais en sont de prime
abord indépendantes. Les signes avaient leur place fixée une fois
pour toutes, tandis que les compartiments du cercle gradué
d'après l'Horoscope se déplaçaient comme lui, par rapport à eux,
pour chaque géniture. Mais, d'autre part, mobile par rapport aux
divisions du Zodiaque, le cercle de la géniture est fixe par rapport
à la Terre. Il est comme un bâti immobile à l'intérieur duquel
tourne le Zodiaque et la machine cosmique tout entière.

Il est évident que les anciens astrologues, ceux qui n'avaient
pas encore eu maille à partir avec les faiseurs d'objections, cherchaient à l'horizon l'astre, étoile fixe ou planète, qui naissait
pour ainsi dire en même temps que l'enfant dont ils comptaient
prédire la destinée. Les planètes étant trop rares pour fournir
un nombre d'horoscopes suffisant [4], c'est surtout au cadran du

---

1. *Propter caeli particulam ubi ponitur horae notatio, quem horoscopum
vocant* (Augustin., *Civ. Dei*, V, 2). Les auteurs latins qui veulent traduire
sans transcrire emploient comme équivalent *ascendens*, lequel indique mieux
le point d'émergence.

2. Terme que j'estime commode et que j'adopte sous ma responsabilité.
Les auteurs se contentent d'appellations de détail, comme τόποι, κλῆροι.

3. C'est à propos de l'altération du caractère des signes par combinaison
avec les cases ou « lieux » du cercle de la géniture que Manilius dit : *Omne
quidem signum sub qualicunque figura | Partibus inficitur mundi; locus impe-
rat astris | Et dotas noxamque facit*, etc. (Manil., II, 856 sqq.). *Vincit enim
positura genus.... et praetereuntia cogit | Esse sui moris* (ibid., 861 sqq.).

4. L'auteur d'*Hermippus* pense que c'est pour suppléer à la rareté des planètes que les astrologues ont assimilé à celles-ci, comme de même tempérament (τῇ τῶν ἑπτὰ ποιότητι κέκρανται), deux ou trois étoiles par signe
(*Hermipp.*, II, 7, p. 44 Kroll). Nous avons vu (ci-dessus, pp. 132, 1. 181, 2) que
ce travail avait été fait même pour des étoiles extra-zodiacales.

Zodiaque qu'on demandait « l'heure » (ὥρα) [1], et l'on se contentait de noter en bloc le signe zodiacal qui montait alors au-dessus du plan de l'horizon. De là l'expression courante : « naître sous tel signe [2] ». Quand cette estimation grossière ne suffit plus, il fallut y regarder de plus près et aller jusqu'au degré du cercle et même jusqu'aux subdivisions du degré. La limite n'était ici qu'une nécessité de fait, imposée par l'imperfection des moyens d'observation [3]. Mais le « degré horoscope » ainsi obtenu ne correspondait le plus souvent à aucune étoile ou planète. Il devenait une entité en soi, une abstraction à laquelle les astrologues furent contraints d'attribuer la valeur concrète d'un astre. Aussi répètent-ils constamment que les combinaisons géométriques imaginées pour les astres s'appliquent également au pivot ou « centre » appelé Horoscope et aux trois autres « centres » (κέντρα-γωνίαι-cardines-anguli) déterminés par ce point initial [4].

Les « centres » du cercle de la géniture sont, énumérés dans le sens du mouvement diurne : 1° l'Horoscope ou Levant (ὡρο-σκόπος-ἀνατολή-ortus-pars horoscopi); 2° la culmination supérieure (μεσουράνημα-medium caelum, en abréviation MC.); 3° le Couchant (δύσις-δύνον-διάμετρον δυτικόν-occasus); 4° la culmination inférieure (ὑπόγειον-μεσουράνημα ὑπὸ γῆν-ἀντιμεσου-

---

1. Synonymes plus ou moins poétiques d'*horoscope :* ὥρα tout court ; ὥρα (ou μοῖρα) ὡρονόμος, ὡρονομοῦσα, βιοτοσκόπος, τεκνοσπόρος, μεροποσπόρος, γονίμη, πανεπισκόπος, etc., ou encore ὡρονόμος ὡροσκόπος, pour distinguer de ὡροσκό-πος=δεκανός (Cf. ci-dessus, p. 222, 4).

2. Ceci soit dit sans anticiper sur la discussion instituée plus loin (ch. XII) sur le signe *horoscope* proprement dit et le signe hébergeant le Soleil ou *chronocrator* du mois.

3. Les *minutes* (λεπτά) sont notées dans nos trois papyrus égyptiens (*Brit. Mus.*, XCVIII-CX-CXXX). On allait même ou prétendait aller jusqu'aux minutes *secondes* (δευτέρα) et au-delà (τῶν λεπτῶν λεπτὰ καὶ ἔτι λεπτότερα. *Philosophum.*, VI, 2, p. 279 Cruice). L'auteur du papyrus CXXX prétend estimer des fractions invraisemblables de degré (μέρος μοίρης δισμυροχιλεξακοσιοστόν. lig. 114).

4. Comme point initial, l'horoscope est πρώτη ἀρχὴ πάντων καὶ ῥίζα (Anon., p. 90) — ἀρχὴ καὶ οἴαξ τῶν ἄλλων (ibid., p. 99). Le mot κέντρον, point « piqué », est le terme technique ordinaire, et il forme l'adjectif ἐπίκεντρος, « situé sur un centre ». Au risque de produire parfois une équivoque (qui existe aussi en grec), nous le rendrons en français par « centre », le terme synonyme dont usent communément les Latins, *anguli*, étant plus équivoque encore. *Anguli* est la traduction de γωνίαι, employé — rarement — par Ptolémée : αὐτὸς δὲ [Πτολεμαῖος] καὶ γωνίας ἐκάλεσεν εἰκότως · πᾶσα γὰρ γραμμὴ εἰς κύκλον ἐμπίπτουσα καὶ τέμνουσα αὐτὸν γωνίας ἀποτελεῖ (Anon., p. 26). C'est parce que les « centres » sont toujours en aspect quadrat que *tetragonum et centron vocatur* (Censorin., *Fragm.* III, 8, p. 59 Hultsch : cf. ci-dessus, p. 273, 3).

ράνημα - *imum caelum,* en abréviation IMC.). Ils sont déterminés par la rencontre du plan du Zodiaque avec le plan de l'horizon et celui du méridien [1].

Avant d'expliquer la vertu des centres et les qualités spécifiques emmagasinées dans les douze cases ou « lieux » (τόποι - *loci*) dont ils forment comme la charpente, il faut faire une excursion dans le domaine de la géométrie, domaine commun aux astrologues et aux astronomes, afin de poser le problème qui a tourmenté plus que nul autre les astrologues capables de le comprendre, et fait plus que nul autre pour discréditer les praticiens de carrefour au profit des vrais « mathématiciens » : le problème des ascensions (ἀναφοραί) des signes du Zodiaque, dont la solution règle la position des centres et des lieux par rapport aux degrés du Zodiaque.

Les premiers astrologues, et ceux qui, plus tard, s'étaient arrêtés au même degré d'instruction, considéraient le Zodiaque comme un cercle qu'il suffit de partager en quatre quadrants égaux pour avoir les positions de l'horoscope et de l'occident ou points d'intersection avec l'horizon, de la culmination supérieure et inférieure ou points d'intersection avec le méridien. Mais ceux qui étaient capables de mettre quelque précision dans leurs mesures et avaient une teinture de géométrie s'aperçurent que le Zodiaque, tournant autour d'un axe oblique à son plan, n'était presque jamais divisé en quadrants égaux par l'horizon et le méridien [2]. Ils s'aperçurent en même temps — et c'est par là

---

1. Ne pas confondre le MC. avec le *zénith* (κορυφή), qui n'est pas l'intersection du Zodiaque et du méridien, mais la verticale de chaque lieu, comme son antithèse, le *nadir* — mots d'origine arabe.

2. Géminus (*Isag.*, 5) explique comme quoi le méridien ne divise en parties égales que le tétragone contenant les solstices et équinoxes, au moment où les équinoxes coïncident avec la ligne d'horizon. Pour toute autre position, le Zodiaque est divisé en quadrants inégaux, la différence pouvant aller du simple au double (quadrants de 60 à 120 degrés). Démophile (p. 198) en dit autant, et il rattache à ces différences (p. 197) la classification des signes en προστάσσοντα (qui agrandissent le quadrant oriental) et ὑπακούοντα (qui agrandissent le quadrant occidental). Cf. ci-dessus, p. 163, 2. Dans le papyrus Stobart (*Brit. Mus.*, XCVIII recto), œuvre d'un Égyptien savant, HOR. est en ♋ 25° (lig. 42) et MC. en ♈ 10° 30′ (lig. 47), le quadrant oriental valant 104° 30′. Dans le thème d'Anubion (*Notices et Extr.*, XVIII, 2, n° 19=*Brit. Mus.*, CX, lig. 25-30), HOR. est en ♐ 25°, MC. en ♍ 8°, le quadrant oriental étant de 77°. Dans le papyrus CXXX *Brit. Mus.*, HOR. étant en ♏ 18°, MC. est « sur le dos du Lion », c'est-à-dire à une distance comprise entre 78° et 108° (lig. 163-175). Manéthon, dans son propre thème de géniture (VI, 738-750), met le MC. au troisième signe, c'est-à-dire à moins de 90° de l'horoscope. Dans le thème de Pro-

qu'ils avaient dû commencer — que certains signes du Zodiaque montent beaucoup plus vite que d'autres au-dessus de l'horizon, ces mêmes signes descendant au contraire plus lentement de l'autre côté. Et la chose était de grande conséquence, car les pronostics concernant la durée de la vie — grave sujet, s'il en fut — étaient fondés sur la valeur des arcs du cercle zodiacal exprimé en temps; autrement dit, sur la vitesse angulaire avec laquelle tournent, par l'effet du mouvement diurne, les diverses parties du Zodiaque. De même, la position des centres était faussée, et avec elle la distribution des lieux, si l'on persistait à croire que l'horizon et le méridien divisent nécessairement le Zodiaque en quatre parties égales.

Nous ne pouvons rien dire des anciens Chaldéens, ni même de ceux qui avaient pu recevoir des Grecs des leçons de géométrie [1] : mais il est certain que les Égyptiens, après comme avant leur contact avec les Hellènes, se montrèrent absolument rebelles à l'intelligence des ἀναφοραί. On a vu plus haut (p. 54) comment on prétendait qu'ils avaient divisé le Zodiaque en arcs égaux de 30 degrés, sans que les littérateurs qui nous renseignent songent à protester. Longtemps après qu'Euclide se fut occupé de la question, le Grec égyptien auteur de l'*Art d'Eudoxe* ou *Didascalie de Leptine* [2] donnait la recette, qu'il croyait infaillible : « Au coucher du soleil, laisse couler l'eau de la clepsydre dans « un vase jusqu'à ce que les astres se lèvent », — ce qui fait, suivant l'auteur, une de nos heures ou montée d'un demi signe; — « immédiatement après, fais couler la même eau tout entière, « de la même façon, les astres étant levés; en même temps que « l'eau finira le signe entier » [3]. Il n'est même pas sûr que le

---

clus (Marin., *Vit. Procl.*, 35), la distance de HOR. ♈ 8° 19′ à MC. ♑ 4° 42′ est de 93° 37′ (latitude de Byzance). Le scoliaste Anonyme (p. 179) avertit qu'il peut y avoir entre l'horoscope et le MC. depuis *trois* jusqu'à *cinq* signes. Démophile (p. 197) pose le cas où le quadrant oriental vaudrait 72°. Les exemples abondent : ceux-là suffisent pour montrer la préoccupation constante, sinon la virtuosité mathématique de nos auteurs.

1. P. Epping (*Astronomisches aus Babylon*, p. 46) croit que l'inégale ascension des degrés de l'écliptique « a dû certainement être connue des Chaldéens ». Mais il ne s'occupe que des Chaldéens du IIe siècle avant J.-C., et il ne peut affirmer sans réserves, même pour ceux-là.

2. Voy. ci-dessus, p. 107, 1.

3. *Notices et Extr.*, p. 65; Tannery, pp. 290-291. Géminus (*Isag.*, 5) daube sur les Égyptiens : ils s'obstinaient à croire, suivant lui, que leur année vague faisait toujours tomber la fête d'Isis à la même époque de l'année solaire, « un comble d'ignorance qu'on ne peut dépasser » (ὑπερβολὴν οὐκ ἀπολείπουσιν ἀγνοίας).

fameux Pétosiris ait tenu compte des ἀναφοραί [1] : en tout cas, il a dû être là plus obscur que jamais, et pour cause ; car Firmicus, qui le cite si souvent, n'entend rien à la question. Parlant des lieux ou cases du cercle de la géniture, il a soin de noter que les centres sont à 90° l'un de l'autre ; que le premier lieu s'étend du 1er au 30e degré ; le second, du 30e au 60e ; que le troisième atteint la culmination inférieure à 90°, et ainsi de suite ; et cela, afin « d'éclairer l'obscurité » et prévenir toute confusion [2]. Il a bien entendu parler des ἀναφοραί et de leur diversité suivant les climats ; mais notre Béotien s'imagine qu'elles marquent « en quelle année chaque signe se lève dans les génitures », c'est-à-dire, s'il fallait chercher un sens à ce non-sens, en quelle année de la vie d'un individu né sous un des sept climats recensés par lui se fera sentir l'influence de chaque signe du Zodiaque. C'est pour « éclairer » encore ce recoin obscur qu'il dresse une liste d'ἀναφοραί [3]. Le fameux « thème du monde », ordonné par les Égyptiens » et dont Firmicus mène si grand bruit, prouve péremptoirement l'ignorance de ces législateurs de l'astrologie ; car, plaçant l'horoscope au milieu du Cancer, ils n'avaient pas manqué de mettre la culmination supérieure au juste milieu du Bélier [4]. Enfin, Firmicus proteste à sa façon — sans le savoir probablement — contre les gens qui dérangent à tout propos la position des centres, en révélant un secret que Pétosiris lui-

1. Au dire de Vettius Valens (ap. Riess, *Necheps. fragm.*, p. 334), le roi Néchepso τοῦ πρώτου κλίματος μόνας τὰς ἀναφορὰς ἐδήλωσεν. Ces ἀναφοραί du premier climat (voy. le tableau ci-après, p. 269) sont celles calculées par Hypsiclès. L'auteur du papyrus *Brit. Mus.*, nº XCVIII a soin d'avertir qu'il a déterminé l'horoscope δι' ὅλην τὴν ἀναλογίαν ἐκ τοῦ ἀναφορικοῦ πρὸς κλεψύδραν (lig. 40-41).

2. Firmic., II, 15 (*De cardinibus geniturarum*) et 19 (*De duodecim locorum potestatibus*). Il sait pourtant, ou plutôt il a lu quelque part, que le MC. se trouve parfois au XIe lieu, c'est-à-dire à moins de 60° de l'horoscope. *In hoc medium caelum frequenter partiliter invenitur* (II, 19, 12 Kroll). Mais les idées ne se lient pas dans son esprit.

3. *Debemus ostendere quoto anno unumquodque signum in genituris oriatur.* Suit une liste de chiffres ordinaux appliqués aux années (Firmic., II, 11 Kroll). Pruckner (II, 13) avait corrigé à sa façon ce tableau, qui fourmille d'erreurs. Les climats s'y succèdent dans l'ordre : Alexandrie, Babylone, Rhodes, Hellespont, Athènes, Ancône, Rome. Les ascensions sont supposées égales *in climate primo atque in climate secundo*. En fait, il n'y a pas de « chronocratories » à chercher dans ce texte. Firmicus a entendu dire que, dans le calcul de la durée de la vie, les degrés d'ascension comptent pour autant d'années. Il a mêlé ces deux idées et en a fait ce que j'appelle, au risque d'offenser Saumaise du même coup (ci-après, p. 266, 1 et ch. XII), un non-sens.

4. Voy. ci-dessus, pp. 129, 1. 185-187. 197, 1.

même a fait exprès, suivant lui, de cacher. Ce secret consiste tout bonnement à placer la culmination inférieure à 90° de l'Horoscope et à y entasser « toute la substance de la vie » [1].

En voilà assez pour montrer que les « Égyptiens », habitués à placer leur Zodiaque à eux, le cercle des Décans, aux environs de l'équateur, n'ont su ni découvrir par eux-mêmes ni accepter des astronomes grecs, avec toutes ses conséquences, la notion de l'obliquité du Zodiaque.

La difficulté du problème des ἀναφοραί consiste en ceci : que les signes du Zodiaque montant au-dessus de l'horizon et descendant au dessous plus ou moins obliquement, leur vitesse angulaire ne peut être mesurée que sur le limbe de la grande roue cosmique, celle dont le plan est perpendiculaire à l'axe de rotation, c'est-à-dire sur l'équateur. Il s'agit donc de convertir les degrés d'ascension oblique (Zodiaque) en degrés d'ascension droite (Équateur). L'obliquité du Zodiaque par rapport à l'équateur est un élément fixe du problème : il y en a un autre, variable suivant la latitude du lieu d'observation, c'est-à-dire l'angle que fait l'horizon du lieu avec le plan de l'équateur et celui de l'écliptique ou ligne médiane du Zodiaque. Cet élément variable est cause que, tous les calculs une fois faits pour un « climat » (latitude), il faut les recommencer pour un autre climat.

La question, d'importance capitale pour les astrologues, intéressait aussi les astronomes ; car eux aussi marquaient les degrés de longitude sur l'écliptique [2], et ils s'obligeaient par là à établir la correspondance des degrés de longitude avec les degrés d'ascension droite marqués sur l'équateur, cadran de l'horloge du monde. Aussi les plus doctes géomètres de la Grèce avaient cherché des méthodes de calcul. Nous possédons encore, du mathématicien Hypsiclès [3], qui vivait environ un demi-siècle

---

1. *Quae res et a plurimis incognita et a paucis leviter videtur esse tractata, nam et istum tractatum Petosiris (ut mihi videtur) invido voluit livore celare. In omnibus enim genituris nonagesima pars sagaci debet inquisitione perquiri, ex ea namque exitus vitae, mors, infortunia, pericula, felicitates et tota substantia geniturae colligitur* (Firmic. VIII, 1 Pruckner). Voilà le grand secret de l'ἐννενηκονταμέρος (ci-après, ch. XII).

2. Aujourd'hui, les astronomes ont délaissé les longitudes comptées sur l'écliptique et les latitudes parallèles à l'écliptique pour d'autres coordonnées ; l'ascension droite (*AR = ascensio recta*) mesurée (en unités de temps le plus souvent) sur l'équateur, et la déclinaison, australe ou boréale.

3. Voy. K. Manitius, *Des Hypsikles* Ἀναφορικός *nach Ueberlieferung und Inhalt kritisch behandelt.* Progr. Dresden, 1888. Cf. P. Tannery, *Recherches*, p. 40. On reproche à Hypsiclès : 1° d'avoir adopté une progression de raison

avant Hipparque, un opuscule sur la matière. Hipparque avait repris le sujet dans un ouvrage, spécial également, que cite Pappus [1], et Ptolémée rectifia les solutions proposées en employant des méthodes qui devaient conduire à l'invention de la trigonométrie, seule capable de fournir des formules exactes et commodes à la fois. Les divergences que constatent les scoliastes entre les tables dressées par les anciens et les nouveaux astrologues, Apollinaire, Thrasylle, Pétosiris, Ptolémée [2], montrent bien que l'accord n'avait pu se faire. Les « Égyptiens », qui avaient commencé par ignorer les ἀναφοραί, ne voulaient plus abandonner les tables d'Hypsiclès, qu'on avait fini par mettre sous le nom de Pétosiris, — au moins pour le climat d'Alexandrie, — et l'autorité même de Ptolémée ne put avoir raison de leur entêtement. Deux siècles après lui, Paul d'Alexandrie rédigeait encore un manuel d'astrologie destiné à son fils Kronammon, dans le but de réagir contre les erreurs traditionnelles et de faire valoir, entre autres rectifications, « les ἀναφοραί suivant Ptolémée [3] ».

L'observation avait appris depuis longtemps que les parties les plus obliques du Zodiaque sont celles qui montent le plus vite

---

constante ; 2º de n'avoir pas appliqué la progression à l'intérieur des signes, de degré en degré, mais seulement d'un signe à l'autre. Un détail curieux, c'est que le nom d'Hypsiclès a été travesti par les Arabes (et peut-être par d'autres avant eux) en *Esculeus = Asclepius*, nom appartenant à la tradition hermétique (Manit., *op. cit.*, p. xɪɪ). Du reste, Hypsiclès, comme Alexandrin, était « Égyptien », et il n'a pas été plus difficile de le déguiser en Pétosiris. Ce déguisement n'en est pas un si, comme le. pense Manitius, Hypsiclès a travaillé pour les astrologues et non pour les astronomes.

1. Pappus in *Coll. Mathem.*, II, p. 160.

2. Demophil. ap. Porphyr., pp. 194-197.

3. Paul d'Alexandrie cite les astrologues qui emploient τὰς κατὰ Πτολε-μαῖον ἀναφοράς — καὶ Ἀπολιναρίου παρακελευομένου ἐν τῷ περὶ ἀφέτου καὶ οἰκοδεσπότου καὶ ἀναιρέτου ταύταις κεχρῆσθαι — καὶ Ἀπολλωνίου τοῦ Λαοδικέως ἐν τοῖς ἰδίοις πέντε βιβλίοις διαβάλλοντος τοὺς Αἰγυπτίους, ὡς πολλὴ ἀπάτη αὐτοῖς γεγενῆται ἐν ταῖς τῶν ζῳδίων ἀναφοραῖς (Paul Alex., *Praef.*). Parmi les contemporains de Paul, c'est à qui ne comprendra pas. On a vu (ci-dessus, p. 54) que Macrobe ne soupçonne pas la difficulté, ni peut-être Servius. Servius sait que les signes du Zodiaque ne se lèvent pas au même moment dans les différents climats, et il enseigne que c'est la raison pour laquelle le Soleil n'entre pas partout au même moment dans chaque signe (Serv., *Georg.*, I, 205). Il confond l'*ortus* au-dessus de l'horizon, ou lever héliaque, avec l'*ingressus in signum*, qui est tout à fait indépendant de l'horizon terrestre et n'a rien à faire avec les ἀναφοραί. Martianus Capella donne une liste d'ἀναφοραί (VIII, 844-845), mais une seule, qu'il croit sans doute universelle, exacte à toute latitude.

au-dessus du plan de l'horizon. Au coucher, la position se trouvant renversée, ceux qui avaient monté le plus vite sont les plus lents à descendre [1]. Aussi disait-on que « le Bélier est le plus rapide des signes » [2]. Soit, pour fixer les idées sur ce point, les figures suivantes, représentant, en quatre étapes, le lever et le coucher du Bélier :

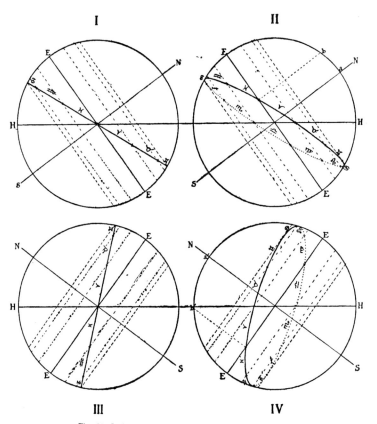

Fig. 29. Le lever (I-II) et le coucher (III-IV) du Bélier [3].

1. Voy. Gemin., *Isag.*, 5; Cleomed., *Cycl. Theor.*, I, 6, p. 24 Schmidt; Martian. Cap., VIII, 844. Τὰ βραδυαναφορα τῶν ζωδίων ταχυκαταφορα γίνεται, καὶ τὸ ἀνάπαλιν, τὰ βραδυκαταφορα ὀλιγοναφορα (Anon., p. 114).

2. Ci-dessus, p. 151, 3. Géminus (*loc. cit.*) réfute les « anciens » qui ne savaient pas que les Poissons sont aussi rapides que le Bélier, la Balance aussi lente que la Vierge.

3. Dans les quatre figures, la projection de la sphère céleste est faite sur le méridien, à peu près à la latitude de Rhodes (arc HN = 36°). Le plan de l'équateur, toujours perpendiculaire au plan du méridien, est partout représenté

Ce que les mathématiciens cherchaient, c'était la progression suivant laquelle le temps ascensionnel allait croissant du Bélier à la Vierge, et le temps de la descente décroissant de la Balance aux Poissons. Ils avaient fini par dresser, en usant de diverses méthodes empiriques [1], des tables calculées pour sept « climats » ou latitudes. Le malheur est que ces climats étaient alignés au juger, et que, en voulant les faire équidistants, on ne s'entendait pas sur la mesure à adopter, ou plutôt, on supposait que des différences égales dans la durée du jour solstitial correspondaient à des arcs égaux du méridien [2].

Pour en revenir à nos astrologues, disciples récalcitrants des géomètres, Manilius ne paraît pas avoir saisi l'importance de la donnée variable (heure ou latitude) dans le calcul, car il a l'air de considérer comme utilisables en tous lieux les chiffres qu'il a réussi à versifier et qu'il emprunte au tableau anaphorique du climat de Rhodes. La preuve que cette page de mathématiques,

par une ligne EE : le plan du Zodiaque, de même, dans deux positions initiales où le 0 (zéro) du Bélier (point vernal) affleure à l'horizon HH, du côté de l'Orient (I) et du côté de l'Occident (III). Si l'on fait tourner la sphère, les divisions du Zodiaque décrivent des cercles parallèles à l'équateur (lignes ponctuées) et le plan du Zodiaque se projette en ellipse. Lorsque, partant de la position I, le mouvement de la sphère a fait monter au-dessus de l'horizon les 30 degrés du Bélier, l'arc d'équateur qui a monté en même temps est représenté ci-dessus (II) par la ligne qui va du centre de figure au 0 du Bélier. Il suffit de rabattre le plan de l'équateur sur celui du méridien pour voir que cet arc est égal à l'arc a-b (environ 20°). En suivant la même marche à partir de la position III, on constate que l'arc d'équateur descendu au-dessous de l'horizon en même temps que les 30 degrés du Bélier équivaut à l'arc a'-b' (IV), lequel doit être égal à 60° — 20° (ci-après, p. 267, 2). Le plan du Zodiaque n'étant perpendiculaire à celui du méridien que quand les points équinoxiaux sont à l'horizon, il résulte de là que les quadrants du Zodiaque sont inégaux dans toute autre position (ci-dessus, pp. 259. 261, 4).

1. Ils se servaient, pour remplacer ou vérifier le calcul, de sphères mobiles. Properce (V, 1, 76) raille un *vates | Nescius aerata signa movere pila ;* Strabon (II, 5, 10, p. 116) parle de sphères (terrestres) de 10 pieds de diamètre ; Martianus Capella (VIII, 815), de la *sphaera aenea quae* κριχωτή *dicitur*, où l'axe fait saillie par des trous. On connaît la fameuse sphère d'Archimède (Cic., *Rep.*, I, 14, 22 ; *Nat. Deor.*, II, 35 ; *Tuscul.*, I, 25 ; Ovid., *Fast.*, VI, 277 ; Lactant., *Inst. Div.*, II, 5). On en citait aussi de Posidonius (Cic., *N. D.*, II, 34), d'Eudoxe (Cic., *Rep.*, I, 14, 22), d'Anaximandre (Diog. Laert., II, 2) et même de Thalès (Cic., *l. c.*). Voir le curieux opuscule Λεοντίου μηχανικοῦ περὶ παρασκευῆς Ἀρατείας σφαίρας (ap. Arat., ed. Buhle, I, pp. 257-266). Dans les *Dionysiaca* de Nonnus, le vieil Astræos, pour donner une consultation à Déméter, se fait apporter « une sphère tournante, image du monde » (σφαῖραν ἐλισσομένην, τύπον αἰθέρος, εἰκόνα κόσμου. VI, 65).

2. Sur l'échelle des climats, voy. ci-après, ch. xi.

devenue dans ses hexamètres un véritable grimoire, n'était pas
non plus très claire pour lui, c'est que, après cet exemple particulier, il aborde à deux reprises la discussion générale du problème, une fois avec des unités de temps (heures), une seconde
fois avec des unités d'arc (stades), sans remarquer que ses deux
solutions n'en font qu'une [1]. Enfin, après avoir répété sur tous les
tons que, sans le calcul des ascensions, « les fondements de l'art
croulent », Manilius revient d'instinct, une fois sa leçon récitée,
à la méthode des ignorants dont il a signalé la sottise. Il enseigne
tranquillement cette énormité que « en une heure n'importe

---

[1]. Je ne veux pas entrer ici dans le débat entre Scaliger (*Not. in Manil.*,
pp. 215-235) et Saumaise (*De ann. clim.*, pp. 666-714) à propos des calculs de
Manilius. Il y faudrait un *Excursus*, aussi long qu'inutile. L'opinion de Saumaise est que *miserrime hallucinatus est Scaliger ad Manilium* (p. 686).
Quant à lui, mêlant ensemble Manilius, Valens, Firmicus, et confondant,
par respect pour Firmicus, les *degrés* et les *années* que les degrés représentent (ci-dessus, p. 264, 1), il est conciliateur à outrance et obscur à plaisir
(voy. pp. 692-697, etc.). L'objet du litige, le texte de Manilius, a été lui-même
corrigé et bouleversé de telle sorte qu'il est à peine comparable dans les
éditions de Scaliger et de Fr. Jacob. Manilius commence par expliquer
(comme chose vraie en tous lieux) que, au solstice du Capricorne, le jour
dure 9 h. 1/2 équinoxiales (*vernales horas*), et la nuit 14 h. 1/2. Il enseigne
ensuite *quot stadiis et quanto tempore surgant | Sidera* (III, 275-300 Jacob),
accordant 40 stades ou 1 h. 1/3 au Bélier, avec progression de 8 stades par
signe, progression croissante jusqu'à la Balance, décroissante ensuite. La
sphère tournant avec une vitesse angulaire de 15° par heure, il est évident
que 1 h. 1/3 représente 20°, équivalant aux 40 stades. Le stade céleste de
Manilius vaut donc 1/2 degré ou 2 minutes de temps. Vient ensuite l'exposé
de la méthode générale, applicable au calcul des heures : *quot surgant in
quoque loco cedantque per horas* (III, 385-417 Jacob). C'est cette même
méthode qu'il reprend ensuite (III, 418-442) pour le calcul des stades, sans
avertir (à moins qu'il ne l'ait fait dans une transition aujourd'hui perdue,
lacune signalée entre III, 417 et 418 ?) que c'est la même. En outre, on se
heurte là à une énigme jusqu'ici mal résolue et qui a forcé Scaliger à recourir
à des expédients aventureux. Le stade valant 1/2 degré, il doit y avoir
720 stades (360 × 2) dans le cercle entier. Or, Scaliger lit : *quae cum tercen-
tum numeris vicenaque constent* (300 + 20 = 320), et il se charge d'expliquer
quand même ce chiffre étrange. Jacob corrige : *quae cum ter centum et quater
vicenaque constent* (III, 419), avec la prétention de traduire : 300 + 4(00) + 20 =
720. Th. Breiter (*Zu Manilius* in Jahrb. f. kl. Philol., 1889, p. 701) revient à
la leçon de Scaliger, mais en traduisant *ter centum vicenaque* par 3 × (100 +
20) = 360. On aurait ainsi 360 stades, non pour le cercle entier, mais pour
le demi-cercle. Il faut admettre que l'on fait mentalement la somme des deux
demi-cercles et que c'est de cette somme que, au vers suivant, Manilius déduit
la durée de la nuit la plus courte : *Detrahitur summae tota pars*, etc. (III,
420 Jacob). Ce n'est guère vraisemblable ; mais c'est le seul moyen de respecter
— ou plutôt de solliciter respectueusement — le texte et de conserver au
stade la valeur indiquée plus haut.

laquelle, les signes montent de trois fois cinq degrés » [1]. Manilius, médiocre élève d'Uranie, n'a fait que traverser les mathématiques sur le dos de Pégase.

Dégagé des périphrases poétiques qui ont exercé la sagacité de ses commentateurs, le système exposé par Manilius consiste à instituer une progression arithmétique dont la raison, fournie par une méthode empirique, dépend de la latitude, celle-ci représentée par la durée du jour solstitial d'été ou par un arc de cercle équivalent. Le minimum de la durée ou de l'arc anaphorique étant fixé au Bélier et le maximum à la Vierge, on obtient la progression (παραύξησις), soit par addition de la raison (αὐξομείωσις), de signe en signe, du minimum au maximum, soit par soustraction, du maximum au minimum. Cette série de six signes une fois réglée, il suffit de la doubler d'une série égale et inverse de signes isanaphoriques pour parfaire le tableau [2].

1. A propos de la détermination de l'Horoscope par les ἀναφοραί : *Quod nisi subtili visum ratione tenetur,* | *Fundamenta ruunt artis, nec consonat ordo* (III, 206-207 Jacob). Ensuite il reprend (III, 483-502) la méthode vulgaire qu'il a plus haut (III, 218-246), et avec raison, déclarée inexacte, ou qu'il a crue exacte seulement pour la zone équatoriale (III, 304-308), erreur reproduite par Lucain (*Phars.*, IX, 533 sqq.).

2. Voici le calcul deux fois recommandé par Manilius. Prendre la durée du jour solstitial (*sub Cancro*) en heures équinoxiales ou en stades ; la diviser par 6 et attribuer le quotient comme ἀναφορά au Lion, c'est-à-dire au signe qui suit le Cancer. Prendre de même la durée complémentaire, celle de la nuit au même solstice ou du jour au solstice d'hiver ; la diviser par 6 et attribuer le quotient au Verseau, c'est-à-dire au signe qui suit le Capricorne (Manilius dit : au Taureau, ἰσανάφορος du Verseau, ce qui revient au même). Ces deux points de repère ainsi fixés, reste à trouver la raison (αὐξομείωσις - προσθαφαίρεσις) de la progression arithmétique. Celle-ci s'obtient en faisant la différence entre les deux quotients sus-mentionnés et divisant cette différence par 3. La raison une fois trouvée, on la soustrait de la cote du Taureau pour avoir celle du Bélier ; on l'ajoute pour avoir celle des Gémeaux. En opérant de même sur celle du Lion, on obtient par soustraction la cote du Cancer, par addition celle de la Vierge. La progression, croissante du Bélier à la Vierge, se reproduit en ordre inverse de la Balance aux Poissons. — La méthode de Valens, analysée par Saumaise (p. 680 sqq.), revient au même. On calcule directement les degrés anaphoriques en supposant que le jour solstitial d'été équivaut à un arc de 210° (= 14 h.) pour le premier climat (Alexandrie), et que cette quantité s'accroît de 4° (= 16 min.) pour chacun des six climats suivants. Le 1/6 de 210° ou 35° donne l'ἀναφορά du Lion. Celle du signe opposé (Verseau) est le complément de 35° à 60°, c'est-à-dire 25°, les ἀναφοραί de deux signes opposés étant toujours égale à 60°. La raison de la progression est le 1/3 de la différence de ces deux ascensions, soit $\frac{35 - 25}{3} =$ 3° 20′. Ce chiffre, qui s'accroît de climat en climat, est, au septième, de 6°. Je me demande si ce ne serait pas ce chiffre de 6° que l'on rencontre égaré dans le fouillis des scolies de Demophile et donné comme l'αὐξομείωσις, non plus

Il est inutile de critiquer ou de réviser les solutions diverses apportées par des astrologues plus compétents que Manilius, mais moins intéressants à suivre. On trouvera celles de Ptolémée dans son *Almageste* et foison de tables rectifiées, d'après les anciens ou les modernes, dans les gros livres des Junctinus et des Petau. Il suffit, pour donner une idée de l'outillage réellement employé par les astrologues, d'insérer ici un tableau des ἀναφοραί dites Pétosiriaques, calculées pour le premier et le deuxième climats (Alexandrie et Rhodes) [1].

Avec un canon de cette espèce, l'astrologue devait être en mesure de déterminer les « centres » du cercle de la géniture. Étant donné la position d'un point quelconque du Zodiaque par rapport au méridien ou à l'horizon, il pouvait savoir quel degré affleurait à ce moment à l'Horoscope et quel passait au méridien. Ces deux centres déterminaient la position des deux autres, en opposition diamétrale avec eux.

des signes, mais des quadrants : τὸ προστασσόντων ἡμικύκλιον, τὸ ἀπὸ ♈ μέχρι ♍ ὡροσκοποῦν, ἀεὶ τὰ ἀπηλιωτικὰ τεταρτημόρια μείζονα ποιεῖ πάντα τῶν ͞ς μοιρῶν, τὰ δὲ λιβυκὰ ἐλάττονα (Demoph. ap. Porphyr., p. 297). Je ne sais à quoi riment ces 6°, les quadrants subissant des variations d'amplitude beaucoup plus grande (cf. ci-dessus, p. 259, 2). Mais l'exposé de ces méthodes empiriques n'en fait pas comprendre l'esprit. Voici comme je me représente la marche du raisonnement. Il est entendu que les signes couplés par des parallèles perpendiculaires à la ligne des équinoxes sont de même ascension (ἰσανάφορα, voy. ci-dessus, fig. 17, p. 161) et que la durée de l'ascension va croissant du point vernal à l'équinoxe d'automne. Les signes sont donc partagés par la ligne des solstices en deux groupes de six, les signes de courte ascension (ὀλιγοανάφορα) et les signes de lente ascension (βραδυανάφορα). D'autre part, on sait que la différence des uns aux autres croît avec la latitude, laquelle s'exprime par la différence entre le jour le plus long et la nuit la plus courte. On attribue donc en bloc au groupe des six βραδυανάφορα la durée du jour le plus long, au groupe des six autres la durée complémentaire. Si la répartition devait être égale, il suffirait de diviser chacune de ces deux quantités par 6. Ce 1/6, quotient moyen, est attribué au couple de signes qui occupe dans chaque groupe la position moyenne (♉ ♒ d'un côté, ♌ ♏ de l'autre). Comme ces deux groupes sont à *trois* signes l'un de l'autre, on obtient la raison de la progression supposée régulière (ὁμαλή) en prenant le *tiers* de la différence entre les deux ἀναφοραί moyennes. En résumé, soit j le jour solstitial, n la nuit complémentaire, on aboutit aux formules : ἀναφορά de ♌ ♏ $= \frac{j}{6}$; ἀναφορά de ♉ ♒ $= \frac{n}{6}$. L'αὐξομείωσις ou raison $r = \left(\frac{j}{6} - \frac{n}{6}\right) : 3$. La conversion du temps en degrés, ou inversement, se fait à raison de 4 minutes de temps par degré (μοῖρα χρονική).

1. La première colonne reproduit les chiffres d'Hypsiclès. Le scoliaste de Ptolémée (Anon., p. 41) blâme la progression régulière (ὁμαλήν παραύξησιν) et signale l'inexactitude des chiffres égyptiens. Mais, comme pour les ὅρια, c'est la tradition « égyptienne » qui a prévalu.

ASCENSIONS (ἀναφοραί).				DESCENTES (χαταφοραί).				
		1er cl.	2e cl.		1er cl.	2e cl.		
Ζώδια ὀλιγοανάφορα	♈	21° 40'	20°	♓	38° 20'	40°	♓	Ζώδια βραδυκατάφορα
	♉	25°	24°	♒	35°	36°	♒	
	♊	28° 20'	28°	♑	31° 40'	32°	♑	
Ζώδια βραδυανάφορα	♋	31° 40'	32°	♐	28° 20'	28°	♐	Ζώδια ὀλιγοκατάφορα
	♌	35°	36°	♏	25°	24°	♏	
	♍	38° 20'	40°	♎	21° 40'	20°	♎	
TOTAL.......		180°	180°		180°	180°		

Il résulte de toutes ces laborieuses mensurations[1], entre autres conséquences, que les douzièmes du cercle de la géniture ou « lieux » (τόποι), dont il sera question tout à l'heure, étant des fractions égales de quadrants inégaux[2], sont inégaux d'un quadrant à l'autre, et que, si les astrologues persistent à les diviser en 30 degrés, ces degrés aussi sont inégaux d'un quadrant à l'autre.

Comme si ce n'était pas assez de distinctions et tergiversations, les astrologues ne s'entendaient pas sur la façon de placer les lieux par rapport aux centres qui les encadrent. Les « Égyptiens » en usaient pour les lieux comme pour les signes : ils faisaient

1. Je laisse aux mathématiciens le soin de débrouiller les méthodes recommandées par nos astrologues pour la détermination des « centres ». Ils répètent constamment qu'il faut déterminer l'Horoscope par les ascensions propres au climat, et le MC. d'après la sphère droite : τὸ μὲν ὡροσκοποῦν ζώδιον διὰ κλίματος, τὸ δὲ μεσουρανοῦν διὰ τῆς ὀρθῆς σφαίρας (Anon., pp. 66, 91, 92, 101, 120, 122, 168, 169, 170, 180, etc.). Cela veut dire, je suppose, que, puisque les durées de l'ἀναφορά et de la καταφορά sont inverses, la marche des signes dans la partie médiane (MC. et IMC.) a la vitesse moyenne, celle du cercle équatorial, la différence entre l'équateur et le Zodiaque étant considérée comme insignifiante dans la sphère droite (celle où le plan de l'équateur est perpendiculaire à l'horizon). Voici, puisque l'état des textes grecs ne permet pas de suivre les calculs, la règle formulée par Haly. Pour avoir les ascensions et descentes dans les XII maisons ou secteurs célestes, prendre la différence entre l'ascension à l'Orient et la descente à l'Occident, partager cette différence en 6, et s'il s'agit de signes ὀλιγοανάφορα, ajouter un 1/6 de la XIIe à la VIIe maison inclusivement, retrancher un 1/6 de la VIIIe à la Ire. Opérer inversement pour les signes βραδυανάφορα (Albohazen Haly, De jud. astr., IV, 7). Ταχυ - ou 'Ολιγο - en composition sont synonymes (cf. ci-dessus, p. 264, 1).

2. Demoph., p. 197.

tomber chaque centre au milieu de la case qui lui était dévolue. Les astrologues stylés par les astronomes plaçaient les centres à la façon des solstices et des équinoxes, au commencement de la case. Mais le commencement du degré 1 est en réalité un zéro, et les partisans du système avaient contre eux la superstition du μεσεμβόλημα. Ptolémée crut bon de transiger : il place les centres après le 5ᵉ degré des lieux afférents, pour des raisons que les commentateurs admiraient fort, mais n'expliquent guère [1].

Les centres ont par eux-mêmes une énergie spécifique qu'ils communiquent aux signes et planètes [2] avec lesquelles ils se trou-

---

1. Τὸ περὶ τὸν ὡροσκόπον δωδεκατημόριον, ἀπὸ π έ ν τ ε μοιρῶν τῶν προαναφερο-μένων αὐτοῦ ὁρίζοντος μέχρι τῶν λοιπῶν καὶ ἐπαναφερομένων ε ἴ κ ο σ ι π έ ν τ ε (Tetrab., II, 12, pp. 318-319 Junctinus). De même, Démophile (p. 202). Les trois opinions se retrouvent dans le texte du scoliaste Anonyme (pp. 109-110), pourvu qu'on le rectifie et le complète. Le lieu ἐπίκεντρος — il s'agit de l'Horoscope — a, dit-il, des degrés au-dessus et au-dessous de l'horizon. Il faut ajouter aux 5 degrés montés au dessus (προαναενεχθείσας) 25 degrés pris au dessous (ἐκ τῶν ἐπαναφορῶν). En ceci, Ptolémée οὐχ ἕπεται τῇ τῶν Α ἰ γ υ π τ ί ω ν δόξῃ, ὅτι χρὴ ιε′ μοίρας καὶ προαναενεχθείσας (καὶ) ἐπαναφερομένας λαβεῖν. Ici une lacune du texte, où il était évidemment question de ceux qui plaçaient l'ho-roscope à contre-sens, le lieu horoscopique étant tout entier au-dessus de l'horizon, à la place du XIIᵉ lieu. Ceux-là, Ptolémée ne les suit pas non plus : οὐκέτι ἑπόμενο[ς] αὐτοῖς φησίν · ἐκ τούτων γὰρ χρὴ ἀκολούθως [αὐ]τοὺς ἐν τῷ ὑπὲρ γῆν ἡμισφαιρίῳ λαβεῖν τὰς λ′ μοίρας τοῦ Κακοδαίμονος, κ. τ. λ. En réalité, Ptolémée tenait à rayer ce qui est sous terre (τό τε γὰρ ὑπὸ γῆν πᾶν εἰκότως ἀθετητέον. Tetrab., III, 12) et pourtant à ne pas placer l'horoscope dans un μεσεμβόλημα — superstition qu'il partage ou qu'il respecte sans l'avouer. D'autres parlaient de prendre 10°, au lieu de 5°, au-dessus de l'horizon. Démo-phile (p. 197) explique aux uns et aux autres que, vu l'étendue variable des quadrants, il ne s'agit pas d'un nombre fixe de degrés, mais d'une proportion fixe ; soit 1/6 suivant Ptolémée. Si donc, par exemple, le quadrant HOR. à MC. est réduit à 72°, chaque lieu n'a plus que 24°, dont le 1/6 est 4°. Le lieu horos-copique commence donc à 4° au-dessus de l'horizon. En fait, les praticiens n'ont pas tenu compte de ces scrupules. Dans leurs thèmes de géniture, le point de départ des lieux est au commencement du lieu horoscope. Là surgit une autre question, posée par les partisans de la combinaison des lieux et des signes. Si le lieu horoscopique recouvre, comme presque toujours, des parties de deux signes contigus, quel sera le « signe horoscopique » ? On décida que le signe qui aurait la majeure partie de ses degrés au-dessus de l'horizon serait exclu au profit du suivant : ἔσται τ ὸ ἐ π α ν α φ ε ρ ό μ ε ν ο ζ ώ δ ι ο ν χρηματίζον τῷ ὡροσκόπῳ (Demophil., p. 193).

2. Voy. dans Firmicus (V, 1-2, pp. 116-124 Pruckner) les Simplicia cardi-num decreta sine alicujus planetae testimonio (par coïncidence avec les signes seulement) et les Horoscopi decreta cum omnium planetarum societate. Géné-ralement, les astrologues classiques ne s'occupent que des planètes. Voir au IIIᵉ livre de Manéthon (v. 132-225) les planètes placées sur des centres opposés.

vent coïncider. Dans tous les cas où il s'agit de comparer l'action
des planètes au point de vue de l'intensité, on entend répéter
constamment qu'il faut attribuer une cote plus élevée à la planète
qui est sur un centre (ἐπίκεντρος) ou qui en est à proximité (avec
différence de pronostic, bien entendu, suivant qu'elle est à droite
ou à gauche). La question de hiérarchie entre les centres n'était
pas si facile à résoudre. C'était affaire d'appréciation, variable
suivant les cas particuliers ou genres de pronostics, et même
suivant l'idée que l'on se faisait du souverain bien, de ce qui fait
la valeur de l'existence. Il se trouve ainsi que les considérations
philosophiques pénètrent là où on s'attendait à ne trouver que
de la géométrie. A vrai dire, il n'y a eu compétition qu'entre
l'Horoscope et le MC., les autres centres n'étant que les vis-à-vis
de ceux-ci [1]. L'Horoscope conserve sans doute la première place :
au point de vue géométrique, comme servant à déterminer les
autres ; au point de vue proprement astrologique, comme donnant la vie, la vie matérielle (ζωή), sans laquelle il n'y a plus
matière à pronostics. Mais le MC. — qui pouvait aussi bien servir
à déterminer l'Horoscope — avait pour lui des prérogatives au
moins comparables. Il représentait non plus la vie matérielle et
l'enfance, mais les joies et les ambitions de l'âge mûr, la fortune,
les honneurs, la gloire, tout ce sans quoi la vie ne vaut pas la
peine d'être vécue. Les physiciens — et on sait si Ptolémée prétend l'être — trouvaient encore d'autres raisons. L'Horoscope ne
lance sur terre qu'un rayon oblique et détrempé par l'humidité
des brumes de l'horizon, tandis que l'astre culminant au méridien est à son maximum d'énergie et fait tomber d'aplomb sur
les têtes le feu de ses rayons. A cet argument, irréfutable en
physique, les partisans de la suprématie de l'Horoscope en oppo-
saient un valable en physiologie et en métaphysique : c'est que
l'Horoscope donne le signal de la croissance, de la montée,
tandis que le déclin commence à la culmination. Aussi la question
resta toujours indécise, Ptolémée tenant pour le MC. et Dorothée
de Sidon maintenant la prérogative de l'Horoscope [2].

1. Εἰρήκαμεν πολλάκις ὅτι τὰ κέντρα δύναμιν τοῖς ἐν αὐτοῖς ἐπιβεβήκασι
παρέχουσι καὶ ὅτι τὰ ἰσχυρότερα τῶν κέντρων τὸ μεσουράνημά ἐστι καὶ ὁ
ὡροσκόπος (Anon., p. 102).
2. Ptolémée classe, au point de vue de la χυρία ζωῆς (il vaudrait mieux
dire βίου), les centres dans l'ordre suivant : 1° le MC. ; 2° l'Horoscope ; 3° l'Occident ; 4° le IMC., qui ne compte pas pour cet objet (Tetrab., III, 12). Cela ne
l'empêche pas de reconnaître que, au point de vue logique, l'Horoscope est
πρῶτον καὶ κυριώτατον (Tetrab., III, 2). L'opinion de Dorothée de Sidon dans

L'Occident a une valeur symbolique qui faisait de lui l'antithèse de l'Horoscope, la personnification du déclin et de la mort. Quant à l'IMC., Ptolémée aurait voulu l'éliminer des thèmes de géniture et même de toute espèce de calculs [1] ; mais la tradition « égyptienne », antérieure à ses remaniements et supérieure à son autorité, lui maintint une place et un rôle spécifique dans le cercle de la géniture. La théorie des lieux, comme on le verra plus loin, embrasse le cercle entier.

Si ce cercle n'avait dû servir qu'à asseoir les pronostics concernant les destinées individuelles (généthlialogie), les astrologues n'auraient peut-être pas senti le besoin de déterminer l'orientation des deux centres situés sur le méridien. Mais comme ils en usaient aussi pour motiver des prédictions météorologiques et « catholiques », les unes et les autres rapportées à différentes régions terrestres, il leur fallut préciser. Ils décidèrent que le MC. correspondait au Midi, et, par conséquent, le IMC. au Nord [2].

Anon., p. 110. Manilius tient pour le MC. : *Primus erit summi qui regnat culmine caeli* (II, 810). Le MC. est la tête (κεφαλή - κορυφή) du monde. Firmicus hésite, *quia frequenter, immo semper MC. in omnibus genituris possidet principatum,* etc. (III, 1, 18). Étienne d'Alexandrie (ed. Usener, p. 23) vante le MC., le ἐξουσιαστικὸς καὶ βασιλικὸς τόπος. En revanche, Paul d'Alexandrie (K 3 - L 2) ne tarit pas sur l'efficacité de l'horoscope, βάσις καθεστὼς τοῦ παντὸς κοσμοῦ — βάσις ζωῆς καὶ πνεύματος παραιτία — ζωῆς καὶ πνεύματος δοτήρ, ὅθεν οἴαξ καλεῖται (ὁ δ' οἴαξ τῶν ὅλων ὡροσκόπος. *Papyr. CXXX Brit. Mus.*, lig. 165-166). De même, Proclus, pour qui les μοῖραι ὡροσκοποῦσαι τὴν ὅλην ἔχουσι τῆς γενέσεως δύναμιν (*Anal. sacr.*, V, p. 173, 29 Pitra).

1. Voy. ci-dessus, p. 270, 1. C'est sans doute la raison qui l'a empêché d'accepter — ouvertement, du moins — la théorie des lieux. Le scoliaste insiste sur cette idée. En matière « catholique », une éclipse survenue sous terre ne nous concerne pas (Anon., p. 70). De même en généthlialogie. Notre vie se passe sur terre (ἐν τῷ ἐμφανεῖ κόσμῳ), et non au dessous (p. 190). Il n'y a donc à tenir compte que de trois centres : l'Horoscope, qui symbolise la vie et « le premier âge » ; le MC., qui représente l'âge mûr ou « moyen », et l'Occident, correspondant à la vieillesse et « centre final » (τὰ γεροντικά · τὸ γὰρ τελευταῖον κέντρον. pp. 68-69). L'auteur de l'*Hermippus* borne à l'hémisphère supérieur l'action des astres et le cycle de la vie, l'autre hémisphère représentant les ténèbres et la mort : ὅλως τε ὁ καθ' ἡμᾶς οὗτος βίος τῷ ἀπ' ἀνατολῆς ἡλίου μέχρι δύσεως χρόνῳ καὶ τόπῳ ἀπείκασται, τὸ δὲ λοιπὸν σκότος καὶ θάνατος μάλα τοι συνᾴδειν ἐοίκασιν (II, 6, p. 44 Kroll). Ptolémée semble avoir oublié qu'il a lui-même comparé le cercle entier et ses quatre saisons aux quatre âges de la vie (*Tetrab.*, I, 10. Cf. ci-dessus, fig. 15).

2. Cf. Ptol., *Tetrab.*, I, 11; Anon., p. 27; Paul. Alex., L 3 v. sqq. Nv. Ptolémée ne s'occupe, en réalité, que de l'horizon et des quatre vents qui soufflent des quatre points cardinaux, en faisant observer que les astres, suivant leur position, participent de la sécheresse ou humidité, chaleur ou froidure de ces vents. Le scoliaste sollicite le texte pour en faire un χαριέστατον θεώρημα.

Les raisons ne leur manquaient pas. Ils n'invoquent que la raison
géométrique en disant que, vu l'inclinaison de la sphère, le MC.
est évidemment au midi par rapport à la verticale. Sous cette
preuve suffisante se cachait sans doute aussi l'idée vulgaire,
jadis de sens commun, que les astres, une fois couchés à l'Occident, rejoignent le Levant par le Nord, si bien que « au nord »
et « sous terre » étaient, dans la course des astres, des étapes
identiques. Le scoliaste de Ptolémée aurait bien pu se contenter
d'admirer « la très élégante et utile harmonie » qui unit ainsi les
points cardinaux du Zodiaque à ceux de l'horizon, et ne pas faire
dire à Ptolémée que les vents du Nord, de par la théorie susdite,
soufflent de dessous terre (ἀπὸ τοῦ ὑπογείου).

Énergie et rapidité d'action sont les caractères que communiquent les centres aux astres pointés par leur aiguille. Après
eux, au propre et au figuré, dans l'ordre du mouvement comme
dans celui des dignités, viennent leurs héritiers présomptifs, les
quatre compartiments dits ἐπαναφοραί. Ceux-là « montent après » ;
ils marchent vers l'avenir, et, sauf exceptions, — il en faut, et
beaucoup, en astrologie, — leur action, assez énergique, est plutôt favorable. Restent les quatre compartiments qui « déclinent »
(ἀποκλίματα - ἐπικαταφοραί) par rapport aux centres. Évidemment
ceux-ci sont affaiblis, et les logiciens étaient tentés de leur
refuser une énergie quelconque, ou, considérant que le mal est
la négation du bien, de leur en attribuer une mauvaise [1]. Mais,
dans toutes les classifications astrologiques, les raisonnements
partis de principes divers s'entrecroisent, et celle des lieux, qu'il
est temps enfin d'exposer, nous réserve des surprises.

Le système des lieux (τόποι - loci) a été créé sans doute par des
astrologues [2] qui voulaient rompre pour ainsi dire avec la fati-

---

1. Paul d'Alexandrie, περὶ ἀποκλιμάτων (P 2 — Q) proteste contre la
prétendue inefficacité des ἀποκλίματα. Ἰστέον ὅτι ἐσθ' ὅτε καὶ τὰ ἀποκλίματα
χρηματίζει καὶ ἐνέργειαν οὐ τὴν τυχοῦσαν περὶ τῶν ἀποτελεσματικῶν λόγον ποιεῖται
κ. τ. λ. Protestation superflue d'ailleurs, la théorie des lieux ayant triomphé
sans conteste du mépris silencieux de Ptolémée, lequel y est constamment
ramené par ses scoliastes et convaincu de l'avoir appliquée de temps à
autre. Ptolémée remplace très souvent le mot ζῴδιον, qu'il n'aime pas, tantôt
par δωδεκατημόριον, tantôt par τόπος (voy. II, 8). De là des équivoques. On ne
sait pas toujours s'il n'emploie pas aussi τόπος dans son sens technique.

2. On les dit toujours « Égyptiens », par exemple : τὸν πέμπτον τόπον οἱ
Αἰγύπτιοι τοῖς τέκνοις παρεῖχον (Anon., p. 158 etc.); ou bien ce sont « les
Anciens » : γαμικὸν τόπον εἰώθασιν αὐτὸν (le VIIᵉ lieu) οἱ παλαιοὶ προσα-
γορεύειν (Anon., p. 139) — γαμοστόλον dans un papyrus égyptien (Notices
et Extraits, XVIII, 2, nᵒ 19 = Brit. Mus., CX) et Paul d'Alexandrie (M 2).

gante exégèse du Zodiaque, se débarrasser de tout l'attirail des domiciles, exaltations, confins, décans et autres fiefs délimités à poste fixe sur le Zodiaque comme de la ménagerie zodiacale elle-même, et asseoir leurs pronostics exclusivement sur l'influence des planètes considérées dans les trois espèces de positions angulaires (κέντρα - ἐπαναφοραί - ἀποκλίματα) par rapport à l'horizon. Peut-être comptaient-ils laisser à l'interprétation du Zodiaque l'estimation des forces qui agissent sur le corps et appliquer leur méthode au calcul des aptitudes morales, des vicissitudes de la vie consciente, de la succession des actes aux divers âges. En tout cas, leur système, conçu indépendant des signes du Zodiaque, n'a fait que se superposer à l'autre, la logique des astrologues acceptant tout et n'ayant jamais assez de mélanges à triturer.

La logique à l'usage de tout le monde est moins complaisante : elle trouve, soit dans le principe, soit dans les détails de la théorie des lieux, des difficultés que, très probablement, les « Égyptiens » n'ont même pas aperçues. L'efficacité spéciale attribuée aux « centres », et plus ou moins bien expliquée par des raisons soi-disant « naturelles », autorisait à penser que les autres positions angulaires pouvaient avoir aussi des modes d'action spécifiques, soit par elles-mêmes, soit par collaboration avec les centres et suivant qu'elles étaient rattachées par aspect défini à celui-ci ou à celui-là. Nous allons voir que, en effet, l'efficacité des lieux est expliquée — après coup, tout au moins — par leurs rapports angulaires avec l'Horoscope, ou, au besoin, avec un autre centre. Mais, en fin de compte, le cercle de la géniture, avec ses compartiments fixes par rapport à la Terre supposée elle-même immobile, constitue — on l'a déjà dit — comme une sphère extérieure au monde, une enveloppe immobile à l'intérieur de laquelle tournent toutes les autres sphères, y compris celle des fixes. Sur cette enveloppe idéale, où l'imagination, faute de réalités visibles, sème des influences occultes, immatérielles, sont incrustées des étiquettes étranges, qui représentent le bonheur et le malheur à l'état abstrait, distribués entre les divers actes ou phases de l'existence pour des raisons et d'après des règles qui sont un défi perpétuel au bon sens. C'est même pour avoir essayé de rendre ces règles intelligibles que les astrologues se sont enfoncés d'un degré de plus dans l'absurde. Ils ont fixé dans sept de ces douze compartiments des patronages, tutelles ou domiciles de planètes, dont le tempérament connu devait rendre raison des influences ainsi localisées. Ils ne faisaient en cela qu'imiter la distribution des domiciles planétaires (οἴκοι) dans les signes du Zodiaque ; mais la contrefaçon était encore moins compréhensible que le modèle, qui déjà ne l'était guère. Un néophyte de bonne volonté pouvait admettre que certains signes plaisaient particulièrement à certaines planètes par affinité réciproque ; il fallait une foi aveugle pour accepter ces espèces de génies ou âmes de planètes, rangés à la façon des heures sur un cadran et dardant éternellement des mêmes points leurs invariables émanations, qu'on ne peut plus concevoir comme des effluves matériels [1].

Mais une fois ces postulats admis, la foi aux « siècles d'expériences » masquant l'incohérence et les caprices du raisonnement, on était en possession d'un instrument commode dont les ressources étaient accrues par la combinaison des influences fixes et de l'action des astres qui traversent ces compartiments, planètes et signes, action spécifique locale et réaction réciproque à distance. En effet, — il est à peine besoin d'en avertir, — ces combinaisons sont elles-mêmes modifiées et compliquées par la balistique des *aspects* et des *antiscia* [2].

1. Ptolémée n'a pas donné les raisons de son dédain visible pour la théorie des lieux, et les profanes ne connaissaient pas l'astrologie d'assez près pour soulever ces objections. L'astrologue amateur qui a écrit l'*Hermippus*, rejetant la théorie des οἴκοι, devait à plus forte raison éliminer celle-ci : mais il n'en dit rien. C'est « l'astrologue chrétien » Ciruelo (I, 2) qui se pose la question et avoue ses scrupules. Il a trouvé dans les auteurs, dit-il (j'ignore lesquels), trois opinions : 1º il y a une sphère immobile, dont les influences forment comme des jets continus à travers les sphères mobiles ; 2º il n'y a pas de sphère immobile ; ce sont des « anges » moteurs des cieux qui résident dans certaines parties et dirigent de là les influences ou « vertus » susdites ; 3º la diversité de ces influences tient aux angles sous lesquels elles arrivent à la Terre. La première opinion est ineptie pure, attendu que, l'horizon variant pour chaque contrée, ce qui est l'Horoscope pour l'une est au même moment le midi d'une autre et l'occident d'une troisième. La seconde prête aux discussions théologiques. Ciruelo se rallie à la troisième et trouve moyen de la mettre sous la garantie d'Aristote. Ce qui lui importe, c'est de ne pas rompre avec le système des XII lieux ou « maisons du ciel », l'instrument principal de l'astrologie gréco-arabe, le cadre usuel des thèmes de géniture. Il constate, au surplus, les divergences d'opinion concernant la *qualité* des influences, l'ordonnance des planètes dans les maisons, le sexe des dites maisons, etc., et penche, en somme, pour le demi-scepticisme de Ptolémée. C'est à l'expérience de décider : *Quod autem virtutes singularum domorum tales sint quales descripsimus, experientie relinquitur probandum.*

2. La théorie des *antiscia*, à peu près écartée par Ptolémée, ne paraît pas avoir été de grand usage, et je ne trouve pas de texte ancien bien explicite à l'appui de l'assertion ci-dessus. Mais les astrologues de la Renaissance (cf. Junctinus, I, pp. 460. 466, etc.) appliquent les *antiscia* aux lieux (*domus caeli*), suivant sans doute en cela une tradition grecque transmise par les Arabes.

B. *Système des huit lieux* (ὀκτώτοπος). — Que l'on prenne les trois catégories de lieux sus-mentionnées (κέντρα - ἐπαναφοραί - ἀποκλίματα) en gar-

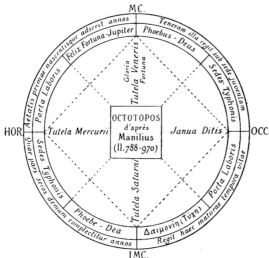

dant aux « centres » leur sens étymologique de « points », et l'on obtient le système des huit lieux ajoutés aux quatre centres, tel que l'expose Manilius, ou du moins tel que Manilius le comprend.

L'œuvre de ce néophyte, il est bon de le répéter, est précieuse à qui veut saisir les associations d'idées plus tard effacées ou travesties par les astrologues à prétentions scientifiques. Manilius commence par définir les centres, et il nous livre tout de suite le secret de l'hégémonie qu'il attribue à la culmination supérieure : c'est que ce faîte symbolise le succès, est le séjour de la Gloire[1]. Mais la richesse est aussi une puissance : elle s'identifie même avec le « fondement des choses »[2]. Comme fondement, et aussi parce que l'on est dans les entrailles de la terre, la richesse patrimoniale (et non pas le gain) siège au centre le plus bas. L'Horoscope, qui balance tout juste l'influence du centre souterrain[3], décide du cours

Fig. 30. Système des huit lieux.

1. *Primus erit summi qui regnat culmine caeli,* | *Et medium tenui partitur limine mundum,* | *Quem capit excelsa sublimem Gloria sede* (II, 810 sqq.). Il s'agit bien du point (*tenui limine*) et non d'une case du système duodénaire. Je dois dire que Scaliger ne veut pas d'une construction à huit compartiments. Huit lieux plus quatre centres, dit-il, font bien douze cases. *Mirum vero* ὀκτάτοπον *dici quae omnino* δωδεκάτοπος *sit* (p. 183). S'étonner n'est pas expliquer.

2. Le IMC. est moins glorieux, mais peut-être plus utile que le MC. : *Sustinet alternis nixum radicibus orbem,* | *Effectu minor in specie, sed major in usu.* | *Fundamenta tenet rerum censusque gubernat;* | *Quam rata sint fossis scrutatur vota metallis,* | etc. (II, 820 sqq.).

3. Après le IMC. vient l'Horoscope, *Tertius aeque illi pollens* (II, 826 sqq.), mais « troisième ».

que prendra l'existence, des mœurs, goûts et aptitudes. Enfin, les consolations de l'âge mûr et de la vieillesse, — les banquets, les conversations, le loisir, l'apothéose même, — vont se fixer au couchant appelé *Janua Ditis*, porte de Pluton [1]. Bien qu'un peu dérouté par ce chassé-croisé, le lecteur devine que le cercle de la géniture représente la vie humaine, et les quatre quadrants, les quatre âges, comparaison si naturelle qu'elle en est devenue banale [2]. C'est bien ainsi sans doute que l'entend Manilius; mais il semble ne pas s'être aperçu que, provisoirement, il fait tenir la vie entière dans le demi-cercle placé au-dessus de l'horizon, tandis que l'hémicycle souterrain sert de soubassement, de « fondement », comme il le dit, à la machine supposée immobile. C'est la conception que Ptolémée juge à bon droit incompatible avec le système des lieux embrassant toute la sphère et la supposant en mouvement.

Manilius n'y regarde pas de si près, et il se met en devoir de distribuer les planètes dans les centres; car les planètes ont aussi leurs domaines dans cette contrefaçon du Zodiaque [3]. Mercure est assigné à l'Horoscope, parce qu'il préside à l'éducation de l'enfance; Vénus à MC., parce que là commence l'âge de l'amour et du mariage [4]. Pour l'Occident, Manilius, ne trouvant pas de planète propre à représenter la mort, y place le dieu Pluton. Enfin, dans les basses régions où gît la richesse patrimoniale, il installe Saturne qui, en astrologie, joue le rôle de père et de vieillard thésauriseur. Cela ne l'empêche nullement de mêler au système les éléments d'un système tout différent, qui justifie mieux la présence de Saturne en IMC. Il déclare à la fin, d'un ton d'oracle, que les quatre quadrants représentent les quatre âges; que l'enfance va de l'Horoscope à MC.; la jeunesse, de MC. à l'Occident, où commence l'âge mûr, lequel finit au bas de l'échelle et laisse ensuite la vieillesse remonter péniblement la pente qui

1. On retrouve l'"Αιδου πύλη dans Paul d'Alexandrie, mais au II° lieu (sur XII), dans l'ἐπαναφορά de l'Horoscope (ci-après, fig. 31 et p. 282).

2. Elle était peut-être neuve au temps de Pythagore, qui passe pour l'avoir inventée et calculée à raison de vingt ans par âge (Diog. Laert., VIII, 1, § 10; Ovid., *Metam.*, XV, 199-215, etc.).

3. Le rapport des planètes avec les lieux est indéfinissable : ni présence réelle, ni aspect, ni κλῆρος, ni domaine zodiacal. Scaliger (p. 183) reproche à Pic de la Mirandole d'avoir pris ces protectorats pour des possessions. Il ne veut pas qu'on dise que la planète est, en son lieu, οἰκοδεσπότης, mais seulement *numen tutelare*.

4. Vénus y est identifiée avec la Fortune : (*Haec tutela docet Venerem sua tela movere.* | *Nomen erit Fortuna loco* (II, 926-927).

rejoint l'Horoscope [1]. Aussi a-t-il placé d'avance à l'Occident, milieu et non plus fin de la vie, le mariage [2], qu'il ne juge sans doute pas incompatible avec la légende de Pluton enlevant Proserpine. Il n'y a rien à opposer à des logiciens de cette trempe : ils font perdre le goût de la discussion.

Donc, Mercure, Vénus, Pluton et Saturne se logent comme ils peuvent, à l'étroit sans aucun doute, dans des centres qui sont des points. Entre ces points s'étendent les huit lieux, à raison de deux par quadrant. Grâce à une règle à laquelle il n'est dérogé que dans la théorie des aspects, — et là même, avec quelque hésitation, — il n'y a que quatre genres d'influence à trouver pour les huit lieux, les secteurs opposés ayant des tempéraments analogues. Manilius fait de louables efforts pour se les rendre intelligibles. Le premier lieu en avant de l'Horoscope est la « Porte du Labeur », lieu triste, découragé dès le début de l'ascension ; le lieu opposé, qui vient de plonger dans la nuit, est aussi triste et avec plus de raison ; c'est une seconde « Porte du Labeur ». Pourquoi le lieu qui monte derrière l'horoscope (ἐπαναφορά) est-il « à bon droit l'horrible séjour de Typhon », et de même, le lieu opposé? C'est que, comme Typhon foudroyé et enseveli sous l'Etna, ces lieux sont lugubres et angoissés. Celui qui est comme suspendu au-dessus du couchant a peur de tomber dans le néant, et celui qui monte derrière l'Horoscope craint de glisser sur la pente [3]! Il faut croire que l'habitude quotidienne n'a rien appris à ces êtres de raison, qu'on n'eût pas cru si déraisonnables. En revanche, le lieu qui approche de la culmination supérieure est tout espoir, et par conséquent félicité pure. C'est la demeure de Jupiter et aussi de la Fortune [4]. Le secteur opposé représente le

---

1. *Tarda supinatum lassatis viribus arcum | Ascendens seros demum complectitur annos*, etc. (Manil., II, 853 sqq.) Symbolisme identique dans Paul d'Alexandrie (D 2 - 3). C'est le mode contemplatif (cf. ci-après, p. 280, 1), qui considère la sphère au repos et procède à rebours de la succession amenée par le mouvement de la sphère.

2. *Conjugia atque epulas, extremaque tempora vitae* (II, 839 sqq.) : un hémistiche pour chacun des deux systèmes juxtaposés! Voy. ci-après le δωδεκάτοπος.

3. Il est prudent de citer ces incroyables balivernes : *Porta laboris erit ; scandendum atque cadendum* (ceci pour les deux ἐπικαταφοραί de Hor. et Occ.); maintenant, pour les ἐπαναφοραί : *Nec melior super occasus, contraque sub ortu | Sors agitur mundi : praeceps haec, illa superne | Pendens aut metuit vicino cardine finem, | Aut fraudata cadet. Merito Typhonis habentur | Horrendae sedes*, etc. (Manil., II, 870 sqq.)

4. Manilius replace encore ici la Fortune : *Jupiter hac habitat. Fortunae crede regenti* (II, 890), avec les épithètes de *Veneranda* et de *Felix* (II, 887-888).

labeur accompli et approchant de la richesse qui sera sa récompense. Celui-ci est la demeure de la Δαιμονίη, pour qui Manilius ne trouve pas de nom équivalent en latin [1]. Restent deux ἐπικαταφοραί, lieux occupés l'un par le Soleil, désigné par les Grecs sous le nom de Θεός (*Deus*), l'autre par la Lune ou « Déesse » (Θεά - *Dea*). Le motif est ici que le lieu occupé par le « Dieu » correspond à l'âge où la fougue amortie des passions cède la place à l'ambition, et que la Lune fait vis-à-vis à son frère.

Telle est la bizarre esquisse du « temple » astrologique à huit lieux, tracée en traits si confus qu'on ne peut même pas s'entendre sur la façon de la réaliser par la règle et le compas. Scaliger prétend attribuer à chaque centre un arc égal à celui des « huit lieux », c'est-à-dire qu'il ramène la construction appelée par Manilius lui-même ὀκτώτοπος [2] au système usuel des douze lieux, plus ou moins défiguré. Le témoignage de Firmicus [3], le seul astrologue avec Manilius qui parle de « huit lieux », ne peut servir à trancher la question ; car il considère ces huit lieux comme un extrait en gros (*platice*) du système des douze lieux, extrait à l'usage des commençants, et ses huit lieux ne sont ni qualifiés comme ceux de Manilius, ni sériés dans le même sens, ni situés de même, puisque les centres, exclus des huit lieux de Manilius, figurent au nombre de trois dans ceux de Firmicus. La présomption qui résulte de ce rapprochement, c'est qu'il a dû exister une tradition délaissée qui divisait le cercle de la géniture en huit cases, ou en douze cases dont huit seulement étaient

---

1. *Daemonien memorant Graii, Romana per ora* | *Quaeritur in versu titulus* (II, 897-898). C'est encore une Fortune, tantôt bonne, tantôt mauvaise.

2. *Cui parti nomen posuit qui condidit artem* | *Octotopos* (Manil., II, 969). Remarquer que le nom est grec et que Manilius expose ailleurs (ci-après, pp. 289 sqq.) un système à douze compartiments (ἄθλα - *sortes*). Si distrait qu'on le suppose, il a dû se rendre compte de la différence. Il se peut que l'*octotopos* soit l'œuvre d'un adaptateur grec ou toscan, qui aura voulu introduire dans le « temple » astrologique la structure du « temple » toscan à huit divinités fulminantes correspondant à huit âges du monde (voy. HARUSPICES dans le *Dict. des Antiq.* de Daremberg et Saglio). Ou encore, l'adaptateur susdit a pu, par distraction ou par goût de nouveauté, appliquer au cercle zodiacal la division en 8 parties que Hygin (*Astron.*, IV, 2) recommande pour les cercles tropiques, au nom de scrupules pythagoriciens. Enfin, et plus simplement, le système a pu être copié sur le cycle lunaire à huit phases (ci-dessus, p. 166, 1).

3. Firmic., II, 14 : *De octo locis*. Les huit lieux de Firmicus correspondent aux lieux I (Hor.), II, III, IV (IMC.), V, VI, VII (Occ.), VIII du système duodénaire. Le système laisse de côté un tiers du cercle, celui qui est consacré à la vie intellectuelle et morale.

considérées comme actives [1], et que ce système a pu n'être compris ni de Manilius, ni de Firmicus, l'un et l'autre capables de défigurer, incapables d'inventer.

C. *Système des douze lieux.* — Le système de l'*octotopos* ainsi entendu était incompatible avec la théorie des aspects; ou bien il serait d'un pessimisme outré, car il n'admet que le diamètre et le quadrat, excluant les deux aspects favorables, le trigone et l'hexagone. Oublions-le pour nous occuper du système vraiment astrologique et réellement appliqué, celui du δωδεκάτοπος. Nous sommes en présence d'un dogme universellement accepté, — sauf peut-être par Pto-lémée, — un dogme qui s'est maintenu sans altération depuis le temps de Sextus Empiricus jusqu'au moyen âge et par delà.

Fig. 31. Les douze lieux du cercle de la géniture [2].

Remarquons tout d'abord — la chose en vaut la peine — que nous n'avons plus affaire au symbolisme poétique ou populaire qui contemple le ciel sans tenir compte de son mouvement ni se soucier de la partie cachée sous l'horizon. Nos astrologues-astronomes rangent les lieux, comme les signes du Zodiaque, dans l'ordre où ils émergent et se couchent. Par conséquent, les étapes de la vie symbolisée par le cercle se déroulent dans un ordre inverse de celui que les contemplatifs ont accoutumé d'attribuer aux quatre âges [3] et que les astrologues, amis de la logomachie ou esclaves de traditions antérieures,

1. Cf. ci-après les lieux du *Dodecatopos* déclarés inefficaces comme « inconjoints » (p. 281) ou pour d'autres raisons (p. 287, 2), et qui ne sont pas les mêmes que ceux éliminés par Firmicus.

2. J'ai indiqué aussi, dans la fig. 31, la place que *devraient* avoir les « douzièmes » par rapport aux centres, d'après Ptolémée (ci-dessus, p. 270, 1).

3. Cf. ci-dessus, pp. 152 (fig. 15). 277. 278, 1.

ont conservé quand même, pour le mélanger au besoin avec l'autre [1].

Les lieux situés sur les centres viennent en première ligne comme importance, et à peu près avec les mêmes attributs que dans le système de l'*octotopos*. L'Horoscope (lieu I) représente « la vie, le fondement de toute la géniture » ; le IMC. (lieu IV), « les parents, le patrimoine, l'avoir » ; l'Occident (lieu VII), les noces, sans conteste, cette fois : c'est le γαμήλιος τόπος ; le MC. (lieu X), « la vie et le souffle, les actes, la patrie, le domicile, les arts et les honneurs », bref les préoccupations de l'âge mûr et les ambitions du citoyen. Viennent ensuite quatre lieux dits « seconds » ou favorables, lesquels sont en relation avec l'Horoscope par aspect trigone (lieux V et IX) et sextil (lieux III et

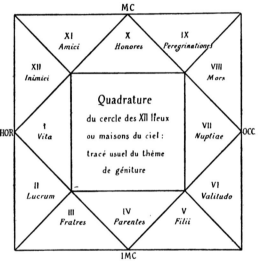

Fig. 32. Le système des XII lieux (tracé rectangulaire).

XI) ; et enfin, quatre lieux défavorables ou inefficaces (lieux II, VI, VIII, XII), lieux « paresseux et déjetés » (ἀργὸν ζώδιον - ἄβλεπτον - *pigrum - dejectum*), qui sont sans rapport défini de position, autrement dit, « inconjoints », avec l'Horoscope.

---

1. Le système des douze lieux est exposé ici d'après les listes concordantes, quoique de plus en plus surchargées, de S. Empiricus (*Adv. Astrol.*, pp. 340-341 ; Fabricius, dans le *schema* mis en note, numérote les lieux à l'envers, dans le sens du mouvement diurne), de Firmicus (II, 15-20 Kroll), de Paul d'Alexandrie (L — O 2) et de Vettius Valens (*Cod. Paris.*, Suppl., n° 330 A, fol. 29 r.-30 v.). La plupart des termes techniques cités entre guillemets sont de Firmicus. Je ne crois pas qu'il y ait des spéculations pythagoriciennes dans le système, qui est parfois en contradiction avec certains dogmes de l'école. Par exemple, les Pythagoriciens attachaient l'idée de mariage au nombre 6 (Theo Smyrn., p. 102 H.) ; ils ne l'auraient pas placé à la VIIᵉ case. Héphestion (I, 12, p. 73 Engelbr.) disqualifie même le lieu III. Cependant, les perfections des nombres 7 et 10 ont pu améliorer les pronostics du lieu VII et assurer la prééminence « naturelle » (culmination) du lieu X.

Les planètes — sous des noms d'emprunt — ont été réparties dans ces douze lieux d'après deux espèces de considérations qu'il est aisé de deviner quand on connaît le modèle imité par les fabricants du système, c'est-à-dire la répartition des domiciles planétaires. On a voulu à la fois suivre dans le sens indiqué l'ordre ascendant des planètes et situer les planètes bienfaisantes dans les lieux favorables, les malfaisantes dans les lieux défavorables, exception faite pour les centres, qui se suffisent à eux-mêmes et n'ont pas besoin de planètes. La concordance de l'ordre naturel des planètes avec les affinités indiquées par la géométrie des aspects a dû passer pour une preuve de la merveilleuse harmonie de l'Univers et consacrer à tout jamais ce chef-d'œuvre de l'art interprétant la Nature. Seulement, les inventeurs n'ont obtenu cette concordance qu'en dérangeant quelque peu l'ordre accoutumé des planètes, en ne regardant pas de trop près à la suite naturelle des étapes de la vie et en faisant bon marché des principes qui attribuent une action favorable aux ἐπαναφοραί, défavorable aux ἀποκλίματα. Cela fait beaucoup d'exceptions, de quoi emporter les règles.

Donc, le IIe lieu — qui suit (ἐπαναφορά) l'Horoscope et, comme limitrophe, n'est pas en aspect avec lui — conserve son nom de « Porte d'Enfer » (Ἅιδου πύλη) ; mais nos astrologues ont corrigé de leur mieux la « paresse » naturelle du lieu en y introduisant « l'espérance » et « l'accroissement de possession, le lucre »[1]. Ils songent sans doute à l'enfant entrant dans son second douzième d'existence, et ils en appellent de la géométrie à la géométrie, en remarquant que, si cette case est sans relation avec l'Horoscope, elle est en aspect trigone avec le MC[2]. C'est même là sans doute que, s'ils avaient eu les mains libres, ils auraient placé Mercure, pour qui ils ne trouveront plus un emploi satisfaisant.

Au IIIe lieu, favorable quoique ἀπόκλιμα, figurent les « frères et amis », et peut-être aussi les « voyages ». En tout cas, on y place

---

1. *Spei ac possessionis incrementa* (Firmic., II, 19, 3). — κληρονόμους ἀλλοτρίων (Paul Alex., L 2). Pour les qualités spécifiques des XII lieux, les définitions les plus courtes sont celles réunies dans ces vers mnémoniques du moyen âge :

> *Vita, lucrum, fratres, genitor, nati, valetudo,*
> *Uxor, mors, pietas, regnum benefactaque, carcer.*

2. Ἔσθ' ὅτε δὲ καὶ τὸν περὶ πράξεων λόγον σημαίνει, διὰ τὸ σύμφωνον αὐτὸ εἶναι κατ' εὐώνυμον τρίγωνον τῷ μεσουρανοῦντι. On y a héritage avec la présence de bonnes planètes, pauvreté et exil avec les mauvaises (Paul. Alex., *loc. cit.*). Il y a là peut-être contamination avec le cercle des ἄθλα (ci-après, p. 298), où la Milice et les Voyages éveillent l'idée d'espoir du gain.

la grande voyageuse, la Lune, sous le nom de « Déesse », ouvrant ainsi la série des planètes [1].

En IMC. ou IVe lieu, on trouve encore, nous l'avons dit, « les parents », « le patrimoine », etc., mais non plus le « père » Saturne, délogé par la tyrannie de l'ordonnance planétaire et calomnié pour justifier cette expulsion. Nous le retrouverons à l'état de « Mauvais Génie », dans le dernier compartiment. Il eût fallu, pour suivre l'ordre des planètes, le remplacer par Mercure ; mais Mercure représente l'éducation, ou, en fait de richesse, le lucre et non le patrimoine. Il est laissé de côté, à moins que, en dépit de la géométrie, il ne trouve un refuge à l'Horoscope où l'avait placé Manilius [2].

On tombe au Ve lieu sur le compartiment des « fils », mis à côté de celui des parents. Comme Vénus est déesse de la génération, on n'est pas autrement étonné de l'y rencontrer déguisée en « Bonne Fortune », et l'on se prend à regretter le temps où c'était une bonne fortune que d'avoir beaucoup d'enfants [3].

Mars ne saurait être loin de Vénus : l'attraction est telle qu'elle fait violence à la série planétaire ; le Soleil attendra la case opposée à la Lune. Le VIe lieu, « paresseux » et défavorable par position, est donc l'hôtellerie de Mars, sous le pseudonyme de « Mauvaise Fortune ». C'est le réceptacle des maladies et infirmités.

A l'Occident ou VIIe lieu, étape centrale de l'existence, nous savons que l'on rencontre « les noces », et il ne faut pas trop se demander pourquoi les noces viennent après les fils. Elles sont là parce que, dans quelque sens que tourne l'existence, l'Occident représente le milieu de la carrière.

Le diamètre une fois dépassé, la construction obéit par surcroît aux lois de la symétrie. Brusquement, au VIIIe lieu, lieu « paresseux », situé en face d'un autre lieu paresseux [4], nous nous

---

1. *Huic loco Dea nomen est; est autem peregrinantis locus* (Firmic., II, 19, 4). Ceci a bien l'air d'une explication, et d'une explication suspecte, car la vraie case de la *peregrinatio* (ξενιτεία) est l'opposée, au lieu IX.

2. Ci-dessus, p. 277. Démophile le scoliaste (ap. Porphyr., p. 204) met encore Mercure dans l'Horoscope, tout en laissant les autres aux lieux traditionnels. De même, Paul d'Alexandrie. L'auteur du *Papyr. CX Brit. Mus.*, qui improvisait à son aise, a soin de faire coïncider l'Horoscope et Mercure (lig. 23-27).

3. On sait ce que signifie « bonne fortune » chez nous, et comme le masque irait mieux encore à Vénus.

4. Firmicus (II, 17 et 19, 9 Kroll) appelle spécialement le VIIIe lieu non pas *anafora*, mais *epicatafora*, synonyme approché de ἀπόκλιμα. C'est évidemment un souvenir du système de Manilius où le lieu qui surmonte l'Occident, se sentant sur la pente (ἐπικαταφορά), a peur de tomber (ci-dessus, p. 278, 3).

trouvons en présence de la Mort [1], qu'on n'attendait pas à pareille
étape et qui a remplacé sans avantage le Typhon de l'*octotopos*.
Le système commence à paraître quelque peu incohérent. Les
astrologues ont atténué de leur mieux leurs propres scrupules
en admettant que, dans certaines conditions, assez compliquées
d'ailleurs, ce lieu pouvait présager le comble de la félicité, de la
richesse et de la gloire [2].

Au IXᵉ lieu, le « Dieu » par excellence [3], le Soleil, préside aux
« sectes, religions et pérégrinations ». C'est bien là, en face de la
« Déesse », que Manilius avait placé son Phébus, et c'est de ce
« Dieu » aussi que parlaient les élèves de Sénèque le rhéteur [4].
Pourquoi réunir des idées aussi disparates que religions et pérégrinations ? Je résoudrais volontiers l'énigme en disant qu'il y a là
très probablement une association d'idées due à la vogue exceptionnelle des cultes solaires, c'est-à-dire des religions étrangères
ou « pérégrines » sous l'Empire. Ce « Dieu » est encore plus
Mithra, le dieu oriental, que le soleil qui luit pour tout le monde.

A la culmination supérieure ou Xᵉ lieu s'accumulent « la vie et
« le souffle, les actes, la patrie, le domicile, les arts et les hon-
« neurs » : c'est la case de l' « action » par excellence.

Jupiter ne fait pas grande figure au XIᵉ lieu, où, sous le nom
de « Bon Génie (Ἀγαθὸς δαίμων) [5] », il forme le pendant de Vénus
« Bonne Fortune ». Sa bonté proverbiale est indéfinie et sans
objet spécifié; c'est un ami qui rend des « services » et répand
des « bienfaits ».

---

1. Ἀρχὴ Θανάτου dans S. Empiricus (*op. cit.*, p. 340).

2. Il faut : 1° qu'il s'agisse d'une géniture nocturne ; 2° que la Lune se trouve
au VIIIᵉ lieu en croissance ; 3° qu'elle y soit ou dans sa maison zodiacale ou
dans un domaine de planètes amies ; 4° qu'elle soit visée par Jupiter en aspect favorable ; 5° qu'elle ne soit ni accolée, ni eernée ou visée par une planète malfaisante. Moyennant quoi, la Lune *maximas decernit felicitates et
ultra modum divitias et magnificas potestatum glorias et nobilitatis ornamenta
perspicua* (Firm., II, 19, 9). C'est passer d'un extrême à l'autre et faire bonne
mesure ! — Cette superfétation doit provenir du cercle des ἆθλα (ci-après,
p. 297-298), ou le VIIIᵉ sort est occupé par la Noblesse et la Renommée.

3. S. Empiricus entasse les titres disparates de κάτω μερίδα (= ἀπόκλιμα ?)
καὶ μονομοιρίαν (μόνος = *solus* = *Sol* ?) καὶ Θεόν.

4. Les astrologues, dit Arellius Fuscus, cherchent *quo ierint motu sidera,
in quas discurrerint partes; contrane Deus steterit an placidus affulserit Sol*
(Senec., *Suasor.*, 4). On retrouve le *Deus* dans le temple hépatique des haruspices
(voy. HARUSPICES in *Dict. des Antiquités* de Daremberg-Saglio).

5. Les astrologues avaient créé ou refrappé à leur usage les mots ἀγαθοδαι-
μονεῖν, κακοδαιμονεῖν, κακοτυχεῖν, pour désigner la position d'une planète dans
les cases ainsi qualifiées ; v. g. Ἀφροδίτης ἀγαθοδαιμονούσης (Steph. Alex.,
p. 21 Usener) signifiant Vénus dans la XIᵉ case.

Enfin, au XIIe lieu, sous le nom de « Mauvais Génie » (Κακὸς δαίμων) placé en face de la « Mauvaise Fortune », Saturne groupe autour de lui tous les désagréments ; ennuis causés par les enne-mis, les esclaves, et aussi les infirmités et maladies chroniques amenées là par l'idée de vieillesse, inséparable elle-même de la personne du « vieux » Saturne.

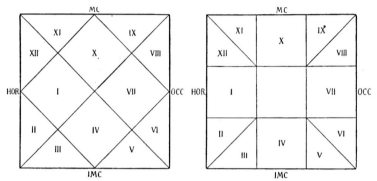

Fig. 33 et 33 *bis*. Tracés de quadratures.

Nous ouvrons ici une sorte de parenthèse pour présenter au lecteur les cadres artifi-ciels dans lesquels les astrolo-gues avaient l'habitude d'ins-crire les données du thème de géniture (fig. 32, 33, 33 *bis* et 34). Ces carrés substitués au cercle — et que j'appelle pour cette raison « quadra-tures du cercle » — n'en sont que des équivalents grossiers, imaginés par des hommes déshabitués du compas ou

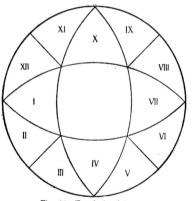

Fig. 34. Tracé circulaire.

dépourvus de cet instrument [1]. Peut-être ne leur déplaisait-il pas non plus que ces figures bizarres fussent inintelligibles aux pro-fanes.

1. C'est la raison que donne Ciruelo (I, 2) : *Sed quod circinus circulorum descriptor non ubique presto est volentibus, consueverunt judices astrologici facere figuras rectilineas quadrangulares, et hoc bifariam.* Suit la description des deux méthodes : celle de la fig. 33 *b*, qu'il déclare préférable, parce qu'elle met en valeur les quatre maisons cardinales, et l'autre (fig. 32), qui est la plus employée. Suivant lui, le carré vacant au milieu représente *concavum celi.* La fig. 33 est empruntée au *Thema cod. Vindobon.*, d'après H. Usener

On comprend, quand on a parcouru ce cycle où la logique est si souvent en détresse, que Ptolémée n'ait pas voulu le prendre à son compte [1]. Il représente un conflit et un accommodement boiteux entre deux et même trois conceptions différentes : une première, qui déroulait la trame symbolique de la vie entre l'Horoscope et le Couchant et assimilait l'homme à ses modèles, les astres allumés à l'orient, éteints à l'occident; une seconde, qui, sans changer le sens de la vie, la prolongeait dans les quatre quadrants et assignait le dernier à la vieillesse ; enfin, une troisième, plus mathématique, qui considérait l'ordre — inverse du précédent — dans lequel les douzièmes du cercle sont amenés par le mouvement diurne au-dessus de l'horizon. C'est le premier ordre d'idées qui a fait mettre la mort au couchant, ou immédiatement au-dessus (ἀρχὴ θανάτου [2]) ; c'est le second qui a situé les noces au couchant, Saturne, le patrimoine, les trésors, en IMC., et Typhon ou la mort au-dessous de l'Horoscope, pour fermer le cycle. Le troisième aurait simplement interverti le produit du second, si un éclectisme à prétentions multiples n'avait fait prévaloir le système qui vient d'être exposé et qui est en somme le plus incohérent de tous.

Je disais plus haut que ce système a été définitif. Cela ne veut pas dire que personne n'ait essayé de le retoucher ou même de lui en substituer un autre. Il est aisé de voir, en consultant les descriptions de Paul d'Alexandrie et de Vettius Valens, que l'incohérence augmente par accueil de traditions précédemment éliminées. Ainsi, la vieillesse et même la mort rentrent en IMC., où logeait jadis le vieux Saturne, pêle-mêle avec les marécages que l'imagination naïve d'autrefois supposait occuper cette sentine de l'univers. Un pessimiste a glissé les femmes et les esclaves dans la « Mauvaise Fortune ». La vieillesse infirme et la mort ont été de nouveau attirées à l'Occident par le symbolisme naturel, et aussi les « longs voyages », peut-être placés là par un Grec qui se

(De Stephan. Alex., p. 57), sauf qu'elle est en rectangle dans le manuscrit et que je l'ai remise au carré. La fig. 34 — d'après Cunrad Dasypodius [Rauchfuss] de Strasbourg, commentateur de Ptolémée (ap. H. Cardan., ed. Basil. 1578, p. 722) — est une fantaisie d'astrologues qui trouvaient le compas plus commode encore que la règle pour découper le cercle en cases, sans souci aucun de l'exactitude.

1. Il connaît les lieux usuels, mais il ne les désigne jamais par leur numéro d'ordre, et il a soin de dire de tel lieu : ὃ λέγεται τόπος ἀργὸς — de tel autre : ὃ καὶ καλεῖται κακοῦ δαίμονος (Tetrab., II, 12). Son disciple Héphestion de Thèbes n'a que six lignes Περὶ διαφορᾶς τόπων (ci-dessus, p. 281, 1).

2. S. Empiricus (ci-dessus, p. 281, 1).

souvient des Phéniciens et songe à l'Atlantique [1]. La culmination supérieure, qui avait été longtemps le séjour de Vénus et des ardeurs de la chair, reprend les « noces avec progéniture mâle ». D'autres correcteurs, préférant aux douze étapes la division septénaire des Hippocratiques, retranchaient du cercle, en les déclarant inactifs (ἀχρημάτιστα), cinq lieux (III, VI, VIII, XI, XII), dont trois défavorables dans le système usuel [2].

Enfin, on rencontre une tentative originale faite pour substituer à ce système une construction plus complète, étendant le cycle vital en deçà de la naissance et au delà de la mort [3]. Notre philosophe — c'en était un sans doute — a trouvé moyen d'être plus extravagant encore que ses prédécesseurs, car son cycle vital tourne en même temps en deux sens contraires. Les quatre grandes étapes de l'existence — la naissance, l'âge mûr, la vieillesse, la mort, correspondant aux quatre centres — vont de gauche à droite comme le mouvement diurne, l'âge mûr étant au haut de la sphère, la mort au bas ; mais chaque centre forme le milieu d'un groupe de trois lieux qui se comptent dans l'ordre chronologique de leur lever, l'ἀπόκλιμα en tête, le centre après, l'ἐπαναφορά en queue. De cette façon, les groupes sont rangés de gauche à droite, et les unités de chaque groupe de droite à gauche. Le cycle commence au lieu qui précède (ἀπόκλιμα) l'Horoscope. Là sont les douleurs de la gestation et de l'enfantement. L'Horoscope représente la naissance et le premier âge : l'enfance se termine au lieu suivant: On passe alors au deuxième groupe, au haut duquel culmine le « milieu du milieu », flanqué à droite par le début, à gauche par la fin de l'âge moyen. L'Occident représente le « temps final », la décadence, qui commence à sa droite et

---

1. Ou empruntés aux ἆθλα de Manilius (ci-après, p. 298). Les « Périls » s'associent tout naturellement aux μαϰραὶ ξενιτείαι.

2. Demophil. ap. Porphyr., p. 193. On conserve : 1° les quatre centres (I, IV, VII, X) ; 2° les deux lieux (V et IX) formant trigone avec l'Horoscope : 3° l'ἐπαναφορά de l'Horoscope (lieu II). Héphestion énumère les ϰαλοὶ τόποι dans l'ordre HOR., MC., XI, V, Occ., IMC., IX ; les ϰαϰοὶ II, III, VIII; et les ϰάϰιστοι VI, XII. Un Hermétique (C. Aphor., p. 841 Junctinus) établit l'ordre suivant : Centres 1° Hor., 2° MC., 3° Occ., 4° IMC. — Lieux favorables : XI, II, V, IX, III, VIII. — Lieux défavorables : VI et XII. Cf. les τόποι ἀφετιϰοί de Ptolémée, X, I, XI, VII, IX (ci-après, ch. xii).

3. Demophil. ap. Porphyr., pp. 202-203. Cf. Paul. Alex., fol. K 2, où l'IMC. symbolise « la vieillesse, l'ensevelissement du corps, ϰαὶ τὰ μετὰ θάνατον πάντα ». Aucune indication d'origine à propos de ce système aberrant, qui détraque l'ordre accoutumé et lui substitue la succession suivante : XII, I, II — IX, X, XI — VI, VII, VIII — III, IV, V.

finit à sa gauche. La culmination inférieure symbolise la mort, ayant d'un côté « le temps avant la mort », de l'autre, « le temps après la mort ». Qu'est-ce que le temps après la mort ? Lé scoliaste ne pense qu'à la réputation laissée par le défunt : il ne s'est pas demandé si le système ne sortait pas de quelque fabrique pythagoricienne, et si le temps après la mort n'était pas employé à préparer une métempsycose qui recommencerait le cycle.

II. — CYCLES DIVERS : SYSTÈME DES SORTS.

Le cercle des « lieux », gradué à partir de l'Horoscope, n'est pas le seul qui ait été superposé au Zodiaque. L'imagination des astrologues est inépuisable, et qui les fréquente doit s'armer de patience. Voici maintenant le cercle des « travaux » (ἆθλα) ou des « sorts » (sortes), gradué d'après le « sort de la Fortune » (κλῆρος Τύχης) [1], sorte d' « horoscope lunaire » dérivé de l'autre [2].

La Lune était, comme dieu Sin, le grand ouvrier de l'astrologie chaldéenne, et les Grecs lui ont conservé un rôle prédominant, inférieur seulement à celui du Soleil. Encore les docteurs qui se piquent de philosophie enseignent-ils que, si l'influence solaire prévaut dans la vie psychique, la Lune régit de plus près la vie physique. D'autre part, on sait combien fut envahissante, au déclin des religions civiques, la foi à l'omnipotence de la Fortune [3]. Cette entité vague se décomposait aisément en « fortunes » ou chances particulières, adaptées à la mesure de tous êtres, collectifs ou individuels, existant dans le monde sublunaire et considérés comme les « jouets de la Fortune ». Chaque individu avait donc sa Fortune, et une place d'honneur devait être réservée

1. Représenté dans les manuscrits par le signe ⊕, la « roue » de la Fortune ou le symbole hiéroglyphique du Temps, le serpent enroulé. Scaliger (p. 198) pense que c'était la forme de tous les jetons cléromantiques (sortes).

2. Le scoliaste Anonyme (p. 94) explique pourquoi Ptolémée, qui rejette tous les κλῆροι imaginés par les « Égyptiens », emploie cependant -- comme on le verra par la suite — celui de la Fortune. C'est que Ptolémée οὐ κλῆρον Τύχης λέγει, ἀλλὰ σεληνιακὸν ὡροσκόπον. Le pudibond savant colore de son mieux les concessions qu'il fait à des traditions plus fortes que lui. Le nom d'ἆθλα vient des douze travaux d'Hercule, type de l'humanité militante et, en attendant l'apothéose, jouet de la Fortune. Voy. ci-après (p. 298, 3) la réclamation de Saumaise, injustifiée pour le pluriel ἆθλα.

3. Cf. F. Allègre, Étude sur la déesse grecque Tyché. Thèse Doct. Paris, 1889, et la recension de A. Bouché-Leclercq, Tyché ou la Fortune (Rev. Hist. Relig., XXIII [1891], pp. 273-307).

dans le cercle de la géniture à ce Génie féminin. Nous l'y avons, en effet, rencontré deux fois, sous les noms de « Bonne » et de « Mauvaise Fortune » associées à Vénus et à Mars [1]. Son sexe, sa nature protéiforme et ses caprices la rapprochaient davantage encore de la Lune ; d'où l'idée de l'agréger comme second acolyte, décalque de l'autre, au Soleil. Aux aptitudes psychiques et physiques dérivées de l'influence des « luminaires », la Fortune ajoute tout ce qui vient du dehors, tout ce qui est « acquis » (Τύχη κτητική - ἀξιωματική) [2]. On lui chercha donc sur le cercle une position qui dépendît à la fois des positions du Soleil, de la Lune et de l'Horoscope.

C'est encore à Manilius que nous demanderons les plus anciens renseignements qui nous sont parvenus sur le sujet.

Après avoir répété une fois de plus, avec son emphase ordinaire, que tout est complexe dans les combinaisons astrales et que de là vient la variété des destinées, Manilius enseigne la manière de trouver le sort de la Fortune, point de départ de la division du cercle en douze ἆθλα ou sorts [3]. Et d'abord, il faut distinguer entre géniture diurne et géniture nocturne. Pour une géniture diurne, il faut prendre la distance du Soleil à la Lune, en suivant l'ordre des signes (de droite à gauche) et reporter la valeur de cet arc à droite de l'Horoscope : là où finit l'arc, là est le Sort de la Fortune. Si la géniture est nocturne, on fait l'inverse : on mesure non plus la distance du Soleil à la Lune, mais la distance complémentaire, celle de la Lune au Soleil, et on la reporte non plus à droite, mais à gauche de l'Horoscope [4]. Firmicus donne

1. Et même, par Manilius, à Jupiter (ci-dessus, p. 278, 4).
2. Il ne faudrait pas avoir la naïveté de croire que cette répartition est respectée par tous. On rencontre des classifications de toute sorte (cf. Salmas., p. 126, et ci-après, ch. XII), et, dans le nombre, une qui adjuge τὰ σωματικὰ τῷ ὡροσκόπῳ, τὰ ψυχικὰ τῇ Σελήνῃ. Paul d'Alexandrie (K 3) attribue à la Fortune τὰ περὶ τοῦ σώματος πάντα.
3. Sur le mot ἆθλα, voy. ci-après, p. 298, 3. Le terme traduit en latin par sors est κλῆρος, qui est aussi rendu — et très souvent — par locus, pars. Κλῆρος s'emploie de même pour τόπος au sens technique de lieu (voy. Nonn., Dionys., VI, 83). Manilius fait parfois de sors le synonyme de pars, portion ou lot quelconque. C'est ainsi qu'un décan est à volonté sors ou pars (IV, 313).
4. Manil., III, 176-202. Firmic., IV, 17 (De loco et efficacia Fortunae), 3-5 Kroll. Scaliger (pp. 197-199), qui a sans doute oublié Firmicus, s'obstine à mettre Manilius d'accord avec le scoliaste de Ptolémée, en lui faisant dire le contraire de ce qu'il dit réellement. La graduation du Zodiaque allant de droite à gauche, reporter un arc à droite de l'Horoscope, c'est soustraire (ortivo totidem de cardine duces) ; le reporter à gauche, c'est ajouter (tot numerare jubet fulgens horoscopus a se). Ces mots « ajouter » (προστιθέναι-adnume-

exactement la même recette, soit qu'il l'ait prise dans Manilius, soit qu'il ait consulté Néchepso et Pétosiris. C'est, en effet, à ces

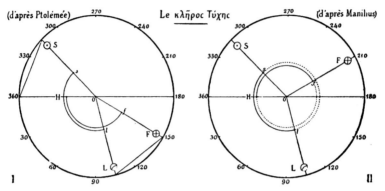

Fig. 35. Le *Sort de la Fortune* d'après Manilius et Ptolémée [1].

initiateurs que le scoliaste de Ptolémée attribue la dite méthode, à cette différence près qu'il comprend le procédé à rebours, c'est-

rare), « retrancher » ou « décompter » (ἀπολύειν - ἐκϐάλλειν - διεκϐάλλειν - *dedu-cere*), sont — on l'a vu à propos de la rétrogradation des planètes — la source de confusions perpétuelles, suivant que l'on considère le mouvement diurne ou le sens inverse. Les auteurs emploient constamment διεκϐάλλειν et ἀπο-λύειν au sens de « partir de » (ἀφεῖναι - ἄρχεσθαι) dans n'importe quelle direc-tion. Cf. les exemples cités par Saumaise, pp. 272-273, et notamment Héphes-tion (I, 19, p. 75 Engelbr.), Paul d'Alexandrie (Kv), etc. Peu nous importe qui, de Manilius ou du scoliaste, a le mieux compris Pétosiris : le vice dont est entaché le calcul est le même. Firmicus donne deux recettes, l'une *pla-tica*, qui consiste à reporter les distances toujours à la gauche de l'Horoscope et qui différencie réellement les génitures diurnes des nocturnes ; l'autre *partilis*, celle de Manilius, sans paraître se douter que celle-ci dément la première. Enfin, Firmicus commet une seconde (ou troisième) bévue qui montre à quel point il était brouillé avec l'arithmétique. Pour reporter l'arc à droite ou à gauche de l'Horoscope, certains calculateurs trouvaient plus commode, au lieu de partir du *degré* horoscopique, de partir du commence-ment du *signe* horoscopique, en ajoutant à la somme de degrés avec laquelle ils opéraient le nombre de degrés compris entre l'Horoscope et le nouveau point de départ. Soit, par exemple, dit Paul d'Alexandrie (K 4v), à défalquer (ἀπολύσομεν) — c'est-à-dire ajouter — un arc de 33°, l'Horoscope étant en ♌ 11°. On additionne ces 11 degrés à 330° (= 341°) et on prend pour point de départ le commencement du Lion. Le résultat est le même que si on partait de l'Horoscope en soustrayant 330° au lieu de 341°. Firmicus, ne comprenant pas, écrit : *additis horoscopi partibus unam numeri facis summam, quam a parte Horoscopi incipiens per omnia quae ab Horoscopo sunt signa dividis*, etc. (IV, 17, 4 Kroll : cf. ci-après, p. 294, 1). Pruckner (IV, 10, p. 98) atténue de son mieux la méprise en ajoutant, après *additis Horoscopi partibus, si opus fuerit*.

1. Voy. ci-après (p. 295) l'explication des figures I et II.

à-dire qu'il reporte ou « décompte » la distance du Soleil à la Lune à gauche de l'Horoscope pour les génitures diurnes, la distance de la Lune au Soleil pour les génitures nocturnes à droite de l'Horoscope. Mais il fait observer à ce propos, et très justement, que cette double opération aboutit au même résultat [1]. En effet, reporter d'un côté de l'Horoscope une des deux distances, ou, de l'autre côté, la distance complémentaire, c'est faire le même calcul par deux procédés différents et non pas différencier la position du sort de la Fortune pour les génitures diurnes et nocturnes. Que ni le bon Manilius, ni l'inconscient Firmicus ne s'en soient pas aperçus, cela n'est pas douteux : pour d'autres, dont l'intelligence était moins impénétrable aux mathématiques, la question était de savoir si les grands initiateurs, Néchepso et Pétosiris, avaient cru réellement, eux aussi, obtenir par ces deux

---

1. Τὶ οὖν ἔφασαν οὗτοι (Néchepso et Pétosiris); ὅταν κλῆρον Τύχης λαμβάνης, ἡμέρας μὲν ἀπὸ ἡλίου ἐπὶ σελήνην ἀριθμεῖ καὶ τὰ ἴσα ἀπὸ ὡροσκόπου ἐπὶ τὰ ἑπόμενα τῶν ζωδίων ἀπόλυε, νυκτὸς δὲ ἀνάπαλιν. Τὸ δὲ ἀνάπαλιν τί ἐστιν; ἵνα ἀπὸ σελήνης ἐπὶ ἥλιον ποιήσης καὶ μηκέτι εἰς τὰ ἑπόμενα, ἀλλ' εἰς τὰ ἡγούμενα ἀπολύσης. Mais ce renversement n'est qu'apparent : πάλιν γὰρ ὁ αὐτὸς εὑρίσκεται [sc. κλῆρος Τύχης] ὁ καὶ πρότερον εὑρεθεὶς ὁ ἀριθμηθεὶς ἀπὸ ἡλίου ἐπὶ σελήνην (Anon., p. 111). C'est la méthode qu'applique l'auteur du papyrus CXXX (*Brit. Mus.*), un astrologue qui se targue d'appliquer les vraies traditions égyptiennes. Dans ce thème de géniture nocturne, daté de 81 p. Chr., ☉ étant en ♈ 14°, ☾ en ♉ 13° et l'Horoscope en ♏ 18°, le Sort de la Fortune tombe en ♐ 17°; tandis que des « ignorants » (comme Manilius et Firmicus) l'auraient reporté en ♎ 19°. Ὁ κλῆρος δὲ τῆς τύχης εἰς Διὸς καὶ ζώδιον καὶ τρίγωνον (c'est-à-dire le Sagittaire) ἀνάπαλιν ἐσται, ὅν τινες Ζυγῷ δωρήσονται ἀγνοίᾳ · ὅμως Ἀφροδίτης πάλιν ὁ κλῆρος (lig. 177-184). Le mot ἀνάπαλιν fait allusion au texte de Néchepso, si diversement interprété. Sur le κλῆρος Ἀφροδίτης ou Ἔρωτος, voy. ci-après, p. 307. Ce papyrus CXXX contient, comme ses congénères, des choses bien étranges. La Lune, qui, en ♉ 13°, doit être à 5° au-dessous de l'horizon à l'occident, est dite ἀπ' ἀνατολῆς φερομένη (lig. 74-75) : on lit (lig. 112-115) qu'une certaine somme de minutes (3 ou 13 ?) constitue 1/21,600° (?) de degré (μέρος δισμυροχιλεξακοσιοστόν : cf. ci-dessus, p. 258, 3) : plus haut (lig. 79), il est question d'un millième de degré (καὶ ἔτι μέρος χιλιοστὸν μοίρης). L'expression στοιχείῳ Διός appliquée au degré 14 du Bélier (lig. 60) doit indiquer une répartition des planètes, degré par degré (στοιχεῖον=μοῖρα) dans l'ordre ☿ ♀ ♂ ♃ ♄, en commençant par ☿ = 1° ♈ (cf. ci-dessus, p. 216, 3). Cette mention ne se retrouve plus pour les données autres que la position du Soleil. En revanche, l'astrologue oublie pour celle-ci la mention ὑψώματι ἰδίῳ, qu'il a soin de mettre pour la Lune. Les décans et leurs dodécatémories ne figurent que pour les positions des deux luminaires. Quant à l'évaluation des grosseurs apparentes des planètes, 4/3 (ἐπίτριτος ὄγκῳ) pour Saturne (lig. 106-107), 3/2 pour Jupiter (ἡμιόλιος τε ὄγκῳ καὶ προστάσσων [comme étant dans l'hémisphère boréal et dans son ὕψωμα], lig. 124-125), je laisse aux astronomes le soin de vérifier. Mais tout cela sent le charlatan en train d'éblouir une dupe.

procédés deux résultats différents, ou s'il leur avait plu, pour des raisons mystérieuses, de tracer à leurs adeptes deux voies différentes conduisant au même but. Au rapport de Valens, le « roi » (Néchepso) avait, dans son XIIIe livre, exposé l'un des deux procédés et indiqué sommairement l'autre en disant : « opérer en sens inverse ». C'était là une « énigme [1] ». Néchepso voulait-il dire seulement qu'il fallait prendre la distance complémentaire, ou que, cette distance complémentaire, on devait encore la décompter en sens inverse? Dans le doute, Valens se fait un

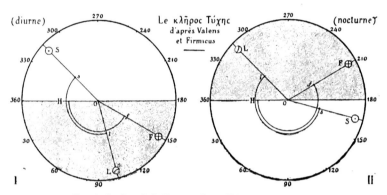

Fig. 36. Le *Sort de la Fortune* d'après Valens et Firmicus [2].

système à lui. Il reporte toujours les distances à gauche de l'Horoscope, ce qui lui donne des positions différentes pour le Sort de la Fortune suivant que la géniture est diurne ou nocturne. Seulement, lorsque, dans une géniture nocturne, la Lune est comme le Soleil au-dessous de l'horizon, il retourne au calcul usité pour les génitures diurnes, c'est-à-dire qu'il prend pour report la distance du Soleil à la Lune [3].

A ce raffinement près, le système de Valens se retrouve dans Firmicus, qui prend de toutes mains et le note comme « méthode sommaire », encore qu'il puisse être aussi précis que n'importe quel autre [4]. D'aucuns, notamment le « divin Abraham », avaient

1. Ἐν γὰρ τῇ τρισκαιδεκάτῃ βίβλῳ ὁ βασιλεὺς... [περὶ κλήρου τύχης] καὶ αἴνιγμα τέθηκε τὸ ἔμπαλιν καὶ ἀνάπαλιν (Valens, III, 5, fr. 19 Riess). Cf. le texte précité du scoliaste, qui discute aussi le sens de ἀνάπαλιν.

2. Voy. ci-après (p. 295) l'explication des figures I et II.

3. Valens, III, 5 = fr. 19 Riess.

4. *In omni genitura nocturna computa a Luna usque ad Solem, in diurna genitura a Sole computa rursus ad Lunam, et quantuscunque signorum <fue-rit> numerus, tanta ab Horoscopo incipiens signa numera; et quodcumque si-gnum habuerit novissimum numerum, ipsius signum locum Fortunae demons-*

fait réflexion que l'on pouvait utiliser ces manières différentes de reporter les distances pour enrichir l'outillage astrologique. Si le Sort de la Fortune était un « lieu de la Lune », comme on le disait, il fallait également un « lieu du Soleil », celui-ci lié à l'autre par un rapport mathématique [1]. Dès lors, il était tout simple — naturel même, pour un astrologue — de déterminer ces deux points jumeaux par inversion du même calcul. Si donc on adoptait, pour pointer le Sort de la Fortune, le report des distances à gauche de l'Horoscope (κατὰ τὰ ἐπόμενα), on obtiendrait le « lieu du Soleil » en reportant les mêmes distances à droite (κατὰ τὰ ἡγού-

trat. Sed haec platica computatio est, quam ideo posuimus, ne quid a nobis praetermissum esse videatur : partiliter vero locus Fortunae ista ratione colligitur, quam tu sequi in omni disputatione debebis. Suit la méthode exposée plus haut (p. 289), méthode que Firmicus s'imagine sans doute être la même, sauf que, au lieu de déterminer en gros (platice) le signe, elle précise le degré (Firmic., IV, 17, 1 sqq. Kroll). Voy. les textes ci-après, p. 294, 1.

1. Locum daemonis ista ratione colligimus ; quam ideo huic libro indidimus, quia Solis eum locum esse Abraham simili ratione monstravit et iniquum erat ut a loco Lunae Solis separaretur locus (Firmic., IV, 18, 1 Kroll). Suit la méthode relative ci-après. Plus haut, en parlant du locus Fortunae, il a été dit : appellatur autem, sicut Abraham designat, Lunae locus (IV, 17, 5). C'est, je suppose, le locus Daemonis qui est appelé ὁ δεύτερος κλῆρος τῆς Τύχης dans le thème d'Anubion (Notices et Extr., XVIII, 2, nº 19 = Greek Papyri of the Brit. Mus., nº CX). Ce document est l'œuvre d'un astrologue qui affecte une précision extrême dans ses mesures et qui place ses deux « sorts de la Fortune » d'une façon absolument inintelligible. Les données étant : ☉ en ♐ 13º 23', ☾ en ♒ 3º 6', et Hor. en ♐ 15º, la distance SL = 49º 43' reportée à gauche de l'Horoscope aboutirait à ♒ 4º 43'. Or, notre homme pointe son πρῶτος κλῆρος τῆς Τύχης en ♑ 29º, c'est-à-dire 5º 43' plus près de l'Horoscope. La même distance SL reportée à droite de l'Horoscope aboutirait à ♎ 25º 17', tandis que le « second sort de la Fortune » est marqué à 104º 17 de là, en ♋ 11º. En opérant avec la distance complémentaire LS, on arriverait également aux deux points ♒ 4º 43' et ♎ 25º 17'. Il faut nécessairement ou que l'auteur du papyrus ait employé une méthode inconnue, un transfert par ricochet quelconque, ou que tout simplement il prétende avoir fait des calculs auxquels il n'entendait rien. On trouvera peut-être la seconde hypothèse plus vraisemblable. Le thème du papyrus nº XCVIII recto a trois κλῆροι, dont le premier est l'Ἀγαθὸς δαίμων, les deux autres anonymes. Les lacunes du texte supprimant les données indispensables, il n'y a pas lieu à vérification. Un détail curieux, c'est que les κλῆροι ne sont plus ici des points, mais des arcs pouvant coïncider avec les ὅρια de deux planètes différentes (lig. 55 et 59). Voici ce qu'avaient retenu de tout ce fatras les gens du monde à la fin du ivᵉ siècle : Aegyptii protendunt deos praestites homini nascenti quattuor adesse, memorantes Δαίμονα Τύχην Ἔρωτα Ἀνάγκην, et duos priores Solem ac Lunam intellegi volunt, quod Sol, auctor spiritus caloris ac luminis, humanae vitae genitor et custos est, et ideo nascentis δαίμων id est deus creditur, Luna Τύχη, quia corporum praesul est, quae fortuitorum varietate jactantur (Macr., Sat., I, 19, 17).

μενα). Ce lieu reçut, comme nom astrologique, le titre de lieu ou sort du « Génie « (Δαίμων-*Daemon*), celui-ci homonyme sans épithète [1] du « Bon Génie » incorporé à la XIe case dans l'ordonnance des lieux fixes. Chaque faiseur de système puisait à son gré dans le vocabulaire, sans souci des confusions possibles.

Il ne faut plus demander à Firmicus comment on détermine, d'une part, le sort ou lieu de la Fortune, de l'autre, le sort ou lieu du Génie. Cet avocat, égaré dans les mathématiques et distrait par son propre bavardage, y fait tant de détours qu'il lui est impossible de suivre une idée et de comprendre ce qu'il a lu [2]. Tenons-nous en à l'arithmétique de Paul d'Alexandrie. Si l'on marque le κλῆρος Τύχης au bout des distances reportées à gauche de l'Horoscope, on trouve le κλῆρος Δαίμονος au bout des mêmes distances reportées à droite [3], et réciproquement; de sorte que, les distances restant les mêmes, le Génie diurne occupe la place

1. Avec épithète dans le *Pap. Brit. Mus.* XCVIII (ci-dessus, p. 293, 1).

2. On a vu déjà que Firmicus ne fait de différence qu'au point de vue de la précision entre sa méthode *platica* et la *partilis*, qu'il recommande spécialement (ci-dessus, p. 292, 4). Voici comment il applique celle-ci à la détermination du *locus Fortunae* et du *locus Daemonis*.

Locus Fortunae (IV, 17).	*Locus Daemonis* (IV, 18).
Pour une géniture diurne, reporter à *droite* de l'Horoscope la distance du Soleil à la Lune, *additis horoscopi partibus*.	Pour une géniture diurne, reporter *à gauche* de l'Horoscope (*per sequentia signa*) la distance du Soleil à la Lune.
In nocturna vero genitura a Lunae parte incipiens et per sequentia signa simili modo pergens usque ad partem Solis totas signorum colligis partes et additis Horoscopi partibus unam numeri facis summam, quam a parte Horoscopi incipiens per omnia quae ab Horoscopo sunt signa dividis, singulis tribuens - - XXX partes.	*In nocturna vero a Luna usque ad Solem omnium signorum colligis partes et omnem istam summam ab Horoscopo incipiens simili ratione* (c'est-à-dire *per sequentia signa* et à raison de 30º par signe) *totis dividis signis, et in quocumque signo <pars ultima ceciderit, ipsa tibi> pars geniturae Daemonem monstrat.*

Ainsi, d'après Firmicus, dans une géniture nocturne, le *locus Fortunae* et le *locus Daemonis* se calculent de la même façon, et ils tomberaient au même point s'il n'avait pas introduit du côté du *locus Fortunae* un accroissement de distance (*additis horoscopi partibus*) qui, on l'a démontré plus haut (p. 290), provient d'une méprise. Firmicus a tout simplement oublié que, pour le *locus Daemonis,* il faut renverser ou les distances ou le sens du report. Avec le report nocturne à droite, son système serait cohérent, c'est-à-dire exactement le contre-pied de celui de Paul d'Alexandrie. De même pour le *locus Fortunae :* son procédé, expurgé de l'addition des *partes horoscopi*, reviendrait à celui de Manilius, qui est celui de Néchepso-Ptolémée appliqué à contre-sens.

2. Ou, ce qui revient au même, au bout des distances complémentaires reportées du même côté (Paul. Alex., K 3 - L).

de la Fortune nocturne et le Génie nocturne la place de la Fortune diurne, solidarité admirable et propre à réjouir les mystiques.

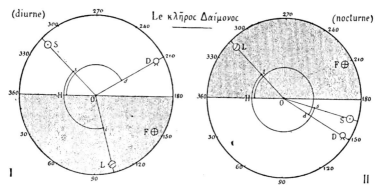

Fig. 37. Le *Sort du Génie* d'après Paul d'Alexandrie[1].

Nous verrons tout à l'heure comment la même méthode a fourni le moyen de fixer un « lieu » ou « sort » à chacune 'des planètes, affublées également de noms mystiques. Pour le moment, revenons au « Sort de la Fortune » et à Manilius en passant par Ptolémée. Ptolémée, à qui toutes ces spéculations arithmétiques, imaginées sans ombre de raison « naturelle », inspirent visiblement du dégoût, n'en conserve que le Sort de la Fortune, un seul, le même pour les génitures soit diurnes, soit nocturnes, comme l'avaient voulu Néchepso et Pétosiris. Il dédaigne de faire savoir aux ignorants que son procédé unique est l'équivalent

1. Dans toutes les figures ci-dessus (35-37), SL = 150° et LS = 210° :
Fig. 35, I. Le sort de la Fortune unique, d'après Néchepso et Ptolémée. Il est évident que la distance SL reportée à gauche de l'Horoscope aboutissant en F, la distance complémentaire LS reportée à droite, par la méthode dite nocturne, eût abouti au même point. Ptolémée n'a conservé, par conséquent, que le premier procédé. L'angle LOF = l'angle SOH (ci-après, p. 296, 2).
Fig. 35, II. La méthode de Néchepso, interprétée par Manilius et Firmicus, fournit aussi un *terminus* unique pour les deux procédés; mais la condition exigée par Ptolémée pour « l'horoscope lunaire » n'est plus remplie, l'arc LOF n'étant plus égal à l'arc SOH. Manilius s'est évidemment mépris, et Firmicus a suivi Manilius, qu'il ne cite jamais.
Fig. 36, I et II. Système du sort de la Fortune différent pour les génitures diurnes (report de SL) et nocturne (report de LS). La condition exigée par Ptolémée n'est pas remplie pour le cas de géniture nocturne.
Fig. 37, I et II. Figures montrant que le κλῆρος Δαίμονος diurne remplace le κλῆρος Τύχης nocturne, et inversement. Le résultat eût été le même si, comme le veut Paul d'Alexandrie, l'on avait conservé le report à gauche et employé les distances complémentaires, LS pour SL, et SL pour LS.

exact des deux procédés pétosiriaques qui avaient mis tant de
cervelles à la torture. Il reporte dans tous les cas à la gauche de
l'Horoscope la distance du Soleil à la Lune, et il obtient ainsi un
point qu'il consent à appeler, par déférence pour l'usage, le Sort
de la Fortune, mais qui est en réalité une espèce d'« horoscope
lunaire » [1]. Ce point a une valeur à ses yeux, parce qu'il lui a
découvert une raison d'être « naturelle », l'horoscope lunaire
étant placé par rapport à la Lune dans la même position angulaire
et du même côté que l'Horoscope proprement dit par rapport au
Soleil [2]. Puisque cette relation mathématique suffit à calmer les
scrupules de Ptolémée, nous n'irons pas demander comment il
se fait que cet angle quelconque établit un rapport si notable
entre l'Horoscope et le Soleil, l'horoscope lunaire et la Lune,
alors qu'il était entendu que seuls les angles catalogués sous le
nom d'aspects ont une vertu efficace. Ptolémée eût répondu sans
doute que, ce qui importe ici, ce n'est pas l'angle lui-même, mais
la similitude des deux angles, le fait que le Soleil et la Lune sont
dans le même rapport de position, chacun avec un des points
fatidiques.

Nos tracés graphiques (fig. 35-37) rendront intelligibles et le
texte de Ptolémée et l'« énigme » pétosiriaque et les tergiversations, rectifications ou contradictions d'astrologues en mal d'exégèse, dont quelques-uns ne savaient plus distinguer la droite de
la gauche ou discutaient sur l'inversion partielle ou totale.

De quelque façon qu'il soit déterminé, le Sort de la Fortune a,
dans un thème de géniture, une importance majeure. Au dire de
Firmicus, il décide non seulement de la fortune, c'est-à-dire de

---

1. Cf. ci-dessus, p. 288, 2, et la note suivante.
2. Κλῆρον μέντοι Τύχης [παραληπτέον] τὸν συναγόμενον ἀπὸ τοῦ ἀριθμοῦ πάν-
τοτε τῶν μοιρῶν, καὶ ἡμέρας καὶ νυκτός, τοῦ τε ἀπὸ ἡλίου ἐπὶ σελήνην, καὶ τὰ ἴσα
ἀφαιροῦντες ἀπὸ τοῦ ὡροσκόπου κατὰ τὰ ἑπόμενα τῶν ζωδίων. Ὅπου δ' ἂν ἐκπέσῃ ὁ
ἀριθμός, ἐκείνην τὴν μοῖραν τοῦ δωδεκατημορίου καὶ τὸν τόπον φαμὲν ἐπέχειν τὸν
κλῆρον τῆς Τύχης, ἵνα ὃν ἔχει λόγον καὶ σχηματισμὸν ὁ ἥλιος πρὸς τὸν ἀνατολικὸν
ὁρίζοντα, τοῦτον ἔχῃ καὶ ἡ σελήνη πρὸς τὸν κλῆρον τῆς Τύχης, καὶ [οὗτος] ᾖ ὥσπερ σεληνιακὸς ὡροσκόπος (Tetrab., III, 12, p. 329 Junctinus). Ptolémée
répète encore plus loin (Tetrab., IV, 1, p. 614 J.) qu'il n'admet que cette façon
de pointer le sort de la Fortune. Le scoliaste sait que Ptolémée arrive au
même résultat qu'avec les deux procédés pétosiriaques, et il semble avoir eu
sous les yeux un passage de la Tétrabible, supprimé depuis, où Ptolémée le
disait lui-même en accusant ses devanciers de n'avoir pas compris « le
Vieux » (Pétosiris) : <οὐ>γάρ, φησι, νενοήκασι τὰ ὑπὸ τοῦ παλαιοῦ περὶ κλήρου
Τύχης γεγραμμένα. Λέγει δὲ παλαιὸν τὸν Νεχεψὼ καὶ Πετόσιριν · οὗτοι γὰρ πρῶτοι
τὸ δι' ἀστρολογίας ἐξήπλωσαν προγνωστικόν (Anon., p. 111). Voy. la suite du texte,
ci-dessus, p. 291, 1.

la richesse et du succès en général, — comme l'admet Ptolémée lui-même, — mais encore des affections conjugales et de la « patrie » ou condition sociale [1]. Autant dire qu'il décide de tout. C'est ainsi que l'a compris Manilius. Il dresse, sans nous dire où il a puisé ces secrets, un cercle complet à douze compartiments où le Sort de la Fortune joue le rôle d'Horoscope et qui représente à peu près un cycle complet de vie. En somme, c'est une contrefaçon du cercle des lieux, qui était déjà lui-même une contrefaçon du Zodiaque.

Les douze sorts, énumérés dans le sens des signes, sont : I. La Fortune, au sens usuel du mot, c'est-à-dire l'avoir ; II. La Milice et les Voyages ; III. Les affaires civiles ; IV. Le

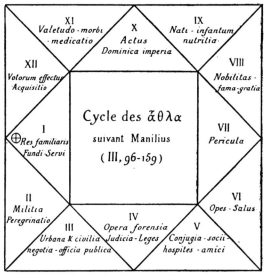

XI
Valetudo - morbi - medicatio

X
Actus Dominica imperia

IX
Nati - infantum nutritia -

XII
Votorum effectus Acquisitio

VIII
Nobilitas - fama - gratia

Cycle des ἄθλα
suivant Manilius
(III, 96-159)

I
Res familiaris Fundi - Servi

VII
Pericula

II
Militia Peregrinatio

VI
Opes - Salus

III
Urbana & civilia negotia - officia publica

IV
Opera forensia Judicia - Leges

V
Conjugia - socii hospites - amici

Fig. 38. Les *Sorts* de Manilius.

métier d'avocat ; V. Le mariage et autres associations affectueuses ; VI. La richesse en acquêts ; VII. Les périls ; VIII. La

1. *Ex hoc loco* [*Fortunae*] *qualitatem vitae et patrimonii substantiam et felicitatis atque infelicitatis cursus ostendi datur. Amor etiam et adfectus virorum circa mulieres qualis sit ex hoc loco discitur, et nutrimentorum et desideriorum omnium effectus ex istius loci substantia quaeritur. Hic locus patriam facili ratione demonstrat* (Firmic., IV, 17, 5 Kroll). Comme fond, c'est du galimatias ; comme langue, du charabia. J'avoue ne pas savoir au juste ce que Firmicus entend par *patria* : d'autant que ce mot se retrouve plus loin dans la litanie des prérogatives et offices du Génie : *hic locus* [*Daemonis*] *vocatur et animae substantia ; ex hoc loco actus omnisque augmenta substantiae quaerimus, et ostendit qualis circa virum mulieris sit affectus. Sed et hic locus, et quadrata latera istius loci, patriam nobis manifesta ratione demonstrat* (IV, 18, 2 Kroll). Firmicus a dû lire quelque part que, comme lieu de la Lune, le sort de la Fortune est féminin, passif, concernant le corps, l'amour pour le féminin, etc. ; le sort du Génie, comme lieu du Soleil, est masculin, actif, concernant l'âme, l'amour pour le masculin, etc. Son livre contient à l'état chaotique des débris d'une quantité énorme de spéculations sur lesquelles Ptolémée a prélevé son système, en faisant oublier le reste.

noblesse, la réputation, etc. ; IX. L'éducation des enfants;
X. L'action, l'autorité, la tâche du maître de maison ; XI. La
santé et la maladie ; XII. Réalisation ou faillite des souhaits (*qui
continet omnes votorum effectus*) [1].

La copie ressemble sur bien des points au modèle, et il y a eu
entre eux contamination réciproque. Le mariage a été mis au
même numéro d'ordre (V) que les fils dans le système des douze
lieux; les périls à la place où logeait Pluton, c'est-à-dire la mort,
dans le système de l'*octotopos*; on reconnaît au VIIIᵉ sort la
« noblesse » que Firmicus a introduite au VIIIᵉ lieu (ci-dessus,
p. 284, 1); l'éducation des enfants (IX) peut bien aller de pair
avec la religion ; enfin, le Xᵉ sort conserve le caractère dominateur du Xᵉ lieu [2]. Il est inutile d'étudier de plus près le parallèle,
car le système des ἄθλα ou *sortes* est resté la propriété exclusive
de Manilius [3].

Que Manilius ait bien ou mal compris les leçons de ses professeurs, ce n'est pas ainsi que les astrologues « Égyptiens » entendaient le maniement des κλῆροι. Encore une méthode, et même
deux, à examiner. Il faudrait ici, pour encourager le lecteur, une
de ces exhortations enthousiastes dont notre poète a le secret.
Nous ne pouvons lui promettre, s'il a le goût des idées claires,
que des déceptions.

---

1. Manil., III, 96-159.

2. Autres contaminations, celles-là plus intéressantes, entre les *lieux* ou
sorts astrologiques et les divisions du temple à 16 cases où les haruspices
avaient réparti les divinités. A la XIᵉ case de ce temple, on trouve *Fortuna*
(XIᵉ lieu, ou place du XIᵉ lieu, dans Manilius, ci-dessus, fig. 30) et *Valitudo*
(XIᵉ sort de Manilius). A la Vᵉ case toscane se trouvent *Juno* et *Genius*,
divinités du mariage (Vᵉ sort de Manilius); à la IXᵉ, *Genius Junonis Sospitae*
(correspondant à l'éducation des enfants, IXᵉ sort; car *Juno Sospita Mater* est
déesse de la maternité. L. Preller, *Röm. Myth.*, I³, p. 276) : à la IIᵉ, *Quirinus*,
Mars, *Lares militares* (IIᵉ sort de Manilius); à la IIIᵉ, *Minerva, Discordia,*
Seditio (IIIᵉ sort de Manilius, *urbani labores-jurgia-hoc quoque militiae
genus est*). Cf. *Hist. de la Divination*, IV, pp. 24-25, et l'art. HARUSPICES dans
le *Dict. des Antiquités* de Darcmberg et Saglio.

3. Scaliger ne se lasse pas de répéter (p. 186 sqq.) qu'il a été le premier à
reconnaître l'autonomie du système des ἄθλα de Manilius, inconnu de tous les
autres astrologues, anciens et modernes, *quum ante nos nullus Mathematicus,
ne gloriosuli quidem inter illos, quid essent athla, sciverint* (p. 187) : sur quoi
Saumaise, agacé, remarque que ni Manilius, ni Scaliger n'ont compris le véritable sens d'ἄθλα, qui signifie des prix (ἔπαθλα), et non pas des luttes ou concours, des ἄθλοι (pp. 127-128). Il est possible, pour ne pas dire probable, que
tous les κλῆροι énumérés ci-après aient servi de point de départ, d'Horoscope,
à des cycles autonomes pareils à celui-ci, chacun contenant un des multiples
aspects de l'existence. Toutes ces méthodes ont été balayées par Ptolémée.

Le système des κλῆροι, « lots » ou « sorts », est un ensemble dont le « sort de la Fortune » n'est qu'un débris. Il consiste, étant donné la position d'une planète, soit considérée isolément, soit par rapport à une autre, à s'en servir comme d'un dé qu'on jette sur le cercle et qui va rouler à une autre place. Les dieux jouent à cache-cache avec les mortels, et c'est le comble de l'art que de leur arracher leur secret. Pour les inventeurs de cette « loterie », les positions visibles des astres ne sont pas celles où ils exercent réellement leur énergie. Celles-là, il faut les chercher, et l'on peut s'attendre d'avance à des tours de main assez compliqués.

Il y a pour cela deux procédés, dont les astrologues eux-mêmes n'ont peut-être pas aperçu le lien [1], mais dont l'affinité va se révéler par la comparaison : l'un, qui reporte une planète considérée isolément à sa « dodécatémorie » ; l'autre, qui se sert, pour trouver le lieu efficace, de la mesure de la distance comprise entre la planète susdite et une collaboratrice désignée comme telle non par sa position, mais par son tempérament. Ceignons nos reins et entrons résolument dans ces arcanes issus de cerveaux enfiévrés et détraqués [2].

Les « dodécatémories » planétaires dont il s'agit ici n'ont que le nom de commun avec la division des signes en douzièmes (δωδεκατημόριον δωδεκατημορίου) dont il a été question plus haut (p. 216, 3). Le système est déjà connu de Manilius [3], qui s'exténue

---

1. Le système des *dodécatémories* passait pour chaldéen (*Babylonii enim duodecatemoriis omnium summam decretorum tribuunt.* Firmic., III, 13, 14 Kroll) ; celui des κλῆροι pour égyptien (cf. ci-après). Mais le scoliaste (Anon., pp. 47-48) attribue aussi les δωδεκατημόρια à ses « Égyptiens ».

2. Ptolémée proteste tant qu'il peut à ce propos : Καὶ τὰ μὲν περιεργῶς ὑπὸ τῶν πολλῶν φλυαρούμενα καὶ μηδὲ πιθανὸν ἔχοντα λόγον πρὸς τὰς ἀπὸ τῆς φύσεως αἰτίας ἀποπεμπόμενοι [ἡμεῖς], τὰ δὲ ἐνδεχομένην ἔχοντα τὴν κατάληψιν οὐ διὰ κλήρων καὶ ἀριθμῶν ἀναιτιολογήτων, ἀλλὰ δι' αὐτῆς τῆς τῶν σχηματισμῶν πρὸς τοὺς οἰκείους τόπους θεωρίας ἐπισκεπτόμενοι, κ. τ. λ. (*Tetrab.*, III, 3, p. 148 Junctinus). Il avait déjà dit, à propos de quantité de subdivisions du Zodiaque : ταῦτα μὲν οὐ πιθανὸν καὶ οὐ φυσικὸν, ἀλλὰ κενόδοξον ἔχοντα λόγον παρήσομεν (*Tetrab.*, I, 21, p. 76 Junct.). Sans doute ; mais il s'est mis de son pléin gré dans la société de ces monomanes, et il n'est pas à nos yeux moins naïf, lui qui croit à la vertu « naturelle » des aspects et des οἰκεῖοι τόποι. Le scoliaste insiste sur la κενοδοξία des inventions des « premiers Égyptiens » (Anon., pp. 47. 48. 89).

3. Sur les dodécatémories, voy. Manil., II, 693-750 ; Firmic., II, 13 (*De duodecatemoriis*) ; Schol. Demophil., p. 194 ; Hephaest., I, 18 ; Paul. Alex. (Περὶ δωδεκατημορίου. K-K2). Paul d'Alexandrie commence ainsi son exposé : Τὸ δὲ τῶν ἀστέρων δωδεκατημόριον, καὶ οἱουδήποτε εἴτε κέντρου, εἴτε κλήρου, πραγματευτέον οὕτως, etc. Les dodécatémories (planétaires) sont notées dans le thème de géniture du papyrus de 81 p. Chr. (*Gr. Pap. Brit. Mus.*, CXXX).

à en versifier l'exposé, et, loin de tomber en désuétude après
Ptolémée, qui refuse de s'y arrêter, il devient une méthode
générale, qu'on emploie à déplacer non seulement les planètes,
mais les « centres » et les κλῆροι eux-mêmes. Comme il est
absurde en lui-même, ses partisans le mettent au-dessus de tous
les autres et grossissent la voix pour le déclarer indispensable.
« D'aucuns », dit Firmicus, « pensent pouvoir trouver par là toute
« la substance d'une géniture et déclarent que tout ce que recèle
« le décret (du destin) peut être révélé par les dodécatémories ».
Et, en effet, Firmicus ne manque pas, après avoir énuméré les
« décrets » d'une planète ou du sort de la Fortune, d'ajouter :
« de plus, cherchez-en la dodécatémorie » [1].

On appelle *dodécatémorie* d'un point quelconque du cercle (centre ou siège d'une planète), le degré du signe dans lequel aboutit
le produit du quantième de degrés occupé par lui dans le signe
où il se trouve multiplié par 12 et reporté sur le cercle, à partir
de sa position réelle, dans le sens des signes, à raison de 30 degrés par signe. Pour éclaircir cette définition, nos auteurs prodiguent les exemples. « Soit », dit Firmicus, « le Soleil dans le
« Bélier à 5° 5' ; douze fois 5° font 60° et douze fois 5' font 60' (un
« degré), de sorte que le total est 61°. Donnez au Bélier, où nous
« disons qu'est le Soleil, 30 degrés, et au Taureau 30. Le dodéca-
« témorion tombe au 1er degré des Gémeaux » [2]. Paul d'Alexandrie montre par un calcul semblable que, Mercure étant au

1. Firmic., II, 13, 1; III, 13, 14; IV, 17, 12 Kroll.
2. Firmic., II, 13, 3. Il *devrait* tomber à 6° 5' des Gémeaux. La bévue, com-
mise avant Firmicus par son guide Manilius, consiste à donner 30 degrés, au
lieu de 24° 25', au Bélier; autrement dit, à prendre pour point de départ le
commencement du Bélier en gardant 12 pour multiplicateur. L'auteur du papyrus *Brit. Mus.*, n° XCVIII recto sait mieux compter : il fait tomber en
♉ 25° le dodécatémorion de l'Horoscope situé en ♋ 25° (lig. 42-45), c'est-à-
dire qu'il a pris pour multiplicateur 12 et réparti ses 300 degrés (12 × 25 =
300) en partant de 25° du Cancer. Cet auteur a relevé aussi les dodécatémories de toutes les planètes : ses calculs sont à peu près exacts là où les données sont conservées. L'auteur du papyrus CX (thème d'Anubion), qui note
avec soin les stations (στηριγμοί) des planètes, ne dit mot des dodécatémories :
c'est celui qui calcule d'une façon si étrange ses deux « sorts de la Fortune »
(ci-dessus, p. 293, 1). Le prétentieux rédacteur du papyrus CXXX ne donne
que les dodécatémories de ☉ et de ☽, avec de grossières erreurs de calcul. Le
δωδεκατημόριον solaire qu'il place (lig. 71-72) Σκορπίου περὶ τὸν πρῶτον σφόν-
δυλον (vers 15° ♏) devrait être à 3° 18', et le lunaire nùs Σκορπίου πάλιν περὶ
τὸν αὐτὸν τόπον (lig. 92-94) devrait être en ♎ 19°. Il s'est trompé de plus de 40°
dans le premier cas et de 30° environ dans le second. J'ignore comment les
Arabes ont manié ce calcul, qu'ils appellent *Dorogen,* au dire de Scaliger
(p. 162).

degré 11 du Bélier, sa dodécatémorie tombera au degré 23 du Lion. Seulement, Paul d'Alexandrie n'est pas aussi étranger aux plus simples notions d'arithmétique que Firmicus : il comprend que si, au lieu de partir du point initial, on remonte au commencement du signe initial, il faut ajouter au produit du quantième par 12 le quantième lui-même, ce qu'on obtient du premier coup en ajoutant une unité au multiplicateur. Paul d'Alexandrie a donc pris pour multiplicateur 13 au lieu de 12. Alors survient un scoliaste qui ne comprend pas, et qui croit comprendre que le multiplicateur 13 est choisi afin que — en certains cas tout au moins — la dodécatémorie revienne dans le signe même qui a servi de point de départ. On obtient ainsi, paraît-il, « un dodécatémorion plus évident », sans doute parce que, si le quantième est 30°, le dodécatémorion revient exactement au même point et se trouve, en fait, supprimé [1].

On arrivait au même résultat par une méthode inverse [2]. Au lieu de multiplier le quantième par 12 et de répartir les degrés à raison de 30 par signe, on le prend tel quel et on le répartit par quantités 12 fois moindres (2° 30′ au lieu de 30°) entre les signes suivants. Cette méthode était encore plus dodécatémorique que l'autre, car chaque signe recevait un δωδεκατημόριον δωδεκατημορίου (un douzième de douzième du Zodiaque), et c'était un excellent moyen d'opérer une mixture inextricable entre le système des

---

1. Ces textes délabrés prêtent aux hypothèses. Le scoliaste a dû poser — dans une lacune du texte — le cas du quantième = 30 ♈. Alors, dit-il, 30 × 12 donnent 360°, et (si l'on commence le report à 1° ♈) le dodécatémorion tombera en 30 ♓ et n'atteindra pas ♈. Or, τότε γίνεται ἐναργέστερον δωδεκατημόριον ὅταν ἀπὸ τοῦ αὐτοῦ ἐπὶ τὸ αὐτὸ καταλήξῃ. Καὶ ἵνα τοῦτο γίνηται, ἐπὶ τὸν ιγ΄ γίνεται ὁ πολλαπλασιασμός, κ. τ. λ. (Schol. Paul. Alex., K 2 v). Seulement, avec un quantième inférieur à 28°, on n'arrive plus, même avec 13 pour multiplicateur, à rentrer dans le même signe. Scaliger (pp. 162-165) est ici au-dessous de lui-même. Il est si occupé de bafouer son souffre-douleurs, Bonincontro, qu'il n'a compris ni la bévue du scoliaste (qu'il confond avec Paul d'Alexandrie), ni celle de Manilius, Firmicus et autres. Il répète, *nugae, nugae sunt haec* : mais, en attendant, il prend en pitié Bonincontro, qui avait pourtant très bien compris la phrase de Manilius : *Inde suas illi signo in quo Luna refulsit | Quaeque hinc defuerant partes numerare memento* (II, 729-730). Ordonner de compléter le signe, c'est dire de remonter au commencement. Scaliger déclare cette leçon « ridicule » et lit : *Et quae dehinc fuerint.*

2. Le scoliaste (Anon., p. 48) dit que la méthode par multiplication, la plus claire, est aussi la plus ancienne : οἱ παλαιοὶ διὰ τὸ σαφέστερον ἐπὶ τὸν δωδέκατον ἀριθμὸν ἐπολλαπλασίαζον. Ainsi faisait Dorothée de Sidon : mais Ptolémée ne fait allusion qu'à la méthode par division (*Tetrab.*, I, 21). Il n'en parle, du reste, que pour écarter en bloc tout le système (ci-dessus, p. 299, 2).

dodécatémories variables et celui, tout différent, des dodécatémories fixes du Zodiaque. L'eau n'est jamais assez trouble aux
yeux des astrologues. De plus, cette méthode ne laissait pas voir
aussi bien que l'autre le point de départ et le point d'arrivée; on
commençait la répartition des « douzièmes » par le signe initial,
sans souci des mathématiciens quinteux qui auraient voulu réduire la portion de ce signe à la quantité complémentaire du
quantième, c'est-à-dire d'autant plus petite que celui-ci serait
plus élevé [1].

Nous pouvons maintenant revenir à Manilius, pour nous le
plus ancien garant de ces fantaisies « babyloniennes » et l'homme
candide à qui on peut demander son avis sur leur raison d'être.
Manilius estime que, la machine ronde marchant par divisions
duodénaires, il est parfaitement logique de subdiviser les signes
par 12. Voilà justifiées du coup les dodécatémories zodiacales de
2° 30′ chacune : elles opèrent dans chaque signe un des mélanges
qui l'émerveillent. Il passe alors des dodécatémories fixes aux
dodécatémories mobiles. « La Nature », dit-il, « a placé et tracé
« ses voies de plusieurs façons, et elle a voulu qu'on les cherchât
« par tous les moyens ». La « Nature » endosse tout ce qu'il plaît
aux astrologues d'imaginer. Donc, où que se trouve la Lune au
moment d'une naissance, il faut multiplier le nombre ordinal du
degré qu'elle occupe dans son signe par 12 (*Sublimi totidem quia
fulgent sidera mundo*) et répartir le produit en commençant par
le premier degré du signe. Jusqu'ici c'est la méthode vulgaire
exposée plus haut, avec l'erreur dont elle est entachée. Mais
Manilius nous réserve des surprises. Après que chaque signe a
reçu sa portion complète de 30 degrés (τριαχοντάς) [2], si, au
bout de la répartition, il reste une fraction de triacontade, il faut
la transformer en dodécatémories de signe, c'est-à-dire en portions de 2° 30′, et distribuer ces portions, en guise de triacontades,
aux signes à la suite. Là où finira la répartition, là sera la
« dodécatémorie de signe » dévolue à la Lune. C'est une combi-

_____

1. Ceci pour le point de départ. Démophile (p. 194) le met sans doute, comme
tout le monde, au commencement du signe, sans nous dire si ces 2° 30′ cou-
vrent tout le signe, à raison de 5′ par degré du signe. On l'attend au point
d'arrivée, pour voir comment il fera coïncider la fraction 1/2 degré qui
reste à distribuer, dans l'exemple posé par lui, avec une fraction de signe.
Mais là, il se contente d'une estimation en bloc. Le dodécatémorion de la
Lune placée en ♈ 13° tombe, dit-il, « dans la Vierge, maison de Mercure ».
Comme Manilius, Démophile ne s'occupe que de la Lune.

2. Τριαχόντάς dans Démophile, *loc. cit.*

naison des deux méthodes de calcul exposées plus haut, combinaison qui conduit à des résultats différents et aboutit à déterminer non pas le degré, mais le « dodécatémorion » proprement dit ou « douzième de signe » où est transportée la planète [1].

Manilius a-t-il combiné par mégarde, c'est-à-dire confondu les deux méthodes, ou apporte-t-il, seul entre tous, un procédé particulier, délaissé plus tard ? Pour qui le connaît, la première hypothèse est de beaucoup la plus probable.

Obtenu par un moyen quelconque, le δωδεκατημόριον a pour effet non seulement de déplacer, mais d'altérer notablement l'influence de la planète objet du calcul, en combinant cette influence avec celle de la planète qui occupe déjà à un autre titre le lieu où la nouvelle venue est transportée. A quel titre, cela importait peu : c'était une question à débattre entre les partisans des domiciles, hypsomas, trigones et confins, voire des décans, et aussi avec ceux qui mettaient comme valeur les « lieux » (τόποι) à côté ou au-dessus des signes du Zodiaque. L'hypsoma n'étant guère utilisable, parce qu'il n'occupe qu'un degré par signe [2] et n'existe pas dans tous les signes, les trigones ayant les allures indécises d'un ménage à trois et les décans n'étant pour certains que des tiers de signe, les préférences se partagent entre l'οἶκος et les ὅρια. Démophile tient pour les domiciles [3], et Firmicus penche pour les ὅρια [4]. Manilius aussi sait que la vertu des dodé-

---

1. Encore une fois (cf. ci-dessus, p. 302, 1), où les astrologues placent-ils, dans un signe, leurs douzièmes de signes ? Ils se contentaient sans doute d'abord de prendre en bloc le signe où tombait — entière ou fractionnée — la dernière portion de 2° 30′. Mais plus tard, cela ne suffit plus, et on préféra la méthode de la multiplication par 12, qui aboutit à désigner non plus seulement le signe, mais le degré du signe dodécatémorique. Pourtant, je dois dire que le scoliaste semble considérer cette méthode, celle des « Égyptiens », comme plus ancienne (ci-dessus, p. 301, 2).

2. A moins que, comme le voulait Ptolémée (ci-dessus, p. 196, 3), la qualité d'ὕψωμα ne soit étendue au signe entier. C'est l'avis du rédacteur du papyrus XCVIII ; car il note, à propos des dodécatémories, qu'elles tombent dans tel signe, telle maison, tels ὅρια, et, quand il y a lieu, tel ὕψωμα.

3. Ci-dessus, pp. 195 et 199, 1.

4. Firmicus accepte tout néanmoins, y compris les « aspects » visant le point en question et les lieux ; et il y mêle encore, en son inénarrable manière, la *conditio* (αἵρεσις) de la planète propriétaire, l'état de celle qui « envoie son dodécatémorion », etc. : *Quaere itaque ne Luna plena per diem in finibus Martis duodecatemorion mittat, ne minuta id est deficiens in Saturni aut ne Mars in occasu aut ne Venus in Martis et Mars in Veneris et a finibus et a decanis et a conditionibus... accipiant potestatem... Sed et malitia Saturni fortius crescit, cum ex loci qualitate vel ex finium vel ex decani vel ex signi vel ex conditione provocata ad nocendum acceperit potestatem* (II, 13, 4-5). A

catémories vient des ὅρια, et qu'il faut y regarder de très près, attendu que « la plus petite partie est la plus grande par l'efficacité »; mais l'infortuné poète, perdu dans ses séries de « douzièmes », s'imagine que les ὅρια sont des cinquièmes de dodécatémorie, laquelle est elle-même le douzième d'un douzième du Zodiaque. Donc, à l'entendre, le δωδεκατημόριον ou douzième de signe est partagé également entre les cinq planètes, à raison de 1/2 degré par planète, et c'est la planète propriétaire du demi-degré où aboutit la répartition qui décide de la vertu de la dodécatémorie [1]. C'est encore une de ces combinaisons dont l'ignorance de Manilius est très probablement seule responsable. Elle est d'autant plus inacceptable, qu'il serait fort embarrassé lui-même de dire comment coïncident avec les degrés des signes ses douzièmes de douzièmes, à plus forte raison, ses cinquièmes de douzième de douzième.

En voilà assez — pour le moment du moins — sur les dodécatémories mobiles, qui représentent, comme les aspects géométriques, une espèce de balistique, un tir plongeant de portée très diverse, nullement astreint aux portées fixes et au tir rectiligne des aspects polygonaux. Le système a été bien jugé par le commentateur de Ptolémée, qui ne l'acceptait pas : « Supposons », dit-il, « que nous trouvions le dodécatémorion du Bélier tombant « dans la Vierge. De deux choses l'une : ou nous en userons, ou « nous n'en userons pas. Si nous n'en usons pas, il était superflu « de le prendre. Si nous en usons, alors ce n'est plus l'influence « du Bélier que nous aurons, bien qu'il figure comme point de « départ » [2]. C'est fort bien dit ; mais comment l'honnête scoliaste ne s'est-il pas aperçu qu'on en pourrait dire autant de tous les domaines planétaires, fixes ou non, qu'il tient pour valables ? Les besaciers raisonnent toujours à merveille sur le contenu de la poche de devant.

Maintenant, au tour des κλῆροι, produit non moins confus, non

---

quelques lignes de distance (II, 13 et 14), Firmicus emploie *locus* dans les quatre sens de « lieu » ou position en général, de « signe », de « lieu » ou τόπος astrologique fixe et de « lieu » mobile, δωδεκατημόριον ou κλῆρος, calculé *partiliter*.

1. *Quid sit quod dicitur esse | Dodecatemorion : namque id per quinque notatur | Partes ; nam totidem praefulgent sidera caelo | Quae vaga dicuntur ; ducunt et singula sortes* (sors = μοῖρα = degré) *| Dimidias, viresque in eis et jura capessunt* (II, 740 sqq.). Scaliger (p. 167) est ici inintelligible, et l'athétèse de Th. Breiter (*Zu Manilius*, pp. 206-207), qui considère ces vers comme une glose introduite dans le texte, est au moins inutile.

2. Anon., p. 49.

moins importun pour Ptolémée et ses disciples, de la tradition « égyptienne », révérée avant et après et malgré Ptolémée.

Nous avons déjà dit, à propos du κλῆρος Τύχης ou κλῆρος de la Lune, ce qu'on entend par ce mot. C'est, comme le δωδεκατημόριον, un point du cercle où l'on transporte par le calcul l'influence et l'office propre d'un astre, en prenant pour élément premier du calcul la distance entre le point réellement occupé par cet astre et le point occupé soit par une autre planète, soit par un autre κλῆρος antérieurement déterminé [1], soit, au besoin, par un centre.

Le système, incompatible avec celui des « lieux » fixes, a pour but de le remplacer par des calculs plus subtils. Firmicus, qui a passé beaucoup de temps à détailler les propriétés des lieux au IIe livre de son manuel, à l'usage des commençants, dévoile plus loin le tréfonds de la vérité à son cher Mavortius. « En effet », dit-il, « il n'est pas exact que les parents ou la vie des parents « soient dans le lieu qui est en aspect quadrat avec l'horoscope, ou « que le septième révèle le conjoint ; ou le cinquième, les fils ; le « onzième, les amis, et le sixième, la santé » [2]. Que faut-il donc faire ? Laisser là les douze lieux rangés dans l'ordre qu'on sait et calculer à part, sans souci des divisions régulières, l'endroit où il faut placer chacune des rubriques entassées dans les lieux traditionnels. Ces nouveaux lieux — c'est ainsi que Firmicus les appelle, faute d'équivalent aussi commode pour κλῆρος — sont des κλῆροι. Veut-on trouver le « lieu du père » ? Il faut s'adresser au symbole de la paternité, à Saturne, mesurer la distance du Soleil à Saturne pour une géniture diurne, de Saturne au Soleil pour une géniture nocturne, reporter cette distance à la gauche de l'Horoscope et pointer le lieu de la paternité à l'endroit où finit l'arc ainsi additionné [3]. S'il s'agit du lieu de la mère, on compte la distance de Vénus à la Lune pour une géniture diurne, de la Lune à Vénus pour une géniture nocturne, et on opère de la même façon. Pour les « frères », opérer avec la distance de Saturne

---

1. Nous avons dit (p. 300) — répétons-le — que, pour les éclectiques, auteurs responsables de ce gâchis, un κλῆρος peut être à son tour transporté par la méthode des dodécatémories : *Sed et Fortunae duodecatemorium diligenter inquire, ne et apotelesmatum fallat intentio* (Firmic., IV, 17, 12 Kroll).

2. Firmic., VI, 32. L'exposé est fort ample (pp. 182-187 Pruckner), confirmé et compliqué sur certains points par Schol. Paul. Alex., K 4 v - L. Cela n'empêche nullement Firmicus de répéter de temps à autre que la méthode vulgaire, fausse en particulier, suffit en général.

3. Si Saturne est ὕπαυγος (c'est-à-dire à moins de 15° du Soleil), remplacer par la distance entre ♂ et ♃, sans inversion (Schol. Paul. Alex., *l. c.*).

à Jupiter ou de Jupiter à Saturne [1]. Pour le lieu de l'épouse, compter de Saturne à Vénus ou de Vénus à Saturne [2]. Certains substituaient le Soleil à Saturne et prenaient toujours, que la géniture fût diurne ou nocturne, la distance du Soleil à Vénus. Firmicus s'est bien trouvé aussi de ce procédé. Si l'on cherche le lieu du mari, compter de Mars à Vénus, ou de Vénus à Mars [3]. Le problème des fils est plus compliqué, à cause du caractère hybride de Mercure qui est, suivant sa position, mâle ou femelle, diurne ou nocturne, et aussi parce que Vénus et Mercure se rencontrent souvent sur une même longitude. Que la géniture soit diurne ou nocturne, on prend pour point de départ de l'arc à mesurer celle de ces deux planètes qui est « la première », c'est-à-dire précède l'autre dans le sens du mouvement propre des planètes [4]. Si les deux planètes sont en conjonction parfaite (*in iisdem minutis*), alors il faut remplacer Vénus par Jupiter, qui lui est comparable pour le tempérament, et mesurer la distance de Jupiter à Mercure pour les génitures diurnes, de Mercure à Jupiter pour les génitures nocturnes. Le lieu de la santé et des infirmités se déduit de la distance entre Saturne et Mars, les deux planètes malfaisantes, ou entre Mars et Saturne. Firmicus ne s'arrête pas, pour les κλῆροι, au nombre de douze. Il entasse pêle-mêle quantité de rubriques diverses, et il emploie, outre les distances entre planètes, les distances des planètes aux centres, au lieu de la Fortune, à celui du Génie, et même entre ces deux κλῆροι [5]. C'est une série qui pourrait être prolongée au-delà des bornes de la patience humaine [6].

1. Le Jupiter mythique a sauvé ses *frères* avalés par Saturne.

2. L'épouse est surtout la mère future, la femme du *père*.

3. Firmicus a peur qu'on ne comprenne pas le motif; il ajoute : *meminisse autem debes quod generaliter uxorem Venus, maritum vero Mars semper ostendit.* Nous verrons au ch. xii que Mars et Vénus représentent surtout l'adultère.

4. C'est une application à rebours de la καθυπερτέρησις (ci-dessus, p. 250).

5. Un auteur anonyme, qui ne songe probablement qu'aux sorts hermétiques, prétend que les sorts de la Fortune et du Génie servent à déterminer *tous* les autres (*Cod. Florent.*, p. 167).

6. Voici, sans plus, la liste des autres sujets abordés par Firmicus, avec distances inverses pour le jour et la nuit, toujours reportées à l'Horoscope : *locus cupidinis*, distance entre le κλῆρος Δαίμονος et le κλῆρος Τύχης; *necessitatis*, entre le κλῆρος Τύχης et le κλῆρος Δαίμονος; *cinaedorum*, entre ☾ et ♀ (VII, 16): *libidinis*, entre ☾ et ♄ (*ibid.*); *honorum*, entre le Xᵉ lieu et ☉; *militiae*, entre ♂ et ☉; *peregrinationis*, entre ☉ et ♂; *existimationis*, entre ☉ et MC; *corporis virtutis*, entre ☉ et ♃; *basis*, entre le κλῆρος Τύχης et le κλῆρος Δαίμονος; *possessionum*, entre ☿ et ♃; *accusationis*, entre ♂ et ♄; *adversariorum, inimicorum*, entre ♂ et ☿; *gloriae*, entre ♀ et ♃; *Nemesis*, entre le κλῆρος Τύχης et ☾; *potestatis*, entre ♄ et ☉; *servorum*, entre ☿ et ☾. Le

Sur ce fatras, bourbier sans rivages, les Hermétiques, qui s'adjugèrent le monopole de l'antique sagesse égyptienne, ont prélevé
sept κλῆροι « universels », un par planète. Nous en avons déjà
rencontré cinq, et c'est le hasard des lacunes qui nous a fait manquer les deux autres. Les voici tous les sept, tels que les énumérait
le Trismégiste dans son livre de la « Toute-Vertu » (Πανάρετος) [1].

Saturne	devient	*Némésis*	(Νέμεσις) [2].
Jupiter	—	la *Victoire*	(Νίκη) [3].
Mars	—	l'*Audace*	(Τόλμα).
Le Soleil	—	le *Génie*	(Δαίμων).
Vénus	—	l'*Amour*	(Ἔρως).
Mercure	—	la *Nécessité*	(Ἀνάγκη) [4].
La Lune	—	la *Fortune*	(Τύχη).

Nous n'avons rien à ajouter à ce qui a été dit des κλῆροι correspondant aux deux luminaires, Τύχη et Δαίμων. Paul d'Alexandrie nous enseigne la manière de prendre les autres, la manière
hermétique, qui ne fait nullement loi pour les astrologues indépendants. Pour le κλῆρος Ἔρωτος, on reporte à l'Horoscope la dis-

---

texte donné par Pruckner est trop sujet à caution pour qu'il y ait utilité à
remarquer ici autre chose que l'apparition de certains κλῆροι sous leur nom
hermétique (Νέμεσις - Ἔρως [*Cupido*] - Ἀνάγκη [*Necessitas*]), mais sans rapport
avec les planètes auxquelles ils correspondent dans la tradition hermétique.
Au moment où ce chapitre est sous presse, les *Codices Florentini* m'apportent
de quoi allonger la liste de Firmicus, avec des recettes toutes différentes pour
les mêmes cas. J'y retrouve l'énigmatique κλῆρος βάσεως (pp. 160, 16. 170, 19)
ou βάσεων (p. 169, 28), qui est le κλῆρος de l'Horoscope lui-même, transporté
à distance de sa position réelle et ajouté comme huitième « sort universel »
aux sept sorts hermétiques (βάσις, ὅ ἐστιν ὡροσκόπος. Paul. Alex., K 3. Cf. *Cod.
Florent.*, p. 160, et ci-après, p. 308, 1).

1. Paul. Alex., K 2-4 (Περὶ τῶν ζ' κλήρων τῶν ἐν τῇ Παναρέτῳ). Le livre hermétique avait le même titre que le Πανάρετος ou *Ecclésiastique* de Jésus,
fils de Sirach. On trouve ce Πανάρετος cité dans un papyrus magique de Leide
(W., p. xxii, 31) à côté du livre V des Πτολεμαϊκά de Ptolémée Évergète II,
sous le règne duquel fut traduit le Πανάρετος du fils de Sirach et vivait un philosophe appointé par le roi, du nom de Πανάρετος. Il y a là matière à conjectures (cf. A. Dieterich, in *Jahrb. f. kl. Philol.*, Supplbd., XVI, [1888], p. 754).
Les sept κλῆροι hermétiques sont πρῶτοι et καθολικοί (*Cod. Florent.*, p. 168).
Le scoliaste nous avertit qu'il y a quantité d'autres κλῆροι, laissés de côté
par Paul, ceux que nous avons énumérés tout à l'heure (πατρὸς καὶ μητρὸς
καὶ ἀδελφῶν καὶ τέχνων καὶ γάμων καὶ ἄλλων πολλῶν).

2. Sur Saturne - Némésis, voy. ci-dessus, p. 94, 1.

3. Νίκη est constamment associé à Zeus — Νίκη Διὸς τοῦ μεγάλου παῖ (Himer.,
Orat., XIX, 3) — ἐν Ὀλύμπῳ Ζηνὶ παριστάμενα (Bacchyl., fr. 9).

4. Mercure - Ἀνάγκη doit être un symbole philosophique. Mercure est la
Science, et la science ne connaît que la Nécessité qui régit le monde matériel.

tance, directe (géniture diurne) ou inverse (géniture nocturne), entre le κλῆρος Δαίμονος et Vénus ; pour le κλῆρος Ἀνάγκης, la distance de Mercure au κλῆρος Τύχης et inversement ; pour le κλῆρος Τόλμης, la distance de Mars au κλῆρος Τύχης et inversement ; pour le κλῆρος Νίκης, la distance de Jupiter au κλῆρος Δαίμονος et inversement ; pour le κλῆρος Νεμέσεως, la distance de Saturne au κλῆρος Τύχης et inversement. Ainsi, ces entités mathématiques s'engendrent les uns les autres par une série de calculs tous suspendus aux positions du Soleil et de la Lune.

Il est, je crois, inutile de philosopher sur les points de départ de ces distances : nul doute que les astrologues n'aient été très fiers des intentions subtiles qu'ils y avaient mises. Il n'est pas non plus nécessaire d'anticiper sur l'apotélesmatique en énumérant, d'après Paul d'Alexandrie, les présages fixés sous ces étiquettes assez transparentes [1]. Peut-être serait-il plus à propos, avant d'aller plus loin, de faire halte et de résumer brièvement les résultats acquis. On a pu voir que le Zodiaque pris en lui-même, comme collection de signes, n'a dans l'astrologie adulte qu'une importance secondaire. Il sert surtout de mesure pour la position des planètes et la direction de leurs aspects. Même sous ce rapport, il est le plus souvent remplacé par le cercle de la géniture. Cependant, les domaines planétaires incrustés sur son contour offrent une variété à laquelle n'atteignent pas les localisations sommaires des planètes — masquées sous des noms théologiques — dans le cercle de la géniture, et ils associent les signes à toutes les influences émanées des planètes.

Les planètes sont les véritables Mœres de l'astrologie, les fileuses de la destinée. C'est la liste de leurs modes d'action que l'astrologue doit toujours avoir présente à l'esprit. Ptolémée l'a dressée à l'usage de ses disciples : ceux-ci l'ont remaniée et allongée après lui, sans épuiser le sujet [2]. Démophile compte et classe en ordre quelconque onze modes d'action planétaires, chaque planète ayant d'autant plus d'énergie bienfaisante qu'elle réalise un plus grand nombre de ces conditions et se « réjouit » davantage [3].

1. Les sept sorts, avec l'Horoscope sous le nom de βάσις, ζωῆς καὶ πνεύματος παραιτία (Paul. Alex., *l. c.*), forment un cycle complet, clos par Némésis qui, entre autres effets, est cause καὶ ποιότητος θανάτου.

2. *Tetrab.*, II, 23. Voir toute la casuistique des συναφαί, ἀπόρροιαι, καθυπερτερήσεις, etc., etc. (ci-dessus, ch. VIII), qui ne se laisse pas résumer.

3. Ap. Porphyr., *Isag.*, p. 203. Ne pas oublier que même les κακοποιοί sont moins malfaisantes quand elles se trouvent à l'aise (ci-dessus, p. 101, 3). Cf. Anon., p. 74.

Pour être en bonne forme, une planète doit être dans une ou plusieurs des conditions suivantes (reclassées en ordre logique) :

I. *Par rapport au cercle de la géniture.* — *a.* Être dans une position favorable à l'égard de l'Horoscope, c'est-à-dire sur un centre (surtout en MC.) ou en aspect propice (trigone - sextil). — *b.* Ne pas se trouver dans un lieu « paresseux », c'est-à-dire sans aspect avec l'Horoscope, règle impliquée dans la précédente.

II. *Par rapport au Zodiaque.* — *a.* Être dans un signe « solide » (στερεός), symbole de stabilité et de calme [1]. — *b.* Être dans un signe et un quadrant de même sexe. — *c.* Être dans un des domaines qui lui appartiennent, domicile, trigone, hypsoma, confins, décans (πρόσωπα). — *d.* N'être pas en dépression (ταπείνωμα).

III. *Par rapport aux autres planètes.* — *a.* A défaut de domaine propre, être dans le domaine d'une planète sympathique : 1° sympathique par αἵρεσις (diurne - nocturne); 2° sympathique par sexe; 3° sympathique absolument, comme bienfaisante [2]. — *b.* Être en situation telle qu'elle ne soit ni en conjonction, ni en opposition, ni en aspect quadrat avec une planète malfaisante, surtout avec une planète malfaisante d'αἵρεσις contraire [3].

IV. *Par rapport à son mouvement propre et au Soleil* (phases). — *a.* Être en mouvement direct (ὀρθοποδῶν), et non pas rétrograde. — *b.* Être en phase orientale, s'il s'agit d'une planète masculine, en phase occidentale pour une planète féminine [4]. — *c.* Être avec son luminaire, — autrement dit, dans son αἵρεσις, — les planètes masculines étant au-dessus de l'horizon le jour, et les autres, la nuit. — *d.* Être ou bien hors des rayons solaires (à plus de 15°), ou « dans le cœur du Soleil, degré pour degré » [5].

---

1. Il n'y a pas avantage quand la planète est malfaisante, ou bien le scoliaste joue sur les mots : τότε γὰρ οἱ μὲν ἀγαθοποιοὶ σ τ ε ρ ε ο ῦ σ ι τὸ ἀγαθόν, οἱ δὲ κακοποιοὶ τὸ κακόν. Il faudrait entendre que le signe fixe (c'est-à-dire *consolide*) le bien, et fixe (c'est-à-dire *arrête*) le mal!

2. Les méchants s'associent pour le mal, mais ne s'aiment pas : ils s'adoucissent au contact des bons.

3. Anon., p. 74.

4. Ceci est un raffinement négligé par Ptolémée, bien qu'il soit dans la logique de la doctrine. Ptolémée se contente de dire, d'une manière générale, que les planètes sont plus énergiques à l'orient et en mouvement direct : τὴν δὲ δύναμιν πρῶτον μὲν [ἐπισκεπτέον] ἐκ τοῦ ἤτοι ἀνατολικοὺς αὐτοὺς εἶναι καὶ προσθετικοὺς ταῖς ἰδίαις κινήσεσι, — τότε γὰρ μάλιστα εἰσὶν ἰσχυροί, — ἢ δυτικοὺς καὶ ἀφαιρετικούς, τότε γὰρ ἀσθενεστέραν ἔχουσι τὴν ἐνέργειαν (*Tetrab.*, I, 23). Cf. ci-dessus, p. 113, 1.

5. Ci-dessus, p. 112, 1. Un texte nouveau (*Cod. Florent.*, p. 145) nous apprend que l'exception faite pour les planètes ἐγκάρδιοι - ἐν τῇ κ α ρ δ ί ᾳ τοῦ ἡ λ ί ο υ - date d'Antiochus : ταύτης δὲ τῆς φάσεως οὐδεὶς τ ῶ ν ἀ ρ χ α ί ω ν ἐμνήσθη.

Après avoir exposé ces règles, le même compilateur — ou un glossateur quelconque — en a repris quelques-unes dans un tableau des quatre « Joies » (χαραί) ou « témoignages favorables » des planètes. La première joie est d'avoir les planètes aux places qui leur sont assignées dans le cercle de la géniture ; la seconde, de les avoir dans leurs domiciles du Zodiaque ; la troisième et la quatrième ont trait à la « phase » et au sexe. C'est un essai de classification comme tant d'autres. Celle-ci confirme une fois de plus — et c'est tout ce que j'en veux retenir — la supériorité des « lieux » sur les « signes », la défaite du symbolisme chaldéen ou grec par le symbolisme plus compliqué des « Égyptiens ».

CHAPITRE X

PROPRIÉTÉS ET PATRONAGES TERRESTRES
DES ASTRES

Nous avons appris à connaître les forces agissantes qui mènent le monde et leurs points d'attache au ciel, dans les positions des planètes et des signes ; mais il n'a guère été question jusqu'ici de la Terre autrement que comme siège de l'observateur et centre de toutes ses mesures. A côté de ces relations perpétuellement variables et déterminées pour chaque cas par le calcul, l'astrologie en a supposé d'autres, fixes, toujours semblables à elles-mêmes, qui ajoutent leur action spécifique aux influences accidentelles, pour accroître ou entraver celles-ci. En un mot, de même que le Zodiaque a été garni sur tout son pourtour de domaines permanents, de même le monde terrestre a été partagé en domaines dévolus soit aux planètes, soit aux signes, soit, concurremment, aux uns et aux autres. Ce partage peut porter sur des surfaces ou régions terrestres ; il peut concerner aussi des catégories de choses ou d'êtres animés. Enfin, puisqu'il est entendu que l'homme est un microcosme, le partage fait sur le monde peut être répété sur lui et aboutir à une répartition des influences astrales entre tous ses organes corporels et toutes ses facultés psychiques.

Ce procédé logique est, en somme, si naturel, malgré les resultats bizarres auxquels il conduit, qu'on ne saurait dire à quel moment et par quel biais il est entré dans la doctrine. Les astrologues l'ont poussé aux conséquences extrêmes, mais ne l'ont pas inventé. Sans doute, une carte terrestre découpée en fiefs sidéraux, comme celles que nous rencontrerons plus loin, a la prétention d'être œuvre savante; mais des esprits plus primitifs pouvaient arriver, sans tant de mathématiques, à une conception analogue. Qu'étaient-ce que les cités antiques, sinon les domaines propres de leurs divinités poliades ? Il suffit de rempla-

cer les dieux populaires par les astres, dieux aussi, pour ébaucher le système que se sont approprié les astrologues. Platon ne
songe pas à leur doctrine quand il fait dire à Critias : « Les
« dieux se partagèrent autrefois la terre entière, contrée par
« contrée, et cela sans querelle. Ils s'installèrent dans chaque
« contrée, et, une fois établis, ils prirent soin, comme font les pas-
« teurs, de nourrir et former les hommes, qui étaient à la fois
« leurs élèves et leurs propriétés » [1]. Si les astrologues n'ont pas
inventé le partage de la terre en surface ou par populations [2], ils
n'ont pas manqué non plus de précurseurs qui ont imaginé le
partage des catégories de choses, prises dans tous les règnes de
la Nature. La mythologie avait disséminé ses dieux dans l'air,
l'eau, la terre, avant que les astrologues n'eussent disserté sur
les affinités des corps célestes avec le froid, le chaud, le sec et
l'humide. Les poètes avaient chanté le Soleil d'or et la Lune
d'argent ou parlé du fer de Mars avant que la chimie astrologique n'eût adjugé chaque métal à une planète déterminée. On
connaissait les végétaux, les animaux que préféraient certains
dieux ; le chêne et l'aigle de Zeus, le laurier et le dauphin d'Apollon, le myrte et la colombe d'Aphrodite [3]. La médecine astrologique (ἰατρομαθηματική) [4], qui est fondée tout entière sur les
affinités des organes d'une part, des médicaments de l'autre,
avec les astres, a été devancée par les superstitions populaires.
La démonologie, qui attribue les maladies à la possession du
corps par des puissances occultes, est la première forme des religions, qui ne s'en dégagent jamais complètement et y retournent
lorsque vient pour elles la décrépitude. Les astrologues n'ont
fait que démarquer et transposer le bagage d'amulettes, phylactères, recettes magiques, dont ils ont hérité. Ce n'est pas eux qui
ont eu les premiers l'idée de transformer les viscères en propriétés divines. De temps immémorial, les devins considéraient le
foie comme le siège de la révélation, — le miroir sur lequel
les dieux projettent des images révélatrices, suivant Platon, —
et c'est pour ne pas être en reste avec leurs devanciers que les
astrologues y logèrent Mercure.

De toutes les traditions et rêveries antérieures, les astrologues

---

1. Platon, *Critias*, p. 109 B.
2. Voy. ci-après, ch. xi, les divers systèmes chorographiques, qui devraient
logiquement être insérés ici et n'ont été distraits de ce chapitre que pour les
rapprocher de leurs applications pratiques.
3. Voy. C. Bœtticher, *Der Baumkultus der Hellenen.* Berlin, 1856.
4. Voy. ci-après, ch. xv.

ont tiré, en les rattachant à leurs dogmes par un lien quelconque, des séries d'idées associées qui ont envahi toutes les sciences naturelles et produit une minéralogie ou alchimie, une botanique, une zoologie, une physiologie, médecine et pharmacopée astrologiques. La physiologie du microcosme humain engendrait à son tour des raccourcis de l'astrologie entière. Si les traits du visage et la conformation du corps étaient dus aux influences astrales, on pouvait reconnaître celles-ci par ceux-là : la méthode était réversible. L'astrologie s'emparait ainsi d'une science toute faite, la physiognomonie, et de portraits tout tracés [1]. On pouvait abréger encore : les chiromanciens localisaient dans la main, qui devenait un thème de géniture tracé par la nature elle-même, les marques des influences célestes. Les planètes y avaient leurs domiciles [2] ; la direction des lignes indiquait leurs rapports et aspects réciproques, et la longueur ou la profondeur des lignes, leur degré d'énergie.

On ne sait par où aborder cet énorme fouillis, quand on veut non pas énumérer, mais comprendre, c'est-à-dire saisir les associations d'idées qui rattachent les attributions particulières à des principes généraux et extraire de cet amas d'extravagances le peu de raison qu'elles contiennent.

Essayons d'abord de ramener à un principe intelligible la répartition des minéraux, métaux et pierres précieuses. Là on a pour guides les métaphores courantes qui assimilent le Soleil à l'or, la Lune à l'argent. La répartition des métaux s'est faite principalement d'après leur couleur, comparée à celle des planètes. L'association des couleurs aux planètes remonte certainement au temps des anciens Chaldéens. Les sept étages des observatoires de Borsippa et de Ninive étaient peints des couleurs planétaires, et de même les sept enceintes d'Ecbatane [3]. Nous avons vu que Saturne passait pour noir ; Jupiter était rouge clair ; Mars, pourpre ; le Soleil, couleur or ; Vénus, blanche ;

---

1. Cf. l'édition toute récente des *Scriptores physiognomonici graeci et latini*, par R. Fœrster, 2 vol. Lips., 1893. La série s'ouvre par les Φυσιογνωμονικά du Pseudo-Aristote. Les physiognomonistes n'empruntent pas aux astrologues, mais bien les astrologues aux physiognomonistes. Cf. les portraits des individus nés sous chacun des XII signes dans les *Philosophumena*, IV, 3, pp. 84-93 Cruice.

2. Saturne dans le petit doigt, le Soleil dans l'annulaire (à cause du sigle solaire en anneau ⊙?), Mercure dans le *medius*, Mars dans l'index, Vénus dans le pouce. Je m'abstiens de toute ingérence de ce côté, ayant pour but d'étudier l'astrologie, mais non ses dépendances.

3. Voy. ci-dessus, p. 41, 1.

Mercure, bleu. Platon, décrivant les orbes ou sphères célestes au Xe livre de sa *République,* a soin de noter leurs couleurs, qui varient du blanc au jaune et au rouge. Ptolémée, qui se sert des couleurs planétaires pour les pronostics à tirer des rayons colorés que projette la chromosphère du Soleil durant les éclipses [1], attribue à Saturne le gris livide, à Jupiter le blanc, à Mars le rouge, à Vénus le jaune (la blonde Aphrodite), à Mercure, toujours changeant et indifférent, des nuances variables. Ses scoliastes compilent au hasard et ne s'accordent guère que sur le rouge feu de Mars ou la couleur d'or du Soleil [2].

Ceux qui s'imagineraient que les astrologues se sont contentés d'observer les couleurs réelles des planètes sont loin de compte. Les nuances n'auraient pas été assez tranchées et les harmonies secrètes assez visibles. Proclus a beau dire qu'il n'y a pas de noir dans les corps en ignition (ἐν ἐμπυρίοις) [3] : il faut que Saturne soit noir, dit Valens, parce qu'il est le Temps (Κρόνος = Χρόνος) et que le temps obscurcit tout. Il n'en reste pas moins Φαίνων, parce que le Temps amène tout à la lumière (πάντα τῷ χρόνῳ φανερὰ γίνονται). Pourquoi Jupiter est-il éclatant (λαμπρός)? Parce qu'il préside à la gloire et aux honneurs. Vénus est de couleur bigarrée, à cause de la mobilité et diversité des passions qu'elle engendre. Mercure est jaune, couleur de fiel, parce qu'il préside au foie. La Lune est couleur d'air, c'est-à-dire bleuâtre comme l'atmosphère qu'elle agite, et changeante comme elle. Et il est regrettable,

---

1. Voy. ci-après, ch. xi.

2. On sait combien il est difficile de s'entendre sur le sens des mots exprimant les couleurs, et surtout leurs nuances. Je préfère donner les termes grecs d'après Ptolémée (*Tetrab.*, II, 9) et son scoliaste Anonyme (p. 75), Héphestion (I, 24), Démophile (ap. Porphyr., p. 199), Vettius Valens (ap. Salmas., pp. 620-623), en laissant de côté les couleurs des enceintes d'Ecbatane (Herod., I, 98). *Saturne* est de couleur [χροιὰ] μέλαινα ἢ ὑπόχλωρα (Ptol., Anon., Hephaest.), μέλαινα (Valens), βαφῆς καστοριζούσης (Demoph.), πορφυρέαις ἀκτῖσι (Maneth., IV, 188). — *Jupiter* est de couleur λευκή (Ptol., Anon., Hephaest.); λαμπρά (Val.); [χροιὰς] γαλαϊζούσης ἐπὶ τὸ λευκὸν ῥεπούσης (Demoph.); — *Mars*, de couleur ὑπόκιρρα (Ptol., Anon., Hephaest.): κίρρα (Val.); [χροιὰς] πυρίνης, φλογίνης (Demoph.). — Le *Soleil* est, à l'unanimité, χρύσεος ου χρυσοχιτρίνης (Demoph.). — *Vénus* est λευκή (Demoph.), ξανθή (Ptol., Anon., Heph., Proclus), τῷ χρώματι ποικίλη (Val.), ἀκτῖσι χρυσέῃσι (Maneth., IV, 225), χρυσταλλῳ ὁμοία (*Pap. CXXX Brit. Mus.*, lig. 150), *colore aureo* (Schol. German., p. 422 Eyssenh.). — *Mercure* est de couleur ποικίλη (Ptol., Anon., Heph.); ὠχρὰ (Val.), ἀληθινή (Demoph.). — La *Lune* est, à la presque unanimité, argentée ou ἀερώδης (Val.), πρασίνη (Demoph.), ou encore (accidentellement peut-être) χρυσῷ ὁμοία (*Pap. CXXX*, lig. 85). Il faut attendre de nouvelles recensions des textes, de Démophile notamment, pour être plus sûr de ces attributions.

3. Procl., *Anal. sacr.*, V, 2, p. 71 Pitra.

ajoute mélancoliquement notre logicien, que les couleurs « dont une goutte suffit pour ternir les couleurs claires », le noir et le rouge, soient celles des planètes malfaisantes [1]. Un autre raisonneur, astrologue ou non, n'est pas loin de conclure que le Soleil est noir, puisqu'il noircit la peau et que son symbole, le taureau Mnévis, était très noir [2]! Enfin, ce n'est pas « la nature » qui a fourni les couleurs attribuées aux signes du Zodiaque et à ces entités géométriques qu'on appelle des « lieux », ou qui a réparti les qualités élémentaires, le froid, le chaud, le sec et l'humide, entre les trigones zodiacaux [3].

Avec les couleurs et des considérations accessoires, il n'était pas malaisé de découvrir la marque de fabrique des planètes sur les métaux que leur action engendre dans le sein de la terre [4]. L'or étant attribué au Soleil et l'argent à la Lune, Jupiter pouvait prendre le jaunâtre électron, et Saturne le plomb, livide comme sa face [5]. Guerrier et sanguinaire, Mars avait droit au feu, couvert de rouille ou de sang, rouge dans les deux cas. Vénus, déesse de Cypre, prenait pour elle le métal de Cypre ou « cuivre », qui, s'il n'avait pas la couleur de la planète, rappelait le rose des joues de la déesse. Un septième métal, l'étain, fut adjugé, sans rapport évident et faute de mieux, à Mercure. Aussi lorsque fut

---

1. Valens ne songe pas que les couleurs planétaires puissent être naturelles; il les veut symboliques et cherche διὰ ποίαν αἰτίαν τοιαύταις χροιαῖς τοὺς πέντε πλανήτας καὶ τὴν σελήνην καὶ τὸν ἥλιον οἱ παλαιοὶ ἐτύπωσαν.

2. Μνεῦις βοῶν ἐστι μέγιστος, σφόδρα μέλας, μάλιστα ὅτι καὶ ὁ ἥλιος ὁ πολὺς μελαίνει τὰ ἀνθρώπεια σώματα. De même, le lunaire Apis, ὅτι καὶ τῆς σελήνης τὸ φῶς ἐξ ἡλίου · ἡλίου δὲ σημεῖον τὸ μέλαν τοῦ σώματος (les « Égyptiens » ap. Euseb., *Praep. Ev.*, III, 13, 1-2). C'est une affinité de plus (cf. ci-dessus, p. 93, 2) entre Saturne et le Soleil.

3. Pour les trigones, voy. ci-dessus, fig. 19. Suivant Saumaise (*Praef.*), à qui je m'en rapporte sur ce point, *Horoscopus et VII locus... albi sunt, II et XII virides, III et XI crocei, IV et X rubri, V et IX mellei, VI et VIII nigri*, six couleurs occupant chacune deux secteurs opposés. Sur les couleurs, odeurs, saveurs réparties dans le Zodiaque, voy. le Firmicus de Pruckner, II, 12.

4. Ἕκαστα τῶν μετάλλων, ὥσπερ καὶ τῶν ἄλλων, ἀπὸ τῶν οὐρανίων ἐν γῇ φύεται θεῶν καὶ τῆς ἐκεῖθεν ἀπορροίας (Proclus, *In Tim.*, p. 14 B).

5. Il se pourrait, vu les affinités de l'astrologie et de la magie, que le métal de Saturne ait été choisi de préférence pour y graver les formules d'envoûtement (ἀραὶ - κατάδεσμοι, *defixiones*). On trouve la « lame de plomb » expressément recommandée en ce cas : λαβὼν πλάτυμμα μολυβοῦν γράψον τὸν λόγον — μολυβοῦν πέταλον καὶ σιδηροῦν κρίκον (les métaux de Saturne et de Mars), etc. Cf. A. Dieterich, in *Jahrbb. f. Philol.*, Supplbd. XVI [1888], pp. 790-791. Le nombre des lames de plomb chargées d'imprécations s'accroît tous les jours. Le P. Delattre en a trouvé récemment 55 dans un souterrain de l'amphithéâtre de Carthage (*C.-R. Acad. Inscr.*, 1897, pp. 318 sqq.).

découvert le « vif-argent », ce métal miraculeux, mobile et protéiforme, moitié solide, moitié liquide, revint de droit à l'androgyne Mercure, et l'étain remplaça, comme propriété de Jupiter,
l'électron, supprimé en l'honneur du nombre septénaire plutôt
encore que rayé de la liste des corps simples [1].

Pour les pierres précieuses, matière préférée des phylactères,
réceptacles d'une infinité de propriétés occultes [2], la couleur a été
un motif de classification, mais non pas le seul. Les astrologues
« égyptiens » purent puiser à pleines mains dans l'amas foison-
nant des superstitions égyptiennes. Ils y trouvèrent des pierres
attribuées à chaque jour du mois et aux chefs des décades ou
décans. Il y eut des répartitions par planètes [3] ; mais le mode préféré fut la répartition par décans, ceux-ci tenant d'une part aux
planètes, de l'autre aux signes du Zodiaque [4]. Les astrologues ont
mis en œuvre tous les rapports imaginables, domiciles, protectorats chorographiques (ci-après, ch. xi), ressemblances fortuites de
noms, etc., sans compter la fantaisie pure. Ceux qui aiment les
énigmes peuvent s'exercer sur celles-là [5]. Quand ils en auront

---

1. Voy. la répartition des métaux dans Proclus (In Tim., p. 14 B), Olympio-
dore (ap. Fabric., Bibl. gr., V, 6), les Anecdota de Ludwich (p. 121), l'échelle
métallique de Mithra (κλίμαξ ἑπτάπυλος) dans Lobeck, Aglaophamus, p. 934,
et, ce qui dispense du reste, la Collection des anciens alchimistes grecs de
M. Berthelot, notamment l'Introduction, Paris, 1888, pp. 73-85. Les noms de
médicaments mercuriaux, martiaux, extrait de Saturne, etc., sont passés dans
la langue courante. On appelait pilules joviales une préparation à base d'étain
(Littré, s. v.). Il va sans dire que les métaux ont été désignés par les sigles
des planètes. L'ὑδράργυρον, connu « à partir du temps de la guerre du Pélo-
ponèse », prenait d'abord le signe de la Lune (argent) avec les cornes à gauche : il devint ensuite le « mercure ». La mutation s'est faite entre le vᵉ et le
viiᵉ siècle de notre ère (M. Berthelot, Introd., pp. 84. 94-95. 112).

2. Il y a toute une littérature « lapidaire ». A signaler la collection de Mély,
dont le tome II, les Lapidaires grecs, par F. de Mély et Ch.-Ém. Ruelle, vient
de paraître (Paris, Leroux, 1898). Il contient beaucoup d'inédit (v. g. Les Cyra-
nides), mais rien d'astrologique : il y a là une lacune à combler.

3. Voy. les Anecdota de Ludwich (p. 121).

4. Voy. les amulettes décaniques sur pierres, dans Τοῦ Ἑρμοῦ πρὸς Ἀσκλήπιον ἡ λεγομένη Ἱερὰ βίβλος (Anal. sacr., V, 2, pp. 284-290). Toutes ces
superstitions apparaissent dans des textes de basse époque ; mais elles peuvent
remonter très haut, et c'est peine perdue que de chercher à déterminer leur
âge. Nous les retrouverons en « iatromathématique » (ci-après, ch. xv).

5. Voici, pour amorcer ce jeu de devinettes, un échantillon de clefs : soit le
Bélier, avec ses trois décans planétaires (♂ ☉ ♀). La première pierre, le
λίθος Βαβυλώνιος, fait allusion au protectorat du Bélier sur la Babylonie (système de Dorothée, ci-après, ch. xi); Mars, premier décan, recule au second
rang et remplace le Soleil (λίθος σιδηρίτης) : reste Vénus, troisième décan, qui
a pour symbole « la Frisée » (λίθος βοστρυχίης). Le Taureau, hypsoma de la

fini avec les minéraux, il leur sera loisible de recommencer à nouveaux frais sur la botanique et la zoologie.

La répartition des plantes [1] a été faite de la même façon, et sans plus de système, d'après l'aspect général, la couleur des fleurs, d'après une foule de propriétés magiques ou médicinales qu'on leur reconnaissait, parfois d'après leur nom populaire ou des calembours faits sur ces noms. Une plante qui s'appelait la « bouclée » (πλοκαμίς) ou bien « l'herbe à colombes » (περιστερών), était adjugée à Vénus ; la « baguette d'Hermès » ('Ερμοῦ ῥάβδος), à Mercure, absolument comme le tournesol irait aujourd'hui au Soleil. C'est sans doute un jeu de mots (ἀρήν rapproché de "Αρης) qui a fait attribuer l'arnoglosse à Mars, à moins que la « langue d'agneau » n'ait fait penser au Bélier, domicile de Mars. En général, les plantes âcres, piquantes, étaient du domaine de Mars ; les plantes parfumées, « aphrodisiaques », et les fruits sucrés allaient à Vénus. L'énergie toujours un peu offensive de Saturne se révélait dans la saveur de l'oignon, de l'ail, de la moutarde et du poivre.

Le chapitre de la zoologie est moins fourni [2]. L'habitude d'attribuer des animaux comme serviteurs ou messagers spéciaux aux divinités était universelle, à tel point que le Jahveh biblique et apocalyptique lui-même en est entouré et que nos évangélistes, avec quelques saints bien connus, ont aussi les leurs. Dragons, serpents, scorpions, vipères, renards, chats et souris, oiseaux nocturnes [3] et autres engeances sournoises sont le lot de Saturne.

Lune, débute par le λίθος σεληνίτης ; comme domicile de Vénus, il a ensuite le λίθος ἀφροδισιακός ; et son troisième décan, πρόσωπον de Saturne, motive la couleur violacée du λίθος ὑακίνθινος. Et ainsi de suite.

1. Voy. la pharmacopée Ἑρμοῦ τοῦ Τρισμεγίστου πρὸς Ἀσκλήπιον περὶ βοτανῶν τῶν ζ΄ ἀστέρων, etc. (Anal. sacr., V, 2, pp. 279-284 et 291) et les Anecdota de Ludwich, pp. 120-121. La liste des amulettes décaniques de la Ἱερὰ βίβλος d'Hermès Trismégiste (ci-dessus, p. 316, 4 et 5) contient aussi une plante par décan. Je mentionne pour mémoire les rudiments de distribution du règne minéral (voy. les terrains, ci-après, ch. xi), végétal et animal entre les signes du Zodiaque (Ludwich, pp. 119-120). Sont adjugés, en fait de végétaux, les plants d'olivier au Cancer, le blé à la Vierge, le palmier à la Balance, la vigne au Scorpion et au Sagittaire (époque des vendanges ?), les légumes au Capricorne (idée d'irrigation, κῆπων ἀρδευτῶν) ; en fait d'animaux, les fauves au Lion, les oiseaux à la Vierge (ailée) ; les poissons aux Poissons ; les hommes aux signes humains (Gémeaux, Balance, Verseau).

2. Voy. les Anecdota de Ludwich, pp. 121-122 (Τί ἐκληρώσατο ἕκαστος τῶν ἀστέρων ἀπὸ τῶν ζῴων).

3. Τὰ τῆς νυκτὸς πετεινά — bien que Saturne soit de la secte solaire et diurne. Mais, d'autre part, Saturne est « noir », et le noir l'emporte.

Pourquoi faut-il que le lièvre et l'âne se soient fourvoyés 'en
pareille compagnie.? Du lièvre, je n'ai rien à dire, sinon que ses
oreilles font un digne pendant à celles de l'âne. Quant à l'âne, je
soupçonne qu'il a été amené là par un jeu de mots digne de
figurer à côté des étymologies platoniciennes et stoïciennes : ὄνος
est contenu dans Κρόνος [1]. On ne s'étonne pas de voir les animaux
féroces et carnassiers dans le lot de Mars, égayé pourtant par les
singes et les pourceaux. Le reste de la ménagerie ne laisse guère
apercevoir d'idées générales, sauf peut-être que les animaux
domestiqués sont le lot de Mercure, le pédagogue attitré de
l'astrologie.

Mais l'animal sur lequel se concentre l'attention des dieux et
l'énergie des astres, c'est l'homme, le microcosme. La répartition
des influences célestes dans les membres humains ou « mélothésie » astrologique ne pouvait manquer d'être un chef-d'œuvre,
ou plutôt, puisque tout le monde y a travaillé, une collection de
chefs-d'œuvre. C'était une de ces tâches qui, complexes à l'origine, s'embrouillent encore à la réflexion. Fallait-il considérer
comme parties du corps, à titre égal, les divers membres et organes ; ou distinguer au moins entre les membres extérieurs et
les organes intérieurs, ou entre les éléments constitutifs, les os,
le sang et les humeurs, le souffle, la chaleur vitale, correspondant aux quatre éléments cosmiques ; ou mieux encore, instituer
une hiérarchie embrassant le corps et l'âme, la vie végétative,
sensitive, intellectuelle ? Il y avait assez d'astrologues pour poser
et resoudre différemment ces sortes de questions.

On retrouve encore ici la concurrence entre l'astrologie zodiacale et l'astrologie planétaire.

---

1. Diogène Laërce termine par ce calembour son épigramme sur Diodore le
Mégarique, surnommé Kronos : τοιγὰρ εὑρέθης Κρόνος | ἔξωθε τοῦ ῥω κάππα τε
(Diog. L., II, § 112). Je suis persuadé que les astrologues l'ont fait avant lui
et ont trouvé, pour le justifier, maintes affinités entre le vieux, lent, froid
Saturne et l'animal frigidum, indocile, tardum - - longae vitae (Physiognom.
graec., II, pp. 136 et 139 Fœrster), les longues oreilles étant signes de longue
vie (Plin., XI, § 27) et Saturne ayant influence sur l'oreille (ci-après, p. 321).
Je me propose de montrer plus loin, à propos de la semaine planétaire
(ch. xiii), que l'attribution de l'âne à Saturne est probablement la raison pour
laquelle les Juifs, observateurs du sabbat (jour de Saturne), ont passé dans le
monde romain pour adorer ou vénérer un âne ou une tête d'âne. Notons provisoirement que Plutarque (Quaest. Conviv., IV, 5) associe le lièvre et l'âne et
les dit honorés tous deux par les Juifs ; le lièvre « à cause de sa similitude avec
l'âne », et l'âne « comme leur ayant découvert une source d'eau » (dans le
désert, au temps de Moïse. Tac., Hist., IV, 3), ce qui rappelle Saturne logé
dans le Verseau et patron des porteurs d'eau (ci-dessus, p. 96).

La série des signes du Zodiaque, considérée comme mesure et prototype du corps humain, avait sur la série planétaire le double avantage d'être fixe, tandis que l'autre était discutée, et d'offrir un plus grand nombre de divisions, surtout si l'on faisait intervenir les décans [1]. Manilius ne connaît ou n'expose que la mélothésie zodiacale : on a chance de retrouver chez lui les raisonnements naïfs que les autres ont soin de cacher. Ici, nous sommes déçus : par exception, il est très bref et ne raisonne pas ; il ne prend même pas le temps de formuler la règle très simple qu'il applique. Elle consiste à étendre pour ainsi dire le corps humain sur le cercle déroulé du Zodiaque, en faisant poser la tête sur le Bélier (le Bélier « tête du monde ») et les pieds sur les Poissons, qui, eux, n'ont pas de pieds, mais compensent cette fâcheuse inaptitude par le fait qu'ils sont deux. Donc, la tête étant dévolue au Bélier, le cou correspond au Taureau, l'animal à la forte encolure ; les épaules et les bras, membres géminés, aux Gémeaux ; la poitrine, à la carapace du Cancer ; les flancs, au Lion ; le bas-ventre ou vessie, à la Vierge ; les fesses, qui tiennent le corps en équilibre dans la station droite, à la Balance ; le pubis, au Scorpion ; les cuisses, au Sagittaire ; les genoux, au Capricorne agenouillé ; les jambes, au Verseau, et les pieds aux Poissons [2].

Les associations d'idées ne sont pas précisément le côté brillant de ce procédé mécanique, et l'on comprend que Manilius ne s'attarde pas à les faire valoir [3]. Sextus Empiricus connaît et reproduit le canon précédent, en ajoutant une indication sur son

---

1. La mélothésie zodiacale — décanique surtout — est-elle plutôt « égyptienne » ; l'autre, plutôt « chaldéenne » ? La question ne comporte que des solutions arbitraires. Manilius ne s'en occupe pas, et S. Empiricus, pour qui tous les astrologues sont des Chaldéens, attribue la mélothésie zodiacale à « certains Chaldéens » (τινὲς Χαλδαίων, op. cit., pp. 341-342), tandis que d'autres en font honneur aux Égyptiens — οἱ Αἰγύπτιοι (Schol. Arat., v. 544). — *Hunc enim locum divinus ille Nechepso, ut remedia valetudinum inveniret, diligentissime quidem, ut divinum tanti viri potuit ingenium, manifestis tractatibus explicavit* (Firmic., VIII, 3 Pruckner).

2. Manil. II, 453-465.

3. Toutes ne sont pas commodes à indiquer. Cf. le Scorpion laboureur (ci-dessus, p. 143, 2) ; ici, ἐπ' ἀρότρῳ παίδων. Le Sagittaire remplace parfois le Scorpion, par un symbolisme analogue (*Cupidinis arcus*). Le scoliaste d'Aratus (v. 544) trouve ces assimilations très satisfaisantes : il est convaincu que le choix a été fait par les « Égyptiens » κατὰ ἀναλογίαν τῶν μελῶν. A coup sûr, leur canon ne doit rien à celui de Polyclète. Le lot de la Vierge a quelque peu scandalisé, surtout dans ses variantes : *Quid enim pugnacius dici posset quam testes et pudenda Virgini assignari, ut Alchabitius?*, dit l'auteur de la *Margarita philosophica* (VII; 18).

usage ; à savoir, que la présence d'une planète malfaisante dans un des signes au moment de la naissance entraîne la mutilation du membre correspondant. Le même tableau se retrouve ailleurs, avec des tentatives de remaniement, mais protégé contre les déformations par sa structure même, qui ne laisse guère de place à la fantaisie [1]. La mélothésie par décans (la même avec subdivisions ternaires), probablement mise en vogue par le célèbre « Néchepso », était connue de Celse et attribuée par lui aux Égyptiens. « Selon eux », dit-il, « trente-six génies ou dieux de « l'air — on en compte quelquefois plus encore — se sont par- « tagé le corps de l'homme en trente-six parties. Chacun d'eux a « été désigné pour veiller sur une de ces parties. Ils savent les « noms de ces dieux dans la langue du pays » [2].

C'est sur la mélothésie planétaire que se rejetèrent les novateurs incommodés par la géométrie rigide du Zodiaque. Là ils avaient affaire à une série « naturelle » sans doute [3], mais plus

1. Firmic. II, 24 Kroll. La mélothésie mêlée d'autres considérations dans le Firmicus de Pruckner (II, 12) est une interpolation, éliminée dans les éditions récentes. Voy. de plus Paul. Alex., A-B 2. Demophil. ap. Porphyr., p. 198. Celui-ci note les variantes κατ' ἐνίους, par exemple, les flancs (πλευραί) attribués au Cancer à la place du Lion. La mélothésie zodiacale était encore telle au temps de saint Augustin : *ipsum corpus nostrum secundum XII signa compositum adstruunt Mathematici, constituentes in capite Arietem... ad plantas usque, quas Piscibus tribuunt* (Augustin., *De Haeres.*, 70). Dans le ms. 2419 de la Bibl. Nat. se trouve en frontispice une figure humaine entourée des XII signes du Zodiaque, disposés en deux séries alternantes de six signes chacune : l'une, du Bélier aux Poissons sur le demi-cercle de droite, l'autre, du Taureau aux Poissons sur le demi-cercle de gauche (cf. la description de M. Berthelot, *Introd.*, p. 205). Les figures, accoutrées à la mode du xve siècle, sont quelconques, sans proportion avec la grandeur relative des signes. Cf. la figure donnée au livre VII, 2, 1 de la *Margarita philosophica* de Greg. Reisch (Argentor., 1504). Le gnostique Marcus avait eu l'idée originale d'appeler ce spécimen anatomique la « Vérité » et de disposer à l'entour les lettres de l'alphabet en deux séries de douze lettres, l'une descendante, l'autre montante. La tête correspondait ainsi à l'A et à l'Ω, ce qui était évidemment la raison d'être du système (*Philosophum.*, VI, 5, 45, p. 314 Cruice). Les Priscillianistes remplaçaient les signes du Zodiaque par les XII Patriarches d'Israël (Concil. Brag., Can. X). Enfin, les XII « lieux » ou maisons du ciel pouvaient être substitués aux signes, la première maison correspondant à la tête et la douzième aux pieds. C'est le système préféré des Arabes.

2. Origen., *Contra Cels.*, VIII, 58, trad. Aubé (texte visé ci-dessus, p. 229, 2). Voy. la mélothésie par décans de la Ἱερὰ βίβλος hermétique (ci-dessus, p. 316, 4), précédée d'une mélothésie sommaire par signes.

3. Le Trismégiste (ap. Ideler, p. 387), qui réclame l'honneur de l'invention, appelle sa science ὑπηρέτιν τῆς φύσεως · ἀνάγκη γὰρ ταύτην συγκροτεῖν τῇ φύσει. Pas d'objection qui tienne devant cet ἀνάγκη γάρ.

complaisante, et à des affinités électives plus intelligibles. Ils pouvaient même s'affranchir, si bon leur semblait, de l'ordre des distances et s'en tenir aux affinités électives ; mais le comble de l'art était de combiner les deux genres de rapports.

Ptolémée ne l'a pas essayé, ou n'y a pas réussi [1]. Il suit, à regret sans doute et faute de mieux, un système fabriqué par de véritables assembleurs de nuages ; il le mentionne brièvement, sans même ajouter çà et là quelques motifs de classification, que nous suggérerons à sa place, de compte à demi avec son scoliaste. Saturne a l'oreille droite, — l'autre étant réservée à Mars [2], — la vessie, la rate, les phlegmes et les os ; c'est-à-dire tout ce qui est humide ou dur, avec mélange de froid. Jupiter gouverne le sens du toucher, le poumon, les artères et le sperme ; c'est-à-dire tout ce qui est tempéré et surtout « pneumatique », la planète étant venteuse par excellence [3]. Mars a l'oreille gauche comme collaborateur de Saturne en œuvres mauvaises, et, en propre, les reins, les veines et les testicules, sources de chaleur et de passion. Le Soleil, œil du monde, a pour lui les yeux, le cerveau, le cœur, les nerfs, et, d'une manière générale, le côté droit, correspondant à l'hémisphère des « domiciles » diurnes. Il régit les organes « hégémoniques » [4]. Vénus a l'odorat, les parfums étant aiguillon d'amour ; le foie, siège de l'enthousiasme prophétique pour lequel la femme a une réceptivité particulière ; les chairs, qui font la beauté. Mercure a empire sur la raison, sur la langue, comme dieu de la science et de l'éloquence ; comme planète à mouvement rapide, il régit la bile par affinité, et « le siège », sans doute par logique hégélienne, en vertu de l'identité des con-

---

1. *Tetrab.*, III, 11, p. 258 Junctinus ; Anon., pp. 138-140.

2. Cela allait de soi, si l'on commençait par admettre que Saturne et Mars, auteurs de toutes les infirmités (ci-après, ch. XII), font les sourds, et les sourds-muets avec la collaboration de Mercure (Maneth., II, 192-193 ; V, 263). Saturne est à droite comme oriental et diurne ; Mars à gauche, comme occidental et nocturne. Il y a de plus pour Saturne une raison topique : c'est qu'il était assimilé à Némésis (ci-dessus, pp. 93, 2 et 307), et que Némésis siégeait derrière l'oreille droite, en un lieu que l'on touchait du petit doigt pour demander pardon aux dieux de quelque parole avantageuse : *est post aurem aeque dexteram Nemeseos [locus]... quo referimus tactum ore proximum a minimo digitum veniam sermonis a dis ibi recondentes* (Plin., XI, § 251). L'astrologie est un réceptacle de toutes les superstitions.

3. Cf. ci-dessus, pp. 97-98. 201.

4. Τῶν ἀρχικωτάτων καὶ ἡγεμονικοτάτων (Anon., p. 138). Les Stoïciens hésitaient sur la localisation de l' ἡγεμονικόν. Les uns le plaçaient dans la tête ; Chrysippe, ἐν τῷ στήθει (Phaedr. Epicur., p. 21 Petersen). Ptolémée s'évite la peine de choisir.

traires [1]. La Lune enfin, qui règne sur la moitié gauche du corps comme le Soleil sur le côté droit, a en propre le sens du goût, — le seul qui reste à distribuer, — l'ingestion des boissons, l'estomac, le ventre et la matrice [2].

Cet essai n'était pas pour décourager l'émulation. Démophile reprend et perfectionne le système, en y mélangeant toute espèce d'influences psychiques et de raisonnements dangereux [3]. Il laisse à Saturne tous les phlegmes et humeurs froides et lui enlève le reste : du moins il n'est plus question ni de la rate, adjugée à la Lune, ni d'oreille, droite ou gauche. L'ouïe va là où est la langue, à Mercure. La subtile distinction appliquée ci-devant à l'oreille est transportée à l'œil, et avec une sous-distinction dont l'auteur peut être fier. Le Soleil régit l'œil droit chez l'homme et l'œil gauche chez la femme : la Lune, l'œil gauche chez l'homme et l'œil droit chez la femme. Voilà qui s'appelle remettre les choses à leur vraie place [4]. Le foie échoit à Jupiter, avec l'estomac et les nerfs. Mars prend les parties chaudes, tout ce qui bouillonne et fermente dans l'organisme, le sang, les reins, les réservoirs de la semence : s'il laisse la bile à Vénus, c'est sans doute pour ne pas voisiner avec Jupiter. Les perfectionnements finissent par aboutir à un bouleversement.

Ce sont peut-être des astrologues amateurs, gnostiques ou pythagorisants, qui, plus libres à l'égard des traditions, ont le mieux réussi à combiner l'ordre des planètes avec leurs affinités physiologiques et psychologiques. Voici, en ce genre, un petit chef-d'œuvre, transmis par l'auteur de l'*Hermippus* [5].

Saturne, qui, comme planète, trône au haut du ciel, et qui,

---

1. Ptolémée dit simplement χολῆς καὶ ἕδρας : le scoliaste, embarrassé, ajoute, sans plus : διὰ τὸ κινητικόν.

2. C'est ici que le scoliaste se surpasse et fait dépense de philosophie : ἀναλογεῖ γὰρ τῇ γεύσει ἡ ἑλκτικὴ [δύναμις], τῇ δὲ καταπόσει ἡ καθεκτική, τῷ δὲ στομάχῳ ἡ ἀλλοιωτική, τῇ δὲ κοιλίᾳ ἡ ἀποκριτική. La métaphysique vient au secours de la physique défaillante. Plus haut, s'étant aperçu que Ptolémée a oublié l'appareil génital masculin, il se risque à attribuer à la Lune une influence générale sur τὰ σπερματικὰ καὶ γόνιμα γένη.

3. Demoph. ap. Porphyr., p. 198. D'après la tradition égyptienne, le Soleil était l'œil droit de Horus ou d'Osiris ; la Lune, l'œil gauche (Brugsch, *Thesaurus*, II, pp. 436-438) ; l'innovation consiste ici à intervertir les attributions pour le sexe féminin.

4. On pouvait enchérir encore sur ces subtilités, en attribuant *in nativitate diurna oculum dextrum Soli et sinistrum Lune; in nocturna vero dextrum Lune, sinistrum Soli : in nativitate autem femine tenent modos oppositos* (Ciruelo, III, 7, fol. 1).

5. *Hermippus*, I, 13, §§ 80-92, pp. 18-20 Kroll ; II, 3, pp. 37-39.

comme dieu, est prudent, sage, froid de corps et d'âme, correspond au cerveau. Son attribut spécifique, la paternité, peut même être utilisé, car c'était une croyance générale dans l'antiquité que la semence descend du cerveau par la moëlle épinière [1]. Jupiter a pour lui le thorax, siège de l'âme « sensible », à l'exception du cœur, qui, comme foyer calorifique du corps, est le siège du Soleil. Mars, dieu colérique, émeut la bile (χόλος). Vénus règne sur le vaste domaine des appétits physiques : le ventre, les reins, les parties génitales, les cuisses et les jambes [2]. Mercure représentant l'intelligence divine, source de toute science humaine, loge dans le foie, où s'inscrivent les signes de la révélation. Enfin, à la Lune, basse, froide, exsangue, restent les extrémités des membres inférieurs.

L'auteur anonyme qui nous fait part de ces belles inventions s'extasie sur l'harmonie de l'ensemble et l'à-propos du détail ; mais il gâte quelque peu le système, en y introduisant des considérations empruntées à des opinions divergentes et le bagage obligé du chaud, du froid, du sec et de l'humide. Il se crée par là des difficultés qu'il esquive par de mauvaises raisons. Il ne veut pas voir que le Soleil est au cœur pour raison d'affinité, et non aussi pour cause de position centrale; ni que la Lune est aux pieds pour raison de position inférieure, et non aussi à cause du « froid » des extrémités [3].

1. Le σπέρμα saturnien est un πνεῦμα (Philosophum., pp. 134-135 Cruice). Cf. Saturne πνεύματος βραβεύς (Maneth., V, 262).

2. On dirait qu'on a tenu compte même de la grosseur des planètes : le petit Mars est réduit au fiel ; Vénus, qui passait pour énorme (ci-dessus, p. 100,1), a un domaine très étendu.

3. Dans la cosmogonie des « théurges chaldéens » (ci-dessus, p. 192, 1), le Démiurge τὸ ἡλιακὸν πῦρ κραδίης τόπῳ ἐστέριξεν. Varron, à propos de l'ὀμφαλός de Delphes, placé, disait-on, au juste milieu de la terre habitée, faisait remarquer que le nombril n'est pas au milieu du corps (Varr., L. lat., VIII, 17) ; à plus forte raison, le cœur. De même, le prétendu froid de la tête est de circonstance. On dit une tête froide, mais par métaphore. Cela vaut l'étymologie Κρόνος de ἀκήρατος νοῦς (Hermipp., II, 3, § 24), une étymologie à la mode de Platon et des Stoïciens. Théon de Smyrne (p. 187 Hiller) expose une théorie, peut-être de Posidonius, qui aurait pu conduire à une mélothésie différente. Il dit que le monde a deux centres : un centre de vie (τῆς ἐμψυχίας), le Soleil, qui en est le cœur, et un centre de figure (τοῦ μεγέθους), le nombril, correspondant à la Terre. La moitié inférieure du corps aurait eu les mêmes planètes, en ordre inverse. L'idée de combiner la mélothésie planétaire et la zodiacale devait venir à quelque astrologue. Le Trismégiste (ap. Ideler, I, pp. 387 et 430) — suivant peut-être inconsciemment la tradition platonicienne, qui fait de la tête sphérique le tout de l'homme (ci-dessus, p. 21) — adjuge la tête au Bélier et distribue dans la tête les sept planètes, attribuant l'œil droit au ☉, le

Les termes abstraits qui apparaissent çà et là dans le jargon de nos charlatans sont empruntés à des spéculations pythagoriciennes, platoniciennes et autres sur le macrocosme et le microcosme, images troubles et harmonies confuses que déversaient à flots les commentateurs du *Timée ;* divisions ternaires, septénaires, duodénaires du monde sensible, spirituel, intelligible, des appétits du corps, des facultés de l'âme, enfin de tout ce que l'imagination en quête d'harmonies peut saisir au vol et accommoder à son gré. Les uns trouvaient dans le corps sept membres intérieurs et sept organes extérieurs [1] ; des anatomistes plus experts encore comptaient dans l'intérieur vingt-huit parties, correspondant aux quatre septénaires du cours de la Lune [2]. Les musiciens pythagorisants à qui ne suffisait pas la division septénaire arrivaient à l'octave en ajoutant aux sept orbes planétaires la sphère des fixes, et ceux qui voulaient une place de plus, pour loger les neuf Muses, y ajoutaient encore la Terre, support de toute la lyre [3]. Ptolémée s'était abstenu ou n'avait pas eu le temps

---

gauche à la ☾, les oreilles à ♄, le cerveau à ♃, la langue et la gorge à ☿, l'odorat et le goût à ♀, le sang à ♂. J'ignore où l'auteur de la *Margarita philosophica* (VII, 2, 5) a pris les éléments du tableau en forme de Table de Pythagore, avec les signes en colonne verticale et les planètes en série horizontale (84 cases), intitulé : *Quas corporis partes planetae in diversis signis respiciant.* C'est le corps humain dépecé en ὅρια. Ainsi Saturne régit : en ♈, la poitrine ; en ♉ et ♊, le ventre ; en ♋ et ♌, les parties génitales ; en ♍ et ♐, les pieds ; en ♎, les genoux ; en ♏, les talons ; en ♑, la tête ; en ♒, le cou ; en ♓, les épaules. Chaque planète change de patronage à chaque signe.

1. Membres extérieurs : κεφαλή, στέρνα, γαστήρ, διτταὶ χεῖρες, διτταὶ βάσεις ; organes intérieurs : στόμαχος, καρδία, πνεύμων, σπλήν, ἧπαρ, νεφροὶ δύο (Philo, *De opific. mundi*, 40, § 118). Distribution hermétique (ap. Stob., *Ecl.*, I, 15, 14, p. 176) : ♄ δάκρυ + ♃ γένεσις + ☿ λόγος + ♂ ϑυμός + ☾ ὕπνος + ♀ ὄρεξις + ☉ γέλως. Voy. les divisions ternaires et septénaires de l'âme, du corps et de la vie physique, même utérine, dans Macrobe (*Somn. Scip.*, I, 6, 34-83) : même les sens y sont ramenés à l'ordonnance septénaire, parce qu'il y a dans la tête sept trous percés pour leur service (*septem foraminibus sensuum celebrantur officia*, § 81). C'est une voie qui mène directement aux sept sages, aux sept merveilles du monde, et, par delà, aux psychothésies chrétiennes : les trois vertus théologales, les sept péchés capitaux, les sept sacrements, les sept dons du S. Esprit, les sept douleurs de la Vierge, etc. L'astrologie, comme les parfums dans l'air, est partout, insoupçonnée, mais présente.

2. Cf. les 28 aunes d'intestins d'après Hérophile (Theo Smyrn., p. 104 Hiller), autant que de cases dans le Zodiaque lunaire (ci-dessus, pp. 55-56).

3. Martian. Cap., I, 28. Nul doute que la chose ne s'arrange très bien avec Uranie dans la sphère étoilée, qui donne le son le plus aigu ; Polymnie dans le cercle de Saturne ; Euterpe dans celui de Jupiter (cf. *risum Jovis*, ibid., I, 16) ; Érato chez Mars l'amoureux ; Melpomène accompagnant le Soleil ; Terpsichore, Vénus ; Calliope, Mercure ; Clio tenant la basse aux sons rauques dans

d'adapter à l'astrologie ses spéculations *Harmoniques* — sauf les cordes et angles des « aspects » ; — mais d'autres se chargèrent de ce soin. Proclus [1], pour ne parler que du plus convaincu de tous, enseigne qu'à la sphère des fixes correspond l'intellectuel (τὸ νοερόν) ; à l'orbe de Saturne, le contemplatif (τὸ θεωρητικόν) ; à Jupiter, le sens politique ou social (τὸ πολιτικόν) ; à Mars, le passionnel (τὸ θυμοειδές) ; au Soleil, le sensible (τὸ αἰσθητικόν) ; à Vénus, le désir (τὸ ἐπιθυμητικόν) ; à Mercure, la faculté vocale (τὸ φωνητικόν) ; à la Lune, la force végétative (τὸ φυσικόν). L'âme, en descendant du ciel, s'empare de toutes ces facultés et les y reporte en remontant [2].

On peut rire de ces billevesées ; on en a moins envie quand on constate que l'état d'esprit qui les a produites tend à se renouveler et que l'idée du microcosme se glisse, sous des déguisements divers, avec ses procédés aprioristiques, dans ce qu'on appelle du nom barbare de sociologie. La manie des comparaisons, au service d'un reliquat de mysticisme [3], se retrouve chez nos socio-

---

le cercle de la Lune. Quant à Thalie, déposée à terre par son cygne paresseux, « elle chantait à même l'abondante poussée de la plaine fleurie » (*in ipso florentis campi ubere personabat*).

1. Proclus, *In Tim.*, p. 348 A. Cf. dans le Καρπός (§ 86) : ὁ ἥλιος ἐστὶ πηγὴ τῆς ζωϊκῆς δυνάμεως, ἡ δὲ σελήνη τῆς φυσικῆς, ὁ δὲ Ζεύς, τῆς αὐξητικῆς, ὁ δὲ Ἑρμῆς τῆς λογικῆς, ὁ δὲ Ἄρης τῆς ἐπιθυμητικῆς. Saturne et Vénus manquent. Je ne sais quel mystificateur s'est avisé de transporter la mélothésie aux œuvres de l'homme et de mettre sous le nom de Ptolémée une analyse des « membres » d'un navire, où la proue est adjugée au Bélier, l'avant au Taureau, les flancs au Lion, la carène ou ventre à la Vierge, le mât au Sagittaire, etc. (P. Liechstenstein, à la suite de Haly, p. 549).

2. Voy. Macr., *Somn. Scip.*, I, 12, 68 ; Serv., *Aen.*, VI, 714 ; XI, 51, et les textes cités par Lobeck, *Aglaophamus*, pp. 932-936.

3. On n'imagine pas à quel point ces survivances de mysticisme sont tenaces. Niebuhr modelait les cités antiques sur l'année solaire ou lunaire (v. g. à Athènes, quatre tribus ou saisons, douze phratries ou mois, trente γένη par phratrie ou 360 dans la cité entière), avec la conviction que leurs fondateurs les avaient voulues telles. Huschke écrit qu'il y avait à Rome dix curies par tribu, parce qu'il y a dix doigts aux mains et aux pieds. Ceci n'est qu'une circonlocution pour désigner le système décimal. Mais il découvre ensuite qu'il y avait deux centuries-militaires par tribu, parce que l'armée marche et a besoin pour cela de deux pieds. Tel autre dira que Rome a dû sa fécondité au rapprochement de l'élément romain, ou mâle, avec l'élément latin ou femelle, etc. Aujourd'hui encore, depuis J. Grimm, c'est presque un dogme que « l'humanité marche d'Orient en Occident », comme le Soleil. Les poètes ne renonceraient pas volontiers non plus à dire que l'Orient est le pays du Soleil. La comparaison de la cité avec l'homme est partout dans Platon ; la comparaison du ciel avec la cité unique (ou avec un ensemble de cités amies et hostiles), dans Manilius (*Sic etiam magno quaedam respublica mundo est*, avec

logues modernes, disciples attardés de Platon, qui prêtent à la
société tous les organes du corps humain, sous prétexte que le
tout doit ressembler à la partie. Nous les voyons en train de créer
une histologie sociale, qui sait retrouver le cœur dans les capi-
tales; les artères et les veines dans les voies commerciales; le système nerveux dans le télégraphe; la tête dans les classes dirigeantes; le muscle dans l'ouvrier; la graisse dans le riche ou le
prêtre, et la peau, couverture et défense de l'ensemble, dans
l'armée. Ils ont découvert que les sociétés croissent non seulement en largeur, par extension de territoire, mais aussi en hauteur, par surélévation progressive des édifices. Ils leur trouvent
aussi un sexe, comme les astrologues aux planètes et aux signes
du Zodiaque. La conquête n'est souvent, à leurs yeux, qu'un viol
fécond, une ruse de la Nature. Ils pourront étudier avec profit,
s'ils sont à court d'idées, notre chapitre suivant, où il sera traité
des protectorats célestes assignés aux divers peuples. Car ils ne
sont qu'à moitié chemin; la voie platonicienne et astrologique
mène plus haut. Après avoir découvert tant d'harmonies entre
l'homme et les groupes humains, il plaira sans doute aux plus
ingénieux d'entre eux de les étendre à la Terre entière, et on leur
reprochera de ne pas avoir conscience de l'unité des lois de la
Nature s'ils s'interdisent d'aller plus loin.

Mais laissons-là les mystiques d'aujourd'hui : leurs ancêtres
nous réclament et nous allons voir comment ils ont, eux, étendu
et distribué à la terre habitée, sous forme de patronages célestes,
les influences sidérales. Nous entrons un peu avant le temps,
pour ne pas fausser compagnie à Ptolémée, dans l'astrologie
appliquée ou *apotélesmatique*.

ordre sénatorial, équestre et plèbe. V, 734-745), lequel s'inspire des Stoïciens
(*mundus quasi communis deorum atque hominum... urbs.* Cic., *Nat. Deor.*, II, 62;
κόσμον εἶναι πόλιν, avec le Soleil pour conseiller, Hespéros pour prytane, etc.
Plut., *Adv. Stoic.*, 34). Démade approchait aussi, sans le savoir, de ces belles
découvertes, quand il appelait ἔαρ δὲ τοῦ δήμου τοὺς ἐφήβους, τὸ δὲ τεῖχος
ἐσθῆτα τῆς πόλεως (ap. Athen., III, p. 99 D). Iphicrate trouvait que, dans une
armée, les troupes légères ressemblent aux mains, la cavalerie aux pieds, la
phalange à la poitrine (Plut., *Pelopid.*, 2). Il n'y a qu'à délayer des métaphores pour en faire des comparaisons qui tiennent lieu de raisons.

CHAPITRE XI

APOTÉLESMATIQUE UNIVERSELLE

Ptolémée nous a ménagé une transition des plus opportunes en faisant entrer dans son apotélesmatique universelle les conditions préalables sur lesquelles se fondent ses pronostics. La première moitié du présent chapitre appartient en réalité au chapitre précédent et le continue. Il s'agit de répartir les influences sidérales non pas tant sur la Terre considérée dans sa structure physique que sur la « terre habitée » (οἰκουμένη), c'est-à-dire sur le support des groupes humains appelés cités ou États, peuples, nations, races. C'est donc l'homme encore que visent surtout, pour ne pas dire uniquement, les divisions et subdivisions que j'appellerai « chorographie astrologique »[1].

[1]. Cf. A. Bouché-Leclercq, *Chorographie astrologique* (Mélanges Graux [Paris, 1884], pp. 341-351) et l'adaptation du système aux royaumes et villes modernes dans Junctinus, pp. 811-821. Χωρογραφία n'est pas un mot spécialement astrologique : les astrologues évitent même de l'emprunter aux géographes. Ils préfèrent l'analyser en termes concrets et écrire sur leurs tableaux : Αἱ χῶραι συνοικειούμεναι τοῖς ιϛ΄ ζωδίοις (Ludwich, *Anecdota*, p. 112), ou Περὶ τῆς τῶν χωρῶν πρὸς τὰ τρίγωνα καὶ τοὺς ἀστέρας συνοικειώσεως (Ptol., *Tetrab.* II, 2). On rencontre dans nos textes un article qui appartient indifféremment au présent chapitre ou au précédent : la répartition des patronages de signes sur la terre envisagée au point de vue de la configuration et nature du sol, point de vue dont les auteurs de cartes chorographiques sont censés avoir tenu compte. Ainsi, le Bélier domine les prairies et pâturages : le Taureau; les terres arables ; les Gémeaux, les montagnes et terrains élevés et incultes (légendes d'Apollon et d'Hercule?) ; le Cancer, les lieux bas, humides, boisés ; le Lion, les déserts et repaires de fauves ; la Vierge, les terres à blé ; la Balance, les plaines non labourées et les palmiers ; le Scorpion, les vignobles de côte et mûriers ; le Sagittaire, les vignobles de plaine, cèdres, cyprès, etc. ; le Capricorne, les jardins maraîchers et les chèvres ; le Verseau, les fleuves et lacs ; les Poissons, la mer et les poissons. Voy. ces détritus de traditions dans les abrégés de basse époque (Ludwich, pp. 119-120).

Ptolémée nous avertit, en abordant l'apotélesmatiquc ou mise en œuvre de l'outillage astrologique, que cette branche de l'art se partage entre deux tâches bien distinctes, selon qu'il s'agit de pronostiquer des événements intéressant des êtres collectifs ou les incidents et virtualités de la vie individuelle. Comme la tâche est différente, ainsi la méthode. Les êtres collectifs ne naissent pas à un moment donné, et c'est par métaphore que l'on parle des étapes de leur existence, de leur croissance et de leur mort. On ne peut donc pas observer leur horoscope et dresser pour eux un thème de géniture. En admettant que cela fût possible, approximativement et dans certains cas, comme la fondation d'une cité à une date connue, il est des phénomènes, comme les tremblements de terre, les famines, les pestes ou les guerres, qui intéressent au même moment plus d'une cité à la fois et dont le pronostic doit être cherché en dehors des méthodes servant à établir les destinées particulières.

L'astrologie appliquée ou « apotélesmatique [1] » se divise donc en « universelle » (καθολική - καθ' ὅλον) et en « spéciale » (γενικόν) ou « généthlialogie ».

La méthode principale employée par l'astrologie « catholique » est l'interprétation des éclipses des deux luminaires, lesquelles indiquent la nature, le genre et l'espèce, enfin l'intensité et la durée de l'événement attendu en conséquence du phénomène observé. Quant au lieu où le pronostic devra se réaliser, il faut, pour résoudre cette question, la plus importante de toutes au gré des consultants, qu'une correspondance ait été préalablement établie entre les régions terrestres et les parties du Zodiaque où se produisent les éclipses.

Telle est l'utilité des cartes terrestres divisées en fiefs astrologiques, cartes dressées d'abord par des praticiens qui n'y inséraient que l'indispensable, c'est-à-dire les domaines zodiacaux, puis par des savants qui, en y introduisant les planètes, ont eu la prétention de convertir la chorographie astrologique en ethnographie comparée.

1. CHOROGRAPHIE ET ETHNOGRAPHIE ASTROLOGIQUES.

Le système de Ptolémée, le plus compliqué de tous, a été pré-

---

1. Ἀποτελεσματική [τέχνη], science de l'accomplissement (ἀποτελεῖν) ou réalisation des pronostics astrologiques. Le mot n'ayant d'equivalent ni en latin ni en français, je le prends tel quel et dans son sens restreint.

cédé de systèmes plus simples, qui n'ont pas tous été abandonnés par la suite. Commençons par ceux qui n'utilisent que les signes du Zodiaque, en tant que figures, et non — ostensiblement du moins — comme domaines planétaires. Le premier en date est pour nous celui de Manilius, le très précieux néophyte, à qui il arrive de trouver des raisons naïves et primesautières à l'appui de sa répartition [1].

Le *Bélier,* ne l'oublions pas, est celui qui a fourni la Toison d'Or. La Propontide, qu'il a traversée à la nage, lui revient de droit. Ajoutons-y l'Hellespont et la Colchide, qui n'ont pas trouvé place dans les vers du poète. L'Égypte lui appartient aussi. Manilius, hanté par son type de bélier nageur, croit que c'est à cause des inondations du Nil : il oublie Ammon, le dieu à tête de bélier.

Le *Taureau* a sous sa dépendance « les monts de Scythie, la « puissante Asie et les Arabes efféminés, contrée enrichie par ses « bois ». Les « monts de Scythie » désignent la Scythie ou Chersonèse Taurique, dont le nom est parlant. L'Asie est dominée par la chaîne du Taurus, et les Arabes, enrichis par le commerce des résines odoriférantes, méritent d'avoir pour patron le chef des signes féminins (domicile de Vénus, hypsoma de la Lune).

Les rivages du Pont-Euxin, qui se courbent en forme d'arc, sont sous la tutelle du premier des *Gémeaux,* l'archer Apollon. L'autre Gémeau règne sur les bouches de l'Indus et du Gange. Ce doit être Bacchus, triomphateur de l'Extrême-Orient, à moins que ce ne soit un Hercule mené jusque-là par une des nombreuses variantes de la légende des Argonautes.

Au *Cancer* brûlant revient l'Éthiopie, le pays des noirs, qui « font tache sur le globe » [2].

---

1. Manil., IV, 742-805.

2. *Aethiopes maculant orbem* (IV, 723). Le texte du passage concernant les Gémeaux et le Cancer (755-759) est très incertain. Le *Gemblacensis* porte : *Ultimus et solidos Ganges et transcolit India Cancer.* D'après la leçon de Scaliger (*post, brachia fratris | Ultimus ex solido tetrans. Colit India Cancrum : | Ardent Aethiopes Cancro*), l'Inde revient non aux Gémeaux, mais au Cancer, comme pays chaud. Fr. Jacob donne : *post brachia fratris | Ultimus occulit os Ganges et trameat Indos*), et K. Rossberg (*Jahrb. f. Phil.,* 1889, pp. 711-712) propose *Alterius folio fragrans colit India Gangen.* C'est un vers à laisser pour compte aux orthopédistes. L'idée de « climat » ou latitude géodésique est absente de cette répartition, sans quoi le Cancer, le plus boréal des signes, aurait pu avoir une autre affectation. Lucain (X, 210 sqq.), qui embrouille tout ce qu'il touche, adjuge au Cancer « les Bouches du Nil », comme au régulateur de l'inondation, et Syène à cause de la chaleur. Virgile dit correctement : *Aethiopum versemus oves sub sidere Cancri* (Virg., *Ecl.,* X, 68).

Le *Lion* possède la Phrygie, où ses pareils traînent le char de Cybèle ; puis la Cappadoce, l'Arménie, la Bithynie, tous pays peuplés de fauves et de gens qui leur ressemblent ; enfin, la Macédoine, patrie de ces lions humains qui, sous la conduite d'Alexandre, ont « vaincu l'univers » [1].

La *Vierge*, qui est la justice, la science et la paix, étend son patronage sur Rhodes, pays de savants astronomes, habité pour un temps par un nouvel Hélios, Tibère, le vrai Soleil du monde [2] ; sur le littoral de l'Asie-Mineure (Carie - Doride - Ionie) et la vieille Arcadie. Les Athéniens, qui avaient pourtant leur Παρθένος et pouvaient encore revendiquer la Vierge-Érigone, sont oubliés ou noyés dans le groupe Ionien.

La *Balance* protège le pays — la Ville surtout — qui tient la balance entre les peuples dominés par le peuple-roi et les élève ou les abaisse à son gré, l'Italie latine et Rome [3].

Le patronage du *Scorpion* ne pouvait être adjugé qu'à des gens déplaisants. Il revient à Carthage, aux côtes de Libye et de Cyrénaïque [4], à la Sardaigne aussi, et, en général, aux « terres semées par les plaines liquides », c'est-à-dire à tous les endroits jadis hantés et colonisés par les Phéniciens. Manilius, antisémite à sa façon, se fait ici l'interprète des vieilles rancunes helléniques et romaines.

Où le *Sagittaire* se plairait-il, si ce n'est en Crète, la patrie

1. *Macetum tellus, quae vicerat orbem* (IV, 762).

2. C'est là une de ces flatteries éhontées — celle-ci maladroite, par surcroît — qui sentent le poète peureux ou famélique : *Est Rhodos, hospitium recturi principis orbem,* | *Tumque domus vere Solis, cui tota sacrata est,* | *Quum caperet lumen magni sub Caesare mundi* (IV, 764-766).

3. Pour Étienne d'Alexandrie (p. 22ᵃ Usener), Ζυγός n'est plus une balance, mais un joug de servitude. Songe-t-il à Rome conquérante ou à Rome asservie? L'idée de « balance » ou équilibre physique et moral dans la nature italienne était devenue familière à d'autres qu'aux astrologues. Vitruve trouve les septentrionaux braves, mais stupides ; les méridionaux déliés, mais poltrons. L'Italie réunit les qualités du Nord et du Midi : *namque temperatissimae ad utramque partem, et corporum membris animorumque vigoribus, pro fortitudine sunt in Italia gentes — itaque (Italia) consiliis refringit barbarorum virtutes, forti manu meridianorum cogitationes* : l'Italie, non la Grèce, encore trop méridionale (VI, 1, 11. Cf. 6). On n'est bien loué que par soi-même.

4. Le vers : *Tirrhenas lacrimis radiatus Scorpius arces* (ms. G) devient, sous la plume de Fr. Jacob : *Et Zmyrnes lacrimis radiantes Cyprios arces* (IV, 780). Mieux vaudrait l'élaguer, comme fait Scaliger (p. 326). K. Rossberg substitue à *Tirrhenas* (arces) les (rura) *Cyrenes* avec les « larmes « du *laser Cyrenaicum* et *acer* remplaçant *arces*. De même, Th. Breiter, qui substitue *armis* à *arces* (*Jahrb. f. kl. Philol.*, 1889, pp. 852-855).

classique des archers? Avec la légende crétoise de Minos et de Dédale — de Dédale poursuivi jusqu'en Trinacrie — on atteint la Sicile, qui obéit aussi au Sagittaire, ainsi que sa voisine, la Grande-Grèce.

Le *Capricorne*, composé amphibie, domine tous les rivages alternativement baignés et délaissés par le flot des marées [1], l'Espagne, la Gaule, la Germanie.

Le *Verseau* règne sur les pays aquatiques ou maritimes, la Phénicie, la Cilicie, la Basse-Égypte [2].

Enfin, les *Poissons*, ayant pour berceau l'Euphrate, gouvernent tous les alentours, Babylone, Suse, Bactres, les riverains du Tigre et de la Mer Rouge.

Nous ignorons dans quelle mesure Manilius est responsable de l'arrangement qu'il expose ou des raisons qui le motivent. Ce qui est certain, c'est qu'il a cru appliquer les règles d'une saine logique en jugeant de la cause par l'effet, en cherchant des ressemblances entre les protégés et les patrons. D'autres, usant de la même logique, arrivaient à des résultats très différents. Dorothée de Sidon, un docteur dont l'autorité balançait celle de Ptolémée, avait ses raisons, que nous essayerons de deviner, pour répartir tout autrement les domaines terrestres des signes. Celui-là paraît avoir voulu combiner les affinités du tempérament avec la position des contrées sur la carte, c'est-à-dire dérouler le Zodiaque sur la surface de la terre, d'Orient en Occident, sauf à expliquer par le tempérament les exceptions faites à la règle de position [3].

Dorothée prend son point de départ au berceau de l'astrologie, dont la primauté est affirmée par celle du *Bélier*, signe initial de l'année chaldéenne. A la Babylonie s'ajoute, en vertu sans doute de la longitude, l'Arabie. Une partie de l'Arabie revient au *Taureau*, qui possède en outre la Médie et l'Égypte, celle-ci à cause des taureaux Apis et Mnévis, celle-là peut-être à cause des chapiteaux taurocéphales de l'architecture médo-perse. La règle de position nous entraîne vers la Cappadoce, la Perrhébie (?), la

---

1. Cf. ci-dessus, p. 144, 2.

2. Fr. Jacob écrit *Assyriam*, et ajoute fièrement : « *Aegyptum* omnes : ego correxi » (IV, 798). Le motif m'échappe complètement.

3. La chorographie de Dorothée dans le texte peu sûr des *Anecdota* de Ludwich (pp. 112-119), où sont accolés en brèves indications les systèmes les plus divers, de Ptolémée, Dorothée, Paul, Valens, Odapsos, Hipparque, et d'anonymes désignés comme Αἰγύπτιοι, ou simplement sous la rubrique τινές, ἄλλοι. La méthode est celle de la mélothésie zodiacale (ci-dessus, p. 319).

Phénicie, qui vont aux *Gémeaux* ; la Phénicie convenant par surcroît à Héraklès Melqart, et la Perrhébie homérique avec Dodone à Apollon, prophète unique de Zeus. Le *Cancer* règne sur la Thrace comme signe boréal, et sur l'Éthiopie comme signe brûlant, la longitude étant supposée la même. Au *Lion* appar-

SYSTÈMES CHOROGRAPHIQUES DIVERS :

	MANILIUS	DOROTHÉE DE SIDON	PAUL D'ALEXANDRIE
♈	Hellespont - Propontide - Syrie - Perse - Égypte.	Babylonie - Arabie.	Perse.
♉	Scythie - Asie - Arabie.	Médie - Arabie - Égypte.	Babylonie.
♊	Pont - Euxin.	Cappadoce - Perrhébie - Phénicie.	Cappadoce.
♋	Inde - Éthiopie.	Thrace - Éthiopie.	Arménie.
♌	Phrygie - Bithynie - Cappadoce - Arménie - Macédoine.	Hellade - Phrygie - Pont.	Asie.
♍	Rhodes - Carie - Doride - Ionie - Arcadie.	Rhodes - Cyclades - Péloponnèse.	Hellade - Ionie.
♎	Italie.	Cyrène - Italie.	Libye- Cyrénaïque.
♏	Carthage - Libye - Cyrénaïque - Sardaigne - Iles de la Méditerranée.	Carthage - Libye - Sicile.	Italie.
♐	Crète - Sicile.	Gaule - Crète.	Cilicie - Crète.
♑	Espagne - Gaule - Germanie.	Cimmérie.	Syrie.
♒	Phénicie - Cilicie - Basse-Égypte.	....	Égypte.
♓	Chaldée - Mésopotamie - Susiane - Parthie - Mer Rouge.	....	Mer Rouge - Inde.

tiennent la Phrygie avec ses lions de Cybèle, et, sans doute comme pays belliqueux, la Grèce du Nord (Hellade) et le Pont, la patrie de Mithridate. Rhodes, les Cyclades, le Péloponnèse forment un ensemble de contrées civilisées et pacifiées que gouverne la *Vierge*. L'Italie revient, comme précédemment, à la Balance, et aussi, par assimilation flatteuse pour Cyrène, la Cyrénaïque. Carthage, la Libye, la Sicile, sont adjugées en gros au venimeux *Scorpion*. Nous voici tout à fait en Occident. De ce côté se rencontrent, pour le lot du *Sagittaire*, des frondeurs et archers, [les

Baléares [1]], la Crète par affinité, et, sous le nom de Gaule, le vaste habitat des populations celto-germaniques. Enfin, les brumes de la Cimmérie devaient être, avec le *Capricorne*, à l'Extrême-Occident. Dorothée avait dû reprendre sa distribution à l'Extrême-Orient avec le *Verseau*, qui se trouvait placé au commencement de la bande terrestre, exactement comme le mois de janvier dans l'année romaine, et revenir à l'Euphrate avec les *Poissons* [2]. Seulement, les noms d'auteurs ont été effacés ici dans notre texte, et ce n'est pas grand dommage.

Sur ces élucubrations déjà inquiétantes, les « anciens Égyptiens », la terreur de qui cherche en astrologie des règles intelligibles, les Égyptiens, dis-je, avec Odapsos, Valens « et autres » pour émules, avaient répandu les ténèbres à pleines mains, disséquant les signes en fractions minuscules (κατὰ μέρος - μερικῶς) et prenant un malin plaisir à faire correspondre des membres contigus à des contrées très éloignées les unes des autres. Ces nouveaux démiurges, ne relevant que de la crédulité de leurs clients ou de leur propre sottise, brassaient avec délices les effluves occultes émanés de la tête, du ventre, du bras droit, du bras gauche, des pieds de devant, des pieds de derrière, du carquois, de l'urne, etc., de tel ou tel signe et les semaient à la volée sur le monde, sans savoir peut-être au juste où tombaient les étincelles de ce feu d'artifice [3]. Les moins enragés de mystère se contentaient de substituer la répartition par décans à la répartition par signes [4], ou bien arrivaient au nombre de 48 adresses différentes pour les éclipses par un moyen tout à fait ingénieux, groupant les 12 heures du jour en quatre « trihories » (τρίωρος

---

1. Les Baléares ne sont pas dans le texte ; mais je suppose que le compilateur les a oubliées et que la Crète est venue là par analogie.

2. J'ignore si c'est par hasard que la carte de Peutinger est partagée en XII planches, qui reproduiraient peut-être une division zodiacale.

3. Je ne tiens pas à reproduire ici les échantillons que j'ai donnés de ces inepties dans les *Mélanges Graux*, pp. 348-350, d'après les *Anecdota* (pp. 112-119 Ludwich). Leurs auteurs doivent être de basse époque, et je ne suis plus très sûr qu'il y ait une intention sarcastique dans le fait que la Macédoine est au ventre du Lion, tandis que l'Hellade est dans la poitrine (*ibid.*, p. 349). Disons seulement que la Grèce au cœur du Lion a une place « royale », et que l'« Égyptien » qui la lui a donnée devait être un Grec. Comme spécimen de dissection, il suffit de citer le Scorpion, qui, de la tête à la queue, règne sur plus de vingt contrées, disséminées de la Bactriane à l'Ibérie et de la Bastarnie à la Libye. Il est évident qu'il faut renoncer à plier ces fantaisies au joug des mathématiques.

4. Bardesane l'indique en passant (ap. Euseb., *Praep. Evang.*, VI, 10, 37), et, à défaut de textes, on serait en droit de la supposer *a priori*.

[ὥρα]) et supposant que chaque signe correspond, pendant chaque trihorie, à une contrée différente. C'est une combinaison de la division du temps avec la division de l'espace [1].

Tout cela sent l'Égypte, le berceau par excellence des systèmes de « chronocratories » ou régences des fractions du temps, années, mois, jours, heures, par différents dieux ou génies soigneusement catalogués. Ces « anciens Égyptiens », qui étaient Hellènes ou hellénisés, puisaient dans les vieilles traditions indigènes de quoi enrichir l'astrologie et surpasser leurs rivaux, les « Chaldéens ». Il se peut même que l'idée-mère de la chorographie astrologique ait été empruntée à la vieille Égypte, car le ciel égyptien était une copie de la terre ; on y distinguait une mer orientale, une septentrionale, une occidentale, des provinces ou nomes appartenant aux 36 décans, entourées de fleuves et de canaux, couvertes de villes (deman) où résidaient les décans [2]. Il a suffi de faire redescendre la copie du ciel en terre et de l'élargir à la mesure des connaissances géographiques acquises depuis.

On s'attend bien à rencontrer, dans une veine de tradition concurrente, une chorographie planétaire, celle-ci plus « chaldéenne », en tout cas, combinée par les Grecs avec leur division géodésique de la terre en « climats ».

Les anciens géographes et astronomes, qui n'avaient cure de l'astrologie, Eudoxe, Ératosthène et Hipparque, par exemple, estimaient les latitudes et les espaçaient approximativement d'après la durée du jour solstitial d'été, accru d'une demi-heure à chaque parallèle. Ils en comptaient ainsi, dans la terre habitée, sept ou davantage, selon qu'ils poussaient plus loin leurs mesures vers le Nord ou le Midi. Ératosthène en établissait onze, de Cinnamophore aux bouches du Tanaïs. A un autre point de vue, considérant la terre entière comme une sphère où se trouvaient reproduites à moindre échelle les zones célestes, ils admettaient cinq zones ou six, suivant qu'ils utilisaient ou non l'équateur

---

1. Hephaest., I, 21, pp. 82-89 Engelbr. On m'excusera volontiers de ne pas détailler cette chorographie spéciale. Même système de trihories, sinon mêmes adresses, dans le fragment de Léon (Hermes, VIII [1874], pp. 173-176). C'est peut-être une réminiscence de la division du cercle en 48 parties (ci-dessus, p. 60, 2). Ici, ce sont quatre répartitions duodénaires qui se succèdent.

2. Voy. Brugsch, Thes. Inscr. Aegypt., I, pp. 376-377. On rencontre un système hermétique, peut-être fait de vieilles traditions égyptiennes, qui représente la Terre couchée sur le dos, ὥσπερ ἄνθρωπος, οὐρανὸν βλέπουσα, la tête au S. les pieds au N., et recevant ainsi perpendiculairement les influences célestes, combinées avec celles de ses organes à elle. Il va sans dire que, cette fois, l'Égypte est à la place du cœur (Stob., Ecl., I, 41-45, p. 302 Meineke).

comme ligne de démarcation en sus des deux cercles tropiques
et des deux cercles polaires [1]. Mais ces zones ne sont plus des
« climats ».

Les astrologues n'avaient que faire de ces larges aperçus : il
leur fallait des climats pour estimer les ἀναφοραί, puisqu'ils passaient sans cela pour des ignorants ; mais ils en voulaient sept, ni
plus ni moins, et tous dans la terre habitée, pour pouvoir en adjuger un à chacune des planètes [2]. Ils eurent donc leurs sept climats, et on peut se fier à eux pour trouver des motifs de répartition. Cependant, ils durent se heurter à des difficultés presque
insurmontables, s'ils voulaient à la fois conserver l'ordre des planètes et ne pas sortir de leur οἰκουμένη, toute au Nord de l'équateur. Mettre le froid Saturne au N. les obligeait à mettre la non
moins froide Lune au S., contre la zone torride. La correspondance s'établissait mieux en plaçant le Soleil dans la zone torride,
Saturne et la Lune vers les pôles ; mais alors ils sortaient de la
terre habitée et tombaient dans le système des cinq zones, pour
eux inutilisable [3]. Inutilisable, non pas tant à cause du nombre
cinq — ils avaient cinq « planètes » proprement dites, défalca-
tion faite des luminaires — que parce qu'il paraissait absurde
d'étendre aux régions polaires l'action des planètes, qui circulent
toutes entre les tropiques et passaient pour envoyer à peu près

1. Voy. les discussions géodésiques, trop prolixes pour être visées par des
références de détail, dans le IIᵉ livre de Strabon. Ptolémée, dans ses Φάσεις
(ap. Wachsmuth, pp. 200 sqq.), se borne à cinq climats, allant de Syène-
Bérénice (1ᵉʳ climat) par Héliopolis - Alexandrie - Cyrène (2ᵉ), Rhodes (3ᵉ),
l'Hellespont (4ᵉ), jusqu'au parallèle d'Aquilée - Vienne (5ᵉ), le jour solstitial
étant de 13 h. 1/2 à Syène et de 15 h. 1/2 à Aquilée. Dans l'Almageste (II, 6),
il en compte sept : Méroé, Syène, Alexandrie, Rhodes, Hellespont, Milieu du
Pont-Euxin et Borysthène. La mesure des climats étant prise dans le temps,
les arcs compris entre les parallèles allaient en diminuant — autrement dit,
les parallèles se rapprochant — du S. au N.

2. Les partisans de la chorographie zodiacale, au contraire, poussaient jusqu'à 12 le nombre des climats. Les Gnostiques valentiniens s'imaginaient les
signes du Zodiaque faisant tomber d'aplomb (κατὰ κάθετον) leurs effluves sur
ces 12 « climats » et y engendrant des êtres semblables à eux (ὁμοούσια τέκνα
τῇ καταπεμπούσῃ κατὰ τὴν ἀπόρροιαν δυνάμει. Philosophum, VI, 5, 54, p. 331
Cruice). C'est à peu près la conception égyptienne (ci-dessus, p. 334, 2).

3. Firmicus tient pour les cinq zones, mais loge toutes les espèces vivantes,
ainsi que les influences des signes et planètes, dans les deux zones tempérées.
Le type des races dépend de l'action des zones limitrophes, et les variétés individuelles ont pour cause les planètes : Unde manifestis rationibus compro-
batur zonarum quidem esse quod nigri vel candidi sunt, stellarum vero quod
in illa unitate coloris dissimilium formarum varietatibus corporantur (Firmic., I, 10, 11 Kroll).

perpendiculairement leurs effluves aux zones qu'elles proté-
geaient [1]. Bref, nous savons qu'il y a eu des systèmes de chorographie planétaire à sept zones ou climats [2] ; mais, sans doute
mal équilibrés, ils ont été délaissés, soit pour les répartitions zodiacales, soit pour le chef-d'œuvre de Ptolémée.

Abordons enfin le chef-d'œuvre [3], où entrent tous les ingré-
dients de la science frelatée par l'astrologie.

On peut se demander quelle part d'originalité revient, dans le
système ethnographique que nous allons analyser, à l'astronome
et au géographe qu'était Claude Ptolémée. Il est certain qu'il n'a
inventé ni le procédé en lui-même, puisque Manilius connaît déjà
le régime des suzerainetés astrales distribuées sur la surface de
la terre, ni l'idée d'appliquer à des agglomérations d'individus
les pronostics tirés des éclipses, puisque c'est le fond même de
l'astrologie chaldéenne, née servante et conseillère des rois. L'astrologie orientale s'est occupée des peuples avant de s'occuper
des individus. L'astrologie grecque, née de l'autre, mais dans un
temps et chez un peuple où la culture intellectuelle avait exalté
le sentiment de la personnalité, dut refaire le même chemin en
sens inverse. Après avoir fondé sa vogue sur la curiosité égoïste

---

1. Il aurait fallu tout au moins mettre à contribution les constellations
extra-zodiacales, ce que fait d'ailleurs Ptolémée. Achille Tatius (*Isag.*, 29)
expose le système des cinq zones terrestres correspondant κατὰ κάθετον avec
les zones célestes, et, par un moyen inconnu, avec les cinq planètes : Saturne
présidant à la zone arctique, Jupiter à la zone tempérée, Mars à la zone torride, Vénus à la zone tempérée australe et Mercure à la zone glaciale antarc-
tique. On n'aurait pas cru le brillant Στίλϐων si gelé. Même distribution dans
le Ps.-Ératosthène (ad Arat., *Phaenom.*, 9). Le système, connu de Lucain (*Fri-
gida Saturno glacies et zona nivalis | Cessit.* X, 205) remonte au-delà de Vitruve
(cf. IX, 1, 16).

2. Οἱ δὲ ἀστρονόμοι φασὶ τὴν γῆν ταύτην μεμερίσθαι εἰς ἑπτὰ κλίματα, καὶ ἄρχειν ἑκάστου κλίματος ἕνα τῶν ἑπτὰ ἀστέρων (Bardesan. ap. Euseb., *Praep. Ev.*,
VI, 10, 36 : cf. ci-après, p. 347). Nous ne possédons pas de chorographie planétaire par χῶραι proprement dites, sauf celle de Ptolémée, dont une moitié peut
se détacher de l'ensemble, et un fragment de système, qui attribue ☿ à l'Égypte
et à la Syrie, ♂ à la Libye, ☽ à la Palestine, l'Orient relevant en général de ♃,
et l'Occident, de ♂ (Steph. Alex., pp. 22-33 Usener). Les Arabes ont des cho-
rographies par climats et planètes ou par signes : témoin les indéchiffrables
chapitres d'Albohazen Haly (VIII, 34-37).

3. Ptolem., *Tetrab.*, II, 3, pp. 82-86 Junctinus. En fait d'appréciation, les
modernes vont d'un extrême à l'autre. Pour Schleiden (cité par Häbler, p. 29,
et Boll, p. 201), c'est une idée géniale au premier chef que cette chorographie; pour Boll, Ptolémée est un des « gâte-sauce de la géographie ». De la
géographie, sans doute; mais il fait à merveille la cuisine astrologique, et ses
sauces ne manquent pas d'imprévu.

des individus, elle s'était haussée jusqu'aux prédictions intéressant la destinée des sociétés humaines. Cela ne veut pas dire que les Chaldéens, qui ne voyageaient guère, eussent déjà dressé des cartes à usage astrologique. On peut laisser debout l'hypothèse proposée récemment qui attribue au philosophe, historien, géographe et astrologue Posidonius la répartition complète et raisonnée des influences astrales sur l'étendue de la terre habitée [1]. Et comme les idées n'engendrent pas tout de suite toutes leurs conséquences, il n'est pas dit non plus que Posidonius ait destiné sa carte à l'usage qu'en a fait plus tard Ptolémée. Il a pu se proposer simplement, comme le pense Fr. Boll, de répondre à une objection gênante de Carnéade, qui déclarait incompatible avec la théorie des thèmes généthliaques individuels le fait que des masses d'hommes avaient même tempérament, mêmes mœurs, mêmes lois, et par conséquent, à le prendre en gros, même destinée [2]. Il s'agissait, pour Posidonius, de mettre à part la somme de ces influences multiples qui font les races et les peuples, de les considérer comme un bloc, constituant le fonds immuable de tous les thèmes individuels pour une même race ou une même contrée [3]. Une partie de ces influences fut imputée

---

1. Fr. Boll, *op. cit.* (voy. Bibliographie). Le principal argument de Fr. Boll, c'est que la chorographie de Ptolémée astrologue est en retard sur la géographie de Ptolémée géographe; l'auteur de la *Tétrabible* ignore à peu près tout ce qui ne pouvait être connu de Posidonius. Si donc Ptolémée chorographe est bien le même que Ptolémée géographe, — un faussaire n'aurait pas manqué de travailler d'après la *Géographie* de Ptolémée, — il faut croire que Ptolémée a inséré dans sa *Tétrabible*, sans le remanier, un travail antérieur, peut-être de Posidonius. C'est bien à Posidonius, en effet, que s'en prend Strabon (II, 3, 7, pp. 102-103), quand il réfute la théorie des aptitudes dépendant des « zones ». Seulement, Posidonius parlait de zones parallèles à l'équateur, et j'hésite à lui attribuer la répartition par trigones de Ptolémée.

2. Voir la discussion de l'argument plus loin, au ch. XVI.

3. Ptolémée et ses scoliastes ou disciples, même Paul d'Alexandrie, insistent sur le fait que les pronostics « catholiques » entrent comme élément premier et prépondérant dans tous les thèmes individuels. La même position des astres (elle ne peut pas être absolument la même à des latitudes différentes) n'aboutit pas aux mêmes résultats pour un Égyptien ou un Éthiopien que pour un Gaulois ou un Scythe (cf. Ptol., *Tetrab.*, III, 12. Anon., pp. 73-74. Paul. Alex., B 3). En ce qui concerne l'influence du « milieu » sur les races, voy. les textes réunis par R. Fœrster, *Script. physiognomonici*, II, pp. 321-352. Firmicus, qui ne s'occupe pas d'apotélesmatique universelle et n'en dit qu'un mot en passant, admet l'influence des zones sur le type physique des races (ci-dessus, p. 12), mais non sur les mœurs : *De moribus vero gentium supervacua disputatio est*, attendu qu'on voit des Asiatiques sobres, des Grecs sérieux, des Scythes doux, etc. (I, 10, 12 Kroll).

à l'hérédité, c'est-à-dire, en fin de compte, à l'action passée des astres dont les effets se sont accumulés ; le reste, à leur action présente. Cette action, passée ou présente, toujours identique à elle-même, est celle du signe ou des signes, de la planète ou des planètes qui dominent chaque contrée. Tout bien considéré, je laisserais volontiers à Posidonius l'idée générale, philosophique, de lois naturelles déterminant le caractère des peuples, et à Ptolémée le mérite douteux d'avoir compliqué un système probablement plus simple en y introduisant l'arcane des trigones planétaires.

Ptolémée commence par diviser l'οἰχουμένη en quatre régions ou quadrants (τεταρτημόρια), séparés, en longitude, par le méridien du Golfe Arabique et du Palus-Mæotide, en latitude, par le parallèle qui va des Colonnes d'Hercule au golfe d'Issos. Chacun de ces quadrants est dominé (οἰχοδεσποτεῖται) par un des trigones zodiacaux qui, on l'a vu plus haut (p. 199-206), ont une orientation propre, motivée par le tempérament des planètes y domiciliées. Si l'on met en correspondance l'orientation céleste et l'orientation terrestre [1], on trouve que le trigone N.-O. (♈ ♌ ♐) domine la Celtogalatie ou Europe ; le trigone S.-E. (♉ ♍ ♑), l'Éthiopie et la Haute-Asie ; le trigone N.-E. (♊ ♎ ♒), la Scythie ; le trigone S.-O. (♋ ♏ ♓), la Libye. Reste maintenant à distribuer dans l'intérieur des quadrants les influences conjointes des signes du Zodiaque et des planètes [2]. De la part d'un géographe qui a hérité de la science de Posidonius et peut invoquer tour à tour soit la physiologie, soit la psychologie des peuples, on

1. Les τεταρτημόρια de Ptolémée, orientés à 45° de la méridienne, sont des triangles rectangles ayant leur angle droit au centre de la figure (Anon., p. 58). Le contour de cette figure serait donc un losange plus ou moins allongé dans le sens de la « longitude ». Je me demande comment l'οἰχουμένη, projetée sous forme rectangulaire ou même elliptique, pouvait entrer dans ce losange. Cardan, pour qui il n'existe pas de difficultés, prétend résoudre le problème en dessinant (p. 228) une sorte de trapèze à côtés curvilignes, dans lequel les quatre triangles rectangles représentent la partie intérieure au centrale. Les hypoténuses de ces triangles sont communes à quatre triangles extérieurs qui empruntent leurs deux autres côtés curvilignes au contour de la figure. J'aime mieux renoncer à me faire une opinion sur cette question, restée pour moi inintelligible au point de vue géodésique.

2. Il faut y ajouter encore l'influence des principales étoiles extra-zodiacales (Ptol., *Tetrab.*, II, 4 ; Anon., pp. 69-70, 71). Seulement, il s'agit des constellations παρανατέλλοντες, et Ptolémée, par distraction sans doute, ou parce qu'il considère non le lever des étoiles (Horoscope), mais leur passage au méridien (MC), associe les étoiles aux signes par la communauté de méridien. Le Scoliaste rectifie sans le dire : Iléphestion (I, 5, p. 7 Engelbr.), copie Ptolémée.

s'attend à des tours de force. Le fait est que, si l'on n'aperçoit
pas toujours les raisons qui motivent les attributions de détail,
on remarque très bien les précautions que prend l'astrologue
pour réserver sa liberté et se garer des objections. La combinaison des influences planétaires avec les influences zodiacales
augmente déjà considérablement le nombre des nuances applicables à la peinture des caractères ethniques. La sympathie des
signes associés en trigone offre une foule de ressources supplémentaires. Enfin, comme les peuples qui habitent les régions
centrales sont de race plus mêlée et doivent à une civilisation
plus avancée une plus grande variété d'aptitudes, le prudent
docteur pose comme règle que les parties des quadrants tournées
vers le centre de figure « assument par surcroît » (προσλαμβάνουσι)
les caractères des quadrants opposés, sans compter l'influence
de la planète Mercure, qui, représentant la culture intellectuelle,
leur est commune à tous.

Ptolémée déguise de son mieux la marche qu'il a suivie : il
n'avoue pas que les affinités constatées par lui ont servi de point
de départ à ses inductions. Il suppose les causes connues directement par la physique et la géométrie astrale, d'une part; par
la géodésie et la météorologie, de l'autre; et il n'invoque les
tempéraments ethniques que comme preuves de fait. Il se garde
bien de convenir que les causes, parfaitement inconnues en
elles-mêmes, la chaleur solaire mise à part, ont été imaginées
pour expliquer les effets. Ce n'est pas qu'il y ait lieu d'incriminer
ici sa bonne foi. Les dogmes sont toujours des œuvres collectives;
ceux qui les achèvent ou les modifient suivent une impulsion qui
ne vient pas d'eux. Il ne faut pas croire que la carte astrologique de Ptolémée n'avait pas de mystères pour son auteur [1] : elle

---

1. Ptolémée (ou Posidonius) a dû être fort gêné par la coexistence de traditions divergentes. Il eût été fort simple de partager la terre, comme le ciel,
en deux moitiés : l'une, solaire, à l'Orient; l'autre lunaire, à l'Occident. On
retrouve un débris de ce système dans Jean de Lydie : οὐ γὰρ μονοειδεῖς αἱ
ἐκλείψεις, Ἡλίου μὲν τὴν Ἀσίαν διέποντος, Σελήνης δὲ τὴν Εὐρώπην.
(Ostent., 9). Mais les mages ou Chaldéens de Xerxès avaient affirmé jadis Ἥλιον
εἶναι Ἑλλήνων προδέκτορα, Σελήνην δὲ σφέων [sc. Περσῶν] (Herod., VII, 37), et
les devins « égyptiens » d'Alexandre de même : affirmant Solem Graecorum,
Lunam esse Persarum (Curt., IV, 10, 6). Ptolémée n'a pas voulu accepter cette
tradition tout entière, de façon à donner des adresses différentes aux éclipses
du Soleil et de Lune : mais elle l'a obligé à faire prédominer — contrairement
à la théorie de l'αἵρεσις — le tempérament solaire à l'Occident, le lunaire à
l'Orient. Le système des trigones, qui réunit des points très distants du
cercle, était évidemment le plus propre à masquer et escamoter les difficultés.

repose sur quantité de prétendues observations et d'associations d'idées qui sortaient les unes des officines astrologiques, les autres d'une espèce d'opinion générale, de jugements anonymes portés sur les peuples et les races par les habitants du monde gréco-romain. Ce sont précisément ces jugements qu'il est le plus intéressant de relever dans notre analyse : si l'astrologie est une chimère, ils ont été, eux, une réalité.

Ptolémée a soin, tout d'abord, de limiter et préciser la valeur des influences exercées sur les régions terrestres par les astres rangés dans le Zodiaque. Ces influences s'ajoutent et ne se substituent pas à celles, plus immédiates et plus énergiques, du climat, de l'altitude, de la nature du sol. Il est évident que les riverains de la mer s'adonneront à la navigation et que les cavaliers se rencontreront là où peut prospérer l'élevage des chevaux. Ensuite, les influences dont il s'agit sont générales et non particulières ; elles n'atteignent l'individu que comme partie d'une collectivité.

Pris en masse, les peuples de l'Europe, placés sous l'influence de Jupiter et de Mars en phase occidentale (ἑσπέριοι)[1], sont belliqueux, ennemis de toute servitude, plus sensibles à l'amitié qu'à l'amour et trop portés à convertir l'amitié en amour physique. L'absence de Vénus se fait sentir, à ce point de vue, dans la partie extérieure du quadrant, celle qui ne reçoit pas l'influence du quadrant ou trigone opposé, c'est-à-dire chez les Bretons, Gaulois et Germains[2]. Ces Barbares sont sous l'influence exclu-

---

1. La mention de la phase est un raffinement dont il n'était pas question dans le chapitre des trigones (ci-dessus, p. 199-206). Cardan (p. 228) l'explique en disant que les quatre planètes qui dominent chacune un des points cardinaux (ci-dessus, p. 201, 3) ne dominent ailleurs que en condition ou phase concordante avec l'orientation de la région. Ainsi, Jupiter gouverne en tout temps le Nord; mais il n'a d'action à l'Occident qu'en phase vespérale. Cardan improvise, comme toujours. Il oublie que Ptolémée exige la phase concordante même du principal œcodespote, de celui qui est censé être sur son domaine propre.

2. On est surpris de voir avec quelle insistance les Grecs rejettent sur les Barbares — les Barbares d'Occident — l'ignominie d'un vice auquel ils ont donné une triste notoriété en en faisant un thème littéraire, et même philosophique; ce dont, à coup sûr, les Barbares ne leur avaient pas donné l'exemple. Cette accusation, dont on ne peut plus discuter la valeur historique, remonte au moins jusqu'à Aristote. Parlant des peuples belliqueux et par conséquent voluptueux (toujours Mars et Vénus!), Aristote dit que ces peuples sont en danger de tomber sous la domination des femmes, « à l'exception des Celtes et de tels autres peuples qui ont ouvertement encouragé le commerce avec les mâles » (Polit., II, 6, 6). Contre les Celtes, terreur du genre humain, tout était licite. L'affirmation d'Aristote, précisée et aggravée par Posidonius, l'historien attitré des Barbares du Nord, et sans doute aussi

sive du Bélier et de Mars [1]. Le Lion et le Soleil donnent une majesté bienveillante à l'Italie, à la Gaule (Cisalpine), l'Apulie et la Sicile ; le Sagittaire et Jupiter, le goût de la propreté (τὸ φιλο-κάθαρον) à la Tyrrhénie (Toscane), la Celtique ou Gaule centrale et l'Espagne. La partie intérieure du quadrant européen, qui subit l'influence du quadrant asiatique, comprend le bassin de la mer Égée. Là, les effluves de Saturne, de Mercure et de Vénus, associés à ceux de Jupiter, produisent des natures équilibrées de corps et d'âme, des amis de la liberté réglée, des savants, des artistes qui, là où domine Vénus, mettent l'art au service de l'élégance et des plaisirs.

Le quadrant S.-E. ou Asie méridionale, placé sous l'influence de Saturne et de Vénus en phase orientale (ἑῷοι), enferme des peuples à la fois graves, solennels et voluptueux. Ceux qui ressentent la double action de Vénus et du Taureau (Parthie - Médie - Perse) outragent la nature par inceste [2]. En revanche, l'action

par Timagène, est reproduite par Diodore (V, 32); par Strabon, qui allègue les on-dit (τοῦτο δὲ τῶν θρυλουμένων ἐστίν (IV, p. 199); par Athénée (XIII, p. 603); par Ptolémée, qui étend le cas à tous les peuples du Nord; par S. Empiricus (*Hypotyp.*, III, § 199), qui l'applique aux Germains comme un on-dit. Bardesane (ap. Euseb., *Praep. Ev.*, VI, 10, 27) va plus loin; interprétant Aristote, il assure que ces sortes d'unions sont « légales » chez les Gaulois et les Germains. Nous savons comment Bardesane interprète. Ayant lu quelque part, peut-être dans la *Germanie* de Tacite (§ 12 et 16), que les Germains pendaient les transfuges ou échappaient à la honte par la pendaison, il écrit : Γερμανῶν οἱ πλεῖστοι ἀγχονιμαίῳ μόρῳ ἀποθνήσκουσι (*Praep. Ev.*, VI, 10, 34). A partir du IVe siècle, c'est aux Germains seuls que l'on impute le vice contre nature. Ammien Marcellin le reproche, toujours sur on-dit, aux Germains Taïfales (XXXI, 9, 5), et Procope aux Hérules (*Bell. Goth.*, II, 14, p. 204). L'histoire n'a que faire de pareils témoignages, qui visent toujours les peuples les plus mal connus. Dans l'espèce, il ne faut pas oublier que les Romains déposent en sens contraire. Tacite vante les mœurs pures des Germains, — lesquels étaient pour les anciens des Celtes restés barbares, — et Quintilien, parlant des mœurs corrompues des civilisés, dit : *nihil tale novere Germani, et sanctius vivitur apud Oceanum* (Quintil., *Declam.*, III, 16). Firmicus appelle les Gaulois *Galli stolidi* (I, 2, 3 Kroll), mais rien de plus. De sa part, c'est le coup de pied de l'âne.

1. Le scoliaste Anonyme (p. 60) ne se contente pas du Bélier pour justifier la thèse du maître. Il trouve que la partie postérieure non seulement du Bélier, mais aussi du Lion et du Sagittaire, pousse au vice contre nature, comme αἰσχρότερα καὶ τεθηλυσμένα, c'est-à-dire qu'il étend la tache à l'Italie, à la Gaule, à l'Espagne. Voy. ci-après (chap. XII) la foison de pronostics sur les *cinaedi*.

2. Ici, non seulement l'accusation est unanime et cite des faits (Herod., III, 31. Ctesias ap. Tertull., *Apolog.*, 9. Philo, *De spec. leg.*, p. 778. Strab., XV, p. 735. Diog. Laert., IX, 11, § 83. Athen., V, p. 220, etc.), mais, ce qui tranche la question, les coupables avouent. Les théologiens de l'Avesta ont même

combinée de la Vierge et de Mercure donne à la Babylonie - Méso-
potamie - Assyrie sa supériorité en fait de science astrologique.
La partie mixte du quadrant asiatique subissant l'influence réciproque du quadrant européen, les peuples y sont plus remuants,
plus hardis, plus fourbes aussi. Les cultes solaires y sont suscités
par le patronage du Soleil [1], et Jupiter fait régner dans l'Arabie-
Heureuse la félicité proverbiale à qui elle doit son nom.

Le quadrant N.-E. ou Asie septentrionale, dominé par Saturne
et Jupiter en phase orientale, et aussi par Mercure, renferme sur
son pourtour extérieur des peuples extrêmement riches, sages et
chastes. C'est que l'influence du « trigone humain », des Gémeaux,
du Verseau, et surtout de la Balance, s'accorde parfaitement avec
celle des planètes œcodespotes. Il faut dire cependant que le Verseau et Saturne engendrent des peuplades féroces en Sarmatie,

fait une vertu de l'inceste, qui sauvegarde la pureté du sang dans les familles.
Voy. J. Darmesteter, Le Hvaêtvadatha chez les Parsis (Rev. Hist. Relig., XXIV
[1891], pp. 366-375); le Zend-Avesta (Ann. Mus. Guimet, XXI-XXIV [1892-1893],
t. XXI, pp. 126-134). D. Menant, Les Parsis (Bibl. Guimet, VII [1898], p. 157).
Depuis, la morale naturelle l'a emporté. Le hvaêtvadatha ou khêtûkdas n'est
plus chez les Parsis que le mariage entre cousins. En revanche, Bardesane (ap.
Euseb., Pr. Ev., VI, 10, 25-26) assure que l' ἀρσενοχοίτης est honni et se
suicide ἀπὸ Εὐφράτου καὶ μέχρι 'Ωκεανοῦ. Cf. Curt., X, 3, et Ammien Marcellin
disant des Orientaux : effusius plerique soluti in venerem aegreque contenti
multitudine pelicum, puerilium stuprorum expertes (XXIII, 6, 76). Mais Hérodote disait des Perses : καὶ δὴ καὶ ἀπ' Ἑλλήνων μαθόντες παισὶ μίσγονται (Herod.,
I, 135; Athen., XIII, p. 603), et S. Empiricus assure παρὰ μὲν Πέρσαις ἔθος εἶναι
ἀρρενομιξίαις χρῆσθαι (Hypotyp., I, § 152). S. Cyrille (Adv. Julian., IV, p. 117)
étend l'inceste aux Chaldéens eux-mêmes ; il écrit : μητρογαμεῖν δέ φασι
Χαλδαίους. Strabon, toujours sans garantir le fait, impute aussi aux
Bretons, outre l'anthropophagie, τὸ φανερῶς μίσγεσθαι ταῖς τε ἄλλαις γυναιξὶ καὶ
μητράσι καὶ ἀδελφαῖς (IV, p. 201, témoignage récusé par H. d'Arbois de Jubain-
ville, N. Rev. Hist. de Droit, XXII [1898], p. 439, 3). Catulle (LXXXVIII-XCI) ne
manque pas de rappeler la Persarum impia relligio à propos de Gellius. Le
Byzantin Ps.-Étienne d'Alexandrie impute aux Arabes un penchant πρός τε
συνουσίας γυναικῶν καὶ ἄρρενο μανίας (ap. Usener, p. 22), en vertu du thème
de géniture de leur empire, où Saturne est associé à Vénus.

1. Les cultes d'Astarté, Istar, Anaïtis s'accordaient bien avec le patronage
de Vénus : mais Ptolémée ne pouvait oublier Mithra et les autres dieux
solaires. Il les fait rentrer par le procédé de la mixture. Ptolémée assimile
Isis à Vénus, Mithra à Saturne oriental ou solaire, Μιθρανήλιον προσαγορεύοντες
(Procl., Paraphr., II, 3, p. 93), à cause des mutilations portant sur les organes
génitaux. Le texte est ici peu sûr, et le départ des religions insuffisant. Les
Arabes n'ont pas manqué de noter les aptitudes religieuses dérivées des planètes, et les chrétiens de même : au dire de certains, le christianisme était
sous le patronage de la Vierge, de Mercure et de Jupiter, ou encore, du Lion
et du Soleil (Ciruelo, p. 51), l'islamisme étant régi par l'association particulièrement mal famée de Saturne et de Vénus (ci-après, p. 371).

Oxiane et Sogdiane. L'Asie-Mineure, partie centrale du quadrant, subit l'influence du quadrant africain. On y honore Vénus sous le nom de Grande-Mère et Mars sous le nom d'Adonis. Les femmes y ont des vertus qui manquent aux hommes. La Colchide surtout doit à l'action de la Lune en phase orientale, masculinisée par position, ses viriles Amazones, tandis que le Scorpion et Mars sont responsables de la méchanceté sournoise des Cappadociens et des Syriens de Commagène.

Le quadrant S.-O. ou africain vit sous l'influence du trigone bestial par excellence (♋ ♏ ♓), dominé par Mars et Vénus en phase vespérale ainsi que par la Lune, planètes auxquelles s'ajoute Jupiter, comme l'indique le culte de Jupiter Ammon [1]. Vénus et les signes d'un trigone tout féminin produisent des races ardentes à l'amour et prolifiques. Aussi les rois y partagent le trône avec leurs épouses, qui sont souvent leurs sœurs [2]. L'Égypte, comme toute la partie intérieure du quadrant, emprunte au quadrant opposé des aptitudes variées, notamment celles qui relèvent de Mercure, comme la science des « mathématiques », indigène pour ainsi dire dans le pays de Thot et la patrie d'Hermès Trismégiste.

CHOROGRAPHIE DE PTOLÉMÉE.

I. Trigone N.-O. (♈ ♌ ↗) : régent de jour ☉ ; de nuit ♃ ; + ♂.

    ♈ et ♂. — *Britannia, Gallia, Germania, Bastarnia.*
    ♌ et ☉. — *Italia, Gallia (Cisalpina ?), Apulia, Sicilia.*
    ↗ et ♃. — *Tyrrhenia, Celtica, Hispania.*

    * Région centrale, influencée par le trigone S.-E. (et ☿).

    ♑ et ♄. — *Thracia, Macedonia, Illyria.*
    ♏ et ☿. — *Hellas, Achaia, Creta.*
    ♉ et ♀. — *Cyclades, littus Asiae Minoris, Cyprus.*

---

1. Cf. ci-dessus, p. 205, 1.

2. Ptolémée songeait à ses compatriotes et homonymes, les Lagides, plus fidèles encore que les Séleucides à la pratique des mariages consanguins, usités du reste même dans l'Égypte hellénisée, au point que, en 189 après J.-C., ils étaient encore en majorité dans le nome Arsinoïte (U. Wilcken ap. *Sitzungsberichte d. Berl. Akad.*, 1883, p. 903). La gynécocratie a été largement représentée dans les dynasties hellénistiques par des douzaines d'Arsinoés, de Laodices et de Cléopâtres, qui souvent ne se contentaient pas de « partager » le trône. La tradition remontait — et pour le mariage et pour la supériorité de la femme sur le mari — au couple Isis-Osiris (Diod., I, 27). Elle s'imposait au point que la reine d'Égypte, qu'elle fût ou non sœur du roi selon la nature, est toujours ἀδελφή pour le protocole.

II. Trigone S.-E. (♉ ♍ ♑) : régent de jour ♀ ; de nuit, ☾ ; + ♄ (et ☿).

♑ et ♄. — *India, Ariana, Gedrosia.*
♉ et ♀. — *Parthia, Media, Persia.*
♍ et ☿. — *Babylonia, Mesopotamia, Assyria.*

* Région centrale, influencée par le trigone N.-O. et ☿.

♈ et ♂. — *Idumaea, Coele-Syria, Judaea.*
♌ et ☉. — *Phoenicia, Chaldaea, Orchinia.*
♐ et ♃. — *Arabia Felix.*

III. Trigone N.-E. (♊ ♎ ♒) : régent de jour ♄ ; de nuit, ☿ ; + ♃.

♊ et ☿. — *Armenia, Hyrcania, Matiana.*
♎ et ♀. — *Bactriana, Caspia, Serica.*
♒ et ♄. — *Sarmatia, Oxiana, Sogdiana.*

* Région centrale, influencée par le trigone S.-O.

♋ et ☾. — *Bithynia, Phrygia, Colchis.*
♏ et ♂. — *Syria Commagene, Cappadocia.*
♓ et ♃. — *Lydia, Cilicia, Pamphylia.*

IV. Trigone S.-O. (♋ ♏ ♓) : régents de jour ♂ et ♀ ; de nuit, ♂ et ☾.

♋ et ☾. — *Numidia, Carthago, Africa.*
♓ et ♃. — *Phazania, Nasamonitis, Garamantice.*
♏ et ♂. — *Mauritania, Gaetulia, Metagonitis.*

* Région centrale, influencée par le trigone N.-E.

♊ et ☿. — *Cyrenaica, Aegyptus, Marmarica.*
♎ et ♀. — *Thebais, Oasis, Troglodytica.*
♒ et ♄. — *Arabia, Azania, Aethiopia media.*

Un triage fait dans le tableau précédent permet de grouper autour de chaque signe les contrées qu'il protège, soit directement, soit par communication d'un trigone à l'autre. Ce « simple exposé » (ψιλὴ ἔκθεσις), que le scoliaste attribue également à Ptolémée, est destiné à servir de guide aux praticiens qui se contentent de chercher dans le Zodiaque l'adresse des présages et n'ont cure des finesses de la psychologie ethnographique.

Correspondance des signes et des régions terrestres :

♈. — *Britannia, Gallia, Germania, Bastarnia, Coele-Syria, Palaestina, Idumaea, Judaea.*

♉. — *Parthia, Media, Persia, Cyclades, Cyprus, littus Asiae Minoris.*

♊. — *Hyrcania, Armenia, Matiana, Cyrenaica, Marmarica, Aegyptus inferior.*

♋. — *Numidia, Carthago, Africa, Bithynia, Phrygia, Colchis.*

♌. — *Italia, Gallia (Cisalpina?), Sicilia, Apulia, Phoenicia, Chaldaea, Orchinia.*

♍. — *Mesopotamia, Babylonia, Assyria, Hellas, Achaia, Creta.*

♎. — *Bactriana, Casperia, Serica, Thebais, Oasis, Troglodytica.*

♏. — *Metagonitis, Mauritania, Gaetulia, Syria Commagene, Cappadocia.*

♐. — *Tyrrhenia, Celtica, Hispania, Arabia Felix.*

♑. — *India, Ariana, Gedrosia, Thracia, Macedonia, Illyria.*

♒. — *Sarmatia, Oxiana, Sogdiana, Arabia, Azania, Aethiopia media.*

♓. — *Phazania, Nasamonitis, Garamantice, Lydia, Cilicia, Pamphylia.*

Cette construction savamment machinée, où entrent à doses égales la géométrie, la géographie, l'histoire et la mythologie, est une statistique encore intéressante pour nous de la civilisation à l'époque qui va de Posidonius à Ptolémée ; mais elle était trop compliquée pour les astrologues de culture moyenne. Ceux-là ne trouvaient pas leur compte à de si hautes spéculations, et, en général, ils n'aimaient pas les confrères bardés de philosophie. Aussi voit-on les successeurs de Ptolémée élaguer ses trigones et ses planètes « trigonocratores », pour ne retenir que la répartition des signes du Zodiaque [1]. Ils ne se croyaient même pas interdit de recommencer à nouveaux frais cette répartition, simple ou compliquée d'autre façon, avec moins de prétention scientifique et plus de mystère. C'est ce que firent les « anciens Égyptiens » ci-dessus mentionnés. Paul d'Alexandrie, qui a une estime égale pour Ptolémée, Dorothée et les Égyptiens, prend le parti d'essayer une répartition des signes qui lui permette à la fois d'établir sur terre une série continue en suivant l'ordre des signes du Zodiaque, comme faisaient Manilius et Dorothée [2], et de conserver cependant aux signes l'orientation qui leur revient dans le système des trigones. La série des signes se compose ainsi de trois groupes dont chacun fait, en quatre étapes, le tour du cercle, tout en correspondant à des contrées censées contiguës, dont la

---

1. Jean de Lydie (*Ost.*, 71) ne conserve que la ψιλὴ ἔχθεσις τίνα ἔθνη τίσιν ὑπὸ σημείοις κεῖται mise à la suite du chapitre de Ptolémée (ci-dessus), et cela lui suffit comme livre d'adresses pour ses présages brontoscopiques ou sismiques. Mais Campestrius et Vicellius (*Ost.*, 10-15. 54-58) ont, pour les comètes et pour les tremblements de terre, des répartitions chorographiques analogues ou identiques avec celles de Ptolémée. De même le *Tonitruale Aegyptiacum* (ibid., 23-26).

2. Voy. ci-dessus le tableau chorographique (p. 332) et l'orientation des trigones d'après Paul d'Alexandrie (p. 203, fig. 26).

série se déroule de l'E. à l'O. Cela est tout à fait merveilleux et inintelligible à souhait. En commençant par le Bélier et la Perse à l'E., notre astrologue géographe arrive aux Poissons, c'est-à-dire au N., n'ayant plus de disponible que la mer Rouge et l'Inde. Il les inscrit sans hésiter au nord, dans un groupe où la Syrie occupe le midi [1] !

Il y avait de quoi scandaliser les adeptes qui conservaient une ombre de sens commun. L'auteur de l'*Hermippus* s'insurge contre la prétention de placer à la fois l'Arménie et l'Afrique sous le Cancer, la Syrie et l'Inde et la Thrace sous le Capricorne [2]. Il constate que le point le plus septentrional de l'écliptique ne dépasse pas le zénith de Syène et qu'il est absurde de placer sous un

---

1. Paul d'Alexandrie (A-B 2) paraît convaincu que la répartition des domaines est ici affaire de « climats ». Il dit : tel signe correspond à tel climat ou parallèle, et, par la vertu de son trigone, à tel vent ou orientation. Ainsi, le XII⁰ signe (Poissons) κεῖται κλίματι τῷ Ἐρυθρᾶς Θαλάσσης καὶ Ἰνδικῆς χώρας · ἀπομεμερισμένον ἀνέμῳ Βορρᾷ. Il a sans doute voulu, comme Dorothée, aller d'Orient en Occident et reprendre ensuite l'Extrême-Orient. Il suit la série jusqu'à l'Italie, à qui il fait l'injure de la déposséder de la Balance au profit de Cyrène et de la mettre sous le Scorpion (Cf. de même — Σκορπιανὸν... τὸ τῆς Ἰταλίας κλίμα. Harpocrat., in *Revue de Philologie*, II, p. 75 Graux). A partir de là, il est esclave des associations d'idées, qui l'obligent à mettre le Sagittaire en Crète, le Capricorne en Syrie, le Verseau en Égypte et les Poissons dans la mer Érythrée. Pendant ce temps, son orientation mécanique va son train, et l'on voit le résultat. Les monnaies nous renseignent sur la notoriété de certains systèmes chorographiques (voy. Eckhel, *D. N.*, III, pp. 283-284). Le signe du Scorpion apparaît sur celles de la Commagène ; on rencontre le Capricorne à Zeugma, le Bélier à Antioche et à Cyrrhos, la Balance à Palmyre, sans doute à l'instar de Rome, le Sagittaire dans la Rhésane et la Singarie. A propos du Lion de Milet, Letronne (*Œuvres*, IIᵉ série, I, p. 227) fait observer avec raison que ce Lion milésien date du siècle d'Alexandre, d'un temps où il n'y avait pas encore de chorographie astrologique. Je me refuse à entrer plus avant dans cette voie de recherches par trop conjecturales. Zodiaques entiers, le plus souvent gravés par des ornemanistes, sans souci des conditions et positions traditionnelles ; signes du Zodiaque ou animaux réputés tels, ou symbolisant des constellations extra-zodiacales ; tout cela, réparti ou à répartir entre différentes régions et cités, n'offre qu'un intérêt très médiocre pour notre sujet, qui, déjà assez complexe par lui-même, en serait encombré sans profit. A d'autres de contrôler les hypothèses proposées par J. N. Svoronos (*Zeitsch. f. Numism.*, XVI [1889], p. 219-232 ; — Ἀρχ. Ἐφεμ., 1893, pp. 1-11 ; — *B. C. H.*, XVIII [1894], pp. 101-128), hypothèses qui, même vérifiées, n'intéresseraient que la mythologie sidérale, non l'astrologie proprement dite.

2. Nouveaux exemples de confusion (cf. pp. 272. 329, 2. 332) entre l'orientation des signes par position et par tempérament. Le Cancer est boréal par position (Arménie) et méridional par sa chaleur (Afrique); le Capricorne, méridional par position (Inde), boréal comme froid (Thrace, pays de Borée).

point quelconque du Zodiaque les régions situées plus au nord. Il semble rejeter absolument toute chorographie astrologique, zodiacale ou planétaire. Mais sa logique ne va pas plus loin et le monomane reparaît aussitôt. Sa conception de l'influx perpendiculaire aurait dû l'amener à reléguer toute application de l'astrologie dans la zone intertropicale. Or, ce qu'il cherche, c'est l'adresse des éclipses, dont l'effet s'étend à toute la terre habitée. Il a trouvé pour cela quelque part ou imaginé un système qu'il juge excellent. Comme, dit-il, la Terre se rétrécit de l'équateur aux pôles, il faut partager la terre habitée, entre le « Paradis » terrestre et les bouches du Tanaïs, en *sept* climats ou zones dont la largeur diminue en proportion de la longueur. Ce chrétien platonisant sait que, dans une zone centrale étendue à 13 degrés de chaque côté de l'équateur et prétendue torride, se trouve le Paradis, l'Élysée (τὸ Ἠλύσιον πέδιον) de la mythologie, patrie de l'âge d'or, berceau de l'espèce humaine et séjour des âmes bienheureuses, le lieu d'où leur regard peut embrasser le monde entier et en contempler la beauté. Le premier climat du monde des vivants commence donc au 13ᵉ degré de latitude et a 8° de largeur. Les autres s'étagent au-dessus et leur largeur décroît, jusqu'au 48ᵉ degré inclusivement — limite de la terre habitée ou habitable, — suivant la régression arithmétique 8, 7, 6, 5, 4, 3, 2. Ces sept climats correspondent à autant de parties découpées dans le Zodiaque, de l'équinoxe au tropique, et comprenant chacune 13 degrés (τρισκαιδεκαμοιρίαι). Dès lors, il suffit d'observer dans quel degré d'une de ces tranches zodiacales se produit une éclipse pour savoir dans quel climat et quelle partie du climat en retentira l'effet. Ainsi reparaît la chorographie indispensable; ni planétaire, en dépit de ses sept (ou plutôt huit) climats, puisque la graduation passe pour être réglée uniquement sur les étapes solaires; ni zodiacale, puisque les climats sont indépendants des signes [1].

---

1. *Hermipp.*, II, 12, pp. 51 sqq. Kroll. J'ai cherché longtemps — peut-être, sans la trouver — une interprétation plausible de ce texte délayé, décousu, où figure une monstruosité astrologique, la τρισκαιδεκαμοιρία ou arc de 13°. L'auteur me paraît avoir rendu inintelligible, par la superfétation du Paradis, un système qui partageait l' οἰκουμένη — la zone où mûrit le blé — en sept climats et lui assignait pour limite empirique le 48ᵉ degré de latitude. A cette limite correspond — les effets de la chaleur solaire le prouvent — la limite septentrionale du Zodiaque, le tropique du Cancer. De ce tropique à l'équateur, point vernal ou 0° du Bélier, il y a un quadrant ou 90 degrés, dont la septième partie occupe environ 13° (12°, 857). C'est la part d'un climat, la τρισκαιδεκαμοιρία τοῦ κλίματος (p. 57, 14). Mais c'est assez insister sur cette

II. RÈGLES DE L'APOTÉLESMATIQUE UNIVERSELLE.

Nous avons enfin achevé la description de l'outillage servant à localiser les pronostics « universels » ; voyons-en maintenant le maniement. Nous rejoignons ici les origines les plus authentiques de l'astrologie. C'est au vieux fonds chaldéen qu'est empruntée, sinon la méthode elle-même, au moins l'espèce de phénomènes qui fournit les données du calcul [1]. Ces données, on les demande à l'observation des éclipses de Soleil et de Lune, et, accessoirement, aux « météores » accidentels, halos, bolides, comètes, tonnerres, et même tremblements de terre.

L'importance des éclipses n'a pas besoin d'être démontrée : les luminaires étant, comme le dit Ptolémée [2], causes de l'énergie de l'ensemble, leur conjonction, dans les éclipses de Soleil, leur opposition, dans les éclipses de Lune, sont des moments d'une importance capitale. Les hommes n'avaient pas attendu, pour en avoir peur, des raisonnements de physiciens. Ils auraient pu être guéris de leur frayeur par d'autres raisonnements leur montrant que les éclipses arrivaient à échéance fixe et n'avaient aucun rapport avec leurs affaires ; mais ceux-là, qui auraient emporté l'astrologie tout entière, étaient encore plus difficiles à comprendre, et d'ailleurs les hommes ne renoncent pas ainsi à occuper d'eux les puissances célestes. Ptolémée connaissait le calcul des éclipses : il ne s'en est pas moins converti à l'astrologie et ne souffle mot de l'objection. L'auteur de l'*Hermippus* [3], qui se la pose, répond que les éclipses sont fixes dans leur période, mais irrégulièrement réparties dans cette période, et que Dieu, qui a tout prévu, a fait correspondre à cette irrégularité celle des événements dont elles sont non pas les causes, mais les signes [4]. Du reste, ces signes ne sont pas nécessairement suivis des malheurs annoncés : si les hommes intimidés deviennent sages, l'avertissement divin peut rester une simple menace. Le pieux auteur pense aussi que Dieu

mixture bizarre, confectionnée au pays des rêves et vraiment trop loin des « mathématiques ». Nous avons affaire ici à un spéculatif, à un réformateur aventureux qui ne croit ni aux domiciles des planètes, ni au sexe des signes, ni probablement à la théorie des lieux, ni à la domination des astres sur la vie privée, et dont l'opinion n'a jamais fait autorité pour personne.

1. Voy. ci-dessus, p. 48, 1.
2. *Tetrab.*, II, 8.
3. *Hermipp.*, II, 11, pp. 49-50 Kroll.
4. Voy., au ch. XVI, la discussion métaphysique sur les *causes* et les *signes*.

fait tourner les nœuds de l'écliptique pour que ces avertissements ne soient pas toujours adressés aux mêmes contrées et que chacune en ait sa part. Mêlé d'un peu de science, ce galimatias prend un air tout à fait sérieux et fait dévier l'objection, qui, au fond, subsiste entière.

Mais ne discutons pas les dogmes établis, et voyons Ptolémée à l'œuvre [1]. Il se propose de donner réponse aux quatre questions suivantes :

1° Quel est le pays visé par le pronostic inclus dans l'éclipse? C'est la question de *lieu* (τοπικόν) ;

2° Quand viendra à échéance et combien de temps durera l'événement annoncé? C'est la question de *temps* (χρονικόν) ;

3° Quelle *espèce* d'êtres intéressera-t-il? (γενικόν) ;

4° De quelle *qualité* sera-t-il ; autrement dit, quelle *forme* affectera-t-il? (εἰδικόν - ποιότης).

I. *Question de lieu* [2]. — Comme règle générale, Ptolémée avertit que le pronostic est effectif seulement quand l'éclipse se produit au-dessus de l'horizon et a été aperçue du lieu qu'elle concerne [3]. Il ne tient pas compte des éclipses invisibles. Pour connaître l'adresse du présage, il faut noter le signe du Zodiaque où se produit l'éclipse et chercher sur les cartes ou tables détaillées ci-dessus le pays qui correspond à ce signe [4]. Pour préciser davantage, il faut examiner si le point écliptique a quelque rapport soit avec l'Horoscope des villes de la région, soit avec les positions qu'occupaient les deux luminaires lors de la fondation de ces villes, soit avec le MC. du thème de géniture de leurs gouvernants actuels [5].

1. L'exposé occupe le reste du livre II (ch. 4-13) de la *Tétrabible*, les pp. 63-85 de l'Anonyme, et les pp. 75-102 d'Héphestion, lequel résume « le divin Ptolémée », mais avec variantes pétosiriaques (fr. 7 et *7 Riess).

2. Ptol. *Tetrab.*, II, 5 ; Anon., pp. 63-64.

3. C'est une règle de bon sens, — si l'on considère les éclipses comme des avis envoyés par les dieux, ce qui n'est pas le cas de Ptolémée, — mais contraire à la pratique des *lieux*, qui, pour les génitures individuelles, sont efficaces aussi bien au-dessous qu'au dessus de l'horizon. Aussi n'a-t-elle pas été acceptée sans conteste (ci-dessus, p. 270, 1. 272, 1, et ci-après, p. 356, 3).

4. Comme les nœuds écliptiques se déplacent d'un mouvement régulier, on pouvait, dans leur cycle d'environ 18 ans (ci-dessus, p. 123, 4), non seulement prédire les éclipses, mais savoir d'avance à quels pays elles s'adresseraient.

5. Le MC. comme symbole de l'autorité, de la domination (ci-dessus, p. 271). Ptolémée, qui ne veut pas des *lieux*, même quand il s'en sert, se garde bien de dire, au lieu de MC., le Xe *lieu*. L'État est identifié avec son chef. Ptolémée écrivait sous l'Empire ; c'est un signe des temps. Ptolémée ajoute encore, pour le tourment de ses confrères peu ferrés sur l'astronomie, la considéra-

II. *Question de temps* [1]. — Vu la différence des méridiens, la même éclipse n'est pas aperçue partout à la même heure locale, et, vu la différence des latitudes, les heures locales n'ont pas partout même durée. Il faut donc, après avoir déterminé la région intéressée, en noter la longitude et la latitude, de façon à établir la position des quatre « centres » locaux sur le cercle zodiacal au moment de l'éclipse, comme pour un thème de géniture ; puis, évaluer la durée de l'éclipse en heures équinoxiales. La durée de l'éclipse indique celle de l'événement attendu, à raison d'une année par heure d'éclipse de Soleil, d'un mois par heure d'éclipse de Lune [2]. La date de l'échéance est fournie par la position du point écliptique par rapport aux centres, rapport qui permet en outre de prévoir les phases d'intensité, exacerbations (ἐπιτάσεις) et rémissions (ἀνέσεις), du phénomène pronostiqué. Ainsi, le point écliptique à l'Horoscope présage un délai de quatre mois (tiers de l'année) avant l'échéance et un maximum d'intensité dans le premier tiers de la durée ; le point en MC., un délai double et le maximum au tiers moyen de la durée ; le point à l'Occident, un délai triple et le maximum au dernier tiers [3]. Le

tion des « phases mensuelles » et stations des trois planètes supérieures : καὶ τῶν πλανομένων αἱ κατὰ καίρους ἔμμηνοι φάσεις, ὅταν στηρίζοντες ποιῶσι τὰς ἐπισημασίας (*Tetrab.*, II, 4). C'est pour échapper à ces épineux calculs que les Égyptiens avaient appliqué de nouveau aux signes et poussé à outrance (cf. ci-dessus, p. 333, 1) le sectionnement qui avait déjà produit les *décans* (p. 217 sqq.) ou le système des « trihories » (p. 334, 1), celui-ci tenant compte aussi de la direction des vents qui soufflent soit au commencement, soit à la fin de l'éclipse (Hephaest., I, 21, p. 82 Engelbr.). En outre, tandis que Ptolémée donne même adresse aux éclipses de Lune et aux éclipses de Soleil, les Égyptiens distinguent et changent l'adresse (voy. Hephaest., I, 21), ce qui les obligeait à avoir quatre tableaux chorographiques — autant que de trihories — pour chacun des deux luminaires. On rencontre, dans Jean de Lydie (*Ostent.*, 9), un système sommaire, qui adjuge en gros les éclipses de Soleil à l'Asie, et celles de Lune à l'Europe, en vertu de l'aphorisme astrologique que le Soleil domine l'Orient et la Lune l'Occident (cf. ci-dessus, p. 339, 1).

1. Ptol., *Tetrab.*, II, 6 ; Anon., pp. 64-66.

2. Cf. Manilius : *Nec tamen aequali languescunt tempore cuncta*, etc. (IV, 853 sqq.). On n'adopte pas même mesure pour les éclipses de Soleil, qui sont très courtes, et les éclipses de Lune, qui durent longtemps. La Lune peut être totalement éclipsée durant près de 2[h] ; le Soleil, pendant quelques minutes seulement (de 2 à 10, suivant la latitude).

3. Tous ces *tiers* viennent du goût qu'a Ptolémée pour ses *trigones*. Cf. les *tiers* insérés dans les cotes généthliaques (ci-après, p. 380 et 382). Les trigones étant antipathiques aux Égyptiens, Héphestion (I, 21, p. 83) divise le cercle en quarts, correspondant sans doute chacun à trois « heures » (à convertir en mois, etc.). Seulement, il mélange deux données indépendantes l'une de l'autre : la *position* angulaire du point écliptique et la *durée* de l'éclipse. Il

IMC., comme il a été dit, reste sans emploi. On voit que le délai triple embrasse l'année entière, mais n'empiète pas sur la suivante. La durée de l'effet peut donc dépasser une année, mais l'échéance arrive nécessairement dans l'année.

Si l'on veut pousser plus avant le diagnostic des variations d'intensité, il faut alors tenir compte des « syzygies » qui se produiront au même point écliptique, ou dans un point associé par aspect à celui-ci, pendant toute la durée de l'effet pronostiqué [1], et aussi des positions des planètes au moment des éclipses, sachant que, à leur lever ou en station (στηριγμός), ces planètes augmentent l'effet et qu'elles le diminuent quand elles sont au couchant.

Le dispositif de ces calculs est ingénieux : mais il n'approche pas, comme complication, de celui qui doit résoudre le troisième problème.

III. *Question d'espèce* (du sujet visé) [2]. — Pour savoir à quelle espèce d'êtres, à quel règne de la Nature doit s'attaquer l'action annoncée par les astres, il faut mettre à contribution et le Zodiaque et les planètes et aussi les étoiles extra-zodiacales, le tout combiné et accommodé de la manière qu'on va voir. En fait, c'est sur la forme et les attributs des signes du Zodiaque que se fonde le pronostic : c'est pour multiplier les données que l'astrologie savante a mis en cause les autres étoiles et les planètes.

Donc, étant donné le signe écliptique, il faut chercher quelle est la planète « maîtresse de l'éclipse » (κύριος τῆς ἐκλείψεως), c'est-à-dire celle qui est soit en contact ou en défluxion (συναφή - ἀπόρροια) avec ce signe, soit associée à lui par un des « aspects » réguliers ou pourvue chez lui d'un domaine quelconque, domicile,

---

pose ainsi le cas où l'éclipse survient à l'Horoscope *et* dure 3 h.; survient à la 4ᵉ heure *et* dure 2 h.; « et ainsi de suite jusqu'à la 12ᵉ heure ». A la 4ᵉ heure, il en est déjà à six mois de délai : à la 12ᵉ, il arriverait à dix-huit mois. On ne voit pas si ses heures sont des 1/12 ou des 1/24 du cercle, s'il considère le cercle entier ou seulement l'hémisphère supérieur. Il compile et abrège à l'aventure.

1. Τῶν δὲ κατὰ μέρος ἀνέσεων καὶ ἐπιτάσεων ἀπό τε τῶν ἀνὰ μέσου συζυγιῶν [θεωροῦμεν], ὅταν κατὰ τῶν τὸ αἴτιον ἐμποιούντων τόπων ἢ τῶν συσχηματιζομένων τόπων αὐτοῖς συμπίπτωσι (*Tetrab.*, II, 6). Toujours bref et imprécis, Ptolémée a besoin d'être interprété; or, le scoliaste n'a ici que quatre lignes en désarroi, et Héphestion (I, 21, p. 76 E.) copie mot à mot. Je crois surprendre ici Ptolémée en flagrant délit de concession au système des καταρχαί (ch. XIII-XIV), qu'il n'a su ni accepter, ni repousser, le système qui échelonne les influences au lieu de les englober toutes dans une frappe instantanée.

2. Ptol., *Tetrab.*, II, 7; Anon., pp. 66-70.

trigone, confins, etc. [1]. Le signe écliptique n'est pas le seul point
d'attache de ces rapports. Le « centre » ou point cardinal qui le
suit, et que le mouvement diurne va faire passer au lieu de
l'éclipse [2], a une importance presque égale. La planète maîtresse
sera donc celle qui a des rapports, et le plus de rapports, avec
ces deux « maîtres lieux » (κύριοι τόποι) à la fois. En cas de concurrence entre plusieurs planètes ayant une somme de droits
égale, l'arbitrage devient une opération délicate, guidée par des
règles [3] sur lesquelles il est d'autant moins à propos d'insister
que nous les retrouverons plus loin. Parmi les étoiles extra-zodiacales, celle qui est la plus qualifiée pour collaborer est celle qui
se trouve sur le « centre » le plus rapproché de l'éclipse, mais du
côté de l'Occident, c'est-à-dire qui a le plus récemment passé par
la position angulaire de l'éclipse. A son défaut, on prendra celle
qui se serait levée ou aurait culminé au moment de l'éclipse.

L'astrologue a maintenant à analyser, d'abord le signe écliptique lui-même, ensuite les signes où se trouvent ou auxquels
correspondent les planètes et étoiles introduites dans les données
par les calculs préliminaires.

Il considère en premier lieu leur *forme*. Si ce sont des signes
anthropomorphes, le présage vise l'espèce humaine. Si ce sont
des signes terrestres (χερσαῖα), il s'adresse aux quadrupèdes, sauvages ou domestiques. Les signes ailés menacent les oiseaux ; les
signes aquatiques les poissons : ceux de mer, si le signe est maritime, ceux d'eau douce, si le signe est fluvial. La constellation
d'Argo, le navire qui traversait les mers et remontait les fleuves,
a les deux caractères à la fois.

En second lieu, l'astrologue fait état des influences que les
signes doivent à leur position fixe dans le Zodiaque, en tant que
tropiques ou équinoxiaux, solides ou bicorporels. Il en tire des
pronostics météorologiques, applicables aux saisons et aux fruits

---

1. C'est le système de l'« œcodespotie de la géniture », auquel nous aurons
affaire plus loin (ch. xii), et qui est comme le refrain de toutes les cantilènes
astrologiques.

2. Je suppose que les astrologues ont fait cette ombre de raisonnement, et,
par symétrie, le raisonnement inverse pour les étoiles fixes. Mais il paraît
que les Arabes avaient fait ou passaient pour avoir fait schisme sur ce point,
en tenant pour le centre *précédant* le lieu de l'éclipse, c'est-à-dire qu'ils
unifiaient la méthode en traitant de la même façon centres et étoiles fixes
(Haly Abenroda ap. Ciruelo, fol. d 8).

3. Οἷον τίς αὐτῶν ἐστιν ἐν τῷ ὑπὲρ γῆν ἡμισφαιρίῳ, τίς προσθετικὸς καὶ
τίς ἀνατολικός. Εἰ δὲ ταῦτα κοινὰ ἐπὶ πάντων εὑρίσκονται, τὸν τῆς αἱρέσεως
μᾶλλον προτιμήσομεν (Anon., p. 67; id., p. 69).

de la terre, et aussi aux poussées morales de nature analogique :
à la religion et aux prêtres, s'il s'agit de signes équinoxiaux [1],
aux changements et révolutions politiques, s'il s'agit de signes
tropiques. Les signes solides visent les monuments et édifices ;
les signes bicorporels, les « hommes et les rois » [2].

En troisième lieu, l'astrologue estime dans les signes l'influence
qui leur vient de leur position angulaire par rapport à l'horizon.
Le signe qui se trouve à l'Horoscope ou dans le quadrant oriental
au moment de l'éclipse vise la jeunesse, l'avenir ; au méridien, il
concerne les hommes faits, les prêtres et les rois ; vers le couchant, les vieillards, les morts, les réformes des vieilles lois.

Enfin, on préjuge l'intensité absolue des effets attendus — et
non plus, comme tout à l'heure, les phases d'intensité — d'après
la grandeur de l'éclipse, et aussi d'après la position des planètes
intéressées. En effet, les planètes vespérales diminuent l'effet des
éclipses de Soleil ; les matinales, l'effet des éclipses de Lune [3], et

---

1. Sans doute parce que les dieux et prêtres sont au haut du monde (Équateur dans la sphère droite) et à la tête (Bélier) de l'espèce humaine, y faisant
régner l'autorité et l'équilibre (Balance). Au physique, ce sont les arbres
(Hephaest., p. 78), élevés aussi, et en général le haut des plantes (τῶν φυτῶν
τὰ ἄκρα. Anon., p. 68), que visent les pronostics équinoxiaux.

2. Pour les signes « tropiques », l'analogie est dans le mot même (de τρέπω),
et il n'est pas malaisé de voir pourquoi les signes « solides » menacent la solidité des édifices. Pour les « bicorporels », le scoliaste oublie la double nature de l'homme ; mais il estime qu'un roi représente deux rapports, celui
du roi avec ses sujets, celui des sujets avec le roi (p. 68). Cardan (p. 255)
trouve mieux : *quia Reges plerumque sunt duplicis animi et valde callidi.*
Ptolémée n'a pas voulu lâcher le flot des superstitions mélothésiques (ci-
dessus, ch. x), qui lui auraient fourni et fournissaient à d'autres des adresses
toutes faites : minéraux, plantes, animaux et espèces d'animaux, de plantes et
de minéraux. Il en prend quand même plus qu'il ne croit. On retrouve, échoué
dans Héphestion (p. 89), un autre système, qui aurait dû tenter Ptolémée, s'il
lui est antérieur, car il divise le cercle en trois arcs compris entre les sommets d'un trigone. Le premier arc (de ♐ à ♈ inclusivement), peut-être parce
qu'il comprend le Bélier et deux « centres » (solstice-équinoxe), concerne les
rois ; le second (de ♉ à ♌), en majeure partie bestial, les émeutes populaires ;
le troisième, sans doute en l'honneur de la Vierge et de la Balance, les lieux
sacrés. Un autre système encore, usité pour les éclipses souterraines (ci-après,
p. 356), prend les quatre trigones. Une éclipse survenant dans le « trigone
royal » (♈ ♌ ♐) vise les rois ; dans le trigone agricole (♉ ♍ ♑), les fruits
de la terre ; dans le trigone « humain » (♊ ♎ ♒), les hommes en général,
menacés de peste et famine ; dans le trigone bestial et prolifique (♋ ♏ ♓),
les foules, décimées par les émeutes, guerres et naufrages (Io. Lyd., *Ostent.*, 9).

3. En vertu de la règle ou axiome du « sexe de position » (ci-dessus, p. 102),
les planètes vespérales se féminisent et les autres se masculinisent ; par conséquent, elles se mettent avec la Lune et contre le Soleil, ou inversement.

inversement. Celles qui sont en opposition diamétrale avec l'astre éclipsé diminuent de moitié l'énergie du présage.

IV. *Question de qualité ou forme.* — Reste une question qui se compose de deux autres, souvent satisfaites par la même réponse. L'événement présagé sera-t-il, en général, bon ou mauvais, et à quel point l'un ou l'autre? Secondement, de quelle espèce particulière sera-t-il? Ce chapitre est un des plus hâtés et des plus confus de la *Tétrabible.* Entraîné par son goût pour les classifications, Ptolémée n'y a pas assez réfléchi. Il aurait pu se dispenser de traiter la première question, s'il s'en était remis à l'opinion vulgaire, qui ne pouvait pas admettre qu'un pronostic tiré d'une éclipse ne fût pas malheureux [1]. Au point de vue religieux, cela ne faisait pas de doute, le dieu éclipsé voilant sa face ou subissant une crise douloureuse. De même au point de vue physique, la privation de lumière et de chaleur en temps anormal ne pouvant être un bienfait pour le monde. Ptolémée invoque ici plus que jamais le « tempérament naturel » des astres ; mais la physique est aussi contre lui. Il juge donc que le pronostic est bon ou mauvais suivant le tempérament naturel ou acquis de la planète « maîtresse » de l'éclipse. Cette planète lui suffit [2]. Là dessus il énumère, planète par planète « seule œcodespote », les pronostics à répandre sur les hommes, sur l'atmosphère, sur les animaux et végétaux, et cela sans sortir des banalités accoutumées. Saturne et Mars sont malfaisants comme à l'ordinaire, Jupiter et Vénus bienfaisants, Mercure l'un ou l'autre suivant la planète avec laquelle il est en aspect. On perd de vue l'éclipse et même le caractère universel du pronostic, car on persuadera difficilement à un homme sensé que les humeurs froides ou les heureux ma-

---

1. Pascal remarque que prédire des malheurs était encore pour les astrologues le plus sûr moyen de ne pas se tromper : « Ils disent que les éclipses « présagent malheur, parce que les malheurs sont ordinaires;... au lieu que, « s'ils disaient qu'elles présagent bonheur, ils mentiraient souvent » (*Pensées,* XXV, 13, éd. E. Havet).

2. Héphestion enregistre les présages signe par signe, trihorie par trihorie ou même heure par heure, et a soin de ne prédire que des malheurs. Il y a là beaucoup de guerres entre l'Égypte et la Syrie, et des allusions, parfois assez transparentes, à l'histoire des Lagides et des Séleucides. Il y est question de compétitions au trône, de rois expulsés, souvent par leur compagne et co-régente (cf. ci-dessus, p. 343, 2), ou qui ne transmettent pas leur héritage à leurs enfants, etc., surtout dans le chapitre des présages — catholiques aussi — tirés de la position des planètes au moment du lever de Sothis (Hephaest., pp. 91-97 Engelbrecht : cf. ci-après, p. 367). Le « philosophe » byzantin Léon (ci-dessus, p. 334, 1) tient compte : 1º du mois; 2º du signe; 3º de l'heure.

riages puissent être à un moment donné le lot de tout le monde dans toute une contrée.

En réalité, pressé ou impatienté, Ptolémée a pris tout fait et accommodé tant bien que mal, au moyen de quelques additions, un lot de pronostics convenant aux génitures individuelles. Il trahit sa fatigue en disant que, vu le nombre des combinaisons possibles par aspects, par signes, par phases, il s'en remet pour les investigations de détail à « l'initiative et au discernement du mathématicien ». Il est un point toutefois qu'il recommande à son attention. Le pronostic peut être très différent suivant que les planètes maîtresses de l'éclipse ont ou n'ont pas sous leur patronage les régions visées. Même les planètes malfaisantes traitent leurs protégés avec une certaine bienveillance, tandis qu'elles se permettent tout à l'égard des pays, des hommes et des choses avec lesquels elles n'ont point d'attaches préexistantes. Ptolémée ne manque pas de dire qu'il s'agit là d'affinités naturelles ; il ne veut pas s'apercevoir que sa règle vient en droite ligne de la foi qui attribuait aux astres-dieux des sentiments, sympathies et antipathies, à la mode humaine.

Tous ces calculs n'épuisent pas les inductions à tirer des éclipses. On trouve un supplément d'informations dans l'aspect du phénomène, c'est-à-dire en interprétant la teinte de l'astre éclipsé et des phénomènes concomitants, faisceaux lumineux (ῥάβδοι), halos et autres particularités [1]. Les couleurs ont la même influence que les planètes de même teinte, et, suivant que la couleur sera générale ou limitée à quelques points, l'effet sera général dans la région visée ou limité à certaines parties, lesquelles sont indiquées par les points en question sur le disque de l'astre éclipsé [2].

Les infatigables « Égyptiens » poussaient bien plus loin les spéculations sur les couleurs du Soleil et de la Lune, non seulement pendant les éclipses [3], mais au lever, au coucher des luminaires,

---

1. D'autres y ajoutent les vents (ci-dessus, p. 349, 5), les pluies, les tonnerres et les étoiles filantes. Héphestion (p. 82, cf. p. 89) pose le cas où, la Lune étant éclipsée, διάττων ἀστὴρ διαδραμὼν ἔλθη εἰς αὐτήν, ce qui présage force ennuis à « un grand tyran ». Les astronomes modernes s'occupent aussi des couleurs de la couronne dans les éclipses du soleil ; les astrologues sont ici leurs devanciers.

2. Selon que, dans les éclipses partielles, la partie éclairée ou éclipsée est au N. ou au S. du disque, etc.

3. Citons, comme échantillons, le *noir*, signifiant mort du chef de l'État, famine, révolution ; le *rouge*, ravage du pays ; le *gris*, épizootie ; le *violet*, guerre et famine ; le *doré*, peste et mort (Hephaest., I, 21, p. 82).

ou même « pendant tout un jour ». Le Soleil, sans être éclipsé, peut être « terni » (ἀμαυρωθείς) au point de ressembler à un miroir, ou à une Lune, et de laisser voir des « astres » en plein jour ; il peut être ocreux ou rouge au point que « le sol a des reflets sanguinolents » ; tout cela, selon le signe où il se trouve, a un sens et une adresse [1]. Les astrologues ont dû reverser là tout ce qu'ils avaient pu trouver d'observations et de comparaisons dans les traditions de l'Égypte et de la Chaldée. C'est eux aussi qui, plus doctes que Ptolémée, ont trouvé l'emploi des éclipses surve-nues « sous terre », au-dessous de l'horizon [2]. Ils ont recours cette fois — sans doute pour étourdir les naïfs par la multiplicité des méthodes — aux signes groupés en trigones, et ils dis-tinguent, suivant leur habitude, entre les éclipses de Soleil, qui ont leur effet en Orient, et les éclipses de Lune, qui opèrent en Occident. Les éclipses souterraines causent généralement des tremblements de terre [3]. Survenant dans le « trigone royal », elles font mourir les rois en Asie ou en Europe. On distingue aussi, suivant la qualité et la position des signes, entre le Nord et le Midi. Par exemple, une éclipse de Soleil dans le Verseau dessèche les fleuves du Nord ; dans le Lion, elle fait baisser les eaux en Égypte et agite la mer Rouge et l'Atlantique [4]. Les associations

1. Hephaest., I, 22 (Περὶ τῶν ἐν ταῖς ἐκλείψεσι σημείων); I, 24 (Περὶ τῶν ἐν ταῖς ἐκλείψεσι χρωμάτων καὶ κομητῶν); I, 25 (Περὶ τῆς τῶν μετεώρων σημειώσεως, pp. 89-102. Engelbr.). Cf. le chapitre homo-nyme de Ptolémée (II, 13), mais consacré exclusivement aux pronostics météo-rologiques (ci-après, pp. 365-366), et, dans Io. Lyd. *Ostent.*, 9, où est cité Cam-pestrius ταῖς Πετοσιριαχαῖς ἀχολουθῶν παραδόσεσι, les pronostics fondés sur la couleur de la Lune dans chaque signe et à chaque veille (φυλαχή - *vigilia*) et sur tout ce qui se passe — y compris les éclipses du Soleil, Vénus em-brumée, les bruits célestes, les étoiles filantes, etc. — pendant que la Lune est dans le signe. C'est un amas de traditions à l'état de détritus.

2. Hephaest., I, 22, p. 91. C'est au chapitre suivant, quelques lignes plus loin, qu'Héphestion cite les παλαιγενεῖς σοφοὶ Αἰγύπτιοι ; mais tout vient de la même source, et l'on ne peut s'empêcher de sourire en voyant déguisés en « anciens » des gens qui savaient qu'il y a des éclipses ὑπὸ γῆν.

3. Καθόλου δὲ αἱ ὑπὸ γῆν ἐκλείψεις ἡλίου ἢ σελήνης σεισμοὺς ἀποτελοῦσιν ὡς ἐπὶ τὸ πλεῖστον (Anon., *De terr. mot.*, p. 169 [174²] Wachsmuth). Leur effort se produit de bas en haut et soulève la terre.

4. Ptolémée met la Sarmatie sous le Verseau (à qui Paul d'Alexandre attribue l'Égypte). Quant au Lion, c'est un habitant du pays de la soif. Les compilateurs ne savent plus ce qu'ils disent. D'après Héphestion (p. 83), une éclipse de Soleil dans le Taureau (laboureur) présage en général σίτου φθοράν par les sauterelles ; à quelques lignes de distance, l'éclipse survenant dans le Taureau entre 4 h. et 9 h. présage εὐφορίαν σίτου ἐν Αἰγύπτῳ. Les distinc-tions ont dû être multipliées tantôt pour grossir les petites différences, tantôt pour juxtaposer des opinions contradictoires.

d'idées les plus incohérentes tourbillonnent et se heurtent dans le cerveau des astrologues, et sans doute ils n'échappaient à la folie déclarée qu'en faisant un choix entre tant de systèmes et n'absorbant de ces inepties que ce qu'ils en pouvaient digérer.

Les comètes [1], apparues durant les éclipses ou comme phénomènes indépendants, forment un chapitre important de l'astrologie catholique. Ptolémée ne leur consacre que quelques lignes ; mais d'autres avaient étudié de plus près avant lui, comme météorologistes ou comme astrologues ou comme haruspices, les diverses espèces de comètes. C'était là un domaine indécis que se disputaient Toscans et Chaldéens, et sur lequel les Toscans avaient peut-être devancé leurs rivaux ; non pas tant au point de vue de l'observation, car on trouve dans les documents chaldéens mention d'une « étoile ayant un noyau en avant et une queue derrière [2] », qu'au point de vue de l'interprétation. Les haruspices, dont l'art fulgural était la spécialité reconnue, avaient l'avantage de pouvoir rattacher l'apparition des comètes à une théorie toute faite. Les comètes étaient pour eux des foudres spéciales, des torches enflammées lancées par des divinités fulminantes, et, comme leur explication finit par prévaloir chez les Chaldéens eux-mêmes, il est à présumer que les astrologues n'avaient pas réussi avant eux à en trouver une plus satisfaisante.

Ni les astrologues, ni les météorologues. Anaxagore et Démocrite avaient pensé que les comètes pouvaient naître de la rencontre de deux planètes [3]. Les « Chaldéens » — sans garantie

---

1. Sur les comètes, bolides, etc., voy., du côté des astrologues, Manil., I, 805-927 ; Ptol., *Tetrab.*, II, 9 ; Anon., pp. 75-76 ; Hephaest., I, 24 ; Campestrius ap. Io. Lyd., *Ostent.*, 10-15. Cf. Riess, *Fragm.*, 8-11, pp. 343-351, et les textes réunis par Wachsmuth, *Supplementum disputationis Lydianae de Cometis* (pp. 161-166). Du côté des polygraphes, Plin., II, 89 sqq. ; Senec., *Quaest. Nat.* (le VII° livre tout entier) ; Stob., *Ecl.*, I, 27 (Περὶ κομητῶν καὶ διᾳττόντων καὶ τῶν τοιούτων) ; Avien. ap. Serv., *Aen.*, X, 272.

2. Fr. Lenormant, *La Divination chez les Chaldéens*, p. 38. C'est l'apparence des comètes *allant vers* le Soleil. Les Chaldéens de Diodore (II, 30, 5) interprètent aussi κομητῶν ἀστέρων ἐπιτολάς. ..

3. Aristot., *Meteor.*, I init. Encore une opinion naïve — les comètes jaillissant du choc des planètes — défigurée par des gens qui savaient que les planètes ne peuvent pas se toucher réellement. Alors les comètes sont les planètes elles-mêmes réunies par projection visuelle (ὅταν διὰ τὸ πλήσιον ἐλθεῖν δόξωσιν θιγγάνειν ἀλλήλων), et cela devient absurde, attendu qu'on pouvait voir les planètes à leur place — c'est-à-dire séparées le plus souvent — durant l'apparition des comètes. Pour les opinions et discussions scientifiques, voy. Sénèque, ici notamment : *Quaest. Nat.*, VII, 12.

d'antiquité — avaient trouvé d'instinct l'explication adoptée par
la science moderne : pour eux, les comètes étaient des astres
qui viennent des profondeurs de l'espace et qui y retournent,
des corps qui « plongent dans l'immensité de l'éther comme les
poissons dans la profondeur de la mer [1] ». Seulement, ceux qui
croyaient aux sphères cristallines d'Aristote ne pouvaient pas
faire venir de bien loin leurs comètes, car elles auraient brisé les
sphères en les traversant [2]. Ce scrupule remit en faveur les
vieilles théories qui faisaient des astres des feux émanés de la
Terre [3]. Abandonnée pour les astres permanents et à marche régulière, l'explication parut encore bonne pour les comètes et tout
à fait topique pour les bolides. C'étaient autant de fusées lancées
par la Terre, qui s'enflammaient dans les hautes régions du
monde sublunaire et se consumaient en retombant. Le Trismégiste égyptien se range à un avis éclectique. Au point de vue de
la divination, il ne fait aucun cas des bolides, ces « astres
caduques », étincelles inutiles et gênantes exhalées par la Terre ;
mais il retient les comètes, « messagers et hérauts » des présages
catholiques, envoyés exprès des sphères supérieures, par les
décans probablement, dans la région subsolaire [4]. Il en revenait
par là à l'explication qui était la plus intelligible pour la foi
sans être inacceptable pour les physiciens non inféodés à Aristote,
celle des Toscans.

Les comètes étaient donc, pour les astrologues classiques, des
torches lancées par les planètes et participant de leur nature. Il
suffisait de savoir de qui elles émanaient pour asseoir le pronostic. Ptolémée, toujours prudent, ne dit pas qu'elles jaillissent
des planètes, mais seulement qu'elles sont de même nature ; et,
comme il sait que le pronostic est toujours fâcheux, il ne retient
que les comètes consubstantielles à Mars et à son toujours complaisant acolyte Mercure (Ἀρεϊκά ou Ἑρμικά) [5]. Saturne a dû être
éliminé par lui comme « froid » [6]. Il s'abstient aussi de regarder

1. Δύντες εἰς τὸ βάθος τοῦ αἰθέρος ὥσπερ εἰς τὸν τοῦ πελάγους βυθὸν οἱ ἰχθῦς (ap.
Stob., *Ecl.*, I, 28). Les comètes étaient des planètes surnuméraires.

2. Suivant Achille Tatius (*Isag.*, 34), les comètes sont οὐκ ἐν οὐράνῳ, ἀλλ'
ἐν τῷ ἀέρι, c'est-à-dire au-dessous de la Lune, l' αἰθήρ étant au dessus.

3. Émanés (ci-dessus, pp. 4-10) ou nourris (pp. 75-76) des vapeurs terrestres.

4. Ap. Stob., *op. cit.*, I, 21.

5. Ptolémée suit probablement ici une tradition chaldéenne. Pour les Chaldéens, Mercure était un bûcher ardent, incendiaire, au moins autant que Mars
(ci-dessus, p. 69). Les comètes οὐ τὰ αὐτὰ ἀποτελοῦσι, κακὰ δὲ πάντες (Lyd.,
Ostent., 10).

6. Froid et humide, quoique Ptolémée le fasse sec à outrance (ci-dessus,

de près aux distinctions; il cite en passant les comètes appelées poutres, trompettes, tonneaux « et autres noms semblables ». Ceux qui ne rougissaient pas de leur métier étaient moins discrets. Ils décrivaient, classaient et reclassaient les comètes d'après leur forme, leur couleur, leur origine présumée, et Campestrius, moitié haruspice, moitié astrologue, paraît avoir été un spécialiste en la matière. Il connaissait les effets de la comète dite « cavalière » (ἱππεύς), à cause de sa crinière rejetée en arrière, et qui procède de Vénus; de la comète en glaive (ξιφίας), qui vient de Mercure ou de Mars; de la comète en torche (λαμπαδίας), rapportée également à Mercure ou à Mars; de la comète proprement dite ou « chevelue » (κομήτης), qui procède de Jupiter; du « disque » ou tambour (δισκεύς), qui est un effluve et comme un décalque du Soleil; de la comète Typhon ou l'ouragan (Τυφών), créée par les remous de l'atmosphère [1].

pp. 95-96. 190, 1). Ptolémée est en révolte — silencieuse, comme toujours, — sinon contre une tradition authentiquement chaldéenne, au moins contre celle attribuée à Épigène, disciple de Bérose. Suivant Épigène, le principal moteur des vents et tonnerres, c'est Saturne, par ses συναφαί et ἀπόρροιαι. *Haec [stella] cum proxima signa Marti premit aut in Lunae viciniam transit aut in Solis incidit radios, natura ventosa et frigida contrahit pluribus locis aera conglobatque. Deinde si radios Solis assumpsit, tonat fulguratque. Si Martem quoque consentientem habet, fulminat* (Senec., *Q. Nat.*, VII, 4). On n'en voudra pas à Ptolémée d'avoir trouvé trop compliquée la fabrication de cet explosif. Il ne réclame pour Saturne ni vents, ni foudres, ni comètes.

1. Là non plus il n'y a pas de dogme orthodoxe et de vocabulaire arrêté. *Stoici dicunt has stellas esse ultra triginta duas* (Serv., *Aen.*, X, 272). D'autres, au contraire, simplifient : une comète est κομήτης avec la queue en bas, λαμπάς avec la queue en haut, δοκίς avec la queue horizontale (Ach. Tat., *Isag.*, 34). Voici, pour abréger, les listes courantes : κομῆται-*crinitae*, du Soleil (ci-dessus); ῥάβδοι, de Jupiter (Heph.); πογωνίας, avec la chevelure ou barbe en bas (Plin., Io. Lyd.); ἀκοντίας (Plin., Lyd.), en forme de dard; ξιφίας ou ξιφοειδής, — la même plus courte (Plin.), — de Mercure (Lyd., Heph.), de Mars (Schol. Lucan., I, 529); κερατίας ou κεράστης (Plin., Lyd.); ἱππεύς ou ἵππιον (Plin., etc.), de Vénus (Lyd.), ἱερὸς ἀστὴρ τῆς Ἀφροδίτης (Heph.), du Soleil (Schol. Lucan.); λαμπαδίας (Plin., etc.), de Mercure (Lyd.), de Mars (Heph.), de la Lune (Schol. Luc.); δισκεύς (Plin., etc.), du Soleil (Lyd.), de Mercure (Sch. Luc.); δοκεύς ou δοκός, la « poutre » (*trabes*), — souvent confondue avec δισκεύς, — de Saturne (Heph.); πιθεύς ou πίθος (Plin., Ptol., etc.); σαλπίγξ (Ptol., Heph.); Τυφών, sans origine précise (Lyd., Heph.), *nec stella verius quam quidam igneus nodus* (Plin.), de Saturne (Schol. Luc.). La liste n'est pas close, attendu que γίνονται γὰρ τοιαῦτα εἴδη ποικιλόμορφα, κεραμῶν, ζώων, παντοίων φυτῶν ἔχοντα τὴν ἀπομόρφωσιν (Anon., p. 76). On entend parler de βόθυνοι ou comètes « trouées » (Stob., *Ecl.*, I, 34), de τράγοι, qui vont sans doute boire du lait dans la Voie Lactée (Plin., II § 91, avec la correction *hirci* pour *hirti*; Io. Lyd., *Ostent.* 10). Héphestion connaît

A part ces deux dernières espèces, qui, étant de forme circulaire, menacent le monde entier [1], les comètes indiquent elles-mêmes l'adresse du présage (τοπικόν) par l'endroit du ciel — Orient ou Occident — où on les voit poindre et par la direction de leur queue; ou on la devine par relation chorographique de la partie du Zodiaque où elles apparaissent, ou encore du signe où se trouvent les planètes qui les ont lancées [2]. Les êtres visés par le présage (γενικόν) sont désignés par la forme de la comète. Il était de règle, à l'origine, que les comètes ne visaient pas les petites gens. Elles s'adressaient aux rois et royaumes. C'est ce que disait encore à Néron son astrologue Balbillus [3]. Avec le progrès des idées démocratiques et surtout de la mélothésie, on en vint à diriger les pronostics non seulement sur les hommes en général, mais sur les animaux et les végétaux. Les comètes anthropomorphes visaient directement les hommes ; les comètes à forme animale (Θηριόμορφα), les animaux ; les δοκίδες, en leur qualité de « poutres », les végétaux [4]. Comme de juste, les « flûtes » n'étaient pas ras-

une comète Εἰληθυίας, ronde, rosée, à face de jeune fille, avec rayons entre or et argent, qui présage des malheurs, mais aux méchants, et, par conséquent, un « changement en mieux ». C'est une façon ingénieuse de tourner la règle, que les comètes sont signes de malheur : règle déjà entamée pour le κομήτης d'Auguste, qui avait mis, paraît-il, le monde en liesse, promettant *gaudia omnibus gentibus futura* (Serv., *Aen.*, X, 272).

1. Cf. Hephaest., p. 99 (avec δοκεύς au lieu de δισκεύς) ; Serv., *Aen.*, X, 272.

2. Les anciens avaient remarqué que les comètes apparaissent souvent en dehors du Zodiaque, même vers les pôles (Plin., II, § 91 : v. g. le Τυφών au N. ; les τράγοι dans la Voie Lactée. Lyd.) ; mais on pouvait toujours faire correspondre leur position, par le méridien ou par l'horizon (παρανατέλλοντες), avec le Zodiaque.

3. *Stella crinita, quae summis potestatibus exitium portendere vulgo putatur, per continuas noctes oriri coeperat - - ex Balbillo astrologo didicit solere reges talia ostenta caede aliqua illustri expiare,* etc. (Suet., *Nero*, 36). Cf. *regnorum eversor cometes* (Sil. Ital., VIII, 637), et maint passage de Pline (II, § 23), de Lucain (I, 528 sqq.), de Tibulle (II, 5, 72 sqq.) et autres. Vespasien ne plaisantait qu'à demi quand il disait que la comète apparue de son temps menaçait non pas sa tête chauve, mais le roi des Parthes, *qui capillatus esset* (Suet., *Vespas.*, 23). Il avait peut-être été rassuré par Balbillus. L'auteur de la *Margarita philosophica* (IX, 23), qui ne veut ni croire aux présages astrologiques, ni nier absolument les effets des comètes, risque, entre autres explications naturelles, celle-ci, qui est ingénieuse : *mortem autem Principum cometa fortasse ex eo significare dicitur, quod Principes, ut magis delicati vel intemperati, ab aere corrupto citius inficiuntur.* De même, l'infection de l'air produit guerre et séditions, en excitant « l'appétit irascible et concupiscible ».

4. Anon., p. 76. Ce qui est une façon de menacer les hommes dans leur alimentation, et, quand il s'agit de « tonneaux » (πίθοι), leurs celliers. On pouvait aussi mélanger des pronostics météorologiques aux autres, sans

surantes pour les musiciens [1]. Il n'était pas difficile de trouver des associations d'idées aussi frappantes pour la nature ou forme des malheurs attendus. On devine, par exemple, que les « glaives » et « trompettes » annonçaient des guerres et massacres ; mais il faut entendre les finesses de l'art pour se douter que les fameuses « poutres » annoncent, entre autres pertes de bois, des naufrages, surtout par suite de batailles navales [2]. On avait songé aussi à appliquer aux comètes la géométrie des aspects, à interpréter leur correspondance avec tel signe ou partie de signe du Zodiaque ou avec une constellation marquante [3], ou, mieux encore, avec les planètes qu'elles pouvaient rencontrer et occulter en passant. Ce dernier système est plus ingénieux que l'autre, étant donné qu'il s'agit d'astres à marche rapide. Une comète occultant Saturne — dieu des semailles — annonce la perte des récoltes : si elle passe devant Jupiter, le Grand-Roi de l'Olympe, il y aura « troubles pour les maisons royales ». L'accolade donnée à Mars présage guerres et pestes ; à Vénus, des viols, morts de reines et discordes civiles ; à Mercure, diplomate et messager céleste, la rupture de conventions et des « bruits fâcheux [4] ».

La question d'échéance et de durée ne restait pas non plus sans réponse. On applique ici les règles formulées plus haut pour les éclipses. Une comète « matinale » (ἑῷος), se levant avant le Soleil, accélère l'échéance ; une comète vespérale (ἑσπέριος) la retarde. La durée de l'effet se mesure à la durée de l'apparition

même rattacher ceux-ci à ceux-là. Ainsi, au dire d'Avienus (ap. Serv., *Aen.*, X, 272), le λαμπαδίας présage des brouillards à l'E., de la sécheresse au S., des inondations à l'O. et la famine au N. La famine au N. n'est pas la conséquence de la sécheresse, qui est au S. L'imagination ne travaille à l'aise que débarrassée de la logique.

1. Plin., II, § 93 : ses *tibiae* sont peut-être les σάλπιγγες autrement interprétées, celles-ci, au dire de Jean de Lydie, n'étant connues que de Ptolémée.

2. Anon., p. 76. Le scoliaste tient cela, non de Ptolémée, mais de son professeur (ὁ ἡμέτερος διδάσκαλος). La poutre symbolise sans doute, par surcroît, l'éperon des navires de guerre.

3. Pline compile et mêle les considérations les plus diverses : *Referre arbitrantur in quas partes sese jaculetur aut cujus stellae* (planète) *vires accipiat, quasque similitudines reddat et quibus in locis emicet. Tibiarum specie musicae arti portendere, obscenis autem moribus in verendis partibus signorum, ingeniis et eruditioni si triquetram figuram quadratamve paribus angulis ad aliquos perennium stellarum situs edant* (étoiles extra-zodiacales), *venena fundere in capite septentrionalis austrinaeve serpentis* (Plin., II, § 92-93).

4. La logique particulière des astrologues veut que Mars, quoique occulté, soit plus puissant, parce que le feu s'ajoute au feu. La γυναικῶν φθορά, pour Vénus, est équivoque à dessein : c'est la pudeur ou la vie qui est menacée (Io. Lyd., *Ostent.*, 10).

de la comète. Un savant disciple de Ptolémée avait trouvé un moyen « tout à fait admirable » de fixer avec une précision mathématique la cessation de l'effet des comètes. Supposant qu'elles venaient toutes de Mars ou de Mercure, — et sans doute toujours de ces planètes en marche « additive » (προσθέται), — il enseignait que l'effet prévu cesse quand la planète mère de la comète se met en marche « soustractive » ou rétrograde [1].

Les bolides ou « astres sautants » (διάττοντες) sont interprétés de la même façon que les comètes, avec lesquelles certains les confondent. Il n'y a pas lieu de les considérer à part : il nous suffira d'admirer en passant l'emploi qu'ont su leur trouver les platoniciens. Ce sont les modèles des âmes ou les âmes elles-mêmes, qui « sautent » de là haut dans des corps [2]. L'aurore boréale (χάσμα ἐν τῷ οὐράνῳ) était aussi un de ces phénomènes qui, comme les comètes et bolides, déroutait les astrologues grecs, habitués à tout rapporter à leur Zodiaque et leurs planètes. C'était une espèce de « Typhon », et d'autres sans doute avaient dit avant eux que cet « hiatus » céleste présageait des tremblements et crevasses du sol [3]. A plus forte raison les foudres, que d'autres devins, sans compter les physiciens, étudiaient concurremment avec eux et, disait-on, mieux qu'eux. Mais les astrologues, à qui rien d'humain n'était étranger, n'étaient pas libres de décliner la concurrence, d'autant plus que les anciens Babyloniens s'étaient occupés de ces questions [4]. Ceux-ci distinguaient,

1. Cela après expérience faite, dit son disciple : καὶ οὕτω γέγονεν (Anon., p. 76). Il se peut que la théorie ait été plus générale et ait été formulée ainsi : une comète étant donnée, son effet cesse quand la planète d'où elle provient change le sens de sa marche.

2. Proclus in *Anal. Sacr.*, V, 2, pp. 142-143 Pitra. On sait que les éphores de Sparte observaient, à fin de divination, les bolides, qui visaient les rois de Sparte (Plut., *Agis*, 9). L'astrologie plonge ses racines partout. Pour les physiciens, les étoiles filantes (*bolides - faces - stellae micantes*) étaient des ἀπόρροιαι *ignis aetherii* (Serv., *Georg.*, I, 366) : Virgile en tire des pronostics sur les vents qui souffleront *ab illa parte in quam ignis ille reciderit* (Serv., *Georg.*, I, 365). Les anciens ne paraissent pas avoir remarqué de flux de bolides comme ceux qui jaillissent aujourd'hui à jour fixe de certaines parties du ciel, par exemple, les « Léonides », provenant de la constellation du Lion (depuis 1864 environ).

3. Io. Lyd., *Ostent.*, 10. *Chasma* ou *discessus caeli* (Cic., *Divin.*, I, 43; II, 28; Plin., II, § 96); classé *inter ostenta in auguralibus [fulguralibus?] libris* (Serv., *Aen.*, IX, 20).

4. Voy. Fr. Lenormant, *La Divination chez les Chaldéens*, pp. 67-76. Lenormant attribue sans aucun scrupule aux Chaldéens de Chaldée la division tripartite des *principes doctrinae viri* de Pline (ci-après, p. 363, 2). Sur les foudres, voy., outre les textes ci-après, le livre II des *Quaest. Nat.* de Sénèque.

paraît-il, toute espèce de foudres, des foudres atmosphériques, lancées par le dieu Bin, et des foudres planétaires, provenant de Nergal (Mars) ; les premières influant sur les récoltes, les autres produisant les tremblements de terre. Les haruspices répartissaient les foudres entre un certain nombre — incessamment accru — de divinités fulminantes, et, comme les astrologues, ils reconnaissaient l'origine de la foudre à sa couleur [1]. D'autre part, les Stoïciens, dévots à la mythologie classique et pontifes du trigone, avaient tout ramené à leurs divisions ternaires et réclamé pour Jupiter seul le privilège de lancer les foudres, au nombre de trois (tres manubiae). Les adaptateurs qui déversaient l'haruspicine dans l'astrologie et l'astrologie dans l'haruspicine, Campestrius, disciple de Pétosiris, et le « Romain » Vicellius travaillant sur les livres de Tagès, avaient fait du tout un véritable chaos. Les astrologues, menés par tant de collaborateurs, ne savaient à quelle théorie s'attacher et quelle pratique suivre. Des « princes de la doctrine » enseignaient qu'il y a trois foudres, lesquelles viennent des trois planètes supérieures, mais principalement de Jupiter, lequel, travaillé par l'humidité qui tombe de Saturne et le feu qui monte de l'orbe de Mars, projette ces espèces de charbons, tout chargés de présages, surtout quand l'atmosphère est agitée [2].

La foudre, projectile qui heurte, brise et brûle, n'est pas le tonnerre. On peut entendre tonner sans voir d'éclairs, ce qui est, suivant le cas, un prodige ou un phénomène plus bénin. Jean de Lydie a extrait des livres de Nigidius Figulus, de Fonteius et de Labéon, interprètes eux-mêmes des « livres de Tagès [3] », des ca-

---

1. Voy. HARUSPICES (1896) dans le Dict. des Antiquités de Daremberg et Saglio.

2. Pline (II, § 82) est étonnant. Il fait une mixture de physique et d'intention providentielle, de sphères supérieures et d'atmosphère terrestre, qui est du galimatias pur. C'est par action mécanique, suivant lui, que e sidere caelestis ignis exspuitur praescita secum adferens, ne abdicata quidem sui parte in divinis cessante operibus. Pour ce bon stoïcien, le feu intelligent profite de l'occasion et charge de pensée le feu expulsé par le jeu des lois physiques. L'air intervient, soit comme cause efficiente (quia collectus umor abundantiam stimulat), quoiqu'il y ait loin de là à Jupiter, soit comme subissant l'action d'en haut (quia turbatur quodam ceu gravidi sideris partu). La théorie toscane des ostenta - prodigia - portenta, etc., était plus simple et plus raisonnable. Les Toscans avaient aussi leur diagnostic par les couleurs : les foudres rouge sombre, par exemple, venaient de Mars ; seulement, ils entendaient par là le dieu Mars, non la planète.

3. Io. Lyd., Ostent., 21-26 (περὶ βροντῶν), présages mensuels fondés sur la présence du Soleil dans les signes correspondant aux mois, avec retard d'un signe (commençant par ♑ en janvier -système romain). Ἐφήμερος βρον-

lendriers « brontoscopiques », très appréciés chez les Byzantins, où la signification très variée « des tonnerres » (βρονταί) ou des foudres (κεραυνοί) dépend, jour par jour, de l'âge de la Lune [1] ou, mois par mois, de la position soit du Soleil, soit de la Lune dans le Zodiaque, ou encore de la nature de l'objet frappé par la foudre, ceci doctrine proprement toscane [2]. Les présages mensuels sont adressés en diverses régions au moyen d'une chorographie.

Des foudres et tonnerres aux tremblements de terre la transition est à peine sensible. On rapportait les uns et les autres à la même cause, à l'agitation de l'air, au-dessus et au-dessous de la terre [3]. Il vint un temps, au IIe siècle de notre ère, où des tremblements de terre répétés et destructeurs de cités florissantes attirèrent l'attention sur ces redoutables crises. Les astrologues se trouvèrent à court. Leurs fournisseurs d'idées habituels, les Stoïciens, n'osaient plus faire resservir le vieux trident de Poseidon Ἐννοσίγαιος, chétif instrument pour de telles œuvres et, par surcroît, fort peu astrologique. Du reste, la colère des dieux était une explication plus simple, celle dont les théologiens de tous les temps usent le plus volontiers, et, quoique désobligeante pour les victimes, elle suffisait à tout le monde. Les devins ordinaires, surtout les haruspices, avaient là une occasion de faire valoir leurs talents, en recherchant les péchés qui avaient pu exciter le courroux des dieux [4], libres d'ailleurs de les imputer à

τοσκοπία τοπική πρὸς τὴν Σελήνην (Ostent., 27-38), d'après Figulus et Tagès, présages quotidiens, du 1er juin au 30 mai, tous les mois ayant 30 jours (système égyptien). Βροντοσκοπία de Fonteius (Ostent., 39-41), présages mensuels fondés sur la Lune (en commençant par ♋) et adressés par chorographie. Ensuite, Περὶ κεραυνῶν (Ostent., 42-52), traduit de Labéon avec présages mensuels fondés sur la position du Soleil (en commençant par ♈, système chaldéen) et adressés chorographiquement. Il n'est pas question ici de la « procuration » des foudres, art relevant de la magie et donné comme toscan, mais revendiqué aussi pour Numa, à qui il avait été révélé par Faunus et Picus. La légende insinuait que cette révélation était d'origine astrologique, ayant été extorquée aux dieux susdits garrottés par duodecim juvenes (Arnob., V, 1), en qui on peut reconnaître les douze signes du Zodiaque.

1. D'une lune fictive, qui suit la marche des mois de 30 jours.

2. On voit souvent reparaître le cas εἰ κεραυνὸς ἐπὶ δένδρου καρπίμου κατενεχθείη, présage visant l'agriculture, funeste ou favorable suivant les signes (v. g. Ostent., §§ 48, 49, 51).

3. Plin. II, § 191-192. Πνεύματος κίνησις (Proclus in Anal. Sacr., V, p. 142 Pitra). Jean de Lydie, Περὶ σεισμῶν (Ostent., 54-58), fait intervenir le feu souterrain, les eaux thermales, les jets d'air ou de mer s'engouffrant dans des grottes, etc. On invoquait aussi les éclipses souterraines (ci-dessus, p. 356, 3).

4. On sait que la recherche des « demandes » (postiliones) des dieux offensés était la spécialité des haruspices.

l'impiété des chrétiens, qui, eux, n'étaient pas en peine de trouver des vices énormes aux païens. Les astrologues ne pouvaient pas ne pas poser en principe que les tremblements de terre avaient pour cause l'action des astres, une action violente, due à quelque conjonction accidentelle comme celle qui, à entendre les disciples des Stoïciens, produisait de temps à autre la rénovation du monde par déluge ou embrasement. C'étaient surtout les planètes supérieures, en conjonction avec le Soleil sur un des points cardinaux du monde, qu'ils soupçonnaient d'être causes du phénomène [1]. En définitive, les astrologues se dérobèrent à la tâche qu'on leur eût le plus volontiers imposée, celle de prédire les tremblements de terre. Ils lui en substituèrent une autre, infiniment plus facile et qui les exposait moins aux démentis. Ils considéraient les phénomènes de cette espèce comme des présages de nature « universelle » et répartissaient les pronostics tirés de là sur la surface de la terre, au moyen de leurs tableaux chorographiques [2].

Mais nous nous écartons de plus en plus de l'astrologie classique. Ptolémée consacre la dernière partie de son apotélesmatique universelle à enseigner la façon de dresser des almanachs [3],

---

1. *Babyloniorum placita et motuus terrae hiatuusque qua cetera omnia siderum vi, sed illorum trium quibus fulmina adsignant, fieri autem meantium cum Sole aut congruentium, et maxime circa quadrata mundi* (Plin. II, § 191). Il y a là un mélange d'art fulgural et d'astrologie. D'autres attribuaient les tremblements de terre au « Typhon » (ci-dessus, p. 359), ouragan qui pour les uns, simples météorologistes, naissait spontanément dans l'atmosphère (région arctique), pour d'autres, venait des planètes. Naturellement, les Hermétiques et Orphiques étaient venus à la rescousse. Nous avons encore 67 vers, vagues et ineptes, Ἑρμοῦ τοῦ Τρισμεγίστου Περὶ Σεισμῶν, ἐν ἄλλῳ Ὀρφέως (*Anal. sacr.* V, 2, pp. 275-278 Pitra), calendrier avec présages mensuels, où les σεισμοί dépendent du signe occupé par le Soleil. En somme, des rudiments de théories, point de doctrine. Il y a place, aujourd'hui encore, pour des explications astrologiques des tremblements de terre. H. de Parville veut absolument en faire des marées souterraines coïncidant avec certaines phases de la Lune. Ce serait un effet bien rare pour des causes si fréquentes.

2. Jean de Lydie (*Ostent.*, 54 sqq.) enseigne que la Providence convertit en signes révélateurs les phénomènes physiques, et que οὐ μόνον αὐτοὶ καθ' ἑαυτοὺς οἱ σεισμοὶ βλάπτουσι τοὺς καθ' ὧν συμβαίνουσιν, ἀλλὰ μὴν καὶ ἄλλων πόρρω που τόπῳ καὶ χρόνῳ μεριζομένων γίνονται μηνυταὶ οὐ μετρίων κακῶν. Là dessus, il donne un calendrier sismique dressé par le « Romain Vicellius d'après les vers de Tagès », avec pronostics mensuels (commençant par le Bélier), adressés au moyen d'une chorographie conforme à celle de Ptolémée, car son Tagès — qui fait une attention particulière au *sexe* des signes — est devenu sur le tard expert en astrologie.

3. *Tetrab.*, II, 10-13; Anon., pp. 77-85. Le scoliaste s'extasie sur τὸ ἐπιστη-

de répartir les pronostics météorologiqucs (chaleurs et froidures,
pluies et vents, orages, sécheresses), avec leurs conséquences
naturelles (famines, pestilences, etc.), entre les saisons et les
mois, d'après les syzygies, les « aspects et défluxions » des planètes œcodespotes des syzygies, l'apparence des étoiles, etc., et
surtout les propriétés des signes du Zodiaque occupés par le
Soleil et la Lune. Nulle part il n'a prodigué davantage les raisons soi-disant scientifiques. Il décompose chaque signe en trois
parties (précédente - moyenne - suivante) dans le sens de la longitude [1], en deux bandes (boréale et australe) dans le sens de la
latitude, et il y loge à son gré les forces élémentaires dont il aime
à se réclamer, le chaud, le froid, le sec et l'humide. C'est là qu'il
a entassé à la hâte et plutôt enseveli qu'exposé ce qu'il conserve
des théories relatives aux foudres et tremblements de terre. Tel
signe, ou tel tiers de signe, est pluvieux ou venteux, ou fulminant
ou sismique ; les vents, foudres et tremblements étant le plus
souvent logés dans la bande septentrionale [2]. Il est inutile de

---

μονικὸν καὶ ἐμμέθοδον τοῦ Παλαιοῦ (p. 80). Avant sa conversion à l'astrologie,
Ptolémée partageait la foi générale aux pronostics météorologiques (ἐπισημα-
σίαι) tirés des positions du Soleil, de la Lune, des phases planétaires et du
lever ou coucher des constellations. Celles-ci n'étaient que des indices chro-
nographiques, mais les planètes représentaient déjà pour lui des influx d'éléments premiers, le froid (♄), l'humide (♃), le sec (♂), le chaud (♀), le
vent humide (☿). Cf. ses Φάσεις ou Apparitiones, § 8 (ap. Wachsmuth, p. 209).

1. C'est le tiercement usité pour les décans. Ptolémée, qui ne veut pas des
décans, les reprend ainsi, déguisés en forces naturelles. Héphestion a reporté
ces qualités des signes, par parties (μέρη προηγούμενα, μέσα, ἑπόμενα, βόρεια,
νότια), dans sa description générale des signes et décans (I, 1, pp. 46-67
Engelbrecht).

2. Voici, comme échantillon, l'analyse du Cancer : Τὸ δὲ τοῦ Καρκίνου δωδεκατημόριον κ α θ ό λ ο υ μέν ἐστιν εὔδιον καὶ Θερινόν, κατὰ μέρος δὲ τὰ μὲν π ρ ο η γ ο ύ-
μ ε ν α αὐτοῦ καὶ κατὰ τὴν Φάτνην πνιγώδη καὶ σεισμοποιά, ἀχλυώδη, τὰ δὲ μ έ σ α
εὔκρατα, τὰ δὲ ἑ π ό μ ε ν α πνευματώδη, τὰ δὲ β ό ρ ε ι α καὶ ν ό τ ι α ἔκπυρα καὶ φθαρτικὰ καὶ καυσώδη (II, 11). Dans le signe des Gémeaux : τὰ δὲ β ό ρ ε ι α πνευματώδη καὶ σεισμοποιά, τὰ δὲ ν ό τ ι α ξηρὰ καὶ καυσώδη. C'était une idée répandue
que les vents et tempêtes viennent surtout du N., séjour des dieux ou, pour
les physiciens, le côté où les vents arrètent le Soleil au solstice, etc. On faisait
aussi intervenir la Voie Lactée agissant par ses deux points d'intersection
avec l'équateur, là où se trouvent l'Aigle et le Chien, quoniam in his tantum
locis solis terraeque centra congruunt (Schol. vett. ad German. Prognost., II,
p. 116 Buhle). Cf. la manière de prédire les pluies d'après les chronocrators
de l'année (ἐκ τῶν τοῦ ἔτους κυρίων), Vénus, Mercure et la Lune (Cod. Florent.,
pp. 131-134), ou l'énumération des effets de chaque planète en diverses positions (ibid., pp. 134-137). D'ailleurs, en fait de météorologie, les astrologues ne
sont pas seuls : tout le monde s'en mêle, et l'on ne sait à qui entendre. C'est
un sujet mixte, que j'élimine de l'astrologie proprement dite.

nous attarder devant ces élucubrations indigestes, qui n'intéressent même plus les fabricants d'almanachs.

Il suffira aussi d'indiquer un chapitre ajouté à l'apotélesmatique universelle de Ptolémée par les tenants de la tradition égyptienne, pour qui le lever de Sothis (Sirius) était le régulateur du calendrier. Héphestion de Thèbes donne l'adresse et le sens des pronostics de toute sorte, météorologiques, nosologiques, politiques, résultant de la position des planètes lors du lever de Sirius « durant les vingt-cinq jours du mois Épiphi » [1]. En combinant les positions et aspects des dites planètes, l'influence de leur couleur, de l'apogée et du périgée de leur orbite, et leurs réactions réciproques, avec la couleur plus ou moins éclatante ou embrumée de l'étoile elle-même, au besoin, avec les vents qui soufflent ou les tonnerres qui grondent au moment de son lever, les « sages Égyptiens d'autrefois » avaient ouvert une nouvelle carrière où l'imagination pouvait courir à son aise [2]. Sirius est un intrus dans l'astrologie grecque, et la prudence nous conseille de ne pas suivre plus loin cette piste divergente.

Le moment est venu de considérer la partie de l'apotélesmatique qui attaque de front le problème de la destinée humaine, celle qui a été le champ de bataille de ses défenseurs et de ses adversaires, la *généthlialogie*. Seulement, la science généthliaque, qui étudie les conditions des naissances, a débordé sur l'apoté-

---

1. Cette indication est un trait de lumière qui permet de dater ces prétendues observations. Le cycle sothiaque ayant son point de départ au 20 juillet julien 1322 a. Chr. (J. Oppert, *La Chronologie de la Genèse*, in *Rev. des Études juives*, XXXI [1895], p. 1 - 25), le lever de Sothis (Sirius), qui retardait d'un jour en quatre ans sur le calendrier, a dû tomber au 1er Épiphi 1,200 ans (300 jours du 1er Thoth au 1er Épiphi × 4) après 1322, c'est-à-dire en 122 a. Chr. Les παλαιγενεῖς Αἰγύπτιοι sont bien les pseudo-Néchepso et Pétosiris. Les 25 jours d'Épiphi représenteraient un siècle d'observations faites en juillet-août, de 122 à 22 a. Chr.

2. Hephaest., I, 23 (Περὶ ἐπισημασιῶν τῆς τοῦ Κυνὸς ἐπιτολῆς καὶ τῶν πρὸς αὐτὴν ἀστέρων), pp. 91-97 Engelbr. Il y avait là dessus un ouvrage hermétique, cité par l'astrologue Palchos : Ἑρμῆς ἔγραψεν ἐν τοῖς κοσμικοῖς ἀποτελέσμασι περὶ τῆς τοῦ Κυνὸς ἀνατολῆς (ap. Fr. Cumont, *op. cit.*, p. 6). Manilius a entendu parler de cette méthode astrologique, dont il place le berceau en Asie : *Hanc [Caniculam] quam surgentem primo cum redditur ortu | Montis ab excelso speculantur vertice Tauri, | Eventus frugum varios et tempora dicunt, | Quaeque valitudo veniat*, etc. (I, 401-411). De même Cicéron : *Etenim Ceos accepimus ortum Caniculae diligenter quotannis solere servare conjecturamque capere, ut scribit Ponticus Heraclides, salubrisne an pestilens annus futurus sit* (Cic., *Divin.*, I, 57, 130). Ce pouvait être un usage ancien, ou, au temps d'Héraclide, une des premières manifestations de la foi astrologique en pays grec.

lcsmatique universelle, et il nous faut ici, bon gré mal gré, à titre de transition obligatoire, anticiper sur le chapitre suivant.

Le point de soudure entre les deux sujets connexes est la naissance des rois, la destinée de ceux-ci contenant virtuellement celle de leurs peuples. On a vu que Ptolémée lui-même recommande, au cas où l'on voudrait donner plus de précision aux pronostics universels, de consulter le thème de géniture des cités ou de leurs gouvernants. Il ne fait qu'approuver une pratique connue par des témoignages plus anciens. La fondation d'une cité était tout à fait assimilable à une naissance [1]. D'autre part, les éclipses étant l'instrument spécial de l'apotélesmatique universelle [2], il était à propos d'en faire intervenir dans un acte aussi mémorable. Ennius était dans la vraie tradition astrologique quand il assurait que la fondation de Rome avait coïncidé avec une éclipse de Soleil [3]. On ne saura jamais dans quelle mesure l'astrologie a collaboré à la confection de l'ère *Urbis conditae* : il est certain, en tout cas, qu'elle a suppléé à l'absence de données historiques. Varron et son ami Tarutius paraissent s'être affranchis de la coïncidence avec une éclipse et avoir traité le thème de la fondation comme celui d'une naissance ordinaire. Tarutius, « expert comme pas un dans les calculs chaldaïques », avait trouvé que, lors de la fondation de Rome, la Lune était dans la Balance [4].

1. On appelait les *Parilia* (21 avril) le *dies natalis Romae*. Quand l'astrologie fut à la mode, on prétendit que les œkistes avisés, par exemple, Séleucus Nicator fondant Séleucie sur le Tigre, avaient attendu l'heure favorable (Appian., *Syr.*, 58). Les astrologues dépossédaient ainsi les devins qui avaient réellement assisté les fondateurs, à la mode antique. Mais les Grecs, en général, ne fêtaient pas le « jour de naissance » des villes, leurs calendriers ne se prêtant pas aux « anniversaires ». C'était un usage plutôt romain (cf. Lobeck, *Aglaophamus*, pp. 595-597).

2. Les éclipses entraient aussi, le cas échéant et en vertu de la logique, dans les thèmes de géniture individuels, avec une influence prépondérante et redoutable. Malheur à ceux qui ont dans leur thème un point de coïncidence, soit par la position des « luminaires (τόποι φωσφοροῦντες) », soit par celle des « centres », avec le lieu d'une éclipse quelconque, ou avec le lieu diamétralement opposé ! Ils auront plus que leur part des fléaux annoncés, surtout si la coïncidence est exacte, au degré (*Tetrab.*, II, 8). On se demande si Ptolémée oublie ou prétend abroger une règle contraire, d'après laquelle — l'exemple de Romulus le prouve — l'enfant né (ou conçu) au moment d'une éclipse est marqué pour de hautes destinées.

3. Ennius ap. Cic., *Divin.*, I, 48, 108 ; Plut., *Romul.*, 12. Plutarque cite comme garant le poète épique Antimaque de Téos, d'époque inconnue.

4. *Romamque in Jugo cum esset Luna natum esse dicebat nec ejus canere fata canere dubitabat* (Cic., *Divin.*, II, 47, 98). C'était un sujet sur lequel s'exerçaient haruspices et astrologues et bien fait pour Tarutius, qui était à la fois

Il avait dû en dire davantage, ou d'autres astrologues complétè-
rent le thème. Suivant la version qui finit par prévaloir, le Soleil
était dans le Taureau, la Lune dans la Balance, — à moins que ce
ne fût dans la Vierge ; — Saturne dans la Balance, son hypsoma ;
Jupiter dans le Lion, le domicile hospitalier du Soleil ; Mars dans
la Balance, le signe protecteur de Rome et de l'Italie ; Vénus dans
le Taureau, son propre domicile, et Mercure, symbole de l'intelligence, dans le Bélier, tête du monde. Les Romains pouvaient
être rassurés sur leurs destinées ! Tarutius avait aussi calculé
le thème de géniture de Romulus, ce qui était une autre façon
de scruter les destinées de Rome et, sous ce prétexte, d'adresser
à Auguste la plus neuve et la plus exquise des flatteries. Comme
on connaissait par le thème les étapes futures de l'existence, on
pouvait, connaissant les étapes d'une vie écoulée, restituer le
thème initial. Tarutius, étudiant de près la biographie de Romulus, trouva ainsi qu'il avait été conçu au moment d'une éclipse
de Soleil, le 23 Choiak (déc. 772 a. Chr.), à la troisième heure, et
était né le 21 Thoth (sept. 771), c'est-à-dire, ô miracle ! avec le
même thème de géniture qu'Auguste, le nouveau Romulus, conçu
sous le Capricorne et né sous la Balance [1].

l'un et l'autre. Solin complète : *Sole in Tauro, Luna in Libra, Saturno, Venere,
Marte, Mercurio in Scorpione*, peut-être d'après un système chorographique
qui adjugeait l'Italie au Scorpion. La chose est d'ailleurs impossible, ni Vénus,
ni Mercure, qui s'éloignent peu du Soleil, ne pouvant être dans le Scorpion
au mois d'avril. Plutarque indique l'heure (entre 2^h et 3^h, le 9 Pharmouthi),
d'après Tarutius, et Jean de Lydie (*Mens.*, I, 14) établit le thème comme suit :
Ἡλίου μὲν Ταύρῳ, Σελήνης δὲ Παρθένῳ, Κρόνου δὲ Ζύγῳ, Διὸς δὲ Λέοντι, Ἄρεος Ζύγῳ,
Ἀφροδίτης Ταύρῳ, Ἑρμοῦ Κριῷ. Que la Lune soit dans la Balance ou la Vierge,
le Soleil étant dans le Taureau, il ne peut y avoir éclipse. Cf. dans Junctinus
(pp. 813 sqq.), les thèmes de Rome, Byzance, Bologne, Milan, Florence, Venise,
etc., restitués par un procédé fort simple, qui consiste à composer le thème
en vue d'une interprétation voulue d'avance. Les disciples de Ptolémée, à la
Renaissance, prétendaient découvrir le signe horoscope ou patron d'une ville
en confrontant les dates des calamités éprouvées par elle avec celles des
éclipses ou des conjonctions de planètes supérieures — celles-là seulement, les
autres *pro negociis parvis* (Cardan., p. 282) — survenues dans tel ou tel signe.
  1. Plut., *Romul.*, 12. Voy. la discussion du problème chronologique — les
mois égyptiens étant rapportés à l'année fixe — dans Soltau, *Röm. Chronologie*, pp. 52 sqq., 432 sqq. Ainsi s'expliquent et le passage où Virgile offre à
Auguste un domicile céleste dans la Balance (*Chelae*) et les flagorneries de
Manilius : *Hesperiam sua Libra tenet qua condita Roma* (dans la personne
de son fondateur)... *Qua genitus Caesarque meus nunc condidit orbem* (IV,
776 sqq.). Manilius promet l'empire — assez imprudemment, si l'on songe à
l'avenir — à qui sera *Felix aequato genitus sub pondere Librae* (IV, 547).
Même enthousiasme pour le Capricorne : *Contra Capricornus in ipsum | Con-*

Ce genre de curiosité pouvant n'être pas inoffensif, les amateurs se rejetèrent sur les villes disparues, sur les héros épiques et mythologiques, ou sur le « thème du monde ». On se mit à contrôler et refaire l'histoire en restituant les thèmes de géniture de Minos, d'Œdipe, de Pâris, d'Énée, de Thersite, et les astrologues s'offraient à trancher la question si discutée de la patrie d'Homère. C'était un jeu de société à ravir d'aise les femmes savantes, et aussi un moyen de ressaisir, pour la plus grande gloire des dogmes astrologiques, des preuves de fait, des expériences qui n'avaient pas été notées en leur temps [1]. Nous possédons encore un extrait curieux de cette veine mixte, qui fait contribuer la généthlialogie à la restitution des événements d'intérêt général ou à la prévision de l'histoire future. C'est une consultation astrologique sur les destinées de l'empire arabe. Bien qu'elle soit l'œuvre d'un Byzantin de basse époque et que le prétendu Étienne d'Alexandrie, par une inconcevable méprise, spécule non pas sur le thème de géniture de Mahomet ou sur le point de départ de son hégire, mais sur l'état du ciel au moment où lui-même est informé par un voyageur de ce qui se passe en Arabie, la série des raisonnements de notre astrologue, qui déclare appliquer les méthodes de Ptolémée, est intéressante à suivre. Il y a mis tout ce qu'il savait : aspects, positions des centres, domaines planétaires, « lieux » du cercle et chorographie terrestre, lieux aphétiques, anærétiques, et tout l'attirail qui lui sert à fixer l'ordre et la durée des règnes des khalifes. Il trouve au ciel les raisons pour lesquelles les musulmans sont belliqueux et volup-

---

vertit visus, quid enim mirabitur ille | *Majus, in Augusti felix cum fulserit ortum* (II, 507). Sur l'horoscope de la conception, voy. ci-après, ch. XII. On remontait aussi à Énée : *Multi volunt Aeneam in horoscopo Virginem [et ibi Venerem] habuisse* (Serv., *Aen.*, I, 314. Cf. Ps.-Lucian., *Astrol.*, 20). Naturellement, on retrouve encore une éclipse de Soleil à la mort ou apothéose de Romulus (Plut., *Romul.*, 27 ; *De Fort. Rom.*, 8).

1. Voy. dans Firmicus (VI, 26-31 Pruckner) les thèmes de géniture d'Œdipe, de Pâris, de Démosthène et d'Hermodore, de Platon, de Pindare, d'Archiloque, d'Archimède, de Thersite, considérés comme types moraux et intellectuels. Minos fut « roi, dit le Ps.-Lucien (*Astrol.*, 20) », parce que Jupiter le dominait ; Énée dut sa beauté à l' « influence de Vénus, etc. ». Toute la mythologie y passe, expliquée par l'astrologie. Tirésias, Atrée et Thyeste, Bellérophon, Dédale, Pasiphaé, Endymion, Phaéthon, étaient de savants astrologues, et ainsi de suite. Manilius sait bien comme on s'y prenait. Étant donné la *Sagitta* (V, 294-311), il peut l'adjuger aux archers légendaires, soit à Teucer, soit à Philoctète, soit à un prototype antique de Guillaume Tell, l'Alcon de Virgile (*Ecl.*, V, 11. Cf. Serv., *ad loc.*). De même, à propos de la Balance : *Non alio potius genitus sit Servius astro*, etc. (IV, 213).

tueux, s'interdisent le vin et la viande de porc, pratiquent la circoncision et la polygamie ; à quels pays s'étendront leurs con-quêtes, et à quel terme, dans l'es-pace et le temps, s'arrêtera leur for-tune. Ces suppôts de Saturne et de Vénus — Saturne culminant dans les ὅρια de Vénus — seront vaincus et chassés par l'empereur ro-main quand Sa-turne sera revenu douze fois à son point de départ, c'est-à-dire, sa pé-riode étant trente-naire, au bout de

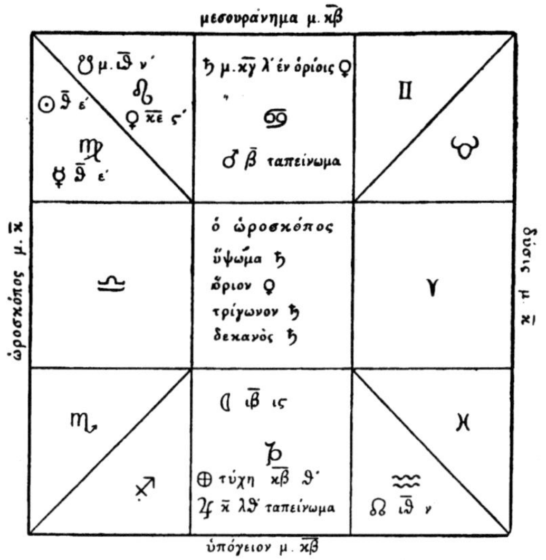

Fig. 39. — Thème de l'empire arabe.

360 ans. En fait de cycle, ce prophète effronté n'a pas cru pou-voir en choisir un plus parfait que le cercle lui-même, avec ses 360 degrés [1].

Grecs et Arabes ont dû prendre au sérieux ce qui leur conve-nait de part et d'autre dans cette prophétie à longue portée [2]. Ainsi faisaient, sans nul doute, pour leur thème particulier, les clients individuellement justiciables de la généthlialogie.

1. Voy. H. Usener, *De Stephano Alexandrino commentatio*, Bonnae, 1880, pp. 17-32 et 56. L'idée de la domination de Vénus a été suggérée principalement par le fait que le jour férié des musulmans est le *dies Veneris*. Ceux-ci ne boivent pas de vin, qui est de nature solaire, et ne mangent pas de porc, de nature martiale, par antipathie de Saturniens et Vénériens ; ils pratiquent la circoncision, par hommage à Saturne (περιτέμνονται δὲ τὴν ἀκροβυστίαν δι᾽ αὐτὸν Κρόνον, p. 22). Cf. les Juifs adorateurs de Saturne (ci-dessus, p. 318, 1, et ci-après, ch. XIII).

2. La preuve, pour les Grecs, résulte des corrections et interpolations faites dans la partie qui était l'avenir pour l'auteur, le passé pour le correcteur (861-926 p. Chr.). Les Arabes s'étaient aussi fabriqué un thème à leur fan-taisie. Albohazen Haly (VIII, 16) ne parle pas de Saturne. Les Arabes ont pour signe horoscope le Scorpion ; pour planètes maîtresses, Mars et Vénus.

CHAPITRE XII

APOTÉLESMATIQUE INDIVIDUELLE
OU GÉNÉTHLIALOGIE

Nous entrons enfin dans le véritable sanctuaire de l'astrologie, l'oracle où les croyants, brûlés du désir de connaître leur propre destinée ou celle des personnes auxquelles était liée la leur, venaient chercher un remède au tourment d'ignorer, au risque de l'échanger contre un tourment plus âpre, celui de prévoir sans espérer.

La tâche de l'astrologue est ici plus délicate, les méthodes plus compliquées et les résultats plus incertains qu'en matière de pronostics « universels ». Pour ceux-ci, on se contente d'un certain degré d'approximation ; le phénomène qui sert d'indice est plus simple, et il suffit le plus souvent à lui seul pour asseoir le pronostic. Le plus souvent aussi, il n'est pas instantané, mais évolue pour ainsi dire sous l'œil de l'observateur. Pour les pronostics individuels, au contraire, on est obligé de faire tenir virtuellement le futur tout entier dans le point initial, dans l'instant où commence la vie et où l'individualité se sépare des causes qui l'ont engendrée. Autrement, l'individu resterait engagé, comme une molécule passive, dans les collectivités dont il fait partie ; il n'y aurait plus, à vrai dire, de destinées particulières, autonomes, mais seulement des fractions à peu près semblables de destinées communes, comme des morceaux taillés dans la même étoffe. Le dogme fondamental et spécifique de la généthlialogie, celui qui la distingue du système concurrent des καταρχαί, c'est l'idée que la vie de l'individu est déterminée tout entière, en qualité et en quantité, dans ses modes successifs et dans sa durée, par l'action des astres instantanément concentrée sur l'être vivant au moment précis où commence l'existence, moment marqué par l'Horoscope.

I. — Du moment fatidique, conception ou naissance.

Mais les astrologues grecs, auteurs probables de ce dogme, se sont heurtés à une difficulté qu'ils se sont acharnés soit à résoudre, soit à écarter. L'opinion commune faisait commencer la vie à la naissance. Mais cette donnée de sens commun devint bien vite le point de mire des objections. La naissance, disaient les dialecticiens, n'est pas le commencement de la vie : celle-ci reçoit son mouvement initial de la conception, et c'est dans le germe que sont incluses toutes les virtualités qui se déploieront dans le cours de l'existence. C'est donc là, et non lors du passage de la vie intra-utérine à la vie consciente, qu'il faut transporter la frappe instantanée du destin. Ce raisonnement, les philosophes durent l'opposer aux premiers astrologues, car Vitruve semble considérer comme un disciple immédat de Bérose un certain Achinapolus qui l'avait accepté et avait modifié ses méthodes en conséquence [1]. Nous savons, en tout cas, que le calcul du thème de conception, qui devait être le comble de l'art, paraît avoir été appliqué à des cas royaux, peut-être à la conception du roi de Commagène, Antiochus Ier Épiphane, plus probablement à celle de l'empereur Auguste [2].

1. Voy. ci-dessus, p. 36, 2. E. **Maass** (*Aratea*, p. 328) propose un Anchimolus qui serait le Molon des *Thalysia* de Théocrite (VII, 125). Le Trismégiste enseigne que ἐν τῇ καταβολῇ τοῦ ἀνθρωπείου σπέρματος ἐκ τῶν ζ΄ στοιχείων ἀκτῖνες ἐπιπλέκονται ἐφ' ἕκαστον μέρος τοῦ ἀνθρώπου. Les XII signes agissent de même ἐπὶ τῆς ἐκτροπῆς (*Phys. et med. gr. min.*, I, pp. 387 et 430 Ideler). C'est fort ingénieux : le tempérament (il s'agit de médecine) résulte de la collaboration des planètes à la conception et des signes à la naissance.

2. Voy. K. **Humann** et O. **Puchstein**, *Reisen in Klein-Asien und Nord-Syrien*, Berlin, 1891, pp. 333-334. On a trouvé à Nimroud-Dagh, non loin de l'ancienne Samosate, dans les ruines d'édifices élevés par Antiochus, un bas-relief (reproduit ci-après, fig. 41) représentant une conjonction de planètes dans le Lion, planètes énumérées dans l'ordre ♂ ☿ ♃. Il est probable qu'il s'agit d'un thème ou état du ciel à un moment donné. Quel moment? Si l'on tient pour réel et voulu l'ordre des planètes, les calculs astronomiques ne montrent ce rendez-vous possible (et encore, la Lune y manquerait) qu'à la date du 17 juillet 97 avant J.-C. Or, Antiochus se dit né le 16 Audynæos (= déc. 97 ou janv. 96). Donc, en le supposant né à sept mois, il aurait pu être conçu en juillet. Cet enchaînement de postulats est bien fragile. Le roi, qui fonde des anniversaires de sa naissance et de son avènement (10 Lôos), ne fait aucune allusion à sa conception, ni à des thèmes ou horoscopes quelconques. Il est bien vrai que les planètes, dans le Lion, constituent un thème royal (ci-après, ch. XII), et il se peut que le bas-relief soit un symbole astrologique de la royauté d'Antiochus ; mais affirmer qu'il s'agit de la conception

On devine sans peine à quelle difficulté pratique, insurmon-
table, se heurtait cette méthode imposée par les logiciens. En fait,
on ne connaissait le moment de la conception que par celui de la
naissance, et encore fallait-il, pour remonter de l'un à l'autre,
avoir la prétention de connaître exactement la durée de la vie
intra-utérine, durée qui, de l'aveu des astrologues eux-mêmes,
était extrêmement variable. Cependant, les docteurs de l'astrologie n'osaient pas contester la précellence théorique du thème
de la conception, et les praticiens qui prétendaient réussir à le
dresser avant la naissance y trouvaient l'avantage de savoir non
seulement tout ce que devait révéler le thème de nativité, mais

du roi est une conjecture bien aventurée. Le cas éveille les mêmes doutes que
celui de Palmyre (ci-dessus, p. 228 en note). Quant à la conception d'Auguste,
il y a là une question épineuse à débattre. Nous avons déjà vu plus haut
(p. 369, 1) les deux signes généthliaques d'Auguste (Balance et Capricorne)
cités, sans autre réflexion, par Manilius. Fr. Jacob (p. 57, ad v. II, 290) prétend adjuger le Capricorne à Tibère, né le 16 novembre 42 a. Chr. (Suet.,
Tib., 5). Mais des textes précis ne permettent pas cette échappatoire. Germanicus, parlant du Capricorne, dit : *Hic, Auguste, tuum genitali corpore numen...
In caelum tulit* (German., *Arat.*, 557 sqq.). Il s'agit bien d'Auguste mort et non
pas de Tibère. Suétone, de son côté, raconte qu'Auguste divulgua son thème
de géniture et frappa le denier d'argent *nota sideris Capricorni, quo natus est*
(Suet., *Aug.*, 94). L'assertion de Suétone est surabondamment justifiée par
la numismatique. Cf. le mot d'Horace : *Orte Saturno* (*Od.*, I, 12, 50), ♑ étant
la maison de ♄. Une solution assez simple se présente tout d'abord à l'esprit.
La Balance peut être le signe du *mois* dans lequel est né Auguste (23 sept.
63 a. Chr.), et le Capricorne, le signe *horoscope* (voy. ci-après). Scaliger y
avait songé (*op. cit.*, pp. 147-148), mais il constate qu'il faut alors récuser
un autre texte de Suétone, celui où il dit : *Natus est Augustus ... paulo ante
Solis exortum.* En pareil cas, le signe du mois (celui où est le Soleil) est en
même temps le signe horoscope, et, si le Soleil était dans le Capricorne, c'est
qu'on était au mois de décembre. Scaliger pense résoudre le problème en
alléguant le désordre où était le calendrier en 63 a. Chr. (voy. conclusion contraire de W. Soltau, *Röm. Chronol.*, p. 52 sqq.), désordre tel qu'Auguste ne
savait plus lui-même où en était la correspondance des signes et des mois,
et que, Théagène, mal renseigné, a cru bon d'opter pour le Capricorne,
signe qui fait des rois, suivant Firmicus (VIII, 28 Pruckner). Cette explication
n'est acceptable qu'à défaut d'une meilleure. Le thème de la conception a dû
paraître tout d'abord plus savant et probant que celui de la nativité, et il n'a
été abandonné par la suite que en raison de l'incertitude de la donnée première. Si donc Tarutius calculait le moment de la conception de Romulus
(ci-dessus, p. 369), il est à croire que lui ou Théagène en a fait autant pour
Auguste. L'écart entre décembre et septembre correspond à la durée d'une
gestation normale, et *natus* pour *genitus* ou *conceptus* n'est qu'une inexactitude vénielle. Le Capricorne serait, dans l'hypothèse, non pas le signe « horoscope (levé à l'*heure* de la conception) », mais le signe « chronocrator » du
mois de la conception.

encore si le fœtus arriverait à terme, s'il serait viable ou mal conformé, toutes questions qui n'avaient d'intérêt que si la réponse devançait l'événement [1]. On pouvait rechercher les éléments du problème à résoudre dans les thèmes de la géniture des parents, où la destinée des enfants se trouve virtuellement incluse : c'était une voie ouverte par la théorie, mais hasardeuse entre toutes et fermée par l'impossibilité pratique d'aboutir. Il y en avait une autre, qui ne demandait pas tant de virtuosité : l'information directe. Certains astrologues affirmaient, en invoquant le témoignage d'une Cléopâtre quelconque [2], que beaucoup de femmes reconnaissent à des spasmes utérins le moment de la conception. Pour plus de sûreté, ils conseillaient à leurs clients d'adopter le système des « anciens Égyptiens », qui choisissaient pour l'œuvre de chair le jour et l'heure, et vérifiaient à la prochaine époque menstruelle si l'imprégnation avait été obtenue [3]. A cela on objectait que la conception peut ne pas suivre immédiatement la copulation charnelle, et que l'œuvre invisible se parfait à une date inconnaissable [4].

Ptolémée se montre assez embarrassé. Il considère la conception comme le commencement « naturel » de la vie, et il sait que la vie physique elle-même ne va pas sans infusion de l'âme, de l'entéléchie ou premier moteur postulé par la doctrine d'Aristote. Les platoniciens étaient plus exigeants encore : pour eux, la con-

1. Les oracles, au temps de leur décadence, donnaient des consultations de ce genre : les astrologues ne voulaient pas être en reste. Cf. le chapitre *Utrum gravida sit mulier*, cité par les Arabes comme étant de Dorothée (ap. Engelbrecht, p. 31) ; seulement, c'était à la méthode des καταρχαί (ci-après, ch. XIII et XIV) qu'il fallait recourir, et non pas à la généthlialogie.

2. Les astrologues vivant de traditions apocryphes, il y aurait naïveté à se demander si cette Cléopâtre a bien pu être la fameuse reine d'Égypte. On a, sous le nom de Cléopâtre, une Chrysopée, un extrait sur les poids et mesures, sans compter un entretien de Comérius le philosophe avec Cléopâtre et un Dialogue des philosophes et de Cléopâtre (M. Berthelot, *Introd.*, pp. 174-175, 187 etc.).

3. Deux moyens d'information : συναισθητικῶς · πολλαῖς γὰρ τῶν γυναικῶν γίνεται συναίσθησις τῆς συλλήψεως, κλονουμένης τῆς μήτρας καὶ εἰς αὐτὴν συνερχομένης καὶ ἀναρπαζούσης τὸ ἐν τοῖς ἔξω μέρεσι σπέρμα — καθ᾽ ὃ Κλεοπάτρα φησί. Παρατηρητικῶς ἐκ τῶν ἐπιμηνίων · ὅθεν οἱ Αἰγύπτιοι ἐλέγοντο ἅπαξ τοῦ μηνὸς ταῖς γυναιξὶ συνεῖναι, ἐκλεξάμενοι τὴν ὥραν καὶ τὴν ἡμέραν, καὶ εἰ μὲν τοῦ καιροῦ τῆς καθάρσεως ἔγνωσαν τὴν σύλληψιν γεγονέναι, κατ᾽ ἐκείνην ἐσημειοῦντο τὴν ἡμέραν (Anon., p. 88). On reconnaît, au choix du moment, la méthode égyptienne des καταρχαί (ci-après, ch. XIII et XIV).

4. J'entends dire que les Arabes, avec leur théorie du « germe dormant », admettent au besoin des années entre la fécondation et l'accouchement dans l'espèce humaine.

ception est le moment où l'âme préexistante se soude au corps
qu'elle a choisi. Ptolémée se résout, devant l'impossibilité des
constatations nécessaires, à n'exploiter que le thème de la nativité, et il cherche à prouver que ce commencement actif ou « dy-
namique » de la vie, bien que subordonné et postérieur à l'autre,
a une énergie supérieure, parce que cette énergie s'exerce non
plus sur une semence, mais sur un homme complet et s'ajoute
à l'action déjà exercée *dans le même sens* sur l'embryon. Ptolémée
glisse ici dans la doctrine, d'un air de confiance qui le dispense
de démonstration, un postulat énorme. Il prétend que la conception et la naissance, étant des phénomènes liés par une cause
commune, se produisent nécessairement dans les mêmes circonstances, c'est-à-dire sous des influences astrales sinon de tout
point identiques, du moins analogues et de même effet [1].

Ce postulat, nécessaire pour mettre la pratique d'accord avec
la théorie, engendrait lui-même des conséquences singulières qui
entrèrent par l'astrologie dans les doctrines médicales et juridiques. Comme l'analogie postulée entre le thème de la conception
et celui de la nativité ne pouvait se produire et se constater
qu'au moyen des « aspects », par substitution et équivalence d'un
aspect à un autre (συσχηματισμοί), les astrologues enseignaient
qu'un enfant ne naît que quand l'état du ciel se trouve assimilé,
par analogie plus ou moins adéquate des aspects, à l'état qui a
présidé antérieurement à la conception. La géométrie des aspects
représentant des étapes de la durée, puisqu'il s'agit de corps en
mouvement, ce dogme les obligeait à fixer la durée de la gestation, chose qui intéressait de très près médecins et légistes.
L'astrologie, qui touche à tout, entrait là dans le vif d'une question toujours actuelle, et il y a plaisir à voir les efforts qu'ont
faits les « Chaldéens » pour contenter sur ce point la curiosité
universelle.

Ce qui les gênait le plus, c'étaient leurs propres principes.
Quand on en est à spéculer sur des différences infinitésimales

1. *Tetrab.*, III, 1. La conception est l'ἀρχή, et la naissance une καταρχή ;
mais τὸ μέγεθος αὐτῆς [sc. ἐκτροπῆς] τῷ μὲν χρόνῳ γίνεται δεύτερον, ἴσον δὲ καὶ
μᾶλλον τελειότερον τῇ δυνάμει, σχεδόν τε δικαίως ἐκείνη [sc. σπορά] μὲν ἂν ὀνομά-
ζοιτο σπέρματος ἀνθρωπίνου γένεσις, αὕτη δὲ [sc. ἐκτροπή] ἀνθρώπου. Le scoliaste
répète et affirme : [ἡ τῆς ἐκτροπῆς ὥρα] πολλὴν ὁμοιότητα ἔχει πρὸς τὴν τῆς
σπορᾶς καὶ πάντως ἐξ ἀνάγκης εὑρίσκονται οἱ σχηματισμοὶ τῶν ἀστέρων τῶν τότε
παρόμοιοι (Anon., p. 88). Ce « nécessairement » (répété, p. 89) est une échappatoire; il ne répond pas à l'objection : *quod aliud stellarum agmen foret, quo
primum tempore conciperetur homo in utero matris, aliud postea cum in
decem mensibus proximis in lucem ederetur* (Favorin. ap. Gell., XIV, 1, 19).

pour expliquer des écarts énormes entre les destinées des jumeaux, il y a quelque impudence à soutenir que l'analogie est
suffisante entre deux états du ciel à sept, huit, neuf ou dix mois
d'intervalle. Les astrologues ont engagé quand même une lutte
désespérée contre leur propre logique. Ils ne pouvaient pas prétendre que tous les astres se retrouvaient, lors de la naissance,
dans les positions qu'ils occupaient au moment de la conception. Pour simplifier le problème, ils se rabattirent sur les deux
« luminaires », le Soleil et la Lune, ou même sur un seul ; et
comme il était encore impossible de ramener le Soleil au même
point, ou la Lune dans le même rapport avec le Soleil, ils con-
sidérèrent comme accordé ce qu'il fallait démontrer, à savoir
que l'identité de position pouvait être remplacée par une position
symétrique ou concordante.

Voici le système le plus simple, fondé exclusivement sur les
positions du Soleil, tel que l'expose Censorinus d'après « la
méthode des Chaldéens » [1], après avoir passé en revue les diverses opinions des philosophes et médecins. Les Chaldéens
commencent par justifier la simplification du problème en disant
que, si nous dépendons des astres, les astres sont eux-mêmes
menés par le Soleil. « Donc, au moment où le part est conçu,
« le Soleil se trouve nécessairement dans un signe, et dans une
« particule de ce signe : c'est ce qu'ils appellent proprement
« le lieu de la conception [2]. Il y a trente de ces particules
« dans chaque signe, et 360 dans le Zodiaque entier. Les Grecs
« les appellent *moeres*, sans doute parce qu'ils nomment *Moeres*
« les divinités des destins et que ces particules sont comme
« nos destins à nous [3]. Lors donc que le Soleil passe dans le
« signe suivant, il voit sous un aspect inefficace ou même ne
« voit pas du tout ce lieu de la conception ; car la plupart des
« astrologues assurent que les signes voisins ne se voient en
« aucune façon. Quand le Soleil est dans le troisième signe, c'est-
« à-dire séparé par un signe intermédiaire, alors on dit qu'il

---

1. Censorin., *De die natali*, 8. Cf. le résumé versifié par Ausone, *Ecloga-
rium : De ratione puerperii maturi* (pp. 541-546 Toll.).

2. On ne dit guère τόπος τῆς σπορᾶς (ou συλλήψεως), mais, en gros, σπόριμον ζῴδιον. Censorinus appelle l'aspect *conspectus*, le regard ou rayon
conspectus ou *lumen* ou *radius ;* il n'a cure de la distinction entre l'ἀκτίς et
l'ὄψις (ci-dessus, p. 248-249).

3. Cf. ci-dessus, p. 236, 1. P. Pomponazzi (*De Incantat.*, ch. x. Basil., 1556),
dira de même, utilisant comme argument un jeu de mots analogue, que les
Genii sont les *geniturae hominum*.

« commence à voir le lieu d'où il est parti, mais d'un rayon très
« oblique et sans force : c'est l'aspect appelé κατὰ ἑξάγωνον, parce
« qu'il sous-tend là sixième partie du cercle... aspect dont cer-
« tains ne tiennent pas toujours compte, parce qu'il leur semble
« contribuer fort peu à la maturité du fœtus. Mais, parvenu au
« quatrième signe, avec deux signes d'intervalle, le Soleil voit
« κατὰ τετράγωνον, parce que la ligne que suit son regard découpe
« le quart de la circonférence. Quand il est dans le cinquième, à
« trois signes d'intervalle, il regarde κατὰ τρίγωνον, car cette visée
« mesure la tierce partie du Zodiaque. Ces deux aspects, tétra-
« gone et trigone, étant très efficaces, aident beaucoup à l'ac-
« croissement du fœtus. Le regard dirigé du sixième lieu n'a
« aucune action, car son alignement ne forme le côté d'aucun
« polygone. Mais au septième signe, celui qui est en opposition,
« l'aspect très plein et très puissant fait naître certains enfants
« déjà mûrs, qu'on appelle septimestres, parce qu'ils naissent
« au septième mois. Que si la matrice n'a pu mûrir son fruit
« durant cet espace, il ne vient pas au jour le huitième mois (car
« du huitième signe le regard est aussi inefficace que du sixième)[1],
« mais au neuvième ou au dixième mois. En effet, au neuvième
« signe, le Soleil regarde de nouveau le degré de la conception
« κατὰ τρίγωνον [2], et, au dixième, κατὰ τετράγωνον ; aspects qui,
« comme on l'a dit ci-dessus, sont extrêmement efficaces. Quant
« au onzième, on ne pense pas qu'il s'y produise des naissances,
« parce que le rayon désormais languissant envoie sa lumière
« débile κατὰ ἑξάγωνον ; à plus forte raison au douzième, d'où l'as-
« pect est tenu pour nul. Ainsi, d'après ce calcul, les ἑπτάμηνοι
« naissent κατὰ διάμετρον ; les ἐννεάμηνοι, κατὰ τρίγωνον, et les δεκά-
« μηνοι, κατὰ τετράγωνον ».

Voilà bien des débats tranchés d'un seul coup, au nom d'une
théorie qui semblait illuminer le chaos confus des traditions
empiriques [3], en les coordonnant et donnant satisfaction à tout le
monde, sauf à ceux qui tenaient pour la possibilité des naissances au huitième et au onzième mois. Elle flattait la manie

---

1. C'est ce que dit en d'autres termes Plutarque (*Plac. phil.*, V, 18, 8), en
notant les signes incompatibles d'après les « mathématiciens ».

2. On se demande pourquoi Héphestion (ap. Salmas., pp. 643-644) n'admet
pas(?) les naissances suivant ce trigone, trigone de « droite » (δεξιός).

3. Empédocle avait eu une idée géniale ; c'est que, à l'origine, l'homme
était l'œuvre d'un jour solaire, lequel durait autant que dix mois actuels, les
jours ayant été accourcis depuis par l'accélération du mouvement diurne
(Plut., *Plac. phil.*, V, 18, 1 : ci-dessus, p. 12, 2).

des partisans des périodes septénaires, sans donner de démenti, grâce à l'ingénieuse explication des enfants attardés, à ceux qui plaçaient la naissance normale au neuvième mois [1].

Mais Censorinus n'était pas un homme du métier, et il ne nous donne qu'un fragment de la théorie complète, celle qu'on attribue aux disciples de Néchepso et Pétosiris ou d'un Zoroastre tout aussi authentique [2], c'est-à-dire élaborée de compte à demi par les écoles rivales, Égyptiens et Chaldéens. Il ne faut pas oublier que la vie physique procède surtout de la Lune, et il y aurait hérésie notoire à exclure du débat l'astre qui règle et suspend la menstruation. Le luminaire dont il fallait avant tout déterminer la position au moment de la conception, c'était la Lune ; et comme l'action de la Lune dépend étroitement de ses phases, c'est-à-dire de ses rapports de position avec le Soleil, l'astrologue devait, pour déterminer la phase, connaître aussi la position du Soleil.

En ce qui concerne le Soleil, nous venons de voir qu'il doit être, lors de la naissance, en aspect défini — quadrat, le plus souvent — avec le lieu qu'il occupait ἐν σπορᾷ. Pour la Lune, la règle pétosiriaque portait que l'Horoscope de la conception se trouve être le lieu occupé par la Lune lors de la naissance ; et inversement, le signe horoscope de la naissance est celui dans lequel se trouvait

1. On rencontre parmi les dissidents l'astrologue Épigène de Byzance et Hippocrate (— [Epigenes] neque nono fieri posse contendit, nec Hippocrates Cous decimo. Censorin., op. cit., 7). Aristote acceptait le septième, neuvième, dixième et même, seul de son avis, le onzième mois (undecimum mensem Aristoteles solus recipit). Hérophile, Philostrate et autres ne croyaient pas aux naissances à sept mois, qui étaient les plus naturelles aux yeux des Pythagoriciens, disant τὸν ἑπτάμηνον ἠπατημένων ὑποληφθῆναι γυναικῶν (Proclus, in Anal. sacra, V, 2, p. 163 Pitra). Polybe, Dioclès et les « Empiriques » soutenaient, contre tous les astrologues, que les fœtus du huitième mois sont viables (Plut., Plac. phil., V, 18, 3). On comprend l'importance de la question pour les jurisconsultes, qui discutaient sur la légitimité des enfants nés undecimo mense (Gell., III, 16). Hadrien, astrologue amateur, tira les conséquences juridiques de la date de la conception substituée à celle de la naissance (Cf. Gaius, I, 92. 94. Dig., I, 5, 18, etc.).

2. Démophile (ap. Porphyr., Isag., p. 194) et Héphestion (II, 1 et III, 10, ap. Riess, p. 358) ne mentionnent que Pétosiris. Proclus, grand clerc en « oracles chaldéens », ajoute Zoroastre et l'approbation de Ptolémée : Οἱ δὲ περὶ Πετόσιριν Αἰγύπτιοι καὶ Ζωροάστρης διατείνονται καὶ Πτολεμαῖος ἀρέσκεται τὴν μὲν σπορμὴν ὥραν γίνεσθαι εἰς σελήνης τόπον τὸν ἐν ταῖς ἀποκυήσεσι, τὴν δὲ σπορμὴν σελήνην εἰς τὴν ὥραν τῆς ἐκτέξεως (Procl., in Anal. sacr., V, 2, p. 174 Pitra). Ce Ptolémée est l'auteur du Καρπός, lequel ajoute une option, pour l'horoscope de la naissance, entre le signe où était la lune lors de la conception ἢ τὸ τούτου διάμετρον (Centiloq., 51). Le cas ἢ τὸ τούτου διάμετρον prévu par Pétosiris, suivant Démophile (p. 194).

la Lune lors de la conception [1], à moins que ce ne soit le signe diamétralement opposé. Avec l'aspect solaire donnant la durée de la gestation et la position de la Lune indiquant le quantième du mois au moment de la conception, les astrologues se flattaient d'arriver à une date exacte [2]. Seulement, il fallait opter pour un des aspects possibles, et le choix ne laissait pas d'être délicat. Pour assouplir les règles et se donner du champ, les astrologues avaient dressé des barèmes où la durée de la vie intra-utérine était estimée suivant trois cotes : grande, moyenne, petite (ἀπο-κύησις μεγίστη, μέση, ἐλαχίστη), la différence entre la cote maxima et la cote minima étant de 30 jours. Par exemple, pour les δεκαμη-νιαῖοι, la cote maxima était de 288 jours 1/3 ; la cote moyenne, 273 jours 1/3 ; la cote minima, 258 jours 1/3. Pour les ἑπταμηνιαῖοι, la cote allait de 206 jours 1/3 à 176 jours 1/3 [3]. Avec ces chiffres ou d'autres approchant, convertis en mois de différentes lon-gueurs, mois calendaires de 30 jours, mois lunaires de 29 jours 1/2 (révolution synodique) ou de 28 jours (révolution anomalistique, tropique, draconitique), on avait chance de satisfaire les partisans de tous les systèmes [4]. Avec des mois de 28 jours, on pouvait appeler mois révolu ce qui, pour d'autres, était le mois courant :

1. La règle se rencontre énoncée en termes presque identiques dans les textes visés à la note précédente et Vettius Valens (III, 4, ap. Riess, p. 358).

2. Hephaèst. ap. Salmas., pp. 635 sqq. Même comput dans Proclus (*loc. cit.*). Saumaise lit ὡρῶν γ′ (3ʰ) là où Proclus donne ὡρῶν H̄ (p. 175) ou 1/3 de jour. Il a dû confondre *tiers* (γ″) et *trois* (γ′) et ajouter ὡρῶν.

3. Voy. ci-après (p. 382), 278 jours 9 h. 1/3 dans un thème d'Héphestion ; 276 jours dans le *Pap. Brit. Mus.*, CXXX, lig. 17-20, p. 139.

4. Il y a — approximativement — deux espèces de conception : συνοδικὴ et πανσεληνιακὴ σπορά (Valens, *ibid.*), la conception synodique amenant une naissance panséléniaque et inversement (Proclus, p. 164 Pitra). Quant aux conceptions opérées dans les premier et dernier quartiers (ἐν διχομηνίαις), elles amènent l'accouchement soit (du P. Q.) à la pleine Lune, soit (du D. Q.) à la nouvelle. De même l'accouchement survenu ἐν διχομηνίαις résulte d'une conception ou synodique (P. Q.) ou panséléniaque (D. Q.). Affirmations et arrangements symétriques : voilà le procédé ordinaire des astrologues. Voir la discussion des chiffres, mois, jours et heures, dans Saumaise (*op. cit.*, pp. 627-649), qui prend la peine de réfuter les partisans des périodes sep-ténaire et novénaire, et par des arguments qui ne valent guère mieux que les doctrines réfutées. Un homme qui croit, sur la foi d'Aristote, que les femmes égyptiennes *septenos, immo et novenos interdum uno utero gerunt* (p. 645), et que, par privilège spécial, — refusé, par exemple, à Cyrène, — *in Aegypto octi-mestris partus vitalis est* (p. 716), n'a pas voix au chapitre. Les astrologues avaient un moyen fort simple de mettre leurs règles à l'abri des démentis. Ils considéraient les accouchements contraires à ces règles comme des expulsions de fœtus non viables, monstrueux ou idiots, ou, au pis aller, d'enfants dé-pourvus de force génératrice (Proclus, p. 163 Pitra).

par exemple, dire qu'un enfant né à 288 jours était né après dix mois révolus, au lieu de dire qu'il était né au dixième mois [1]

Nous renverrons au chapitre des καταρχαί tout ce qui concerne l'influence présumée des planètes, de leurs phases, stations et rétrogradations, sur les étapes de la vie intra-utérine, un labyrinthe dans lequel la généthlialogie ne veut pas entrer. Celle-ci ne connaît que les frappes instantanées, celle de la conception et celle de la naissance : elle cherche, la date de l'une des deux étant connue, à déterminer la date de l'autre. Il n'y a plus à trouver que des méthodes de calcul pour le problème ordinaire, la recherche du thème de la conception.

On m'excusera de ne pas contrôler ces méthodes : c'est l'affaire des mathématiciens, et c'est déjà courir le risque de surcharger inutilement notre sujet que de signaler en passant les principales. Il s'agit toujours de déterminer la position de la Lune, la phase lunaire étant donnée ensuite par la position du Soleil, laquelle est elle-même indiquée par l'aspect choisi. Voici le calcul proposé par Antiochus d'Athènes [2]. « Considérez, dit-il, dans quel quan« tième de la Lune est né le sujet ; ajoutez à ce chiffre 180 et « soustrayez le tout du mois de la naissance, à raison de 29 (par « mois). Arrivé au jour où s'épuise le nombre, voyez où se trou« vait alors la Lune : le signe où vous la rencontrez sera celui qui « hébergeait la Lune au moment de la conception ». Héphestion trouve la méthode inexacte et en propose une autre. « Soit, par « exemple, un individu né l'an 97 à partir du règne de Dioclétien, « le 30 Athyr, à la sixième heure dans le troisième climat. A cette « heure nous avons trouvé le Soleil dans le Sagittaire 4° environ,

---

1. Proclus (*loc. cit.*) appelle τὰ ἐννεάμηνα les δεκαμηνιαῖοι de Saumaise. Les astrologues chrétiens se sont occupés de cette question à propos de la naissance de J.-C. et des 275 jours qui séparent l'Annonciation (25 mars) de Noël (25 déc.). Ciruelo (I, 3), prônant les naissances tardives, constate que le Sauveur, en sus des neuf mois, *sex diebus in virgineo alvo moram traxit*. Il compte par mois de 30 jours et comprend Noël.

2. Cité par Héphestion γυμνασίας χάριν (II, 1) : le texte dans Engelbrecht, p. 36. Démophile (p. 194) donne aussi une méthode empruntée à Antiochus, qui en a deux (φησὶ δύο ἐφόδους ἔχεσθαι τῆς ἀληθείας). Le texte est trop mutilé pour être utilisé. Voici, d'après le même auteur, le calcul par lequel « certains » (τινές) trouvent l'Horoscope de la conception. Prendre, dans le signe horoscope de la naissance, le degré horoscope ; multiplier les degrés du signe levés au-dessus de l'horizon par la somme des heures (?) et répartir le produit en partant de l'Horoscope, à raison de 30° par signe : καὶ ὅπου δ' ἂν ἐκπέσῃ ὁ ἀριθμός, ἐκεῖνο ὡροσκόπησε κατὰ τὴν τοῦ σπέρματος καταβολήν. C'est la méthode des dodécatémories (ci-dessus, p. 300 sqq.). Scaliger (*Not. in Manil.*, p. 236) bâtit là-dessus des rapprochements chimériques avec un passage de Manilius.

« la Lune dans le Taureau à 47′, et l'Horoscope au Verseau 25°.
« Comme la Lune se trouvait dans les signes à la suite de l'Horos-
« cope, il faut compter à partir de l'Horoscope jusqu'au degré
« occupé par la Lune, et nous trouvons 65° 47′, qui, convertis
« en jours d'après le mouvement quotidien de la Lune, à raison
« de 13° par jour, font 5 jours. Le reste 47′, converti de même
« d'après la course horaire de la Lune, c'est-à-dire, je pense, 33′,
« nous donne environ une heure et un tiers. Ajoutant donc les
« 3 jours 1 heure 1/3 aux jours de la première cote de gestation
« 273 jours 1/3, le total donne 278 jours 9 heures 1/3. Nous dédui-
« sons donc cette somme de jours en remontant à partir du jour
« de naissance, c'est-à-dire du 30 Athyr, sixième heure, et nous
« tombons au 27 Méchir, à la huitième heure de nuit. Déduisant
« encore le quart de jour intercalaire, soit six heures, on arrive
« à l'an 96, 27 Méchir, deuxième heure [1]. »

J'ignore et n'ai nulle envie de rechercher si, le 27 Méchir 96,
la Lune se trouvait bien au rendez-vous indiqué par la règle pétosiriaque, au 25° du Verseau, ou si Héphestion s'est affranchi de
la règle susdite.

Proclus s'attaque au problème inverse, plus intéressant pour
les femmes enceintes et les gens pressés : étant donné le moment
de la conception, prévoir la durée de la gestation. « Supposons,
« dit-il, que, entre la conjonction précédente et l'heure de la
« fécondation (σπορά), il y ait 30°. Il faut prendre ces 30 degrés,
« plus un tiers (de 30), c'est-à-dire 40°, les considérer comme
« autant de jours et les déduire de la conjonction précédente.
« Comme ils dépassent la syzygie consécutive à la fécondation, le
« fœtus naîtra à sept mois. Si vous preniez un nombre de degrés
« moindre, par exemple, 15 et un tiers (de 15), en les déduisant
« comme jours à partir du jour de la conjonction précédente,

---

1. Hephaest. ap. Engelbrecht, pp. 22-23. J'ai dû éliminer de ce texte une
erreur évidente, la Lune dans le Capricorne et pourtant ἐν τοῖς ἑπομένοις τοῦ
ὡροσκόπου (!), et des superfétations de chiffres provenant de gloses. L'année
est, sans conteste, l'année alexandrine : avec l'année vague, le 30 Athyr 97, qui
correspond ici au 27 novembre 381 de notre ère, tomberait au 18 août, et le
Soleil ne serait pas dans le Sagittaire. La position du Soleil a été estimée
d'après le quantième du mois, sans souci de la précession des équinoxes, qui
l'aurait fait rétrograder d'environ 8°. Si la Lune était à 65° 47′ à la suite de
l'Horoscope, elle était nécessairement dans le Taureau. L'auteur a soin de
décompter en sus le quart du jour intercalaire qui avait été inséré 90 jours
auparavant, à la fin des épagomènes de 96 (29 août 381). Cette date de 381 sert
à dater l'ouvrage d'Héphestion, qui ne peut plus être considéré comme antérieur à celui de Firmicus. L'addition prouve bien ici que σογ′, γ′ (sic) signifie
273ʲ 1/3 et non pas 273ʲ 3ʰ (cf. ci-dessus, p. 380, 2).

« vous devriez conclure que l'enfant procréé à cette heure naîtra
« à neuf mois [1]. »

L'exposé ne brille pas par la clarté : je suppose, sans y
regarder de plus près, que « déduire » (ἐκϐάλλειν) signifie, pour
notre auteur, reporter dans le sens du mouvement diurne [2].

En fin de compte, l'établissement du thème de la conception
se heurtait à tant de difficultés que les astrologues sérieux le
reléguèrent parmi les discussions oiseuses, en regrettant probablement de s'être laissé entraîner sur ce terrain où pullulent les
objections, et se contentèrent de spéculer sur le thème de la
naissance [3].

II. — DÉTERMINATION DE L'HOROSCOPE.

Là non plus ne manquaient pas les difficultés, les raisonnements et théories entre lesquels il fallait opter. La généthlialogie
n'est pas arrivée du premier coup à formuler son dogme fondamental, à faire de l'Horoscope, point d'intersection du Zodiaque
avec l'horizon oriental, la maîtresse pièce du thème de géniture.
Le plus ancien texte qui nous renseigne sur la question, celui de
Chrysippe [4], nous montre que l'Horoscope n'était pas nécessaire-

1. Proclus, in *Anal. sacr.*, V, 2, p. 175 Pitra. Suit une vérification géométrique par le σπόριμον τρίγωνον, qui permet de décider si la naissance aura
bien lieu à sept ou à neuf mois. Hors de là, le produit sera ἄλογον ζῷον ἢ τερα-
τῶδες. Proclus vante beaucoup l'utilité du triangle rectangle pythagoricien
(στοιχεῖον τῆς τῶν ὅλων γενέσεως. Io. Lyd., *Mens.*, II, 7), construit d'après la
méthode du philosophe Nestorius, le grand-père de son maître Plutarque,
avec l'ὥρα σπορίμη pour sommet principal, et qui permet de trouver toutes
les puissances à invoquer durant la gestation (*op. cit.*, pp. 177-178). C'est
le triomphe de la magie et de la sottise. Ces gens qui avaient tant de foi dans
leurs incantations n'en avaient, paraît-il, aucune dans la Nature. Le triangle
rectangle, utile pour prévenir les naissances monstrueuses, faisait l'objet
d'un traité spécial de Firmicus : *illic enim ratio trigoni orthogoni, quae a
quibusdam Graecis obscuris videtur involuta, [a nobis] manifestis et brevissi-
mis explicationibus explicata est* (Firmic., VII, 6, p. 200 Pruckner).

2. Sur l'amphibologie de ce terme technique, voy. ci-dessus, p. 289, 2.

3. Nous avons dit que Ptolémée mentionne en théorie et écarte en pratique
le thème de la conception. Le Ps. - Manéthon, de même, se propose de révéler
les décrets des astres σπειρομένοις καὶ τικτομένοις δειλοῖσι βροτοῖσιν
(I, 6) ; mais, en fait, il ne s'occupe que de la nativité. Le thème de la conception pouvait aider à expliquer les différences entre jumeaux, à la condition d'admettre qu'ils n'avaient pas été conçus en même temps. Mais la « superfétation » était elle-même chose fort discutée (voy. ci-après, chap. XVI).

4. Voy. ci-dessus, p. 34, 1. La Canicule ou Chien dont parle Chrysippe est
en dehors du Zodiaque.

ment pointé sur le Zodiaque. On a suffisamment exposé plus haut
que la concentration des forces astrales dans le Zodiaque est
chose artificielle, un postulat d'origine grecque et de but pratique, qui n'a même jamais éliminé complètement les influences
extra-zodiacales. Le texte précité, où le « lever de la Canicule »
ne peut guère s'entendre que du lever héliaque de la constellation, nous donne encore la clef d'un problème qui n'est pas des
plus simples. Qu'entendait-on, dans le monde des astrologues,
par « naître sous tel signe » ?

Pour les généthlialogues de l'âge classique, la question ne se
posait pas, ou se posait tout autrement. Le signe horoscope était
celui que le mouvement diurne faisait monter à l'horizon au
moment précis de la naissance, et, soit comme constellation, soit
comme horoscope, ce signe n'avait qu'une importance secondaire. En vertu de la théorie des « lieux », l'Horoscope n'est
plus que le degré horoscopique, et ce degré sert principalement à établir la position des autres centres, parmi lesquels le
MC. dispute la primauté à l'Horoscope. Les influences à calculer
sont réparties entre les douze lieux et exercées par les planètes,
celles-ci subordonnées à la planète « maîtresse de la géniture ».
Voilà le point d'arrivée de la généthlialogie. On ne saurait douter
que le point de départ n'ait été sensiblement différent. L'idée
qui, aujourd'hui encore, survit au naufrage de l'astrologie, c'est
que l'on naît sous le signe dans lequel se trouve à ce moment le
Soleil. Or, les astronomes appelant lever héliaque d'une étoile
l'époque où on commence à la distinguer dans les premières
clartés de l'aurore [1], il s'ensuit que le signe en lever héliaque est
celui qui héberge à ce moment le Soleil, lequel se trouve déjà
presque au milieu quand le signe « se lève ».

Donc, au début, le signe dominant la géniture était le signe en
lever héliaque, primant tous les autres, en vertu d'une énergie
exaltée et comme surchauffée par la présence du Soleil. C'est la
théorie qui a présidé à la confection des thèmes de conception ou
de géniture d'Antiochus de Commagène et d'Auguste [2]. C'est celle
que Manilius a exposée dans son poème, à côté de la théorie concurrente, dont il n'a pas su la distinguer [3].

---

1. Voy. ci-dessus, p. 111, 3.

2. Ci-dessus, p. 373. Voy. dans Letronne (op. cit., p. 202) la mention de
Pétémenon, né en janvier 95 p. Chr., sous le signe du Capricorne.

3. On rencontre, dans Manilius, deux séries indépendantes de pronostics
tirés du signe horoscope : dans la première (IV, 122-292), le poète vise —
sans le dire expressément — l'horoscope de mouvement diurne, calculé à la

Ce premier système, facilement intelligible, avait un inconvénient capital, qui le fit tomber en discrédit auprès des dialecticiens ; c'était de répartir un pronostic uniforme, de tempérament ou de destinée, sur tous les individus nés dans le même mois [1]. Les astrologues, traqués par les incroyants, se rejetèrent du côté des mesures exactes ; ils voulurent marquer non plus l'époque, mais l'heure, et que l'indicateur de l'heure ou Horoscope changeât d'instant en instant par le fait du mouvement diurne. Dès lors, le signe horoscope était celui qui se lève au moment où naît l'enfant dont il fixe la destinée. Il se pouvait que ce signe fût, par surcroît, celui qui hébergeait le Soleil ; mais cette conciliation entre les deux théories ne se réalisait que pour les enfants nés au lever de l'aurore [2]. D'autres considérations ont dû contribuer aussi à faire abandonner le signe en lever héliaque ou mansion solaire. D'abord, la concurrence du signe occupé — et occupé moins longtemps [3] — par la Lune, signe plus facile à apercevoir et pouvant être à l'horizon ou au-dessus de l'horizon aussi bien la nuit que le jour. C'était, en effet, un principe de sens commun, conservé avec obstination par Ptolémée, que les astres, une fois sous terre, n'agissent pas ou n'ont qu'une action négative sur sa face supérieure [4], et la doctrine même de l'horoscope suppose que

manière des généthlialogues ; dans l'autre (IV, 503-582), l'horoscope en lever héliaque. Sur ce dernier point, le doute n'est pas possible. C'est au lever héliaque que s'appliquent les expressions : (*signa*) *ortu | Accipiunt proprias vires ultraque remittunt* (IV, 504-505), et le refrain : *ubi se summis Aries extollet ab undis* (505) ; — *Geminos cum profert unda* (525), etc. ; c'est bien lorsque le Soleil est dans le Cancer que celui-ci, *velut exustus Phoebeis ignibus ignis*, est enfumé de vapeurs (530 sqq.) : enfin, ce n'est pas du lever diurne que le poète dit : *Sed cum autumnales coeperunt surgere Chelae* (547). Manilius a suivi d'abord un auteur inféodé au premier système, et recommencé sa cantilène à la suite d'un autre, en toute ingénuité. Il est étonnant que Scaliger (p. 305) soit resté muet sur la question.

1. Voy. les « types » d'individus nés sous les différents signes dans les *Philosophumena*, IV, 3, pp. 84-93 Cruice, portraits imputés non à l'astrologie, mais à la divination « métoposcopique », devenue ici une vassale de l'astrologie.

2. On ne manque pas de supposer le cas réalisé pour Auguste (ci-dessus, p. 373, 2). Théagène s'est ainsi dispensé d'opter entre les deux systèmes.

3. La Lune franchit un signe en un peu moins de 2 jours 1/2.

4. Dans un des deux thèmes chaldéens cunéigraphes du temps des Arsacides (ci-dessus, p. 50), le signe sous lequel est né l'enfant, entre minuit et l'aube, est celui de la Lune, et non pas celui du Soleil, qui est sous terre ; dans l'autre, l'enfant est né « sous Jupiter (*Te-ut*) levé toute la nuit ». Il n'est pas question de l'Horoscope classique, de la coïncidence du lever soit de la Lune, soit de Jupiter, avec la nativité. Sur l'élimination du ciel souterrain par Ptolémée, voy. ci-dessus, pp. 270, 1. 272, 1. 349, 3. 356, 2.

l'action initiale d'où dépend tout le reste *commence* au lever de l'astre horoscope. A ce point de vue, le signe occupé par le Soleil n'avait prise que sur les génitures diurnes, les nocturnes — c'est-à-dire plus de la moitié des cas, au dire des statisticiens — échappant à son influence [1].

C'est donc après avoir essayé de divers expédients [2] et abandonné le recours aux positions de l'un comme de l'autre luminaire par rapport au Zodiaque que l'astrologie savante a créé la doctrine purement grecque de l'Horoscope instantané, ni signe, ni planète [3], mais lieu géométrique, point de départ de la graduation du cercle de la géniture.

Nous pouvons ajourner sans inconvénient les discussions relatives à la difficulté — les adversaires de l'astrologie disaient l'impossibilité — de déterminer avec précision le point horoscopique. La visée directe étant le plus souvent impraticable, les astrologues se servaient des tables d'ἀναφοραί. Avec ces tables, il suffisait de savoir à quel degré d'un signe se trouvait pour le moment le Soleil et quel angle cet astre faisait avec l'horizon, angle mesuré soit directement par l'astrolabe ou le gnomon, soit, en fonction du temps, par la clepsydre [4]. Ptolémée ne veut ni de l'une ni de

---

1. Avec le Soleil à l'horoscope, c'est-à-dire *in signo horoscopi*, il pouvait y avoir quand même quelques génitures nocturnes, à l'aube, quand l'astre était encore au-dessous de l'horizon (cf. Firmic., III, 5, 11 Kroll).

2. Par exemple, l'idée populaire, mais d'origine astrologique ou altération d'une doctrine astrologique, que chacun a son étoile au ciel, étoile gardienne, naissant et mourant avec lui. *Sidera quae adfixa diximus mundo, non illa, ut existimat vulgus, singulis attributa nobis, et clara divitibus, minora pauperibus, obscura defectis, ac pro sorte cujusque lucentia adnumerata mortalibus, nec cum suo quaeque homine orta moriuntur nec aliquem exstingui decidua significant* (Plin., II, § 28). Même croyance combattue par l'évêque Eusèbe d'Alexandrie (p. 17 Thilo), qui, la poussant à l'absurde (ὅσοι ἀστέρες, τοσοῦτοι καὶ ἄνθρωποι), répond : il n'y avait donc que deux étoiles au ciel au temps d'Adam et d'Ève, et huit quand Noé est sorti de l'arche avec les siens? La chute d'une étoile filante était symbole de conception pour les néoplatoniciens, de mort pour le « vulgaire » (cf. ci-dessus, p. 362).

3. L'auteur de d'*Hermippus* ne veut pas de cette abstraction ; il définit l'Horoscope ὁποῖος τῶν ἀστέρων κατὰ τὸν καιρὸν τῆς γενέσεως ἄνεισι τὸν ὁρίζοντα (*Hermipp.*, II, 6, p. 44 Kroll). C'est un amateur qui revient d'instinct à la vraie tradition.

4. Ptolem., *Tetrab.*, III, 2. C'est le Soleil qui marque l'heure : *ut ratio signis ducatur ab illis | In quis Phoebus erit* (Manil., III, 299 sqq.) — *parte ex illa quam Phoebus habebit* (III, 442). Avec des tables de la Lune ou des planètes, on pouvait prendre l'heure à un autre astre. Les estimations en degrés et minutes que nous avons rencontrées dans les thèmes de géniture ne provenaient certainement pas de l'observation directe.

l'autre méthode. Ce qui lui a fait chercher un autre biais, ce ne
sont pas seulement les chances d'erreur inhérentes à l'opération
et qu'il ne manque pas de faire valoir. Le motif, qu'il n'avoue pas,
c'est le désir d'esquiver une objection redoutable, insoluble par
réfutation directe : à savoir que, la parturition n'étant pas un acte
instantané, il ne peut pas y avoir non plus d'Horoscope instantané. Ptolémée a trouvé une solution ingénieuse, fondée sur
des postulats qu'il n'est pas impossible de restituer. De même
que la parturition, quoique comportant des étapes successives,
n'en est pas moins un acte unique, de même, dans un signe
horoscopique pris en bloc, il *doit* y avoir un point, un degré qui
est excellemment et spécialement horoscope [1]. Ce point *doit* être
en rapport naturel, exactement défini, avec les générateurs universels, les luminaires, et plus particulièrement encore avec le
patron particulier que les astrologues appellent « l'œcodespote »
ou « maître de la géniture ». Ce patron individuel, mis lui-même
en rapport avec les deux luminaires, concentre en lui et dispense
à son client, en le marquant de son empreinte, l'énergie dont il
est le véhicule intermédiaire.

Déterminer le degré horoscope revient donc, pour Ptolémée, à
discerner la planète maîtresse de la géniture et à supposer que
le degré horoscope est placé dans son signe exactement comme
cette planète l'est dans le sien. Voici la méthode qu'il conseille
à ses adeptes, méthode assez compliquée pour dérouter les faiseurs d'objections. Observer d'abord la syzygie lunisolaire, conjonction ou opposition, qui a précédé la nativité, c'est-à-dire en
pointer le lieu sur le cercle. Cela fait, chercher, parmi les planètes,
celle qui « domine » le lieu susdit, pour une ou plusieurs des
raisons (λόγοι-ψήφοι) suivantes : parce que le lieu est soit dans son
trigone à elle, soit dans son *domicile*, soit dans son *hypsoma,* soit
dans ses ὅρια ; ou encore parce qu'elle est elle-même, par rapport
au Soleil, dans un *aspect* ou *phase* particulièrement efficace (par
exemple, en phase orientale). Cette planète maîtresse étant pour
ainsi dire choisie au concours, noter le degré qu'elle occupe dans
le signe où ellè se trouve, et, connaissant par les tables le signe

---

1. Connaître le signe horoscope est chose aisée : la difficulté est de préciser
le degré : ἰστέον δὲ οὐκ αὐτὸν τὸν ὡροσκόπον ἐπαγγέλλεταί σοι διδάσκειν
[Πτολεμαῖος], ἀλλὰ διὰ κανόνος προγνωσθέντος αὐτοῦ, διὰ τῆς νῦν ῥηθησομένης
μεθόδου τὴν μοῖραν αὐτὴν καὶ τὴν Θέξιν εὑρίσκειν (Anon., p. 90). Toutes les
méthodes exposées ci-après sont rectificatives et s'appliquent au signe horoscope déjà connu. La syzygie est considérée comme un point de repère naturel,
où s'associent dans une action commune et souveraine les deux luminaires.

horoscope, placer dans ce dernier signe l'Horoscope au **degré** correspondant [1].

Cette règle, qui n'est pas déjà si simple, s'encombre encore de toute une casuistique en vue de l'application. La syzygie - conjonction n'a qu'un lieu; mais la syzygie - opposition en a deux, entre lesquels il faut opter. L'option doit se faire en faveur du lieu occupé par celui des deux luminaires qui était au-dessus de l'horizon au moment de la syzygie [2]. Mais la grande difficulté était la comparaison des titres des planètes à l'œcodespotie. D'abord, on l'a vu, tout le monde n'était pas d'accord sur la valeur respective de ces titres [3]. Ensuite, il pouvait arriver que, tout compte fait, plusieurs planètes fussent également qualifiées. Alors, il fallait faire intervenir de nouveaux motifs de classement, le sexe, l'αἵρεσις, la moindre distance par rapport à l'Horoscope. Enfin, ce rapport de distance pouvait créer un nouvel embarras. Quand la planète choisie était plus voisine de la culmination que de l'Horoscope présumé, on appliquait la règle à la culmination, et on déterminait ensuite par celle-ci l'Horoscope, qui, ainsi subordonné, méritait à peine son nom [4].

1. Il faut citer ce texte, qui a une importance capitale. Δεῖ δὴ λαμβάνειν τὴν τῆς ἐκτροπῆς προγινομένην ἔγγιστα συζυγίαν, ἐάν τε σύνοδος ἢ ἐάν τε πανσέληνος, καὶ τὴν μοῖραν ἀκριβῶς διασκεψομένους. συνόδου μὲν οὔσης τὴν ἀμφοτέρων τῶν φωτῶν, πανσελήνου δὲ τὴν τοῦ ὑπὲρ γῆν αὐτῶν ὄντος [κατὰ τὸν χρόνον τῆς ἐκτροπῆς], ἰδεῖν τοὺς πρὸς αὐτὴν οἰκοδεσποτικὸν λόγον τῶν ἀστέρων, τοῦ τρόπου τοῦ καθόλου τοῦ κατὰ τὴν οἰκοδεσποτίαν ἐν πέντε τούτοις θεωρούμενον, ἐν τριγώνῳ τε καὶ οἴκῳ, καὶ ὑψώματι, καὶ ὁρίῳ, καὶ φάσει ἢ συσχηματισμῷ, τουτέστι ὅταν ἕν τι· ἢ καὶ πλείονα τούτων ἢ καὶ πάντα ὁ ζητούμενος ἔχει τόπος πρὸς τὸν μέλλοντα οἰκοδεσποτήσειν. Ἐὰν μὲν οὖν ἕνα πρὸς ταῦτα πάντα ἢ τὰ πλεῖστα οἰκείως διακείμενον εὑρίσκομεν, ἣν ἂν ἐπέχῃ μοῖραν οὗτος ἀκριβῶς καθ' ὃ παροδεύει δωδεκατημόριον ἐν τῷ τῆς ἐκτροπῆς χρόνῳ, τὴν ἰσάριθμον αὐτῇ κρινοῦμεν ἀνατέλλειν ἐν τῷ διὰ τῆς τῶν ἀναφορῶν πραγματείας εὑρημένῳ ἐγγυτέρῳ δωδεκατημορίῳ (Ptol., *Tetrab.*, III, 2). Cf. Anon., pp. 91-92; Porphyr., *Isag.*, pp. 191-192; Hephaest., II, 2, ap. Salmas., *op. cit.*, Praef., f. 3. La planète la plus rapide ne se déplace pas sensiblement durant l'accouchement le plus laborieux. Sur φάσει ἢ συσχηματισμῷ, cf. ci-dessus, p. 238, 2.

2. Le scoliaste nous avertit que beaucoup de gens comprenaient mal le texte de Ptolémée et croyaient qu'il fallait prendre la position du luminaire qui se trouvait au-dessus de l'horizon au moment de l'accouchement. La glose qu'il condamne : κατὰ τὸν χρόνον τῆς ἐκτροπῆς, et qui se trouve, dit-il, ἐν πλείστοις τῶν βιβλίων, a été mise plus haut entre crochets. Proclus (*Paraphr.* III, 3, p. 156 Allat.) la reproduit. Junctinus (p. 119) tient aussi pour le moment de la naissance, mais en supposant que toute naissance nocturne sera lunaire.

3. Cf. ci-dessus, pp. 238-239.

4. Ceci rentre assez dans la physique de Ptolémée, qui accepte l'hégémonie de l'Horoscope, imposée par la tradition, mais attribue plus d'énergie naturelle au MC. (ci-dessus, p. 271, et ci-après, p. 416, comme τόπος ἀφετικός).

Que Ptolémée ait créé de toutes pièces ou seulement perfectionné sa méthode [1], il eut des émules, peut-être même des devanciers. Annubion, d'époque probablement antérieure, avait tout simplement appliqué à l'invention de l'Horoscope le calcul usité pour les dodécatémories et κλῆροι. Pour les génitures diurnes, prendre la distance du Soleil à la Lune et la « déduire » en partant du Soleil : là où elle prend fin, là est l'Horoscope. Pour les génitures nocturnes, opérer de la même façon avec la distance de la Lune au Soleil [2]. Paul d'Alexandrie expose d'après les « sages Égyptiens », éternels plastrons des mystificateurs, jusqu'à cinq méthodes « naturelles » pour trouver le degré nécessaire de l'Horoscope. Pour ces gens-là, « naturel » signifie qui n'est pas géométrique. Le signe horoscope une fois désigné, ils placent le degré horoscope entre ses limites, partout où l'attire une affinité élective imaginée par eux. L'un prend un tableau où les planètes sont réparties au degré dans chacun des signes, répartition identique pour les signes d'un même trigone [3]; et il pointe comme degré horoscope, dans le signe horoscope, un degré appartenant à la planète qui devient « maîtresse de l'époque (κύριος τῆς ἐποχῆς) », parce que le luminaire chef de secte (τὸ αἱρετικὸν φῶς) — c'est-à-dire le Soleil pour les génitures diurnes, la Lune pour les nocturnes — se trouve actuellement dans un degré à elle appartenant. Un autre, appliquant autrement la même idée, place l'Horoscope dans les ὅρια de la planète qui a pour le moment la Lune sur ses propriétés ainsi dénommées. Un troisième prend pour point de repère, comme Ptolémée, la syzygie précédant la

---

1. Je crois reconnaître la main de Ptolémée dans l'effort fait pour unifier la doctrine apotélesmatique en ses deux parties, universelle et particulière. Les syzygies (dont il sera beaucoup question encore dans le calcul de la durée de la vie) sont, en généthlialogie, ce que sont les éclipses dans les pronostics « catholiques » : ce sont des quasi-éclipses, se produisant aux points écliptiques. La planète qui domine la dernière syzygie a la maîtrise jusqu'à la suivante, c'est-à-dire durant un demi-mois. On peut trouver après coup des raisons physiques et philosophiques au rôle capital des syzygies. La vraie raison, c'est qu'elles tiennent la place des éclipses : la N. L., la place des éclipses de Soleil ; la P. L., la place des éclipses de Lune.

2. Annubion, ap. Kœchly, *Manethon.*, p. 117. Si la distance est insuffisante, on se rejette sur l'aspect quadrat ou diamétral du point où l'on s'est arrêté (χρὴ τετράγωνα 𝔖' ὁρᾶν καὶ διάμετρα τόπων). Il se peut que par μέχρι Σεληναίης ἀστέρος ἱσταμένου, il faille entendre la N. L.; mais le mot peut aussi être une cheville. Cf. ci-dessus (p. 306, 6) le transfert de l'Horoscope par κλῆρος βάσεως.

3. C'est la méthode des κατὰ τρίγωνον μονομοιρίαι. Le texte de Paul d'Alexandrie (fol. Q2-R) est en mauvais état, et les chiffres du tableau y annexé ne concordent pas avec les données du texte.

nativité, cherche la planète à qui appartient, soit comme confins (ὁριοκράτωρ), soit comme domicile (οἰκοδέκτωρ), le lieu de la syzygie, balance les titres des planètes à la maîtrise et choisit celle qui occupe, dans le signe où elle est, le plus fort quantième, lequel devient le quantième de l'Horoscope. C'est une ébauche ou une simplification de la méthode de Ptolémée, laquelle est mentionnée brièvement au quatrième rang, et sans enthousiasme. On avait trouvé mieux, en effet. Le comble de la virtuosité, c'était d'instituer un concours entre la planète qui dominait la syzygie antérieure à la conception et celle qui avait le même droit sur la syzygie antérieure à la naissance, — ce droit, fondé sur la théorie des trigones combinée avec l'αἵρεσις, — et d'adjuger l'honneur de déterminer l'Horoscope à la plus méritante.

Ce serait perdre son temps que de chercher quelque logique dans ces arcanes. Leur raison d'être leur est extérieure. Ce sont expédients de gens mis aux abois par l'impossibilité de résumer la naissance en un instant indivisible pour la faire correspondre avec un Horoscope également instantané.

III. — Interprétation du thème de géniture.

Supposons donc l'Horoscope convenablement rectifié, le cercle de la géniture divisé en quatre quadrants et douze lieux, la position des luminaires et des planètes par rapport aux signes et aux lieux pointée sur le cercle, et leurs « aspects » dûment déterminés. C'est là le thème (θέμα - διάθεμα - γένεσις - *constellatio*) qu'il s'agit maintenant d'interpréter, pour en tirer tous les pronostics qu'il contient.

Le système des « lieux » ayant été imaginé précisément pour localiser les pronostics, et au point de vue de leur nature et au point de vue de leur échéance dans les quatre âges de la vie, il semble qu'il n'y avait qu'à examiner successivement les cases du cercle de la géniture et à noter les signes et planètes qui s'y trouvent, en présumant les effets de leur présence, de leurs aspects, rapports, combinaisons et réactions réciproques. C'est bien ainsi que l'entendaient les astrologues de moyenne envergure, avant et après Ptolémée. Ils dénombrent les effets des corps célestes, planètes surtout, dans les douze compartiments, en accordant une attention toute spéciale aux « centres » et recommençant patiemment leurs énumérations pour chaque planète prise isolément, pour les planètes associées deux à deux ou même trois à trois, par contact ou autrement, sans oublier de noter leurs rapports avec leurs domaines propres ou les domaines d'autrui. Mais nous avons vu que la théorie des lieux fixes était tenue en échec et adultérée par des systèmes concurrents de lieux mobiles — dodécatémories ou sorts — qui passaient pour avoir une influence plus efficace ou plus spécifique.

En présence de tous ces procédés enchevêtrés et combinés à l'aventure, Ptolémée voulut faire œuvre originale. Il prit dans les divers systèmes les parties susceptibles de se souder en un tout cohérent et expulsa le reste de la généthlialogie systématisée, dégagée autant que possible de l'ingérence des καταρχαί.

Ptolémée range les pronostics en quatre catégories, qui composent la « partition généthlialogique ». Ces pronostics visent :

A. Les faits antérieurs à la naissance ;
B. Les faits précédant *et* suivant la naissance ;
C. Les faits accompagnant la naissance ;
D. Les faits postérieurs à la naissance.

Ptolémée n'oublie pas, à cette occasion, de déclarer qu'il se propose de simplifier la doctrine, d'en éliminer les raffinements inutiles et de n'y admettre que des explications « naturelles » [1]. Nous sommes habitués à ce refrain pudibond. On se demande, en dénombrant les exigences de l'art simplifié, ce que pouvait bien être la tâche de l'astrologue avant que Ptolémée ne l'eût allégée.

Pour chacun des problèmes posés dans les quatre catégories susdites, il convient et il suffit de rechercher :

1° Certains « lieux propres » (οἰκεῖοι ou ὠκειωμένοι τόποι) où sont fixées les diverses influences qui régissent la vie humaine, suivant un choix fait dans les systèmes exposés plus haut, et la correspondance de ces lieux avec les signes du Zodiaque ;

---

1. *Tetrab.*, III, 3, pp. 148-149 Junctinus (texte cité plus haut, p. 299, 2). C'est un congé signifié aux κλῆροι et à l'arithmétique égyptienne. Il a rejeté de même « l'ancienne méthode de pronostiquer » qui prétendait tenir compte de tous les astres (ci-dessus, p. 125, 2. Cf. Anon., p. 89). Pour les κλῆροι, le scoliaste (p. 94) remarque que « l'Ancien » ne les rejette pas tous, mais seulement τοὺς ἀνυποδείκτους. L'apotélesmatique de Ptolémée est un triage fait dans une foule de systèmes nés indépendants les uns des autres. Tel interprétait la coïncidence de l'Horoscope avec les signes ; tel autre, avec les planètes ; tel avec les décans, avec les ὅρια, avec les degrés pleins ou vides, avec le degré en soi (μονομοιρία). A la considération de l'Horoscope s'ajouta celle des autres « centres », ce qui triplait ou quadruplait les pronostics : enfin, les aspects remplaçant la présence réelle, les données étaient susceptibles de s'accroître indéfiniment.

2° Les planètes qui sont maîtresses ou « œcodespotes » du lieu envisagé, par un des cinq modes énumérés précédemment.

Voilà pour l'outillage; abordons maintenant l'interprétation. On pronostique :

1° La *qualité* (τὸ ποῖον) du présage, d'après la nature des planètes et des signes occupés tant par les planètes que par les lieux ;

2° L'*intensité* (τὸ μέγεθος) de l'effet attendu, d'après l'énergie des planètes, énergie variable suivant leur position par rapport aux étapes soit de leur mouvement propre, soit du mouvement diurne [1] ;

3° Le *temps* ou échéance du présage, d'après la position des planètes par rapport au Soleil et à l'Horoscope [2].

A. — *Les faits préexistant à la naissance* (τὰ πρὸ τῆς γενέσεως). — L'astrologie avait la prétention d'être en pleine possession du trépied divinatoire, le passé, le présent, l'avenir. Selon que l'on remonte ou qu'on descend l'enchaînement immuable des causes et des effets, on peut conclure également bien d'une donnée présente à l'avenir ou au passé [3]. La destinée des parents conditionne et contient virtuellement celle de leur postérité ; de même, le thème de nativité d'un enfant peut renseigner sur la destinée passée, présente, future de ceux qui l'ont engendré.

Évidemment, les astrologues n'ont pas dû s'en aviser tout de suite : ils y ont été poussés par les objurgations des métaphysiciens [4], par les suggestions de leur propre casuistique [5], peut-être même par la curiosité de clients qui, en possession d'un

---

1. Ptolémée mesure l'énergie des planètes à deux points de vue : 1° au point de vue général, c'est-à-dire en tout temps (κατὰ τὸ κοσμικόν), les planètes sont δραστικώτατοι quand elles sont : *a*) ἐν οἰκείοις ἢ καὶ ἰδίοις τόποις; *b*) ἀνατολικοὶ καὶ προσθετικοὶ τοῖς ἀριθμοῖς; faibles dans les cas inverses (cf. ci-dessus, p. 113, 1); 2° au point de vue ou au moment de la nativité (κατὰ γένεσιν), elles sont actives ὅταν ἐπὶ τῶν κέντρων ἢ, τῶν ἐπαναφορῶν παροδεύωσι, καὶ μάλιστα τῶν πρώτων, λέγω δὲ τῶν κατὰ τὰς ἀναφορὰς καὶ τὰς μεσουρανήσεις, faibles dans les ἀποκλίματα.

2. Ἑῷοι μὲν γὰρ ὄντες ἢ ἐπίκεντροι καταρχὰς γίνονται δραστικώτεροι, ἑσπέριοι δὲ ἢ, ἐπὶ τῶν ἐπαναφορῶν, βράδιον. Cf. Anon., pp. 92-95.

3. *Propria est [Chaldaeorum] genethlialogiae ratio, uti possint ante facta et futura ex ratiocinationibus astrorum explicare* (Vitruv., IX, 4 [7]). — Οὐ μόνον τὰ μέλλοντα ἐξετάζουσιν, ἀλλὰ καὶ τὰ παρεληλυθότα καὶ τὰ πρὸ τῆς γενέσεως (Bardesan., ap. Euseb., *Praep. Ev.*, VI, 11, 58).

4. Voy. ci-après, ch. XVI. Les pronostics concernant le passé fournissaient argument à la thèse néoplatonicienne des astres *signes* et non *causes* des faits (σημαντικά, non ποιητικά).

5. Il est clair que si l'astrologue prédisait à un client qu'il deviendrait orphelin à telle date, il prédisait par là même la mort des parents de celui-ci.

thème connu, celui d'un fils, les consultaient sur le thème inconnu des parents [1].

C'est aux pronostics concernant les parents que Ptolémée réduit la catégorie sus-indiquée [2]. Le scoliaste y distingue quatre questions principales, à savoir : 1° les parents sont-ils heureux (εὐτυχεῖς, c'est-à-dire riches) ou malheureux ; 2° transmettront-ils à leurs enfants leurs infirmités ; 3° leur vie sera-t-elle courte ou longue ; 4° comment mourront-ils ?

Il y a dans le système des « lieux » une case (la IVᵉ en IMC.) consacrée aux « parents », sous le patronage du « père Saturne [3] » (ci-dessus, fig. 31), et la méthode des κλῆροι (p. 305) permettait de remplacer cette case par une autre ou deux autres, lieu du père, lieu de la mère. On pouvait extraire de là les pronostics. Ptolémée se rallie à une autre méthode, qui distingue entre le père et la mère. Elle consiste à observer dans quelles conditions se trouvent les planètes qui symbolisent la paternité (⊙ pour les naissances diurnes, ♄ pour les nocturnes) et la maternité (♀ diurne et ☾ nocturne). Il tombe sous le sens que, si leur position respective est en « aspect » favorable et leur entourage (δορυφορία) à leur goût, — par exemple, si le Soleil est entouré de planètes en phase matinale et bien logées ; la Lune, de planètes en phase vespérale et bien logées, — le pronostic ne peut être que favorable. C'est l'inverse dans le cas contraire, surtout si Mars suit de près le Soleil,

1. Il y avait parmi ces clients des fils pressés d'hériter : *motus astrorum ignoro ; funus promittere patris | Nec volo, nec possum* (Juven., III, 42 sqq.) ; des fils ou des pères soupçonneux qui se livraient à la recherche de la paternité ; des parents qui, ignorant la date de leur propre naissance, cherchaient leur destinée dans le thème des enfants, etc. Voy. dans Firmicus les chapitres *Filiorum cum patribus dissidentium geniturae* (VII, 9 Pruckner). — *Parentum mortis tempus et conditio* (VII, 10). — *Orborum filiorum natalia genituraeque* (VII, 11). — *Adoptivorum filiorum geniturae* (VII, 12).

2. *Tetrab.*, III, 4 (Περὶ γονέων). Cf. Anon., pp. 95-100. Ces pronostics suppléent à ceux qu'on aurait tirés directement du thème du père ou de la mère. Ainsi, le thème de l'enfant peut expliquer que la mère meure en couches ; on l'aurait prévu si on avait su que la mère avait son Horoscope dans le « cœur du Bélier » (♈ 17° Firmic., VIII, 19), ou en ♋ 12° (VIII, 21), ou en ♐ 16° (VIII, 27). Firmicus abonde en pronostics concernant les parents — surtout leur genre de mort — d'après la géniture de l'enfant. Fr. Junctinus (*op. cit.*, p. 185) donne une *Figura nativitatis patris ex genitura filii facta*, à l'exemple de Cardan, qui restitue d'après sa propre géniture le thème de son père (p. 342, différent du thème réel, donné p. 633), de sa mère (p. 635), de ses deux derniers enfants (p. 666), et fait aussi bien l'opération inverse (ci-après, p. 394, 1).

3. Ou plutôt, qui était à l'origine — dans le système de Manilius — sous la tutelle de Saturne (ci-dessus, fig. 30, pp. 277-278).

ou Saturne la Lune, à cause de l'opposition de secte (αἵρεσις). En ce qui concerne la vie du père, elle sera longue si Saturne se trouve associé à Vénus ; précaire, si Mars accentue son ingérence ou si Saturne est en aspect fâcheux avec le Soleil ; menacée d'une fin soudaine et prochaine par la prédominance exagérée de Mars. Mêmes conclusions, en ce qui concerne la vie de la mère, fondées sur les positions respectives de la Lune, de Vénus et de Jupiter, avec ou sans ingérence de Mars et de Saturne [1].

Si l'on veut des détails plus amples ou plus précis sur les accidents et maladies à redouter pour les parents, il faut construire un thème spécial avec la planète maîtresse pour Horoscope [2], et aussi faire entrer dans le calcul le caractère des signes dans lesquels se trouvent les planètes opérantes—une exégèse dont nous aurons occasion plus loin de signaler la navrante puérilité.

B. — *Faits précédant et suivant la naissance* (τὰ πρὸ τῆς γενέσεως καὶ μετὰ τὴν γένεσιν). — Les pronostics de cette catégorie [3] ne s'appliquent qu'aux frères et sœurs nés de la même mère. La consanguinité n'est pas un lien suffisant ; c'est dans la mère que se localise le commencement de la vie, conception ou naissance. Aussi, la première chose à faire est de déterminer le « lieu de la mère »,

---

1. On rencontre çà et là des bribes d'autres systèmes. Le père meurt prématurément si l'enfant naît avec ♄ au IVᵉ lieu (Firmic., III, 2, 8-9 Kroll). Maladies envoyées aux parents par ♄ (Maneth., III, 276) et par ♂ (I, 168) : père et mère tués par ♄ et ♂ (I, 328-337). Mort violente des parents par défluxion de la Lune de ♂ à ♄, ou de ☉ à ♂ (Firmic., IV, 11, 6-7 ; 12, 9-10), surtout lorsqu'elle est pleine au moment où elle s'enferre sur le rayon de Mars (Anon., p. 97). Cf. ci-dessus, (p. 249, 1) l'ἀκτινοβολία. Cardan accumule les observations faites sur ses enfants et petits-enfants pour démontrer le choc en retour, l'influence des nativités d'enfants sur la destinée des parents et grands-parents (*op. cit.*, pp. 652-666). Son propre thème (*Nativitas nostra ex primogeniti, filii ultimi, filiae, nepotis, etc. nativitate*, pp. 632, 663, 665, 669) change à chaque naissance. Il découvre ainsi neuf périodes distinctes (*status novem*) dans sa propre existence, sans compter le thème de sa conception, qu'il connaît très bien *juxta dictum matris* (p. 632). Ce sont des combinaisons de la généthlialogie avec les καταρχαί, suivant une méthode analogue à celle des *Revolutiones* (ci-après, ch. xiv), qui introduit dans le thème initial le calcul des influx successifs considérés à certaines dates critiques.

2. Λάμβανε ὥσπερ ὡροσκόπον τὸν σημαίνοντα ἀστέρα καὶ τὰ ἐφεξῆς ζῴδια (Anon., p. 99). C'est une méthode analogue à celle du κλῆρος Τύχης et des ἄθλα (ci-dessus, pp. 289 sqq.), applicable à toutes les questions, et que Ptolémée préfère partout à celle des κλῆροι.

3. *Tetrab.*, III, 5, Περὶ ἀδελφῶν, pp. 192-193 Junct. Cf. Anon., pp. 100-103. Le scoliaste trouve à l'analyse six questions : 1° s'il y a ou y aura des frères ou sœurs ; 2° s'il y en a peu ou beaucoup ; 3° s'ils sont bien faits et heureux ; 4° si ce sont des frères ou des sœurs ; 5° quels sont les aînés, des frères ou des sœurs ; 6° s'il y aura entre eux amitié ou inimitié (Anon., p. 101).

autrement dit, le lieu occupé par Vénus, si la naissance est
diurne ; par la Lune, pour les génitures nocturnes. Suivant que
ce lieu sera en relation avec un nombre plus ou moins grand de
planètes sympathiques et bienfaisantes, le nombre des frères nés
ou à naître sera plus ou moins grand. Le caractère des signes où
se trouvent les planètes susdites peut atténuer ou exalter leur
influence fécondante, laquelle sera plus forte dans les signes
bicorporels que dans les signes simples. De même, les planètes
malfaisantes tendent à produire la stérilité. On comprend de reste
que les planètes masculines annoncent des frères, et les féminines, des sœurs ; que les planètes à l'Orient dominent les premiers frères ou sœurs, et les planètes à l'Occident, les derniers ;
enfin, que les positions des planètes par rapport aux « lieux »
— lieu des frères (IIIᵉ), sort de la Fortune, etc. — et leur plus ou
moins de sympathie réciproque peut renseigner sur le degré de
prospérité ou de concorde auquel doivent atteindre les frères.
Pour plus ample informé, Ptolémée conseille de dresser un thème
spécial à chaque frère ou sœur, en prenant pour Horoscope la
planète qui lui aura « donné » l'existence.

Éclectique comme toujours, Ptolémée a construit sa méthode
avec des débris d'autres procédés. Le plus simple de ceux qu'il a
éliminés consiste à recourir au « lieu » fixe spécialement consacré aux « frères » dans le cercle de la géniture [1]. Un autre est
de rechercher un lieu de la fraternité particulier au thème, par la
méthode des κλῆροι [2]. Enfin, on peut spéculer sur l'influence des
planètes qui représentent la paternité, Saturne ou Jupiter, et
doubler ainsi les observations portant sur la mère [3].

---

1. Cf. les ἀδελφεῖαι dans Manéthon (VI, 307-337), qui s'adresse tout d'abord
au IIIᵉ lieu (ἐφ' ὡρονόμου ζώῳ τριτάτῳ) : — δισσοὶ κασιγνήτοι (utérins) dans les
δίσωμα ζῴδια, puis frères consanguins (ὅμαιμοι), dépendant de Saturne, ὅς μὲν
φαίνει πατρὸς γόνον, ἢ δ' [sc. Σελήνη] ἄρα μητρός (v. 328).

2. Firmic., VII, 13 (*Fratrum cujusque nati numerus*), p. 203 Pruckner. Cf.
VI, 32, p. 184 (*fratrum locus partiliter inventus*), et ci-dessus, pp. 305-306.

3. Dans la méthode des κλῆροι, on opère toujours sur la distance de ♄ à ♃
(diurne) ou de ♃ à ♄ (nocturne). Autres spéculations : ♄ à l'Horoscope fait
périr tous les frères (Maneth., VI, 336-337), ou bien il les exile, pour que le
Saturnien présentement né ait la primauté : [*Saturno per diem in horoscopo
partiliter constituto*] *erit iste qui nascitur major omnibus fratribus, aut, si
quis ante eum natus fuerit, a parentibus separatur* (Firmic., III, 2, 1 Kroll). A
la phrase suivante, Saturne en fait autant *in omnibus quatuor cardinibus*.
Même pronostic pour ♃ *per noctem* : cela, afin que le nouveau-né *solus in
domo paterna habeat principatum* (Firm., III, 3, 2-3), comme le Saturne et le
Jupiter de la mythologie. Dans la théogonie hésiodique, la primauté échoit à
Kronos, dernier né des Titans ; puis à Zeus, dernier né des Olympiens.

C. — *Les Faits accompagnant la naissance* (τὰ κατὰ τὴν γένεσιν)[1].
— Nous ne pouvons que répéter ce qui a été dit plus haut, à
savoir que les pronostics concernant des faits pleinement révélés
par la naissance n'avaient d'intérêt que formulés avant la naissance, d'après le thème de la conception. Ptolémée, qui écarte
celui-ci, aurait pu se dispenser d'enseigner la manière de prévoir
le sexe, le nombre et la conformation des enfants à naître, ou
avertir qu'il l'enregistre pour l'amour de l'art, pour ne pas laisser
croire les astrologues incapables de répondre à des questions que
savaient résoudre d'autres devins [2]. Il se contente de dire, sur un
ton évasif, que les données « dépendent principalement du thème
« de la conception, mais aussi d'une manière plus générale, de
« celui de la naissance » : c'est-à-dire, au fond, que le thème
de la naissance servira à vérifier après coup les inductions qui
auraient pu être fondées sur celui de la conception [3].

Il y a bien des choses à considérer pour le *sexe*. Il faut voir si

---

1. Ptol., *Tetrab.*, III, 6-9 : Περὶ ἀρρενικῶν καὶ Ͽηλυκῶν.—Περὶ διδυ-
μογόνων. — Περὶ τεράτων. —Περὶ ἀτρόφων. Anon., pp. 103-109. Cf.
Geminorum geniturae cum suo sexu (Firmic., VII, 2 Pr.). — *Monstrosorum
foetuum geniturae* (VII, 6). — *Expositorum vel non nutritorum geniturae*
(VII, 1). Maneth., VI, 19-98 (Περὶ τροφῆς καὶ ἀτροφίας παίδων).

2. C'était un sujet de consultations fréquentes et gênantes pour les devins,
qui étaient obligés de risquer un démenti à courte échéance. Les anciens
Égyptiens savaient reconnaître l'état de grossesse et le sexe de l'enfant à naître
par un procédé ingénieux, qui consistait à faire germer des grains d'orge et
de froment dans l'urine de la femme présumée enceinte. La germination des
grains d'orge annonçait un garçon ; celle des grains de froment, une fille.
Point de germination, point de grossesse (*Papyr. Berlin.* de la XIXᵉ dynastie).
On cite une méthode fondée sur un raisonnement par analogie. Elle consistait
à faire éclore, à la chaleur de la femme enceinte, un œuf d'oiseau, le sexe
dépendant surtout de la température. C'est ainsi que Livie, enceinte de Tibère,
sut à l'avance qu'elle accoucherait d'un fils. *Praegnans enim Livia, cum an
marem editura esset variis captaret ominibus, ovum incubanti gallinae sub-
ductum nunc sua, nunc ministrarum manu per vices usque fovit, quoad pullus
insigniter cristatus exclusus est* (Suet., *Tiber.*, 14). L'astrologue Scribonius
s'était sans doute trouvé à court, car il n'intervient qu'après la naissance de
l'enfant, auquel il prédit une royauté alors inconnue : *regnaturum quandoque,
sed sine regio insigni.* En 371, un certain Bassianus est mis à mort par Valens,
licet ipse de qualitate partus uxoris consuluisse firmaret (Amm. Marc., XXIX,
2, 5) : on ne dit pas quelle espèce de devins il consultait. C'est une question
à renvoyer aux καταρχαί, aux méthodes populaires. Cf. *Cod. Florent.*, p. 15,
F. 189 (Εἰ ἄρρεν ἢ Ͽῆλυ τὸ ἐγγάστριον), et ci-après, ch. XIII.

3. Il se flatte d'échapper ainsi à une objection métaphysique, insoluble avec
le thème de nativité seul, quand on considère le sexe, les malformations, etc.,
tous faits antérieurs à la naissance. Si les positions des astres en sont « causes »,
l'effet peut-il préexister à la cause ?

les planètes qui sont en rapport avec les trois lieux principaux —
c'est-à-dire avec les positions du Soleil, de la Lune et de l'Horoscope — sont masculines ou féminines, soit par nature, soit par
position [1], et tenir compte aussi du sexe des signes dans lesquels
elles se trouvent [2].

La question des sexes est de celles sur lesquelles les astrologues avaient beau jeu, à condition de se borner à expliquer sans
se risquer à prédire; parce que, leurs principes une fois admis,
leur explication était beaucoup plus simple que celles des physiologistes. Dire que l'enfant prend le sexe de celui des deux générateurs qui fournit la semence la plus abondante (Alcmæon) ou
de celui dont la semence arrive la première au but, c'est-à-dire,
en résumé, de celui qui est le plus fort des deux à ce moment,
c'est répondre à la question par la question. Les autres systèmes — ceux qui faisaient dépendre le sexe de la température, le chaud produisant le sexe masculin, et le froid, le féminin
(Empédocle), ou inversement (Parménide), ou ceux, d'origine
pythagoricienne, qui distinguaient dans les organes générateurs
la droite et la gauche, le côté droit produisant les mâles, et le
gauche, les femelles (Anaxagore, Léophane, etc.) — ces systèmes,
dis-je, se rapprochaient de celui des astrologues et paraissaient
trouver en lui leur raison dernière. Les planètes masculines étaient
aussi, en principe, plus chaudes et plus sèches que les féminines,
et on a vu que, dans la théorie des domiciles (ci-dessus, p. 188),
l'hémisphère droit était tout entier solaire ou masculin. Les docteurs de l'astrologie s'étaient habilement emparés des raisons
« physiques » alléguées avant eux et les avaient adaptées sans
difficulté à leur dogme [3].

---

1. Les planètes, on l'a dit plus haut (pp. 102 et 353, 3), se « masculinisent »
à l'Orient; elles se « féminisent » à l'Occident.

2. On pouvait toujours, quand il s'agissait d'adapter un pronostic rétrospec-
tif au fait accompli, trouver dans un signe quelconque le sexe voulu, en se
rejetant sur les degrés, ceux-ci alternativement ou irrégulièrement masculins
et féminins : *ex his enim partibus invenitur cujus sit genitura masculina, cujus
feminina* (Firmic., IV, 23, 1 Kroll). Suit, dans Firmicus, une répartition capricieuse, analogue à celle des parties « pleines » et « vides », de 197 degrés mas_
culins contre 163 féminins sur 360. C'est sans doute la proportion qu'admettaient entre les deux sexes les astrologues improvisés démographes.

3. La question de l'origine des sexes est un sujet qui avait beaucoup préoccupé les philosophes. Elle est encore pendante aujourd'hui, malgré la « découverte » récente du Dr Schenk, qui revient tout simplement à la théorie du
plus fort, la force dépendant de l'alimentation. Beau secret, à transporter d'aise
les badauds. Voy., pour les philosophes, les textes réunis dans les *Doxographi*
de Diels, pp. 191-194, résumés sommaires envers lesquels il faut garder une

La question des sexes se mêle encore à la suivante, celle de savoir si le part sera simple, double, triple ; si les jumeaux ou trijumeaux seront de même sexe, ou dans quelle proportion dominera l'un ou l'autre sexe. En règle générale, si deux des trois lieux signalés plus haut ou même tous les trois se trouvent en des signes « bicorporels [1] », et surtout si les planètes « œcodespotes » de ces lieux sont en partie ou toutes dans le même cas, ou réunies à deux ou plus, on peut prédire la naissance de jumeaux. Il n'est pas malaisé de comprendre que, plus il y aura de ces causes réalisées [2], plus l'effet sera intense. De là les naissances multiples, de sexe uniforme ou mêlé. Ce sont là, du reste, des tours de force dont la Nature ne se tire pas toujours à l'avantage des nouveau-nés et qui ne réussissent guère que dans la légende. Aussi, Ptolémée a recours à la mythologie (c'est la première et dernière fois dans tout l'ouvrage) pour donner un tour rassurant et populaire à sa pensée. Il assimile la naissance de trois garçons (produite par l'association en aspects de ♄ ♃ et ♂) à celle des Anactores ou Cabires ; celle de trois filles (produite par ♀ ☾ et ☿ « efféminé ») à celle des trois Charites ; celle de deux garçons et une fille (produite par ♄ ♃ ♀) à celle des Dioscures [et d'Hélène] ; celle de deux filles et d'un garçon, au groupe de Déméter, Coré et Dionysos [3].

certaine défiance. Les médecins ne sont pas en reste. La plupart acceptent le chaud, et surtout la droite, pour cause du sexe masculin, et ils cherchent à deviner, à certains symptômes, si le fœtus est à droite ou à gauche dans l'utérus.

1. Cf. les conditions analogues (♀ ☾ ☉ ☿ ζοϊδίοισι διμορφώτοισι) posées par Manéthon (IV, 450-461) pour les jumeaux et trijumeaux et la répartition des sexes : conditions analogues, non identiques.

2. Le scoliaste (p. 104) fait encore intervenir, à défaut de l'Horoscope, le MC.

3. Ce curieux passage, unique en son genre, a fort tourmenté les commentateurs. Ptolémée ne parle pas précisément de patronages divins, mais de conditions analogues : ἰδίως δὲ τρεῖς μὲν ἄῤῥενας πληροφοροῦσιν ὑπὸ τὴν τῶν Ἀνακτόρων γένεσιν κ. τ. λ. C'est plutôt une tradition populaire qu'il enregistre, et il n'y regarde pas de trop près s'il considère Déméter, Coré et Dionysos comme frère et sœurs. Mais enfin, le scoliaste constate qu'il fait de la théologie, qu'il « rapporte ces sortes d'accouchements à quelqu'une des puissances divines », et qu'il ne l'aurait pas fait s'il n'y avait vu chose utile pour l'art. Quelle utilité ? Suivant lui, il s'agit τῶν πρὸ τῆς γενέσεως ἐφόρων θεῶν, et on peut pronostiquer, d'après leur caractère, que les clients des Anactores seront haut classés et honorés ; ceux des Grâces, gais ; ceux des Dioscures, redoutables et sans peur ; ceux de Déméter, comblés de toute espèce de « fruits ». En somme, il ne comprend guère, et on voit bien qu'il entend par Anactores des « princes » quelconques. Les Arabes comprennent moins encore : ils estropient les vocables mythologiques en *Albetatraz, Alchatis*, *Diasaccora*, *Dimantarcoris* (Junctinus, p. 207). Cardan, qui n'hésite jamais, affirme (p. 348)

Une éventualité fort redoutée, et qui a dû provoquer bien des consultations, était la naissance de monstres (τέρατα) [1]. L'imagination populaire, encombrée de vieilles superstitions totémistiques et de métempsycose, n'avait pu suggérer aux philosophes uue explication raisonnable de ces mécomptes de la nature. L'astrologie, avec son énorme provision de chiffres et de combinaisons, n'éprouvait ici aucun embarras. Elle avait le choix entre quantité d'influences perturbatrices qui avaient entravé et dévoyé le fonctionnement normal du mécanisme cosmique.

Ainsi, quand les deux « luminaires » se trouvent éloignés de l'Ho-

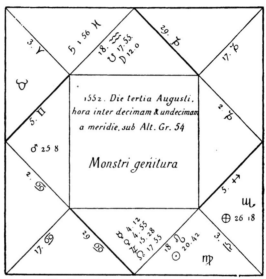

Fig. 40. — Thème de géniture monstrueuse.

roscope et que des planètes malfaisantes sont installées sur les « centres », il est certain que la géniture attendue sera malheureuse, peut-être même monstrueuse. Pour préciser, il faut noter la syzygie qui a précédé la naissance, avec son cortège de planètes œcodespotes, ainsi que la place du Soleil et de la Lune au moment de la naissance, dans leurs rapports avec l'Horoscope. Si les rapports entre toutes ces positions ou la plupart de ces positions sont « disjoints » (ἀσύνδετα), il naîtra un monstre. Si,

---

que, des trois « Anactores », il y en avait deux méchants (nature de ♄ et ♂) et un bon (nature de ♃). Le titre d'’Ανάκτορες (῎Ανακτες - ῎Ανάκες) ayant été porté par les Dioscures, les Cabires et les Curètes, j'ignore à quel groupe il fait allusion, et peut-être ne le savait-il pas bien lui-même.

1. *Tetrab.*, III, 8 (Περὶ τερ άτων), pp. 213-213 Junct. Cf. Anon., pp. 104-106. Les ouvrages des astrologues de la Renaissance abondent en exemples de naissances monstrueuses, témoignages suspects sans doute, mais dont la tératologie scientifique pourrait peut-être tirer quelque parti, en y mettant la prudence nécessaire. Cf. Junctinus, *op. cit.*, pp. 213-224. Le thème ci-dessus est tiré de Cardan (p. 351). C'est celui de jumelles soudées à partir de l'ombilic, nées aux environs d'Oxford en 1552. Cardan explique le cas à merveille.

de plus, les « luminaires » se trouvent en des signes « quadrupèdes » ou « animaux », le monstre n'aura pas forme humaine.
Ce sera un animal sauvage, si quelque planète bienfaisante ne
vient pas améliorer le pronostic ; un animal domestique (chien,
chat, singe), par la grâce de Jupiter ou de Vénus ; un animal d'espèce utile (poule, porc, chèvre, bœuf), si c'est Mercure qui intervient. Si, au contraire, toutes choses égales d'ailleurs, les « lumi-
maires » se trouvent dans des signes à forme humaine, le part
sera humain ou quasi-humain. Le monstre anthropomorphe sera
privé de raison si les « luminaires » et les « centres » ne sont en
rapport qu'avec des planètes malfaisantes ; mais le concours de
planètes bienfaisantes peut atténuer les malformations et les
réduire à des infirmités qui soient objet de curiosité ou même de
vénération. Tels les hermaphrodites, les harpocratiens (sourds-
muets), les idiots. L'industrieux Mercure sait même façonner
ainsi des éclopés, malins et retors, qui vivent de la charité ou de
la crédulité publique [1].

Il est un cas que Ptolémée examine à part, celui des ἄτροφοι,
des enfants qui ne seront pas « nourris », soit parce qu'ils ne
vivront pas, soit parce qu'ils seront expulsés de la maison pater-
nelle. Notre docteur a perdu là une occasion d'exercer son talent
de classification, car il vise les deux cas dans le même chapitre [2],
et l'un et l'autre d'une façon vague. Il remplit sans conviction
un cadre tracé par d'autres. Le cas qui l'intéresse le plus, c'est
celui des enfants non viables ; il veut éviter à ses disciples les
méprises ridicules des astrologues qui calculaient les étapes
d'une existence destinée à ne pas dépasser le seuil de la carrière [3].
Il appelle ἄτροφοι les enfants qui ne vivront pas un an entier. Ce
pronostic doit être porté :

1° Si, un des « luminaires » étant sur un « centre », une planète

---

1. Cf. l'exposé chaotique de Firmicus (*Monstrosorum foetuum geniturae*,
VII, 6 Pruckner) où interviennent, outre les signes et les planètes, les « lieux »,
le *dominus horoscopi*, le *dominus Fortunae*, etc. On peut prévenir les malformations par la *trigoni orthogoni ratio* (ci-dessus, p. 383, 1).

2. *Tetrab.*, III, 9 (Περὶ ἀτρόφων), pp. 224-225 Junctinus, avec commentaire, pp. 226-244. Cf. Anon., pp. 106-109 (Περὶ ἀτρόφων καὶ ἐκθέτων);
Maneth., VI, 19-111. Paul d'Alexandrie met dans la même catégorie enfants
non viables, infirmes, maladifs, orphelins : ἐπάν τις τῶν κακοποιῶν ἀστέρων
ὡροσκοπήσῃ καὶ τὸν ☉ ἤ, τὴν ☾ κατοπτεύσῃ, ἄτροφα ἤ ὀλιγοχρόνια ἤ σεσινωμένα ἤ
ἐπιπαθῆ ἤ ἐν ὀρφανίᾳ διατελοῦντα τὰ γενώμενα ἔσται (L 2).

3. Ἐπειδήπερ κατὰ τὸν ἀρχαῖον γελοῖόν ἐστι τὰ καθ' ἕκαστον τῶν ἀποτελου-
μένων ἐφαρμόζειν τῷ μηδόλως... ἐπὶ τοὺς ἀποτελεστικοὺς αὐτῶν χρόνους ἥξοντι
(*Tetrab.*, III, 10 [12, p. 318 Junctinus]). Τὸν ἀρχαῖον doit désigner Pétosiris.

malfaisante se trouve en conjonction ou en opposition exacte avec lui [1], sans tempérament apporté par une planète bienfaisante et alors que la planète œcodespote du lieu occupé par le luminaire est elle-même logée chez une planète malfaisante ;

2° Si l'action des luminaires est contrebattue par des planètes malfaisantes qui les suivent à courte distance (en ἐπαναφορά) ou sont en opposition diamétrale ; surtout si ces planètes se trouvent occuper des lieux appartenant aux planètes maîtresses de la géniture, c'est-à-dire de celles qui sont associées soit aux luminaires, soit à l'Horoscope.

3° Au cas où les deux luminaires seraient sur des centres et tenus tous deux en échec par opposition diamétrale, la vie serait arrêtée avant la naissance ou aussitôt après : l'enfant serait mort-né ou à demi-mort.

Moyennant certains tempéraments apportés par l'immixtion d'influences compensatrices, l'enfant peut vivre plus ou moins longtemps, mais pour être retranché de la famille par exposition ou autrement.

J'ignore où Ptolémée a puisé les éléments de sa doctrine, en l'espèce ; mais il est clair qu'il a capitulé devant des traditions préexistantes et reculé devant les conséquences de ses propres principes. Il devait ne tenir compte de ses luminaires et planètes qu'autant que ces astres seraient au-dessus de l'horizon — un principe plus d'une fois affirmé par lui [2] et auquel il revient plus loin, quand il s'agit de calculer la durée de la vie des individus nés viables. On ne voit pas non plus pour quelle raison le cas des mort-nés est disjoint des méthodes générales d'estimation pour la durée de la vie [3]. Il aurait suffi, ce semble, de constater que les

---

1. Ptolémée emploie une expression (ταῦτα δὲ μοιρικῶς καὶ κ'ατ' ἰσοσκέλειαν) que le scoliaste n'explique pas. Cardan (p. 353) entend par là que l'opposition doit être exacte non seulement en longitude, mais encore en latitude; Junctinus (p. 227) songe à un triangle isocèle dont le diamètre serait le grand côté, c'est-à-dire un triangle rectangle. Serait-ce le fameux triangle rectangle qui régit la vie intra-utérine (cf. ci-dessus, p. 383, 1)? Le scoliaste avertit que le calcul de la durée de la vie se règle sur la force des planètes. Les mêmes chiffres signifient des *mois* avec des planètes προσθετικοὶ καὶ ἀνατολικοί, des *jours*, ou même des *heures*, avec des planètes δυτικοὶ καὶ ἀφαιρέται (Anon., p. 108).

2. Voy. ci-dessus, pp. 270, 1. 272, 1. 349, 3. 356. 385, 4, et ci-après, p. 415, 2.

3. Ptolémée répond à la question par la question. Il affirme simplement la diversité des méthodes connexes : celle-ci simple, parce que le laps de temps ne dépasse pas une année ; l'autre, compliquée - ὅτι πῇ μὲν ὁ τρόπος οὗτος ἔχεται τοῦ περὶ χρόνων ζωῆς, ἐπειδὴ τὸ ζητούμενον εἶδος οὐκ ἀλλότριον ἑκατέρου,

conditions de vitalité exigées de tous n'étaient pas remplies ; qu'il n'y avait pas au-dessus de l'horizon d' « aphètes » dans des lieux « aphétiques ». Seulement, comme il comptait s'arranger de façon qu'il y eût toujours des « aphètes » disponibles, il s'est rejeté sur une autre méthode, et celle-ci exigeait impérieusement que l'hémisphère inférieur fût mis à contribution comme l'autre, sous peine de condamner à une mort immédiate les enfants nés par des nuits sans lune.

Ptolémée n'a pas voulu entrer dans les détails d'obstétrique où d'autres s'aventurent [1] ; il ne tient pas non plus à s'empêtrer dans les liens de solidarité qui font dépendre la destinée des enfants de celle des parents. Il ne pose pas le cas, par exemple, où l'enfant ne vit pas parce qu'il est dans la destinée de la mère de ne mettre au monde que des enfants non viables [2]. Quant aux enfants exposés, qui peuvent survivre, être recueillis ou même adoptés et devenir ainsi esclaves ou riches, il sent que le sujet déborde son cadre et va rejoindre les pronostics concernant les conditions et professions.

πῇ δὲ κεχώρισται παρὰ τὸ κατ' αὐτὴν τῆς ἐπισκέψεως δύναμιν διαφέρειν πῶς..... Ἔνθεν κἀκεῖνος μὲν πολυμερεστέραν ἔχει τὴν ἐπίσκεψιν, οὗτος δὲ τὴν ὁλοσχε-ρεστέραν (III, 9, pp. 224-225 Junctinus). Ainsi, la méthode change, suivant qu'on opère à titre d'essai, sur les conditions préalables, ou qu'on veut des chiffres précis.

1. Voy. l'interminable casuistique de Firmicus (VII, 1 Pruckner), où il est question d'enfants mort-nés ou extraits par morceaux, avec mort ou survivance de la mère, ou noyés dans leur premier bain, ou exposés et mangés par des chiens, etc. Il serait intéressant de savoir si les astrologues du IVe siècle ne calomnient pas leurs contemporains en insistant sur l'exposition des enfants (Cf. Cod. Theod., V, Tit. 7, *De Expositis*. Tit. 8, *De his qui sanguinolentes emptos vel nutriendos acceperint.* = Cod. Just., VIII, 52). Manéthon parle aussi de fœtus informes, venus avant terme, parce que la Lune est bloquée ou assaillie par Mars et Saturne (VI, 185-195). Il traite longuement (VI, 19-111) des ἄτροφοι et des accouchements laborieux, pour lesquels il distingue au moins six cas, diurnes et nocturnes, sans oublier les enfants exposés, esclaves ou fils adoptifs, suivant l'ingérence de Saturne ou de Jupiter (VI, 51-68. Cf. IV, 365-383, 593-596). Si l'on peut surprendre dans ce fatras quelque chose qui ressemble à une idée générale, c'est que la vie de l'enfant est représentée par la Lune, et que son sort dépend du signe dans lequel la Lune entrera au bout de trois jours (VI, 109-111). C'est là un arcane sur lequel nous reviendrons au ch. XIV.

2. Telle la femme qui δὴ πολλῶν μήτηρ ἐπὶ δάκρυσιν ἔσται ἄτεκνος (Maneth., V, 325), ou celles qui φθείρουσι γόνας ἀπὸ γαστέρος ὠμοτοκοῦσαι (VI, 289). Ptolémée sait cependant très bien que certaines femmes, à cause de leur géniture propre, ἐκτρωσμοῖς ἢ ὠμοτοκίαις ἢ καὶ ἐμβρυοτομίαις περικυλίονται : que Mars τὰς γυναῖκας ἔτι καὶ ἐκτρωσμοῖς καὶ ἐμβρυοτοκίαις ἢ ἀναβρώσεσιν εἴωθε περικυλίειν (*Tetrab.*, III, 12) ; mais il traite le sujet au chapitre des infirmités.

D. *Faits postérieurs à la naissance* (τὰ μετὰ τὴν γένεσιν). — Enfin, Ptolémée se dégage de tous ces prolégomènes importuns et aborde franchement le problème de la destinée calculé pour un enfant qui naît viable et capable, sauf accident, de fournir une carrière normale.

C'était une idée familière aux anciens que, tout étant réglé par la nature, il doit y avoir pour chaque espèce d'êtres vivants une durée normale de l'existence, qui serait la même pour tous les individus de l'espèce si aucune cause perturbatrice ne venait contrecarrer l'action de la nature [1]. De là les efforts faits pour déterminer, par voie empirique ou par déduction *a priori,* la durée maximum de la vie humaine [2]. Philosophes, médecins, haruspices et astrologues avaient sur ce point leurs systèmes, à peu près tous aussi dédaigneux des constatations expérimentales. Les astrologues n'avaient pas réussi plus que les autres à se mettre d'accord [3], et, en somme, cette question de pure théorie importait peu à la doctrine. Aussi Ptolémée n'y fait-il pas la moindre allusion, trouvant plus simple et plus judicieux de compter les

---

1. C'est ce que dit en propres termes Platon dans le *Timée* (p. 89 b - c : au delà, mort par dissociation des « trigones » constitutifs). De même l'auteur platonicien et chrétien de l'*Hermippus* (II, 6, p. 43 Kroll), lequel conclut de là que la durée de la vie ne dépend pas des astres. Cf., comme échantillon de traditions, le morceau *De aetatibus animalium* où Ausone (pp. 533-536 Toll.) fixe le maximum de la vie humaine à 96 ans et énumère ensuite, en progression croissante, les années de la corneille, du cerf, du corbeau, du phénix et des Hamadryades. Les notes de Tollius renvoient aux autres textes.

2. Voy. dans Pline (VII, §§ 160-161) et dans Censorinus (*De die nat.*, 14), les 10 hebdomades de Solon, les 12 hebdomades de Staséas, les septénaires inégaux d'Hippocrate, etc. Les haruspices avaient aussi spéculé là-dessus, et il n'y a qu'à admirer l'aplomb imperturbable avec lequel ils déclaraient que l'homme qui a dépassé quatre-vingt-quatre ans se survit et ne compte plus. Il est hors la nature (Censorin., *loc. cit.* Cf. l'article HARUSPICES dans le *Dict. des Antiquités*). Ceci, du reste, s'accorde assez mal avec la théorie toscane des *saecula* de 100 ou 110 ans, la mesure du siècle étant fournie par la durée de la plus longue existence humaine commencée avec lui.

3. Voici *sideralis scientiae sententiam. Epigenes CXII annos impleri negavit posse, Berosus excedi CXVII. Durat et ea ratio quam Petosiris ac Necepsos tradiderunt (tetartemorion appellant a trium signorum portione) qua posse in Italiae tractu CXXIV annos vitae contingere adparet,* etc. (Plin., VII, § 160). On reviendra plus loin (p. 412, 1) sur ce texte. *Dioscorides astrologus scribit Alexandriae inter eos qui mortuos sallunt constare hominem plus C annos vivere non posse,* parce que le cœur s'atrophie progressivement à partir de l'âge de cinquante ans (Censorin., 17, 14). C'est peut-être sur la foi des taricheutes égyptiens que l'auteur de l'*Ecclésiastique* affirme aussi : *numerus dierum hominum ut multum centum anni* (XVIII, 8). Lactance (*Inst. Div.*, II, 12) n'y songe pas quand il écrit : *auctores idonei tradunt ad CXX annos pervenire solere.*

années de vie accordées à chaque individu (ἔτη βιώσιμα) par l'énergie des astres.

1° *Estimation de la durée de l'existence*. — Le calcul de la durée de la vie, avec indication du genre de mort préfixé par les astres, est le grand œuvre de l'astrologie, l'opération jugée la plus difficile par ses adeptes, la plus dangereuse et condamnable par ses ennemis [1]. C'est dire que ce chapitre de la doctrine a été fouillé et remanié à l'envi par tous les rêveurs ou charlatans acharnés à percer le mystère et que nous ne trouverons pas là non plus de doctrine imposée comme orthodoxe. Celle de Ptolémée, saturée de mathématiques, est d'une complication qui nous donne le droit de la considérer comme postérieure aux méthodes plus simples, à celles qui prennent leur point d'appui sur des idées accessibles au vulgaire.

L'idée la plus simple, celle qui sans doute a suffi longtemps à la théorie comme à la pratique, est que chaque individu tient sa vitalité, comme ses autres aptitudes, de l'astre sous lequel il est né. Seulement, il y avait divergence sur la question de savoir quel était cet astre « maître de la géniture », signe ou planète, et quel signe ou quelle planète. On a vu qu'il y a eu concurrence entre le signe hébergeant le Soleil ou chronocrator du mois et le signe horoscope. L'un ou l'autre pouvait être pris pour le « donneur de vie » (βιοδότηρ - *dator vitae*). Manilius n'éprouve pas le besoin de se renseigner là dessus ; mais il sait au plus juste « combien d'années accorde chacun des signes », et on l'écoute d'autant plus volontiers que la règle suivie est fort simple : un signe donne autant d'années que son ἀναφορά comprend de degrés [2]. La vie est donc courte avec les signes à marche rapide, longue avec les autres.

1. On dit que les oracles d'Apollon s'interdisaient absolument ce genre de consultation : μὴ χρηματίζειν καθόλου περὶ ϑανάτου (Diod., XV, 10). Les astrologues n'imitaient pas cette réserve, même et surtout quand il s'agissait de la mort des rois : mais c'était un sujet plus souvent traité par la méthode des καταρχαί et relevant aussi, pour les rois, de l'apotélesmatique universelle. Sur les lois pénales visant le cas, voy. ci-après, ch. xvi. On prétend que les μετωποσκόποι, émules des astrologues, savaient aussi prédire la durée de l'existence, au point que l'un d'eux, sans autre renseignement qu'un portrait peint par Apelle, *dixisse aut futurae mortis annos aut praeteritae* (Plin., XXXV, § 89)!

2. Manil., III, 563-580. Cf. ci-dessus (p. 209) la théorie des ὅρια fondés sur les ἀναφοραί, point de soudure entre l'estimation par les signes et l'estimation par les planètes. Il est probable que le signe choisi est celui occupé par le Soleil. C'est celui qui, pour Manilius lui-même, ouvre la série des chronocrators annuels (ci-après, ch. xiv); celui que vise en pareil cas Paul d'Alexandrie

Si les signes pouvaient départir des sommes fixes d'années, il n'y avait pas de raison pour refuser la même prérogative aux « lieux » ou cases du cercle de la géniture. Aussi Manilius passe-t-il immédiatement des signes aux « temples » ou lieux du cercle, assurant que la considération des signes « ne suffit pas ». Le lieu qui décide de la durée de l'existence est celui qu'occupe la Lune [1].

On comprend bien que le chiffre le plus fort (78 ans) soit dévolu à l'Horoscope, et le plus faible (12 ans) à la VIe case, réceptacle des maladies et station de Mars ; mais il est impossible de trouver une raison quelconque à la progression instituée par le poète [2].

Ces modes de supputation pouvaient rester autonomes ou se combiner avec un autre plus savant, qui faisait de la planète « maîtresse de la géniture » (οἰκοδεσπότης ou κύριος τῆς γενέσεως) la dispensatrice des années de vie. La première difficulté était de s'entendre sur la planète qui avait droit à cette dignité. Les astrologues ont fait ici assaut d'invention, et la multiplicité

(S 2 : cf. Scaliger, p. 262 ; Valens ap. Salmas., p. 210) : le comput par les lieux, qui table sur le *locus Lunae,* présuppose un calcul symétrique et concurrent par le *locus Solis.* Manilius ne soupçonne sans doute pas la règle qu'il applique, car il opère sur des moitiés de cotes anaphoriques et n'avertit pas qu'elles sont variables suivant les climats. Firmicus, lui, sait qu'elles sont variables ; mais il comprend le sujet tout de travers, s'imaginant qu'il s'agit de déterminer *quoto anno unumquodque signum in genituris oriatur* (II, 11 Kroll), ce qui est proprement inintelligible, sauf pour Saumaise (p. 665 sqq.), qui reproche à Scaliger « de n'avoir pas compris Firmicus » (cf. ci-dessus, p. 261, 3).

1. Manil., III, 581-617. C'est peut-être à ce système que Cicéron fait allusion : *cum ortus nascentium luna moderetur, et ea notent sidera Chaldaei quae cumque lunae juncta videantur* (Cic. *Divin.*, II, 43). Manilius, auteur de l'*Octotopos* (ci-dessus, p. 276) et aussi du cycle duodénaire des ἄθλα (p. 297), suit ici la division normale en XII lieux, chaque « centre » ayant son ἀπόκλιμα devant, son ἐπαναφορά derrière.

2. Voici les tableaux (cf. Scaliger, p. 264 et 266) des années de vie en regard des signes occupés par le Soleil et des « lieux » dans lesquels se trouve la Lune, d'après Manilius (VII 33 - au lieu de 23. Scaliger - d'après le texte de Fr. Jacob).

♈	♓	10 ans	8 mois.	I	(Hor.)	78 ans.	XI		57 ans.
♉	♒	12 —	8 —	VII	(Occ.)	76 —	III		50 —
♊	♑	14 —	8 —	X	(Mc.)	75 —	II		42 —
♋	♐	16 —	8 —	IX		68 —	VIII		33 —
♌	♏	18 —	8 —	V		63 —	XII		23 —
♍	♎	20 —	8 —	IV	(IMC.)	61 —	VI		12 —

Pour les lieux, les raisons sont mystérieuses. Les « centres » viennent en tête, sauf IMC. ; les IXe et Ve cases sont avantagées comme étant en aspect trigone avec l'Horoscope, l'une à droite, l'autre à gauche. Dans la cote des signes, les 8 mois représentent la fraction 2/3. Sur les *tiers,* cf. ci-dessus, pp. 350, 3 et 380.

des systèmes s'accroît encore par l'inintelligence de ceux qui les
mélangent sans les comprendre et créent ensuite des distinctions
subtiles entre des termes de même sens. La confusion est telle que
Firmicus lui-même s'en est aperçu. On s'accorde à peu près à
mettre hors de cause le Soleil et la Lune, qui, ayant une domination générale sur toutes les génitures, n'ont la préséance dans
aucune [1]. Ceci admis, le concours entre les cinq planètes comporte toute espèce d'enjeux. On distingue dans les nombreuses
variantes comme deux groupes d'opinions : les uns priment la
planète qui se trouve le mieux logée dans ses propriétés ; les
autres, celle qui se trouve honorée par des rapports avec les luminaires ou avec les centres [2].

1. *Scire debemus quod neque Sol neque Luna in aliqua genitura domini effi-
ciantur, totius enim geniturae dedignantur dominia sortiri* (Firmic., IV, 19, 4
Kroll). *Scire nos oportet ... quia Sol et Luna nunquam accipiunt geniturae
dominatum* (IV, 19, 31).

2. Élucider ce chaos est une tâche sans fin. On a vu plus haut (p. 387) le
système autonome de Ptolémée. Firmicus (IV, 19) cite quatre solutions, tirées
des deux groupes sus-mentionnés. Est *dominus geniturae* : 1° *qui in princi-
palibus geniturae locis positus in signis suis aut in finibus suis fuisset inventus* ; 2° *in cujus stellae finibus Sol et Luna fuissent inventi, i. e. Sol in diurna
et Luna in nocturna genitura* ; 3° *qui altitudinis Lunae dominus fuisset inventus* ; 4° *cujuscumque signum* (domicile ?) *post natum hominem Luna, relicto eo
signo in quo est, secundo loco fuerit ingressa* : ce dernier système — véritable
hérésie qui introduit dans le thème un état *futur* du ciel (voy. ci-dessus,
p. 402, 1) — préféré par Firmicus. Dans le thème d'Annubion (*Not. et Extr.*,
XVIII, 2, p. 237 ; *Pap. CX Brit. Mus.*, lig. 41), l'οἰχοδεσπότης τῆς γενέσεως est Vénus,
qui se trouve dans le même signe que le Soleil. Dans le papyrus CXXX *Brit.
Mus.*, c'est Mercure, qui se trouve également à côté du Soleil (lig. 160-164), bien
qu'il s'agisse d'une géniture nocturne. Paul d'Alexandrie (C 1), recueille aussi
des débris de diverses méthodes. Est οἰχοδεσπότης τῆς γενέσεως la planète
ἐπίχεντρος, ἐν ὁρίοις οἰχείοις ἢ ὑψώματι, καὶ ἐν τριγώνῳ οἰχείῳ καὶ οἴχῳ·
καὶ ἁπλῶς, ὃς ἔχει τῶν πέντε οἰχοδεσποτείας ἢ πάσας ἢ, τινάς (voy. les cinq titres
admis par Ptolémée, ci-dessus, p. 387), καὶ μὴ ὑποποδίζει μήτε ὕπαυγός
ἐστι · μᾶλλον δέ, ὅστις πλείονας λόγους ἔχει, ἡμερινῆς μὲν γενέσεως οὔσης, πρὸς ☉
καὶ τὸν ὡροσχόπον, νυκτερινῆς δέ, πρὸς ☾ καὶ τὸν κλῆρον τῆς Τύχης (horoscope lunaire, ci-dessus, pp. 288, 2. 296, 2). Ailleurs (S 4-T), il propose la planète
qui loge le Soleil ou la Lune sur ses propriétés : τοῦ ☉ [ου τῆς ☾] τὸν ὁριο-
χράτορα ἢ οἰχοδέχτορα ἢ τριγωνικὸν δεσπότην (c'est la solution n° 2
de Firmicus), mais à condition que le luminaire soit ἐν τοῖς χρηματίζουσι
τόποις τῆς γενέσεως (lieux I, X, XI, II, VII. Cf. Demophil., p. 193, ci-dessus,
p. 287, 2) : à défaut de celle-ci, le « maître » de la dernière sygyzie, ou du κλῆρος
Τύχης ou du κλῆρος Δαίμονος, etc. On voit aussi paraître, comme titre, la « phase
orientale » et l' « idiothronie ». Tout cela emprunté de droite et de gauche à
divers systèmes, y compris celui de Ptolémée, embrouillé par confusion entre
l'οἰχοδεσπότης des uns et l'ἀφέτης des autres, par synonymie douteuse entre οἰχοδεσπότης et χύριος, entre celui-ci ou celui-là et le χρονοχράτωρ du système des

La planète maîtresse de la géniture une fois trouvée par une méthode quelconque, il était naturel de penser que, parmi ses multiples prérogatives [1], elle avait aussi, et principalement, celle de mesurer la durée de la vie à laquelle elle avait pour ainsi dire donné l'impulsion initiale [2]. Firmicus explique comme quoi le maître de la géniture, dispensateur de la vie, quand il est commodément installé dans un de ses fiefs et appuyé par des planètes

κατάρχαί. C'est la tour de Babel. Le Ps.-Porphyre (*Isag.*, pp. 191-192), constatant cette anarchie (οἱ γὰρ παλαιοὶ πλέξαντες τὰς ὀνομασίας τὴν ἐπαγγελίαν οὐ διέκριναν), veut définir les termes οἰκοδεσπότης, κύριος, ἐπικρατήτωρ. Mais il recense des opinions plutôt qu'il ne définit. Son ἐπικρατήτωρ est, suivant des cas minutieusement prévus, le Soleil ou la Lune, ou, à leur défaut, l'Horoscope ; c'est, comme le dit Saumaise (p. 241), le χρονοκράτωρ. L'οἰκοδεσπότης est en rapport avec l'ἐπικρατήτωρ : par exemple, comme propriétaire du domicile (οἶκος) ou des ὅρια occupés par celui-ci. Enfin, le κύριος τῆς γενέσεως (τῆς ζωῆς, τῆς ἀφέσεως = ἀφέτης dans le système de Ptolémée) est la planète qui, pour une foule de raisons — la plupart invoquées plus haut pour l'œcodespotie – a la primauté. Le genre d'influence et le degré d'énergie du κύριος sont questions litigieuses, καὶ σχεδὸν ἁπάντων δυσχολώτερα. Mais ce qui est une combinaison aussi rare qu'heureuse, c'est ὅταν ὁ εὑρεθεὶς κύριος ὁ αὐτὸς ᾖ τοῦ ἐπικρατήτορος φωστῆρος οἰκοδεσπότης, ὅσπερ ἄρξει μεγάλου ἀποτελέσματος. Valens (III, 1, fr. 18 Riess) fabrique, avec des réminiscences de Ptolémée et la méthode des κλῆροι, le système suivant. Voir si la géniture est συνοδική ou πανσεληνιακή. Dans le premier cas, compter la distance de la conjonction au lieu occupé par la Lune au moment de l'accouchement, la reporter à gauche de l'Horoscope (κατὰ τὸ ἑξῆς) : là où finit l'arc reporté, ὁ τοῦ ὁρίου κύριος ἔσται οἰκοδεσπότης τῆς ζωῆς καὶ τῆς ἀφέσεως. Dans le second cas, prendre la distance du lieu de la Lune (à la précédente opposition ?) et la reporter non plus à gauche, mais à droite de l'Horoscope : au bout de l'arc, ὁ τοῦ ὁρίου κύριος κριθήσεται οἰκοδεσπότης. Suivant la nature de ses rapports avec le signe, avec le Soleil, la Lune, etc., cet œcodespote accordera le maximum, le minimum ou la moyenne, ou même sera déchu de l'œcodespotie. Nous ne sommes pas au bout, mais il faut en finir. Là où les Grecs ont laissé le gâchis, on devine ce qu'ont pu faire les Arabes s'ingéniant à partager la besogne entre leur *alcochoden* (οἰκοδεσπότης) et leur *hylech* (ἀφέτης).

1. Firmicus, suivant son habitude, donne des séries complètes de pronostics, concernant le corps, l'âme, les dignités, etc., pour chaque planète maîtresse (IV, 19 Kroll).

2. Proposition contestée par les disciples de Ptolémée et embrouillée même par ses partisans. Firmicus affirme la synonymie de *dominus geniturae* et *dator vitae* — si itaque dominus vitae vel dator vitae, id est, dominus geniturae, etc. (II, 25, 10 Kroll : cf. 25, 2). Mais il se met dans son tort en ne remarquant pas qu'il inscrit parmi les *datores vitae* le Soleil et la Lune, qu'il a mis hors de la liste des *domini geniturae*. C'est précisément la difficulté qui avait amené la distinction entre le luminaire ἐπικρατήτωρ et l'οἰκοδεσπότης ou le κύριος (ci-dessus). Paul d'Alexandrie admet aussi que les ἐτῶν δοτῆρες (λέγω δὲ τῶν τῆς ζωῆς χρόνων) sont les οἰκοδεσπόται (C 1).

bienfaisantes, octroie le maximum des années dont il dispose. Il
n'accorde que le minimum quand il est mal placé et mal entouré,
et plus ou moins entre ces deux limites extrêmes, suivant qu'il
est plus ou moins contrarié. Il y a donc, dans cette échelle chro-
nographique, trois degrés : le maximum (τέλεια ἔτη), la moyenne
(μέσα ἔτη), le minimum (ἴδια ἔτη) [1].

Reste à fixer les chiffres qui mesurent l'énergie vivifiante de
chaque planète. Les astrologues en quête d'un principe intelligible durent tâtonner longtemps. Les physiciens demandaient
sans doute que l'énergie des planètes fût calculée à la fois d'après
leur grosseur et leur distance à la Terre. Mais ces données étaient
mal connues, et ce raisonnement était contraire aux principes
astrologiques et philosophiques qui faisaient descendre le feu
vital des sphères supérieures. On pouvait raisonner autrement et
penser que, la vie étant un mouvement, sa durée se réglait, par
analogie sympathique, sur le mouvement de la planète d'où partait l'impulsion. Mais ce théorème de mécanique, qui s'accordait
fort bien avec l'idée de la solidarité du monde et du microcosme,
avait l'inconvénient de réserver la longévité aux clients des planètes tardigrades, qui étaient, chose contradictoire, en majorité
malfaisantes et « meurtrières ». Les astrologues ne donnèrent ni
tort ni raison à aucune théorie. Ils affirmèrent que, en pratique,
la solution du problème se trouvait toute faite dans le tableau
des ὅρια dressé par la science infuse ou acquise des sages Égyptiens, laissant chacun libre de chercher si les chiffres des ὅρια
représentaient bien les périodes de révolution des planètes. Quand
on leur demandait la raison d'être de ces chiffres, ils répondaient
que les ὅρια correspondent aux années de vie imparties par
chaque planète ; et quand on voulait savoir comment on avait
trouvé le nombre de ces années, ils disaient que la somme était
préfixée par les ὅρια [2]. Le cercle vicieux est le cercle astrologique
par excellence.

Les totaux partiels des ὅρια, dont la somme fait 360, furent donc
pris comme maximum pour le nombre des années dévolues aux
clients des planètes « maîtresses de la géniture » [3].

---

1. On voudrait savoir quel est l'homme d'esprit qui a imaginé que les planètes donnaient la moyenne juste quand l'Horoscope était dans la Balance
(Firmic., II, 25, 10 Kroll) !

2. Voy. ci-dessus, pp. 208-209. J'imagine qu'un jeu de mots fait sur ὅρια =
fines = « limites de la vie » a pu suggérer aux astrologues cette solution et
servir ensuite à la confirmer.

3. Ci-dessus (p. 208, 2), le texte du scoliaste. De même, Paul d'Alexandrie :

Pour fixer le minimum, les astrologues puisèrent au hasard dans ce qu'ils savaient d'astronomie ou donnaient pour tel. Je crois que Scaliger et Saumaise leur font un honneur immérité en s'évertuant à découvrir la raison d'être de leurs chiffres [1]. On voit bien que le minimum de Saturne (30 ans) est égal à la durée de sa révolution (ἰδία περίοδος); de même, pour Jupiter (12 ans). Mais les 15 ans de Mars, les 8 ans de Vénus [2] et les 20 ans de Mercure sont probablement à classer parmi les arcanes. Quant à la moyenne, c'est, comme de raison, la moitié de la somme des extrêmes.

Bien que les luminaires fussent exclus de la maîtrise des génitures et du tableau des ὅρια, on finit par les replacer dans la liste des « donneurs de vie » [3]. Il y avait, en effet, quelque chose de choquant à leur ôter l'exercice d'une prérogative qu'ils possédaient par excellence. Ils purent donc l'exercer quand ils se trouvaient dans les conditions imposées aux « œcodespotes de la géniture ». Le maximum, que ne donnaient pas les ὅρια de la tradition égyptienne, fut élevé pour eux à des chiffres plus que centenaires; le minimum fut emprunté au cycle de Méton (19 ans) pour le Soleil, et, pour la Lune (25 ans), à la durée approximative (en jours) du mois tropique [4].

διὰ γὰρ τῶνδε τῶν ὁρίων οἱ σοφοὶ τῶν Αἰγυπτίων ἐτεκμήραντο τὸν περὶ οἰκοδεσπο-
τείας λόγον, ἀφ' οὗ καὶ ὁ περὶ χρόνων ζωῆς συνίσταται. Καὶ γὰρ κατὰ ἀναλογίαν εἰς
συμπλήρωσιν τῶν τξ΄ μοιρῶν τοῦ ζωοφόρου κύκλου (encore un jeu de mots sur
ζωή et ζωοφόρος) ὁ τῶν ὁρίων ἀριθμὸς ἀπήρτισται, τῆς ποσότητος τῶν μοιρῶν ἧς
καθ' ἕκαστον ζώδιον ἕκαστος τῶν ἀστέρων ἐκληρώσατο τὸν ἀριθμὸν τὰ τέλεια
τῆς ζωῆς ἔτη διδούσης (C 1). En dernier recours, les astrologues invoquaient les observations et expériences faites. C'est ce que répond Ciruelo
(op. cit., Prolog. II, 7) à Pic de la Mirandole.

1. Voy. Scaliger, pp. 262-266; Salmas., pp. 209-222.

2. Ce chiffre figure dans les Tables chaldéennes du temps des Arsacides (ci-dessus, p. 209, 3). C'est aussi le nombre de degrés mesurant l'écart de Vénus en « lever héliaque » (ci-dessus, p. 111, 3) et l'efficacité de son rayon (ci-après, p. 421, 2). Nous retrouverons toutes ces cotes au ch. XIV, dans la *distributio temporum* ou système des chronocratories.

3. C'est peut-être la raison pour laquelle fut confectionné le système de l' ἑπτάζωνος (ci-dessus, pp. 213-215).

4. Voy. le texte cité par Saumaise (p. 247) où il est dit que le μηνιαῖος κύκλος est κατὰ μοῖραν ἡμέρας κε΄. Malgré l'écart considérable (la durée réelle est de 27 j. 4 h. 43'), le chiffre de 25 comme ἰδία περίοδος de la Lune est attesté par Valens (ap. Salmas., p. 209), Firmicus (II, 25, 9 Kroll), Nicéphore Choniata (ap. Fabric., S. Empiric., II, p. 236) etc. Pruckner (Firmic., II, 28-29) écrit 29. Le tableau ci-joint (p. 410) est donné par Pruckner (Firmic., II, 28-29) et Saumaise (p. 215), qui prend la peine inutile d'ajouter des 1/2 aux moyennes des sommes impaires, mais oublie de corriger l'erreur de moyenne (♄ 42) com-

On dressa donc, pour les sept *datores vitae*, le tableau suivant.
Bien entendu, les éclectiques ne se firent pas faute — surtout
quand ils avaient à rendre raison de la durée d'une existence déjà terminée — de mélanger les divers procédés, d'emprunter aux signes ou aux « lieux » ce qui pouvait manquer à l'apport des planètes, de combiner un maximum avec un minimum, ou de faire les soustractions con-

PLANÈTES	MAXIMUM	MOYENNE	MINIMUM
♄	57 ans.	43 ans.	30 ans.
♃	79 —	45 —	12 —
♂	66 —	40 —	15 —
☉	120 —	69 —	19 —
♀	82 —	45 —	8 —
☿	76 —	48 —	20 —
☽	108 —	66 —	25 —

venables en invoquant l'intervention de planètes antagonistes ou
de crises climatériques [1]. Un astrologue intelligent n'était jamais
à court de raisons pour sauver la théorie des bévues de la pratique.

Ptolémée, qui ne prenait pas fort au sérieux lés ὅρια et savait
à quoi s'en tenir sur les prétendues « périodes » planétaires y

mise par Pruckner. Il a été dressé d'après Valens, Firmicus (II, 25 Kroll, *Quis
deorum quot annos decernat*) et Paul d'Alexandrie (T 1). On sait combien les
chiffres des manuscrits sont sujets à caution. Les éditeurs récents de Firmicus
auraient dû y songer et ne pas enregistrer, ici encore (cf. ci-dessus, p. 195, 1,
207, 1), des méprises aisées à rectifier. C'est à de pareilles méprises que j'attribue
les bizarreries des chiffres de mois, jours et heures ajoutés par Firmicus aux
chiffres du minimum. Les astrologues avaient songé à accommoder leur tableau
au calcul de la vie des ἄτροφοι. Celle-ci ne dépassant pas un an (ci-dessus,
p. 400), ils avaient décidé que les chiffres du minimum représenteraient, selon
les cas, des mois ou des jours ou des heures. Les chiffres ne devaient donc pas
varier, et ils ne varient pas, en effet, dans les cotes données par Paul d'Alexandrie (*l. c.*). Il n'y avait dès lors qu'une méprise possible ; c'était d'*additionner*
les années, mois, jours et heures du minimum au lieu de les *substituer*. On
trouve dans Firmicus d'abord des chiffres variés, ensuite *et* là où il aurait
fallu *aut*. Par exemple : *Saturnus si dator vitae fuerit et in integrum decreverit annorum numerum, LVII annos decernit ; si vero male decreverit,
XXX annos aut menses XXX et horas XII decernit* (II, 25, 3 Kroll).

1. Paul d'Alexandrie (*loc. cit.*) cherche à formuler une règle pour les additions et soustractions dues aux ἐπιμαρτυρίαι des planètes qui aident ou contrecarrent la planète « œcodespote de la géniture ». Bien placées, ces planètes
ajoutent leur cote minimum à celle de l'œcodespote ; elles l'enlèvent dans le
cas contraire, c'est-à-dire placées ἐν τοῖς ἀποκλίμασι ἤ ὑπὸ τὰς ἡλιοτίδας
αὐγὰς ἤ τοῖς ἀριθμοῖς ἀφαιροῦντες. Valens (ap. Salmas., pp. 210, 713 etc.)
mélange les signes et les planètes : somme de vie par addition d'un signe et
d'une planète (p. 210), de deux signes (p. 713), d'un signe et de deux planètes
(*ibid.*). Quant aux *climatères*, qui relèvent principalement du système des
καταρχαί, nous reviendrons plus loin sur ce sujet, obscurci par l'exubérante
érudition de Saumaise (ci-après, ch. xv).

incluses, fit table rase de toutes ces manipulations de chiffres livrées à l'arbitraire.¹ Il voulut instituer une théorie géométrique et mécanique dans laquelle il utiliserait des parties des systèmes antérieurs, l'action des planètes, l'influence des lieux et les ascensions (ἀναφοραί) des signes.

Sa théorie repose essentiellement sur l'assimilation du Zodiaque à une roulette dans laquelle la vie des individus est lancée avec une force plus ou moins grande d'un certain point de départ (τόπος ἀφετικός) et se trouve arrêtée, ou risque d'être arrêtée, par des barrières ou lieux destructeurs (τόποι ἀναιρετικοί), sans pouvoir en aucun cas dépasser un quart du cercle. Le nombre de degrés parcourus, converti en degrés d'ascension droite, donne le nombre des années de vie ¹.

L'idée maîtresse du système n'appartient pas en propre à

1. Ce n'est pas sans hésitation que je m'aventure dans les ténèbres de la théorie « aphétique », ténèbres épaissies par la logomachie et les contradictions des astrologues anciens (surtout Vettius Valens et Paul d'Alexandrie), des Arabes et des érudits de la Renaissance, lesquels s'acharnent à mélanger, combiner, troquer les deux systèmes principaux, empruntant la durée de la vie à l'un et la répartition du temps à l'autre. Saumaise lui-même (pp. 264 sqq.), cédant au plaisir de réfuter Scaliger et quelque *insulsum pecus Lojöliticum* (p. 271), soutient que Ptolémée faisait, comme tout le monde, octroyer la quantité de vie par la planète œcodespote et n'employait ses ἀφέται que comme χρονοκράτορες, pour subdiviser cette quantité en étapes. Il confond le calcul de la durée absolue de la vie avec la διαίρεσις χρόνων ζωῆς dont il sera question plus loin (ch. xiv). Chez les Arabes, l'ἀφέτης de Ptolémée (*hyleg - alhyleg*) est soudé à un *cochoden* ou *alcochoden*, dans lequel on croit reconnaître le nom défiguré de l' οἰκοδεσπότης. Cet *alcochoden*, espèce de Verbe sans lequel l'*alhyleg* ne fait rien, est à la fois « donneur de vie » (βιοδότηρ) en généthlialogie, chronocrator en καταρχαί (ci-après, ch. xiii-xiv), et ses deux rôles s'enchevêtrent l'un dans l'autre. Albohazen Haly (IV, ch. iii sqq.) déclare avoir écrit un traité spécial en cinq chapitres sur l'*hylech* et l'*alcochoden*, et ce qu'il y a de plus clair dans son nouvel exposé, c'est que les « sages anciens » étaient là-dessus en discorde irréconciliable. Pour comble d'infortune, commentateurs et traducteurs de Ptolémée ne s'entendent ni sur le sens précis du mot ἀφέτης ou κύριος τῆς ζωῆς, vaguement traduit par *prorogator, vitae gubernator, liberator, significator, dispositor*, ou par *promissor* (mot qui pour certains signifie ἀναιρέτης), ni sur le rôle de l'ἀφέτης, ni même sur le sens du mouvement imprimé par lui ou à lui. Saumaise (p. 426) propose *decursor* pour ἀφέτης, *decursio* (ou *directio, progressio, profectio*) pour ἄφεσις et s'inscrit en faux contre des opinions moins paradoxales que les siennes (voy. ci-après, p. 418,2). Une note de scoliaste, citée plus haut (p. 249,2), me fait croire que Thrasylle se contentait encore d'un système simple, qui consistait à supposer une ἀκτινοβολία produisant l'ἀναίρεσις, par tir diamétral, de l'Occident à l'Horoscope. Voy. ci-après (pp. 425-426) le même antagonisme de l'Occident et de l'Horoscope utilisé pour déterminer, non plus la date, mais le genre de mort.

Ptolémée. L'assimilation de la vie à une course dans une carrière dont la mort marque le terme était et est encore un lieu-commun littéraire. Pour les astrologues, la carrière était toute tracée : la vie, partie de l'Horoscope, comme les astres, devait aller s'éteindre, comme eux, à l'Occident. Mais, vu l'habitude prise de compter une année par degré du cercle, cette course était évidemment trop longue. Il fallait chercher un autre maximum, qui fût d'accord avec l'expérience. L'école de Néchepso et Pétosiris le trouva dans la théorie des aspects, convenablement sollicitée. Puisque la vie ne pouvait pas atteindre le diamètre (180°), elle devait se buter à l'aspect quadrat, qui était menaçant autant et plus que le diamètre. De là la règle, empirique et logique à la fois, du quadrant zodiacal (90°) comme mesure extrême de la vie, mesure qui, grâce à la conversion en degrés d'ascension droite, pouvait, suivant les cas et les climats, dépasser 90° [1]. Cette règle fut jugée tout à fait « naturelle » et il se trouva quelque pythagoricien pour lui donner la consécration arithmétique, en faisant remarquer que, Saturne étant le dispensateur du temps (Κρόνος = Χρόνος) et le nombre 3 le régulateur universel, 90 degrés ou années représentent exactement trois révolutions de Saturne [2].

1. Pline, après avoir donné la règle du quadrant (τεταρτημόριον) d'après Pétosiris et Néchepso, et constaté que la conversion en degrés d'ascension droite peut aller à 124° sous la latitude de l'Italie (ci-dessus, p. 403, 3), ajoute : *negavere illi quemquam XC partium exortivam mensuram (quod anaphoras vocant) transgredi, et* (sous-entendu « affirment ») *has ipsas incidi occursu maleficorum siderum aut etiam radiis eorum Solisque. Schola rursus Aesculapii secuta quae stata vitae spatia a stellis accipi statuit* (c'est le système de la vie octroyée par l' οἰκοδεσπότης τῆς γενέσεως, exposé ci-dessus), *sed quantum plurumum tribuat incertum est*, etc. (Plin., VII, § 160). Ainsi, d'après Pline, les deux systèmes sont égyptiens, et le système aphétique aurait précédé l'autre. La règle du quadrant est affirmée de tous côtés : Πᾶσαν δ' αὖτ' ἄφεσιν πλευρὴ τετράγωνος ὁρίζει (Maneth., III, 427). Démophile, identifiant l' ἀφετίς avec l' ἐπικρατήτωρ (ci-dessus, p. 406, 2), écrit : στήσας τὸν ἐπικρατήτορα, σκόπει τὰς τῶν κακοποιῶν ἀναιρετικὰς ἀκτῖνας μέχρι ἐνενήκοντα μοίρας, καὶ ἐκ τῶν ἀναφορικῶν χρόνων γίνεται δήλη ἡ ποσότης τῆς ζοῆς (ap. Porphyr., p. 193). Voy. ci-dessus (p. 262, 1) et ci-après (p. 414, 1) l' ἐνενηκοντάμερος de Firmicus, fondé sur la règle du quadrant, avec points de départ divers.

2. Servius, juxtaposant des idées dont il ne voit pas le lien, explique que *tribus humana vita continetur : Natura, cui ultra CXX solstitiales annos concessum non est ; Fato, cui XC anni hoc est tres Saturni cursus exitium creant, nisi forte aliarum stellarum benignitas etiam tertium ejus superet cursum ; Fortuna, i. e. casu, qui ad omnia pertinet quae extrinsecus sunt* (Serv., *Aen.*, IV, 653). Servius n'a pas compris que la Nature et le Destin universel sont synonymes et que ces deux chiffres différents représentent un même maximum, l'étendue d'un quadrant. La remarque : 90 = 3 révolutions du destructeur Saturne, est du mysticisme pur.

Il ne restait plus qu'à disposer à l'intérieur du quadrant des obstacles destinés à faire trébucher les coureurs qui ne devaient pas atteindre le terme ultime ; et là, avec leurs planètes malfaisantes, présentes ou représentées par leurs aspects ou leurs domaines, leurs signes d'ascension lente ou rapide, leurs degrés dangereux, etc., les astrologues étaient en mesure de suffire à tout.

Mais toutes les questions n'étaient pas résolues par là. Où placer le quadrant vital ? Le symbolisme voulait que l'Horoscope fût le point de départ de la vie ; mais il voulait aussi que l'Occident représentât la mort. Il exigeait de même, et plus impérieusement, que le MC. figurât l'apogée, la plénitude de la vie. Or, placer le point de départ (τόπος ἀφετικός) à l'Horoscope, c'était faire coïncider le terme mortel (τόπος ἀναιρετικός) avec le MC. Il valait donc mieux prendre pour point de départ le MC. et utiliser pour le terme le caractère symbolique de l'Occident. De là un premier système qui est entré tout entier dans la théorie de Ptolémée [1]. Ce système avait contre lui une objection grave, entre autres. Si l'Occident n'était que la limite maximum, celle qu'atteignent quelques rares privilégiés, il fallait chercher d'autres lieux « anærétiques » sur le parcours, et le symbolisme n'avait plus guère d'applications pratiques : si l'on tenait, au contraire, à l'utiliser dans tous les cas, il fallait, pour abréger la course, rapprocher le point de départ, et on ne trouvait de ce côté qu'un seul lieu favorable (le IXᵉ, lieu du Θεός) pouvant être considéré comme source de vie. Pourtant, le recours aux planètes intercurrentes fournissant des moyens d'ajouter et de retrancher des années de vie, le IXᵉ lieu fut retenu, avec le MC. ou à la place du MC. [2], comme « lieu aphétique », et l'Occident conservé comme seul lieu « anærétique ».

1. C'est le système que Ptolémée appelle « horaire » ou de l'heure fixe — κατὰ τὴν ὡριαίαν ou ὡριμαίαν. Ici, l' ἀφέτης, qui ne lance plus, à vrai dire, mais est lancé lui-même, prend souvent le nom de κρατήτωρ ou ἐπικρατήτωρ, qui prête aux confusions indiquées ci-dessus (p. 406, 2) et s'applique aussi à l' ἀφέτης oriental, quand il plaît aux auteurs. La mort arrive naturellement par descente : κατὰ τὸ δυτικὸν τοῦ κρατήτορος καταφορᾷ (p. 416 Junctinus). J'enregistre avec empressement — car ce sera une excuse pour mon insuffisance — une critique adressée à Porphyre par Léon « le philosophe », dans des scolies εἰς τὴν ὡριμαίαν. « Porphyre lui-même » n'a pas su comprendre « la pensée du grand Ptolémée ». Il a pris dans les Tables les ἀναφοραί pour des καταφοραί et s'est ainsi trompé de 35 ans sur la durée d'une vie qu'il estime à 75 ans, au lieu de 40 (Cod. Florent., p. 139).

2. Dans le système de Ptolémée, l' ἄφεσις partie du MC. va vers l'Orient, ou attend le choc des planètes anærétiques venant de ce côté.

De leur côté, les partisans de l'Horoscope comme lieu aphétique n'étaient pas à bout de raisons ; ils avaient pour eux la
tradition et presque le bon sens. Les uns durent s'obstiner à
prendre pour carrière de la vie le quadrant compris entre l'Horoscope et le méridien, en faisant appel peut-être aux légendes qui
attribuaient un caractère meurtrier au soleil de midi ; d'autres
eurent l'idée, traditionnelle aussi et symbolique à merveille, de
placer la mort au plus bas de la région souterraine, en IMC. [1].
Seulement, ils étaient forcés d'intervertir le mouvement parti de
l'Horoscope et de le diriger suivant le mouvement propre des
planètes. Dans ce sens, suivant la théorie de l' ἀκτινοβολία (qui a
peut-être été créée ou systématisée à ce propos), la vie assimilée
à un mobile devait s'enferrer sur le dard des planètes anærétiques Mars et Saturne [2], soit qu'on la considérât comme allant
à leur rencontre, soit que celles-ci fussent censées entraînées à
sa rencontre par le mouvement diurne [3]. Le mouvement diurne

---

1. C'est l'éternelle querelle entre les deux espèces de symbolisme, l'un convenant au ciel immobile, l'autre au ciel tournant. Pour l'un, l'avenir est au
dessus de l'horizon ; pour l'autre, au dessous. Il me semble retrouver la
trace des hésitations des inventeurs et du conflit des systèmes dans Firmicus
(VIII, 1, p. 212 Pruckner : ci-dessus, p. 262, 1). Firmicus va expliquer, dit-il, la
doctrine de l' ἐνενηκονταμερος, doctrine peu connue, et sur laquelle
Pétosiris a volontairement laissé planer le mystère. Il faut donc, en partant
de l'Horoscope, chercher *per cetera signa partem nonagesimam - ex ea
namque exitus vitae, mors, infortunia, pericula, felicitates et tota substantia
geniturae colligitur.* Tout ! Firmicus a l'habitude de faire tout dépendre de
chaque détail. Non seulement il ne se rend pas bien compte qu'il est question
de la durée de la vie et des passes dangereuses ou climatères rencontrées sur
la route, mais il ne dit pas dans quel sens il faut chercher l'angle droit à partir
de l'Horoscope. Aussi les érudits se querellent à ce sujet. Scaliger (p. 263)
tient pour le quadrant qui va de Hor. à MC. ; d'autres, avec plus de raison,
à mon sens, pour celui qui va de Hor. à IMC. (cf. Riess, fr. 16, pp. 359-360).
Firmicus, s'il a réellement consulté Pétosiris, a dû y trouver des solutions
diverses et n'a pas su choisir. Enfin, pour achever d'embrouiller la question,
il recommence le même calcul avec un autre point de départ, *a Luna*, et
reproduit son invariable antienne : *sic invenies mortis exitum, sic vitae ordinem, sic totam denique humanae geniturae substantiam.* Ce sont deux systèmes
différents, qui, à l'entendre, doivent être appliqués en même temps, et dont
chacun donne la clef de tout !

2. Les Stoïciens justifiaient par l'étymologie Ἄρης ἀπὸ τοῦ αἱρεῖν καὶ
ἀναιρεῖν le rôle de Mars, la planète « anærétique » par excellence (Cornut.,
Theol. gr., 21 : cf. ci-dessus, p. 99, 1). Sur l'actinobolie, voy. p. 248 sqq.

3. Ptolémée l'appelle, entre autres noms, ἄφεσις κατὰ τὴν καλουμένην ἀκτινοβολίαν (p. 332 Junct.) ou ἀκτίνος-ἄφεσις καὶ ὑπάντησις (p. 416) ; le
scoliaste, κατὰ τὴν ἀκτίνα ou ἀκτινοβολίαν (Anon., p. 163). La planète
ἀναιρέτης prend alors le qualificatif subsidiaire de ὑπαντήτωρ, ὁ ὑπαντῶν.

et le degré étant la commune mesure de la vitesse et de l'espace dans tous les systèmes, c'était évidemment à cette seconde manière de concevoir l'approche et la rencontre que l'on devait s'arrêter. Il va sans dire que les planètes anærétiques se trouvaient toujours dans le parcours des 90 degrés, car, si elles n'y étaient pas « corporellement », elles y étaient représentées par un ou plusieurs « aspects ».

Ainsi donc, autant que l'on peut en juger par voie de conjecture, Ptolémée a trouvé toutes faites plusieurs théories aphétiques, avec divers points de départ et des sens différents pour la course symbolique qui représente la vie, sans compter la doctrine rivale de l'octroi des années de vie par « le maître de la géniture ». C'est avec ces éléments qu'il a fabriqué sa théorie à lui, un pur chef-d'œuvre, au dire de ses disciples, en tout cas, une preuve de sa dextérité d'éclectique, habile à masquer l'incohérence de certains raccords [1].

Ptolémée commence par mettre en ligne une série de postulats triés dans les traditions préexistantes. Comme il se propose d'adopter plusieurs points de départ (τόποι ἀφετικοί), il faut bien que le choix du lieu aphétique dépende d'une planète qui joue le rôle de maîtresse de la géniture et qui soit, pour cette raison, ἀφέτης, c'est-à-dire qui lance le mouvement vital de la place qu'elle occupe. Or, cette place doit être en même temps un lieu aphétique. Les deux conditions sont donc liées : il faut un aphète dans un lieu aphétique. En conséquence, Ptolémée dresse la liste des lieux aphétiques et des ἀφέται possibles.

Ptolémée pose en principe que les lieux aphétiques doivent être tous au-dessus de l'horizon : il élimine, comme il l'a fait dans son apotélesmatique universelle, l'hémicycle souterrain [2]. Dans

---

1. Voy. l'exposé de la doctrine dans la *Tetrab.*, III, 10-15 (réunis en seul ch. xii par Junctinus), sous les titres : Περὶ χρόνων ζωῆς (p. 318 Junctinus) — Περὶ τόπων ἀφετικῶν (pp. 318-319) — Περὶ τοῦ κλήρου τῆς Τύχης (p. 329) — Πόσοι ἀφέται (p. 330) — Περὶ τρόπων ἀφέσεως avec Ὑπόδειγμα (pp. 332-335, 338-340). Le commentaire de Junctinus sur ces chapitres remplit près de 100 pages in-folio. On se doute bien qu'il n'en est pas plus clair. Manéthon (II, 401-421 ; III, 399-428) reproduit sommairement la doctrine de Ptolémée, dont Proclus donne un résumé fidèle dans sa *Paraphrase*. Le scoliaste Anonyme (pp. 109-134) dilue de son mieux le texte du maître ; mais il est d'un médiocre secours, car son texte à lui est dans un état tel qu'on ne peut réviser ses calculs avec des chiffres et des sigles altérés. Le fil se rompt à chaque instant dans la main.

2. Τὸ ὑπὸ γῆν πᾶν εἰκότως ἀτεθητέον πρὸς τηλικαύτην κυρίαν (cf. ci-dessus, pp. 270, 1. 272, 1. 349, 3. 356. 385, 4. 401, 2). Le scoliaste admire : εἰκότως δὲ τὸ

l'hémicycle supérieur, les lieux aphétiques sont tous ceux qui sont en rapport défini, en « aspect », avec l'Horoscope [1]. On s'attendrait à voir figurer en première ligne l'Horoscope, et à la suite l'aspect favorable par excellence, le trigone, les aspects défavorables étant relégués à la fin. Mais il n'en va pas ainsi. Certains « centres » passent avant les autres lieux, et parmi eux l'Horoscope n'occupe pas le premier rang.

1° Le premier rang est réservé à la culmination supérieure (MC.), en aspect quadrat avec l'Horoscope ; évidemment parce que le « physicien » Ptolémée évalue l'énergie physique des astres et la considère comme ayant son maximum au méridien [2].

2° Puis vient l'Horoscope, pointé au 5e degré du signe ou « douzième » qui commence à émerger au-dessus de l'horizon [3].

3° Le troisième rang échoit au lieu (XIe) dit du « Bon Génie », préféré sans doute à tel autre parce qu'il est du côté de l'Orient, en aspect sextil avec l'Horoscope.

4° Malgré son incapacité symbolique, l'Occident figure ici comme « centre », pour représenter l'aspect diamétral.

5° Enfin, en dernier recours, bien qu'en aspect trigone avec l'Horoscope, vient le lieu (IXe) dit du « Dieu ».

Voyons maintenant la liste des aphètes. Ptolémée l'a dressée avec l'intention évidente de n'accepter que ce qu'il lui plairait des doctrines concernant la maîtrise de la géniture et de mettre au premier rang, d'accord avec l'opinion vulgaire, le Soleil et la Lune. Il classe avec beaucoup de méthode, et surtout de symétrie, les cas qui se présentent dans les génitures, soit diurnes, soit nocturnes.

Pour les génitures *diurnes*, l'ἀφέτης ς sera :

ὑπὲρ γῆν ἡμισφαίριον μόνον παρέλαβε · τοῦτο γὰρ ἀναλογεῖ τῇ ζωῇ ἐν τῷ ἐμφανεῖ κόσμῳ ὑπάρχον (Anon., p. 109). On a déjà dit que ce dogme de Ptolémée n'a pu prévaloir. Qu'arriverait-il, disent les opposants, si les deux luminaires et les cinq planètes se trouvaient sous terre ?

1. Pour éliminer les lieux VIII et XII, au lieu de se contenter de dire qu'ils sont ἀσύνδετα, Ptolémée, entêté de sa physique, prétend, en outre, qu'ils sont éteints par les brumes de l'horizon, lesquelles n'affaiblissent apparemment ni l'Horoscope ni l'Occident! Saumaise aussi trouve la raison inepte (p. 333), mais pour une raison qui ne l'est guère moins : *quod est ineptum et inscitum, quasi vapores e terra ascendentes eo pervenire possint.* Il ne s'agit pas de savoir si les vapeurs terrestres peuvent monter jusqu'aux astres (ce qu'admettaient, du reste, les anciens), mais si les rayons de ceux-ci se détrempent et perdent leur vertu en traversant la couche de vapeurs.

2. Dorothée de Sidon n'acceptait pas cette prééminence du MC. sur l'Horoscope (Anon., p. 110. Cf. ci-dessus, p. 271).

3. Voy. ci-dessus, p. 270, 1.

1° Le Soleil, s'il se trouve dans un lieu aphétique ;

2° A son défaut, la Lune, en même condition ;

3° A défaut de l'un et de l'autre luminaire, la planète qui, étant en lieu aphétique, se trouve avoir le plus de droits à la maîtrise (οἰκοδεσποτεία) soit du lieu occupé par le Soleil, soit du lieu de la dernière syzygie (N. L.), soit de l'Horoscope ;

4° En dernier recours, l'Horoscope lui-même [1].

Pour les génitures *nocturnes*, l'ἀφέτης sera :

1° La Lune, en lieu aphétique ;

2° A son défaut, le Soleil, en même condition [2] ;

3° A défaut de l'un et de l'autre luminaire, la planète qui, étant en lieu aphétique, se trouve avoir le plus de droits à la maîtrise soit du lieu occupé par la Lune, soit du lieu de la dernière syzygie (P. L.), soit du Sort de la Fortune.

4° En dernier recours, l'Horoscope. Mais Ptolémée, pour qui le Sort de la Fortune est un « horoscope lunaire » [3], décide que l'on prendra cet horoscope spécial, si la dernière syzygie a été une P. L., et l'Horoscope proprement dit, si cette syzygie a été une N. L.

D'une manière générale, s'il y a concurrence entre plusieurs aphètes possibles, choisir le mieux placé des deux luminaires et préférer même à l'un et à l'autre la planète qui aurait des droits

---

1. Ainsi, par faveur spéciale, l'Horoscope peut être à la fois ἀφετικὸς (τόπος), comme entité mathématique, et ἀφέτης, à la condition d'être représenté par une planète, présente réellement ou par aspect (ἢ κατὰ συμπαρουσίαν ἢ κατὰ ἀκτῖνα. Anon., p. 169). De même pour le Sort de la Fortune. Au besoin les ὅρια (les décans planétaires, les dodécatémories ou les κλῆροι planétaires, suivant les systèmes) pouvaient suppléer les aspects. De là une confusion qui fait qu' ἄφεσις s'entend tantôt de l'aphète, tantôt du lieu, et des deux ensemble. Nous verrons plus loin (ch. xiv) un système de quintuple ἄφεσις simultanée, où l'ἀφέτης est en même temps τόπος ἀφετικός, où qu'il soit : système également de Ptolémée ou donné comme tel.

2. Dans une géniture *nocturne,* le Soleil ne peut être que sous terre et devrait être éliminé (ci-dessus, p. 386, 1). Ptolémée l'inscrit ici pour faire pendant à la Lune dans la série *diurne.* C'est un exemple curieux de l'obsession de la symétrie. Le scoliaste (Anon., p. 111) dit simplement : ἐπὶ τὸν ἥλιον ἐλευσόμεθα · ἐὰν δὲ μὴ αὐτὸν εὑρήσομεν (sous-entendu ἐν ἀφετικῷ τόπῳ, mais comment pourrait-il y être? Peut-être dans les 25 degrés souterrains du *lieu* de l'Horoscope?), recours au n° 3. En suppléant à son silence par un texte d'Omar (*De nativit.*, p. 121 Pruckner), qui cite Ptolémée et Dorothée, on voit que le Soleil doit être ici remplacé par le degré qui est avec lui en opposition diamétrale. Manéthon simplifie : il supprime partout le second ἀφέτης de Ptolémée et conserve les trois autres dans le même ordre.

3. C'est ici que Ptolémée et le scoliaste précisent l'unique manière dont ils entendent déterminer le κλῆρος Τύχης, afin qu'il soit ὥσπερ σεληνιακὸς ὡροσκό-πος (à la différence de Néchepso et Pétosiris). Voy. ci-dessus, pp. 288, 2. 296, 2.

exceptionnels (par exemple, trois sur cinq) à la maîtrise simultanée des points utilisables dans les deux espèces de génitures (diurnes et nocturnes) — c'est-à-dire, des positions de la Lune *et* du Soleil — et qui, en outre, se trouverait dans un lieu plus qualifié d'après la liste susmentionnée [1].

L'aphète une fois trouvé, à la suite de comparaisons laborieuses, il faut déterminer le sens dans lequel il lance la vie, à partir de son lieu aphétique; sens direct, c'est-à-dire conforme au mouvement propre des planètes, quand il suit la série des signes (ἄφεσις εἰς τὰ ἐπόμενα τῶν ζῳδίων - *directio - prorogatio directa*), rétrograde (ἄφεσις εἰς τὰ προηγούμενα τῶν ζῳδίων - *directio conversa*) [2], quand il suit le mouvement diurne. Nous avons dit

---

1. Je ne crois pas avoir altéré, en le paraphrasant, le sens du texte un peu obscur de Ptolémée. Au surplus, le voici : εἰ δὲ καὶ ἀμφότερα τὰ φῶτα καὶ ὁ τῆς οἰκείας αἱρέσεως οἰκοδεσπότης ἐν τοῖς ἀφετικοῖς εἶεν τόποις, τὸν μὲν τῷ κυριωτέρῳ τρόπῳ τῶν φώτων παραληπτέον, τότε δὲ μόνον τὸν οἰκοδεσπότην ἀμφοτέρων προκριτέον, ὅταν καὶ κυριώτερον ἐπέχῃ τόπον καὶ πρὸς ἀμφοτέρας τὰς αἱρέσεις οἰκοδεσποτίας λόγον ἔχῃ (p. 330 Junctinus). Le scoliaste établit l' αἵρεσις des divers points visés. L'Horoscope est toujours diurne : par contre, l'Horoscope lunaire ou κλῆρος Τύχης doit être nocturne (corriger ἡμερινὸς en νυκτερινός). Des deux syzygies, δοκεῖ γὰρ ὥσπερ ἡμερινὴ μὲν εἶναι ἡ σύνοδος, νυκτερινὴ δὲ ἡ πανσέληνος. Voilà pourquoi, quand la dernière syzygie a été diurne, on prend l'Horoscope ; quand elle a été nocturne, le Sort de la Fortune. C'est sans doute quelque glossateur malavisé qui écrit plus loin : δοκεῖ γὰρ ἡ σύνοδος ὥσπερ τὴν αἵρεσιν μετατιθέναι καὶ νυκτερινὴ οὖσα εἰς ἡμερινὴν μεταβάλλειν. Celui-là a dû faire les associations d'idées suivantes : N. L. = absence de lumière = nocturne. Mais si le κλῆρος Τύχης se trouvait par hasard sous terre ? Le cas ne se présente pas, dit le scoliaste (p. 113), si c'est une P. L. qui a précédé la naissance ; et, si c'est une N. L., il est entendu qu'on prend l'Horoscope.

2. L' ἀφέτης εἰς τὰ προηγούμενα est dit ἀναποδιστικός (Valens ap. Salmas., p. 432). La logomachie (cf. ci-dessus, p. 117,1) n'est pas seulement dans les mots. Il est évident que, avec le mouvement diurne pour mesure, le terme de *directio* pour le sens d'Occident en Orient a l'air· d'un contre-sens : on en voit encore mieux l'impropriété, si l'on songe que, l' ἀφέτης étant supposé immobile, c'est l' ἀναιρέτης qui fait le parcours, d'Orient en Occident. Aussi, Saumaise reproche à ceux qui, comme moi, l'entendent ainsi, de ne pas plus comprendre Ptolémée que s'il avait écrit en chinois (p. 430). Il veut que, quel que soit le sens de l' ἄφεσις, ce soit l' ἀφέτης qui se déplace, aussi bien dans le sens « direct » de l'O. à l'E. que dans le sens rétrograde de l'E. à l'O. Il a raison et contre ceux qui veulent que *directio* indique le sens du mouvement diurne et contre ceux qui confondent la *directio conversa* avec la rétrogradation des planètes. Mais si, en théorie, il est fondé à soutenir que ἄφεσις εἰς τὰ ἐπόμενα ne peut pas signifier mouvement de l' ἀναιρέτης εἰς τὰ προηγούμενα, en fait, il a complètement tort. Il oublie que les astrologues ont été obligés d'adopter une commune mesure pour les deux sens de l' ἄφεσις, et que cette mesure ne pouvait être que le mouvement diurne. Autrement, dans l' ἄφεσις

comment et pourquoi ces deux modes de lancement (τρόποι τῶν ἀφέσεων) ont été imaginés et ont sans doute empêché par leur concurrence l'institution d'un système unique [1]. En tout cas, il y a de part et d'autre unité de mesure, le mouvement diurne. Dans le sens appelé ici direct, le mouvement diurne amène la planète ἀναιρέτης ou « lieu suivant » (ἐπόμενος τόπος) à la rencontre du lieu « précédent » (προηγούμενος) où est logé l'aphète. Dans le sens contraire, c'est l'aphète qui est entraîné vers le lieu anærétique, lequel est toujours l'Occident. D'une façon comme de l'autre, la durée de la vie était égale au nombre de degrés d'ascension droite compris entre le lieu aphétique et le lieu anærétique, à raison d'une année par degré.

Nous savons déjà, et de reste, combien était laborieuse la conversion des degrés du Zodiaque en degrés d'ascension droite comptés sur l'équateur, conversion indispensable toutes les fois qu'il s'agit d'évaluer le temps. C'est à propos de ce calcul que les astrologues savants accablent de leur dédain les ignorants. Ceux-ci en tout cas, à moins de pousser l'ignorance jusqu'à ne pas comprendre même l'énoncé du problème, pouvaient user des canons ou tables dressés par leurs doctes confrères [2].

εἰς τὰ ἑπόμενα, chaque ἀφέτης, qu'on le conçoive comme moteur ou comme mobile, aurait eu sa vitesse propre. La Lune aurait atteint l' ἀναιρέτης plus vite que le Soleil, celui-ci plus vite que Jupiter, et ainsi de suite. Il est fort possible que ceux qui ont créé l'expression ἄφεσις εἰς τὰ ἑπόμενα l'aient entendu ainsi, et que l' ἀφέτης ait joué pour eux le rôle de « donneur de vie », chacun avec sa cote spéciale, comme l'οἰκοδεσπότης τῆς γενέσεως des méthodes visées plus haut (p.405-410) ; mais il y a eu à la méthode une retouche qui a rendu cette expression impropre. Saumaise a beau anathématiser Cardan, il lui faudrait encore récuser les interprètes anciens de Ptolémée. Le scoliaste, visant le cas où l' ἀφέτης serait en MC., dit : πρώτη μὲν γὰρ θέσις ἡ τοῦ ἀφέτου, εἰς ἣν ὀφείλει ἐλθεῖν ὁ ἀναιρέτης, et c'est en MC. que se produira la κόλλησις τῆς ἀναιρέσεως (Anon., p. 127). Cf. Paul. Alex., R 3-4 (κόλλησις οὖν καὶ ἐκείνῳ ἐστὶν ἥτις καὶ ἐνταῦθα κατὰ περίπατον λεγομένη, amenée aussi par le mouvement diurne). Saumaise ici nie l'évidence, ce qui lui arrive de temps à autre.

1. Je me persuade que, si Ptolémée avait été libre, il aurait réservé.pour les morts violentes le système de la directio, de l' ἀφέτης frappé par le rayon des planètes anærétiques.

2. Les Arabes, dignes successeurs des « Égyptiens », n'étaient pas très convaincus de la nécessité de la conversion : ils ont fort épilogué sur ce point, les uns tenant pour l'ascension droite, les autres pour l'ascension oblique (cf. Junctinus, p. 381). Les explications et exemples fournis par Ptolémée (pp. 338-340 Junct.), résumés par Proclus (Paraphr., pp. 185-201), largement délayés par le scoliaste (Anon., pp. 109-134), dont le texte est criblé de lacunes ou d'interpolations, de fautes et de méprises (par exemple,

Ce serait bien mal connaître l'esprit de l'astrologie grecque
que de supposer que, une fois fixés le point de départ et le point
d'arrivée, le calcul de la durée de la vie se réduisît à une simple
mesure de l'arc compris entre ces deux points. S'il y avait un
sujet de consultation sur lequel les astrologues dussent être
circonspects, c'était bien celui-là. Aussi le résultat brut donné
par l'estimation des ἀναφοραί était-il retravaillé, soumis à des
additions et soustractions diversement motivées. On faisait état
de toute espèce d'influences intercurrentes, susceptibles d'accé-
lérer ou de retarder le moment fatal : influences variables comme
qualité suivant la nature des planètes interférentes, comme énergie suivant la position des dites planètes par rapport aux lieux
aphétique et anærétique, au Soleil phases orientale et occidentale , aux « centres » et particulièrement à l'Horoscope, sans
oublier les combinaisons dans lesquelles ces planètes se trouvaient engagées avec les signes et les domaines planétaires
inscrits dans ces signes. Au chiffre fourni par la mesure de la
carrière vitale, les planètes bienfaisantes ajoutaient et les malfaisantes retranchaient un certain nombre d'années, suivant des
règles compliquées qui rendaient toujours la balance incertaine.
Quand la carrière vitale était à l'O. du méridien, ayant son point
d'arrivée fixe à l'Occident, les planètes malfaisantes rencontrées
sur la route (corporellement ou par aspect) ne tuaient pas, parce
qu'elles n'avaient pas leur dard ou rayon tourné du côté de
l'ἀφέτης [1] ; mais elles retranchaient des années de vie, et d'autant
plus qu'elles étaient elles-mêmes plus rapprochées de l'Horoscope. Les planètes bienfaisantes allongeaient la course dans la

---

♍ pour ♑), ne sont intelligibles que pour des mathématiciens. Ce sont des
modèles de calcul pour les lieux aphétiques à la latitude ou climat où le plus
long jour solstitial est de 14 h. Le point aphétique (προηγούμενος) est placé en
♈ 1°, et le point anærétique (ἑπόμενος) en ♊ 1°. Suivant les positions occupées
par ces points par rapport à l'horizon, leur distance (60 degrés du Zodiaque),
convertie en degrés d'ascension droite, varie de 46 à 70 degrés ou années.
A moins que Ptolémée n'intervertisse, sans le dire, les positions respectives
de l' ἀφέτης et de l' ἀναιρέτης, il me semble que tout est ramené à l' ἄφεσις εἰς
τὰ ἑπόμενα, comme l'ont compris plus tard les Arabes (cf. Junctinus, p. 380) ;
aussi peut-on suspecter le dit chapitre d'avoir été remanié et interpolé. Ce
qui nous importe, ce ne sont pas ces calculs empiriques qui suppléent à la
trigonométrie ; c'est le principe, à savoir, que le nombre des années de vie
est égal au nombre de degrés d'ascension droite compris entre le lieu aphétique et le lieu anærétique.

1. Οὐκ ἀναίρουσι διὰ τὸ μὴ ἐπιφέρεσθαι τῷ ἀφετικῷ τόπῳ, ἀλλ' ἐκεῖνον τοῖς αὐτῶν
(Tetrab., III, 14, p. 334 Junctinus). Voy. ci-dessus (pp. 249, 2. 251, 3. 377, 2) la
théorie de l'ἀκτίς et de l'ὄψις, souvent oubliée, utilisée ici.

même proportion [1]. Avec l'ἄφεσις tournée du côté de l'Orient, en sens « direct », les astrologues, dont c'était la méthode préférée, avaient une casuistique beaucoup plus ample. Là le point d'arrivée n'était plus fixe. Ils avaient à choisir entre deux planètes anærétiques ; entre leur présence réelle et leurs aspects ; enfin, entre ces aspects. D'une part, les planètes anærétiques ne tuaient pas nécessairement, même par présence réelle ou par aspect quadrat ou diamétral, si elles étaient contrebattues par des rayons de planètes bienfaisantes [2], ou si, n'ayant pas même latitude que l'ἀφέτης, leur coup portait à côté [3] ; d'autre part, en certaines conditions, elles étaient meurtrières par aspect sextil ou même trigone [4]. Pour surcroît de ressources, le Soleil pouvait remplacer une planète anærétique annulée par ses rayons, si la Lune était aphétique. Il s'établissait entre les planètes bienfaisantes et malfaisantes une lutte dont la vie était l'enjeu et où l'estimation des forces respectives des combattants était des plus laborieuses [5]. Grâce à des secours opportuns, telle passe mortelle

1. Ptolémée, ne voulant pas recourir aux cotes des planètes βιοδοτῆρες (ci-dessus, p. 410), institue une proportion, additive et soustractive, qui a son zéro à l'Occident et son maximum (la valeur en degrés d'une ὥρα καιρικά, de jour ou de nuit) à l'Horoscope (p. 335 Junct.).

2. Les cotes planétaires reparaissent ici : le rayon de Jupiter, pour être efficace, doit porter sur le degré anærétique ou en arrière, dans un espace ne dépassant pas 12° ; le rayon de Vénus n'a d'action que sur 8°. Ces chiffres, 12 et 8, sont les cotes de l'ἰδία περίοδος de chacune de ces deux planètes (ci-dessus, p. 409). Cf. les cotes de largeur des rayons planétaires (ci-dessus, p. 178, 2).

3. C'est bien une idée d'astronome. Le cas ne se produit qu'avec des planètes réelles, et non avec les aspects : ἐάν τε σωμάτων ὄντων ἀμφοτέρων, τοῦ τε ἀφιέντος καὶ τοῦ ὑπαντῶντος, μὴ ταὐτὸ πλάτος ᾖ ἑκατέρων (p. 335 Junct.).

4. Par exemple, l' ἀναιρέτης est meurtrier par aspect sextil, s'il se trouve dans des signes d'ascension lente (πολυχρόνια) ; par aspect trigone, s'il est en signes d'ascension rapide (ὀλιγοχρόνια). Les faiseurs d'objections devaient être intimidés par cet étalage de géométrie et de cinématique : impossible de réfuter ce qu'on ne comprend pas.

5. Voici un échantillon des questions à résoudre : ὅταν οὖν δύο ᾖ καὶ πλείονα ᾖ ἑκατέρωθεν τά τε βοηθοῦντα καὶ κατὰ τὸ ἐναντίον ἀναιροῦντα, σκεπτέον τὴν ἐπικράτησιν ὁποτέρου τῶν εἰδῶν κατά τε τὸ πλῆθος αὐτῶν συλλαμβανομένων αὐτοῖς καὶ κατὰ τὴν δύναμιν. Κατὰ μὲν τὸ πλῆθος αὐτῶν, ὅταν αἰσθητῶς πλείονα ᾖ τὰ ἕτερα τῶν ἑτέρων · κατὰ δύναμιν δέ, ὅταν τῶν βοηθούντων ἢ ἀναιρούντων ἀστέρων οἱ μὲν ἐν οἰκείοις ὦσι τόποις, οἱ δὲ μή, μάλιστα δ' ὅταν οἱ μὲν ὦσιν ἀνατολικοί, οἱ δὲ δυτικοί. Καθόλου γὰρ τῶν ὑπὸ τὰς αὐγὰς ὄντων οὐδένα παραληπτέον, οὔτε πρὸς ἀναίρεσιν οὔτε πρὸς βοήθειαν · πλὴν εἰ μὴ τῆς Σελήνης ἀφετίδος οὔσης αὐτὸς ὁ τοῦ Ἡλίου τόπος ἀνέλοι, συντετραμμένος μὲν ὑπὸ τοῦ συνόντος κακοποιοῦ, ὑπὸ μηδενὸς δὲ τῶν ἀγαθοποιῶν βοηθούμενος καὶ ἀναλελυμένος (p. 335 Junctinus). A elle seule, la comparaison des οἰκεῖοι τόποι (domicile, hypsoma, trigone, etc.) pouvait mener loin.

pouvait être franchie; ce n'était plus alors qu'un « climatère »,
une crise ou évitée ou rejetée sur des biens moins précieux que
la vie physique [1].

Je n'entends pas m'enfoncer plus avant dans le dédale des
exceptions, compensations et autres recettes que Ptolémée accumule avec l'air détaché d'un homme qui semble viser plutôt à
rendre le problème insoluble qu'à enseigner les moyens de le
résoudre [2]. On dirait qu'il sent sur lui l'œil des légistes impériaux,
très chatouilleux à l'endroit des prédictions concernant les décès,
et qu'il s'arrange de façon à ne fournir à ses disciples que des
matières à conjectures.

Ptolémée est un peu plus à l'aise quand il aborde, en un autre
endroit de son livre, la question connexe, celle du genre de
mort [3]. Le calcul qui a déterminé le point mortel permet de
juger à quelle planète appartient la « maîtrise de la mort » (κυρία
τοῦ θανάτου). C'est celle qui a des titres de propriété sur le lieu de
la rencontre mortelle, ou dans le voisinage immédiat. Dès lors, il
n'y a plus qu'à consulter le tempérament de la planète, plus ou
moins modifié par sa position. En général, Saturne fait mourir
par maladies réfrigérantes, chroniques, telles que rhumatismes,
affections du foie et autres semblables; Jupiter, le venteux Jupiter, par esquinancie, spasmes, maladies flatulentes et maléo-
lentes de la gorge, du poumon, du cœur, ou foudroyantes, comme
l'apoplexie [4]; Mars, par inflammations et fièvres diverses; Vénus,
par humidité putride, abcès, fistules et apostumes variés; Mercure, par maladies sèches, nerveuses et mentales, telles que
l'épilepsie.

Ce sont là les morts « naturelles ». Les morts violentes (βιαιοθά-

---

1. Sur les climatères, voy. ci-après, ch. xv.

2. Je laisse aussi de côté les mélanges et intrications de la méthode aphétique de Ptolémée avec les autres, qui font les délices des compilateurs.
Saumaise (p. 368) en cite une assez originale, de Valens. Le rôle de « donneur
de vie » est mis à l'encan, et adjugé au rabais. Le débat est entre l' ἀφέτης
(à la fois ἐπικρατήτωρ et χρονοκράτωρ) et l' οἰκοδεσπότης τῆς γενέσεως. Celui
des deux qui accorde le moins d'années prend le rôle de régulateur. C'est une
invention de pessimiste.

3. *Tetrab.*, IV, 8 : Περὶ ποιότητος θανάτου (chapitre transféré à III, 13
par Junctinus, pp. 416-417, et pourvu d'un énorme commentaire, pp. 417-524).
Cf. Anon., pp. 163-165. Les fabricants du système des XII lieux avaient logé
les données du problème au VIIIᵉ. *Ex hoc loco mortis qualitas invenitur*
(Firmic., II, 19, 9 Kroll : ci-dessus, pp. 283-284). C'était beaucoup plus simple.
De même dans l'*octotopos*, où la *janua Ditis* est à l'Occident (pp. 276-277).

4. Est-il encore bien nécessaire, au point où nous en sommes, de signaler
ici l'allusion mythologique au « maître du tonnerre »?

νατοι) sont l'œuvre des deux bourreaux astrologiques, Saturne et Mars [1], seuls ou assistés d'autres planètes. Saturne procure les morts violentes quand il domine — soit par présence réelle, soit par aspect quadrat ou diamétral — le lieu du Soleil ou celui de la Lune, ou les deux ensemble. Le genre de mort est spécifié par la nature des signes dans lesquels il se trouve. Placé dans les signes « solides » (στερεά) et dominant le Soleil, Saturne présage la strangulation ou lapidation par la foule ; dans les signes animaux, la mort par la dent des bêtes, au cirque, si Jupiter collabore, par morsure de bêtes venimeuses, si les signes sont eux-mêmes ophidiens ou terrestres (χερσαῖα), surtout si Mercure intervient ; par empoisonnement et embûches de femmes, avec la collaboration de Vénus. Placé dans les signes humides — parmi lesquels figure, d'une façon bien imprévue, la Vierge [2] — et dominant la Lune, Saturne provoque la mort par submersion et naufrage ; dans les signes tropiques ou quadrupèdes, et en aspect avec le Soleil ou avec Mars, il annonce la mort par chute, la victime de l'accident étant écrasée sous des ruines, ou tombant elle-même de haut, si les planètes opérantes sont en haut du ciel [3].

1. Le scoliaste insiste sur la distinction ἰδιοθάνατοι ou Θάνατοι κατὰ φύσιν et βιαιοθάνατοι ou Θάνατοι παρὰ φύσιν (les Latins écrivent *biothanati*). Firmicus sème un peu partout ses *biothanati* (cf. IV, 1 Kroll ; VIII, 6-17 Pruckner) et leur consacre deux chapitres spéciaux : *Damnatorum fatales geniturae* (VII, 26 Pr.) ; *Mortalis exitus varius incertusque finis* (VII, 27 Pr.). Morts violentes dans Manéthon, IV, 613-616 ; V, 189-201, 217-221 ; VI, 605-606. Il est à remarquer que les astrologues n'envisagent guère l'hypothèse du suicide, mentionnée une seule fois, et brièvement, par Ptolémée, comme méfait de Mars (ἢ αὐτόχειρας ἑαυτῶν γινομένους. p. 426 Junctinus) et conséquence de l'amour διὰ γυναῖκας. *Propter mulierem vel propter uxorem aut propter amoris cujusdam praeposteras cupiditates semetipsos aut alios interficient* (Firmic., III, 11, 9 Kroll). Cf. le suicide par pendaison, considéré comme fin ordinaire des Germains par Bardesane (ci-dessus, p. 340, 2).

2. Ci-dessus, p. 139, 5. On dirait que Bernardin de Saint-Pierre songeait à cette Vierge astrologique quand il a imaginé de faire périr sa Virginie dans le naufrage du *Saint-Géran*. *Argo* collabore aux naufrages : Ptolémée l'admet et nous en trouvons l'application dans une consultation sur le sort d'un navire allant d'Alexandrie à Smyrne (*Cod. Florent.*, Appendix, p. 104).

3. Chez Manéthon (Φαίνων) ἄχθεσιν ἢ λάεσσι δόμων τ' ὀροφῇσιν ἔθλιψεν (VI, 612). Cf. les πτώσεις ὀρόφων par action de la Lune (III, 130). L'anecdote concernant Simonide rappelait ce cas aux astrologues. On peut aussi tomber d'un toit, et sans que Saturne en soit la cause, au dire de Firmicus. Tels les galants nés sous l'influence du Chevreau au couchant : *puellarum concubitus caeca nocte sectantes et nimio ardore poscentes, cum per incognita loca perrexerint ac super tecta ascenderint, maritorum somno insidiaturi, praecipiti lapsu moriuntur* (Firmic., VIII, 12 Pr.).

Voici maintenant les méfaits du bourreau par excellence, de Mars, lorsqu'il se trouve en opposition ou en aspect quadrat soit avec la Lune, soit, ce qui est pire comme étant à contre-secte (παρ' αἵρεσιν), avec le Soleil. S'il occupe un signe « humain », il cause la mort par guerre civile ou étrangère ou par suicide ; mort par les femmes ou à cause d'elles, s'il est en rapport avec Vénus ; mort par le fer des brigands et spadassins, s'il est en collaboration avec Mercure. Logé dans un signe mutilé ou qui se lève avec la Gorgone de Persée, Mars provoque la mort par décapitation ou mutilation quelconque. S'il est dans le Scorpion ou le Sagittaire, sa malfaisance amène la mort par brûlures ou opérations chirurgicales ; par crucifiement, s'il se trouve en culmination supérieure ou inférieure, surtout associé à Céphée ou Andromède [1]. S'il est au couchant ou au levant, le sujet sera brûlé vif. Dans les signes quadrupèdes, Mars, comme Saturne, fait périr par écrasement ou chute. Le concours de Jupiter indique, comme tout à l'heure, qu'il n'y aura plus accident, mais condamnation à un supplice légal, prononcée par des rois ou potentats quelconques [2].

Enfin, si les deux astres destructeurs opèrent ensemble, et dans des conditions particulièrement funestes, il peut y avoir des aggravations à la mort [3] : par exemple, double supplice, la mort

---

1. L'irruption de la mythologie est ici visible. D'après Manilius (V, 620 sqq.), Andromède (Persée est à côté) en horoscope produisait des exécuteurs des hautes œuvres. Firmicus (VIII, 17, p. 222 Pruckner) distingue entre Andromède au lever, qui produit en effet des *carnifices* ou *carcerum custodes*, et Andromède au coucher, laquelle fait mourir par la dent des bêtes ou le crucifiement. Céphée, père d'Andromède, *facit ora severa*, la mine des Catons (Manil., IV, 450 sqq.) : assertion répétée par Firmicus (VIII, 15, p. 221 Pruckner). Le chapitre des mutilations est développé par d'autres avec l'aide de la mélothésie zodiacale (ci-dessus, ch. x) : amputation de la tête avec la Gorgone, des bras avec les Gémeaux, des pieds avec les Poissons, etc. (cf. Ps. Ptol., *Centiloq.*, 73).

2. Cf. Firmic., VII, 26, p. 208 Pruckner : *Damnatorum fatales geniturae.* Firmicus expose un système tout différent, fondé sur la position du *locus Necessitatis* et de ses rapports avec les planètes, les lieux, les domiciles, etc., avec lequel il distingue les espèces de pénalités, les grâces et réhabilitations, les sentences justes et injustes. Manéthon (IV, 478-490) met aussi à part les gredins dont la mort violente est la conséquence de leurs crimes, mais fatale pourtant (πικρῆς μοίρης ὑπ' ἀνάγκῃ). Comme la croix ressemble à une balance, on est aussi crucifié, *jussu imperatoris*, en vertu de la présence de Mars au 18° degré (horoscope) de la Balance (Firmic., VIII, 25 Pruckner).

3. Soit, dit Ptolémée, en qualité ou en quantité (κατὰ τὸ π ο ῖ ο ν ἢ κατὰ τὸ π ό σ ο ν). Il y a là une devinette que le scoliaste est tout fier de savoir expliquer. On ne meurt pas deux fois, dit-il ; mais on raconte qu'un individu jeté à l'eau par ordre du roi se sauva à la nage et fut ensuite décapité.

en terre étrangère et surtout la privation de sépulture, le cadavre
en proie aux bêtes sauvages — celles-ci de l'espèce indiquée par
les signes du Zodiaque qui hébergent les planètes homicides.

Il y a, dans tout ce chapitre, une logique inquiétante, qui rappelle les associations d'idées familières aux monomanes. Ptolémée a coordonné un certain nombre de traditions éparses, en les
associant par leurs points de contact. Une de ces traditions, la
plus ancienne probablement, empruntait le pronostic du genre
de mort, comme tous les autres, au signe horoscope. Nous avons
déjà cité la proposition « chaldéenne » discutée par Chrysippe,
à savoir : « Un homme né au lever de la Canicule ne mourra pas
en mer » [1]. Les arguments de Carnéade demandant si tous les
soldats tués dans une bataille étaient nés sous le même signe
visaient des affirmations analogues. Sextus Empiricus nous en a
conservé des échantillons : « Si », dit-il, « d'après le raisonnement
« mathématique, un individu né sous la flèche du Sagittaire doit
« être égorgé, comment se fait-il que tant de myriades de Bar-
« bares ont été égorgés en même temps à Marathon ? Ils n'avaient
« pourtant pas tous le même horoscope. Si celui qui est né dans
« l'urne du Verseau doit faire naufrage, d'où vient que les Grecs
« revenant de Troie ont été submergés ensemble le long des
« rochers de l'Eubée ? Il est impossible que des gens si différents
« les uns des autres soient tous nés dans l'urne du Verseau [2]. »
C'est pour échapper à ces objections — déjà réfutées par ailleurs
— que le signe horoscope, considéré plus tard comme donnant la
vie et non la mort, a été remplacé par le signe qui héberge la
planète meurtrière.

Avant d'en arriver à cette combinaison des signes et des planètes, on avait trouvé un procédé plus simple, qui consistait à
prendre pour signe déterminant le genre de mort l'antagoniste de
l'Horoscope, le signe placé à l'Occident [3]. C'est la méthode qui
s'étale tout au long dans les « pronostics de la Sphère Barbarique » colligés par Firmicus et inconnus, dit-il, de Pétosiris et

---

1. Ci-dessus, pp. 34, 1. 383, 4.

2. S. Empir., *Adv. Astrol.*, p. 353. On trouve les mêmes pronostics de mort
violente présagée par l'Horoscope dans Firmicus. Par exemple : *Undecima
pars Sagittarii si in horoscopo fuerit inventa, homines faciet qui in hostili
bello percussi crudeliter pereant* (VIII, 27 Pr.). - *Undecima pars Aquarii si in
horoscopo fuerit inventa, homines faciet qui in aquosis vel humidis locis
infauste morientur* (VIII, 29). Le chiffre XI n'est pas funeste par lui-même,
car il est heureux dans d'autres signes : il doit indiquer le degré correspondant à la flèche du Sagittaire et à l'urne du Verseau.

3. Ci-dessus, p. 249, 2.

Néchepso. Firmicus examine le lever et le coucher de certaines constellations extra-zodiacales mises en correspondance par l'heure de leur lever (παρανατέλλοντες) avec les signes du Zodiaque, et il signale leur action sur la vie à leur lever, sur la mort à leur coucher [1]. Le même raisonnement avait dû être fait, à plus forte raison, sur les signes eux-mêmes.

L'idée que la mort est à l'Occident, idée tout à fait conforme au symbolisme naturel, pouvait être aussi bien utilisée pour les planètes que pour les signes. De là un système, aussi simple que le précédent, et qui consistait à attribuer l'office d'ἀναιρέτης à la planète placée à l'Occident dans le thème de géniture : d'où résultait mort naturelle avec les planètes bienfaisantes, mort violente avec Mars ou Saturne. Il va sans dire que le pronostic tiré de la planète pouvait être combiné avec celui du signe ou modifié par la collaboration d'autres planètes [2].

Nous voici déjà en face de trois méthodes distinctes : 1° la mort — c'est-à-dire le genre de mort — indiquee par la *nature* du signe horoscope ; 2° la mort indiquée par la *nature* du signe occident ; 3° la mort indiquée par la *nature* de la planète occidente. Signes et planètes doivent ici leur office à leur *position* par rapport à l'horizon.

Si l'Occident symbolise la mort, à plus forte raison, l'hémisphère souterrain tout entier. On pouvait faire ce que s'interdit Ptolémée [3], considérer l'hémisphère supérieur comme renfermant les causes de la vie avec ses vicissitudes, et chercher dans l'hémisphère inférieur les causes de la mort. C'est le système que paraît viser Bardesane quand il demande si les Mèdes « qui « jettent aux chiens les morts respirant encore (*sic*) ont eu tous

---

1. Firmic., VIII, 5-18, pp. 217-225 Pruckner. J'ignore si les titres des chapitres *Clara sydera cum Ariete* (etc.) *orientia occidentiaque* sont bien de Firmicus. Il était homme à croire que les constellations qui se lèvent avec un signe se couchent aussi avec lui. La règle logique du système se trouve au milieu du ch. VI : *Et quia jam satis superque diximus quid in ortu hae stellae faciant, in sequenti loco dicendum est quid in occasu constitutae decernant. Sicut enim contrariae sunt lumini tenebrae, sic vitae mors. Vita igitur erit in ortu, mors autem in occasu reperietur. Ortus itaque si est in horoscopo* (*sicut frequenter diximus*), *occasus erit in diametro horoscopo, hoc est in septimo ab horoscopo loco.*

2. Par exemple, *semper enim in occasu Mars positus violentae mortis discrimen indicit ; sed ipsa mors, sicut frequenter diximus, pro signorum qualitate perficitur* (Firmic., IV, 19, 16 Kroll). Seulement, Firmicus exige comme condition préalable que Mars soit *dominus geniturae.*

3. Cf. ci-dessus, p. 415, 2, la règle τὸ ὑπὸ γῆν ἀτεθητέον.

« en géniture diurne Mars avec la Lune dans le Cancer et sous
« terre » ; si les femmes brûlées vives dans l'Inde « ont toutes en
« géniture nocturne et sous terre le Soleil avec Mars dans le Lion,
« ὅρια de Mars » [1]. On voit ici le drame souterrain dont la mort‚
violente est le dénouement. La planète meurtrière assaille l'un
des deux luminaires dans sa propre maison, la Lune dans le
Cancer, le Soleil dans le Lion, avec ce raffinement que le luminaire attaqué, tout en étant dans sa maison, se trouve sur les
ὅρια de l'adversaire [2].

Cette idée d'attaque, de lutte, de blocus, qui a engendré toute
une stratégie exposée dans un précédent chapitre (ch. VIII), ne
pouvait manquer d'être exploitée dans la question de la mort et
du genre de mort. On sait que la Lune est le principal acteur dans
ce genre de données, et elle l'était ici à bon escient, comme représentant plus particulièrement la vie physique [3]. Aussi les contacts
et défluxions de la Lune ont été largement exploités pour la
solution du problème. On voit à chaque instant, dans les dénom-
brements de Firmicus, la mort violente causée par les infortunes
de la Lune, qui entre en contact fâcheux ou va s'enferrer sur le
rayon d'une planète malfaisante ou mal disposée [4]. La stratégie
appliquée à la Lune pouvait l'être aussi à l'Horoscope, ou aux
deux ensemble, nouvelle source de combinaisons [5].

---

1. Bardesan. ap. Euseb., *Praep. Evang.*, VI, 10, 32-33.

2. Rappelons ici que les combinaisons des planètes et des signes varient à
l'infini, suivant que le signe est considéré comme type zodiacal ou comme
domaine planétaire, en bloc (οἶκος-ὕψωμα) ou par parcelles (ὅρια-δεκανοί) ou
comme correspondant par position à l'un des XII lieux, etc.

3. Proposition universellement admise en astrologie, ressassée par Firmicus
dans son IVᵉ livre : *omnis enim substantia humani corporis ad istius pertinet
numinis potestatem* (IV, 1 Kroll, etc.). Cf. ci-dessus, pp. 288. 293, 1.

4. Avec Firmicus, qui compile et met tout dans tout, on n'a que l'embarras
du choix : la vie, les conditions de la vie, la mort, reviennent pour ainsi dire
à chaque chapitre. Dans les chapitres consacrés aux contacts et défluxions
de la Lune (IV, 2-16 Kroll), mort violente si la Lune *deficiens et minuta lumine
Saturno jungatur* (2, 2) ; mort violente des parents avec Mars (4, 1 et 5) ;
mort violente, du sujet ou des parents, avec Vénus et Mars (6, 3) ; par défluxion de Saturne à Mars (9, 4-5) ; de Jupiter à Mars (10, 4) ; de Jupiter à
Saturne (10, 11) ; de Mars au Soleil (11, 1) ; de Mars à Mercure (11, 4-5) ; de
Mars à Saturne (11, 7) ; du Soleil à Mars (12, 9-10) ; de Vénus à Mars (13, 12) ;
de Mercure à Saturne (14, 4) ; de Mercure à Mars (14, 7-12) ; de Mars *ad nullum* (15, 4) : le pronostic variant suivant la qualité diurne ou nocturne de la
géniture, suivant la phase de la Lune, l'aspect des planètes concourantes, etc.
Sur les contacts et défluxions, voy. ci-dessus, pp. 245 sqq.

5. Bardesane cite la pendaison comme causée par le blocus de la Lune et de
l'Horoscope μεσολαβουμένας ὑπὸ Κρόνου καὶ Ἄρεως (Euseb., *Pr. Ev.*, VI, 10, 34).

C'est de ce chaos de systèmes, billevesées dont la masse est comme l'écume de cervelles en fermentation, que Ptolémée a extrait sa théorie, laquelle est limpide par comparaison. Il a dû s'applaudir d'avoir su tracer un chemin tout au travers, et il se flattait probablement de n'avoir pas laissé sa raison en route.

2° *De la forme et du tempérament du corps*. — En parlant de la mort, nous avons anticipé sur l'ordre suivi par Ptolémée, qui passe en revue toutes les étapes et particularités de la vie avant d'en considérer la fin [1]. Nous allons retourner au point où il avait laissé son exposé, en abordant le chapitre « De la forme et du tempérament du corps » [2].

Ptolémée ne daigne même pas faire une allusion au système qui, avant et après lui, suffit aux marchands de prédictions astrologiques et dont Manilius fait si grand cas ; celui qui consiste à prendre pour type le signe zodiacal occupant l'horoscope ou hébergeant le Soleil au moment de la naissance, et à détailler les qualités et défauts, corporels et psychiques, des individus nés sous ce signe [3]. L'influence des signes ne peut que modifier, dans une certaine mesure, l'influence prépondérante des planètes. Ptolémée écarte aussi le système contraire au précédent, mais aussi simple, qui consiste à tout dériver de la planète « maîtresse de la géniture ». Suivant lui, l'action plastique est exercée en premier lieu par les planètes maîtresses de l'Horoscope et celles qui le suivent de près [4] ; en second lieu, par la Lune et les planètes maîtresses du lieu qu'elle occupe. Ces planètes tendent à réaliser leur type (μόρφωσις-διατύπωσις), et elles opèrent avec d'autant plus d'énergie qu'elles sont plus orientales par rapport à l'horizon

---

1. On peut se demander s'il n'aurait pas séparé à dessein les chapitres Περὶ χρόνων ζωῆς et Περὶ ποιότητος θανάτου pour masquer une des imperfections de son système, qui est de charger Mars et Saturne tantôt des morts naturelles, comme ἀναιρετικοί dans le quadrant oriental, tantôt des morts violentes en général. La foi a des ruses qui ne l'empêchent pas d'être sincère.

2. Περὶ μορφῆς καὶ κράσεως σωματικῆς (*Tetrab.*, III, 11, pp. 244-245 Junctinus, avec commentaire, pp. 247-258). Cf. Anon., pp. 134-136.

3. Voy. ci-dessus (p. 132, 1) les deux revues des XII signes dans Manilius et, dans Héphestion (I, 1), l'énumération des types réalisés par les signes et les décans. Cf. les portraits métoposcopiques ou physiognomoniques déjà signalés (ci-dessus, pp. 132, 1. 313, 1. 385, 1).

4. Ptolémée, pour rompre plus nettement avec l'ancienne méthode, évite de nommer l'Horoscope. Il dit : παρατηρητέον οὖν καθόλου μὲν τὸν ἀνατολικὸν ὁρίζοντα, τοὺς ἕποντας, ἢ τὴν οἰκοδεσποτίαν αὐτοῦ λαμβάνοντας τῶν πλανωμένων καθ᾽ ὃν εἰρήκαμεν τρόπον · ἐπὶ μέρους δὲ καὶ τὴν σελήνην ὡσαύτως (*Tetrab.*, III, 11, p. 244 Junctinus). Suit une série de portraits planétaires.

(ἀνατολικοί), plus matinales (ἑῷοι) par rapport au Soleil [1]. Il faut aussi considérer leur position sur le Zodiaque par rapport aux solstices et équinoxes. En effet, le quadrant vernal (de ♈ à ♋) donne le chaud et l'humide ; le quadrant estival (de ♋ à ♎), le chaud et le sec ; le quadrant automnal (de ♎ à ♑), le froid et le sec ; le quadrant hivernal (de ♑ à ♈), le froid et l'humide [2]. De là les divers tempéraments (κράσεις).

La physique infusée dans l'astrologie est généralement beaucoup plus ridicule que les superstitions que Ptolémée veut en éliminer. Ici, l'éminent docteur oublie que les quadrants du Zodiaque doivent ces prétendues propriétés physiques à la présence du Soleil, et qu'une autre planète ne saurait les leur communiquer, à plus forte raison les leur emprunter. Enfin, Ptolémée consent à faire la part des signes du Zodiaque dans lesquels se trouvent l'Horoscope et la Lune, et même de certaines constellations extra-zodiacales [3]. Les signes, eux aussi, tendent à réaliser leur type [4]. Les signes humains donnent plus d'harmonie aux proportions ; les signes spacieux (comme ♌ ♍ ♐) allongent la stature ; les signes menus ou resserrés (comme ♓ ♋ ♑) la raccourcissent [5]. Il est aussi telles parties de signes qui donnent de la vigueur : ce sont les antérieures dans ♈ ♉ ♌, les postérieures dans ♐ ♏ ♒. Enfin, comme il est des signes harmonisants (♏ ♎ ♐), il y en a d'asymétriques (♏ ♓ ♉), qui déséquilibrent l'organisme, « toutes choses qu'il faut voir d'ensemble et combiner » [6],

1. Leurs phases influent sur la quantité, la force et la grosseur du corps. Analyse des quatre phases : ἑῷοι μὲν ὄντες καὶ φάσιν ποιησάμενοι μεγαλοποιοῦσι τὰ σώματα, στηρίζοντες δὲ τὸ πρῶτον ἰσχυρὰ καὶ εὔτονα, προηγούμενοι δὲ ἀσύμμετρα, τὸ δὲ δεύτερον στηρίζοντες ἀσθενέστερα, δύνοντες δὲ ἄδοξα μὲν παντελῶς οἰστικὰ δὲ κακουχιῶν (ibid., p. 245 J.). Remarquer ici προηγούμενοι au sens d' ἀναποδίζοντες (cf. ci-dessus, pp. 117, 1. 418, 2).

2. Voy. ci-dessus, p. 152, fig. 15.

3. Τῶν τε ἐν τῷ ζωδιακῷ καὶ τῶν ἐκτός (Tetrab., l. c.). Il énonce le principe, sans donner cette fois d'exemples. C'est un moyen pour lui de diminuer l'importance des signes, en leur enlevant leur privilège exclusif.

4. Proclus connaît une théorie qui réservait l'action sur les corps aux signes, l'action sur les âmes aux planètes : ἀναλόγως γὰρ σώμασι μὲν τὰ τῶν ζωδίων, ψυχαῖς δὲ τὰ τῶν ἀστέρων (Anal. sacr., V, 2, p. 177 Pitra). Cf. ci-dessus, p. 149-150, les caractères physiologiques des signes.

5. Cela n'est pas mal imaginé ; mais voici qui est aussi bien dans une théorie concurrente. On est grand ou petit suivant que l'œcodespote de la géniture est à l'apogée ou au périgée ; gras ou maigre, suivant qu'il est à plus ou moins de distance (latitude, πλάτος) de l'écliptique, etc. (Ps.-Ptol., Centiloq., 52-53).

6. Ἅπερ ἅπαντα συνεφορῶντας καὶ συνεπικρίνοντας προσήκει τὴν ἐπὶ τῆς κράσεως συναγομένην ἰδιοτροπίαν περί τε τὰς μορφώσεις καὶ τὰς κράσεις τῶν σωμάτων καταστοχάζεσθαι (Tetrab., l. c.).

suivant la formule dont se sert à tout propos Ptolémée, pour garder le décorum scientifique au moment où il en a le moins le droit.

Pour prévoir les « infirmités et maladies corporelles [1] », il faut examiner dans quel rapport sont les planètes malfaisantes avec trois « lieux » du cercle de la géniture, qui sont l'Horoscope, l'Occident et la VIe case, habitacle de la malechance (κακὴ Τύχη-σίνους τόπος - *Valetudo*) [2]. Si l'une d'elles ou les deux ensemble y sont présentes ou les visent suivant le diamètre ou l'aspect quadrat, le présage est très fâcheux. C'est pis encore, si le Soleil et la Lune, ou l'un des deux, se trouvant sur un centre ou sur deux centres opposés, sont contrebattus en aspect quadrat par les planètes malfaisantes, lesquelles sont aussi en ce cas sur un centre. Si les planètes sont au levant, leur énergie accrue produit des infirmités permanentes (σίνη) : elles donnent des maladies seulement (πάθη) quand elles sont au couchant [3].

La nature de l'infirmité ou de la maladie et l'organe menacé sont indiqués par une série de constatations minutieuses portant sur la position respective et le tempérament comparé des planètes assaillantes et des planètes attaquées ; position par rapport à l'horizon, au Soleil, aux signes du Zodiaque. Ceux-ci collaborent passivement au maléfice par leur nature spécifique et indiquent aussi, à la façon d'une cible, à quel endroit portent les coups. Ainsi, pour n'en citer qu'un exemple, lorsque la Lune

---

1. *Tetrab.*, III, 12, Περὶ σινῶν καὶ παθῶν σωματικῶν (pp. 258-259, 262, 265-266 Junctinus, qui en fait le ch. xi, avec commentaire, pp. 258-332). Cf. Anon., pp. 136-142 ; Maneth., VI, 548-629 (σίνη περὶ σώματα) ; Firmic., VII, 7 Pr. (*Eunuchorum hermaphroditorumque geniturae*) et VII, 8 (*Corpore vitiatorum geniturae variae*). Firmicus (II, 30, 11 Kroll) recommande à l'astrologue d'être discret sur ce chapitre et sur celui des infirmités morales, *ne, quod homini malus stellarum decrevit cursus, non dicere sed exprobrare videaris*. S. Augustin (*Civ. Dei*, V, 5) connaît une théorie d'après laquelle *fata valetudinis in conceptu sunt, aliarum vero rerum in ortu esse dicuntur*.

2. Ce n'est pas ainsi que parle Ptolémée : il démarque les lieux quand il s'en sert : ἀποβλέπειν δεῖ πρὸς τὰ τοῦ ὁρίζοντος δύο κέντρα, τουτέστι ἀνατολικὸν καὶ τὸ δυτικόν, μάλιστα δὲ πρός τε τὸ δῦνον αὐτὸ καὶ πρὸς τὸ ἡγούμενον, ὅ ἐστιν ἀσύνδετον τῷ ἀνατολικῷ κέντρῳ. Ptolémée, dit le scoliaste, recherche : 1° σίνος ἢ πάθος ἕξει τὸ σῶμα ; 2° εἶτα περὶ ποῖον μέρος ; 3° καὶ τὴν αἰτίαν ἐπὶ τούτοις. Dans le détail, le scoliaste admire les « observations exquises » de son auteur : τὰ θεωρήματα τῆς ἐξαιρέτου παρατηρήσεως.

3. Ptolémée, généthlialogue impénitent, s'est enlevé ici les ressources que fournit le système concurrent des καταρχαί. On verra plus loin (ch. xv) une théorie ingénieuse qui dérive les infirmités du thème de géniture et les maladies de l'état présent du ciel.

est pleine ou nouvelle (position par rapport au Soleil), ou qu'elle est sur un centre (position par rapport à l'horizon), ou qu'elle est en contact (συναφή) avec quelque « nébuleuse » comme il y en a dans le Cancer et dans le Taureau (Pléiades), avec la pointe du Sagittaire, le dard du Scorpion, la crinière du Lion et l'urne du Verseau [1], si elle est attaquée par Mars ou Saturne à l'Orient ou en phase orientale (c'est-à-dire à leur maximum d'énergie) [2], il y aura perte d'un des deux yeux. La cécité sera complète, si l'attaque porte à la fois sur les deux « luminaires », la Lune et le Soleil. Que si l'action offensive vient de Mars, la perte de l'organe sera causée par coup, fer ou brûlure ; si elle vient de Saturne, par action réfrigérante produisant des cataractes et des glaucomes, sorte de congélation de l'œil [3]. On peut même aller plus loin en tenant compte de la collaboration éventuelle de Mercure, qui est parfois du côté des méchants. Ainsi, dans le cas où l'œil serait crevé par Mars assisté de Mercure, on prévoit que le coup sera porté « dans les gymnases et palestres ou dans quelque attaque de voleur », Hermès étant le dieu de la bonne éducation et aussi de la mauvaise morale.

Pour les aider dans ces délicates analyses, les astrologues avaient déterminé d'avance toutes les correspondances sympathiques entre le monde céleste et le microcosme humain. Ptolémée écarte le plus qu'il peut la mélothésie zodiacale ; il la combine à doses fractionnées avec la mélothésie planétaire, qu'il a sans doute acceptée toute faite, et qui, plus physiologique que l'autre, échappe plus aisément au contrôle. Elle fait comprendre comment les démêlés de Vénus avec Mars et Saturne, surtout si la Lune est malmenée avec elle ou si le Soleil aide ses adver-

---

1. Tel autre ajoute le Capricorne, διὰ τὴν ἄκανθαν (*Cod. Florent.*, p. 147).

2. Il y a encore un maximum dans ce maximum ; c'est quand les planètes sont à la fois ἑῷοι μὲν τῷ ἡλίῳ, τῇ δὲ σελήνῃ ἑσπέριοι (p. 259 Junctinus). C'est une sorte d' « idioprosopie » (cf. ci-dessus, p. 242). L'attaque est aussi plus énergique quand la Lune est en décours, οὔσῃ δὲ αὐτῇ ἀποκρουστικῇ αὐτοὶ ἀνατολικοὶ ὄντες ἐπιφέρονται, etc.

3. La cécité est une infirmité qui occupe beaucoup les astrologues. Dans le système zodiacal, celui de Manilius, c'est le Cancer qui la produit (Manil., IV, 530-534. Firmic., VIII, 20). La vraie raison doit être que le crabe passait pour n'avoir pas d'yeux : la nébuleuse — ou la position du Cancer parmi les signes οὐ βλέποντα (ci-dessus, p. 161) — ont été invoquées après coup. Les partisans des systèmes planétaires puisent aux mêmes sources que Ptolémée. Voy. le σίνος ὀφθαλμῶν dans Manéthon (II, 354, III, 275, V, 252 sqq.) et la cécité (VI, 548-553). Ce sont toujours les deux luminaires qui représentent les yeux (cf. Anon., p. 139), Mars et Saturne qui les attaquent. Les oculistes aussi devaient être nombreux, à en juger par les « cachets » retrouvés jusqu'ici.

saires, font naître des êtres impuissants et stériles, ou des
eunuques et des hermaphrodites avec l'intervention malveillante
de Mercure; comment le même Mercure collabore avec Saturne
aux infirmités des bègues et des sourds-muets; comment les
planètes malfaisantes, attaquant les luminaires et surprenant la
Lune dans des signes infirmes et mutilés, produisent des borgnes,
des aveugles, des bossus, des manchots et des boiteux [1]. Malgré
qu'il en ait, Ptolémée est obligé de recourir au Zodiaque, d'admettre que les signes animaux poussent à la scrofule et à
l'éléphantiasis, que le Sagittaire et les Gémeaux causent des
attaques d'épilepsie [2]. Enfin, comme on l'a dit tout à l'heure,
chaque signe est une cible qui marque la direction des coups.
Soit, par exemple, la goutte. Si les planètes intéressées sont
logées dans les derniers degrés des signes, elle se jettera sur les
pieds, et non sur les mains.

Bien entendu, le pronostic peut être amélioré par l'intervention
de planètes bienfaisantes. Jupiter donne, pour cacher les maladies
ou infirmités, la richesse et les honneurs [3]; Vénus, des recettes
révélées pour les guérir [4]; Mercure, des médecines naturelles.

1. Cf., dans Manéthon, les conditions qui font les eunuques de naissance
(I, 121-126 ; VI, 270-275), les hermaphrodites (I, 127-128 ; VI, 276-280), les
individus stériles (IV, 582-585 ; V, 326-331 ; VI, 260-304), les boiteux et amputés
(I, 129-138), les hydropiques, phtisiques, spléniques (I, 139-156), les lépreux (V,
246-251), les épileptiques (VI, 609), etc.; à grand renfort d'aspects, de planètes
logées dans la maison d'autrui, dîmant (δεκατεύοντες) sur la Lune, etc.

2. Le Zodiaque devient ici, pour les besoins de la cause, un véritable
hôpital ou musée pathologique. On comprend la compassion de Manilius pour
toutes ces infirmités (ci-dessus, p. 151). Ptolémée n'y veut jeter qu'un coup
d'œil ; mais les barèmes des astrologues consultants donnaient des listes
de signes impétigineux (ἀλφώδη - λειχηνώδη), squameux (λεπιδωτά), fistuleux
(συριγγῶδη), lépreux (λεπρώδη), pédiculeux (φθειροποιά), fiévreux (διάπυρα),
convulsifs (σπαστικά), ophthalmiques (σινωτικὰ ὀφθαλμῶν, liste la plus longue,
♉ ♋ ♏ ♐ ♑ ♒), etc. Voy. *Anecdota* de Ludwich, pp. 105-110. Il y avait aussi
des signes stériles (στειρώδη-ἄγονα) ; d'autres, ὀλιγόγονα, ou πολύγονα, πολύσπερμα. Les διφυῆ, δίμορφα, δίχρωμα, ἀμφίβια, devaient pousser à l'androgynie.
Enfin, les tenants de la mœrogenèse localisaient les maladies dans les degrés
des signes. Ainsi, l'Horoscope dans le *venter Arietis* (♈ 23°) *strumaticum
faciet, exulcerata macularum labe possessum, vel certe elephantiaca conta-
gione maculatum* (Firmic., VIII, 19). Les quadrants du Zodiaque avaient aussi
leur influence, d'où les maladies « saisonnières ». L'épilepsie est aussi une
« maladie de l'âme » (voy. ci-après, p. 434, 1) causée par la Lune et Mercure :
le Sagittaire et les Gémeaux figurent ici comme domiciles de ces planètes et
causes de la maladie corporelle (cf. ci-dessus, p. 429, 4, la théorie de Proclus).

3. De même Manéthon (V, 256-259). Les astrologues s'étaient approprié le
Ζεῦ σῶσον populaire — ἀγαθὸς σωτὴρ φαεσίμβροτος οὐράνιος Ζεύς (*ibid.*, 256).

4. C'est la médecine préférée par Vénus, c'est-à-dire par le sexe pieux. On

Vénus peut même faire que les infirmités ne soient pas disgracieuses [1], et Mercure, qu'elles rapportent des bénéfices à l'intéressé [2]. Les astrologues n'oublient pas qu'il ne faut décourager personne et que la foi a besoin d'espérance.

3° *Des qualités de l'âme.* — Après le corps, l'âme, qui, au dire de Ptolémée, est de formation postérieure à celle de son enveloppe [3]. Notre philosophe n'entend pas pour cela rompre la solidarité qui les unit. S'il y a dans l'âme une catégorie d'aptitudes intellectuelles (νοερόν - λογικόν - διανοητικόν) qui dépendent surtout de Mercure, il y en a une autre, de penchants moraux, passionnels et irrationnels (ἠθικὸν καὶ ἄλογον - παθητικόν), qui est régie par l'influence plus matérielle de la Lune et des planètes se trouvant en contact ou en défluxion avec elle.

Là encore, là surtout, le pronostic dépend d'une infinité de considérations : du tempérament des planètes agissantes et des signes du Zodiaque où elles se trouvent; de leurs rapports entre elles, avec le Soleil, avec les centres du cercle de la géniture, et ainsi de suite. Ptolémée fait aussi restreinte que possible la part des signes du Zodiaque; mais enfin il accepte que les signes *tropiques* produisent des esprits retors et ambitieux, politiques, avocats, démagogues, devins; les signes *bicorporels*, des individus incohérents, légers, dissimulés; les signes fixes ou *solides,* des gens simples, sûrs, tout d'une pièce. L'action prépondérante appartient aux planètes. Entre celles-ci, il faut choisir celle qui a la « maîtrise de l'âme » (κυρία ψυχικὴ - οἰκοδεσποτεία τῆς ψυχῆς), d'après les procédés connus, c'est-à-dire celle qui a le plus de titres à dominer le lieu de Mercure et de la Lune. Cela dit, Ptolémée énumère à la course, en accumulant les qualificatifs, les « décrets » des planètes maîtresses de l'âme, considérant chacune d'elles d'abord en particulier, puis associée avec une autre, le tout sous deux points de vue, en bonne ou en mauvaise dispo-

---

retrouvera plus loin le goût des femmes pour les « révélations et oracles des dieux ». Les mères, autrefois comme aujourd'hui, allaient porter leurs enfants malades aux lieux de pèlerinage : ἄχρι κεν ἴζηνται μακάρων ἱεροῖς παρὰ βωμοῖς (Maneth., II, 367).

1. Le scoliaste assure que le strabisme, par exemple, est souvent plein d'agrément (μετὰ χάριτος). C'est de la logique d'amoureux, celle que Lucrèce (IV, 1156 sqq.) connaît si bien.

2. Cf. ci-dessus, p. 400, 1.

3. Περὶ ποιότητος ψυχῆς (*Tetrab.*, III, 13, pp. 525-529 Junctinus, qui en fait III, 14 et le commente, pp. 533-607). Cf. Anon., pp. 142-144. C'est au chapitre 10 que Ptolémée affirme que τὰ τοῦ σώματος πρὸς τὴν ψυχὴν προτυποῦται κατὰ φύσιν (p. 244 Junct.).

sition. Ce torrent d'adjectifs est endigué et canalisé par une non moins étonnante série d'adverbes, qui ont pour but de caractériser les nuances et modifications apportées aux décrets par l'influence concomitante de la Lune dans chacune de ses phases et du Soleil bien ou mal placé [1]. La seule idée nette qui ressorte de là, c'est que le vocabulaire grec est inépuisable et que les traducteurs feront bien de poser la plume, sans même tenter une lutte inégale.

Mais, comme le corps, l'âme a ses maladies [2], qui l'attaquent soit dans sa partie intelligente et active, soit dans sa partie passionnelle et passive. Les maladies de l'entendement (τοῦ διανοητικοῦ) rentrent toutes dans ce que les pathologistes modernes appellent les maladies nerveuses : elles vont de l'idiotie à la folie furieuse, en passant par l'exaltation, l'extase, la possession démoniaque [3]. Toutes dépendent, aussi bien que les qualités, de Mercure et de la Lune, c'est-à-dire des assauts que subissent ces planètes de la part des planètes malfaisantes et des conditions plus ou moins favorables soit à l'attaque, soit à la défense. On conçoit que si les planètes assaillies ne sont pas associées entre elles ou avec l'Horoscope, et si les assaillants sont exaspérés par l'antipathie de secte, — celle qu'éprouvent les planètes nocturnes pour les génitures diurnes et inversement, — on doive s'attendre au pire. Les planètes bienfaisantes adoucissent pourtant le pronostic et rendent généralement les maladies curables, à moins

---

1. Il avertit, du reste, que le sujet est compliqué : πολυτροποτάτου δὲ ὄντος τοῦ περὶ τὰς ψυχικὰς ὁρμὰς εἴδους, εἰκότως ἂν καὶ τὴν τοιαύτην ἐπίσκεψιν οὐχ ἁπλῶς οὐδ' ὡς ἔτυχε ποιοίμεθα, διὰ πλειόνων δὲ καὶ ποικίλων παρατηρήσεων (p. 525 Junctinus). Il y a là, comme toujours, de quoi intimider les profanes.

2. Περὶ παθῶν ψυχικῶν (Tetrab., III, 14, pp. 607-608 Junctinus, avec commentaire, pp. 610-612). Cf. Anon., pp. 144-145.

3. L'épilepsie figure ici comme ἐπιληψία, et comme ἱερὰ νόσος parmi les παθῆ σωματικά. Les diverses espèces de folie (μανία-δαιμονιοπληξία-θεοφορία-ἐξαγορία-ὑγροκέφαλοι, etc.) préoccupent aussi Manéthon (I, 229-238; VI, 572-573, 595-603) : folie ou épilepsie (II, 498-499); folie prophétique (IV, 216 sqq.; VI, 472 sqq., 569 sqq.). Prophètes et nécromants (IV, 545-559; VI, 491-493); Galles délirants et mutilés (IV, 221; VI, 295-299, 534-540). L'auteur décrit la folie religieuse des κάτοχοι ou reclus égyptiens qui s'enchaînent, portent des haillons, des cheveux en crinière de cheval, et se mutilent, sur un ton où le dédain se sent plus encore que la pitié. Il considère les pythies et autres énergumènes comme des victimes. Firmicus, qui connaît des cinaedi dans les temples (VIII, 16 Pr.), sait aussi que Vénus, au IXe lieu (des religions), faciet eum qui sic habuerit Venerem assidua cujusdam daemonis interpellatione pulsari; faciet autem in templis manere sordido et sic semper intercedere et qui nunquam tondeant comam, etc. (III, 6, 17 Kroll).

que, affaiblies par position, elles ne se laissent vaincre et n'accroissent d'autant la fureur de l'ennemi.

Les maladies intellectuelles, qui sont toujours des exceptions, intéressent moins la clientèle des astrologues que les maladies passionnelles. Celles-ci se ramènent toutes, pour nos moralistes, à des perversions de l'instinct sexuel, par excès ou par défaut. Il est prudent d'abréger ce chapitre, sur lequel les auteurs, Firmicus notamment, sont intarissables [1], d'autant plus qu'il y faudra revenir à propos de certaines passions tout à fait comparables à ces « maladies ». Ces maladies ont pour cause, comme celles de l'entendement, le conflit de deux couples antagonistes, mais qui ne sont plus les mêmes. Dans le couple assaillant, Vénus remplace Saturne, et, dans le couple assailli, le Soleil est substitué à Mercure ; une marge étant laissée, comme toujours, à l'ingérence des autres planètes. Le jeu du système est d'une simplicité relative et d'une symétrie parfaite, que l'on doit évidemment à Ptolémée [2]. Si les deux couples sont dans des signes masculins, la prédominance de la virilité fait que les hommes sont d'une lubricité extrême et que les femmes deviennent des tribades effrontées. Dans le cas inverse, les hommes sont efféminés et

---

1. Ptolémée réserve pour un autre chapitre, celui des unions (Περὶ συναρμογῶν, ci-après, p. 447), légales et illégales, les dérèglements de l'amour, l'adultère et l'inceste. Il ne parle ici que de l'instinct animal, de la prostitution et des vices contre nature. Les autres n'y regardent pas de si près. Cf. Firmicus : *Incestorum natalia seu geniturae* (VII, 14 Pruckner) — *Paediconum natalia seu geniturae* (VII, 15) — *Cinaedorum impurorum steriliumque geniturae* (VII, 16), sujet sur lequel l'auteur revient à chaque instant, à propos des chantres employés dans les temples (*ibid.*), des gens de théâtre, etc. (VIII, 20 - 21. 23 - 25. 27. 29) : même la Vierge et la Balance font en certains cas des *cinaedi* et des *prostitutae !* C'est une obsession. Les *publici cinaedi* excitent l'indignation même d'un Martial : *Tanquam parva foret sexus injuria nostri | Foedandos populo prostituisse mares*, etc. (Martial., IX, 8). Manéthon (I, 29-33 ; III, 383-396 ; IV, 311, 354-358, 584-592 ; V, 211-216, 318 ; VI, 583-585, 592) n'est pas moins copieux que Firmicus, et il use d'expressions qu'on n'ose citer, même en grec. Il ne dédaigne même pas le calembour ; il appelle les viveurs de son temps des gens aimant les adultères [μοιχείας], ἐν αἶς ὕβρις, οὐ Κύπρις ἄρχει (IV, 495). Déjà Manilius connaissait les perversions sexuelles que produit le Taureau (IV, 518) et spécialement, pour le sexe féminin, les Pléiades (V, 151).

2. On rencontre dans les auteurs toute espèce de combinaisons. Bardesane (ap. Euseb., *Praep. Ev.*, VI, 10, 20 : cf. ci-dessus, p. 340, 2) demande si les femmes des Gèles, prostituées à tout venant, ἔλαχον ἐν Αἰγοκέρωτι καὶ Ὑδροχόῳ κακοδαιμονοῦσαν (au XIIᵉ lieu) τὴν Κύπριν; si, pour les impudiques Bactriennes, Ἀφροδίτη μεσουρανεῖ μετὰ Διὸς καὶ Ἄρεος ἐν ἰδίοις ὁρίοις (*ibid.*, 21) ; si tous les *pathici* ont pour thème Φωσφόρον μεθ' Ἑρμοῦ ἐν οἴκοις Κρόνου καὶ ὁρίοις Ἄρεος δύνοντα (*ibid.*, 27).

portés aux vices contre nature, tandis que les femmes sont insatiables et prêtes à tout venant. Il ne manque pas toutefois de degrés intermédiaires, correspondant aux combinaisons possibles entre le sexe des planètes et celui des signes. A ces degrés s'ajoutent des modes, dus à l'action concourante des autres planètes et que Ptolémée nuance avec sa provision habituelle de qualificatifs [1].

4° *De la condition sociale* (*biens - honneurs - professions*). — La classification symétrique de Ptolémée appelle, après l'étude de la personne du client, corps et âme, la recension des choses qui lui viennent du dehors. Il ordonne le fatras des élucubrations astrologiques concernant tout ce qui remplit l'existence humaine sous un certain nombre de rubriques, dont les premières ont trait aux richesses et aux honneurs. L'auteur prétend retrouver ici sa distinction fondamentale entre le corps et l'âme, la « Fortune acquérante » (Τύχη κτητική) correspondant au corps, la « Fortune honorifique » (Τύχη ἀξιωματική), à l'âme.

C'est aux richesses seulement [2] qu'il rapporte, pour en faire le point de départ et la clef des pronostics, le « Sort de la Fortune » (κλῆρος Τύχης). La planète maîtresse du lieu où tombe ce Sort est celle qui donne ou refuse la fortune, suivant qu'elle est bien ou mal placée, bien ou mal entourée, diurne avec les diurnes ou inversement, appuyée ou non par les « luminaires ». Chaque planète mène à la fortune par une voie qui lui est propre :

---

1. Voici — comme spécimen du style de notre auteur — le résultat de l'ingérence de ♄ ♃ et ☿ : ὁ μὲν τοῦ ♄ προσγενόμενος ἐπὶ τὸ ἀσελγέστερον καὶ ἀκαθαρτότερον ἢ καὶ ὀνειδιστικότερον ἑκάστῳ τῶν ἐκκειμένων πέφυκε συνεργεῖν. Ὁ δὲ τοῦ ♃ πρὸς τὸ εὐσχημονέστερον καὶ αἰδημονέστερον καὶ φυλακτικώτερον · ὁ δὲ τοῦ ☿ πρὸς τὸ περιβοητότερον καὶ τὸ τῶν ἠθῶν εὐκινητότερον καὶ πολυτροπότερον καὶ εὐπροσκοπώτερον (p. 608 Junctinus). Ptolémée revient par ce biais à la tradition avec laquelle il rompait en rayant Saturne de la liste des assaillants. Mettant en équations le proverbe *turpe senilis amor*, la tradition est à peu près unanime à attribuer à Saturne les amours « honteux » (τὸ αἰσχρόν. Anon., p. 158), « sales » (διὰ τὸ πρεσβυτικὸν καὶ ῥυπαρὸν τῆς φύσεως τοῦ ἀστέρος. *Cod. Florent.*, p. 149). Saturniens autrefois, « cérébraux » aujourd'hui : c'est, vu l'affinité de Saturne avec le cerveau (ci-dessus, p. 323), la même idée. Ptolémée est fort capable d'avoir substitué, par vue théorique, la chaleur du Soleil au froid de Saturne (cf. ci-dessus, p. 358, 6).

2. *Tetrab.*, IV, 1. Περὶ τύχης κτητικῆς, pp. 614-615 Junctinus, avec commentaire, pp. 615-666. Cf. Anon., pp. 146-147 ; Maneth., VI, 630-682 (περὶ κτήσεως). Ptolémée, qui rejette le système des κλῆροι, a soin d'avertir qu'il n'admet qu'une seule façon de calculer la position τοῦ καλουμένου κλήρου τῆς Τύχης — pour lui, Horoscope lunaire — et pour les génitures diurnes et pour les nocturnes (cf. ci-dessus, pp. 288, 1. 296, 2).

Saturne, par l'agriculture ou le trafic maritime [1] ; Jupiter, par le crédit, les curatelles et sacerdoces ; Mars, par les armes ; Vénus, par les amis et « cadeaux de femmes » [2]; Mercure, par l'éloquence et le négoce. Saturne, représentant la paternité et le patrimoine, procure aussi des héritages avec la collaboration de Jupiter, et même des héritages en dehors de la famille naturelle ou légitime, par adoption ou en dépit d'une naissance irrégulière, si Jupiter — qui représente ici l'autorité, la loi civile — se couche dans un signe bicorporel ou est en contact avec la Lune. L'échéance des héritages peut même être précisée par le calcul des distances entre les planètes qui les procurent et les « centres » ou les lieux subséquents (ἐπαναφοραί) du cercle de la géniture [3].

Quel que soit le mode d'acquisition, la fortune sera stable si les planètes qui collaborent avec la planète maîtresse sont de même secte (αἵρεσις) qu'elle ; instable, dans le cas contraire.

Pour « les honneurs » [4], autrement dit le rang occupé dans la hiérarchie sociale, le principe est d'observer la position des luminaires et le nombre ainsi que la qualité des planètes qui les escortent (δορυφορούντων). Lorsque, les deux luminaires étant en signes masculins et tous les deux — ou celui des deux qui est de même secte que la géniture — sur des centres, le luminaire de même secte a pour escorte les cinq planètes en phase appropriée, c'est-à-dire matinales (ἑῶοι) pour le Soleil, vespérales (ἑσπέριοι) pour la Lune, alors les nouveau-nés seront rois, et même des rois puissants, des « maîtres du monde » [5], si les planètes satel-

---

1. On voit reparaître ici le *Saturnus* latin (*a satis*) et le dieu de l'humidité, que Ptolémée fait ailleurs si sec. A remarquer, l'affinité de la richesse et de la banque avec le sacerdoce, souvenir des dépôts faits dans les temples.

2. Διὰ φίλων, ἢ γυναικείων δωρεῶν. Espérons, pour la morale, que la dot rentre dans cette catégorie.

3. Le scoliaste (Anon., p. 147) avertit que les centres opèrent plus vite que les ἐπαναφοραί. Il ne faut pas oublier non plus le coefficient de la « phase » de la planète : εἰ μὲν γὰρ ἑῶοι ὦσι, ταχύτερον δρῶσιν, εἰ δὲ ἑσπέριοι βραδύτερον καὶ περὶ τοὺς ἐσχάτους χρόνους. C'est un principe général, déjà visé plusieurs fois (cf. ci-dessus, p. 309, 5. 361. 372, 1). La richesse par collaboration de Saturne et de Jupiter se rencontre aussi dans Manéthon (III, 234-243 : de même, sur le tard, γῆρας ἐν ὄλβῳ. III, 136). Voy. l'ample casuistique, perte d'héritages, misère noire, etc., par conflits des planètes, surtout de Mars, avec la Lune (VI, 630-682). Le calcul de l'échéance d'un héritage est une prévision indirecte de la mort d'un tiers, du *de cujus*, solidaire de son héritier.

4. Περὶ τύχης ἀξιωματικῆς (*Tetrab.*, IV, 2, pp. 666 et 672 Junctinus, avec commentaire, pp. 666-707). Cf. Anon., pp. 147-150.

5. Pour un auteur du IIe siècle, les κοσμοκράτορες sont évidemment les empereurs romains.

lites sont elles-mêmes sur des centres ou associées par aspect avec la culmination supérieure.

Arrêtons-nous un instant à ce sommet des grandeurs humaines. Ptolémée savait que, même sous les Antonins, la police impériale n'entendait pas raillerie sur les pronostics propres à échauffer l'imagination des ambitieux. Aussi exige-t-il du thème de géniture des futurs monarques des conditions à peu près irréalisables. A en juger par le nombre d' « augures royaux » relatés par l'histoire [1], d'autres astrologues se montraient sans doute moins difficiles. Autant qu'on peut suivre des traditions aussi flottantes, il paraît bien que les premiers astrologues dérivaient l'aptitude aux honneurs, comme tout le reste, du signe horoscope ou de celui qui hébergeait le Soleil au moment soit de la naissance, soit de la conception. Entre tous les signes, le plus qualifié pour être un horoscope royal était évidemment le Lion, et comme roi des animaux et comme domicile du Soleil, roi de la création [2]. Au cœur du Lion se trouve une étoile de première grandeur que les astrologues avaient dénommée le « Roitelet » (Βασιλίσκος - *Regulus*) [3]. Comme on ne pouvait pas déclarer candidats à la royauté tous les enfants nés sous le Lion, il y avait lieu d'exiger soit que l'Horoscope tombât exactement sur Régulus, — élimination encore insuffisante [4], — soit qu'il y eût dans ce signe réunion des planètes apportant l'idée symbolique de puissance, de force, de primauté, ou même de toutes les planètes. Nous avons encore, dans un

---

1. Voy. ci-après, ch. xvi, et, provisoirement, les prédictions faites au jeune Octave par l'astrologue Théagène (Suet., *Aug.*, 94), à Tibère enfant par l'astrologue Scribonius (Suet., *Tib.*, 14 : ci-dessus, p. 396, 2).

2. Le Lion ἀρχικὸν καὶ βασιλικὸν ζῴδιον (Anon., p. 36). En tant que domicile solaire, il correspond au cœur (ci-dessus, p. 323, 3), comme le Bélier à la tête.

3. Voy. ci-dessus, p. 139, 2.

4. En supposant les naissances également réparties sur les 360° du Zodiaque, les naissances sous le Lion représenteraient un 1/12 de l'espèce humaine ; sous le degré de Régulus, 1/360. Au lieu de l'Horoscope tombant sur Régulus, le système concurrent du signe solaire aurait exigé la coïncidence de la longitude solaire avec l'étoile, mesure infiniment moins précise, vu la largeur du diamètre du Soleil et la lenteur relative de sa marche. Dans le livre de Firmicus, amas de débris de toute sorte, on trouve des Horoscopes royaux, au degré, dans le Lion. Le 2e degré *reges faciet et potentes... In hac parte est limpida stella de qua superius diximus* (VIII, 23 Pr.). - *In Leonis parte secunda limpida stella reperitur, in qua qui nati fuerint, reges erunt potentes, duplex possidentia regnum* (VIII, 31). J'ignore s'il veut parler de Sirius παρανατέλλων, qu'il place au 1er degré (VIII, 10), ou de Régulus, qui doit être, s'il est le « cœur » du Lion, au 9e degré (VIII, 3). Plus loin, le 18e degré du Lion en Horoscope *dominos faciet ac principes et qui in populos habeant potestatem.* Mais, avec Firmicus, il faut renoncer à comprendre,

monument récemment publié, un thème qui peut être, comme
on l'a dit plus haut, le thème de conception du roi Antiochus Ier
de Commagène [1].

C'est, dans le si-
gne du Lion, un
rendez - vous des
luminaires et des·
planètes auquel
ne manquent que
Saturne et Vénus.
La présence du
Soleil y est sous-
entendue, puisque
le Lion est ici le
signe solaire ou
chronocrator du
mois et domicile

Fig. 41. Le Lion de Commagène.

du Soleil : la Lune est représentée en croissant au cou de l'animal (à la place où se portent les amulettes), et sur le champ du
bas-relief figurent les trois planètes qui doivent leur énergie à
leur chaleur, Πυρόεις Ἡρακλ[έους], Στίλϐων Ἀπόλλωνος, Φαέθων
Διός. La présence des planètes à tempérament froid eût été sans
doute considérée plutôt comme une dissonance que comme un
renfort.

Comme les astrologues avaient la prétention d'appuyer leurs
théories sur des preuves expérimentales et qu'ils savaient dresser
le thème de géniture même d'Agamemnon, il est possible qu'ils
aient été amenés ainsi à étendre à d'autres signes le privilège du
Lion. Mais il est plus probable encore qu'ils ont saisi au vol les
associations d'idées dont leur imagination était farcie. Il est évident que ceux qui ont placé un Horoscope royal au 23e degré de
la Balance songeaient au *dies natalis* d'Auguste (23 sept.) [2]; mais
ceux qui en ont mis un entre les cornes du Taureau [3] ne spécu-

---

1. Voy. ci-dessus, p. 373, 2. Le bas-relief a 1 m. 75 de haut sur 2 m. 40.

2. Firmicus (VIII, 25 Pr.) ne s'en aperçoit pas, car il dénature le pronostic
en ajoutant : *regem faciet qui, multis superstitibus relictis, ferro moriatur*, ce
qui est le contrepied de la biographie d'Auguste.

3. *Inter Tauri cornua si quis habuerit horoscopum, rex erit vel dux magnus,
terribilis*, etc. (Firmic., VIII, 20). Peut-être songeait-on aux casques corni-
gères des chefs barbares, qui, comme symboles, représentent la même idée.
Firmicus met encore des horoscopes royaux au 1° du Sagittaire (VIII, 27) et
1° du Capricorne (VIII, 28). Sur le Capricorne et Auguste et Tibère, voy. ci-
dessus, p. 373, 2. Firmicus rencontre encore des *reges, imperatores*, procon-

laient que sur la force offensive de l'animal. Comme batailleur, et aussi comme chef (*princeps*) de la ménagerie zodiacale, comme « tête du monde » surtout et hypsoma du Soleil, le Bélier put paraître aussi qualifié que le Lion pour être un signe royal. Si celui-ci était le cœur, l'autre était la tête. Aussi, Manilius, qui ne connaît au Lion que des instincts féroces, aurait sans doute réservé la qualité de signe royal au Bélier, si la naissance d'Auguste ne l'avait décidé à l'adjuger à la Balance [1].

Les pronostics fondés exclusivement sur les propriétés des signes ne représentent en astrologie que les rudiments de l'art. Les partisans de l'astrologie planétaire, disciples ou non de Ptolémée, font valoir la position des planètes, soit par rapport aux signes considérés comme domaines planétaires ou porteurs d'un sexe ou membres d'une secte; soit par rapport aux « centres », avec ou sans égard aux signes; soit au point de vue de leur réunion (σύνοδος), avec ou sans égard au lieu de leur réunion, signe, « lieu » proprement dit ou centre. De là de nombreuses variantes connues, et plus encore de possibles [2]. Enfin, la destinée des rois

suls, grands-juges, trésoriers royaux, prêtres provinciaux, etc., dans le chapitre *De actibus* (IV, 21 Kroll. Cf. ci-après, p. 442). Dans les *Anecdota* de Ludwich (p. 107), il y a trois signes royaux : le Bélier, le Lion, le Sagittaire, les trois signes du τρίγωνον βασιλικόν.

1. Manil., IV, 547-552. Sur le Bélier, tête ou MC. du monde et signe royal, voy. ci-dessus, pp. 131, 1. 185, 3. 196, 1-2. 197. 261. 319.

2. Un des auteurs cachés sous le nom de Manéthon déclare s'abstenir de traiter ces questions par peur de la colère des rois : μαντοσύνῃσι γὰρ ἂν τοίαις χόλος ἐκ βασιλήων | Ἔσπεται κ. τ. λ. (VI, 732-737). Ce qui n'empêche pas le prétendu Manéthon de multiplier les thèmes royaux. Royauté par ☾ et ☉ sur des centres, en signes de sexe convenant à chacun (I, 26-28); par ☾ en MC. nocturne et ☉ ἐπίκεντρος en signe masculin (I, 277-280); par ♃ en maison de ♂, rois-soldats (II, 210-212); par ♃ dans le Lion, maison de ☉ (II, 347-352); par ☉ κέντρου τυχών dans le Lion (II, 389); par ☉ en ♐ ♌ ♈ ♊ ζωϊδίοις ἰδίοισιν (IV, 96-99); par planètes ἐν συνόδῳ (V, 35-38). Génitures de reines par ☾ en Hor. diurne, ☉ et ☿ en MC. (I, 281-283); par ☾ en MC. nocturne (βασιλῆας pour βασιλίσσας, II, 393). A en juger par les titres de chapitres qui nous sont parvenus, ce sujet dangereux n'effrayait guère Dorothée de Sidon (ap. Engelbrecht, p. 32). Firmicus connaît encore des génitures royales et même impériales, indiquées par la position exceptionnellement favorable du Sort de la Fortune, laquelle fait *imperatores quorum imperium per totius orbis spatia dirigatur et quorum tanta potestas sit*, *ut ad deorum numen accedant* (IV, 7, 10 Kroll), par le Soleil (III, 7), par Mercure (IV, 21, 9), etc. Il les prodigue. Quant aux compilateurs byzantins, ils se mettent tout à fait à l'aise. On lit dans le *Cod. Parisinus*, nº 2419 (ap. Engelbr., p. 19) des titres comme ceux-ci : Περὶ τοῦ θανάτου βασιλέως — Περὶ βασιλέων καὶ ἀρχόντων πῶς ἐστιν γνῶναι τὸ μῆκος τῆς ἀρχῆς αὐτῶν, c'est-à-dire des consultations de *salute principis*, sujet positivement interdit par les lois impériales. L'auteur du Καρπός ou *Centilo-*

étant liée à celle des peuples, les thèmes de génitures des rois sont dominés, beaucoup plus que ceux des simples particuliers, par les conditions générales, « catholiques », posées à la naissance des peuples et cités auxquels ils appartiennent [1].

Au-dessous des souverains viennent les potentats de second ordre (ἡγεμόνες), les hauts fonctionnaires pourvus du *jus vitae necisque*. Ceux-là naissent dans les mêmes conditions que les rois, sauf que un des deux luminaires seulement, le Soleil, se trouve en signe masculin et sur un centre. Si les satellites ne sont pas non plus sur des centres, ni par eux-mêmes, ni par leurs aspects, la dignité baisse : on a affaire à des « grands », magistrats ou officiers, de pouvoir moindre et moins stable. Si les luminaires ne sont pas sur centres, mais que leurs satellites y soient, on descend aux fonctions civiles, à l'honnête médiocrité [2]. Si les satellites ne sont pas non plus ἐπίκεντροι, on tombe dans la catégorie des gens à qui rien ne réussit. Au-dessous, il n'y a plus que la condition servile ou quasi-servile. On y arrive lorsqu'aucun luminaire n'est ni sur centre, ni en signe masculin, ni escorté de planètes bienfaisantes. C'est là le thème des humbles et malchanceux (ταπεινοὶ καὶ κακοδαίμονες) [3].

quium donne même un moyen très simple de savoir si un fils de roi (d'empereur) succédera à son père : c'est de voir si son Horoscope est en accord (συμφωνεῖ) avec l'Horoscope de la proclamation (ἀναγόρευσις) du fondateur de la dynastie (§ 30). Il dit aussi (§ 36) que les rois d'un État qui a Mars dominant dans son thème mourront généralement par le glaive — allusion assez claire aux empereurs romains, — ou que les chefs d'État sont menacés de mort quand la planète qui dispense la royauté (ἐπικρατήτωρ τῆς βασιλείας) tombe dans un « lieu climatérique » (§ 31).

1. Dans le Ps. Étienne d'Alexandrie (Usener, p. 23 : ci-dessus, p. 370-371), c'est Saturne qui règle la destinée des khalifes comme occupant dans le thème de l'empire arabe le MC., τὸν ἐξουσιαστικὸν καὶ βασιλικὸν τόπον. Une éclipse dans le Lion (présage catholique) menace le monarque régnant. L'astrologue Léon (in *Hermes*, VIII [1874], pp. 173-176) considère comme un bienfait de la Providence qu'il n'y en ait pas eu « dans toute la durée de l'heureux règne » [de Théophile, d'après K. Krumbacher, *G. d. Byz. Lit.*, 2ᵉ édit., p. 621]. De même, une éclipse dans le Bélier (cf. Albohazen Haly, VIII, 16).

2. Satrapes et généraux par ☉ en MC. et ♂ (Maneth., V, 39-40) ; juges par ♃ (V, 40) ; génitures quasi-royales (III, 315-319) ; familiers des rois, sophistes et rhéteurs (IV, 571-576). Ministres et trésoriers royaux par défluxion de la Lune entre ☿ et ♃ (Firmic., IV, 14, 5 Kroll) ; triomphateurs par influence de l'Aigle avec ♂ ou ♄ (Firmic., VIII, 16 Pruckner) ; administrateurs et savants par ☿ (Anon., p. 148).

3. Ptolémée glisse rapidement sur le sujet, mais d'autres y insistent davantage. Voy. Manéthon, IV, 601-607 et VI, 684-732 (περὶ δουλείας τύχης) ; Firmicus : *Servorum seu captivorum geniturae* (VII, 3 Pruckner) ; *Dominorum num-*

L'astrologue pourra intercaler des degrés dans cette échelle sommaire, en observant de plus près la condition des luminaires et de leurs satellites. Quand les mieux placés de ceux-ci sont de même secte que leur chef et que ce sont des planètes bienfaisantes, la position sociale est plus assurée : elle est plus précaire dans le cas inverse. On peut prévoir aussi le chemin par lequel le nouveau-né parviendra aux honneurs : par la fortune, avec Saturne, régulateur du « patrimoine » ; par influences amies, avec Jupiter et Vénus ; par la force, avec Mars ; par le savoir et l'adresse, avec Mercure.

On a pu voir déjà que les lignes rigides tracées par la classification de Ptolémée sont loin de suivre le contour ondoyant des réalités. On retrouve dans des compartiments différents des parties d'un même sujet. Telle qualité est adjugée à l'âme qui aurait pu l'être au corps ; la richesse reparaît, comme moyen sinon comme but, dans le chapitre des honneurs. Plus artificielle encore est la distinction entre les aptitudes physiques, intellectuelles, morales et autres énumérées jusqu'ici, et les « actes » des individus qui en sont doués. Ptolémée a déguisé sous ce terme général et philosophique de « qualité des actes » [1] une catégorie de pronostics que ses confrères moins savants faisaient porter simplement sur les professions et dérivaient de toute espèce de raisons. Il est évident que, en établissant les échelons de la hiérarchie sociale, notre docteur en astrologie a déjà imposé des cadres aux professions [2]. Il n'y a plus qu'à remplir ces cadres avec des étiquettes spécifiques. Mais, au point de vue de la méthode, Ptolémée a donné au chapitre des actes ou professions

---

erus in servis (VII, 4) ; Libertinorum et liberorum geniturae (VII, 5). La question des esclaves a déjà été abordée à propos de l'exposition des enfants (p. 402). Il y a bien des degrés dans l'esclavage, et surtout dans la chance de l'esclave, suivant que celui-ci est né esclave ou l'est devenu, a été pris ou vendu par son propre père, suivant qu'il trouve un maître bon ou mauvais ou qu'il passe de maître en maître, etc. Firmicus connaît des felices eunuchi quibus regni tuitio credatur... sed postea offenso principe mala et infelici morte moriuntur (VIII, 20). Ceux-là parcourent toute l'échelle des conditions sociales. Grâce à Jupiter, un esclave peut avoir une maîtresse ingénue, au lieu d'être l'esclave d'une esclave ; être affranchi, etc.

1. Περὶ πράξεων ποιότητος (Tetrab., IV, 3, pp. 707-710 Junctinus, avec commentaire, pp. 708-730). Cf. Anon., pp. 150-152 ; Paul. Alex., Περὶ πράξεως (O 4-P 2) ; Firmic., IV, 21 Kroll (De actibus), chapitre que le compilateur a détaché des professions énumérées par lui au VIIe livre ; Maneth., VI, 338-540 (Περὶ ἔργων καὶ πράξεων).

2. Aussi Firmicus, dans le chapitre De actibus (IV, 21 Kroll), s'occupe encore plus des dignités que des professions.

une autonomie plus ou moins justifiable en changeant de clef, en prenant le critérium dans un autre ordre de constatations.

On se doute bien que Ptolémée n'a pas voulu retourner, au moins par voie directe, aux naïves prédictions dont nous avons donné un échantillon en énumérant, d'après Manilius, les signes du Zodiaque et leurs clients (ch. v). Il cherche une planète qui ait la maîtrise de l'action » (κυρία τῆς πράξεως), laquelle doit être elle-même dans des conditions d'énergie particulière. Or l'énergie des planètes dépend de leurs phases (ἑῶοι-ἑσπέριοι) et de leur position par rapport à l'horizon (ἀνατολικοί-δυτικοί). La phase orientale accroît leur vigueur intrinsèque ; la culmination supérieure, l'effet extérieur de leur rayonnement. Ptolémée adjuge donc la maîtrise de l'action à la planète qui précède le Soleil à moins de 30°, ou, à défaut de celle-ci, à la planète qui se trouve au méridien [1]. En cas de concurrence, il faut apprécier les titres respectifs des planètes suivant les cinq modes ou « suffrages » usuels, en ajoutant, comme titre supplémentaire, le fait d'être en contact avec la Lune. L'absence de planète en situation de prendre la maîtrise présage des « propres à rien » (ἄπρακτοι) [2].

Jusqu'ici Ptolémée paraît avoir suivi ses devanciers [3] : il se sépare d'eux en limitant la collation de la maîtrise à trois planètes seulement; Mercure, Vénus et Mars; et cela, pour des raisons soi-disant scientifiques que les commentateurs ont soin d'expli-

1. Porphyre appelle la planète culminante ὥσπερ ἐπ' ἀκροπόλει τῆς γενέσεως, ἐπιτυραννοῦντα τῆς πράξεως (*Isagog.*, p. 192). La planète maîtresse est ὁ τὸ πράσσειν παρέχων, ὡσαύτις εἴποι τυπωδῶς (Ptol., p. 709 J.).

2. Quand le texte de Ptolémée est obscur, le scoliaste délaye sans éclaircir. L'obscurité gît dans le cas, toujours fâcheux, où aucune planète ne se trouverait ni en phase orientale ni au méridien : auquel cas il faut prendre la maîtresse du point culminant, τὸν κύριον αὐτοῦ [μεσουρανήματος?] παραληπτέον, πρὸς ἐπιτηδεύσεις μέντοι τὰς κατὰ καίρους ἄπρακτοι τὸ ὡς ἐπίπαν οἱ τοιοῦτοι γίνονται (p. 707 Junctinus).

3. Le scoliaste avertit que, avant Ptolémée, οἱ πρὸ αὐτοῦ πάντες ἁπλῶς πάντα ἐπόντα τῷ μεσουρανήματι ἔλεγον κύριον εἶναι τῆς πράξεως (Anon., p. 151). Quant à la considération des *phases*, qui n'était pas à la portée des astrologues de moyen acabit, il est probable que c'est Ptolémée qui l'a introduite dans le sujet. Paul d'Alexandrie, après Firmicus (IV, 21 Kroll), accepte la restriction aux trois planètes; mais il suit un système tout différent pour ce qui concerne la position. Les planètes sont efficaces dans neuf τόποι (les centres, leurs ἐπαναφοραί, et le lieu VI) : à défaut de τόποι, on recourt au κλῆρος Τύχης, et c'est seulement si on le trouve vide que l'on consulte τὰ λοιπά, οἷον τὸν τὴν συνάφην ἔχοντα τῆς σελήνης ἢ τοῦ ἡλίου ἢ τὸν ἑῶον ἀνατολικόν (Schol. Paul. Alex., P 2). Ptolémée, ennemi des « lieux », a dû mettre au commencement ce qui est ici à la fin et balayer le reste.

quer. Ces trois planètes sont censées exercer une action prépondérante, comme étant les plus rapprochées à la fois de la Terre et du Soleil, les plus rapides aussi, celles qui reviennent le plus souvent faire provision d'énergie dans le rayonnement solaire. Les deux planètes supérieures interviennent aussi, mais en seconde ligne, comme témoins (μαρτυροῦντες); ce qui permet de varier le pronostic aussi aisément qu'avec l'ancien système. Les planètes maîtresses déterminent le genre, et les témoins précisent l'espèce, moyennant quoi tout prend une allure régulière et scientifique.

Ptolémée dresse alors un inventaire dans lequel il entasse à la hâte, sans commentaire aucun, toutes les rubriques et étiquettes qu'il a trouvées dans le fatras de ses devanciers, mais criblées et disposées en groupes distincts, avec les noms des planètes opérantes et collaborantes. Une première série nous donne les genres de professions impartis par chacune des trois planètes maîtresses, d'abord seule [1], puis en collaboration avec chacun des deux « témoins ». Une seconde série présente le résultat des trois composés binaires de deux planètes maîtresses : d'abord le produit du couple seul, puis du couple associé avec chacun des deux témoins. Il a prétendu épuiser ainsi non pas toutes les combinaisons possibles, mais les combinaisons efficaces.

Pourtant, la tradition chaotique qu'il voulait discipliner lui forçait la main et l'obligeait à concéder, sous forme de considé-

---

1. Ceci est la méthode planétaire la plus simple, correspondant à la méthode zodiacale qui dérivait toutes les aptitudes d'un seul signe. Elle était connue du grand public au temps d'Horace, qui se classe lui-même, comme poète, parmi les *viri Mercuriales* (Hor., *Od.*, II, 17). Plus tard, on n'était pas poète pour si peu; il fallait une géniture comme celle que s'attribue le Ps. Manéthon (VI, 738-750). Le travail de Ptolémée a consisté, ici comme partout, à isoler et classer par genres et par espèces les pronostics qui étaient confondus et donnés en bloc à la suite de chaque signe; planète en diverses positions, combinaisons de planètes, Lune en contact et défluxion, etc. : genre de classement par les *causes*, que l'on trouve dans Manéthon et Firmicus. Ptolémée a adopté, en général, la classification par *effets*, en tâchant de ramener chaque catégorie d'effets à une catégorie aussi restreinte que possible de causes, ayant pour centre l'énergie d'une planète maîtresse. Quand le détail devient trop touffu, comme c'est ici le cas, il revient au classement traditionnel par *causes*. Voy. les décrets des trois planètes, avec associations de toute sorte, dans Firmicus (IV, 21 Kroll); et les monographies du même : *Literarum expertium geniturae* (VII, 21 Pruckner) — *Gladiatorum vel athletarum geniturae* (VII, 22) — *Causidicorum seu oratorum geniturae* (VII, 23) — *Medicorum Podaliriorum geniturae* (VII, 24) — *Calliopicorum musicorum geniturae* (VII, 25).

rations supplémentaires, une place aux systèmes — ou plutôt
aux pratiques — qui ne cadraient pas avec sa méthode. C'est
ainsi qu'il tient compte après coup de l'influence des signes du
Zodiaque et dresse une nouvelle table de professions à rubriques
plus vagues et plus générales. C'est qu'en effet, la question des
métiers est une de celles où l'astrologie zodiacale s'était le plus
tôt et le plus librement donné carrière. Le symbolisme élastique
qui se jouait autour des figures baroques installées sur le pourtour du cercle y trouvait aisément place pour toutes les professions. On sait si la muse de Manilius dédaigne les associations
d'idées accrochées à tous les détails des types traditionnels. Il
suffit de se rappeler, par exemple, que les hydrauliciens naissent
sous le signe du Verseau et les légistes sous celui de la Balance.
Le système avait été étendu au ciel tout entier, ou peu s'en faut,
par adjonction des paranatellons, c'est-à-dire des constellations
qui se lèvent en même temps que les signes et correspondent
avec eux par la ligne d'horizon. Dans les douze cases zodiacales
qui déterminaient les genres, ces correspondances extra-zodiacales déterminaient les espèces [1].

Les naïfs inventeurs de cette mécanique ne savaient pas toujours très bien eux-mêmes si leur signe dominateur était l'horoscope ou le logement actuel du Soleil : quant à la collaboration
des étoiles extra-zodiacales, Ptolémée dut prendre en pitié
l'ignorance de gens qui ne savaient pas que la ligne d'horizon se
déplace avec la latitude et que la correspondance établie par elle
entre les signes et les autres constellations est autre pour chaque
climat. Il a donc éliminé totalement ici l'action des étoiles extra-
zodiacales, et réduit au minimum celle des signes [2]. Les signes

---

1. C'est le système exposé par Manilius dans son V[e] livre tout entier et
reproduit, avec additions, dans la *Sphaera Barbarica* de Firmicus (VIII, 5-
17 et 31, pp. 216-223 et 243-244 Pruckner). On apprend là que le Cocher formera
des cochers ; la Chèvre des individus agités, à voix chevrotante ; le Lièvre, des
coureurs ; et autres naïvetés de cette force. Les *professions*, bien entendu, n'y
sont pas mises à part, mais confondues avec le tempérament, les maladies, le
rang, la fortune, la mort, etc. C'est le « rabâchage » perpétuel auquel Ptolémée
a essayé d'échapper. Le même système, confiné dans l'intérieur du Zodiaque,
mais appliqué degré par degré, forme la *myriogenèse* (Firmic., VIII, 18-30,
pp. 223-243 Pruckner), partie spéciale de la Sphère Barbarique.
2. Il leur concède le pouvoir de « varier » les professions : καὶ τῶν ζωδίων
δὲ ἐν οἷς ὦσιν οἱ τὸ πράσσειν παρέχοντες αἱ κατ' εἶδος ἰδιοτροπίαι συμβάλλονταί τι
πρὸς τὸ ποικίλον τῶν πράξεων (p. 710 J.). Le scoliaste admire de confiance ;
mais, au fond, le ποικίλον est impropre, car les rubriques tirées des signes
sont beaucoup plus générales et uniformes que les autres.

agissants ne sont ni le signe horoscope, ni le signe occupé par le
Soleil, mais ceux dans lesquels se trouvent les planètes « maîtresses de l'action ». Ainsi, les signes « humains » poussent du
côté des arts et des sciences ; les « quadrupèdes », au commerce,
à l'industrie, aux constructions [1] ; les tropiques (et équinoxiaux),
prédisposent aux « translations », traductions et gloses, et aussi
à la géométrie, à l'agriculture, au sacerdoce [2] ; les signes humides,
aux professions qui vivent de l'eau, depuis les constructeurs de
navire jusqu'aux embaumeurs qui font la toilette des cadavres.

Ptolémée n'en a pas fini par là avec le Zodiaque, car il n'ose
pas rompre avec ce qu'on pourrait appeler l'astrologie lunaire, la
plus populaire de toutes, avec les gens qui faisaient dépendre la
profession de la position de la Lune dans le Zodiaque. Il accepte
d'envisager le cas particulier où la Lune, sortant de conjonction
avec le Soleil, est associée à Mercure dans divers signes. Mais il
ne donne de pronostics que pour dix signes sur douze : on sent
qu'il a hâte de sortir de ces voies détournées, susceptibles de se
ramifier à l'infini, pour rentrer dans la logique de son système.
En guise d'épilogue, il tire de l'énergie des planètes maîtresses,
de leur phase, position et entourage, des indications concernant
l'intensité, le succès ou l'insuccès, et l'âge auquel se produiront
ces hauts et bas de l'existence.

Pour qui aurait foi dans la finesse d'observation psychologique des astrologues, tous ces inventaires de qualités morales et
d'aptitudes professionnelles fourniraient un appoint notable à ce
que nous savons des idées antiques sur le classement des diverses
professions et le degré d'estime que leur accordait l'opinion
publique [3]. On y relèverait plus d'un trait de satire à ajouter aux

1. Sans doute parce que ces professions emploient beaucoup de bêtes de
somme et de trait (?).

2. Évidemment, parce que, placés aux extrémités de deux axes perpendiculaires, ils représentent une sorte de *groma* céleste, l'instrument de l'arpen-
teur. C'est de la géométrie appliquée surtout à l'agriculture et liée au souvenir
des premiers *agrimensores* sacerdotaux, haruspices et augures. D'autre part,
les μεταβολιϰαί [τέχναι] sont un équivalent de τροπιϰαί : une « traduction » est une « tournure » (τρόπος).

3. Les autres auteurs intéressent plus que l'entassement de substantifs
auquel se borne Ptolémée. Les planètes malfaisantes font les professions
pénibles ou dégoûtantes, les métallurgistes, les croque-morts et embaumeurs
ou fabricants de cercueils (Maneth., I, 75-82 ; IV, 263-270 ; VI, 494-498, 528-
531). Il n'y a pas loin du croque-mort au médecin : *in vertice Urnae [Aquarii]
qui nati fuerint, medici erunt*. Mais, si peu que Saturne intervienne, *pollinc-
tores erunt et funerarii et vespillones* (Firmic., VIII, 29 Pruckner). Mercure
dans les signes équinoxiaux (Balance surtout), faisant les vérificateurs des

peintures de Juvénal : par exemple, contre les athlètes et acteurs, gens couronnés par les hommes, enrichis par les femmes; au besoin contre les astrologues eux-mêmes et autres exploiteurs de la crédulité humaine, surtout de la crédulité féminine. Mais nous n'avons pas le temps de butiner en cours de route. Il s'agit d'abord maintenant les questions de sentiment, l'amour et l'amitié.

5° *Des affections et de la famille*. — A vrai dire, l'amour ne fait pas nécessairement partie des motifs qui poussent au mariage légitime. On dirait que les astrologues le réservent, au moins quand il atteint à la passion, pour les liaisons illicites, qui forment un groupe à part. Ne voulant rien préjuger, Ptolémée intitule le chapitre des relations entre les sexes : Περὶ συναρμογῶν, au sens vague de « Accordailles » ou de « Convenances réciproques » [1].

Le mariage légitime est envisagé au point de vue des deux contractants. Du côté masculin, on cherche la femme, et par conséquent ce sont les positions de la Lune qui décident. Du côté opposé, ce sont les positions du Soleil. L'astrologie sait tout prévoir des deux parts [2] : la date précoce ou tardive des mariages,

poids publics (Firmic., IV, 21, 9 Kroll), est une trouvaille. Les devins, et notamment les astrologues, sont très diversement appréciés, classés tantôt avec les pires charlatans, tantôt à côté des plus hauts sacerdoces (Maneth., I, 293 ; II, 202 sqq.; IV, 211 ; V, 260 sqq. ; VI, 472-475). C'est peut-être un astrologue facétieux qui a assimilé sa clientèle à un troupeau de bœufs en assimilant l'astrologue au Bouvier : *In Boote quicumque habuerit horoscopum, divinus erit astrologus vates artisque Chaldaicae valde peritus* (Firmic., VIII, 25 Pr.). En général, les artistes, sculpteurs, peintres, musiciens et acteurs, sont bien traités. On trouve de vives sorties contre les rôdeurs, vagabonds, ὄρνεα γῆς, πόλιος πάσης ἀπόλιστα γένεθλα (Maneth., IV, 282), contre les παμπαθεῖς (IV, 310 sqq.), les farceurs arétalogues βομβηδὸν ζῶντας, ἀλήμονας ἧς χθονὸς αἰεί (IV, 449), les Galles mutilés (VI, 534-540. Cf. ci-dessus, p. 434, 3), les μάχλοι (*lenones*), en vingt endroits, et aussi contre les publicains, τελωνητάς τε βιαίους — δεινούς τε χρεαρπάγας ἐργολάβους τε (IV, 329 sqq.) et autres accapareurs parfois « lynchés » par le peuple : *ob interceptam annonam vel male dispositam seu cupiditatis fraudulentia subtractam grave pulsatum insanientis invidia populi dissipabit, ita ut populari manu laceratis artubus metuenda ceteris acerbae mortis exempla demonstret* (Firmic., VIII, 11 Pruckner). Firmicus est hanté par une sorte de pitié pour les hiérodules : *aliis in templis ignobilia decernit officia — ministeria facit exercere servilia* (III, 13, 8 Kroll, etc.).

1. *Tetrab.*, IV, 4, pp. 730-731, 740-741 Junctinus, avec commentaire, pp. 732-765. Cf. Anon., pp. 152-158; Maneth., VI, 112-221, et les chapitres de Firmicus, *Uxorum maritorumque numerus* (VII, 17 Pruckner). — *Conjugatorum ad invicem affectus* (VII, 18). — *Sponsalium seu nuptiarum tempora* (VII, 19). — *Uxorum suarum interfectorum geniturae* (VII, 20).

2. Voici l'analyse du scoliaste. Ptolémée recherche : 1° εἰ γαμήσει, εἴτε καὶ μή ; 2° καὶ εἰ γαμήσει, πότερον ταχέως ἢ βραδέως ; 3° πότερον μία μόνη συνοικήσουσιν ἢ

la différence d'âge entre les époux, le nombre des mariages que pourra contracter l'individu, — ou, en sens inverse, sa vocation au célibat, — enfin et surtout le degré de concorde dû aux qualités et défauts des époux. On peut être assuré que les astrologues ont fouillé avec un soin particulier cette partie de la doctrine, car la curiosité des femmes en proposition de mariage ou en mal d'amour a été de tout temps la principale ressource des diseurs de bonne aventure. Seulement, la plupart des clients devaient désirer plutôt un conseil sur le choix de la personne ou l'opportunité de l'occasion qu'une révélation toute sèche de l'avenir. Ceux-là, la généthlialogie, fataliste par essence, n'était pas à même de les contenter [1] : il fallait recourir à l'astrologie vulgaire, celle des καταρχαί. Les doctes rendent des arrêts et ne donnent pas de conseils.

Après avoir constaté à maintes reprises le dédain de Ptolémée pour le système des lieux fixes, on ne s'étonne plus qu'il n'ait pas eu recours tout simplement à la case (VIIᵉ) du cercle de la géniture où la tradition « égyptienne » logeait les « Noces ». Il avait pour cela plus d'une raison. On a vu plus haut que, dans le système de l'*octotopos*, l'Occident, — et même, par suite de retouches, dans le système courant des XII lieux, le lieu VII, — tout en logeant les Noces, n'en est pas moins le lieu du couchant, et, comme tel, symbole de la mort. C'est là que Manilius installait Pluton, lequel aurait pu tout au plus, d'après sa légende, présider aux mariages précédés de rapt. Il y avait bien une autre case (Xᵉ en MC.) où Manilius fait aussi mention du mariage, de Vénus et de la Fortune ; mais il s'agit là du mariage considéré comme apport de richesse, et, au surplus, Ptolémée, qui ne voulait pas être esclave de la tradition courante, faisait encore moins de cas de celle des dissidents. D'autre part, il ne lui plaisait pas davantage de recourir au système des lieux variables obtenus par le calcul des κλῆροι.

πλείοσι; 4° ὁποία ἔσται ἡ γαμετὴ ἢ ὁ ἀνήρ ; 5° πότερον διαμένουσιν ἢ διαλυθήσονται; 6° εἰ διαμένουσι, πότερον ἀλλήλοις ἀγαπῶντες ἢ στασιάζοντες.

1. Les généthlialogues pouvaient sans doute comparer les thèmes de géniture et y découvrir un rapport de convenance ou de disconvenance (cf. ci-après, p. 167, 1) ; mais, avec la liberté du choix, la généthlialogie n'avait plus de sens. Aujourd'hui encore, chez les Parsis, on confronte les horoscopes (thèmes de géniture) « pour savoir si les étoiles des futurs époux sont en harmonie; l'union dépend beaucoup de la réponse ... Chez les Hindous, à cause du décès conjectural des conjoints, l'horoscope est encore de la plus grande importance, puisqu'il prédit lequel des deux sera veuf ou veuve » (D. Menant, *Les Parsis*, I, p. 159 : cf. la mention ci-dessus, p. 341, 2).

Le système adopté par Ptolémée est aussi simple que peut l'être un procédé astrologique devant suffire à tant de questions différentes. Soit la recherche de l'épouse et l'avenir du mariage vu du côté masculin. Si la Lune est dans les quadrants orientaux, mariage précoce ou avec une jeune femme ; dans les quadrants occidentaux, mariage tardif ou avec une vieille femme. Si la Lune est ou va être nouvelle, approchée du Soleil à moins de 15° et en aspect avec Saturne, célibat ; la froideur et la vieillesse de Saturne s'ajoutant à l'inaction de la Lune noyée dans les rayons solaires. Si la Lune est dans un signe simple (μονοειδές) ou en contact avec une seule planète, le client sera monogame ; si elle est en signe bicorporel ou en contact avec plusieurs planètes, il contractera successivement deux ou plusieurs mariages. Le caractère de la femme dépend des planètes associées à la Lune, soit par contact, soit par aspect. La collaboration de Saturne donne des femmes laborieuses et austères ; celle de Jupiter, des femmes graves et économes. Elles sont hardies et indociles avec Mars, belles et gaies avec Vénus, vives et intelligentes avec Mercure.

Même calcul du côté féminin, le Soleil étant substitué à la Lune. Il est à peine besoin de dire qu'il peut y avoir, d'un côté comme de l'autre, collaboration de plusieurs planètes et que les pronostics s'en trouvent modifiés [1].

Le pronostic relatif à la concorde dans le ménage résulte de la comparaison des thèmes de géniture des deux conjoints. Il faut examiner si, d'un thème à l'autre, les deux luminaires se regardent par aspect trigone ou sextil ou sont en conjonction, ou se prêtent mutuellement leurs domiciles respectifs (ἐναλλαγή), ou si, au contraire, ils sont en aspect hostile ou sans aspect aucun : le tout modifié par les planètes collaborantes, qui peuvent amener le divorce [2].

La planète Vénus, qui laisse à la Lune le premier rôle quand il

---

1. Par exemple, Saturne en aspect quelconque avec Vénus produit la stérilité, et l'épousée — toujours vieille en ce cas — n'est jamais παρθενική νύμφη (Maneth., III, 278 sqq.).

2. C'est de la généthlialogie comparée, déjà signalée plus haut (pp. 167, 1, 176, 2. 448, 1) et appliquée plus loin (p. 453) à l'amitié. Ptolémée a élagué ici, entre autres données, l'influence des signes. D'après le scoliaste (Anon., p. 52), la Lune en signes « humains » indique une affection mutuelle, amorce d'un raisonnement qui pouvait être étendu aux autres signes. Il en est, en effet, de froids, amoureux, brutaux, etc. Toute la psychologie zodiacale est susceptible d'être mise une fois de plus à contribution. Dans le système des καταρχαί (ci-après, ch. XIII), même la Balance (à qui se fier !) μοιχείαν ἐπιφέρει (Ludwich, p. 86). L'adultère est peut-être considéré comme une compensation.

s'agit du mariage légitime, le reprend quand il s'agit des passions
de l'amour. Elle est en tête du trio planétaire qui mène leurs
transports, trio où figurent malheureusement les deux planètes
malfaisantes, Mars et Saturne. Que l'on fût allé les chercher par
pur souci de moraliste, pour symboliser les conséquences funestes
des passions, et aussi pour utiliser les légendes mythologiques,
les astrologues se gardaient de l'avouer. Ils invoquaient toutes
sortes d'affinités naturelles, nécessaires, mathématiquement exprimées par la répartition des domiciles et exaltations des dites
planètes. Mars a, en effet, son ὕψωμα dans le trigone de Vénus, et
réciproquement; Saturne a le sien dans le trigone de Mars. De
même pour les domiciles. L'intervention des signes-domiciles et
des signes-exaltations, s'ajoutant aux combinaisons des trois
planètes deux à deux ou trois à trois, ouvrent un large champ à
la casuistique [1]. Elle devait être bien ample, cette casuistique,
car les seules étiquettes réunies par Ptolémée constituent un des
plus longs chapitres de sa *Tétrabible*. En dépit de la rigueur de
ses classifications, il y replace une partie des excès du sens génésique signalés au chapitre « des maladies de l'âme » ou dans
l'ethnographie « catholique » [2]. Cependant, il s'agit moins ici des
vices contre nature que des passions qui méconnaissent les lois
de la société et les liens du sang. L'inceste sous toutes ses formes
— dont la plus répugnante était fixée dans l'imagination grecque
par la légende d'Œdipe — trouve son explication dans les regards
et approches des planètes en des signes où elles possèdent des
domaines communs à divers titres, ou sur certains centres et
certains lieux du cercle de la géniture [3].

1. Voy. les produits de ♂ ☿ et ♄ dans Manéthon (IV, 294-316). Mars et
Vénus suffisent à expliquer l'adultère, qui est un mélange de plaisir et de
crainte (*Cod. Florent.*, p. 149). Ceci est d'un bon élève des Stoïciens.

2. Le chapitre est tellement encombré que j'ai peine à croire le texte en
bon état. Ce sont sans doute des gloses qui y ont introduit les σπάδοντας καὶ
αὐλικοὺς ἢ στείρας καὶ ἀτρήτους, les ἀποκόπους ἢ τριβάδας, les individus παντα-
χόθεν ἑαυτοῖς τὰς ἡδονὰς ποιουμένους... πρὸς ἄρρενας καὶ θηλείας, enfin, un
supplément à l'ignoble séquelle des infirmités du corps et de l'âme, qu'il
faudrait restituer aux chapitres précédents. Mais le texte actuel est celui que
commente le scoliaste.

3. La règle, ou plutôt une des règles suivies, est que Saturne avec Vénus
présage l'inceste remontant vers les ascendants et parents plus âgés (πρὸς
πρεσβυτέρους); Mars avec Vénus, l'inceste sans disproportion d'âge : ἐρεῖς οὖν
ἀπὸ Κρόνου, ὡς ἔφημεν, τὸ πρεσβυτικὸν ὄνομα, οἷον ὅτι θείῳ ἢ πατρὶ ἢ πρώῳ, ἀπὸ
δὲ Ἄρεος, ὅτι ἀδελφοῖς ἢ ἀνεψίοις ἢ συγγενέσι (Anon., p. 157). C'est une autre
méthode que de juger de l'âge par la phase de Saturne ou de Mars comparée à
celle de Vénus. Si Vénus est ὁμοιοσχήμων, ὁμήλικας σημαίνει, εἰ δὲ δυτικωτέρα

Tout n'est pas ombre pourtant dans le tableau : un astrologue du temps de l'Empire n'avait pas les idées d'un moine écrivant un Guide des confesseurs. Vénus tempérée par Saturne produit parfois, même sans les formalités juridiques, des unions auxquelles ne manque ni le charme, ni la fidélité, et qui se transforment plus tard en unions légitimes.

Bien ou mal assortie, l'union des sexes a pour but la génération. Mais on sait trop que, quand il s'agit du nombre des enfants, de leur sexe, de leurs qualités et des chances de vie, de fortune, d'affection [1], il n'y a pas de rapport visible entre la

πρεσϐυτέραις [à compléter par εἰ δὲ ἀνατολικωτέρα νεοτέραις] (Anon., p. 156). Le scoliaste explique qu'il y a des ὁμήλικες de tout âge et rattache à ces degrés (νέοι - ἀκμαῖοι - γέροντες) les diverses espèces d'incestes. Ptolémée fait aussi intervenir, avec les signes ()(♍), le Soleil et la Lune. On sait de cette facon s'il y aura inceste redoublé (δυσὶν ἀδελφαῖς ἢ συγγενέσιν ou δυσὶν ἀδελφοῖς ἢ συγγενέσιν), et aussi de quelle espèce. La Lune dans certaines conditions ποιεῖ τοὺς μὲν ἄρρενας μητράσιν ἢ μητέρων ἀδελφαῖς ἢ μητρυιαῖς συνέρχεσθαι, τὰς δὲ θηλείας υἱοῖς ἢ υἱῶν ἀδελφοῖς ἢ θυγατέρων ἀνδράσιν : le Soleil τοὺς μὲν ἄρρενας θυγατράσιν ἢ θυγατέρων ἀδελφαῖς ἢ γυναιξὶν υἱῶν, τὰς δὲ θηλείας πατράσιν ἢ πατέρων ἀδελφοῖς ἢ πατρώοις (Tetrab., p. 741 J.). En somme, quantité de moyens divers; comme toujours, séparés ou combinés. Cf., dans Manéthon, les œuvres de ♂ ☿ et ♄ (IV, 294-316) : incestes de pères et filles, fils et mères (VI, 154-176), produits par ☾ en MC. et ♀ en IMC. (VI, 115-121), compliqués de viol avec ♂ en IMC. ou en Occ. (VI, 176-179). Le cas d'Œdipe est visé (VI, 166) et celui de Jocaste (V, 204). Le faussaire se permet une plaisanterie qu'il eût payée cher s'il avait écrit, comme il le prétend, sous Philadelphe. A propos de l'inceste provoqué par Saturne, il écrit : ἔνθα δέ μοι, βασιλεῦ, τῷ σχήματι γίγνεο μάρτυς | γνωρίζων γενεῇ τοὺς Ἀρσινόης ὑμεναίους (Maneth., V, 207-208). Sotade, noyé en mer dans une caisse de plomb par ordre de Philadelphe, n'en avait pas dit davantage. Firmicus dissémine l'inceste un peu partout : par exemple, III, 6, 28-29 (même l'inceste lucratif!) et IV, 6, 3 Kroll ; VI, 26 et VIII, 30 Pruckner. Dans la « géniture d'Œdipe » (VI, 26 Pr.), l'agent principal est Saturne dans les Poissons (signe vénérien), Vénus étant dans le Verseau (signe saturnien). Des astrologues orientaux auraient mis sans doute moins de planètes malfaisantes dans ce chapitre, l'inceste ne répugnant pas aux mœurs et surtout aux théogonies orientales. Cf. l'inceste prodigieux commis par Isis et Osiris avant leur naissance dans le sein de leur mère (Plut., *Is. et Osir.*, 11). Les Grecs eux-mêmes n'avaient pas la conscience tout à fait tranquille au sujet de l'ἱερὸς γάμος de Zeus et de Héra. L'épithète ἱερὸς avertissait que ce n'était pas là un exemple à imiter pour les humains. L'exemple était donné tous les mois, suivant l'exégèse (stoïcienne?) qui assimilait la conjonction lunisolaire à l'hymen sacré : τὰ Θεογάμια ἐτέλουν τότε φυσικῶς εἶναι πρῶτον οἰόμενοι γάμον τῆς Σελήνης οὔσης πρὸς Ἡλίου σύνοδον (Schol. Hesiod., *Opp.*, 784). Sur ce sujet, rajeuni par la découverte d'un fragment de Phérécyde de Syros, voy. H. Weil, *Revue des Études grecques*, X [1897], pp. 1-9.

1. *Tetrab.*, IV, 5, Περὶ τέκνων, p. 765 Junctinus, avec commentaire, pp. 766-781. Cf. Anon., pp. 158-160; Maneth., VI, 225-304; Paul. Alex., Περὶ τέκνων (O2 - O3); Firmic., VII, 9 Pruckner (*Filiorum cum patribus dissiden-*

cause et la conséquence. Aussi les deux clefs qui ont servi aux pronostics concernant l'amour ne sont-elles plus de mise ici. Cette fois encore, Ptolémée ne veut pas recourir directement au système des lieux fixes qui plaçait les « fils » au Ve lieu, avec la Bonne Fortune et Vénus ; ni à la méthode des κλῆροι spéciaux, qui trouvait le lieu des fils en mesurant la distance entre Vénus (génération) et Mercure (éducation). Cependant, il n'affecte pas d'ignorer tout à fait les lieux autres que les centres. Il consent à ajouter au lieu principal où il attend les planètes et signes efficaces en la circonstance (le MC.) le « lieu suivant (XIe lieu), c'est-à-dire celui du Bon Génie »[1]. A défaut de ces deux lieux, on prend « leurs diamètres » (IV et V).

Les planètes présentes réellement ou par aspect dans ces deux ou ces quatre compartiments sont les « donneuses d'enfants » (δοτῆρες τῶν τέκνων). Le pronostic résulte du tempérament des planètes — les plus humides étant les plus fécondes ; les plus sèches, les plus stériles[2] — et de la collaboration des signes, appréciée au même point de vue[3]. Chaque planète prise à part ne donne par elle-même qu'un enfant ; elle en donne deux dans les signes bicorporels, davantage dans les signes « polyspermes » comme le Cancer, le Scorpion, les Poissons. Les planètes masculines ou masculinisées par position donnent des enfants mâles ; les autres, des filles. La prédominance des planètes malfaisantes ou des signes stériles produit des enfants mal conformés et peu viables. Ptolémée indique les moyens de prévoir en gros la

tium geniturae) ; VII, 12 (Adoptivorum filiorum geniturae). Le sujet a déjà été traité en partie, à un autre point de vue, dans les pronostics précédant la naissance (ci-dessus, pp. 392-394) et dans ceux qui concernent la fécondité ou stérilité.

1. Il se souvient peut-être ici du système dissident de l'octotopos, qui plaçait en MC. non pas les « fils », mais le mariage, avec Vénus (ci-dessus, p. 277) : Manéthon adopte le système de Ptolémée, ainsi que Paul d'Alexandrie, qui ajoute : καὶ τὸν κλῆρον τῶν τέκνων. Avec les quatre τόποι δοτικοί, σπερματικοί (IV, V, X, XI), on prend pied dans les quatre trigones.

2. Par conséquent, — au nom de la symétrie, — le Soleil lui-même est classé en tête des astres stérilisants, comme la Lune en tête des féconds. Les astrologues maintiennent l'égalité dans les deux camps, formés chacun de trois planètes, en faisant passer tour à tour dans l'un et dans l'autre Mercure, qui est fécond comme ἀνατολικός (ou ἑῷος), stérile comme δυτικός (ἑσπέριος). Chez les Arabes, le caput Draconis Lunae est dans le groupe fécond, et la Cauda dans l'autre (Junctinus, p. 769).

3. Analyse des signes dans Paul d'Alexandrie : τὸ σπανότεκνον (♈ ↔ ♊ ♎), στερῶδες, παντελῶς ἄτεκνον (♉ ♍ ♑ ♌ ♒), πολύτεκνον (♋ ♏ ♓). Cf. les Anecdota de Ludwich (pp. 105-110) et ci-dessus, p. 150.

destinée des enfants à naître du client et engage ceux qui vou-
draient pousser l'analyse plus avant à instituer un thème spécial
en prenant pour Horoscope la planète « donneuse d'enfants » [1].
C'est une methode analogue à celle des κλῆροι et qu'il a déjà indiquée plusieurs fois.

L'amitié [2] est une forme de sympathie dégagée de tout mélange
d'appétit sexuel. Les premiers astrologues trouvaient aux amitiés
et antipathies une raison fort simple : l'accord ou l'antagonisme
des signes du Zodiaque qui dominent les génitures, rapports
dérivant eux-mêmes soit de la nature, soit de la position respective des signes. On a vu plus haut comment, au dire de Manilius,
qui semble s'inspirer d'Empédocle, les effluves d'amour et de
haine se croisent éternellement de tous les points du Zodiaque [3].
Dans le système des « lieux », la IIIᵉ case contenait pêle-mêle les
frères, les amis, les voyages, trois sujets de recherches que
Ptolémée entend ne pas confondre. Le bon sens, dont l'astrologie se rapproche quand elle le peut, indiquait que l'amitié présuppose la conformité des goûts, et celle-ci l'analogie des thèmes
de géniture. Il ne s'agit donc plus de l'examen d'un seul thème
de géniture, mais de comparaisons à instituer entre deux thèmes.

Soit pour suivre la tradition philosophique [4], soit plutôt pour
utiliser plusieurs méthodes imaginées avant lui, Ptolémée distingue, au point de vue du motif, trois espèces d'amitiés et autant
de modes de concordance entre les thèmes de géniture : l'amitié
spontanée (κατὰ προαίρεσιν), celle qui a pour but l'utile (διὰ χρείαν)
et celle qui a pour but le plaisir (διὰ ἡδονὴν καὶ λυπήν) [5]. La première naît de la concordance de la position des deux luminaires
dans l'une et l'autre géniture ; la seconde, de la concordance des

1. Le scoliaste dresse ainsi la liste des questions résolues par Ptolémée :
1° εἰ ἕξει τέκνα ; 2° καὶ ὁπόσα ; 3° πότερον ἔνδοξα ἢ ἄδοξα ; 4° εἶτα ἐπισινῆ ἢ ἀσινῆ ;
5° καὶ μόνιμα ἢ οὔ ; 6° καὶ ἢ φίλα ἢ ἐχθρὰ τὰ τικτόμενα (Anon., p. 158). Il oublie
provisoirement le sexe, sur lequel il revient plus loin.

2. *Tetrab.*, IV, 6 (Περὶ φίλων καὶ ἐχθρῶν), pp. 781-785 Junctinus, avec
commentaire, pp. 783-800. Cf. Anon., pp. 160-162.

3. Cf. ci-dessus, pp. 158, 175-176.

4. Cf. le *De Amicitia* de Cicéron, résumé de nombreux traités περὶ φιλίας.

5. Il commence par proposer une distinction concurrente, au point de vue
de la stabilité : les amitiés durables constituant la συμπάθεια, les autres,
la συναστρία. C'était cependant une amitié durable qu'Horace supposait
entre lui et Mécène en disant : *Utrumque nostrum incredibili modo | Consentit
astrum* (Hor., *Od.*, II, 17), et ce serait plutôt à un adversaire de l'astrologie de
mettre la συμπάθεια au-dessus de la συναστρία. Perse (*Sat.*, V, 45-51) fait appel
aux signes et aux planètes pour expliquer l'affection qui l'attache à Cornutus.

positions du « Sort de la Fortune » ; la troisième, de la concordance des Horoscopes. Concordance signifie position dans le même signe ou dans des signes échangés par énallage ou en des points reliés par aspect sympathique [1].

La disposition des planètes, surtout leur « supériorité » (καθυπερτέρησις) respective, d'un thème à l'autre, indique le plus ou moins de spontanéité, d'utilité et d'agrément des amitiés, comme aussi leur plus ou moins de solidité et de durée. La durée, avec ou sans refroidissements, peut se calculer au plus juste par la méthode aphétique ou système de la roulette (ci-dessus, p. 411 sqq.), au moyen d'un point de départ pris dans un des deux thèmes et d'un point d'arrivée pris dans l'autre. Enfin, il n'est point de nuance entre les amitiés (philosophiques, religieuses, artistiques et autres) qui ne puisse être notée par les combinaisons planétaires. Les mêmes constatations, avec substitution de la discordance à la concordance, permettent de dresser un tableau parfaitement symétrique des inimitiés.

Dans la société antique, il n'y avait pas de pires ennemis et parfois d'amis plus dévoués que les esclaves. Aussi le chapitre des amis et ennemis a-t-il un appendice consacré aux esclaves [2]. Pour les relations entre maîtres et esclaves, il faut se reporter au lieu « du Mauvais Génie » (XIIe) et consulter aussi le lieu opposé, dédié à la « Mauvaise Fortune » (VIe) [3], lieux qui ont décrété la servitude, et voir si les planètes qui s'y trouvent réellement ou y figurent par aspect sont de même tempérament naturel (φυσικὴ ἐπιτηδειότης), et surtout si les planètes qui y ont une « domination » quelconque sont en aspect sympathique avec les lieux qui font l'amitié et l'inimitié [4]. Ptolémée est ici d'une brièveté

1. La coïncidence des Horoscopes à moins de 17° produit des amitiés inébranlables. Sur l' ἐναλλαγή, voy. ci-dessus, p. 241, 1. Ptolémée écarte ici complètement l'influence des ζώδια, sur lesquels se fonde exclusivement Manilius (cf. ci-dessus, p. 176, 2). Le scoliaste (p. 161) emploie le mot ζώδια comme le fait d'ordinaire Ptolémée, dans le sens de τόποι ou douzièmes du cercle de la géniture. En général, la présence réelle produit la συμπάθεια ; les aspects, la συναστρία, graduée suivant la nature des aspects, le trigone produisant la plus forte, comme le diamètre la plus forte antipathie. Cf. ci-dessus (p. 178, 1) la règle qui évalue l'énergie des aspects à la moitié de celle de la présence réelle.

2. Περὶ δούλων, pp. 785-786 Junctinus. Cinq lignes seulement sur le sujet, et deux lignes du scoliaste (Anon., p. 160).

3. Ptolémée, qui ne veut pas tenir compte des lieux ὑπὸ γῆν, use du procédé κατὰ διάμετρον quand il consent à y recourir.

4. J'avoue n'être pas très sûr du sens de l'expression καὶ μάλισθ' ὅτε οἱ τοῦ δωδεκατημορίου κυριεύσαντες (à quel titre ? et s'agit-il du lieu ou du signe ?)

d'oracle. Il ne s'occupe pas de l'esclave en lui-même, considéré comme être déshérité, placé à l'infime degré de la hiérarchie sociale [1], et il laisse aux débitants de καταρχαί le soin de poser des règles pour l'acquisition ou l'affranchissement des esclaves et la recherche de ceux qui se sont enfuis.

Il aurait bien dû leur laisser aussi un sujet qui est tout à fait de leur ressort, l'article « Voyages » (ξενιτεῖαι-*peregrinationes*) [2]. Autant l'idée de consulter l'état du ciel au moment de se mettre en route paraît naturelle, autant il semble bizarre de chercher dans un thème de géniture l'indication du nombre, de la durée, de la direction, de la facilité des voyages à venir, des chances de retour ou de bénéfice, et de la nature des dangers à prévoir. Aussi la clef des pronostics est-elle faite avec des associations d'idées tortueuses et énigmatiques. Le pronostic se déduit, en règle générale, de la position des luminaires — surtout de la Lune, l'astre voyageur par excellence — par rapport aux centres et aux signes du Zodiaque. Leur position dans les ἀποκλίματα, c'est-à-dire dans les lieux (III, VI, IX, XII) qui précèdent les centres visibles, et surtout à l'Occident (VII), annonce des voyages fréquents, — et même perpétuels si le Sort de la Fortune tombe dans un des lieux susdits ; — infructueux et périlleux, si Mars est en aspect fâcheux [3] ; heureux et facilités soit par des amis secourables, si Vénus intervient, soit par les autorités locales avec le concours de Jupiter ; lucratifs avec Mercure.

Les signes du Zodiaque qui correspondent aux « lieux » susvisés ont aussi une influence, et même considérable ; d'abord sur la fréquence des voyages, qui seront rares et courts avec les signes simples, longs et répétés avec les doubles ; ensuite sur les

---

ἤτοι συμφώνως τοῖς αὐθεντικοῖς τῆς γενέσεως τόποις ἢ ἐναντίους ποιῶνται τοὺς συσχηματισμούς. Cardan (p. 475) se contente de traduire αὐθεντικοῖς par *praecipuis* ; Junctinus, par *locis dominii et potestatis eorum* (ce qui voudrait dire leurs domaines ou dignités, contrairement au texte τῆς γενέσεως). La traduction de Mélanchthon, *cum dominatore nativitatis*, n'est pas plus acceptable. Cet adjectif me paraît, dans la langue astrologique, un ἅπαξ εἰρημένον.

1. Cf. ci-dessus, p. 441.

2. Περὶ ξενιτείας (*Tetrab.*, IV, 7, pp. 800-801 Junctinus, avec commentaire, pp. 802-811). Cf. Anon., pp. 162-163.

3. Plus exactement, lorsque, étant en Occident ou au lieu IX (sur son terrain comme planète occidentale, ci-dessus, pp. 104. 201), τοῖς φωσὶ διάμετρον ἢ τετράγωνον ἔχῃ στάσιν (p. 800 J.). La direction des voyages est indiquée par le quadrant dans lequel se trouvent les luminaires. Comme Ptolémée ne veut pas des deux quadrants souterrains, il enseigne que le quadrant oriental dirige vers l'E. et le S. ; le quadrant occidental, vers l'O. et le N.

dangers que déchaînent les planètes malfaisantes [1], celles-ci agissant différemment suivant la nature des signes dans lesquels elles sont embusquées. Là, le symbolisme révélateur est tantôt transparent, tantôt trouble et arbitraire. Ainsi, les dangers viendront par naufrages, si les planètes malfaisantes sont dans les signes humides [2]; par précipices et bourrasques, dans les signes solides; par disette et maladies, dans les signes tropiques ou équinoxiaux [3]; par attaque de brigands, dans les signes humains; de bêtes fauves, dans les signes terrestres, ou, si Mercure se joint dans ces mêmes signes aux deux autres, par morsures venimeuses, délations, etc.

Ces périls entraînent parfois la mort : aussi Ptolémée a-t-il fait du chapitre des voyages une transition qui l'amène à parler du genre de mort. Mais cette question de la mort a trouvé place dans une autre partie de notre exposé, où elle nous a paru s'adapter, par une soudure moins artificielle, à la question connexe de la durée de la vie [4].

Il n'y a plus, pour achever l'analyse de la *Tétrabible*, qu'à sonder l'obscurité du dernier chapitre, intitulé « De la répartition des temps » (Περὶ χρόνων διαιρέσεως) [5]. Mais cette espèce d'épilogue ne se rattache que par un lien assez lâche à la généthlialogie; et, s'il est bien de Ptolémée, il représente une concession tardive faite par l'auteur au système concurrent des καταρχαί, qu'il avait d'abord rejeté en bloc [6]. Ptolémée y a entassé tout ce qu'il savait ou jugeait utilisable des méthodes de l'astrologie

---

1. Mars et Saturne ἐπιλαβόντες τὰ φῶτα, καὶ μάλιστα εἰ διαμηκίσωσιν ἀλλήλους (p. 801 J.).

2. Il y a des remarques qu'on ne peut s'empêcher de trouver ingénieuses. Soit, par exemple, un naufrage : le naufragé aura tout le temps de se noyer si la cause est Saturne, parce que l'action de Saturne est lente; avec Mars, dont l'action est violente, mais rapide, il peut être sauvé.

3. La raison m'échappe. En thèse générale, *signa tropica peregrinationibus praesunt et omnino mobilibus* (Censorin., *fr.*, 3, 9. Cf. ci-dessus, p. 153, 1).

4. Voy. ci-dessus, pp. 422-427.

5. *Tetrab.*, IV, 9, pp. 821-824 Junctinus, avec bref commentaire, pp. 827-830). Anon., pp. 176-180.

6. Fr. Boll (*op. cit.*, p. 123) remarque que la division de la vie en quatre âges (quadrants du cercle), familière à Ptolémée, est remplacée ici par la division septénaire; que les φῶτα ne sont plus mis à part des πέντε, mais confondus dans la série des ἑπτὰ πλανώμενοι; enfin, que ce chapitre est exploité par des auteurs qui suivent des systèmes différents de celui de Ptolémée. Cependant, la conformité de style le décide à considérer le chapitre comme une addition, non une interpolation. Le style, dans six pages encombrées de termes techniques, est un critérium bien suspect.

populaire, mieux faite que la généthlialogie pour tenir en haleine la curiosité de la clientèle et offrant à tout moment ses conseils pour les moindres incidents de l'existence. De ce vaste répertoire de recettes empiriques qui supposent toute la fatalité assouplie et modifiable par l'initiative humaine, Ptolémée n'a retenu que l'arithmétique compliquée des « chronocratories », intelligible seulement pour qui la replace dans le courant d'idées où elle a pris naissance.

Nous retrouverons plus loin, rattaché à des théories analogues, le dernier chapitre de la *Tétrabible,* qui n'appartient pas à la généthlialogie proprement dite.

CHAPITRE XIII

INITIATIVES OU OPPORTUNITÉS GÉNÉRALES

La théorie des καταρχαί (*electiones*) forme une « apotélesmatique » complète, se suffisant à elle-même, mais susceptible de contracter avec sa rivale, la généthlialogie, des alliances plus ou moins boiteuses. La généthlialogie, l'œuvre propre de l'esprit grec, du fatalisme stoïcien, repose sur l'idée fondamentale que tout est enchaîné par un lien de causalité qui court du plus lointain passé au plus lointain avenir; de sorte que l'œil qui se place dans l'alignement de la chaîne, à un point quelconque, peut retrouver le passé, prévoir l'avenir. Le point choisi par les généthlialogues est, nous l'avons vu, le moment de la naissance ou celui de la conception. La théorie des καταρχαί, au contraire, née en dehors de la métaphysique, au sein des religions et croyances populaires, ne considère que les causes immédiates et successives non pas de nos actes, qui peuvent être posés librement, mais des conséquences heureuses ou malheureuses, du succès ou de l'insuccès des actions humaines. Elle borne son ambition à enseigner le moment opportun d'agir, en toute espèce d'entreprises ou initiatives (καταρχαί), et elle se charge de le trouver dans les positions actuelles des corps célestes.

Nous étudierons d'abord la théorie générale (καταρχαὶ καθολικαί), celle qui spécule sur l'état présent du ciel, le même pour tous au même moment et au même lieu [1], réservant pour le chapitre

---

1. Cf. Hephaest., III, 2 (Ὅπως χρὴ πῆξαι καθολικὰς καταρχάς); 5 (περὶ καθολικῶν καταρχῶν καὶ παρατηρήσεων). Ne pas confondre ces pronostics généraux, mais à usage individuel, avec les καθολικὰ ou καθ' ὅλον ἀποτελέσματα de Ptolémée (ci-dessus, ch. xi). A ceux-ci répondent, pour la partie météorologique, les κοσμικαὶ καταρχαί (cf. *Cod. Florent.*, p. 129). *Electiones* répond à l'usage, mais non au sens littéral de καταρχαί, qui signifie « commencements », *initia - actionum auspicia*, et que je traduis par des équivalents approchés, « initiatives » au sens littéral, opportunités ou choix du du moment au sens usuel.

suivant la théorie des initiatives individuelles, qui est une combinaison du système avec la généthlialogie.

Avant de nous aventurer dans ce nouveau labyrinthe — aussi tortueux que celui d'où nous sortons — il nous faut chercher un fil conducteur, et, pour cela, quitter un instant le domaine de l'astrologie proprement dite. La superstition des jours favorables (αἴσιοι) et défavorables (ἀποφράδες), née de croyances fétichistes et animistes, est de tous les pays et de tous les temps. Il nous suffit de remonter au temps d'Hésiode, chez qui nous la rencontrons ordonnée et motivée, dans le cadre de l' « année » primitive, c'est-à-dire le mois [1]. Nous sommes là au berceau de la théorie des Initiatives, qui, du reste, n'a pas renié ses origines. On dit plus tard qu'Hésiode, instruit par révélation des Muses ou disciple des Égyptiens, avait fait de l'astrologie sans le savoir ou sans l'avouer [2]. Il l'avouait si peu qu'il rapportait la répartition des jours opportuns ou inopportuns à la volonté de Zeus [3], lequel n'avait rien de commun à ses yeux avec la planète des astrologues, et qu'il avait recours à un genre d'explication tout à fait étranger à l'astrologie. Hésiode considérait les jours marqués d'une note particulière comme des anniversaires d'événements mythologiques. Ainsi, le 7 du mois était heureux comme jour de naissance d'Apollon (ἑβδομαγένης) et le 5 funeste, comme étant le jour où les Euménides faisaient leur ronde à la recherche des parjures [4]. Hésiode ne se borne pas à distinguer les jours heureux

---

1. *Annus* est un cercle ou cycle quelconque, aussi bien du mois lunaire que de l'année solaire, laquelle *vocatur annus, quod ut parvi circuli annuli* (Varr., *L. Lat.*, VI, 8).

2. Proclus in Hesiod., *Opp.*, ap. Salmas., p. 826. Pour les Orphiques, Hésiode était disciple d'Orphée (cf. Lobeck, *Aglaophamus*, pp. 412 sqq.).

3. Hesiod., *Opp.*, 765. 769.

4. Hesiod.. *Opp.*, 771. 803-805 ; ce dernier passage traduit à contre-sens par Virgile : *Quintam fuge ; pallidus Orcus | Eumenidesque satae* (Virg., *Georg.*, I, 277). Dans les calendriers grecs, on consacrait généralement le 1er du mois à Apollon ; le 2, aux héros ; le 3, à Athéna ; le 4, à Aphrodite; le 6, à Artémis, etc. (cf. A. Mommsen, *Heortologie*, Leipzig, 1864). L'Académie, avec ou sans raisons de fait, célébrait l'anniversaire de la naissance de Platon le 7 Thargélion, jour et mois d'Apollon. Ce système de *dies natales* divins, importé ou non d'Égypte (cf. Plut., *Is. et Osir.*, 12), fut adopté par les Juifs hellénisants, avec substitution des patriarches aux dieux et héros. Ainsi, le 1er était l'anniversaire de la création d'Adam ; le 2, d'Ève : le 3, naissance de Caïn ; le 4, d'Abel, etc. (Salmas., p. 836). Le fait de choisir le *dies natalis*, équivalent du « thème de géniture », est un point de soudure avec l'astrologie. Cependant, les jours fériés et les ἀποφράδες n'appartiennent pas à l'astrologie, qui les a remplacés par des éphémérides de ἔμπρακτοι καὶ ἄπρακτοι ἡμέραι.

et malheureux : il apprécie aussi et surtout les opportunités, les
jours convenables pour des actes spécifiés, et parfois avec des
distinctions subtiles entre diverses chances accumulées en un
même jour, favorables pour certains actes, défavorables pour
d'autres, ou variant suivant que l'initiative est prise le matin ou
le soir [1]. C'est déjà une table de pronostics, comparable aux

1. Par exemple, le 19 est « meilleur le soir » (v. 810) ; le 24 est « excellent
au lever de l'aurore, pire le soir » (v. 820-821). Cf. les *dies fissi, intercisi*
des Romains. Ce sont là des finesses que « peu de gens savent » (παῦροι δ' αὖτε
ἴσασι, vv. 814, 820, 824). Les mentions ἤματος ἐκ π λ ε ί ο υ (v. 778), π λ έ ῳ
ἤματι (v. 792) paraissent indiquer non pas le milieu du jour, mais le plus
long jour de l'année (?). Le texte d'Hésiode, mutilé et interpolé, ne permet
pas de reconstituer avec certitude son éphéméride. Il y a dans le mois des
jours sans marque spéciale, μετάδουποι, ἀκήριοι, οὔ τι φέρουσαι (v. 823). Les
jours caractérisés sont les 1er, 2, 4, 5, 7, 8, 9, 11, 12, 13, 14, 15, 16, 18, 20, 24,
25, 27 ou 29 (τρισεινάς), 30. Hésiode partage le mois en trois décades, et le
caractère attribué à l'unité, à la dyade, tétrade, etc., se reproduit à peu près,
avec nuances, dans les décades suivantes. Tous les 5 (5, 15, 25) sont χαλεπαὶ
καὶ αἰναί (v. 802) ; les 4 (4, 14, 24) sont favorables au mariage et à la procréation ou à la naissance des filles ; les 6 (6, 16), favorables à la procréation des
garçons (ἀνδρογόνος δ' ἀγαθή — ἐσθλὴ δ' ἀνδρογόνος, vv. 782, 788) ; les 7·(7, 27)
favorables à l'agriculture ; les 9 (9, 19), excellents pour planter et engendrer.
D'autres jours sont désignés isolément, les 1er, 2, 8, 11 (bon), 12 (meilleur que
le 11), 13 (mauvais pour semer, bon pour planter), 18, 20 (jour où s'engendrent
les gens intelligents), le 27 ou 29 ⟨τρισεινάς pouvant signifier 3 × 9 ou 9 de la
troisième décade), et le 30. On voit déjà paraître chez Hésiode la préoccupation des sexes et du moment de la conception. Saumaise (*De ann. clim.*,
pp. 825-834) constate qu'Hésiode ne dit mot de l'influence de la Lune : mais
il pousse au paradoxe en soutenant que μήν ne remplace pas du tout σελήνη.
Le Ps.-Plutarque, commentant Hésiode (ad v. 778), assure que le 13 est bon
pour planter, parce que « la lumière de la Lune n'est jamais plus abondante
que dans ce jour ». En effet, ce pouvait être souvent le jour de la Pleine
Lune (cf. ci-dessus, p. 47, 1). Dans le calendrier athénien, le 13 était un jour
de mauvais augure : on n'y rencontre que des cérémonies appartenant aux
cultes chthoniens ; la fête des Chytres le 13 Anthestérion, l'arrhéphorie le
13 Skirophorion (?), un sacrifice à Nephthys et Osiris le 13 Boëdromion (cf.
A. Mommsen, *Heortologie*, p. 295). Ce n'est sans doute pas là l'origine de la
superstition actuelle du nombre 13. Celle-ci n'apparaît pas chez les Romains.
On sait que les Ides, consacrées à Jupiter, tombaient le 13, huit mois sur
douze. Végèce, qui exige un nombre de pieds impair pour la largeur des
fossés, permet des largeurs de *novem aut undecim aut tredecim pedibus* (III,
8). La peur du nombre 13 viendrait plutôt du treizième mois des calendriers
lunisolaires, mois vide de fêtes religieuses et comme délaissé par les dieux,
abandonné par conséquent aux génies malfaisants. Quant aux Spartiates, qui
avaient un oracle lunaire (Cic., *Divin.*, I, 43. Plut., *Agis*, 9. *Cleom.*, 7), on dit
qu'ils n'étaient pas à Marathon parce qu'ils avaient attendu la pleine lune pour
se mettre en campagne (Herod., VI, 106). Le proverbe Λακωνικὰς Σελήνας
(Parœmiogr. Gr., I, p. 274) prétendait que cette raison leur servit souvent de
prétexte. L'observance des jours du mois pouvait se combiner avec toute

éphémérides futures des astrologues, et il n'y manque que des raisons astrologiques.

Ce serait exagérer néanmoins que de prétendre qu'elles n'y sont pas comme sous-entendues. Le mois n'est que la durée d'une révolution lunaire, et la croyance à l'influence des phases de la Lune était trop populaire en tout pays [1] pour que Hésiode n'en ait tenu aucun compte. Ce qu'il a voulu, c'est ajouter aux remarques populaires des motifs plus savants et moins connus. A quelle tradition les a-t-il empruntés? Il n'est pas probable que ce soit à des spéculations arithmétiques comme celles qui ont occupé plus tard les pythagoriciens. En ce temps-là, la civilisation grecque tenait encore par mille attaches à l'Orient, et on n'a que l'embarras du choix — s'il faut faire un choix — entre l'Égypte et la Chaldée. Chaldéens et Égyptiens avaient leurs éphémérides sacerdotales, indiquant à quelles divinités était consacré chaque jour du mois et quels étaient les sacrifices requis par chacune d'elles [2]. Le caractère des jours dépendait naturellement du caractère des divinités, les unes bienveillantes, les autres redoutables. Le jour où ces divinités, ou quelques-unes d'entre elles, furent identifiées avec les astres, alors, mais alors seulement, ces éphémérides entrèrent dans l'astrologie et servirent à alimenter ses spéculations. J'ignore si cette assimilation des divinités aux astres peut être considérée comme primordiale, ou même comme

espèce d'autres superstitions. Voy., dans les *Greek Papyri* du *Brit. Museum*, le *Pap.* CXXI, contenant une Ὁμηρομαντία, et, à la suite, l'indication des jours du mois et fractions de jours favorables pour les consultations (*Catalogue*, p. 89). Les jours d'abstention sont les 3, 6, 9, 16, 17, 25. On trouve dans toutes les compilations astrologiques des listes ἐμπράκτων καὶ ἀπράκτων ἡμερῶν, ramenées au degré de simplicité de l'éphéméride hésiodique.

1. Voy. ci-dessus, pp. 90-92. Les καταρχαί lunaires chez les Germains : *non esse fas Germanos superare, si ante novam Lunam proelio contendissent* (Caesar, *B. G.*, 1, 50), superstition identique à celle qui empêcha les Spartiates d'arriver à temps à Marathon. *Certis diebus, cum aut incohatur Luna aut impletur (coeunt Germani); nam agendis rebus hoc auspicatissimum initium credunt* (Tac., *Germ.*, 11). Ce sont des idées cosmopolites, peut-être même encore aujourd'hui.

2. Voy., pour la Chaldée, le tableau des jours favorables et défavorables dans les douze mois de l'année, et des « veilles » (Lenormant, *La divination chez les Chaldéens*, p. 40 ; cf. Epping, p. 5). Ce sont probablement les *Babylonii numeri* d'Horace (*Od.*, I, 11, 2). Pour l'Égypte, H. Brugsch, *Thesaur. Inscr. Aeg.*, I, pp. 33-54, table des 30 jours du mois, avec les « pierres qui remplissent l'œil de la Lune »; F. Chabas, *Calendrier des jours fastes et néfastes de l'année égyptienne*. Paris, 1868 ; G. Maspero, *Histoire ancienne des peuples de l'Orient classique*. Tome I. *Les Origines* [Paris, 1895], pp. 210-212. *La croyance aux jours heureux ou malheureux chez les Égyptiens* (*Débats*, 23 mars 1898).

générale, chez les Chaldéens : il ne paraît pas probable qu'elle
l'ait été dans la religion fétichiste des Égyptiens [1]. Aussi ai-je
cru pouvoir distraire de l'histoire de l'astrologie le texte où
Hérodote assure que les prêtres égyptiens savaient pronostiquer
la destinée des individus d'après leur jour de naissance. Les
motifs invoqués pouvaient n'être aucunement astrologiques. On
comprend, sans recours aux astres, qu'un individu né le 17 Athyr,
le jour où Typhon avait tué Osiris, pût s'attendre à périr de mort
violente ; qu'un autre anniversaire (23 Phaophi) le destinât à être
dévoré par un crocodile ; un autre (27 Phaophi), à être mordu
par un serpent [2].

C'est cependant de la tradition égyptienne que se réclame — et
avec raison, sans doute [3] — l'astrologie des καταρχαί, qui repose
essentiellement sur le système des « chronocratories », c'est-à-dire
sur la croyance à la domination, à l'influence prépondérante d'un
astre actuellement maître du temps [4]. Cette domination pourra
durer un an ou plus, un mois, un jour, une heure, moins encore,
il importe peu : le principe est sauf. C'est le même principe qui
a engendré la généthlialogie, ses signes ou planètes natales et
ses œcodespotes. La divergence n'a commencé entre les deux
méthodes rivales que par le coup d'État métaphysique des généthlialogues, qui ont prétendu intégrer dans un moment unique
la totalité des causes prédéterminant la destinée. Dans la méthode
des καταρχαί, la naissance figure aussi parmi les faits dont
l'opportunité se calcule, et au premier rang ; mais elle ne fait
qu'ouvrir la série, et celle-ci se continue, subissant au fur et à

---

1. Il ne manquait pas de gens dans l'antiquité pour soutenir que les Égyptiens n'avaient jamais eu d'autres dieux que les planètes, signes, décans,
horoscopes et autres chronocrators (ap. Euseb., *Pr. Ev.*, III, 4).

2. Cf. Häbler, *op. cit.*, p. 10. Maspero, *loc. cit.* Durant les 18 jours des fêtes
de Typhon, *si quid nascitur, non amplius quam eos dies vivit* (Schol. Germ.,
p. 408 Eyssenhardt). Le texte d'Hérodote (II, 82), ci-dessus, p. 62, 3.

3. On peut croire que la division hésiodique — plus tard athénienne et
hellénique en général — du mois en décades vient de l'Égypte, où les décades
avaient pour chronocrators les 36 décans. A la fin de l'Empire, 24 jours de
l'année considérés comme dangereux avaient pris ou repris le nom de *dies
Aegyptiaci*. C'est aussi chez les Gnostiques égyptiens que foisonne la hiérarchie des chronocrators de toute espèce, du jour, du mois, de l'année, du
jour et de la nuit ou des heures du jour et des heures de la nuit etc. Cf.,
chez les Pératiques, l' ἄρχων δωδεκαώρου νυκτερινῆς, Soclas ou Osiris, et l' ἄρχων
δωδεκαώρου ἡμερινῆς, Euno ou Isis, qui a pour signe le Chien (*Philosophum.*,
V, 2, p. 195 Cruice).

4. Cf. les almanachs (ἰλμενιχιακά) indiquant les κραταιοὶ ἡγεμόνες (Euseb.,
Praep. Ev., III, 4, 1).

mesure l'influence des combinaisons célestes échelonnées sur son parcours.

La distinction des opportunités ayant commencé par les jours du mois ou année primitive, elle était nécessairement fondée, au point de vue astrologique, sur les mouvements de la Lune, la grande ouvrière des pronostics universels [1]. On pouvait la considérer dans ses phases, limitées à quatre ou doublées, ce qui était à la portée même des ignorants et, par conséquent, ne suffisait pas aux prétentions de l'astrologie. Celle-ci ouvrit des séries plus variées de pronostics en considérant la position de la Lune dans les douze compartiments du Zodiaque et en faisant intervenir la collaboration des signes [2]. La combinaison des phases avec l'influence des signes fournissait déjà une bonne provision de nuances; l'adjonction des planètes étendait le champ d'observations à perte de vue. Les associations d'idées qui déterminent le pronostic sont les mêmes qu'en généthlialogie et s'appliquent de la même façon à tous les actes de l'existence [3]. Toute la différence — elle est capitale — gît dans le fait que le pronostic se limite à un acte donné et ne dépend pas de la géniture du consultant, d'un acte initial conditionnant et nécessitant tous les autres [4]. Il

---

1. Αἱ μὲν γὰρ ἀρχαὶ παντὸς πράγματος ἀπὸ Σελήνης λαμβάνονται, τὰ δὲ τέλη ἀπὸ τοῦ οἰκοδεσπότου αὐτῆς (*Cod. Florent.*, p. 138).

2. Il y a une combinaison des mouvements de la Lune avec les signes qui revient à peu près à la supputation des jours du mois : c'est la division de l'orbite ou Zodiaque en 28 mansions, système primitif (cf. ci-dessus, pp. 55-56, 153, 1), qui, négligé par les Grecs, est rentré dans l'astrologie arabe. La révolution rapide des nœuds ne permettait guère de donner des points d'attache fixes à ces 28 stations, ou, si on les fixait, la distribution devenait aussitôt purement artificielle. Voy. comme spécimen, dans Haly (VII, ch. 101) ou dans Ciruelo (I, 6), la répartition *De viginti octo mansionibus lune in circulo signorum*, avec les noms arabes des mansions. Le point de départ de la première (*alnath, i. e. cornua Arietis*) est fixé par Haly au commencement, par Ciruelo à 9° du Bélier. Chacune a son tempérament propre : la première, *aerea calida et humida;* la seconde, *ignea colerica et sicca;* la troisième, *aquea frigida humida flegmatica pluvialis*, et ainsi de suite : tout cela transmis *vetustissimorum astrologòrum traditione*. Haly (*op. cit.*, ch. 100) assure que les Arabes ont emprunté le système des 28 mansions aux Hindous, qui l'avaient pris « dans les livres de Dorothée ». Dorothée est, en effet, cité à chaque mansion comme auteur responsable d'un pronostic spécial.

3. Ἐπισκοπητέον οὖν καὶ τὰ ἐν καταρχῇ πραττόμενα πάντα ὡς ἐπὶ γενέσεως (Hephaest., III, 5).

4. Cette différence, les astrologues n'en avaient pas tous une conscience nette ou ils cherchaient à l'effacer, pour ramener leurs doctrines à une unité de façade. On trouve rarement la généthlialogie et les καταρχαί distinguées et opposées. Elles sont plutôt associées. Cf. ἀλόγων γενέσεις καὶ καταρχάς

dépend uniquement de l'état du ciel au moment où le consultant demande à être fixé sur l'opportunité de son initiative.

Assise sur ce principe de bon sens que, si les astres ont une influence, ils l'exercent actuellement, en vertu de leur position actuelle et de la même manière pour tous, la méthode des καταρχαί pouvait compter sur une large clientèle de croyants, sur ceux qui ne savent pas voir les contradictions cachées dans les raisonnements les plus simples [1]. Elle était aussi beaucoup plus facile à appliquer que la généthlialogie. Le client était dispensé d'apporter son thème de géniture, exigence intolérable pour qui ignorait souvent jusqu'à l'année de sa naissance. De son côté l'astrologue, pourvu d'éphémérides dressées une fois pour toutes par les princes de la science, les Pétosiris, Thrasylle et autres « Chaldéens » ou « Égyptiens » de marque, pouvait dire à tout moment à quoi étaient opportuns tous les jours de l'année, ou même toutes les heures du jour et de la nuit. Les lettrés pouvaient même se dispenser de recourir aux praticiens et avoir chez eux, à portée de la main, leur oracle domestique [2].

(Hephaest., III, 3) : ἢ ἐπὶ γενέσεως ἢ ἐπὶ οἴας δήποτε γενομένης καταρχῆς (Paul. Alex., E 2). La combinaison des καταρχαί avec la généthlialogie acheva la confusion. Aussi le manuel d'Héphestion, dont la première moitié est un résumé de Ptolémée et la seconde appartient aux καταρχαί, porte-t-il dans certains manuscrits le titre de Περὶ καταρχῶν. Ce titre est celui d'ouvrages (alexandrins ?) dont nous possédons des extraits ou des analyses : *Maximi et Ammonis carminum de actionum auspiciis reliquiae — accedunt Anecdota astrologica*, rec. A. Ludwich, Lips. 1877. Le poème de Maxime (610 vers) traite douze sujets, en commençant par la γένεσις et s'arrêtant à un περὶ κλοπῆς. Ammon est réduit à 19 vers. Résumé en prose du poème de Maxime, pp. 79-96. Dorothée de Sidon paraît avoir été surtout l'apôtre des καταρχαί. Les citations de lui éparses dans les auteurs, surtout arabes (cf. ci-dessus, p. 463, 2), permettront de reconstituer une bonne partie de son œuvre.

1. Il y a déjà une première difficulté dans la condition « actuelle ». Étant donné le mouvement rapide du ciel, qu'est-ce qui est « actuel » et doit être pris comme base de la consultation ? On épiloguait là-dessus, et aussi sur le laps de temps durant lequel le pronostic obtenu était valable. Logiquement, il ne devrait y avoir que des causes et des effets instantanés ; mais, comme impulsion, ces effets prolongeaient leurs conséquences. Haly (I, 7) cite à ce sujet Hermès, les Persans, Babyloniens, Uvellius (Vettius Valens ?) et même Ptolémée.

2. Il est question à tout propos de μαθηματικοὶ πίνακες ou κανόνες à la disposition des astrologues. On connaît par Juvénal le Pétosiris (*Sat.*, VI, 581) ou le Thrasylle (VI, 576) des dames. Le poète confond les καταρχαί universelles avec les généthlialogiques, quand il dit : *inspecta genesi collyria poscit* (VI, 579). Le médecin Crinas de Marseille n'étudiait sans doute pas le thème de géniture de ses malades quand il les traitait *ad siderum motus ex ephemeride mathematica cibos dando horasque observando* (Plin., XXIX, § 9). Il y

Évidemment, ces almanachs perpétuels ne pouvaient être, aux yeux de quiconque avait les moindres notions d'astronomie, que des instruments grossiers et charlatanesques. Des calendriers lunisolaires, continués jusqu'à la fin d'un cycle, métonien ou autre, auraient pu prétendre tenir compte tout au moins des phases de la Lune : avec l'année égyptienne ou romaine, il ne pouvait plus en être question, ou bien on avait affaire à une Lune fictive qui se laissait enfermer dans les douzièmes de l'année solaire. A plus forte raison ces éphémérides ne pouvaient-elles tenir compte de la position des planètes autres que le Soleil et la Lune. Aussi les fabricants de pronostics à usage universel ont dû délaisser peu à peu la forme des éphémérides — conservée pour les recueils de pronostics « catholiques » (ci-dessus, p. 363-366) — et adopter la classification par actes, la seule que nous rencontrions dans les recueils de καταρχαί. En outre, ils ont dégagé leur système de toute solidarité avec les calendriers agronomiques, météorologiques, écliptiques, brontoscopiques et autres, en effaçant toute correspondance entre leurs pronostics et les jours de l'année solaire. Ils arrivèrent aisément à ce résultat en éliminant les pronostics tirés de la position du Soleil dans le Zodiaque et en ne tenant compte que des positions de la Lune par rapport aux signes. Cette combinaison de l'influence lunaire avec celle des signes est l'outil principal de la méthode des καταρχαί [1]. Il n'était pas maniable pour le premier venu, les hommes de l'art étant seuls capables de préciser ce genre de coïncidences [2]. La considération des phases, autrement dit, du rapport entre la Lune et le Soleil, celle-là accessible au vulgaire, avait son importance, mais pourtant accessoire ; il fallait la combiner, d'une part, avec le caractère spécifique des signes, de l'autre, avec les positions de la Lune (contact, défluxion, aspects divers) par rapport aux planètes, ce qui rendait tout à fait nécessaire l'assistance des astrologues de profession [3].

---

avait un tableau des jours heureux ou malheureux à la porte de la salle à manger de Trimalchion (Petron., *Satyr.*, 30).

1. Maxime demande à la Muse de lui enseigner Μήνην ἱερόφοιτον, ὅπως ἄνδρεσσιν ἕκαστα | σημαίνει σκολιωπὸν ἐπιστείχουσα κέλευθον (p. 3 Ludwich). Héphestion commence par traiter Περὶ ἐπιτηδείων ζωδίων καὶ Σελήνης ἐπιτηρήσεων εἰς καταρχήν (III, 1, p. 25 Engelbrecht).

2. Il fallait souvent distinguer entre les diverses parties d'un signe, premiers ou derniers degrés, etc. (cf. ci-dessus, pp. 132, 1, 177, 2) et, de plus, παρατηρητέον δὲ τὸν κλῆρον τῆς Τύχης ἐν πάσῃ καταρχῇ (Hephaest., III, 2).

3. Les phases de la Lune et ses rapports avec les planètes sont signalés brièvement, et pas toujours, dans les divers chapitres de Maxime et d'Ammon

Les pronostics en forme de καταρχαί reposent sur les associations d'idées qui nous sont devenues familières ; il n'en est
pas une qui n'ait trouvé son emploi en généthlialogie, l'originalité de la méthode consistant uniquement à parquer la fatalité
dans de courts laps de temps et à laisser à l'homme la liberté de
courir les chances ainsi groupees ou de s'abstenir.

Il est cependant un cas où le principal intéressé ne peut.pas
s'abstenir : c'est celui de la naissance. Ici, la délibération sur
l'opportunité ne trouvait de place que lors de l'accomplissement
de la condition préalable. En effet, le bon Hésiode, on l'a vu,
indique les jours favorables à la procréation. On ne voit pas que
nos manipulateurs d'opportunités aient prodigué ces sortes de
conseils à leurs clients, au moins dans leurs écrits [1]. Le problème
de la conception — abandonné même par les généthlialogues —
était de ceux qu'ils ne tenaient pas à aborder. Le plus sûr eût
été de faire échoir la naissance à un moment jugé opportun. La
hâter n'était peut-être pas impossible à la médecine ; la retarder
n'était possible qu'à la magie [2]. Le Pseudo-Callisthène raconte que,
Olympias étant sur le point de mettre au monde Alexandre, le
magicien Nectanebo, le véritable père de l'enfant, retarda sa
délivrance deux fois de suite jusqu'à ce que se fût réalisée la
conjonction d'astres qui assurerait au nouveau-né l'empire du
monde. Pour un thème de géniture, qui contient la destinée
tout entière, la chose en valait peut-être la peine ; dans la théorie
des καταρχαί, tant qu'elle est restée autonome, une naissance
heureuse n'est, après tout, qu'un bon commencement, et les calculateurs d'opportunités pouvaient presque s'en désintéresser,
puisqu'un thème de géniture n'était, à leurs yeux, qu'une occasion passée, sur laquelle il n'y avait plus à revenir [3]. Ils devaient

Ces positions modifient seulement le pronostic : mais la modification peut
aller jusqu'à transformer l'opportunité en inopportunité. Héphestion (III, 5)
s'étend sur cette casuistique, où il fait entrer signes, planètes, centres et lieux.

1. On en rencontre chez les Arabes, qui ont dû avoir des prédécesseurs en
Grèce. Par exemple, Zahel, *De Electionibus* (= Περὶ καταρχῶν), p. 107
Pruckner, indique la manière — c'est-à-dire le moment — de procréer à
volonté des garçons ou des filles. De même, Albohazen Haly (VII, 30. *De
jacendo cum muliere ut habeat filium*).

2. La magie est remplacée, dans les religions civilisées et moralisées, par
la prière. Le pieux Firmicus, à propos d'une conjonction funeste, s'écrie :
*Unde orare debemus et summis precibus postulare, ne quando Luna se Mercurio
ista radiatione conjungat* (IV, 16, 9 Kroll). Son fatalisme professionnel, parfois hautement affirmé, est d'une étoffe très lâche.

3. Il ne reste plus que deux vers du ch. Περὶ γενέσεως de Maxime : on y

cependant·en tirer des indications générales servant à régler, pour un même individu, toutes les opportunités futures. Ainsi un individu né durant la croissance de la Lune réussira toujours dans ce qu'il entreprendra au moment où la Lune sera en conjonction avec Jupiter ou Vénus ou Mercure : il devra s'abstenir quand la Lune sera en conjonction avec Saturne ou Mars. Le conseil était sans doute inverse pour les individus nés dans le décours de la Lune. De même pour ce qui concerne les rapports de la Lune avec les signes du Zodiaque. Étant donné le point où se trouvait la Lune dans le thème de géniture d'un client, il y aura pour lui inopportunité toutes les fois que la révolution sidérale de la Lune [1] aura ramené celle-ci soit au même point (ἀποκαταστατικ ή), soit au point diamétralement opposé (ἀνταποκαταστατική), soit en aspect quadrat.

Mais ces règles supposent déjà un compromis entre les καταρχαί et la généthlialogie : elles dépassent le cadre borné des initiatives banales, dressées à l'usage de tout le monde. C'est une amorce aux combinaisons que nous nous réservons d'étudier dans le chapitre suivant [2].

La revue des sujets traités [3] n'offre pas grand intérêt au point

voit seulement qu'il distinguait entre génitures diurnes et nocturnes. Ce qui suit est tiré de l'analyse en prose (pp. 79-80), qui n'est pas des plus claires. La remarque qui la termine est bizarre : c'est un conseil au praticien au sujet de ses honoraires, si je ne me trompe : « Si tu inspectes la,géniture de « quelqu'un et que tu veuilles lui demander de la reconnaissance (αἰτήσασθαι « παρ' ἐκείνου χάριν), au cas où tu verrais sa Lune en opposition diamétrale « à elle-même, fais appel à sa reconnaissance et tu ne demanderas pas en « vain » — sans doute parce que le client aura évité un danger en s'abstenant sur le conseil de l'astrologue. Sur ces roueries du métier, voy. ci-après, p. 471, 1.

1. C'est ainsi que j'interprète le texte sommaire : ἡ Σελήνη ἀποκαταστατικὴ καὶ ἀνταποκαταστατικὴ καὶ εἰς τὰ ἑαυτῆς τετράγωνα τὰ κατὰ τὴν γένεσιν ἐλθοῦσα ἄπρακτος καὶ ἐπίβλαβὴς γίνεται (p. 80 Ludwich). La révolution tropique ne ramène pas la Lune au même point du Zodiaque.

2. On lit à la p. 89 Ludwich : ['Ο ὡροσκόπος ἦ] ἡ Σελήνη ἐν Ταύρῳ κτλ. La substitution de l'Horoscope à la Lune serait un emprunt plus immédiat encore à la généthlialogie. Cette leçon, déclarée suspecte par Ludwich, est à rejeter sans hésitation. C'est une glose inintelligente.

3. Voici la liste des chapitres de Maxime : I. Περὶ γενέσεως. — II. Περὶ κτήσεως δούλων. — III. Περὶ πλοῦ καὶ ἐμπορίας. — IV. Περὶ ὁδοιπορίας. — V. Περὶ γάμου. — VI. Περὶ νόσων. — VII. Περὶ τομῆς καὶ χειρουργίας. — VIII. Περὶ δραπετῶν. — IX. Περὶ παίδων ou τεχνῶν διδασκαλίας. — X. Περὶ γεωργίας. — XI. Περὶ τῶν ἐν δεσμοῖς. — XII. Περὶ κλοπῆς. La recherche des esclaves en fuite et des objets volés est très circonstanciée : elle devait fournir matière à bien des consultations. La liste

de vue des associations d'idées mises en œuvre. Nous les connaissons déjà ou pouvons les deviner sans peine. Soit, par exemple, le chapitre de « l'acquisition des esclaves ». Il faut acheter des esclaves à usage domestique quand la Lune est dans des signes à forme humaine : les signes humides formeront des marins, pêcheurs, blanchisseurs ; les signes animaux, des bergers, même des foulons (avec le Bélier) ou des cuisiniers (avec le Taureau). La Vierge (l'Épi) donnera des boulangers ; le Scorpion (ou le Ζυγός considéré non comme Balance, mais comme Joug), des laboureurs. Nous retombons dans les fastidieux refrains des séquences astrologiques. Le chapitre du mariage n'est pas des plus optimistes. Il y est à tout moment question de femmes acariâtres, perfides, prêtes à l'adultère, même avec des esclaves. D'abord, défense absolue de se marier à la N. L. ou à la P. L., sans doute parce que celle-ci est en opposition avec le Soleil et celle-là annihilée par lui : mauvais ménage dans les deux cas. Même pronostic quand la Lune est dans sa propre maison (Cancer) ou dans la maison du Soleil (Lion). Il n'y a guère que le Sagittaire, les Poissons et le Verseau qui président à des mariages heureux. Le Capricorne n'est bon que pour les secondes noces et très bon seulement si on épouse une veuve [1], ce qu'on peut

---

des chapitres est beaucoup plus longue dans le IIIᵉ livre d'Héphestion (1-37 ap. Engelbrecht, pp. 25-26). Le chapitre Περὶ γεωργίας ne prêtait guère à la fantaisie et n'est pas plus neuf que celui d'Hésiode : l'astrologue y ajoute çà et là un συμφέρει δὲ καὶ γεωμετρεῖν. qui ferait croire que l'arpentage ne réussit pas en tout temps. Cf. la consultation facétieuse du paysan Calligène, à qui l'astrologue Aristophane, λαβὼν ψηφίδας, ὑπὲρ πίνακός τε πυκάζων, promet une bonne récolte si tout réussit, et conclut en disant : « seulement, crains les sauterelles! » (Agath. Scholast. in *Anthol. Gr.*, XI, 265. Fragment de κατζρχαὶ agricoles dans Pline : *adjecit his Attius in Praxidico ut sereretur cum luna esset in Ariete, Geminis, Leone, Libra, Aquario : Zoroastes sole Scorpionis duodecim partes transgresso, cum luna esset in Tauro* (Plin., XVIII, § 200). Ce prétendu Zoroastre était un symboliste raffiné ; il lui fallait le Taureau attelé au dard ou soc du Scorpion. Je ne sais à quelle époque rapporter et je ne revendique pas pour l'astrologie l'étrange superstition, fondée sur un oracle de Bakis, qui poussait les Tithoréens à dérober une motte de terre au tombeau de Zéthos et d'Amphion, ἐπειδὰν τὸν ἐν οὐρανῷ ταῦρον ὁ ἥλιος διεξίῃ, talisman qui leur procurait une bonne récolte au détriment des Thébains (Pausan., IX, 17, 4). Pour la médecine, cf. ci-après, ch. xv. La liste des « élections » est interminable chez les Arabes, qui, en fait, ne comprenaient et ne pratiquaient que les κατζρχαί. Ils allaient jusqu'à soumettre Dieu lui-même au joug des opportunités, en disant qu'il ne refuse rien à qui l'implore *hora qua Luna cum capite Draconis Jovi conjungitur* (Albumasar, in *Marg. philos.*, VII, 10) : moment rare, du reste, et difficile à saisir.

1. Distinction empruntée peut-être aux empêchements prévus par le calen-

faire aussi sous la Vierge, celle-ci contraire par définition au mariage des jeunes filles.

La théorie des opportunités, contenue dans les limites tenues pour raisonnables, n'allait pas plus loin ; elle aboutissait toujours à une décision tranchant l'alternative : agir ou s'abstenir. Mais ce qui suffisait à la logique ne suffisait pas à la clientèle. Si les astrologues voulaient attirer à eux les gens qui allaient consulter sur toute espèce de sujets les haruspices, les oniromanciens, tireurs de sorts et autres devins à compétence indéfinie, il fallait qu'ils fussent prêts comme eux à répondre à n'importe quelle question. Comme le besoin crée l'instrument destiné à le satisfaire, on voit pulluler sur la souche complaisante de l'astrologie une nouvelle poussée de superstitions, une foison de recettes empiriques pour lesquelles les inventeurs ne prennent même plus la peine d'imaginer une théorie quelconque. C'est la branche de l'astrologie connue sous le nom vague d' « Interrogations » (ἐρωτήσεις - *interrogationes*). Voulait-on savoir où était caché tel trésor ou tel débiteur, combien de temps s'écoulerait avant le retour d'un absent, si un navire attendu était perdu ou non, si une femme avait eu des aventures (ἐὰν πεπόρνευκεν) ou quel était le véritable père d'un enfant, — le questionnaire est sans limites [1], — l'astrologue, en notant dans les cadres en usage l'état du ciel au moment où s'est produit le fait dont on veut connaître les conséquences, se chargeait d'y trouver la réponse demandée. Ce n'était pas encore là le comble de l'art. A défaut de l'état

drier des Pontifes romains, où telle interdiction est motivée d'une façon autrement claire par Varron : *quia feriis tergere veteres fossas liceret, novas facere jus non esset, ideo magis viduis quam virginibus idoneas esse ferias ad nubendum* (Macrob., *Sat.*, I, 15, 21). Au chapitre du mariage se rattachent une foule de « questions » relatives à la procréation des enfants de tel ou tel sexe, à la fécondité, stérilité, etc.

1. Je n'ai nullement l'intention d'exploiter cette mine inépuisable. Voy. les chapitres du *Cod. Parisin.*, 2419 (xvᵉ siècle), dont Engelbrecht a publié les titres (pp. 15-20), ceux de l'astrologue Palchos (ap. Cumont, *op. cit.*) et les prémices de l'inventaire général des manuscrits astrologiques dans les *Codices Florentini* catalogués par A. Olivieri (Bruxelles, 1898), notamment les curieuses consultations, vérifiées après coup, au sujet de navires dont on était sans nouvelles (Appendix, pp. 102-104). Elles sont datées de 475 et 480 p. Chr. Les oracles répondaient aussi à des questions de ce genre, notamment l'oracle de Dodone. Un tel veut savoir si c'est de ses œuvres que telle femme est enceinte ; un autre, s'il aura d'autres enfants ; celui-ci demande s'il a perdu tel objet ou si on le lui a volé, etc. Cf. A. Bouché-Leclercq, *Hist. de la Divination*, II, pp. 318-320, et les inscriptions de Dodone, réunies par Carapanos et O. Hoffmann (ap. Collitz, *Sammlung d. gr. Dial.-Inschr.*, II, 2, Gœtting. 1890).

du ciel à un moment passé, qu'il n'était pas toujours possible de retrouver, l'état présent suffisait. Le même thème pouvait répondre, au même moment, aux interrogations les plus diverses. On n'eût jamais démontré la chose à un sceptique, mais les croyants qui avaient réfléchi sur ce mystère avaient fini par en découvrir l'explication. C'est que, les astres étant causes de tout ce qui se passe sur terre, le désir de consulter avait été éveillé chez le client par leurs positions actuelles, lesquelles, par conséquent, puisqu'elles suggéraient l'interrogation, contenaient la réponse [1]. Aussi les astrologues doués de quelque virtuosité stupéfiaient le client en le dispensant même de poser sa question, qu'ils connaissaient d'avance par l'inspection du ciel. C'était une

---

1. J'emprunte le raisonnement aux astrologues de la Renaissance (cf. *Margarita philosophica*, fol. z), qui le poussent même plus loin et rattachent les *Interrogationes* aux καταρχαί individuelles (ci-après, ch. xiv), en disant que les positions d'astres qui suggèrent la question sont elles-mêmes dans un certain rapport avec le thème de géniture du consultant (*constellationem interrogationis proportionabilem fieri nataliciæ constellationi affirmant*). On s'explique ainsi qu'elles produisent au même moment des effets différents sur des personnes différentes. En bonne logique, c'est l'état du ciel au moment de la suggestion, et non au moment de la consultation, que l'astrologue devait interpréter (*cur non magis observant constellationem et tempus quo quæsitor desiderium tale concepit, quam constellationem et horam quo proposita est quæstio?*). L'astrologue Ciruelo (*Astrol. Christ.*, IV, 1) nie le rapport avec le thème de géniture et déclare les *interrogationum judicia — penitus damnanda, quia vana, quia falsa, quia periculosa et nociva hominibus.* Le danger venait de l'intrusion possible dans la vie privée des tiers, et surtout des consultations concernant la mort (genre ou date). C'est au genre *Interrogationes* qu'appartient la géomancie, méthode divinatoire d'origine arabe et de nom grec (byzantin?), combinaison d'astrologie, d'arithmétique et de loterie qui fit fortune au moyen âge et a son nom incrusté dans les vers de Dante (*Purgator.*, XIX, 4). Elle a tout récemment attiré l'attention de M. Paul Meyer (*Traités en vers provençaux sur l'astrologie et la géomancie* in *Romania*, XXVI [1897], pp. 225-275) et de M. P. Tannery (*C.-R. de l'Acad. des Inscr.*, 15 oct. 1897). Elle consiste essentiellement à spéculer sur des points tracés ou « jetés » sur le sable (par « terre » d'où *géo-mancie*) par des mouvements instinctifs de la main du consultant, celui-ci étant préoccupé et comme possédé de sa question. Ces points pouvaient être interprétés comme figures de constellations — ce qui paraît être le cas visé par Dante — ou semés dans le canevas d'un thème à douze « lieux » ou « maisons », et soumis à diverses opérations arithmétiques (cf. ci-après, ch. xv). L'esprit de la méthode est que, *dum homo ex desiderio inquirendi futura puncta signat, jam ex constellatione nativitatis suæ ad hoc pervenit ut vis cœli manum suam dirigat, quo nec plura nec pauciora puncta faciet quam ad judicium intentum sufficiant* (Reisch, *Margar. philos.*, VII, 2, 24). C'est la divination par les actes instinctifs de l'homme (cf. *Hist. de la Divination*, I, p. 153-165), parquée dans un cadre astrologique.

concurrence directe aux oracles qui répondaient à des questions cachetées [1]. Les raisonneurs, s'il en existait encore, pouvaient penser que l'astrologue avait su s'informer par d'autres moyens ou tirer du client lui-même, à son insu, les renseignements nécessaires : les gens simples ne pouvaient qu'admirer. Pourtant, il y avait, au choix des croyants, deux explications possibles : l'une, à l'usage des fidèles de l'astrologie, qui attribuait la clairvoyance de l'astrologue à sa science, à sa géométrie et à sa physique ; l'autre, à l'usage des âmes mystiques et timorées, qui soupçonnaient là l'intervention des démons et reculaient devant le contact redouté de la magie. Aussi, cette excroissance aberrante de l'astrologie fut-elle classée parmi les opérations magiques et reniée par les astrologues qui tenaient à vivre en paix avec les lois et la religion. Les astrologues de la Renaissance la répudient, en général, comme diabolique autant que dangereuse pour la société, et détournent sur elle les objections ou les anathèmes de leurs adversaires.

Les compilateurs, qui mélangent à tout propos les καταρχαί et la généthlialogie, à plus forte raison ne distinguent pas entre les initiatives ou opportunités proprement dites (electiones) et les « interrogations ». La distinction est, en effet, toute morale : on pourrait la formuler approximativement en disant que le client, dans les « élections », consulte sur lui-même et, dans les « interrogations », cherche à fouiller dans la vie ou la conscience d'autrui. Encore cette ligne de démarcation est-elle bien sinueuse et fuyante. Je crois cependant discerner, dans la masse des recettes transmises, une méthode qui est sinon propre aux interrogations,

---

1. Cachetées (surtout pour les consultations officielles), ou, ce qui revient au même, posées mentalement, sous la forme : « Réussirai-je à exécuter ce à quoi je pense? » Voir les chapitres du *Cod. Parisin.* 2419 : Περὶ προγνώσεως τοῦ ἐρωτῶντος οἷον περὶ τίνος ἐρωτᾷ (fol. 116 r.). — Περὶ τοῦ εἰπεῖν τί ἐστι τὸ ἐρωτώμενον (fol. 117 r.). — Περὶ τοῦ γνῶναι τὸν συντυγχάνοντά σοι καὶ διὰ ποῖα κεφάλαια θέλει ἐρωτᾶν (fol. 117 v.). — Ἀνακρίσεις ἐκ τῆς τῶν ἀστέρων συγκράσεως περὶ οὗ τις ἐρωτᾶν βούλει. — Εἰ ὠφέλιμος ἔσται ὁ ἐρωτῶν σε ἢ οὔ. — Περὶ τοῦ γνῶναι τὸν σκόπον τοῦ ἐρωτῶντος καὶ περὶ τί θέλει ἐρωτᾶν (fol. 118 r.). On voit que le sujet tenait à cœur aux praticiens ; ce qui les intéresse, c'est surtout de savoir pourquoi le client consulte, quelle est son intention secrète, et s'ils en tireront profit. Ceci suppose que l'astrologue croit à son art, ce qui devait être, en effet, le cas le plus fréquent. Albohazen Haly (I, 17) emploie un moyen fort simple. Son cabinet étant, je suppose, orienté et les planètes distribuées entre les points-cardinaux de la façon indiquée par lui au chapitre précédent, il laisse le client s'asseoir à son gré et se rend compte des intentions de celui-ci d'après·la place choisie. C'est encore l'acte instinctif traité par méthode astrologique.

du moins l'instrument ordinaire à l'aide duquel on trouve les réponses. Elle consiste à instituer dans le Zodiaque soit un concours, soit un conflit entre divers points représentant les personnes ou les choses intéressées dans la question posée.

Soit, par exemple, un prêteur inquiet pour son argent. Le prêteur étant représenté par l'Horoscope, l'emprunteur le sera par l'Occident, et l'homme de l'art examine lequel a le plus de chances de son côté [1]. Voici un exemple sur lequel nous sommes mieux renseignés : celui d'un esclave en fuite que son maître veut dépister. Le cas étant des plus fréquents, il y a là-dessus des pronostics tout faits où l'on tient compte du signe dans lequel se trouve la Lune et des planètes avec lesquelles elle entre en contact [2]. Mais on pouvait aussi creuser le problème en transportant le cas dramatisé sur la scène du Zodiaque et deviner non seulement les actes, mais les pensées du fugitif, ainsi que la nature et l'échéance du dénouement. Ne nous refusons pas, à titre d'intermède, le plaisir de suivre le raisonnement, sans nous obliger à disséquer les associations d'idées qui en forment la trame. Les acteurs ou intéressés sont les quatre centres : la scène est l'état du ciel au moment de la fuite [3]. « L'Horoscope est le « fugitif et le temps de son arrestation ; le MC., la cause de la « fuite ; le Couchant, le pronostic du susdit ; le IMC., le climat « sous lequel il vit et le lieu où il doit demeurer ». Suit un examen à ces quatre points de vue, portant d'abord sur les signes, ensuite sur les planètes. [I.] « Si le sujet s'est enfui, le Bélier « étant à l'Horoscope, il sera promptement retrouvé ; si c'est le « Taureau, dans l'espace d'un an ; avec les Gémeaux, il faudra « 12 jours ; avec le Cancer, dans les 60 jours ; avec le Lion, il ne « reviendra pas ; avec la Vierge, son absence durera 60 jours ; « avec la Balance, il reviendra spontanément ; avec le Scorpion, « il restera environ 2 ans ; avec le Sagittaire, 3 ans ; avec le

---

1. Doroth. Sidon., ap. Engelbrecht, p. 34. S'il s'agit d'un vol, le voleur est représenté par Occ., l'objet volé par Hor., le volé par MC., et le lieu où se trouve l'objet soustrait par IMC. (Palchus, in *Cod. Florent.*, pp. 94 sqq.).

2. Maxim., v. 320-438, pp. 26-35 Ludwich.

3. Extrait d'un Démétrius inconnu : Δημητρίου περὶ δραπετευόντων (*Codic. Florent.*, Appendix, pp. 104-106). Il peut être de basse époque et avoir conservé des traditions anciennes. Un autre (*ibid.*, pp. 97-99) étudie le même cas, avec plus de détails et de précision encore, par différentes méthodes, dont une consiste à figurer le fugitif par la Lune et le maître par le MC. Celui-là sait dire si l'évadé s'est enfui seul, ou à deux ; si c'est un couple, homme et femme ; si c'est un eunuque, un hermaphrodite ; ce qu'il a volé et l'usage qu'il en fera, etc.

« Capricorne, dans les premiers degrés du signe, il sera prompte-
« ment retrouvé, dans les derniers degrés, au bout de 6 mois ;
« avec le Verseau, 15 mois ; avec les Poissons, 7 mois. Observe
« aussi les planètes à l'Horoscope. Si Saturne l'occupe, tu rédui-
« ras la durée à la moitié ; si c'est Mars, au tiers ; si c'est Jupiter,
« tu la doubleras ; si c'est Vénus, annonce un long temps ; si
« c'est Mercure, il accorde fuite complète. [II.] Si le Bélier est en
« MC., le sujet a fui sans cause ; si c'est le Taureau, à la suite
« d'une faute ; si les Gémeaux, avec hésitation intérieure ; si le
« Cancer, pour avoir perdu ou gâté quelque chose appartenant à
« son maître ; si le Lion, sur le conseil d'un autre ; si la Vierge,
« décidé par parole ou action ; si la Balance, par crainte et aux
« aguets ; si le Scorpion, par désir d'une prostituée ; si le Capri-
« corne, par torture et frayeur ; si le Verseau, par ivresse ; si les
« Poissons, à cause des femmes. Observe aussi les planètes en
« MC. Si Saturne culmine, c'est par suite de fautes ; si c'est Mars,
« pour coups et injures ; si c'est Jupiter, fuite sans motifs ; si
« c'est Vénus, par suite d'accusation et calomnie dans la domes-
« ticité [lacune]. [III.] Le Couchant établit le pronostic. Si le
« Bélier se couche avec Mars, le sujet sera puni, mais on lui
« pardonnera et il s'enfuira de nouveau ; si c'est le Taureau, il
« sera mis aux fers ; si les Gémeaux, il sera vendu ; si le Cancer,
« il sera délivré par intercession et ne s'enfuira plus ; si le Lion,
« il courra des dangers de la part de méchantes gens et d'ani-
« maux féroces ; si la Vierge, les dangers lui viendront de lui-
« même ; si la Balance, en fuite perpétuelle il tombera dans le
« feu ; si le Scorpion, il sera son propre ennemi et se suicidera ;
« si le Sagittaire, il mènera une vie utile ; si le Capricorne, il se
« blessera en tombant ; si le Verseau, il mènera une vie utile ; si
« les Poissons, il sera réintégré par une femme. Observe aussi
« les planètes dans le signe couchant. Si Saturne se couche, le
« sujet n'a tiré aucun profit (de sa fuite) ; si c'est Mars, il est sorti
« pour mourir par le fer ; si c'est Jupiter ou Vénus, il a emporté
« avec lui de l'or ou de l'argent ou un vêtement ; si c'est Mercure,
« il a emporté de l'airain. [IV.] Le IMC. indique dans quel climat
« il est allé et où il doit demeurer. Si le Bélier est en culmina-
« tion inférieure, le sujet n'est pas loin et il se cachera aux
« champs ; si c'est le Taureau, il est en ville, près d'un cuisinier
« ou marchand de denrées ; si les Gémeaux, il n'est pas loin,
« mais près de la localité ; si le Cancer, il restera dans la ville
« même, et c'est un autre qui le ramènera ; si le Lion, il est dans
« des lieux déserts ; si la Vierge, pas loin ; si la Balance, dans les

« mêmes régions ; si le Scorpion, hors la ville, en lieux sacrés et
« pas loin ; si le Sagittaire, il s'en ira par mer ; si le Capricorne,
« dans des lieux écartés et saints du côté de l'Ouest ; si le Ver-
« seau, près des fleuves, pas loin ; si les Poissons, sur les bords
« de la mer. Observe aussi les planètes en IMC., etc. ».

J'abrège de quelques lignes confuses et peu sûres ce spécimen
d'exégèse astrologique. Ce n'est pas, tant s'en faut, un chef-
d'œuvre : mais il suffit pour nous donner une idée de ce qu'un
virtuose eût pu faire, avec les mêmes pièces sur l'échiquier, en
introduisant dans l'analyse la considération des domaines planétaires et des rapports de position des planètes entre elles, c'est-à-
dire en y déversant tout le mélange de géométrie et d'étiquette
que nous avons essayé de trier et de définir (ci-dessus, ch. VII-
VIII) [1]. Avec ces ressources, nul doute que l'on ne pût pousser
l'investigation jusqu'aux derniers détails. La même méthode
s'appliquait à toute forme de concurrence ou de lutte, lutte de
force ou d'habileté, guerre, jeu, commerce, navigation, recherches
à la suite de perte ou de vol, traitement médical même, celui-ci
assimilé à une lutte du médecin contre la maladie [2].

Cette excursion à travers les recueils de καταρχαί, si courte
qu'elle ait été, risque de nous faire perdre de vue le principe
générateur de la méthode, à savoir l'idée que chaque fraction,
grande ou petite, de la durée est dominée par une influence
maîtresse, par un astre χρονοκράτωρ [3]. Il a plu aux calculateurs
d'opportunités de prendre pour chronocrator perpétuel la Lune
et de ne fractionner la durée de sa révolution qu'en étapes de
2 1/2 jours environ, temps que met la Lune à traverser un signe
du Zodiaque (ἐπέμβασις) : mais il est aisé de comprendre que le

---

1. Un auteur de pronostics médicaux examine si telle planète ἰδιοθρονεῖ ἢ
οὔ · εἰ μὲν γὰρ εἴη εἰς ἴδιον τρίγωνον ἢ οἶκον κτλ. (*Cod. Florent.*, p. 124).

2. Voy. dans les *Cod. Florentini* (pp. 124-128) une série de pronostics fondés
sur l'hypothèse que l'Horoscope représente le médecin et l'Occident la maladie. Le malade est en MC., et la médication (θεραπεία) en IMC. Le même
procédé est applicable ἐπὶ πολεμούντων καὶ πλεόντων. La recherche des objets
volés — la fuite de l'esclave est un vol — était un sujet perpétuel de consultations. Au XIIᵉ siècle, le pape Alexandre III punit d'un an d'interdit *clericum
qui bono zelo et ex simplicitate per astrolabii inspectionem furtum cujusdam
ecclesiæ inquisivit* (G. Reisch, *Marg. philos.*, VII, 2, 14).

3. Principe que Sérapion déclare universel, sans exception en matière
d'opportunités : Ἐπὶ πασῶν τῶν καταρχῶν τῶν ἤδη ἀρχὴν ἐσχηκότων καὶ τὴν
ἀρχὴν μελλόντων λαβεῖν, δεήσει πρῶτον συνορᾶν τὸν πολεύοντα καὶ διέποντα
καὶ τὸν τῆς ὥρας [Horoscope] τῆς καταρχῆς κύριον ἐν ὁποίοις τόποις
τετεύχασι (*Cod. Florent.*, p. 99).

principe ait pu être appliqué autrement, et de façon à mettre soit le Soleil, soit les autres planètes, sur le même pied que la Lune. La généthlialogie avait accepté, lors de ses premiers essais, les chronocratories solaires, fractionnées par le même procédé en étapes d'un mois ou douzième de l'année solaire. Ce procédé n'était plus applicable aux planètes à marche lente, celles dont la révolution dure plus d'une année. Aussi n'est-ce pas de cette façon que furent obtenus les cycles de chronocratories planétaires dont il nous reste à parler et dont un au moins, celui de la « semaine », tient encore une place considérable dans les habitudes de tous les peuples civilisés.

C'est encore aux traditions de l'Égypte qu'il nous faut renouer le fil. Nous ignorons si la dodécaétéride zodiacale, dite chaldéenne, dont il sera question au chapitre suivant [1], a jamais été employée à l'état banal et universel. En Égypte, nous savons ou croyons savoir que chacun des 36 décans était à son tour le chronocrator de chacune des 36 décades. Le système eût engendré un cycle annuel, complet et fermé, si l'année solaire avait eu exactement la durée que lui assignaient sans doute les auteurs de la division du cercle en 360 degrés. C'était là l'idéal auquel se sont attachés quand même les astrologues ; car on a vu que, dans leurs calculs concernant la durée de la vie, un degré correspond toujours à une année, ou un jour ou une heure. Les Égyptiens aussi fondaient sur cette estimation leur division en décades et décans. Mais la nature, dérangée peut-être par quelque cause mystérieuse [2], refusait de faire cadrer le mouvement de ses régu-

---

1. Cf. ci-après, p. 489. Censorinus en fait un cycle universel, mais à l'usage des *genethliaci* : il y a contradiction dans les termes.

2. Voy. le mythe égyptien imaginé pour expliquer la discordance de l'année solaire de 365 jours et de l'année lunaire de 355 jours avec l'année supposée primitive de 360 jours. Seb (Kronos) et Netpe (Rhea) ayant procréé cinq enfants (planètes ?) que Rhéa ne pouvait mettre au monde ni dans le cours d'un mois, ni dans le cours de l'année, étant envoûtée par le Soleil, Thot (Hermès) joue aux dés avec la Lune et lui gagne cinq jours, pendant lesquels Rhéa peut être délivrée. Ce sont ces cinq jours, qui, retranchés de 360 (puisque la Lune les a perdus), forment depuis lors l'année lunaire, et, ajoutés à l'année (ἐπαγόμενοι), donnent l'année solaire (Plut., *Is. et Osir.*, 12. Cf. Lepsius, *Einleit. zur Chronol. d. Aegypter,* pp. 91-92). Il y a dans toutes les cosmogonies un accident qui dérange l'ordre primitivement établi et explique le désaccord entre l'idéal et la réalité. Certains novateurs durent songer à rétablir l'accord en divisant le Zodiaque en 365 degrés. C'est ce que paraît dire un fragment de Censorinus : *circuli signiferi partes CCCLX... sed compensatio in quinque partes creditur adplicari, ut sint omnes signiferi partes CCCLXV* (Censorin., fr. 3, 5, p. 57 Hultsch).

lateurs, le Soleil et la Lune, avec cette arithmétique. Il se peut que les Égyptiens aient laissé courir leurs décades — comme ailleurs les nundines et les semaines — à travers leur année de 365 jours, sans en interrompre la continuité aux épagomènes. En ce cas, chaque décan arrivait à son tour à être « le Seigneur du commencement de l'année » ou, en langage astrologique, le chronocrator annuel [1]. La seigneurie de ce décan superposait son influence spécifique, durant toute l'année, à celle des seigneurs particuliers des décades.

En fait, le seul système de chronocratories générales que nous connaissions bien, et dont nous ayons à rechercher les origines, est celui des cycles hebdomadaires ou semaines (ἑβδομάς - ἑπτάζωνος - *septimana*) [2]. Celui-là n'a plus la moindre attache au Zodiaque et

1. C'est l'opinion de Lepsius (*op. cit.*, pp. 116-117 : cf. ci-dessus, pp. 222, 1. 234, 2). Les cinq jours épagomènes constituaient une demi-décade qui s'achevait avec cinq jours pris sur l'année suivante. Dans le calendrier égyptien du Louvre (ap. Brugsch, *Thesaur.*, I, pp. 182-184), les décades donnent lieu à des pronostics concernant les actes d'un dieu local, *Su* ou *Soped*, qui produit des effets différents suivant les décades.

2. L'étude de l'astrologie orientale révélera bien des combinaisons dont il y aura lieu de débattre l'origine. Les Hindous, chez qui on retrouve le Zodiaque grec, avec ses noms grecs, ont une hiérarchie de chronocratories simultanées, chaque signe ou *mois* étant dominé : 1° dans son ensemble, par la planète qui y a son οἶκος ; 2° dans une moitié, par le Soleil ; dans l'autre, par la Lune, la position des luminaires alternant de mois en mois ; 3° par les 3 décans du signe, chacun disposant d'un tiers ; 4° par les planètes disposées en cycle novénaire, dans un ordre spécial, tantôt descendant, tantôt montant. La semaine a gardé sa construction originelle (J. M. F. Guérin, *Astron. indienne*, pp. 80 sqq.). La semaine elle-même n'a pas été à l'abri des contrefaçons. J'ignore s'il faut rattacher à une tradition ou imputer à une fantaisie d'arrière-saison les Καταρχαὶ κατὰ Ζηνάριον (*Cod. Florent.*, pp. 128-129) qui enseignent la manière de trouver le chronocrator du jour (πολεύων) et celui de l'heure (διέπων), au moyen d'une série annuelle d'hebdomades partant de la N. L. du solstice d'été (τῆς ἐν Καρκίνῳ συνόδου) considéré sans doute comme équivalant au « lever du Chien ». Les chronocrators des jours de l'hebdomade se succèdent dans l'ordre ♄ ♂ ♀ ☾ ♃ ☉ ☿ ; ceux des heures, dans l'ordre ♄ ☾ ☿ ♂ ☉ ♀ ♃, suivi à partir du πολεύων, qui domine toujours la première heure. On intéresse aussi les signes dans la combinaison, en les considérant comme fiefs planétaires changeant d'heure en heure. Le signe où se trouve réellement (κατὰ πάροδον τὴν κοσμικὴν) le διέπων est adjugé à Saturne ; le 6e à partir de celui-là, à Mars ; le 4e à partir du précédent, à Vénus ; le 2e à partir etc., à la Lune ; le 7e etc., à Jupiter ; le 5e au Soleil ; le 3e à Mercure, l'ordonnance suivant ici la série des πολεύοντες. Soit, dit l'auteur, 177 jours écoulés depuis le σύνοδος du Cancer, 4e heure. On divise par 7, reste 2. Le πολεύων de ce 2e jour est ♂, et le διέπων de la 4e heure est ♃. Comme ♃ est actuellement en ♉, ce signe est adjugé à ♄, et les autres planètes, par le chassé-croisé sus-indiqué, se trouvent logées, ♂ en ♎, ♀ en ♑, ☾ en ♒, ♃ en ♌, ☉ en ♐

ne connaît d'autres patronages que ceux des planètes: Puisqu'il a survécu à l'astrologie et s'est incorporé aux religions des races supérieures, il y a encore un intérêt actuel à en comprendre l'économie.

Il importe de distinguer tout d'abord entre la semaine considérée comme période de sept jours et la semaine astrologique [1], qui attribue le patronage de chacun des sept jours à une planète déterminée. La première, d'origine chaldéenne sans aucun doute, nous apparaît au début même de la *Genèse ;* c'est la mesure de la durée de la création dans la cosmogonie hébraïque. Elle est astrologique aussi, en ce sens que le nombre des jours de la période est réglé soit sur le nombre des planètes, soit plutôt sur la durée approximative des quatre phases lunaires, et représente probablement un accord jugé mystérieux et divin entre ces deux données astronomiques [2]. Il se pourrait même que les Chaldéens l'eussent pourvue de patronages planétaires disposés dans un ordre invariable, comme ceux de la semaine actuelle ; mais nous

---

et ☿ en ♒. Inutile d'essayer de comprendre : c'est un jeu de cartes que l'on bat *ad libitum*. Ici, nous sommes renseignés sur la dose d'intelligence des auteurs du système. Ils déterminent la position de l'Horoscope par celle du Soleil, en supposant entre les deux autant de *signes* que d'*heures* (30° au lieu de 15° par heure, et sans souci des ἀναφοραί). Ainsi, le Soleil étant en ♒, l'Horoscope de la 4ᵉ heure est en ♉ !

1. Distinction déjà faite, et très bien faite, par Letronne (*Œuvres choisies*, 2ᵉ série, I, pp. 232 et 452), qui insiste sur l'origine purement lunaire de la semaine orientale, simple période de sept jours.

2. On ne compte plus les perfections du nombre . 7 (*qui numerus rerum omnium fere nodus est*. Macr., *S. Scip.*, I, 5) et la part qui lui revient dans l'harmonie du monde. Varron (ap. Gell., III, 10) avait copieusement disserté sur le sujet *in primo libro qui inscribitur Hebdomades :* Philon (*De opif. mundi*, 30-43) met toute sa science de pythagorisant à glorifier ce grand arcane cosmique, qu'il retrouve dans le ciel (sept cercles, sept planètes, sept étoiles dans les groupes régulateurs, l'Ourse et les Pléiades, etc.), dans l'âme humaine, dans le corps humain (cf. ci-dessus, p. 324, 2, et tous les commentaires du *Timée*). L'origine astronomique de la semaine dérive plutôt des phases de la Lune, connues de tout temps, que de la notion plus récente des sept planètes et de leurs chronocratories. Aristide de Samos (ap. Gell., III, 10), Philon (*Leg. allegor.*, I, 4), Macrobe (*S. Scip.*, I, 5, 48 sqq.) insistent sur la division du mois en quatre septénaires, encore qu'elle fût d'exactitude approximative et décidément trop courte pour le mois synodique (Anon., p. 81). Le *nundinum* romain (cycle de 8 jours) a été sans doute aussi une mesure du même genre, mais trop longue (les Kalendes, Nones, Ides et *nundinae* marquaient à l'origine les quatre phases de la Lune dans le mois romain). Aussi les séries hebdomadaires ou nundinales finirent-elles par courir indépendantes du mois, qui avait été leur raison d'être, et l'hebdomade eut désormais comme fondement logique le nombre des planètes.

ne savons d'une façon positive ni s'ils l'ont fait, ni dans quel
ordre ils auraient rangé leurs planètes[1].

C'est du même principe, mais autrement appliqué, et d'un
autre pays que paraît procéder notre semaine planétaire, produit
tardif et complexe de l'astrologie grecque travaillant sur des
données chaldéennes convenablement rectifiées et des traditions
égyptiennes qui n'avaient d'abord rien de commun avec l'astrologie. L'Égypte est la véritable patrie de tous les systèmes de
chronocratories. Au cours des siècles, les prêtres égyptiens
avaient eu le temps de perfectionner leurs instruments de domination, de diviser et subdiviser le temps en parcelles dans chacune desquelles était comme incrusté un titre de propriété divine,
un patronage qu'il fallait se concilier par des prières et conjurations magiques si l'on voulait que l'initiative prise à un moment
donné fût opportune. Fécondée par l'intérêt personnel et le loisir,
leur imagination dut produire divers systèmes de chronocratories
régissant les années, mois, décades, jours et heures : les uns
réguliers et relativement intelligibles, les autres irréguliers, inintelligibles et d'autant plus prisés comme arcanes révélés[2] ; les
uns fixes par rapport à l'année et se déplaçant seulement avec elle
dans l'intérieur de la période sothiaque de 1461 années vagues,
les autres, comme celui des décades, mobiles dans le cadre
de l'année. Tous ces chronocrators n'étaient pas nécessairement
des divinités sidérales, susceptibles d'être identifiées avec des
étoiles ou des planètes. Les monuments égyptiens nous ont con-

---

1. Nous ne connaissons pas (cf. ci-dessus, p. 41, 1) la semaine chaldéenne;
mais, en considérant les Hébreux comme héritiers des traditions chaldéennes,
nous pouvons croire que les jours étaient, chez les Chaldéens, comptés en
séries septénaires, et pourvus de chronocratories planétaires. Letronne
(*Œuvres*, IIe série, I, p. 493) objecte en vain que les Chaldéens ne comptaient
que *cinq* planètes proprement dites : c'est jouer sur les mots. Un passage
du prophète Amos — le plus ancien texte peut-être de la Bible (viiie siècle
a. Chr.), que M. A. Carrière signale à mon attention — nous apprend que les
Israélites, ou une partie de ce peuple, avaient adoré dans le désert la planète
Saturne (*Kaiwan* — cf. ci-dessus *Kaimanou* et *Kaivan*, pp. 41 et 196, 2 —
que la Vulgate traduit par *imaginem idolorum vestrorum, sidus dei vestri*.
Amos, v, 26). Ce culte avait pu s'associer ou se confondre en Égypte avec celui
de Set-Typhon (ci-après, p. 483, 3); mais, en tant que culte planétaire, ils
avaient dû l'apporter de Chaldée. Le jour du Repos (*Schabbath*) resta le jour
de Saturne, planète que les rabbins du moyen âge appellent « sabbatique ».

2. Le système des ὅρια, qu'on nous donne comme bien égyptien (ci-dessus,
pp. 206 sqq.), pourrait bien être une adaptation ou imitation astrologique de
quelque éphéméride de ce genre, indiquant la répartition de **patronages**
divins dans l'année idéale de 360 jours.

servé des tables d'heures, diurnes et nocturnes, — douze dans chacun des deux groupes, — qui sont personnifiées à titre autonome, sans nom d'astres protecteurs [1]. Mais le temps est toujours mesuré par l'horloge céleste, et les astrologues à la recherche de réalités visibles n'ont eu qu'à remplacer ces Heures abstraites par des planètes pour aboutir enfin à la construction de la semaine astrologique, construction harmonique dans laquelle entrent comme uniques matériaux les nombres astrologiques par excellence, 7 et 12.

Que l'on se représente un astrologue, Grec d'Égypte ou Égyptien hellénisé, connaissant l'ordre des planètes tel que l'avait établi la science grecque [2] d'après les distances des planètes à la Terre, — ordre garanti par l'adhésion d'Hipparque et, plus tard, de Ptolémée, — que l'on se représente, dis-je, cet astrologue se proposant de répartir entre les planètes les chronocratories des heures du jour et de la nuit durant une période de sept jours. Il ne peut hésiter sur le commencement de la série. C'est le Soleil qui apporte le jour : la première heure du premier jour lui appartient. A partir de là, la série descendante appelle successivement Vénus, Mercure et la Lune. Saturne commence par le haut une nouvelle série descendante, jusqu'à épuisement des 168 heures contenues dans les sept jours. Le chronocrator de la première heure de chaque jour devient par surcroît le chronocrator de la journée entière. La semaine astrologique se trouve ainsi constituée, sans variantes possibles, telle que nous l'avons encore aujourd'hui, ainsi qu'il appert du tableau suivant (p. 480) [3].

Un coup d'œil jeté sur ce tableau révèle un arcane qui dut

---

1. Elles sont elles-mêmes des symboles d'astres, et, comme telles, figurées le plus souvent avec un disque (Brugsch, *Thes.*, I, pp. 55 sqq.). Cf. le tableau des Heures tiré des tombeaux de Ramsès VI et Ramsès IX (*ibid.*, pp. 185 sqq.). Saumaise (p. 251) ne dit pas à quel auteur il a emprunté la liste gréco-égyptienne des XII heures, qui sont, sans distinction de jour ou de nuit :

I. Λαμπή	IV. Φηνού	VII. Πρόχα	X. Πορφυρᾶ
II. Ἀλεξίδι	V. Ἐρέβη	VIII. Πάνφη	XI. Πανφούτ
III. Τερψιθί	VI. Διαυγής	IX. Λοιτία	XII. Τύρφη

Ce doit être une fabrication de basse époque, ramassis de mots quelconques.

2. Κατὰ τὴν τάξιν τῶν κύκλων καθ' ἣν οἱ Αἰγύπτιοι αὐτὴν νομίζουσι (Dio Cass., XXXVII, 19). Ces « Égyptiens » ne datent pas du temps des Pharaons.

3. D'après Paul d'Alexandrie (H 3 - K), qui, comme Dion Cassius, associe la tradition religieuse et la tradition astrologique en appelant les astres des *dieux* (Περὶ τοῦ γνῶναι ἑκάστην ἡμέραν τίνος τῶν Θεῶν ἐστίν). Il explique que le chronocrator du jour est le πολεύων, celui de l'heure le διέπων, et que le système est de grand usage πρὸς τὸ ἀδιαπτώτως τὴν καταρχὴν ποιεῖσθαι.

grandement émerveiller les âmes simples : c'est que tous les chronocrators d'une même heure dans les sept jours sont rangés dans le même ordre que les chronocrators des jours de la semaine. Enfin, la série planétaire se continue sans interruption d'une

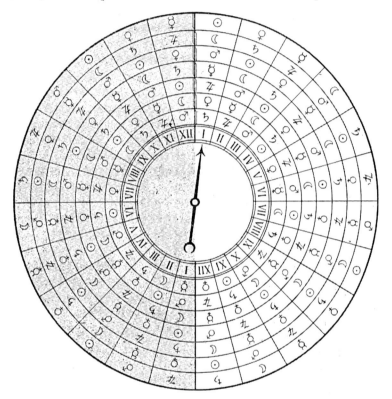

Fig. 42. La Semaine planétaire.

semaine à l'autre, Mars, patron de la dernière heure du septième jour, appelant à sa suite le Soleil avec lequel commence le nouveau cycle septénaire [1].

C'est là une des origines possibles de la semaine astrologique, et il y a fort à parier que c'est la vraie. On en découvre une autre, qui a pu servir de confirmation au système déjà créé, et non moins égyptienne que la première, dans l'association des décans

---

1. La série de 168 heures ou sept jours est le produit des deux facteurs 7 (planètes) et 24 (heures). Elle ne saurait être plus courte, parce que 168 est le plus petit commun multiple de 7 et de 24, qui sont des nombres premiers entre eux.

aux planètes. Nous avons déjà donné plus haut (p. 228) le tableau des πρόσωπα ou décans planétaires et remarqué à cette occasion que les planètes y sont rangées — dans les colonnes descendantes — exactement comme les chronocrators des jours de la semaine. Je suis persuadé, pour ma part, que l'auteur du système des πρόσωπα avait sous les yeux celui de la semaine, qu'il a remarqué cette concordance et y a vu une confirmation de l'excellence de ses combinaisons [1]. A elles seules, ces combinaisons n'auraient pu engendrer la semaine. Il y manque le commencement caractéristique par le « jour du Soleil »; il y manque surtout l'ordonnance cyclique, car, 36 n'étant pas un multiple de 7, la série interrompue ne.peut se continuer. Mars, qui correspond au 36ᵉ décan, reparaît à côté du 1ᵉʳ : il commence et clôt la liste [2]. Du reste, l'association ou confusion des décans avec les planètes, ignorée de Manilius, passée sous silence par Ptolémée, destinée, en fin de compte, à annihiler les décans au profit des planètes, n'apparaît que tard dans les textes astrologiques, et l'on est fondé à la croire bien postérieure à l'époque où la semaine astrologique commença à être en vogue.

Je ne mentionne que pour mémoire, ou pour montrer comment se travestissent les faits, l'explication que préfère Dion Cassius, ébloui par les aperçus théoriques de pythagoriciens qui spéculaient sur les lois de l'harmonie et tiraient à eux l'œuvre des astrologues. On lui a appris que, l'harmonie διὰ τεσσάρων étant la plus réputée en musique, si on l'applique aux sphères des planètes, elle est réalisée par l'intervalle d'une planète à la troisième (quatrième en comptant le point de départ) [3]; si bien que, partant

---

1. C'est le moment d'expliquer, si besoin est, cette concordance, dont le secret est des plus simples. Un jour de 24 heures contient 3 séries planétaires, plus 3 (24 = (7 × 3) + 3). Donc, le rang de la planète initiale avance chaque jour de 3 unités dans la série, exactement comme le rang du πρόσωπον initial de chaque signe, les décans étant répartis à raison de 3 par signe.

2. Letronne ne paraît pas avoir pesé ces motifs. Il rejette sans discussion les deux explications de la semaine données par Dion Cassius, la bonne comme la mauvaise, et il conclut que la semaine « dérive de la correspondance établie entre les planètes et les décans du Zodiaque » (*op. cit.*, p. 232).

3. La proportion 4/3, qui s'appelle ἐπίτριτος en arithmétique, donne en musique l'intervalle de quarte : *is numerus vocatur epitritus, deque eo nascitur symphonia quae appellatur* διὰ τεσσάρων (Macrob., *Somn. Scip.*, II, 1, 15). *Similiter cum astrologis et musicis est disputatio communis de sympathia stellarum et symphoniarum, in quadratis et trigonis, diatessaron et diapente* (Vitruv., I, 1). Soit la gamme des sept planètes : une série continue de quartes produit l'ordonnance de la semaine. Seulement, la genèse de la semaine ainsi comprise aurait donné le premier jour à Saturne, et non pas le dernier.

de Saturne, on rejoint le Soleil, de là la Lune, d'où l'on remonte et redescend à Mars, et ainsi de suite : opération qui donne pour résultat la série des chronocrators des jours de la semaine. Ces oscillations, descentes et montées, n'ont rien de commun avec les séries ou cycles astrologiques ; le système est encore plus contraire à la géométrie des astrologues si l'on suppose les planètes disposées autour d'un cercle et les intervalles représentés par des cordes, comme on le fait d'ordinaire pour rendre l'ordonnance susdite intelligible (fig. 43).

Il est clair que cette étoile à sept branches a dû séduire les mystiques et ne pas déplaire aux astrologues qui y voyaient les sept rayons ou aspects efficaces des astres (ci-dessus, p. 81, 3) ; mais le cercle divisé en sept arcs est une monstruosité en astrologie, et les cordes sous-tendues n'ont ni les angles, ni les longueurs exigés par la géométrie des aspects.

Fig. 43. Théorie des intervalles.

La semaine astrologique est donc une adaptation hellénique de théories égyptiennes nées en dehors de l'astrologie et transformées par substitution des planètes chaldéennes aux génies horaires de l'Égypte. On peut dire que trois peuples, trois civilisations ont concouru à la former. Aussi est-elle de création relativement récente, très probablement postérieure au temps d'Hipparque. Le peu qu'on sait de son histoire confirme cette induction. Dion Cassius, amené à parler de la semaine à propos des Juifs et de leur Sabbat, « jour dit de Saturne », s'exprime ainsi : « L'habitude d'adjuger les jours aux sept astres appelés « planètes est venue des Égyptiens [1], et maintenant elle existe « chez tous les hommes, encore qu'elle ait commencé il n'y a pas « bien longtemps. En effet, les anciens Grecs, autant que je

---

1. C'est-à-dire des astrologues en général, qui sont pour d'autres des « Chaldéens ». Jean de Lydie attribue l'invention de la semaine à des Chaldéens et Égyptiens de fantaisie (cf. ci-dessus, p. 52 en note). N'oublions pas que l'ordonnance actuelle de la semaine suppose l'ordre des planètes dit « chaldéen », lequel est aussi « égyptien » et n'en est pas moins hellénique pour cela (cf. ci-dessus, pp. 64, 1. 107-109. 479).

« sache, n'en avaient aucune connaissance. Mais, puisque pré-
« sentement elle s'implante chez tous les autres peuples et chez
« les Romains eux-mêmes et qu'elle est déjà devenue pour eux
« une coutume en quelque sorte nationale, je veux dire quelques
« mots à ce sujet » [1]. Dion ne prétend pas que les Romains aient
abandonné la division traditionnelle de leurs mois en Kalendes,
Nones et Ides, ni la série continue de leurs nundines. Dans ces
limites, son assertion est confirmée par les calendriers officiels
sur lesquels on voit apparaître, dès le temps des premiers
Césars, la série hebdomadaire, marquée par les sept premières
lettres de l'alphabet, à côté de la série nundinale de huit lettres [2].

Cette vogue soudaine et universelle ne s'expliquerait pas par
les seuls progrès de la foi astrologique : cette foi a eu pour auxiliaire une autre foi plus accessible au vulgaire et animée alors
d'un grand zèle de propagande, la religion juive, laquelle trouvait à son tour appui, réconfort et comme un retour à ses origines chaldéennes dans l'astrologie. Grecs et Romains, qui
avaient été jusque-là fort en peine de savoir au juste ce qu'ado-
raient les Juifs, tenus en général pour athées, crurent avoir
découvert que ce peuple, si rigoureux observateur du Sabbat,
adorait le chronocrator du jour du Sabbat, devenu le « jour de
Saturne ». C'est la notoriété universelle du Sabbat qui a été le
véhicule de la notoriété, bientôt universelle aussi, de la semaine
planétaire [3]. La semaine une fois répandue par le monde, on

1. Dio Cass., XXXVII, 18.
2. Voy. *Fasti Sabini*, entre 19 a. Chr. et 4 p. Chr. (*C. I. L.*, I, p. 302). C'est
la constatation officielle d'un usage qui devait être déjà populaire.
3. Tibulle (I, 3, 18) connaît *Saturni sacrum diem*, et Hygin (*Astron.*, IV, 2)
sait très bien que la série des chronocratories horaires ou semaine astrologique se recommence *octavo quoque die*. C'est à la notoriété de la semaine et
de l'observance judaïque du Sabbat, jour de Saturne, qu'il faut attribuer la
diffusion de la légende de l'âne ou tête d'âne vénérée par les Juifs dans le
T. de Jérusalem, et plus tard par les Chrétiens. Il y a là un problème historique qui, après les élucubrations baroques colligées par Étienne Morin (*Dis-
sert. octo.* Genev. 1683. 2 ed. Dordraci, 1700, *Diss.* VII, pp. 285-355) et les hypothèses suggérées de nos jours par le crucifix onocéphale du Palatin (le Christ
des gnostiques Séthiens, d'après R. Wünsch), peut passer pour un cas déses-
péré. On ne saurait prendre au sérieux les soi-disant preuves de fait ; le Moïse
à grande barbe « assis sur un âne » que Antiochus Épiphane aurait vu dans
le Temple (Diod., XXXIV, 1), ou le baudet (*cillum*) que Pompée trouva, dit-on,
au même lieu (Flor.; I, 40) et qui était, suivant Tacite (*Hist.*, V, 4), une image
votive. Certains affirmaient que les Juifs sacrifiaient à cette idole des victimes
humaines (Joseph., *C. Apion.*, 7-8), ou du moins, tous les sept ans, un étranger
coupé en morceaux (Suidas, s. v. Δαμόχριτος). Des Gnostiques croyaient savoir
que le grand-prêtre Zacharie avait vu apparaître dans le sanctuaire un homme

s'empressa d'en effacer les origines, d'en faire remonter l'invention aux grands révélateurs, Pythagore, Orphée, « Zoroastre et Hystaspe », et, d'une manière générale, aux auteurs responsables de l'astrologie entière, les « Égyptiens et Chaldéens ». Il était bon aussi d'en cacher le mécanisme, un peu trop facile à comprendre, et de chercher toute espèce de raisons mystiques à l'ordonnance des chronocrators quotidiens. On ne se douterait guère, en lisant l'explication pythagoricienne de la semaine dans l'ouvrage de Jean de Lydie [2], que cet énorme fatras de raisons absconses, tirées des propriétés spécifiques des nombres, de 1 à 7, a été entassé après coup pour dissimuler le procédé enfantin, l'arithmétique puérile dont la semaine est le produit. On est comme étourdi par ce prétentieux bavardage, au milieu duquel sonnent haut les noms des philosophes cités tour à tour, et par l'air de bravoure en l'honneur du nombre 7 qui termine l'exposé. On regrette presque les vrais astrologues, qui sont aussi maniaques, mais d'esprit un peu moins trouble.

Si l'on recherche quel parti ont tiré les astrologues de la

à tête d'âne (Epiphan., *Haeres.*, 26, 12). Comme il n'y a pas d'effet sans cause, la cause de cette opinion persistante me paraît suffisamment expliquée par l'association de deux idées : Juifs adorateurs de Saturne ; l'âne, animal voué à Saturne ou symbole de Saturne. Je ne prétends pas que l'attribution de l'âne à Saturne n'ait pas sa raison première dans l'identification de Saturne, *Kaiwan* chaldéen (ci-dessus, p. 478, 1) ou Baal cananéen, avec le Set-Typhon égyptien, dieu onocéphale (cf. R. Wünsch, *Sethianische Verfluchungstafeln* [Leipzig, 1898], pp. 88 sqq.), ou avec Sabaoth, dieu à forme d'âne ou de pourceau, qui occupe le *septième* ciel (Epiph., *Haeres.*, 26, 10); j'estime seulement que c'est l'association astrologique de l'âne et de la planète Saturne (ci-dessus, p. 318, 1), aisément vulgarisée, qui rend compte du préjugé populaire, et que cette association a été justifiée aux yeux des astrologues, toujours en quête d'affinités « naturelles », par l'assonance « naturelle » ὄνος-Κρόνος. Ce jeu de mots aurait ainsi une importance historique, ce qui n'est pas pour étonner quand on songe à la place que tient encore dans le monde la phrase célèbre qui est l'*immobile saxum* de la Rome chrétienne : *Tu es Petrus, et super hanc petram aedificabo Ecclesiam meam* (Matth., xvi, 18).

2. Io. Lyd., *Mens.*, II, 3-11 (pp. 14-27 ed. Bonn.). Cet auteur assure que les Pythagoriciens consacraient le 7e jour de la semaine à Apollon Ἑβδομαῖος (cf. ci-dessus, p. 459), qui est l'Un, alors que, comme astre unique (Soleil), il occupe déjà le premier jour. Je ne sais si le Lydien (ou plutôt son abréviateur) s'entend bien lui-même. Voudrait-il dire que les Pythagoriciens ont, comme les Chrétiens, disqualifié le *dies Saturni* au profit du *dies Solis*? Les chercheurs d'origines ont perdu une belle occasion de revendiquer pour la Grèce l'invention de la semaine. Ils n'avaient qu'à utiliser la légende du trépied retiré de la mer (symbole du Soleil) que les *sept* Sages se renvoient de l'un à l'autre, et qui, revenu aux mains du premier, est consacré à Apollon (Porphyr. ap. Cyrill., *C. Julian.*, I, p. 28 A).

semaine planétaire, on distingue mal leur apport particulier de la masse des superstitions populaires. Dégagée du comput des 24 heures qui l'avait engendrée, et réduite à une courte liste de chronocrators quotidiens, la semaine échappait à leur monopole : chacun était libre d'y insérer les associations d'idées qui lui plaisaient [1]. Elle constitue un système de καταρχαί indépendant, qui pouvait au besoin tenir lieu de tous les autres. Paul d'Alexandrie le juge propre à tout, qu'il s'agisse de contrats, engagements, procès civils ou criminels, rapports avec les autorités, voyages, batailles, mariages, maladies et autres incidents de l'existence. Les médecins surtout et chirurgiens y trouveront, suivant lui, d'utiles indications [2].

Le souvenir des chronocratories planétaires survit encore dans les noms des jours de la semaine et a chance de se perpétuer ainsi à jamais. Il n'en a pas été de même d'une superstition d'origine obscure, invention astrologique ou pythagoricienne ou réviviscence de quelque vieille croyance égyptienne, qui pénètre au commencement du Bas-Empire dans les calendriers officiels, celle des *dies Aegyptiaci*. On appelait ainsi 24 ou 25 jours, répartis à raison de deux par mois, mais irrégulièrement dans le cours de

---

1. Les opportunités calculées d'heure en heure subsistent chez les astrologues arabes. Cf., entre autres, Albohazen Haly (VII, ch. 100), qui déclare « l'heure de Mars » impropre à tout.

2. Paul. Alex., 13. Voy. dans Ausone, *De nominibus septem dierum* (pp. 550-552 Toll.), l'amusante réfutation de l'aphorisme : *demi de corpore oportet | Ungues Mercurio, barbam Jove, Cypride crines*. Pourquoi, dit Ausone, Mercure n'aimerait-il pas les ongles crochus des voleurs, Jupiter, la barbe, et Vénus, les cheveux ? Plutôt le lundi et le mardi pour les ciseaux et le rasoir : *Mavors imberbes, et calvos, Luna, adamasti... Sol et Saturnus nil obstant unguibus*. Comme la semaine a traversé les siècles en s'adaptant à diverses religions, les associations d'idées ont été parfois retournées. Un joueur païen pouvait espérer le « coup de Vénus » plutôt le vendredi : mais Vénus ne disait rien de bon à un chrétien. J'ignore si la crainte, encore aujourd'hui si répandue, du vendredi a commencé par la peur de ce démon de la luxure, et pour combien y entre la mort de J.-C., placée un vendredi par la tradition, ou l'horreur pour le vendredi musulman. On rapporte que les Gnostiques jeûnaient les jours de Mercure et de Vénus, pour se garder de la φιλαργυρία τε καὶ φιληδονία (Clem. Alex., *Strom.*, VII, p. 316). Avec l'opinion qu'avaient les chrétiens des dieux du paganisme, ils auraient pu jeûner toute la semaine. On a remarqué aussi que S. Justin, parlant de la Passion, évite de prononcer le nom de « Vendredi » ; il tourne par τῇ πρὸ τῆς Κρονικῆς ἡμέρᾳ. Constantin déclara jour férié le *dies Solis* (Cod. Theod., II, 8, 1, ad ann. 321). L'Église a cherché à éliminer les noms païens des jours de la semaine, mais sans y réussir : même le dimanche (*dies dominica*) a gardé dans les langues germaniques le nom du Soleil (*Sonntag - Sunday*).

l'année, jours de mort, jours « ténébreux », durant lesquels il
était prudent de ne rien entreprendre et surtout de ne pas se
laisser saigner [1]. L'outillage astrologique est si compliqué que,
en scrutant les arcanes des ὅρια, des décans, des parties vides et
pleines, etc., on arriverait peut-être à rendre raison de la répartition des « jours égyptiaques » ; mais il vaut mieux renoncer à
faire valoir les droits de l'astrologie sur ce mystère que de lasser
une patience à laquelle il va falloir de nouveau faire appel. Les
jeux de l'arithmétique des καταρχαί universelles et banales ne sont
rien à côté des opportunités individuelles, fondées sur les chronocratories qui prennent leur point de départ dans le thème de
la géniture et s'enchevêtrent en un fouillis inextricable.

1. Sur les *Dies Aegyptiaci*, voy. les calendriers du Bas-Empire (*C. I. L.*, I,
pp. 374-411). Ces jours sont diversement répartis, suivant les calendriers. Il
y en a 25 (3 en janvier) dans les *Fasti Philocaliani*, autant (fait inexpliqué)
que de *dies legitimi senatus*. L'anonyme qui a écrit les *Versus de diebus
Aegyptiacis* (in Poet. lat. min., V, pp. 354-356 Baehrens) fait de la mnémo-
technie et ne donne aucune explication. Il simplifie le système en réduisant le
total à 24 et la distribution à deux par mois. Saumaise (pp. 815-819) ne doute
pas que ces jours ne soient d'origine astrologique, mais pour le seul motif
qu'on les appelle « Égyptiens ». S. Augustin (*Expos. Epist. ad Galatas*) rapporte que ses ouailles le détournaient de commencer quoi que ce soit, *aut aedi-
ficiorum aut ejusmodi quorumlibet operum, diebus quos Aegyptiacos vocant*
(cf. ci-après, ch. XVI).

CHAPITRE XIV

INITIATIVES INDIVIDUELLES OU GÉNÉTHLIAQUES

Le système des καταρχαί ne pouvait pas faire indéfiniment concurrence à la généthlialogie sans qu'il se rencontrât des éclectiques pour tenter une conciliation entre les deux méthodes
rivales. Les débitants d'opportunités générales ne pouvaient pas
ne pas sentir le vice radical de leur système, qui supposait les destinées les plus diverses soumises au même moment aux mêmes
influences [1]. Si la logique populaire était inhabile à démêler le
sophisme, ils devaient au moins redouter le mépris de leurs
doctes confrères les généthlialogues. Ceux-ci, de leur côté, à
force de préciser leur dogme de l'instantanéité de la frappe fatale
et d'éliminer toutes les influences subséquentes, vivaient en lutte
perpétuelle avec le sens commun. Ils avaient pour eux la métaphysique stoïcienne, la doctrine de la fatalité et de la prédestination ; mais ils avaient contre eux la physique, dont Ptolémée
se réclame si souvent. La physique ne connaît que des effluves
actuels, des actions immédiates et successives. La Lune ne soulève pas les marées une fois pour toutes : elle les règle au fur et
à mesure par sa marche. Aussi arrivait-il à certains généthlialogues de se relâcher de la rigueur de leur dogme et de consentir
à prolonger leurs observations quelques jours après la naissance [2]. De même, les professeurs de καταρχαί universelles ensei-

1. L'auteur du Καρπός (*Centiloq.*, § 6) déclare que τότε ὀφέλει ἡ ἐπιλογὴ
τῶν ἡμερῶν καὶ τῶν ὡροσκόπων, ὅτε ἐστὶν ὁ καιρὸς εὔθετος ἀπὸ τοῦ
γενεθλίου. Εἰ γὰρ ἐναντίος ἐστίν, οὐ λυσιτελήσει, εἰ τάχα καὶ πρὸς ἀγαθὴν ἀφορᾷ
ἔκβασιν.
2. Du moins en ce qui concerne la Lune : *nam et primus dies et tertius
eadem simili ratione decernit, septimus etiam et undecimus per Lunam totius
vitae substantiam demonstrat. — (Lunam) et primo natali die tractantes genituram et tertio rursus die diligenter debemus inspicere*, etc. (Firmic., IV, 1, 7
et 10 Kroll). Il recommande de voir si *per vacuum currens tertio natalis die a
Marte vel Saturno pulsata*, etc. (IV, 8, 1 Kroll). Il a dit du reste plus **haut** : *in*

gnaient que pourtant la κατάρχή par excellence, la géniture,
modifiait dans une certaine mesure le pronostic à tirer des positions actuelles des astres. Il y avait un terrain de conciliation
que les éclectiques surent découvrir. Il suffisait d'ordonner les
chronocratories zodiacales ou planétaires en séries commençant à
la naissance, ayant, par conséquent, un point de départ différent
pour chaque individu. Vu la régularité mathématique des mouvements célestes, la correspondance des positions futures des
astres avec les phases de l'existence dépendait de ce premier
moment, et les généthlialogues avaient à peu près satisfaction :
d'autre part, ces positions, qu'il était possible de prévoir en
bloc, n'en exerçaient pas moins successivement leur influence, et
les partisans des κατάρχαί n'avaient plus rien à réclamer [1].

Les astrologues ont dû être mis sur la voie par les divisions,
septénaires et autres, par lesquelles les philosophes, physiolo-

---

*omnibus genituris cursum Lunae te servare conveniet, nec tantum eodem die
quo natus homo prima vestigia lucis ingreditur, sed diligenti ratione perqui-
rere etiam tertio die debemus. Nam et tertio die, sicuti primo, omnia simili
ratione decernit* (III, 14, 10 Kroll), et il a montré comment Albinus avait
subi les persécutions de Mars, parce que *tertio die Luna in Leone constituta
de diametro se plena lumine Martis radiis impegit ; et hic enim dies, id est
tertius, plurimum in modum in genituris operatur* (Firmic., II, 29, 16 Kroll).
De même, Manéthon dit que ce qui décide de l'élevage d'un enfant, c'est le
signe dans lequel la Lune entrera le troisième jour (ᾧ ἔνι δὴ κείνῃ τριτάτην
ἐπινίσεται ἠῶ. VI, 108-111). D'où est venue cette retouche à la doctrine fondamentale de la généthlialogie, qui ne doit considérer que le moment précis de
la naissance ? Firmicus donne pour raison que *eo die nato homini primum
immulgentur alimenta nutricia* (III, 14, 10), ce qui s'accorde bien avec le
genre de pronostic tiré par Manéthon, mais non avec la *totius vitae substantia*
de Firmicus lui-même. C'est probablement un débris d'un système général,
qui établissait la « maîtrise de la géniture » (ci-dessus, p. 406, 2) d'après le
signe que la Lune *devait* occuper après celui où elle était lors de la naissance. Or, la Lune met 2 jours 1/2 à franchir l'espace d'un signe et se trouve
dans le suivant au troisième jour. Ce système pouvait être lui-même une restriction et adaptation d'une méthode recommandée encore par Ptolémée pour
les pronostics météorologiques : τὴν δὲ σελήνην τηρητέον ἐν ταῖς πρὸ τριῶν
ἡμερῶν ἢ μετὰ τρεῖς ἡμέρας παρόδοις τῶν τε συνόδων καὶ πανσε-
λήνων καὶ διχοτόμων (*Tetrab.*, II, 13, p. 102 Junct. Cf. II, 12, p. 101 ; Io. Lyd.,
Ostent., 9). Comme on ne s'occupe plus de la vie intra-utérine, on a laissé de
côté les 3 jours *avant* la naissance et recommandé l'observation des 3 jours
1. S. Augustin, sans distinguer nettement entre les deux méthodes, a bien
senti qu'elles superposaient comme deux ordres de fatalité. *Jam illud quis
ferat, quod in eligendis diebus nova quaedam suis actibus fata moliuntur ?*
Il estime qu'il y a contradiction, et que cette fatalité née de choix volontaires supprime l'autre, celle de la généthlialogie (*Civ. Dei*, V, 7).

gistes et médecins scandaient la vie humaine ; ils n'ont eu qu'à substituer des causes célestes à celles que l'on ne connaissait pas et à remanier à leur gré les périodes.

Manilius, notre plus ancien témoin, s'étant interdit de parler des planètes, le système le plus ancien que nous connaissions pour les chronocratories individuelles est purement zodiacal ; c'est la dodécaétéride généthliaque ou « chaldaïque » [1]. Manilius va enseigner comment il faut « rendre aux signes les temps qui « leur appartiennent et qui, divisés entre eux, se déroulent dans « des années qui leur sont propres, ainsi que les mois, les jours « et les heures des jours durant lesquels chacun d'eux manifeste « ses forces principales » [2]. C'est, en périphrase, une définition de la domination personnelle et limitée ou chronocratorie des signes. La série commence par le signe dans lequel se trouvait le Soleil au moment de la naissance, le signe qui réglait aussi la durée de la vie [3]. Celui-ci garde un an la chronocratorie, qui passe ensuite, de signe en signe, dans l'ordre connu. Dans l'intérieur de ce cycle, les mois sont dominés par une autre série de signes, qui a pour point de départ le signe occupé par la Lune dans le thème de géniture [4]. Les jours ont pour chronocrators une troisième série de signes, qui commence au signe horoscope [5]. Enfin, l'horoscope est également le point de départ d'une quatrième série de signes, qui dominent les heures [6]. On obtient ainsi une trame bariolée

---

1. *Quae vocatur dodecaeteris ex annis vertentibus duodecim. Huic anno Chaldaico nomen est, quem genethliaci non ad solis lunaeque cursus sed ad observationes alias habent adcommodatum, quod in eo dicunt tempestates frugumque proventus ac sterilitates, item morbos salubritatesque circumire* (Censorin., 18, 6-7). Censorinus, parlant d'années tropiques (*vertentes*) qui ne se règlent pas sur le cours du soleil et de « généthliaques » qui font des prédictions météorologiques, a bien l'air de parler de choses qu'il sait par à peu près. Letronne (*op. cit.*, p. 498) songe à une période réglée sur la révolution de Jupiter. C'est une hypothèse mort-née : Jupiter n'est pas un régulateur universel, et, au surplus, il ne s'agit pas ici de planètes. En astrologie, toute construction duodécimale est réglée sur les signes.

2. Manil., III, 510-513. L'exposé du système va jusqu'au v. 559.

3. Ci-dessus, p. 404. *Primus erit signi quo Sol effulserit annus* (Manil., III, 514).

4. *Luna dabit menses, peragit quod menstrua cursum* (Manil., III, 517).

5. *Tutelaeque suae primas horoscopos horas | Adserit atque dies, traditque sequentibus astris* (Manil., III, 518-519).

6. Ce système, relativement simple, apparaît très nettement dans le texte de Manilius, quand on le lit après avoir renvoyé dos à dos Scaliger (pp. 256-260) et Saumaise (pp. 244-248), qui, quoique en parfait désaccord, s'obstinent tous deux à introduire les planètes dans le système purement zodiacal de Manilius et prennent leurs raisons dans toute espèce de théories différentes. Ce sont des νεφεληγερέται. Le tableau de la dodécaétéride dressé par Scaliger

dans laquelle « les maux sont entrelacés aux biens, où les larmes
« suivent les désirs satisfaits, et où la Fortune ne garde pas pour
« tous la même teneur ». Sur chaque heure pèse la quadruple
influence des chronocrators horaire, quotidien, mensuel, annuel,
hiérarchiquement étagés et probablement dominés tous quatre
par l'hégémonie, continuée durant douze ans, du premier chronocrator annuel, devenu le chronocrator général de la dodécaétéride ou plutôt chronocrator perpétuel [1].

Cet ingénieux système fait part égale, ou à peu près, entre les
partisans du signe solaire et du signe horoscope. Il doit dater
d'une époque où les deux théories généthliaques étaient en
balance. Mais on sait que le signe horoscope finit par l'emporter.
Aussi Manilius connaît et place en seconde ligne un système
ramené à l'unité, dans lequel le signe horoscope est le point de
départ unique des quatre séries. Cela n'empêchait pas, mais
rendait autre le mélange des séries se déroulant avec des vitesses
inégales [2]. D'une façon comme de l'autre, chaque individu a son

---

(p. 256), avec ses séries discontinues — négation du principe même du système — est à rejeter. Il faut des séries continues, et il en faut une pour les
années, *une autre* pour les mois. Il y a, à cette méthode, un perfectionnement
qui menace d'en déranger l'économie : *Alii in diurna genitura a Sole (sumunt
exordium), in nocturna a Luna, et habet rationem* (Firmic., II, 27, 4). Ceci, il
est vrai, à propos d'une mixture de chronocratories zodiacales et planétaires
comme les aime Firmicus. On retrouve le cycle duodécennal au fond de
l'Orient, en Corée. Voy. le *Guide pour rendre propice l'étoile qui garde chaque
homme*, etc. (trad. Hong-Tyong-Ou et H. Chevalier, *Ann. Mus. Guimet*, XXVI,
2 [1897], pp. 79-123.

1. Le chronocrator perpétuel est le « signe généthliaque » : il représente la
part faite dans le système à la généthlialogie. Je ne sais si Manilius s'est
aperçu qu'il avait déjà introduit des καταρχαί dans le thème de géniture
conçu comme cycle des ἆθλα (ci-dessus, p. 297). A propos de la XIIe case, il
dit : *Hac in parte dies et momenta dabuntur* pour les opérations lucratives
(Manil., III, 154).

2. *Quod nunc illa nimis properant, nunc illa morantur* (III, 556). *Difficile est
in idem tempus concurrere cuncta,* | *Unius ut signi pariter sit mensis et annus*
(III, 548-549). Le second système est celui de Paul d'Alexandrie : Περὶ ἐνιαυτοῦ καὶ μηνὸς καὶ ἡμέρας (Q 1). Seulement, Paul se place au point de vue
professionnel et enseigne la manière de calculer dans quelle année, mois,
jour et heure de son cycle individuel se trouve, par exemple, un client âgé de
vingt-six ans. Ce n'est plus de la théorie, mais de l'application. En outre, il sura-
joute au système zodiacal la considération des planètes maîtresses (κύριοι) des
signes, perfectionnement qui achève d'embrouiller la question. Les chronocratories comptées du signe horoscope sont indiquées aussi dans Firmicus :
*Annum autem facillimis rationibus invenimus ; nam ab horoscopo semper sumit
exordium, et primus annus erit in quo est horoscopus constitutus, secundus
in secundo signo, tertius in tertio, et sic ceteri per ordinem* (II, 27, 3 Kroll).

calendrier à lui, dont les séries d'années, de mois, jours et heures sont numérotées à partir de l'année, mois, jour et heure de sa naissance.

Mais les combinaisons purement zodiacales, les plus enfantines de toutes, n'étaient pas en crédit auprès des astrologues sérieux : ceux-ci pensaient avec raison que, sans les planètes, le Zodiaque n'existe pas. Les chronocratories zodiacales ne pouvaient manquer d'être évincées par des chronocratories planétaires [1]. Le difficile était de trouver un principe qui permît d'ordonner en un système plausible, raisonnable au moins d'apparence, ces pièces mouvantes dont chacune avait sa révolution propre et marchait indépendante des autres. Allait-on prendre dans le thème de géniture la position de chaque planète et constituer à chacune d'elles un cycle à part, calculé pour toute la durée d'une existence humaine? Non seulement les fabricants de systèmes n'en étaient pas capables, mais ce n'était pas là le but qu'ils visaient. Il leur fallait des chronocrators de périodes limitées, qui pussent se recommencer; et, dans l'intérieur de ces périodes, des chronocrators d'années, mois, jours et heures; un seul pour chaque laps de temps, le mélange indispensable étant obtenu,

---

Je laisse aux commentateurs de Manilius le soin d'expliquer un passage dont ni Scaliger, ni Saumaise ne sont venus à bout : *Venit omnis ad astrum | Hora die bis, mense dies semel, unus in anno | Mensis, et exactis bis sex jam mensibus annus* (III, 545-547). On comprend très bien que l'heure « rejoigne son astre » deux fois par jour (12 signes pour 24 h.); de même, le mois une fois l'an (12 signes pour 12 mois), et l'année une fois dans le cycle dodécaétérique. Mais le « jour rejoignant son astre une fois par mois »? Scaliger (pp. 261-262), empêtré dans ses planètes, veut que ce soit la rencontre d'un même jour de la semaine (jour de la naissance, commençant à l'heure de la naissance) avec un même signe (horoscope), ce qui ne peut se produire qu'au bout de 12 semaines. Il conclut que Manilius s'est trompé. Saumaise (p. 248) croit qu'il s'agit du même jour de la Lune, chose très simple, et daube sur Scaliger. Il oublie que l' « astre » est ici un signe du Zodiaque, et que la Lune revient au même signe du Zodiaque en 27 j. 7 h. 43′, et non pas en un mois ou douzième d'année solaire, comme l'entend Manilius. Il y a là une erreur qu'il faut laisser pour compte à Manilius, ou, en tout cas, expliquer sans recourir à la semaine, laquelle n'a rien à faire ici.

1. Celles-ci sont les chronocratories que les auteurs arabes et les astrologues de la Renaissance appellent les *fridariae* ou *ferdariae planetarum*, un mot persan ou arabe, auquel Saumaise se chargerait volontiers de trouver une origine grecque : *vox depravata ex Graeco* περιοδάριον *quae* μικρὰν περίοδον *significat* (p. 237). Le sens du mot est très bien défini par Haly ou son traducteur : *Est autem Fridaria seu* χρονοκράτεια *certus quidam annorum terminus et notus, in quo planeta gubernans vitam nati dat et infert et bonum vel malum pro sui natura* (VI, ch. IV).

comme dans la dodécaétéride zodiacale, par la superposition
des chronocratories. Dans ces conditions, il ne pouvait plus être
question de suivre des données astronomiques : nos astrologues
n'en ont été que plus à l'aise pour fabriquer l'étrange mosaïque
dont nous allons tâcher de donner une idée.

Nous prendrons pour guide principal, faute de mieux, Firmicus [1], qui avait écrit un traité spécial sur la matière [2], et qui
n'en inspire pas pour cela plus de confiance, car on le surprend
insérant, au, beau milieu de son exposé, un fragment détaché du
système de Manilius [3].

Le coryphée de la chronocratorie planétaire aurait dû être, ce
semble, la planète qui a mesuré la longueur de la vie, la planète
« œcodespote de la géniture » ; mais « les Grecs » en ont décidé
autrement. Le chronocrator initial, celui qui met en branle la
roue du Destin, est le Soleil dans les génitures diurnes, la Lune
dans les génitures nocturnes [4]. Ce chronocrator initial garde
l'hégémonie durant 10 ans et 9 mois, autrement dit, 129 mois.

1. De temporum domino (Firm., II, 26 Kroll). — De distributione temporum
(II, 27). — De anni divisione (II, 28). — De annis climactericis (IV, 20). —
Temporis divisio chronocratori debita (VI, 33 Pruckner) et la série des Decreta
[Saturni, Jovis, etc.] cum temporum dominus fuerit (VI, 34-40 Pr.,.

2. In singulari libro quem de domino geniturae et chronocratore ad Marinum
nostrum scripsimus (IV, 20, 2 Kroll). Il répète à propos des chronocratories
son éternel refrain : omnia enim quae nobis proveniunt bona vel mala ista
temporum ratione colligimus. Fines etiam vitae sic invenientur et omnis
geniturae substantia et totum quod stellarum ordo decreverit (II, 27, 2). Firmicus est, en astrologie, la terreur de qui cherche à comprendre. Comme
entrée de jeu, il confond le chronocrator avec le dominus geniturae, ou plutôt
il est impossible de savoir comment et en quoi il les distingue, en face
d'expressions comme celles-ci : quaerendus dominus geniturae, ut per hoc
invento vitae spatio et a chronocratore diviso... (IV, 20, 2) — an temporum et
geniturae dominum benivolae stellae... respiciant (IV, 20, 4) — si temporum
etiam et dominum geniturae viderint (IV, 20, 5). Il flotte évidemment entre
deux systèmes différents, et, pour plus de sûreté, les suit tous les deux. Du
reste, il lui était difficile de se reconnaître dans la logomachie régnante. Les
partisans de Ptolémée appelant le chronocrator initial ἀφέτης, ἀφετικὸς ἀστήρ
(τῶν χρόνων, ἐτῶν, etc.) ou οἰκοδεσπότης τῆς ἀφέσεως (cf. Salmas., pp. 266 sqq.
279), et tout le monde usant à tout propos de ces insupportables synonymes
à tout faire, οἰκοδεσπότης et κύριος, on ne sait plus où placer le χρονοκράτωρ
καθολικός (= ὁ καθόλου οἰκοδεσπότης) et les chronocrators κυκλικοί, μερικοί, etc.
(cf. Salmas., p. 287).

3. Firmic., II, 27, 3 Kroll. Voy. les textes cités ci-dessus (pp. 489, 6. 490, 2).

4. Chronocratorem dixerunt Graeci temporum dominum, sed initium temporum in diurnis genituris Sol accipit et ceteris dividit, in nocturnis Luna; nec
aliam rationem admittas, quia haec ab omnibus probatur (Firmic., II, 26, 1
Kroll; id., IV, 1, 8). Firmicus voudrait supprimer les autres systèmes.

Pourquoi 129 mois? Parce que c'est la somme des mois qu'il a à répartir entre les sept planètes [1], — lui-même compris, — chacune recevant un nombre de mois égal au nombre d'années qui représente la durée de sa « période propre » (ἰδία περίοδος), lequel nombre d'années détermine la cote des années (ou mois, ou jours) de vie départies par elle quand elle est maîtresse de la géniture [2]. Voilà une raison admirable et de nature à arrêter dès le début sur la pente des objections les esprits difficiles. En effet, la somme des périodes propres (☉ 19 + ☾ 25 + ♄ 30 + ♃ 12 + ♂ 15 + ♀ 8 + ☿ 20) donne bien 129 : c'est comme une cotisation des corps célestes récupérée en honneurs, chacun prélevant sur la masse la somme de mois qu'il a fournie, mais dans un ordre qui n'a rien à voir avec l'ordre naturel des distances ou l'ordre des sexes ou celui des sectes (αἱρέσεις).

Donc, le Soleil, chronocrator initial, — supposé le cas d'une géniture diurne, — garde pour lui les 19 premiers mois à titre de chronocrator particulier; après quoi, sans se dessaisir de la chronocratorie générale du cycle entier (χρονοκράτωρ καθολικός), il cède la chronocratorie particulière à la planète qui vient après lui en suivant l'ordre des « lieux » dans le thème de la géniture [3], et la chronocratorie passe ainsi de planète en planète jusqu'à consommation du cycle [4]. Le cycle de 129 mois écoulé, le Soleil abandonne la chronocratorie générale du deuxième cycle à la planète qui lui avait succédé dans la première répartition, et cette répartition recommence dans le même ordre à partir du nouveau chronocrator général. De cette façon, on sait toujours, étant donné le nombre de mois écoulé depuis la naissance,

1. Les Arabes ajoutaient comme huitième planète la Tête (géniture diurne) ou la Queue (gén. nocturne) du Dragon, avec une période (*ferdaria* ou *fridaria*) quelconque : 3 ans, par exemple, pour la Tête, et 2 ans pour la Queue, années représentées par autant de mois.

2. Voy. ci-dessus, p. 410.

3. *Sed quicumque decennium sortitus fuerit, licet sit totius temporis dominus, omnibus tamen stellis totam decennii substantiam dividit, a se incipiens et postea illis tradens qui sunt per ordinem positi, primo illi tradens de his qui sunt in ordinem positi quicumque in themate secundus fuerit inventus* (Firmic., II, 26, 4 Kroll). L'ordre est le même que celui des signes du Zodiaque : ceux-ci sont remplacés par les lieux pour qu'il n'y ait pas confusion avec les méthodes zodiacales, ici rivales.

4. Les expressions techniques sont, pour la planète qui cède : ὁ παραδιδούς - *tradens;* pour celle qui reçoit : ὁ παραλαβών - *suscipiens* (ou *sequens*). Cf. Manil., III, 519 (*traditque sequentibus astris;* id., 542, en parlant des signes). On dit aussi *deputare*, *deferre*, *dividere* d'une part; *accipere*, de l'autre.

d'abord dàns quel cycle (et, par conséquent, sous la domination de quel chronocrator général), ensuite, dans quelle partie du cycle (et, par conséquent, sous quel chronocrator particulier) se trouve le consultant.

Ces deux dominations simultanées, auxquelles s'ajoute, brochant sur le tout, celle du chronocrator perpétuel (diurne ou nocturne) [1], sont matière à inductions variées; d'autant plus que les praticiens experts tenaient compte de la transmission (παρά-δοσις - παράληψις) des chronocratories, chaque planète modifiant son humeur suivant qu'elle reçoit son lot d'une planète sympathique ou antipathique. Soit, par exemple, la planète Jupiter. D'abord, Jupiter a autant de façons d'agir qu'il y a de cycles, suivant qu'il est chronocrator général de son cycle à lui ou chronocrator particulier, à des postes différents, dans chacun des autres cycles. Ensuite, son mode d'action est modifié suivant qu'il succède, soit comme chef de cycle, soit comme subordonné, à telle ou telle autre planète [2]. Le nombre des arrangements possibles devient vertigineux si l'on considère à la fois non plus seulement la planète de qui le chronocrator reçoit l'hégémonie, mais celle à qui il doit la transmettre [3]. Firmicus dénombre patiemment les pronostics à tirer de chaque planète considérée comme chronocrator général et comme chronocrator particulier. On entend de nouveau les fastidieuses recommandations dont l'astrologue le plus novice devait être saturé [4], surtout quand il s'agit de la maîtresse

---

1. C'est à ce chronocrator perpétuel que les astrologues auraient dû réserver le titre de καθολικός, καθ' ὅλον, donné au chef de cycle. La qualité diurne ou nocturne d'une géniture influe sur tous les pronostics (*quod quale sit et ubi proficiat in libris posterioribus explicamus.* Firm. IV, 1, 8 Kroll), parce que les planètes portent toujours leur action sympathique du côté de leur αἵρεσις. Mais les astrologues occupés de καταρχαί n'ont pas poussé l'analyse jusqu'à personnifier l'αἵρεσις généthliaque dans un des deux luminaires considéré comme chronocrator perpétuel. Celui-ci (Soleil pour les génitures diurnes, Lune pour les nocturnes) reste sous-entendu et anonyme.

2. *In libris apotelesmatum dicemus... quid quaeque stella suscipiens tempus ab alia decernit* (Firm. II, 27, 2). Il a tenu sa promesse (VI, 33-40 Pruckner).

3. C'est le système appliqué aux ἀπόρροιαι de la Lune, pour lesquelles on considère la planète que la Lune quitte et celle qu'elle aborde (ci-dessus, p. 246). La simple transmission de planète à planète donne ici 49 combinaisons (7 × 7) : la double en donnerait 49 × 7 = 343.

4. *Respice itaque quatenus sit in genitura positus, et an diurna sit genitura, an vero nocturna, et an geniturae cardines teneat et quid ex signi natura vel ex loci potestate decernat... et an sit primis an in secundis cardinibus constitutus, an vero in pigris atque dejectis* (Firm., VI, 34-35 Pr.). De même pour les planètes qui « reçoivent » leur pouvoir du chronocrator général : οἱ δὲ παραλαβόντες ἀπ' αὐτοῦ συγκρινέσθωσαν οἰκείως ἢ ἀλλοτρίως συσχηματιζόμενοι

pièce, le chronocrator général, au moment où il est en même temps chronocrator particulier de la première division de son cycle. C'est, en'effet, ce moment qu'il choisit pour accomplir les promesses ou menaces attachées à sa position dans le thème de géniture, si bien que l'on peut fixer par ce moyen l'échéance probable des principaux événements prévus par la méthode généthliaque [1]. Il y a là un raccord supplémentaire, et des plus ingénieux, entre la généthlialogie et le système des καταρχαί. On en peut dire autant de l'influence plus énergique attribuée à la planète « œcodespote de la géniture », soit comme chronocrator général, soit même comme chronocrator particulier [2].

Ce système était susceptible de toute espèce de retouches et variantes. On pouvait, au lieu de faire partir la *distributio temporum* du Soleil ou de la Lune, la faire partir de l'Horoscope ; ou faire d'abord la part du Soleil ou de la Lune, et continuer ensuite la distribution en partant de l'Horoscope. On pouvait aussi, au lieu de suivre l'ordre indiqué par les positions des planètes sur le cercle de la géniture, suivre un ordre prétendu naturel, dans lequel les deux premières parts seraient adjugées aux luminaires, en raison de leur dignité, et les autres aux planètes dans l'ordre descendant, qui commence par Saturne. Il y eut aussi des systèmes concurrents : par exemple, celui qui consistait à substituer au cycle de 129 mois des périodes variables d'années correspondant à l'ἰδία περίοδος de chaque planète, et à subdiviser ces périodes en parts correspondant également, mais en mois ou douzièmes d'années, à l'ἰδία περίοδος des planètes à qui ces parts étaient destinées. Ainsi, Mars étant supposé chronocrator général d'une période, celle-ci sera de 15 ans. Dans l'intérieur de cette période, il garde pour lui 15 mois et distribue ensuite 19 mois au Soleil, 8 mois à Vénus, 20 à Mercure, 25 a la Lune, et ainsi de suite jusqu'à consommation des quinze années. Ceux qui trouvaient ces périodes trop longues les réduisaient au quart, ce qui

---

(Valens ap. Salmas., p. 281), ce qui vise la sympathie ou antipathie (ici, de position) de prédécesseur à successeur. Le tout sans préjudice des adoucissements et aggravations provenant de la collaboration des planètes qui ne sont pas actuellement chronocrators.

1. *Si enim in genitura pericula ab ipso* [*Saturno*] *decreta fuerint, tunc exsequitur quicquid ante decreverat... Omnes enim stellae, quicquid in genitura decreverint, sive illud sit prosperum, sive malum, cum temporum dominium nactae fuerint penitus exsequentur* (Firm. *loc. cit.*).

2. Jupiter, étant chronocrator général, *gloriam ac laetitias pro geniturae mensura decernit, praesertim si ipse geniturae dominus fuerit* (Firm., *ibid.*). Le sens de l'action dépend beaucoup de l'αἵρεσις des planètes et génitures.

leur permettait peut-être d'arriver, par la réduction au quart des subdivisions intérieures ou mois, à la semaine [1].

Avec tous ces chiffres irréguliers, dont aucun n'est un multiple de 12, il ne devait pas être facile d'arriver à définir les chronocrators des jours et heures. Du reste, pour qui appliquait strictement la doctrine généthlialogiqne, il n'y avait plus, à vrai dire, de jours ou nycthémères naturels, le jour commençant pour chacun à l'heure précise de sa naissance. Aussi les jours, et même les heures, pouvaient se trouver découpés en fractions appartenant à des planètes différóntes. Il est question d'un système qui fait entrer dans chaque période ou chronocratorie générale — variable suivant le chronocrator — une troisième division (τρίτη ἐπιδιαίρεσις) adjugeant à chacune des sepl planètes un septième du douzième de la durée totale de la période, douzième qui comprenait des mois, des jours, des heures et même des minutes [2]. Firmicus, lui, livre à nos méditations un arcane dont il a emporté la clef. « Dans quelque signe », dit-il [3], « que se « trouve l'année, le maître de ce signe reçoit les premiers jours, « et, après lui, les autres suivant la position de chacun. J'en-« seignerai même combien de jours obtient chaque planète : le « Soleil 53, la Lune 71, Saturne 85, Jupiter 30, Mars 36, Vénus

1. Voy. les systèmes extraits de Valens par Saumaise (pp. 219-242, 278-282), qui, au lieu de distinguer, confond tout et croit probablement le tout ensemble compatible avec les doctrines de Ptolémée. Il confond notamment la durée de vie allouée par les planètes (ci-dessus, p. 410), avec les chronocratories de ces mêmes planètes (Salmas., p. 253). Qu'on joigne à cela l'obsession des *climatères,* et l'on comprendra l'état d'esprit de Saumaise ou d'un lecteur de Saumaise. Ce tourbillonnement continu donne le vertige. Du reste, Saumaise travaillait vite. Il lui arrive (p. 224) de citer Firmicus, *lib. III, cap.* xxx, au lieu de II, 30, parce qu'il a regardé à la hâte le texte de Pruckner (p. 38), et que, dans Pruckner, une erreur typographique a transformé le titre courant, à la p. 39, en (*liber*) *tertius* au lieu de *secundus*. Quelques erreurs de chiffres ajoutent à la difficulté de suivre les calculs (v. g. de 166 ôtez 52 × 3 *supererunt dies quatuor,* etc. [p. 115]; 120 [p. 116] au lieu de 220 [p. 105] ; 102 pour 182 dans un texte de Clément [p. 640] ; 280 [p. 635] pour 288 [p. 639] ; 274 [p. 643] pour 273 [p. 635]).

2. Je laisse ici Saümaise (p. 287) en tête à tête avec Valens, et n'ai nulle envie de rechercher comment ces septièmes, poussés jusqu'à des fractions d'heure, peuvent être cependant inégaux, de telle sorte que le Soleil, par exemple, divisant sa période de 10 ans 9 mois, garde pour lui 2 mois, 23 j. 22 h. 4′, et cède à Mercure 2 mois, 28 j. 8 h. 4′, à la Lune 3 mois, 8 j. 14 h. 4′. La chronocratorie générale du Soleil étant ici de 19 ans, dont le douzième est 19 mois, le 1/7 de 19 mois vaut 2 mois de (30 jours), 21 j. et environ 10 h.

3. Firmic., II, 28 Kroll = II, 31 Pruckner. J'ai pris les chiffres de Pruckner, dont la somme fait 365. Ceux de Sittl (II, 26) donnent 355, et ceux de Kroll 361.

« 33, Mercure 57 ». On voit bien que, dans cette combinaison
baroque des chronocratories zodiacales avec les chronocratories
planétaires, la somme des jours donne le total des jours de
l'année solaire (365 jours) ou de l'année lunaire (355 jours). Il
s'agit donc d'une chronocratorie annuelle : mais le principe de la
répartition des jours entre les planètes m'échappe. C'est une
distribution analogue, mais analogue seulement, à celle des ὅρια
dans les 360 degrés du Zodiaque. Saumaise a trouvé dans Valens
le mot de l'énigme. C'est une division par 12, deux fois répétée,
de l' ἰδία περίοδος de chaque planète. Ainsi Saturne ayant, comme
chronocrator général ou cyclique, — dans un des systèmes énumérés plus haut, — 30 années, il doit avoir comme chronocrator
particulier 30 mois, comme chronocrator de jours le douzième de
30 mois, soit 75 jours. Il n'y aurait qu'à continuer la division par
12 pour avoir des chronocratories de durée de plus en plus
petite [1]. Malheureusement, les quotients ainsi obtenus ne concordent ni avec les chiffres donnés par Firmicus, ni avec ceux
que Valens a obtenus par une autre méthode soi-disant équiva-
lente [2]. Nous pouvons laisser Saumaise dans l'embarras et nous
évader enfin de cette géhenne arithmétique — pour tomber dans
une autre, que recommande au moins le nom de Ptolémée.

C'est peut-être l'ambition d'expulser de la science ordonnée
par lui ces élucubrations incohérentes et de compléter son œuvre,
eu tenant compte de toute une moitié de l'art écartée jusque-là
de son astrologie à lui, qui a décidé Ptolémée à reprendre la
plume. Sans doute, il avait compris qu'il y avait, au fond du
système des καταρχαί, un principe de sens commun qui prévau-
drait à la longue contre le postulat initial de la généthlialogie, et
il n'a pas voulu laisser dire qu'il avait sacrifié aux scrupules
d'une logique étroite une maîtresse branche de l'art, susceptible d'être rattachée aux spéculations des physiologistes sur les

---

1. C'est ce que dit ou veut dire Valens : τὰς λεπτομερεῖς ἡμέρας καὶ στα-
λαγμιαίας ὥρας ἀπὸ τῆς ἑκάστου ἀστέρος περιόδου τὸ δωδέκατον λαβόντες
εὑρίσκομεν (ap. Salmas., p. 253). Des jours « hachés menu » et des heures
dispensées « goutte à goutte » sont des fractions à dénominateur quelconque.

2. Valens (ap. Salmas., p. 225) multiplie l' ἰδία περίοδος par 2 et ajoute au
produit la moitié de la dite période. Ainsi, pour Saturne, $30 \times 2 + 30/2 = 75$.
Seulement, Valens ajoute encore 1/3 (30/3) pour arriver à 85. Pourquoi ?
Évidemment pour que les sept chiffres ainsi obtenus fassent la somme de 365.
Encore Valens et Firmicus ne s'accordent-ils pas sur ces chiffres, comme le
montre le tableau comparatif dressé par Saumaise (p. 228). Qui faut-il corri-
ger ? Saumaise ajoute : *Quod alii quaerant. Mihi nunc non vacat* (p. 229).
J'en dis volontiers autant.

périodes ou étapes de la vie humaine. Il ébaucha donc à son tour un système de protectorats successifs exercé par les astres sur l'existence individuelle.

Suivant son habitude, Ptolémée cherche à mettre d'accord le bon sens et la tradition, à trier les associations d'idées et à rejeter celles qui sont contradictoires. Il évite autant que possible d'employer les termes de « chronocrator » et « chronocratorie » : l'esquisse de sa méthode est intitulée « Répartition des temps » [1].

On aime à se figurer le créateur de l'astrologie savante en quête, comme Descartes, d'un premier principe, fondement de la certitude. Ce principe, c'est celui qui a engendré la théorie du microcosme et l'astrologie tout entière : l'idée que la partie ressemble au tout, que l'ordonnance de la vie humaine se modèle sur celle des planètes. Mais cette ordonnance suit-elle la série ascendante ou descendante des planètes ? Il y avait là matière à réflexion, et la réflexion embrouillait la question. Si la partie ressemble au tout, l'homme doit surtout ressembler à l'humanité, et sa vie doit avoir les mêmes étapes. Or, une vieille tradition assurait que les premiers hommes avaient vécu sous le règne de Saturne. Il y avait même, construit sur cette donnée, un système extrêmement ingénieux et qui, comme tel, ne peut pas avoir été imaginé par Firmicus [2]. Du reste, Firmicus en fait une partie d'une sorte de cosmogonie dans laquelle il juxtapose aux divines révélations de Mercure (Thot), transmises par Esculape et Anubis, la doctrine stoïcienne de l'ἀποκατάστασις, et il y a chance pour que Posidonius soit l'auteur de l'abrégé d'histoire universelle dont voici le canevas. L'espèce humaine, représentée par la Lune, s'est mariée, c'est-à-dire associée et subordonnée, à l'origine, avec Saturne, « auquel elle a remis l'hégémonie du « temps » [3]. Ce fut un âge de barbarie agreste, sauvage, inhumaine, conforme au tempérament de la planète. La Lune porte ensuite en dot à Jupiter la chronocratorie, signalée par un progrès considérable de la civilisation et de la morale. Puis vient la chronocratorie de Mars, qui n'est pas l'âge de fer au sens où

---

1. Περὶ χρόνων διαιρέσεως (*Tetrab.*, IV, 9, pp. 821-824 Junctinus, avec commentaire, pp. 827-856). Cf. Anon., pp. 176-180. Sur l'authenticité problématique de ce chapitre additionnel, voy. ci-dessus, p. 456, 6.

2. Firmic., III, 1, 11-15 Kroll. Cf. ci-dessus, p. 187, 1.

3. Firmicus traduit χρονοκρατορίαν par *temporum principatum*, *potestatem*, *dominandi tempus* ou *tempus* tout court, usant d'ailleurs des termes techniques *tradere*, *accipere*. L'auteur du système répudie la légende de l' « âge d'or » ; c'est la marque scientifique de Posidonius.

l'entend la légende, mais l'âge de l'industrie. Le règne de Vénus marque l'étape la plus heureuse de l'histoire, celle où la culture de l'intelligence a été un élément de concorde et de bonheur. Avec Mercure commence la période qui dure encore, celle où l'espèce humaine, « pleine de malice », tourne en machinations déloyales ses facultés inventives [1].

A cette histoire de l'humanité les platoniciens pouvaient ajouter l'histoire de l'âme qui, descendant du ciel des fixes, traverse successivement, et dans le même ordre, les sphères planétaires, leur empruntant ses facultés et les éléments par lesquels elle se soude au corps. La conclusion était la même, et cette conclusion était corroborée encore par l'idée mythologico-astrologique que Saturne, le « père Saturne », était le dispensateur de la semence, la cause première de la génération.

Mais, d'autre part, il n'était pas malaisé de trouver dans l'énorme fouillis d'associations d'idées utilisées en astrologie les éléments d'une théorie inverse, aussi philosophique et plus « physique ». La génération était associée par les physiciens à l'idée d'humidité, les semences étant liquides et suppléées, dans le cas de génération spontanée, par la pourriture humide, celle-ci provoquée surtout par l'influence de la Lune. Il suffit de renvoyer ici au consentement universel qui avait fait de la Lune

---

1. Le système est, par surcroît, rattaché au système — naturel, comme on sait — des οἶκοι, et donne l'échelle complète des *aspects* entre la maison de la Lune (♋) et l'une des maisons des planètes associées : aspect diamétral avec ♄, trigone avec ♃, quadrat avec ♂, sextil avec ☿, aspects classés par ordre (décroissant aussi) de longueurs d'arc. Vraiment, *quid subtilius?* Je ne ne veux pas ouvrir ici une nouvelle et interminable carrière à la poursuite des spéculations sur l'origine et la destinée du monde, à répartir entre les astrologues, les haruspices et les théologiens orientaux, ou sur les cycles intégrés dans une « grande année » quelconque. Les cycles réglés par les nombres 7 et 12 portent l'empreinte astrologique, originelle ou ajoutée après coup. Tel le système, prétendu toscan, des 12,000 ans répartis entre les douze maisons astrales (*Hist. de la Divin.*, IV, p. 98), système qui se retrouve dans la cosmogonie mazdéenne de l'*Oulama-i Islam* (E. Blochet, in *Rev. Hist. Relig.*, XXXVII [1898], pp. 40 sqq.). Chaque millénaire est régi par un signe du Zodiaque : Gayomarth naît sous le Taureau; Adam et Ève sous le Cancer (qui est aussi, dans le *thema mundi*, l'horoscope du monde), etc. On aurait plus tôt fait de chercher où n'a pas pénétré la monomanie astrologique. Au xiiie siècle, Joachim de Flore enseignait que le monde avait vécu sous la loi du Père, puis sous celle du Fils, en attendant celle du S. Esprit, durant des périodes divisées en raison septénaire; ces révélations successives étant entre elles comme la lumière des Étoiles, du Soleil et de la Lune. Avec ou sans emprunt, ces idées repoussent d'elles-mêmes dans les cerveaux mystiques.

l'éternel féminin, l'ouvrière par excellence de la génération, d'autant plus active qu'elle est plus rapprochée de la Terre et en communion plus intime avec elle. La série platonicienne des étapes descendantes de l'âme pouvait être utilisée — elle l'a été — pour régler les phases de la vie intra-utérine; mais le platonisme lui-même traçait à la vie consciente une marche inverse. Le but de la vie est de rouvrir à l'âme le chemin des hautes régions; elle s'y élève d'abord par le désir, en attendant sa délivrance, et, dans cet élan de volonté intelligente, elle entraîne pour ainsi dire le corps avec elle. Les stoïciens, héritiers de la physique d'Héraclite, disaient que l'âme se sèche de plus en plus et redevient de plus en plus ignée, de plus en plus intelligente. Aussi les étapes de la vie se succèdent-elles dans l'ordre ascendant des planètes : la Lune humide, l'âge des langes, de l'allaitement, des bouillies.[1], au plus bas; la vieillesse, froide et sèche, avec Saturne, au haut de l'échelle.

On trouve toujours Ptolémée du côté de la « physique ». Il commence donc sa série par la Lune et finit par Saturne. Mais comment mesurer les périodes intercalées? Les physiologistes, arithméticiens et pythagorisants de toute sorte, tenaient pour des périodes septénaires ou novénaires, périodes égales ou inégales, séparées par des « années critiques », dont les astrologues avaient fait ou allaient faire des « climatères » irrégulièrement et même capricieusement semés le long de la route [2]. Ptolémée, guidé par un égal souci de suivre la « nature » et de raccorder ses chronocratories avec les méthodes généthlialogiques [3], se décide pour les cotes qui sont censées représenter les « périodes propres » des planètes. Seulement, la somme de ces périodes allait à 129 ans [4], et on ne pouvait pas décemment prolonger la première enfance jusqu'à vingt-cinq ans révolus ou faire commencer la vieillesse à quatre-vingt-dix-neuf ans. Il fallait pra-

---

1. Ptolémée le dit : il allègue τὸ τῶν τροφῶν ἐπίπαν ὑδατῶδες (p. 822 J.).

2. Sur les hebdomades soloniennes, hippocratiques, platoniciennes ou pythagoriciennes, etc., rudiments d'astrologie inconsciente, voy. ci-dessus, pp. 287. 324-325. 477, 2, et ci-après, pp. 509, 528, et les innombrables répétitions éparses dans les textes de Cicéron et de son commentateur Macrobe, de Philon, de Censorinus, de Théon de Smyrne, de Servius, de Proclus et *tutti quanti*.

3. Il dit qu'ayant examiné jusque-là, en gros et en détail, les règles de la généthlialogie, λοιπὸν ἂν εἴη προσθεῖναι κατὰ τὸν αὐτὸν τρόπον ὅσα καὶ περὶ τὰς τῶν χρόνων διαιρέσεις ὀφείλει θεωρηθῆναι, φυσικῶς καὶ ἀκολούθως ταῖς ἐπὶ μέρους ἐκτεθεμέναις πραγματείαις (p. 821 Junct.). Même méthode, et toujours aussi « naturelle » (φυσικῶς)!

4. Sur les cotes périodiques et leur somme de 129, cf. ci-dessus, pp. 410, 493.

tiquer des retranchements et trouver pour cela des raisons d'apparence raisonnable. Ptolémée, toujours prudent, donne ses motifs quand il en a et laisse à ses disciples le soin de chercher les autres.

Du premier coup, la période de la Lune ou première enfance (βρέφος) est réduite à quatre ans. Pourquoi? Sans doute parce que la Lune a quatre phases, ou parce que ces phases reviennent à peu près tous les quatre ans (tétraétéride ou pentaétéride luni-solaire) aux mêmes points du Zodiaque [1].

L'enfance proprement dite, l'âge de l'éducation (παιδεία), est dominée par Mercure, que la nature a placé là fort à point, mais dont la cote est ramenée de 20 ans à 10. La raison, diront les commentateurs, c'est que, étant de nature double, il n'agit jamais que par une moitié; ou encore que, étant mixte, c'est-à-dire moyen, son influence est représentée par le juste milieu [2].

Arrivé à l'âge de quatorze ans, l'adolescent (μειράκιον) reste pendant 8 ans sous la domination de Vénus, qui garde sa cote entière.

A vingt-deux ans commence la jeunesse proprement dite (νέος), qui dure 19 ans, sous la chronocratorie entière du Soleil.

Les barbons de quarante-un ans entrent dans l'âge de la virilité (ἀνήρ) et sous la domination de Mars, qui garde aussi ses 15 ans d'hégémonie.

Avec Jupiter s'ouvre à cinquante-six ans et dure 12 ans la période de repos et d'honneurs qu'on appelle l' « ancienneté » (πρεσβυτικὴ ἡλικία).

Enfin, à soixante-huit ans arrive la vieillesse (γεροντικὴ ἡλικία), sous le patronage de Saturne, qui conduit le vieillard au terme de sa vie. Ptolémée ne veut ni fixer un maximum à la durée de la vie humaine, ni faire retomber le vieillard en enfance en supposant qu'un nouveau cycle septénaire recommence avec la Lune à quatre-vingt-dix-huit ans, au terme naturel de l'hégémonie saturnienne [3].

---

1. Ἡ γὰρ σύνοδος καὶ ἡ πανσέληνος ἐν τῇ αὐτῇ μοίρᾳ συμβήσεται διὰ τεσσάρων ἐνιαυτῶν (Anon., p. 166). La période quadriennale n'arrive pas à l'exactitude mathématique que lui prête le scoliaste, ni même l'octaétéride.

2. Διὰ τὸ διφυὲς αὐτοῦ καὶ μεμερισμένον (Anon., ibid.). — videlicet dimidios annos minoris suae periodi; medietas enim ejus est (Hermes, De Revol. nativ., p. 215 Wolf).

3. La logique l'exigeait pourtant, et d'autres y ont obéi. Quidam vero dixerunt quod Saturnus septimam aetatem gubernet per annos triginta, quos si natus transierit, iterum gubernatur a Luna — deinde a Mercurio, et ordinatim, sicut praediximus, ab aliis gubernatur planetis (Hermes, De Revol. nativit., p. 216 Wolf). L'honnête astrologue se croit obligé d'avertir que cette vie recom-

Évidemment, Ptolémée a fait de son mieux, et les âmes candides trouvaient ici l'occasion d'admirer une fois de plus la parenté de l'homme avec l'Univers. Il n'y a pas de mal à ce que l'homme se croie émancipé de Vénus dès l'âge de vingt-deux ans, tout en restant jeune jusqu'à quarante-un ans. Quant à faire trôner Mars entre quarante-un et cinquante-six ans, précisément à l'âge où cessait le service actif dans la milice, cela s'entendait sans doute des généraux, de ceux qui avaient dépassé l'âge d'Achille, d'Alexandre et de Pyrrhus. Ptolémée, obligé de composer avec les conséquences ineptes des principes qu'il admet, se garde de soulever lui-même les objections. Ce n'est là, du reste, que la préface du système; au-delà commencent les calculs astrologiques proprement dits.

Comme il tient à souder étroitement ses chronocratories à la généthlialogie, Ptolémée retourne à sa méthode des roulettes aphétiques, celle qu'il a employée pour le calcul de la durée de la vie et qu'il applique maintenant, comme il aurait pu le faire au bout de chacun de ses chapitres, aux divers aspects de l'existence. Ces aspects ou carrières parallèles et simultanées, mais distinctes, de la vie, il les réduit à cinq, pourvus chacun d'un point de départ (ἄφεσις) et d'un lanceur (ἀφέτης) différent [1], à savoir :

1° L'Horoscope, pour tout ce qui concerne le corps (τὰ σωματικά), la vie physique, y compris les « voyages » ;

2° Le Sort de la Fortune, pour les possessions et acquisitions ;

3° La Lune, conformément aux doctrines de l'auteur, pour les « passions de l'âme » et les associations conjugales (συμβιώσεις) ;

---

mencée n'est plus qu'un décalque affaibli de l'autre. *Non enim lactabitur, neque lacte nutrietur.* Aurait-il songé, par hasard, à la déesse africaine *Nutrix Saturni* (*C. I. L.*, VIII, 8245-8247)? Les haruspices avaient médité sur le même problème et l'avaient résolu autrement. Pour eux, le vieillard qui dépasse 12 septénaires (84 ans) ne compte plus ; il perd l'esprit et les dieux ne s'occupent plus de lui (Censorin., 14, 6 : cf. ci-dessus, p. 403, 2). Autre solution dans le *Guide* coréen (cf. ci-dessus, p. 489, 6). Un cycle de 54 ans (6 × 9), commencé à l'âge de dix ans, est clos à soixante-quatre ans révolus et recommence à soixante-cinq ans. « A soixante-cinq ans, l'influence des étoiles est la même qu'à onze ans... On peut ainsi aller jusqu'à cent ans » (*Guide*, p. 91). Et il y a des séries distinctes pour les deux sexes!

1. L'ἀφέτης est la planète qui se trouve réellement (σωματικῶς -κατὰ συμπαρουσίαν) ou par aspect (συσχηματισθείς -κατὰ ἀκτῖνα) sur le lieu aphétique ; à son défaut, la première qui se trouve, dans les mêmes conditions, en avant de ce lieu (τῷ τὴν ἔγγιστα προήγησιν ἐπιλαβόντι). On lui donne encore un second ou collaborateur dans la planète propriétaire des ὅρια où se trouve le lieu aphétique : Δεύτερον δὲ ἀφέτην καὶ ὥσπερ συνοικοδεσποτοῦντα ληψόμεθα τῶν ὁρίων τὸν κύριον ἀφ᾽ ὧν ἄρχεται ὁ κύριος (Anon., p. 167).

4° Le Soleil, pour ce qui concerne les dignités et la réputation ;
5° Le MC. pour tout le reste : actions, amitiés, progéniture, etc. [1].
Cette classification n'était pas d'une clarté à décourager les
amateurs de variantes [2]. Mais l'esprit du système n'est pas dans
la classification. L'idée originale et dirigeante, c'est que ces cinq
espèces de dominations se prolongent parallèlement et agissent
simultanément. On s'explique ainsi qu'un homme puisse être à
la fois heureux et malheureux, affligé de la perte d'un parent et
joyeux d'hériter, malade et comblé d'honneurs. Dans chacune
des cinq séries, il est possible de déterminer les événements à
venir et leurs échéances par la « rencontre » des diverses planètes (ὑπαντήτορες) échelonnées réellement ou par aspect sur le
parcours qui commence au point occupé par l'ἀφέτης ou χρονοκράτωρ καθολικός et va, dans le sens des signes, jusqu'à une distance
préalablement fixée par le calcul de la durée de la vie. La nature
de ces planètes indique la nature du pronostic et l'échéance est
notée par la distance de l'ὑπαντήτωρ à l'ἀφέτης, distance mesurée
sur le Zodiaque en degrés d'ascension droite (ἀναφοραί) et convertie en années, à raison d'une année par degré. Il est entendu
que les échéances ainsi calculées et les pronostics eux-mêmes
doivent être subordonnés aux lois générales imposées par l'âge,
le climat ou la nationalité. Si on trouve une échéance de mariage
(γαμικὸν σχῆμα) s'adressant à un enfant de quatre ans, on dira
tout au plus qu'il doit se marier de bonne heure ; et si le pronostic « naissance d'enfant » échoit à un nonagénaire, on pen-
sera qu'il s'agit non pas d'un fils, mais d'un petit-fils ou autre
descendant, car « le général meut et modifie le particulier » [3].

---

1. Ptolémée entasse ici τὰς λοιπὰς καὶ κατὰ μέρος τοῦ βίου διαγωγάς.
2. Voy. les classifications tantôt conformes, ou à peu près, tantôt divergentes, extraites de Valens et autres par Saumaise (pp. 120-126), qui mélange
et brasse tous les textes pour y retrouver ses « climatères » et des bévues
imputables à Scaliger. La tare du système de Ptolémée, c'est que l'intelligence n'est pas représentée (il faudrait Mercure, comme sixième ἀφέτης,
objection que Cardan, p. 500, prévoit mieux qu'il ne la réfute), et surtout
que les ψυχικά sont dévolus à la Lune, maintes fois déclarée auteur et gou-
vernante de la vie *physique*. Cf. ci-après, p. 521, 1.
3. Τὸ γὰρ καθόλου κινεῖ τὸ μερικὸν καὶ μετατρέπει (Anon., p. 166). — Les astrologues se préoccupent beaucoup d'éviter les méprises ridicules en se rensei-
gnant d'abord auprès du client. Ptolémée ne parle ici que de la nationalité :
on ne doit pas dire à un Italien qu'il épousera sa sœur, comme un Égyptien,
ou sa mère, comme un Perse. D'autres détaillent davantage. Voy. le chapitre *De
his quae oportet praescire astrologum* (Hermes, *Revol. nativ.*, I, 9, pp. 216-217
Wolf). L'astrologue doit connaître l'âge, le rang, les qualités (notamment le
sexe) et la fortune du client. Sans cela, il peut se tromper en appliquant mal

Reste à répartir, dans l'intérieur de chaque parcours aphétique, les années, mois et jours (Ptolémée nous fait grâce des heures), entre des chronocrators annuels, mensuels, diurnes. Ceux-ci sont bien des chronocrators, mais non plus des ἀφέται comme les chronocrators généraux ou universels [1]. Par bonheur, Ptolémée a su trouver une règle unique pour les trois calculs, et il suffit pour l'appliquer de deux données : le lieu aphétique marqué sur le thème de géniture et l'âge actuel du consultant. S'agit-il de déterminer le chronocrator de l'année présente? Il n'y a qu'à prendre le nombre d'années écoulées depuis la naissance du client et à le reporter sur le Zodiaque à partir du lieu aphétique, dans le sens des signes et à raison de 30 années ou degrés par signe. Là où s'épuise le nombre, là est le chronocrator ou œcodespote de l'année, c'est-à-dire la planète qui possède à cet endroit un de ses domaines ou qui y est représentée par un aspect. C'était aux praticiens à faire la balance des titres : à voir s'ils préféraient tel genre de propriété à tel autre ; s'ils se contentaient de fiefs qui occupent un signe tout entier, comme le domicile, l'hypsoma, le trigone, ou préféraient pousser l'estimation jusqu'au degré précis, par la considération des ὅρια ou des aspects.

Le chronocrator mensuel, lieutenant du chronocrator annuel, se détermine d'après la position occupée par celui-ci, position qui sert de point de départ. De ce point, compter sur le Zodiaque un nombre de degrés égal au nombre de mois écoulés depuis la

---

une interprétation vraie : disant, par exemple, qu'un individu a été blessé ou a trouvé un trésor, quand il a été simplement saigné ou a reçu un dépôt (*Centiloq.*, 59). On n'en perfectionnait pas moins l'art de justifier les bévues commises. A-t-on annoncé à un orphelin qu'il perdra ses parents? Le présage est : *morientur aliqui senes in domo sua;* à un eunuque, qu'il aura des enfants? *sed facit aliquando filium adoptivum;* de même, un célibataire *idem habebit sine nuptiis, in aliquam concubinam.* Un pauvre hère sans le sou à qui il est dit qu'il « accroîtra le patrimoine » doit comprendre qu'il accroîtra celui d'un autre. Si l'individu pour qui on consulte était mort (piège tendu à l'astrologue), les pronostics portés s'appliqueraient aux survivants de sa famille. Un glossateur facétieux a écrit ici : *caeco visus eripi non potest!*

2. Comme Ptolémée emploie le moins possible le mot χρονοκράτωρ, remplacé par ἀφέτης pour les chronocrators généraux, on voit reparaître, pour tous les chronocrators particuliers, le titre banal et sempiternel de οἰκοδεσπότης ou κύριος ou ἐπικρατήτωρ (ἐνιαύσιος-μηνιαῖος, ἡμερήσιος). Enfin, on ne peut même pas réserver le titre de χρονοκράτωρ καθολικός à l'ἀφέτης tout seul. Il y a, dans chacune des cinq séries, paraît-il, καθολικοὶ χρονοκράτορες τρεῖς · ὁ ἀφέτης, καὶ ὁ ὑπαντήτωο, καὶ ὁ ὁριοκράτωρ (Anon., p. 173). Voy. là-dessus Salmas., pp. 298 sqq.

naissance, toujours dans le sens des signes et à raison de 30° par
signe [1] : là où s'épuise le nombre, là est le chronocrator du mois
actuellement en cours.

Pour les jours, même calcul : à partir du point occupé par le
chronocrator mensuel, compter autant de degrés que de jours
écoulés depuis la naissance ; mais, cette fois, à raison de 2° 1/2
par signe, de façon que les 30 jours du mois fassent un tour
complet du cercle. Sans aucun doute, la répartition du nombre
d'heures, à raison de 2 par signe (24 h par tour du cercle), donnerait de la même manière les chronocrators horaires.

En résumé, chaque jour de l'existence est régi par une planète
spéciale, subordonnée à une planète mensuelle, qui l'est à la
planète annuelle, laquelle dépend du chronocrator général, et
cela en cinq séries différentes. On a donc une échelle bariolée
d'opportunités dans laquelle l'astrologue peut chercher à volonté
ou bien l'échéance fatale des événements prévus par le thème de
géniture, ou bien l'opportunité de l'initiative pour un acte particulier. Ce singulier mélange de fatalisme et de foi en la liberté
se trouvait tout fait dans le cerveau des stoïciens, qui trouvaient
là une excellente occasion de pratiquer la vertu, c'est-à-dire
d'aller de leur propre initiative au devant d'une échéance qu'ils
estimaient fatale [2].

Un raffinement de l'art, qui pourrait bien être de l'invention de
Ptolémée, car il suppose des préoccupations d'astronome, gradue
l'intensité de l'action des planètes, et par conséquent le caractère
plus ou moins pressant de l'échéance ou de l'opportunité, d'après

---

1. Il y a ici une grosse querelle entre astrologues. Le texte de Ptolémée
porte 28 jours (ἡμέρας κη′), mois lunaire sidéral. Cardan (p. 503) corrige ce
qu'il appelle une glose et met 30 jours, sans quoi Ptolémée, qui compte plus
loin 2° 1/2 (c'est-à-dire 2 j. 1/2) par signe, se contredirait. Saumaise (p. 294)
accuse Cardan de n'avoir pas compris le fin du système ; avec des mois de
28 jours, chaque année solaire commence par un mois différent, ce qui accroît
la variété. Ceux qui tiennent pour les 28 jours corrigent le chiffre suivant :
ἡμέρας β′ ἥμισυ (2 1/2) et mettent 2 1/3 (*trientem*, Junctinus, p. 826 ; *tertiam*,
Pruckner, p. 73 ; δύο καὶ τρεῖς *trientem*, Proclus, *Paraphr.*, p. 290 Allatius) par
signe. L'origine égyptienne de tous les systèmes de chronocratories plaide en
faveur des 30 jours. En Égypte, le souvenir du mois lunaire de 28 jours ne
s'était plus conservé que dans les 28 ans de la vie d'Osiris (Plut., *De Is. et
Osir.*, 42) et les 28 « doigts » ou pouces de l'aune égyptienne (H. Brugsch,
Thes. Inscr. Aegypt., I, p. 117).

2. Cette idée complexe se retrouve, avec une nuance à déterminer, dans les
récits évangéliques, où revient souvent la réflexion : « afin que les prophéties
s'accomplissent ». Le Messie suit consciemment et volontairement les étapes
prédéterminées de son existence.

la rapidité du mouvement propre des planètes; autrement dit, d'après le rapport entre leur mouvement et la durée de leur période chronocratorique. La mesure de la vitesse est l'ἐπέμβασις, le temps employé à parcourir un signe du Zodiaque. Saturne, par exemple, qui met 2 ans 1/2, a plus d'action comme chrono-crator général; Jupiter, qui emploie juste un an, vaut surtout comme chronocrator annuel. Avec Mars, les rétrogradations entravent le calcul; mais, en moyenne, il parcourt un signe en 3 mois; le Soleil, Vénus et Mercure, un signe en un mois : ce sont des types de chronocrators mensuels. Enfin, la Lune, qui franchit près de 30 degrés en deux jours, est le chronocrator journalier par excellence.

On voit comment Ptolémée a essayé d'incorporer l'une à l'autre la généthlialogie et la méthode des καταρχαί. Il consent à faire entrer dans le calcul des pronostics des influences échelonnées sur le parcours de la vie, mais en les supposant toutes condi-tionnées par le thème de géniture.

La difficulté de faire tenir tant de choses dans le thème de géniture suggéra l'idée d'une transaction qui fait la part très large aux opportunités tirées de l'état présent du ciel, non pas en abandonnant le thème de géniture, mais en le renouvelant tous les ans à l'anniversaire de la naissance [1]. Il était, d'ailleurs, .entendu que les pronostics tirés de ces thèmes annuels ne faisaient que révéler ce qui était implicitement contenu dans le thème de géniture. C'est ce qu'on appelle le système des « révolutions des nativités ». Je m'abstiens, par lassitude autant que par prudence, d'entrer dans l'analyse de cette construction effroyablement compliquée qui me paraît être de la scolastique astrologique, une série de manipulations verbales et numériques sans idées sous-jacentes. Je croirais volontiers que le prétendu « philosophe Hermès » [2] est un Oriental quelconque, dont l'originalité consiste peut-être à avoir défiguré par des contre-sens entassés l'un sur l'autre des bribes de doctrines prélevées sur des lectures incohé-

---

t. L'anniversaire est le moment où, l'année solaire étant révolue, le Soleil se retrouve à la position qu'il occupait au moment de la nativité. Année sidérale ou tropique, cela importait peu aux astrologues, qui prenaient pour guide le calendrier usuel.

2. Voy. *Hermetis philosophi de Revolutionibus nativitatum* (ed. Vuolfius, Basil., 1559, pp. 217-279). Je suppose que ce sont ces renouvellements et con-trôles du thème de géniture que l'annotateur de Paul d'Alexandrie (R 4 v.) appelle des ἀντιγενέσεις. A part cette mention problématique et de basse épo-que, je ne trouve pas trace du système dans les textes grecs publiés jusqu'ici.

rentes [1]. En revanche, il a une idée très nette du but à atteindre, d'un idéal qu'il croit naïvement avoir été réalisé autrefois, dans une espèce d'âge d'or, où la science éclairait les mystères de la nature et tournait au profit de l'homme la fatalité elle-même. « Les Babyloniens », écrit-il, « et les Perses et les Indiens et les « Égyptiens, aussi bien les rois que les particuliers, n'essayaient « pas d'entreprendre une affaire en une année quelconque avant « d'avoir examiné d'abord leur anniversaire de naissance ; et, s'ils « trouvaient que l'année était bonne, ils se mettaient à l'œuvre. « Dans le cas contraire, ils s'abstenaient. Quant aux rois, ils exa- « minaient les nativités de leurs chefs d'armée et observaient les « retours d'années, et s'ils trouvaient que pour l'un d'eux le retour « signifiait puissance et victoire, ils l'envoyaient contre les enne- « mis ; sinon, ils le laissaient de côté. Et ce n'était pas seulement « les nativités des généraux qu'ils observaient, mais aussi celles « des ambassadeurs, pour voir si leur anniversaire annonçait « un résultat prospère. Que s'il signifiait prospérité, ils les en- « voyaient : sinon, ils en nommaient à leur place d'autres dont « l'anniversaire présageait succès. De la même façon, tant les « rois que les particuliers se choisissaient d'après le retour des « années les médecines utiles, les aliments aussi et.les boissons, « les ventes et achats et toutes leurs initiatives ; et ils en usaient,

---

1. L'auteur est évidemment un Arabe, habitué à la polygamie (*augebuntur filii et uxores ejus*, p. 328[a], lig. 19. — *contristabitur propter mulieres proprias*, p. 238[b], lig. 27). Wolf pense que l'ouvrage, traduit en latin *incerto interprete*, a été lui-même traduit du grec. La chose est douteuse. En tout cas, l'Arabe serait responsable de la terminologie persane introduite dans l'ouvrage : v. g. *dominus anni, qui Persice dicitur Salchodac* (p. 219[a]), et les *Ferdariae* ou « chronocratories périodiques » — différentes des ἴδιαι περίοδοι des Grecs — pour les sept planètes et la Tête et la Queue du Dragon. On y trouve aussi des calculs *secundum opiniones Indorum* (pp. 260-263). Disons, pour donner une idée de ce fatras, que la méthode des « Révolutions annuelles » consiste essentiellement à comparer, à 18 points de vue (*significationes*), le thème de géniture avec le thème annuel, en prenant pour « lieu aphétique » ou Horoscope annuel le lieu où se trouve le chronocrator annuel. Sur ces 18 *significationes*, il y en a 5 pour le corps, 8 pour l'âme (est-ce un avatar du nombre 13 ?) : le reste, pour les *motus et operationes* résultant de la collaboration de l'âme et du corps (p. 219). Il y a à considérer le *dominus anni*, le *divisor* ou *dispositor*, le *particeps* ou *divisor ;* sept rapports de caractère entre le *divisor* et le *particeps ;* six modes généraux de transmission, subdivisés en vingt-quatre modes particuliers, d'un diviseur à l'autre, dans le courant de l'année ; le tout nuancé de combinaisons infinies avec les maisons, les ὅρια, les aspects, dignités, etc. Je suppose que l'auteur se comprend ; mais je ne tiens pas à m'en assurer. Cf. les καιροὶ δι'ἑπτὰ τρόπων imputés à Ptolémée (*Centiloq.*, 81), qui pourraient avoir quelque rapport avec la méthode susdite.

« laissant de côté ce qui devait leur nuire cette année-là. En
« effet, ils raisonnaient les choses et d'après leur propre nativité
« et d'après celle des autres. Les hommes ayant volonté de pro-
« créer des fils n'observaient pas seulement leur année propre,
« mais aussi celle de la femme; et, si l'une et l'autre figure
« signifiait procréation, ils cohabitaient avec elles. Autrement,
« ils en cherchaient d autres dont les nativités signifiassent
« enfantement de fils : aussi est-ce chose très utile et expédiente
« que l'étude des retours d'années » [1].

N'est-ce pas merveilleux, en effet, et sut-on jamais donner à
des inepties un tour plus raisonnable? Après tout, le rêve de
notre astrologue n'est pas si loin de celui de Platon ; ses compas
et ses barêmes remplacent la sagesse des magistrats philosophes
qui règlent, entre autres choses, la procréation des enfants dans
la *République*. A quoi n'arriverait-on pas avec de si savantes précautions, surtout si les chefs d'État avaient soin, comme le voudrait Proclus, de choisir, au moment de la σπορά, les âmes les
mieux trempées [2] !

Cette surveillance de la conception nous ramène à un sujet qui
avait aussi préoccupé les généthlialogues. Il y aurait eu une
lacune dans le système des καταρχαί si les astrologues n'avaient
pas étendu à la vie intra-utérine la domination et protection de
leurs chronocrators. Cette lacune fut comblée. Il dut y avoir bien
des tâtonnements, car le problème était ardu. Ni les physiologistes ni les astrologues ne s'accordaient entre eux sur la durée
de la gestation, et il était difficile d'intercaler entre des limites
flottantes des séries à nombre fixe, septénaires ou novénaires. Le
cycle septénaire était généralement trop court, et certains physiologistes, nullement fascinés par les vertus du nombre 7, l'écartaient sans discussion. La Tête et la Queue du Dragon n'étaient

---

1. Hermes, *De Revol. nativ.*, I, 4 (*Quantum antiqui utebantur Revolutionibus*), p. 213 Wolf. Cf. Hésiode (ci-dessus, pp. 460, 1. 466, 1) et S. Augustin : *unde
etiam illud a nonnullis praedicatur, quod quidam sapiens horam elegit qua
cum uxore concumberet, unde filium mirabilem gigneret* (Aug., *Civ. Dei*, V, 5).

2. Les sages de Platon sont devenus chez les néo-platoniciens des astrologues dirigeant la fécondation dans l'espèce humaine d'après l'état du ciel :
δεῖ τοίνυν τοὺς τῶν γάμων κυρίους τὸν καίρον αὐτῶν θηρᾶν, κατὰ μὲν τὴν ἀπλανῆ,
διά τε τῶν ὡροσκόπων καὶ τῶν τούτοις παρανατελλόντων ἀστέρων καὶ δεκανῶν. Ils
font le triage, ἔν τε ταῖς σπορίμοις ὥραις καὶ ταῖς ἀποκυητικαῖς, de ceux qui
sont destinés à commander ou à obéir, etc. (Proclus in *Anal. sacr.*, V, 2,
pp. 173-176 Pitra). C'est le châtiment des ennemis de la liberté humaine que
de se rencontrer tout naturellement avec les fous, et l'on sait si ce châtiment
a été épargné à Platon.

sans doute pas encore assez converties en planètes, au IVe siècle, pour entrer dans un cycle novénaire de planètes [1]. Le mieux était de s'en tenir aux sept planètes réelles, sauf à recommencer le cycle ou à l'allonger par des additions symétriques. Mais dans quel ordre ranger les planètes ? La théorie platonicienne de la génération recommandait, nous l'avons vu, l'ordre descendant ; et, d'autre part, l'ordre ascendant adopté pour les étapes de la vie après la naissance était applicable, pour les mêmes raisons, à la vie intra-utérine. Enfin, il pouvait se rencontrer des astrologues qui, prétendant savoir par les physiologistes dans quel ordre se forment les divers organes de l'embryon et connaissant les patrons astrologiques de ces organes, auraient institué de cette façon un ordre merveilleusement « naturel ».

Si les astrologues ont pensé à cette dernière combinaison, les textes dont nous disposons la sous-entendent sans l'affirmer explicitement. La série descendante, simplement allongée par un recommencement du cycle aux huitième et neuvième mois, se retrouve chez un auteur arabe [2], avec des raisons à l'appui, qui ne peuvent manquer d'être excellentes. Saturne, origine de la semence, la coagule d'abord par le froid. Jupiter donne le « souffle » et le mêle au corps ; Mars, le rouge Mars, produit le sang ; puis vient le Soleil, qui allume le feu vital, l'âme proprement dite. Au cinquième mois, Vénus donne le sexe ; Mercure, la

1. Cf. ci-dessus, p. 122, 1. L'ἀναϐιϐάζων (Caput Draconis) est noté dans le thème de Proclus (Marin., Vit: Procl., 35), né en 410. J'ignore si on peut remonter plus haut pour l'usage pratique.

2. Voy. le traité De Nativitatibus secundum Omar (pp. 118-141 Pruckner), lib. III, p. 141. L'auteur cite souvent Dorothée de Sidon, qui est probablement responsable du système. L'évolution de l'embryon par étapes planétaires paraît bien être donnée ici comme l'évolution physiologique. Le système descendant est présupposé par les chiffres que donne Proclus (in Anal. sacr., V, 2, p. 174 Pitra) pour les périodes durant lesquelles les planètes, au cas où elles seraient en mauvaise disposition, feraient périr l'embryon (ci-après, p. 510, 4), mais les cinq planètes seulement, les φῶτα mis à part. Il devait y avoir, dans cette théorie, deux cycles de cinq planètes pour dix mois, de façon que les enfants naissaient au septième mois dans la chronocratorie de Jupiter, au neuvième, dans celle de Vénus (deux planètes favorables), au lieu que Mars empêchait la parturition heureuse au huitième. La Lune et le Soleil sont des chronocrators généraux, dont l'ingérence embrasse toute la période. Le Soleil active le développement quand il est lui-même en αὔξησις, de ♎ à ♋ ; il le ralentit étant en μείωσις, de ♋ à ♎. Sur les étapes septénaires et le rythme pythagoricien de la vie intra-utérine, d'après Hippocrate, Straton, Dioclès, Varron et autres, voy. Censorin., De die nat., 6-12 ; Macrob., Somn. Scip., I, 6, 62-67 ; Vindiciani Gynaecia, pp. 446-455 V. Rose, etc. La foi à la vertu des nombres mystiques tient lieu d'observations difficiles à faire.

langue, au sixième mois. Enfin, au septième, quand la Lune, prototype des visages humains sans doute, a achevé son image, l'enfant peut naître viable. Au huitième mois, il retombe sous la domination de Saturne et mourrait en naissant [1]. Au neuvième mois, au contraire, le bon Jupiter le protège, et, comme dit l'astrologue musulman, « il vivra, si Dieu le veut ». Omar ne croit sans doute pas aux naissances du dixième mois, où l'on aurait affaire au terrible Mars. Il est vrai que, cette barrière franchie, on retrouverait au onzième mois le Soleil, capable de donner à l'enfant une provision d'énergie exceptionnelle.

Au point de vue de la logique spéciale des astrologues, le système se tient. De même, le système inverse, qui n'est pas tout à fait aussi cohérent, mais est construit d'une façon plus symétrique [2]. Le cycle septénaire en ordre ascendant y est enfermé entre un prologue dévolu à Saturne, le « père » [3], et un épilogue où la Lune reprend et achève son office de maternité. Donc, au deuxième mois, la Lune prend la succession de Saturne, qu'elle transmet à Mercure, et ainsi de suite. L'influence de Jupiter au septième mois et celle de Saturne au huitième explique, comme précédemment, la naissance des enfants viables dans le premier cas, non viables dans le second. Au neuvième mois, la Lune achève l'enfant et l'amène à la lumière. Elle se trouve tout installée pour prendre le patronage de la première enfance [4].

1. A moins, observe le docte Ciruelo (I, 3), qu'on ne soit en pays placé sous le patronage de Saturne. Je ne sais où ce docteur a trouvé que les enfants nés à dix mois *propter Martem sunt aliis robustiores,* et que l'enfant né au onzième mois (*unus inter multa milia*), sous le Soleil, *miraculo erit, nedum in nativitate, sed etiam in vitae qualitate.*

2. Anon., *Hermippus,* I, 14, pp. 21-22 Kroll.

3. Καὶ πρῶτον μὲν ὁ τῶν ἄλλων πρῶτος καὶ τὸν τόπον ἐπέχων τοῦ σπέρματος,

4. Καὶ ἐννάτη ἡ σελήνη, καθ' ἣν τελεσφορεῖται καὶ πρὸς φῶς ἐξείσιν. Ἐντεῦθεν αὕτη παραλαβοῦσα τὴν πρώτην ἐφορᾷ ἡλικίαν, ἄρχουσα καὶ τοῦ πρώτου ἐνιαυτοῦ (*ibid.*). L'auteur évite le terme de χρονοκράτωρ et emploie des expressions ᵛvagues : pour la vie intra-utérine, οἰκείαν δύναμιν ἐπιβάλλει, τὴν ἑαυτῆς ἐνίησι δύναμιν ; pour la vie consciente, le terme ordinaire est ἐφορᾷ. Le système des chrono-cratories intra-utérines permettait aux gens pieux d'adresser à qui de droit leurs prières pour l'heureuse issue de la gestation. On a déjà parlé du σπόριμον τρίγωνον de Proclus (ci-dessus, p. 383, 1) : ici, Proclus sait à quel moment peut nuire chaque planète : Κρατεῖ δὲ παρ' Αἰγυπτίοις λόγος, ὅτι τῶν πέντε πλανητῶν ἕκαστος, ἐν ταῖς σποραῖς κακωθείς, φθείρει τὰ σπέρματα · καὶ ὁ μὲν Κρόνος, ἐν τῷ πρώτῳ μηνὶ τῆς συλλήψεως · ὁ δὲ Ζεύς, ἐν ἑξήκοντα ἡμέραις · ὁ δὲ Ἄρης ἐν ἐνενήκοντα · ἡ δὲ Ἀφροδίτη, ἐν εἴκοσι καὶ ἑκατόν · ὁ δὲ Ἑρμῆς, ἐν πεντήκοντα καὶ ἑκατόν (cf. ci-dessus, p. 509, 2). Mais, comme les causes sont fatales, la prière ne suffisait pas à prévenir les effets : il y fallait la magie.

L'auteur ne paraît pas très sûr d'avoir de bonnes raisons, car il n'en donne guère. Il dit bien que Vénus au quatrième mois donne l' « impulsion physique », mais il serait peut-être embarrassé d'expliquer pourquoi l'intelligence représentée par Mercure est venue avant. Il n'en continue pas moins ses séries planétaires à travers la vie commencée à la naissance, et il se permet de remanier de fond en comble le *cursus vitae* ordonné par Ptolémée, avec la prétention de tenir compte « de la distance et de la période » de chaque planète « surveillante ». La première des sept périodes de l'existence est un septénaire parfait, présidé par la Lune et subdivisé en années dévolues successivement aux sept planètes dans l'ordre ascendant. Après, chaque période s'accroît d'une année et les subdivisions disparaissent. Aux sept années de la première enfance (ἡλικία βρεφική) succède l'enfance (παιδική), que Mercure surveille pendant 8 ans. L'adolescence (μειρακική) dure 9 ans sous Vénus ; l'âge viril (ἀνδρική), 10 ans sous le Soleil ; l'âge adulte (ἀκμαστική), 11 ans avec Mars ; l'ancienneté (πρεσβυτική), 12 ans avec Jupiter, et la vieillesse (γεροντική), 13 ans ou plus avec Saturne, qui ouvre et ferme le cycle, de la conception à la mort. La durée de la vie normale est donc de 70 ans. Si, comme l'assure l'auteur, elle est « mesurée dans les limites de l'hebdomade », il faut que ses septénaires soient en moyenne de 10 ans chacun. Il est, du reste, inutile de discuter avec ce gâte-métier, qui sort de l'école de Platon sans y être entré « géomètre » et semble même assez ignorant des « périodes » de révolution des planètes [1].

Nous sommes maintenant en mesure de comparer les deux applications de la méthode des καταρχαί, l'une indépendante de la généthlialogie, l'autre combinée ou juxtaposée, et de suivre le travail d'imagination qui s'est fait de l'une à l'autre et dans le domaine intérieur de l'une et de l'autre. Les καταρχαί universelles et banales partent du même principe que la généthlialogie : à savoir, que l'état présent du ciel influe sur l'œuvre présente et, à titre d'impulsion initiale, sur l'avenir. Mais on rencontre aussitôt le point de divergence. Les généthlialogues veulent : 1° que le

---

1. La série naturelle des nombres, de 7 à 13, représente évidemment pour notre auteur les distances des planètes et la durée de leurs périodes (κατὰ λόγον τοῦ διαστήματος καὶ τῆς περιόδου); il accommode à sa façon les tons de la lyre pythagoricienne. Il veut sans doute aussi que la septième soit l'octave; et, comme l'octave est le double de la tonique, il prétend que les 13 ans de Saturne sont le double des 7 ans de la Lune (ὡς τῇ μὲν πρώτῃ... ἔτη ἑπτὰ ἀπονενεμῆσθαι, τῇ δὲ τελευταίᾳ δὶς εἶναι τοσαῦτα).

pronostic ne soit pas au même moment le même pour tous les individus ; 2° que le pronostic porté lors de la naissance d'un individu contienne tout l'avenir de cet individu. Les « catarchistes » ont d'abord maintenu les thèses contraires, mais avec une hésitation de plus en plus accentuée, la nécessité de différencier les destinées s'imposant à eux avec la force de l'évidence. De là, les essais d'association entre les deux méthodes rivales et l'inextricable confusion qui en est résultée dans le cerveau des astrologues éclectiques. Dans cette confusion, catarchistes et généthlialogues ont oublié la raison d'être de leurs calculs, le point par où ils s'appuyaient sur un semblant de réalité : c'est à dire, l'état réel du ciel à un certain moment. Ce n'est pas la position réelle des planètes à un moment quelconque qui leur vaut le patronage des heures du jour et de la nuit ou des jours de la semaine : c'est un privilège mystique qui leur est dévolu une fois pour toutes, attribut divin, article de foi, fragment de théologie inséré dans l'astrologie. Il en va de même pour toutes les chronocratories attachées au point de départ pris dans la naissance ou la conception et réparties sur toute l'existence. L'idée que les positions ultérieures des planètes sont conditionnées par leur position dans le thème de géniture a pu servir à endormir les scrupules des généthlialogues ; mais c'était là une enseigne trompeuse : en fait, aucune de ces chronocratories ne correspond à une position prévue du chronocrator. Soit dans les cycles qui se déroulent mécaniquement par périodes, années, mois et jours, soit dans les étapes inégales de l'existence, la succession des planètes n'a rien à démêler avec leurs mouvements et positions astronomiques. On a peine à comprendre qu'un Ptolémée ait osé glisser ici la mention des « périodes propres » et couvert de son nom au moins une partie de ces constructions mystiques, complètement étrangères à l'astronomie.

Le cerveau des Arabes, fait pour croire et non pour comprendre, a dû être un terrain d'élection où l'inintelligible a fructifié au centuple : chez les Grecs, il ne semble pas que les systèmes de chronocratories aient jamais eu grand succès, ou un succès durable. D'autre part, la généthlialogie non seulement avait des exigences auxquelles il était le plus souvent impossible de satisfaire dans la pratique, — ne fût-ce que celle de l'heure exacte de la naissance, — mais, faite pour des consultations strictement individuelles, elle était d'utilité médiocre ou nulle quand il s'agissait de choisir des opportunités communes à plusieurs individus ou à des masses d'hommes, à un équipage qui s'embarque, à une arméé attendant le. moment de livrer bataille. Là; la méthode des καταρχαί sans mélange de généthlialogie reprenait tout l'avantage : elle. seule pouvait résoudre le problème en bloc et lutter sur ce terrain avec les augures, haruspices et autres confidents de l'avenir prochain. Elle supplantait même la généthlialogie sur son propre terrain, comme moyen plus court d'étudier plus à fond une particularité de la vie d'un homme marquant, vie mêlée à diverses circonstances extérieures et dont, au surplus, on ne connaissait pas le point de départ. L'astrologue découpait, pour ainsi dire, une tranche de la biographie du personnage en question, fixait l'opportunité de l'acte qui l'avait inaugurée et y trouvait de quoi motiver le dénouement, surtout si, le dénouement étant déjà connu, il ne s'agissait plus que de l'expliquer après coup.

Soit, par exemple, à expliquer pourquoi, sous le règne de Zénon, le préfet d'Égypte (*praefectus Augustalis*) Théodore, magistrat intègre et reconnu comme tel par les Alexandrins, n'en fut pas moins calomnié et condamné comme concussionnaire [1]. Cela tenait à l'état du ciel au moment où il avait inauguré sa charge, comme le prouve sa « Καταρχή » lorsqu'il entra à Alexandrie », le lundi 23 mars 487 de notre ère [2], à 1 h. 1/2 du jour. Le Soleil était en ♓ 26°, la Lune en ♑ 27°, Saturne en ♓ 11°, Jupiter en ♌ 27°, Mars en ♈ 25°, Vénus en ♓ 12°, Mercure en ♓ 23°, l'Horoscope en ♈ 26°, le MC. en ♑ 10°, le nœud ascendant (ἀναϐιϐάζων ☊) en ♓, la Fortune (⊕) en ♒ 27°.

« Considérez », dit l'astrologue, « que Mars était à l'Horoscope « et trônant (ἰδιοθρονοῦντα) [3], et visé en trigone par Jupiter et Sa- « turne ; Vénus et le sort de la Fortune avec le Bon Génie (ἀγαθο- « δαιμονοῦντας) [4] ; la Lune en culmination supérieure ; Jupiter et « Vénus, les patrons (κυρίους) de la ville [5], en ἐπαναφορά par rap- « port à l'Horoscope [6] : et vous trouverez les débuts de la magis- « trature beaux, commodes, dignes de tout éloge. Mais si vous

---

1. Extrait du *Cod. Parisin.* 2419 Omont, fol. 132 v. (cf. Engelbrecht, p. 19).

2. Date restituée, au lieu du 22 mars, qui serait un dimanche, par F. Cumont (*op. cit.*, p. 9, 4). Il faudrait aussi rectifier l'heure, car le Soleil marque 2 h. Enfin, l'*Angelicanus* ajoute, pour ☊ et ☋, des positions inacceptables.

3. C'est-à-dire qu'il a plus d'un titre de propriété, le Bélier en entier comme οἶκος, et les degrés 21-26 du Bélier comme ὅρια (ci-dessus, p. 244).

4. C'est-à-dire dans le XIe lieu (ci-dessus, p. 284).

5. Ingérence d'une opportunité locale, empruntée à l'apotélesmatique « catholique » (ci-dessus, pp. 368-371).

6. Les lieux V (Jupiter avec Ἀγαθὴ Τύχη) et XI (Vénus avec Ἀγαθὸς δαίμων) sont des ἐπαναφοραί.

« cherchez maintenant l'œcodespote [1] de la Fortune et de la
« Lune, vous trouverez Saturne déclinant (dans un ἀπόκλιμα) et
« tombé dans le malaise des lieux écliptiques [2] : c'est lui qui a
« produit la destitution avec violence. Ce qui a hâté le rempla-
« cement (de Théodore), c'est que Mars, l'Horoscope et la Lune
« se sont trouvés dans des signes à la fois tropiques et d'ascen-
« sion rapide (ὀλιγοαναφόροις). Sa condamnation est due en premier
« lieu au maître du sort de la Fortune en déclin; ensuite à Mars,
« qui, contenu un certain temps par Jupiter et Vénus apportant
« l'appui de la cité, s'est montré opiniâtre et violent, par nature
« et comme étant à l'Horoscope contre sa secte (αἵρεσις) [3]. »

Le règne agité de Zénon vit des événements plus importants
que la disgrâce d'un préfet d'Égypte. Le 27 juin 484, à la première heure du jour, le général Léontios se faisait « couronner »
empereur à Antioche [4]. Il avait pris la précaution de choisir son
jour d'après l'avis de deux astrologues (ἀπὸ δύο μαθηματικῶν λαβὼν
κατάρχήν), et pourtant sa chute suivit de près. C'est que les deux
astrologues avaient commis des bévues que relève tout à son
aise leur confrère Palchos, instruit par l'événement. Le Soleil
était en ♋ 26°, la Lune en ♋ 7° (?), Saturne en ♏ 15°, Jupiter
en ♋ 5°, Mars en ♋ 20°, Vénus en ♓ 27°, Mercure en ♌ 19°,

---

1. Au sens propre du mot (δεσπότης τοῦ οἴκου), ♄ ayant pour οἴκοι ♐ et ♒.

2. Ἐν πάθει τῶν ἐχλειπτικῶν ἐχπεπτωχότα : il est, en effet, voisin d'un nœud
de l'orbite lunaire, lieu des éclipses.

3. J'accommode ici le texte, qui est altéré par répétition de mots inutiles
et suppression de mots indispensables. Le témoignage favorable des Alexandrins a été indiqué en tête du document (ἄχλοπος ὢν καί φιλαλήθης καὶ μαρ-
τυρηθεὶς ὑπὸ τῆς πόλεως). On sait que Mars est occidental et nocturne
par αἵρεσις, tandis que l'Horoscope est toujours oriental et diurne. Palchos
en prend ici à son aise avec les principes. Mars devait être très affaibli, et
comme oriental malgré lui, et comme étant dans le Cancer, son ταπείνωμα.
Sans doute que, faible, il était d'autant plus perfide !

4. Dans notre document (ap. Fr. Cumont, op. cit. [voy. la Bibliographie],
pp. 8-9, et Cod. Florent., p. 107-108) le chiffre de « l'année de Dioclétien »
a disparu : j'emprunte la date 484 à Krumbacher (Gesch. d. Byz. Lit., 2e édit.,
p. 922). Enfin le titre Καταρχὴ Λεοντίου στεφθέντος ἐν 'Αντιοχείᾳ est
inexact, si Léontios a été « couronné » à Tarse avant d'entrer à Antioche
(Krumbacher, ibid.). Je laisse toute responsabilité à mon astrologue. Le Δαίμων est le κλῆρος Δαίμονος, pendant du κλῆρος Τύχης (ci-dessus, p. 295), mais
l'ὕψωμα γεννήσεως est une entité nouvelle pour moi. La « naissance » doit être
ici non pas la « géniture » (γένεσις) — dont il n'est nullement question —
mais la naissance du nouveau règne : et comme la case des honneurs est au
X° lieu, en culmination supérieure (ci-dessus, pp. 129, 1. 284. 371. 440, 2. 441,
1-2 ; cf. 443, 1), je croirais volontiers que ὕψωμα est ici l'équivalent et l'interprétation de μεσουράνημα.

l'Horoscope en ♋ 13°, le MC en ♈ [le quantième manque], le nœud descendant en ♑ 14°, le σύνοδος (lieu de la prochaine conjonction ou N. L.) en ♋, le sort de la Fortune en ♏ 17°, le Δαίμων en ♈, l' ὕψωμα γεννήσεως en ♈ également. « Ce qui a beaucoup séduit « ceux qui ont donné la καταρχή », dit notre critique, « c'est la « présence du Soleil, de Jupiter et de Mars à l'Horoscope, et « l' ἐπαναφορά de Mercure, et le fait que la Lune se trouvait en « Bonne Fortune (ἀγαθοτυχεῖν) par rapport à Saturne et à Jupiter[1]. « Mais ils n'ont pas fait attention d'abord à Mercure, chronocra- « tor du jour et de l'heure[2], qui se trouvait tombé en souffrance. « En effet, il était à sa plus grande distance du Soleil[3], ce qui « produit la mort violente, et il n'était en aspect qu'avec Saturne[4], « car Vénus ne pouvait pas à elle seule guérir sa souffrance, « attendu que le Soleil la frappait de son rayon[5]. D'autre part, « ils n'ont pas vu que la Lune, ici maîtresse du Soleil et de « l'Horoscope et de Jupiter et de Mars et de la conjonction[6] était « elle-même humiliée et mal en point. Pourtant, le fait qu'aucun « des aspects (heureux?) ne se rencontrait ne suffisait pas à « détruire l'effet de la réunion du Soleil, de l'Horoscope et de

1. J'avoue que je suis ici à court et ne vois aucune explication possible si on maintient la position de la Lune (♋ 7°) donnée dans le texte. L'auteur semble s'ingénier à enfermer dans des verbes de sens courant des allusions à des lieux astrologiques qui ne sont pas réalisés. La Lune ne peut pas être à la fois au Ve lieu (Ἀγαθὴ Τύχη) et au XIIe (Κακὸς Δαίμων), et ἀγαθοτυχεῖν πρὸς Κρόνῳ καὶ Διί ne peut indiquer une même position par rapport aux deux planètes, dont l'une est à côté de la Lune et l'autre au cinquième signe en arrière. Le Soleil, Jupiter, Mars et l'Horoscope, étant dans le Cancer, sont bien dans la maison de la Lune ; mais, si la Lune y est aussi, comment peut-elle être ταπεινουμένη καὶ κακοδαιμονοῦσα? Et comment l'astrologue n'a-t-il pas fait remarquer qu'elle est dans sa propre maison ? Le thème deviendrait à peu près intelligible si l'on plaçait la Lune dans le Scorpion, qui est, par position, au Ve lieu, en Ἀγαθὴ Τύχη, mais, comme signe, est le ταπείνωμα de la Lune. Seulement, la citation de Dorothée montre que la Lune devait être κέντροισιν ἐνὶ πρώτοισι, c'est-à-dire à l'Horoscope ou en MC. Enfin, le Soleil en ♋ 26° n'est pas encore levé, de sorte que l'on se trouve non pas à la première heure du mercredi, mais à la douzième heure de nuit du mardi, heure dominée par Vénus. Tous ces textes sont en piteux état.

2. Ce jour étant un mercredi, Mercure était πολεύων (chronocrator du jour) et διέπων (chronocrator ὥρας ἀρχομένης α').

3. Il était à 23° du Soleil, maximum de son élongation : *nunquam ab eo XXIII partibus remotior, ut Cidenas et Sosigenes docent* (Plin., II, § 39).

4. Et en aspect quadrat (approximativement), étant à 86° l'un de l'autre.

5. C'est l' ἀκτινοβολία (ci-dessus, p. 248), exprimée ici par le terme ἐπεμβό-λ ε ι γὰρ αὐτῇ ὁ Ἥλιος.

6. La σύνοδος va se produire quand la Lune aura franchi les 19 degrés qui la séparent du Soleil et l'espace parcouru dans le même temps par le Soleil.

« Jupiter. Mais comment ont-ils pu oublier le chapitre de Doro-
« thée où il est dit : Observe et le grand Soleil et la rapide
« Lune, et les rois des maisons dans lesquelles sont entrés les
« deux luminaires, et ensuite l'Horoscope et le signe qui, au plus
« haut de l'éther, touche et environne le milieu du ciel, et lequel
« de ces lieux occupe la Lune, et aussi quel est son maître (ἄναξ),
« et si celui-ci se trouve dans les déclins (ἀποκλίματα). Car si elle
« se trouve dans les premiers centres, elle manifestera une action
« propice et brillante; mais ensuite, elle trompera, et le dénoue-
« ment sera une ruine complète ».

Léontios, bloqué dans la forteresse de Papyrion en Isaurie, fit
— avant de périr lui-même — trancher la tête de son conseiller
Pamprépios, qui était probablement l'un des deux astrologues
responsables des pronostics si tristement démentis. Comme toujours, la foi astrologique est ici lavée de tout reproche et la
faute rejetée sur l'impéritie des interprètes de la καταρχή, qui,
entre autres oublis, n'avaient pas tenu compte des chronocratories et des « souffrances » de Mercure !

Nous en aurions fini avec les καταρχαί, pures ou mélangées de
généthlialogie, s'il n'était à propos de considérer à part une
application spéciale de toutes les ressources de l'art à une question intéressante et populaire entre toutes, la guérison des
maladies.

CHAPITRE XV

LA MÉDECINE ASTROLOGIQUE

Il est un chapitre des κατάρχαί que Ptolémée a laissé complètement en dehors de son astrologie scientifique ; c'est la médecine
dirigée suivant les opportunités astrales ou « iatromathématique ». Il renonçait par là à flatter l'espérance qui entretient le
plus sûrement la foi des croyants, qui la ferait naître au besoin
et qui, de son temps, assurait encore la vogue des oracles médicaux. Ce n'est pas qu'il crût le fatalisme astrologique incompatible avec la médecine, car il la cite précisément comme exemple
de ce que l'homme peut faire pour restreindre la part de la
fatalité dans son existence, et il classe la médecine astrologique
parmi les bienfaits de la science des astres. Seulement, il laisse
aux « Égyptiens, qui ont fait faire le plus de progrès à cette
branche de l'art », le soin d'enseigner et d'appliquer ces utiles
conséquences de la doctrine [1]. Il renonce à faire concurrence aux
Pétosiris et aux Néchepso, qui avaient amplement pourvu le

---

1. Καὶ οἱ μάλιστα τὴν τοιαύτην δύναμιν τῆς τέχνης προαγαγόντες Α ἰ γ ύ π τ ι ο ι
συνῆψαν πανταχῆ τῷ δι' ἀστρονομίας προγνωστικῷ τὴν ἰ α τ ρ ικ ή ν. Οὐ γὰρ ἄν ποτε
ἀποτροπιασμούς τινας καὶ φυλακτήρια καὶ θεραπείας συνίσταντο, πρὸς τὰς ἐκ τοῦ
περιέχοντος ἐπιούσας ἢ παρούσας περιστάσεις καθολικὰς καὶ μερικάς, εἴ τις αὐτοῖς
ἀκινησίας καὶ ἀμετατρεψίας τῶν ἐσομένων ὑπῆρξε δόξα (*Tetrab.*, I, 3, p. 56 Junctinus). Cf. Anon., p. 15. Ptolémée se couvre ici d'une autorité dont il fait peu
de cas quand il n'en a pas besoin. La réputation médicale des Égyptiens était
déjà faite au temps d'Homère (*Odyss.*, IV, 229-232). Thot était censé avoir
rédigé, *ne varietur*, les préceptes de l'art : ou bien c'était Isis qui les avait
enseignés à Horus. Il est question d'un livre sacré : βίβλος ἱερά, καλουμένη
ἀ μ 6 ρ, ή ς, d'après lequel on jugeait si le malade guérirait ou non, et cela ἐκ
τῆς κατακλίσεως τοῦ ἀρρώστου (Horapoll., I, 38). Cette indication ne suffit pas
pour décider si ce grimoire était astrologique. Il fallut, en tout cas, pour
opérer la soudure de l'astrologie avec l'ancienne médecine, invoquer de même
des révélations divines. Les papyrus du Fayoûm ont ajouté de nouveaux
fragments de traités médicaux remontant à la XIIᵉ dynastie (cf. G. Maspero,
Journal des Savants, avril 1897, février et mars 1898).

monde de pronostics médicaux et de recettes propitiatoires. Dans
le cours de son ouvrage, à propos des infirmités et maladies
corporelles, il fait allusion aux remèdes, les uns révélés, les
autres naturels, qu'appelle l'influence de Vénus (la religion) et
de Mercure (la science) [1]; mais il passe aussitôt à d'autres idées.
Il a cependant exposé, à ce propos, le canevas de l'iatromathématique, c'est-à-dire l'anatomie et la physiologie à rapports planétaires, comme d'autres ont décrit la mélothésie zodiacale.

Sur la question d'origine, les témoignages sont unanimes :
l'iatromathématique a été l'invention propre et est restée, ou peu
s'en faut, le monopole des « Égyptiens ». Mais de quels Égyptiens ?
Nous n'aurions plus besoin aujourd'hui de témoignages exprès [2]
pour deviner que les prêtres égyptiens, comme leurs congénères
en tout pays de civilisation rudimentaire, ont été des sorciers,
envoûteurs et guérisseurs, fabricants d'amulettes et de phylactères, connaissant les propriétés occultes des pierres et des
plantes. Mais il s'agit de savoir quand s'est produite la soudure
de cette magie archaïque avec l'astrologie, combinaison qui
constitue l'iatromathématique.

On avait cru trouver dans le tombeau d'un Pharaon Rames-
side [3] la preuve que, dès le xie siècle avant notre ère, les diverses
parties du corps humain avaient été mises en rapport avec les
constellations qui se lèvent durant les heures du jour et de la

1. Jupiter assisté de Mercure dissimule les infirmités et guérit les maladies
φαρμακείαις ἢ ἰατρῶν ἀγαθῶν ἐπικουρίαις. Ὁ δὲ τῆς ♀, διὰ προφά-
σεως θεῶν καὶ χρησμῶν, τὰ μὲν σίνη τρόπον τινὰ εὔμορφα καὶ ἐπιχαρῆ
κατασκευάσει, τὰ δὲ πάθη ταῖς ἀπὸ θεῶν ἰατρείαις εὐπαρηγόρητα (Tetrab.
III, 11, p. 266 Junctinus: cf. ci-dessus, p. 432). Le scoliaste avertit qu'il s'agit de
l'incubation usitée dans les temples (cf. Hist. de la Divin., III, pp. 271-307).

2. Diodore (I, 82) assure que les médecins égyptiens, payés par l'État,
devaient, sous peine de mort, prendre leur ordonnance dans un Codex officiel
(τοῖς ἐκ τῆς ἱερᾶς βίβλου νόμοις ...ἀκουλουθήσαντες: cf. ci-dessus, p. 517, 1).
Quand donc l'Égypte a-t-elle été centralisée à ce point? Ce « Livre Sacré » a
peut-être été imaginé par les gens qui signaient Néchepso et Pétosiris. Les
Hermétiques en possédaient un de leur fabrication (ci-dessus, pp. 230, 3. 316,4-5),

3. Il s'agit du plafond sculpté découvert en 1829 dans le tombeau d'un
Ramsès (IV suivant Champollion et Ideler — IX suivant Lepsius). Il y a
24 tableaux des 24 heures de jour et de nuit (un par demi-mois), et, au bas de
l'ensemble, une figure humaine dont les membres se trouvent à l'aplomb de
sept lignes verticales indiquant chacune une avance d'une heure dans le lever
des constellations. Les membres tiennent lieu de numéro d'ordre pour désigner
les lignes, qui se succèdent dans l'ordre suivant ; VII, Coude gauche; VI,
Oreille gauche; V, Œil gauche; IV (ligne médiane), Cœur; III, Œil droit; II,
Oreille droite; I, Coude droit. (Voy. sur la question R. Lepsius, Einleit. zur
Chronol. der Aegypter, pp. 109-110).

nuit, ce qui eût été un tableau d'opportunités ou ϰαταρχαί médicales. Mais il a été reconnu depuis qu'on a affaire à une espèce de barême astronomique — et non astrologique — indiquant l'heure du lever des constellations, de quinze jours en quinze jours. Nous sommes aussi en droit d'éliminer comme apocryphes les livres écrits sous le nom de Pythagore ou de Démocrite, soi-disant héritiers de la « science égyptienne » : tous les moyens étaient bons aux astrologues pour capter la confiance des gens qui voulaient appuyer leur foi sur des traditions et révélations éprouvées par l'expérience des siècles [1].

Nous retombons toujours, en fin de compte, sur les deux colonnes de l'astrologie égyptienne, Néchepso et Pétosiris, c'est-à-dire sur les livres pseudépigraphes qui, aux abords de notre ère, ont introduit avec éclat, dans le monde gréco-romain déjà à demi conquis par les « Chaldéens », la concurrence des prétentions de l'Égypte. Cette compilation, une fois connue comme le réceptacle de la science égyptienne, dut se grossir elle-même de suppléments ajoutés au fur et à mesure par tous ceux qui avaient une idée quelconque à mettre en circulation sous la garantie des révélations faites à Néchepso et Pétosiris par les dieux Hermès (Thot) et Asklépios [2]. Asklépios était spécialement responsable des recettes

---

1. *Pythagoras, aegyptiae scientiae gravis auctor, scribit singula nostri corporis membra caelestes sibi potestates vindicasse : unde fit ut aut contrariis quibus vincuntur, aut propriis quibus placantur, conemur.* Passe encore pour Pythagore; mais Démocrite endosse la responsabilité des recettes les plus ineptes : *certanas [febres] Saturni filias affirmavit antiquitas : in quarum curatione Democritus inquit pollutione opus esse, ut sunt caedis culpae et menstruae mulieris*, etc. De même pour l'*epilempsin, quam ieran noson appellavere* (Theodor. Priscian., pp. 250-251 Rose). Pline ne tarit pas sur les études magiques, ou botano-magiques, de Pythagore (XXIV, §§ 156-159 ; XXV, § 13; XXX, § 9) et de Démocrite (*ibid.*) : il refuse de croire apocryphes des livres que Démocrite était censé avoir trouvé dans le tombeau de Dardanus (XXX, § 9), et il croit faire preuve d'esprit critique en disant que le médecin Cléemporos n'aurait pas voulu mettre sous le nom de Pythagore un traité dont il eût été lui-même l'auteur (*quod fecisse Cleemporum, cum alia suo et nomine ederet, quis credat?* XXIV, § 159). A. Gelle (X, 12) proteste contre la crédulité de Pline, et Columelle (VII, 5) cite un certain Bolus de Mendes comme l'auteur des ὑπομνήματα attribués à Démocrite. Rien n'y fit : Démocrite devint le grand docteur de la magie. Pline savait au moins que la médecine avait été magique avant de devenir astrologique (XXX, § 2, cf. ci-dessus, p. 37, 1). Les astrologues auraient pu tout aussi bien réclamer pour eux Hippocrate, qui, à cause de l'influence des saisons sur le corps, trouve l'astronomie très utile à la médecine (οὐκ ἐλάχιστον μέρος ξυμβάλλεται ἀστρονομίη ἐς ἰητρικήν, ἀλλὰ πάνυ πλεῖστον. *De aer. aq. locis*, c. 2).

2. Asklépios est le confident ordinaire de l'Hermès égyptien.

médicales, dont la rédaction paraît avoir été attribuée, spécialement aussi, au « roi Néchepso » [1].

Avant d'analyser les débris de la science iatromathématique,
qui est une combinaison d'astrologie et de magie, il est bon de
séparer les idées qui y sont confondues et de faire la part de
l'astrologie proprement dite.

Réduite à ses propres ressources, l'astrologie ne pouvait déve-
lopper qu'une partie de la médecine, celle qui intéresse le moins
le malade, l'art de porter le diagnostic et le pronostic. Son office
propre était de voir dans le passé, de prévoir dans l'avenir : sa
logique fataliste lui interdisait de chercher les moyens de déranger l'avenir prévu, de travailler à infirmer ses propres prédictions. La généthlialogie surtout devait s'y refuser, ses calculs
sur la durée de la vie, par exemple, devenant tout à fait aléa-
toires, si la médecine intervenait pour reculer — ou, au besoin,
pour avancer — les échéances. D'autre part, les astrologues ne
tenaient pas à pousser jusqu'au bout la logique de leur système,
qui eût fait passer leur art non seulement pour immoral, mais
pour inutile. De là un certain embarras auquel s'est soustrait
Ptolémée en faisant une courte allusion à la médecine et en se
dispensant de traiter des *climatères*. La théorie des climatères,
années, jours ou heures de crise, est la part contributive de la
généthlialogie à la médecine astrologique. Nous y reviendrons
tout à l'heure. Les manipulateurs de καταρχαί étaient infiniment
plus à l'aise pour donner satisfaction aux gens désireux non seulement de prévoir les maladies, mais de les guérir quand elles
étaient arrivées. Ils pouvaient non pas formuler des recettes
thérapeutiques, — ce à quoi l'astrologie non adultérée ne suffit
pas, — mais indiquer les occasions opportunes d'appliquer telle
sorte de remèdes, comme aussi les contre-indications, d'après
l'état actuel des positions astrales [2].

---

1. E. Riess (*Nechepsonis et Petosiridis fragmenta magica* [Bonnae, 1890])
fait remarquer que les citations de recettes iatromathématiques sont toujours
mises sous le nom de Néchepso. Galien citant ce que ὁ βασιλεὺς Νεχεψὼς
ἔγραψεν ἐν τῇ τεσσαρεσκαιδεκάτῃ βίβλῳ (Galen., c. XII, p. 207 Kuhn), on se
demande si ce XIVᵉ livre est le quatorzième de l'ouvrage entier de Néchepso
et Pétosiris, ou le quatorzième de la partie iatromathématique. La question,
résolue dans le premier sens par Riess, nous importe peu, car bien des plumes
ont travaillé à l'abri de ces signatures. Les faussaires ont même essayé de
ramener le tout à l'unité en faisant de Pétosiris le maître et de Néchepso le
disciple (voy. ci-après), ou en remontant directement à Hermès Trismégiste.

2. N. Pruckner assure qu'il publie Firmicus et des traités d'*electiones* (καταρχαί) par pitié pour les malades, que tuent des médecins ignorants de

Nous nous retrouvons en présence de deux systèmes astrologiques que nous connaissons, de deux conceptions distinctes qui, comme toujours, devaient se pénétrer, se défigurer l'une par l'autre et s'infuser, ainsi obscurcies, dans l'innommable mixture qui constitue l'iatromathématique. Examinons-les, en commençant par la plus simple, l'application des initiatives générales ou universelles à la médecine.

On rencontre dans tous les traités de καταρχαί au moins un chapitre intitulé soit « des Maladies », soit « des Opérations chirurgicales ». La Lune est d'ordinaire l'astre indicateur. Elle passait pour avoir une influence immédiate sur le corps en général et particulièrement sur les humeurs, soumises à une sorte de flux et de reflux avec le cours et le décours de la Lune [1]. Le pronostic — il n'est pas question d'autre chose jusqu'ici — se tire de la position de la Lune soit par rapport aux signes du Zodiaque, soit par rapport aux planètes. Quant il s'agit de maladies, c'est au début, au moment où le malade prend le lit, que se porte le pronostic concernant la gravité, la durée, l'issue de la maladie [2].

La combinaison de la Lune avec les signes est relativement simple, et les astrologues qui distinguent les « jours » ne la compliquent pas beaucoup, attendu que la Lune ne reste pas plus de deux jours dans le même signe. En règle générale, chaque signe menace la partie du corps à laquelle est attaché son patronage dans la mélothésie. Ainsi, les gens qui tombent malades quand

---

l'astrologie. Il cite le cas d'une hernie opérée par un chirurgien *Tauro ascendente, cujus domini Venus et Luna eo tempore infortunati erant.* Cinq jours après, le patient était mort; comme lui, Pruckner, l'avait prévu (*Praef.*). Cardan (p. 380) raconte que, atteint de polyurie, à l'âge de trente-six ans, par suite d'un climatère saturnien, il serait mort s'il avait écouté les géns, ignares en astrologie, qui voulaient traiter par des réfrigérants une affection causée par le froid de Saturne.

1. Voy. ci-dessus, pp. 91. 109. 288. 293, 1. 427. En général, ἡ σελήνη δηλοῖ τὰ τοῦ σώματος, et en particulier, les ὑγρότητες τῶν σωμάτων croissent jusqu'à la P. L. (Ps.-Ptol., *Centiloq.*, 61 et 56). Αὕτη γάρ, ὡς πολλάκις εἰρήκαμεν, τοῦ πάντος σώματός ἐστι κυρία (Anon., p. 140). *Gentiles credebant ex Sole habere spiritum, ex Luna corpus* (attribué à S. Luc, Theodor. Priscian. Addit., p. 463 V. Rose). Quand même, l'entrée du Soleil dans les signes indiquant simplement les saisons, les astrologues dédaignent et laissent à la médecine vulgaire ce genre de considérations.

2. Voy. Maxim., VI, Περὶ νόσων, v. 141-275 (pp. 15-23 Ludw.), et l'analyse (pp. 87-89). Voici le précepte, sous sa forme la plus générale, théorie et pratique : ἐξετάζειν οὖν δεῖ τὴν ἡμέραν καὶ τὴν ὥραν τῆς κατακλίσεως, καὶ συνορᾶν τὸν κόσμον, πῶς διακεῖται; χωρὶς γὰρ τῆς κοσμικῆς συμπαθείας τοῖς ἀνθρώποις οὐδὲν ἐπιγίνεται (Herm. Trism. ap. Ideler, I, pp. 396 et 440).

la Lune est dans le Bélier ne courent pas de danger, à moins qu'ils ne soient céphalalgiques. Le Taureau est bénin aussi, sauf pour les angines ; comme le Cancer, sauf pour les maladies de poitrine ; ou les Poissons, sauf pour les podagres. Outre la correspondance des signes et des parties du corps, il y a aussi à considérer le tempérament du signe. Le Verseau, par exemple, n'est dangereux qu'en cas d'hydropisie. L'astrologue établit un pronostic spécial, à chaque signe, pour les accouchements prématurés, classés parmi les maladies et rarement sans danger, toujours mortels dans la Balance, qui sans doute ne tolère pas les erreurs de compte. La durée des maladies se préjuge principalement d'après l'ἀναφορά des signes, les uns à marche rapide, les autres à marche lente [1]. Les règles d'ailleurs ne vont pas sans exceptions capricieuses : tel signe, qui est favorable le premier jour, est dangereux le second, ou inversement.

Par rapport aux planètes, la Lune n'est considérée que dans ses contacts (συναφαί). Il va sans dire que, avec Jupiter, Vénus ou Mercure, elle allège et abrège les maladies, qui deviennent douloureuses et interminables avec Mars et Saturne [2]. Pour les avortements, le contact avec n'importe quelle planète est fâcheux : il vaut mieux que la Lune coure à vide (κενοδρομία) [3].

Le chapitre de la chirurgie [4] est consacré presque exclusivement aux contre-indications. Il ne faut faire d'opérations ni quand la Lune est dans les signes tropiques, ni quand elle est dans le Taureau, le Capricorne ou la Vierge [5], ni quand elle est

---

1. C'est là pour ainsi dire un principe de sens commun en astrologie savante. Pourtant, Maxime ne paraît pas en avoir une idée bien nette, et même il nie la règle en disant que le malade qui se couche dans le premier jour des Gémeaux sera longtemps éprouvé, tandis que celui qui tombe au second jour sera guéri au bout de trois jours. Sans doute affaire de degré, de sexe, de plein ou vide du dit degré, d'après un système quelconque (cf. ci-dessus, p. 235). Cependant, il place des maladies qui deviendront chroniques — à moins qu'elles ne passent tout de suite ! — dans la Vierge et la Balance, les signes βραδυανάφορα par excellence.

2. Il faut dire que Saturne et Mars sont moins méchants quand ils sont dans leur αἴρεσις, le premier à l'Orient, l'autre à l'Occident : Τὰ τοῦ ἀνατολικοῦ ἀρρώστου οὐ βλάπτει τοσοῦτον ὁ Κρόνος, ὥσπερ οὐδὲ ὁ Ἄρης τὸν δυτικόν (Ps. Ptolem., Centiloq., 92). Quelle langue ! On peut aussi bien comprendre « pour un malade oriental », etc.

3. Voy. ci-dessus, p. 255.

4. Maxim., VII, Περὶ τομῆς καὶ χειρουγίας, v. 276-319 (pp. 23-26 Ludw.) et analyse (pp. 89-90).

5. Notre versificateur ne s'aperçoit pas que le Capricorne compte déjà parmi les signes *tropiques*. Ceux-ci sont mauvais par définition quand on vise

nouvelle ou pleine, ni quand elle est en conjonction ou contact avec Mars ou Saturne. Avec le premier, il y aura des hémorragies, ou il faudra recommencer l'opération ; avec le second, les suites seront longues et la terminaison funeste. Le chirurgien qui veut réussir doit choisir le moment où la Lune étant en décours, de préférence après le D. Q., se trouve en contact avec Jupiter ou Vénus. A défaut de contact avec la Lune, les planètes collaborantes produisent le même effet quand elles sont à l'Horoscope. On s'étonne de ne pas voir utilisée ici la mélothésie zodiacale, qui fournit une règle des plus simples : ne pas toucher avec le fer un membre quelconque pendant que la Lune occupe le signe correspondant [1].

En dehors de la chirurgie, qui appartient à la thérapeutique, la thérapeutique médicale est à peu près absente des textes susvisés. A peine rencontre-t-on çà et là quelques conseils sur l'opportunité de certains remèdes. Maxime conseille de « purger le ventre » en toute hâte, lorsqu'une maladie débute au moment où la Lune est dans le Lion, qui correspond au ventre [2]. Tel autre avertit que les purgations ont moins d'effet quand la Lune est en conjonction avec Jupiter [3]. Un autre, qui peut être fier de sa découverte, réfléchit que, quand la Lune est dans un « signe ruminant » ou en conjonction avec une planète rétrograde, le purgatif doit cheminer à rebours et faire l'effet d'un vomitif [4].

Toutes ces bribes de théories, épaves de systèmes faits ou ébauches de systèmes à faire, dispersent et fatiguent l'attention. Il

---

un résultat sûr et stable. En généthlialogie, la Lune dans un signe tropique ou équinoxial produit des infirmités (Anon., p. 141) : on comprend qu'elle n'y soit pas opportune en καταρχαί.

1. Μὴ ἄψη μορίου σιδήρῳ τῆς Σελήνης ἐπεχούσης τὸ ζώδιον ὃ κυριεύει τοῦ μορίου ἐκείνου (Ps. - Ptolem., *Centiloq.*, 20). La mélothésie zodiacale a été largement exploitée au moyen âge, sans doute d'après des traditions anciennes, dont on retrouvera les traces. Règle générale : que la Lune ou l'Horoscope du moment soit dans un signe sympathique à l'organe malade. Il y a des signes pectoraux (♋ ♌), intestinaux, etc. Les signes aqueux favorisent les purgations ; les signes « terriens » arrêtent les flux de ventre, et ainsi de suite ; le tout en tenant compte des aspects, domiciles, et de toutes les formes de collaboration.

2. Δεῖ οὖν κενῶσαι τὴν γαστέρα ταχέως (p. 87 Ludw.).

3. Ἀμβλύνεται ἡ τοῦ καθαρσίου ἐνέργεια, τῆς Σελήνης συνοδευούσης τῷ Διί (Ps.-Ptolem., *Centiloq.* 19).

4. Précepte recueilli par l'Hermétique de basse époque qui cite parfois les Arabes (*Centum Aphorismi*, 74, p. 842 Junctinus). D'après le *Centiloquium* (21), le purgatif est vomi quand la Lune est dans le Scorpion ou les Poissons, καὶ τοῦ κυρίου τοῦ ὡροσκόπου συνάπτοντος ἄστρῳ ὑπὲρ γῆν ὄντι. La Lune au-dessus de l'horizon attire en haut les humeurs à évacuer.

fallait aux praticiens des guides donnant en raccourci des règles pour le diagnostic, le pronostic et la thérapeutique. Nous en possédons un, en deux rédactions différentes, mis sous le nom d'Hermès Trismégiste et adressé par le dieu à son compatriote l'Égyptien Ammon [1]. Le médecin doit prendre l'heure exacte de l'alitement et savoir où est la Lune, dans quel signe, dans quel rapport avec les planètes, et spécialement si elle est en aspect diamétral ou quadrat avec une planète malfaisante ; enfin, si elle est en cours ou en décours, car la maladie croît et (quand elle doit se terminer heureusement) décroît avec elle. Comme il y a deux planètes malfaisantes, l'une froide ($\hbar$), l'autre chaude (σ), il y a en gros deux espèces de maladies, les humeurs froides et les inflammations. L'adjonction de Mercure à Saturne et du Soleil à Mars permet déjà de nuancer l'étiologie générale, qui sert aussi de règle générale pour la thérapeutique. Celle-ci suit la méthode des contraires, opposant les médicaments de nature martiale et solaire, les « échauffants » (θερμαίνοντα), aux maladies saturniennes ou mercurielles, et inversement.

Étiologie, diagnostic, pronostic, thérapeutique se précisent par la considération des signes et des aspects formés entre la Lune et les planètes. Notre hermétique dresse un calendrier sommaire, dans lequel sont visés, pour chaque mois, les rapports de la Lune d'abord avec Saturne, puis avec Mars ; l'une ou l'autre planète étant « en opposition ou quadrature ou conjonction », et la Lune, de son côté, croissant ou décroissant, soit en « nombres », soit en « lumière » [2]. A ces données s'ajoute, pour accroître le nombre des variables, l'absence ou le concours de planètes bienfaisantes en aspect efficace, ou, au contraire, la collaboration possible des deux planètes malfaisantes. Voici un échantillon de ce genre de consultation : « Si quelqu'un s'alite, la Lune étant « dans le Bélier, Saturne étant en opposition ou quadrature ou « conjonction avec elle, surtout si elle diminue en nombres et

---

1. Ἰατρομαθηματικά Ἑρμοῦ τοῦ Τρισμεγίστου πρὸς Ἄμμωνα Αἰγύπτιον et Ἑρμοῦ τοῦ Τρισμεγίστου περὶ κατακλίσεως νοσούντων Περιγνωστικά, ἐκ τῆς μαθηματικῆς ἐπιστήμης, πρὸς Ἄμμωνα Αἰγύπτιον. Les deux rédactions dans Ideler, *Physici et medici graeci minores*. Berolin. 1841, t. I, pp. 387-396 et 430-440. Cf. les textes analogues, Περὶ κατακλίσεως, dans l'*Appendix* des *Codices Florentini* (pp. 118-124).

2. Remarquer que l'auteur distingue entre le cours et le décours d'une part, d'autre part, la marche additive (dans le sens du mouvement propre des planètes) et soustractive (dans le sens du mouvement diurne). Rappelons que la lune croît et avance de la N. L. au P. Q., croît et rétrograde du P. Q. à la P. L., décroît et rétrograde de la P. L. au D. Q., décroît et avance du D. Q. à la N. L.

« faiblit en lumière, la maladie commence par refroidissement,
« et ceci se connaîtra à la tête. Car il y aura lourdeur de ce côté
« et sur les yeux,... pouls faible et irrégulier,... face tirée, extré-
« mités froides, lipothymie, anorexie et sueurs intempestives. Il
« conviendra d'employer les échauffants, les remèdes propres à
« détendre et à relâcher le ventre ; la saignée est sans utilité. Si
« aucune planète bienfaisante ne s'associe avec la Lune par aspect
« quadrat ou diamétral, le malade ne résistera pas, mais mourra.
« Avec un concours bienfaisant, au bout d'un certain temps, il
« guérira... Si Mars occupe aussi le même aspect par rapport à
« la Lune, le malade mourra infailliblement [dans le laps de
« temps qui va de là] jusqu'au diamètre ».

« Si quelqu'un s'alite, la Lune étant dans le Bélier et dans les
« aspects susdits avec Mars et le Soleil, la maladie viendra de la
« tête, et ceci se reconnaîtra à ce que les méninges sembleront
« paralysées. Il y aura et fièvres contenues, et insomnie, et bouche
« brûlante, et soif immodérée, et langue trouble, inflammations de
« la poitrine et suppuration du foie, pouls dur et irrégulier. Pour
« ceux-là, la saignée sera utile et les applications de tous remèdes
« propres à refroidir et lénifier. La maladie sera délire et frénésie.
« Si aucune planète bienfaisante n'assiste la Lune et si Saturne
« s'en mêle, un malade de cette sorte mourra au diamètre ou à
« la quadrature, surtout si la Lune avance sur les nombres. Mais
« si une planète bienfaisante regarde la Lune, après avoir couru
« le danger, il en réchappera » [1].

On pouvait aussi appliquer aux maladies une méthode qui a
déjà été signalée comme d'usage courant dans les « interrogations » et qui fournissait réponse à tout [2]. On obtenait ainsi des
renseignements de toute sorte, même, si on le jugeait à propos,
sur le médecin. Par exemple, le médecin étant représenté par
l'Horoscope et la médication par le IMC., « si une planète malfai-
« sante est à l'Horoscope et une bienfaisante en IMC., cela montre
« que le premier médecin, si entendu qu'il soit, ne pourra aucu-
« nement soulager le malade, mais qu'un autre médecin survenant
« plus tard lui fera du bien. Et en examinant le IMC., vois si la
« planète qui le suit est sur son trône ou non ; car si elle était
« dans son propre trigone ou domicile, le médecin sera du pays
« et non étranger ; si elle était dans des lieux appartenant à
« d'autres, le médecin sera étranger » [3].

1. Herm. Trismeg., ap. Ideler, I, pp. 433-434.
2. Voy. ci-dessus, pp. 472 sqq., 474, 2.
3. *Cod. Florent.*, pp. 124-125.

Mais, en dépit de tous les raffinements, on ne va pas au fond
des choses avec les χαταρχαί universelles. Étant toutes à tous, elles
ne permettaient pas d'instituer un diagnostic et une thérapeutique propres à un cas spécial, à un tempérament particulier.
Interprétées avec discrétion, elles ne dépassaient guère le domaine de l'hygiène banale, où elles rencontraient la concurrence
d'une foule de dictons populaires [1]. Le fait d'observation courante
que, de deux individus tombés malades ou opérés en même
temps, l'un guérit et l'autre meurt, prouvait aux plus obtus que
l'état présent du ciel ne suffisait pas à établir le pronostic. Ce
raisonnement, irréfutable dans sa simplicité, obligeait les astrologues à se rejeter du côté de la généthlialogie. La combinaison
des χαταρχαί et de la généthlialogie sous forme de chronocratories
prenant leur point de départ dans le thème de géniture pouvait
très bien être utilisée pour fixer les opportunités médicales; et
elle l'a été en fait, mais enchevêtrée avec d'autres considérations
et devenue comme une théorie à part, la théorie des *climatères*
(κλιμακτῆρες - κλιμακτηρικοί ἐνιαυτοί ou μῆνες ou ἡμέραι ou ὧραι).
Celle-ci est issue de la collaboration des médecins, qui avaient
fait de l'astrologie sans le savoir alors qu'il n'était pas encore
question de l'influence des astres, et des astrologues, qui tenaient
à incorporer à leur art des traditions médicales jouissant déjà
d'une grande notoriété.

Quand on a lu l'ouvrage de Saumaise sur la question, on est
excusable de ne plus savoir au juste ce que c'est qu'un climatère.
A force de récuser toutes les définitions et de retoucher les
siennes, de coudre les unes aux autres les digressions et les
citations et d'attirer ainsi dans son sujet l'astrologie tout entière
à l'état chaotique, l'estimable érudit fait crouler sur la tête du
lecteur l'édifice qu'il avait promis de construire. De par l'étymologie, le climatère est un degré d'une échelle (κλῖμαξ) [2], un « échelon » dangereux, noté d'avance comme pouvant plier ou même
se rompre sous le pied qui s'y pose au moment marqué par le
Destin. Saumaise raye de la liste des climatères l'échelon qui se
rompt, parce que le propre d'un degré est d'être une transition

---

1. Les astrologues ont dû accommoder à leur façon quantité de superstitions
antérieures concernant l'hygiène ; ce n'est pas de pure tradition astrologique
que vient, par exemple, le conseil de ne pas endosser de vêtements neufs
quand la Lune est dans un signe « solide » — surtout le Lion — ou à la Nouvelle et à la Pleine Lune (*Centiloq.*, 22 ; *C. Aphorism.*, 82).

2. Κλῖμαξ, de κλίνω, parce que le profil d'un escalier est oblique. Pline
traduit *scansili annorum lege occidua quam climacteras appellant* (VII, § 161).

et qu'un degré qu'on ne franchit pas n'est plus un degré, mais un terme. Les anciens ont donc tort, suivant lui, de parler de climatères « mortels » ; il n'y a que des climatères plus ou moins dangereux [1]. Néanmoins, le calcul des climatères admet toujours, à un climatère dangereux, la possibilité d'une crise mortelle, de sorte qu'il porte à la fois sur les climatères proprement dits et les termes qui sont reconnus après coup n'être pas des climatères. C'est ce que Saumaise appelle éclaircir les questions.

Il fait œuvre plus utile en distinguant les climatères astrologiques des époques « critiques » (κρίσιμοι ἐνιαυτοί, μῆνες, ἡμέραι), que les médecins prévoyaient dans la marche des maladies à périodes connues, et cela, avant toute intrusion de l'astrologie chaldéenne. La différence est triple. Le pronostic des « crises » médicales ne s'applique qu'aux maladies, se fonde sur la nature même des maladies ou sur les propriétés des nombres pairs et impairs, et prévoit aussi bien les crises salutaires que les autres. Le pronostic des climatères se déduit de calculs astrologiques, ne prévoit que des dangers et s'applique à toute espèce de dangers, y compris ceux qui menacent la fortune, la réputation et autres biens de l'existence [2]. Saumaise a pour lui des textes où se trouvent visées en bloc et confondues des théories astrologiques différentes qu'il ramène de force à l'unité. Il ne distingue pas assez de ce côté ; et, d'autre part, en élargissant la différence entre époques critiques et climatères, il ne s'aperçoit pas que les astrologues n'ont inventé leurs climatères que pour trouver des raisons astrologiques aux époques critiques des médecins et s'emparer du système.

1. Saumaise s'inspire ici des théories de Ptolémée (ci-dessus, pp. 415-419 et 501-505) et surtout de son scoliaste, lequel distingue de l'ἀναίρεσις ou mort les climatères, d'une part, d'autre part, les malaises passagers (παροδικαὶ ἀηδίαι), réservant le nom de κλιμακτῆρες pour les crises qui amènent πλεῖστα κακά (Anon., p. 133). Cf. Salmas., p. 483. Ptolémée (*Tetrab.*, III, 12, p. 344 Junctinus) ne dit qu'un mot en passant des climatères ou rencontres fâcheuses semées sur le chemin de la vie (quadrant du Zodiaque), τάς τε ἀναιρετικὰς καὶ τὰς κλιμακτηρικὰς καὶ τὰς ἄλλως παροδικάς — κλιμακτῆρας μεγάλους καὶ ἐπισφαλεῖς, juste de quoi montrer qu'il connaît le sujet.

2. A. Gelle dit, en effet, d'après Varron : *pericula quoque vitae fortunarumque hominum, quae climacteras Chaldaei appellant, gravissimos quosque fieri septenarios* (Gell., III, 10, 9). Valens des séries de climatères visant le corps, l'âme, la fortune, les entreprises, etc., avec des points de départ (κλῆροι) différents, selon le système de la διαίρεσις χρόνων (ci-dessus, p. 502). Je n'en persiste pas moins à croire que, comme les époques critiques des médecins, les climatères ne visaient que la santé ; et c'est pourquoi j'ai évité d'en parler dans les autres chapitres.

Hippocrate et ses disciples enseignaient qu'il y a, dans le cours des maladies, des jours indifférents et des jours critiques ou « générateurs » d'effets (γόνιμοι), et qu'une maladie ne se termine jamais, par mort ou guérison, qu'en un jour actif [1]. Ils dressaient donc des listes de « jours critiques », et, pour les maladies à marche lente, de mois et années critiques. La répartition des années critiques, sous l'influence de traditions préexistantes et de spéculations pythagoriciennes, tendit à se régulariser en périodes septénaires ou novénaires comptées à partir du début de l'existence, les mêmes que nous avons déjà rencontrées à mainte reprise. Le passage d'une période à l'autre passait pour être critique, et, comme l'idée dominante était ici l'idée de changement, il en résultait que les années critiques avaient chance d'être plutôt salutaires pour les malades et dangereuses pour les gens bien portants. Comme les Pythagoriciens attribuaient une énergie particulière aux nombres carrés, les partisans du comput septénaire redoutaient particulièrement la 49e année, et les partisans du novénaire, l'année 81. Des éclectiques « égyptiens » — on sait qu'il n'y a pas de Grec plus Égyptien que Pythagore — imaginèrent de combiner les deux systèmes en marquant l'année dangereuse par excellence au point de rencontre, à la 63e année, qui était critique à la fois comme septénaire et novénaire ($7 \times 9 = 63$). Cette année devait être, pour la majorité des humains, l'échéance mortelle ; c'était celle qui « brise les hommes » (ἀνδροκλάς - ἀνδροκλάστης) [2].

Ce système était né et pouvait rester indépendant de l'astrologie : c'était une raison de plus pour l'incorporer à l'astrologie

---

1. On comprend la puissance des théories mystiques en voyant Hippocrate persuadé que les jours *impairs* sont seuls actifs, et le *septième* plus que les autres : *unde apparet, ut in morbis dies septimi suspecti sunt et* χρίσιμοι *dicuntur, ita per omnem vitam septimum quemque annum periculosum et velut* χρίσιμον *esse et climactericum vocitari* (Censorin., *De die nat.*, 14, 9). Hippocrate trouvait moyen de distinguer dans l'année *sept* saisons ainsi réglées : deux par le lever et le coucher des Pléiades ; deux par le lever matinal et vespéral d'Arcturus ; une par le lever du Chien ; les deux autres par le solstice d'hiver et l'équinoxe de printemps. On rencontrerait encore aujourd'hui, dans les dictons populaires et jusque dans les livres de médecine, des traces de la tyrannie mystique des nombres, surtout des septénaires. Plus d'un contemporain croit encore, comme Régnier, que « change la Nature | De sept ans en sept ans notre température » (*Sat.*, V, v. 109-110).

2. Ἀνδροκλᾶς (Scalig., p. 266 — ἀνδροκλάστης, Vett. Valens, *ibid.*) ou ἀνδροκλάς (Salmas., pp. 97-98) de ἄνδρα κλάω. *Itaque primum climactera annum quadragensimum et nonum esse prodiderunt, ultimum autem octogensimum et unum ; medium vero ex utroque permixtum anno tertio et sexagensimo, vel quem*

en passe de devenir la science universelle. Il ne faut pas songer à fixer une date, même flottante, à cette intrusion de l'astrologie dans des spéculations physiologiques et mystiques [1] : nous aurons assez fait en notant les points de suture et en suivant la filiation des idées.

L'astrologie bornée aux καταρχαί universelles pouvait s'ajouter à tous les systèmes de dates critiques, mais non pas se les approprier ou les remplacer. Le client qui venait consulter un astrologue de cet acabit pour savoir s'il échapperait ou non à une échéance fatale avait pu être averti simplement par le compte de son âge. La généthlialogie seule était capable de reprendre le problème et de substituer aux procédés mécaniques des pythagorisants des méthodes à elles. Ces procédés avaient, du reste, un trait commun avec la généthlialogie, le point de départ de

hebdomades novem vel septem enneades conficiunt. Système éclectique, merveilleusement agencé. Le comput septénaire étant appliqué au corps, le novénaire à l'âme (plerique duos istos numeros subtiliter dicreverunt, dicentes septenarium ad corpus, novenarium ad animam pertinere : ceci prouvé par le nombre des Muses), l'année 63 menaçait les deux ensemble (Censorin., De die nat., 14, 13-15). Les septénaires et novénaires antérieurs à 49 ans ne sont plus des climatères : la période dangereuse va de 49 à 81 ans, ayant pour étapes les produits de 7 et les produits de 9. Firmicus lui-même comprend qu'il y a là un système indépendant de sa généthlialogie et même des chronocraties qu'il dit avoir exposées dans un traité spécial : Sane extra ceteros climacteras etiam septimi et noni per omne vitae tempus multiplicata ratione currentes naturali quadam et latenti ratione variis hominem periculorum discriminibus semper afficiunt, unde LXIII annus, quia utriusque numeri summam pariter excipit, androclas appellatus est. — Hac ex causa ab Aegyptiis androclas appellatus est quia omnem viri substantiam (c'est-à-dire le corps et l'âme ?) frangat ac debilitet (Firmic., IV, 20, 3 Kroll). Néanmoins, Firmicus veut que l'astrologue recherche, à ce moment redouté (sans doute au début de la 63e année), où est la Lune (méthode des καταρχαί universelles), quel est le chronocrator (méthode des καταρχαί généthliaques) et le « maître de la géniture » (généthlialogie), c'est-à-dire applique trois méthodes qui, pour cet esprit incapable d'analyse, n'en font qu'une : inspicere debemus an tempore ipso quo periculi discrimen immineat, et Lunam et temporum et geniturae dominum benivolae stellae aequa radiatione respiciant.

1. Le fonds de la littérature astrologique étant composé d'ouvrages pseudépigraphes, je n'attache aucune importance à la citation que fait Valens d'une κλιμακτήρων ἀναγραφή de Critodémos (cf. Salmas., pp. 461-462). Critodémos était un des plus anciens astrologues grecs : sa signature était bonne à emprunter pour vieillir des nouveautés. L'autorité généralement invoquée est celle de Pétosiris, que Valens analyse dans le chapitre spécial περὶ κλιμακτήρων (Cod. Paris., 330 A, fol. 16 recto), distinct du περὶ κλιμακτῆρος ἑβδομαδικῆς καὶ ἐννεαδικῆς ἀγωγῆς (fol. 11 verso - 12 r.). Pétosiris acceptait les climatères arithmétiques, notamment le fameux androclas, dont il se pourrait même qu'il fût l'inventeur.

toutes les supputations étant le moment de la naissance. Les généthlialogues, cherchant à créer des « climatères » qui fussent dépendants du thème de géniture et indépendants de l'arithmétique pure et simple, pouvaient arriver au but de plusieurs façons, suivant la méthode qu'ils employaient pour calculer la durée de la vie. Nous avons montré plus haut comment le cercle de la géniture, convenablement rétréci, avait constitué le parcours de l'existence et comment y avaient été disposées des étapes dangereuses ou mortelles suivant les cas. Ces étapes sont devenues les climatères généthlialogiques, inégalement espacés, et par conséquent affranchis des calculs pythagoriciens[1]. Les généthlialogues qui faisaient dépendre la durée de la vie de la planète maîtresse de la géniture, ou de cette planète et d'un signe collaborant, avaient vingt moyens pour un d'y intercaler des époques climatériques[2]. Enfin, la méthode si touffue des chronocratories, avec ses périodes inégales, et toutes les façons astrologiques de scander l'existence en étapes irrégulières, fournissaient des prétextes à climatères de toute sorte. Aussi l'agencement des climatères est-il un merveilleux casse-tête, plein d'arcanes et vide d'idées, chez les éclectiques qui ne veulent rien perdre des secrets de l'art et s'exténuent à faire entrer les climatères astrologiques dans les cadres de l'arithmétique pythagoricienne. Je ne commettrai pas l'imprudence d'entrer, après Saumaise, dans cette mêlée de chiffres où on cherche en vain un principe directeur. Au moment où l'on croit avoir affaire à un mathématicien,

---

1. Saumaise a beau répéter : *alius igitur* λόγος κλιμακτηρικός, *alius* τῶν ἐτῶν τῆς ζωῆς (p. 97) et citer à tout propos le docteur en climatères, Vettius Valens ; je persiste à croire que sa distinction n'est qu'une confusion de plus, et qu'il est bel et bien noyé dans le fatras de ses auteurs. Je suppose même que le nom de κλιμακτήρ est venu de la méthode Pétosiriaque (ci-dessus, pp. 412-413) qui, enfermant la durée de la vie dans le quadrant occidental du cercle de la géniture, la considérait comme un déclin (ἀπόκλιμα), une descente du MC. à l'Occident, descente s'opérant par étapes climatériques. C'est là, ce me semble, ce que voulait dire l'auteur à qui Pline emprunte son étrange définition des climatères : *scansili annorum lege occidua, quam climacteras appellant* (Plin., VII, § 161). On s'explique ainsi que le mot κλιμακτήρ soit, comme le veut Saumaise, exclusivement astrologique : au sens banal d' « échelon », il conviendrait à tous les systèmes d'étapes.

2. Soit en prenant les plus courtes périodes de la planète, ou en adoptant comme diviseur la somme des ὅρια de cette planète dans le signe ou les signes collaborants et comme dividende la durée totale de la vie, ou divisant à part l'apport de la planète et celui du signe et intercalant entre les deux un climatère particulièrement dangereux, etc. Mais passons : il est inutile de porter des chouettes à Athènes.

on apprend que certains signes du Zodiaque sont « climatériques » par nature : les uns, comme les signes « tropiques », le
sont dans le comput septénaire (κλιμακτηρικὰ ἑϐδομαδικά) ; les
autres, les signes « simples », dans le comput novénaire (ἐννεα-
δικά) ; les signes doubles enfin, dans les deux computs indifféremment (ἐπίκοινα). Évidemment, ces trois séries de signes formant chacune un carré sur le cercle, il n'y a pas de raison
mathématique pour ces aptitudes diverses. La raison, c'est que
les signes tropiques, indiquant un « changement », étaient
critiques ou climatériques en vertu de leur nom même. Cette
série une fois adjugée aux climatères septénaires, tout à fait
arbitrairement ou parce que les septénaires étaient plus connus
que les novénaires, ceux-ci furent attachés à une deuxième
série, et la nature des signes « doubles » s'est offerte à point
pour tirer d'embarras les astrologues qui avaient trois séries à
répartir entre deux computs [1].

Tous ces tours de main et calculs enchevêtrés ne faisaient pas
l'affaire des praticiens. Ceux-ci demandaient des résultats catalogués en barême. Cet instrument banal de consultation, la généthlialogie pure ne pouvait pas le leur fournir, chaque individu
ayant son *curriculum vitae* à part. La méthode mixte des chronocratories était trop compliquée, et elle exigeait au moins que le
client sût la date exacte de sa naissance, de jour ou de nuit. Se

---

1. Voy. le tableau des signes classés par séries climatériques dans Saumaise (p. 174). Il laisse aux mathématiciens qui en auront envie le soin de
débrouiller les calculs de Valens, de vérifier si les divisions et multiplications
de 365 (jours de l'année) par 52 1/7 (nombre de septénaires dans l'année), ou
par 40 (nombre des novénaires) avec addition de 5 j. 1/4, donnent bien les
résultats indiqués. Saumaise lui-même s'y endort. Il lui arrive d'écrire; si
de 166 j'ôte 3 × 52, *supererunt dies quatuor* (p. 115), ou de poser le même
problème avec 220 j. (p. 105) et 120 (p. 116). Chez Valens, les climatères
envahissent tout l'attirail astrologique. Comme les *signes*, il y a des *lieux*
climatériques, soit les lieux fixes du cercle de la géniture (tous les lieux
mauvais, et pas seulement le VIᵉ, *locum vitiorum et valetudinum*, fouillé par
Néchepso *ut remedia valetudinum inveniret*. Firmic., VIII, 3 Pruckner), soit
les lieux mobiles ou κλῆροι, considérés comme points de départ de divisions
duodécimales du cercle (voy. dans Saumaise, p. 203, les κληρικοὶ κλιμακτῆρες
du κλῆρος Τύχης). On obtient ainsi des climatères visant le corps (partant
du κλῆρος Τύχης), l'âme (du κλῆρος Δαίμονος), etc. Naturellement, on imagina
aussi des climatères planétaires, scandant les effets des planètes à des étapes
différentes, avec des dangers spéciaux pour chacune d'elles (voy. le tableau
dans Saumaise, p. 448 et 450), système attribué à Critodème (cf. pp. 447, 461).
Les cycles des sept planètes, de ♄ à ☾, sont ordonnés d'après les chiffres
3, 9, 7, 18, 5, 8, 13, dont la somme fait 63 (ἀνδροκλᾶς), et se déroulent jusqu'à
une limite de la durée de la vie, limite différente pour chaque planète.

contenter de savoir sous quel signe on était né était une estimation un peu grossière. Les décans, dont chacun n'occupait qu'un
tiers de signe, soit un laps de dix jours, étaient une mesure moins
vague. De là le système relaté par Héphestion, qui attache à
chaque décan un certain nombre d'années climatériques, en
nombre variable d'un décan à l'autre et toujours irrégulièrement
espacées. On atteignait ainsi à la dose de mystère indispensable,
et le caractère divin attribué aux décans transformait ici la fatalité scientifique en une volonté supérieure, susceptible d'être pliée
par les incantations ou fléchie par la prière [1].

Obtenue d'une manière quelconque, bornée aux années ou
poussées jusqu'au mois, jour ou heure climatérique, la connaissance des climatères ne profitait qu'indirectement à la médecine.
Elle dictait des pronostics, non des remèdes ; elle suggérait même
l'idée qu'il n'y avait qu'à laisser les destins s'accomplir. Pline le
Jeune nous montre un captateur de testaments au lit d'une mou-
rante et s'écriant, après force simagrées : « Vous avez une
« époque climatérique, mais vous en réchapperez. Pour que vous
« en soyez plus convaincue, je vais consulter un haruspice que
« j'ai mis souvent à l'essai ». Là dessus, le rusé compère « offre un
sacrifice, assure que les entrailles sont d'accord avec l'indication
des astres » et y gagne un legs : mais il n'est pas question de
détourner l'échéance par des moyens curatifs [2]. Les médecins
n'avaient aucun avantage à échanger leurs époques « critiques »
contre les climatères des astrologues. Ils pouvaient exploiter la
vogue de l'astrologie sans se mettre sous la dépendance des
généthlialogues, en se servant des calendriers dressés pour les
καταρχαί universelles [3].

Tout autre était l'iatromathématique proprement dite, qui est,

---

1. La formule ordinaire dans Héphestion est : εἰσὶ δὲ οἱ τοῦ θεοῦ κλιμακτῆρες ἔτος (suivent les chiffres). Je ne crois pas utile de dresser le tableau des
climatères prédestinés par décans, d'après Héphestion, ni de chercher des
raisons à ces arcanes, résidu de toute espèce de superstitions et d'origine
magique encore plus qu'astrologique. Si j'ai bien compté, le nombre de climatères par décan varie de 6 à 13. La somme 348, divisée par 36, donne
comme moyenne par décan 9 2/3, par mois 29. Cette moyenne est dépassée
dans les signes de l'hémisphère austral (de ♎ à ♈), le minimum étant dans
le Lion (hémisphère boréal).

2. Plin., *Epist.*, II, 20.

3. C'est apparemment ce que faisait, avec de gros bénéfices, le médecin
marseillais Crinas (cf. ci-dessus, p. 464, 2, et ci-après, p. 564), *arte geminata,
ut cautior religiosiorque, ad siderum motus ex Ephemeride mathematica cibos
dando horasque observando* (Plin., XXIX, § 9).

comme nous l'avons définie, une combinaison de la magie et de l'astrologie [1]. La magie pure est un chaos inattaquable à la raison raisonnante : essayons de voir si l'astrologie y a introduit une discipline quelconque.

L'astrologie a fourni d'abord le diagnostic. Néchepso, au dire de Firmicus, avait examiné de très près le contour du Zodiaque, noté les parties de signes, étoiles et nébuleuses, susceptibles de produire des maladies et infirmités, selon que, dans le thème de géniture, la position des luminaires ou celle du VIe lieu, consacré à la santé, se trouvait correspondre à des signes affectés de certaines maladies, à des degrés mal notés, vides, etc. [2]. Les décans avaient été examinés de même, par Néchepso ou par d'autres après lui, et de même les planètes. Signes, décans, planètes étant mis en correspondance avec les diverses parties du corps humain, on savait au juste de qui provenaient les infirmités et maladies de ces organes, produites par excès ou défaut d'influence des signes, décans, planètes, considérés soit comme pièces posées sur l'échiquier du thème de géniture, soit comme

1. C'est ici surtout que s'applique le mot de Tertullien : *magi et astrologi ab oriente venerunt : scimus magiae et astrologiae inter se societatem* (Tert., *De idolol.*, 9). Les astrologues ont évidemment trouvé une iatromagie toute faite : ils n'ont eu qu'à l'accommoder à leur système. Pline, analysant les causes de l'incroyable succès de la magie (*fraudulentissima artium in toto terrarum orbe plurimisque saeculis valuit*), explique qu'elle a enserré l'esprit humain dans une triple chaîne, le tenant par la médecine, la religion et la divination sous forme d'astrologie. Elle a commencé par la médecine, puis s'est ajoutée aux religions, et enfin elle a mêlé au tout *mathematicas artes, nullo non avido futura de sese sciendi atque ea e caelo verissime peti credente. Ita possessis hominum sensibus triplici vinculo in tantum fastigi adolevit ut hodieque etiam in magna parte gentium praevaleat et in Oriente regum regibus imperet* (Plin., XXX, § 2). La phrase de Pline s'applique encore aujourd'hui, et littéralement, à l'astrologie pratiquée en Orient, aussi religieuse et aussi magique qu'autrefois. Psellus, distinguant la γοητεία, ou l'art d'évoquer les démons, de la μαγεία, dit que celle-ci comprend, entre autres choses, l'astronomie (astrologie) entière (pp. 40-41, éd. Boissonade). On sait que « Mages » et « Chaldéens » ont été des termes synonymes, ce qui entraîne la synonymie de « magiciens » et « astrologues ».

2. Firmicus (VIII, 3 Pruckner, cf. ci-dessus, p. 531, 1) affirme que le divin Néchepso a examiné le VIe lieu dans sa correspondance avec le Zodiaque, et aussi les Décans — *per ipsos decanos omnia vitia valetudinesque collegit, ostendens quam valetudinem quis decanus efficeret,* — mais avec une obscurité voulue, qui laisse beaucoup à faire au bon Firmicus. On nous dit d'autre part que le roi Néchepso avait écrit un livre « contenant quatorze traitements [ou un XIVe livre contenant les traitements : cf. ci-dessus, p. 520, 1] du corps entier et de tout mal, par signe, au moyen des pierres et des plantes » (Harpocr. in *Revue de Philologie*, II, pp. 71 et 75, éd. Ch. Graux).

chronocrators universels ou individuels [1]. Il suffit d'indiquer ce conglomérat de causes sur lequel nous nous considérons comme suffisamment édifiés.

Le même système de correspondance, appliqué aux trois règnes de la nature, fournissait les éléments de la thérapeutique. Les astrologues avaient le choix entre deux façons au moins d'entendre la thérapeutique : une à la fois magique et scientifique [2], qui consiste à opposer à une influence nocive une influence antagoniste ; l'autre, magique aussi et surtout religieuse, qui considère l'auteur occulte de la maladie comme seul capable de la guérir en cessant de la causer, ce à quoi il faut ou le décider ou le contraindre. Il est probable que nos magiciens n'ont pas opté, toute idée claire invitant à raisonner et tout ce que gagne le raisonnement étant enlevé à la foi [3]. Ils pensaient confusément, je suppose, que, si l'astre « maître » d'un organe y cause des maladies, c'est plutôt par malaise personnel et défaut d'influence ; si bien que l'on obtient la guérison en y apportant, au moyen de pierres ou plantes imprégnées des effluves du même astre, le supplément d'énergie sympathique qui avait fait défaut. Tous

---

1. C'est bien l'astre correspondant à l'organe qui rend celui-ci malade : ἕκαστον οὖν τῶν ζῳδίων ὑπάρχει τὸ ἴδιον μέλος, καὶ ἀποτελεῖ περὶ αὐτὸ πάθος τι (Herm. in *Anal. sacr.*, V, 2, p. 285 Pitra). Mais comment? L'astre moleste-t-il l'organe qu'il devrait protéger, ou bien ses malaises à lui se répercutent-ils par sympathie sur son client? Le Trismégiste s'arrête à ce dernier parti. Il enseigne qu'un organe est infirme parce que, au moment de la conception ou de la naissance, son patron céleste a été assailli par le rayon d'une planète malfaisante (τοῦ δεσπόζοντος αὐτοῦ ἀστέρος κακωθέντος, ap. Ideler, 1, pp. 387 et 430). La généthlialogie rend compte des infirmités (σίνη - *vitia*). Pour le diagnostic et la thérapeutique des maladies (νόσοι - *morbi* - *valetudines*), le Trismégiste suit le système des καταρχαί. C'est une combinaison ingénieuse et, au point de vue astrologique, très raisonnable des deux méthodes.

2. Il y avait aussi des allopathes et des homœopathes dans l'antiquité, *secundum physicos, qui morbos aut a contrariis aut a similibus asserunt posse depelli* (Serv., *Ecl.*, X, 65). Cf. ci-dessus, p. 519, 1, et la note ci-après.

3. Firmicus pense que Néchepso a fondé sa thérapeutique sur la lutte contre les auteurs des maladies : *quia natura alia natura vincitur et quia deum frequenter alius deus vincit, ex contrariis naturis et ex contrariis potestatibus omnium aegritudinum medelas divinae rationis magisteriis invenit.* C'est une pharmacopée révélée par des dieux supérieurs, des *secreta quae divini veteres cum maxima trepidatione dixerunt* (Firm., *loc. cit.*), recueillis παρὰ θείας φωνῆς (Harpocr., *loc. cit.*). Il y avait de quoi « trembler » à faire lutter des dieux contre des dieux. Harpocration fait entendre, au contraire, que Néchepso avait choisi — et très bien choisi — les pierres et plantes d'après leur « sympathie naturelle » avec les astres qui les produisent et les remplissent de leurs effluves (*ibid.*, pp. 75-76). La sympathie unit les trois données : l'astre, l'organe à guérir, le remède.

les remèdes employés sont donc considérés comme ayant des
affinités naturelles avec les organes malades par l'intermédiaire
des astres. Si naturelles que fussent ces vertus curatives, le plus
sûr était encore de les aider par une formule d'incantation appropriée. L'auteur qui recommande cette précaution, à propos de
plantes et au moment où on les cueille, est le même qui vient
d'ébaucher une théorie quasi-scientifique pour expliquer comme
quoi les plantes des pays froids ont moins d'efficacité que celles
des pays chauds [1]. Il y a place pour tout, sauf pour la logique,
dans ces cerveaux encombrés.

Ceux qui n'ont pas rompu tout à fait avec la médecine ordinaire composent des ordonnances, pèsent et mélangent des dro
gues, font absorber des potions et poser des emplâtres. L'astrologie leur enseigne seulement le choix des médicaments et la
manière d'y incorporer ou de n'en pas laisser échapper les vertus
spécifiques émanées des astres. Harpocration raconte qu'après
avoir appliqué sans succès aucun les recettes de Néchepso, y compris sa « boulette solaire » [2], il avait pris le roi pour un hâbleur ;
mais le dieu Asklépios, évoqué par un prêtre thébain, lui avait
expliqué comme quoi Néchepso ne s'était nullement trompé dans
le choix de ses drogues ; il lui avait manqué seulement de connaître « les moments et les lieux où il faut recueillir les plantes ».
Il y avait là des opportunités, des καταρχαί à observer. Soit, par
exemple, la ciguë, plante produite par les effluves de Mars. Celle
d'Italie est un poison, parce que l'Italie est sous le Scorpion, domicile de Mars ; au lieu qu'en Crète, où l'influence de Mars est atténuée par celle du Sagittaire, la ciguë est un aliment. Voilà pour
le *lieu :* il faut connaître la chorographie astrologique. Quant au
moment, il y a diverses conditions d'opportunité. D'abord, la saison. Quand le Soleil est en ὕψωμα dans le Bélier, il exalte les
vertus de toutes les planètes [3], et sans doute qu'il exalte les

---

1. Herm. in *Anal. sacr.*, V, 2, p. 284 Pitra.

2. Τροχίσκον ἡλιακόν (p. 71 Graux). Il est question à tout moment de tro-
chisques, c'est-à-dire de pilules ou pastilles, dans la pharmacopée hermétique
(*Anal. sacr.*, V, 2, pp. 279-282 Pitra) ; mais j'ignore ce qu'est ce remède spécial, admiré de Néchepso (τὸν ὑπ' αὐτοῦ θαυμαζόμενον).

3. Ici finit le fragment d'Harpocration : le reste est emprunté aux Hermétiques (*Anal. Sacr.*, V, 2, p. 284 Pitra) — σκόπει δὲ λαμβάνειν ἑκάστην τούτων
κατὰ μίαν τῶν τῆς ἑβδομάδος ἡμέρων, ἥτις ἐστὶ τοῦ ἀστέρος ἐκείνου οὗ ἐστι καὶ ἡ
βοτάνη : suit un tableau des jours et heures (l'ὥρα α′ seulement). Πρὸς δὲ τούτοις ἔστω μὲν σελήνη πανσέληνος, ἢ ὅτε διέρχεται τὸ ζῴδιον τοῦ πλανήτου τῆς ἡμέρας
(*ibid.*). Tous les systèmes de chronocratories universelles pouvaient être utilisés aussi bien que la semaine. Un autre Hermétique exige que le Soleil soit

vertus des plantes attribuées à une planète déterminée quand il entre dans l'ὕψωμα de cette planète. Puis, le jour et l'heure. On doit cueillir une plante au jour de la semaine qui porte le nom de sa planète, et à une heure dominée par la dite planète. Il est bon aussi que la Lune soit pleine, ou du moins, dans le domicile de la planète correspondant à la plante.

Jusqu'ici, l'iatromathématique reste encore en contact avec le sens commun. D'où que leur viennent leurs propriétés, les remèdes agissent physiologiquement. Un pas de plus, et nous entrons dans le laboratoire de la magie, là où se confectionnent les phylactères d'après des règles astrologiques. Le charlatan qui a fabriqué le « Livre Sacré » d'Hermès Trismégiste a fait en ce genre un chef-d'œuvre. Ses 36 recettes, correspondant aux 36 décans, qui correspondent eux-mêmes à autant de parties du corps, combinent les propriétés des pierres précieuses, des métaux, des plantes et de la figure de chaque décan, figure animale ou humaine, et divine par dessus le marché. C'est Hermès lui-même qui a dicté à son fils Asklépios ces merveilleux secrets, et dans le langage d'un dieu qui ne se croit pas le droit d'être modeste, ni pour son compte, ni pour le compte des « hommes demi-dieux » initiés par lui et destinés à mener le monde entier. Voici, comme échantillon, la recette du « grand phylactère » afférent au premier décan du Bélier et préservant des maux de tête. Après description du dieu Lachori : « grave-le donc, tel qu'il « est, sur une pierre de Babylone bien choisie et, l'ayant posée « sur la plante de Mars, enferme le tout dans un anneau de fer « et porte-le. Évite de manger de la tête de chevreau ». Et ainsi de suite, jusqu'à épuisement de la liste [1].

dans le décan, ou tout au moins dans le signe auquel la plante appartient ; que, de plus, la Lune soit dans le trigone du Soleil et à l'Horoscope, et que le jour et l'heure aient pour chronocrator l'œcodespote du dit signe (*ibid.*, p. 292) ; moyennant quoi, tout réussira !

1. *Anal. Sacr.*, V, 2, pp. 284-290 Pitra. Cf. la description des phylactères plus compliqués encore, avec prières et formules magiques, attribués à Harpocration d'Alexandrie (Περὶ φυσικῶν δυναμέων ζώων τε φυτῶν τε καὶ λίθων. *ibid.*, pp. 292-299). Les faussaires s'en étaient donné à cœur joie. On a encore une série de quatre livres, hermétiques aussi, appelés Κυρανίδες, soi-disant composés par un roi de Perse Cyranos et résumés par Harpocration, où les pierres, plantes, poissons, oiseaux, sont étudiés par groupes de 24, le tout d'après des révélations divines (voy. ci-dessus, p. 316, 2). Nous n'avons plus affaire à une médecine astrologique, qui administre les remèdes en temps opportuns, mais à une pharmacopée magique. Ces phylactères agissent par eux-mêmes, sans qu'il soit besoin de calculer le moment opportun, soit pour la préparation, soit pour l'application.

Si las que l'on soit des fantaisies des astrologues, on sent que la magie est à un échelon plus bas encore dans les défaillances de la raison humaine. Si l'astrologie a été un poison de l'intelligence, la magie en a été la honte [1]. Il faut pourtant encore, avant de clore ce chapitre, indiquer, ne fût-ce que d'un mot, d'autres combinaisons de l'astrologie à usage médical avec la divination fondée sur les propriétés mystiques des noms considérés comme chiffres : inventions de basse époque, mises effrontément sous la garantie de Démocrite et de ce Pétosiris à tout faire, qui est censé faire part de ses dernières découvertes au roi Néchepso [2].

Il n'est plus question, cette fois, de pharmacopée, d'amulettes, ni de thérapeutique quelconque, mais seulement de pronostic. L'instrument de divination paraît être fait pour des gens qui ne tiennent pas à guérir un malade, mais à savoir s'il mourra ou non, et bientôt ou non ; des gens qui spéculent sur cette éventualité, comme ils peuvent le faire, par la même méthode, sur l'issue d'une bataille, d'un combat de gladiateurs, d'un procès, sur la chance de rattraper un esclave fugitif, de survivre à une personne donnée, etc. La méthode était, à l'origine, purement arithmétique et applicable à la prévision des chances de victoire et de défaite entre deux antagonistes. Celui des deux dont le nom, converti en nombre et soumis à certaines opérations arithmétiques, laissait le reste ou fond (πυθμήν) le plus fort devait être vaincu ou vaincre, selon que les restes étaient des nombres tous deux pairs ou impairs, ou l'un pair et l'autre impair [3]. Les astro-

---

1. La magie médicinale n'est que naïve : mais le jugement n'est pas trop sévère pour la magie qui, avec ses malédictions, défixions, envoûtements et autres rêves de tortionnaires, — autant de guet-apens et de crimes *voulus,* sinon réalisés, — a combiné en toutes proportions la bêtise et la lâcheté.

2. Voy. les fragments réunis par E. Riess, *op. cit.,* pp. 382-387. Lettre de Pétosiris à Néchepso : texte latin (fr. 37), grec (38-39). On trouve même (fr. 40) un Ὄργανον ἀστρονομικὸν Πετοσίρεως πρὸς Νεχεψὼ βασιλέα Ἀσσυρίων (*sic*).

3. Voy. mon *Histoire de la Divination,* I, pp. 258-265; P. Tannery, *Notice sur des fragments d'onomatomancie arithmétique* (Not. et Extr. des mss., XXXI [1886], pp. 231-260), étude sur une prétendue lettre de Pythagore à Télaugès et autres fragments. Les arithméticiens étaient parvenus à ramener le cas de maladie à une lutte entre le malade et le jour initial de sa maladie, celui-ci désigné aussi par la valeur numérique des adjectifs πρώτη, δευτέρα, τρίτη, etc. (Tannery, p. 258). La conversion des lettres en nombres, au temps où les lettres étaient en même temps des chiffres, est une idée toute simple. Si les Juifs en ont usé plus que personne dans leur Kabbale, c'est qu'ils avaient un Livre révélé sur qui opérer. Ils croyaient faire ce que font nos mathématiciens modernes, qui découvrent des vérités nouvelles en traitant mécaniquement des formules. C'est ainsi qu'ils apprirent que Satan, dont le

logues qui ont voulu s'approprier la dite méthode ont ajouté à la valeur numérique des noms le quantième de la Lune et dressé un tableau à compartiments appelés ζωὴ μεγάλη, μέση, μικρά, et en regard Ѳάνατος μέγας, μέσος, μικρός, ou plus simplement ζωή, Ѳάνατος, κίνδυνος, ou plus simplement encore, la Vie en haut, au-dessus d'une ligne d'horizon (ὑπέργειον), la Mort en bas (ὑπόγειον). La figure, circulaire en principe, est appelée « sphère », même quand elle est réduite à une forme rectangulaire.

Dans la « sphère de Démocrite », le tableau rectangulaire contient les 30 jours du mois, rangés sur trois colonnes et en ordre mystique, 18 dans la partie supérieure, 12 dans la partie inférieure. Voici la règle recommandée : « Sphère de Démocrite, « pronostic de vie et de mort. Sache sous quelle lune le malade « s'est alité et le nom de sa nativité. Ajoute le calcul de la Lune « et vois combien il y a de fois trente jours : prends le reste et « cherche dans la sphère. Si le nombre tombe dans la partie « supérieure, il vivra; si c'est dans la partie inférieure, il « mourra [1]. » C'est l'addition de la valeur numérique du nom donné à la naissance (le prénom chez les Romains) au quantième, et division par 30.

Au lieu de ce diviseur 30, qui correspond à une Lune fictive, les auteurs du « cercle de Pétosiris » [2] avaient adopté 29, moyenne

nom vaut 359 (= 365 — 6), est impuissant pendant six jours de l'année. Cf. Rev. Hist. Relig., XXXVIII [1898], p. 92. Les chrétiens, surtout les gnostiques, excellèrent aussi dans ces recherches. Ainsi, Abraham faisant circoncire 318 membres de sa famille (Genes., xviii, 23) annonçait Jésus en croix IH = 18 + T (la Croix) = 300 (Barnab. Epist., 9). Quand Jésus-Christ dit : « Je suis l'A et l'Ω » (Apoc., i, 8), c'est comme s'il disait : je suis la Colombe (περιστερά = 801 = A 1 + Ω 800. Philosophum., VI, 5, p. 322 Cruice). Les astrologues ne pouvaient pas laisser cette ressource hors de leur atteinte.

1. Berthelot, Collection des anciens alchimistes grecs. I. Introduction [Paris, 1888], p. 86, d'après le papyrus V de Leide. Cf. A. Dieterich, Papyrus magica Musei Lugdunensis Batavi (Jahrbb. f. kl. phil. Suppl., XVI [1888], pp. 747-829), pp. 813-814.

2. M. Berthelot donne, reproduits par photogravure, deux cercles de Pétosiris (pp. 88 et 90). Le premier, tiré du ms. 2419 de la Bibl. Nat., fol. 32, se compose d'un cercle divisé en quatre quadrants par des diamètres en forme de bandes. L'hémicycle supérieur est attribué à la vie : la moyenne (μέση) au milieu, la grande à gauche, la petite à droite. La mort est graduée de même dans l'hémicycle inférieur. Les nombres de 1 à 29 sont répartis, en ordre mystique, dans les quadrants et en colonne sur le diamètre vertical. Deux tableaux rectangulaires, l'un au-dessus, l'autre au-dessous du cercle, renferment le comput des jours de la Lune. L'autre cercle, tiré du même ms. (fol. 156), est divisé en 8 secteurs constituant une sorte de rose des vents, orientée, le Levant en haut (ὑπέργειος), le Couchant en bas (ὑπόγειος) : sur la

entre les diverses façons d'estimer la durée de la révolution de la Lune. Que le diviseur soit 29 ou 30, le procédé est le même. Les Pétosiriaques nous l'expliquent à satiété, en nous faisant remarquer qu'il s'applique à toute espèce de cas, et pas seulement aux cas de maladie [1]. C'est toujours ajouter le nom au quantième, diviser par 29 ou 30, et voir à quel pronostic correspond le reste dans le cercle. S'il s'agit de deux compétiteurs, on fait l'opération pour chacun des deux noms. Les preuves expérimentales ne manquaient pas; par exemple, le procédé,

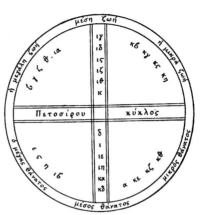

Fig. 44. Cercle de Pétosiris.

appliqué aux noms d'Achille et d'Hector, faisait tomber Achille dans la ζωή μεγάλη, et Hector dans le μικρὸς θάνατος [2]. Après une pareille démonstration, les sceptiques n'avaient plus qu'à se taire.

Il y avait encore une autre façon de se servir du cercle pétosiriaque. Il consistait à opérer à part sur le nom du client et sur le nombre de la Lune [3]. « Si le nombre de la Lune se trouve sous

ligne médiane (μεσόγειος), le Nord à gauche, le Midi à droite. Le diamètre horizontal est qualifié ὅροι ζωῆς καὶ θανάτου. Seulement, les secteurs au dessous de cette ligne ne sont pas appelés ὑπόγεια, mais ὑπέργεια τοῦ Νότου, les secteurs au dessus étant ὑπέργεια ·τοῦ Βορρᾶ : caprice étrange, utile comme inintelligible ou peut-être erreur de copiste. Les chiffres 1 à 30 sont répartis, en ordre mystique toujours, sur le limbe des secteurs et sur le diamètre vertical. En regard des chiffres, sur le bord extérieur du cercle, sont inscrits les pronostics : dans le quadrant N.-E. (μεγάλη ζωή) : οὗτοι [ἀριθμοὶ] ταχέως σώζουσιν; dans le quadrant S.-E. (μικρὰ ζωή) : οὗτοι ἐν τὰ ἑπτὰ ἡμερῶν σώζουσιν. De même dans l'hémicycle inférieur, au quadrant N.-O. (μέγας θάνατος) : οὗτοι ταχέως ἀναίρουσιν, et dans le quadrant S.-O. (μικρὸς θάνατος) : οὗτοι ἐντὸς ἡμερῶν ἑπτὰ ἀναίρουσιν. Les deux cercles sont dédiés par « Pétosiris le mathématicien au roi Néchepso ». — Les figures ci-dessus (44 et 45) ne sont pas des fac-simile paléographiques. J'ai cru devoir corriger, dans la fig. 45, l'arcane sus-mentionné, en écrivant ὑπόγειος, ὑπόγεια (μέρη) au-dessous de la ligne d'horizon.

1. Cf. les fragments déjà cités de E. Riess (fr. 37-42).

2. On réussissait aussi bien avec les noms de Δαβίδ et de Γολιάθ (Riess, f. 40). Homère ou la Bible, au choix.

3. Il ne s'agit pas ici du quantième seulement, car on ne pourrait jamais le diviser par 29 ou 30, mais de la valeur numérique du *nom* du quantième. Le tableau de ces chiffres, annoncé par le titre *Dies lunae cum numeris suis*, manque dans le manuscrit (Riess, p. 383).

« terre et le nom de l'homme au dessus [1], l'homme sera en dan-
« ger, mais il en réchappera. Au contraire, si le nombre de
« l'homme est sous terre, et celui de la Lune au dessus, il arri-
« vera des malheurs sous l'apparence de prospérité. Mais si l'un
« et l'autre nombre, celui de l'homme et celui de la Lune, se
« trouvent au-dessus de l'horizon, sans aucun doute, c'est un
« avenir prospère « qu'ils promet- « tent. De même, « si les deux se « trouvent au des- « sous de l'hori- « zon, il n'advien- « dra que des mal- « heurs ».

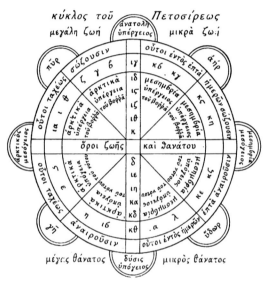

Fig. 45. Cercle de Pétosiris.

Un autre pytha- gorisant, avec un tableau contenant simplement les 30 jours du mois dis- posés en deux sé- ries égales de quinze chiffres, — en ordre inintelli- gible, bien enten- du, — la série de la vie ὑπὲρ γῆν et celle de la mort ὑπὸ γῆν, fait la somme à diviser avec le jour de la semaine, le quantième de la Lune, le nom du client et un supplément mystérieux, le nombre 10, sans doute la sainte Décade, une des clefs avec lesquelles les Pythagoriciens pénétraient dans les secrets de l'Univers [2]. Cette somme étant divisée par 30, le reste, reporté sur le tableau, donne le pronostic de vie ou de mort [3].

On pouvait s'attendre à voir nos « Égyptiens » introduire ici

1. Si numerus lunae fuerit in ὑπογείῳ et numerus hominis in ypergio. Celui- ci entend bien par ὑπόγειον l'hémicycle inférieur, celui que le cercle pétosi- riaque appelle ὑπέργειος τοῦ Νότου.

2. Dans le livre d'Hénoch, l'histoire du monde tient en 10 semaines. Le chiffre 10 représente peut-être une réminiscence de Décade ou de Décan échouée dans ce détritus. Sur le rôle de la Décade pythagoricienne comme fondement de l'harmonie universelle, voy. ci-dessus, p. 9.

3. Tannery, op. cit., pp. 259-260, d'après le ms. 3419, fol. 33. Remarque : le jour où le malade s'est alité ne doit pas entrer dans le compte, qui commence au lendemain.

leurs inévitables décans [1]. Ces grands dieux, trônant au plus haut du ciel, dispensaient même de recourir à l'infime Lune. Le tableau est composé de trois bandes de douze chiffres convenablement disposés, de 1 à 36 ; la bande supérieure est affectée à la vie (ζωή) et aux biens (ἀγαθά) ; l'inférieure, à la mort (Θάνατος) et aux adversités (ἐναντία) ; la moyenne (μέσα), aux pronostics mixtes, aux épreuves longues (εἰς μακρὸν) aboutissant à la délivrance. La somme à diviser par 36 est constituée par le jour où le malade s'est alité et le nombre de jours écoulés depuis le commencement de l'année (ici le 18 mai) jusqu'au jour indiqué. La somme étant divisée par 36 et le reste reporté sur le tableau, « si tu trouves le « nombre dans la première ligne, dis que le malade vivra... ; si « le nombre est sur la deuxième ligne, la maladie sera longue, « mais sans danger de mort; si enfin le nombre se trouve sur la « troisième ligne, c'est la mort pour le malade » [2].

Enfin, le moment est venu d'abandonner une tâche devenue par trop ingrate. Le flot de déraison épanché par l'astrologie s'est mêlé à toutes les autres formes de la divination, même à la plus vieille de toutes, à l'oniromancie. Les interprètes de songes, devenus astrologues sous peine de déchoir, ont cherché dans quelles phases de la Lune ou sous quels signes du Zodiaque les songes avaient chance d'être menteurs ou véridiques; les cléromanciens ou tireurs de « sorts » ont voulu imiter les « sorts » astrologiques avec des dés ou des points disséminés sur le sable

1. Le compilateur ne parle pas des *décans*, mais le chiffre 36 suffit à les faire reconnaître, bien que 36 soit aussi la τετρακτύς pythagoricienne. De même la date bizarre du 18 mai déguise le principe, qui devait être de partir du commencement de l'année égyptienne. Dans un instrument hermétique analogue (ms. 2327, fol. 293 ; M. Berthelot, *op. cit.*, p. 87), le point de départ est bien le lever de Sothis. Ces textes, du reste, n'offrent aucune garantie : de copiste en copiste, les altérations ont pu tout embrouiller. Cependant, il est possible qu'il y ait eu adaptation, et que le 18 mai ait été choisi comme représentant l'entrée du Soleil dans les Gémeaux et le commencement de l'été d'après Eudoxe (P. Tannery, p. 248 ; M. Berthelot, p. 91, 2).

2. Le calcul est donné comme « vérifié » : ψῆφος δόκιμος περὶ ἀρρώστων καὶ ἄλλων τινῶν (P. Tannery, *op. cit.*, pp. 258-259, d'après le ms. 2419, fol. 33 ; M. Berthelot, *op. cit.*, pp. 91-92). Je suppose que c'est le tableau annoncé comme tableau τοῦ πρεσβυτέρου ἡμῶν Θρασύλλου ἑτέροις τρόποις πεπραγματευμένην καὶ δεδοκιμασμένην ὑπὸ τῶν πρὸ ἡμῶν ἀνθρώπων καὶ τῶν κατ' ἐμὲ ἀκμασάντων (Tannery, p. 255). Même méthode révélée aux hommes par Hermès Trismégiste, suivie par « Pétosiris et Pythagore » (*Cod. Florent.*, p. 128). L'année commence au 25 Epiphi alexandrin (19 juillet), date dont il faut chercher l'explication ci-dessus, p. 367, 1). Le reste de la division est reporté sur un tableau où le 7 représente la vie ; le 20, le danger ; le 9, la mort. Glorification du septénaire aux dépens du novénaire.

que le hasard groupait en constellations [1]; même les physionomistes ont substitué à leurs notions vulgaires sur les tempéraments les correspondances astrologiques et résumé le corps
entier, l'âme, la destinée, dans la main pleine de signes, d'aspects
et de domiciles planétaires. L'entraînement fut irrésistible. On
croirait voir une longue théorie de charlatans et de mystiques,
marchant à la suite des astrologues de haut parage, au bonnet
pointu et à la robe constellée.

Cet engouement n'a rien d'inexplicable : l'humanité suit toujours ceux qui la mènent du côté où elle veut aller et lui pro-
mettent ce qu'elle désire. Ce qui est peut-être plus étonnant, c'est
que, dans cette société gréco-romaine où l'élite était si raffinée et
le goût de la discussion si développé, il se soit trouvé si peu
d'hommes désireux et capables de réagir contre cette contagion
intellectuelle. Après avoir montré de mon mieux par quelles
déviations successives la logique avait fini par se mettre du côté
des astrologues, il me reste à esquisser l'histoire de l'astrologie
dans le monde antique, à noter les efforts qui furent faits pour
percer à jour ces interminables séries de postulats, et à montrer,
au besoin, en quoi était vicieuse la direction des coups qui n'ont
pas porté.

1. Il paraît que les géomanciens appelaient κλῆρος Τύχης une combinaison
qui reproduisait la disposition des étoiles du Verseau avec Θ de Pégase.
Dante y fait allusion : *Quando i geomanti lor maggior Fortuna | Veggiono in
oriente,* etc. (Purgat., XIX, 4 sqq.).

CHAPITRE XVI

L'ASTROLOGIE DANS LE MONDE ROMAIN

Entre les précurseurs, les partisans ou collaborateurs et les adversaires de l'astrologie en Grèce, il n'y a aucune solution de continuité. On ne saurait distinguer dans l'histoire de la doctrine des périodes successives de formation, de lutte, de triomphe. Les théories astrologiques restèrent toujours objet de discussion, et c'est par la discussion même qu'elles ont été sollicitées à élargir leurs principes, à combler leurs lacunes, à remanier les raisonnements ou les pratiques qui prêtaient aux objections.

On n'est pas étonné d'apprendre que les astronomes, ceux qui étaient à même d'apprécier la valeur scientifique des dogmes chaldéens, se sont tenus sur le pied d'hostilité avec des concurrents qui prétendaient réduire l'astronomie au rôle de servante de l'astrologie et la consigner à la porte du laboratoire ou les nombres et les figures fournis par l'observation se transformaient en oracles infaillibles, en décrets du Destin. Cicéron cite Eudoxe, Anchialus, Cassandre et Scylax d'Halicarnasse parmi ceux qui faisaient fi des prédictions astrologiques [1]. Hipparque, au dire de Pline [2], croyait fermement à la « parenté des astres avec l'homme et que nos âmes sont une partie du ciel » ; mais cette foi, qui pouvait l'amener peut-être à prendre son Catalogue d'étoiles fixes pour une liste d'âmes divinisées, l'éloignait plutôt de l'astrologie considérée comme moyen de divination. Il tenait sans doute

---

1. Cic., *Divin.*, II, 42. Eudoxe n'a guère pu connaître que des rudiments de divination sidérale (cf. ci-dessus, p. 62, 3) ; mais Anchialus, Cassandre et Scylax, contemporains de Panétius et « astronomes éminents à l'époque » (IIe siècle a. Chr.), ont eu affaire à l'astrologie hellénisée.

2. *Hipparchus — quo nemo magis adprobaverit cognationem cum homine siderum animasque nostras esse partem caeli* (Plin., *H. Nat.*, II, § 95). Aussi Hipparque fut-il enrôlé plus tard parmi les auteurs d'ouvrages astrologiques (cf. ci-dessus, pp. 162, 1. 331, 4).

pour infranchissable la ligne de démarcation tracée par Aristote entre l'agitation du monde sublunaire et la paix divine des sphères supérieures.

Dans les écoles philosophiques, l'astrologie avait rencontré, partout ailleurs que chez les Stoïciens, un accueil assez dédaigneux. Les Épicuriens l'écartaient par une fin de non-recevoir pure et simple; les Péripatéticiens avaient divisé la science de la Nature en une série de compartiments autonomes soustraits à la tyrannie des nombres pythagoriciens, aux exigences de l'harmonie et de la solidarité universelles, postulats indispensables de l'astrologie à prétentions scientifiques; la Nouvelle Académie, répudiant en bloc tout le mysticisme pythagoricien dont s'amusait la fantaisie de Platon, n'avait gardé de l'héritage du maître que le goût de l'éristique et criblait d'objections toutes les doctrines, connues ou possibles, qui donnaient leurs conclusions comme certaines, à plus forte raison, comme infaillibles. L'astrologie aurait été éliminée du monde où l'on raisonne et réduite à la clientèle des âmes simples, d'ailleurs incapables de la comprendre, si elle n'avait rencontré dans les Stoïciens des alliés et des collaborateurs infatigables, rompus à toutes les finesses de la dialectique, qui avaient lié leur cause à la sienne et l'approvisionnaient au fur et à mesure d'arguments, de réponses, de distinctions, d'échappatoires. Cette alliance s'était conclue dès l'origine, au moment où Bérose importait en Grèce les dogmes chaldéens et où Zénon fondait l'école du Portique. Depuis lors, les Stoïciens, dogmatiques par nature et attachés à leur orthodoxie particulière, ne voulaient ni ne pouvaient renier l'astrologie systématisée, qui était faite en grande partie de leurs doctrines. Panétius seul se sépara sur ce point de ses maîtres et de ses disciples [1]. D'autres, reculant devant un schisme, cherchaient des transactions. Diogène de Séleucie sur le Tigre, dit « le Babylonien », disciple de Chrysippe, réduisait l'astrologie au rôle de la physiognomonie, c'est-à-dire à discerner les aptitudes naturelles de chacun [2]. Évidemment, Diogène avait été intimidé

---

1. *Panaetius, qui unus e Stoicis astrologorum praedicta rejecit* (Cic., *Divin.*, II, 42). Il n'avait guère plus de confiance aux autres modes de divination.

2. *Quibus* (*astrologis*) *etiam Diogenes Stoicus concedit aliquid, ut praedicere possint dumtaxat qualis quisque natura et ad quam quisque maxume rem aptus futurus sit; cetera quae profiteantur negat ullo modo posse sciri* (Cic., *Divin.*, II, 43). Ce que Diogène conservait de l'astrologie suffisait amplement à régénérer le reste. On remarquera que presque tous les Stoïciens sont des Asiatiques, plus accessibles par là même à l'influx des idées orientales. Zénon

et Panétius convaincu par les arguments du redoutable Carnéade,
qui n'avait pas son pareil pour démolir les systèmes les mieux
construits. Mais Posidonius, l'homme au savoir encyclopédique,
était venu arrêter le stoïcisme sur la pente des concessions ; il
avait revisé tout l'ensemble des théories astrologiques, consoli-
dant les parties ébranlées, comblant les lacunes, trouvant, pour
relier entre elles les assertions les plus disparates, des associations d'idées à longue portée, qu'il était difficile de réfuter par
l'analyse et qui déconcertaient les adversaires aussi sûrement ou
mieux que des raisons en forme. C'est lui peut-être qui a construit ou achevé la forteresse astrologique autour de laquelle s'est
usé, des siècles durant, l'effort des sceptiques, des moralistes
invoquant le libre arbitre, des théologiens luttant pour leur foi,
tous inhabiles à démêler le sophisme dans des arguments captieux qu'ils connaissaient mal et suspects d'ignorance quand ils
s'avisaient, de guerre lasse, d'en appeler au sens commun, *telum
imbelle, sine ictu* [1]. En sortant des mains de Posidonius, l'astrologie n'était plus seulement une méthode divinatoire : c'était une
théorie générale des forces de la Nature, comparable pour sa
plasticité, supérieure par son universalité, à la découverte
moderne des ferments animés.

Sous la garantie d'un savant aussi réputé, qui eut, comme professeur, la clientèle de l'aristocratie romaine, les gens du monde,
jusque-là défiants ou indifférents, purent s'avouer adeptes de
l'astrologie. Celle-ci une fois à la mode, la curiosité des dilet-
tantes fit surgir une foule de praticiens qui ne voulaient plus
avoir rien de commun avec les « Chaldéens » de carrefour, des
gens experts à manier les chiffres et les figures géométriques et

était de Citium ; Chrysippe, de Soles ou de Tarse ; Cléanthe, d'Assos ; Antipater, de Tarse ; Posidonius, d'Apamée, etc. Cependant, il semble que, par
compensation, le rationalisme hellénique ait été accepté, sans mélange de foi,
par quelques Orientaux. Aucun astrologue ne se réclame du « Chaldéen
Séleucus », astronome, physicien et géographe du II[o] siècle a. Chr., et sa
théorie des marées (Strab., III, p. 174) ne trahit aucune velléité astrologique.
Cf. S. Ruge, *Der Chaldäer Seleukos*, Dresden, 1865.

1. Les témoignages concernant Posidonius, *fatalium siderum assertor* (Aug.,
Civ. Dei, V, 2), *magnus astrologus idemque philosophus* (ibid., V, 5), — τῶν καθ'
ἡμᾶς φιλοσόφων πολυμαθέστατος (Strab., XVI, p. 753), — ὁ ἐπιστημονικώτα-
τος τῶν Στοϊκῶν (Galen., *De Hippocr. et Plat.*, VIII, 1), sont très dispersés.
Voy., sur Posidonius comme source du *De Divinatione* de Cicéron, les dissertations de Schiche (Jenae, 1875) et de Hartfelder (Freib. i. Br., 1878) ; sur Posidonius comme source principale de la *Tétrabible* de Ptolémée, l'étude appro-
fondie de Fr. Boll [voy. Bibliographie]. Posidonius avait commenté le *Timée*
de Platon, le livre de chevet des philosophes astrologisants.

qui réclamaient de ce chef le titre de « mathématiciens », tombé
en déshérence depuis la disparition des écoles pythagoriciennes.
L'astrologie n'avait eu jusque-là pour aliment que les disputes
philosophiques et la foi inintelligente du vulgaire ; elle avait
trouvé enfin, entre ces deux extrêmes, le terrain sur lequel elle
allait s'asseoir et prospérer, une société riche, lettrée, ayant
atteint sans le dépasser ce degré de scepticisme où les vieilles
croyances qui s'en vont laissent la place libre aux nouveautés
qui arrivent. C'est la Grèce qui fournit les astrologues ; les
Romains, habitués de longue date au rôle de disciples, les admirent, les consultent et les payent.

I

L'ASTROLOGIE ET LA SOCIÉTÉ ROMAINE

Il y avait longtemps déjà que des charlatans, dont on ne peut
plus reconnaître la nationalité sous leur nom commun de « Chaldéens », exploitaient à Rome la crédulité populaire. On ne se
tromperait guère en pensant que ces Chaldéens étaient des Grecs,
attirés par la vogue naissante de l'hellénisme. La littérature et
l'astrologie grecques étaient entrées ensemble, visant à conquérir,
celle-ci, la plèbe, l'autre, l'aristocratie. Les lettrés n'eurent
d'abord que dédain pour les discours de bonne aventure, les
« astrologues de cirque » [1]. Caton défendait à son fermier de
consulter les Chaldéens [2]. En 139 a. Chr., le préteur pérégrin Cn.
Cornelius Hispalus crut devoir intervenir. En vertu de son droit
de juridiction sur les étrangers, il « ordonna par édit aux Chal-

---

1. *Non habeo denique nauci... de circo astrologos* (Cic., *Divin.*, I, 58). —
Cf. les *superstitiosi vates impudentesque harioli* d'Ennius (*ibid.*). On a cité
plus haut (p. 467, 3) un passage d'Attius, qui est un emprunt aux doctrines
astrologiques. Voy. ci-dessus (p. 189, 1) l'étrange aventure de la découverte
des livres apocryphes de Numa, et la légende des douze jeunes gens aidant
Numa à garrotter Picus et Faunus (p. 363, 3), indices probables de tentatives
faites pour convertir à la foi astrologique les dépositaires des traditions
religieuses. Je soupçonne vaguement quelque suggestion astrologique dans
la ferveur soudaine que les Romains montrent pour Saturne en 217, à l'approche d'Hannibal, sur ordre des livres sibyllins (Liv. XXII, 1). C'est au chef
des planètes que devaient plaire les *sept* jours de Saturnales, et la *Lua
Saturni*, déesse stérile et stérilisante (Serv., *Aen.*, 139), — alors que *Saturnus*
est le dieu des semailles, — ne convient bien qu'à l'astre maléfique.
2. Cat., *Re rust.*, I, 5, 4.

« déens de sortir de la ville et de l'Italie dans les dix jours,
« attendu que, au nom d'une fallacieuse interprétation des astres,
« ces gens jetaient par leurs mensonges dans les esprits légers et
« incapables un aveuglement lucratif » [1]. Nous n'avons pas là sans
doute le fond de la pensée du magistrat ; le souci de la bourse
des citoyens pourrait bien n'être qu'un prétexte.

Le danger des consultations non surveillées allait apparaître
plus nettement à mesure que la foi à l'astrologie gagnerait les
hautes classes. Cet envahissement, que l'on a cru pouvoir attribuer plus haut, pour une bonne part, à l'influence de Posidonius,
paraît avoir été assez rapide. Par le temps de révolutions et de
péripéties soudaines qu'inaugure la poussée démagogique des
Gracques, on ne croyait plus à l'équilibre providentiel, à la logique
qui lie les conséquences aux actes volontaires, mais à la Fortune,
hasard pour les uns, prédestination pour les autres. Quand Cn.
Octavius fut égorgé par les sicaires de Marius, on trouva sur lui,
dit-on, un « diagramme chaldéen », sur la foi duquel il était
resté à Rome [2]. Cependant, les astrologues n'avaient pas encore
évincé des meilleures places les haruspices toscans, qui, du reste,
leur firent toujours concurrence, empruntant au besoin à l'astrologie de quoi rajeunir l'haruspicine [3]. On cite les haruspices attitrés de C. Gracchus, de Sylla, de J. César : on ne leur connaît pas
d'astrologues familiers [4]. Mais nous savons par Sylla lui-même
qu'il attendait la mort à une échéance fixée par les Chaldéens [5],
et par Cicéron que les grands ambitieux de son temps prêtaient
l'oreille aux faiseurs d'horoscopes. « Que de choses », dit-il, « ont
« été, à ma connaissance, prédites par les Chaldéens à Pompée,
« combien à Crassus, combien à César lui-même : qu'aucun d'eux
« ne mourrait sinon en grand âge, sinon en paix, sinon avec
« gloire ! C'est au point que je suis stupéfait qu'il se trouve encore
« quelqu'un pour croire des gens dont on voit les prédictions
« démenties chaque jour par la réalité des événements » [6].

---

1. Val. Max., *Epit.*, I, 3, 3.
2. ... καὶ λέγεται διάγραμμα Χαλδαϊκὸν ἐν τοῖς κόλποις αὐτοῦ φονευ-
θέντος εὑρεθῆναι (Plut., *Marius*, 42).
3. Cf. A. Bouché-Leclercq, art. HARUSPICES (*Dict. des Antiq.*, de Daremberg
et Saglio, II, 2 [1896], pp. 17-33).
4. On ne sait rien sur le compte de Manilius Antiochus, qui fut amené
esclave à Rome vers le temps de Sylla et que Pline appelle *conditorem astrologiae* (Plin., XXXV, § 199). On ne peut plus le confondre, comme on l'a fait,
avec le poète des *Astronomiques*, qui vivait un siècle plus tard.
5. Plut., *Sull.*, 37. Plutarque cite les *Mémoires* de Sylla.
6. Cic., *Divin.*, II, 47.

Il n'y a d'étonnant ici — soit dit en passant — que l'étonnement de Cicéron. Les hommes croient toujours ce qu'ils espèrent, et la foi échappe toujours aux démentis de l'expérience. S'il s'est rencontré des astrologues assez avisés pour affirmer à Sylla que la Vénus dont il se croyait le favori, à César, que la Vénus dont il se disait le descendant, était la planète aimable et favorable entre toutes et qu'elle leur garantissait longue vie et prospérité, il est probable que ces esprits forts ont cru, sans plus ample informé, à leur étoile [1]. Cicéron lui-même, qui, comme philosophe, bafoue les astrologues, leur emprunte, comme rhéteur, des expressions dogmatiques. Quand il place les âmes des grands hommes dans la Voie Lactée, il ne fait qu'exploiter un vieux mythe platonicien ; mais, quand il appelle la planète Jupiter « un flambeau prospère et salutaire au genre humain » et la planète Mars « un feu rouge et redouté sur terre » [2], il met dans la bouche du premier Africain des aphorismes astrologiques.

C'est que les idées astrologiques commençaient à entrer dans la circulation banale, à se glisser dans le bagage intellectuel des esprits de culture moyenne. Elles y entraient, astronomie et astrologie mêlées, par la littérature, où les « catastérismes » multipliés à satiété par les Alexandrins, les descriptions du ciel à la mode d'Aratus, paraissaient aux Romains des sujets tout neufs et stimulaient leur imagination rétive ; elles y entrèrent surtout, et par une plus large ouverture, lorsque l'encyclopédiste de l'époque, Varron, et son contemporain P. Nigidius Figulus, adepte fervent de toutes les sciences occultes [3], eurent mis à la portée du grand public les principales règles de l'art des « mathématiciens ». La comète qui parut à la mort de César dut hâter singulièrement la propagande. En tant que « prodige », le phénomène fut interprété officiellement par les haruspices ; mais les astrologues, on peut le croire, ne manquèrent pas de dire leur

---

1. Sylla racontait dans ses *Mémoires* que « les Chaldéens lui avaient prédit qu'après une vie glorieuse, il mourrait au comble de la prospérité » (Plut., *loc. cit.*). D'après Domaszewski (ci-après, p. 554, 2), les légions qui avaient pour enseigne le Taureau tenaient ce symbole de J. César, et César le leur avait donné parce que le signe zodiacal du Taureau est la « maison » astrologique de la planète Vénus — celle-ci évidemment assimilée à la déesse mère des Jules.

2. *Deinde est hominum generi prosperus et salutaris ille fulgor, qui dicitur Jovis, tum rutilus horribilisque terris, quem Martium dicitis* (Cic., *Rep.*, VI, 17). Ce sont des définitions correctes des influences planétaires.

3. Cf. A. Swoboda, *Quaestiones Nigidianae* (Diss. phil. Vindob., II [1890], pp. 1-63), Suet., *Aug.*, 94, et ci-dessus, pp. 162, 1. 185, 2. 256, 1. 363. Dans la *Pharsale*, Figulus donne une consultation astrologique (I, 638 sqq.).

mot, et c'est à eux surtout que profitèrent les graves débats
institués à ce propos sur la destinée de Rome, la durée probable
de son existence passée et future, le renouvellement possible de
toutes choses par une échéance ultime, peut-être celle de la
« grande année » astrologique, échéance à laquelle les Stoïciens
avaient attaché leur ἀποκατάστασις ou « restauration » de l'univers. L'héritier de César choisit l'explication la plus conforme
aux traditions littéraires et la plus propre à établir le système
de l'apothéose dynastique : il « voulut que la comète fût l'âme
de son père » [1]; mais il ne lui déplaisait pas que les haruspices [2]
ou des oracles sibyllins [3] annonçassent l'avènement d'un nouvel
ordre de choses. Il gardait par devers lui l'idée que cet astre
était aussi son étoile à lui, l'horoscope de la nouvelle naissance
qui le faisait fils adoptif de César [4]. L'astrologue qui lui procura
cette « joie intérieure » était probablement ce Théagène qui était
déjà le confident et qui devint par la suite presque le collaborateur
du maître. C'est à l'astrologie, en effet, que Auguste demanda
une preuve, assurément originale, de la légitimité de son pouvoir.
« Il eut bientôt, dit Suétone, une telle confiance dans sa destinée,
« qu'il publia son thème de géniture et frappa la monnaie d'ar-
« gent au signe du Capricorne, sous lequel il était né » [5].
En ce qui concernait la comète de l'an 44, l'événement donna
raison à tout le monde, à ceux qui glorifiaient César et son fils
adoptif comme à ceux qui annonçaient, au nom des doctrines
toscanes, un « siècle » nouveau, ou, au nom de l'orthodoxie
astrologique, des bouleversements et guerres sanglantes. Si les
époques de crise, en déroutant les prévisions rationnelles,

1. *Ipse animam patris esse voluit* (Serv., *Ecl.*, IX, 47) — *quod sidus Caesaris
putatum est, Augusto persuadente* (Serv., *Aen.*, VIII, 681). — *Julium sidus*
(Hor., *Od.*, I, 12, 47). — Le texte des *Mémoires* d'Auguste dans Pline, II, § 94.
2. On connaît la scène tragique — ou comique, si elle était convenue —
jouée *in contione* par l'haruspice Volcatius (Serv., *Ecl.*, IX, 47).
3. Cf. Virg., *Ecl.*, IV, 4 : *Ultima Cumaei venit jam carminis aetas :* | *Magnus
ab integro saeclorum nascitur ordo.*
4. Après avoir cité le passage susvisé des *Mémoires* d'Auguste, Pline ajoute :
*haec ille in publicum. Interiore gaudio sibi illum (cometen) natum seque in eo
nasci interpretatus est* (Plin., II, § 94).
5. Suet. *Aug.*, 94. Le jeune Octave et Agrippa avaient déjà consulté le
« mathématicien Théagène » à Apollonie, avant la mort de César (Suet., *l. c.*).
Sur le Capricorne horoscope de la « conception » d'Auguste, voy. ci-dessus,
pp. 146, 1. 369, 1. 373, 2. 439, 3. L'astrologie apportait au régime impérial un
appui en accréditant l'idée que les empereurs étaient prédestinés — de toute
éternité — à l'empire. Cf. Fr. Cumont, *L'éternité des empereurs romains*
(dans la *Rev. d'Hist. et Litt. relig.*, I [1896], pp. 435-452).

poussent au fatalisme et à la superstition, les Romains durent faire, entre les Ides de mars 44 et la bataille d'Actium, de rapides progrès dans la foi aux sciences occultes. Cette foi, l'astrologie et l'haruspicine se la disputaient à chances à peu près égales. L'une avait pour elle son antiquité; l'autre, sa nouveauté. Les Grecs étaient bien ingénieux, mais les Toscans étaient bien habiles. Inférieurs à leurs rivaux quand il s'agissait de tracer le plan de toute une vie, les haruspices reprenaient l'avantage dans le détail de l'existence, surtout en présence de ces avis surnaturels appelés « prodiges », pour lesquels il n'y avait point de place dans les « mathématiques » [1]. Aussi se trouva-t-il des amateurs pour essayer de comparer et peut-être de combiner les deux disciplines. C'est ce que faisait déjà Nigidius Figulus, et Varron, qui savait tout, était homme à tout mélanger. Son ami et l'ami de Cicéron, Tarutius de Firmum, l'astrologue éminent qui fit et refit le thème de nativité de Rome [2], devait être — son nom l'indique — un Toscan dont la curiosité avait dépassé les ressources de l'haruspicine. Il y a eu à Rome contact, rivalité, adultération réciproque entre la divination étrusque et l'astrologie, sans qu'on puisse dire au juste dans quelle mesure elles ont réagi l'une sur l'autre. Rappelons seulement qu'elles se rencontraient nécessairement sur des domaines communs, par exemple, l'interprétation des foudres et autres phénomènes « célestes » et la localisation des influences divines ou astrales dans les viscères [3]:

Sous le principat d'Auguste, l'astrologie est décidément à la mode. Tout le monde se pique d'en avoir quelque teinture, et les écrivains multiplient des allusions qu'ils savent devoir être comprises même des gens du monde. Jamais les astres n'ont tenu tant

---

1. Qu'on imagine un astrologue consulté sur le coup de foudre qui enleva la lettre C au nom de CAESAR sur le piédestal d'une statue d'Auguste : aurait-il jamais trouvé la réponse que firent les haruspices? *Responsum est centum solos dies posthac victurum, quem numerum C littera notaret, futurumque ut inter deos referretur, quod AESAR, id est reliqua pars e Caesaris nomine, Etrusca lingua deus vocaretur* (Suet., *Aug.*, 97). Même l'interprétation des comètes, considérées comme « foudres », revenait plutôt aux haruspices qu'aux astrologues. Cf. ci-dessus, pp. 362-364.

2. Voy. ci-dessus, pp. 368-369. Dans la légende d'Hercule, le Tarutius ou Carutius qui épousa Acca Larentia est appelé *Tuscus* (Macr., *Sat.*, I, 10, 17).

3. Sur les divinités du temple hépatique, voy. art. HARUSPICES, p. 23. Polyen (IV, 20) appelle Χαλδαῖος μάντις et Strabon (XVI, p. 739) classe parmi les *mathematici* chaldéens l'haruspice Sudines, qui consulte le foie des victimes pour le compte d'Attale. La concurrence tournait au détriment des haruspices.

de place dans la littérature. Le catastérisme ou translation dans les astres, suivant la formule alexandrine, devient la conclusion normale de quantité de légendes et la forme ordinaire de l'immortalité promise aux grands hommes [1]. On retouche les portraits des devins épiques, des Mélampus, des Tirésias, des Calchas et des Hélénus, pour leur attribuer « la science des astres », sans laquelle ils eussent paru au-dessous de leur réputation [2]. En fait d'astronomie, l'auteur des *Géorgiques* est hors de pair : mais Horace lui-même met une sorte de coquetterie à montrer qu'il est quelque peu frotté d'astrologie. Ce n'est plus un fidèle d'Apollon, mais un disciple des Chaldéens qui se classe lui-même parmi les « hommes de Mercure », qui félicite Mécène d'avoir échappé par la protection de Jupiter à l'influence meurtrière de Saturne, et qui, dérouté sans doute par le désordre du calendrier avant la réforme julienne, se demande s'il est né sous la Balance, le Scorpion, « portion dangereuse d'un horoscope », ou le Capricorne, « tyran de la mer d'Hespérie » [3]. Mécène et lui avaient dû consulter quelques praticiens qui avaient trouvé « incroyablement concordants » les thèmes de géniture des deux amis [4]. Properce ne se contente plus,

1. On sait comment Virgile, assez gauche dans le métier de flatteur, offre à Auguste de remplacer la Balance : *Qua locus Erigonen inter Chelasque sequentes | Panditur* (*Georg.*, I, 33 sqq.). Lucain mettrait volontiers Néron à la place du Soleil : il lui recommande en tout cas de se placer au milieu de la voûte céleste, pour ne pas déranger sous son poids l'équilibre du monde (*Phars.*, I, 45-59). La formule *astra petes serus ; serus, lentus, tardus sidera pete*, fait partie de la politesse littéraire et entre dans les compliments bien tournés. Vitruve ne peut pas écrire un traité d'architecture sans y mêler de l'astronomie et une déclaration de foi à l'astrologie (cf. ci-dessus, p. 36, 2).

2. Énée appelle Hélénus *interpres divum - - qui sidera sentis* (Virg., *Aen.*, III, 360). Dans la *Thébaïde* de Stace (III, 558), Amphiaraos et Mélampus maudissent leur art, dont font partie *astrorumque vices numerataque semita lunae.* Properce (V, 1, 109) dédaigne Calchas, qui ne savait pas l'astrologie. Plus tard, Nonnus met en scène un « Génie » astrologue, Astræos, qui donne une consultation en règle à Déméter, avec figures, sphère mobile, etc. (*Dionys.*, VI, 15-102). Cf. la leçon d'astronomie que fait le Soleil à son fils Phaéthon (*id.*, XXXVIII, 222-266, et Ovid., *Met.*, II, 63 sqq.).

3. Hor., *Od.*, II, 17, de l'an 26 a. Chr.

4. *Utrumque nostrum incredibili modo | Consentit astrum* (Hor., *ibid.*). Horace déconseille à Leuconoé de chercher à prévoir sa mort : *nec Babylonios tentaris numeros* (*Od.*, I, 11, 2). C'est le fait non d'un sceptique, mais plutôt d'un croyant qui se repent d'avoir été trop curieux pour son propre compte. Horace mélange les idées astrologiques avec la croyance populaire aux Génies : *scit Genius, natale comes qui temperat astrum* (*Epist.*, II, 2, 187). On a voulu voir une allusion aux οἶκοι astrologiques dans l'expression *aerias tentasse domos* de *Od.*, I, 28. C'est raffiner sur les mots et multiplier inutilement les conjectures.

comme Horace, d'allusions faites en passant aux arcanes de la nouvelle science. Il met en scène un astrologue, fils du « Babylonien Horops », qui connaît « l'étoile heureuse de Jupiter, celle « du violent Mars, et l'astre de Saturne qui pèse sur toute tête, et « ce qu'apportent les Poissons, le signe impétueux du Lion et le « Capricorne baigné par l'onde d'Hespérie ». Son mathématicien est de ceux qui s entendent à « faire tourner sur la boule d'airain les signes », les « signes redoublés de la route oblique », et qui, pour inspirer confiance, tonnent contre la mauvaise foi des charlatans. Ce personnage donne à Properce une consultation qu'il termine en l'avertissant de redouter « le dos sinistre du Cancer » [1]. Le poète plaisante peut-être moins qu'il ne veut en avoir l'air : il se pourrait qu'il ait emporté cette menace de quelque cabinet d'astrologue et qu'il la prenne au sérieux. L'auteur de l'*Ibis*, étalant le thème de géniture de son ennemi, parle le langage des hommes du métier. « Tu es né malheureux », s'écrie-t-il, « et aucune étoile n'a été propice et légère à ta nais- « sance. Vénus n'a pas envoyé ses rayons à cette heure, ni Jupi- « ter ; ni le Soleil ni la Lune n'ont été en lieu convenable, et celui « que la brillante Maïa a engendré du grand Jupiter n'a pas dis- « posé ses feux de façon utile pour toi. Sur toi ont pesé l'astre de « Mars, qui ne présage que choses brutales et jamais rien de pai- « sible, et celui du vieillard à la faux. Ton jour natal, pour que « tout fût à la tristesse, apparut vilain et noirci d'une couche de « nuages » [2]. Il n'y aurait qu'à ajouter des chiffres à ce morceau pour en faire un document professionnel.

La description des astres, de phénomènes célestes réels ou imaginaires, de prodiges de ce genre interprétés, tend à devenir une manie littéraire [3]. A la cour du Palatin, qui donnait le ton à

---

1. Propert., V, 1. L'association du Capricorne à la mer occidentale, notée par Horace et Properce, fait partie d'un système chorographique précédemment exposé. Properce suppose intelligibles pour ses lecteurs des expressions qui étaient de véritables énigmes pour les profanes. *Obliquae signa iterata rotae* (v. 82) sont les signes du Zodiaque groupés six par six en βλέποντα, ἀκούοντα, ὁμόζωνα, ἰσανάφορα, etc. *Ab zonis quinque petenda fides* (v. 108) — si on ne remplace pas *zonis* par *stellis* — signifie que, pour prévoir la mort, il faut tenir compte des zones ou climats, lesquels modifient la durée d'ascension des signes, et par là la durée de la vie impartie par ces signes.
2. Ovid., *Ibis*, 207-216.
3. L'imitation de Virgile, qui avait décrit les prodiges survenus à la mort de César (*Georg.*, I, 463-488), y était bien pour quelque chose. L'auteur de la *Consolatio ad Liviam* (Poet. min., ed. Baehrens, 1, pp. 104-121) assure qu'à la mort de Drusus, *Sidera quin etiam caelo fugisse feruntur,* | *Lucifer et solitas*

la bonne société, la science des astres trouvait des clients et même des disciples. Germanicus employait ses loisirs à traduire en vers — comme l'avait fait avant lui Cicéron — les *Phénomènes* d'Aratus, ou même à corriger son modèle ; et c'était sans nul doute pour les plus hauts cénacles que Manilius écrivait son poème des *Astronomiques*, mélange singulier de foi enthousiaste et de science douteuse, qui mérite de survivre, comme œuvre littéraire, au discrédit des doctrines apprises à la hâte par cet astrologue de rencontre. Nous ignorons, du reste, si le poète avait pris là le meilleur moyen de faire sa cour à Auguste ou à l'héritier présomptif d'Auguste [1], et si la plume ne lui fut pas

---

destituisse vias : | *Lucifer in toto nulli comparuit orbe,* | *Et venit stella non prae-eunte die* (v. 405-408). Vénus, l'astre des Césars, était en deuil. Comme stoïcien, Sénèque croyait à l'astrologie : *Fata nos ducunt, et quantum cuique restet, prima nascentium hora disposuit* (Sen., *De Provid.*, 5). *Ex horum [quinque siderum] levissimis motibus fortunae populorum dependent,* etc. (Senec., *Consol. ad Marc.*, 18). Ses tragédies sont infestées de tirades où, sous forme de descriptions, invocations, explications de toute sorte, le ciel est constamment pris à partie. Dans le *Thyeste* (844-866), le chœur, décrivant le monde qui se détraque et le Soleil qui rebrousse chemin, énumère les XII signes du Zodiaque depuis le Bélier jusqu'aux *ultima sidera Pisces.* L'*Hercules Oetaeus* (v. 61 sqq.) signale les catastérismes opérés par Junon. L'*Hercules furens* (v. 945 sqq.) croit voir le ciel s'obscurcir et le Lion céleste secouer sa crinière. Revenu de son égarement, il demande où il est, *sub ortu Solis an sub cardine glacialis Ursae* (v. 1139). Puis il s'imagine que, à cause de lui, *astra transversos agunt* | *Obliqua cursus* (v. 1332-1333). Lucain n'a garde d'éviter ce genre de pédantisme. Son César se dit constamment occupé d'astronomie — *media inter proelia semper* | *Stellarum caelique plagis Superisque vacavi* (*Phars.*, X, 185), et le sage Achoreus le régale d'une dissertation sur les sources du Nil qui commence par des aperçus plus ou moins orthodoxes sur les propriétés spécifiques des planètes. En revanche, l'auteur des *Suasoriae* (Sénèque le père?) met dans la bouche d'Alexandre une boutade contre les astrologues et leurs observations sur chacune des sept planètes, ce qui est encore une façon de parler d'eux et de montrer qu'on connaît leur métier (Senec., *Suasor.*, 4. Cf. ci-dessus, p. 284, 4). Perse, imitant Horace, énumère les affinités astrologiques qui le lient à Cornutus, cite la Balance, les Gémeaux, Saturne, Jupiter, et conclut : *Nescio quod est, certe est, quod me tibi temperat, astrum* (Pers., *Sat.*, V, 45-51). Aussi Quintilien veut que ses élèves apprennent l'astronomie pour comprendre les poètes, *qui* (*ut alia omittam*) *totiens ortu occasuque signorum in declarandis temporibus utuntur* (Quintil., *Inst.*, I, 4, 4). L'astrologie est sans doute visée dans la prétérition : *ut alia omittam.* Cf. les statistiques de Fr. Harder (*Astrognostische Bemerkungen zu den ræm. Dichtern.* Progr., Berlin, 1893), qui trouve, dans les poètes latins, de Plaute à Claudien (sans compter les *Aratea*, ni les *Fastes* d'Ovide, ni Manilius), les Ourses mentionnées dans 270 passages ; le Chien, 65 fois ; Vénus, 132 fois, etc.

1. Les quatre premiers livres du poème ont été composés sous Auguste ; le cinquième, — qui ne devait pas être le dernier (cf. V, 1 sqq.), — sous Tibère.

arrachée des mains par la peur de tomber sous le coup des mesures décrétées contre les « Chaldéens » par Tibère.

On commençait, en effet, à s'apercevoir que l'astrologie, aristocratique par essence, semblait faite pour éveiller et nourrir les grandes ambitions. Tibère le savait, dit-on, par sa propre expérience, ajoutée à celle de son père adoptif. On racontait que, tombé en disgrâce et exilé à Rhodes, il avait pris des leçons du « mathématicien Thrasylle » et que, plus tard, il avait deviné dans Galba l'homme « qui goûterait un jour à l'empire » [1]. La légende s'en mêlant, on finit par croire qu'il avait créé une sorte de cabinet noir, où des rabatteurs d'horoscopes apportaient les secrets des particuliers et d'où, après examen des thèmes de géniture fait par lui-même ou par Thrasylle, il frappait à coup sûr les têtes marquées pour de hautes destinées [2]. De même qu'il s'était créé autour des oracles une foison d'anecdotes tendant à montrer leur infaillibilité et l'inanité des efforts faits par l'homme,

---

1. Tac., *Ann.*, VI, 21; Dio Cass., LVI, 11. LVII, 19. Cf. Suet., *Tiber.*, 14.

2. Dio Cass., LVII, 19. On ne saurait trop se défier du travail d'imagination qui, à l'appui d'une idée première, contenant peut-être une parcelle de vérité, crée et multiplie les faits typiques. Suivant Suétone (*Galba, 4*), c'est Auguste qui aurait dit à Galba enfant, en lui prenant le menton : Καὶ σύ, τέκνον, τῆς ἀρχῆς ἡμῶν παρατρώξῃ. *Sed et Tiberius, cum comperisset imperaturum eum, verum in senecta,* « *Vivat sane, ait, quando id ad .nos nihil pertinet* ». Dion Cassius assure que, à Rhodes, Tibère, aidé de Thrasylle, connaissait parfaitement sa destinée et celles de L. et C. César — πάντα καὶ τὰ ἑαυτῷ καὶ ἐκείνοις πεπρωμένα ἀκριβῶς ἠπίστατο (Dio Cass., LVI, 11). De cette idée développée, il tire logiquement le vaste réseau d'informations qui permettait à Tibère devenu empereur de supprimer tous ceux à qui ὑπέρογκόν τι καὶ εὔελπι πρὸς δυναστείαν ἐνεῖδε (LVII, 19). Juvénal (*Sat.*, X, 94) grossit le nombre des astrologues employés au cabinet noir. Il se représente Tibère enfermé à Caprée *cum grege Chaldaeo*. Tibère était superstitieux, mais avec la prétention d'être un esprit fort. Dion Cassius raconte que, ayant reçu en songe l'ordre de donner de l'argent à un tel, il s'aperçut que c'était un songe envoyé par magie et mit à mort le trop malin compère (LVII, 15). Croire à la magie ne lui paraissait pas une faiblesse d'esprit. — En songeant à l'attitude défiante qu'ont toujours adoptée officiellement à l'égard des astrologues Agrippa, Auguste et Tibère, on hésite à admettre que les sept niches du Panthéon d'Agrippa aient été occupées par les images des sept dieux planétaires et que les légions aient arboré des enseignes astrologiques : le Taureau distinguant les légions créées par César ; le Capricorne, celles d'Auguste ; le Scorpion, signe de la nativité de Tibère, les cohortes prétoriennes, installées par lui à demeure sur le Viminal. C'est la thèse séduisante et fragile de A. von Domaszewski, *Die Thierbilder der Signa* (Arch.-Epigr. Mittheil., XV [1892], pp. 182-193, et XVII, 1 [1894], p. 34). On trouve des briques de la *XXII Primigenia* (formée sous Claude, par dédoublement de la *XXII Dejotariana*) marquées tantôt au Capricorne, tantôt au Lion (R. Cagnat, *Rev. Epigr.*, 1897, nᵒ 148).

même prévenu, pour échapper à sa destinée, de même l'astrologie, une fois en crédit, est censée marquer d'avance aux personnages historiques les étapes de leur existence, et c'est une joie pour les croyants de voir les prédictions se réaliser en dépit des doutes, des précautions, ou tout autrement qu'on ne l'avait supposé. C'est ainsi que, au rapport de Tacite, Tibère ayant quitté Rome en l'an 26, « les connaisseurs des choses célestes assuraient « que Tibère était sorti de Rome sous des mouvements d'astres « tels que le retour lui était impossible. Ce fut la perte d'une « foule de gens qui crurent à sa mort prochaine et en répandirent « le bruit ; ils ne prévoyaient pas, en effet, tant le cas était « incroyable, que onze ans durant il s'exilerait volontairement « de sa patrie. On vit par la suite combien l'art confine de près à « l'erreur, et comme le vrai s'enveloppe d'obscurité. L'annonce « qu'il ne rentrerait pas dans la ville n'était pas une parole en « l'air ; le reste, les gens qui agirent ainsi l'ignoraient » [1].

Les consultations astrologiques envahissent l'histoire livrée aux compilateurs de curiosités et aux psychologues qui dissertent sur des bruits d'antichambre. Tantôt c'est Caligula à qui le « mathématicien Sulla affirme que sa mort approche très certainement » [2] ; tantôt, c'est Néron, à qui « des mathématiciens avaient prédit jadis qu'il lui arriverait un jour d'être destitué » [3], ou à propos duquel des Chaldéens avaient répondu à sa mère Agrippine « qu'il aurait l'empire et tuerait sa mère » [4], ou qui attend, pour se proclamer empereur « le moment favorable indiqué par les Chaldéens » [5], ou qui détourne les menaces d'une comète par des exécutions ordonnées, comme équivalent de sacrifices humains, sur le conseil de l'astrologue Balbillus [6]. Tacite sait que

---

1. Tac., *Ann.,* IV, 58. Les oracles ne faisaient pas autre chose que *vera obscuris tegere*, et c'est donner cause gagnée aux astrologues que de les mettre sur le même pied. Tacite laisse entendre plus clairement ailleurs qu'il penche vers la foi en l'astrologie : *ceterum plurimis mortalium non eximitur quin primo cujusque ortu ventura destinentur, sed quaedam secus quam dicta sint cadere, fallaciis ignara dicentium ; ita corrumpi fidem artis, cujus clara documenta et antiqua aetas et nostra tulerit* (Tac., *Ann.*, VI, 22).

2. Suet., *Calig.,* 57.

3. Suet., *Nero,* 40.

4. Tac., *Ann.*, XIV, 9 — à quoi Agrippine aurait répliqué : *occidat, inquit, dum imperet.* L'astrologue consulté était un fils de Thrasylle, du confident de Tibère (Tac., *Ann.*, VI, 22). Cf. Th.-H. Martin, *Rech. sur les quatre personnages appelés Thrasylle* (Annali di scienze matem. e fisiche di Tortolini, VIII [1857], pp. 428 sqq.).

5. Tac., *Ann.*, XII, 68. Application de la méthode des καταρχαί.

6. Suet., *Nero.*, 36. Combinaison de l'astrologie avec l'haruspicine.

« le boudoir de Poppée avait entretenu quantité de mathéma-
« ticiens, détestable ameublement d'un ménage de princes » [1].
C'est là peut-être qu'un des familiers de la maison, Othon, avait
rencontré l'astrologue Ptolémée, qui l'accompagna en Espagne
et le poussa à se révolter contre Galba [2]. Puis viennent les Fla-
viens, tous trois ayant leurs astrologues à eux et ne voulant
tolérer à Rome que ceux-là : Vespasien, auprès duquel nous
retrouvons le conseiller de Néron, Balbillus [3] ; Titus, qui était
assez savant pour étudier par lui-même la géniture de deux
ambitieux et assez généreux pour leur pardonner, en les avertissant même « d'un danger qui leur viendrait plus tard et de la
part d'un autre » [4]; Domitien, qui, comme autrefois Tibère, « exa-
minait les jours et heures de nativité des premiers citoyens » [5] et
frappait à côté, car il mettait à mort Mettius Pompusianus, qui
déjà, sous Vespasien, passait pour avoir une géniture impériale » [6],
et il épargnait Nerva, parce qu'un astrologue lui garantit que le
vieillard n'avait plus que quelques jours à vivre [7]. Il ne savait
pas que Nerva n'aurait pas besoin de vivre bien longtemps pour
lui succéder. Un homme qui cherche à tuer son successeur est
parfaitement ridicule [8], et l'histoire s'égaie ici aux dépens de
Domitien. On racontait encore que, ayant fait arrêter « le mathématicien Asclétarion », coupable sans doute d'avoir prédit la

---

1. Tac., *Hist.*, I, 22.

2. Tac., *ibid.* Tacite montre ici plus d'aversion que dans les *Annales* pour
les astrologues, *genus hominum potentibus infidum, sperantibus fallax, quod
in civitate nostra et vetabitur semper et retinebitur.* Il appelle Ptolémée *sceleris
instinctor.* — Οἱ περὶ (Ὄθωνα) ὄντες ἀεὶ μάντεις καὶ Χαλδαῖοι, εἰς τὰ μάλιστα δὲ
Πτολεμαῖος ἰσχυριζόμενος τῷ προειπεῖν πολλάκις, ὡς οὐκ ἀποκτενεῖ Νέρων αὐτόν,
ἀλλὰ τεθνήξεται πρότερος (Plut., *Galba*, 23). Suétone (*Otho*, 4) ne connaît pas
Ptolémée et le remplace par Séleucus, celui qui, d'après Tacite (*Hist.*, II, 78),
devint le mathématicien attitré de Vespasien — *qui mox rerum dominus
Seleucum quemdam mathematicum rectorem et praescium palam habuerit.*

3. Dio Cass., LXVI, 9. Le Βάρϐιλλος de Dion doit être le *Balbillus* de
Suétone. Ce serait un hasard singulier qu'il y ait eu, à la même époque, au
même lieu et aussi en vue, deux astrologues quasi homonymes.

4. Suet., *Titus*, 9.

5. Dio Cass., LXVII, 15.

6. Suet., *Vespas.*, 14 ; *Domit.*, 10.

7. Dio Cass., *ibid.*

8. Marc Aurèle écrivait à L. Verus au sujet d'Avidius Cassius : *Si ei divi-
nitus debetur imperium, non poterimus interficere etiamsi velimus. Scis enim
proavi tui dictum :* « *Successorem suum nullus occidit* » (Vulcat. Gallic., *Avid.
Cass.*, 2). C'est l'éternel argument dirigé contre la divination en général, — ou
incertaine, ou inutile, — et auquel elle a résisté. On ne peut connaître l'avenir
que s'il est fatal, et on ne veut le connaître que pour pouvoir y échapper.

mort prochaine du tyran, il voulut à tout prix le convaincre d'imposture, et que l'épreuve tourna à sa confusion. « Il demanda « à Asclétarion quelle serait sa fin à lui-même, et comme celui-ci « assurait qu'il serait bientôt mis en pièces par des chiens, il « ordonna de le mettre à mort sans retard, mais, pour démontrer « la frivolité de son art, de l'ensevelir avec le plus grand soin. « Comme on exécutait ses instructions, il advint qu'un ouragan « soudain renversa le bûcher et que des chiens déchirèrent le « cadavre à demi brûlé » [1]. Au dire de Suétone, il savait depuis longtemps l'année, le jour et l'heure où il mourrait. « Il était tout « jeune encore quand des Chaldéens lui avaient prédit tout cela, « si bien qu'un jour à dîner, comme il ne touchait pas aux « champignons, son père s'était moqué de lui ouvertement, disant « qu'il connaissait bien mal sa destinée s'il ne craignait pas « plutôt le fer ». En effet, la veille de sa mort, il fit parade de sa science astrologique, en annonçant « que le lendemain la Lune « se couvrirait de sang dans le Verseau et qu'il arriverait un « événement dont les hommes parleraient dans tout l'univers » [2].

La liste des consultations impériales n'est pas close, tant s'en faut, avec les biographies de Suétone. Comme lui, ses continuateurs, les rédacteurs de l'*Histoire Auguste*, ont soin de tempérer par des racontages de toute sorte l'ennui qu'exhale leur prose à demi barbare, et l'astrologie n'est pas oubliée. Voici Hadrien qui, curieux de toutes choses et encore plus occupé de lui-même, ne pouvait manquer d'apprendre l'astrologie pour son propre usage. « Il s'imaginait savoir l'astrologie au point qu'il mettait par écrit « aux calendes de janvier tout ce qui pouvait lui arriver dans « toute l'année : ainsi, l'année où il mourut, il avait écrit ce qu'il « ferait jusqu'à l'heure même où il trépassa » [3]. Le chroniqueur

---

1. Suet., *Domit.*, 15. Cette édifiante histoire, tournée à la plus grande gloire de la Providence et de l'astrologie, est aussi rapportée par Dion Cassius (LXVII, 16), avec de légères variantes. L'astrologue est anonyme : c'est à Domitien lui-même qu'il prédit « où et comment périra » l'empereur ; il est brûlé vif et la pluie éteint le feu. Le même Dion Cassius (*loc. cit.*) assure qu'un certain Larginus Proclus ayant « prédit publiquement en Germanie que Domitien mourrait le jour où il périt réellement », l'empereur différa son supplice pour avoir le plaisir de lui prouver qu'il s'était trompé et qu'il fut sauvé par le meurtre de Domitien. On ne dit pas que ce fût un astrologue ; ce doit être l'haruspice *ex Germania missum, qui consultus de fulgure mutationem rerum praedixerat* (Suet., *Domit.*, 14).

2. Suet., *Domit.*, 14 et 16.

3. Spartian., *Helius*, 3. *Hadrian.*, 16. C'est l'époque où fleurissent les « paradoxographes », parmi lesquels Phlégon de Tralles, affranchi d'Hadrien et peut-

emprunte ce détail à Marius Maximus, un écrivain que, sur cet échantillon, nous pouvons ranger dans la catégorie des mystificateurs. Il est possible qu'Hadrien ait fait grand cas de l'astrologie ; mais si, comme le dit son biographe, il admettait des astrologues dans le cercle de savants, de lettrés et d'artistes au milieu desquels il vivait, c'était aussi, je suppose, pour se donner le plaisir de les mettre aux prises avec Favorinus, l'ergoteur le plus subtil de l'époque, qui exerçait volontiers sa verve mordante sur les dogmes astrologiques. On nous parle encore de Marc-Aurèle consultant les Chaldéens sur les secrets de l'alcôve de Faustine et se décidant, sur leur conseil, à faire baigner Faustine dans le sang du gladiateur qui fut le père de Commode [1]. C'est le moment où l'on commence à confondre les astrologues avec les magiciens [2]. Puis, c'est S. Sévère qui, n'étant encore que légat de la Lugdunaise, « étudiait les génitures des filles à marier, étant lui-« même très expert en astrologie. Ayant appris qu'il y en avait « une en Syrie dont la géniture portait qu'elle épouserait un roi, « il la demanda en mariage — c'était Julia — et il l'obtint par « l'entremise de quelques amis » [3]. Comme on voit, l'astrologie,

---

être prête-nom d'Hadrien lui-même — *nam et Phlegontis libri Hadriani esse dicuntur* (Spart., *Hadr.*, 16). Le premier mystificateur pourrait être Hadrien en personne. On dit, du reste, que son grand-oncle Aelius Hadrianus était un astrologue distingué et lui avait prédit l'empire, prédiction confirmée plus tard *a mathematico quodam* (Spartian., *Hadr.*, 2). Les chroniqueurs ont réponse à tout. Hadrien « connaissait la géniture » d'Aelius Verus et savait que celui-ci mourrait jeune. Pourquoi l'avait-il adopté ? Réponse : *ut suae satisfaceret voluptati et, ut quidam dicunt, juri jurando* (Spart., *Helius*, 3).

1. Capitolin., *M. Anton. Phil.*, 19. Il s'est trouvé des gens pour croire à ces odieux bavardages. Faustine étant ensuite accouchée de deux jumeaux, on voit des astrologues assez routiniers pour prédire même destinée aux deux enfants, dont l'un mourut à quatre ans et l'autre fut l'empereur Commode (Lamprid., *Commod.*, 1). C'est une réédition de l'argument si connu tiré des jumeaux.

2. C'est au « Chaldéen » Julianus (voy. ci-après) que certains attribuèrent le miracle de la Légion Fulminante (Suidas, s. v. Ἀρνουφις). On crut aussi *per Chaldaeos et magos Antoninum Marcum id egisse, ut Marcomanni P. R. semper devoti essent atque amici, idque factum carminibus* (Lamprid., *Heliog.*, 9). La civilisation baisse et la superstition grandit à vue d'œil.

3. Spartian., *Sever.*, 3. C'était un surcroît de précaution, car un astrologue consulté par lui en Afrique, où il était questeur, *omnia ei dixit quae postea facta sunt* (Spart., *Sever.*, 2). Ce trait se répète à satiété. L'empire avait été promis à Pertinax enfant par des Chaldéens (Capitolin., *Pertin.*, 1). Didius Julianus suivait aveuglément les conseils des « mages » (Spartian., *Did. Julian.*, 7). Les « mathématiciens » trouvent au jeune Diadumène, fils de Macrin, le même horoscope qu'à Antonin le Pieux (Lamprid., *Anton. Diad.*, 5).

science universelle, perfectionnait l'art d'arriver par les femmes. Elle facilitait aussi singulièrement l'art de surpasser ses rivaux pour un homme qui connaissait d'avance le terme assigné à leur destinée [1]. Sévère connaissait assez bien la sienne pour savoir, en partant pour la Bretagne, qu'il n'en reviendrait pas, et cela surtout par son thème de géniture qu'il avait fait peindre au plafond de son prétoire [2]. On répète pour Caracalla les contes faits sur Tibère, les meurtres ordonnés d'après « des diagrammes de positions sidérales » [3]. Alexandre Sévère est encore un adepte de l'astrologie, pour laquelle il fonda, dit-on, des chaires rétribuées par l'État, avec bourses pour les étudiants [4]. L'histoire anecdotique fait de lui un pédant et lui donne un peu l'attitude de l'astrologue qui, les yeux au ciel, tombe inopinément dans un puits. « Le mathématicien Thrasybule, son ami intime, lui ayant dit « qu'il périrait nécessairement par le glaive des Barbares, il en « fut d'abord enchanté, parce qu'il s'attendait à une mort guer- « rière et digne d'un empereur ; puis il se mit à disserter, mon- « trant que tous les hommes éminents avaient péri de mort vio- « lente, citant Alexandre, dont il portait le nom, Pompée, César, « Démosthène, Cicéron, et autres personnages insignes, qui « n'avaient pas fini paisiblement, et il s'exaltait au point qu'il se « jugeait comparable aux dieux s'il périssait en guerre. Mais « l'événement le trompa, car il périt par le glaive barbare, de la « main d'un bouffon barbare, et en temps de guerre, mais non « pas en combattant » [5].

1. A propos de Pescennius Niger, qui devait périr *juxta aquas*, sans tomber, ni vivant, ni mort, au pouvoir de son rival. *Quod quidam dicunt ipsum Severum de mathesi, qua callebat, dixisse* (Spartian., *Pesc. Nig.*, 9).

2. Dio Cass., LXXVI, 11.

3. Dio Cass., LXXVIII, 2. Au dire de l'historien, Caracalla prétendait reconnaître ainsi quels étaient, dans son entourage, ses amis et ses ennemis.

4. *Matheseos peritus, et ita quidem ut ex ejus jussu mathematici publice proposuerint Romae ac sint professi ut docerent* (Lamprid., *Alex. Sever.,* 27). L'assertion paraît bien invraisemblable, étant donné la législation existante (voy. ci-après), maintenue et interprétée par les grands jurisconsultes de l'époque. Il faut admettre que, entre autres idées chimériques, Al. Sévère aurait eu celle d'instituer une astrologie officielle, surveillée et inoffensive, ou qu'il s'agit de cours d'astronomie. Mais il n'y avait plus d'astronomie séparée de la divination, et celle-ci avait aussi des professeurs attitrés, les haruspices — *rhetoribus grammaticis medicis haruspicibus mathematicis mechanicis architectis salaria instituit et auditoria decrevit et discipulos cum annonis pauperum filios, modo ingenuos, dari jussit* (Lamprid., *Al. Sever.*, 44). Cf., dans une inscription de Milan, un certain *M. Valerius Maximus, sacerdos, studiosus astrologiae* (C. I. L., V, 5893).

5. Lamprid., *Al. Sever.*, 62.

Les deux premiers Gordiens n'eurent pas le temps de régner, mais ils connaissaient, paraît-il, leur destinée. « Gordien le vieux, « consultant un jour un mathématicien sur la géniture de son fils, « il lui fut répondu que celui-ci serait fils et père d'empereur et « empereur lui-même. Et comme Gordien le vieux riait, on dit « que le mathématicien lui montra l'agencement des astres et « cita des passages de vieux livres, pour prouver qu'il avait dit la « vérité. Il prédit même, au vieux et au jeune, le jour et le genre « de leur mort et les lieux où ils périraient, et cela avec la ferme « confiance d'être dans le vrai » [1].

Nous pourrions éliminer de l'histoire ces fastidieuses redites, anecdotes suspectes, mots forgés après coup, et en garder le bénéfice, c'est-à-dire juger par là de l'état de l'opinion et des dangers que pouvait offrir, au point de vue de la sécurité des gouvernants, une méthode divinatoire réputée infaillible. L'exactitude matérielle des faits importe peu ici : ce qui compte, comme fait à coup sûr réel et de plus grande conséquence, c'est l'idée qu'on en a, celle qui précisément se fixe dans les légendes et tend à se traduire en actes par voie d'imitation. Ce ne fut pas par simple caprice de tyran que Tibère mit sa police aux trousses des Chaldéens. Déjà, un demi-siècle plus tôt, au temps où l'imminence du conflit prévu entre Antoine et Octave surexcitait les imaginations, Agrippa avait « chassé de la ville les astrologues et les magiciens » [2]. A la fin de son règne, Auguste avait interdit à toute espèce de devins les consultations à huis clos, ou concernant la mort, même sans huis clos [3]. La mesure était sage, aussi utile aux familles qu'au pouvoir, mais inapplicable. C'est à la suite du procès de Drusus Libo (16 p. Chr.) que Tibère se décida à sévir. Libon était un jeune écervelé dont les devins — Chaldéens, inter-

---

1. Capitolin. (*Gordiani tres*, 20). Remarquer les « vieux livres », fondement de la foi, et aussi de la croyance raisonnée à une science d'observation.

2. Ἀγρίππας — καὶ τοὺς ἀστρολόγους, καὶ τοὺς γόητας ἐκ τῆς πόλεως ἐξήλασεν (Dio Cass., XLIX, 43, ad ann. 33 a. Chr.). Déjà, astrologues et magiciens, pour la police, c'est tout un.

3. Τοῖς μάντεσιν ἀπηγορεύθη μήτε κατὰ μόνας τινί, μήτε περὶ θάνατον, μηδ' ἂν ἄλλοι συμπαρῶσίν οἱ, χρᾶν (Dio Cass., LVI, 25). Dion ajoute que Auguste ne craignait rien pour lui-même, puisqu'il avait affiché son thème de géniture. La réflexion est naïve. Cependant, Auguste songeait aussi et surtout aux successions guettées par les captateurs de testaments et les fils impatients : *Filius ante diem patrios inquirit in annos* (Ovid., *Met.*, I, 148) — *motus | Astrorum ignoro ; funus promittere patris | Nec volo, nec possum* (Juven., *Sat.*, III, 42-44). *Consulit ictericae lento de funere matris* (id., VI, 565). — *Nota mathematicis genesis tua : sed grave tardas | Exspectare colus* (id., XIV, 248).

prètes de songes et nécromanciens — avaient exploité l'ambition. « Des sénatusconsultes furent rendus pour chasser d'Italie
« les mathématiciens et les magiciens : l'un d'eux, L. Pituanius,
« fut précipité de la roche ; quant à L. Marcius, les consuls le
« conduisirent hors de la porte Esquiline, et là, après avoir fait
« sonner les trompettes, ils lui infligèrent le supplice à la mode
« antique » [1]. Les astrologues apprirent à se cacher un peu mieux.
Quatre ans plus tard, le procès de Lépida révéla que cette grande
dame, adultère et empoisonneuse, avait aussi « consulté, par le
« moyen des Chaldéens, sur la famille de César » [2]. Sous le règne
de Claude, nouveaux scandales. Lollia, qui avait disputé à Agrippine la main de Claude, est, à l'instigation de celle-ci, accusée
d'avoir consulté « les Chaldéens, les magiciens et posé des questions à une statue d'Apollon Clarien sur le mariage de l'empereur » [3]. Scribonianus fut exilé sous l'accusation banale « d'avoir
« cherché à savoir, par les Chaldéens, la fin de l'existence du
« prince ». Là-dessus, on décida une fois de plus de chasser
d'Italie les mathématiciens, et il fut fait à ce sujet « un sénatusconsulte rigoureux et inutile » [4].

Persécutés, les astrologues devinrent aussitôt des gens intéressants, et, même expulsés d'Italie, on pouvait toujours les consulter
par correspondance. Tacite nous parle d'un de ces exilés, Pammène, « renommé dans l'art des Chaldéens et engagé par là même
« dans une foule de liaisons », qui recevait des messages et
envoyait des consultations à des Romains de Rome, Anteius et
Ostorius Scapula, lesquels furent dénoncés à Néron comme conspirant et « scrutant la destinée de César » [5]. Les mathématiciens

---

1. Tac., *Ann.*, II, 27-32. D'après Ulpien (in *Mos. et Rom. leg. collat.*, XV, 2, 1),
le SC. de l'an 17 p. Chr. portait *ut mathematicis, Chaldaeis, ariolis et ceteris
qui simile inceptum fecerint, aqua et igni interdicatur, omniaque bona eorum
publicentur.* Tibère l'appliqua avec une certaine indulgence (Suet., *Tiber.*, 36).

2. Tac., *Ann.*, III, 22.

3. Tac., *Ann.*, XII, 22, ad ann. 49 p. Chr.

4. Tac., *Ann.*, XII, 52 (ad ann. 52 p. Chr.). Sénèque (*De mort. Claud.*, 3)
assure que les astrologues prédisaient à chaque instant la mort de Claude :
illum, ex quo princeps factus est, omnibus annis, omnibus mensibus efferunt.
Ils se vengeaient et, par surcroît, avaient chance de faire plaisir à Agrippine.
Sénèque, qui, lui aussi, se venge, ajoute : *Et tamen non est mirum si errant :
horam ejus nemo novit. Nemo enim illum unquam natum putavit.* Les astrologues étaient remplacés à la cour par leurs rivaux. Ils en avaient d'autres
que les haruspices. C'est un « métoposcope », amené par Narcisse pour
examiner Britannicus, qui affirme *illum quidem nullo modo, ceterum Titum,
qui tunc prope astabat, utique imperaturum* (Suet., *Tit.*, 2).

5. Tac., *Ann.*, XVI, 14, ad ann. 66 p. Chr.

montrèrent de l'esprit — ou on leur en prêta — le jour où Vitellius, pour les punir d'avoir encouragé Othon, « rendit un édit leur
« ordonnant de sortir de la Ville et de l'Italie avant les Calendes
« d'octobre. Un libelle fut aussitôt affiché, faisant défense de la
« part des Chaldéens à Vitellius Germanicus d'être où que ce soit
« ce même jour des Calendes » [1]. Les rieurs purent se partager, car
Vitellius dépassa de trois mois l'échéance indiquée. Les expulsions
recommencèrent sous Vespasien, qui, ayant ses astrologues à lui,
n'entendait pas laisser les autres exploiter le public [2]; sous
Domitien, qui fit aux astrologues l'honneur de les chasser de
Rome en même temps ou au même titre que les philosophes [3].

Il va sans dire que tout ce bruit à vide, ces tracasseries intermittentes et mollement poussées, loin de discréditer l'astrologie,
accrurent son prestige et élargirent la place qu'elle tenait dans les
préoccupations du public. Des doctrines qui effrayaient à ce point
les gouvernants ne pouvaient plus passer pour des jeux d'imagination. C'est ainsi que les femmes les plus frivoles, les plus
incapables de comprendre même les rudiments de l'astrologie,
s'éprirent du grand art suspect à la police. Elles ne renoncent pas
à leurs autres superstitions, dit Juvénal, « mais c'est dans les
« Chaldéens qu'elles ont le plus de confiance. Tout ce que dira
« l'astrologue passera à leurs yeux pour venir de la source
« d'Ammon, puisqu'à Delphes les oracles se taisent et que l'espèce
« humaine est condamnée à ignorer l'avenir. Mais celui-là prime
« les autres qui a été souvent exilé, dont l'amitié et le grimoire
« grassement payé ont causé la mort du grand citoyen redouté
« d'Othon. On a confiance en son art si sa main droite et sa
« gauche ont fait tinter les chaînes de fer, s'il a séjourné long-
« temps dans quelque prison militaire. Nul mathématicien n'aura
« de succès s'il n'a pas été condamné, mais bien celui qui a failli
« périr, qui a eu à grand'peine la chance d'être envoyé dans une
« Cyclade et qui est enfin revenu de la petite Sériphos. Voilà
« l'homme que ta Tanaquil consulte sur la mort bien lente de sa
« mère atteinte de la jaunisse et sur ton compte tout d'abord.

---

1. Suet., *Vitell.*, 14. Tacite (*Hist.*, II, 62) dit simplement : *pulsi Italia mathematici*. On peut voir ici la légende se greffer sur l'histoire. Dion Cassius (LXV, 1)
ne parle plus des kalendes d'octobre — Vitellius étant mort le 24 décembre
— et il assure que les Chaldéens lui fixèrent exactement le jour de sa mort :
ἀντιπαρήγγειλαν ἀπαλλαγῆναι ἐκ τοῦ βίου ἐντὸς τῆς ἡμέρας ἐν ᾗ ἐτελεύτησε.

2. Dio Cass., LXVI, 9.

3. Οὗτος καὶ τοὺς φιλοσόφους καὶ μαθηματικοὺς ἐφυγάδευσεν ἀπὸ Ῥώμης (Suidas,
s. v. Δομετιανός).

« Quand enterrera-t-elle sa sœur et ses oncles? Est-ce que son
« amant doit lui survivre? C'est là la plus grande faveur que
« puissent lui accorder les dieux. Encore celle-ci ignore ce qu'ap-
« porte de menaces l'étoile lugubre de Saturne, en quelle position
« Vénus se montre favorable, quels mois sont voués aux pertes et
« quels moments aux gains. Mais fais bien attention à éviter même
« la rencontre de celle que tu vois manier des éphémérides qui ont
« pris entre ses mains le poli gras de l'ambre : celle-là ne consulte
« plus; on la consulte. Que son mari parte pour la guerre ou pour
« son pays, elle n'ira pas avec lui si les calculs de Thrasylle la
« retiennent. Qu'il lui prenne envie de se faire voiturer, ne fût-
« ce qu'à un mille de Rome, elle demande l'heure à son livre; si
« le coin de l'œil, trop frotté, lui démange, elle inspecte sa géni-
« ture avant de demander un collyre. Elle a beau être malade et
« au lit, elle ne prendra de nourriture qu'à une certaine heure
« propice, celle que lui aura indiquée Pétosiris » [1].

Juvénal est coutumier de l'hyperbole, mais on peut l'en croire
quand il ne fait que vanter l'attrait du fruit défendu. Attaques et
plaisanteries sont un signe de popularité : c'est la « réclame » de
l'époque. On rencontre dans les épigrammes de Lucillus, un
contemporain de Néron, qui aime à plaisanter sur le compte des
astrologues, quelques traits de bonne comédie : par exemple, le
trait de l'astrologue Aulus qui, trouvant qu'il n'avait plus que
quatre heures à vivre, se pend à la cinquième par respect pour
Pétosiris [2].

Le Pétosiris qui devient ainsi le bréviaire des adeptes de l'astrologie passait pour avoir été en son temps — sept siècles au
moins avant notre ère — un prêtre égyptien, collaborateur du
non moins fabuleux roi et prophète Néchepso. Le livre, un gros
livre, qui se débitait aussi en extraits, sous forme d'éphémérides

---

1. Juven., VI, 553-581. S. Augustin avait oublié son Juvénal le jour où il
écrivait : *quis enim consulat quando sedeat, quando deambulet, quando vel
quid prandeat?* (*Civ. Dei*, V, 3). Les Arabes excellent en ce genre de consultations. Albohazen Haly n'omet aucune des minuties de la vie privée.

2. Anthol. Palat., XI, 164. Cf. 159, 160, 161. Lucillus voudrait que les astrologues apprissent à leurs dépèns (non pas dans le Zodiaque, mais dans le
Cirque) καὶ τί ποιεῖ ταῦρος, καὶ τι λέων δύναται (*ibid.*, 160). Voy. dans Apulée
(*Metam.*, II, 12) le Chaldéen Diophane, qui fait fureur à Corinthe (*miris totam
civitatem responsis turbulentat, et arcana fatorum stipibus emerendis indicit
in vulgus*) et qui, dans un moment de distraction, avoue avoir failli périr dans
un naufrage qu'il n'avait pas su prévoir — sur quoi un riche client reprend
les 100 drachmes déjà versées par lui pour prix d'une consultation, aux éclats
de rire de l'assistance.

ou almanachs, était censé avoir été retrouvé dans les archives
hiératiques de l'Égypte. En réalité, il avait dû être fabriqué à
Alexandrie, comme tant d'autres apocryphes, par des faussaires
qui voulaient profiter de la vogue croissante des cultes et traditions venus des bords du Nil pour confisquer au profit de l'Égypte
le renom de la science dite jusque-là chaldéenne. Qu'il ait été
publié vers le temps de Sylla ou un siècle plus tard [1], toujours
est-il que depuis lors l'astrologie, considérée comme l'héritage
des deux plus antiques civilisations orientales, eut une garantie
de plus et s'enrichit d'une branche nouvelle, l'iatromathématique
ou astrologie appliquée à la médecine. Toute doctrine, science ou
religion, qui peut se convertir en art médical va au succès par
la voie la plus courte. A peine connues, les recettes du « roi Néchepso » procurèrent une belle fortune au médecin Crinas de
Marseille, qui « en réglant l'alimentation de ses clients sur les
« mouvements des astres, d'après une éphéméride mathématique,
« et en observant les heures, laissa tout dernièrement dix mil-
« lions de sesterces, après avoir dépensé presque autant à bâtir
« des remparts en sa ville natale et à d'autres constructions » [2].
Pline, qui n'aime ni les médecins, ni les astrologues, atteste, en
le déplorant, l'engouement de ses contemporains pour l'astrologie,
devenue la religion de ceux qui n'en ont plus d'autre. D'un bout
du monde à l'autre, dit-il, on invoque à tout moment la Fortune.
« Mais une partie de l'humanité la bafoue, elle aussi, et fonde

---

1. Voy. la Bibliographie. Néchepso est un nom emprunté aux listes de
Manéthon (XXVIᵉ dynastie) et Pétosiris un nom très commun, qui figure déjà
dans Aristophane (ap. Athen., III, p. 114 C) et se retrouve, porté par des individus quelconques, dans les papyrus (*Pap. of the Brit. Mus.*, I, pp. 46, 154).
E. Riess est persuadé que le soi-disant Néchepso ou Pétosiris était connu de
Nigidius Figulus, inconnu de Posidonius, et place, en conséquence, l'apparition
du livre vers 80 a. Chr. Fr. Boll, *op. cit.*, le conteste. En fait, Pline est le premier
qui cite Pétosiris, et, avant Manilius, qui invoque l'autorité des rois des nations
Quas secat Euphrates, in quas et Nilus inundat (Manil., I, 44), il n'est question
nulle part — sauf d'une façon très générale dans Cic., *Divin.*, I, 1 — de ces
« Égyptiens » qui font plus tard une concurrence victorieuse aux « Chaldéens ». Les monnaies alexandrines avec signes astrologiques frappées sous
Antonin-le-Pieux (cf. ci-dessus, p. 191, 2), au renouvellement de la période
sothiaque, et surtout les papyrus astrologiques (voy. Bibliographie) témoi-
gnent de la vogue dont jouit l'astrologie en Égypte au temps des Antonins.

2. Plin., XXIX, § 9. Cependant, Ptolémée présente l'astrologie comme une
science désintéressée et a soin de dire qu'elle ne mène ni à la richesse ni
à la réputation : εἰ δὲ μὴ πρὸς πλοῦτον ἢ δόξαν ἢ τὰ τοιαῦτα συνεργεῖ, προχω-
ρήσει περὶ πάσης φιλοσοφίας τὸ αὐτὸ τοῦτο φάσκειν (*Tetrab.*, I, 3). Il faut distinguer, en effet, dans toute science, ceux qui la cultivent et ceux qui l'exploitent. Cf. Firmic., II, 30, 2 Kroll (ci-après, p. 568, 1).

« son avenir sur l'astre qui fait loi à la naissance, pensant que la
« divinité a décidé une fois pour toutes sur tous les hommes à
« naître et ne s'occupe plus du reste. Cette idée a commencé à
« s'asseoir, et la foule, gens instruits ou sans culture, s'y préci-
« pite à la course » [1]. L'astrologie se fait toute à tous. Dans ce
troupeau qui se rue du côté où le pousse le goût du jour, il en
est qui la prennent pour une science naturelle, d'autres pour une
religion, d'autres pour un perfectionnement de la vieille magie,
tous flattés, au fond, de frayer de si près avec les astres et d'avoir
leur étoile au ciel. Les plus simples croyaient, à la lettre, que
chacun était représenté là-haut par une étoile d'éclat gradué selon
sa condition, étoile qui naissait avec lui et tombait de la voûte
céleste à sa mort [2]. Ceux qui avaient une idée sommaire de la
marche des astres et des moments opportuns qu'elle fait naître
trouvaient leur pâture dans des éphémérides adaptées à toute
espèce d'usages. Enfin, les hommes cultivés, ceux qui voulaient
tout ramener à des principes rationnels, eurent toute satisfaction
lorsque, au milieu du siècle des Antonins, le plus grand astronome de l'époque, Claude Ptolémée d'Alexandrie, eut fait entrer
l'astrologie, ordonnée et épurée par lui, dans un corps de doctrine
scientifique où les faits d'expérience se groupaient en théories
empruntées aux plus ingénieuses spéculations des philosophes
pythagoriciens, péripatéticiens et stoïciens [3].

Devant cet entraînement général, les jurisconsultes appliquaient ou laissaient sommeiller, suivant les cas, les lois répressives. Depuis la publication de la *Tétrabible* de Ptolémée, il leur
était difficile de soutenir — comme le fait encore Ulpien par
habitude professionnelle [4] — que tous les « mathématiciens et
Chaldéens » étaient des imposteurs exploitant des imbéciles. Mais
une science peut être de bon aloi et être dangereuse. C'était
même parce qu'on croyait à la puissance des calculs astrologiques que l'on s'en défiait si fort. Aussi, en fait de divination, la
jurisprudence hésitait. On avait d'abord pensé que l'on ne pou-

---

1. Plin., II, § 22.

2. Plin., II, § 28 (texte cité plus haut, p. 386, 1). C'est une adaptation, déjà
remarquée dans Horace (ci-dessus, p. 551, 4), de la croyance romaine au Génie
individuel, reliquat de l'animisme et prototype de l'Ange gardien dans la
démonologie chrétienne.

3. La Τετράβιβλος [σύνταξις], la Bible des astrologues, — dédiée, comme la
Μεγάλη σύνταξις ou *Almageste*, πρὸς Σύρον ἀδελφόν, — est probablement le
dernier ouvrage de l'illustre astronome : c'était la capitulation de la science.

4. *Praeterea interdicta est mathematicorum callida impostura et opinatae
artis persuasio* (Ulpian., in *Mos. et Rom. leg. coll.*, XV, 2, 1).

vait pas punir la science, mais seulement l'exercice du métier.
Puis, après des accès d'indulgence, on avait considéré comme
contrevenants et les devins et leurs clients et gradué les peines
suivant l'importance de la consultation; la peine capitale étant
toujours applicable à quiconque consulterait « sur la santé du
prince » [1]. Sous le règne de Commode, S. Sévère avait failli être
condamné comme coupable d'un crime de ce genre [2]. Au fond,
ce qui empêchait les légistes de classer l'astrologie parmi les
sciences inoffensives ou même utiles, en dépit des protestations
de tous ses docteurs, c'est que le public s'obstinait de plus en
plus à la confondre avec la magie, celle-ci anti-sociale par
essence, étant l'art de suspendre, pour les violer, toutes les lois,
divines, humaines, naturelles. « Chaldéens » et « mages » avaient
été synonymes dès l'origine, et les « Égyptiens », avec leur pharmacopée et chimie magiques, méritaient mieux encore le renom de
sorciers. C'est après la prise d'Alexandrie (296), où pullulaient les
professeurs et livres de sciences occultes, que Dioclétien rendit
un édit conservé en substance par les légistes de Justinien : « Il
« est d'intérêt public que l'on apprenne et exerce l'art de la géo-
« métrie. Mais l'art mathématique est condamnable, il est abso-
« lument interdit » [3]. Les souverains du Bas-Empire renouvellent
de temps à autre les édits qui frappent indistinctement tous les
devins consultants : les *mathematici* figurent dans le nombre,
comme doublant ou remplaçant l'appellation de « Chaldéens » [4],
c'est-à-dire magiciens. Parfois, l'astrologie est seule visée,

---

1. *Sed fuit quaesitum, utrum scientia hujusmodi hominum puniatur, an
exercitio et professio. Et quidem apud veteres dicebatur, professionem eorum,
non notitiam, esse prohibitam. Postea variatum.* - - *Saepissime denique interdic-
tum est fere ab omnibus principibus, ne quis omnino hujusmodi ineptiis se
immisceret,* etc. (ibid., XV, 2, 2-3). Cf. Paul., *Sent.*, V, 21, *De vaticinatoribus
et mathematicis.* Paul enseigne que *non tantum divinatione quis, sed ipsa
scientia ejusque libris melius fecerit abstinere.* Les légistes impériaux glissent
sur la pente qui conduit à admettre des délits d'opinion.

2. Spartian., *Sever.*, 4.

3. Cod. Justin., I, 18, 2, sous le titre *De maleficis et ceteris similibus,* qu'on
retrouve identique dans Cod. Theod., IX, 16. L'expression *Chaldaei ac magi*
devient un ἓν διὰ δυοῖν. Jean d'Antioche dit que Dioclétien brûla en Égypte les
livres de chimie, τὰ περὶ χημείας ἀργύρου καὶ χρύσου τοῖς παλαιοῖς αὐτῶν γεγραμμένα βιβλία (*Fr. Hist. Graec.*, IV, p. 601). Dion Cassius (LXXV, 13) assure que
déjà S. Sévère avait ramassé tout ce qu'il avait pu trouver de βιβλία ἀπόρρητόν
τι ἔχοντα en Égypte, et les avait enfermés dans le tombeau d'Alexandre.

4. *Mathematicum — Chaldaei ac magi* (Cod. Theod., IX, 16, 4, ad ann. 357)
— *mathematicus* (*ibid.*, IX, 16, 6, ad ann. 358). Édits visant les seuls mathématiciens (*ibid.*, IX, 16, 8, ad ann. 365 ? 12, ad ann. 409).

comme dans l'édit de 409, daté de Ravenne, qui ordonne de
brûler « sous les yeux des évêques » les livres des mathématiciens et expulse « non seulement de Rome, mais de toutes les
villes », ceux d'entre les praticiens susdits qui ne se converti-
raient pas à la religion catholique.

Le mobile qui d'ordinaire met en émoi la chancellerie impériale, ce n'est pas le zèle religieux que trahit ici Honorius, mais
bien la peur des prévisions à l'usage des ambitieux et des envoûtements de la famille régnante. Les astrologues avaient pourtant
imaginé un moyen radical de calmer les inquiétudes de la police.
C'était d'enseigner que l'empereur, vicaire de Dieu sur terre, n'est
pas soumis aux décrets des astres, qui sont des dieux de moindre
envergure [1]. L'honnête Firmicus, qui dédie son traité d'astrologie à un fonctionnaire arrivé sous Constantin et Constance aux
plus hautes dignités, fait de son mieux pour accréditer cette doctrine. « Vous donnerez vos réponses en public », dit-il à son lecteur,
« et vous aurez soin de prévenir ceux qui viendront vous inter-
« roger que vous allez prononcer à haute voix tout ce que vous
« avez à dire sur leurs interrogations, afin qu'on ne vous pose pas
« de ces questions qu'on n'a pas le droit de faire et auxquelles il
« est interdit de répondre. Prenez garde de rien dire, au cas où
« on vous le demanderait, sur la situation de l'État et la vie de
« l'empereur ; car il ne faut pas, nous ne devons pas parler, mus
« par une curiosité coupable, de l'état de la république. Celui qui
« répondrait à des questions sur la destinée de l'empereur serait
« un scélérat, digne de tous les châtiments ; attendu que, sur ce
« sujet, vous ne pouvez ni rien dire ni trouver quelque chose à
« dire. Il est bon, en effet, que vous sachiez que, toutes les fois
« que les haruspices sont consultés par des particuliers sur l'état
« de l'empereur et qu'ils veulent répondre à la question, les
« entrailles à ce destinées et les arrangements des veines les
« jettent dans une inextricable confusion. De même, jamais
« mathématicien n'a pu rien affirmer de vrai sur la destinée de
« l'empereur ; car, seul, l'empereur n'est pas soumis aux mouve-
« ments des étoiles, et il est le seul sur la destinée duquel les
« étoiles n'aient pas le pouvoir de prononcer. En effet, comme il
« est le maître de l'univers entier, son destin est réglé par la

---

1. Déjà Manilius, dans une poussée d'adulation énorme, trouve que l'empereur surpasse en éclat les astres et deviendra après sa mort le plus puissant
de tous : *uno vincuntur in astro | Augusto, sidus nostro quod contigit orbi, |
Caesar nunc terris, post caelo maximus auctor* (Manil., I. 384-386 Jacob).

« volonté du Dieu suprême, et, la surface de toute la terre étant
« soumise à la puissance de l'empereur, il est lui-même classé
« parmi ces dieux que la divinité principale a commis pour
« faire et conserver toutes choses. C'est la raison majeure qui
« embrouille les haruspices : en effet, quel que soit l'être surna-
« turel invoqué par eux, celui-ci, étant de puissance moindre, ne
« pourra jamais dévoiler le fond de cette puissance supérieure
« qui réside dans l'empereur » [1].

Le raisonnement est admirable et à classer parmi ceux que le
langage populaire appelle des malices cousues de fil blanc. Firmicus l'avait peut-être emprunté aux Gnostiques, qui disaient les
chrétiens émancipés par le baptême de la domination des astres,
ou aux théologiens qui soutenaient que J.-C. n'y avait jamais été
soumis. Le difficile était de le faire accepter, et même d'y croire.
Firmicus a l'air d'oublier que, dans la préface de son livre, il a
passé une revue de grands hommes et montré des maîtres du
monde, comme Sylla et J. César, menés par les décrets des astres ;
après quoi, il adresse une oraison émue au Soleil, à la Lune et
aux cinq planètes pour les prier de conserver l'empire à perpé-
tuité à Constantin et à sa postérité [2]. Si les astres n'ont aucun
pouvoir sur l'empereur, pourquoi leur demander ce qu'ils ne
peuvent ni donner ni ôter ?

Évidemment, ces finesses d'avocat ne firent illusion à personne,
et ceux qui faisaient semblant de les prendre au sérieux avaient
sans doute intérêt à affecter la naïveté [3]. Après comme avant, les
livres astrologiques — ceux du moins qui circulaient sous le manteau — continuèrent à s'occuper avec prédilection des souverains et des prévisions utilisables en politique. Le bon sens voulait que la destinée des rois fût écrite au ciel de préférence à
celle des savetiers, et le grand art eût perdu son prestige à s'interdire les risques glorieux [4]. Ne pouvant ni ne voulant se dessaisir de leur omniscience, les astrologues préféraient s'entourer

---

1. Firmic., II, 30, 3-6 Kroll. Firmicus conseille de faire de douces remon-
trances à l'indiscret, mais de ne pas le dénoncer — *ne mortis ipsius causa
exstitisse videaris, quod alienum est a proposito sacerdotis* (II, 30, 8). Pour lui,
l'astrologue est le prêtre *antistes Solis ac Lunae ceterorumque deorum, per
quos terrena omnia gubernantur*, et il doit donner l'exemple de toutes les
vertus, à commencer par le dédain *ignobilis pecuniae* (II, 30, 2).

2. Firmic., I, 10, 13-14 Kroll.

3. *Opinantur quidam fatum vinci principis potestate vel fieri* (Amm. Marc.,
XXVIII, 4, 24).

4. Les questions signalées ci-dessus (p. 440, 2) montrent que les légistes ne
se battaient pas contre des chimères.

d'ombre et de mystère : ils faisaient prêter à leurs disciples le serment de ne rien révéler aux profanes des secrets de leurs méthodes ; ils affectaient d'assimiler leur enseignement à une initiation religieuse ou aux doctrines ésotériques de Pythagore et de Platon [1]. Il y avait, dans ces allures, autant de coquetterie que de prudence [2]. Au IVe siècle, l'astrologie ne peut plus guère être surveillée, car elle est partout : elle s'infiltre dans toutes les méthodes divinatoires, et bien des gens se persuadent que même les dieux inspirateurs des oracles ne connaissent l'avenir que par les astres. De temps en temps, quelque scandale avertit que les astrologues ne savent pas toujours prévenir la chute de leurs protecteurs. Quand le préfet d'Égypte, Parnasius, fut disgracié sous Constance, ce fut probablement pour avoir consulté un astrologue « sur des choses que la loi ne permet pas « d'apprendre » [3]. Julien n'eut pas besoin d'astrologue pour apprendre l'heure de la mort de Constance, s'il était capable d'interpréter lui-même ce que vint lui dire un fantôme nocturne, à savoir, que Constance mourrait quand Jupiter entrerait dans le Verseau et Saturne dans le 25e degré de la Vierge [4]. Dans le célèbre procès de 374 figure un astrologue, Héliodore, mais presque uniquement comme délateur : la « consultation sur l'empereur futur », qui exaspéra si fort Valens, avait été donnée par une table magique et un anneau tournant [5]. Nous sommes mal renseignés sur le détail des révolutions de palais entre Théodose et Justinien ; mais l'astrologue Palchos nous apprend que, en 484, l'usurpateur Léontios avait choisi son moment après consultation de « deux mathématiciens » [6], et c'est une raison de croire

1. Voy. les formules de serment dictées par Vettius Valens d'Antioche (ap. Fabric.-Harles, *Bibl. Gr.*, IV, p. 147). Firmicus lui-même recommande de ne pas communiquer son livre à tout venant (II, 30, 14 Kroll) : il veut que Mavortius le lui promette par serment, ainsi que l'exigeaient de leurs disciples Orphée, Platon et le pythagoricien Porphyre (VII Praef.).

2. En raison du risque couru, les astrologues taxaient sans doute à plus haut prix leurs leçons. Vettius Valens dit avoir payé fort cher son savoir, « étant tombé sur des maîtres cupides » (διδασκάλοις φιλαργύροις περιπεσόντες).

3. Liban., *Orat.*, XIV, *Pro Aristophane*. Aristophane est accusé d'avoir amené chez Parnasius μάντιν τῶν περὶ τῶν ἄστρων ἐχόντων τὴν τέχνην, ἐροῦντά τι τούτων ὑπὲρ ὧν οὐ νόμος μανθάνειν.

4. Oracle versifié en hexamètres grecs (Amm. Marc., XXI, 2, 2), dans le style des oracles apolliniens. Le lieu même de la mort (Ἀσίδος αἴης) est indiqué.

5. Amm. Marc., XXIX, 1, 5 — 2, 13. L'historien appelle Héliodore *fatorum per genituras interpretem*. Ce n'est pas, en tout cas, l'Héliodore qui a commenté le livre de Paul d'Alexandrie (Fabric.-Harles, *Bibl. Gr.*, IV, pp. 140 sqq.).

6. Voy. ci-dessus, p. 514.

que les astrologues continuaient à avoir l'œil, comme autrefois, sur l'étoile des ambitieux.

En somme, l'astrologie, qui ne peut jamais avoir de prise directe sur les classes populaires, a eu dans le monde gréco-romain toute la fortune qu'elle pouvait avoir ; et la persécution, plus virtuelle que réelle [1], qu'elle a subie, n'y a pas nui. Si l'on veut mesurer le chemin parcouru depuis le temps de Juvénal jusqu'à celui d'Ammien Marcellin, en ce qui concerne les Romains de Rome, c'est-à-dire de la ville où l'on avait le plus tracassé les astrologues, il suffit de rapprocher les témoignages de ces deux auteurs, en faisant la part de l'exagération chez l'un et de la mauvaise humeur chez l'autre. Ammien Marcellin, venu à Rome vers 380, est scandalisé des vices de l'aristocratie romaine, amollie, adonnée au jeu, stérilisée, incrédule et superstitieuse. « Beaucoup de gens parmi eux nient qu'il y ait des puissances « supérieures dans le ciel ; mais ils ne se montrent pas en public, « ne dînent ni ne se baignent sans avoir au préalable consulté « attentivement l'éphéméride, pour savoir, par exemple, où est « le signe de Mercure, ou quelle partie du Cancer occupe la Lune « dans sa course à travers le ciel » [2]. Au dire de notre sévère provincial, les hommes en sont juste au point où en étaient les femmes au temps de Juvénal. Une certaine foi à l'astrologie fait partie du sens commun, et il n'y a plus que l'excès qui passe pour superstition.

II

L'ASTROLOGIE ET LA DISCUSSION SCIENTIFIQUE.

Il ne faudrait pas croire toutefois que l'astrologie ne se soit heurtée qu'à des résistances inspirées par l'intérêt social, et que,

1. Il est bon de rappeler que Firmicus Maternus dédie son livre à un haut fonctionnaire de l'empire ; que, plus tard, Ausone parle très librement de la science astrologique qui a permis à son grand-père de prédire ses grandeurs futures (Auson., *Parentalia*, IV, 17 sqq.) ; que S. Augustin a connu dans la personne du proconsul Vindicianus (*Conf.*, VII, 6) un astrologue désabusé, mais non persécuté. Les Romains tenaient à avoir des lois répressives ; mais, qu'il s'agit d'astrologues, de magiciens ou de chrétiens, ils ne les appliquaient que quand ils le jugeaient à propos.

2. Amm. Marc., XXVIII, 4, 24. Lui-même croit à l'astrologie de source authentique. Il appelle la Chaldée *regio altrix philosophiae veteris, ut memorant ipsi* [*Chaldaei*], *apud quos veridica vaticinandi fides eluxit* (XXIII, 6, 25), et il dit des Alexandrins de son temps : *scientiam callent quae fatorum vias ostendit* (XXII, 16, 17). A rapprocher du passage précité (p. 562) de Juvénal.

soit comme science, soit comme religion, elle ait paisiblement envahi les intelligences cultivées, où elle trouve son terrain d'élection, sans rencontrer d'adversaires. L'absence de contradiction suppose l'indifférence, et les doctrines que l'on ne discute pas meurent bientôt de leur belle mort. L'astrologie grecque, façonnée et pourvue de dogmes rationnels par la collaboration des Stoïciens, n'avait pu être considérée par les philosophes des autres écoles comme une superstition négligeable. Elle avait été introduite, dès l'origine, dans le cénacle de la science, à une place qu'elle eut non pas à conquérir, mais à garder. Elle eut affaire tout d'abord aux dialecticiens de la Nouvelle Académie ; plus tard, aux sceptiques, néo-pyrrhoniens et épicuriens, aux physiciens qui la repoussaient comme superfétation charlatanesque de l'astronomie, aux moralistes qui jugeaient son fatalisme pernicieux, enfin, aux théologiens qui la trouvaient incompatible avec leurs dogmes.

De Carnéade aux Pères de l'Église, la lutte contre l'astrologie n'a pas cessé un instant; mais ce fut, pour ainsi dire, un piétinement sur place, car les premiers assauts avaient mis en ligne presque tous les arguments, qui, par la suite, se répètent et ne se renouvellent plus. Il n'est pas question de suivre ici pas à pas, époque par époque, la stratégie des combattants et la filiation des arguments [1]. Il nous suffira de classer ceux-ci dans un ordre quelconque et d'en examiner la valeur logique. Peut-être verrons-nous que, faute d'avoir su distinguer du premier coup, dans une construction aussi compliquée, les parties maîtresses, qui étaient en même temps les plus ruineuses, les adversaires de l'astrologie n'ont guère fait que suggérer aux astrologues des perfectionnements de leurs méthodes, et, pour avoir continué à employer des arguments qui ne portaient plus, ont fait de plus en plus figure d'ignorants.

Nous laissons de côté provisoirement, pour éviter des redites, le souci qui domine et perpétue le débat, le besoin de dégager

---

1. Cette filiation a été établie, avec beaucoup de sagacité, par Fr. Boll (*Studien über Claudius Ptolemäus,* p. 182). Il cite en première ligne, parmi les assaillants, Carnéade et Clitomaque. De Carnéade procèdent Panétius, Cicéron, Philon, et, par Cicéron, S. Augustin : de Clitomaque, Favorinus, Sextus Empiricus, et, par Sextus, l'auteur des *Philosophumena.* Une autre veine — répartie entre Bardesane, Origène et l'auteur des *Recognitiones* pseudo-clémentines — conduit, par Bardesane, à Diodore de Tarse ; par Origène, à S. Ambroise, S. Grégoire de Nysse et Procope de Gaza ; par l'auteur des *Recognitiones,* à Césaire.

la liberté humaine du fatalisme astrologique. L'astrologie grecque n'est ni plus ni moins fataliste que la philosophie stoïcienne dont elle a emprunté les théories, et, contre les moralistes, elle peut s'abriter derrière des moralistes de haute réputation.

Ce sont les Stoïciens qui ont mis pour ainsi dire hors d'atteinte le principe même, la raison première et dernière de la foi astrologique. La solidarité de toutes les parties de l'univers, la ressemblance de la fraction au tout, la parenté de l'homme avec le monde, du feu intelligent qui l'anime avec les astres d'où est descendue pour lui l'étincelle de vie, les affinités du corps humain avec les éléments dans lesquels il plonge et qui subissent l'influence des grands régulateurs célestes, la théorie du *microcosme*, enfin, fournissait une réserve inépuisable de réponses à des attaques hésitantes. Mais, entre le principe et les conséquences, il y avait place pour bien des objections. L'astrologie chaldéenne avait vécu sur un fonds d'idées naïves ; elle datait du temps où le ciel n'était que le couvercle de la terre, où tous les astres étaient rangés à petite distance sur cette voûte, et où les planètes se promenaient au milieu des étoiles comme des bergers inspectant leurs troupeaux. La science grecque ayant dilaté le monde, l'influence des astres reculés à d'énormes distances n'était plus un postulat de sens commun. Les planètes sont trop loin, disait Cicéron, au moins les planètes supérieures, et les fixes sont encore au-delà [1]. Les astrologues répondaient que la Lune et le Soleil sont loin aussi, et que pourtant ils soulèvent les marées [2]. Sans doute, les Chaldéens ne savaient pas le monde si grand ; mais les planètes, qu'ils croyaient plus petites, étaient reconnues infiniment plus grosses, et il y avait compensation. Il suffisait, pour maintenir le dogme astrologique, d'identifier l'action sidérale à la lumière : là où arrive la lumière pénètre aussi l'action [3].

1. Cic., *Divin.*, II, 43.

2. Cet argument se retrouve partout, et Ptolémée (*Tetrab.*, I, 2) n'a garde de le négliger. Son exemple, du reste, prouve victorieusement qu'on pouvait allier la foi en l'astrologie avec une conception scientifique de l'univers. Voy. ci-dessus le ch. III, et notamment (p. 74, 3) les concessions que fait le savant Géminus. Du reste, les astrologues pouvaient opposer à Géminus une fin de non-recevoir — *quod gratis affirmatur, gratis negatur* — et le renvoyer aux Stoïciens.

3. C'est la proposition à laquelle se rallie le docte Ciruelo (*Astrol. christiana*, fol. A), jugeant inutile d'admettre une autre propriété active *quam vocant influentiam, ad penetrandum, ut aiunt, multa quae lux sua virtute non potest penetrare*. Il aime mieux supposer *nullum esse corpus a luce intransibile* (ceci écrit près de quatre siècles avant la découverte des rayons X et d'autres

Il y avait, dans cette réponse victorieuse, un point vulnérable que les assaillants n'ont pas su découvrir. Si la lumière d'un astre rayonne tout autour de lui, pourquoi son action astrologique ne se produit-elle que sous certains angles ou aspects? Les astrologues n'eussent pas été à court de réponses, mais il leur fallait les prendre dans l'ordre mystique. De même qu'il y a sept planètes, de même, en vertu de l'harmonie générale, chaque planète agit dans sept sens ou aspects, et non plus [1]. Les purs logiciens n'étaient pas convaincus sans doute par un argument de ce genre; mais les astrologues avaient pour eux les pythagoriciens et tous les amateurs de raisons absconses. Mais est-il certain qu'il n'y ait que sept planètes, et, s'il y en a davantage, les calculs des astrologues, qui n'en tiennent pas compte, ne sont-ils pas faussés par là même [2]? Les astrologues pouvaient ou écarter l'hypothèse ou répondre que l'action de ces planètes était négligeable quand elles restaient invisibles, et qu'elle était soigneusement appréciée quand elles apparaissaient sous forme de comètes. Sans doute, il eût été préférable que l'on pût faire entrer dans les calculs les positions de tous les astres [3], au lieu de se borner aux planètes

rayons ou vibrations à découvrir). Comme chaque corps céleste a son action spécifique, il est faux, suivant Ciruelo, que tous reçoivent leur lumière du Soleil. Avec la polarisation de la lumière par réflexion, sous divers angles, des Ciruelos modernes feraient merveille et reconstruiraient la théorie des « aspects ».

1. Voy. ci-dessus, p. 81.

2. L'objection est faite par Favorinus (ap. Gell., XIV, 1, 11-13) : mais le doute exprimé sur le nombre des planètes remonte plus haut, à Artémidore (d'Éphèse?) suivant Sénèque (Q. Nat., VII, 13 : cf. ci-dessus, p. 14, 2). Inutile d'ajouter que les platoniciens n'admettaient pas cette doctrine subversive de l'harmonie des sphères. Dercyllide (ap. Theon. Smyrn., p. 200 Hiller) soutenait ὡς οὐ πλείους οὐδὲ ἐλάττονες τῶν ζ' οἱ πλανώμενοι · καὶ τοῦτο δῆλον ἐκ μακρᾶς τηρήσεως. Les astrologues ont toujours des philosophes de leur côté. Du reste, aujourd'hui que le nombre des planètes a augmenté, nos astrologues trouvent moyen de réparer la brèche faite au mysticisme pythagoricien. Ils enrôlent avec Uranus et Neptune trois autres planètes hypothétiques, Vulcain entre ☿ et ☉, Junon entre ♂ et ♃, Pluton au delà de Neptune. Cela fait douze planètes, que les Chaldéens voyaient, au temps où les hommes avaient de bons yeux, et qu'ils avaient dû domicilier dans les douze signes. Ou bien, défalquant les luminaires, qui ne sont plus des planètes, on constate que nous possédons encore le septénaire complet (Fomalhaut, Manuel d'Astrologie, p. 316-317).

3. Quid est porro aliud quod errorem incutiat peritis natalium quam quod paucis nos sideribus assignant? (Senec., Q. Nat., II, 32). Ptolémée connaît l'objection : il répond à plusieurs reprises que tout embrasser est impossible, et tout le monde sera de son avis. C'est même un moyen précieux d'excuser les démentis donnés par l'événement aux calculs les mieux faits. L'erreur

et aux signes du Zodiaque; mais de quelle science exige-t-on qu'elle atteigne son idéal? Les astronomes modernes ne peuvent pas non plus faire entrer dans leurs formules le réseau infini d'attractions que suppose la théorie de la gravitation universelle.

La discussion ébranlait peut-être, mais laissait debout l'idée que les astres agissent sur la Terre, et même l'idée plus précise que les astrologues, s'ils ne calculaient pas toutes les influences célestes, visaient au moins les principales. Mais là surgit le point délicat, une question redoutable dont les adversaires de l'astrologie tirèrent un assez médiocre parti. Comment prétendait-on déterminer la nature des influences astrales? D'où savait-on que telles planètes étaient bienfaisantes, telles autres malfaisantes, et plus ou moins suivant les cas [1]? Comment justifier les ridicules associations d'idées attachées à la forme purement imaginaire des figures du Zodiaque, et l'influence réciproque des planètes sur les signes et des signes sur les planètes, alors que celles-ci — on le savait depuis longtemps — sont à grande distance des constellations et n'y paraissent logées que par un effet de perspective? Les astrologues avaient le choix entre divers genres de réponses. Aux esprits positifs, ils affirmaient que les connaissances suspectées se fondaient sur l'expérience, sur une série d'observations continuées pendant des siècles ou même durant des périodes entières de la vie cosmique [2], de celles qui, achevées, se recom-

---

serait imputable aux astrologues, et non à l'astrologie, à laquelle Sénèque, en bon stoïcien, croit ou a cru : *Videbis quinque sidera diversas agentia vices et in contrarium praecipiti mundo nitentia : ex horum levissimis motibus fortunae populorum dependent, et maxima ac minima perinde formantur prout aequum iniquumve sidus incessit* (Sen., *Consol. ad Marc.*, 18). Cf. supra, p. 552, 3.

1. S'il y a une action des astres, elle est pour nous quelque chose de ἀκα-τάληπτον (S. Empir., *Adv. Astrol.*, § 95, p. 353). C'est l'objection de fond, celle à laquelle on revient quand les autres ont cédé. Ptolémée la réfute de son mieux, par des analogies vagues et des raisons à côté (*Tetrab.*, I, 2).

2. Χαλδαίων ἕξομεν τηρήσεις... παραδούσας ἐξ ἀμυθήτων χρόνων — καὶ ὅλων κοσ-μικῶν περιόδων καὶ καταστάσεων ἦσαν ἱστορίαι (Proclus in *Anal. sacr.*, V, 2, p. 77 Pitra), argument invoqué par Proclus contre la précession des équi-noxes inconnue des Chaldéens, ὧν καὶ αἱ τηρήσεις ὅλων ἦσαν κοσμικῶν περιόδων καὶ προρρήσεις ἀνέλεγκτοι τῶν τε ἰδίων καὶ τῶν κοινῶν παθημάτων (In *Tim.*, p. 277 F). Sextus Empiricus (*op. cit.*, p. 355) fait observer avec raison que l'expérience ne peut pas dépasser une de ces périodes, attendu que l'ἀποκατά-στασις interrompt τὸ συνεχὲς τῆς ἱστορικῆς παραδόσεως. On lui accordera aussi que l'expérience ne saurait porter sur une période ou « grande année » entière, même accourcie à 9977 ans. Mais il gâte son raisonnement en exigeant que les astrologues aient observé plusieurs fois des thèmes de géniture absolument identiques. C'est comme si on voulait que le même individu vécût plusieurs fois. Il n'y a pas de thème de géniture absolument semblable à un autre.

mencent. On avait beau retrancher aux chiffres fabuleux invoqués par les Chaldéens, il en restait toujours assez pour constituer une tradition respectable. Cicéron le sent si bien qu'il s'abrite derrière Panétius pour attaquer : « Quand on vient dire », écrit-il, « que les Babyloniens ont employé quatre cent soixante-dix mille « ans à faire des essais et des expériences sur les enfants qui « venaient de naître, c'est une duperie : car si on avait pris l'habi- « tude de le faire, on n'aurait pas cessé ; or nous n'avons aucun « garant qui dise que cela se fait ou sache que cela se soit fait » [1]. L'argumentation est assez molle : il n'est pas nécessaire qu'un usage se continue pour qu'il ait été pratiqué dans le passé ; et, quant à ce passé, les astrologues ne se faisaient pas faute de soutenir que les documents chaldéens existaient et qu'il ne suffit pas d'ignorer une tradition pour la supprimer [2].

Ils étaient plus à l'aise encore avec les mystiques, qui dérivaient de la révélation divine tout ce que les hommes n'avaient pu inventer eux-mêmes. Il y avait sur ce point des traditions de toute sorte, d'autant plus confuses qu'on ne distinguait pas entre astrologie et astronomie. Une idée chère aux Grecs était que, la prévision de l'avenir ayant pour but, avoué ou non, de déranger l'ordre prévu, la divination avait été enseignée aux hommes par les dieux détrônés et révoltés [3] : par Atlas, fils d'Ouranos ou du

---

1. Cic., *Divin.*, II, 46. Cf. I, 19. Cicéron ajoute : *Videsne me non ea dicere, quae Carneades, sed ea quae princeps Stoicorum Panaetius dixerit?*

2. On citait les affirmations de Bérose et de ses disciples immédiats, Épigène et Critodème ᴅᴄᴄxx M *annorum observationes siderum coctilibus laterculis inscriptas docet, gravis auctor in primis ; qui minimum, Berosus et Critodemus,* ᴄᴄᴄxᴄ M, *ex quo adpareret aeternus litterarum usus* (Plin., VII, § 193 : cf. ci-dessus, pp. 37, 2 et 39, 1). Suivant Diodore (II, 31), les Chaldéens assuraient avoir commencé à observer les astres 473,000 ans avant Alexandre. Panétius ne pouvait prouver qu'une chose, c'est qu'il n'y croyait pas. De même Favorinus protestant *disciplinam istam Chaldaeorum tantae vetustatis non esse quantae videri volunt*, et criant au charlatanisme (ap. Gell. XIV, 1, 2. Cf. 1, 17). Si on comptait les voix, les sceptiques avaient le dessous. Firmicus vise à la fois l'expérience et la révélation : *nobis fidem suam astrologia responsionum apotelesmatumque divinis ac manifestissimis auctoritatibus comprobavit* (I, 3, 1 Kroll). Au vᵉ siècle de notre ère, Palchos (ap. Fr. Cumont, *op. cit.*, p. 6) est convaincu que les astrologues ont observé « dans tous les climats et presque jour par jour » : ἐν ὁποίῳ κλίματι, καὶ ἀπεγράψαντο τὸ ποιητικὸν τῆς ἐνεργείας αὐτῶν σχεδὸν πρὸς ἡμέραν. Pour qui le croit sur parole, l'argument est irrésistible !

3. Manilius aime mieux croire que l'astrologie a été révélée par les dieux régnants : *quis enim, nolentibus illis, | Cepisset furto mundum quo cuncta reguntur?* (I, 26 sqq.). Au fond de cette tradition, commune à bien des peuples et qui se perpétue dans le christianisme attribuant l'invention de l'astrologie

Titan Iapétos, père des Pléiades et des Hyades, ou par Prométhée, fabricateur et éducateur de l'espèce humaine, ou encore par le centaure Chiron, catastérisé dans le Sagittaire du Zodiaque, à moins que, sur la foi des·Orphiques, on ne substituât à ces révélateurs Orphée, ou Musée, ou Eumolpos. Le brevet d'inventeur de l'astrologie était à l'encan et adjugé par les mythographes. Mais les droits de la Chaldée et de l'Égypte ne se laissaient pas éliminer ainsi. Les néo-Égyptiens invoquaient les révélations de leur Hermès (Thot) ou de leur Asklépios (Eschmoun), par lesquels auraient été instruits Néchepso et Pétosiris. Les Chaldéens tenaient la leur, au dire des évhéméristes, d'une Istar ou Vénus quelconque, qui aurait enseigné l'astrologie à Hermès, celui-ci trait d'union avec la Chaldée, l'Égypte et le monde gréco-romain. Toutes ces légendes, brassées et repétries par des agioteurs enchérissant les uns sur les autres, se prêtaient à toutes les fantaisies. La palme que se disputaient Égyptiens et Chaldéens pouvait leur être ravie par les Éthiopiens, sous prétexte qu'Atlas était un Libyen, ou un fils de Libya [1]. En faisant d'Héraklès-Melqart

et autres arcanes aux anges révoltés (cf. l'arbre de la science du bien et du mal, les arts inventés par les fils de Caïn, dans la *Genèse ;* dans le *Livre d'Hénoch,* les arts et sciences révélés par les anges rebelles, pères des Géants ou Titans, notamment l'ἀστρολογία par Rakiel, et l'ἀστεροσκοπία par Sathiel), il y a l'idée que l'avenir est le secret des dieux et qu'il y a sacrilège à le fouiller, sacrilège et malédiction : *quid crastina volveret aetas | Scire nefas homini* (Stat., *Theb.,* III, 563).

1. Essayons de mettre quelque ordre dans ce fouillis de légendes étirées en tous sens et qui visent indistinctement — ne l'oublions pas — l'astronomie et l'astrologie. Atlas connaît le ciel, puisqu'il le porte, soit comme dieu (Hesiod., *Theog.,* 507 ; Hygin., *Fab.,* 150, etc.), soit comme montagne. Les évhéméristes le transforment en astronome, ainsi que Prométhée, Céphée et autres (Cic., *Tusc.,* V, 3. Virg., *Aen.,* I, 741. Plin., VII, § 203). Par sa mère Libya (*Libyae filius.* Plin., *l. c.;* ὁ Λιβύς. Euseb., *Praep. Ev.,* X, 6. Tzetz. ad Lycophr., 482-483), ses enfants ou ses disciples, il se laisse transporter à volonté du côté chaldéen, égyptien, phrygien ou phénicien. Hermès est son petit-fils par Maia ; Hercule, son élève, sans doute à cause de la substitution des « colonnes d'Hercule » aux colonnes d'Atlas (Herodor. ap. Clem., *Strom.,* I, 15 p. 132 Sylb.). Hercule savant (encore une invention stoïcienne : voy. Heraclit., *Alleg. Homer.,* ch. 33) prêtait à rire : on racontait qu'il s'était brûlé pour remplacer le soleil, un jour d'éclipse (*Hercules astrologus dictus, quod eo die se flammis injecit, quo futura erat obscuratio solis.* Fest., *Epil.,* s. v.). Pour ceux qui croyaient, d'après Hérodote (II, 2), les Phrygiens le plus ancien des peuples, Atlas était un astronome phrygien (Clem., *loc. cit.*). S. Augustin ne doute pas de l'existence de *Atlans ille magnus astrologus,* qu'il fait contemporain de Moïse (*Civ. Dei,* XVIII, 40). Prométhée, auteur de toute science, devient, par une fiction évhémériste inconnue d'Eschyle, un astronome, avec le Caucase pour observatoire. Comme il était là voisin de l'Assyrie, *hic primus astrologiam*

un disciple d'Atlas, on se procurait une espèce de commis-voya-
geur en astrologie, qui implantait la doctrine partout où il plaisait aux mythographes de le promener [1]. Par ses attaches phéni-
ciennes, la légende d'Hercule rentrait à volonté dans le cercle
d'attraction de la Chaldée. Les Juifs eux-mêmes — ceux d'Alexandrie probablement — apportèrent leur appoint aux prétentions
chaldéennes, en s'attribuant, au détriment des Égyptiens, Phéni-
niciens et Cariens [2], le rôle de propagateurs de la science des

Assyriis indicavit (Serv., *Ecl.*, VI, 42). Assyrie ou Chaldée, peu importe. Chiron,
déjà vanté par Homère comme précepteur d'Achille, ne pouvait manquer
d'être savant, médecin, astronome (Schol. Ap. Rhod., IV, 816). Euripide —
qui ne connaissait pas encore l'astrologie chaldéenne — attribue à Hippo, fille
de Chiron, l'art de « prédire par le lever des astres » (ἡ πρῶτα μὲν τὰ Θεῖα πρου-
μαντεύσατο | χρησμοῖσι σαφέσιν ἀστέρων ἐπ' ἀντολαῖς : cf. ci-dessus, p. 37, 1),
c'est-à-dire de régler le calendrier, y compris le retour des jours heureux et
malheureux, et de pronostiquer le temps. On disait que Chiron avait prédit
pluies et orages pour les noces de Thétis et de Pélée (*Fr. Hist. gr.*, IV, p. 505),
et aussi qu'il avait enseigné la médecine à Asklépios et l'astrologie à Hercule
(Schol. German., *Arat.*, ad v. 291, p. 410 Eyssenhardt). Le dieu Pan, qui ressemble à Chiron, lui est parfois substitué (Tzetz. ad Lycophr., 482-483). Quant
à Orphée, sa lyre heptacorde est le symbole du système planétaire (Ps.-Lucian.,
Astrol., 10) : Eumolpos, Musée, Linos (Diog. L., *Prooem.*, 3) sont des astronomes. Pour forcer la conviction, d'ingénieux évhéméristes avaient transformé
la plupart des héros épiques en astronomes et astrologues. Tirésias découvre
le sexe des planètes : Atrée et Thyeste (cf. Hygin., *Fab.*, 258), Bellérophon,
Dédale, Icare, Pasiphaé (éprise du *Taureau*), Endymion, Phaéthon, sont des
astronomes : l'Apollon Didyméen est celui des *Gémeaux* (Δίδυμοι) : la Pythie de
Delphes représente la *Vierge ;* l'oracle d'Ammon est celui du *Bélier ;* l'adultère
d'Arès et Aphrodite dans l'*Iliade* n'est que la conjonction de Mars et de Vénus,
etc. (Ps.-Lucian., *op. cit.* : cf. ci-dessus, p. 59, 2). Les Grecs ont aussi recueilli
ou fabriqué des légendes chaldéennes et égyptiennes. Le Thot dont les faussaires devaient faire l'Hermès Trismégiste, auteur de milliers de volumes, est
déjà connu de Platon (*Phaedr..* p. 174). Arnobe hésite entre lui et Atlas : *quando
siderum motus aut ratio coepta est genethliaca sciri? Non post Theutin Aegyp-
tium aut post Atlantem, ut quidam ferunt, bajulum caeli?* (Arnob., II, 69).
« Sages chaldéens » et Égyptiens, dieux et hommes, sont cités pêle-mêle dans
un papyrus (*Not. et Extr.*, XVIII, 2, p. 236). Le Livre de Néchepso s'ouvrait par
une révélation nocturne, apportée par une « voix du ciel » (Riess, *op. cit.*,
p. 333), et Firmicus ne se lasse pas de répéter que les informations de Pétosiris
sont divines (I, 3, 1. IV, 22). La Vénus babylonienne est institutrice d'Hermès
(Hygin., *Astron.*, II, 42), et Bel *inventor disciplinae sideralis* (Mart. Cap., VI, 701).
    1. C'est bien l'Hercule de Tyr que Nonnus appelle ἀστροχίτων (XL, 408. 579),
πρόμος ἄστρων (*ibid.*, 367), Soleil, Dieu universel, etc. (369-410). Cet Hercule fait
un cours d'histoire à Bacchus et lui fait cadeau de sa robe constellée, le vêtement légendaire des astrologues (577 sqq.).
    2. Les Cariens avaient leurs partisans, sans doute des érudits qui retrou-
vaient leurs traces à l'origine de la civilisation grecque, à côté des Phéniciens :
εἰσὶ δὲ οἱ Κᾶρας τὴν δι' ἀστέρων πρόγνωσιν ἐπινενοηκέναι λέγουσιν (Clem. Al.,

corps célestes. Suivant eux, Abraham avait apporté cette science de la Chaldée, sa patrie, en Égypte ; et les Phéniciens, instruits par les Hébreux, l'avaient importée par Cadmos en Béotie, où Hésiode en avait recueilli quelques parcelles [1]. En un mot, tous les dieux, héros, rois et ancêtres de peuples [2], étaient mis à contribution, pour la plus grande gloire de l'astrologie et astronomie, presque toujours confondues sous le même nom et se prêtant un mutuel appui [3].

Toute foi engendre elle-même ses preuves et n'hésite pas au besoin, dans l'intérêt de la bonne cause, à leur donner l'air d'antiquité qui convient. A l'appui de ces belles inventions, les fabricants d'apocryphes écrivaient des traités de science astrale sous les noms d'Orphée, d'Hermès Trismégiste, des plus anciens patriarches ou philosophes [4]. Les partisans de la révélation et de

---

Strom., I, 16. Euseb., *Praep. Ev.*, X, 6, 2). Il s'agit bien de l'astrologie : comme transaction, on laissait l'astronomie aux Chaldéens. Κ ᾶ ρ ε ς (ἐξεῦρον) τὴν διὰ τῶν ἄστρων πρόγνωσιν — ἀστρονομεῖν Β α ϐ υ λ ώ ν ι ο ι (Tatian., *Adv. Graec.*, 1).

1. C'est Alexandre Polyhistor qui paraît avoir compilé dans son Περὶ ᾽Ιου-δαίων les légendes égypto-judaïques. Abraham, ayant inventé l'astronomie (καὶ τὴν ἀστρολογίαν καὶ Χαλδαϊκήν), vient en Phénicie, puis en Égypte, où il enseigne à Hélioupolis. Ici, une suture syncrétique. Abraham tenait sa science du patriarche Hénoch, lequel est identique à l'Atlas des Grecs (Euseb., *Pr. Ev.*, IX, 17). Abraham astronome est depuis lors de tradition courante chez les juifs et chrétiens (Joseph., *Ant. Jud.*, I, 8, 2. Euseb., *Pr. Ev.*, IX, 16. Cyrill., *Adv. Julian.*, I, p. 17. *Glaphyr. in Genes.*, III, p. 71) : les orthodoxes tiennent seulement à ce qu'il n'ait pas été astrologue. De même, le patriarche Hénoch, qui, comme auteur d'une description astronomique du ciel, ne scandalise nullement S. Athanase (ap. Pitra, *Anal. sacr.*, V, 1, p. 25) ; ou, en remontant plus haut encore, Seth, fils d'Adam, dont les Gnostiques Σηθιανοί se disaient les disciples (*Philosophum.*, V, 3, et X, 3). Un traité byzantin d'astrologie (*Cod. Paris.*, nᵒ 2419, fol. 1 v.) commence par ces mots : ὁ Σὴθ [corrompu en Σωθὴρ] ἐφεῦρε τὸ μάθημα.

2. La révélation va des dieux aux βασιλεῖς Ͽεοφιλεῖς (Ps.-Lucian., *Astrol.*, 1) — [*Natura*] *regales animos primum dignata movere* (Manil., I, 45) — ou aux *sacerdotes delecti* (*ibid.*, 47). Aussi Ptolémée lui-même devient au moyen âge un roi d'Égypte, un Lagide.

3. Firmicus emploie l'argument suivant. Qui peut le plus peut le moins : or, il était plus difficile d'inventer l'astronomie que l'astrologie ; donc celle-ci est aussi certaine dans ses résultats que celle-là. *Quid difficilius putes esse cursus siderum invenire -- an inventis stellarum cursibus definire postea quid per omnem terrarum tractum mixtura ipsarum radiatioque perficiat? Qui enim ad consentiendum ipsa rationis veritate compelleris, quod cursus hos siderum -- invenimus, consentias necesse est quod invento stellarum cursu facile postea officia ipsarum potestatemque videamus* (Firmic., I, 4, 11-12 Kroll). Ce sophisme devait paraître concluant aux âmes simples.

4. Le livre apocryphe, anonyme ou pseudépigraphe, est — répétons-le encore — le véhicule nécessaire des doctrines mystiques. Il faut qu'elles

la tradition ininterrompue, ainsi retranchés, n'avaient plus rien à craindre des rares sceptiques que l'exemple du grand astronome et astrologue Claude Ptolémée n'aurait pas convertis. C'était une espèce de consentement universel, assis à la fois sur la révélation et l'expérience, qui avait défini la nature, qualité et quantité, des effluves ou influences sidérales. Les associations d'idées les plus ineptes se trouvaient justifiées de cette façon. Plus elles étaient bizarres, plus il devenait évident, pour certaines gens, qu'elles avaient dû être connues par révélation [1].

cachent et reculent leurs origines. Les Orphiques, néo-pythagoriciens, sibyllistes et autres débitants de charmes et de prophéties, ont donné l'exemple aux astrologues qui se cachaient sous les noms de Néchepso, de Pétosiris, de Manéthon — d'un Manéthon qui suit Pétosiris et tire ses renseignements ἐξ ἱερῶν ἀδύτων ... δόγματος ἐξ ἱεροῖο (Maneth., *Apotel.*, IV, 9 et 12). Ptolémée lui-même, voulant rectifier une pièce de l'outillage astrologique (voy. ὅρια), se croit obligé de dire qu'il a trouvé ses corrections dans un vieux livre mutilé et presque illisible (ci-dessus, pp. 206-207). Les Juifs se sont adonnés avec prédilection à la littérature apocryphe, poussant jusqu'aux livres antédiluviens d'Hénoch, de Seth, et peut-être d'Adam (cf. Augustin., *C. Dei*, XVIII, 38). La faculté de croire est illimitée. Ne dit-on pas que le grand Newton croyait à la science astronomique du centaure Chiron? (Lewis, *Astron. of the ancients*, p. 73).

2. Sextus Empiricus (p. 354) se moquait — et avec combien de raison! — des rapports absolument imaginaires établis entre les étoiles et les figures zodiacales, puis entre ces figures et les « formes et mœurs des hommes », entre le Lion céleste et la bravoure, la Vierge et la peau blanche, sans oublier les absurdités doubles, comme le Taureau féminin; tout cela parfaitement ridicule : ταῦτα γὰρ καὶ τὰ τούτοις ὅμοια γέλωτος μᾶλλον ἤ, σπουδῆς ἐστιν ἄξια. Mais le ridicule n'a pas prise sur les mystiques; ils se vantent au besoin de leur « folie », plus sage que la raison. Si ces rapports avaient été révélés, ils pouvaient paraître absurdes; ils ne l'étaient pas. Sur le tard (voy. ci-après) surgit une théorie qui donna à l'absurdité un air tout à fait raisonnable, celle qui assimilait la disposition des astres à des signes d'écriture. Dès lors, à qui demandait quel rapport il y avait entre tel groupe d'étoiles et un Lion ou un Bélier, on pouvait répondre : le même qui existe, dans le langage ou l'écriture, entre le signe et la chose signifiée. Le plus curieux, c'est que la précession des équinoxes ayant séparé les douzièmes ou « signes » du Zodiaque des groupes d'étoiles dont ils avaient pris le nom, les astrologues n'en continuèrent pas moins à attacher leurs pronostics aux signes fictifs, au Bélier qui est aujourd'hui dans la constellation des Poissons, au Taureau qui est dans le Bélier, etc. Ptolémée a des scrupules sur ce point (*Tetrab.*, II, 21), mais il n'en tient pas compte dans la pratique. Sextus Empiricus n'a pas lu Ptolémée et ne connaît pas la précession des équinoxes, sans quoi il n'eût pas manqué d'insister là-dessus, comme le fait plus tard Origène (ap. Euseb., *Pr. Ev.*, VI, 11, 78). Il gâte, du reste, son raisonnement par des boutades inconsidérées; il soutient que, si le Lion céleste a la propriété d'engendrer la bravoure, ceux qui sont nés en même temps qu'un lion terrestre ou ont été élevés avec lui doivent avoir aussi un caractère léonin (*op. cit.*, § 100,

C'est ainsi que les parties essentielles de l'outillage astrologique, qui se trouvaient être à la fois les plus indispensables et les plus déraisonnables, — je veux parler des domaines planétaires incrustés à poste fixe dans le Zodiaque et des propriétés spécifiques des « lieux » ou maisons du ciel, — non seulement s'imposèrent à la foi, mais échappèrent, ou peu s'en faut, à la discussion. Nous avons bien entendu un astrologue dissident objecter : comment les planètes, qui sont toujours en marche, auraient-elles des maisons [1]? Mais les adversaires de l'astrologie n'ont pas su montrer aux gens disposés à n'admettre que des raisons d'ordre physique le néant de ces arcanes. On concevait encore, à la rigueur, avec la théorie des effluves rectilignes allant des astres à la Terre située au centre de la sphère, que des astres réellement présents sur un même rayon du cercle exerçassent une influence combinée : le fait était encore presque intelligible avec les ricochets que suppose la balistique des « aspects »; mais il devenait foncièrement et irrémédiablement absurde avec la substitution des maisons, hypsomas, ὅρια et autres entités imaginaires, à la présence réelle des planètes [2]. Les raisonneurs ont manqué là une belle occasion de raisonner.

Les principes généraux de l'astrologie une fois admis, les objections ne servent plus guère qu'à suggérer aux astrologues des perfectionnements de leurs procédés. Cicéron assure que les astrologues ne tiennent pas compte des lieux, mais seulement du temps, et que, pour eux, tous ceux qui naissent en même

---

p. 354). S. Basile (*In Hexaem. Homil.*, VI, 5-7) raille aussi le symbolisme zodiacal, mais pour aboutir à une conclusion sans portée. Est-ce que par hasard, dit-il, le ciel aurait emprunté ses propriétés actives aux animaux? On lui répondait : le ciel n'emprunte pas, il prête. Junctinus (*op. cit*, p. 7) affronte tranquillement l'objection. Qu'importe, dit-il, que les figures soient imaginaires, si les effets en ont été vérifiés par l'expérience? Révélation ou expérience, c'est toujours la preuve de fait opposée aux raisonneurs.

1. Ci-dessus, p. 183, 1.

2. Voici comment se glisse une affirmation absurde, à côté et sous le couvert d'une autre qui ne l'est qu'à moitié. Firmicus assure que Mars tempère ses feux au voisinage de Saturne. Soit! Il se trouve dans l'alignement du courant froid émané de Saturne. Mais Firmicus admet, comme chose aussi naturelle, que l'effet est le même quand Mars se trouve dans « la maison » de Saturne absent : *ecce cum ad Saturnum, cum etiam ad ejus venerit domum, ignes ejus natura alieni frigoris temperantur* (I, 4, 7 Kroll). Encore pouvait-on prétendre, du côté des astrologues, que les domiciles ou les hypsomas avaient été choisis de tempérament conforme à celui des planètes propriétaires. Mais cette échappatoire faisait défaut pour les ὅρια, puisque chaque planète en possède dans chaque signe. Ici, on est dans l'absurde jusqu'au cou.

temps, en n'importe quel pays, ont même destinée [1]. Favorinus et Sextus Empiricus en disent autant [2]. Il est probable que Cicéron n'était pas au courant des progrès de l'astrologie à son époque, et ceux qui répètent son objection étaient à coup sûr dans l'erreur. On sait assez quelle place tient dans le poème de Manilius et dans tous les traités d'astrologie postérieurs à l'ère chrétienne la question des climats et des ascensions obliques (ἀναφοραί) variant suivant les climats, pour dire que les astrologues avaient mis la critique à profit et ne la méritaient plus. Il n'est même pas sûr qu'elle fût juste, adressée aux anciens Chaldéens de Chaldée. Ceux-là n'avaient peut-être pas idée des climats ; mais, en revanche, ils croyaient que l'influence d'un astre n'était pas partout la même au même moment. Ils écrivaient sur leurs tablettes : « Si la lune est visible le 30, bon augure pour le pays « d'Accad, mauvais pour la Syrie [3]. » De même, les mages de Xerxès assuraient qu'une éclipse de Soleil menaçait les Grecs, tandis qu'une éclipse de Lune eût été redoutable pour les Perses [4].

Mais le progrès des connaissances géographiques et historiques fournit la matière d'un argument à détente multiple, fort embarrassant, qui doit avoir été mis en forme par Carnéade [5]. Ramené à ses éléments les plus simples, il peut se résumer comme il suit : 1° il y a des individus qui, nés dans des circonstances différentes, ont même destinée ; 2° inversement, il y a des individus qui, nés dans des circonstances semblables, ont des aptitudes et des destinées différentes. Voyons l'usage qui a été fait de cet engin de guerre.

Si chaque individu a sa destinée particulière, déterminée par sa géniture, d'où vient que l'on voit périr en même temps, dans

---

1. (Chaldaei dicunt) omnes omnium ortus, quicumque gignantur in omni terra quae incolatur, eosdem esse eademque omnibus qui eodem statu caeli et stellarum nati sint, accidere necesse esse. — Volunt enim illi omnes eodem tempore ortos, qui ubique sint nati, eadem conditione nasci (Cic., Divin., II, 44).

2. Procedat, inquit (Favorinus), haec sane disciplina, sed sub ea modo inclinatione caeli sub qua tunc Chaldaei fuerunt ; non enim potest, inquit, ratio Chaldaeorum observationis manere, si quis ea uti velit sub diversis caeli regionibus (Gell., XIV, 1, 8). Pour que les Chaldéens eussent raison, dit à son tour Sextus, il faudrait que πᾶσι τοῖς κατὰ τὴν οἰκουμένην τὰ οὐράνια παρατηροῦσιν ἕκαστον τοῦ ζωδιακοῦ δωδεκατημόριον ἰσοχρόνως ἐφαίνετο (§ 83, p. 351).

3. W. A. I., III, 51, 2, trad. Lenormant. Cf. ci-dessus, p. 49.

4. Herod., VII, 37. Cf. Curt., IV, 10 6 ; ci-dessus, p. 339, 1.

5. Voy. sur la question Fr. Boll (op. cit., p. 181 sqq.), qui attribue les arguments offensifs à Carnéade, Clitomaque et Panétius ; les réponses, et surtout les perfectionnements de l'outillage astrologique, à Posidonius.

un naufrage, un assaut, une bataille, quantité d'individus qui ne sont nés ni dans le même temps, ni dans le même lieu? Est-ce que, dit Cicéron [1], tous ceux qui ont péri à la bataille de Cannes étaient nés sous le même astre? A cela, les astrologues répondaient que les influences universelles (καθολικά) dominent les influences plus restreintes qui façonnent les génitures individuelles. Les tempêtes, guerres, pestes, fléaux collectifs de tout genre, prévalent sur les résultats des calculs de moindre envergure. Aussi Ptolémée recommande expressément de laisser une marge, dans les génitures particulières, pour les cas de force majeure provenant des phénomènes de portée « catholique » [2]. La riposte était habile, la prédominance du général sur le particulier, du tout sur la partie, paraissant une vérité de sens commun. Mais l'argument offensif n'était pas épuisé. Comment se fait-il, disait Carnéade [3], qu'il y ait des peuples entiers, où tous les individus ont même tempérament et mêmes mœurs? Tous les individus de même race sont donc nés sous le même signe? Si la Vierge fait la peau blanche et les cheveux lisses, répétait encore trois siècles plus tard Sextus Empiricus [4], aucun Éthiopien ne naît

---

1. Cic., *Divin.*, II, 47. L'argument est répété à satiété : par Favorinus — *quid esset* — *quod homines utriusque sexus, omnium aetatum, diversis stellarum motibus in vitam editi, regionibus sub quibus geniti sunt longe distantibus, tamen isti, aut hiantibus terris aut labentibus tectis aut oppidorum oppugnationibus aut eadem in navi fluctu obruti, eodem genere mortis eodemque ictu temporis universi simul interirent* (ap. Gell., XIV, 1, 27); par Sextus Empiricus (*Adv. Astrol.*, § 91-93, p. 353 : ci-dessus, p. 425), qui demande si tous les barbares tués à Marathon étaient nés sous la pointe de la flèche du Sagittaire, et tous les héros noyés dans le détroit d'Eubée au retour de Troie, nés sous l'urne du Verseau; par Bardesane (ci-dessus, p. 435, 2); par Grégoire de Nysse (*De fato*, p. 165 et 169), etc. Calvin s'en servait encore contre les astrologues de son temps (ap. Junctinus, *op. cit.*, p. 3). Les astrologues prétendent raisonner en savants : ils n'ont pas recours à la foi, à l'opinion courante, qui expliquait volontiers un naufrage par la présence à bord d'un criminel poursuivi par la vengeance divine ; chose fréquente et bien connue, dit Antiphon (*De caed. Herod.*, 82).

2. Ptolémée, expliquant pourquoi il traite des prévisions « catholiques » avant d'aborder la généthlialogie, dit qu'il le fait parce que le général l'emporte toujours sur le particulier, et qu'on ne peut pas juger de celui-ci sans celui-là (Ptol., *Tetrab.*, II Prooem). Cf. ci-dessus, p. 503, 3.

3. L'objection tirée des races faisait le fond de l'argumentation de Carnéade, qui s'en servait surtout contre la morale, en montrant qu'elle variait d'un peuple à l'autre et que telle action, réputée crime en Grèce, était autorisée ou recommandée par les νόμιμα βαρβαρικά (cf. Fr. Boll, *op. cit.*).

4. S. Emp., *op. cit.*, p. 355. L'argument est reproduit, mais pour être réfuté, par Firmicus : *Si stellarum mixturis mores hominibus coloresque tribuuntur*

donc sous le signe de la Vierge? Au temps de Sextus Empiricus, la brèche qu'avait pu faire la question de Carnéade était réparée, et le pyrrhonien aurait pu prendre la peine de lire Ptolémée, qui cite précisément, pour montrer qu'il y a répondu, l'exemple de l'Éthiopien à peau invariablement noire et du Germain ou Galate à peau invariablement blanche [1]. Les astrologues invoquaient encore la prédominance des influences générales, non plus seulement accidentelles, mais fixes, agissant d'une façon continue et créant ainsi les types ethniques. Ils transposèrent à leur usage une théorie très vieille et très moderne, si moderne qu'on la croit née d'hier [2], celle qui suppose l'homme façonné par le « milieu » où il vit et s'y adaptant, sous peine de disparaître. Il suffisait d'ajouter à la série des causes un chaînon de plus, en rapportant à l'influence des astres les qualités du sol, des eaux, de l'air, et les aptitudes héréditaires qu'elles déterminent; ce qui était aussi difficile à réfuter qu'à démontrer. Nous avons vu que, pour préciser leurs idées et pouvoir répondre affirmativement à la question jadis si embarrassante : « tous les individus de même race naissent donc sous le même signe »?, les astrologues avaient confectionné des cartes géographiques des influences astrales. Ils comptaient sans doute que la patience des critiques n'irait pas jusqu'à leur demander de justifier par le menu cette répartition,

---

— cur omnes in Aethiopia nigri, in Germania candidi, in Thracia rubei procreantur, etc. (Firmic., I, 2 Kroll); à quoi Firmicus répond par l'influence physique des zones ou climats terrestres, influence qui tend à produire des types uniformes, à l'encontre de l'influence des astres, laquelle produit les variétés individuelles (I, 10 : ci-dessus, p. 337, 3). Firmicus ne connaît pas ou n'accepte pas la chorographie astrologique, qui fournit une réponse moins banale.

1. Ptol., Tetrab., IV, 9, p. 821 Junctinus.

2. Elle remonte au moins — sauf, bien entendu, l'apport de nos évolutionnistes — à Hippocrate, dont le traité Περὶ ἀέρων, ὑδάτων, τόπων, a mis cette idée à la portée de tous les esprits cultivés (cf. Boll, op. cit., .p. 215). Polybe résume très bien la théorie du milieu, et en employant le mot propre : τὸ περιέχον — ᾦ συνεξομοιοῦσθαι πεφύκαμεν πάντες ἄνθρωποι κατ' ἀνάγκην · οὐ γὰρ δι' ἄλλην, διὰ δὲ ταύτην τὴν αἰτίαν κατὰ τὰς ἐθνικὰς καὶ τὰς ὁλοσχερεῖς διαστάσεις πλεῖστον ἀλλήλων διαφέρομεν ἤθεσί τε καὶ μορφαῖς καὶ χρώμασιν, ἔτι δὲ τῶν ἐπιτηδευμάτων τοῖς πλείστοις (Polyb., IV, 21). Cf. Posidonius ap. Strab., I, p. 102 et Galen., De plac. Hipp. et Plat., p. 441 ed. Kühn. En adhérant à cette doctrine, les astrologues réduisaient à néant l'objection de Panétius : Quid? dissimilitudo locorum nonne dissimiles hominum procreationes habet ? — Ex quo intelligitur plus terrarum situs quam lunae tractus ad nascendum valere (Cic., Divin., II, 46). Le plus difficile était de remettre de l'unité dans leur système en faisant dépendre des astres la « dissemblance » attachée aux lieux.

et ils ont été, en effet, si peu inquiétés de ce chef, qu'ils n'ont pas eu besoin de s'accorder entre eux pour adopter un système unique.

La race étant expliquée par le milieu, et le milieu par les astres, il semblait que la querelle fût vidée ; mais la théorie même de l'influence du milieu, affirmée contre les astrologues alors qu'ils ne la partageaient pas encore, fut niée contre eux quand ils s'y furent ralliés. Il y a un argument historique que ressassent à l'envi tous les polémistes chrétiens depuis Bardesane [1] : si la race est façonnée par les influences terrestres et astrales exercées sur son habitat, comment expliquer que certains groupes, comme la race juive ou la secte des chrétiens, ou encore les « mages perses », conservent en tous climats les mêmes mœurs et les mêmes lois? Le Juif échappe-t-il donc à l'influence des astres, qu'il porte partout « la tache de nature », dira encore Grégoire de Nysse [2]. L'argument était de poids, et on ne l'affaiblissait guère en disant que Juifs et chrétiens emportaient partout avec eux leur Loi, car c'était avouer que la Loi était plus forte que les astres. Bardesane le renforçait encore en faisant observer qu'un despote ou un législateur peut changer sur place les mœurs d'une nation, bien qu'elle reste soumise aux influences supposées par la théorie du milieu. Mais les astrologues n'étaient pas seuls visés par cette argumentation dirigée contre toute espèce de fatalité scientifique ; et, au fond, ils n'en étaient guère plus embarrassés qu'un darwiniste moderne à qui on demanderait pourquoi les diverses races conservent leurs caractères spécifiques en dehors de leur habitat primitif ou peuvent évoluer sur place. Ils avaient même avantage à faire des concessions à leurs adversaires, afin de se garer de

---

1. Cf. Fr. Boll, *op. cit.*, pp. 184 sqq. Nous avons encore l'argumentation de Bardesane [c'est-à-dire probablement de Philippe, disciple de Bardesane] dans Eusèbe (*Praep. Ev.*, VI, 10), dans les *Recognitiones Clementinae*, IX, 12-32 (in J. B. Cotelerii *Patres Apostolici*, Tom. I [ed. 2ᵃ Amstel. 1724], pp. 581-586), et même une traduction syriaque de son livre dans le *Spicilegium Syriacum*, by W. Cureton (London, 1855). Cf. A. Hilgenfeld, *Bardesanes der lezte Gnostiker*. Leipzig, 1864. Bardesane ne combat dans l'astrologie que le fatalisme : il croyait aux esprits résidant dans les planètes et chargés d'entretenir la vie cosmique. Origène (ap. Euseb., VI, 11) n'ajoute rien à l'argumentation de Bardesane. Il l'affaiblit plutôt en suggérant l'explication par les astres *signes* et non *causes* (voy. ci-après, p. 600).

2. Πάντα σχεδὸν τὰ μέρη τῆς γῆς τὸ τῶν Ἰουδαίων ἐπενεμήθη γένος, ἀνατολικοί, δυτικοί, προσαρκτικοί, πάντα σχεδὸν τὰ ἔθνη μέμικται πρὸς τὴν τῶν Ἰουδαίων συνοίκησιν. Πῶς τοίνυν οὐδεμία τῶν ἄστρων ἀνάγκη ἐπ' οὐδενὸς αὐτῶν ἴσχυσέ τινι τῶν ἐκ τοῦ ἔθνους χαρίσασθαι τὸ ἀλώβητον — ἀλλ' ἐν τῷ ὁμοίῳ πάντως ἐστὶ ... ὑπομενούσης τὴν λώβην τῆς φύσεως (Greg. Naz., *De fato*, p. 169 B).

l'accusation de fatalisme étroit ; ils regagnaient ainsi d'un côté ce qu'ils perdaient de l'autre. Il suffisait que l'hérédité ethnique pût être rapportée à une origine qui dépendait elle-même des astres [1].

Cette discussion concernant les conditions physiques de la vie et les rapports du milieu avec les astres fit surgir d'autres difficultés et d'autres solutions. Le raisonnement fait pour les races d'hommes était applicable aux espèces animales, qui, soit dispersées, soit confinées dans leur pays d'élection, étaient plus dépendantes encore des fatalités naturelles. « Si », dit Cicéron, « l'état du ciel et la disposition des astres a tant d'influence à la « naissance de tout être vivant, on est obligé d'admettre que « cette influence s'exerce non seulement sur les hommes, mais « aussi sur les bêtes : or, peut-on dire quelque chose de plus « absurde » [2]? Favorinus s'égayait à demander l'horoscope des grenouilles et des moucherons [3], et Sextus Empiricus rit de l'embarras d'un astrologue qu'il suppose en face d'un âne et d'un homme nés sous le même signe et pourtant destinés, celui-ci aux honneurs, celui-là au moulin [4]. Il faut être prudent dans l'emploi

1. Les astrologues avaient encore ici un supplément de ressources dans l'horoscope des cités, qui introduisait un élément commun dans la destinée de tous les citoyens. C'est le système dont Cicéron disait : *O vim maximam erroris! Etiamne urbis natalis dies ad vim stellarum et lunae pertinebat? Fac in puero referre ex qua adfectione caeli primum spiritum duxerit; num hoc in latere aut in caemento, ex quibus urbs effecta est, potuit valere?* (Cic., *Divin.*, II, 47). Cicéron raisonnait fort bien, sans doute ; mais on pouvait railler aussi bien la prise des auspices et autres cérémonies religieuses usitées lors de la fondation des villes, en vue de leur assurer un avenir prospère, et ceux qui respectaient ces choses se trouvaient désarmés contre les astrologues.

2. Cic., *Divin.*, II, 47.

3. Ou plutôt, il déclarait qu'il faisait grâce aux astrologues de la question : *quid de muscis aut vermiculis aut echinis, multis aliis minutissimis terra marique animantibus dicerent? an istaec quoque isdem, quibus homines, legibus nascerentur isdemque itidem exstinguerentur? ut aut ranunculis quoque et culicibus nascendi fata sint de caelestium siderum motibus adtributa, aut, si id non putarent, nulla ratio videretur cur ea siderum vis in hominibus valeret, deficeret in ceteris* (Gell., XIV, 1, 31). L'argument fut repris par Diodore de Tarse (ap. Salmas., p. 553).

4. Sex. Empir., *op. cit.*, p. 353 (ἄλλος δέ τις ἀπορήσει καὶ περὶ τῶν ἀλόγων ζώων κ. τ. λ.). C'est Sextus qui résout d'une façon absurde une question mal posée. Si deux êtres nés « sous le même degré d'un même signe » n'avaient pas subi d'autre influence que celle-là, ils ne naîtraient pas différents ; l'un homme, l'autre âne. S. Augustin, faisant, comme Sextus, abstraction de tout ce qui n'est pas l'influence actuelle des astres, sans doute pour avoir lu dans Cicéron que les astrologues supprimaient jusqu'à l'action des générateurs sur le produit (*seminum vim, quae ad gignendum procreandumque plurimum valeat,*

du mot « absurde ». Il y eut un temps sans doute où l'on disait
des esclaves et des petites gens ce que nos logiciens disent ici des
animaux; où l'on trouvait absurde que leur destinée fût écrite au
ciel ou qu'ils prétendissent à l'immortalité. Le progrès des idées
démocratiques avait reculé la barrière, plantée maintenant entre
l'homme et l'animal. Les astrologues hésitaient à la renverser :
et pourtant la logique les y poussait, même leur logique particulière. Pourquoi, par exemple, les types animaux, qui remplissaient la majeure partie du Zodiaque et tendaient à produire sur
terre des types semblables, n'auraient-ils eu action que sur
l'homme? Finalement, les praticiens, sinon les docteurs de l'astrologie, acceptèrent bravement cette conséquence de la sympathie universelle [1], et ils eurent pour eux les âmes sensibles, qui
faisaient tirer l'horoscope de leurs chiens, ou les éleveurs de
bétail, qui consultaient sur les aptitudes de leurs produits. Les
mauvais plaisants qui apportaient à l'astrologue, sans l'avertir,
un thème de géniture dressé pour un animal sortaient émerveillés de son cabinet si le praticien avait reconnu de quel client
il s'agissait [2]. Le raisonnement fut étendu, sans qu'on en rît

funditus tolli. Cic., _Divin._, II, 45), S. Augustin imagine que le moment de la
naissance fait seul la différence entre l'homme et l'animal ou même le végétal,
si bien qu'un homme et un animal ne pouvaient pas naître en même temps
au même lieu. _Sic desipiunt homines, ut existiment, cum homo nascitur, ceteros rerum ortus ita inhiberi, ut cum illo sub eadem caeli plaga nec musca nas-
catur_ (Augustin., _C. Dei_, V, 7). Il cite, comme responsables de ces absurdités,
les astrologues qui distinguaient à première vue si on les consultait pour un
animal (ci-après). Mais il aurait bien dû songer que les astrologues sérieux,
comme Ptolémée, conseillent à leurs disciples de se renseigner sur leur client,
comme le font les médecins, pour éviter de pronostiquer à faux, le pronostic
dépendant de l'âge, de la nationalité et de l'éducation du consultant (cf. Ptol.,
Tetrab., I, 2; IV, 9; Herm. Phil., _De Revol. nativ._, I, 7, et ci-dessus, p. 503, 3).

1. Les purs stoïciens n'allaient pas jusque-là, car ils refusaient toute individualité aux animaux. Chrysippe disait que l'âme du porc tenait lieu de sel
pour conserver sa chair. Mais, pour les Pythagoriciens, ces autres fournisseurs
de théories astrologiques, les animaux sont nos frères, que nous n'avons pas
le droit d'égorger, même pour nous nourrir de leur chair.

2. _Solent tamen homines ad temptandam peritiam mathematicorum adferre
ad eos constellationes mutorum animalium, quorum ortus propter hanc explo-
rationem domi suae diligenter observant, eosque mathematicos praeferunt ceteris qui constellationibus inspectis dicunt non esse hominem natum, sed pecus.
Audent etiam dicere quale pecus, utrum aptum lanitio, an vectationi, an
aratro, an custodiae domus. Nam et ad canina fata temptantur, et cum
magnis admirantium clamoribus ista respondent_ (Augustin., _Civ. Dei_, V, 7).
S. Augustin rapporte ailleurs (_Conf._, VII, 6) que le père de son ami Firminus
collectionnait des horoscopes d'animaux. Origène (ap. Euseb., _Pr. Ev._, VI,

désormais, au règne végétal et minéral, justifiant ainsi, pour le règne végétal, les vieux calendriers des laboureurs, et préparant, du côté du règne minéral, les ambitions extravagantes des alchimistes qui chercheront les conjonctures d'astres propres à engendrer les métaux ou les pierres précieuses.

Ainsi, la série de difficultés nées de cette simple question : « pourquoi des groupes d'individus ont-ils même tempérament ou même destinée »? avaient amené les astrologues à se faire sur les races humaines, sur les espèces animales, sur le rôle du milieu et de l'hérédité, des théories qui leur valaient la réputation de savants. Ils eurent facilement raison de l'objection inverse, celle qui demandait pourquoi des individus nés dans les mêmes circonstances avaient des aptitudes ou des destinées si différentes. Comment se fait-il, disait-on, que, entre tant d'hommes venus au monde sous les mêmes planètes, il ne naisse pas quantité d'Homères, de Socrates et de Platons [1]? L'argument pouvait avoir quelque valeur au temps de Cicéron, mais Favorinus aurait dû savoir qu'il était depuis tout à fait usé. Avec la précision exigée

---

11, 1) constate que de son temps l'on croit à l'influence des astres sur les animaux aussi bien que sur les hommes (τῶν περὶ ἕκαστον ἄνθρωπον, τάχα δὲ καὶ ἀλόγων ζῴων). Héphestion (III, 3) assimile les ἄλογα aux ἄλογοι humains, et Fabricius (ad S. Empir., p. 353) a trouvé quatre thèmes généthliaques de veaux dans un traité d'Astrophysique publié à Cologne en 1706. Rien ne se perd.

1. Quid? qui ingenio atque animo singulares, num astro quoque uno? quod enim tempus, quo non innumerabiles nascantur? at certe similis nemo Homeri (Cic., Divin., II, 47). — De même, Favorinus, qui, comme Cicéron, joint les deux parties de l'argumentation attribuée ci-dessus (p. 581) à Carnéade : Quod si quaedam, inquit, in hominum morte atque vita etiam diversis temporibus editorum per 'stellarum pares quosdam postea conventus paria nonnulla et consimilia posse dicunt optingere, cur non aliquando possint omnia quoque paria usu venire, ut existant per hujuscemodi stellarum concursiones et similitudines Socratae simul et Antisthenae et Platones multi genere, forma, ingenio, moribus, vita omni et morte pari? (Gell., XIV, 1, 29). Sextus Empiricus connaît la réponse des astrologues, et il s'en sert pour dénier à ceux-ci le droit de se contenter d'estimations approximatives; des différences minuscules étant, à les entendre, les causes pour lesquelles οὐθεὶς γοῦν Ἀλεξάνδρῳ τῷ Μακεδόνι γέγονεν ἴσος, πολλῶν κατὰ τὴν οἰκουμένην συναποτεχθέντων αὐτῷ, οὐδὲ Πλάτωνι τῷ φιλοσόφῳ (§ 88-89, p. 352). S. Basile (In Hexaem. Homil., VI, 5-7) dira à son tour : si les conditions dans lesquelles naissent les rois se réalisent à tout moment, pourquoi ne naît-il pas des rois tous les jours? Et inversement, pourquoi les fils de rois, quel que soit leur thème de géniture, sont-ils rois à leur tour? Il y a toujours dans ces arguments une donnée hypothétique que les astrologues pouvaient nier. Les conditions requises ne se réalisent pas à tout moment, et il n'y a pas de thèmes de géniture absolument semblables. Enfin, les fils de rois ne règnent pas tous, et, au surplus, leur géniture royale est prédéterminée par celle de leur père.

par les méthodes de l'astrologie savante, il était hautement impro-
bable qu'il y eût jamais deux thèmes de géniture identiques.
Les éléments du calcul, les sept planètes et leurs aspects réciproques ou leurs dodécatémories, les douze signes du Zodiaque,
leurs aspects et leurs rapports avec les planètes, les décans, les
lieux fixes, les lieux mobiles ou sorts, etc., tout cela, mesuré au
degré et à la minute, suffisait à des millions de combinaisons,
arrangements et permutations mathématiques. Si, comme on va
le voir, des jumeaux même n'avaient pas le même horoscope, à
plus forte raison des individus nés en des temps ou des lieux
différents. Les astrologues stoïciens auraient pu promettre à
Favorinus de nouveaux Socrates et de nouveaux Platons quand
l'ἀποκατάστασις aurait fait recommencer au monde l'existence
déjà vécue. En attendant, il y avait place pour une diversité
presque infinie de génitures.

C'est là que les raisonneurs attendaient les astrologues. On
connaît, par la célèbre comparaison de la roue du potier [1], la
façon dont les astrologues expliquaient comment deux jumeaux
pouvaient avoir parfois des destinées si différentes. Les exemples
étaient nombreux de jumeaux dont l'un mourait en bas âge et
l'autre atteignait à l'extrême vieillesse, et la difficulté avait fort
tourmenté les hommes de l'art. Ils expliquaient le fait par la
rapidité de la rotation de la voûte céleste, rapidité telle que les
horoscopes des jumeaux sont séparés sur le cercle zodiacal par
un intervalle appréciable. Si petit que soit cet intervalle, il suffit
à produire des différences énormes dans le pronostic [2]. Mais ils

---

1. Voy. ci-dessus (p. 256, 1). La roue servait à expliquer la marche des
planètes, comparée à des fourmis cheminant à contre-sens sur sa surface
(Vitruv., IX, 1 [4]). C'est par surcroît qu'elle a fourni une réponse à l'objection
tirée des jumeaux. Quant à l'objection, elle est partout, depuis Diogène le Stoïcien et peut-être Carnéade. Cicéron la pose (*Divin.*, II, 43. Cf. Pers., *Sat.*, VI, 17 :
Geminos, horoscope, varo producis Genio) sans faire allusion à la réponse ; les
autres réfutent par surcroît la réponse (cf. Favorin., ap. Gell., XIV, 1, 26 ;
S. Empir., ci-après, p. 589). C'est à qui citera des jumeaux dissemblables, et
des jumeaux de sexe différent ; argument d'autant plus fort que, si la naissance des jumeaux pouvait être successive, la conception devait être simultanée. *Sed qualecumque sit in ortu valere dicunt : num quid et in conceptu?
ubi et unum esse concubitum esse manifestum est, et tanta naturae vis est,
ut, cum conceperit femina, deinde alterum concipere omnino non possit : unde
necesse est eadem esse in geminis momenta conceptus* (Augustin., *C. Dei*, V, 6).
Ceci n'était pas admis sans conteste. Les partisans de la superfétation pouvaient invoquer la légende des Dioscures, Castor fils de Tyndare et Pollux fils
de Zeus (Clem., Alex., *Protrept.*, p. 26 Potter).

2. C'est là proprement l'*œstrum astrologicum*, l'aiguillon qui a poussé les

soulevaient par là un concert de récriminations. On leur demandait s'ils étaient capables d'atteindre dans la pratique à cette précision idéale d'où dépendait, de leur propre aveu, l'exactitude de leurs pronostics. Ici, Sextus Empiricus, sentant qu'il est sur un terrain solide, pousse une charge à fond contre les astrologues [1]. Il suppose à l'œuvre une équipe de deux Chaldéens dont l'un surveille l'accouchement, prêt à frapper sur un disque de bronze pour avertir le confrère posté sur une hauteur, et il se fait fort de démontrer l'inanité de leurs précautions.

D'abord, la condition préalable pour préciser le moment horoscopique fait défaut. Ce moment cherché n'existe pas. Ni la parturition, ni même la conception ne sont des actes instantanés ou dont l'instant puisse être déterminé. De plus, si le moment horoscopique existait, les astrologues ne pourraient le saisir. Étant donné la faible vitesse du son, il faut du temps au Chaldéen en faction près de l'accouchée pour transmettre l'avis nécessaire à l'observateur, du temps à celui-ci pour observer, et, pendant ces retards inévitables, le point horoscopique s'est envolé. L'observation est encore faussée par les erreurs dues au déplacement de l'horizon vrai par l'altitude du lieu d'observation, par des hauteurs qui barrent la perspective ou par la réfraction atmosphérique, au plus ou moins d'acuité de la vue de l'observateur, à l'impossibilité de voir les étoiles, dans le jour, et, même la nuit, à la difficulté de saisir des divisions idéales qui ne correspondent pas le plus souvent à des étoiles. C'est pis encore si, au lieu de viser directement l'horoscope, on a recours au calcul du temps par la méthode des ascensions (ἀναφοραί). Alors, on a affaire à des clepsydres dont le débit est nécessairement variable, suivant la fluidité de l'eau et la résistance de l'air. A supposer même que les gens du métier fussent capables d'écarter toutes ces chances d'erreur, à coup sûr les ignorants qui consultent les Chaldéens

---

astrologues à multiplier les divisions du cercle et à incruster dans des degrés contigus les influences les plus disparates. Mais ils n'échappaient à Charybde que pour tomber en Scylla. Plus ils raffinaient sur les données des problèmes, plus on leur contestait qu'ils eussent les moyens de les résoudre. Manilius, avec le zèle imprudent d'un néophyte, répète à tout propos que la plus petite différence a de très grands effets (Cf. I, 56 sqq. II, 693. 739. III, 205 sqq.). Les adversaires connaissaient bien ce refrain. Si les degrés ne suffisent pas, dit S. Empiricus (*op. cit.*, p. 354), ils vont jusqu'aux minutes, qu'il leur est impossible d'observer.

1. S. Empir., *op. cit.*, §§ 50-88, pp. 345-352. Arguments reproduits à satiété par la suite et qui passent à côté, comme visant les astrologues et non l'astrologie, l'insuffisance de la pratique et non de la théorie.

ne l'ont pas fait et n'apportent aux astrologues que des données suspectes, d'où ceux-ci tirent des pronostics erronés.

Ces objections sont très fortes, et elles produiraient plus d'impression encore si notre philosophe avait pris la peine de les ranger en progression d'énergie croissante, au lieu de mettre en tête les plus fortes et de s'affaiblir ensuite en consentant à discuter des hypothèses déjà rejetées [1]. Le premier argument, à savoir l'impossibilité de préciser le moment de la naissance, était écrasant pour les imprudents qui, à force de subtiliser, parlaient de moment indivisible et de frappe instantanée. A quelle étape d'une parturition parfois longue placer la naissance? Si les jumeaux avaient des horoscopes si différents, on pouvait appliquer le même raisonnement à une naissance unique et soutenir que la tête et les pieds d'un enfant ne naissaient pas sous le même astre [2]. On avait beaucoup disserté entre philosophes, physiologistes, moralistes même, sur le mystère de la vie, vie organique, vie consciente, sur le moteur qui lui donne l'impulsion initiale, et les astrologues pouvaient emprunter des théories toutes faites, celle, par exemple, qui faisait commencer la vie « humaine » proprement dite au moment où le nouveau-né respirait pour la première fois et recevait ainsi le premier influx du monde extérieur. Mais le plus sûr était pour eux de laisser planer

---

1. Le syllogisme du début est celui-ci : l'Horoscope est la base de tout le thème de géniture ; or, il est inobservable ; donc la méthode des Chaldéens ne tient pas debout — τοίνυν ἀσύστατός ἐστιν ἡ τῶν Χαλδαίων μέθοδος (§§ 50-54). S. Empiricus développe inégalement et embrouille quelque peu les preuves de la mineure. Il s'attarde à disserter, en médecin qu'il est, sur les étapes de la conception (§§ 55-64) et de la parturition (§§ 65-67); et de plus, il mélange les objections visant tantôt les erreurs de l'observation directe, tantôt celles du calcul des ἀναφοραί. Il finit par faire preuve d'incompétence ou de mauvaise foi, en insinuant que les Chaldéens considèrent chaque signe du Zodiaque comme se levant en même temps pour tous les lieux d'un même climat (§ 83-85). Il s'en prend, comme avant lui Cicéron (Divin., II, 44), à des astrologues qui ne sauraient pas que l'horizon se déplace avec l'observateur, et que chaque lieu a le sien; point de toute première importance, dit-il (τὸ δὲ πάντων συνεκτικώτατον), et qui est, en effet, l'A B C du métier. Cf. ci-dessus, p. 581.

2. Le raisonnement a été fait par le pape S. Grégoire dans une Homélie sur l'Épiphanie, tournée en réquisitoire contre les astrologues. Saumaise (op. cit., p. 721) le reprend pour son compte, alléguant que certains enfants mettent plus de temps à naître que certains jumeaux, par exemple, Jacob et Ésaü, nés simultanément pour ainsi dire, puisque Jacob tenait Esaü par le pied (Genes., xxv, 25). Mais, pour vouloir trop prouver, l'argument tourne à l'absurde, et sans profit; car les astrologues pouvaient, s'il leur plaisait, l'admettre et s'en servir pour expliquer comme quoi un cerveau puissant se trouve souvent porté par des jambes débiles.

un certain vague sur des questions où la rigueur logique faisait seule l'obscurité. Le sens commun les trouvait beaucoup moins compliquées : il ne voyait pas de difficulté à compter la naissance d'un enfant pour un fait simple, et la naissance de deux jumeaux pour un fait double, composé de deux actes distincts et discernables. On a vu que, pour en finir avec les logiciens, Ptolémée avait pris le parti de ne plus chercher le moment exact de la naissance, mais de régler le calcul de l'horoscope sur d'autres considérations.

Mais ce qu'il importe de constater, c'est que, l'argument fût-il sans réplique, il n'atteint que les astrologues et leurs méthodes pratiques; laissant debout l'astrologie, avec ses principes et ses théories. On en dira autant, et à plus forte raison, des difficultés soulevées à propos des erreurs d'observation. Quand il serait avéré qu'il est impossible de faire une seule observation parfaitement exacte, cela ne prouverait pas que la vérité qu'on veut atteindre n'existe pas. Les erreurs des savants ne sont pas imputables à la science [1]. Avec leurs instruments perfectionnés et leurs formules de correction, nos astronomes et physiciens modernes n'atteignent pas non plus à l'exactitude idéale, mais ils en approchent. Les astrologues anciens s'évertuaient aussi de leur mieux à en approcher, et on ne pouvait pas raisonnablement leur demander davantage. Leur contradicteur oublie d'ailleurs qu'ils n'étaient plus obligés de faire en un instant, comme il le dit, toutes les constatations qui entraient dans un thème de géniture. Avec leurs Tables et canons de toute espèce, ils pouvaient, un seul point du cercle ou moment de la durée étant fixé, déterminer à loisir la position simultanée des signes et planètes, comme le pourraient faire aujourd'hui nos astronomes avec la *Connaissance des Temps*, sans avoir besoin de regarder le ciel [2].

---

1. Ptolémée consacre tout un chapitre (*Tetrab.*, I, 2) à montrer que la prévision astrologique est possible et jusqu'où elle est possible : Ὅτι καταληπτικὴ ἡ δι' ἀστρονομίας γνῶσις καὶ μέχρι τίνος. Il convient qu'il y a des charlatans, et aussi que les savants les plus consciencieux peuvent se tromper. Ἀλλ' ὅμως ἐναργές ἐστιν, ὅτι κἂν διερευνητικῶς τις ὡς ἔνι μάλιστα καὶ γνησίως τοῖς μαθήμασι προσέρχηται, πολλάκις πταίειν αὐτὸν ἐνδέχεται, δι' οὐδὲν μὲν τῶν εἰρημένων, δι' αὐτὴν δὲ τοῦ πράγματος φύσιν, καὶ τὴν πρὸς τὸ μέγεθος τῆς ἐπαγγελίας ἀσθένειαν. Que veut-on de plus ? Si l'astrologue est ignorant, dira Firmicus, *non mathesis, sed hominis fallax ac temeraria notetur inscientia* (I, 3, 8 Kroll).

2. Origène (ap. Euseb., *Praep. Ev.*, VI, 11) le dit formellement : il ne conteste que l'excès de précision, poussée jusqu'à la seconde d'arc (*ibid.*, VI, 11, 57-59, 73-80) et rendue plus difficile encore par la précession des équinoxes, qui a dissocié les figures (μορφώματα) du Zodiaque et les signes fictifs (νοητὰ ζῴδια).

Ainsi, l'assaut sans cesse renouvelé contre les pratiques fondées sur la détermination de l'Horoscope instantané ne faisait pas de brèche appréciable dans la théorie. Eût-il été victorieux que l'astrologie, abandonnant la plus connue et la plus savante de ses méthodes, — la généthlialogie [1], — aurait continué à prospérer en se rabattant sur les procédés plus populaires qui suffisaient aux neuf dixièmes de sa clientèle, sur ses « élections » et « interrogations ».

Que restait-il encore à objecter? Que la chaîne des causes et des effets étant continue, la destinée des enfants devait être virtuellement incluse dans celle des parents, et ainsi de suite, avec régression jusqu'à l'origine première de l'espèce? Cela, non seulement les astrologues l'accordaient, mais ils avaient peut-être été les premiers à y songer. Dans tout thème de géniture, il y a la case des parents, où peuvent se loger des conjectures rétrospectives, celle des noces et celle des enfants, où est prédéterminée la descendance future de l'enfant qui vient de naître. Aussi reprochait-on aux astrologues non pas de décliner cette tâche, mais de la croire possible en vertu de leurs principes. Favorinus n'y manquait pas. Il avait bâti là-dessus un raisonnement extrêmement captieux, trop subtil pour être efficace. Il commence par exiger que la destinée de chacun ait été marquée par les étoiles à chaque génération dans la lignée des ancêtres depuis le commencement du monde. Or, dit-il, comme cette destinée, toujours la même, a été bien des fois prédéterminée par des dispositions d'étoiles différentes, — aucun thème de géniture n'étant identique à un autre, — il résulte de là que des combinaisons différentes peuvent aboutir au même pronostic. Si l'on admet cette conclusion, il n'y a plus ni principes, ni méthode en astrologie [2] : tout

---

1. Ptolémée abandonne déjà, en fait, l'Horoscope de la conception, qu'il suppose nécessairement d'accord avec celui de la naissance (ci-dessus, p. 376).

2. *Si disciplina ista fundamento aliquo veritatis nixa est, centesimo usque abhinc saeculo vel magis primo caeli atque mundi exordio atque inde jam deinceps, continua significatione, quotiens generis auctores ejusdem hominis nascerentur, stellae istae praemonstrare debuerint qualis qualique fato futurus sit quisquis hodie natus est. Quo autem, inquit, pacto credi potest, uniuscujusque stellarum formae et positionis sortem atque fortunam uni omnino homini certam destinatamque esse si vitae fortunarumque ejusdem hominis indicia in tam brevibus intervallis - - tam saepe ac tam multipliciter eadem ipsa, non eadem stellarum facie denotantur? Quod si id fieri potest eaque diversitas atque varietas admittitur per omnes antiquitatis gradus ad significanda eorum hominum qui post nascentur exordia, imparilitas haec turbat observationem omnisque ratio disciplinae confunditur* (Gell., XIV, 1, 20-22).

croule par la base. Ainsi, en vertu de leur doctrine, les astrologues sont obligés d'admettre un postulat contradictoire avec
leur doctrine. Il faudrait la patience d'un scolastique pour analyser cette mixture sophistiquée, et il n'y a pas grand intérêt à
le faire, puisque la prédestination est une question qui n'intéresse
pas seulement les astrologues et que ceux-ci ne prétendaient pas
pousser leurs enquêtes, dans le passé ou vers l'avenir, au delà
des bornes de l'intelligence humaine. Disons seulement que le
spirituel improvisateur tombe dans l'absurde en voulant que le
thème d'un ancêtre ait contenu explicitement, c'est-à-dire ait été
en réalité celui de chacun de ses descendants, tout en restant le
sien. Cela reviendrait à demander que les astres fussent, chacun
au même instant, dans plusieurs positions différentes, ou que le
grand-père, par exemple, fût son propre petit-fils.

Nous en avons fini avec les raisonneurs qui ne font appel qu'à
la raison, ceux qui cherchent à détruire l'astrologie, et non à la
remplacer par la foi qui leur agrée. Après Sextus Empiricus, la
logique pure n'est plus représentée ; on ne rencontre plus que
des théologiens. La bataille engagée contre l'astrologie au nom
de la raison raisonnante n'aboutit pas. Elle laissa subsister
l'idée que les erreurs des astrologues étaient imputables aux
imperfections d'une science perfectible, et que les astres influent
réellement sur la destinée de l'homme en vertu d'une énergie
physique, connue par l'expérience, qu'il est peut-être difficile,
mais non pas impossible de définir et de mesurer. La polémique
menée par les théologiens — néo-platoniciens et chrétiens —
sera moins efficace encore ; car les adversaires ne sont plus
séparés que par des nuances, et ils ont moins souci d'abattre
l'astrologie que de la rendre orthodoxe.

III

L'ASTROLOGIE ET LA DISCUSSION DOGMATIQUE

Sur les confins de la science et de la foi, participant de l'une et
de l'autre, mais peu affectée par les progrès de l'une et les variations de l'autre, et surtout plus indépendante qu'on ne croit des
moralistes, est assise la morale, reliquat et résumé des habitudes
de l'espèce humaine, compromis perpétuel entre les sollicitations
divergentes de l'intérêt et du devoir. C'est une question qui restera toujours indécise que de savoir si l'astrologie était, par
essence ou en fait, contraire à la morale ; ce qui est certain, c'est

qu'elle a paru telle à bon nombre de moralistes, et que, sur ce terrain commun à tous, il n'y a pas lieu de distinguer entre rationalistes et mystiques. Un coup d'œil jeté sur la querelle visant le fatalisme astrologique sera une transition commode pour passer des uns aux autres.

La morale présupposant le libre arbitre, toute doctrine qui tend à représenter nos actes comme déterminés sans l'intervention de notre volonté est légitimement suspecte aux moralistes. Toutes les méthodes divinatoires sont dans ce cas, et l'astrologie n'est prise à partie de préférence que parce que ses affirmations sont plus tranchantes et les conséquences de ses principes plus aisées à découvrir. Mais, d'autre part, il y a dans les conditions et obstacles qui entravent le libre exercice de la volonté une somme de fatalité que les moralistes raisonnables ne songent pas à contester. Tel est, par excellence, le fait de naître en un certain temps et un certain lieu, avec certaines aptitudes physiques et intellectuelles ; fait que l'astrologie avait la prétention non pas de créer, mais d'expliquer et d'exploiter pour la prévision de l'avenir.

Nous avons dit et répété que l'astrologie grecque avait pris immédiatement conscience du fatalisme inhérent à ses principes au sein de l'école stoïcienne et qu'elle avait pu se croire réconciliée par ces mêmes Stoïciens avec la morale. Panétius mis à part, il n'y eut guère parmi les Stoïciens que Diogène qui ait mis en doute le caractère fatal des pronostics astrologiques. Encore était-il d'avis que les astrologues pouvaient « dire d'avance de quel « tempérament serait chacun et à quel office il serait particulière- « ment propre » [1]. En général, on concédait volontiers aux astrologues que les astres peuvent agir sur le corps ; ceci posé, suivant l'idée qu'on se faisait de la solidarité de l'âme et du corps, on était conduit à admettre une influence médiate, plus ou moins efficace, sur la volonté. C'était aux philosophes de débattre ce point : l'astrologie s'accommodait de tous les systèmes. Aussi les partisans de la liberté absolue, Épicuriens et sceptiques, se gardaient d'ouvrir cette fissure au déterminisme [2] ; ou, si l'opinion courante leur forçait la main, ils se hâtaient de dire que l'influence des astres, au cas où elle serait réelle, échapperait à nos

---

1. Texte cité plus haut, p. 544, 2. C'est une concession que Cicéron appelle un peu plus loin une espèce de *praevaricatio* (Cic., *Divin.*, II, 43). Diogène ne ne refusait pas aux astrologues ce qu'on accordait aux physiognomonistes.

2. Τοίνυν οὐκ ἔστι πρὸς τὰς τῶν ἀστέρων κινήσεις διοικεῖσθαι τὸν βίον· ἢ εἴπερ ἐστὶν εὔλογον, ἡμῖν πάντως ἀκατάληπτον (S. Emp., § 95, p. 353). De même, Porphyre (ci-après, p. 601). Cf. ci-dessus (p. 574, 1 et p. 578, 3) la réponse de Firmicus.

moyens d'investigation. On voit bien cependant qu'ils hésitent.
Favorinus accepterait, à la rigueur, que l'on pût prévoir « les
« accidents et événements qui se produisent hors de nous » ; mais
il déclare intolérable que l'on ait la prétention de faire intervenir
les astres dans nos délibérations intérieures et de transformer
l'homme, animal raisonnable, en une marionnette (*neurospaston*)
dont les planètes tiennent les fils. Conçoit-on que le caprice d'un
homme qui veut aller au bain, puis ne veut plus, puis s'y décide,
tienne à des actions et réactions planétaires [1] ? Cela est fort bien
dit, mais nos actes les plus spontanés peuvent dépendre, et étroitement, des circonstances « extérieures ». Que l'on suppose notre
homme apprenant que la salle de bains où il voulait se rendre
s'est écroulée par l'effet d'un tremblement de terre amené lui-
même par une certaine conjonction d'astres, dira-t-on que les
astres n'influent en rien sur sa décision ?

Favorinus croit avoir arraché aux astrologues l'aveu que les
astres ne règlent pas l'existence humaine jusque dans l'infime
détail, et il se retourne aussitôt contre eux en soutenant que cela
est contradictoire, et que, si l'on peut prédire l'issue d'une
bataille, on doit pouvoir aussi bien prévoir la chance au jeu de
dés ou à la roulette [2]. Il se bat ici dans le vide, car il ne manquait pas de charlatans prêts à lui donner satisfaction [3], et il ne

---

1. Favorin. ap. Gell., XIV, 1, 23. De même, Sextus Empiricus admettrait que
les astres, en agitant l'atmosphère et modifiant par là sa composition, puissent
faire « des corps robustes et des mœurs farouches » ; mais il proteste que l'air
n'a rien à voir avec le détail de la vie, les dettes, la prison, le nombre des
enfants, la condition des pauvres et des rois. Ceux qu'il attaque répondaient
sans doute qu'il limite arbitrairement les effets du tempérament et des mœurs.

2. *Ac si, inquit, potuisse praedici adfirmant, Pyrrhusne rex an M'. Curius
proelio victurus esset, cur tandem non de alea quoque ac de calculis et alveolo
audent dicere, quisnam ibi ludentium vincat? An videlicet magna sciunt, parva
nesciunt, et minora majoribus inperceptiora sunt?* (Gell., XIV, 1, 24). La réponse
prévue de la part des astrologues n'est pas si mauvaise. Tout est écrit là-haut,
mais on déchiffre mieux les gros caractères que les petits. Favorinus l'esquive
en disant : l'homme est si petit par rapport à l'Univers que rien de lui n'est
grand : *Volo, inquit, mihi respondeant, quid in hac totius mundi contempla-
tione, praestantis naturae operibus, in tam parvis ac brevibus negotiis fortu-
nisque hominum magnum putent?* (ibid., 25). Mais, à ce compte, le « roseau
pensant » est trop petit pour que Dieu s'occupe de lui ; l'argument atteint
toutes les religions.

3. Voy. ci-dessus, p. 471-474, les questions résolues par la méthode des
καταρχαί. Les pronostics sur le résultat des courses du Cirque étaient les
plus demandés. On voulait les prévoir — c'est la part de l'astrologie — et
aussi les provoquer ou les empêcher, au moyen de formules magiques destinées à « lier » les jambes des chevaux de tel cocher ou de ses concurrents.

lui aurait pas suffi, pour avoir gain de cause, de constater leurs méprises, celles-ci étant toujours imputables à l'ignorance des praticiens et non pas à l'astrologie elle-même.

Sextus Empiricus recourt à la vieille logomachie philosophique [1] jadis employée pour ou contre la divination en général, en disant que, comme les événements procèdent de trois causes : la Nécessité, la Fortune ou hasard et le libre arbitre, il est inutile de prévoir ce qui doit nécessairement arriver et impossible de fixer d'avance soit le jeu du hasard, soit l'orientation de la volonté. Il eût sans doute été fort en peine de faire la part de la Nécessité, qui peut être très grande et suffire aux astrologues, de définir le hasard et de spécifier ce qu'il entendait réserver au libre arbitre. Dire que l'astrologie est inutile parce qu'elle ne peut modifier la fatalité, ce n'est pas la discréditer comme science.

Tous ces dialecticiens, plus ou moins sceptiques, se préoccupaient fort peu du critérium moral proprement dit, lequel consiste à juger des doctrines par leurs applications et à rejeter comme fausses celles qui sont réputées immorales [2]. Ils étaient gens à penser que, au cas où une vérité scientifiquement démontrée irait contre la morale, ce serait aux moralistes à reviser leurs principes et à tracer autrement la distinction du bien et du mal. Du reste, tant que le stoïcisme fut debout, il prouvait par le fait, argument irréfutable en morale, que le fatalisme n'est pas incompatible avec la vertu virile et agissante. Il en alla autrement quand les théologiens, néo-platoniciens et chrétiens, s'attaquèrent au fatalisme, représenté principalement par l'astrologie. Ceux-là considéraient le fatalisme comme impie à double titre, parce que, la responsabilité dont il dépouille l'homme, il la reporte sur Dieu, devenu auteur du mal comme du bien.

Les astrologues avaient eu le temps de se préparer à la lutte.

---

1. Elle était beaucoup plus compliquée que ne le dit Sextus. On distinguait parmi les causes l'ἀνάγκη, l'εἱμαρμένη, la τύχη, l'αὐτόματον, et la προαίρεσις. Voy. les textes dans Diels, *Doxogr. gr.*, pp. 324-326.

2. Le seul grief qu'ait Sextus Empiricus contre les astrologues, en dehors de l'antipathie qu'il éprouve pour le dogmatisme, c'est qu'ils encombrent la vie de craintes superstitieuses — ποικίλως μὲν ἐπηρεάζοντες τῷ βίῳ, μεγάλην δ᾽ ἡμῖν ἐπιτειχίζοντες δεισιδαιμονίαν, μηδὲν δὲ ἐπιτρέποντες κατὰ τὸν ὀρθὸν λόγον ἐνεργεῖν (p. 338). C'est le grief que Cicéron développe avec vigueur, en visant la divination sous toutes ses formes (Cic., *Divin.*, II, 72), et que Pline résume d'un mot, à propos de diverses croyances superstitieuses : *etiam sine his immensa vitae ambage circa auguria* (Plin., X, § 137). Ptolémée y répond par un paradoxe stoïcien, en soutenant que, même quand l'avenir est inévitable, sa connaissance anticipée profite à la paix de l'âme (ci-dessus, p. 33).

Ils se rendaient très bien compte de la difficulté qu'il y a à maintenir la responsabilité humaine en regard des échéances fatales
prévues et annoncées à l'avance. Le problème n'était pas neuf et
on l'avait assez souvent posé à propos des « oracles infaillibles »
d'Apollon. Ils avaient pris le parti fort sage de transiger aux
dépens de la logique, de ne pas désavouer leurs doctrines et de
s'en tenir pourtant à la morale de tout le monde. Ils parlaient de
l'inexorable Destin, de la Nécessité et des crimes qu'elle fait
commettre. « Ce n'est pas une raison », s'écrie Manilius, « pour
« excuser le vice ou priver la vertu de ses récompenses... Peu
« importe d'où tombe le crime ; il faut convenir que c'est un
« crime. Cela est fatal aussi, d'expier sa destinée elle-même » [1].
Le bon sens de ce Romain — qui était peut-être un Grec — va
droit au refuge ultime ouvert en tout temps à tous ceux qui ont
une foi égale en deux principes logiquement inconciliables, au
paradoxe sauveur de la morale en péril. Ptolémée se garde bien
de poser l'antithèse aussi nettement. Il connaît l'écueil vers lequel
la logique pousse invinciblement ceux qui lui obéissent et donne
le coup de barre à côté. A l'entendre, la plupart des prévisions
astrologiques sont, comme toutes les prévisions scientifiques,
fatales et conditionnelles à la fois : c'est-à-dire qu'elles s'accom-
pliront fatalement, si le jeu des forces naturelles calculées n'est
pas dérangé par l'intervention d'autres forces naturelles non
visées dans le calcul. Mais il dépend souvent de l'homme de
mettre en jeu ces forces intercurrentes et de modifier ainsi la
destinée. C'est ce qui se passe quand un médecin enraye par
l'emploi de remèdes opportuns la marche d'une maladie qui, sans
cela, aboutirait fatalement à la mort. Au pis-aller, quand intervient la fatalité inéluctable, la prévision de l'avenir donne à
l'homme — disons, au stoïcien — le temps de se préparer à recevoir le choc avec calme et dignité. Ptolémée est allé jusqu'à la
limite extrême des concessions, sans autre souci que de reven-

---

1. *Nec refert, scelus unde cadit; scelus esse fatendum.* | *Hoc quoque fatale
est, sic ipsum expendere fatum* (Manil., IV, 107-118). Il n'en flétrit pas moins
énergiquement les vices de notre espèce : *At quanta est scelerum moles per
saecula cuncta,* | *Atque onus invidiae non excusabile terris!* (II, 592-593). Il
écrit : *Solvite, mortales, animos curasque levate,* parce que, *Fata regunt
orbem, certa stant omnia lege* (II, 12-14), comme s'il dépendait des gens nés
inquiets et pessimistes de ne pas se tourmenter. Cf. *conscia fati sidera* (I, 1).
Manilius tourne le fatalisme en consolation pour les pauvres : le Destin,
lui au moins, ne se laisse pas corrompre par l'or du riche (IV, 89 sqq.). Le
Ps.-Manéthon montre les mortels enlacés Μοιρῶν ἀρρηκτοῖσι μίτοις θεσμοῖσί
τ' Ἀνάγκης (I, 7).

diquer pour l'astrologie le titre de science « utile » [1]. On ne saurait dire que la morale y gagne beaucoup, car le fatalisme mitigé peut être beaucoup plus dangereux que celui qui prêche la résignation complète. Tous les crimes qu'on prétend commis à l'instigation des astrologues ont eu pour but de modifier l'avenir prévu. Le fatalisme absolu laisse, au contraire, les choses en l'état; et, comme le bon sens pratique n'en tient nul compte, il se réduit à n'être qu'une conception métaphysique.

Tel était l'état de la question morale, quand les théologiens s'en emparèrent. Le nom de théologiens appliqué même aux néo-platoniciens paraîtra justifié à tous ceux qui savent jusqu'où va dans leurs doctrines l'obsession du divin et du démoniaque, qui remplace pour eux l'idée de loi naturelle et de force mécanique. Il ne leur a même pas manqué l'habitude caractéristique des théologiens, celle d'invoquer des textes réputés infaillibles et de mettre l'autorité au-dessus de la logique. Au IIIe siècle de notre ère, la littérature mystique, fabriquée dans des officines inconnues, foisonnait de toutes parts, étouffant le libre essor de l'intelligence et diminuant la dose de sens commun nécessaire à l'équilibre de la raison. Dans ces livres dictés par des dieux, des fils des dieux, des rois, des prophètes ou des sibylles [2], l'astrologie avait sa part, et sa bonne part. Sa vogue était telle que les Chaldéens, reculés au plus loin de la perspective par les traditions judaïques et chrétiennes, passaient pour avoir eu en dépôt les plus anciennes révélations, les oracles les plus divins. Un certain

---

1. Voy. tout le chapitre de la *Tétrabible*, I, 3, où Ptolémée, après avoir montré que la prévision astrologique est possible (ὅτι κ α τ α λ η π τ ι κ ή), prouve qu'elle est utile (ὅτι καὶ ὠ φ έ λ ι μ ο ς). Il s'attaque à l'argument dirigé contre la divination en général, et qui consiste à dire qu'elle est impossible si l'avenir est conditionnel, et inutile, s'il est fatal (ci-dessus, p. 556, 8). Le candide Firmicus compte au besoin sur la prière pour échapper aux conjonctions fatales (IV, 16, 9 Kroll. Cf. ci-dessus, p. 466, 2). L'auteur de l'*Hermippus* va jusqu'à concéder qu'il vaudrait mieux ignorer l'avenir, si on ne pouvait le modifier : βέλτιον δὲ ἦν ὅλως μηδὲ γένεσθα: [σημεῖον], εἰ μηδεμία τις ἀναϐολὴ μηδὲ φυγὴ τοῦ κακοῦ ἐντεῦθεν ἔμελλεν ἔσεσθαι (II, 11, p. 49 Kroll).

2. On en fabriquait sous des étiquettes de toute provenance. Arnobe considère comme très facile de se renseigner sur le monothéisme international : *sed ne nobis fidem habere nolitis, Aegyptios, Persas, Indos, Chaldaeos, Armenios interroget omnesque illos alios*, etc. (Arnob., IV, 13). Il y eut des oracles d'Apollon et de Zoroastre, des χρησμοὶ Περσικοί, en l'honneur de l'Incarnation et de la Trinité. La Trinité surtout, que se disputaient néo-platoniciens et chrétiens, se trouve proclamée par l'Apollon de Delphes, par Hermès Trismégiste, par des papyrus antiques trouvés ἐν ταῖς σύριγξι ταῖς Αἰγυπτίαις (cf. Pitra, *Anal. sacra*, V, 2, pp. 302-308).

« Julien le Chaldéen » ou « le Théurge » [1] fit avec ces prétendus
« oracles en vers » (Λόγια δι' ἐπῶν) un pot-pourri de toute espèce
de superstitions orientales, un mélange de magie, de théurgie,
de métaphysique délirante, qui séduisit même des esprits rebelles
à l'astrologie et relégua au second plan, dans le rôle de com-
parses, les dieux grecs et leurs oracles [2]. Ce livre devint le
bréviaire des néo-platoniciens en quête d'une Bible à opposer à
celle des Juifs et des chrétiens; ils le plaçaient, comme résumé
de sagesse divine, au dessus même du *Timée* de Platon, œuvre
excellente de la sagesse humaine [3].

L'école néo-platonicienne, issue de la tradition pythagoricienne
et se développant dans un pareil milieu, ne pouvait être hostile
à l'astrologie. Seulement, pour assurer l'unité de son système
métaphysique, elle devait retirer aux astres la qualité de causes
premières, efficientes, que leur reconnaissait l'astrologie systématisée par les Stoïciens, à plus forte raison l'astrologie poly-

---

1. Il y eut, dit-on, trois Julien, le Χαλδαῖος φιλόσοφος, πατὴρ τοῦ κληθέντος
Ἄεουργοῦ Ἰουλιανοῦ (Suidas, s. v.); le Théurge, dit aussi Chaldéen, et un
troisième, Julien de Laodicée, l'astrologue, sous le nom duquel on cite un
traité d'astrologie appliquée à l'art militaire.

2. Voy. Lobeck, *Aglaophamus*, pp. 98-111 et 224-226; les textes réunis
— après Opsopœus (Paris, 1599) et Cory, *Ancient fragments*, London, 1832 —
par G. Wolff, *Porphyrii de philosophia ex oraculis haurienda*. Berolin., 1886;
l'extrait Πρόκλου ἐκ τῆς χαλδαϊκῆς φιλοσοφίας (in *Analecta Sacra* de
Pitra, V, 2 [Romae, 1888], pp. 192-195, publié à nouveau comme inédit et
commenté par A. Jahn, Hal. Sax., 1891); G. Kroll, *De oraculis chaldaicis*
(Bresl. Philol. Abhandl., VII, 1 [1894], pp. 1-76). Le livre de Julien, commenté
par Porphyre, l'avait été encore par Iamblique. qui écrivit vingt-huit livres
au moins sur la Χαλδαϊκὴ τελειοτάτη Ἄεολογία, et plus tard (commentaire en
280 feuilles, fruit de cinq ans de travail) par Proclus, qui cite souvent, comme
recours ultime, les « oracles divins » ou « le Théurge » dans son commentaire
sur le *Timée*. Le nom de « théurges » (οἱ ἐπὶ Μάρκου Ἄεουργοί. Procl., *In
Cratyl.*, 77, 1) n'apparaît pas avant Porphyre, qui l'a peut-être créé (Kroll,
op. cit.). Les « Chaldéens » mettaient sur le compte d'Apollon — et c'était un
coup de maître — des oracles à la louange des Chaldéens et des Juifs (cf.
Porphyr. ap. Euseb., *Praep. Ev.*, VIII, 10 : Μοῦνοι Χαλδαῖοι σοφίαν λάχον,
ἠδ' ἄρ Ἑβραῖοι κ. τ. λ.). Par contre, certains de ces oracles, appartenant ou
non au recueil de Julien, discréditaient toute divination provenant d'autre
source, y compris même l'astrologie (cf. Psellus, 1128[b] ap. Kroll, p. 64).

3. Proclus aurait volontiers réduit tout le bagage de l'esprit humain aux
oracles chaldéens et au *Timée*. Il était fidèle en cela à la tradition platonicienne, habituée à chercher la sagesse chez les Barbares (cf. ci-dessus, p. 35, 1).
On n'entend plus parler que de οἱ Χαλδαῖοι, οἱ Ἀσσύριοι, οἱ βάρβαροι,
et de Ἄεοπαράδοτος σοφία ou μυσταγωγία. Le monde gréco-romain ne veut
plus de sa propre civilisation : vieilli, il ne vit plus que d'idées qu'il croit
plus vieilles que lui.

théiste engendrée par le sabéisme chaldéen. Plotin ne crut même pas pouvoir leur laisser le rang de causes secondes [1] : reprenant une idée de Philon, il les réduisit au rôle de signes divinatoires, comparables aux signes interprétés dans les autres méthodes, ramenant ainsi, par surcroît, à l'unité la théorie de la divination inductive ou révélation indirecte, acceptée par lui sans objection et tout entière. Il enseignait donc que « le cours des astres annonce pour chaque chose l'avenir, mais ne le fait pas » [2]. En vertu de la sympathie universelle, chaque partie de l'Être communique avec les autres et peut, pour qui sait y lire, renseigner sur les autres : la divination inductive ou conjecturale n'est que la « lecture de caractères naturels » [3]. Il ne faut pas suivre plus avant les explications de Plotin, si l'on veut garder une idée nette de sa doctrine, qui devait, à son sens, atténuer le fatalisme astrologique et sauvegarder la liberté humaine. Cette doctrine, qui ruinait par la base la « physique » des disciples de Ptolémée [4], fut de grande conséquence; car, en permettant de considérer les astres comme de simples miroirs réfléchissant la pensée divine, et non plus comme des agents autonomes, en assimilant leurs positions et configurations à des caractères d'écriture, elle rendit l'astrologie compatible avec toutes les théologies, même monothéistes. Les Juifs même, que scandalisaient les dieux-planètes ou dieux-décans et qui abominaient les idoles dessinées dans les

---

1. Philon (*De migr. Abr.*, 32) appelle athées les Chaldéens, parce qu'ils font des astres les causes premières, et non pas secondes. C'est peut-être de lui, et, par lui, de la *Genèse*, que vient la doctrine néo-platonicienne des astres-signes, car il cite (*De opif. mundi*, 19) la parole de Moïse disant que les astres γεγόνασιν εἰς σημεῖα (*Genes.*, I, 14. Cf. ci-après, p. 610, 2).

2. Ὅτι ἡ τῶν ἄστρων φορὰ σημαίνει περὶ ἕκαστον τὰ ἐσόμενα, ἀλλ' οὐκ αὐτὴ πάντα ποιεῖ, ὡς τοῖς πολλοῖς δοξάζεται (Plotin., *Ennead.*, II, 3).

3. Ἀνάγνωσις φυσικῶν γραμμάτων (*ibid.*, III, 4, 6).

4. A vrai dire, cette physique est plutôt transposée que supprimée. La qualification de « miroirs » pour les astres peut être prise à la lettre, car les théurges « chaldaïques » reviennent au vocabulaire stoïcien, tout en protestant qu'ils ne l'emploient qu'à l'état de métaphores. Ils enseignent que « le divin » est feu, lumière, chaleur vitale, esprit ou souffle chaud qui « allège » (κουφίζει) et entraîne en haut tout ce qu'il remplit; si bien que l'âme remplie de feu arrive à rejoindre et à voir Dieu — ἡ αὐτοφαὴς τοῦ πυρὸς ἀναπλήρωσις, ἥτις ἐστὶν ἡ Θεοῦ ὄψις (Procl., *op. cit.*). De là des exhortations « morales » comme celle-ci : τῷ Θερμῷ προσδράμωμεν, τὰ ψυχρὸν ἐκφύγοντες · πῦρ γενώμεθα (*ibid.*). Du reste, l'imagination humaine peut se garder d'identifier, mais non de comparer Dieu à la lumière. Cf. Joh., I, 4, 9. VIII, 12. Ep. Joh., I, 5 (*Deus lux est*), et la Trinité de Dante, lumière tricolore en « circulation » éternelle (*Paradiso*, ch. XXXIII, 115 sqq.).

constellations, purent rapporter sans scrupule à Hénoch ou à Abraham les règles de déchiffrement applicables à cette kabbale céleste.

Les successeurs de Plotin s'attachèrent à domestiquer, pour ainsi dire, l'astrologie, à la faire entrer dans leur système, non .pour le dominer, mais pour lui servir de preuve et de point d'appui. Porphyre, partisan décidé du libre arbitre, conserva toujours une certaine défiance à l'égard de l'astrologie. Il commença et finit par la déclarer science excellente, sans doute, mais inaccessible à l'homme et au-dessus même de l'intelligence des dieux et génies du monde sublunaire [1]. Cependant, son respect religieux pour le *Timée* l'empêchait de briser la chaîne qui unit l'homme aux astres, et il est amené par là à s'expliquer à lui-même, c'est-à-dire à justifier bon nombre de théories astrologiques, celles précisément qui heurtent le plus le sens commun. A l'entendre [2], Platon concilie le fatalisme effectif, celui qu'enseignent « les sages Égyptiens », c'est-à-dire les astrologues, avec la liberté, en ce sens que l'âme a choisi elle-même sa destinée avant de s'incarner, ayant été mise là-haut, dans la « terre céleste » où elle a passé sa « première existence », à même de voir les diverses destinées, humaines et animales, écrites dans les astres « comme sur un tableau ». Une fois choisie, la destinée devient inchangeable ; c'est l'*Atropos* mythique. C'est ce qui explique qu'il puisse naître sous le même signe des hommes, des femmes, des animaux. Sous le même signe, mais non pas au même moment. Les âmes munies de leur lot (κλῆρος) et descendues des sphères supérieures attendent, pour entrer dans notre monde sublunaire, que la machine cosmique ait en tournant réalisé les positions astrales prévues par leur lot. Qu'on imagine à l'Orient, à l' « Horoscope », un troupeau d'âmes en appétit d'incarnation devant un étroit passage alternativement ouvert et fermé par le mouvement de la grande roue zodiacale, celle-ci percée d'autant de

---

1. Οἱ κανόνες τῆς γενεθλιαλογίας εἰσὶν ἀναρίθμητοι καὶ ἀκατάληπτοι · ἀλλὰ καὶ ἀδύνατος εἰς γνῶσιν ἡ μαθηματικὴ ἐπιστήμη κ. τ. λ. (Porphyr., *Ep. ad Aneb.*, § 40. Cf. Porphyr. ap. Philopon., *De mundi creat.*, IV, 20 : infra, p. 603, 2).

2. Voy. l'extrait Πορφυρίου περὶ τοῦ ἐφ' ἡμῖν dans Stobée (*Ecl.*, II, 39-42 [II, pp. 103-107 Meineke]). Il admet que Platon a emprunté le canevas de son mythe aux Égyptiens (τῶν παρ' Αἰγυπτίοις σοφῶν τοὺς βίους ἐκ τῶν ὡροσκόπων σημειουμένων), mais qu'il ne s'accorde pas avec eux dans le détail. Ces sages Égyptiens sont, bien entendu, les Néchepso et Pétosiris, les Hermès Trismégiste, Tat, Asklépios, etc., tous les fantômes que faisaient parler les fabricants de livres apocryphes. Porphyre retrouve même la doctrine des deux existences dans Homère !

trous qu'elle compte de degrés. Au moment voulu, poussée par la Justice, qu'on appelle aussi la Fortune, telle âme, l'âme d'un chien, par exemple, passe par le trou horoscopique, et, l'instant d'après, une âme humaine par un autre trou [1].

On a peine à tenir son sérieux en face de ces graves élucubrations : on croit voir s'allonger à la porte du théâtre de la vie cette queue de figurants qui attendent leur tour et présentent au contrôle de la Justice leur carte d'entrée estampillée de caractères astrologiques. Porphyre ne dit pas si ces âmes, une fois entrées par l'horoscope, vont animer des embryons ou des corps tout faits, dans lesquels elles se précipitent avec la première inspiration d'air atmosphérique. Mais il connaît les deux variantes du système, et il montre qu'on peut les combiner dans une solution élégante, qui dispense de recourir à l'exhibition préalable et adjudication des lots dans la « terre céleste ». Il suffit pour cela de supposer que l'âme fait le choix d'une condition au moment où elle voit passer devant elle un horoscope de conception : elle entre alors dans un embryon, et l'horoscope de naissance où commence la « seconde vie » ne fait plus que manifester le choix antérieur [2]. Voilà de quoi satisfaire et les astrologues et les physiologistes qui les ont obligés à calculer l'horoscope de la conception en affirmant que l'embryon ne peut vivre sans âme.

Par ce qu'admet Porphyre, l'esprit fort de l'école néoplatonicienne, on peut juger de la foi d'un Iamblique ou d'un Proclus, des mystiques affamés de révélation et qui eussent été des astrologues infatigables si la magie, sous forme de théurgie, ne leur avait offert une voie plus courte et plus sûre de communiquer avec l'Intelligence divine [3].

---

1. Ἤδη οὖν ἡ μὲν ἑλομένη κυνὸς βίον ἔρχεται ἐπὶ τόνδε τὸν ὡροσκόπον, ἡ δὲ ἀνθρώπου κατὰ τὴν παράκλισιν τῆς στιγμῆς ἐπὶ τόνδε · φέρει δ᾽ αὐτὴν ἡ Δίκη κατὰ τῆς ἠθοποιίας ἰδιότητα ἐπὶ τὴν μοῖραν τῆς περιφορᾶς ἢ βίον ἔχει γεγραμμένον πρόσφορον ταῖς αὐτῆς προθυμίαις. Ἡ δὲ Δίκη Τύχη λέγεται, αἰτία οὖσα ἄδηλος ἀνθρωπίνῳ λογισμῷ. — Αἰτία τοίνυν ἑλομένων ἢ γυναικὸς ἢ ἀνδρὸς βίον ἢ ἄλλου τινὸς ζῴου ἐκ τῆς εἰς τὸν ὡροσκόπον φορᾶς · αἰτία δὲ καὶ τῆς ἐνεχθείσης εἰς τόνδε τὸν ὡροσκόπον τὸ ἑλέσθαι τὸν δεύτερον βίον, ὃν γεγραμμένον δεικνύει ἡ κατὰ τὸν ὡροσκόπον τεταγμένη διακόσμησις τῶν ἀστέρων (ibid., § 42). La même théorie est exposée par Proclus (in Anal. sacr., V, 2, pp. 97 sqq., 137, 173 Pitra), qui voudrait voir les chefs d'État attentifs au moment de la σπορά, pour capter les âmes de bon aloi. Cf. ci-dessus, pp. 22, 2 et 508.

2. Εἰ μή τις τὴν μὲν κατὰ τὴν σπορὰν ὡροσκοπίαν τοῦ ἀνθρώπου ἢ κυνὸς ἑλέσθαι ἐμφαίνειν τὸν κλῆρον εἴποι, τὴν δὲ κατὰ τῆς ἐκ γαστρὸς ἐκτροπῆς ὡροσκοπίαν τοῦ δευτέρου βίου καὶ ἐπὶ τῷ προαιρεθέντι ἐνδεικνύναι τὴν αἴρεσιν (ibid.). La vie intra-utérine est comme un intermède entre les deux existences.

3. Iamblique, le « Syrien inspiré », le « divin », est un pur théologien.

Ainsi, le premier et dernier mot de la doctrine néo-platonicienne concernant l'astrologie est que les astres sont les « signes » (σημεῖα-σημαντικόν), et non la cause efficiente (ποιητικόν), de la destinée ; moyennant quoi, les âmes sont libres, n'obéissant pas à une Nécessité mécanique, mais seulement à une prédestination (εἱμαρμένη) qu'elles se sont faite à elles-mêmes par libre choix [1].

Ainsi comprise, l'astrologie devient plus infaillible encore que conçue comme étude des causes : c'est le déchiffrement, d'après des règles révélées, d'une écriture divine. Les astrologues devaient même aux néo-platoniciens la première explication logique de la frappe instantanée de l'horoscope, leur dogme le plus antipathique au sens commun. Aussi n'est-on pas peu étonné de voir l'astrologue Firmicus traiter Plotin en ennemi, en ennemi de la Fortune ou fatalité astrologique, et faire un sermon sur l'horrible fin de ce très vertueux, mais orgueilleux savant, qui mourut de la mort des impies, voyant son corps gangrené tomber en lambeaux et devenir sous ses yeux une chose sans nom [2]. Il faut

---

1. On faisait remarquer que, avec les astres-causes, on avait peine à comprendre que la position actuelle des astres fût cause d'un avenir éloigné, qui se réaliserait sous des positions tout autres ; à plus forte raison, qu'elle fût cause du passé, que les astrologues prétendaient aussi découvrir dans un thème de géniture. L'argument est poussé avec énergie par Origène (ap. Euseb., *Pr. Ev.*, VI, 11) et repris par Salluste : πῶς γὰρ τὰ π ρ ὸ τῆς γενέσεως ἐκ τῆς γενέσεως γίνοιτο κ. τ. λ. (Sall., *De Diis*, p. 262 Gale). Il n'est pas sans réplique, puisqu'on peut remonter d'un effet à une cause, et le système astrologique des καταρχαί y échappe : mais nous n'avons pas charge de liquider toutes ces querelles.

2. Firmic., I, 7, 14-22 Kroll. La mort par φθειρίασις avait été, au dire de certains (Diog. L., III, § 40), celle de Platon. Firmicus est très capable d'avoir confondu φθειρίασις avec gangrène et Plotin avec Platon. Il aurait pu aussi bien garder rancune à Porphyre pour avoir dit que l'astrologie était inabordable οὐ μόνον ἀνθρώποις, ἀλλὰ καὶ δαιμόνων τισὶ καὶ Θεῶν, μᾶλλον δὲ πᾶσιν ἁπλῶς (ap. Joh. Philopon., *De mundi creat.*, IV, 20). Iamblique, sans doute, lui cache Porphyre. Quant à lui, il veut la fatalité complète, sans recoins pour des libertés de détail (*in minoribus partibus*, I, 8, 4 Kroll), et l'εἱμαρμένη ou prédestination restreinte à la durée de la vie ne lui suffit pas (I, 8, 2). Il lui faut la *fatalis necessitatis lex* (I, 8, 1), l'ἀνάγκη,. On n'est pieux, religieux — comme Socrate — qu'à ce prix (I, 6). Il prend même soin de démontrer que cette fatalité n'a aucun souci de la morale, qu'elle a fait brûler vif Pythagore, exécuter Socrate innocent, livré Rome à l'ignoble Sylla, etc. Cela ne l'empêche pas d'admettre que les astres sont eux-mêmes des dieux intelligents (*habent enim stellae proprium sensum divinamque prudentiam*, I, 5, 7 sqq.) et exécutent les ordres de l'Être suprême. Néanmoins, on peut obtenir d'eux, ou des « dieux » en général, la faveur de résister à l'impulsion fatale, avec l'appui et l'encouragement des lois : *invocemus suppliciter deos — ut confirmata animi nostri divinitate ex aliqua parte stellarum violenti decreto et earum potestatibus*

croire, si la mort de Plotin était réellement si « fameuse », que certains astrologues avaient considéré comme un affront fait à leurs divinités la distinction métaphysique entre les signes et les causes, et que Plotin avait attiré sur sa mémoire les foudres de l'*odium theologicum*.

Ils pouvaient se rassurer : infaillibilité et fatalité, quand il s'agit de l'avenir, sont des termes synonymes, et nous allons assister à de nouvelles batailles livrées autour de cette idée maîtresse par des théologiens qui sont à la fois les disciples, les alliés et les ennemis des néo-platoniciens.

Nous avons dit, répété et, ce semble, démontré que l'astrologie était à volonté, suivant le tour d'esprit de ses adeptes, une religion ou une science. Comme science, elle pouvait s'accommoder de toutes les théologies, moyennant un certain nombre de paralogismes que les astrologues du xvie siècle surent bien retrouver quand ils cherchèrent et réussirent à vivre en paix avec l'Église. Comme religion, — Firmicus l'appelle de ce nom et parle du sacerdoce astrologique [1], — l'astrologie tendait à supplanter les religions existantes, soit en les absorbant, soit en les éliminant. La vieille mythologie s'était facilement laissé absorber : les grands dieux avaient trouvé un refuge honorable dans les planètes ou les éléments, et les légendes avaient servi à peupler le ciel de « catastérismes ». La démonologie platonicienne n'était pas plus capable de résistance. L'astrologie offrait même à ses myriades de génies, confinés dans le monde sublunaire ou débordant au-delà, un emploi tout trouvé, l'office d'astrologues qui lisaient dans les astres, de plus près que l'homme, l'écriture divine et dispensaient ensuite la révélation par tous les procédés connus [2]. Quant aux religions solaires, elles croissaient sur le

resistamus. — Nam quod ad leges pertinet — eas recte prudentissima constituit antiquitas; animo enim laboranti per eas opem tulit, ut per ipsas vis divinae mentis perniciosa corporis vitia purgaret (I, 6). C'est du galimatias : mais on ne peut guère attendre autre chose de Firmicus.

1. Voy. ci-dessus, p. 568, 1. Cf. Firmic., VIII, 5 Pruckner.

2. Il y a autant de génies (δαίμονες) dans le monde néo-pythagoricien et néo-platonicien que de microbes dans celui de la science moderne. Animisme, hylozoïsme, pandémonisme, autant d'aspects divers de la même idée, très vieille et incessamment rajeunie. A défaut de doctrine orthodoxe en démonologie, on ne sait à qui entendre. On s'accordait à peu près à placer sur terre des génies mortels, Pans et Satyres, Faunes, fées, etc.; entre la Terre et la Lune, des demi-dieux, héros, mânes, âmes en disponibilité (*Quodque patet terras inter lunaeque meatus* | *Semidei Manes habitant*, etc. Lucan., *Phars.*, IX, 6 sqq.) : entre la Lune et le Soleil, des génies plus divins ou Lares, et ainsi de suite jusqu'à l'empyrée. Selon que l'on voulait élever ou rabaisser une

terrain même de l'astrologie, qui, loin de les étouffer, aidait à
leur progrès. Les cultes solaires et les dogmes astrologiques formaient une religion complète, qui prenait conscience de sa force
chez certains astrologues au point de les pousser à une propagande offensive. « Pourquoi, ô homme », s'écrie le Pseudo-Manéthon, « pourquoi sacrifies-tu inutilement aux bienheureux ? ...
« Il n'y a pas ombre de profit à sacrifier aux immortels, car pas
« un ne peut changer la géniture des hommes. ... Fais hommage
« à Kronos, à Arès, à Hermès et à Cythérée et à Zeus et à Méné et
« au roi Hélios. Ceux-là, en effet, sont maîtres des dieux, sont
« maîtres aussi des hommes et de la mer et de tous fleuves, orages
« et vents, et de la terre fructifiante et de l'air incessamment
« mobile »[1]. C'est le langage d'un apôtre qui, pour le commun des
mortels, ressemblait singulièrement à un athée. En général, les
astrologues évitaient ces accès de zèle imprudent. Loin de déclarer
la guerre à une religion quelconque, Firmicus assure que l'astrologie pousse à la piété en enseignant aux hommes que leurs actes
sont régis par les dieux et que l'âme humaine est parente des
astres divins, ses frères aînés, dispensateurs de la vie[2]. Toutes

méthode divinatoire, on faisait descendre de plus ou moins haut les signes
qu'elle interprète et que lui envoient les génies. Le système résumé par Martianus Capella (II, § 150 sqq.) place en bloc *intra Solis meatum usque lunarem
globum secundae beatitudinis numina supparisque potentiae, per quae tamen
vaticinia somniaque ac prodigia componuntur. Haec aruspicio exta fissiculant
admonentia quaedam vocesque transmittunt auguratisque loquuntur ominibus.
Plerumque enim quaerentes admonent vel sideris cursu vel fulminis jaculo vel
ostentaria novitate.* On comprend que l'astrologie ait acquis par là un droit
de contrôle sur toutes les méthodes divinatoires. La Lune surtout pouvait faire
dévier ou arrêter au passage les signes révélateurs. Héphestion de Thèbes a
un chapitre Ἐν ποίαις ἡμέρας τῆς Σελήνης ἀληθεῖς οἱ ὄνειροι (III, 24, ap. Engelbrecht, p. 26), et Ammon (v. 7, p. 53 Ludwich) assure que καὶ χρησμοὶ καὶ
ὄνειροι ψεύδοντ' ἐν τροπικοῖσι. Apollon lui-même se faisait astrologue, dit-on,
pour garder sa clientèle : ἐρωτηθεὶς ὁ Ἀπόλλων τί τέξεται ἡ γυνή, ἐκ τῶν
ἄστρων εἶπεν ὅτι θῆλυ, ἐκ τοῦ σπορίμου ἐπιγνοὺς χρόνου (Euseb., *Pr. Ev.*, VI, 1).
Il met au premier rang des méthodes divinatoires la « généthliaque », *quae
instantium saeculorum generanda denuntiat* (Mart. Cap., IX, 894). Cf. le *De
Astrologia* déjà cité du Ps.-Lucien, où tous les devins sans exception sont
reconnus pour astrologues. De même, au XVIᵉ siècle, Pomponace supprime
toute divination indépendante de l'astrologie, en disant que les prophètes,
sibylles et autres « possédés », n'ont la faculté prophétique qu'en vertu de
leur géniture (*De Incant.*, ch. XII).

1. Maneth., I, 196-207. Cf. Firmic., I, 2, 9 Kroll : *Quid invocas, arator, deos?*
2. Firmic., I, 5-6, etc. *Hac ratione immortalis animus in nobis caducam
terreni corporis fragilitatem confidentia suae majestatis exornat. — Quare
nunc cum sumus cum stellis quadam cognatione conjuncti*, etc. (I, 5, 12 Kroll).
Firmicus ne fait que délayer ce que d'autres ont mieux dit de la parenté de

les religions, même les monothéistes, pour peu qu'elles tolérassent la métaphore, pouvaient accepter ces formules élastiques.

Toutes, sauf le christianisme, tant qu'il resta fidèle à l'esprit judaïque qui l'avait engendré et qu'il vit dans l'astrologie une superstition païenne. A vrai dire, il est difficile de trouver, soit dans le judaïsme alexandrin, soit dans le christianisme primitif, si vite encombré de spéculations gnostiques et platoniciennes, une veine de doctrine absolument pure de toute compromission avec l'obsédante, insinuante et protéiforme manie qui était devenue une sorte de maladie intellectuelle. Le ferment déposé dans la cosmogonie de la *Genèse*, que règle le nombre septénaire, échauffait les imaginations mystiques et les poussait du côté des rêveries chaldéennes. C'est aux environs de l'ère chrétienne que parut le livre d'Hénoch, relatant les voyages du patriarche dans les régions célestes, d'après les 366 livres écrits par Hénoch lui-même [1]. On y rencontre une description des sept cieux, où circulent les sept planètes. Dieu réside dans le septième, rem-

---

notre âme avec les astres : *et hoc habet argumentum divinitatis suae; quod illum divina delectant, nec ut alienis interest, sed ut suis. Secure spectat occasus siderum atque ortus. — Curiosus spectator excutit singula et quaerit. Quidni quaerat? Scit illa ad se pertinere* (Senec., *Q. Nat.* Praef. 10). Plus beaux encore sont les vers de Manilius : *Quis dubitat post haec hominem conjungere caelo? — Quis caelum possit nisi caeli munere nosse | Et reperire deum, nisi qui pars ipse deorum est?* (Manil., II, 105, 115-116), vers que Gœthe inscrivit sur le registre du Brocken, le 4 septembre 1784 (Ellis, *Noct. Manil.*, p. viii), en un temps où sa curiosité était tournée du côté de l'astrologie, car, en janvier 1784, il avait égayé la cour de Weimar avec un Ballet des Planètes (*Planetentanz*). Le « mathématicien » idéal de Firmicus *cotidie de diis vel cum diis loquitur* (II, 30, 1 Kroll).

1. Cf. Ad. Lods, *Le livre d'Hénoch*, fragments grecs découverts à Akhmîm, etc. Paris, 1892. R. H. Charles et W. R. Morfill, *The Book of the Secrets of Enoch*, translated from the Slavonic. Oxford, 1896. On a dit plus haut (p. 578, 1) que Hénoch passait pour l'inventeur de l'astrologie, et il importe peu que l'on entende par là l'astronomie; car, en disant que l'astrologie a été inventée par les mauvais anges (ap. Clem. Alex., *Ecl. proph.*, p. 1002 Potter; Tertull., *Apolog.*, 35. *De cultu fœmin.*, I, 2), on en fait l'œuvre d'êtres plus intelligents que l'homme. Le livre d'Hénoch (ou l' « Initié », qui, d'après la *Genèse*, v, 23-24, avait vécu 365 ans et avait été transporté au ciel sans passer par la mort), écrit probablement en araméen ou en hébreu, avait été de bonne heure traduit en grec. On ne le connaissait jusqu'à ces derniers temps que par la version éthiopienne, éditée et traduite par Dillmann en 1851-1853. Une partie de la version grecque a été retrouvée en Égypte, dans les fouilles de 1886-1887, et publiée par MM. Bouriant et Lods. Le livre slavon est complet et donne un texte assez différent. Ici, Hénoch retourne un mois sur terre, raconte à ses fils ce qu'il a vu et leur remet les 366 livres qu'il a écrits au ciel sous la dictée de l'ange Vretil (Uriel). Pour montrer quelle prise peuvent avoir sur les

plaçant ainsi Anou-Bel où Saturne. Le paradis se trouve dans le troisième, probablement celui de Vénus [1], tandis qu'il y a des anges coupables dans le deuxième et le cinquième, sans doute dans Mercure et Mars. Les sphères célestes hébergent les âmes, qui préexistent au corps, comme dans les systèmes platoniciens. L'homme a été formé par la Sagesse de sept substances, à l'image du monde, et le nom du premier homme, Ἀδάμ, est l'anagramme des quatre points cardinaux.

Ce n'est pas une métaphore indifférente, mais une réminiscence du livre d'Hénoch qui tombe de la plume de S. Paul, quand il écrit aux Corinthiens qu'il a été « ravi au troisième ciel, au paradis » [2]. L'apôtre connaît aussi des créatures qui ont besoin d'être rachetées, « soit celles qui sont sur terre, soit celles qui sont dans les cieux » [3], et des « esprits méchants dans des lieux célestes » [4], ce qui ne peut guère s'entendre que du ciel visible. C'est bien, du reste, de ce ciel que tomba un jour Satan, visible lui-même « comme un éclair » [5]. Les nombres astrologiques s'étalent à l'aise dans l'*Apocalypse*. Le voyant s'adresse à sept Églises, au nom de sept Esprits; il a vu sept candélabres d'or, et au milieu une figure semblable au Fils de l'homme, qui tenait dans sa droite sept étoiles. Le Livre a sept sceaux; l'Agneau, sept cornes et sept yeux; la Bête, sept têtes; on entend retentir sept tonnerres et les sept trompettes des sept anges qui vont ensuite répandre sur le monde sept fioles pleines de la colère de Dieu. Quant au nombre 12, c'est le nombre même des étoiles

esprits ces sortes de pieux mensonges, il suffit de dire que Tertullien discute sérieusement les moyens par lesquels le livre d'Hénoch a pu survivre au Déluge, et que, en 1836, le Rév. E. Murray raisonnait encore comme Tertullien (Lods, *op. cit.*, pp. v-vi).

1. Induction confirmée par un curieux passage de l'*Apocalypse* (ii, 28) où *dabo illi stellam matutinam* veut dire : « je lui donnerai le Paradis ». Cf. Jésus disant de lui-même : *Ego sum stella splendida et matutina* (Apoc., xxii, 16). Au moyen âge, c'est la Vierge qui devient *Stella maris* (jeu de mots sur *Maria*) et *matutina*.

2. I *Cor.*, xii, 2-4. Il croit fermement à sa vision, mais il ne sait s'il a été transporté en corps ou en esprit (*sive in corpore, sive extra corpus nescio, Deus scit*).

3. *Coloss.*, i, 20.

4. *Ephes.*, vi, 12. Cf. iii, 10.

5. Luc., x, 18. Il va sans dire qu'il y a, pour tous ces passages, des interprétations plus orthodoxes. — Il y a là des réminiscences et allusions de toutes sortes : on reconnaît dans le candélabre d'or le symbolique chandelier à *sept* branches du Temple de Jérusalem; dans les quatre animaux qui entourent l'Agneau, les quatre points cardinaux, etc.

qui entourent la tête de la Femme « vêtue de soleil et ayant la
lune sous ses pieds » [1], le nombre aussi des portes de la Jérusalem
céleste et des fondements des murailles, lesquels fondements
sont faits de douze espèces de pierres précieuses [2] ; l'arbre de
vie planté au milieu de la cité porte douze fois des fruits en une
année [3]. Sans doute, tout cela n'est pas de l'astrologie, mais
c'est du mysticisme pareil à celui qui alimente ailleurs la foi
astrologique.

On sait avec quelle intempérance les Gnostiques prétendirent
infuser dans la doctrine chrétienne une métaphysique grandilo-
quente et incohérente, faite avec des débris de toutes les superstitions internationales. Nous ne nous attarderons pas à analyser
les chimères écloses dans les cerveaux de ces Orientaux que
toutes les Églises chrétiennes ont reniés et que nous rejetterions
volontiers hors de la civilisation gréco-romaine. Les nombres et
les associations d'idées astrologiques y sont semés à profusion.
Les 365 cieux de Basilide sont dominés par le grand Abrasax ou
Abraxas [4], un nom fait avec des chiffres dont la somme vaut
365, et l'on y trouve en bon lieu, entre autres combinaisons, une
Dodécade et une Hebdomade. Au dire de l'auteur des *Philosophumena*, la doctrine des Pératiques ou Ophites était tout imprégnée
de théories astrologiques et, pour cette raison, extrêmement
compliquée [5]. Les Manichéens comparaient, dit-on, le Zodiaque
à une roue hydraulique pourvue de douze amphores, qui puise la
lumière égarée dans le monde d'en bas, le royaume du diable, la
reverse dans la nacelle de la Lune, laquelle la déverse dans la
barque du Soleil, lequel la reporte dans le monde d'en haut.
Tous ces rêveurs, ivres de révélation et émancipés du sens commun, trituraient, défiguraient, combinaient en mélanges innom-

---

1. *Mulier amicta sole, et luna sub pedibus ejus, et in capite ejus corona stellarum duodecim* (Apocal., xii, 1), type conservé par l'iconographie chrétienne
pour la Vierge Marie.

2. Le Voyant les énumère (*Apocal.*, xxi), et on ne peut s'empêcher de songer
à ce propos aux lapidaires astrologiques, où chaque pierre est attribuée à
une planète, à un signe du Zodiaque ou à un décan (ci-dessus, p. 316).

3. *Apocal.*, xxii. Le Voyant a donc songé aux douze mois, et non pas seulement aux douze tribus d'Israël. Le nombre des élus (12 × 12,000) est
évidemment un multiple des douze tribus. Cet arbre figure, comme arbre de
science astrologique, au frontispice de l'*Astrologia Christiana* de Ciruelo.

4. Ἀβρασάξ = α 1 + β 2 + ρ 100 + α 1 + σ 200 + α 1 + ξ 60 = 365. Au lieu
d'avouer qu'il imaginait 365 cieux parce qu'il y a 365 jours dans l'année,
Basilide assurait qu'il y a 365 jours dans l'année parce qu'il y a 365 cieux.
Cf. E. Amélineau, *Essai sur le Gnosticisme égyptien*, Thèse Doct., Paris, 1887.

5. *Philosophumena*, V, 2, pp. 197 sqq. Cruice.

mables des traditions et des textes de toute provenance, assaisonnés d'allégories pythagoriciennes, orphiques, platoniciennes, bibliques, évangéliques, hermétiques. Leurs bandes délirantes menaient le carnaval de la raison humaine, faisant pleuvoir de tous côtés sur la foule ahurie les communications célestes, oracles et évangiles apocryphes, recettes magiques et divinatoires, talismans et phylactères. Tous n'étaient pas des partisans de l'astrologie, puisque l'on a pu attribuer au plus chrétien d'entre eux, le Syrien Bardesane, une réfutation du fatalisme astrologique ; mais certains comptaient précisément attirer à eux les astrologues en faisant place dans leurs doctrines aux dogmes « mathématiques ». Les « Pératiques » susmentionnés firent des prodiges d'ingéniosité dans ce but, et notamment convertirent les catastérismes traditionnels en symboles judéo-chrétiens [1].

IV

L'ASTROLOGIE ET L'ORTHODOXIE CHRÉTIENNE.

Il faut attendre que tout ce tumulte soit apaisé pour distinguer le courant de doctrine chrétienne qui deviendra l'orthodoxie et

---

1. L'auteur des *Philosophumena* proteste surtout contre l'adultération du christianisme par l'astrologie : ταύτην τὴν διδαχὴν παρὰ τῶν ἀστρολόγων εἰληφότες ἐπηρεάζουσι Χριστόν. — Ταύτην τὴν σύστασιν καὶ τὴν διαφορὰν τῶν ἄστρων Χαλδαϊκὴν ὑπάρχουσαν πρὸς ἑαυτοὺς ἐπισπασάμενοι... ὡς Χριστοῦ λόγον κατήγγειλαν κ. τ. λ. (V, 2, 13). Ils croyaient à l'influx générateur des astres (V, 2, 15) et se paraient eux-mêmes du nom de fatalistes (= Περάται. V, 2, 16). Leur adaptation des catastérismes est une série de tours de force. Les deux Ourses, à sept étoiles chacune, sont les symboles de la création, avant (Grande-Ourse) et après (Petite-Ourse) le Christ. Le Chien, c'est-à-dire le générateur (κύων = γεννῶν), est le Verbe ; et le Dragon, le diable. La constellation anonyme, l' Ἐνγόνασιν, est Adam à genoux confessant son péché, étendant une main vers la Lyre (instrument du Verbe), l'autre vers la Couronne, qui lui reviendra s'il est fidèle à l'harmonie de la Lyre-Verbe ; ce pendant que Ophiuchus « contient le Serpent », comme l'indique son nom, c'est-à-dire empêche le Dragon d'enlever la Couronne (IV, 6, 3-4 ; V, 2, 16), et ainsi de suite. Rien n'était impossible à des gens qui, rencontrant dans la Bible cet aphorisme : « sept fois le juste tombe et se relève » (*Prov.*, XXIV, 16), l'appliquaient au coucher et au lever des sept planètes (*Philos.*, V, 1). Les stoïciens d'antan étaient bien remplacés. Usant de procédés analogues, les docteurs juifs, talmudistes et kabbalistes, dressaient des tableaux de correspondance entre les vents, les saisons, les planètes, les signes du Zodiaque, les 28 mansions de la Lune et les anges, les patriarches, les lettres de l'alphabet, etc. (Cf. Cl. Duret, *Thrésor de l'histoire des langues de cest Vnivers*. Cology, 1613, pp. 206-216). Le mysticisme est une mer sans rivages.

avoir affaire à des docteurs qui aient marqué leur empreinte sur le dogme destiné à durer.

Ce dogme ne sortit pas de la crise aussi simple qu'il était autrefois; il avait fallu trouver des réponses à toutes les questions soulevées, et, quand on ne pouvait les tirer des textes révélés, les emprunter à la philosophie, à la seule qui fût encore vivante et même rajeunie, au platonisme. Fascinés par la merveilleuse épopée de l'âme, que Platon leur montrait descendant des sphères célestes et y retournant au sortir de sa prison d'argile, les docteurs chrétiens reconnurent en Platon et en Socrate des précurseurs de la Révélation messianique. Sans doute, ils se réservaient le droit de faire un triage dans ce legs et même de se tenir sur le pied de guerre avec les philosophes platoniciens; mais ils étaient désarmés plus qu'à demi contre le foisonnement des hypostases et émanations de toute sorte, contre la démonologie, la magie et théurgie qu'accueillait sans résistance l'école néoplatonicienne. En thèse générale, ils tenaient les méthodes divinatoires, et, plus que toute autre, l'astrologie, pour des inventions diaboliques [1]; ce qui était une façon de les reconnaître pour efficaces et d'exalter peut-être le goût du fruit défendu. Encore ne pouvaient-ils pousser cette thèse à fond, car le démon ne sait guère que parodier les actes divins, et il fallait se garder, en abominant les fausses révélations, de discréditer les véritables. Or, il était constant que Dieu, créateur des astres, dont il avait voulu faire des « signes » [2], s'en était servi parfois pour révéler ses desseins : témoin le recul de l'ombre sur le cadran solaire d'Ezéchias [3], l'étoile des Mages [4], l'obscurcissement du soleil à la mort du Christ [5], et les signes

---

1. Il y aurait ici cent textes à citer. C'est une opinion générale chez les chrétiens, qui l'ont empruntée aux Juifs. Elle remonte au moins jusqu'au livre d'Hénoch : ἤδη δὲ καὶ Ἐνώχ φασιν τοὺς παραβάντας ἀγγέλους διδάξαι τοὺς ἀνθρώπους ἀστρονομίαν καὶ μαντικὴν καὶ ἄλλας τέχνας (Clem. Alex., p. 1002 Potter) et s'accorde merveilleusement avec les légendes grecques sur Prométhée et les Titans. Du reste, les dieux des Gentils étant des démons, elle traduit aussi bien toute tradition attribuant à l'enseignement des dieux l'origine des méthodes divinatoires (cf. ci-dessus, p. 575-578).

2. *Fiant luminaria in firmamento caeli et dividant diem ac noctem, et sint in signa et tempora, et dies et annos* (Genes., I, 45. Cf. Psalm., CXXXV, 7-9). Il est évident que les astres ne sont ici que les indicateurs du temps ; mais ces textes n'en ont pas moins motivé les concessions de Philon et d'Origène.

3. IV *Reg.*, xx, 8-11.

4. Matth., II, 1-12.

5. Matth., XXVII, 45 ; Marc., XV, 33 ; Luc., XXIII, 44. Cf. la tradition astrologique sur les éclipses coïncidant avec la mort des grands personnages (ci-dessus, p. 369, 1, et Virg., *Georg.*, 466,. La tradition chrétienne tient à bien

célestes qui devaient annoncer son retour, le soleil obscurci, la lune éteinte, les étoiles tombant du ciel dans les flots mugissants de la mer et « les puissances des cieux ébranlées » [1].

Le cas des Mages — qui n'étaient pas encore des rois — fut pour les exégètes et polémistes chrétiens un embarras des plus graves. C'était l'astrologie, la vraie, celle des Chaldéens ou Mages [2], installée en belle place et dans son office propre, à la naissance du Christ, dont l'étoile annonce la royauté. Un horoscope, même royal, pour J.-C., c'était le niveau de la fatalité commune passé sur l'Homme-Dieu ; c'était aussi, puisque le signe avait été compris des hommes de l'art, un certificat de véracité délivré à l'astrologie, et par Dieu même, qui avait dû en observer les règles pour rendre le présage intelligible. Dire que Dieu s'était servi d'un astre pour avertir les Mages, simplement parce qu'ils étaient astrologues [3], n'affaiblit pas la conclusion : ils avaient été avertis, donc ils comprenaient les signaux célestes.

Il y avait une transaction tout indiquée, et c'est celle dont s'avisèrent d'abord les docteurs chrétiens : c'était, puisque l'astrologie était une pratique inventée ou un secret dérobé par les démons et que J.-C. était venu mettre fin au règne des démons, c'était, dis-je, d'admettre que l'astrologie ou magie avait été ou pu être véridique jusqu'à la naissance du Christ et qu'elle était venue abdiquer, pour ainsi dire, dans la personne des Mages païens, au berceau du Rédempteur. C'est l'explication à laquelle

distinguer ce miracle d'une éclipse : l'obscurité couvre toute la Terre et dure trois heures, tandis qu'une éclipse de Soleil n'est visible que successivement en divers lieux et n'est complète que durant quelques minutes pour chacun d'eux.

1. Matth., XXIV, 29 ; Marc., XIII, 24-25 ; Luc., XXI, 25.

2. Ces Mages — que la légende transforma plus tard en rois — étaient des magiciens arabes (Justin., *Dial. Tryph.*, 77-78. Tertull., *Adv. Marc.*, III, 13), ou des Mages de Perse (Clem. Alex., *Strom.*, I, p. 359 Potter ; Basil., *Homil. XXV*, p. 510), de Perse ou de Chaldée (Io. Chrys., *Homil. VI et VII*. Diod. Tars., ap. Phot., cod. 223). S. Jérôme convient franchement que c'étaient des astrologues authentiques, des *philosophi Chaldaeorum* (Hieron., *In Daniel.*, 2) et même *docti a daemonibus* (Hieron., *In Isaiam*, 19). *Chaldaeorum profecto sapientes viri* (Chalcid., *In Tim.*, § 125). Celse les appelle aussi des « Chaldéens », et Origène (*C. Cels.*, I, 58) n'y trouve pas à redire. Sur la question des rois mages, voy. J. Car. Thilo, *Eusebii Alexandrini oratio* Περὶ ἀστρονόμων (*praemissa de magis et stella quaestione*) *e Cod. Reg. Par. primum edita*. Progr. Halae, 1834. La royauté des Mages fut inventée (vers le VIe siècle), comme la crèche, le bœuf et l'âne, pour montrer l'accomplissement des prophéties (cf. *Is.*, 1, 3 ; 33, 16 ; 49, 7 ; 60, 3 et 6. *Psalm.*, 62, 10. Habac., 3, 2). Bède le Vénérable est le premier qui sache leurs noms.

3. Ἐπειδὴ γὰρ περὶ ταῦτα τὴν τέχνην εἶχον, ἐκεῖθεν αὐτοὺς εἵλκυσε (Io. Chrys., *Homil. III in Epist. ad Titum*).

s'arrêtent saint Ignace et Tertullien [1]. Les Gnostiques valentiniens avaient creusé le sujet plus avant, et ils avaient fait sortir de là une théorie des plus séduisantes. Suivant Théodote, l'étoile des Mages avait « abrogé l'ancienne astrologie » en lui enlevant sa raison d'être ; la grâce du baptême « transportait ceux qui ont foi au Christ du régime de la prédestination sous la providence du Christ lui-même ». Le chrétien, surtout s'il est gnostique, échappe à la fatalité et à la compétence de ses interprètes [2]. Soit ! Mais, à ce compte, l'astrologie était reconnue véridique pour le passé ; elle aurait continué à l'être pour la clientèle païenne, et les astrologues contre qui il s'agissait de lutter n'en demandaient sans doute pas davantage. On leur concédait le fond du débat, et ils pouvaient prendre en pitié l'orgueil de gens qui se mettaient eux-mêmes hors la nature.

Il arrive parfois aux Pères de l'Église du siècle suivant de répéter que la prédestination et l'astrologie sont exclues du régime de la Loi nouvelle [3] ; mais ils sentaient bien que cet argument, d'orthodoxie suspecte, ne résolvait pas la difficulté et en soulevait de plus grandes. Ils cherchèrent d'autres raisons. Ils firent remarquer que l'étoile des Mages n'était pas une étoile ordinaire, ni fixe, ni planète, ni comète ; qu'elle avait marché autrement que tous les astres connus, puisqu'elle avait conduit les Mages à

---

1. Ignat., *Epist. ad Ephes.*, 19. Tertullien discute, et il repousse énergiquement ces amorces d'astrologie chrétienne : *Sed magi et astrologi ab Oriente venerunt. Scimus magiae et astrologiae inter se societatem. Primi igitur stellarum interpretes natum Christum annuntiaverunt, primi muneraverunt. Quid tum ? Ideo nunc et mathematicis patrocinabitur illorum magorum religio ? De Christo scilicet est mathesis hodie ; stellas Christi, non Saturni et Martis et cujusque ex eodem ordine mortuorum observat et praedicat. At enim scientia ista usque ad Evangelium fuit concessa, ut Christo edito nemo exinde nativitatem alicujus de caelo interpretetur* (Tertull., *De Idolol.*, 9).

2. Ξένος ἀστήρ, καταλύων τὴν παλαιὰν ἀστροθεσίαν — ἵνα μεταθῇ τοὺς εἰς τὸν Χριστὸν πιστεύσαντας ἀπὸ τῆς εἱμαρμένης εἰς τὴν ἐκείνου πρόνοιαν. — Μέχρι τοῦ βαπτίσματος οὖν ἡ εἱμαρμένη, φασίν, ἀληθής, μετὰ δὲ τοῦτο οὐκέτι ἀληθεύουσιν οἱ ἀστρολόγοι (Clem. Alex., *Excerpt. ex Theodoto*, §§ 68-78). Les théurges, trouvant que leurs charmes valaient bien le baptême, en disaient autant de leurs disciples : οὐ γὰρ ὑφ᾽ εἱμαρτὴν ἀγέλην πίπτουσι Θεουργοί (oracle cité par Io. Lyd., *Mens.*, II, 9, p. 23 ed. Bonn. Cf. Iamblich., *De Myster.*, p. 223, 9. Procl., *In Alcibiad.*, p. 517, 36), et Arnobe raillait en bloc tous ces vaniteux personnages : *ab sciolis nonnullis et plurimum sibi adrogantibus dicitur deo esse se gnatos nec fati obnoxios legibus* (II, 62).

3. Ἰδού, φησι [ὁ ἀστρόλογος], καὶ τοῦ Χριστοῦ γεννηθέντος ἀστὴρ ἐφάνη, ὅπερ ἐστὶ σημεῖον τοῦ τὴν ἀστρολογίαν εἶναι βεβαίαν · πῶς οὖν, εἰ κατ᾽ ἐκεῖνον ἐτέχθη τὸν νόμον, ἀστρολογίαν ἔλυσε, καὶ εἱμαρμένην ἀνεῖλε, καὶ δαίμονας ἐπεστόμισε κ. τ. λ. (Io. Chrys., *Homil. VI in Matth.*).

Bethléem, et n'était, par conséquent, nullement assimilable à une étoile horoscope. L'horoscope astrologique sert à prédire la destinée des enfants qui naissent, et non pas à annoncer les naissances. En un mot, l'étoile des Mages avait été un flambeau miraculeux, peut-être un ange ou même le Saint-Esprit, et, comme telle, elle n'appartenait pas au répertoire des données astrologiques [1]. Le raisonnement n'est pas très serré et pouvait être aisément retourné. Il restait avéré que des astrologues avaient deviné juste en observant le ciel, et, si l'astre était nouveau, il en fallait admirer davantage la sûreté des méthodes qui avaient suffi à un cas tout à fait imprévu [2]. C'est sans doute parce qu'ils avaient vu l'astre miraculeux s'écarter de la route ordinaire des planètes qu'ils l'avaient suivi, et cela par calcul ; car, s'ils avaient obéi à une suggestion divine, — eux instruits par les démons, au dire de saint Jérôme, — on ne voit pas pourquoi Dieu se fût adressé de préférence à des astrologues.

La preuve que le débat ne tournait pas nécessairement à la confusion des astrologues, c'est que l'auteur chrétien de l'*Hermippus* se prévaut du récit évangélique concernant les Mages

---

1. S. Basile déclare l'étoile μηδενὶ τῶν συνήθων παραπλήσιον, et échappant aux prises de l'astrologie : καὶ μηδεὶς ἑλκέτω τὴν τῆς ἀστρολογίας παρασκευὴν εἰς τὴν τοῦ ἀστέρος ἀνατολήν · οἱ μὲν γὰρ τὴν γένεσιν προσάγοντες ἐκ τῶν ἤδη ὄντων ἀστέρων τὸν τοιόνδε σχηματισμὸν αἴτιον εἶναι τῶν κατὰ βίον συμπτωμάτων ἑκάστῳ τίθενται (Basil., *Hom. XXV*, p. 510). — οὐ γὰρ δὴ τοῦτο ἀστρονομίας ἔργον ἐστίν, ἀπὸ τῶν ἄστρων εἰδέναι τοὺς τικτομένους, ἀλλ' ἀπὸ τῆς ὥρας τῶν τικτομένων προαναφωνεῖν τὰ μέλλοντα ἔσεσθαι, ὥς φασιν (Io. Chrys., *loc. cit.*). Doctrine suggérée déjà par les Gnostiques (cf. ξένος ἀστήρ, ci-dessus, p. 612, 2), commune à S. Grégoire de Nazianze, Diodore de Tarse, S. Jean Chrysostome et toute l'école d'Antioche. De même l'auteur de l'*Hermippus* : ἀστέρα τινὰ ξένον οἶμαι τοῦ συνήθους (I, 9, § 51). Diodore de Tarse disait : δύναμίν τινα Θειοτέραν. Cf. l'ange apparaissant aux bergers dans S. Luc (II, 9 sq.). Ces docteurs croient répondre à l'objection en disant : c'est un prodige. Ils oublient que les prodiges sont les signes divinatoires par excellence, seuls même à l'origine, et que, dans les méthodes les plus systématisées, il reste toujours une marge pour les prodiges — les comètes et les bolides en astrologie. On crut revoir l'étoile des Mages dans celle qui apparut en 1572 dans la constellation de Cassiopée, et Théodore de Bèze en conclut que le second avènement du Christ était proche (F. Hoefer, *Hist. de l'astronomie*, p. 329).

2. L'étoile était prévue depuis longtemps par la tradition messianique (E. Renan, *Vie de Jésus*, 19º éd., p. 251). Il est assez curieux de retrouver dans les légendes romaines un guide céleste venu aussi d'Orient. *Varro ait hanc stellam Luciferi, quae Veneris dicitur, ab Aenea, donec ad Laurentum agrum veniret, semper visam, et postquam pervenit, videri desiisse* (Serv., *Aen.*, II, 801). Énée est conduit à un endroit déterminé par un astre qui, pour être une planète connue, n'en agit pas moins miraculeusement.

pour montrer que la confiance en l'astrologie est compatible avec la foi chrétienne, à la seule condition de prendre l'étoile pour signe et annonce, non pour cause de la « naissance du dieu Verbe » [1]. Il s'interrompt, il est vrai, pour recommander de mettre le verrou aux portes, sachant que son opinion n'est pas 'pour plaire à certaines gens.

Nous voyons reparaître une fois de plus ici le scrupule qui excite le zèle des docteurs et qui, une fois calmé par la distinction entre les *signes* et les *causes*, les laisse dépourvus de raisons péremptoires ou même disposés à l'indulgence en face des autres prétentions de l'astrologie. Que les astrologues renoncent à dire que les astres règlent la destinée ; que, comme Platon, Philon et les néoplatoniciens, ils leur attribuent seulement le rôle de signes indicateurs, d'écriture divine, et plus d'un adversaire posera les armes, persuadé qu'il n'y a plus alors de fatalisme astrologique et que la conduite du monde est remise, comme il convient, à Dieu seul. Au fond, Origène ne leur demande pas autre chose [2].

1. La condition est οὐχ ὅτι ἐφάνη [ὁ ἐπὶ τῆς τοῦ Θεοῦ Λόγου γενέσεως ἀστὴρ] καὶ τοὺς μάγους συνεφειλκύσατο, τὴν γένεσιν ἀπετέλεσεν, ἀλλὰ τοὐναντίον τε λου-μένην ἐσήμανεν, οἱονεί τις κῆρυξ καὶ προαγγελεὺς τοῦ τοσοῦδε καλοῦ γεγονώς (*Hermipp.*, I, 8, 48). C'est, retourné en faveur de l'astrologie, l'argument invoqué contre elle par S. Jean Chrysostome (ci-dessus, p. 612, 3) et par S. Augustin, qui foudroie les partisans de l'étoile-horoscope, agent de la naissance et cause de la fatalité, même pour le Christ : *Hic jam erubescat stultitia sacrilega et quae-dam, ut ita dicam, indocta doctrina, quae ideo putat Christum sub stellarum decreto esse natum, quia scriptum est in Evangelio, quando natus est, stellam ejus magos in oriente vidisse. Quod verum non esset, nec si homines sub decreto ejusmodi nascerentur ; quia non sicut Dei filius propria voluntate, sed naturae mortalis conditione nascuntur. Nunc autem tantum abhorret a vero, sub stel-lato fato natum esse Christum, ut nullum hominem ita nasci credat quisquis recte credit in Christum. — Hinc enim potius Christus non sub dominatu ejus [stellae], sed dominus ejus apparuit; quia illa non in caelo sidereas vias tenuit, sed hominibus quaerentibus Christum viam usque ad locum in quo natus fuerat demonstravit. Unde non ipsa Christum fecit mirabiliter vivere, sed ipsam fecit Christus mirabiliter apparere* (Aug., *Serm. CXCIX*, t. V, 633 Bened.).

2. Origen., *In Genes. comm.*, ap. Euseb., *Praep. Ev.*, VI, 11. Origène n'a qu'un but : montrer que la prédestination ou fatalité astrologique (εἱμαρμένη) n'existe pas, mais seulement la prescience divine (πρόγνωσις τοῦ Θεοῦ), laquelle n'est pas contraire à la liberté humaine, attendu que la prescience divine n'est pas non plus *cause*, mais *signe*, enregistrement, connaissance — anti-cipée à notre égard, simultanée pour Dieu — de nos actes. On n'a rien ajouté depuis aux arguments sur lesquels il édifie cette thèse fondamentale, si ce n'est qu'il est plus sage d'y croire que d'essayer de la démontrer. Il entend prouver : 1° ὅτι οἱ ἀστέρες οὐκ εἰσὶ ποιητικοὶ τῶν ἐν ἀνθρώποις, σημαντικοὶ δὲ μόνον ; 2° ὅτι ἄνθρωποι τὴν περὶ τούτων γνῶσιν ἀκριβῶς ἔχειν οὐ δύνανται, ἀλλὰ δυνάμεσιν ἀνθρώπων κρείττοσι τὰ σημεῖα ἐκκεῖται (*ibid.*, VI, 11, 30). On remar-

Il n'oublie pas de faire valoir contre les astrologues les objections connues, l'argument des jumeaux, l'argument inverse tiré des races, voire la précession des équinoxes, enfin, l'impossibilité où ils sont de satisfaire aux exigences de la théorie ; mais, contre l'astrologie elle-même, conçue comme interprétation de signes divins, il n'a rien à dire, sinon qu'elle est au-dessus de l'intelligence humaine. Encore n'est-il pas très ferme sur ce terrain ; car enfin, Dieu ne fait rien en vain. Pour qui ces signes révélateurs, qui, n'étant pas causes, seraient inutiles comme signes s'ils n'étaient pas compris ? Pour les « puissances supérieures aux hommes, les anges » ? Mais les « anges » (ἄγγελοι) sont, par définition, les messagers de Dieu, et les prophéties prouvent que Dieu ne dédaigne pas de révéler parfois l'avenir aux hommes. Du reste, on n'a pas besoin de pousser Origène aux concessions : il ne refuse aux hommes que la connaissance « exacte » du sens des signes célestes. Toutes réserves faites sur la pratique, il croit à l'astrologie, pour les mêmes raisons que les néoplatoniciens, et il lui apporte même, à ses risques et périls, le renfort de textes tirés de l'Écriture sainte [1].

En dépit de l'infortune posthume qui, au IVe siècle, le retrancha du nombre des docteurs orthodoxes, on sait combien fut grande, dans l'Église grecque surtout, l'autorité d'Origène. Aussi n'est-on pas étonné d'apprendre que nombre de chrétiens, même des membres du clergé, croyaient pouvoir accepter les doctrines ou

quera la concession impliquée dans ἀκριβῶς. En résumé, il accepterait l'astrologie, non plus comme γενεθλιαλογική, mais comme ἀστεροσκοπική (VI, 11, 71), déchiffrement de l'écriture symbolique dont les astres sont les caractères.

1. Origène part du texte fameux sur lequel s'appuie, depuis Philon, toute la doctrine (Genes., I, 14, ci-dessus, pp. 600, 1, 610, 2). Mais il ne s'arrête pas là et, en vrai néo-platonicien qu'il est au fond, il admet que les astres ne sont pas de simples miroirs, mais des instruments intelligents de la divinité. Ce n'est pas à des corps inertes que le Psalmiste dit : Laudate eum, sol et luna. Origène se demande même s'ils n'avaient pas péché, attendu que Job dit : Et stellae non sunt mundae in conspectu ejus, et s'ils n'ont pas participé à la Rédemption. S. Pamphile (Apol. pro Origene, 9) affirme que cette opinion n'est pas hérétique. Elle le devint plus tard chez les Priscillianistes. Quant à la foi en l'astrologie, elle était chez Origène et elle est restée depuis compatible avec l'orthodoxie catholique. Le docte Huet, qui s'y connaissait, s'en porte garant. Si Origène, dit-il, croyait à la révélation de l'avenir par les astres, in eadem esset causa ac Apotelesmatici omnes et hodierni astrologiae patroni, quorum sententia, integra modo servetur humani libertas arbitrii, haereseos nota immunis est (P. Danielis Huetii Origenianorum lib. II, 2. Quaest. VIII, De astris, in Patrol. Migne, Origen. Opp., t. VII, p. 973-989).

s'adonner aux pratiques de l'astrologie. On raconte que l'évêque d'Émèse, Eusèbe, était dans ce cas, et qu'il fut par la suite déposé de son siège pour ce fait [1]. S. Athanase, si rigide pourtant sur le dogme, trouve dans le livre de Job la trace et, par conséquent, la confirmation d'une des théories les plus caractéristiques de l'astrologie, celle des οἶκοι ou domiciles des planètes [2]. Eusèbe d'Alexandrie constate — et déplore — que les chrétiens se servent couramment d'expressions comme : « Peste soit de son étoile ! », ou « Peste soit de mon horoscope ! », ou « Il est né sous une bonne étoile ! » Il ajoute que certains vont jusqu'à adresser des prières aux astres et dire, par exemple, au soleil levant : « Aie pitié de nous », comme font « les adorateurs du Soleil et les hérétiques » [3].

Le danger était là, en effet. L'Église ne se souciait pas d'entrer en lutte contre l'astrologie d'allure scientifique; mais elle ne pouvait laisser remonter à la surface le fonds de religion, le sabéisme, qui avait engendré l'astrologie, que les platoniciens et stoïciens avaient naturalisé en Grèce, et qui, à mesure que baissait le niveau de la culture générale, tendait à reprendre sa force originelle [4]. C'est ce qui explique la reprise des hostilités, d'ailleurs assez mollement menées, dont nous avons donné un aperçu

---

1. Ἐλοιδορεῖτο ὡς μαθηματικὴν ἀσκούμενος (Socrat., *Hist. Eccl.*, II, 9) — διεϐάλλετο ἀσκεῖσθαι τῆς ἀστρονομίας ὃ μέρος ἀποτελεσματικὸν καλοῦσι (Sozom., *H. Eccl.*, III, 6).

2. S. Athanase, commentant un passage de Job (ix, 9) dans un texte un peu différent de la Vulgate, où Dieu est dit ποιῶν Πλειάδα καὶ Ἕσπερον (*Orion* dans la Vulgate), découvre la raison de ce rapprochement dans le fait que les Pléiades (dans le Taureau) sont la maison de la planète Hespéros (Vénus) : Εἴ τις δύναται, ἀκούετω τίς ἐστιν ἡ Πλείας; καὶ τίνος οἶκός ἐστι καὶ τίνος χώριον [peut-être ὅριον?]; ὁ γὰρ Ἕσπερος οἶκον ἔχει τὸ ἄστρον τῶν Πλειάδων, καὶ οὐκ εἰκῆ ταῦτα εἴληπται τὰ ὀνόματα (Athanas. ap. Pitra, *Anal. sacra*, V, 1, p. 25 : texte visé ci-dessus, p. 191, 2). On est étonné de la liberté d'esprit dont fait souvent preuve S. Athanase. Parlant des dieux païens, il ne mentionne pas l'explication mystique, courante et même de foi depuis S. Paul (cf. I *Cor.*, x, 19-21), « que les dieux des Gentils sont des démons ». Il se contente des explications rationnelles, orthodoxes aussi, à savoir que ce sont ou des forces naturelles, ou des idoles inertes (ἄψυχα), ou des hommes déifiés (Athanas., *Orat. contra gentes*, 29).

3. Euseb. Alex., *op. cit.*, ed. Thilo, p. 19.

4. Cf. ci-dessus, pp. 466, 2. 598, 1, le recours à la prière pour fléchir ou combattre les volontés célestes. C'était là le danger, que signalait encore le pape Léon le Grand : *Quae tamen... spondent posse mutari, si illis quae adversantur sideribus supplicitur*, d'où *illa generatur impietas ut Sol... adoretur, quod nonnulli etiam Christiani se religiose facere putant*, etc. (Leo Magn., *Serm. in nativ. Dom.*, 3-4).

à propos de l'étoile des Mages. Les Pères du ıvᵉ siècle finissant ne purent que recommencer, sans y jeter un argument nouveau, la lutte contre l'astrologie, au nom de la morale menacée par son fatalisme [1]. Comme origénistes, ils n'osent plus employer contre elle les armes théologiques [2], et, comme dialecticiens, ils sont bien au-dessous de leurs devanciers. Ils répètent à l'envi que si la destinée humaine était préfixée par les astres, Dieu, qui a fait les astres, serait responsable de nos actes, même mauvais. Leur argumentation peut se résumer dans le mot de S. Ephrem : « Si Dieu est juste, il ne peut avoir établi des astres généthliaques, « en vertu desquels les hommes deviennent nécessairement pé- « cheurs » [3]. C'était le langage du bon sens : mais le bon sens, fait de postulats empiriques, n'est pas plus admis dans les démonstrations en forme que le coup de poing dans l'escrime savante, et, du reste, il était facile de le retourner contre le dogme chrétien. Ces docteurs qui, pour laisser entière notre responsabilité, ne veulent pas connaître de limites naturelles à notre liberté ferment les yeux pour ne point voir les redoutables questions soulevées par la foi en la prescience de Dieu et les difficultés qu'ajoute à ce problème général, insoluble, le dogme chrétien lui-même. Le péché originel, la grâce, et l'obligation d'accorder ces formes de la fatalité avec l'idée de justice, sont des arcanes auprès desquels le fatalisme astrologique paraît souple et accommodant. En outre, ces mêmes docteurs s'attaquaient imprudemment à la science elle-même, au nom de l'orthodoxie. S'ils n'avaient pas de textes précis à opposer à l'astrologie, ils en

---

1. Nous avons encore le Κατὰ εἱμαρμένης de Grégoire de Nysse : le traité homonyme de l'évêque Diodore de Tarse est perdu, sauf quelques fragments (ap. Phot., Cod., ccxxIII). S. Basile (In Hexaem. Homil. VI) s'indigne : il appelle l'astrologie un mal pernicieux (βλάβην) dont il faut guérir les esprits.

2. Ils admettent les signes célestes de l'Évangile et tous autres présages météorologiques. On se demande si c'est pour discréditer le « thème du monde » des astrologues dits « Égyptiens » que S. Jean Chrysostome (De mundi creat., Opp. VI, p. 449) s'avise de soutenir que Dieu a créé la lune pleine (πανσέληνος). Elle ne pouvait pas être pleine si elle était dans le Cancer, le Soleil étant dans le Lion (ci-dessus, p. 187, fig. 23).

3. Ephræm., Carm. Nisib. (en syriaque), LXXII, 16. De même, et aussi contre les astrologues : si genus humanum ad varios actus nascendi necessitate premeretur, cur aut laudem mereantur boni, aut mali percipiant ultionem? (Isid., Origg., III, 70, 40). Mais les mêmes théologiens, ici déguisés en moralistes, ne trouvaient pas absurde — une fois Dieu mis hors de cause — que la liberté d'Adam eût produit pour ses descendants une necessitas peccandi jointe à la responsabilité, une transmission non seulement de la déchéance, mais de la culpa.

trouvaient, et plus d'un, qui leur défendaient d'admettre que la terre fût une sphère et leur imposait de croire qu'il y avait au haut du firmament des réservoirs d'eaux célestes. Ils étalaient ainsi à nu leur naïveté, déjà tournée en intolérance, et se mettaient sur les bras des querelles inutiles, ou utiles seulement aux astrologues. Ceux-ci, en effet, gardaient le prestige de la science grecque, et ils auraient aussi bien trouvé leur compte au triomphe de la cosmographie orthodoxe, qui était celle des anciens Chaldéens [1].

La lutte, ainsi élargie, dévoyée, dispersée, fut reprise et comme concentrée en une dernière bataille livrée par le plus grand tacticien, le plus impérieux et le plus écouté des docteurs de l'Église, S. Augustin. Celui-là est d'une autre trempe que les origénistes de l'Église d'Orient. Il dédaigne les précautions de langage, les arguments de moralistes, comme le souci du libre arbitre humain, qu'il écrase sous la doctrine de la grâce et de la prédestination ; et, s'il emploie la raison raisonnante, c'est comme arme légère,

---

1. Cf. le mémoire de Letronne, *Des opinions cosmographiques des Pères de l'Église*, 1835 (OEuvres choisies, I, pp. 382-414). Tandis que, du côté païen, des esprits aussi médiocres que Macrobe, par exemple, admettent la sphéricité de la Terre et l'existence des antipodes, Lactance n'a pas assez de railleries pour cette doctrine à son gré inepte, absurde (*Inst. Div.*, III, 24) : Diodore de Tarse la réfute et S. Augustin défend qu'on y croie. L'opinion générale des Pères est que le ciel est un hémisphère creux posant sur la Terre, attendu que Dieu *statuit caelum quasi fornicem et extendit ipsum quasi tabernaculum* (Psalm., CIII, 3). Au centre du disque terrestre est l' ὀμφαλὸς τῆς γῆς, non plus Delphes, mais Jérusalem, ou, plus exactement le Golgotha, Dieu ayant dit par le prophète : *Ista est Jerusalem : in medio gentium posui eam, et in circuitu ejus terras* (Ezech., V, 5). Au-dessus de la voûte céleste, peut-être sur un fond horizontal, les eaux ou « cataractes du ciel » (Gen., I, 6-7. VII, 11 ; Psalm., LXXVII, 23. CIII, 3. CXLVIII, 5). S. Augustin coupe court à toute discussion, en disant : *quoquo modo autem et qualeslibet aquae ibi sint, esse eas minime dubitemus : major est quippe Scripturae auctoritas quam omnis humani ingenii capacitas* (Augustin., *In Genes.*, II, 9), ce qui est raisonner franchement en théologien. Seulement, il accorderait volontiers que ce sont des « eaux spirituelles » (*Conf.*, XIII, 32. Retract., II, 6). S. Augustin constate du reste, comme les Pères du IIIᵉ siècle, que les chrétiens passaient aux yeux des païens pour des simples d'esprit et des gens sans culture : *adhuc audent ipsi pauci qui remanserunt... Christianos tanquam imperitissimos irridere.* Ils parlent de l'*imperitia et stultitia Christianorum*, à quoi S. Augustin répond que le nombre des chrétiens augmente et celui des païens diminue (Augustin., *De divin. daemon.*, § 14). Un païen pessimiste n'eût pas tiré du même argument la même conclusion. En revanche, les chrétiens subissaient le prestige de la science païenne, de la divination diabolique, contre laquelle écrit S. Augustin — *adversus praesumptionem et tanquam miram et magnam scientiam Paganorum* (ibid., § 1).

se réservant d'employer, pour briser les résistances, l'affirmation hautaine et l'autorité du dogme. Il ne faut donc pas s'attendre à trouver chez lui une logique serrée, et il n'est même pas aisé de distinguer du premier coup le but qu'il poursuit. Ce n'est pas pour la liberté humaine qu'il combat. Loin de faire cause commune avec ses défenseurs, il les considère comme des athées. Il trouve détestable la négation de la prescience divine opposée comme fin de non-recevoir par Cicéron aux partisans de la divination [1]. Il admet donc, sans ombre de doute, la possibilité de la révélation de l'avenir, — sans quoi il faudrait nier les prophéties, — et même il ne considère pas comme des superstitions nécessairement illusoires et mensongères les pratiques divinatoires. Mais il abomine d'autant plus ces inventions des démons, des démons qui, toujours aux aguets, épient les signes extérieurs de la pensée divine et s'emparent ainsi de quelques bribes de vérité qu'ils mêlent, quand il leur plaît, à leurs mensonges [2]. S. Augustin accepte toute la démonologie cosmopolite qui minait depuis des siècles l'assiette de la raison, et nul esprit ne fut jamais plus obsédé par la hantise et le contact du surnaturel. Manichéen ou orthodoxe, il ne voit dans le monde, dans l'histoire comme dans la pratique journalière de la vie, que la lutte entre Dieu et le diable, entre les anges de lumière et les esprits de ténèbres, ceux-ci imitant ceux-là, opposant leurs oracles aux prophéties divines, disputant aux songes véridiques l'âme qui veille dans le corps endormi, luttant à coups de sortilèges magiques avec les vrais miracles. L'astro-

---

1. *Quid est ergo quod Cicero timuit in praescientia futurorum, ut eam labefactare disputatione detestabili niteretur?* (Augustin., *Civ. Dei*, V, 9). Il le déteste plus que les Stoïciens, ce qui n'est pas peu dire, parce que, en niant la prédestination, il nie Dieu. *Qui enim non est praescius omnium futurorum, non est utique Deus.* Suivant S. Augustin, Dieu a tout prévu de toute éternité, même nos volitions ; mais nous sommes libres dans tous les cas où il a voulu que nous le fussions et prévu que nous le serions (*ibid.*, V, 10). C'est au nom de ce libre arbitre à peu près inintelligible qu'il repousse le fatalisme astrologique : *alii quidem fato se ad peccandum queruntur impelli, tamquam hoc decreverint sidera et caelum prius talia decernendo peccaveri* (Augustin., *De Contin.*, 14). Ce qui lui importe, c'est de maintenir la responsabilité du pécheur, tout en attribuant à la grâce seule la justification du prédestiné.

2. Voy. le traité spécial *De divinatione daemonum*, qui résume une doctrine depuis longtemps chrétienne. Il arrive aussi que Dieu force les démons à confesser la vérité. C'est pourquoi des zélateurs fabriquaient des oracles où Apollon se déclare vaincu et enseigne, en bon catéchiste, le dogme de la Trinité, rend hommage à la Vierge Marie, etc. (v. g. *Anal. sacr.*, V, pp. 307-308 Pitra).

logie bénéficia pourtant du goût qu'il s'était senti pour elle et de l'étude qu'il en avait faite [1]. Ce n'était pas là un de ces pièges vulgaires tendus par le démon aux âmes simples, mais l'extension abusive, orgueilleuse, athée, d'une science qui était à certains égards le chef-d'œuvre de l'esprit humain [2]. Si l'astrologie n'était pas athée, si les « mathématiciens » consentaient à ne voir dans les astres que des signes, et non plus des causes, S. Augustin hésiterait à condamner une opinion partagée par des gens très doctes [3]. Mais, telle qu'elle est et que la comprennent la plupart de ses partisans, elle a la prétention de substituer la fatalité naturelle, mécanique, à la volonté de Dieu; elle est donc dans la voie du mensonge, et le champion du Tout-Puissant s'attaque, avec sa fougue ordinaire, à ces « divagations impies » [4].

Les armes théologiques étant depuis longtemps émoussées, c'est à la dialectique qu'il a recours. Il reprend tous les arguments mis en ligne depuis Carnéade, mais il n'y ajoute guère que sa véhémence, des sarcasmes et un peu de sophistique. La fastidieuse querelle élevée à propos des jumeaux — avec variante pour les jumeaux de sexe différent — n'est pas plus tranchée

---

1. Augustin., *Conf.*, IV, 3.

2. C'est de l'astronomie que S. Augustin dit : [*Ratio humana*] *astrologiam genuit, magnum religiosis argumentum, tormentumque curiosis* (Augustin., *De ordine*, II, 42).

3. *Quod si dicuntur stellae significare potius ista quam facere, ut quasi locutio quaedam sit illa positio praedicens futura, non agens (non enim mediocriter doctorum hominum fuit ista sententia) : non quidem ita solent mathematici, ut v. g. dicant : « Mars ita positus homicidam significat », sed : « homicidam facit »* (Augustin., *Civ. Dei*, V, 1. Cf. *Conf.*, IV, 3). Il accepterait au besoin l'action, mais purement physique, des astres sur les corps : *Cum igitur non usquequaque absurde dici posset ad solas corporum differentias adflatus quosdam valere sidereos*, à l'instar de ce que produisent les positions du Soleil et les phases de la Lune. Seulement, il retire à moitié cette concession en faisant remarquer aussitôt que l'action postulée ne va pas jusqu'à unifier le sexe des jumeaux (*Civ. Dei*, V, 6).

4. *Jam etiam mathematicorum fallaces divinationes et impia deliramenta rejeceram* (Augustin., *Conf.*, VII, 6). Ses connaissances en astronomie lui avaient rendu un immense service, en lui permettant de constater l'ignorance de l'évêque manichéen Faustus, ce qui ébranla sa foi dans la doctrine prêchée par le dit Faustus (*Conf.*, V, 5). C'était précisément le caractère scientifique, neutre, de l'astrologie qui autrefois l'avait attiré. *Ideoque illos planos* [on a lu aussi *planetarios*], *quos mathematicos vocant, plane consulere non desistebam, quod quasi nullum eis esset sacrificium et nullae preces ad aliquem spiritum ob divinationem dirigerentur* (Aug., *Conf.*, IV, 3). Depuis, il considère l'astrologie comme une *fornicatio animae* (Augustin., *Opp.*, III, p. 63 a), épithète qui lui est familière et qu'il applique à tout ce qui éloigne l'homme de Dieu, croyance ou science.

par l'exemple d'Esaü et de Jacob que par celui des Dioscures ;
l'attaque et la riposte en restent au même point. Il le sent
si bien lui-même qu'il a recours à des artifices de rhétorique
et à des pièges de mots. Étant donné, dit-il, deux jumeaux, ou
bien ils ont même horoscope, et alors tout doit être pareil chez
eux, ce qui n'est pas, l'expérience le prouve : ou bien, ils ont,
à cause de la petite différence de temps qui sépare les deux
naissances, des horoscopes différents, et alors, « j'exige des
parents différents, ce que des jumeaux ne peuvent pas avoir » [1].
Avec de telles exigences, on ne comprendrait pas que les mêmes
parents puissent avoir jamais plus d'un enfant, absurdité dont
l'astrologie n'est aucunement responsable. Ces mêmes jumeaux
sont malades « en même temps ». Le fait est expliqué par la
similitude des tempéraments suivant Hippocrate, par celle des
thèmes de géniture suivant Posidonius. S. Augustin ne se contente pas de préférer l'explication du médecin à celle de l'astrologue ; il veut que l'expression « en même temps » indique une
coïncidence mathématiquement exacte, et il s'écrie : « Pourquoi
« étaient-ils malades pareillement et en même temps, et non pas
« l'un d'abord, l'autre ensuite, puisque aussi bien ils ne pouvaient
« pas être nés simultanément ? Ou si le fait d'être nés en des temps
« différents n'entraînait pas qu'ils fussent malades en des temps
« différents, pourquoi soutient-on que la différence de temps à la
« naissance produit des diversités pour les autres choses » [2] ? Les
astrologues avaient vingt façons d'échapper à ce dilemme, sans
compter la ressource de ne pas endosser jusque dans le détail la
responsabilité des opinions de Posidonius. L'astrologie, avertie
par des siècles de discussions, ne disait pas ou ne disait plus que
les destinées des jumeaux dussent être de tout point semblables ou
de tout point différentes. Mais S. Augustin ne veut pas ainsi abandonner la partie : il se cramponne à Posidonius. Celui-ci prétendait que les jumeaux malades, s'ils n'étaient pas nés au même
moment mathématique, avaient été conçus en même temps ; il
expliquait ainsi les ressemblances dans la destinée des jumeaux
par la simultanéité de conception et les dissemblances par la non-
simultanéité des naissances. Il se mettait dans un mauvais cas, et
S. Augustin daube à son aise sur cette conception simultanée qui

---

1. *Ac per hoc si tam celeriter alter post alterum nascitur ut eadem pars
horoscopi maneat, paria cuncta quaero, quae in nullis possunt geminis inveniri ;
si autem sequentis tarditas horoscopos mutat, parentes diversos quaero, quos
gemini habere non possunt* (Augustin., *Civ. Dei*, V, 2).

2. Augustin., *Civ. Dei*, V, 5.

produit des jumeaux de sexe opposé et de destinées contraires ;
mais cette volée d'arguments passe à côté des astrologues assez
avisés pour tirer un voile sur le mystère de la conception et se
contenter de spéculer sur l'horoscope de la naissance.

Il a raison aussi, mais aussi inutilement, quand il signale une
certaine incompatibilité logique entre la méthode généthliaque,
qui suppose tout préfixé au moment de la naissance, et celle des
καταρχαί, qui prétend choisir pour nos actions le moment opportun [2]. Ce sont des théories différentes, qui coexistaient et se combinaient parfois, sans que personne se fût soucié de les ramener
à l'unité. S. Augustin s'imagine toujours avoir affaire à une doctrine arrêtée, immobilisée dans une orthodoxie qui permette de
la saisir sous une forme précise et de la terrasser. Mais, hydre ou
Protée, l'astrologie échappe de toutes parts à son étreinte. Il
fallait l'atteindre dans son principe, nier résolument l'influence
des astres ou soutenir que, s'il y en avait une, on n'en pouvait
rien savoir. Cela, S. Augustin le fait, mais sans la conviction des
« épicuriens » et la hardiesse des sceptiques d'autrefois ; il le fait
avec des réserves et des concessions qui rendent à l'adversaire le
terrain conquis. Il déclare l'astrologie athée inacceptable même
pour de simples déistes [3]. Mais il ménage l'opinion transaction-
nelle qu'il sait avoir été celle de Plotin et d'Origène, et on s'aperçoit tout à coup, non sans surprise, que, au fond, c'est la sienne.
Il clôt la discussion en disant que, si les astrologues « font si
souvent des réponses admirablement vraies », ce n'est pas par
l'effet de leur art chimérique, mais par l'inspiration des démons [4].

---

1. Augustin., *Civ. Dei*, V, 5-6.

2. Augustin., *Civ. Dei*, V, 7. *Jam illud quis ferat, quod in eligendis diebus
nova quaedam suis actibus facta moliuntur? — Fecit ergo fatum quod non
habebat, et ex ipsius facto cœpit esse fatale quod in ejus nativitate non fuerat.
— Ubi est ergo quod nascenti jam sidera decreverunt?* Cf. ci-dessus, p. 488, 1.
Ptolémée avait évité cette contradiction en ne s'occupant pas des καταρχαί.

3. On entend, dit-il, par *fatum*, dans le langage courant, *vim positionis
siderum - - quod aliqui alienant a Dei voluntate, aliqui ex illa etiam hoc pen-
dere confirmant. Sed illi, qui sine Dei voluntate decernere opinantur sidera quid
agamus - - ab auribus omnium repellendi sunt*, etc. (ibid., V, 1).

4. *His omnibus consideratis non immerito creditur, cum astrologi mirabiliter
multa vera respondent, occulto instinctu fieri spirituum non bonorum, quorum cura est has falsas et noxias opiniones de astralibus fatis inserere humanis
mentibus atque firmare, non horoscopi notati et inspecti aliqua arte quae
nulla est* (Augustin., *Civ. Dei*, V, 7). Saint Augustin se ralliait autrefois à
l'opinion de Vindicianus, qui avait étudié l'astrologie en professionnel avant
de se faire médecin, à savoir que les astrologues, conjecturant au hasard,
rencontrent juste par hasard (*Confess.*, IV, 3). Il n'employait que des argu-

Il pense avoir ruiné l'astrologie en tant que science humaine, et voilà qu'il la restaure comme révélation démoniaque, avec un certificat de véracité au moins intermittente, revivifiant du même coup son dogme fondamental, car, si les démons lisent l'avenir dans les astres, c'est qu'il y est écrit. C'était la recommander aux païens, pour qui les démons de S. Augustin étaient des dieux, sans intimider les chrétiens qui faisaient la part moins large aux démons ou qui, en mettant des patriarches dans le Zodiaque et des anges dans les planètes [1], pensaient avoir convenablement exorcisé l'outillage astrologique jadis manié par les païens.

En fin de compte, la polémique chrétienne contre l'astrologie n'aboutit pas plus qu'autrefois celle des sceptiques. Les chrétiens qui ne croyaient pas aux horoscopes redoutaient, comme tout le monde, les éclipses et les comètes à cause des malheurs qu'elles annonçaient [2], et il ne fut jamais entendu, une fois pour toutes, que l'on ne pouvait être chrétien sans abhorrer l'astrologie. L'auteur chrétien du dialogue intitulé *Hermippus* fait valoir, au contraire, l'excellence et la valeur morale d'une science qui élève

---

ments de raison (celui des naissances simultanées d'esclaves et de futurs maîtres et celui des jumeaux) pour convaincre son ami Firminus : il ne songeait qu'à bafouer les astrologues — *ruminando, ne quis eorumdem delirorum qui talem quaestum sequerentur, quos jam jamque invadere atque irrisos refellere cupiebam, mihi ita resisteret,* etc. (VII, 6). Maintenant que le diable intervient et dit souvent la vérité, ces charlatans ne sont plus si ridicules. S. Paulin de Nole, un ami de S. Augustin, s'essayant aussi au sarcasme, s'égaie d'une façon bien imprudente aux dépens des Chaldéens qui voyaient leurs calculs dérangés par les miracles (*Epist.*, 38). Il rit de leur désarroi le jour où le Soleil recula sur l'ordre du prophète rassurant Ézéchias (il aurait pu ajouter : et le jour où il s'arrêta sur l'ordre de Josué), et il leur demande ce qu'ils faisaient alors. Si sa foi avait été accessible au doute, il eût craint la réponse des Chaldéens. Ceux-ci pouvaient dire : « Nous observions le ciel, comme de coutume, et nous n'avons rien vu de ce qu'il vous plaît de croire ».

1. S. Augustin visait surtout les Priscillianistes (Cf. *Ad Orosium, contra Priscillianistas et Origenistas, liber unus*), qui accommodaient ainsi l'astrologie. Dans les livres magiques du moyen âge, on trouve, par exemple : ♄ *Oriphiel,* ♃ *Jophiel,* ♂ *Samael,* ☉ *Michael,* ♀ *Anael,* ☿ *Raphael,* ☾ *Gabriel,* etc. (Arbatel, *De magia veterum*).

2. Cf. Tertull., *Ad Scapulam*, 3. S. Augustin dit que nombre de chrétiens redoutaient les « jours Égyptiaques » (ci-dessus, p. 486, 1). De même S. Ambroise constate qu'une foule de gens *varios cursus lunae obeundis negotiis commendare vel cavere quosdam dies, quemadmodum plerique posteros dies* (les *dies atri* du calendrier romain) *vel Aegyptiacos declinare consueverunt* (Ambros., *Epist.*, I, 23, ann. 383). A plus forte raison, un païen bigot comme Proclus (Marin., *Vit. Procl.*, 19). Les chrétiens qui redoutent le vendredi ou le 13 sont encore légion au XIXe siècle.

l'intelligence humaine vers les choses célestes et, bien loin de pousser au fatalisme, nous apprend que l'âme spirituelle échappe à l'influence matérielle des astres [1].

Comme il n'y eut pas de doctrine arrêtée, ni approbation, ni improbation expresse, il n'y eut pas non plus de mesure générale, décrétée au nom de l'Église « catholique », en ce qui concerne les croyances ou les pratiques astrologiques [2]. En Orient, on

1. Il est possible qu'Héphestion de Thèbes, auteur d'un traité d'astrologie pratique, fût chrétien (Engelbrecht, p. 21). L'auteur de l'*Hermippus* (nom emprunté sans doute à un Ἕρμιππος ἀστρολογικός cité par Athénée, XI, p. 478) a bien soin d'éliminer de l'astrologie la seule doctrine que proscrive le dogme chrétien, le fatalisme fondé sur les astres *causes* et non *signes*. Il est partisan décidé du libre arbitre, ne soumettant à l'influence des astres que le corps, et même avec cette réserve, prudente aussi, que l'échéance de la mort ne dépend pas uniquement des astres. C'est peine perdue, suivant lui, que de chercher dans les astres δυναστείας ἢ δόξας ἢ γάμους, ἔτι δὲ πλούτους καὶ νίκας (II, 4). Il n'admet pas non plus le sexe des signes du Zodiaque (I, 19), ni la théorie des οἶκοι ou des τόποι ; enfin, c'est de l'astrologie édulcorée et déguisée en philosophie platonisante. Même les présages « catholiques » tirés des éclipses sont, suivant lui, conditionnels : Dieu s'en sert pour avertir et s'en tient à la menace, si les gens avertis « deviennent sages » (II, 11, § 83). On n'est pas plus accommodant. Mais les éclipses ont une cause mécanique. Peu importe : Dieu s'en sert néanmoins et sa sagesse n'en est que plus admirable (*ibid.*. §§ 85-87). Cf. ci-dessus, p. 348.

2. On ne trouve que des canons visant des cas particuliers, comme celui du concile de Laodicée (can. 36) défendant aux clercs de s'adonner à l'astrologie, ou fulminant contre le fatalisme astrologique, mais contre le fatalisme seulement. Tels les canons du concile de Braga, en 561 : Can. IX. — *Si quis animas et corpora humana fatalibus stellis credit adstringi, sicut pagani et Priscillianistae dixerunt, anathema sit.* — Can. X. — *Si qui XII signa, i. e. sidera quae mathematici observare solent, per singula animae vel corporis membra dissipata credunt et nominibus Patriarcharum ascripta dicunt, sicut Priscillianus dixit, anathema sit.* Le plus explicite est le canon 15 du concile de Tolède, tenu en 400 : *Si quis astrologiae vel mathesi existimat esse credendum, anathema sit.* Mais il y a toujours le sous-entendu : on anathématise l'astrologie *fataliste*. Une protestation contre le fatalisme mise en tête d'un traité d'astrologie fut toujours, au moyen âge comme au XVIᵉ siècle, un passeport régulier et une sauvegarde suffisante. Cf. Stephan. Alexandr., ed. Usener, pp. 17-19; les *Apotelesmata Astrologiae christianae* de Ciruelo (voy. Bibliogr.), un auteur qui met son orthodoxie sous la garantie de la Faculté de théologie de Paris, — contenant, en prolégomènes et épilogue, une ample réfutation des XII livres de Pic de la Mirandole *Contra astrologos* [Bonon., 1495]; les préfaces de Cardan, *Comm. Astrol.*, Basil, 1578; l'*Astrologorum defensio* mise par Fr. Junctinus en tête (pp. 1-15) de son *Speculum Astrologiae*, publié en 1581 *sub censura Sanctae Ecclesiae Catholicae Romanae*, avec « humble supplique aux Très Révérends Inquisiteurs », et le certificat délivré à Origène par Huet (ci-dessus, p. 615, 1). J.-B. Morin dédie son *Astrologia Gallica* [Hagæ-Comitis, 1661] à J.-C. lui-même, parlant haut de sa foi catholique et se flat-

s'habitua à considérer l'astrologie comme une dépendance plus ou moins contestable de l'astronomie, classée dans la catégorie des opinions libres dont l'Église n'avait pas à s'occuper. En Occident, l'autorité de S. Augustin et la lutte contre les Manichéens et Priscillianistes fit prévaloir l'idée que l'astrologie était une des formes de la magie, une religion idolâtrique qui adressait ses hommages aux démons implantés dans les planètes et les décans du Zodiaque, la mère de toutes les pratiques de sorcellerie appliquées à la médecine, à la chimie, ou, pour mieux dire, répandues, comme une obsession diabolique, sur toutes les voies ouvertes à la pensée et l'activité humaine. Mais personne ne tenait la magie et l'astrologie pour de pures chimères, et l'astrologie gardait, malgré qu'on en eût, le prestige de la science astronomique qui lui fournissait les données de ses calculs. Les docteurs orthodoxes du moyen âge ne veulent pas se faire soupçonner d'ignorance en proscrivant une science qui faisait la gloire des Byzantins et des Arabes. Ils endorment leurs scrupules dans l'opinion moyenne que les astres influent sur l'homme, mais

tant d'avoir été aidé par l'Esprit-Saint lui-même dans l'étude « de la plus haute des sciences ». Le fait est qu'il fallait des lumières spéciales pour deviner que J.-C. disant à ses disciples : « n'y a-t-il pas douze heures au jour ? » (Joann., XI, 9) faisait allusion à la théorie des heures favorables ou défavorables. Le biographe de Morin a soin de noter qu'il fut consulté par le cardinal de Richelieu, par le cardinal de Bérulle, et qu'il mourut muni de tous les sacrements de l'Église. Les astrologues craignaient davantage les légistes et le souvenir des lois impériales. Aussi Cardan (*In Ptolem. Comm.* Prooem.) soutient que ces lois visaient les *mathematici*, c'est-à-dire les géomanciens, mais non pas les astrologues. La preuve, dit-il, c'est que l'astrologie date de Ptolémée, et que les lois en question sont antérieures ! L'aplomb de ce charlatan, « grand homme avec ses défauts » (Leibniz, *Theod.*, III, § 254), est merveilleux. Avant lui, Ciruelo (*Prolog.*, p. 47) assurait de même que *mathematicus* était mis *pro nechromante aut divinatore*. Il y a une étude intéressante à faire sur la polémique que suscita au XVIᵉ siècle la renaissance de l'astrologie classique et qui se continue, en s'apaisant peu à peu devant l'indifférence des nouveaux humanistes, au XVIIᵉ. Les éditeurs, traducteurs, commentateurs des textes anciens se plaignent tous dans leurs préfaces de l'acharnement et de la mauvaise foi de leurs adversaires, dont le plus redoutable — sur le terrain de la discussion, tout au moins — fut Pic de la Mirandole. Mélanchthon affirme dans sa préface que Ptolémée est un instrument de la Providence et qu'il a réfuté d'avance *Cyclopicos sermones, quibus tota haec doctrina furenter deridetur.* Cardan, Dasypodius, Junctinus, Morin, protestent à l'envi contre les « calomnies » que propagent les ignorants et se dégagent de toute solidarité avec les charlatans ou incapables qui usurpent le nom d'astrologues. Tous prodiguent les déclarations de foi chrétienne et prétendent continuer l'œuvre des SS. Patriarches en même temps que des « Sages » de la Grèce.

ne forcent pas sa volonté, opinion qui implique une adhésion formelle au principe générateur de l'astrologie.

Ce qui a tué l'astrologie, ce ne sont pas les arguments de toute sorte, philosophiques et théologiques, dirigés contre elle au cours des siècles. La philosophie, elle l'avait eue pour auxiliaire; les dogmes, elle les avait forcés à composer avec elles [1]. Elle renaissait, plus hardie que jamais, à l'aurore des temps modernes, lorsqu'elle reçut le coup mortel, un coup qui n'était pas dirigé contre elle et qui la frappa de côté, par une incidence imprévue. Tant que la science astronomique s'était contentée de dilater l'univers en laissant à la Terre sa position centrale, les idées naïves qui avaient engendré l'astrologie et s'étaient soudées en un tout compact dans la théorie du microcosme conservaient la force persuasive d'une tradition à la fois intelligible et mystérieuse, clef de l'inconnu, dépositaire des secrets de l'avenir. La géométrie astrologique continuait à asseoir ses constructions sur leur base originelle, amoindrie sans doute, mais demeurée au point de convergence de tous les influx célestes. Une fois la Terre réduite à l'état de planète et lancée dans l'espace, la base se dérobant, tout l'échafaudage croula du même coup. Il n'y a d'incompatible avec l'astrologie que le système proposé jadis par Aristarque de Samos, repris et démontré depuis par Copernic. L'incompatibilité est telle qu'elle n'a pas besoin d'être mise en forme logique. Elle se sent mieux encore qu'elle ne se comprend. Le mouvement de la Terre a rompu comme fils d'araignée tous les liens imaginaires qui la rattachaient aux astres, — des astres tout occupés d'elle, — et ce qui en reste, le concept général de l'attraction, ne suffirait pas au sophiste le plus intrépide pour les renouer.

1. L'inutilité de tant d'efforts fournissait un argument de plus. Firmicus disait déjà qu'il en est de l'astrologie comme de la religion : *neque enim esset ejus vera substantia, nisi contra eam tantis argumentorum viribus niterentur* (I, 1, 3 Kroll). Tout ce qui dure a une raison de durer, mais cette raison peut n'avoir rien de commun avec l'amour et surtout la possession de la vérité. Quant aux théologiens, réconciliés avec l'astrologie, il leur fut plus difficile de s'entendre avec l'astronomie nouvelle. Déjà liés par les opinions des Pères (ci-dessus, p. 618, 1), ils ne pouvaient passer outre au texte du Psalmiste : *Qui fundasti terram super stabilitatem suam : non inclinabitur in saeculum saeculi* (Psalm., CIII, 5). De même autrefois, le stoïcien Cléanthe avait voulu faire condamner Aristarque de Samos pour impiété envers la vénérable Hestia ou foyer du monde (Plut., *De facie in orbe lunae*, 6). Aristote, l'oracle humain, était aussi du côté des théologiens. Pascal lui-même, intimidé surtout par S. Augustin, écrira dans ses *Pensées* (XXIV, 17 *bis* Havet) : « Je trouve bon qu'on n'approfondisse pas l'opinion de Copernic ».

Mais des idées qui ont fait partie du sens commun pendant des milliers d'années ne se laissent pas éliminer en un jour. La défaite de l'astrologie fut retardée par l'intervention d'une alliée qui, en défendant l'ancienne conception de l'univers au nom de textes sacrés, faisait par surcroît les affaires de gens qu'elle avait toujours été tentée d'anathématiser. En interdisant à Galilée, par l'organe du Saint-Office, d'enseigner le mouvement de la Terre, l'Église obéissait à ce qu'il y a de plus infaillible en elle, l'instinct de la conservation. La foi religieuse ne se sent à l'aise que couvée, pour ainsi dire, sous l'abri d'un ciel étroitement uni à la terre ; et, bien que la dignité du « roseau pensant » ne soit pas logiquement liée à la primauté de la planète qui le porte, il semble qu'il soit moins qualifié pour être le centre d'un plan divin depuis qu'il se sait logé sur un atome et emporté, avec le système solaire tout entier, dans le silence des espaces infinis.

INDEX ANALYTIQUE

N. B. — Les chiffres séparés par une virgule du chiffre de la page renvoient aux notes de la dite page. Les mots grecs sont à la place qu'ils auraient s'ils étaient transcrits en caractères latins; ceux commençant par une voyelle ou diphtongue aspirée, à la lettre H. Les mots non francisés sont en italiques. Le signe = remplace les expressions : *identique* ou *assimilé* ou *attribué à* ou *symbole de*. L'abréviation (s. v.) signifie *sub verbo*, et renvoie au mot qui précède la parenthèse.

ἄφωνα (signes), 150.

Apis = le Taureau (lunaire), 133. 134, 3. 315, 2. 331.

Apocalypse, 607-608.

Apocryphes (livres), nombreux en astrologie, 3, 1. 51, 1. 63. 578, 4.

Apogée (des planètes), 118, 2. 196; = ὕψος, 194.

Ἀποκατάστασις, 33, 3. 39, 1. 498. 549. 574, 2. 588.

Ἀποκλίματα, 273. 274. 392, 1. 405, 1. 410, 1. 455. 514.

Apollinaire, astrologue, 213. 263, 3.

Apollinopolis (Magna = Edfou); sa Table des planètes, 64, 1.

Apollon = Soleil, 7, 1. 30. 89, 2. 135, 3; = Mercure, 68, 2. 100. 439 ; = un des Gémeaux, 135. 136. 184. 191, 1. 329. 576, 1; oracles d'Apollon, 404, 1. 561. 569, 4. 598, 2. 599, 2. 619, 2 ; dits astrologiques, 604, 2.

Apollonius de Myndos, 36, 2.

Apollonius de Perge, 108. 111.

ἀποφράδες (ἡμέραι), 459.

Ἀπόρροια, au sens d'effluve, 11. 12. 27, 3. 362, 2; au sens de défluxion, 245-247. 251, 4. 351. 394, 1. 427. 494, 3.

ἀπόστροφα (signes), 161, 1. 164, 2. 166.

Apotélesmatique, 83. 328. 348-542. 616, 1.

ἄπρακτοι (ἡμέραι), 459, 4. 460, 1.

Aprilis, étymologie, 183. 189, 1.

Apside (altitudo) = apogée (s. v.); = sublimitas = ὕψωμα (s. v.).

Aqrabu=Scorpion, 57, 1.

Aquarius, voy. Verseau.

AR. (ascensio recta), mesurée sur l'équateur, 262, 2.

Aratus, 54, 1. 62. 548. 553.

Arbèles (observatoire d'), 49.

Archimède, 64, 1. 108. 265, 1.

Archytas, 18.

Arcturus ou Arctophylax, étoile du Bouvier, 42, 3. 61.

Ἄρης, étymologie, 99, 1. 414, 2. Voy. Mars.

Argent, métal attribué à la Lune, 315.

Argo, constellation, 352. 423, 2.

ἀργός (lieu ou signe), 280 (fig. 31). 281. 283. 286, 1 ; λόγος, 32.

Aristarque de Samos, 8. 31. 38, 1. 43, 2. 626, 1.

Aristée = Verseau, 146.

Aristide de Samos, 477, 2.

Aristides Quintilianus, 92, 3.

Aristophane, client de Libanius, 569, 3.

Aristote, 3. 4. 25-27. 107. 111. 115. 358. 375. 379, 1. 626, 1.

Aristyllos, astronome, 38, 1.

Arithmomancie, 576-577.

Arsacides (époque des), 50.

Arsinoé, sœur-épouse de Ptolémée Philadelphe, 450, 3. Cf. 343, 2.

Artémidore d'Éphèse, 573, 2.

Artémis = Lune, 7, 1.

Ascendens, voy. Horoscope.

Asclétarion, astrologue, 556-557.

Asklépios, dieu médecin, 576, 1 ; révélateur Hermétique, 262, 3. 316, 4. 317, 1. 519. 535. 536. 576. 601, 2.

Aspects, 52. 80. 81-82. 165-179. 176. 178. 246. 248. 376. 378. 387. 499, 1.

Assourbanipal, 37, 2. 49.

Assyriens = Chaldéens? 51, 1. 599, 3.

Astarté ou Astoreth = Aphrodite = Vénus, 68. 99. 342, 1.

Ἀστέρες = stellae = planètes, 88. 225, 1.

Ἀστεροσκοπική, 614, 2; cf. 575, 3.

Ἄστρα = sidera = constellations, 88.

Astræa = la Vierge, 139.

Astræos, père d'Héosphoros, 100; d'Astræa, 139; astrologue mythique, 5, 1. 265, 1. 551, 2.

Astres, engendrés dans l'eau, 40; nourris par la Terre, 75. 127; intelligents, 75, 1; dieux, 73. 79. 82. 479, 3; « juges », 42. 43, 4. 216, 3; ont pu pécher, 615, 1 ; signes et non causes des événements, 74. 348, 4. 394, 2. 396, 3. 579, 1. 584, 1. 600. 603. 610, 2. 614. 620. 624, 1; n'ont pouvoir ni sur J.-C., 568.611.614, 1, ni sur les chrétiens, 612, ni sur l'empereur, 567-568.

Ἀστροχίτων = Hercule, 137, 1. 577, 1.

Astrologie, synonyme d'astronomie, 3. 336, 2 ; révélée par les dieux, 18, 1; aux rois, 578, 2; invention des démons, 606, 1. 610, 1. 619; ses nombreux inventeurs, 51, 1. 575-578 : enseignée à Rome, 559; religion,

65. 66. 68. 72. 82. 216. 354. 355. 479, 3. 568, 1. 604. 605, 2. 625 ; sans culte, 605. 620, 4.

ἀσύνδετα (signes), 161, 1. 166. 399.

Atargatis = la Vierge, 139.

Athanase (S.), non hostile à l'astrologie, 191, 2. 616, 2.

Athêna, symbolise le nombre *sept*, 7 ; le καιρός, 9, 2 ; la Lune, 30.

Athénodore, stoïcien, 36, 2.

Ἆθλα, travaux ou sorts, dans Manilius, 279, 2. 288. 297-298. 394, 2. 405, 1. 490, 1.

Athyr, mois égyptien, 382, 1. 462.

Atlas, donné comme inventeur de l'astrologie, 576-577.

Atrée, 128. 131 ; donné comme astrologue, 576, 1.

atri (*dies*), 623, 2.

ἄτροφοι (enfants), 400-402. 409, 5.

Atropos, 25, 1. 170, 1. 601.

Attius, sur l'astrologie, 189, 1. 546, 1.

Audynæos, mois syro-macédonien, 373, 2.

Auguste, sa comète, 359, 1. 549 ; sa nativité, 369. 373, 2. 384. 439 ; ses édits concernant l'astrologie, 560.

Augustin (S.), contre les astrologues, 585, 4. 614, 1. **618-623** ; contre la sphéricité de la Terre, 618, 1.

Aulus, astrologue, 563.

Aurore, mythologique, 100. 139 ; boréale, voy. *Chasma*.

Ausone, sur l'astrologie, 485, 2. 570, 1.

αὐθεντικοί (τόποι), 454, 4.

Αὐξομείωσις, 267.

ἄζωνα (signes), 160 ; dieux ἄζωνοι, 160, 2.

Bacchus = un des Gémeaux, 136. 329 ; disciple d'Hercule, 577, 1.

Bakis, chresmologue, 467, 3.

Balance (ou Pinces du Scorpion) = *Nûru*, 57, 1 ; séparée du Scorpion, 61 ; description, **141-142** ; domicile de Vénus, 141, 2. 185. 188 ; exaltation de Saturne, 192, 2. 197. 204 ; dépression du Soleil, 197 ; sous la tutelle de Vulcain, 184 ; horoscope de Romulus, 369 ; de Servius Tullius, 370, 1 ; d'Auguste, 369, 1. 373, 2. 439 ; d'Horace, 551 ; donne la moyenne

des années de vie, 408, 1 ; au sens de *joug*, 190, 3. 330, 3. 468 ; de joug matrimonial, 190, 3 ; ses domaines sur terre (voy. Chorographie) ; dans le corps humain, 319.

Balbillus, astrologue, 360. 555. 556.

Barbares, leur sagesse, 35, 1. 599, 3 ; leurs lois, 582, 3.

Barbarique (sphère), 125. 134, 3. 229, 1. 425. 445, 1.

Bardesane, 426. 427, 5. 435, 2. 571, 1. 582, 1. **584, 1.** 609.

Basile (S.), contre l'astrologie, 579, 2. 587, 1. 613, 1. 617, 1.

Basilide, gnostique, 216, 1. 608.

Βασιλικός, voy. *Regulus*.

Βάσις = Horoscope, 306, 1. 389, 2. Voy. Κλῆρος.

Bassianus, son procès, 396, 2.

Βάθος = apogée, 194.

Bel, dieu chaldéen, 37, 2. 49 ; = Mardouk (s. v.) ; = pôle N., 40 ; = Saturne, 93, 2. 607 ; invente l'astrologie, 576, 1 ; oracles, 37, 1, et livres de Bel, 37, 2. 49.

Bélier = *Ku*, 57, 1. 58 ; = Ammon, 130. 329. 343. 576, 1 ; introduit par Cléostrate, 62, 1 ; description, **130-132** ; domicile de Mars, 185. 188. 203. 227. 513, 3 ; exaltation du Soleil, 196, 1. 197. 203. 227. 440. 535 ; tutelle de Minerve, 184 ; signe initial, 129-130. 156. 331 ; tête ou MC. du monde, 131, 1. 185, 3. 196, 1-2. 197. 227. 261. 319. 353, 2. 440 ; signe royal, 131, 1. 439, 3 ; signe rapide, 151, 3. 264 ; analyse de ses parties, 132, 1 ; ses domaines terrestres (voy. Chorographie) ; régit la tête dans le corps humain, 319 ; cœur du Bélier, 393, 2.

Belit = Vénus, 41, 1.

Bellérophon, donné comme astrologue, 576, 1.

Bérose, 2, 27. 33, 3. 36-37. 62. 358, 6. 373. 403, 2. 544. 575, 2.

βιαιοθάνατοι, morts de mort violente, 422. 423. 1.

Bianchini (planisphère dit de), 213, 2. 227, 3.

Βιοδοτήρ = œcodespote de la géniture,

407, 2 ; son action, 404. 409-410. 421, 1.

βλέποντα (signes), 159. 165 (fig. 17).

Bode (loi de), 8, 2.

Boédromion, mois athénien, 460, 1.

Bolath = Saturne, 93, 2.

Bolides, 75, 1. 348. 355, 1. **358**. 362, 2 ; = âmes humaines, 22, 2. 386, 2. 362.

Bolus de Mendes, 519, 1.

Borée, vent du N., 98. 127 ; fécondant, 98, 2. 201.

Borsippa (observatoire de), 41, 1. 45. 64, 1. 313.

Botanique astrologique, 317.

Βόθυνοι, comètes, 359, 1.

βουλαῖοι (θεοί), 42. 43, 4.

Bouvier, constellation, 61. 446, 3.

Brahmanes, donnés comme maîtres de Pythagore, 5.

Britannicus, fils de Claude, 561, 4.

Brontoscopie, voy. Tonnerres.

Cabires = Gémeaux, 136. 398.

Cabbale, voy. Kabbale.

Cadmus, donné comme inventeur de l'astrologie, 578.

Cæculus, 92, 1.

Calchas, 551.

Calendrier romain, 184, 1. 189, 1. Voy. *Dies* (*Aegyptiaci, atri,* etc.).

Caligula, consulte les astrologues, 555.

Callisthène, sur la naissance d'Alexandre, 466.

Callippe, 129, 1.

Cambyze, éclipse sous son règne, 48, 1.

Campestrius, 345, 1. 356, 1. 359. 363.

Cancer = *Nangaru*, 57, 1 ; = *Seta*, 186, 2 ; domicile de la Lune, 185. 187. 188. 195. 204. 212. 243. 427. 515, 1. 617, 2 ; exaltation de Jupiter, 97, 2. 98, 2. 197. 204 ; dépression de Mars, 198. 514, 3 ; tutelle de Mercure, 184 ; signe initial, 129, 1, et horoscope du monde, 185. 261. 499, 1. 617, 2 ; description, **136-138** ; analyse de ses parties, 366, 2 ; ses domaines terrestres (voy. Chorographie) ; régit la poitrine, 319 ; signe tropique, 23. 152 ; brûlant, 23 ;

lieu de réunion des planètes lors de l'ἐκπύρωσις, 33, 3 ; aveugle et produisant la cécité, 151, 1. 161. 431, 3 ; redouté de Properce, 552.

Canicule, lever du Chien, 34. 367, 2. 383, 4. 384.

Capricorne = *Sakhû*, 50, 3. 57, 1 ; = Pan et Triton, 144 ; domicile de Saturne, 96. 185. 188. 190. 204 ; exaltation de Mars, 145. 195. 198. 204 ; dépression de Jupiter, 97, 2. 195 ; apside de Mercure, 196, 1 ; tutelle de Vesta, 145. 184 ; 198, 1 ; en rapport avec les Saturnales, 204, 1 ; description, **144-146** ; signe tropique, 23. 152 ; aqueux, 33, 3 ; froid, 23 ; ses domaines terrestres (voy. Chorographie) ; régit les genoux ; 319 ; signe horoscope d'Auguste, 146, 1. 369, 1. 373, 2. 439, 3. 549. 554, 2 ; peut-être d'Horace, 165, 1 ; enseigne de légions, 554, 2.

Caput Draconis ('Αναβιβάζων), nœud ascendant de l'orbite lunaire, 122-123. 192, 1. 349, 4. 452, 2. 467, 3. 493, 1. 507, 1. 508. 509, 1. 513.

Caracalla, 559.

Cardo = κέντρον, point cardinal du cercle de la géniture, 170, 4. 171, etc.

Cariens, inventeurs de l'astrologie, 51, 1. 577.

Carnéade, contre l'astrologie, 337. 425. 543. 571. 581. 582. 587, 1. 620.

Carré, ses propriétés mystiques, 7, 1. 171 ; en astrologie, voy. Quadrat (aspect).

Cassandre, astronome, 543.

Cassiopée, constellation, 61. 613, 1.

Castor, un des Gémeaux, 135 ; fils de Tyndare, 588, 1.

Catastérismes, 13, 1. 23. 60. 79, 1. 541. 548. 551, 1. 552, 3. 569, 1 ; chrétiens, 609. 623, 1.

Caucase, observatoire de Prométhée, 576, 1.

Cauda Draconis (Καταβιβάζων), nœud descendant de l'orbite lunaire, voy. *Caput*.

Cécrops = Verseau, 146.

Celse, sur l'astrologie, 320.

Censorinus, sur la vie intra-utérine, 377-379.

Centaure, constellation, 143; voy. Chiron.

Centres (κέντρα), points cardinaux du cercle de la géniture, 129. **257-259.** 352. 399; leur place dans les lieux y afférents, 270.

Céphale, père d'Hespéros, 100.

Céphée, constellation, 424; donné comme astrologue, 576, 1.

Cercle, tracé du mouvement parfait, 8, 2; divisions du cercle, voy. Degrés.

Cérès = la Vierge, 184.

Césaire, contre l'astrologie, 571, 1.

César (J.). 547. 549. 568.

Chaldéens, de Chaldée, inventeurs de l'astrologie, **36-51.** 64. 93, 2. 104-105. 108. 111, 1. 121. 124-125. 126. 133, 1. 166. 184. 185, 1. 227, 2. 260. 299, 1. 337. 362, 4. 365, 1. 461. 477. 478, 1. 570, 2. 575, 2. 576. 581. 599, 3; astronomes, abandonnant l'astrologie, 37, 2. 209, 1. 260, 1; nom commun des astrologues, synonyme ou antithèse d'Égyptiens, 42. 43. 54. 62, 3. 79, 1. 108-109. 117. 148, 2. 181, 1. 203, 1. 204. 210. 220. 319, 1. 357. 376. 377. 379. 392, 3. 464. 484. 519. 545. 546. 547. 554. 555. 557. 558. 560. 562. 565. 566. 589. 622, 4; synonyme de mages, 51, 1. 533, 1. 566. 611, 2; oracles chaldéens (voy. Oracles).

Charites ou Grâces, 398.

Chasma (discessus caeli), aurore boréale, 362.

Χηλαί, 141. 142, 1. Voy. Balance.

Chèvre, constellation, 62. 445, 1; chaldéenne, 57; et les Chevreaux, constellation, 62, 1. 423, 3.

Chien ou Canicule, constellation, 61. 74, 1. 366, 2; produit la rage, 79, 1. 125, 2; = Sirius, 137; = Isis, 226, 2; = le Verbe, 609, 1.

Chiromancie, 132, 1. 313, 2.

Chiron = Sagittaire, 143; = Centaure, 143; donné comme astrologue, 576, 1. 578, 1.

Choiak, mois égyptien, 369.

Chorographie astrologique, **327-347.** 583; zodiacale, 329-334. 551. 552; planétaire, 334-336; mixte, 338-347.

χρηματίζοντες (τόποι), 287, 2. 406, 2.

Chronocratories, domination des astres sur des fractions du temps, 220. 222. 334. 406, 2. 462. 474. 498. 506. 512; zodiacales, 489-491; planétaires, 474. 478, 1. **491-506;** des heures, 43, 4. 479. 506 (voy. διέπων et Semaine); des jours, 64, 1. 476, 2 (voy. πολεύων et Semaine); des mois, 505-506. 509-510 (cf. Signes); des années, 404, 2. 528, 2 (voy. Dodécaétéride); des périodes de la vie intra-utérine, 508-510; des divers âges, 500-502. 511; des périodes de l'histoire universelle, 187, 1, 498-499; idée familière aux Égyptiens, 216, 3. 220; fondement du système des κατάρχαι, 474. Chronocrator καθολικός, 492, 1. 493. 494, 1; = ἀφέτης, 411, 1. 422, 1. 503. 504, 2.

Χρόνος = Κρόνος (s. v.).

Chrysippe, 28. 30, 1. 32. 33. 34. 107. 321, 4. 383. 425. 544. 586, 1.

Chrysostome, voy. Jean.

Cicéron, contre l'astrologie, 571, 1. 572; traduit Aratus, 553.

Cidénas, astronome, 515, 3.

Circoncision, hommage à Saturne, 371, 1.

Cités (thèmes des), 368-371. 441. 585, 1.

Claude, sévit contre les astrologues, 561.

Cléanthe, 29, 1. 31. 116, 1. 544, 2. 626, 1.

Cléemporos, 519, 1.

Cléomène, roi de Sparte, 29.

Cléopâtre, reine, 53, 1; ses livres, 375.

Cléostrate, 61. 62, 1.

Climat, au sens de latitude, 261, 3. 265. 268. 269. 329, 2 (voy. Ἀναφοραί); au sens de zones, 334-336.

Climatères, 410, 1. 414, 1. 422. 496, 1. 500. 520. **526-529;** planétaires, 531, 1; décaniques, 229, 2. 532, 1.

Clitomaque, 571, 1. 581, 5.

Clotho, 170, 1; = sphère des fixes, 25, 1.

Cocher, constellation, 445, 1.

Cochoden, voy. *Alcochoden.*

Degrés du cercle; divers systèmes de division, 59, 1. 60, 2. 279, 2. 334, 1. 475, 2; degrés masculins et féminins, 154, 3; 162. 215, 3. 397, 2; pleins et vides, 162. 215, 3. 216, 3. 230. 397, 2; dans et entre les décans, 231-234; degrés mauvais, 235; brillants, 235.

Dejectio, voy. Ταπείνωμα.

Δεκαμοιρία = décan, 217, 2.

δεκατεύειν (ou ἐπι —), 250. 432, 1.

Delephat = *Dilbat* = Vénus, 41, 1.

Delphes, nombril du monde, 323, 3. 618, 1; son oracle muet, 562.

Delta du Nil, copie du Deltoton céleste, 76, 1.

Déluge, produit par réunion des planètes, 33, 3; d'Ogygès, 128, 4.

Déméter = Terre-Mère, 31. 92, 3; âme de la Terre, 21, 2; associée à Coré et Dionysos, 398.

Démétrius, astrologue, 472, 3.

Démiurge chaldéen, 108. 185. **192, 1.** (voy. Mardouk); platonicien, 16. 20-21. 114.

Démocrite, 13-15. 63. 116, 1. 126, 4. 357. 519, 1. 538.

Démonologie, primitive, 312; platonicienne, 24, 1. 77. 604, 2; chrétienne, 619. Voy. Génies.

Démons chrétiens = dieux païens, 610, 1. 616, 2. 619. 623. 625.

Denderah (Zodiaque de), voy. Tentyra.

Dercyllide, sur les planètes, 573, 2.

Deucalion = Verseau, 146.

Deus = Soleil, 293, 1; dans l'*octotopos*, 279; dans le *dodecatopos*, 284. 413; lieu aphétique, 416.

Devins légendaires, réputés astrologues, 370, 1. 551. 576, 1.

Dextratio, 77, 1.

Diadumène, son thème de géniture, 558, 2.

Diamètre et aspect diamétral, 166-169; harmonique, 168. 173; favorable aux naissances, 378. 379, 2; offensif, 167-168. 249, 2. 401. Voy. Ἀκτινοβολία.

Diane = Lune, 89, 2; = *Diuno* = *Juno*, 189, 1; dans le Sagittaire, 184.

Διάθεμα, voy. Thème.

Δίδυμοι, voy. Gémeaux.

διέπων (planète), chronocrator de l'heure, 476, 2. 479, 3.

Dies Aegyptiaci (s. v.); *atri* (s. v.); *fissi, intercisi*, 460, 1; *natales*, 459, 1 : jours heureux ou malheureux, dans Hésiode (s. v.) : en astrologie, voy. ἄπρακτοι, Chronocratories, Semaine.

Dignités des planètes : voy. Domiciles, Ὕψωμα, Ὅρια, etc.

Δικασταὶ τῶν ὅλων, divinités sidérales, 42. 43, 4. 216, 3.

Δίκη = Vierge, 62, 1. 139, 191, 1; = Fortune, 602.

Dimanche = jour du Soleil, férié, 485, 2.

Dioclès, astronome, 129, 1.

Dioclétien, sévit contre les astrologues, 566.

Diodore de Sicile, sur l'astrologie chaldéenne, 41-44. 66, 1. 93, 2.

Diodore de Tarse, contre l'astrologie, 571, 1. 585, 3. 613, 1. 617, 1. 618, 1.

Diogène d'Apollonie, 126, 4.

Diogène de Séleucie, 544. 594.

Dionysos, Coré et Déméter, 398.

Diophane, astrologue, 563, 2.

Dioscoride, astrologue, 403, 3.

Dioscures = Gémeaux, 135. 588, 1. 621; trijumeaux avec Hélène, 398.

Διοσημεῖα, voy. Météorologie.

Directio = ἄφεσις, 411. 418. 419, 1.

Δισκεύς, comète, 359.

δίσωμα (signes), 58, 3. 151. 152. 170. 352. 353, 2. 433.

Dispositor, espèce de chronocrator, 507, 1.

Diurnes et nocturnes (signes), 155-156; (planètes), voy. Αἵρεσις.

Divisor, espèce de chronocrator.

Dodécaétéride chaldaïque, 489-490.

Dodécatémories = signes du Zodiaque (distincts des constellations), 55. 57. 129, 1. 180. 216, 3. 273, 1. 579, 1; douzièmes de signes, 216, 3. 299. 302; dodécatémories planétaires, espèces de κλῆροι chaldéens, 216, 3. 239, 2. 291, 1. **299-303**; dodécatémories de κλῆροι, 300. 305, 1.

Enfants ou fils, dans le cycle des lieux, 283. 592.

Ἐνγόνασιν (*Ingenubus*, *Ingeniculus*, *Geniculator*), constellation d'Hercule, autrefois anonyme, 60, 1 ; = Adam, 609, 1. 617.

ἐγκάρδιος (ἀστήρ), 309, 5.

Ennius, contre les astrologues, 368.

Énoch, voyez Hénoch.

Envoûtement, 315, 5. 537, 1.

Épagomènes (jours), 234, 2. 475, 2. 476.

Ἐπαναφοραί, 273. 274. 278. 392, 1. 401. 405, 1. 437. 513, 6.

Ἐπέμβασις, 474.

Éphémérides astrologiques, chaldéennes, 461, 2 ; hésiodiques, 459-461 ; égyptiennes, 461-462. 462, 4. 465. 563. 564. 565. 570 ; brontoscopiques, 363-364. 465 ; sismiques, 365, 1 ; diverses, 465.

Ephrem (S.), contre l'astrologie, 617.

Épi de la Vierge, 57. 58. 140.

Épictète, 29.

Épicure, 28 ; épicuriens ou libres-penseurs, contre l'astrologie, 15. 594. 622.

Épicycles (théorie des), 111. 115.

Ἐπιδεκατεία, 250.

Épigène, disciple de Bérose, 36, 2. 37, 2. 39, 2. 94, 2. 358, 6. 379, 1. 403, 2. 575, 2.

Ἐπικαταφοραί = ἀποκλίματα, 271. 273. 278, 3. 283, 4.

ἐπίκεντρος (astre), 271. 406, 2. 441.

Ἐπικρατήτωρ, 406, 2. 407, 2. 422, 2. 504, 2 ; = ἀφέτης, 412, 1 ; τῆς βασιλείας, 440, 2.

Ἐπιμαρτυρίαι = Aspects (s. v.), 410, 1. Voy. μαρτυρίαι.

Épiphi, mois égyptien, 367, 1. 541, 2.

Ἐπίσκοποι = Décans, 217, 2. 223, 4.

Ἐπισυναγωγή, 247.

Ἐπιτολή, lever héliaque, 111, 3.

ἐπόμενος (τόπος) = ἀναιρετικός, 419.

Équinoxe de printemps, au milieu du Bélier, 129, 1 ; au commencement, 129, 1. 161 (fig. 17). 270 ; au degré 8°, 129, 1 ; jadis dans le Taureau, 54. 57. 58. 59, 2. 134, 1-2 ; déplacé par la précession des équinoxes (s. v.).

Ératosthène, 107. 334.

Ere, de Nabonassar, 48, 1 ; des Séleucides, 50.

Ἔρως (*Cupido*), 293, 1 ; = Vénus, 307 (voy. Κλῆρος).

Errones = planètes, 88, 3.

Esclaves (thèmes des), 441 ; pronostics les concernant, 468. 472-474.

Esculape, voy. Asklépios.

Esneh (Zodiaque d'), voy. Latopolis.

Étain, métal de Mercure, 315.

Ethnographie astrologique, régionale (voy. Chorographie) ; théorie de la race et du milieu, 337-328. 581-584.

Étienne d'Alexandrie, auteur astrologue, 370-371.

Étoiles, plus intelligentes que les planètes, 75, 1. 93 (voy. Décans) ; comparées aux planètes pour le tempérament, 96, 1. 125, 1. 132, 1. 181, 2. 257, 4 ; normales, dans le Zodiaque chaldéen, 56, 1 ; extra-zodiacales, 23, 1. 125. 336, 1. 338, 2. 351. 361, 3. 384. 426. 445 (voy. Paranatellons) ; filantes (voy. Bolides) ; patronnes des individus, 22, 2. 386, 1 ; figurées à huit branches, 81 ; à sept branches, 81. 482.

Étymologies, platoniciennes, 24, 1 ; stoïciennes, 30, 1.

Eudemus de Rhodes, 3, 3.

Eudoxe, 25. 51, 1. 60, 2. 62. 63. 109, 2. 111. 129, 1. 184, 1. 260. 265, 1. 334. 541, 1. 543.

Eumolpos, donné comme révélateur de l'astrologie, 576.

Euno = Isis, 462, 3.

Euphrate, berceau de Vénus, 147 ; des Poissons (s. v.).

Euripide, sur l'astronomie, 37, 1.

Eusèbe d'Alexandrie, contre les astrologues, 611, 2. 616.

Eusèbe, évêque d'Émèse, adonné à l'astrologie, 616.

Ézéchias (cadran solaire d'), 128, 4. 610. 622, 4.

Faisceaux lumineux (ῥαβδοί), 355.

Farnèse (globe), 142, 1.

Fatalisme, impliqué par la divination en général, 31-32. 84. 556, 8 ; par l'astrologie, **593-598**. 603, 2. **620-**

625; surtout par la généthlialogie, 448. 487-488. 520.

Faunus, 363, 3. 546, 1.

Faustus, manichéen, 620, 4.

Favorinus, contre l'astrologie, 558. 571, 1. 573, 2. 575, 2. 587, 1. 595.

Februarius, mois romain, 189, 1.

Féminin (sexe), formé dans le Midi, 92, 1 ; dans le Nord, d'après Parménide, 92, 1.

Fer, métal de Mars, 315.

Ferdariae ou *Fridariae* = chronocratories, 491, 1. 493, 1. 507, 1.

Feu, élément générateur, 10 ; destructeur, voy. Ἐκπύρωσις et Mars.

Fines, voy. ὅρια ; = *finitumae partes*, 181, 1. 206, 2.

Firminus, ami de S. Augustin, 586, 2. 622, 4.

Firmicus, cité dans tout le cours de l'ouvrage (Voy. Bibliographie), dédie son livre à Mavortius (s. v.).

Foie, siège de Mercure, 312. 314.

Fomalhaut, étoile du Poisson Austral, 148, 2.

Fonteius, auteur d'éphémérides brontoscopiques, 363.

Fortune, en général, vogue de son culte, 288. 564 ; = Δίκη, 602 ; dans le temple toscan, 298, 2 ; Fortune astrologique, voy. Τύχη, Vénus, Vierge.

Foudres, 362-363. 550, 1.

Frères, pronostics les concernant, 394-395. 453.

Fronton, astrologue, 162.

Fridariae, voy. *Ferdariae*.

Gabies (autel de), 141, 2. 184, 1.

Gabriel, ange de la Lune, 623, 1.

Galba, mis à mort par Othon, 554· 556. 562.

Ganymède = Verseau, 146.

Gauche, par opposition à la droite, côté féminin et lunaire, 6. 80. 164, 2. **174.** 249, 1. 321. 322 ; signifie *en arrière*, à contre-sens du mouvement diurne, 174. 243, 1. 248. 254.

Gémeaux = *masmasu*, 50, 3. 57, 1 ; hypostases de Nergal, 58. 135; = Cabires, (s. v.) ; = Dioscures (s. v.) ; = Apollon, Bacchus, Hercule (s.

vv.) ; domicile de Mercure, 188. 189, 1. 191. 204 ; tutelle d'Apollon, 184. 329 ; apside du Soleil, 196, 1 ; description du signe, **135-136** ; analyse de ses parties, 366, 2 ; ses domaines terrestres (voy. Chorographie ; régit les épaules et les bras, 319.

Géminus, contre l'astrologie, 74, 3. 108. 116. 167, 1. 572, 2.

Γένεσις (*genitura*) = thème de géniture, 185, 2. 256, 1.

Généthlialogie, chaldéenne, 49 - 50. 385, 4 ; première forme de l'astrologie grecque, 27, 2. 83, 1 ; exposée, 84-86. 367. **372-457;** combinée avec les Καταρχαί (s. v.).

Génie = Δαίμων, dans le système des lieux (voy. Ἀγαθός, Κακός) ; dans les κλῆροι (s. v.) ; Génie individuel, 551, 4. 565, 2. 588, 1 ; génies platoniciens, 24, 1. 604, 2.

Géomancie, 470, 1. 542, 1. 624, 2.

Germanicus, traduit Aratus, 553.

Gilgamès ou Izdubar. 58. 143.

Glossopetra, 91, 1.

Glutinatio, voy. Κόλλησις.

Gnostiques, introduisent l'astrologie dans le christianisme, 608-609. 612. 613, 1.

Γώνιαι (*anguli*) = centres, 258, 4.

Gordiens (les), empereurs, 560.

Gorgone ou tête de Méduse (*Algol*), dans la constellation de Persée, 424.

Grégoire de Nazianze (S.), contre l'astrologie, 613, 1.

Grégoire de Nysse, contre l'astrologie, 85. 571, 1. 582, 1. 584, 2. 617, 1.

Grégoire le Grand (S.), pape, contre l'astrologie, 590, 2.

Gu = Verseau, 57, 1.

Guttu = Mercure, 41, 1.

Hadrien, 379, 1. 557-558.

Ἅιδου πύλη, voy. *Janua Ditis*.

Αἵρεσις (*conditio - secta*), qualité de diurne ou nocturne, **103.** 155. 188. 198. 203. 253. 254. 303. 309. 339, 1. 388. 390. 394. 437. 494, 1.

Haiz = *alahiz* = αἵρεσις, 103, 2.

Halos, interprétés, 48. 348. 355.

Harpocration, auteur astrologue, 534, 3. 535, 3. 536, 1.

Haruspices, 50, 1. 183. 279, 2. 357. 363. 364, 4. 368, 4. 403, 2. 446, 2. 547. 549. 550. 555, 6. 557, 1. 559, 4. 567 ; leur temple céleste, 160, 2. 171. 183. 279, 2. 298, 2 ; temple hépatique, 284, 4. 550, 3.

Hebdomades, voy. Septénaires ; Ἑβδομάς, voy. Semaine ; Ἑβδομαγένης, titre d'Apollon, 459.

Εἱμαρμένη, prédestination stoïcienne, 32. 596, 1. 603, 2. 612, 2-3. 614, 2. 671, 1.

Hélène, trijumelle des Dioscures, 398.

Héliaque (lever), voy. Lever.

Héliodore, astrologue, 569.

Hénoch, patriarche, donné comme inventeur de l'astrologie, 578, 1. 601 ; le livre d'Hénoch, 77, 1. 540, 2. 575, 3. 578, 4. **606-607.** 610, 1.

ἑῷος (ἀστήρ), antithèse d'ἑσπέριος (s. v.), 102. 113, 1. 188, 1. 253, 3. 341. 431, 2. 437. 443 ; phase de comète, 361 ; abusivement synonyme de ἀνατολικός (s. v.).

Ἑωσφόρος, fils d'Astræos (s. v.), étoile du matin, 67 ; = Istar, 41, 1 ; = Vénus (s. v.).

Héphæstos = ogdoade, 7, 1.

Héphestion de Thèbes, cité dans tout le cours de l'ouvrage (voy. Bibliographie) ; peut-être chrétien, 624, 1.

Ἑπτάζωνος, système d'ὅρια, 210, 2. 213-215. 409, 3.

Hèra (*Juno*) = dyade, 7, 1 ; = la planète Vénus, 68, 2. 99, 2.

Héraclide de Pont, 57, 1. 107. 117, 3. 367, 2.

Héraclite d'Éphèse, 4. 5. 10-11. 33, 2. 75. 79. 96. 500.

Héraclite, le stoïcien, 30, 1. 33, 3.

Héraklès, voy. Hercule.

Hercule = un des Gémeaux, 135. 136. 329 ; = Ἐνγόνασιν (s. v.) ; = Mars, 98. 439 ; = Soleil, 137, 1 ; ἀστροχίτων (s. v.) ; donné comme astrologue, 576. 577, 1.

Ερμηνεῖς, titre donné aux planètes, 40, 3. 69, 2.

Hermès, voy. Mercure.

Hermès Trismégiste (Thot), 8, 1. 77, 1. 116, 1. 181, 1. 222, 4. 223. 343. 358. 365, 1. 475, 2. 498. 519. 524. 534, 1. 536. 541, 2. 576. 578. 598, 2. 601, 2 ; son « Livre Sacré », 230, 3. 316, 4. 317, 1. 320, 2-3. 517, 1. 518, 2.

Hermès dit le Philosophe (?), 506.

Hermippus, astrologue, 624, 1.

Hermippus, ouvrage d'auteur anonyme (voy. Bibliographie), 169. 183. 322-323. 346-347. 613, 1. 623-624.

Hérodote, sur le cours du Soleil, 127, 2. 128 ; sur l'astrologie égyptienne, 62, 3. 83, 1.

Hérophile, médecin, 379, 1.

Ἑρτωσί = *Hur-dos* = Hercule, 98, 4.

Hésiode, 2. 61. 459-461. 466.

Hespéros, fils de Céphale, 69 ; étoile du soir = *Belit*, 41, 1 ; = Vénus (s. v.).

ἑσπέριος (ἀστήρ), antithèse d'ἑῷος (s.v.); phase de comète, 361; abusivement synonyme de δυτικός (s. v.).

Hestia = Vesta = intelligence de la Terre, 21, 2. 626, 1.

Heures, leurs noms égyptiens, 479, 1 ; leurs chronocratories (s. v.).

Hexagonal (aspect), voy. Sextil.

Ἱερὰ βίβλος, voy. Ἀμβρής et Hermès Trismégiste.

Ἱερὸς γάμος, 449, 3.

Hipparque, 48, 1. 54, 1. 60, 2. 61. 108. 129, 1. 263. 479. 543 ; donné comme astrologue (?), 162, 1. 331, 4.

Ἱππεύς, comète, 359.

Hippo, fille de Chiron, astronome, 37, 1. 576, 1.

Hippocrate, 379. 509, 2. 519, 1. 528. 583, 2. 621.

Homère, exploité par les astrologues, 2. 30. 59, 2. 576, 1. 601, 2 ; dit Égyptien, 35, 1 ; ὁμηρομαντία, 460, 1.

Homme, semblable au monde, voy. Microcosme.

Homme-Scorpion chaldéen, 143.

ὁμογενῆ (signes), 168.

Ὁμόρωσις, 247.

ὁμόζωνα (signes), 159. 161. 164, 2.

Honneurs, en MC., 129, 1. 276. 281. 284. 371. 440, 2. 441, 1-2. 443, 1. 514, 4.

ἰσοδυναμοῦντα (signes), 159. 161 (fig. 17).

Istar (*Ishtar*), 99. 133. 342, 1; = Astarté, 68; — Vénus, 41. 69. 576.

Istar-nadin-Habal, astrologue, 49.

Izdubar-Gilgamès, 58-59.

Janua Ditis, 277. 282. 422, 3.

Janus, 183; *Consevius*, 189, 1.

Jean Chrysostome (S.), contre l'astrologie, 612, 3. 613, 1. 617, 1.

Jérusalem, centre du monde, 618, 1.

Joies (χαραί) des planètes, 310.

Jophiel, ange de Jupiter, 623, 1.

Josué (miracle de), 128, 4. 622, 4.

Jours, diversement qualifiés, voy. *Dies*.

Juifs, dits adorateurs de Saturne, 318. 371, 1. 478, 1. 483, 3; inventeurs de l'astrologie, 51, 1. 578; dispersés, 584.

Julien le Chaldéen, 558, 2. 599.

Julien (l'empereur), 569.

Julien de Laodicée, 599, 1.

Jumeaux, leur procréation, 398 : argument contre l'astrologie, 383, 3. 558, 1. **588-591. 615. 620-622.**

Junon, déesse, logée dans le Verseau, 167, 2. 184; *Lucina* = Lune, 189, 1; = Vénus (voy. Hêra).

Jupiter, dieu, 7, 1. 184, 1. 395, 3; loge dans le Lion, 167, 2. 184; planète = *Dapinu*, 41; = *Te-ut*, 41, 1. 50, 3. 385, 4; = *Molobobar*, 41, 1; astre de Mardouk, 69. 97; = *Hurup-Seta*, astre d'Osiris, 66, 1. 97, 2; a nom Φαέθων, 66. 97. 439; son type astrologique, **97-98;** planète du N., excitant les vents du N., 97. 98. 190. 201. 203. 204. 321; a ses domiciles dans le Sagittaire et les Poissons, 185. 188, 1. 190. 195. 203. 204; s'exalte dans le Cancer et se déprime dans le Capricorne, 97, 2. 98, 2. 195. 197. 204; sa place dans les trigones, 201-205; dans l'*octotopos*, 278; dans le *dodecatopos* (voy. Ἀγαθὸς δαίμων); dans le κλῆρος des frères, 306; sa couleur, 313-314; ses domaines terrestres (voy. Chorographie); produit l'électron et l'étain, 315-316; régit le poumon, le foie, etc. 321-323; ses

chronocratories, dans la vie intra-utérine, 509-510; dans les âges de la vie, 501-511; dans l'histoire universelle, 498.

Juvénal, sur les astrologues, 560, 3. 562-563. 570.

Kabbale, arithmomancie juive, 7, 2. 24. 537, 3. 601. 609, 1.

Kaimanu = Saturne, 41.

Καιρός = Athéna, 9, 2.

Kaivan ou *Kaiwan* = Saturne, 196, 2. 478, 1. 483, 3.

Κακὴ Τύχη = Mars, 283. 430. 454; κακοτυχεῖν, 284, 5.

Κακὸς δαίμων = Saturne, 283. 285. 454; κακοδαιμονεῖν, 284, 5. 515, 1.

Κάκωσις, 254.

Καρκίνος ou Καρκῖνος, voy. Cancer.

Καταβιβάζων (συνδεσμός), nœud descendant de l'orbite lunaire ou Queue du Dragon (voy. *Cauda*).

Καταφοραί, antithèse d'ἀναφοραί, 269. 413, 2.

Καταρχαί (*electiones*), initiatives ou opportunités, méthode concurrente et presque antithèse de la généthlialogie, 83. 224, 3. 247. 255, 1. 351, 2. 372. 375, 1. 376, 1. 394, 1. 396, 2. 404, 1. 406, 2. 410, 1. 411, 1. 430, 3. 448. 449, 2. 455; générales, **458-486.** 513-516. 529. 555, 5. 603, 1. 622; combinées avec la généthlialogie, **487-511;** avec l'onomatomancie, 537-541; appliquées à l'iatromathématique (s. v.).

καθολικός, sens du mot, en apotélesmatique universelle, 328. 582; en καταρχαί, 458; appliqué au chronocrator (s. v.); aux κλῆροι (s. v.).

Καθυπερτέρησις, 250. 252. 454.

Κάτοχοι, reclus égyptiens, 434, 3.

Κενοδρομία, 255. 522.

Κεραστής ou κερατίας, comète, 359, 1.

Keskinto (Table planétaire de), 107.

Ki = Vierge, 57, 1.

Κλῆρος, synonymes et traductions du mot (*sors-pars*), 288. 289, 3; le κλῆρος platonicien, 84. 601; en astrologie, point du cercle obtenu par un calcul spécial à chaque cas,

,

323, 3. 438, 2 ; signe royal, 139. 438-
439 (voy. *Regulus*) ; enseigne de
légions, 554, 2.
Λίψ (*Africus*), vent d'O., 200, 1.
Liturgi (λειτουργοί), 216, 3. 217. 224, 1.
225, 1. 229, 1.
Livie, son expérience oomantique,
396, 2.
Lollia, son procès, 561.
Lôos, mois syro-macédonien, 373, 2.
Loxias = Apollon = Soleil, 30. 126,
1. 127, 3.
Lucain, sur l'astrologie, 552, 3.
Lucifer, voy. Φωσφόρος.
Lucillus, contre les astrologues, 563.
Luminaires (τὰ φῶτα), le Soleil et la
Lune, par opposition aux cinq planètes, 14. 88. 187. etc.
Lune = *Sin*, 44 ; assimilée à Vénus,
92, 4 ; éclairée par le Soleil, 43. 89, 2 ;
inactive comme N. L., 449. 468 ;
domiciliée dans le Cancer (s. v.) ;
s'exalte dans le Taureau et se
déprime dans le Scorpion, 134. 195.
204. 227 ; sa place dans les trigones,
201-205 ; dans le *dodecatopos* (voy.
Dea) ; régulateur des calendriers
religieux, 45. 55 ; type humide et
féminin, **90-93** ; source de la vie
végétative, 109 ; règle la vie physique, 288. 293, 1. 427. 499-500. 503,
1. 521, 1 ; la vie psychique, 289, 2.
433 ; reine du monde, 89, 1. 187, 1.
498 ; patronne des Perses, 339, 1. 581 ;
régions soumises à son influence
(voy. Chorographie) ; produit l'argent, 315 ; régit le côté gauche du
corps, 322 ; les pieds, 323 ; son
action sur les songes, 604, 2 ; ses
συναφαί (s. v.), observées chez les
Chaldéens, 405, 1 ; de même, ses
éclipses (s. v.) ; doit être observée
après la naissance, 402, 1. 406, 2.
487, 2 ; βιοδοτείρα, 405. 407, 2. 414,
1 ; aphète, 417 ; exclue de l'œcodespotie de la géniture, 406 ; chronocrator initial, 489. 492 ; ses chronocratories, dans la vie intra-utérine, 510 ; sur l'enfance, 500-501.
511 ; dans l'histoire universelle,
187, 1. 498.

Lyre heptacorde, symbole des sphères
célestes, 8. 324. 511, 1 ; constellation,
instrument du Verbe, 609, 1.

Macrin, empereur, 558, 3.
Mages, perses, 5. 37, 1. 79. 581 ; =
Chaldéens = astrologues, 51, 1. 533,
1. 566. 611, 2 ; étoile des Mages,
610-613.
Magie, en iatromathématique (s. v.).
Maia, éponyme du mois de mai, 183.
189, 1.
Maisons = domiciles (s. v.) ; du ciel
= lieux (s. v.).
Maladies, produites comme les infir-
mités (s. v.) ; leur guérison, voy.
Iatromathématique.
Mânes, logés entre la Terre et la
Lune, 604, 2.
Manéthon, 36 ; (Pseudo-), voy. Bi-
bliographie.
Manichéens, 608. 620, 4. 625.
Manilius Antiochus, 547, 4.
Manilius, cité dans tout le cours de
l'ouvrage (voy. Bibliographie) ; date
de son poème, 553 ; ne traite pas
des planètes, 180, 1.
Manma = Mars (?), 46.
Manubiae (*Jovis*), 363.
Mar-Istar, astrologue, 49.
Marc-Aurèle, 29. 556, 8. 558.
Marcius (L.), son supplice, 561.
Marcus, le gnostique, 320, 1.
Mardouk (*Bel-Marduk*), le démiurge
chaldéen, 40. 58 ; = Taureau, 57-
59 ; = Jupiter, 69. 97.
Marées, 74, 1. 544, 2.
Mariage, placé à l'Occident, 278. 281.
283. 448. 592 ; pronostics le con-
cernant, en généthlialogie, 447-449 ;
en καταρχαί, 468.
Marie, voy. Vierge.
Mars = *Anu*, 50, 3 ; = *Bibbu*, 41 ; =
Belebatos, 41, 1 ; = *Nergal* (s. v.) ; =
Manma, 46 ; = *Hur-χuti*, 66, 1 ; =
Hercule, 68, 2. 439 ; appelé Πυρόεις,
66. 98. 439 ; Θοῦρος, 98 ; son type astrologique, **98-99** ; planète occidentale et nocturne, 104, 1. 201. 212.
514, 3 (voy. αἵρεσις) ; domicilié dans
le Scorpion et le Bélier, 187. 188. 190.

Microcosme (théorie du), 28. 76-78. 83. 311. 318.

Minéralogie astrologique, 315-316. Voy. Lapidaires.

Minerve, dans le Bélier, 132, 2. 184 ; dans le temple toscan, 298, 2.

Mithra = Soleil, 284. 316, 1 ; = Saturne oriental (Μιθρανήλιος), 342, 1.

Mnésarchos, père de Pythagore, 5, 1.

Mnévis, taureau solaire, 315. 331.

Mobile (premier) = sphère des fixes, 26, 2. 116.

Mœres (Μοῖραι), divinités, 25, 1. 170, 1. 244. 377; degrés du cercle, 86. 236, 1. 377.

Mœrogenèse ou Myriogenèse, 229, 1. 432, 2. 445, 1.

Mois chaldéens, 47. 80. 461, 2 ; égyptiens, 505, 1; grecs, 459, 4. 460, 1. 462, 3. 505; romains, 189, 1.

Monade pythagoricienne, 6. 7, 1.

Μονομοιρίαι, 216. 229, 1. 236, 1. 284, 3. 389, 3. 391, 1.

Monnaies, avec signes astrologiques, 139, 1. 146, 1. 191, 2. 346, 1. 564, 1.

Monstres (génitures des), 399-400.

Mort, placée à l'Occident, 412-413. 425-426. 448 ; en IMC., 272, 1. 288. 414; dans l'*octotopos*, 277. 298; dans le *dodecatopos*, 284. 286; présagée ou annoncée par bolides, 386, 2 ; morts naturelles, 422 ; violentes, 423-425; calcul de l'échéance, par addition des années imparties, 404-410 ; par la théorie aphétique, 411-422 ; pronostic interdit, 404, 1. 440, 2. 470, 1. 560, 3.

Mullalu = Saturne, 50, 3.

Munifices (astres), 216, 3. 225, 1.

Musée, donné comme astrologue, 576.

Muses, assimilées aux sphères célestes, 324 ; musique des sphères, 25. 114, 1. 150, 1.

Mustabarru-Mutanu = Mercure, 41.

Myriogenèse, voy. Mœrogenèse.

Mythes, allégorisés par les Stoïciens, 30, 1. Voy. Homère.

Nabonassar (ère de), 48, 1.

Nabou (*Nabu*) = Mercure, 69. 358, 5.

Naboua, astrologue chaldéen, 49.

Nangaru = Cancer, 57, 1.

Nazaratos, donné comme Assyrien, = Chaldéen, 5, 1.

Nécessité, voy. Ἀνάγκη.

Néchepso, roi d'Égypte (d'Assyrie, 51, 1. 537, 2), donné comme auteur d'un traité d'astrologie, partie médicale, 77, 1. 108. 111, 1. 230. 261, 1. 292. 294, 2. 295, 1. 319, 1. 320, **520, 1.** 531, 1. 533. 534, 3. 535. 563-564. 576, 1 ; Néchepso et Pétosiris, 125, 1. 129, 1. 155. 185. 207. 220. 224. 230, 3. 235. 237. 290. 291. 295. 296, 2. 367, 1. 379. 403, 3. 412. 417, 3. 517. 519. 520. **563-564.** 576. 578, 4. 601, 2.

Nectanebo, magicien, 466.

Neith ou *Nit*, 10, 2.

Némésis = Saturne, 66, 1. **94, 1.** 307. 308, 1. 321, 2. Voy. Κλῆρος.

Nepa = Scorpion, 31, 1. 142. 143, 1 ; = Cancer, 142. 143, 1.

Nephthys, 460, 1. 475, 2.

Neptune, dans les Poissons, 147, 5. 184 ; en rapport avec le Cancer, 138, 1.

Nergal = Mars, 41. 57. 58. 69. 98. 99. 135. 363.

Néron, consulte les astrologues, 360. 555.

Nerva, sa mort prédite, 556.

Nestorius, philosophe, 383, 1.

Netpe, vieille lecture de *Nût* = Rhea, 475, 2.

Nigidius Figulus, 125, 1. 162, 1. 185, 2. 256, 1. 363. 548. 550. 564, 1.

Νίκη = Jupiter, 307. Voy. Κλῆρος.

Nil, ses sept bouches, 76, 1.

Ninib = Saturne, 41. 69. 93.

Ninive, 45. 313.

Nisan, mois chaldéen, 50.

Noces (lieu des), voy. Mariage.

Nœuds écliptiques, voy. Dragon.

Nombres, essence des choses, 6. 7, 2.

Notus, vent du S., fécondant, 98, 2. 200. 201.

Novénaires (cycles), en concurrence avec les septénaires (s. v.).

Numa, 363, 3. 546, 1; ses livres, 189, 1.

Nundinum, 477, 2.

Nune = Poissons, 50, 2.

Nâru = Balance, 50, 3. 57, 1,
Nât ou Nouît = le ciel, 10, 2.

Obstétrique astrologique, 402.
Occident, point cardinal du cercle de
la géniture, 111 ; lieu des Noces
(s. v.), de la mort (s. v.); antago-
niste de l'Horoscope, 474, 2 ; lieu
anærétique, 413 ; aphétique, 416.
Occultations d'étoiles, 63, 2 ; de planètes, 105, 1. 110, 1. 245, 3 ; par des
comètes, 361 ; des luminaires, voy.
Éclipses.
Octavius (Cn.), consulte les Chaldéens, 547.
Octotopos, système de Manilius, 276-
280. 405, 1. 422, 3. 448. 452, 1.
Oculus Tauri = Aldébaran, 134 ; *Solis*, voy. ὕπαυγος.
Odapsos, 331, 4. 333.
Œdipe, 450, 3.
Œnopide de Chios, 126.
οἰκεῖοι τόποι, 391. 421, 5.
Οἰκοδέκτωρ, 390. 406, 2.
Οἰκοδεσπότης, au sens étroit, propriétaire d'οἶκος, 182. 192, 2. 514, 1 ;
d'un autre domaine, v. g. des trigones, 202. 338; au sens large
(cf. κύριος), ayant la suprématie
dans un cas donné, 182. 238-239.
240. 388. 392. 406, 2; du lieu des
luminaires, 401; d'une syzygie,
366 ; d'une éclipse, 354 ; τῆς γενέσεως,
352, 1. 384. 387. 394. **405-407.**
410, 1. 415. 417. 418, 2. 422, 2. 429,
5. 492, 2. 495. 528, 1 ; τῆς ἀφέσεως =
ἀφέτης, 406, 2. 492, 2 ; ζωῆς, 406, 2 ;
καθολικός = χρονοκράτωρ, 492, 2.
Οἶκοι, voy. Domiciles.
Olympias, mère d'Alexandre, 466.
Onomatomancie, 24, 1. 537-541.
Oomancie, 396, 2.
Ophites = Pératiques (s. v.).
Θphiuchus, constellation, 56, 1. 609,
1 ; = Esculape, 125, 2.
Ὄψις = aspect, 165 ; par opposition
à ἀκτίς, 249, 2. 251, 3. 377, 2. 420, 1.
Or, métal solaire, 315.
Oracles d'Ammon, 562 ; d'Apollon,
404, 1. 561. 569, 4. 598, 2. 599, 2.
619, 2 ; chaldaïques, 24, 1. 35, 1. 37,

1. 44. 81, 3. 108. 115, 1. 122, 3. 192,
1. 379, 2. 598-599. 612, 2 ; de Dodone, 35, 1. 469, 1 ; persiques ou
de Zoroastre, 598, 2.
Orientation des planètes, 201 ; des
trigones planétaires, 199-205 ; du
cercle de la géniture, 272.
Origène, 571, 1. 591, 3. 603, 1. 610, 2.
614-615. 622.
Orion, constellation, 61. 142. 143. 221,
1 ; = *Sah* ou *Sahu*, 55, 1. 186, 2; =
Osiris, 186, 2.
Oriphiel, ange de Saturne, 623, 1.
Orphée et Orphiques, 5. 8, 2. 77, 1.
365, 1. 459, 2. 484. 569, 1. 576. 578.
Osiris, dieu, 460, 1. 462 ; = Jupiter, 97,
2 ; = *Sahu*, 186, 2 ; = Soleil, 322, 3.
Osthanès le mage, 37, 1. 51, 1.
Ostorius Scapula, son procès, 561.
Othon, empereur, 556. 562.
Ourouk (*Orcheni*), observatoire chal-
déen, 37, 2.
Ourses, constellations, 61 ; symboles
de la Création, 609, 1.
Ovide, sur l'astrologie, 552.

Pa = Sagittaire, 57, 1.
Palamède = Balance, 141, 2.
Palchos, astrologue byzantin, 122, 1.
367, 2. 469, 1. 472, 1. 569. 575, 2.
Palingénésie, 33, 3. Voy. Ἀποκατά-
στασις.
Pan = Capricorne, 144 ; donné comme
astrologue, 576, 1.
Panarétos, philosophe, 307, 1.
Panaretos, livre hermétique, 307 ; ho-
monyme de l'*Ecclésiastique*, 307, 1.
Panétius, 543, 1. 544. 571, 1. 575. 581,
5. 583, 2.
Panopolis (Akhmîm), son Zodiaque, 53.
Παντέλεια = décade, 7, 1.
Papyrus astrologiques, 196, 3. 213, 2.
216, 3. 222, 4. 223, 1. 258, 3. 259, 2.
261, 1. 271, 2. 273, 2. 283, 2. 291, 1.
293, 1. 294, 1. 299, 3. 300, 2. 303, 2.
380, 3. 406, 2. 460, 1.
Paradis, terrestre, à l'équateur, 347 ;
céleste, dans la sphère de Vénus,
607.
Παράδοσις et παράληψις, 493, 4. 494.
Παραλλαγή, 255.

Parallèles (aspects), voy. *Antiscia.*

Paranatellons, 125. 218, 2. 225, 1. 226. 229, 1. 338, 2. 360, 2. 426. 445.

Παραύξησις, 267.

Παρεμβόλησις, 252.

Parents, leur lieu, 281. 592; pronostics les concernant, 392-394. 592-593. 621.

Parilia, jour natal de Rome, 368, 1.

Parménide, 75. 92, 1. 100. 397.

Parnasius, préfet d'Égypte, 569.

Pasiphaé = Vénus, 133, 2; = Lune, son oracle à Sparte, 460, 1.

Patriarches, substitués aux dieux, 459, 4; leurs noms donnés aux signes, 320, 1. 609, 1. 623.

Paul d'Alexandrie, cité dans tout le cours de l'ouvrage (voy. Bibliographie).

Péléiades = Pléiades, 134, 1.

Πεπρωμένη, 32.

Pératiques ou Pératites (= Ophites), 96, 6. 462, 3. 608. 609.

Périgée, 118, 2. 196; = βάθος, 194.

Périodes planétaires, 209. 210. 371. **408-410.** 412, 2. 421, 2. 493. 495. 497. 500 ; période sothiaque (s. v.).

Περίσχεσις, 251.

Persæos, stoïcien, 29.

Perse, sur l'astrologie, 453, 5. 552, 3.

Pertinax, empereur, 558, 3.

Pescennius Niger, 559, 1.

Pétéménon, son thème de géniture, 384, 2.

Pétosiris, nom d'Égyptien dans Aristophane, 564, 1.

Pétosiris, prêtre égyptien, donné comme auteur d'un traité d'astrologie, 51, 1. 77, 1. 108. 111, 1. 213. 230, 3. 261. 262, 1. 263. 356, 1. 400, 3. 464. 529, 1. 541, 2. **563-564;** collaborateur de Néchepso (s. v.); cercle de Pétosiris, 538-540.

Phaéthon = Soleil, 89, 2; = fils du Soleil, 81, 3. 128. 197, 1; = Jupiter (s. v.); donné comme astrologue, 551, 2. 576, 1.

Φαίνων, voy. Saturne.

Phaophi, mois égyptien, 462.

Pharmouthi, mois égyptien, 368, 4.

Phases, rapports de position des pla-

nètes avec le Soleil, 80. 102. 112. 120. 238, 2. 244. 309, 5. 340, 1. 353. 387. 388, 2. 244. 443, 3. 513, 3 (voy. ἀκρόνυχος, ἑῷος, ἑσπέριος, ὕπαυγος) ; phases de la Lune, 80. 92, 4. **166, 1.** 279, 2. 465. 477, 2. 620, 3; des comètes, 361.

Φάτνη (*Praesepe*), la Crèche, dans le Cancer, 136, 3. 366, 2.

Phéniciens, donnés comme inventeurs de l'astrologie, 577.

Philadelphe, voy. Ptolémée.

Philippe, disciple de Bardesane, 584, 1.

Philolaos, pythagoricien, 7. 22.

Philon le Juif, 77. 103, 3. 571, 1. 600. 610. 615, 1.

Phnaès, astrologue, 178.

Phocos de Samos, 3, 3.

Φοινίκη = Petite-Ourse, 61.

φωνήεντα (signes), 150, 1.

Φωσφόρος = Vénus, 99 ; = Iacchos, 99, 2.

Physiognomonie, 313, 1.

Picus, 363, 3. 546, 1.

Pierres, influencées par la Lune, 91, 1. Voy. Lapidaires.

Pinces du Scorpion, voy. Balance.

Πίθος, comète, 359, 1. 360, 4.

Pituanius (L.), son procès, 561.

Planetarii (?) = astrologues, 620, 4.

Planètes, sens du mot, 88, 3; divinités, 16. 21. 114. 115. 568 ; interprètes des dieux, 40; nombre des planètes (cinq), 64. 88, 3. 187. 456, 6. 475, 2. 509, 2. 568. 573, 2; (sept), 8. 324. 456, 6. 477. 573; (indéfini), 14, 2. 573, 2; comprenant les comètes (s. v.) ; ordre des planètes, 64, 1. **106-107.** 110, 1. 189, 1. 211. 476, 2. 479 ; leurs noms astronomiques, 66-67; leurs rétrogradations (s. v.); illuminées par le Soleil, 89, 2; pourvues d'une lumière propre, 89, 2. 572, 3; diurnes et nocturnes, 103 (voy. αἵρεσις); distribuées dans les signes (voy. domiciles, ὅρια, ὕψωμα, trigones); dans les climats, 335-336; planètes supérieures, plus intelligentes, 75, 1; spéciales pour les pronostics universels, 349, 5. 368, 4; causent les tremblements de terre, 349, 5 ; lancent les comètes, 358, et les foudres, 363 ; planètes inférieures, priment en généthlialogie, 444 ; rapport des planètes avec les parties du corps (voy. Mélothésie) ; avec les facultés de l'âme, 324-325. 429, 4 ; conditions et modes de l'action des planètes, 308-310. Voy. Orientation et Phases.

Platon, 19-25. 63, 3. 64, 1. 106-107. 114. 217, 1. 448. 500. 508. 544. 569 ; correction à sa *République*, 106, 3 ; son *Timée* (s. v.) ; associé à Apollon, 459, 4 ; précurseur du christianisme, 510 ; sa mort, 603, 2.

Pléiades, 61. 134. 135, 1. 576 ; domicile de Vénus, 610. Voy. Taureau.

Plomb, métal de Saturne, 95, 2. 96, 1.

Plotin, 600-601. 622 ; sa mort, 603-604.

Pluton, sa place dans l'*octotopos*, 277. 298. 448.

Physiognonomie, 132, 1. Voy. Métoposcopie.

Poisson Austral, père des Poissons, 46. 147, 2. 148, 2.

Poissons = *Nuru*, 50, 3 ; = *Zib*, 57, 1 ; originaires de l'Euphrate, 60. 147 ; domicile de Jupiter, 188. 204 ; exaltation de Vénus et dépression de Mercure, 195. 198. 204. 205 ; tutelle de Neptune, 184 ; description, **147-148** ; leurs domaines terrestres (voy. Chorographie) ; régissent les pieds, 148, 1. 319.

πολεύων (ἀστήρ), chronocrator du jour, 476, 2. 474, 3. 479, 3. 515, 2.

Pollux, dit père de Saturne, 94, 1 ; Dioscure (fils de Zeus), 588, 1 ; un des Gémeaux, 135.

Polybe, sur l'adaptation des races, 583, 2.

Polygones réguliers, voy. Aspects.

Pompée et les Chaldéens, 547.

Pontifes romains, 189, 1. 408, 1.

Poppée et les astrologues, 556.

Porphyre, sur l'astrologie, 601-602.

Portes du ciel, 23, 1. 170, 1 ; porte d'Enfer (voy. *Janua Ditis*) ; porte du Labeur, 278.

Poseidon = ogdoade, 7, 1.

Posidonius, 60, 2. 74, 1. 75, 1. 95, 2.

108. 129, 1. 265, 1. 323, 3. **337-338.** 345. 498. 544, 2. **545.** 564, 1. 581, 5. 621.

Praesepe ou Crèche, voy. Φάτνη.

Précession des équinoxes, 117, 1. 148, 2. 230, 3. 382, 1 ; sépare les signes (neuvième sphère) des constellations du Zodiaque, 129, 1. 579, 1. 591, 2 ; argument invoqué contre l'astrologie, 180. 591, 2. 615 ; inconnue des Chaldéens, 47, 2 ; niée par Proclus, 24, 1. 115, 1. 574, 2.

Prière, recours contre la fatalité astrologique, 466, 2. 510, 4. 598, 1. 603, 2. 616, 4 ; contre les maladies, 432, 4.

Priscillianistes, 320, 1. 615, 1. 623, 1. 624, 2. 625.

Proclus, voy. Bibliographie, Oracles chaldaïques, Précession, *Timée* de Platon ; sa géniture, 509, 1.

Procope de Gaza, 571, 1.

Προήγησις, marche en avant, dans le sens du mouvement des planètes, 111. 253, 1 ; dans le sens du mouvement diurne, 418 ; προηγούμενος τόπος = ἀφετικός, 419.

Professions, pronostics les concernant, 442-447.

Prométhée, donné comme astrologue, 576. 610, 1.

Properce, sur l'astrologie, 551-552.

προποδίζειν, 113, 1 ; προποδισμός, 111.

Prorogatio = ἄφεσις, 418 ; *prorogator* = ἀφέτης, 411, 1.

Proserpine = Lune, 89, 2.

Πρόσωπα = décans planétaires, 216. 221. 225, 1. 227, 3. 237. 238, 2 et 5. 243. 309. 481 ; = phases, 243, 3.

προστάσσοντα (signes), 161 (fig. 17). 163.

Προσθαφαίρεσις, 267, 2.

προσθετικός (ἀστήρ), 111. 113, 1. 194, 2. 309, 5. 392, 1. 401, 1. 524 ; πρόσθεσις, 111 ; προσθέται, 362.

Protagoras, 16.

Προτρυγητήρ, étoile de la Vierge, 140.

Ptolémée II Philadelphe, 450, 3.

Ptolémée III Évergète, 29.

Ptolémée Évergète II (Physcon), 222, 2. 307, 1.

Ptolémée, astrologue d'Othon, 556.

196, 2. 478, 1. 483, 3 ; = *Mullalu*,
41, 1. 50, 3 ; = *Hur-ka-pet*, 66, 1 ;
appelé Φαίνων, 66. 94, 2. 97 ; Τιτάν,
93, 2. 201, 3 ; Némésis (s. v.) ; planète orientale, 69, 1. 104, 1. 201, 3.
204 ; ses affinités avec le Soleil, 93,
2. 212. 315, 2 ; son caractère, **93-
97 ;** la plus puissante des planètes,
94, 2 ; cerveau du monde, 95 ; le
Père astrologique, 69. 94. 305. 323.
328. 393. 395. 437. 499 ; moteur des
vents et tonnerres, 358, 6 ; domicilié dans le Capricorne et le Verseau, 96. 185. 188. 190. 915. 204.
208. 373, 2 ; s'exalte dans la Balance
et se déprime dans le Bélier, 195.
197. 201, 3. 204. 369 ; a son apside
dans le Scorpion, 196, 1 ; sa place
dans l'*octotopos*, 277 ; dans le *dodecatopos* (voy. Κακὸς δαίμων) ; ses domaines terrestres (voy. Chorographie) ; adoré des Juifs (s. v.) ; patron de l'Islam, 342, 1. 371 ; sa couleur, 313-314 ; produit le plomb,
315 ; règle le maximum de la vie,
412, 2 ; planète meurtrière, 414.
422-423. 428, 1. 552 ; des amours
obscènes, 436, 1 ; ses chronocraties, dans la vie intra-utérine, 509-
510 ; sur la vieillesse, 501. 511 ;
dans l'histoire universelle, 498.

Σχήματα ou σχηματισμοί, voy. Aspects.

Scorpion = *Aqrabu*, 57, 1 ; porte du
ciel, 23, 1 ; domicile de Mars, 143,
3. 185. 187. 188. 190. 204. 535 ; dépression de la Lune, 195 ; apside
de Saturne, 196, 1 ; tutelle de Mars,
184 ; description, **142-143 ;** ses
domaines terrestres (voy. Chorographie) ; régit les *pudenda*, 319 ;
signe horoscope d'Horace (?), 551 ;
de Tibère, 554, 2 ; de l'empire arabe,
371, 2 ; enseigne de légions, 554, 2.

Scribonianus, son procès, 561.

Scylax d'Halicarnasse, 543.

Seb = Saturne, 475, 2.

Sebat, mois chaldéen, 48, 1.

Sebgu = Set-Typhon, 100, 5 ; = Mercure, 100, 5.

Σεχές = Mercure, 41, 1.

Séléné, fille ou sœur d'Hélios, 91.

Selenomantia, 91, 1.

Séleucus Ier Nicator, fonde Séleucie,
368, 1.

Séleucus le Chaldéen, astronome, 74,
1. 544, 2.

Séleucus, astrologue de Vespasien,
556, 2.

Semaine planétaire, 41, 1. 64, 1. 81, 3.
94, 2. 108, 3. 171. 229. **476-484.**

Sénèque, sur l'astrologie, 552, 3.

Sept, nombre d'Athéna, 7, 1 ; divisions
septénaires, du monde, 477, 2 (voy.
Lyre, Planètes) ; du corps, 324 ; de
l'âme, 325 ; de la durée, du mois
lunaire (voy. Phases, Semaine) ; de
la vie humaine, intra-utérine, 509-
510 ; de la vie consciente, 287. 500-
511 ; de l'histoire universelle, 187,
1. 498 ; les septénaires en médecine, 528.

Sérapion, astrologue, 474, 3.

Sérapis ἑπτακτίς, 81, 3.

Set-Typhon, 100, 5. 144, 2. 147. 462.
483, 3 : sa place dans l'*octotopos*,
278. 286 ; Typhon = comète (ouragan), 359. 362. 365, 1.

Seta = Cancer, 186, 2.

Seth, le patriarche, donné comme
inventeur de l'astrologie, 578, 1 et
4 ; secte des Séthiens, 9, 2. 578, 1.

Sévère (Septime), 558-559. 566.

Sévère (Alexandre), 559.

Sexe des nombres, 6. 154, 1. 156, 2 ;
des signes, 103. **154-155.** 161. 167.
168. 169, 1. 353, 3. 365, 2. 624, 1 ;
des trigones, 202-205. 343 ; des degrés, 154, 3. 162. 215, 3. 397, 2 ; des
planètes, 46. **102-103.**309, 2. 353,3.
397, 1 ; des êtres vivants : causes naturelles, 92, 1. 397-398, et procréation des sexes, 466, 1. 468, 1. 508.

Sextil (aspect), 171-172.

Sextus dit Empiricus, contre l'astrologie, 54, 1. 571, 1. 579,1. 585. 587, 1.
589-590. 593. 594, 2. 595, 1. 596.

Sibyllins (livres), 546, 1. 549.

Signes (ζώδια) du Zodiaque, donnés
comme produits de catastérismes
(s. v.) ; dieux, 31, 1. 42 ; au nombre de onze chez les Chaldéens, 54 ;

ADDENDA ET CORRIGENDA

Titre. — Le camée inséré au frontispice, comme traduction artistique de la phrase de Sénèque, est emprunté à S. Reinach, *Pierres gravées,* Paris, 1895, pl. 127, 97*. C'est un pseudo-antique, d'ailleurs aussi utilisable qu'un vrai pour montrer l'incompétence doctrinale des ornemanistes.

P. 10, dernière ligne du texte : accentuer en oxyton περισσός.

P. 14, note 2, lig. 8 : au lieu de *Q. Nat.,* VII, 3, 2, lisez : VII, 3, 1.

P. 32, lig. 23, et p. 114, note 2 : accentuer en paroxyton ἀνάγκη.

P. 37, note 2 : au lieu de Pline (VII, § 139), lisez : (VII, § 193).

P. 144, titre courant : au lieu de CHAP. I, lisez : CHAP. V.

P. 160, note 1, lig. 9 : au lieu de (τινες), lisez : (τινές).

P. 173, fig. 22 : la figure devait être placée, pour la lecture des sigles du limbe, le Capricorne et le Sagittaire en haut ; la position étant, du reste, indifférente au point de vue mathématique.

P. 178, note 2, lig. 7 : au lieu de μοίρ. ιε΄, lisez : μοίρ. ιη΄.

Pp. 247-254, passim : restituer l'accent proparoxyton aux mots ὁμόρωσις, καθυπερτέρησις, περίσχεσις, ἐμπερίσχεσις, μεσεμβόλησις, παρεμβόλησις.

P. 262, note 1 : au lieu de ἐννενηχονταμέρος, lisez : ἐνενηχοντάμερος.

P. 299, note 2, lig. 1 : au lieu de περιεργῶς, lisez : περίεργως.

P. 315, lig. 16 : au lieu de feu, lisez fer.

P. 404, lig. 23 : au lieu de βιοδότηρ, lisez : βιοδοτήρ (= βιοδότης).

P. 432, note 2, lig. 17 : rectifier une inexactitude produite par une correction tardive et incomplète (substitution de la Lune à Jupiter, à la ligne précédente) : le Sagittaire *n'est pas* le domicile de la Lune.

P. 448, note 1, lig. 2-3 : au lieu de ci-après, lisez : ci-dessus.

P. 489, note 1 : Letronne aurait pu invoquer à l'appui de sa thèse un chapitre de Cassianus Bassus (*Geoponica sive Cassiani Bassi scholastici de re rustica eclogae,* rec. H. Beckh, Lipsiae, 1895, pp. 21-28), intitulé Δωδεκαετηρὶς τοῦ Διός, καὶ ὅσα ἀποτελεῖ περιπολεύων τοὺς δώδεκα οἴκους τοῦ Ζωδιακοῦ κύκλου (I, 12), d'après Zoroastre. Seulement, cette dodécaétéride n'est pas généthliaque : elle ne sert qu'aux pronostics météorologiques.

P. 496, lig. 10 : au lieu de différontes, lisez différentes.

Pp. 576-578 : ajouter à la liste des peuples inventeurs de l'astrologie les Hindous, d'après Philostrate comparant la rhétorique τῇ ἀνθρωπίνῃ μαντικῇ, ἣν Αἰγύπτιοί τε καὶ Χαλδαῖοι καὶ πρὸ τούτων Ἰνδοὶ ξυνέθεσαν, μυρίοις ἀστέρων στοχαζόμενοι τοῦ ὄντος (*Vit. Sophist.,* I, Prooem.).

P. 579, note 2 : rendre à la note son numéro d'ordre, 1.

P. 596 sqq. (voy. l'*Index* à la lettre H) : restituer l'esprit rude au mot εἱμαρμένη.

P. 607, lig. 7 : ajouter en note l'explication de l'anagramme : Ἀ[νατολή], Δ[ύσις], Ἄ[ρκτος], Μ[εσημβρία].

TABLE DES MATIERES

LE PUY-EN-VELAY. — IMP. R. MARCHESSOU, BOULEVARD CARNOT, 23

Lightning Source UK Ltd.
Milton Keynes UK
UKOW03f2052090414

229715UK00001B/36/P